『天皇系図の分析について』正誤表

本文中に誤りがありましたので訂正します。

（1）目次および九一五頁下段十五目　（第二二章）
《2、皇極（新羅・善徳女帝）と斉明（新羅・真徳女帝）は同一人ではなく「姪」》において、新羅27善徳女帝と28真徳女帝の関係は「姪」ではなく「従姉妹」なので、本文中、「姪」と表記してある場合にはすべて「従姉妹」と改める。

誤　「姪」
↓
正　「従姉妹」

（2）五六九頁・上段十九行目《・桓仁↓揖安》から
下段七行目《伯済の晋平県）。》までを、
同頁　・上段二行目《なのです。》の次に移動。

（3）八七八頁・上段最終行《倭の五王「武＝雄略＝紀生磐》の後に、
《」（かぎかっこ）》を挿入。

天皇系図の分析について

――古代の東アジア

藤井輝久

今日の話題社

掛陵（ケヌン）　新羅 38 元聖王・敬信（785 〜 798 年）の陵。新羅の王都・慶州の四天王寺跡からルート 7 号を東南へ約 9km の掛陵里にあり、司馬遼太郎氏がこの陵を見て「一番美しい」と言ったとか。ペルシア風の武人の巨大な石像が墓を守っている様子は一見の価値あり。

亀旨峰（クジボン）　金官伽羅（倭）初代金首露王妃の許黄玉陵から道を隔てて西側には、伽耶六国の建国神話で有名な亀旨峰がある。これは伽耶六国の始祖が天上から卵で降臨し、洛東江各地で王となったという伝説で、写真の像にも卵のモチーフが見える。なお、著者は、亀旨峰が『日本紀』や『古事記』の天孫降臨の舞台、クシフルノタケのモデルとなったと考えている。

将軍塚（広開土王陵）のすぐ近くにある 1 号培墳。王妃の一人のドルメン型の墓である。（撮影：藤井紀子）

高句麗太王陵（中国吉林省集安）にて著者夫妻。この墓は 19 広開土王（392 ～ 413 年）の陵との考えもあるが、著者は 16 故国原王（斯由・釗、331 ～ 371 年）の陵と考える。その理由は、この斯由が、371 年 10 月 23 日に百済実質初代王 13 近肖古王の軍の流れ矢に当たって平壌城で殺されたが、「集安＝故国の原」に埋葬され故国原王と諡（おくりな）されたとされているからである（『高句麗本紀』）

高句麗将軍塚（集安）にて調査中の著者。1100 以上の花崗岩を 7 段のピラミッド型に積み上げげた、高さ 12.4m、一辺 31.38m の高句麗の代表的な積石塚。20 長寿王（413 ～ 491 年）の陵であるとの考えもあるが、著者は 19 広開土王の陵であると考えている。それは、その子の長寿王の墓は平壌の慶新里 1 号墳（漢王墓）と考えるからである。なお、この将軍塚の四隅（特に陵の正面から見て左後方が顕著）には突出型敷石部分が見られるのが、日本の四隅突出型方墳との関係で面白い。

新羅の金冠（韓国・国立中央博物館蔵）　何と美しい王冠だろうか。魂が吸い込まれそうな透き通るような古代の色。これは新羅王都・慶州の金冠塚（積石木槨墓。5世紀後半～6世紀前半）出土の純金の王冠である。この出字形と鹿角形（本来これも添付）の立飾りの意匠と純金製という点は、遙かなる南ロシアのスキタイの文化の東漸であり、このことの意味することは重大で、5世紀代に農業国家の新羅（慶州金氏）が約70年間も北方遊牧民である高句麗の占領下にあったことを如実に物語っていたのである。実は、この高句麗の占領から新羅を解放したのが、何を隠そう「倭の五王」の一人である「武＝雄略大王」だったのであり、そのモデルは金官伽羅9鉗知王（492～521年）つまり紀生磐（金官金氏）だったのである。この冠には遙かなる古代のロマンが秘められていたのだ。

天皇系図の分析について——古代の東アジア

はじめに

これは今までの古代史を覆す書である。

――この話は
日本民族、朝鮮民族、そのどちらからも
受け入れ難いものであろう。
しかし、その真実を
共に諒としなければなるまい――

『日本書紀』（天皇紀）に記されている古代の天皇の「モデル」は、皆、朝鮮史の大王であった。

しかも、そのベースとなった朝鮮史の古い頃の百済王・新羅王自体の「モデル」も又、実は、百済・新羅以外に存在していたのである。

だから、平安朝より前の全ての「天皇陵」はウソであった。

この「日本書紀フィクション説」は、三十年後には、必ずや通説となっているであろう。

鎌倉時代までに、『日本書紀』が十二回も改竄されていることにアナタが気が付かなければ、古代史は何も判らないのと同じなのです。

奈良・白鳳時代の天皇とは、六六三年の「白村江の役」の後、日本列島を提督として占領支配した新羅の王子たちだったのであり、平安時代の天皇とは、亡命中の百済王（くだらのこにきし）が、藤原百川らの藤原式家の協力を得て、聖武天皇の薬師寺への幽閉、更には、井上皇后の廃后、他戸皇太子の廃太子、そしてその両者の幽閉・暗殺による「宮廷クーデター」の成功により、日本列島に百済亡命政権を打ち立てました百済の王子たちだったからなのです。

そして、この本では、今までとは全く変わった視点から、私なりに「騎馬民族征服王朝説」というものを捉え直してみたいと思います。

かつて、戦後の一世を風靡いたしました「騎馬民族征服説」は、今日少し下火になってしまったようです。

しかし、「ドドッ」と大量に武装した騎馬民が船に乗って押し寄せてまいりましたというような騎馬民族につきましては、朝鮮半島ではいざ知らず、こと日本列島におきましては、立証不十分であったといたしましても、「静かに」日本列島を征服した遊牧騎馬民族の一団は、間違いなくアナタの今立っているここに存在していたのです。

では、それは一体どういうことだったのか、これからそれをアナタと共に、この本の中でじっくりと考えてみることにいたしましょう。

この私の考えは、新「騎馬民族征服説」と言うよりは、正確には、静かな「騎馬民族征服説」、又は、実質「騎馬民族征服王朝説」と言った方がより適切なのかもしれません。

このように、ズバリ申し上げまして、平安朝という時代が、扶余国の遊牧民の末裔である百済からの亡命民が打ち立てた王朝（天皇家）であったからなのです。

つまり、白鳳・奈良朝の「新羅占領軍の征服王朝」をひっくり返した平安朝というものが、百済からの亡命民である「百済王（くだらのこにきし）の征服王朝」であったからなのです。

百済王（くだらのこにきし）は、遊牧民の扶余人の末裔ですので、そういたしますと、平安朝とは、正に騎馬民族による征服王朝であったとも言えるのです（このことは、日本紀の天皇系図の中に、百済史の王系図を介しまして扶余史の王系図が入り込んでいることからも、明らかに頷けることだったのです）。

＊五世紀に約七十年間も、新羅は高句麗に占領され、王族は混血しておりましたので、その意味からも、白鳳・奈良朝という新羅による日本列島占領の時代も又、文化的には、実質遊牧民の王朝であったと言っても差し支えなかったのです。

という訳で、奈良時代に作られました『日本書紀』の天皇系図は、「新羅史」を基にして書かれ、平安時代に作られました『日本書紀』の天皇系図は、「百済史」や「扶余史」を基にして、一部は折衷して「書き換えられて」しまっております。

このように、そのどちらにいたしましても、『日本書紀』は「フィクション」だったのです。

しかも、そのモデルとされました新羅史も百済史も、その時点において、既にその本国において、建国を古く見せるために大幅に改竄されてしまっていたのです。

つまり、新羅も百済も、実は、四世紀後半に成立した「新興国家」に過ぎませんでしたので、その建国を古く見せるために、新羅史は、五三二年に征服して奪った金官伽羅国（当時、海峡国家でございました倭国の朝鮮半島部分）の歴史をその前に持って来て紀元前に遡らせてしまうと共に、朴氏、昔氏の王系図を金氏の王系図の前に持って来てしまっております（しかし、これら新羅王家の三姓の成立は、実は新しく、何と！七世紀の唐の時代になってから「唐人の名＝一字姓」を真似たものに過ぎなかったのです）。

百済史は、その王族（余氏＝本来は、解氏）の母国である扶余史及び兄弟国である高句麗史のみならず、それだけでは足りなかったものと見えまして、新羅史と同様に、金官伽羅国（倭国）の歴史をもその前に持って来てしまっているからなのです。

そして、これらの「偽造された朝鮮史」をモデルといたしまして、「奈良」日本書紀や「平安」日本書紀という、大きく分けまして二つの『日本書紀』が、それぞれの征服王朝によって日本列島で書かれていたのです。

では、何故（？）百済も新羅も、共に金官伽羅（倭国の朝鮮半島部分）の歴史を自国の建国史の中に引用していた（否、引用せざるを得なかった）のでしょうか。

このことが、東アジアの古代史の中で「天皇家の位置」を考える場合の一番の問題点だったのです。

実は、元々が、扶余（伯族と穢族）・高句麗（チュルクとの混血）は勿論のこと、倭人の国であった馬韓も辰韓も弁韓も（それら、古（いにし）への倭人すらも）、かつては「広大な満州」がその主たる舞台であったにも拘わらず、今から千四百〜千五百年ぐらい前以降は、「朝鮮半島という狭い地域」の中だけの歴史に——中国史上のみならず朝鮮史上でも——押し込められてしまった（そういう風に歴史が書き換えられ改竄されてしまっていた）という可能性を、私は強ち否定出来ないからなのです。

では、その一例をお目にかけましょう。

「百済（ひゃくさい）国は、始め高（句）驪と倶に遼東（郡治）の東方千余里に在り、其の後、高驪は遼東を略有し、百済は遼西を略有した。百済の治める所、之を晋平郡晋平縣と謂う」（『宋書』東夷、百済国条。『魏書』東夷・高句麗条も同旨）

＊ここには、遼東の公孫氏と「高句麗・百済」系の扶余の一派との争いが示されているからなのです。「遼東」とは、満州の遼河の東側を言います。

そして、これこそが出雲の「大国主の国譲り」神話のモデルでございましたことにつきましては、後に十分ご説明いたします。

同じことは、他の中国史にも見られまして、「晋代に、百済が遼西郡と晋平郡を領有し、自らそこに百済郡を置いた」（『梁書』百済条。『南史』百済条も同旨です）とされておりますので、このことはまずは間違いございません。これこそが北扶余から南下して百済が作られる、その前の過程を表していたのです。

因みに、「韓」という言葉と「朝鮮」という言葉とは、本来歴史的には何らの関係もなかったのですよ。

それに反しまして、古代中国人の感覚では、「韓＝干＝于＝倭」ということでして、むしろ「韓＝倭」を表していたのです。

さて、そういたしますと、この「倭」「倭人」とは一体何のことだったのでしょうか。「南倭」と「北倭」との違いは？　そして、古代の「倭と朝鮮半島」「倭と満州」、又「満州と朝鮮半島」とは、それぞれどういう関係にあったのでしょうか。

疑問は次々に湧いてまいりますが、これらのことをアナタが十分に理解しない限り、古代史は永久に白い霧の中に包まれてしまったままで、決して晴れてはくれないのです。

「天皇家」を尊敬申し上げることと、そのルーツを探るということは、決して矛盾することではございません。歴史上の正しい姿を見出すことは、「人史学」にとりまして義務ですらあるのです。

ではこれから、アナタと共に、「『日本書紀』のモデルとは一体何であったのか」ということを見極めるための、静かな「騎馬民族征服王朝説」――天皇系図の分析――の解明の旅へと出発したいと思います。

初めのうちは、私の「切り口」が余りにも通説の考えと異なるがために、アナタの「しかめっ面」が目に浮かぶようですが、どうかご安心下さい。

アナタがこの本を読み進むにしたがいまして、それまでアナタの中で広がっていた古代の謎を包んでいた白い霧が段々と薄れ、読み終える頃には、ものの見事に晴れ上がっていることを請け負いましょう。

では、どうかお楽しみに。

西暦二〇〇四年三月六日　　弁護士　藤井輝久

目次

第一〇章 「倭の大乱」は南朝鮮で起きた 417

第一七章 「前九年の役」における「百済対新羅」と「温祚対沸流」の対立 707

第二四章　大津皇子の謀叛も架空――「金欽突の反乱」 1001

第二五章　奈良朝の天皇のモデルは新羅王子 1009

【凡例】

＊天皇の諡号の上に付したアラビア数字は、『日本書紀』に記された天皇の代数を表す。
また、朝鮮三国他の国の王名の上に付した数字についてもこれに準じる。
例：40天武天皇

＊『日本書紀』からの引用等で出典を示す際は、「『日本書紀』○○X年」とせず、「○○紀X年」とした。
例：『日本書紀』欽明九年→欽明紀九年

＊文中の丸括弧内等に記された「一五1」「七4ノ33」等の数字は、関連の記述がある章・節・款を示す。
例：第一五章1節→一五1、第七章4節33款→七4ノ33

序章　天皇系図の分析について

古代の東アジア

奈良朝の天皇は、何故、40天武天皇の子孫が独占しているのでしょうか。

それに対し、平安朝の天皇は、何故、38天智天皇の子孫が独占してしまっているのでしょうか。

もう少しその真相を正確に申し上げますと、白鳳朝の「壬申の乱」（六七二年）の後から、奈良朝も終わりに近づきました48称徳天皇崩御（七七〇年）のときまでの天皇は、何故、40天武天皇（即位六七三年。但し、天武元年ではなく、天武二年二月二十七日）の子孫が百年間ほぼ独占してしまっているのでしょうか。そして、それに対しまして、平安朝の直前からの天皇（光仁天皇、即位七七〇年）は、何故、百年も前に即位いたしました兄38天智天皇（即位六六二年。但し、前年の六六一年七月二十四日より称制す）の子孫が、突然、弟40天武天皇の子孫に替わって独占してしまったのでしょうか。

つまり、後者が特に問題なのでございまして、「38天智天皇の即位から百年も経った平安朝」（の直前）に至りまして、何で突然、天皇の位に就く者が弟40天武天皇の子孫から、兄38天智天皇の子孫へとガラリと変わることが出来たのみならず、更には、その後、室町時代の南北朝の頃までの六百年余もの間（通説では、今日までの千二百年余もの間）、38天智天皇の子孫が天皇位を維持し続けることが出来たのでしょうか（一二七）。

しかも、何と！この弟40天武天皇の子孫の皇子たちの殆ど（十七人余も）が、白鳳・奈良朝におきまして、正史の系図上では殺されてしまった形になっているのです（三一2）。

それは一体どういう理由からだったのでしょうか。アナタは今まで「この謎」につきまして、どのようにお考えだったのでしょうか。

まずは、『続日本紀』の天皇系図の分析から入りましょう。アナタは、教科書でお馴染みの『日本書紀』ではなく、本来この辺りの「近くて遠いところ」から古代史の謎解きを始めていかなくてはいけなかったのです。

（1）奈良時代と平安時代の間には「深くて長ーい」見えない断層があった――百済クーデターの存在

では、早々と結論を申し上げてしまいましょう。

この日本の古代を代表いたします、一見連続しているように見えております奈良時代と平安時代との間には、実は、「目には見えない、深くて長ーい断層」が横たわっておりまして、平安朝が成立するに際しましては、天皇家がそれまでの「新羅系」の男系の最後の聖武天皇（即位七二四年）の何代か後から、「百済系」の光仁天皇（即位〔一応〕七七〇年）へと変わってしまったが為に（七4、二六、三〇）、ここで政権を入手いたしました亡命百済系天皇家では、それまでの奈良『日本書紀』での全天皇系図を改竄すると共に、約百年も前に遡りまして、自分たちの直接の出自に関係してまいります天皇系図を改竄し、天智天皇という「天武天皇の兄」と称する祖王を、「平安（現行）日本書紀」上におきまして、作り出さざるを得なくなってしまったからということだったのです（六3、二三1）。そして、その偽造された天皇系図を天智天皇から施基皇子（架空）を介しまして光仁天皇へと繋げていたのです。

つまり、早い話が、その間には、アナタには見えない「百済クーデター」というものが存在していたのです。そして、41持統天皇（この天皇が架空の天皇であることにつきましては、一八3、八4）や元明天皇という女帝たちを、無理やり天智天皇の血統として、天皇系図上作り出し、かつ、繋げてしまっていたのです。ですから、この辺りに系図上偽造し易い女帝が多かったのも、そのためだったのです。なにも一部のフェミニストのアカデミズムがのたまうような、「女性優位の太陽のような時代」などでは――とてもとても――なかったのです。

＊元明天皇、元正天皇を含む、孝謙天皇、称徳天皇らの女帝が、皆「架空の存在」であったことにつき、アナタ二三2、三二2は必見です。元明、その前の元正あたりのモデルは百済王女天でしょう。

逆に、藤原百川に幽閉の上暗殺されてしまいました、45聖武天皇の女の井上皇后が、実は、天皇であった可能性が高かったことにつき、アナタ二六1は必見です。

そして、そう考えてまいりますと、何故、渡来後百年もの長い間、天智天皇の子孫たちが地下に潜って雌伏していなければならなかったのか（一八6）という不可解なことの理由も、これで十分説明が付くからなのです。

つまり、「新羅系」天皇家が作った「奈良朝・日本書紀」＝「奈良日本紀」という朝鮮の新羅史に王系図と題材とを借りたフィクションの「歴史物語」においては、この天智天皇のモデルは新羅の29太祖武烈王（金春秋）となっておりましたものを、次に平安朝の「百済系」天皇家が、百済史を基にして作り変えてしまった「平安朝・日本書紀」＝「平安日本紀」においては、これに一時日本列島に亡命的に渡来したこともある百済最終王の31義慈王の王子・余豊璋（百済仮王）を加えて「二者合体」させて、今日の姿の「38天智天皇」というものが作り出されてしまっていたのです（五5、二一1、二三1）。

そして、これを、同じく作り出されました施基皇子（光仁天皇と道鏡との父とされる（『公卿補任』）。百済王敬福などがモデル）という「架空の人物」を天皇系図上の接着剤として挿入することによりまして、それまでの白鳳・奈良の新羅系天皇家から百済系天皇家の光仁天皇へと絶え間無く繋げることにより、亡命百年後にしてやっと実現した平安天皇家の正統性へと結び付けていたのです（二三2、三二2、六3）。そして、そういう作為を施してしまったからこそ、天智と天武との関係が「兄弟」（『日本書紀』『万葉集』など）であるという史書と、そうではなく「父子」（『新唐書』）であるという史書との、全く百八十度相反する史書が国の内外に分かれて残されてしまっていた、というおかしな齟齬が起きてしまっていたのです（二三2）。

さて、右に述べましたことは余りにも結論的でありますので、そこに至る各過程につきまして、これからアナタと共にじっくりと見てまいりたいと存じますので、どうかご安心下さい。

＊尚、天智の頃には、まだ「天皇」号は使ってはおりませんで、これが使われるのは天武の頃からなのですが、最初から「天皇」と「大王」を使い分けますと、アナタが奇異に感じられるかと思いまして、ここの出だしの部分だけは、天智も天武も共に「天皇」と表現いたしました（一四1）。
という訳で、以後は、天武・文武以降のみ「天皇」とし、天智を含めましてそれ以前は、それと区別する意味で、仮に「大王」と号したいと存じます。

（2）奈良朝の日本書紀は新羅史を、平安朝の日本書紀は百済史をそれぞれモデルとして作られていた

さて、という訳で、天皇家の系図の分析につきましては、次のことに気を付けなければいけません。『日本書紀』は、鎌倉時代までに、実に十二回も改竄されていたのです。

奈良時代の『日本書紀』の天皇系図は、主として新羅王系図を基にして書かれておりましたが、次の平安時代になりますと、『日本書紀』の天皇系図は、主として百済王系図を基にして書き換えられてしまいました。しかし、仮にアナタがそのことにお気付きになられたといたしましても、今までその解明が非常に困難であったことの理由は、そのモデル（お手本）とされた朝鮮の新羅史も百済史も、既にその時点におきまして、その本国において、その建国をより古く見せるために、王系図が大幅に改竄されてしまっていたからなのです（二3、4、三二1、2）。

つまり、四世紀後半になってから「新羅」という名の国が成立したにも拘わらず、その正史は、五三二年に征服した金官伽羅国（『魏志』の狗邪韓国の末裔、つまり海峡国家たる「倭国」の朝鮮半島部分）の歴史を自国の歴史の前に持って来るとともに、「朴氏」「昔氏」「金氏」の新羅王家の三姓は、精々唐の時代からの姓に過ぎなかったにも拘わらず（二4、5）、実質的な新羅初代王

である17奈勿王（三五六～四〇二年）の前の13味鄒王の前に「金氏の系図」を、そして更にその前に「朴氏と昔氏の系図」をも持ってきて挿入してしまっていたからなのです。

次に、同じく四世紀後半になって「百済」という名の国が成立したにも拘わらず（一二6）、実質・初代王の13近肖古王（三四六～三七五年）の前に百済王家の母国である扶余史と、それだけではまだ足りなかったとみえまして、新羅史と同じく金官伽羅（倭国）の歴史をもその前に持ってきてしまっていたからなのです。

＊因みに、百済の兄弟国の古代の高句麗も、1朱蒙、6大祖大王（伯族）、9故国川王（穢族）というように「二つの王朝」が交替しておりますし、その母国であった扶余自体も、少なくとも前期（伯族）と後期（穢族）の「二つの王朝」が存在しておりました（一八5他）。

ですから、このことは、百済22文周王の熊津への南下（四七五年）の頃までは、倭国の領域が朝鮮半島の南半分の広大な地域を占めていたところの（一二7、8。尚、満州にも倭人がいたことについては、鮮卑王の檀石槐のところをご参照ください。九4）、その倭人の領域の中に南下して来て建国された新興国の百済や新羅が、その建国史のレベルの中に、形と名前を変えた倭人の国の王を登場させていても、これは当然のことだったのです。

なお、今日、朝鮮に残されている高句麗・百済・新羅の正史である『三国史記』（「高句麗本紀」「百済本紀」「新羅本紀」）という史書は、『日本書紀』より約四百年も遅れた「高麗」の時代の一一四五年になってから、金富軾によって、どちらかと言えば新羅を重視して、更に、先行して存在（通説では七二〇年成立）していた日本列島の『日本紀』（正確かどうかは別として、そこには朝鮮史の引用がございますので）をも参考にして後から成ったものだからなのです。

＊ですから『日本紀』の解釈に『三国史記』（「三逸史」は、また別です）を用いるということは、慎重にしませんと、時代的に本末転倒となってしまうのです。

(3) 朝鮮古代史の『書記』『留記』『旧三国史』『三韓古記』『海東古記』『新集』『新羅故事』の焚書・抹殺

また、百済に漢字を伝えた高興博士（「百済本紀」。その姓から考えましても高句麗人です）の作とも言われている、百済の古史である『書記』は、統一新羅により焚書されてしまっていたのです（この点は、一四1、一3を御覧頂きたいと存じます）。

二四四年に首都・丸都城が魏に征圧されたときに毋丘倹に奪われてしまった高句麗の歴史書である『留記』百巻も、同様の運命に遭っております。よって、かつては高句麗やその兄弟国の百済の支配がその当時の中国の領土内に相当深く入り込んでおりましたことも、これらの史書と共に消されてしまったのです（『宋書』『魏書』『梁書』『南史』。「はじめに」、一二2、一五8）。

＊その祖先が北方系朝鮮人の出自である金一然和尚の『三国遺事』（含む「駕洛国記」）五巻は、『三国史記』よりも更に百年以上

経ってから撰せられたより新しいものでして、特に三巻以下は一二七五～一二八一年頃のものとされ、現存しております。その朝鮮には、他に『旧三国史』『三韓古記』『海東古記』という史書が高麗（こうらい）の代までは残っていたと伝えられておりますし、より古くは『新集』とか『新羅故事』というものも存在していたとされておりますが、これらは悲しいかな、皆、朝鮮人同士の紛争により消されてしまうという運命を辿りました（一3、一四1）。

高句麗の『新集』五巻、『留記』百巻につきましては『三国史記』「高句麗本紀」嬰陽（えいよう）王十一年（六〇〇）条をご覧下さい。

（4）何故、フィクション（虚偽）の『日本書紀』が作られたのか

さて、そういたしますと、『日本書紀』とは一体何であったのかということを一言で申しますと、それは「各王朝の正当性を内外に対して理由付けるところの〈歴史物語〉に過ぎなかった」のでございまして、これはその性格から考えましても、当然「フィクション」（しかし、百済史・新羅史に題材を求めた作文）であったということにならざるを得ないのです。

では、そのようなことが何故行われたのか、つまり、その前提といたしまして、一体どういう必要性がそこには存在していたのか、これも一言で申しますと、六六三年の「白村江（はくすきのえ）の役（えだち）」の敗戦の後、日本列島は、「直ちに、唐・新羅の連合軍に占領されていた」ということだったのです（七4）。

＊そして、これは、当時の白鳳・奈良朝の新羅系天皇家にとりましても、その後の平安朝の百済系天皇家にとりましても、「万世一系」「天孫降臨」とは相容れない史実でしたから、当然のことといたしまして、抹殺せざるを得なかったのです。

実は、そのことが今まで千三百年余も隠され続けて来ていたのです。つまり、早い話が、奈良朝とは、新羅本国から提督として派遣された新羅王子が、「天皇」どころか「皇帝」（『続日本紀』『古事記』、また『東大寺上院修中過去帳』（二六1、二一5）の冒頭などには、ちゃんとこの号が出てまいります）の名において日本列島を支配していた時代だったのです（二五1）。

では、その次の平安朝とは一体どういう時代であったのかと申しますと、「遊牧騎馬民」の扶余国の末裔である百済亡命民の百済王（くだらのこにきし）が、兄弟国の高句麗の遺民である渤海国の力を借りて（三〇2）、新羅系の奈良朝の天皇家を「宮廷クーデター」で倒し、百済系の天皇家を日本列島に打ち立てた時代、つまり、七七二年頃に、新羅系の実質的には最後の男系の天皇（舎人親王の子の廃帝とされた淳仁天皇は除きます。二五1、三一2）であった聖武天皇の娘の井上（いがみ）皇后（この人は天皇であった可能性すらあるのです）を、藤原百川らが廃后にしたうえで幽閉、かつ、暗殺し（二六1）、ここに「百済クーデター」を完成させたことから幕を開けた、実に恐ろしい「人殺しの時代」でもあったのです（三一）。

そして、密かに越国に上陸しておりました高句麗の遺民もこの百済クーデターに参加しておりましたが故に、正史（『続日本紀』）

におきましては「渤海」のことを、既に滅びた故国「高麗（こま）＝高句麗」の名でもって表現していてくれたのだ、という奇妙な現象の謎も、このことによりまして初めて解けることになるのです。

＊高句麗から渤海への変化は、渤海は高句麗の遺民が建てた国でございますから、実質、王姓が「解＝高」から「大」に変わっただけでございまして、ですから「後高句麗」とも言われておりますよ。

これまた、その基本思想を日本列島「土着」に「衣替え」した（朝鮮の故国が滅んでしまい、二度と再び故国へ戻ることが不可能になってしまったからなのですが）平安朝の百済系天皇家にとりまして、「万世一系」「天孫降臨」の最高思想とはとうてい相容れない史実でございましたので、ここでもまた渡来の真相は抹殺されてしまったのです。

これらのことを十分に理解しない限り、永久に古代史は「白い霧」の中に包まれてしまったままで晴れては来ないのです。

＊更に、日本の国家の正史でもございます『日本書紀』に記載されております出来事の舞台の大部分が、実は、当時（五六二年まで）海峡国家でありました倭国（金官・安羅）の朝鮮半島における百済や新羅との駆け引きや争い、または、百済や高句麗の祖地の満州での出来事（「八岐大蛇（やまたのをろち）」神話など）であったものが、何故、日本列島での出来事に移されて記されてしまっていたのか、という重大なことにつきましては、後に詳しくアナタに申し上げたいと思っております（二三2）。『日本書紀』の記載の中で、実は、日本列島での出来事ではなく、朝鮮半島を含めた大陸がその舞台であった主なものといたしましては、本書の項目二7、8、三1、八1、九9、一〇1、一一2、3、一五2、3、一六3、一八6、二三2、二四3、二九3などがございますので、アナタがこの部分をお読みの際には、右の点にご注意下さい。

では早速、アナタとともに、実質「騎馬民族征服王朝」「日本書紀の改竄」などのみならず、その前提ともなっている朝鮮本国における「朝鮮史の偽造」のそれぞれの過程（歴史の勉強におきましては、結論よりも「その過程」が特に大切だからなのです）について、きちんと一つ一つ証拠を引きながら分析していくとともに、『日本書紀』を確固不動の正しい史実として信じて疑おうとはしないアカデミズムの通説に対しまして、今までとは全く異なった「新しい切り口」でズンズン迫っていきたいと存じます。

まずは、私はこれから、『日本書紀』の天皇系図の探究という、今まで神聖にして触れることが許されなかった（アンタッチャブルでございました）古代の「夏草の茂み」の中に勇気をもって踏み込んで、よく切れる蛮刀で「小径」を自我作古（我よりいにしへをなす）の心意気で切り開いてまいりますので、その跡をアナタがその「道」を踏み固めながらついて来て下されば、古代へ通じる道が必ずや開かれるものと信じております。私とアナタとの共同作業としての一つの新たなる歴史（新「騎馬民族征服説」）の探究が、今、正に、ここに始まろうとしているのです。

第一章　日本書紀の天皇系図の基本は百済王家

1、平安朝は百済亡命政権

（1）「扶余（高句麗・百済）系神話」と「日本書紀・古事記の神話」は構造が同じだった

『日本書紀』における天皇系図の最終確定は平安時代ですので、その基礎資料（モデル）となったのは「百済王の系図」ということになってまいります。それではまず、本題に入ります前に、奈良朝から平安朝に至りますときに「百済からの亡命民」が、新羅系天皇家から王権を剥奪し、「百済・扶余系」の材料で、その「建国神話」を作って、それまでの『日本書紀』の「新羅・伽耶系」の「建国神話」を改竄してしまっていたということの「触りの部分」だけでもちょっとお話し申し上げてから、次に、早速、平安朝への魁（さきがけ）ともなりました光仁天皇が百済王（くだらのこにきし）であったということのお話へと入っていきたいと思っております。

　大王系図上、例えば「神武大王」「高句麗王子罽須（けいす）」「扶余王仇台」「百済王仇首」が何故、皆「同一人」であったのか、ということにつきましては、これから先、この本の中のいたるところで十分に分析してまいりますので、どうかご安心下さい。ここではまず、「扶余（高句麗・百済）系神話」と「日本紀・記の神話」とが本質的に同じ構造を持っているということ、そしてそれは何故なのかということを手短にお話ししてみたいと思います。

　『古事記』におけます建国神話を、一言で申し上げますと

A（イ）兄の五瀬（いつせ）と同母弟の伊波礼比古（いわれひこ）（＝神武）の兄弟は、九州から主として

（ロ）海上を東行し、前半は

（ハ）兄の五瀬が活躍いたしますが（一〇6）、兄の五瀬は、当時の大阪はまだ「河内湖（潟）」の状態でございました日下（くさか）の蓼津（たてつ）で、ナガスネヒコと戦った際に流れ矢が肱脛（ひぢはぎ）に当たって負傷し、やがて紀伊の名草に至り

（ニ）死んでしまいます（一五1）。

しかし、後半の物語は、

B（ホ）弟のイワレヒコの方は、その後、熊野を回り、

(へ)陸路北上し大和を征服し、
(ト)そこに王都を建てることが出来、
(チ)その初代王となったのでした。

では、この点百済の建国神話の方ではどうなっているでしょうか。

A(イ)高句麗初代王の朱蒙の子である兄の沸流と弟の温祚の兄弟は朝鮮半島を南下し(一五1)、

*本当は、この沸流と温祚は、朱蒙の子(「百済本紀」)ではなく、母は同じ召西奴でありましても、召西奴と先夫の優台との間の子であったのです(同書注。一五3)。

「東明」(諱は鄒。音通で朱蒙)を高句麗の始祖とした中国史は、何と!『梁史』(唐の貞観三年〔六二九〕に撰せられた南朝の梁〔五〇二年建国〕の四代を記したもの)が初めてなのです(そんなに古くはなかった)。但し、新(八〜二三年)の王莽の将軍の厳尤に惨殺されました高句驪侯の騶(『後漢書』高句驪条)が、右の鄒と同一人であった可能性も大です。と申しますのも、孟子の故国の鄒のことを騶とも言うからなのです。この直ぐ後、高句驪王は下句驪侯とされてしまいます(右『後漢書』。但し、『漢書』王莽条では「王→侯」の記載はありません)。

(ロ)海の近くに住んだ
(ハ)兄の沸流は都市づくりに失敗して
(ニ)死んでしまいます。

*実は、このとき兄の沸流は朝鮮で死んだのではなく、朝鮮半島の南部から日本列島へと早々と渡来して、物部氏の祖神の饒速日命となって、各地に「磐船・岩船・石船・イワフネ」の地名を残しているのですが……(一七1)。

沸流(=ぷる)百済が朝鮮半島を南下して建てた韓でしたから、その名残で、古くは「弁韓=卞韓=ぷるはん」と言われていたのです(なお、「弁帽=幘」につき、別述)。

しかし、

B(ホ)弟の温祚の方は、
(へ)内陸に住み、都市づくりに成功し、
(ト)百済を建国することが出来、
(チ)その初代王となったのです。

このように、両国の建国神話を一言で申しますと、

A「兄は海を行き失敗し死に至り」
B「弟は陸を行き成功し初代の王となる」

という「弟」有利、「陸」有利の構成であり、日本紀・記と「百済本紀」とでは、そこに記されております建国神話の「骨組み」が恐ろしいほど同一であったということが、アナタにもお判りになっていただけたことと存じます(九9)。ということは、早い話が、百済神話が日本神話のモデルであった、ということにもなって来るのです。序でながら、その百済の更に母国や兄弟国でもございます扶余や高句麗の神話と日本列島の神話との基本的な類似性につきましても、もう一歩踏み込んで、だめ押しの意味で、ここでアナタと一緒に見てまいることにいたしましょう。さて、

それはどのようになっているでしょうか。

（イ）スサノヲとアマテラスの「対立」、

（ロ）アマテラスがスサノヲの子の天忍穂耳などの五柱を「自分の子とする」こと、

（ハ）岩戸に「篭る」こと、

（ニ）やがてスサノヲは「根の国に去る」

と言う日本列島の神話と

（イ）解慕漱（天王郎）と川の神の河伯の「対立」、

（ロ）天王郎が河伯の「女」柳花と結婚し「朱蒙を生む」こと、

（ハ）皮輿（または優渤水）に「閉じ込められ」てしまうこと、

（ニ）やがて天王郎が「天に戻る」

と言う扶余の神話（『三国史記』「高句麗本紀」、『三国遺事』など）とが、これまたその「基本構造」におきまして瓜二つなのです（一五3）。

　このように「日本列島と百済」のみならず「日本列島と高句麗」「日本列島と百済と高句麗の母国である満州の扶余」までもの建国神話の基礎構造が、夫々右にお話し申し上げましたように全く同一であると言うことは、取りも直さず、その同じ神話を持った人々が、満州の扶余から朝鮮半島の高句麗・百済へ、そして更には日本列島へと渡海して来ていたということの証明にもなっていたのです。

　このように『日本紀』と「百済本紀」及びその母国でもある扶余の「建国神話」が、その主たる構造におきまして同一であるということは、取りも直さず、平安天皇家が百済王家であったと言うことに他ならず、このことは、平安朝に、それまでは「百済からの亡命民」であった「民間人」が、新羅系の天皇家を奪い取って現行のように『日本紀』『古事記』の「建国神話」を作り変えてしまった――その前からあったものを、このように改竄してしまった――のだということにも繋がって来ていたのです。

　さて、次に、朝鮮史・中国史から、より詳細にその証拠を引きまして、日本紀との対比をあらゆる角度から試みながら（人史学）、「これらの点」をアナタと共にこの本の中で検証してまいりたいと思います。

2、光仁天皇は百済王文鏡

(1) 光仁天皇は百済王文鏡だった

　現行の『日本書紀』の基礎資料（モデル）となりましたのは「百済王の系図」だったのです。何故なら、平安朝とは、一言で申しますと、「クーデター」により新羅系の奈良朝を倒して樹立した「百済の亡命政権」だったのでございまして（二六。その証拠はと申しますと、後に十分に申し上げますように、アナタもよくご存知の大和国中の「地名」や「川名」や「王宮名」の中にも、今日まで「生きた化石」としてちゃんと残っていたのですよ。二三2）、その魁ともなりました初代の光仁天皇とは、百済王である敬福の子の「文鏡」のことだったのです。

この「王」という漢字は姓（＝地位）を表しておりまして「コニキシ」と読みます。これは「王様＝King」のことではありません。人のある種の肩書きなのです。

＊学者でも、ウッカリして（?）講演で「コニシキ」なんていっている人を時々見かけるのですが、アナタは注意して下さいネ。元お相撲さんの「小錦」なんかではありませんからネ。「シキ」ではなく「キシ」ですから。

この「姓」は、四七五年にはひとまず滅び、熊津で復活し（三〇2、二8、一七4）、次いで六六三年には完全に滅んでしまいました、本国の「百済王直系の渡来人」である最終王・義慈王の子の「禅広＝善光」の一族のみに、朝廷から与えられましたカバネに類するものだったのです。これは百済が滅んだときに母国百済に帰らなかった「善光＝禅広」に「藤原朝廷＝持統天皇」から賜号されたもの（『続日本紀』称徳条。善光の曾孫に当たります百済王敬福が亡くなった時の記述。天平神護二年〔七六六〕六月二十八日）であると記されております。

＊体系上では、この善光と百済王子・余豊璋（天智大王のモデルの二分の一）とは、本来は兄弟ですので、同位置にございます。

舒明—天智（余豊璋）—施基皇子—光仁天皇・道鏡

義慈王—善光—（二代）—百済王敬福—光仁天皇・道鏡

このように比較いたしますと、光仁の一つ前は「施基皇子＝百済王敬福」という図式が炙り出されてまいりますよ。光仁天皇の即位の高齢化（出生七〇九年、即位七七〇年）や桓武天皇の即位のやや高齢化（出生七三七年、即位七八二年）を考えますとピタリと合ってまいりますから不思議です。

因みに、この百済王の「善光」に関してですが、信州のこの名を冠した善光寺は「百済寺」（『聖徳太子伝私記』）とも別名で言われておりまして、しかも、ここの秘仏のご本尊は、真中にある如来仏に両脇侍がかしずいておりまして、それを舟形の光背で覆う形の「一光三尊形式」に近いものであり、これは正に百済伝来の様式であるとも言われております。

また、一般に「百済寺」と言われているお寺は、この信濃の国のみならず、全国で少なくとも五カ国も見られるのですよ。その中でも、特に大和国一国における百済寺の変遷を見てみましても、熊凝精舎→百済大寺→高市大寺→大官大寺→大安寺（「大官大寺を大安寺と改む」『扶桑略記』天平十七年〔七四五〕。もう一つのルートが熊凝精舎→額安寺）というように、百済寺はこの大和の国の中だけでも五回も変遷して奇数な運命を辿っているのです（一三2、八4、七4ノ33）。

＊この途中で、百済大寺から新羅系の大官大寺へとも変わってしまっておりまして、これも新羅系へと天皇家が変わったことの有力な証拠の一つともなっていたのです。

そして、この右の文鏡の兄こそ、彼の有名な「怪僧」の、同じく百済王の姓を持ちます道鏡のことだったからなのです。光仁天皇と道鏡とは「兄弟」（『本朝皇胤紹運録』）であるとされておりますし、この道鏡とは百済王の姓を持つ道鏡のことですので、

郵便はがき

料金受取人払

大崎局承認

4836

差出有効期間
平成19年6月
12日まで
（切手不要）

141-8790

115

東京都品川区上大崎2－13－35
ニューフジビル2階

今日の話題社 行

■読者の皆さまへ

ご購入ありがとうございます。誠にお手数ですが裏面の各欄にご記入の上、ご投函ください。
今後の企画の参考とさせていただきます。

お名前	男 女	才
ご住所　〒		
ご職業	学校名・会社名	

今日の話題社・愛読者カード

ご購入図書名

ご購入書店名

※本書を何でお知りになりましたか。

イ　店頭で（店名　　　　　　　　　　）

ロ　新聞・雑誌等の広告を見て

（　　　　　　　　　　）

ハ　書評・紹介記事を見て

（　　　　　　　　　　）

ニ　友人・知人の推薦

ホ　小社出版目録を見て

ヘ　その他（　　　　　　　　　　）

※本書について

内容　　　（大変良い　良い　普通　悪い）

デザイン（大変良い　良い　普通　悪い）

価格　　　（高い　普通　安い）

※本書についてのご感想（お買い求めの動機）

※今後小社より出版をご希望のジャンル・著者・企画がございましたらお聞かせ下さい。

出版したい原稿をお持ちの方は、弊社出版企画部までご連絡下さい。

そういたしますと、その兄弟が百済王なのですから、当然、その一方の光仁天皇も百済王の「姓」であり、百済からの亡命民の末裔であったということになりまして、更に、実は、この光仁天皇は百済王「文鏡」と同一人であったということが判って来るからなのです。

＊尚、道鏡は皇胤との考えと、百済クーデターにつき、三一2。更に、「光仁天皇＝百済王文鏡＝百済王理伯」で、三者が同一人であったという点につき、後述。

光仁天皇も道鏡も、共に、「平安紀レベル」におきまして作り出された天智大王（実は、新羅太祖武烈王と百済の仮王であった余豊璋の二者をプラスしたものが「平安紀＝現行日本書紀」での「天智大王のモデル」となっていたのです。この点は、先程も少し申し上げましたが、後にもまた判りやすくご説明いたしますので、どうかアナタもご安心下さい）の子の、施基（しき）皇子（「芝基」〔『日本紀』天武八年五月六日、朱鳥元年八月〕。「志紀」〔『続日本紀』大宝三年九月三日以下〕。「志貴」〔『続日本紀』和銅元年正月十一日以下〕。「志貴」〔『万葉集』〕）の、そのまた子とされております。

＊尚、「藤原仲麻呂の上表」は、右の『本朝皇胤紹運録』や『公卿補任』に反しまして、その出自を隠し、道鏡が物部守屋の末裔（但し、扶余・百済系という点では、そのどちらにいたしましても同じことなのですが）という考えを採っております。

この施基皇子とは、新羅系天皇の系図と百済系天皇の系図の「怪しげなジョイント」の為に、平安紀において、文鏡・道鏡などの父である百済王敬福をモデルとして作り出された実に不可解な人物だったのです。と申しますのも、母は、越の道君・伊羅都売で、それ程有力者の女ではありませんし、室につきましても、一応系図上は天武に繋げてはおりますものの、これまた母の出自があまりパッとしない多紀（託基）皇女（ひめみこ）と、もう一人の妻も、これまた出自があまりパッとしない紀諸人の女の紀橡（つるばみ）姫（橡＝トチ・クヌギ）だからなのです。この橡姫が光仁天皇の母であり、この人に「皇太后」の追尊号を勅するときにも、単に「先妣」紀氏としか出てこないくらいなのです（『続日本紀』光仁天皇宝亀二年〔七七一〕十二月十五日）。

＊ここでの「こういう」女の書き方は、男尊女卑の古代朝鮮におきまして、祖先の門中（男系の宗族）・本貫を表す台本とされました「族譜（チョクボ）」の書き方と、正にそっくりなのです（二4）。

このように、施基皇子の妻の出自を、系図上、無理に天智大王に繋げていることがミエミエだからなのです。

＊因みに、この天智大王の子とされている「施基皇子（しきのみこ）」と、天武天皇の子とされております「磯城皇子（しきのみこ）」（母は宍人臣（ししひと）檞媛娘（かじひめのいらつめ）。但し、『紹運録』では宍人臣大麻呂（ししひとのおおまろ）の女・椒媛としています）とは全くの同音なのですが、この二人は全くの別人ですので、アナタもこの点をくれぐれも混同しないようにして下さいネ。

こういう同名の皇子の存在は、国情に疎い（しかも東夷の小などに殆ど関心も無かった）外国人（特に、唐の外務官吏、対し、系図上のジョイントをごまかして説明するのにはもってこいだったのです。

しかも、この皇子が存在しませんと、「天皇系図が奈良朝から平安朝へと絶対に繋がって来ない」ということにもなるキーポイントの、ウルトラ級の超重要な人物であるにも拘わらず、この「ジョイント」たる施基皇子の存在自体が頗る疑わしいからなのです。

と申しますのも、この施基皇子の死につきましては、霊亀二年（七一六）八月十一日薨（『続日本紀』元正条）とあるかと思えば、霊亀元年（七一五）九月薨（『万葉集』第二巻二三〇題詞）とあったりいたしまして、必ずしも一致していないからなのです。この点、アカデミズムは「元正天皇即位により葬送延期か」などと言ってごまかしておりますが、死んだ日は変わりっこありませんよね。しかも、それのみならず、この皇子は天智大王の第七子（『続日本紀』元正条）とされているかと思えば、また、天智大王の第三子（『元暦校本』裏書）ともありまして、このような重要なことが何故か一致していないからなのです（まるで架空の人間である聖徳太子の死の年月日と同じようにユラユラしておりますですね。一二3）。更に、加えまして、文武天皇崩御の際のこの皇子の位階につきましても「三品志紀親王」（『続日本紀』文武、慶雲四年〔七〇七〕六月十五日）とあるかと思えば、その翌年の記載には「授四品志貴親王」（『続日本紀』元明条、和銅元年〔七〇八〕正月十一日）と一品下がって記されているからなのです。

後世の方が位階が低いなどということは、通常ことだからなのです。そういたしますと慶雲四同じ正史上での、しかもほぼ同じ時期の記載であどちらかの記載は誤りということになってまいりま

このように、同一の正史上ですらも、この「超＝ウ要な天皇系図上の位置におります施基皇子という人は矛の皇子なのでございまして、このことは、取りも直さず、の作者（ライター）が無理をしてこの天智の子としての「架空」の施基皇こしらえ、実は、この人を「媒介＝ジョイント」といたしまし「新羅系から百済系」へと天皇系図を繋げ（橋渡し）ているということが、その系図自体からも明白に読み取れるからなのです。と申しますのも、何度も申し上げておりますように、この施基皇子は光仁天皇と道鏡の父だからなのです（『本朝皇胤紹運録』）。

しかも、このように、施基皇子は光仁天皇（白壁王）の父として、天皇の追尊（田原天皇・春日宮天皇）まで受けているような大物でありながら、何と！その生年すらも不明となっているのですよ。これは、どう考えてもおかしい！ことですよね。加えまして、光仁天皇の母（施基皇子の妻）は、先ほども申し上げましたように、紀朝臣橡姫とされておりまして、これまた、あまりパッとしない人物なのです。

＊有名豪族から系図を繋げますと、直ちにその矛盾からボロが出てしまうからなのです。

また、この「光仁天皇＝百済王文鏡」という考えは、七六五年

に従五位下になりました百済王文鏡が、七六六年（天平神護二）五月十日に出羽守に任官できた（『続日本紀』）にも拘わらず、その後、全く正史から消えてしまっている（三一2）という正史上の分析からも推測出来ることだったのです。そして、その理由はと申しますと、日本紀上では七七〇年（宝亀元）十月頃に百済王文鏡が光仁天皇として即位したことにしてしまいましたので、この時点におきまして正史上の他の場面からはこのモデルとなった百済王文鏡を消さざるを得なくなってしまったからだったのです。

しかしながら、このように平安朝におけます「日本書紀の改竄」で、光仁天皇がこの年に即位したようにしてしまいましたので（『続日本紀』）、この宝亀元年の時点におきまして百済王文鏡は『続日本紀』上からは突然消えざるを得なくなってしまったのですが、その実際のところはと申しますと、その五年後の宝亀六年（七七五）の井上（前）皇后の暗殺の時まで、光仁は即位してはいなかった（出来なかった）ものと考えております。

＊廃后ないしは暗殺されるまでは、私は井上内親王――新羅系最後の男王（廃帝淳仁を除く）であった聖武天皇の女――が天皇であった可能性が高いと考えております。（二六1、三一2）

宝亀五年（七七四）三月五日には、百済王武鏡が同じ出羽守に任命されておりますが（『続日本紀』）、このとき前出羽守の百済王文鏡は、一体どうなってしまった！のでしょうか。このような複雑な経緯が裏に隠されておりましたので、今までアナタにこの「光仁天皇＝百済王文鏡」という謎が解けなかったのです。

(2) 百済からの亡命民の王（コニキシ）が晴れて天皇となる

さて、前述のように「コニキシ」とは、百済王家の「王」そのものの名（王号）が一種の姓（かばね）として日本の天皇から下賜されたものでございまして、ちょっと姓としましては異例なのですが、その根拠は中国史や日本の正史によりますと次の通りです。

「禅広因て国に帰らず、藤原朝廷（持統天皇）号を賜ひて百済王と曰ふ」（『続日本紀』天平神護二年〔七六六〕六月二十八日。禅広の曾孫の敬福（きょうふく）が薨じた日の記載）

「百済王　姓餘（よ）氏　号於羅瑕（おらか）、百姓呼為　鞬吉支（けんきし）、夏言並王也」（『北史』『通典』）

＊この中の、上から十字目の百済語での王号であるオラカの「瑕＝カ」の文字が特に重要なのでございまして（牛偏の字であることに特に注意）、これは扶余・高句麗語の「加」と同じく、古くは「王」そのものを表しておりました（二九1）。契丹語の「呵」、任那（倭）語の「旱岐（かんき）」、新羅語の「干貴」、蒙古語の「汗」「可汗」も、皆同じウラル・アルタイ系の「王」「族長」を表す言葉だったのです。

他方、百姓が王を呼ぶ名は『周書』では、鞬吉支（たるきし）と表示されております。また、王妻は『北史』『通典』では於陸（おりく）と号したといわれております。

しかし、この百済王という姓を、このとき下賜したのが持統天皇とされておりますが、後に述べます理由から、私はこの持統天皇（高天原広野姫）は「架空」の存在（平安紀上での、天智から天武へのジョイントのために挿入された天皇。しかも、天智の女で天武の妻ですよ）であったと考えておりますから（八4）、そもそもこの賜姓自体が後世（平安朝）になってからの日本紀の改竄による作為に過ぎなかったと考えております。

実は、これらのことは、北畠親房が中世にいみじくも記しておりますように、この頃（八世紀後半）になってから、平安天皇家が、単なる亡命民間人としての「百済人」から、貴族としての「百済王」へと変身を遂げた（そのときになってから、百年前の「白村江の役」の敗戦に遡りまして、貴族であったことにしてしまっていた）からだったのです。このように、百済の「王＝コニキシ」とは、朝鮮半島での「百済での王号」である「鞬吉支」（吉支＝吉士＝王人＝使者＝使主）が、実に不思議なことに「ほぼその同じ名前（しかも、同じ朝鮮音）のまま」で、日本列島におきましても天皇から下賜された超特殊なカバネ（姓）の一種として用いられていた、という異様さをアナタにも判っていただけた筈です。

光仁天皇と化した百済王文鏡以外の百済王である兄弟のその後の運命については、『続日本紀』上では改名されていない兄弟である兄の道鏡（これは、全兄弟が改名いたしますと、天皇家の乗っ取り〔平安朝の成立〕がバレ易いので、主役の「文鏡＝光仁天皇」だけに留めていたからなのです）が七七二年に死亡しているほか、その弟の武鏡や玄鏡の兄弟も、それより二、三十年後の、つまり百済王武鏡は七八四年まで、百済王玄鏡も七九〇年まで、ちゃんと『続日本紀』の正史上に登場しているのです。

この「百済クーデター」という事実の隠蔽につきましては、北畠親房が「昔、日本は三韓と同種であったが、彼の書は桓武の御世に焼き払われてしまった」（『神皇正統記』）と慧眼を持って、既にこの時点におきまして、否、この時点（近かった）であるからこそ、いみじくも喝破していた（一七8、五6）のみならず、より古い他の資料によりましても次のように、

「自此之外更有帝王系図（以下、割注）天孫之後悉為帝王、而冊（此）書云、或到 新羅高麗為王、或在民間、為帝王者目（因）茲延暦年中下符諸国令 焚 之而 今猶在民間 也」

（『弘仁私記』序）

とあるからなのです。

問題は、この中に、ズバリ！「天孫の子孫（渡来系）が全て（悉く）帝王になった」と、今日の天皇家の人々がお聞きになれば、ビックリするようなことが記してあったにも拘わらず、つまりここには、「新羅・高麗」は表示してあるのに、何故か「百済」というズバリの語が見えないではないか、という人がおられますが、この『弘仁私記』が書かれましたのは平安朝でございまして、正に、この時は百済人の支配する王朝下なのですから、露骨には「百済」とは書けなかったのですが、とは申しましても、次の、「或」で始まる文章の「或在民間、為帝王者」（「民間人が天皇になった」）という婉曲的な表現の中にこそ、ちゃんとそのこと（北畠が後に言うところの焚書のことも含めまして）は書いてあ

ったのでして、このことは、ここに亡命百済人（民間人）が天皇になったことを北畠親房や『弘仁私記』の作者がちゃんと示していてくれていたのです。

＊この点と『万葉集』との関係、特に、額田女王と鏡王女との関係につき、二三8。

と申しますのも、このことは「白村江の役」の後、新羅占領下での日本列島の鄙の地におきまして、それまでは「民間人＝無冠の人」として隠れるようにして細々と食い繋いできた人々のグループの中から、晴れて天皇が出たということを示していたからなのです。この点、日本の正史にも、

「高麗百済二国士卒。遭本国乱。投於聖化。朝庭……」（『続日本紀』元正帝、養老元年〔七一七〕十一月八日）

とありますことも、何処かでは関連していたものと思われます（奈良紀の残照か）。その後のことなのですが、「百済亡命者」が隠れ住みました場所につきましての口碑の一例といたしましては、九州・宮崎県の小丸川上流の「南郷」、耳川上流の「東郷」「西郷」（これらの上流が、あの哀調のこもった「庭の山椒の木の鳴る鈴……」の歌で有名な椎葉ですよ）、五十鈴川上流の「北郷」などがその例です。

＊ですからその関係で、何故、南九州に、「平安紀」（現行日本書紀）における天皇家の祖先である百済王家のイワレヒコ（神武大王。三二1）以前の、ニニギ（曽祖父。可愛〔可愛此云埃〕山上陵）、ホホデミ（祖父。溝辺山上陵）、ウガヤフキアエズ（父。吾平山上陵）などの「山陵」の伝承（及び、それに基づく、後世のそれらの山陵の築造――つまり偽造――をも含めまして）が残っていたのか、ということが理解出来るのです（二三5、七4）。

この古くは九州の山奥が百済亡命人の「隠れ里」でございましたことは、口碑のみならず、この「南郷」のある小丸川の河口近くの右岸（児湯郡高鍋町大字中鶴）には、この少し後のこととなりますが、「毛比呂計神社」という神社がございまして、「百済の禎嘉王とその子の福智王が孝謙天皇の世に乱を避け、百済から安芸厳島経由で児湯郡蚊口浦に至り、そこで船が沈んだ」と社伝で伝えられているからなのです（孝謙天皇退位は七七〇年）。因みに、孝謙天皇の時代は、既に百済が滅びましてから九十年近くもたっております（七三五年からは「統一新羅」の時代です）。山峡の、いわゆる今日「平家の落人部落」と一言で申しましても、このように古くは百済亡命民や、新羅の亡命民や、平家とは逆の、後の源氏の隠棲者や、かようにして後の全ての乱から逃れて来た、その種の人々の「混合」であったとアナタは考えなければいけなかったのです。平家という冠（ブランド）に惑わされてはいけなかったのです。皆がこのブランドを用いて同情を買おうとしたからなのです。

尚、この禎嘉王妃を祭った「大年神社」というのも、その近くの高鍋町大字持田にございます。

先程の毛比呂計神社は、かつて「裳廣解大明神」（『高鍋藩寺社

帳』)、「級大明神」(『比木寺社帳』)とも呼ばれておりました。それは、このとき百済王の衣が海水で濡れたので上陸して石の上で乾かしたことに因みまして「裳拡げ」と言われていたということなのです。

*近くに「石船」の地名あり。これも「ニギハヤヒ=物部氏の祖(沸流百済系)=モデルは百済5肖古王」の朝鮮半島から天降りしたときの、天磐楠船や右の大年神の伝承とも関連しているかもしれません。また、古墳などの石船という名は、物部氏の移動の跡を示しております。

尚、この二人の百済王につきましては、児湯郡木城町の比木神社に伝わります『御比木神社縁起』によりますと、天平勝宝八年(七五六)の百済国内の大乱のとき安芸厳島に逃れ、二年後に父禎嘉王は今日の日向市金ケ浜に、子の福智王は高鍋町蚊口浦古港に上陸し、そして死後は、禎嘉王は東郷町の「御門神社」に、福智王は妃とともにこの「比木神社」に合祀されたと伝えられております。

これらの縁起の百済から亡命して来たという内容には、疑問な点も少なくはないのですが、相当具体性もあるところから全くの出鱈目ということではなく、遠い昔のある出来事(例えば、奈良時代になってからの日本国内、特に地方における新羅系と百済系の騒乱などの際の逃亡も)が集約されての投影(一七1)ではないかとも思われるのです。と申しますのは、丁度この頃は日本列島におきましても、藤原百川(式家)の新羅系天皇家への裏切りにより、朝廷内での力関係が「新羅系から百済系へ」と微妙に変化していく分水嶺のときでもある「七五〇年ライン」(三一2)の辺りだからなのです。

*聖武天皇の薬師寺への幽閉は、天平二十一年(七四九)五月二十三日です。(三一2必見)

因みに、先程の蚊口浦には、鵜戸神宮の分社の「鵜戸神社」も存在しているところから考えますと、この社の本宮「鵜戸神宮」(百済系天皇家の祖先神を祀ってございます)が、何であんなに辺鄙な日南の海岸の、それも鵜戸岬の岩屋の中なんかにあったのか、ということの謎も解けて来るのではないかと思われます。それは、取りも直さず、亡命百済王の一族が騒乱(その縁起のいう年代から考えまして、その原因となった騒乱が朝鮮半島のものではなく、前述のように、奈良時代の日本列島内での新羅系と百済系の権力闘争であった可能性も否定出来ないからなのです)を逃れ船出して、ここに漂着し暫くはここに留まりましたので、やがて平安朝の百済系の世になって以来、今日に至るまで百済王室の祖神のウガヤフキアエズ(「神武=モデルは百済6仇首王」の父)が、この九州の辺鄙な場所に祭られ続けていたということだったのです。

因みに、平安朝に移行するに際しまして(または、平安朝で)、百済系の人々が歴史を大幅に改竄してしまいましたことにつき、『秀真伝』前編を撰修いたしました大物主櫛甕玉の七十八世の孫、和仁估容聡(『秀真伝』後編を撰修いたしました「大直根子=三輪季聡（すえとし）」の子孫でもございます）が著しました『生洲（いくしま）（またはクニウミ）問答』（『神兆記＝カンオンシデ・モトウラツタエ』）によりますと、「称徳天皇は……日本書紀を改易す」「道鏡他の古書を焼却す」「道鏡日本書紀を改竄す」とございまして、これは正史の記載ではございませんが（とはいえ、これが日本紀や古事記とも兄弟の書でございましたことにつき、二二4）、一考に値するものと思われます。と申しますのも、この道鏡とは、北畠親房が焚書したと名指ししております桓武天皇（山部）の叔父（百済王）に当たる人なのですから。

＊『秀真伝』の「回り歌」につき、二三5は必見です。

(3) 王宮の美女は何と！百済人ばかり

では次に、宮中における「百済クーデター」というものの存在につき、全く別の面――「女」という点からの状況証拠を、ここにアナタにお示ししておくことにいたしましょう。これをお知りになれば、きっとアナタにも私の考えをご納得いただけることでしょう。そのことは、「百済クーデター」の主役の一人でもございました、天智大王の孫ということに正史上なってしまっております49光仁天皇（百済王文鏡）の、「夫人」（宝亀九年〔七七八〕には従三位となり、その子でございます桓武天皇即位の天応元年〔七八一〕には「皇太后」の称号が贈られ、同年七月二十七日には、正三位の冠位の高さに進んでおります）といたしまして、朝鮮の百済王直系の末裔である（百済都慕王十八世の孫・武寧王〔敏達大王のモデル〕の王子純陁（じゅんだ）太子こと聖明王〔用明大王のモデル〕の末裔と言われている）和朝臣乙継（やまとのあそみおとつぐ）（弟嗣）の女の高野新笠（たかのにいがさ）が入内（じゅだい）しておりますことからも頷けることだったのです。

＊桓武天皇から見まして、右の光仁天皇の夫人（新笠）の父（外祖父）でございます和朝臣乙継には、延暦九年（七九〇）十二月に正一位が追叙されております。外祖母でございます土師宿禰真妹も同様でして、かつ、土師宿禰は大枝朝臣と改められております（『続日本紀』桓武天皇条）。

高野新笠は、山部（やまべ）（＝桓武天皇）と早良（さわら）親王とを生んでおります。

次に、その光仁天皇の子の桓武天皇の後宮を覗いてみますと、更にそのこと（百済クーデターの成立）は一目瞭然だったのです。

＊この「桓武＝山部王」も、正史上は実に不可解な人間なのでして、二十八歳で初めて無冠位から従五位（貴族）になっております（何故？　それまでは民間人だったからかしら）。

つまり、桓武天皇は、正史によりましても、始めは唯の人（正に、民間人）だったのでございまして、宝亀元年（七七〇）十一月六日に至り、初めて皇族の身分でございます「親王」となっているのです（『続日本紀』）。

因みに、桓武天皇の生年は、天平九年（七三七）であり、天皇即位は、天応元年（七八一）四月三日ですので、三十歳を過ぎてから皇族となっていることが判ります。これは、父の光仁天皇（白壁）が、それまでは単なる施基皇子の子に過ぎなかったにも拘わらず、宝亀元年に天皇となりましたので、その約一カ月後に、反射的効果といたしまして、桓武天皇も皇族の一員となれたからだったのです。

尚、桓武天皇の即位は、父・光仁天皇の譲位によるものでした。この年、七八一年の十二月二十三日に光仁上皇は七十三歳で崩御しております。ということは、光仁天皇の即位が宝亀元年十月一日ですから、大変高齢の即位だったのであり、かつ、その在位も短かったのです。これはどうしてなのでしょうか？

50桓武天皇（七三七〜八〇六年）の後宮には、女御（位は「夫人」の下で、嬪と同じ待遇です）の初代といたしまして、

・百済王教法——父は陸奥守百済王俊哲。この父俊哲の副官が、後に征夷大将軍となりました、アナタもよくご存知の坂上田村麻呂でした。

が入内していると共に、その他、

・百済王教仁——啓仁。大田親王を生んでおります。父は出羽守百済王武鏡。

・百済王貞香——駿河内親王を生んでおります。父は百済王教徳。貞香の父は、百済王聡哲という考えもございます。

・百済王明信——右大臣藤原継縄との間に乙叡を生みましたが、継縄の死んだ後、後宮に入り、桓武天皇に仕えております。父は百済王理伯。尚侍兼尚膳。後宮の事務職の責任者。当然、天皇のご寵愛も受けます。百済王明信の墓は「官女塚」（下女ケ塚・家女ケ塚）で枚方市「枚方公園」入口にございます。

・百済王孝法——父は百済王孝忠。尚膳。

・百済王真徳——父は百済王教徳。女孺。

・百済王真善——父は百済王聡哲。女孺。真善の父は百済王教徳という考えもございます。

・百済王明本——父は百済王理伯。三女。

・百済王恵信——父は百済王理伯。二女。散事従二位。百済王恵信の墓は、枚方市の「官女塚」とも言われております。

など、何と少なくとも合計九人もの百済王としての「女」が入内してこのように桓武天皇のご寵愛を受けているのです。

＊因みに、女ながら、教法は従四位下、教仁は従五位下、貞香も従五位下という高位なのです。

このように桓武朝には、百済王の姓の女が九人も後宮に入っておりまして、そのうちの二人は、桓武天皇との間に「皇子・内親王を生んでいる」のです。そして、この百済王のカバネの女のみならず、百済宿禰（飛鳥戸造）などのいわゆる蕃種と当時言われておりました女たちすらも、桓武天皇の後宮には入っているのです。

右の坂上苅田麿（または苅里麿）の女（坂上田村麻呂とは姉弟。『日本後紀』弘仁二年〔八一一〕五月二十三日、田村麻呂薨去条。ここの正史では田村麻呂が、何と！「赤面黄鬚」であったと出ておりますよ。西戎の出だったのかな）の又子（イ全子。「坂上全子」『紹運録』）も、桓武天皇の後宮夫人（正五位下）となり、「桓武天皇十二皇女」の内の高津内親王を生んでおります（『続日

本後紀』仁明天皇、承和八年〔八四一〕四月十七日、及び『坂上系図』）。但し、全子は、嵯峨天皇の妃にもなったとも伝えられております（名も「金子」となっております。顕昭・古今集、註一八、所引『帝王系図』）。加うるに、坂上田村麻呂自身の女（坂上春子。「大納言田村丸女」『紹運録』）も桓武天皇に嫁がせておりまして、その間に三品・葛井親王を生ませております。

＊因みに、田村麻呂の子の広野麻呂（この人名の「広野」が訛って、今日の平野郷や平野神社の「平野」となりました）は、平野郷を荘園として与えられ、そこにその広野麻呂の子の当通（当道）が貞観四年（八六二）に抗全神社（大阪市平野区。祭神は素戔嗚尊など）を建て、その広野麻呂の塚もこの社の東方の修楽寺跡にございますし、田村麻呂の女の桓武の妃となった長宝寺開基の坂上春子の墓もこの社の南方にございます。

前述の百済系（自称は漢帝国の出自の東漢氏）のイ全子とは、ひょっとして、実はズバリ「イ＝李」で朝鮮人そのものであることを素直に表示していたのかもしれませんよ（語るに落ちるというやつ）。

更には、桓武天皇は、藤原北家の内麿の妻であった永継（ヨウキョウ。藤原冬嗣の母）をも、自分の妾（女孺）にして正三位大納言右大将良峰（良岑）朝臣安世を産ませておりますが、この永継もその出自は百済（飛鳥戸）宿禰だったのです（父は飛鳥部奈止丸。桓武と安世と僧正遍照との関係につき、後述）。

＊このように、当時の貴族のトップ、権勢比類なき藤原冬嗣の母すらも、百済系の飛鳥戸氏の出自だったのです。このように、百済王の女は、天皇家だけではなく藤原氏のトップにも食い込んでいたのです。

また、序でながら、アナタもお歩きになったことのございます「飛鳥＝明日香＝アスカ」という大和の地名が、百済語の「アンスク＝安宿」に由来するものであったことが、百済系の飛鳥戸宿禰の名前からも、アナタにお判りいただけたことと存じます。

ということは、桓武天皇という人は百済王の姓や百済宿禰を有する女人に囲まれていたことが判り、この「王宮の美女が百済人ばかり」であったということも、私のいう「百済クーデター」の存在を裏付ける有力な証拠の一つともなっていたのです（古代のみならず、中世・近世におきましても、頼りになるのは同族だけなのですから）。因みに、この桓武天皇の子の52嵯峨天皇（神野。七八六〜八四二年）の女御を見ましても、

・百済王貴命――嵯峨天皇との間に忠良親王、基良親王、基子内親王を生んでおります。父は陸奥守百済王俊哲。百済王貴命の墓といわれている河内街道西側の小封土の「姫塚」は、枚方市の「枚方公園」の西にございます土塚です。

・百済王慶命――嵯峨天皇との間に皇子二人、皇女二人も生んでおりまして、源朝臣定、源朝臣鎮（出家・白雲禅師『紹運録』。源氏系図要記）、源善姫、源若姫の母なのです。父は百済王教俊。

＊右の貴命は従四位下、慶命は、何と従三位の高位なのです。尚、前出の坂上苅田麻呂の女の全子の生んだ高津内親王は、嵯峨天皇の妃に入っております（『紹運録』）。

こう見てまいりますと、この臣下に下りました「源姓」は百済・扶余系であり、後の武士の「源氏」は新羅・秦氏系ですので（七4ノ7）、同じ「源」とは申しましても、この両者に直接の関係はなかったことになります（系図接着の偽造にご注意）。

このように嵯峨天皇の女御もまた百済系渡来人で占められていたのです。そして、ここでも、百済王のカバネの女のみならず、百済系の広井連や惟良宿禰の女も、同じく嵯峨天皇の後宮には入っております。更に、その次の次の54仁明天皇（正良。八一〇～八五〇年）のところを見ましても、百済王恵信（前出）と百済王慶命（前出）と百済王永慶（慶命の妹。高子内親王を生んでおります）が引き続き尚侍として入侍した他、このように慶命の妹の百済王永慶も女孺として入っているのです。

＊序でながら、百済亡命民の吉田（本姓は「吉」のみ）宿禰書主が、承和四年（八三七）六月にこの仁明天皇（嵯峨帝の第二子）から興世朝臣の氏姓を賜っておりますのも（『続日本後紀』）、これは嵯峨天皇と書主との個人的な関係によるものであるとアカデミズムでは頭を絞ってその理由を考えておりますが、私のように、天皇も吉氏も共に百済系だったからと単純に考えればそれでよかったのです（仲間のお手盛り）。

（4）百済王の女が多くの親王と内親王を生んだ——『伊勢物語』の作者の在原業平や『源氏物語』の光源氏のモデルの源融もその末裔

これらの百済王の女は日本の天皇との間に多数の皇子・内親王を生んで百済王室の血を日本の天皇家に注入しております。

・大田（太田）親王——母は百済王教仁。父は桓武天皇。
・駿河内親王——母は百済王貞香。父は桓武天皇。
・善原内親王——『紹運録』。母は百済王貞香。父は桓武天皇。
・忠良親王——母は百済王貴命。父は嵯峨天皇。
・基子内親王——『紀略』。母は百済王貴命。父は嵯峨天皇。
・基良親王——『紀略』。母は百済王永慶。父は嵯峨天皇。
・高子内親王——斎院。母は百済王永慶。父は仁明天皇。

＊右の親王・内親王以外は、前述の通り。

などは皆、母が百済王なのです（正史の「六国史」以外はカッコで表示いたしました）。

アンチ京都、奈良回帰派でございました平城天皇の後宮に入りました百済辰孫王系の葛井宿禰・藤子も加えるならば、藤子の生んだ阿保親王も入ってまいります。この阿保親王は、弘仁元年（八一〇）には「薬子の変」で太宰府へ左遷され、逆に、承和九年（八二四）の「承和の変」では密訴し一品の位を贈られております。この阿保親王（弾正尹）と桓武天皇の女の伊都内親王との間の子には、アナタもよくご存知の、美男の歌人で六歌仙の一人でもあり、『伊勢物語』の主人公のモデルともなりました在原業平（八二五～八八〇年）がおります。と言うことは、業平には父方からも母方からも百済王の濃い血が入っている（つまり、百済人そのものだった）ということにもなってまいります。

「世の中にたえて桜のなかりせば春の心はのどけからまし」
（在原業平『古今和歌集』）

前述のように、藤内麻呂に嫁いで、貴族のトップ藤原冬嗣（北家）を生みました百済（飛鳥戸）宿禰奈止丸の女の永継は、その後、桓武天皇の女孺ともなって、大納言良岑朝臣安世を生んでおりまして、この安世の八男が宗貞、つまり僧正遍照（遍昭。八一六～八九〇年。花山僧正。僧正は僧の最高位）であることにアナタがお気付きになりますと、和歌と百済系渡来人との深い関係がお判りになっていただける筈です。

では、次に、この僧正遍昭の有名な歌を数首あげておきましょう。

「君にめでてをれるばかりぞ女郎花われおちにきと人にかたるな」（『古今和歌集』秋の歌、実は「恋の歌」）

「みな人は花の衣になりぬなりこけのたもとよかわきだにせよ」（『古今和歌集』哀傷の歌）

このように、実は、「和歌と朝鮮系渡来人の血」とは切っても切れない縁で結ばれていたのですよ（一二三5）。

以上申し上げました百済王は皆、女性なのですが、アナタは平安朝の初めに、百済の最終王・義慈王（第三十一代）の子の善光（禅広）の子孫であるところの百済王などの渡来人の女性達が、こんなにも沢山天皇の後宮に入り、しかも、天皇の子を生んでいたということを、どうお思いになりましたでしょうか。そして、このことを今まで十分に知っておられましたでしょうか。これらのことは、何ら隠されたことではなく『続日本紀』『日本後紀』『続日本後紀』のみならず『日本文徳天皇実録』などの日本の正史をよく見れば、この後の天皇と百済王とのことについてまでも、正々堂々と出ていたのです。このように延暦・弘仁から承和の頃までに、百済王の姓の一族は、男女合わせまして、正史・六国史その他に、何と！七十名以上もその名を残しているのです。

＊『続日本紀』には三十九名、『日本後紀』『続日本後紀』『日本文徳天皇実録』には四十二名の百済王の表示が見られます。

平安朝初期にこんなにも沢山の百済からの渡来人の女が、天皇家に入って「皇子を生んでいる」のです。これでは平安朝の曙は、正に、日本列島に「お国替え」して（唐と新羅によってさせられて）リニューアルされた「百済王朝そのもの」ではありませんか（二六1）。

＊それにアナタ、『源氏物語』の主人公の光源氏のモデルは、藤原道長よりも源融（源左太臣融。大阪市北区に七堂伽藍の太融寺を建立しております。寛平七年（八九五）八月二十五日没、七十四歳。『扶桑略記』）の方が有力なのですが、この嵯峨天皇を父とし大原真人全子を母として生まれ、臣籍に下って源姓になりました嵯峨天皇の皇子（桓武天皇の孫。但し、仁明天皇の皇子となっております）にも百済王の血が色濃く流れていたのですよ（九4）。

但し、仁明天皇より以降は、何故か！表面上はこの流れがピタッと止み、アナタもよくご存知の通り、これら百済王の代わりに藤原氏（伽耶系・唐人系の四族の合体）が取って代わり外戚として権力を振るうことになります（四1）。

そこで、少し穿った見方をすることが許されるといたしますと、六六三年の「白村江の役」以降の「五月雨式亡命」の当時は、先程も少し述べましたように、山奥に隠棲し賤民に近かった「百済からの亡命王子たち」も、後世、七七二年以降に至り、百済系が平安クーデターを成功させた結果、六六三年頃の渡来したそのときに百年以上遡りまして、「百済王」の姓を天皇から下賜されていた正式な日本の支配階層（貴族）であったのだということにし、日本紀以降の正史上その百済亡命貴族の主流の全部を一律に「百済王」と変えて、地位をアップして記してしまっていたというのがその真相だったのです（先述の北畠親房の書も実質同旨）。

(5) 光仁天皇の素顔「百済王文鏡」は百済王理伯と同一人か

さて、右に百済王の姓を持つ女性と天皇との深い関係を見てまいりましたので、ここで更に、一歩進めまして、アナタと共に、光仁天皇の素顔につきましてもちょっとだけ覗いてみることにいたしましょう（本邦初公開）。

前述のように、百済王武鏡の女でございます百済王教仁が、桓武天皇との間に大田親王を生んでおりますが、この教仁の父の武鏡と、文鏡・道鏡・玄鏡とは、夫々兄弟の関係にございまして（別述）、かつ、文鏡は光仁天皇とも同一人ですので、そういたしますと、道鏡も光仁天皇も、共に百済王の姓であったということが判ってまいりますと共に、右の武鏡の父は百済王敬福（百済王善光の曾孫）なのですから、よって光仁天皇の父も百済王敬福であったことになって来ざるを得ないからなのです。

＊やっぱり、光仁天皇は、天智大王の子の施基皇子の子などではなかったのです。

尚、右の、理伯の女の百済王明信は、藤原継縄との間に乙叡を生んだ後、桓武天皇の後宮に入り尚侍となっておりますし、右の、理伯の子の百済王俊哲の女の百済王貴命は、嵯峨天皇との間に、忠良親王・基良親王・基子内親王を生んでおり、このように、百済王は、平安時代を代表いたします桓武天皇・嵯峨天皇・仁明天皇の三天皇の後宮に、少なくとも八人もの女を入内させておりますと共に、その間に天皇の子を十三人も生んでいる！のです。

そういたしますと、百済王敬福の長男は百済王理伯ですので、どうしても「光仁天皇＝百済王文鏡＝百済王理伯（に相当する人）」であったのだという、一人三役の凄い結果！に落ち着かざるをえないのです（百済王〔コニキシ〕氏系図参照）。

＊穿った見方をいたしますと、49光仁天皇のモデルは百済王文鏡こと理伯、50桓武天皇のモデルは百済王俊哲（桓武はこの百済王俊哲の従姉妹の百済王教仁と結婚し、その間に大田親王が生まれております）辺り、52嵯峨天皇のモデルは百済王教俊（嵯峨はこの百済王教俊の姉妹の百済王貴命と結婚し、その間に忠

良親王・基子内親王・基良親王が生まれております）辺り、54仁明天皇のモデルは百済王豊俊（仁明は、この百済王豊俊の従姉妹の百済王永慶と結婚し、その間に高子内親王が生まれております）辺りということに行き着くのかもしれませんよ。それぞれのカッコ内のように、この両者は同時代であり、かつ、その百済王（女）との間には親王・内親王が生まれているからなのです。ですから、平安朝初期の天皇系図の改竄は、男の方の百済王の名前だけを「天皇名」に変えるだけでよかったのです。

追って、この「百済クーデター」の詳しい理由につきましては、章を改めまして（二六1、三〇1）十分にアナタに申し上げたいと存じますが、まずここでは、このことを前提といたしまして天皇系図の「改竄」の点について考えてみますと、現行の日本書紀の百済王の系図（天皇系図）の基本でございます「扶余・百済」系の王名をモデルとした大王（この扶余・百済王系図につきましては、二3、6をご覧下さい）の中に、一見明白に扶余・百済系とは全く「異質」の王といたしまして、少なくとも、これから述べます三系列の「大王＝天皇」系図が挿入されていることにアナタもお気付きになられることでしょう。

尚、日本書紀のモデルとなりました百済史・新羅史の王系図におきまして、既にその母国でその基となる建国後の王系図自体につき、「古く見せるため」に少なからざる偽造が行われておりまして、それを引用して（つまり、孫引きして）日本書紀の天皇系図が作られている（つまり、「ダブル偽造」。もう少し正確に申しますと「朝鮮史の嘘の王系図の、そのまた更なる上塗りによる天皇系図の作成」）ということにつきましても、後に十分に触れることといたします（二3、4）。

このように見てまいりますと、『日本書紀』とは、一言で申しますと、「各王朝の正当性を内外（特に宗主国である中国）に対して理由付けるところの〈歴史物語〉に過ぎなかった」のでございまして、これはその性格から考えましても、当然「フィクション」（百済史・新羅史に題材を求めた「作文」）であったのです（日本書紀フィクション説）。

その点の認識を新たにしていただいた上で、ではこれから、その「日本書紀のモデルとは一体何であったのか」「天皇のモデルは一体誰であったのか」ということを見極めるための分析の旅に、アナタとともに出発したいと思います。これは「日本書紀の偽造（しかも、古代の日朝でのダブル偽造）の跡を検証」していくという、実に困難極まりない長い長い道程のスタートでもあるのです。

3、挿入された倭国（金官国・安羅国）の系図

（1）天皇系図は百済王系図に金官・安羅王系図が挿入されて作られていた

まずは、端的に、王系図の大きな改竄である、右に述べましたところの三系列の挿入についての「結論」の部分だけを申し上げ

ておきたいと思います。現行の天皇系図には、次のように、平安期におきまして、「扶余・百済王系図」を基(ベース)といたしまして、その間に異質の大王挿入系図である倭国（それぞれが海峡国家であったところの金官国・安羅国・豊国など）の王系図が挿入されていることが判ります。

まず、初代の神武大王から第二十八代の宣化大王までの天皇系図につきまして、大雑把ながらこのことを申し上げておきますと、順番に、

①既に、「百済史作成」の時点におけます扶余系の四人の大王の挿入（ベース一）
②金官・倭系の五人の大王
③百済系の六人の大王（ベース二）
④秦氏の混血した、金官・倭系の蘇我氏の五人の、所謂「倭の五王」
⑤百済系の六人の大王（ベース三）
⑥安羅・倭系の大伴氏の三人の大王

というように、各国に、時として「並存していた大王系図」を「直列」にすると共に、交互に巧みに分配されていることが判明するのです（詳しくは、これから随所で十分にお話しいたしますので、どうかアナタもご安心下さい。マトメは、三三2）。

＊逆に、一言でこれらのことを申し上げますと、先行した奈良紀での伽耶（倭）系の主として②④⑥の王系図（二8）の前・中に、平安紀（現行）では百済・扶余系の右の「ベース一～三」（①③⑤の王系図）を挿入してしまうことによりまして、現行の日本書紀での天皇（大王）系図というものが作られていた、ということだったのです。

今後、随所にこの系図のパズル（本章3ノ1①～⑥）が出てまいりますので、もしアナタがお忘れになりましたら、このページを見てご確認下さい。

そこで、それぞれの渡来氏族間の「融和・妥協＝日本化」（これこそが平安朝における「日本化」の本質だったのです）によりまして、百済系大王の「ベース一～三」を基といたしました系図と、他の伽耶系大王の系図とを「縦」に繋いで一本化して「建国を遡らせる」必要が生じまして、という理由(わけ)で、推古大王九年、六〇一年の辛酉(かのととり)の年から、古代中国での王朝の交替を理論付けております「讖緯説(しんい)」に従い、「二十一元＝一蔀(ぶ)＝千二百六十年毎の蔀首」に大革命が起こるという理論に鑑みまして、ここから千二百六十年遡上（古く）させ、または斉明大王七年、天智称制(しょうせい)元年（六六一）の辛酉から「一蔀一元＝千三百二十年」遡上させたBC六六〇年を神武元年とし、日本国の建国としてしまっていたのです。当然、その反射的効果といたしまして、アコーディオンのように伸ばされましたこの空白の部分（マイナスアルファ＝実王朝の成立時期以前の部分）だけ、余計に系図が挿入出来ることになってしまって、穴埋めする余白が出来たという訳だったのです。

＊この「酉歳(とり)」から始まります暦が、実は「新しい」ものでござ

いまして、このことが語らずして神武大王というものの存在を否定（歴史物語に過ぎなかったこと）する的確な証拠となっていることにつきましては別述いたします（六2など必見です）。

では、その「挿入された天皇」というのは一体「誰」のことだったのでしょうか。後ほど、十分に、かつ、ゆっくりとその理由につきましてご説明いたしたく存じますが、ここでは取りあえずその挿入された天皇の名前だけについてでも、アナタと共に具体的に見ていくことにいたしましょう。

という訳で、もし、アナタのお手許に「天皇系図」がございましたならば、次に述べます天皇には異なる色のマーカーで印を付けておかれるとよいでしょう。

「基盤（ベース）」となりました扶余・百済の王系図を基にして、平安朝になってから作られました大王系図でございます、右のベース一〜三（①③⑤の王系図）の上に、新たに挿入して作られました、その他の「異質の大王」（かつての奈良紀におきましても、既にその一部が大王として記されてもおりましたのでダブっているものもございますが）といたしましては、まずは、

②金官伽羅国（倭国の一つ）系の「5孝昭」「6孝安」「7孝霊」「8孝元」「9開化」の各大王（二1、一六1、一八6）

④そして次は、同じく金官伽羅国系の、中国史上に記されました「倭の五王」の「讃（さん）」「珍（ちん）」「済（せい）」「興（こう）」「武（ぶ）」、つまり、「讃」の「16仁徳」（このモデルは女帝ですヨ。三4、五2、3）、そしてその弟の「珍」（但し、この菟道稚郎子（うぢのわきいらつこ）＝宇治天皇は大王系図から抹殺されてしまっております）、「済」の「18反正」、「興」の「20安康」、「武」の「21雄略」の五人の各金官王（巻末系図、一九3必見です）

⑥更には、五三二年に、朝鮮半島で新羅・法興王により、倭国・任那連合の盟主である右の②④の王の末裔であるところの金官伽羅国が滅ぼされてしまった後、新たに盟主となり倭国連合の王を受け継ぎました、九州と南韓の「倭王＝安羅王」である大伴氏の「26継体大王＝大伴談（かたり）」「27安閑大王＝大伴金村＝安羅王・安」「28宣化大王＝大伴歌（うた）」の王系図ということになってまいります。

＊この安羅系の倭国・倭王は、次に述べますように、五六二年の時点におきましては新羅・真興王に敗れて朝鮮半島部分からは退きますが、実は、六六三年の白村江の役で唐・新羅の連合軍に敗れるまでは九州を中心として――いわゆる中国史上の「倭国」（これは後の日本国のことではありません）として――存続していたのです。

この、海峡国家たる倭国（金官＋安羅）が、五六二年からは「日本列島だけに収縮」してしまったことにつきましては、この直ぐ後に述べますように、『日本書紀』上にもはっきりと明文で「安羅……」と記されております。

(2) 正しい名前は『日本書紀』ではなく『日本紀』だった

さて、以下、この『日本書紀』のことを、私は『日本書紀』ではなく『日本紀』という風に呼びます。何故ならば、これこそが

本来の正しい名前であるからなのです。これが次の正史である『続日本紀』（七九七年撰）に引用される場合には、次にその例をお示しいたしますように、『日本書紀』ではなく『日本紀』とはっきりと記載されていることから考えましても、これは言うまでもなく当たり前のことだったからなのです。

＊ずっと後世にネーミングされた『日本書紀』という名前で呼ぶアカデミズムは、やっぱりおかしいノダ。

「先是一品舎人親王奉勅修　日本紀」（『続日本紀』養老四年〔七二〇〕五月二十一日）

この点は『万葉集』におきましても同様でして、「日本紀　曰、朱鳥四年庚寅九月天皇幸紀伊国」（第一巻三四左注。一三1）となっていることからも明らかだったのです（因みに、実際には不存在の朱鳥四年は持統天皇三年〔六八九〕に当たります）。この他にも「日本紀」という表現が見られます。例えば、源順の、承平年間（九三七〜九三八年）成立の『倭名類聚鈔』人倫部、紫式部の『源氏物語』『紫式部日記』、『大鏡』（文徳天皇から後一条天皇までの紀伝体の歴史物語）、慈円の『愚管抄』（我国初の史論書・神武大王から順徳天皇まで）などが皆そうなのです。また、中国での正式な用語の使い方と比べましても、この『日本書紀』の内容では精々「紀」のレベルに過ぎなかったのです。日本のものは、到底、地理・諸侯などをも含めた国家の総合史書ともいえる「書」とまでは申せません（二三2）。それに、「書紀」などと言う「珍奇な名前」は中国の正史にも見られません。強いて善意に解釈するならば、日本書紀とは、橘諸兄、大伴道足、多治比広成（天平二十年〔七四八〕『日本書』）や藤原仲麻呂（天平宝字四年〔七六〇〕『日本書』）らが欲張って、「書」にしようとして、「紀」のレベルで未完に終わってしまったものというのが精々だったのです（日本書紀未完成説）。

＊この「書」にしようと努力いたしましたのは、鎌倉時代までの約六百年間に一二回にも及んだ日本紀の大きな改竄・偽造のうちの七回目ぐらいに相当いたします改竄・偽造のときのお話だったのです。

しかし、このお手本、つまり「書紀」と似たような名前の史書は、平安天皇家の母国であるかつての百済にはございました。「……始有　書記……」（「百済本紀」近肖古王紀・末尾「古記」云の文言）と有りますので、これは百済の13近肖古王の時代（三四六〜三七五年）に、つまり、百済の建国の頃に初めて実用化の域に達しました漢字使用法が百済に伝わり作成された『書記』のことであったのです（博士「高興」のことにつき、序章、一4、5、一四1）。

＊尚、中国史によりますと、この頃までは、高句麗にしか漢字はなかったとされております。因みに、百済系の正史『平安・日本書紀』や『古事記』におきましては、文字は百済の王仁により伝えられたのだとされておりますが、この点、「応神大王の世に、使いを新羅に遣わして文人を招聘し、僅かに文字を習った」（『釈日本紀』）とも伝えられております。実は、これこそ、

新羅系の奈良日本紀の「名残」が、鎌倉時代の卜部（うらべ）懐賢（かねかた）の頃、未だ何処かに残っていたからだったのです。

ここは、一般にアカデミズムでは、百済の「書記」の語句につき、これを固有名詞であるとは理解せず（出来ず）に、「始めて（文字）を書き（事を）記すようになった」などとも読まれておりますが、これは間違いだったのです。

このように百済には『書記』と題する史書が、かつては存在していて（但し、現存してはおりません。これが統一新羅により焚書されてしまったことにつきましては、一四1）、百済と同族の平安天皇家により、『日本書紀』もこの『書記』をヒントにしてネーミングされたものに他ならなかったのです。この、「紀」のレベルで止まってしまい、「書」レベルとしては未完成であった理由といたしましては、平安朝に入り相当時間も経過し、百済亡命政権の安定（弘仁五年〔八一四〕、万多親王による『新撰姓氏録』の完成——つまり、支配者の公定）その他、歴史改竄の完成への自信もございまして、その必要性も段々と薄れてくるとともに、膨大なエネルギーを日本紀という自己正当化の「歴史物語」の改竄に注ぎ込む熱意を、もはや朝廷側が失ってしまったことによるものだったのです。このことは、この後（承和の年号より以前。承和元年は八三四年）に『日本書』から『日本書紀』へと「再度」名前が変っている（そして、今日に至るまでこの名前です）ということが、このことを示していたのです。

（3）倭（海峡国家）と日本とを混同してはいけない

因みに、序でながら「日本」という言葉も、古代史におきましては大変誤解を招き易い言葉ですので、私は、本文では極力使いません。地理的に使うときには「日本列島」と言い、国を表すときには「倭」と言うことにしております（九1。但し、「目次」や「見出し」では別です）。そして、時代的には天武天皇以降の、主として西日本を中心とした日本列島内の畿内に首都を置いた国について「日本国」と表現しております（奈良時代は勿論のこと、平安時代でさえも東北が外国でありましたことにつきましては、後に述べます。一七3）。また、私が「倭国」というときにも、それは朝鮮半島南部の「金官伽羅国」などと九州の「豊国」を含む「海峡国家」たる「倭国」のことを申します。そして更に、古くは『魏志』の頃の「邪馬臺国連邦＝古への倭国連合」につきましても、それぞれが朝鮮半島と日本列島とに跨る海峡国家でもありました、主として「安羅国＋多羅国＋伊都国」などの連合国家を言うことにしております（一五8）。

＊これは、古くは、『魏書』の「倭国」と「狗邪（大）韓国」とを足したものと考えていただいても構いません。但し、「倭の大乱」は、主として古い時代の倭国内部の朝鮮半島での金官と安羅との争いでした（一〇1）。

そして、「倭国」は最終的には、「白村江の役」で唐と新羅の連合軍に負ける六六三年まで九州を首都として、畿内の「秦（はた）王国」をも支配しながら存在していたのです（追って、これらのことを十分にアナタに明らかにしてまいりますので、安心して読み進んでいただきたいと思います）。この倭国の「朝鮮半島部分」におけます滅亡のことにつきましては、先程も少し触れましたように、

「安羅、逃亡空地」（欽明紀九年条）
――朝鮮から安羅が逃亡し空地になってしまった。

という朝鮮半島で五六二年に生じた事件についてのハッキリとした表現の中に、端的に暗示、いや明示されていたのです（二―8、一―2）。この大切な証拠（一言）をアナタは決して見逃してはいけなかったのです。

実は、倭が海峡国家であり、しかも朝鮮半島の方が本国であったことを示す証拠が、正史そのものの中に隠されていたのです。

と申しますのも、

「任那王己能末多（阿利斯等）干岐来朝……啓、大伴大連金村日、夫海表諸蕃、自胎中天皇置内家、不棄本土、因封其他、良有以也」（継体紀二十三年〔五二九〕四月七日）
――任那のコノマタ王（「木氏＝紀氏」か）が来朝して、大連の大伴金村に次のように言った、「海外の隣国であります応神大王が屯倉を置いて以来本土（もとつくに）を棄てなかったので、その地は今日まで存在し、封させてもらっております」と。

とありまして、ここでウッカリアナタが見逃してはいけなかったことは、ここでいう「本土（もとつくに）」とは、かつては倭の本体（本貫）であった「任那＝伽羅」のことであったのであり、決してこの本国が日本列島のことではないということなのです。

＊ここでアナタは応神のモデルが百済19久爾辛王（二―8）、安閑のモデルが安羅王安で大伴金村と同一人であることに思い至りますと、このお話のオリジナルが、かつての朝鮮半島での「任那（倭）＝伽耶（このときの盟主は安羅）」を中心とした百済や新羅との領土を巡る駆け引きの問題であったのであり、右の継体紀はその修正した「焼き直し」に過ぎなかったということが素直にお判りになられることでしょう。

このように、伽羅（金官・安羅、古への狗邪韓国）の方が「本貫」であったということが、ここに表されていたのです。

これは「会話」の文章の中でしたから、『日本紀』の作者（改竄者）も、ウッカリ見逃してしまっていたのかもしれませんよ。でも、歴史探偵の私は見逃しません。

朝鮮半島での「倭の滅亡」につきましては、その他にも証拠はあったのです。欽明大王二十三年（五六二年。一本云、欽明大王二十一年〔五六〇〕――これは故意の改竄か、そうでなければ干支紀年法を異にしての違いでしょう。後述）に、正直に、「新羅が任那官家（みまなみやけ）を滅ぼした」とあり、この「分注」に加羅・安羅・多羅など十国の名を挙げております（欽明紀二十三年〔五六二〕春正月）が、この表記から、かつては「金官伽羅（または、高霊伽耶）＋安羅＋多羅」＝「倭連合」が、五六二年まで「海峡国家」として存在していたことを暗示していたことが読み取れるからなのです。

＊この加羅は、かつて倭連合（任那）に属したという意味に捉え

ますと、金官伽羅国ということになるですが、この倭の朝鮮半島部分が滅んだ五六二年の頃の出来事として捉えますと、この伽耶は高霊伽耶国ということになってまいります。

尚、右の挿入大王系図一３ノ１⑥で述べました継体天皇以下の三人の「大伴氏の天皇・大王」を挿入してしまったがために、その基となった本家の「百済王系図がどのように変容されてしまったのか」という点につきましては、これもまた後に詳しく述べてみたいと思っております（二〇）。

ここで倭国が海峡国家（つまり、朝鮮半島の中・南部の広大な地も倭）であったという重大なことにつきましてもお話ししておくことにいたしますが、このことは、アナタも中国史をお読みになり、よくご存知のことと思いますので（九３）、ごく簡単に述べておくに留めたいと思います。

「倭に至るに……其北岸狗邪韓国に至る」（『魏志』倭人条。二１）

＊ズバリ、倭の「内部」の北岸が狗邪韓国であると言っておりますよ。

「馬韓……南は、倭と接す」（『後漢書』東夷・韓条）
「弁辰は……其南は、倭と接す」（同右）
「弁辰……其瀆盧国は、倭と界を接す（地続き）」（『魏志』韓条）

＊この瀆盧国の位置が卞辰十二国の一つの東萊（洛東江東岸）であるといたしますと、その西（洛東江西岸）は狗邪韓国（後の金官伽羅国）で、ここに「倭の北岸」があったことになります（倭の北岸〈当時はこちらの方が本貫〉の更なる特定）。

伽耶の鉄民と山東半島の來の鉄民の來夷との類似性から、この來の東行したものが「東來＝瀆盧国」であった可能性が大なのです。

「弁辰は……其瀆盧国は、倭と接す」（『魏志』倭人条）
「倭奴国……倭国の極南界なり」（同右）

＊この頃の中国人の認識における倭は、朝鮮半島南部（場合により、西朝鮮湾北岸ということも可能）を指しておりますが、アナタは驚かれると思いますが、もっと古くは、そもそも「韓＝倭」でもあったのです（九３）。

その証拠に、右の『魏志』は「狗邪韓国」（＝後の金官伽羅国）は「倭」の北岸とも言っておりますよ（一２）。

などの中国史から明白なのですが、次に朝鮮史の側からにつきましても、この点を見ておくことにいたしましょう。

「〈高麗〉、按ずるに本国釜山地方、日本対馬島を去る僅かに一日程、相伝ふ旧日本に属す、大海に限隔せられて朝鮮に棄てつ」（『続文献備考』四裔考、東夷の条）

このように、中国史のみならず朝鮮史におきましても、しかも相当後の世までも、南朝鮮の金海地方が倭の領域であったと、ちゃんと主張していてくれていたのです。

否、それどころか伽耶（倭の本質）が最大であった頃（四七五年頃）の領域に、更に新羅その他を加えた領域が全て倭であった可能性すらも否定し難いのです（二7、8。また、韓と狗邪韓）。

しかも、伽耶が倭でありましたことは、日本紀を注意深く見てみますと、そこにもちゃんと正直に記してあったのです。

百済に対する「任那・四県割譲」（一一2）のときの任那・哆唎国の守（＝王）の名が委ノ意斯（＝忍）移麻岐彌（＝君。継体紀七年引用注記の『百済本記』）とされておりますように、ここは正に「委＝倭＝ワ」そのものであったのです。

＊この倭の一部であった産鉄地（五4）哆唎の王女がこの頃は百済25武寧王妃となっていたことにつき、アナタ二7は必見。

しかもこの同一人の王が、日本紀本文の方におきましては穂積臣押山（継体紀七年）と、どうにも日本人名らしくなっておりまして、右の任那（倭）の分割は、この人の上奏に基づいたものとされております（実は、この穂積の姓は「穂＝ホ＝許」で、許氏は金官（倭）王妃の実家（インド・アユダ国＝コーサラ国）の姓であり、「押＝忍＝オシ＝大」でズバリ、かつてはインドの植民市でもございました「大伽耶＝当時の金官伽耶＝倭」のことを表していたのです。（二一5、四5、五1、九3））。

＊つまり許氏（金官国金首露王妃〔許黄玉〕の姓＝8孝元大王妃の姓（内色許売＝鬱色謎））の狗邪（大）国。

もう一つ、「倭＝伽耶」でありましたことの国際的な証拠をお示しいたしておきましょう。

五〇二年に「倭の五王」の武（金官王の紀生磐と同一人。二8）が梁（武帝〔五〇二～五四九年〕天監二年に斉に代って成立）に遣使し、征東将軍として冊封を受けた（『梁書』武帝紀天監二年〔五〇二〕四月条）後、何故か倭は忽然と姿を消してしまいますが、これは、かつての四世紀後半の一時期には、南下してまいります高句麗に対しまして、百済・新羅・倭の三国が協力して戦ったこともあったにも拘わらず、五〇〇年代に至りますと、新羅や百済が独自の力を付けてまいりましたため、その両国から任那（かつての倭の本貫）の領土を侵され、つまり、百済に侵されました（日本紀では「割譲」とされてしまっております）右の四県の領土の喪失に加え、特に、新羅によりましても五三二年には金官が、五六二年には安羅までもが滅ぼされてしまいまして、倭（金官＋安羅）は朝鮮半島部分からは、その領土を失い、消えざるを得なくなってしまったからなのです。

今や、日本列島のみに「縮小」してしまいました、かつての海峡国家でもありました倭国も、敵国の朝鮮半島沿岸部を航行することが出来ませんし、それにこの頃は未だ後世のような東シナ海の「直接横断のルート」は不可能に近かったのですから、中国への坊津（薩摩半島）からの遣使は「したくても出来なかった」というのがその実情であったのです。

こういう風に考えてまいりますと、しかも、「倭＝伽耶」なのですから、これ――中国史上から倭が消えてしまったこと――は当然のことだったのでありまして、不思議でもなんでもなかったのです。

このように「倭＝伽耶」であったということ、つまり、倭から伽耶にその名が変わったことと、その朝鮮半島における滅亡が見えてまいりますと、アナタには初めて、古代の大きな東アジアの謎が次々と解けて来る筈なのです。

さて、かようにいたしまして、アナタに中国史・朝鮮史を素直にお読みいただけましたならば、倭が「海峡国家」であったことにつきましては、そこには何らの疑問の余地もなかったのです。

このことをここで確定いたしました上で、以後、更に私のお話を進めてまいりたいと思います。日本紀におけます天皇系図の改竄の過程につきまして、これからアナタとともに朝鮮史などの証拠を十分に引きながら詳しく見てまいりますが、私の考えは、今までの明治以来百年以上も固定してしまっております『日本書紀』本位の通説（アカデミズム）とは、相当その「切り口」を異にしておりまして、アナタが「魏志倭人伝」にあるような、古代の松浦国の叢の中を歩いていて途中で道に迷ってしまうといけませんので、ここで結論部分のみを、まず次のように纏めておき、その一つの道標といたしたいと存じます。

但し、ベースとなりました平安（百済系）天皇系図への「三つの大きな異王朝の系図の挿入」のうち、まず初めの「倭＝金官王であった5孝昭大王から9開化大王までの本章3ノ1②の五代の挿入につきましては、後にまたゆっくりとお話ししたいと思いますので（一六）、ここではこの後の二つ、つまり、同④⑥につきましてお話ししておくことにいたします。

いっぺんに申し上げますと複雑になりますので、後程ゆっくりと何度でもまた、ご説明いたしますが、より正確に申しますと、この「百済王系図」の初代の13近肖古王の前には、後に述べます金官王系図（一六）のみならず、百済の母国でもあります扶余及び、扶余から分化した高句麗の王系図（と申しますのも、その両国の建国史では同一の王が二重に投影されてしまっているからなのです）すらも挿入されております（その天皇系図の全体像につきましては、三二のA・B・C・D・E・F・Gの区分をご参照ください）。

その挿入の一部についてお話ししますと、まず、第一に、百済・扶余王系図を基に作られました平安日本紀での大王系図上の百済19久爾辛王（15応神大王及び物部胆咋のモデル）と、百済21蓋鹵王（市辺押羽皇子のモデルです）の子である、「日本列島に実際に渡来・亡命」してまいりました百済王子琨支（23顕宗大王及び物部目連公のモデル）との間、つまり、日本紀上の15応神大王と23顕宗大王との間に、まずは、秦氏も入り込んだ（混血した）金官（倭。蘇我氏）の「讃＝16仁徳女帝」「珍＝菟道稚郎子」「済＝18反正大王」「興＝20安康大王」「武＝21雄略大王」の所謂、百済の支配下にありました「倭の五王」の系図が挿入されております（巻末系図、一九3は必見です）。

次に、第二に、右の天皇系図のベースとなりました百済・扶余王系図の百済23三斤王（25武烈大王及び物部木蓮子のモデル）と、百済24東城王（29欽明大王及び物部荒山のモデル）との間に、金官が五三二年に朝鮮半島で滅んだ後の「倭の盟主」を務めました安羅（倭）王の「大伴談＝26継体大王のモデル」、安羅王安である「大伴金村＝27安閑大王のモデル」、安羅王である「大伴歌＝28宣化大王のモデル」の三人の大王を挿入してしまっていたのです（三二2のマトメをご覧下さい）。

＊右の「27安閑大王＝安羅（倭）王＝大伴金村」の古墳（陵）のございます場所（大阪上町（うわまち）台地。北端が大阪城）につきましては、アナタ、一八10は必見です。

今のアナタにとりまして、これらのことは多分チンプンカンプンでしょう。止むを得ないことです。それだけ今までアナタが学校で学んできた古代史は『日本書紀』を中心に導かれ、しかも日本列島中心の自己本位の万世一系の歴史に過ぎなかったからなのです。しかし心配はご無用。アナタがこの本を読み終える頃には、十分その国際性をご理解をいただけることと私は確信いたしております。

第二章　意外に新しかった新羅と百済の建国

1、孝昭天皇から開化天皇までは金官伽羅王

(1) 開化天皇と崇神天皇との間には皇統の断絶があった

では、もう少し具体的にこのことをご説明いたしましょう。扶余・百済系図に挿入されました、まず第一の挿入大王系図一3ノ1②で述べました部分の大王のモデルは、「海峡国家」たる倭国連合の主体であった金官伽羅王の

「5孝昭＝金闕智王」
「6孝安＝金勢漢王」
「7孝霊＝金阿道王」
「8孝元＝金首露王」
「9開化＝金郁甫王または居登王」

の各大王だったのです（一3、一六1、一八6）。日本紀上の6孝安、7孝霊、8孝元の各大王の記事が極端に少ないのは、そもそも平安紀がお手本といたしました百済史上の8古爾王、9責稽王、10汾西王の各百済王が、年代的に百済建国「以前」の王であり、百済の建国を古く見せるため、王系図上金官伽羅（倭）王から「借用した王」でありましたので、元々百済史におけます記載が少なかったのは仕方がなかった（百済王の9責稽、10汾西は特に少ない）のです。それをモデルといたしました平安日本紀も、当然のことといたしまして、その記事が少なくならざるを得なかったのです。

＊日本紀の改竄は、当然のことといたしまして、その前提となる大王系図の改竄であるという私の立場から、敢えて申しますと、金官系の5孝昭大王に6孝安、7孝霊、8孝元よりもその事跡の記載が多かったのは、扶余（百済）系の4懿徳大王からの大王系図を異系統が「受け継ぐ」ための接着剤となる物語が必要だったからなのですし、9開化大王により記載が多いというのも、これまた同様な理由から、百済（扶余）系の10崇神大王へ大王系図を「引き継がせる＝戻る」ために、もっともらしい理由を色々と必要としたからだったのです。

また、その前の3安寧、4懿徳の各大王の記事も極端に少ない

ことにつきましても、平安紀がお手本といたしました百済史におきましては、この二者は、百済11比流王（モデルは扶余王麻余）、百済優寿王子（モデルは扶余王依羅）の二人に相当する王でありまして、これは扶余から南下してくる直前の扶余の王ないしは南下中の王のことですので、これまたその記事が少なくても止むを得ない（「優寿王子＝懿徳」は殆どありません）ことで、その百済史をモデルといたしました平安紀でも必然的（反射的）にその記事が少なくなってしまったということだったのです。

しかも、その百済史におきましては「百済優寿王子＝扶余依慮王＝4懿徳大王のモデル」の子が、実質百済初代王の「13近肖古王＝扶余依羅王＝10崇神大王のモデル」であったのでありまして、この二人の王の関係は親子であったにも拘わらず（但し、百済史では、厳密には13近肖古王は、優寿王子の子ではなく、優寿の父である11比流王の子）、その途中に右の5孝昭から9開化までの五人もの異王朝の王を（百済史では、同じく8古爾から10汾西までの三人の王）を日本紀が挿入してしまっておりますので、逆に、大王のエピソードが多くなってしまいますと4懿徳と10崇神との間が「開き過ぎて」しまいまして、辻褄が合わなくなってしまって困る――実際は親子なのに、日本紀上ではあくまでもそうではない振りをしておりますので――からだったのです。ですから、これまたこれらの天皇につきましての日本紀での記事が少ないのは、その「モデルを考えました場合にはこれは当然」理由があってのことだったのです。（巻末大王比定図参照）

これらの金官王は、百済や新羅の成立に先行する「より古い時代」に、海峡国家・倭国王として「中・南韓と北九州」を中心として統治していた王、つまり、今日辛うじて東北九州にその痕跡が残っておりますその中の一人を挙げるといたしますと、豊前・京都郡行橋の「草場＝伽耶の土地」（一三1）の――今日では、その王宮の跡地の田畑の中の、ささやかな鎮守の杜の中に、静かに祭られております――豊日別神社の豊日別王などがその一人だったのです（一五2）。

では、ここで「豊日別」など、古代の天皇・大王の名に付けられております「ワケ」について、一言説明しておきます。これは古代朝鮮語の「Wang＝王＝ウォング」から来ておりまして（九3）、これが、「ウォング→ワク→ワケ」と訛って、九州豊国の「豊日別」や同じく九州の「白日別」のワケとなったからなのです。和気清麻呂の「和気＝ワケ」氏も、この古朝鮮語の「ワケ」に由来しており、この和気氏の祖先は、かつては「倭＝伽耶」の一小国王であったことがこれで判るのです。「大神」氏のことを決して「オオカミ」とは言わず、何故か、「オオガ」（宇佐神宮の神官の三家の一つ）と申しますのも、右の古朝鮮語の「王＝ウォング」から来ていたからなのですよ。また、この大和の美和の大神氏（大三輪氏＝オホミハ氏）は大国主命の末裔とされておりますが、そもそも、このように大神の姓が古朝鮮語の「Wang＝王＝ウォング＝ワケ」から来ているといたしますと、当然その先祖である「大国主」は大陸人であったということになって来る筈です（二3）。そういたしますと、このことは、後に述べますように、大国主命は卑彌呼の実家の遼東半島の公孫氏の王家がそのモデルであったということにも繋がって来るのです（九6）。

　奈良桜井の大神神社の旧社名を「桑内」と書いて「ヲトノ」と読んでいるのですが、これは正にここが、かつて明治の初めに堺県の粟殿（オホデン）村として古くから残っていた名が、三輪神社・大神神社の壮大な社殿を表していたことの名残だと判るのです。

　このことは、取りも直さず、「大神＝オオガ＝Wang＝ワケ」で、此処には古代に朝鮮系の大王が住んでいた（大国主命の一族など）ことを示していたのです。正に、その大殿の跡が大神神社だったのです。

　因みに、私こと歴史探偵の分析によりますと、右の「桑」は「粟」の、「内」は「田」の、夫々の草書体（似ております）の誤写、つまり、この桑内は本来「粟田」で「大殿＝オホデン＝王殿」のことだったのです。

　『日本書紀』及び『古事記』に出てくる古代の「ワケ」「ワカ」と付く人物、例えば吉備臣の祖「御友別」（応神紀二十二年春三月。但し、他のところでは、吉備臣の祖は若武彦〔孝霊紀二年〕とし、『古事記』では大吉備津日子・若日子建吉備津日子〔孝霊記〕としております。桃太郎の鬼退治の鬼との関連につき、一五12）の「ワケ」「ワカ」も皆、この「Wang＝ワケ＝王」のことだったのです。古朝鮮の檀君神話の王険を「ワケ」と読ませておりますので、これも同じ「Wang＝王」からの派生だったのです。ですから逆に考えまして、檀君神話というものは、その言葉自体からもそう古いものではなかったということがバレてしまっているのです。と申しますのも、新羅は、22智證王の五〇三年十月から王号の「麻立干」（二5）を止め、そのものズバリのこの「王＝Wang」に改めているからなのです。

　尚、古代中国の周代の（殷王室のメンバー）箕子朝鮮（一〇6）が、殷より東方（箕星）へ向かい→昌黎→遼西・広寧（義県・医無呂）→遼東・海城へと移転いたしますが、漢に追われ三度目の首都とした遼東のこの海城も「ワケ城」とも言われておりまして、これも同じ「王城」のことを表していたのです。

＊この朝鮮の一族は、やがて追われて山に入り、後世の粛慎と化してまいります（音が同じです）。ですから、古への箕氏の朝鮮国と韓国（馬韓・辰韓・弁韓）とは、実は、何ら関連がなかったのです（逆に「韓＝倭」につき後述）。つまり、朝鮮と韓という言葉とは元々、歴史的には無関係な言葉だったということなのです。

古代の「肥＝火国」（九州の肥前・佐賀県と肥後・熊本県の北部を含みます）のことを建日向日豊久志比泥別とも申しましたが、これは「豊日国」の「奇し」き「日出」（二8、三4、四1）の「Wang＝王」という意味、つまり「朝鮮＝朝の鮮やかな国」王＝朝鮮王と同じ意味であったことがお判りになっていただけたことと存じます。

＊因みに、「白日別」が筑後・福岡県、「豊日別」が豊国・大分県と肥後南部・熊本県南部、「襲国」が宮崎県・鹿児島県です。
尚、日出の真那井につきましては別述。

(2)「別＝ワケ＝王」の起源はシュメールの「ルーガル」まで遡る

この「ワケ＝王」の語源へと、更に遡って考えてみますと、シュメール語の「ル＝大冠」「ガル＝人・男」の「冠の人」が「ルーガル＝Lugal＝国王」であったものが（九3）、セム族のアッカド人・サルゴン（姫氏）に追われたシュメール人によって建てられたインダス文明におけるインダス文字でも、やはりシュメールの楔形文字と全く同じ「冠＋人」で王のことを表しております。これは「シュメール人＝インダス人」の有力な証拠の一つともなっております。この「ルーガル」が、今日のインドの「ラ・ジャ＝王」へと訛っていったのです。これが、やがて、中国に入り「Wang＝オング＝王」ともなり、朝鮮・満州では「War＝王」となり、日本列島・南韓での「ワケ＝別」の付く人名、つまり王となっていったのです。そして、右の「白日別＝シラヒ」は「筑紫」を表す朝鮮の神でもあったのです。と申しますのは、その証拠といたしまして、「聖神社」（大阪府和泉市王子町）のご祭神は百済系といわれております信太首が天武三年（六七四）に「五神」を祭ったことに始まるのですが、ここの五神とは、大年神と活須毘神の女の伊怒比売との間に生まれた「大国魂神」「韓」「曾富理（ソホリ）」「白日」「聖」（『古事記』大年神の系譜）であり、これらは全て朝鮮・満州の神（辛神）だったのです。当然、この中の一つの「白日別」もそうでありまして、よって九州豊国の「豊日別」と同じく、かつて朝鮮半島から「人と共に渡来した」神であったのです。

(3) 出土品に見られる朝鮮半島との深い関連

また、ここでのヒヂとは、朝鮮半島での藤原（中臣）氏の一部の本貫である昌寧伽耶の「比自」の地名遷移でもあったのですよ（四1）。ここ古への豊国（大分県）の日出の真那井は、秦氏系（正倉院文書の『豊前国戸籍』断簡。大宝二年（七〇二））の豊受神の遷移と共に、出雲を経まして、京都府北部の元伊勢（の一つでもあります）の丹後の比治の真名井（丹後にも幾つもあります）へと地名遷移して行き、やがては丹波国の出雲太神宮（豊岡市千歳町出雲）から京都市へと入っていくことになります（尚、広島市南区段原にも比治〔日出〕山が、そして安芸郡府中町本町にも日治山がございます）。

そして、このルートが「金官＋秦氏の移動」とも一致しているというところが大変意味深なことでもあったのです（三4、一九2ほか）。

丹後半島の竹野海岸のところの産土古墳の近くには「大成古墳群」があり、ここから日本海を挟んだ金官王妃の陵のある亀旨峰（これは日本の神話のクヂフル岳のオリジナル。口絵参照）のところの金海市には、地名が同じ大成洞というところがございまして、ここ金海の中心の古墳も、大成洞古墳（北方からの扶余・鮮卑系の民族の南下で突然滅ぼされてしまった、つまり、その追っ立てで、この一族が日本列島に渡来してここから去ってしまい、忘れ去られてしまった金官王家の古墳）と呼ばれているところからも、ここから「金官伽羅＝倭」の人々が三世紀後半から四世紀中頃、日本列島に移り住みまして（又は、分国へ行って）、その住み着きました場所に「大成」と古里と同じ漢字の名前を付けていたのです。

　ここ朝鮮の大成洞の一三号墳（四世紀後半）からは「巴形銅器」も出土していることからも、ここ金海の地が、かつては「倭と一体であったときがあった」ことを示していたのです。そして、このことからも「金官伽羅＝倭」であったということが証明出来るのです（栄山江流域の前方後円墳に見られる倭との共通性につき、五4）。この「大成」という名は、島根県の安来市荒島町大成（ここではオオナリと読んでおります）にも見られますので（その近くの伯耆の大山の麓にもございます）、ここにも伽耶（倭）の金海系の渡来人の墓があった可能性が高いのです。

　＊かつては、ここの地名の「荒」は、「アラ＝安羅＝倭」を表していたのでしょうか。

　なお、橿原市のJR桜井線の北側（小綱町）にも「大成」の地名が残されております。

　ここ金海は、かつての倭の北岸（『魏書』）の、狗邪韓国の地の一部でもございまして、ここ朝鮮の良洞里古墳群からは、四世紀中頃の「渦巻文の還頭大刀」が出土しておりますが、これと同じ物が長野県の根塚遺跡（下高井郡木島平村）から出土すると共に、この良洞里からは四世紀前半の「方格規矩鏡」も出土し、これと同型鏡が福岡県の東真方一号墳（前原市）から、更に、同じ工房の作と考えられます「方格T字鏡」が熊本県菊池郡泗水町でも出土しているところからも、金官伽羅の本体である大成洞などと並存して、そのお隣の良洞里も朝鮮半島と日本列島との間で重要な役割（この鏡を持った人が、楽浪郡経由で南朝鮮から日本列島へと渡来したこと）を果たしておりましたことがこれでよく判るのです。

　安羅の王都の咸安地方に特有な「火焔形透孔高杯」（五世紀）が、「同じ時期」の近畿地方でも出土しておりますことは、安羅が海峡国家の倭国の一部でもあったことを示していたとも言えるのです。

　更に、右に各々申し上げました金官伽羅の大成洞古墳群、及び、より古い西方五キロメートルのかつての狗邪韓国の中心であった良洞里木槨墓（長さ七・二メートル、巾四・二五メートル、深さ一・一六メートルもの巨大木槨を持つた四四三号墳や、その他三三一号墳）や竪穴式石室（三〇四号墳）などから、倭とも繋がりの深い「筒形銅器」が出土していることも、日本列島との深い関連が見られるのです。

　これらのことは、金官や安羅が、元々が半島と列島に跨る海峡国家であったとは申せ、ある時期には、より日本列島の内部（畿内）奥深くへと侵攻した（また、せざるを得なかった）ことを示していてくれたのです（紀伊の鉄の馬冑の出土いたしました大谷古墳の麓に見られます伽耶系の「楠見型土器」につき、別述）。

因みに、先程の丹後の比治を「比沼」としているもの（「比沼之魚井原」〔『倭姫命世記』〕、「比沼麻奈為神社」〔『延喜式』〕）も見受けられますが、歴史探偵の現地調査及びその分析によりますれば『摂津風土記』には「比遅之麻奈韋」とあり、また、古事記裏書に引用されております『丹波風土記』などにも「比治」とあることから、この「ヒヌマ」は「比治」の崩し字の「治」を「沼」と読み間違えたのであり、「ヒヂ」が本来の姿だったのです（比自火＝比治＝フジ＝藤社）。このことは、今日でも、この比沼麻奈為神社の直ぐ近くの丹後・鱒留に「比治山」がございますことからも明らかなことなのです。

これは、後世の「書き写し」の際の誤りによっても、歴史は大きく変わって来てしまうということの一例でもあったのです。

右の比自火（昌寧伽耶）に本貫を持つ藤原四家（これは、実は、四族からなる合成氏族だったのですよ）のうちの一つの式家の実体が「秦氏」であることにつきましては、二六1。

因みに、古代の朝鮮、九州から畿内への主要なルート（行程）の九州部分では、狭い当時の糸（怡土）島海峡（今は陸続きです。国道二〇二号線が、陸になってしまった島との間の部分を通っております）を通り、那ノ津（博多）で上陸した後、何故か陸路で飯塚、田川から仲哀峠を越え、この豊日別神社のある行橋から再び海路で豊国の姫島の近くを通って瀬戸内海へと出航しております（これは古くは馬関海峡が通航不可だったためなのです。一五11）が、この行橋の港（今日では海退によって海から五キロメートルも内陸へと退いています）の名が、古くは、何と、「狗邪野＝伽耶野（草野）＝カヤ野」津と言われておりましたことからも、豊国が狗邪韓国の母国であったことを今日まで暗示していてくれたのです（九8）。

金官伽耶の前身は「狗邪（クヤ＝カヤ＝クヌ＝大）韓国」（『魏志』でもこの国は「倭の北岸」とされております。一3）であり、このように倭国の一部であります「海峡国家・伽耶」は、少なくとも魏の時代以前からその名が中国史にも出て来ていたことが判るのです。

この頃、朝鮮半島中部を中国では三韓を含めまして「韓」と表しており、その中でも、倭の北岸の金海の地域（今日の釜山の西）を「狗邪＝大」韓国と記しておりますので（『魏書』倭人条）、「韓人」というのが、実は、「倭人」の表現であったことが判るのです（三韓も倭人）。

2、「到」と「至」を分析すれば「邪馬臺国」は日向・西都原

（1）終着地の「到」は狗邪韓国と伊都国のみ

『魏志』の狗邪韓国のお話が出ました序でに、ちょっとまだ早い

のですが、ズバリ邪馬臺国の「位置」という問題にも、ここでサラリと入ってしまいましょう。詳しくはこの本の中で必要に応じまして、また何度も触れていくことに致します（一〇3など）。『魏志』倭人条の「到其北岸狗邪韓国」の「其北岸」の「其」という指示代名詞は、間違いなく「従郡至倭＝郡ヨリ倭ニ至ルニ」を受けているのですから、「其」は「倭国」のことでありまして、次の理由から、「其＝倭国＝豊国の分国の狗邪韓国（韓＝倭。一〇1、九3）＝その本国は九州」と見なければいけなかったのです。そういたしますと、その頃は「倭の北岸」（倭の領域の中の北側の端）に狗邪韓国が位置していたということにもなってまいります（狗邪韓国＝大きな韓国＝朝鮮半島の三韓＝全て倭人の国）。

このことは、『魏書』のモデルともなりました『魏略』の方には、「魏略曰、従帯方至倭……至狗耶韓国」（『翰苑』所引）となっておりまして、この両者の単純な比較からも、中学生でも「其（倭）北岸狗耶韓国」＝「狗耶韓国」であり、狗耶韓国が韓国に属さずに倭国に属し、かつ、ここがこの当時、「倭の北岸」であったことがはっきりと判るのです。

この頃は九州の東北部の「豊国」が、正に「狗邪韓国」の母国であったということになってまいります。倭は時代により、中国古地図上常にその場所を移動しておりますが、魏を含むある古い時代にはこう解釈することが正しかったのです。

＊朝鮮の金海市良洞里（大成洞の西五キロメートル。前述）の「楽浪式の木槨墓」からは、瓦質土器や鉄鍑、後漢鏡のみならず、倭鏡と考えられます「内行花文鏡」の仿製鏡が出土しております。

と申しますのは、「狗邪韓国」（後の金官伽羅国〔倭国の一部〕へと発展）は、実は、この頃から海峡国家だったのでありまして、かつ、その本国は古くは北東九州だったからなのです。

＊この点、つまり、この「豊国＝狗邪韓国」が他の倭国連合のメンバーの国々とは異なる点は、それが安羅（卑彌呼）にしろ多羅（陜父＝ニギハヤヒ）にしろ、そこの人々は、かつて朝鮮半島を南下（亡命）して来た人々が建てた国でしたので、同じ海峡国家と一言で申しましても、その本国は朝鮮半島部分（安羅は咸安、多羅は陜川）である一方、この「狗邪国＝金官国」の本国だけは、それらと大きく異なっていたことに、アナタは気が付かなければいけなかったのです。

さて、お話を『魏書』に戻しますが、『魏志』の文面の「到」と「至」の分析からも帯方郡（正しくは、つまり、朝鮮史、中国史で改竄されてしまう前は、帯方の場所はソウルではなく、もっと北の平壌（ピョンヤン）以北、遼東半島との間辺りだった）からの「第一」の終着地は、当然、九州北東部にその本国があった、南朝鮮の倭の「狗邪韓国」ということになってきます。と申しますのも、『魏志』の文面を見ますと、そこでは「至」と「到」とをちゃんと（厳密に）区別しておりまして、「最終到着地＝到」を表しているものは、「到　其北岸（倭の）狗邪韓国」「到　伊都国」の右の二つだけだからなのです。かようにして、その「到」と「至」をきちっと区別する考えによって『魏志』を分析し直しますと、魏の出先機関のあった帯方郡からの「第二」の終着地は「伊都国」だったということになりまして、ここより「至」る水行二十日で薩摩の「投馬国」に上陸しておりますし、また、この右の基点の伊都より「至」る水行十日で熊本の多婆那（玉名・田原）国（アナタ、ここは古代史にとりまして、とても重要な土地です。別述）へと上陸し、ここより陸行一月で九州山地を横断・南下し、「邪馬臺国・女王之所都」である今日の日向の西都原へと「至」っていたのです（一〇3、九1）。

＊卑彌呼は実家を滅ぼした魏に恐れ戦き、この朝鮮渡来ルートから更に遠方の地に態々都を構えたのでした（このことも、卑彌呼が、この直前大陸で滅ぼされた公孫氏の娘であり、ここ西都原こそが邪馬臺国の「神々の祭り」を行う王都であったことを示していてくれたのです）。しかし、それが故に、次にお話しいたしますように、卑彌呼は呆気なくも殺される羽目（古代では、自ら自国の生贄となった可能性も否定出来ません）になってしまったのです。因みに、秦氏系とも言われております赤染氏（常世連）の祖先は遼東半島の燕王である公孫淵とされております（『新撰姓氏録』）。これは秦韓の「自称・秦の亡命民」とは異なり、秦の暴政の際に、実際に遼東半島辺りに亡命して満州に居住していた秦人の子孫の可能性も否定出来ません。このように一見日本列島に渡来いたしました秦氏といわれる人々の中にも、少なくとも三～四系統があったのです。

そういたしますと、卑彌呼を殺したナガスネヒコのいた「狗奴国」とは一体何処のことだったのかということになってまいりますが、それは、「此女王境所尽」となっておりまして、文面上必然的に、その「南有」となっておりますので、「奴国」のそのまた南の「沖縄」（琉球諸島）以外にはあり得ないということになってまいります（狗奴国の「飛び地」といたしまして、熊本県の球磨盆地〔球磨は正に狗奴の訛り。卑彌呼の西都原とは米良荘を挟んで西の反対側〕や、南鮮狗邪〔同じく狗奴の訛り。瓢公＝パク＝朴〕の国などがありました。後述、及び一〇4）。即ち、狗奴国王とはナガスネヒコ（後の新羅の朴氏）＝金官国（倭国）の第二代王の南解次々雄のことだったのです（二3）。

＊但し、この金官国王は、新羅建国史の中に吸収されてしまっておりますので、表面上いくらアナタが平安末になってから朝鮮で作られました新羅中心の『三国史記』「新羅本紀」を眺めましても、今までは判らなかったのです。尚、この「米良＝メラ」の地名遷移といたしまして、強力なフェニキアのタルシシ船の伝統を受け継いでおります海軍を擁しておりました倭（金官・安羅）によって、後に、その拠点が作られました紀州の女良、伊豆の妻良、千葉の布良などにもご注意ください。紅海のエリトリアのアスメラ（Asmera）の「メラ」も、ヒクソス王朝の本貫を示していたのかもしれません。白浜や淡島や美津（三津、水戸）との同音の地名も皆同様だったのです。

（2）「ナガ族＝朴氏」の故郷はインド・アッサムのナーガランド

この沖縄のナガ族は、遡りますと、ニコバル島経由でインド・アッサムのナーガランドなどへと繋がってもいたのです（九9。ナガ族は、古へのパンジャブ〔五河〕でアーリア人に従いました非アーリア系の民族です）。と申しますのも、沖縄の料理の「豚肉の角煮」は、今日でもインド・アッサムのナーガランドのアンガミ族（アンガ国との名前の共通性も気になります）などのメイン料理である「豚肉を角切りにして野菜と煮込んだもの」と非常によく似ているだけではなく、『魏書』の狗奴国とは沖縄のことですし、卑彌呼を殺したここの王のナガスネヒコ（ナグサトべ）は、インド・シスナガ王朝のインドシナの植民市から黒潮に乗って北上して来た倭人の「瓢公＝後の朝鮮での朴氏」とも同一人であったからなのです。

または、ナーガランドから陸路・東行し、金沙江に出て、その下流の揚子江を下って来た「佤族」であった可能性もございます（古代インドと蜀との交易につきましては、別述）。しかし、その海路・陸路のどちらにいたしましても、遡りますと、ナガ族はこのように遥かなるインドへと繋がっていたのです。ここでアナタが注意しなければいけないことは、実は、この狗邪の王名（新羅二代王）に含まれております「次々雄」とは「慈充＝ジジュー＝巫＝古代では王」のことであったのでありまして、そういたしますと、「ナガ」が固有名詞であり、このインド・シスナガ王朝系の蛇族、かつ、海洋系の水耕民でもあります「南解＝ナガ＝蛇」族は、後の沖縄の姓でもあります仲曽根氏の「ナカ」や仲間氏の「ナカ」として今日までも残っていてくれたのです。そして、このことは紀伊（木＝鬼）に古くに入り込んだ名草戸畔の「ナグ」につきましても同様だったのです（一五1）。

＊ということは、元首相の中曽根さんには、インド・ドラヴィダ族（アジアニックの古へのインダス人＝シュメールの亡命人）系のナガ族の血のみならず、BC二六五〇年頃西北インドに侵入した征服者の白人系のアーリア人（ミタンニ人やカッシト人の混血と思われます）の血も混じっていた可能性があったのです。

インドでは、この先住インダス人（亡命シュメール人の末裔）の一派であるナガ族は、征服民のアーリア人によって毒蛇の「コブラ＝cobra」の仮面で表現されております。

さて、脱線を戻しまして、このように右の「第二」の終着地（基点）の「伊都国」から後の過程につきましては、「到」と「至」の文言の区別からも、当然のこととして、「到」より後の「至」へは「放射状」に考えるべきだったのでありまして（『魏書』の文面からは、それ以外には考えようがございませんもの）、そうであるといたしますと「投馬国」とは伊都国より水行二十日（つまり、熊本より水行十日）の薩摩（サツマ）のツマのことだったのです（このサツマの由来は、朝鮮北西部の南沃沮〔濊族。尉珍にもかつて濊族の大集団がおりましたことが歴史地図には記されておりますよ」が南九州にもいた頃の名残でもあります、満州語の「シャーマン」（巫子）＝薩摩からの派生だったのです）。但し、この「投馬国」という国名は朝鮮半島部分にも見られ、その分国（日本列島内ですらも出雲（エドモ）などに幾つも見られます）と考えるべきなのです（一〇1）。と申しますのも、この投馬国は、『太平御覧』引用の『魏志』では「於投馬国」となっておりまして、この国と弁辰の「定漕馬国」とは、「投馬（トウマア）」と「漕馬（ツアオマア）」で両者はほぼ同じ発音だからなのです。その他にも、日朝での類似の古代の国名の例は沢山見受けられるのですが、ここでは右の一つだけに留めておきます。右の出雲につきましても、かつては投馬（トゥマア＝トモ＝鞆。南の瀬戸内の福山の近くの「鞆ノ浦」の鞆も同じです）とも言われておりましたので、朝鮮から移動した先のことだったのか、それとも逆にその分国だった可能性がございます（一〇1）。これらの地名の起源はアイヌ語の地名（川を抱いた出っぱり）でもあったのです。

＊それに、アイヌ語と古代朝鮮語とは大変よく似ていたのです。北海道アイヌも朝鮮半島での被支配民も、共にツングース（新モンゴロイド）で同一民族ですので、実は、この古への言語一致は当たり前のことだったのです。但し、樺太の北半分のアイヌや千島アイヌは「古モンゴロイド」ですので、北海道アイヌとは人種が全く異なります。（二九4。「ナイ」と「ペッ」の用法につき、別述）

因みに出雲の島根半島は、かつては島でして、その間の水道は「素戔嗚尊の水道」ということで「素尊水道」と言われておりました。北九州の糸島半島（別述）とも同じですね。

（3）「水行十日陸行一月」の読み方と邪馬臺国へのルート

仮に、先に十分に申し上げました考え方（これを仮に①といたします）の他に、新たに『魏書』の「水行十日、陸行一月」という文言の読み方を、今まで誰もこんな考えをしてはおりませんが、②「水行十日＝海路では十日かかり」または「陸行一月＝陸路では一カ月かかる」と並列的なダブル表現であったとすることも考えられなくもありませんし、③更に、次のように、「括弧内に相当するダブル説明の部分」の「重なる部分」は、読んでいて「プラス表現」の場合と混同しない（漢文にはカッコの記号自体がございませんので）ように転倒して読むといたしまして、「水行（十日、陸行）一月」＝「水行（陸行十日）一月」＝「水行一月」若しくは「陸行十日」の意味であると読むことも出来なくもありませんので、それらの①②③どれにいたしましても、九州北部の「到」の伊都国（倭国＝一大率）から邪馬臺国までは相当の距離があったものと推測されますので北九州周辺の説は全てパアです（③の考え（挿入部分逆さ読み）はユニークで少し魅力的なのですが、②③の考えは、私は採りません。オーソドックスに①で行きたいと思います）。宗教上の中心地でシャーマンの王宮・王都があったところ（卑彌呼の住居）が九州中南部の邪馬臺国（西都（さいと）原（ばる）＝都万（つま）＝妻）であり（因みに古くはこの薩摩も日向です。前述）、これに対しまして、外交・貿易（外港）・通商・徴税・備蓄・対外的軍備などは、この伊都の一大率（いたれ）（＝イワレ）が取り仕切っていたのです（「女王国」と「邪馬臺国」との言語〔史料〕上の関係につき、一〇1）。

この「水行十日」で肥へ上陸してから後の西都原への具体的ルートは、球磨盆地経由ではなく（当時、球磨と西都原との間のルートは通行不可。そうであるからこそ、狗奴国のナガスネヒコに、この球磨盆地から児湯〔越ゆ〕郡の「米良の荘」越えのルートで背後の山から奇襲〔アナタは、義経の「鵯越え（ひよどりごえ）」の奇襲を思い浮かべて下さい〕されてしまいました西都原の卑彌呼は、油断していて殺されてしまい、宗女・壱与も、命からがら対馬へと亡命せざるを得なくなってしまったのです）、後の延喜式官道の「佐職（葦北津。ここに上陸し、陸上を南下）→仁主（市渡瀬）→栗野→夷守（小林）→野後（野尻）→亜椰（綾）→日向国府（西都原）」ということが考えられます。

＊また、それより北の、「蚕養より九州を横断し→坂本→二重→蚊栗→三重（南下し）→小野→長井（日向灘を南下し）→川辺→苅田→去飛→美弥→児湯→日向国」というルートも考えられます。更には、より南の、「川内川辺りの網津から、東へ薩摩国府→大隅国府を経て、救麻（日向灘を北上して）→当麻→児湯→日向国」というルートも考えられなくもございません。

さて、お話を戻しますが、このように、邪馬臺国は日向の西都原であるという考えは、何ら難しいことではなく、『魏志』の「原文」を、アナタが自ら「到」と「至」とに赤鉛筆で印を付けながら区別して素直に読んでいきさえすれば（①のように）、この通り一目瞭然の至極簡単なことだったのです。本当は、そんなに大騒ぎする程のことではなかったのですよ。また、邪馬臺国の卑彌呼の使いの大夫が「倭国之極南界也」（『魏書』）から来たと称しておりますことと、邪馬臺国の場所が九州中南部の日向（当時は宮崎県＋鹿児島県）ということで、この語に相応しかったのです。ここ日向が正に朝鮮まで含む倭国の南の端だったからなのです（球磨盆地と沖縄は、敵対していた狗奴国ですから）。

＊卑彌呼が「倭の大乱」（一〇1）の頃、朝鮮半島の安羅国の王都咸安から、初めて九州の分国の西都原に南下して亡命してまいりましたその頃（当初）は、その南の沖縄にありました朴氏（ナガ族）の狗奴国とは、同盟を結んでいた（また、結ばざるを得なかった）ものと思われます（金氏＋朴氏）。

その王都に至るまでの過程をマトメてみますと、次の様になります。

1・帯方→到狗邪韓国（南鮮。本国は九州北東部。第一の終点・到達点）

2・帯方→至対海国（対馬国）至一大国至末盧国到伊都国（第二の終点・到達点）

3・此処魏使の到った伊都国からは今度は放射状に進みました

伊都国→東南→至奴国a

伊都国→東→至不彌国

伊都国→南→至投馬国（薩摩）水行二十日

伊都国→南→至邪馬臺国女王所都（水行十日〔熊本〕＋陸行一月。帯方郡～女王国一万二千余里）

ここ伊都国から先には「到」は一つもありません。皆、「至」のみです。

4・邪馬臺国→（次有）奴国b（此女王境所尽）→（其南有）狗奴国（沖縄）（男王）

5・更に、これらのことを、邪馬臺国へ至るルートだけに絞りまして、アナタの頭の中を整理していただくため、より判り易く単純化いたしまして申し上げますと、次のようにもなります。

A・帯方→到狗邪韓国（倭の北岸）

B・帯方→到伊都国→至邪馬臺国→（次有）（薩南諸島）奴国b→（其南有）（沖縄島）狗奴国（男王・ナガスネヒコ＝朝鮮の朴氏）

＊卑彌呼の死後、男王が立ったのですが、倭国が乱れ、千余人もが殺され、その後、十三歳の壱与と「復立」（『魏書』。これを「再び」と解するアカデミズムの考えは間違いです。「併立」の意味と捉えなければなりません。これは「倭の大乱」の後の「共立」ともまた違います）されました男王とは、初めは仲が良く同盟関係にもございましたが、後に仲違いして攻められてしまいました、このナガスネヒコ（邪馬臺国との戦いの勝者）か、または、ニギハヤヒ（天日矛と同一人。一五3）であった可能性が高かったのです。日本紀におきましても、ナガスネヒコの妹のミカシキヤ姫とニギハヤヒは結婚しております。また、後漢より金印を授与されました「倭奴国＝委奴国」（「後の伊都国＝倭面土国＝委土国＝倭囲国＝濊国＝後の南鮮と九州に縮小した倭国そのもの」）のことだったのです。つまり、委奴国というものは、実は、存在しなかったのです。

このように倭奴国の「奴＝ド・ヌ・ノ」は、本来は中国語の副詞、または「の」を表す所有格の助詞に過ぎなかったのです。中国の漢王朝で、「委国＝文身・刺青の人の国」の意味でも「委奴」と卑しんで金印に記しましたこと（二6）を、倭の方ではこれを脳天気にも判らずに単純に「イト」と、後の朝鮮（倭）の「吏読」（二三5）のように解して、そう発音してしまい、以後の中国史におきましては、その倭人の方からのフィードバックして戻って来た音の「イト」を、次からは「伊都」という漢字で記してしまっていたのです。そもそもは、単純な「委＝倭＝矮小な（または、汚い、濊い）人の国」または「文身人の国」ということに過ぎなかったのであり、この「奴」は所有格の助詞か副詞に過ぎなかったのです。それに、アナタ、金印の文面を素直に考えましても、「漢ノ倭ノ奴」などという「倭（矮小国の委）より更に下の小国の奴国」などに、大漢帝国の皇帝が金印など与える筈がないこと、「倭ノ奴」などという「二段読み」の例が中国では見られないことからも、このことは自明なことだったのです。アカデミズムも、もっと素直にならなくちゃね。因みに、倭面（Yaman＝ヤマン。『通典』『翰苑』所引の『後漢書』『釈日本紀』）は、卑彌呼の遠い祖国でもございます「フェニキア」のことを表していたのです（一五6。先述の「メラ」とも関連しております）。

但し、『魏書』の文面上、伊都国の隣にも邪馬台国の隣にも「奴国」がございますこと（a、b）が少し気になります。アナタ考えてみて。

この点、中国の別の史書では、ちゃんと、「倭国　之極南海」（『後漢書』建武中元二年条）とされております。

＊ですから、使者が倭国の「南の端」から来たと言っていること と、金印が出土したのは九州北部（博多付近、志賀島）だったということは、中学生でも一見して判る矛盾じゃないかしらん。アカデミズムの方々如何ナノ？

そして、「九州北部から出土」の点も「委奴国＝倭国」の点も「極南海」の点も、そもそも倭国連盟が海峡国家であったと考えれば直ちにその全てが氷解するじゃん。

また「後漢書光武中元二　倭国　奉貢朝賀」（太宰府『翰苑』）と、そこにはハッキリと「倭国」とされておりますので、このことは、かつての「倭国」の大陸からの移動ないしは縮小というものの流れをも、ここからアナタは見出さなければいけなかったのです。と申しますのも、古くは、「中国大陸の各地にも倭人・倭人がいた」ことは、中国の古史・古地図からも一見して明らかなことだからなのです（九1）。この点は、満州・朝鮮半島中部東岸の濊人の点をも含めまして「倭人の定義」とも関係してきますので、とても重要なことだったのですよ。中国史上での倭人につきましては、うーんと古くは、蜀（四川盆地）の南方の「西南夷」の位置に「和夷」（『禹貢山川総会之図』）の記載が見られます。

＊これは、パンジャブ（五河）から東行の途中のインド・アッサムから、更に東行途中の「倭人」が、この初期の時点では、中国史上ではこのように表されていたのです。倭人の祖先の一部であるナガ族は、この後、アッサムからニコバル島へとも南下してまいります。

東方にいる「淮夷」（『禹貢山川総会之図』）も、インドの倭人が南海（ニコバル島）経由でやって来たか、または、右の西南夷が移動したその仲間の一つだったのでしょう（一七1）。更に、揚子江中流にいた倭人が「暢草＝soma草」を献上したという、次のような古代の記録すらもございます。

「周時　天下泰平……倭人貢　鬯草」（『論衡』儒増篇）

「成王之時……倭人貢　暢」（『論衡』恢国篇）

「暢艸　可以織熾釀」（『論衡』思虚篇）

「暢草　献於倭」（『論衡』超奇篇）

＊尚、「暢」の古字が「鬯」です（松下見林）。

右の『論衡』では周代の周公（BC八四一年頃の人）のことを記述するときに、越嘗国の雉の献上と並べてその次に倭人の鬯草のお話が出てまいりますので、周の頃（BC九世紀）には南の方に倭人がいたと読めなくもございません。

このように、周（西周・BC一〇二七年～、東周・BC七七一年～BC二四九年に秦に滅ぼされるまで）の頃の紀元前から、倭人が暢草を献上していたというのですから、この倭人・佤人が「大海中」の日本列島の倭人のことなどではないことぐらいは、子供でも一見明白なことですよね。

＊実は、「秦」とは、バクトリア（大夏）のギリシア系ペルシア軍（ユダヤも混血）侵入者・亡命者の立てた国のことだったのでして、それまでの中国中原は、先住民の「匈奴」やバク族の支配する世界だったのです（後来の「羌族＝漢族」なんかは、まだお呼びじゃなかったのです）。と言うことは、殷の「被」支配民でございました羌族が、西方からの侵入者（正に、西戎）であった周の方に寝返って、やがて「羌から漢が生まれ出てまいります」のは（周＝姫氏＋羌氏）、精々、秦の後の「紀元前から紀元にかけての頃＝漢（羌）の成立」以降に過ぎなかったのです（九3）。

これは、正しく、その当時、長江（揚子江）中流域にいた倭人が「匈奴の祖先」に暢草を献上していたこと（この倭人の歴史は、後に書き換えられてしまっております）を指していたのです。

又、「楽浪海中有倭人」（『漢書』）とあり、紀元前の前漢の頃には、倭人は「楽浪＝朝鮮半島の西海岸」から海を渡ったそう遠くないところの朝鮮半島部分にいたとのニュアンスを持って語られておりますので、今日とは全然別なところにいたのです。

更には、「女王国……皆黥面文身……皆自称大夫、夏后少康之子、封於会稽（かいけい）……今倭水人……当在会稽東冶（とうや）東」（『魏書』）とも言っておりますので、文身した倭人が、かつて揚子江（ようすこう）以南からやってまいりましたことを暗示してもいたのです。

このように、倭国（倭人）の概念は決して確固不動のものではなく、「羌人＝漢人」が中国中原にやってまいります以前の中国大陸中におきましても、時代により「動的＝移動的」に捉えなければいけなかったのです（尚、当然のことですが、史書の作成は、『魏志』よりも右の『後漢書』の方が新しいのでアナタも要注意です）。

3、新羅史も百済史も金官王系図を流用している

(1) 新羅初代王の赫居世と倭人の瓠公は同一人

ここで面白いことは、この右の、挿入大王系図一3ノ1②のように、日本紀の天皇系図に挿入されました「5孝昭」以下「9開化」までの金官王系図の五人の王（倭王）は、朝鮮半島の「百済史」でも「新羅史」でもその建国史に流用されている点なのです。今のアナタには信じられないでしょうが。

何故なら、両者ともその必要性があったからなのです。と申しますのは、つまり新羅も百済も、共に「新興国家」に過ぎなかったが故に、その国の起源をより古く見せる必要がありまして、この朝鮮南部に主たる拠点のあった新羅・百済の成立に先行して存在していた「海峡国家」たる「倭人の国」の王系図の流用が是非とも必要とされたからなのです。

＊それに、馬韓や辰韓の地域も、より古くは「倭人＝韓人」の領

域であったからなのです（九3、2）。と申しますのも、中国史は、朝鮮半島にいる倭人を韓人と呼んでいたからなのです。因みに、「馬韓の月支国（アシタ）にいる辰王」という意味は、倭人（北倭）の国の「王号」を「辰＝シン＝最上＝王」と言い（例えば、辰王）、その倭人（北倭）の国号を「韓＝ハン」（例えば、馬韓）と言った、ということだったのです。そして、これらの韓（三韓）とは、皆、古くに満州の扶余などから亡命して朝鮮半島に南下してまいりました、倭人を支配者（構成民）とする国々のことだったのです。このときの被支配民は主としてツングースです。

では次に、そのことをより具体的にアナタにご説明してまいりましょう。金官王（倭王）系図（左の中段）から百済王系図や新羅王系図に流用されている一つの例を挙げてみます（下段は、それをモデルにして作られた日本列島の大王です）と、まずは、金官王が百済王（上段）として引用された例といたしましては

・百済8古爾王←金勢漢王→6孝安大王
・百済9責稽王←金阿道王→7孝霊大王
・百済10汾西王←金首露王→8孝元大王
・百済12契王←金郁甫王（または居登王）→9開化大王

があげられ、少なくとも右の8、9、10、12の百済王は、より古い金官王からの流用系図に過ぎなかったことが判るからなのです（一五10）。

次に、新羅王に引用された例といたしましても、初期の何代かの倭人の王のうちの、一代目の赫居世王（つまり、ホクセ王）の宰相であった「瓢公＝瓠公」は、朝鮮史によりましても、はっきりと「倭国」から渡来（南鮮の伽耶から船で北上し、辰韓に渡来）して来た人なのですが、「赫（パク）＝瓢（ひさご）」ですので、そういたしますと、「新羅初代王の赫居世」と「倭人（狗邪・伽耶）の渡来人の瓢公」の二人は、はっきり言うならば、これも古くは、実はこの二人の関係は王と宰相ではなく、正に、この二人は同一人だったのでして、海峡国家の王そのものであったことを表していたことにもなるのです（一〇５）。

＊とは申しましても、私の考えでは古代の朝鮮半島南部と北九州は同一の国家圏で、かつ、辰韓と伽耶は陸続きでしたので、これは当然のことだったのですが、李朝あたりに下ってから、そのことをすっかり忘れてしまった李朝の学者たちが、このような表現で書いてしまったものと思われます。

この倭人の瓠公（パクコウ＝ココウ）は、どうした訳か新羅（辰韓）王の使者として馬韓にまで行って辰韓の国政について馬韓王と激しくやりとりをしたうえ、その後で殺されそうにまでなっております（『三国史記』「新羅本紀」始祖赫居世居西干三十八年）。

朝鮮の正史によりましても、倭人が古への朝鮮半島の中を自由に通行して外交などに活躍している様子が見られるのです（何故か？）

しかし、李朝の朝鮮の学者は、そのようには考えたくなかった

のです。

また、この王姓は「赫居世＝ホクセ＝ホコセ＝大国主命」（これらは皆、同音です。二1）の投影でもあったのです（天帝の命による北扶余から東扶余への移動は、天照大神の命による大国主の国譲りのモチーフともよく似ております）。と言うことは、大国主命とは、伽耶（正確には伽耶のうちの安羅なのですが）に伝わる祖神（この神の出自は、東北アジアに限りましても、遼東半島の燕の公孫域にまで遡ることが出来ます。二3）であったのです（九2）。

更には、大切なことは、右の「赫＝朴」と「瓠」とが古くは同じ言葉であったことは、「瓠」のことを古くは日本列島で「フク・ベ」とも申しましたが、同じく古代朝鮮語では「瓠」のことを「パク＝pak」と申しまして、朝鮮語の「パク」のP音が日本列島に入ってまいりますと「フク」のH音に変わることからも、「pur＝火＝ヒ（hi）」「pat＝畑＝ハタ（hata）」「poichi＝女陰＝ホト（hoto）」でございまして、そういたしますと、日本語の「フク」と朝鮮語の「パク」は全く同じ音だったのであって、実は、倭人の瓠公が、古くは新羅（伽耶）初代王の赫居世と同一人であったことを表していたということが判って来るからなのです。

＊という訳で、新羅（伽耶）初代王は「倭人」だったと申しましても、これは当然のことなのでありまして、少なくとも当時の朝鮮半島の南半分は伽耶・倭人の領土だった、つまり、当時の倭が海峡国家であったからなのです（二7、8）。序でながら、「島」は古代朝鮮語では「斯麻（セマ）」ですし（倭に渡来いたしまして「島」で生まれました百済・武寧王の幼名のシマも同じです。別述）、「村」は同じく「牟羅」ですので、このように今日でも大変よく似ておりますよ（一七5）。

(2) 新羅第二代王の南解次々雄も倭人だった

更には、二代目の南解次々雄の「南解＝ナガ」族の「ナガ・朴・パク」は、日本列島での平安日本紀の神話上での倭王である生駒のナガスネヒコ――そして、奈良紀レベルにおきまして、天日矛が征圧いたしました、紀伊の名草戸畔（ナグサ・トベではなくナグ・サトベ）女王の「別の姿」でもあったのです――の一族をも表していたのです（二2）。

この右の二代目の王も赫居世の子で、かつ、「朴＝パク」姓である（「新羅本紀」）と新羅史が言っているのですから、右と同じ理由から、当然、この王も「倭人」の王であったということになります。

但し、この王名の一部に含まれています「南解」の次の「次々雄」の部分につきましては、前にも申し上げましたが、次により詳しく申し上げますように古代朝鮮語で「慈充＝ジジュー＝巫」の意味でございますから、この「次々雄」だけでは、古代では「斎王」という普通名詞に過ぎなかったことにアナタは気が付かなければいけませんよ。

仮に、朝鮮でのこの「次々雄」という王号が、インド・ナガ族

（佤族）の支派である、ジジュモニ族の一派の「ジジュ」のことを表しているといたしますと、「慈充＝ジュジュ＝巫＝王」であり、かつ金大問が「方言（新羅語。自国語のことを、中国に対して謙ってこう「方言」だと言っているのです。事大主義からです）謂　巫　也。世人以事　鬼神　尚祭祀。故畏敬之。遂称尊長者為慈充」ということですので、この古代満州・朝鮮における「慈充＝ジュジュ＝巫＝王」という言葉の語源は、遥かなるインドにまで遡るものであった可能性すらもあったのです（扁頭・花郎のインドとの関連につき、一八9。『山海経』）。

という訳で、古代の朝鮮の各国の高句麗や新羅の王には、「ジジュー」「ジュル」や「ジュリ」のみの名が付けられております王が結構多いのですが、例えば、高句麗の2瑠璃（類利・儒留）、3無恤・大武神、4解邑朱・閔中、5解憂・慕本、17獣林・朱留、新羅では2南解次々雄、3儒理、14儒礼など沢山おりますが、これらは皆「固有名詞」ではなく「普通名詞」の「巫＝王」を表していたに過ぎなかったことにアナタは気が付かなくてはいけなかったのです。

＊最後の新羅第三代王と第一四代王の「儒理」と「儒礼」の二者につきましては、「新羅本紀」の分注ですらも「古記」には「この同じ二人の諱・忌み名の何れが正しいのか判らない」と混同した旨の正直な記載が見られます。

これは、正しく、初代より一〇代ぐらいまでを、二度重ねて新羅の初期の王系図が作成されていたということ（3儒理＝14儒礼）を意味してもいたのです。

ですから、これらの高句麗王も新羅王も、「この名のみ」の王は、史書作成の際に古く見せるために何処からか「引っぱって来た王」か、それとも後に「作られて王系図に挿入された王」だったのでありまして、そうであるからこそ、このように少なくとも右の八人の「固有名詞の無い大王」は、そこには実際には存在していなかった王であった可能性が高かったのです。

＊これらの王は、温泉土産の上げ底の為の「アンコ」だったのです（ジュリ王アンコ説）。

ここで序でに百済10汾西王と倭国8孝元大王の両方のモデルともなっている金官伽羅国の初代王の金首露王についても述べておきますが、この「首露」ですらも、実は、固有名詞ではなかったことが判るのです。

と申しますのも、この金は「キム」、首露は「スロウ」であり、これが、蘇伐（ソボル）、所夫里（ソブリ）、背振（セブリ）、卒本（ソホル）、忽本（ソホル）、草羅（サワラ）、早良（サガラ）などと訛ってまいりますところのその一つで、古くは同じもので、皆、「城邑」の意味だったのでございまして、これがやがて京城（ソウル）（金城）となり今日に至っているからなのです。

日本列島に入り「ソホル」から「ル」が脱落した（一般に、日本列島人はラリルレロの発音が苦手でした）、諏訪（すは）や周防（すほう）も皆同じことだったのです（八3）。

しかし、次に、そうなる前に古くにこの「ソボル」が城邑の意味となるに当たりましては、更にもう一歩深く考えなければならないことがございます。それは、何故このソボルという名が、原野ではなく「栄えた王邑城」に付けられたのか、というその発生理由についてなのです。その理由を申し上げますと、この「サフ・ソフ」は「鉄＝サビ・サブ・ソブ」に由来していたものであることが判るのです（一五3）。

と申しますのも、前述のように、古代のシャーマンは「鍛冶師かつ王」でもあったからなのです。このことは、日本の紀州の鉄砲衆の雑賀（さいが）が「佐比賀」（一五2）であり、この「サイ」と言いますのも、古代朝鮮語の砂鉄の「サブ・サビ」の「サヒ」が訛ったものだったことからもそう言えるからなのです。「朱＝丹生」は、古代朝鮮語の訛りで「ソボ＝ソブ」のことだったのでして、これは日本におきましても、古くは「赤目」という種類の砂鉄のことを表していたのです。

(3) 新羅第四代王の昔脱解は、朝鮮史によっても倭から来た王だった

四代目の昔脱解王につきましても、これは朝鮮史自ら「倭国から来た」という昔氏の王自身の言葉を紹介しておりまして、そこには何らの否定も加えられてはいないからなのです（『三国遺事』）。つまり、倭人が新羅王（金官王）になったと新羅史は言っているのです。

更には、この新羅の4昔脱解王について見逃してはいけなかった大切なことは、この朝鮮の王が、天日矛と但馬の物部氏のサキツ耳の娘麻多烏（またを）との間の子であったということなのです（一五2、4。古代は「倭＝朝鮮」だったのだ！）。

＊「天日矛＝ニギハヤヒ」という私の考えによりますと、（一五3）、ニギハヤヒは物部氏の祖であり、その朝鮮での姓は昔氏（セキ＝シャー＝徐＝余＝アグリー）なのですから、その昔氏の子が朝鮮に戻った鉱山民（王）の新羅（金官）4昔脱解王であったという点もまた、スッキリかつピッタリなのです。

加うるに、新羅史での王系図上の
7逸聖王（「金勢漢王＝孝安天皇のモデル」を流用か）
8阿達羅王（「金阿道王＝孝霊天皇のモデル」を流用か）
9伐休王（「金首露王＝百済汾西王＝孝元天皇のモデル」を流用）
10奈解王（「金末仇王子の子＝狭穂彦のモデル」を流用）
辺りの流用も、倭・金官（狗邪＝クジャ＝大）王の引用に相当するものと思われます。

このように、私の分析によりましても、初代から第十代までの新羅王、つまり初、二、四、七、八、九、十代の各新羅王については、新羅史では、秦または扶余からの亡命民たちが、秦韓から実際に「斯盧＝新羅＝シラ」になった（二5）四世紀後半より以前の王系図に、かつてはその母国でもあり、後に自ら六三二年に滅ぼしその金氏の歴史と王姓とを吸収してしまった金官（倭）王系図を引用していたことがアナタにも判られたことと存じます。

＊この辰韓・秦韓の「シン」とは、満州の「辰＝真＝臣＝シン＝最高・最上」王、「臣智」の「臣」（『魏書』）、つまり、本来は、北扶余王家を指す言葉だったのです。この王家の一部が、当時、

匈奴と中国の圧力を避けて南下し、馬韓王であった月支国の箕準の子孫（北倭）から、馬韓の東方の辰韓の地を分譲してもらって、そこに住み着いたことを示していてくれたのです。そして、そこに中国人が亡命して来たのです。と申しますのも、「中国で秦の時代の争乱に苦しんで東方に移住する者が多く、彼等の多くは馬韓の東方にいて、辰韓と雑居していた」（「新羅本紀」赫居世三十八年、『魏書』韓条）とされており、これらの人々は、辰韓人そのもののことではなく、先住していた辰韓人と雑居していた中国・満州の亡命民に過ぎないことが判るからなのです。

この点、新羅王家は母国の伽耶を滅ぼしてから、初めて中国に対して金氏を名乗っている（つまり、名乗ることが出来た）ところから考えましても、そのことが窺われるのです。

＊更には、新羅史では金氏の王系図の前に、倭人の「昔氏と朴氏」の王系図を持ってきて「継ぎ足して加える」ことによりまして、より古く見せること（アンコ入れ）に努力していたことも判って来るのです。

しかも、それに更に加えまして、新羅王系図におきましては、前述のように、1赫居世王から9伐休王（孝元大王と同じく金首露王がモデル）までの王系図と骨正（11助賁王の父）から13味鄒王、未仇王子までの王系図が、よーく分析してみますと、実は、同じグループが「ダブッて」おりまして、実質的には同一人である王系図を、古く見せるがために同一の王を名を少し変えて、王系図上二回も重ねるという操作を施していることを私こと古代探偵は見破ってしまったのです。

しかも、ここら辺りまでは、未だ伝説レベルの王（歴史物語作成上の王）に過ぎなかったので、その装飾は全くの自由だったのです。ですから実質的には13味鄒王（丹波道主のモデル）の弟の未仇王子（日本紀の「狭穂彦の乱」〔「金官＝倭」より新羅独立〕の狭穂彦のモデル）の子の17奈勿王からが、辛うじて「実在」の新羅王系図の王のスタートであった（四世紀半ば）ものと認めることが出来るのです。

そして、次に述べますように、秦韓から新羅（シンラ・シルラ・シラ・シロ＝斯蘆＝斯羅＝徐羅）が成立いたしましたときの初代王と申せますのは、せいぜい金官国の未仇王子の子の17奈勿王（三五六～四〇二年）のときからなのでございまして、このことは、中国から冊封を受けて「新羅王」として国際法上認めてもらえるようになりましたのが、一体いつのことかと考えてみますと、その次の代の、やっと18実聖王（四〇二～四一七年）か、更にその次の19訥祇王（四一七～四五八年）の頃になってからのことに過ぎなかったのです。

以上のように新羅王系図の偽造・新作につきまして、ここで簡単に一言でマトメておきますと次のようになります。

新羅王家は、日本の奈良時代に至りましてから、「朴」「昔」「金」の三姓を創作し（と申しましても、その実質は、唐より同名の姓を借用して作った姓に過ぎませんでした）、伝承上の倭人の物語などを掻き集めて来ましては、朴・昔・金の三姓の王家の物語に「構成し直す」とともに、少なくとも（仮に、その辰韓「六部」の中に祖先が存在していたとしても、という意味で申しますと）横に並列であった朴・昔・金（と名付けられる前のその氏族の祖先の話。例えば、古代の代表的な朝鮮の姓の一つである朴氏の姓はより古いかつてのあるときにおきましてはマモ氏でした。更には、マ氏であったのかもしれません。後述）の三者を、縦系図に一本化して古く見せるという手法を用いたということだったのです（二４）。

＊このように見てまいりますと、日本紀におけます天皇系図を縦に繋いだ「万世一系」の偽造の「お手本」は、既に、奈良日本紀の実質的作成者の母国である朝鮮の新羅において、かつて行われていたことの踏襲・模倣に過ぎなかったのです。

（４）百済王系図は扶余王系図を引用して作られた（神武天皇のモデル）

百済王系図におきましてもこの点は右と全く同様でして、百済の実質「初代」王は、扶余から南下して漢江北岸の地（漢陽）に百済を建国した13近肖古王に過ぎなかったのですが（二４）、その前に、次の百済王家（上段）の余氏（本来は、「解氏」）の母国でもある扶余国王の系図（中段）をも流用して挿入してしまっているからなのです。つまり、

6仇首王＝扶余王尉仇臺（高句麗・罽須王子）を流用＝1神武天皇のモデル

7沙伴王＝扶余王簡位居を流用＝2綏靖天皇のモデル

11比流王＝扶余王麻余を流用＝3安寧天皇のモデル

○王子優寿＝扶余王依慮を流用＝4懿徳天皇のモデル

の挿入がこれに当たるものと考えます。

また、これらのことは、百済11比流王の王位継承がどことなくハッキリしてはおりませんので、この王は民間人（亡命人）から選ばれて王となっていた（「百済本紀」の王系図の分析より）可能性が高いのです。

＊13近肖古王の父は11比流王であり、12契王の父は10汾西王であり、この11比流王（三〇四～三三四年）の父は、何と6仇首王（二一四～二三四年）でありまして（「百済本紀」）、父の即位の九〇年も後に子が即位しておりますことからも、この辺りの王位継承が不可解にも飛び飛びになっております。これも百済建国の王系図作成の際に、金官王系図を挿入し、その基礎となりました扶余王系図と「混ぜこぜ」にしてしまったから生じたことだったのです。

では、このことが、具体的に、一体何を意味しているのかと申しますと、この次に、12契王（金官王・居登または郁甫＝9開化大王のモデル）を持ってまいりまして、これをその次の「百済実質初代王」ともなります13近肖古王（三四六～三七五年。扶余王依羅＝10崇神大王のモデル）へと繋いで（ジョイントして）いる、つまり、扶余王系図から百済王系図へと繋ぐ間に、やはり金官王系図を「繋ぎ」として挿入せざるを得なかったこと――つまり、

百済王系図の中断――が、図らずもここに露呈されてしまっていたのです。

次により詳しく申し上げますように、馬韓のある部分を統合して――それ以外は相変わらず「縮小」馬韓として残ります（例えば「朝鮮半島南西部＝全羅南道」など。二7）。つまり、馬韓の「全て」がこのときに「伯済（ペクチエ）」となった訳ではありませんので、この点はくれぐれも誤解の無いように注意してください。

このように伯済が成立いたしましたときの百済初代王は、13近肖古王だったのです。

ですから、それ以前の百済王系図は馬韓の地におきましては、全て架空（但し、百済王家の祖先伝承レベルといたしましては存在してはおりました）でありましたので、伯済より古くから存在していた他国（扶余や高句麗や「金官＝倭＝韓」）の歴史からの引用の王系図に過ぎなかったのです。

本来、百済は14近仇首王か、精々が、13近肖古王の頃から成立した国家に過ぎなかったのですが、その建国を古く見せるために、その前に5肖古王、6仇首王などの「近」を付けない王を付加してしまった――つまりは、本来の祖王たちには「近」を付けて、新しい王としてしまい、その前の百済史の空白部分には、「近」を付けない「同名の古い王」などを新たに創り出して、その空白を埋めてしまっていた――というのが、百済王系図改竄の真相でありましたことを、アナタは慧眼をもって見抜かなければいけなかったのです。

（5）百済は遼東半島にあったという『晋書』は、何を意味しているか

この朝鮮での王系図の偽造は、アナタは、日本紀の天皇（大王）系図とは直接関係がないと（多くのアカデミズムのように）お思いでしたら、それは大きな誤謬だったのです。と申しますのも、特に、次に述べますように、この百済王系図が平安日本紀での「天皇系図の基」となって今日にまで至っているのですから、このことは尚更だったのでございまして、この百済王系図の「偽造」の点の解明は、倭の古代史の解明には不可欠、かつ、特に重要なこと（必須とすらも言えること）だったのです。

このように、百済史上での六、七、十一代の王につきましては扶余王系図から、そして、八、九、十、十二代の王につきましては金官（倭）王系図から、それぞれ流用（合計七王）してしまっておりまして、実際に朝鮮半島を「船で南下」して（二6）、馬韓から百済へと成長いたしました13近肖古王の四世紀後半の頃より「以前」の王系図に、それらを引用して「古く見せていた」という王系図の改竄の真相もこのように明らかになって来るのです。

このことは新羅末期の漢文学者も「馬韓麗也　辰韓羅也」（高麗の大禅師の一然（イリヨン）の編纂、僧の無極の補筆による私撰の史書『三国遺事』馬韓条に所引の崔致遠の考え。馬韓は後の高句麗の地、辰韓は新羅の地）と言っているのです。

このことにも不正確ながら一理あったのでして、少なくとも、この「馬韓＝高句麗」と申しますのは、ズバリ「馬韓つまり百済の朝鮮半島南下」というレベルでは正しいことを意味していてく

れたからなのです。

＊遼西・遼東からの平壌への南下（亡命）。

この点、中国史の方ではどのように表現されているのかと申しますと、「はじめに」でも少し触れましたように、中国史にもこれと同じような、一見不思議と思われるような考えがちゃんと見られるのですよ（一五8）。それは次の通りです。

「百済略有遼西。百済所治。謂之晋平郡晋平縣」（『宋書』百済伝）

——百済は遼西を占領した。この百済の出先機関の在ったところは、これを晋平郡晋平縣という。

「百済亦拠有遼西晋平二郡也。自置百済郡」（『梁書』百済伝）

——百済も遼西、晋平の二郡を占拠し、百済郡を設置した。

＊この晋平県の場所についてなのですが、蓋平県という県が、中国史上、大連の北、約一八〇キロメートル（北緯四〇度四一分、東経一二二度一二三分）に見られ、ここは秦代には燕人衛満の拠点となり、漢代には玄菟郡に属し、時として高句麗にも属し（高句麗——実は、伯（百）族の南下の名残——の城跡も現存しております。二4、6）、魏の代には「平州」に属し、晋代及び隋代には再び高句麗に属し、「蓋平城」とも言われました。渤海は、ここを辰州と改めておりますように、「辰＝Chen＝シン」「晋＝シン」「平＝Ping＝ヘイ」などの音の共通性と、この地が、かつて高句麗（扶余の末裔、かつ、百済の兄弟国）に何度も占領されておりますことから考えますと、この辺りが「晋平県」であったものと、私は一応考えております。

実は、この晋平（蓋県）の百済郡へと進出した扶余伯族（北扶余前期王朝）の亡命者の流れが（正しくこれこそが、本来の「南扶余」のことだったのです。百済の錦江の泗沘も、百済が滅ぼされた後になってから、新羅により南扶余と名付けられておりますので混同しないで下さい。実は、これは扶余穢族（北扶余後期王朝）に追われての遼東半島への亡命でした）、やがて更なる高句麗等の圧力を受け、西朝鮮湾を済り、四世紀中頃に至って漢江で百済を建国することになるのです。

高句麗（伯族＝百族）が遼西の義県まで攻めて占領しておりました証拠につき、一七2は必見（一五8、二3）。

伯族が海を済ったので、百済と言われたのです（一五1、一〇1、九1必見。本章6、4、8、7）。

この中国史の記載こそが、百済が南下して参りましたルートと中継地を如実に示すナイス・エビデンス（優良証拠）であったのです（扶余伯族が西朝鮮湾を済って百済を建国した）。

高句麗の6太祖王（五三～一四六年）は、玄菟郡を追い出し、遼東半島に進出（一二一年。一一八年にも侵入しております）しておりますし、また、15美川王（三〇〇～三三一年）は、魏の後、晋がまだ十分体制を整えていない間に、楽浪郡を滅ぼしてしまっておりますので（三一三年）——この頃、韓・濊などによって、帯方郡も滅ぼされております（濊〔満州・半島の倭人の一派〕の帯方郡への進出）。百済は、倭（金官・豊・安羅）の力を借りまして、13近肖古王（三四六～三七五年）の三七一年には、平壌（現在の平壌よりずっと北方です）の高句麗を三万の大軍でもって討ち、16故国原王（三三一～三七一年）を殺害することが出来ました。このときが、実質的には百済成立のときだったのでございまして、この13近肖古王こそが百済の始祖王でもあったのです。馬韓は公孫氏の置いた帯方郡と接しておりました可能性あり。馬韓の倭人の女王卑彌呼は公孫度の女ということも、お隣なのですから、繋がってまいります（一〇1）――これらのことが、百済が遼東を支配したという中国史での表現となって『晋書』などに残っていたのです。

＊百済の兄弟国が高句麗ですし、両者の母国が扶余なのですから、中国から見ますと皆同じようなものなのです。この記載のない中国史は、その部分が抹殺されてしまっていたのです。

興京老城から、西の侯城県（奉天・瀋陽）へ移転後の玄菟郡治（玄菟城・高句麗県）への高句麗の侵出は勿論のこと（6太祖王宮、15美川王、18故国壌王、19広開土王などに侵攻が見られます。高句麗は六六八年、28宝蔵王のとき、唐により平壌にて滅ぼされます）なのですが、百済史の中にも、古くに百済の満州遼西支配を示す幽かなものを見出そうといたしますと、次のものがございます。

「秋八月。魏幽刺史毋丘倹與楽浪大守劉茂朔方（帯方か）太守王遵伐高句麗。王乗虚（その隙に乗じて）遣左将真忠。襲取楽浪辺民（楽浪郡の辺境の民を掠奪させた）」（『三国史記』「百済本紀」8古爾王十三年〔二四六〕）というのがそれなのです。因みに、この8古爾王のモデルは金官勢漢王（1首露王の祖父レベル）であり、この王は「6孝安大王＝天日矛」のモデルともなっております。

右の点は、よく見ますと日本の正史上にも、右の満州からの人の流れの片鱗が覗いておりました。

「漢祚遷魏。阿智王因神牛教。出行帯方……東国有聖王……七姓民帰化来朝……阿智王奏請曰。臣舊居在於帯方……百済高麗之間……諸国漢人（あやひと）亦是其後也（『続日本紀』桓武延暦四年〔七八五〕六月二日。坂上大忌寸苅田麻呂の「宿禰の姓の下賜を願う上表」というのがそれに当たります（但し、一五10）。因みにこの苅田麻呂は征夷大将軍の田村麻呂の父です。

この頃、渤海湾岸沿いにあった倭人の拠点は、その後の天変地異により「水没してしまった」という口碑も残されております。古代の気象や地学に興味のおありになる方、この点を掘り下げてみては如何？

どうです、アナタ、このように中国の史書の中に、百済（またはその兄貴の高句麗）が、遼東どころか遼西（遼河の西）県・晋平県（正にここは満州ですゾ）をも、かつて治めていたと記されていることも（『南史』百済条も同じ）、この「百済」を「馬韓（の祖先）」という風に、つまり「北倭」の祖先と変えて読みさえすれば、正に、歴史の通りだからなのです。

＊百済に統治されてしまったことを示す「晋平県」という中国史

にとって都合の悪い語句の存在は、以後アヤフヤにされてしまっておりますよ。なのに、不思議なことに、朝鮮の史家は、何故かこの点、中国へクレームを付けてはいないのです。朝鮮のダブルスタンダードの「事大主義」、ここに極まれり、ですな。

因みに、倭も満州から移っておりますよ（九3、一〇1）。

但し、遼西・遼東の「基準＝物差し」となっております遼河という川自体が、紀元前後から李朝（太祖李成桂～27純宗李王拓、一三九二～一九一〇年〔日韓併合〕）までの間に、ナント！時代と共に約五〇〇キロメートルも東へ東へと移行して（されてしまって）いることにもご注意下さい（九3）。

この点、中国史におきましては、やはり、辰韓のみは「帯方の南にあり」（『晋書』馬韓伝）とありますので、古くから新羅の辺りにまで、扶余や楽浪の亡命民（自称は「秦の乱を避けてきた者」）が、徐々に亡命してまいりまして、土地を馬韓の辰王から割いてもらい、そこに辰韓（扶余の「臣＝辰」王の末裔の国）という国邑を作っていたものと思われます。

しかもアナタ、先程の『宋書』『梁書』『魏書』によりますと、その馬韓の南には「陸地の国境を接して倭が存在している」と言っておりますよ！　当時の倭人は西朝鮮湾にいたのかも。

と言うことになりますと、その昔、馬韓が南下して来るまでは、倭・弁韓は朝鮮半島の大部分を占めていた、つまり相当広域を占めていたということにもなって来るのです（二7、8）。

＊その「弁＝卞」韓（プルカン＝沸流韓）すらも、より古くに「南下した北倭」と「北上した南倭」との混血でした（一五7。弁韓→弁辰韓）。

東扶余の依羅王、つまり百済13近肖古王は、満州と朝鮮半島の付け根辺りで「馬韓（伯済）を建国」し、やがてそこも追っ立てを喰って、「海路南下」し朝鮮半島へと入り（この経緯と経路につきましては一五1、一〇1など）、漢江を遡上し漢江の北（ソウルの辺り）、次いで漢江の南へと南下し、更に、21蓋鹵王（市辺押羽皇子のモデル）が高句麗に殺され、四七五年には、その子の22文周王（24仁賢大王のモデル。この文周王の弟が倭に渡来亡命いたしました琨支王子であり、23顕宗大王のモデルです）が、熊津（ゆうしん）（公州）へ、そして最後には五三八年、26聖明王（31用明大王のモデル）が「扶余＝泗沘」に王都を定めるに至り、やがてそこで六六〇年、31義慈王（34舒明大王のモデル）のときに至り滅びることになるのです。

＊但し、日本列島におきましては、不死鳥のように、平安天皇家として蘇りますが。

このように、かつて遼河の西にもあった馬韓（亡命伯族。南へと移動する前の『梁書』の百済郡）も、時代と共に移動し南下して来ていることに、もっと早くアナタは気が付かなければいけなかったのです（五3）。

＊遼東・晋平県百済郡経由で、最終的には朝鮮半島中部の漢江の辺りにまで亡命して、そこで初めて「伯済・百済として成立」することになります。

この点、「百済本紀」も、日本紀と全く同じ手法（これも後に、日本紀の方が真似をしたのですが）で、その土地に満州から王家が渡来・土着してからは、そこに天孫降臨して開国したことに国史上してしまっていたのです。

＊但し、伯済・百済の「人民＝被支配民」の多くは、元々が土着のツングースや弥生人と同じく揚子江中流域から朝鮮半島へ渡来した苗族だったのです（二九1）。

序でながら、先程の下段に述べました日本列島での天皇（大王）のように、その扶余王系図を「流用」した百済王系図を「基にして」、更にまた、その上に平安日本紀の天皇系図というものが作成されておりますので（本章3ノ1）、この意味におきまして、モデルにした百済王系図を介して扶余王の系図が、「自動的かつ間接的」に「現行の日本書紀（平安日本紀）の天皇系図」の中に入り込んでいた――例えば「神武天皇・イワレヒコ＝高句麗王子罽須＝扶余王仇台＝百済王仇首」と同一人が、各国で異なる名前の大王として歴史上に登場していた、否、登場出来た――ということが、こう考えてこそ初めてアナタにも判って来るのです（三二1。神武のモデルは満州に存在した）。

4、百済・新羅の建国は新しく、四世紀後半

（1）朴・昔・金の王系図は新しく唐の時代からだった

右のように、百済・新羅の建国は共に新しく、四世紀後半に過ぎなかったのです。と申しますのも、秦韓から新羅になる（中国から新羅王として認められる）のは、せいぜい四世紀中頃以降の17奈勿（なくつ）（ナブツ）王（未仇王子〔狭穂彦のモデル〕の子）からですし（一〇2）、馬韓が百済になる（中国から国際法上百済王として認められる）のもそれと同じ頃か、またはその少し後の13近肖古王（崇神大王のモデル）の頃からのことだったからなのです（二一1、二九2）。

この頃の東アジアの国際情勢、つまり「民族の追っ立て」（私の大好きな言葉です）ということにつきまして、次に一言ご説明しておきましょう。

百済の建国は、四世紀半ば過ぎに、どのようにして生じたのでしょうか。これは一言で申しますと、匈奴が弱体化したために、鮮卑の勢いが強くなり、西方・南方へとその勢力を伸ばし、大興安嶺の近くにまでやってきたため、中国（東晋）でも混乱が生じ、扶余も止むを得ず、今日の扶余市（第二松花江合流地点の近く）から吉林（きつりん）市へと南下して来たからなのです。

この動きに連動いたしまして、高句麗も南下し（一五1）、扶余一族も、依羅王（麻余王の子）のときに、朝鮮半島の漢江の辺り（ソウル）の馬韓の一部にまで西朝鮮湾を「船で渡り」南下せざるをえなくなりまして、扶余の依羅王はここで百済の前身たる「伯済（はくさい）」を建国し、実質初代王の13近肖古王となったのです。

この頃の金官伽羅（倭）王陵の一つであります「大成洞（テソンドン）古墳」（一一2）より、オルドス・蒙古の遊牧系の「銅鍑」が出土いたし

ますと共に、この直ぐ後に、金官伽羅王陵が金海（キメ）から忽然と消え失せてしまっておりますので、このことは、海峡国家の倭（金官・安羅・多羅）が、何らかの理由によりその本拠の「一部」を日本列島へと一時シフトしたことを意味していたのです。

勿論、この後の、五世紀の新羅には、何らの自主性も認められず、その殆どが高句麗の占領下にございました（この点、「新羅史」では消されてしまっております）。

このように、扶余から南下した依羅が、近肖古王として初めて百済（伯済）を作ったので、それで中国の東晋から初めての百済王として認められたというその理由（わけ）が判るのです。

秦韓・馬韓の諸国（部族国家群）がそれぞれ新羅・百済に統一されるのは、私たちが考えているよりは結構新しかったのですよ。

＊しかも、朝鮮半島「西南部」辺りは、もっと遅く、六世紀に入ってからのことだったのです（一一）。

朝鮮の各国史では、それぞれの「その名を冠した国家（つまり、百済・新羅）」としての自国の歴史はもっともっと古い紀元前だなどと（例えば、百済につきましては、始祖温祚王がBC一八年に建国した〔「百済本紀」〕という。また、斯盧（しろ）・新羅（しんら）につきましても同様で、朴赫居世がBC五七年に建国した〔「新羅本紀」〕という）お国自慢で勝手に言ってはおりますものの（これは「カラスの勝手」なのですが）、客観的には、東晋などの宗主国である中国が「新羅王」「百済王」という名のもとに「国際法秩序の上で認知」してくれる、つまり国境の外からも認められる・国の存在として説得力があるのは四世紀、それも後半になってからのことに過ぎなかったのです（こんなに遅かったのだ！）。

西晋の武帝（司馬炎、二五六～二九〇年）の二八〇年のとき、入貢しているときには、その地域の名が、何と！未だ「辰韓」と表示されている（『晋書』武帝紀、太康元年六月「東夷九国内附」。『晋書』辰韓条「王遣使方物」）ところから考えましても、三五六年の奈勿王即位以前は（新羅どころではなく、未だ）「辰韓」という亡命者たちの住む避難地域の名に過ぎなかったことが判るのです。

＊「新羅本紀」によりますと、味鄒（みす）王が初めて金氏として辰韓の支配権を確立し、統治をいたしましたのが二六二～二八四年とされております。13味鄒王は、実質、新羅の初代王（奈勿王の伯父）で、この人をモデルといたしまして、日本紀では、丹波（たにはの）道主（みちぬし）（「味鄒＝ミチ＝道」。狭穂彦の兄のモデル）が作られております。

因みに、1赫居世（「朴王」の意味。「赫公＝（蘇＝金）瓠公＝伐公につき、後述）の頃からの国号の「徐羅伐＝セラブル」（二3）から、倭からやってまいりました新羅4昔脱解王が雞林へ変えたとも言われ、更に、漢風の「新羅＝セラ＝シラ」へと定めましたのは、22智證王（五〇〇～五一四年）からのことだったのでして、この六世紀の初めまでは「新羅」という国号はその文字すらも存在しなかったのですよ（王号を麻立干から漢風の「王＝Wang」に変えることが出来た（高句麗の支配から脱した）のも、六世紀のこの智證王からのことに過ぎなかったのです）。

＊辰韓に亡命してまいりました扶余人の故地の農安県も、古くは粛慎＝朝鮮の地（前述）だったのでございまして、ここが「新羅」と称せられていたこともございました。これは、何かの偶然だったのでしょうかしら。

では次に、古への新羅王系図上の「朴・昔・金氏」の王系図が、何らの根拠もないものであったということを、古への新羅の王が自ら残してくれております金石文と新羅の正史自体との「矛盾」を材料として、私こと歴史探偵が追及してみたいと思います。

2南解の子の3儒理尼師今（新羅の王号の呼び名の方につきましては、居世干→次々雄→尼師今→麻立干→「王＝Wang」という風に変化して来ております。王号の中に見られます遊牧系の「干（かん）」という言葉は、かつての遊牧民の支配・影響の痕と考えてよかったのです。ひょっとすると、その王号の変化は、秦韓におけます王朝の創作・歴史改竄の度の、それに対応しての王号の変化をパラレルに示していたのかもしれません。それに、少なくとも王を干という遊牧系の高句麗の支配から脱することが、「倭の五王」の「武＝紀生磐＝雄略大王のモデル」などの尽力により出来たからこそ、「干から王へと」王号が変わったとも言い得るのです）が立った九年春に、六部（村）の名を改めて賜姓したとして「李・崔・孫・鄭・裴（ハイ）・薛（セツ）」の六つを挙げております（『三国史記』『三国遺事』）。

＊この薛羅（せら）から新羅（しんら）へと訛っていったということも十分考えられます（『晋書』。一一5）。

この「漢姓」の採用は、朝鮮史の三国史記の「年表」をそのまま信じますと、後漢の光武帝の建武九年ということになり、つまりAD三三年という紀元の始めの頃ということになってしまいます。

しかし、これは大変おかしいことなのです。と申しますのも、当時、新羅（辰韓）の隣の、より文化の進んでいた百済・馬韓でさえも「沙・燕・劦・解・国・木・苗」の漢姓が（しかも、これは形式こそ漢字表現されているのですが、その実質を分析してみますと、これは純粋の漢姓ではない、百済固有の略称に過ぎなかったことが判ります）出現するのは六朝時代（後漢滅亡から隋の統一までの間、建業・南京に都した呉、東晋、宋などの時代）からなのです（『北史』百済列伝）。

ここで先程の百済の王族の「真の姓」でありました「解」姓を例にとりまして、朝鮮史の偽造・改竄の点につき申し上げておきましょう。

『三国史記』を編纂いたしました金富軾（きんふしょく）が、日本の平安末期に相当する頃に中国史に迎合いたしまして扶余の王姓、高句麗の王姓、百済の王姓のそれらの全てを「余氏」に変えてしまったということの一事が万事、その全てを物語っていてくれたのです（九1）。

つまり、その改竄される前の元の王姓は、私のチェックによれば、

イ、扶余の王姓（「解」姓）

「〈古記〉云……『前漢書』……国號北扶余　自称　解慕漱生子名扶婁。以解為氏」（『三国遺事』北扶余条、古記云）

――国号を北扶余とし、自ら解慕漱を名乗り、その子は扶婁といい、解氏とした。

ロ、高句麗の王姓（「解」姓）

「国號高句麗、因以高以為氏（以下割注）本姓解也。今自言天帝子承日光而生、故自以高為氏」（『三国遺事』高句麗条、注記）

――国号を高句麗とし、よって高姓とした（割注）本の姓は解であるが、今自ら天帝の子であり日光を承けて生まれた子であるから高をもって氏とした。

ハ、百済の王姓（「解」姓）

「其世系與高句麗同出扶余、故以　解為氏」（『三国遺事』南扶余・前百済・北扶余）

――百済の世系は高句麗と同じく扶余から出ているため氏を解とした。

「始祖王の温祚四十一年に扶余人右輔の〈解婁〉の名が見えること」（『三国史記』「百済本紀」）

のように、右のイロハのその全てが図らずも証明しておりますところから考えましても、朝鮮の正史の『三国史記』が「解」姓から「余」姓へと、しかも古代にまでも遡りまして改竄してしまっていたことが判るからなのです（しかも、中国の真似をして「一字姓」に変えてしまってもおります。九1）。

このように、扶余も高句麗も百済も、本来その王姓は「解＝カイ＝太陽」（扶余・穢族の自称）「解＝パル＝火＝日」（日本列島に入り「バル＝バラ＝原」となります）であった（九1）にも拘わらず、朝鮮史におきましては、最も大切なこの点（扶余のみならず高句麗・百済の王族の出自を表すこと。「解」姓）が、金富軾によって物の見事に「隠され」てしまい、それがそのまま今日に至っていたからなのです。これはとても悪質な歴史偽造ともいえることだったのです（お粗末なレベルの朝鮮史）。

アナタも朝鮮史の偽造（特に、平安朝と同じ頃の朝鮮での改竄及び、その後の中華思想に迎合する李氏朝鮮の史官による改竄）には、くれぐれも気を付けて下さいね。このように、金富軾の正史『三国史記』よりも、日朝のアカデミズムが軽視しております一然和尚（この人の祖先は、高句麗の出自との考えもございます。前述）の私撰の『三国遺事』の方にこそ、朝鮮古代史の真相のより多くが残されていたのですから（仏教的な記事も）。

さて、新羅の前身の辰韓が中国に遣使いたしましたのは、普通二年（五二一）に慕秦（この名の意味は「馬韓に居候の秦人の大人」というくらいの意味でしょうか。そして、この年代は、精々、新羅史での23法興王（原宗。在位五一四～五四〇年）の時代でしょうか）という王からが初めてでして（七10）、しかも、中国史によりますとその頃（六世紀に至りましても）でさえも、秦韓には、未だ「文字なく刻木して信となす」（『梁書』新羅列伝。そして、中国とは百済人の通訳を介さなければ話せない）とある程度

（但し、縄文の絵文字やキープ文字は別です）の文化だったのですからねェ。

（2）九州の倭国の古代年号「継体・善記・大化」

この点は日本列島でも残念ながら同じような状態でして、九州の倭国におきましても、倭王「武」が四七八年宋へ初めて遣使した頃は、未だ漢字は無かったのです。ということになりますと、「獲加多支鹵」の銘のある鉄剣は一体どうなるの？　ワカタケルなのか、それとも「ワカ＝王＝Wang」であり、タケルとは「百済21蓋鹵大王＝タケル王＝多支鹵王」のことで「ワカタケル＝王タケル」であり、その「大王寺」のことだったのか？　因みに、この埼玉稲荷山古墳出土の、鉄剣の銘文の王系図が、何と、後世に偽造されたもの（！）であったことにつきまして、アナタ、二一5必見です。

九州の倭国の九州古代年号の五一七年の「継体」、そして五二二年の「善記」の年号の頃までは漢字は用いられてはおりませんので（一一5、六3、二三3）、縄文以来の結縄文字（キープ文字）や刻木で政＝祭（マツリゴト）を行っていたのです（『二中歴』の分析）。

＊但し、うんと古くに、殷からの亡命者が持参いたしました「殷字（漢字の祖先）＝紅岩（穴盤水と六枝との間の地点）の貴州のロロ族文字」につき、別述。

但し、古くは魏が卑彌呼に与えた「檄文」の存在がございまして、当時は通訳が読んでくれたのでしょうが、九州西都原の倭人にとりましては、その後長い間、漢文法と漢字の学習及びそのマスターは難しかったものと思われます。

尚、「大化」の年号につきましても、九州の新羅占領下の倭国の古代年号では六八六年丙戌であったものを、四十一年もこの年号を遡上させて「大化元年＝乙巳＝六四五年」として世に出されてしまったことについては、また後に申し上げたいと思います（六3。大化＝大和＝ヤマト）。正直なところ、日本列島を含めて、当時の東アジアにおいては皆このレベルの「文化＝文字」に過ぎなかったのです。

更に、この頃の辰韓は、自称亡命秦人が百姓をしながら外交権も持たず、ただ百済に「附庸」していただけの存在に過ぎませんでした（『隋東蕃風俗記』）。

＊私に言わせれば、「倭＝金官」にも附庸していたのですが、この点は消されてしまっております。

『魏志』の分析によりましても、倭と弁韓と馬韓につきましては「米」の記載が見られるのですが、この辰韓（後の新羅）についてはそれが見られないのでして、当時は精々荒地を開墾して細々と穀物を作っている程度の（そして、山々には製鉄及びその前の製銅のため、火力の強い松などの木々は殆ど無い禿山の状態の一種の見放された土地でしたので）生きることがやっとの亡命人の国だったのです。

＊しかもその土地は、『魏書』によりますと、住みついた当初は

「馬韓からの借地」に過ぎませんでした。

そして、新羅が馬韓の居候の状況から脱して、やっと独自に中国と交渉（自主外交）が出来るようになったのがいつのことなのかと申しますと、そのことにつきましては次にちゃんと明文がございますように、真興王の五六四年（金官を吸収してから二年後）の北斉へのケースからに過ぎなかったのです（七10。後述）。

「使持節領東夷校尉　楽浪郡公〈新羅王〉」

そして、この王は「境土開拓碑」を京城の近くや昌寧、咸興にも残しておりますが、実は、この碑に刻まれました六世紀後半の金石文を見ましても漢姓らしい人物は沙門道人と法蔵彗忍だけであり、残りは皆新羅固有の姓であるとともに、何と、新羅の国家開闢以来の王姓であると新羅史が自ら主張いたしております、この辺り（時代）でも王系図上に必ずや登場して来なくてはならない筈の「朴」「昔」「金」の三姓すらも、そこには何ら見出すことが出来ないという状態だからなのです。これは一体どういうことなのでしょうか。

ですから、金さん、朴さんなどの、朝鮮の「族譜（チョクボ）」（男系の男尊女卑〔かつては、朝鮮の女は、自己の父方の姓以外を名乗れなかった〕の「門中」と呼ばれます宗族の出自を表しております「本貫」の記されている氏族の系譜）におきましては（一2）、金や朴のそのままの姓で六世紀よりも遡りますものは、歴史的には皆インチキであったということにならざるを得ないのです。

確かに、六邑の一つの沙喙（セブル）（沙梁）はありましても崔も鄭すらもそこには見出せないからなのです。

＊ですから、ずっと後になってから、この沙喙部（六村のうちの突山高墟部〔慶州市西岳里・塔里〕が後に改められたもの）から朴・昔・金の三姓が分かれたという可能性が高かったのです。と申しますのも、新羅のそもそもの古名は「徐羅＝徐羅伐＝セブル」でございまして、これと右の金石文に見られますこの沙喙の音とが「全く同じ」だからなのです。

と言うことは、どういうことなのかと申しますと、つまり、「新羅六姓」というのは、実は、唐の時代に栄えた氏族の姓と同一なのでございまして、統一新羅の時代（六七六年）になってから、事大主義により大唐へ付和雷同し、その結果、唐代になってから「朴」「昔」「金」という一字の名称の唐姓が国史上に取り込まれたものに過ぎなかったのだ、ということがこれで明らかになるからなのです。

（3）新羅王ですら金姓を名乗ったのは五六四年から

そして、このことは新羅王が中国に対して金姓を名乗ることが出来たのが、何と24真興王（五四〇～五七六年。五六四年南朝の北斉へ）から26真平王（五七九～六三二年。唐へ、六八一年以降）の頃からに過ぎなかったということ（前述）が証明していると共に、そのことからも十分頷けることだったのですよ（七10）。

新羅における王系図の偽造の点は以上の如くだったのです。新羅王の金姓の出現すらも、確実に言えるのは六世紀後半からに過ぎなかった、という点につきましては、日本列島側にもそれに添う確実かつ面白い証拠が存在していたのです。

と申しますのも、『日本紀』は別といたしましても、古代の有力な氏族（日本の支配者）とその祖先を記してございます『新撰姓氏録』におきましては金姓が全く認められていない（出てこない）からなのです（アリャ！）。

そして、このことはまた、別な意味でも重要なことでございまして、平安朝になってから百済系が新羅系天皇家を「奪い取って」プロト（旧）「氏録」を改竄して今日の『新撰姓氏録』にしてしまった（新羅・伽耶系の王姓である金姓の抹殺）ということの隠れた証拠としても十分使えるからなのです（二六1、三一2）。だからその名もわざわざ「新撰」とつけられたのです。

＊仮に、そのどちらか（後者だけ）としてしか使えなかったとしても、これが重要な証拠であることにはちっとも変わりありません。

右の、中国史によりますと、新羅王の金姓の出現が六世紀後半からだったということは、次のように、日本列島側の証拠からも裏付けられているのです。と申しますのも、このことは、右のように平安天皇家の『新撰姓氏録』を見ましても、何故か不思議なことに金姓が全然認められていないからなのです。

他方、『日本紀』の方は、その点がどうであるかと見てみますと、宇奴連は金庭興の後、隆観は金財（大宝三年）。金肆順に海原姓を賜う（延暦二年七月）。金良宅、金元吉に国看連を賜う（神亀元年五月）。武蔵国埼玉郡新羅人徳師ら男女五十三人に金姓を賜う（天平五年）。山城国金城史ら十四人に真城史を賜う（宝亀六年七月。七4）とあり、このように『日本紀』の方では幾つかは見られます。

また、『日本紀』以外におきましても、東北での「前九年の役」の際、陸奥に金為行、金則行、金経永らがいて、安倍宗任らと共に帰降したと「国解」にあり、その末裔は金野、紺野といった（『陸奥話記』）と出て来てはいるのですが、何故か日本の支配者の全ての名前を書いてあります公文書の『新撰姓氏録』の方には金姓がないのです。アナタ、不思議でしょ。

ちなみに、「国解」とは、下の役所（この場合、「前九年の役＝奥州十二年戦争〔一〇五一～一〇六二年〕」ですから、藤原朝臣登任）から上の役所である中央官庁（この場合、太政大臣）に出すべき公文書を言いまして、公文書にはこの「解」の他に、上から下へ出しました「符」と、同格のやりとりである「移」がございました。

更に、この点は金以外の新羅の王姓でございます朴・昔の両氏につきましても、全く同様なのでして、百済人の朴氏に貞宗連を賜う（『新撰姓氏録』承和三年）とあるくらいでして、かようにして奈良朝・平安朝においてすらも、新羅の王姓と言われております「朴・昔・金」の三姓は日本列島におきましても非常に少なかったのです。

＊これらのことは、前述のように、右の新羅三姓が新しかったこ

とと、平安朝が「百済系のアンチ新羅政権」であったことのどちらか、またはその両方を示していてくれたのです。

(4) 朴堤上は唐から借氏して「朴」となる前は「毛末」姓だった

ここで古代の朝鮮本国における実例を一つ挙げておきましょう。新羅での『三国史記』での朴堤上という朴さんは、同書で「毛末＝Momar＝モマ」さんと言ったと見えますが、この人は、日本紀におけます新羅王（と言いましても、この頃は秦韓か金官の王です）が派遣して来た「毛麻・利叱智」（『神功皇后紀』摂政五年三月）と同一人であることが判ると共に、後世、「朴」氏（「パク＝瓢」氏で、本来は倭人です）と言われるようになった人を一つとって見ましても、「唐から借氏して朴となる前」は「モマ」という姓だったということが明らかだからなのです（『梁書』この姓は「モ」のみであった、また、「木」であった可能性の時期すらもございます。後述）。

この「モマ氏＝朴氏」は、新羅19訥祇王（四一七～四五八年）の頃の州の長官なのですが、朝鮮で最も古い史書と言われております『符都誌』を、この人が倭の「木島」で殉死する四一九年より前に書き残しております。

このように、この「朴」氏すらも唐の時代以降の新しい姓だったのでして、古くはこの朴氏は「モマ」氏だったということが判るからなのです。

＊しかも、アナタ、この堤上という人は、朝鮮の正史では「朴」姓、「モマ」姓とされている（『三国史記』朴堤上伝）かと思えば、その後の史書では、何と！「金」姓とされてもいる（『三国遺事』）のです。果たして、「朴」なのか「モマ」なのか、それとも「金」なのか、こりゃ不思議なこっちゃ。朝鮮の古代姓の金さんや朴さんは、こんなにもいい加減なのです。

更に、六世紀になりましてすらも、新羅の王姓は「朴・昔・金」ではなく、「慕」（『梁書』武帝、普通二年（五二一）十一月）――法興王（五一四～五四〇年）、諱は原宗。この「原」の訓の「mis/mit」を写したものです――だったのであります（慕秦＝「姓は慕、名は秦」）。

このように、新羅でも日本列島でも、「朴・昔・金」の三姓は、実は、そんなに古いものではなかったのです。

以上のことからも、朝鮮史における「朴・昔・金」の新羅三王姓による「王系図」というものが後世の偽作であったことが、アナタにもこれで、よーくお判りいただけたことと思います（七10）。

また、この辰韓は、秦韓とも言われておりますように、ここの人々は自称によりますと「秦の亡命民」であるらしいと、中国史上では次のように述べられております。

「辰韓……其耆老伝世　自言、古之亡人、避秦役、来適韓国、
馬韓割其　東界地與之」（『魏書』辰韓条）

――辰韓の古老が自ら言うには、自分達は古への亡命民であり、秦の労役を避けて韓の国にやって来たが、馬韓が東の地を割いてくれた、と伝えられているとのことでした。

右のように、不明確な伝聞として「秦の亡命人」であると言ってはおりますが、別の史書と比べてみますと、そこには、

「斯盧始王……夫餘帝室之女　婆蘇（ばそ）……嫩水　逃東沃沮又　舟而南下抵至　辰韓奈乙村　時有　蘇伐　都利……辰韓六部共尊　為居世干立都徐羅伐称国　辰韓　亦曰斯盧」（『遼史』高句麗国本紀）

――斯盧（しろ）の始王……夫餘帝室の女、婆蘇有り、嫩水（満州を南北に流れるズンガリ河・松花江上流。嫩＝ドン・ノン・ネン）より逃れ、東沃沮（咸興）に至り、また、舟を浮かべて南下し、「海路」辰韓の奈乙村（新羅実質初代王の「奈勿」の音に近い?）に抵至した（これが「東韓之地」のことだったのかもしれません。一〇1）ときに、そこの「王都・諏訪・周防」（3、八4、3）に「ツリ（トリ・止利・鳥）」という人がおりました……辰韓六部の先住民が尊んで居世干（王）とした。都を徐羅伐に立てて、その国を辰韓と称し、または斯盧と言いました。

＊卑彌呼は扶余王仇台二世と結婚しておりますし、その後、朝鮮半島を南下して安羅咸安に入っておりますので、この扶余の女・婆蘇との共通要素も見られます（慕漱＋柳花のセットにも要注意）。

とありますように、その建国の真相は秦人の亡命者（または、中間層や下層民の一部はそうであったかもしれません）などではなく、百済と同じく（但し、扶余伯族と扶余穢族との違いはあったにせよ。一七1他）「扶余からの亡命民」（北倭）が、朝鮮半島で現地のツングースを束ねて、辰韓の居世干（王＝支配者）となっていたことがこれにより判るのです。

＊このように、辰韓の初代王は南下してきた遊牧民だったのです。新羅史においては、この点が後に抹殺されてしまっております。因みに、右の『遼史』の東沃沮の位置は、東朝鮮湾の咸興（ハムフン）ではなく、実は鴨緑江（おうりょくこう）中流域であり（後述。『後漢書』）、そこを下って海に出て南下し、そのまま馬韓にまず至り、そこで馬韓の辰王に懇請して、東方の地（辰韓）を分けてもらって、そこに住み着いたと考えることも可能です。

このことは、丁度、日本列島で、かつての倭王の一族でもございました東漢人（やまとのあやうじ）が、漢の皇帝の末裔と自称していながら（『日本紀』）、実は、南鮮の「漢＝アヤ＝安耶・安邪」からの亡命民・捕虜に過ぎなかった（一五10）のと同じように、中国の正史の記載とは異なりますが、この辰韓人の支配者も、二派に分かれた北扶余の、その一派が、朝鮮半島を南下して来て、先住民の中に住み着き支配するに至ったという経緯を表していたのです（一八7）。

つまり、これは、満州の扶余からの温祚（イワレヒコ＝貊族・伯族）と沸流（ニギハヤヒ＝解氏・穢族・濊族）の二つの亡命の流れの内の一つ（後述）の、海上からの渡来を意味していたのです。

＊一言で申し上げますと、朝鮮半島の東部は「扶余・穢族及び濊族」の南下ルートであり、西部は「扶余・伯族」の南下ルート

であるとでも申せましょうか。

そして、更に、「朱蒙が、烏伊、摩離、陜父（ニギハヤヒ・襲名）の三人を連れて卒本に至りて、扶余王の王婿となり、王位を継ぎ、高句麗の始祖王となった」（『遼史』高句麗国本紀）とも記されておりますので、先程の新羅の建国のお話は、ニギハヤヒ（沸流百済系・扶余穢族・濊族・物部氏の祖神）が、扶余から朝鮮半島東海岸を南下してまいりまして辰韓へと入ったという重要なことをも意味していてくれたのです。

＊秦韓の秦氏が、中国の秦王国の遺民などではなく、実は、満州から逃亡してまいりました扶余人でございましたことは、その名の中にもヒントが隠されておりまして、「八田＝ハタ＝秦」と称する人々が、「八＝パル＝百＝扶余」で朝鮮語で同音ですので（二一1）、このことからも「秦氏と扶余」とは繋がっていたのです。そういたしますと、秦氏の祖とされております武内宿禰（金官5伊尸品王がモデル）も「金官＋扶余人」の混血であったことにもなって来るのです。

また、何度も申し上げておりますように、出雲神話に登場してまいります大国主命は、「大国主＝ホコセ＝赫居世」でもあり（二3）、この神のモデルは「大国主＝公孫氏」のことでありますから、扶余王家と公孫氏（卑彌呼の実家。九1、一五8）との間の子が南下し、南鮮の伽耶に入ったということをも意味していたともとれるのです。

＊そして、このことは、始祖・赫居世を卵の中から育てた老人の「蘇伐公＝ソホク」は、「伐公＝ホク＝朴」氏のことだったのであり、実は、「蘇（ソ＝金）伐公＝ソホク＝イホク＝倭瓠公」でもあったことにアナタは気が付かなければいけなかったのです。

公孫氏についていえば、古代朝鮮の学者・官吏の中にも、かつてこれと近い考えを持った人がおりました。それは、次のとおりです。

「又崔致遠云　辰韓本　燕人避之者」（一然編『三国遺事』紀異第一辰韓）

と、ここに崔氏（八五八年生まれ、海雲、阿食の位、伽耶山海印寺に隠棲して死す）の考えが述べられておりますが、この人の考えもまた、辰韓へ来たこの亡命者グループにつきましては、『魏書』のいうように秦の亡民などではなく、これはズバリ遼東からの「燕の亡命人」であるという考えをとっておりますので、扶余も遼も同じ満州で、しかも遼東半島の燕とは公孫氏の卑彌呼の実家のことなのですから、先ほどの『遼史』とも、このように一脈相通ずるところがあったのです。

その根拠といたしまして、その亡命人が住んだ邑を、涿水の名から採りまして「沙涿」「漸涿」などといったとありまして、新羅の言葉で「家の音を道」といったため、今日でも「沙梁」と書きまして「梁」を「道」と「読んでいる」ということを挙げております（沙梁につき前述、境土開拓碑）。

そうなりますと、このことは、ひょっとすると、先ほどの扶余の王室の非嫡出子の「婆蘇（ばそ）」と申します女の南下は、公孫氏の女である「卑彌呼」の朝鮮半島の南下（亡命）の形を変えた表現であったのかもしれないのです。ギョギョギョ！　この点を追求すると、アナタ、ナカナカ面白そうですよ（バソちゃんは何人？）。

＊それに、婆蘇は温祚と沸流の二人の子を連れて朝鮮半島を南下した、母の召西奴ともどことなく似ていますね（一1、一五3）。

このように、新羅の民の中核におりました（勿論、その下にはツングース系の先住民がおりました）のは「秦の亡命人」などではなく、その主体は扶余からの亡命民、または燕（遼東・楽浪）からの亡命民（そのどちらにいたしましても、「満州からの亡命者」であったことには違いありませんよ）であったのです。

実は、このことを示す確実な証拠が金石文としても存在していたのですが、アナタがそれを今まで見逃していたのです。それは、余りにも有名な次の金石文だったからなのです。

「百残新羅旧是属民由来朝貢」（「高句麗広開土王碑」四一四年建立）

このように四〇〇年には、倭と安羅人戍兵が新羅の王都を攻撃し、これに対し高句麗が五万人の歩騎で新羅を救い、その勢いで高句麗が「任那＝伽耶」までも南下してきたとき（このとき、海峡国家であった倭の王たちは一時、日本列島の奥地〔畿内〕に疎開いたします。京都府宇治市でも、五世紀初めの伽耶の土器が大量に出土いたしておりますが、これは、九州や大阪府のみならず、こんな内陸部にまで南朝鮮の勢力がこの頃入り込んでいたことの証拠となっていたのです）のことが記されておりますが（一7、五3）、この碑文の中に「百済のみならず新羅も古くは高句麗（扶余も含む）の属国であった」と明示されておりましたのも、これらの国（馬韓も辰韓も弁韓も）が、実は、秦の亡命民の建てた国などではなく、右に述べました『遼史』のいうように、実は、「扶余からの亡命民」であり、しかもそれは「倭人」の建てた国であり、高句麗は扶余から出た国であったからなのです。

＊高句麗の母国が北扶余なのですから。北扶余も倭人（北倭）でした。

このように、辰韓人が扶余からの亡命民であったことの証拠はちゃんとあったのですが、『魏志』の「秦の戦いの頃の亡命」という「伝聞の記述」に惑わされて、今までその真相がアナタに見えて来なかっただけのことだったのです。

＊丁度、東漢人（やまとのあやうじ）が安羅人（倭人）であったにも拘わらず、漢帝国の亡命人であると自称し、権威づけ、それが日本紀に採用されて記されておりました（前述及び一五10）ことと全く同じパターンだったのです。

更に、この点の証拠は、朝鮮史、とりわけ高句麗史にもズバリ明示されていたのです。と申しますのも「大輔（たいふ）の陝父は、憤慨して高句麗を去り南韓へ行った」（「高句麗本紀」瑠璃聖王二十二年十二月）と記されているではありませんか！　これが正に、それに相当する部分だったのです（陝父＝ニギハヤヒ＝物部氏の祖神＝火明命（ほあかり））。

＊その後、「陜父＝ニギハヤヒ（襲名）」が、更に、狗邪韓国から多婆那国へ亡命し始祖王となったことにつき、一五3。『遼史』では李朝の朝鮮史のように後半がカットされてはおりません。

2瑠璃王の在位がBC一九年～AD一八年とされていますので、このときがAD三年となり、もし朝鮮史が干支三運遡上させていれば一八三年のことですし、干支四運遡上させていれば二四三年の出来事ということになります。

(5) 八岐大蛇の正体は満州の鉄民の松譲王

因みに、高句麗史におきましては、多勿侯・松譲の娘を入内――遊牧民の牛加（加＝部＝王・酋長）の「牛」を偏にいたしまして、この王を表す名の「勿＝コツ」を付けて漢字を作りますと、正に、ニギハヤヒを祖神といたします物部氏（部＝加＝王・酋長）の「モノ＝物＝モノノケ＝魂」となりますよ――させて王妃といたしますのは、この瑠璃王の頃のことでして（『高句麗本紀』瑠璃聖王二年〔BC一八〕七月。一六二年または二二二年）、そしてこれこそが、実を申せば、「八岐大蛇を退治したスサノヲに、老夫婦が、娘の櫛名田比売・奇稲田媛を差し出したこと」の満州でのモデルだったのですよ（と言うことで鉱山民の「八岐大蛇＝沸流国王松譲こと多勿侯」と「フルエ、フルエ……」と呪文を唱えて火を起こす物部氏（沸流部）とは同族であったことも含めまして、一五3はアナタ必読ですぞ）。

この媛の父の名の「アシナヅチ」という名は、日本紀の脚摩乳という漢字の表示では、全く何のことか判らない（愛娘の手足を撫でる）のですが、この点、古事記の方の足名椎では「ツチ＝鎚＝椎」という語が残されておりまして、これで初めてこの父神の名が金属神（鉄民）を表しておりましたことが判ると共に、この足名椎が、鉄民である八岐大蛇そのものであったことがよく判ってくるのです。

＊アジアを東行してまいりました天皇家の祖先すらもが、ここ満州の地で、それまでは持っておりませんでした「錬鉄」のハイテク技術を「足名椎＝松譲王」から奪い取って、その「錬鉄」で出来た鉄剣の初めての所有者となったことを、この八岐大蛇の神話は示していてくれたのです。

ですから、アナタは、日本紀の漢字表現による詐欺に惑わされないようにして下さいね（一五3）。

この点に関しての同じような例といたしまして、このとき平安天皇家の祖先、つまり百済王家の祖先が、満州で初めて入手いたしました鉄剣（三種の神器の一つ）を、「奇鉄＝ク・サナギ」から「草薙＝クサ・ナギ」に平安日本紀が巧みに漢字を変えてごまかしてしまっていることにつきましては、一五3をお読み下さい。

尚、この八岐大蛇退治の舞台、つまり、この翁媼（稲田の宮主須賀の八耳の神）が住んでおりました処が、出雲国の「肥河」の川上の鳥髪の地と記されておりますが（『古事記』）正に、この氷川の「氷＝ヒ」（摂社をも含めて右の当事者を祭ります須佐神社（島根県簸川郡佐田町宮内）、氷川神社（埼玉県川越市宮下町）、氷川神社の摂社（埼玉県大宮市高鼻町））が、本来は「ヒ＝肥」であり、「ヒ＝肥（多婆那）＝コマ＝高句麗」のことを暗示（自白）していたと考えますと（一五3）、私のこの考えともピッタリですので、アナタにもご理解いただき易いことと存じます（ここでも古事記は、私こと古代探偵に対して素晴らしい助け舟を出していてくれたのです。「高句麗＝コマ＝肥（熊本）＝火＝ヒ」とも同じパターンです）。氷と火では逆ですが、元はと申せば「コマ＝肥＝ヒ」だったのです。

＊何故、この満州の鴨緑江支流の「佟家江」におけるチュルク系オロチョンの鉄民（集安の壁画の製鉄製輪神とも関係か。二6）退治の出来事が神話化されて、日本列島の「出雲」という地に定着してしまったのかという理由につきましては、一五3を必ずご覧下さい。

出雲の須佐神社の南南西約三キロメートルの国道三二五線沿いのところの波多川流域にございます「大呂」（佐田町、大呂神社有り）と、朝鮮半島の鴨緑江の集安の南西約三十キロメートルの「大路」（大路鎮。こちらの方は正に古代の「桓仁（卒本扶余）→集安」という高句麗の移動ルート（の一つ）の上にございます）や集安（国内城）の北北東約六十キロメートルにある「大路」（大路村）との関連も気になります（別述）。

因みに、このトリカミは新羅系の奈良紀での名残でして、新羅王都慶州の吐含山から高天（＝タカマ）原が導き出されていたのです。

この八岐大蛇のお話につきましては、後にまた詳しくお話しいたしたいと存じます（一五3）。

序でながら、浦島太郎の名の中からも、この人が伽耶の人（とは申しましても、海峡国家「倭」の朝鮮半島部の人）であったことが判るのです。と申しますのも、浦島太郎の「浦」の古代朝鮮語での訓は「kara」そのものでございまして、「カラ＝伽羅」でもあったのですから、「浦島太郎」は、ズバリ「伽耶島の人」ということ（萱島＝川嶋）を、このお話は暗示していてくれていたのです。

＊そういたしますと、吉備津彦に征圧されました備中の鉄民の温羅も、「ウラ＝浦＝kara＝伽羅」ということになるので、この人が伽耶の鉄民の王（安羅王）であったことを指していたのです（「倭の大乱」と「浦上八国」との関係につき、一〇1）。

ですから、この「浦島太郎」の点に関しましては、朝鮮半島の母国から日本列島の分国（「浦島伝説」とは、丹後・対馬・鹿児島・豊・駿河など、海流で繋がっている地点）に行き、朝鮮に戻ってみたら、その母国は新しく朝鮮半島を南下してまいりました勢力に滅ぼされて「廃墟」になってしまっていた、ということを表していたのです。

そして、その新勢力は、南鮮には留まらず、直ちに日本列島の九州へ風のように南下して渡って行ってしまったのです。ですから、この浦島のモデルは、朝鮮（それも多分、朝鮮半島南部の「倭国＝金官伽羅国」）のことだったのです。

そして、本国が無くなり放浪の身となってしまった伽耶人の子孫たちが、日本列島へ渡来して、終の棲家として定住し、半農半漁の生活を開始すると共に、この「島浦島」話を臨海部に点々と定着させていたのです。ですから「そこ＝日本列島」が出発地点（本来とは逆）となってしまっていたのです。このカラクリは、別述。

因みに、高句麗史によると、百済の始祖・温祚王の即位（百済の建国）は、この瑠璃聖王二年（BC一八年。三運下げると一六二年、四運下げると二二二年）七月ということになっております（「高句麗本紀」瑠璃聖王二年十月。後述）。

＊この年代の記述は、精々、倭人による「馬韓」ないしは遼東半島におりました頃の「馬韓の前身」（『晋書』）の建国時代の投影でございまして、次に申し上げますように、扶余王が亡命して馬韓に南下してまいりまして、ソウルの辺りに伯済を建国いたしますのは、これより六運も下げました三二四年頃の頃のことだったことが判るのです。

さて、お話を、扶余の亡命民が朝鮮半島の東岸を南下してまいりましたことに戻します。

この後、陜父は南韓の多羅の首都の陜川を経て（ここに名を残し）、前述のように九州の熊本（本来、ここの「肥＝コマ＝狛＝高句麗」という語が、その朝鮮の本貫の名をも表していたのです）で「多婆那国＝多羅」を建てた後、やがてその一部は、東方千里の処にある丹波（トンワ＝東倭）へと移行します。これこそが「物部氏の東行＝ニギハヤヒの東行」の意味するモデルだったのです（一五3、4、7）。

朝鮮半島の東北から東部にかけて古くから移り住んでおりました濊族、貊族、南沃沮・北沃沮などは、「扶余の民族・習俗」と似ている点が多い（『魏志』などの分析・比較）とされていることなどから考えましても、前述のように、辰韓が「秦の亡命民の建てた国」（辰韓人の自称。中国系とかこつけて権威付けたがっている）などではなく、実は、「北扶余の穢族の王家が満州での配下の周辺国の被支配民と共に亡命して南下して来た」のだということを示していたのです。

このように扶余から「物部氏の祖＝ニギハヤヒ＝沸流百済」の朝鮮半島東岸の南下の証拠は、その気になって見つけ出そうとしてみれば、幾つもあったのです。

因みに、出土品の面から考えましても、四世紀代ですらも新羅の王都慶州から出土したものにはそれ程凄い物は見られませんが（精々、月城路古墳など）、それが五世紀代になりますと大型の墳墓（特に、出土した白樺樹皮製天馬図彩画障泥（馬腹の泥避け）より墳名とされた「天馬塚」積石木槨墳〔一五五号墳・皇南洞〕など）が造られ、出土品も独自性の見られる立派なものになってまいりますことからも、新羅の成立はそう古いものではなかったのだということが判って来るからなのです。

（6）百済の成立は13近肖古王からだった

さて、新羅のことはそれくらいにいたしまして、では次は、百済本国についてですが、百済の方は、その正史自らが13近肖古王（崇神大王のモデル。在位三四六～三七五年）のときから整備された国家として成立したことを自ら認めていたのです。

と申しますのも、

「古記云、百済開国已（＝以）来、未有以文字記事、至是、得博士高興、始有書紀、然高興未嘗顕（於）他書、不知其何許人也」（「百済本紀」近肖古王条に所引の古記）

——百済は開国以来文字を用いることが出来なかったけれど、この近肖古王余「句」の代になって高興博士を招聘してから、初めて文字を用いて歴史を記すようになった。この人の素性は他書に見えず審らかでない。

＊百済王の「諱（いみな）」は、決して古いものではなく、この王の「句」から始まります（ダカラ……）。

とはっきりと記されていたからなのです（一3、一八6）。

このことは、図らずも、このとき百済が初めて成立し、高句麗人の高氏の王姓を持つ学者の渡来（元々、扶余から同行して来ていたのか）により初めて文字を知ったことをも合わせて物語っていてくれたのです。

＊因みに「十二世首露不知何許人」（「金庾信の十二世の祖の金首露は、何処の人だか判らない」『三国史記』列伝金庾信上）という表現との一致が少し気になります（この場合には、新羅将軍の金庾信の祖先が、新羅成立前の「金官王＝倭王」であったことを示しておりました）。

この近肖古王が百済初代王であることの証拠といたしまして、現存しております「百済本紀」よりも古く、既に逸書となり、日本列島の史書であります日本紀の中での「引用」でしか見ることが出来ない「百済三逸書」と言われております『百済記』が、近肖古王の途中（三六七年。神功紀四十七年〔二四七＋一二〇＝三六七年。以下同じく干支二運下げ〕に記載）から蓋鹵王の死（四七五年。雄略紀二十年に記載）までの漢江の時代（四世紀後半に漢江で百済建国～四七五年）、『百済新撰』が毗有王（四二七年即位）の途中の四五八年（雄略紀二年に記載）から武寧王（五〇二年。武烈紀四年に記載）までの熊津（公州）の時代（四七五～五〇二年）、『百済本記』が武寧王の途中（五〇九年。継体紀三年）から威徳王の途中（五五六年。欽明紀十六年に記載）までの熊津（公州）の時代の一部（五〇八～五三八年）と（南）扶余（泗沘）の時代（五三八～五五七年）のことを夫々記してありまして、そして、その三逸書の初めが、正に、13近肖古王（三四六年即位）の途中（三六七年）からとなっていることから考えましても、その記載の内容として、「この王から百済の歴史が存在」していたことを素直に告白していたと見るべきだからなのです。

＊因みに、百済滅亡の六六〇年まで王都はここ（南）扶余（泗沘）です。

これらを日本紀に相応する大王のレベルの時代に直しますと、

『百済記』が崇神―市辺押羽皇子（顕宗の父）、『百済新撰』が履中―敏達、『百済本記』が敏達―聖徳太子ということになります。

もし仮に、この『百済記』が、「百済本紀」（『三国史記』近肖古王三十年〔三七五〕）の記すところの右の「古記」のことであるといたしますと尚更ピッタリなのです。

因みに、朝鮮三国での漢字の使用の年代につきまして、ここでマトメておきますと、百済では、13近肖古王の代に高句麗系の高興が初めて百済の史書（『書紀』。一3、二4、5、一四1）を作ってからであり、高句麗では、17小獣林王（丘夫。三七一～三八四年）二年（三七二）に「太学＝大学」を造り、五胡十六国の前秦（第三代王の符堅〔在位三五七～三八五〕が燕に対抗するために接近してまいりました）から仏教が入って来たときでありまして、その翌年に「律令」が制定されております（高句麗の史書『新集』『留記』につきましては「高句麗本紀」嬰陽王十一年〔六〇〇〕条。序章）。

新羅では、17奈勿王（三五六～四〇二年）の二十六年（三八一）のとき、高句麗を介しまして前秦（符堅）に遣使しておりますので、この頃には高句麗から漢字がはいったものと考えられます。

そういたしますと、遅くとも高句麗・百済・新羅の三国も、四世紀後半には漢字が輸入され、つまり、それにより国の歴史が漢字で記され（使用出来る）るようになり得た（その国の歴史について、多少信用性の前提が整って来た）可能性が出てまいりますのが、右の三王の頃からであることが判るのです。

しかし、倭国には、少なくとも卑彌呼の頃（二四〇年代）には、魏からの「檄文」（漢字）が入っているのですよ（前述）。

それなのに日本紀では、四世紀後半になって初めて王仁と阿直岐が漢字を伝えたと記されております。つまり、このことが何を意味しているのかと申しますと、平安日本紀の作者が、日本国と倭国とは、全く「別の国」だったのでそのことを知らなかったのか、または、昔のことで忘れてしまったのでしょうか。そんなことは有り得ませんよね。

やっぱり、倭国の延長が日本国ではなかった（！）からだったのです（一三1）。

序でながら、百済三逸書（特にその中の『百済記』）と日本紀とを比べましてもこの日本紀が同じ干支でありながら干支二運（百二十年）古く記していることが判ります。何故、そんなことをする必要があったのでしょうか。

その証拠はと申しますと、武内宿禰や神功皇后のことを記しているところの途中に「魏志云、明帝景初三年六月」（神功紀三十九年条）というように、二三九年の史実を挿入して――それで、この年代の加上がバレてしまって――おりまして、恰もこの頃の出来事であるかのように「泥舟」を出す形で、日本紀は記しております。

しかし、ここで日本紀に記してございます「其王　肖古　及王子　貴須」（神功紀四十九年条）の肖古王とは、決して字の同じ百済5肖古王（一六六～二一四年）のことではなかったのでありまして、ましてやこの名に「近」をプラスされてしまいました後世の13近肖古王のことですらもなく、実は、その近肖古王の子の14近仇首王（三七五～三八四年）の貴須のことであったのでございまして、このように日本紀の記載は、約百二十年遡上されていることが、これにより明らかに判ってしまうからなのです。

また、先程申し上げましたように、この点はお手本とされた百済の方でも同じでして、13近肖古王を干支二運遡上させまして、6仇首王（二一四～二三四年）という王を作り出して、百済の建国を古く見せていることからも、これらのことが内外パラレル（平安天皇家は百済亡命民ですから）に窺われるのです。

＊因みに、この神功紀四十九年条の肖古王は、『梁書』百済伝に、「晋太元中、王須……遣献生口」とありますところの「須」（貴須）と同一人のことでありまして、この「太元」が三七六～三七七年のことでありますから、私の右の考えに間違いはなかったのです。

しかも、日本紀は、「『百済記』云……蓋是」（神功紀四十七年四月註）「『百済記』云……」（神功紀六十三年註）というように、ここで逸史『百済記』の引用を多用して、いかにももっともらしく見せてはいるのですが、ところがどっこい、本家本元の『百済記』そのものが対象としております範囲が、何と！近肖古王の途中の三六六年から蓋鹵王の死の四七五年までと、上限が三六六年からに過ぎないのですから、そんな古いことではないことが判るからなのです。何とコッケイなことでしょうか！百済史に悪乗りして馬脚を表してしまった、哀れなる、不勉強の日本紀の作者たちよ。

ここに日本紀の作者ないしは再加筆者の不勉強――つまり、日本紀が「歴史物語」に過ぎなかったこと――がダイレクトに露呈してしまい、実に恥ずかしい結果になってしまっているのです。

これでもまだアナタは、日本紀を真実と信じる（「通説＝アカデミズム」のバイブル扱いと同じように）ことが出来ますでしょうか？

そして、この神功紀の四十七年の記事には、百済の将(いくさのかみ)らしい人物といたしまして木羅斤資(もくらこんし)を登場させているのですが、この点につきましても、朝鮮史と照合して百二十年下げませんといけませんので、そういたしますと、私の考えでは、この木羅斤資とは、五世紀代に活躍する金官伽羅国の王子であり、この王子こそが蘇我石川のモデルであったということにもなって来るのです（五2必見です）。

百済の後進性は考古学的な鉄の遺跡の分析からもうなずけることでして、馬韓地区は初期鉄器時代（BC三世紀～紀元）までのみならず、その後AD三世紀までもほとんど見つかってはいないからなのです。三世紀になりますと大型の矛や大刀が造られ、鉄文化の発展が天安の清堂洞や清原の松岱里などの錦江上流で見られるのです。しかし、鍬(くわ)のような農器具までは見られません。ところが、四～五世紀になりますと、清州の新鳳洞などでは農器具も多様なものが作られたことが判ってまいります。このように三世紀までは百済は鉄の面では後進国であったことが判るのです。

(7) 扶余・依羅王は船で南下して来て漢江に伯済（百済）を建国した

さて、お話を戻しましょう。このように中国史により「新羅より文化が進んでいた」といわれている百済でさえも、四世紀の半ば頃になって、やっと文字（漢字）が使えるようになったのです。いわんや紀元前後における新羅をや、ということなのです。

このことは、直接証拠とはいえなくとも、少なくとも、このときより以前には「百済」としての（馬韓五十四国の内の一つとしての部族国家として、それぞれの口伝による伝承は別といたしましても）国としての歴史書というものは存在しなかったことの間接証拠ともなっていたのです。

このように、この近肖古王とそれ以前の王との間には百済史自らによりましても明白な「断絶」が認められ、扶余王依羅が満州から南下し「百済13近肖古王＝10崇神天皇のモデル」（これに対応する名目上の王は「近」の付かない6仇首王）となり、この前後に百済を建国（二6）したことを、実は、間接的には百済史自身が認めていたということにもなっていたのです。

百済は三七二年に東晋に遣使いたしましたが、このときは鎮東将軍領楽浪太守の任命のみに留まっておりました（まだ、このときは東アジアの国際関係におきまして、つまり対外的には百済王という王は存在してはいなかったのです）。三八六年になりまして、余暉（16辰斯王＝12景行大王のモデル、又は17阿莘王＝13成務大王のモデルの一部）が東晋の使持節都督鎮東将軍「百済王」の王号を宗主国の中国から授かることが出来、百済王になることが出来たという訳だったのです。

このように東アジアの「冊封体制」のもとにおきましては、国際法的には百済の成立と認められるのは、早くても、この三八六年頃からであるとともに、国内的にも前述の理由からこの13近肖古王のときから百済が建国されたと考えるべきだったのです。

そのことを、次に中国史の方からも見てみることにいたしましょう。「楽浪郡・帯方郡」を高句麗の美川王（三〇〇～三三一年。乙弗利・乙弗・イツフツ・憂弗・好襄）が占拠し、また、遼東郡も鮮卑の慕容氏の手中に落ち、（『資治通鑑』建興元年〔三一三〕）――ここに「其の（楽浪）の民千余家が慕容廆に帰す」（同右）と出てまいりますことも、少し古いことなのですが「倭人千余家」（『後漢書』鮮卑条）との関係で気になるところです――そして、晋が南遷し、これらの影響から朝鮮半島の動向が一変してしまったのです。

太康六年（二八五）頃から鮮卑に攻められ、「扶余」が沃沮（南沃沮の咸鏡道か、それとも北沃沮の間島か）に逃亡し、更に、西南へ南下し、馬韓で伯済国を建て、三五〇年頃に至り、一応の百済建国を見、やがて、やがて百済王（余句）の東晋への遣使（三七二年。別述）を迎えるのです。

＊扶余人・解夫婁の庶孫・優台と絶世の美女・召西奴との間の二

人の子が、召西奴と共に伯済を建国することにつき別述。「東洋のクレオパトラ」と私が命名いたしました召西奴と柳花につき、一五2。

前にも少し触れましたが、北沃沮は古くのある時期には、鴨緑江の上・中流域（輯安県の通溝平野など）にいたとも考えられる中国の史書もございます（『後漢書』東沃沮伝の「氷結の点」や「高句麗国本紀」始祖東明聖王十年十一月の「北沃沮討滅の点」などの分析。別述）。

実は、日本紀という歴史物語に記されたこの辺りの出来事の本来の舞台は朝鮮半島であり、これらは伯済・百済（特に、平安日本紀ではこのことが顕著です）が馬韓に南下し、定住した際及びその後にその周辺の馬韓諸国や金官伽羅（倭）諸国と争ったことの投影だったのです。

＊この13成務大王のモデルともなった百済17阿莘王は、ヤマトタケルのモデルでもあった可能性がありますので、ヤマトタケルの「東征や西征」のお話も、皆この朝鮮で生じた出来事の投影であったのかもしれません（二8）。

では次に、この「扶余・依羅王＝百済・初代13近肖古王」の百済（伯済）建国の証拠について、大陸の他の史書を見てまいりましょう。

「編舟　渡海　而始抵馬韓彌鄒忽……四野空無居人……久而得到漢山」（『遼史』高句麗国本紀）

――舟を編み海を渡り、始め馬韓の彌鄒忽に抵（いた）った……四野に居人無し……久しくして漢山に到る。

とありますところからも、北方から舟で「西朝鮮湾」を渡って、「ソウルの北方」へと上陸し、更に荒野を南下し（漢江を遡行。または、京畿湾の仁川（インチョン）への上陸も考えられます）、ソウルに至り百済を建国しましたことがこれにより明らかになって来るのです。

＊このことも『遼史』の信用性を担保しておりまして、扶余を追われた伯族が南下し、遼東の晋平県で百済郡を建て（『宋書』『梁書』等）、そこを経由して西朝鮮湾を船で済（わた）り（伯済＝百済）南下致しまして漢江に至りましたことを証明していたと言えるからなのです。現に、ここ晋平県には高句麗の城跡が存在しておりますよ（二3、6）。

因みに、この『遼史』の「高句麗国本紀」の中には、『三韓秘記』という名の、更にその中で『旧志』を引用している史書の引用がありますが、これが朝鮮の正史『三国史記』の「百済本紀」の東城王二十三年（五〇一）十二月の記載の後の「割注」にございます『三韓古記』（但し、高麗（こうらい）時代のものです）と同じものである可能性も高く、そういたしますと、『遼史』と百済史との間には「共通性」が認められ、その『遼史』の「高句麗国本紀」の内容も、その点での信用性もある程度備わっていたということにもなってまいります。

ソウル（京城）の漢江の近くにございます、石村洞の大型石塚の「第四号墳」は、朝鮮半島中部・南部では珍しい「階段ピラミッド状」でありまして、これは鴨緑江の輯安（シュウアン）に多く見られます高句麗の「将軍塚」（「大王陵」もそうか）と同じ形式でもございますので、この古墳が扶余系のものであることが一見明らかでありますとともに、この石室の形が高句麗の将軍塚などのような「横穴式」ではなく、それよりも古い「竪穴式」の可能性が高いため、もしそうであるといたしますと、これらは、百済史上の1温祚王（百済建国の王＝13近肖古王のモデル＝崇神大王のモデル。扶余・伯族）が東扶余から亡命し、朝鮮半島を南下してまいりまして、遼東半島の付け根の晋平県（蓋県）を経まして、西朝鮮湾を渡海し、やっとこの馬韓の漢江のほとりに定着し初期の伯済を建国したということの証拠（あかし）ともなるからなのです。

＊または、この古い竪穴式は、「伽耶＝倭」系の人々が、かつてここに居住していたときの、両者の墓の文化の折衷の名残と考えることも可能なのです。

5、狭穂彦は新羅初代王の奈勿王の父

この新羅の建国につきましても、新羅の実質初代王と言われております17奈勿王（三五六～四〇二年）という人物が、一体どういう出自の人物なのかということを見てまいりますと、実は、そんな古い時代でのことではないということが、アナタにもお判りいただける筈です。

判り易いように、日本紀上の人物のモデルともなりました「金官伽羅での同一人物」に照準を合わせながらご説明してみたいと思います。

新羅の実質初代王の17奈勿王（奈勿、那蜜、奈蜜。「太陽」の意味。この祖王を太陽とする「新羅の考え」は、白鳳・奈良朝の日本列島が新羅の占領下にあったこと、そして、アマテラスを太陽の最高神とし、それを祭る伊勢神宮を作り、その御神体を「鏡」〔奈良朝では、三種の神器の一つ。平安朝では、鏡は重視されなくなって剣が重視されるようになってしまっております。別述〕で象徴したこと、新羅の王都の聖なる吐含（トガム）山の音をモデルにして高天（たかま）（原）を作り出したことなどの思想的源ともなっていたのです）とは、「新羅（金官）13味鄒（みち）王＝丹波道主（たにはのみちぬし）のモデル」の弟の「金官・末仇王子＝狭穂彦のモデル」の子だったのです。つまり、日本紀上での「狭穂彦の乱」の狭穂彦の子こそが、新羅初代17奈勿王その人のことを表していたのです。

では、ここで、丹波道主のモデルが金官（この頃は未だ新羅は成立してはおりません）の13味鄒王（王＝尼師今（ニッコム）。「新羅本紀」二六一～二八四年）でありましたことの決定的な証拠をアナタに示しておきます。

実は、この味鄒王の「味鄒」を古代朝鮮語では「ミチ」と読んでおりますので、日本紀の作者は、この「ミチ」からヒントを得まして（または、暗示といたしまして）「丹波道主」の「道＝ミチ」を持って来た（既に、奈良紀レベルで）ものだったことが判るからなのです（丹波（たには）（太邇波）に派遣されました「四道将軍」の一人のタニハノミチヌシ〔9開化大王の子の彦坐（ひこいます）の子、かつ11

垂仁大王妃の日葉酢媛の父）の物語（崇神紀十年九月九日）にも合わせまして）。

＊しかし、正史では、一見、丹波道（国）の「道＝国」であるかのように見せかけながらも、上手くこの点をカモフラージュしていたのです。

このように記紀の作者（改竄者）は、よく読めば、アナタに何らかの色々なヒント（埋もれた宝石）を残していてくれていたのですよ（宝探し）。

実は、この日本紀に記されている「狭穂彦の乱」のときに、朝鮮半島南部で、金官伽羅国（倭国の一部）の一部（後の、慶州金氏となる一族）が、当時、扶余・秦氏の民がツングースの上に先住して暮していた秦韓の地へと逃亡し、そこで合体して斯盧（後の新羅）として北へ独立していたのです。

＊このように、このとき朝鮮半島南東部では辰韓へ北上した勢力と、逆に辰韓から南下した勢力との「擦れ違った二つの勢力」があったのです。

つまり、北上した金官（倭）の一部と、当時まで馬韓王の下でその東に土地を借りて、長い間居候の状態に過ぎなかった（『魏志』辰韓条）ところの、（ツングースの上にいるとは申せ）脆弱な自称亡命秦人の農民国家の秦氏（二4）、しかし、その実体は、扶余からの濊族や穢族を含みます人々を従えまして南下いたしました亡命民（前述）――その中の自称秦人をも含む扶余からのある一派は、南下して伽耶にまで入って混血しておりまして、それが「倭の五王」の頃にはその王家の一部とも化しております（一九2）――とが合体して、将来新羅が発展する混血民としての人種的な基礎がここに確立したとも言えるのです。

このことの中国史での証拠は次の通りです。

「符堅時、新羅国王　楼寒　遣使　衛頭　朝貢／堅曰、卿言東海之事、與古不同何也、／答曰、亦猶中国時代変革、名号改易」

＊『太平御覧』新羅条に所引の『秦書』（『隋書経籍志』に著録されているもので、前秦の車頻撰）、杜佑の『通典』も同旨です。

秦王（前秦）の符堅が新羅使の衛頭に対し「国の名前が昔と同じじゃない（シンカン→シロ）のはどうしてなのか」と（支配者が交代したのではと）問われました時に、衛頭が「中国の国号の変革と同じようにわが国も昔とは同じではないからです」と答えて、国名が辰韓から新羅に変わった（辰韓を統一した）ことの真相を話すことから「逃げて」おります（「新羅本紀」奈勿王二十六年〔三八一〕）。

＊薛羅（『晋書』前秦太元五年〔三八〇〕条。『資治通鑑』も同じ）も新羅の意訳なのですから（二4）。

但し、右「本紀」の紀年によりますと、符堅の即位の前年の三五六年は、奈勿王の元年となります。

しかも、この『三国史記』「新羅本紀」の著者は、この新羅王楼寒（これは王号の麻立干〔一1〕の略）を奈勿王に置き換えて（擬して）しまっていることが判るのです。

符堅の建元十八年（三八二年。右の朝鮮の「新羅本紀」とは一年のズレあり）に朝貢した新羅の衛頭が、これより以前（つまり、奈勿王より前の未仇王子の頃）に辰韓で大乱があったと、ちゃんと言っていることが私こと歴史探偵の朝鮮史・中国史の分析より判るのです。

そして、これこそが日本紀の「狭穂彦の乱」のモデルとなったものだったのでございまして、このことが取りも直さず辰韓統一の魁であったこと（そして、やっと高句麗・百済の二国と並んで中国へ通ずるようになれたこと）を示していてくれたのです。

ここにも日本紀の舞台が朝鮮であったことの一つが露呈されておりましたよ。

＊これらのことを、又、別の面（遠因）から見てみますと、前燕（建国は鮮卑の慕容廆）が秦の符堅に三七〇年に破られ、これらの中国での興亡の間に、中国の支配力が弱まり、当時は鄙の地であった朝鮮半島では自立の気運が芽生え、国家形成が一段と進んだということを表しております。

序でに、この狭穂彦の「血縁」について、朝鮮史・中国史だけでなく、アナタにとってもより身近であり、もう少し詳しくこのことが翻訳されている記紀の上では、一体どのように表現されていたのかということについても、次に見てまいりたいと存じます。

日子坐王と近淡海の御上祝が奉斉する天御影の女である息長水依比売との間の子が「丹波比古　多多須　美知能宇斯王（丹波道主）」＝「金官王＝倭王＝新羅13味鄒王（ミチ＝道）」のことだったのでございまして、他方、日子坐王と春日建国勝戸売の女である沙本之大闇見戸売との間の子が「沙本毘古王＝金官王子の末仇＝奈勿王の父」ということになっています。このようにサホヒコとタニハノミチヌシは異母兄弟だったのです。

＊実は、この「異母兄弟」という点は、南朝鮮での、共に倭人である金官金氏と慶州金氏との間におけます「二つの」王系図の合体を示していたのです。

このヒコイマスの妻となった二人の女は、共に伽耶を構成する国の王女と考えてもいいと思います。

更に、もしあなたがこの金官の地の「息長＝機張」の「機」が、「ハタ」であり、「機張＝ハタハリ」ということにまで思い至りますと、この南鮮の神功皇后の実家の名を冠した港の名そのものが、秦氏とも深い関係にあった、つまり神功皇后八須夫人が秦氏と混血した安羅（倭）系の王女であったことが判って来るのです（菅原道真と秦氏との関係につき、四2）。

と申しますのも、「春日＝藤原＝ヒヂボル＝日出＝洛東江の昌寧伽耶」のこと（場合により、秦氏系の和邇氏も含む〔五2、二8〕）でありますし、また「オキナガ＝息長＝キジャン＝釜山の西北の機張浦＝大良浦」のことだったのでございまして（四1、二1、8、三4）、これらの名が共に、朝鮮半島南部におけます同じ伽耶諸国の、隣接の小国の王都の地名を表していてくれたからなのです。

そして、この日本紀上の狭穂彦の子が新羅・初代の奈勿王と同一人であったのです（三2）。

＊ここで、右に関して、全く別の試案も考えられます。それは、奈良紀レベルにおけます神々と大王の推測でございまして、「ニニギのモデル＝金閼智王」「アマテルのモデル＝金勢漢（Pur-Khan＝太陽王）王＝天日矛＝孝安大王」「神武大王のモデル＝金味鄒（未鄒＝ミチ）王＝丹波道主（「末仇王子＝狭穂彦」の兄）」「崇神大王のモデル＝17金奈勿王（「末仇王子＝狭穂彦」の子。実質・新羅初代金氏の王）」という考えも、王体系上の比較からは可能ではないかと思います。

そして、王子の頃に倭にまいりました百済18腆支王（14仲哀大王のモデル）の妃（近江国が本拠の息長足姫のモデル）の八須夫人が、「八須＝ハッシュ＝ヤス」、つまり、近江の「野州＝安」で「安羅＝倭」の王女であったことを表しておりましたし、又、近江の三上山（近江富士）の麓の御上神社（野洲町三上。『延喜式』や『和名抄』では「ミカム」）に祭られております前述の天之御影の女の息長水依比売とは同族でございまして、この水依姫が開化大王（モデルは金官2居登王又は郁甫王）の子の日子坐王（和邇氏の祖）と結ばれて、水之穂真若王（近つ淡海の安の国造の祖。丹波道主の弟。狭穂彦とは異母兄弟）を生むことになりますが、この系列は金官（倭）国6坐知王（金叱、四〇七～四二一年。葛城襲津彦のモデル）へとも繋がっておりますので、これらのことを総合いたしますと、「神功皇后＝八須夫人」が伽耶（倭）の安羅の王女の出自であったことが判るのです。

と言うことは、安羅（倭）の王女が、このとき「14仲哀大王の妃＝百済18腆支王（四〇五～四二〇年）の妃」となっていたことを示していたのです。ですから、神功皇后が用いた潮満珠・潮干珠の正体とは、腆支王五年（四〇九）に倭が百済に贈った（「百済本紀」）と記されております「夜明珠」のことを表していたのです（タマタマ同じ）。

＊このように、「平安紀＝現行日本書紀」の前の、失われ改竄されてしまいました「奈良紀レベル」における神々と大王の真の姿を炙り出すことも、困難ながら誰かがいつかはやらなければならないとても大切なことなのです。アナタにバトンタッチしたい。

6、崇神天皇のモデルは百済初代王の近肖古王

（1）百済13近肖古王による百済建国

また、今まで、新羅の初代王の素性を見てまいりましたので、今度は、百済の初代の13近肖古王とは一体どういう出自の人だったのかという点につきましても、もう少し詳しくアナタと共に調べていくことにいたしましょう。

百済初代王の近肖古とは、今まで何度もアナタに申し上げてまいりましたように、百済成立の少し前に満州の扶余国から、段々と数代をかけて南下してまいりました亡命扶余王の一派のことだったのですよ（一六2）。

つまり、ここに至ります経過をかいつまんで申し上げますと、13近肖古王（扶余・依羅王＝6仇首王とも同一人＝10崇神大王のモデル）の父である扶余国の依慮王（4懿徳大王のモデル）が、二八五年に前燕の始祖王であります鮮卑の出の慕容廆（二六九～三三三年）に攻められ、その結果敗れて憤死（自殺）してしまったがために、その子の依羅王が満州から朝鮮半島を南下して、馬韓連合の諸国の一つ（後の伯済の地）に逃亡して来たのです。

当時はその北の馬韓五十四カ国も秦韓の十四カ国（初めは七カ国）も、共にインドの植民市（『山海経』）としての部族国家連合（産鉄の裕福な水軍の小国家）のレベル（『魏志』）にすぎず、各国がその独自性を誇り、まだマトマって大きな力を行使することは出来ない（また、経済力がありましたので、その必要性すらもなかった）状態だったので、古くからインド十六王朝のマガダ国やコーサラ国の金属基地たる植民市としての海峡国家として発展してまいりました伽耶（弁韓・倭）の方が文化の程度も格段に進んでいたからなのです（『駕洛国記』）。なにしろ、インドないしはインドシナから、古くにその王妃がここへ「仏教文化」を持ってやって来ていたくらいなのです。「金官＝大伽耶」を表します「狗邪＝伽耶＝大」のカヤも、当初はインドの「ガヤ」からの地名遷移であった可能性も否定出来ません。

右の依羅王は、当時、南韓の強国でありました狗邪（韓）国、後の金官伽羅（当時は倭の盟主）の力を借りまして、北から逃亡してきた当初は、漢江の近くの漢城（ソウル）の近くの一隅に、馬韓から土地を分けてもらい、細々と倭（金官伽羅）王家の居候に近いような生活をしながらも、そのうちに中国との貿易により段々と力をつけて、やがては、馬韓五十四国の部族国家のおおよそを束ねて百済（温祚）を成立させたのでした（一五1、二〇1、三一2）。

＊但し、残りは、あくまでも伯済ではなく、馬韓の中の一国としてそのまま残ります。特に半島西南部の後の上哆唎・下哆唎など。一一2。

百済という名の由来は、東扶余から遼東へ、そして更に遼東半島（中国史には、百済またはその前身が「遼西」に拠点を持っていたという記録もあり〔二一3〕、このことがズバリ、東扶余王の満州からの南下ということをも暗示していてくれたのです）から西朝鮮湾を「渡海＝ワタル＝済」し（『隋書』には、はっきりと海という文字が明示されております）、南下してまいりました扶余「伯＝ハク族＝百族」の王国ということを表しておりました。ですから、正に、百が海を済ったから、その国の名は百済。南扶余。

これは正に、前述（二一3）の、百済（伯済）が遼東の晋平県に百済郡を建てたという中国史（『宋書』『梁書』）とピッタリ一致しているのみならず、その後、船で海路南下して来たこととも整合性が見られるのです（「高句麗＝伯族＝伯済＝百済」の城跡につき、二一3、6）。

尚、扶余の「扶」が「伯＝白＝百」族のことを表しておりましたことは、牡丹江の上流の解（この頃はまだ伯か）金蛙の故郷の鏡伯湖のことをジンポーフーと呼びまして、今日でも「伯＝ポー」の音なのですから、「扶余（プヨ）」の「扶＝プ」も古くは「伯＝ポ」と同音であった可能性が大だからなのです（「余」の方は「余＝アグリー」で、ニギハヤヒや物部氏の祖先である「穢族＝太陽族」を表しておりました）。

やはり、「北扶余＝伯族（前期王朝）＋穢族（後期王朝）」で成り立っておりましたことは、中国史での命名に如実に表されていたのです。犬の名のポチ＝伯済（ポオチイ）＝祝儀＝ハナ＝朝鮮語の一。

北扶余の依羅（いら）（イリ）王が西朝鮮湾を「船」で渡り強襲して、やがて馬韓を統一し、当時そこでのそれまでのツングースの現地人の支配民であった倭人を束ねて倭王となったことにつきましては、ちゃんと次のような証拠があったのですよ。

「依慮王為鮮卑所敗逃入海而不還子弟走保北沃沮、明年子　依羅　立自後慕容廆又復侵掠国人　依羅　率衆数千　越海　遂定倭人為王」（『大震国（渤海）本紀』）

――依慮王の子の依羅が鮮卑の慕容廆の侵略を怖れ……海を越え倭人を定めて王と為す。

さて、ここでアナタが注意しなければいけなかったことは、この「倭人」（ツングースの上に君臨しておりました）とは、当時「朝鮮半島の主たる住民」でもございました「倭人」のことだったのです（九3）。

前述の、この依羅の父である扶余王の依慮の自殺は、西晋の太康六年（二八五）のこととされております（『通典』扶余条）。

この頃の満州の文化が、朝鮮半島へ渡海して（陸路ではなく）伝わった可能性が高い点につきましては、次のような証拠を挙げておきたいと思います。

北朝鮮の首都である平壌（ピョンヤン）の大同江の南岸地域の「楽浪王光墓」（楽浪漢墓。ここからは「王光私印」と刻字された四角い亀紐の銀印などが出土しております）などに見られる木槨墓（二8）が、新羅（勿論、これは一、二世紀のものですから、まだ新羅は存在していないので、これは亡命扶余人または秦の亡命人レベルの、辰韓の頃のものです）の慶州・朝陽洞古墳に見られるのですが、その平壌から慶州への途中にはこれが見られず、この次には何と！この様式が対馬、壱岐、山陽（備中・岡山県の双方中円墳の楽浪式の木槨墓「盾築（たてつき）古墳」）へと飛び飛びで「飛び石」のように繋がっております（九9）ことからも、この頃は人も文化も海路（かつ、日本海回り）で伝わったことが判るからなのです。

＊このように北九州を飛び越して山陽で出土しておりますことは、日本海経由の山陰・山陽ルートで伝播いたしましたことが示されておりますし（一五11）、また、「四隅突出型方墳」の大陸からの伝播も、また、同じく日本海ルートだったのです。

狗邪韓国の一部と考えられております、南朝鮮の「良洞里墳墓群」の第一六二号土壙「木槨墓」（二〇〇年頃）では、木棺の四隅に各十枚の「板状鉄斧」という貴重品が敷かれておりまして（この鉄斧は、当時、富の象徴とも考えられておりましたので、金石文としての銘文はなくても、その墓の土地の神及び墓の土地の前所有者に対する「買地券」という民事契約書の朝鮮半島南部におけるハシリとも思われます）、これも「四隅突出型」と同じ思想を表していると共に、ここ朝鮮から出土しております仿製鏡（中国の鏡の模倣鏡）は、日本列島における仿製鏡の源であったとも考えられます。

平壌の大洞江の南の楽浪漢墓の木槨墓の貞柏里一九号墳からは、「眞氏窂」と記された漆の耳杯が出土しております（真氏。二7）。

つまり、このように中国から朝鮮半島に入りました楽浪文化は、どうしたことか平壌から陸路ではなく、海路で辰韓の慶州へと入っているということが窺えるからなのです。

因みに、「漢委奴国王印」の金印も、楽浪・帯方（帯方郡の位置につきましては問題があります）で交付され、朝鮮半島の陸上を殆ど通らない（中継港のみ）海上ルートで九州の志賀島へと入って来たものと考えます。

＊この点、平安時代に至りましてからの、慈覚大師円仁の入唐からの承和十四年（八四七）の帰りの航路も、南朝鮮からはこれとほぼ同じルートを辿っております（『入唐求法巡礼行記』）。

このように、近肖古王（依羅王）が満州の扶余から南下し百済を建国いたしましたときも、「海を渡って＝海路で」やって来たことが判るのです（二3、一五8）。

と申しますことは、古くに自称「秦の亡命民の秦人」（『魏志』）や「扶余からの亡命者」（『遼書』）が、辰韓に入りましたときも、やはり同じように楽浪から「海路」で亡命してまいりました可能性が高かったからなのです（前述）。

他方、この慶州・朝陽洞古墳からは、小銅鐸や多紐細文鏡、黒色土器と共に「金海式土器」も出土しておりますので、このことは後に申し上げますように、「金官＝倭」の支配権が一、二世紀のある時期には、少なくともここ慶州にまでも及んでいたことの証拠の一つともなっていたのです（二7、8）。

＊つまり、その頃、倭の支配権が少なくとも辰韓にまで及んでいたこと。「楽浪の海の彼方に倭人がおり百余国に分かれ」（『漢書地理志』）とは、遼東半島より西朝鮮湾を渡ったところの朝鮮半島中部・南部の倭人の国が百余国あったことを指していたのです。ここで肝心な点は「倭国」ではなく「倭人＝倭種」として倭族を指していた点なのです。

因みに、『漢書』割注によりますと、「委」とは墨で化粧をしていることを申しましたので、その習俗を持った人々（人＋刺青）を「人＋委」で「倭」とも言ったのです（その証拠は「倭とは国名ではなく、墨を用いるが故に委という」臣瓚。「墨の如きを委面という」師古）。墨面＝イレズミ顔＝委面（二2）。

この本来の「楽浪海中」（班固三十二～九十二年）が、「在帯方東南大海之中」（『魏書』『通典』）、「在韓東南大海中」（『後漢書』）、「在高麗東南大海中」（『宋書』）へと変わってしまって来ております。

　このように扶余王の依羅は、西朝鮮湾を渡って倭人の住んでいた馬韓へと入り、そこで「倭人（韓人と同じ）を定めて」王となっていたのです。

＊「倭人＝韓人」ということが判りますと、アナタはその全てが氷解して来る筈です。

　そして、遊牧民である扶余王は、そこで朝鮮半島の馬韓の構成民の倭人をまとめ、やがてその農耕・鉱山・海洋民である倭人の上に君臨して伯済国を建てたということだったのです。

＊ですから、早い話が、（馬韓の）百済も（辰韓の）新羅も、共に扶余からの亡命民（北倭）が、南倭から土地を借りて（買地券を買って）建てた国だったのです。つまり、当初の支配者はハクサイもシロも共に遊牧系だったということになってまいります。

　その当時におけます朝鮮半島の馬韓での民族構成は、扶余から亡命して南下してきました百済王が力をつけてからは、扶余・伯族出身の遊牧系の百済王とその貴族、その下に、倭人（金官人）の宰相（真氏＝木氏＝蘇我氏など。二8）と、それらに従う平民クラスのツングースや農耕民の苗族（稲の人。弥生人）更にそのまた下に、奴隷クラスの原住民の白丁などがいるという、大きく分けましても四〜五層の構成（二九1）になっていたのです。

　つまり、百済王系図上の8古爾王、9責稽王、10汾西王、12契王の四代の王は、金官国王系図上の金勢漢王（孝安のモデルでもあります）、金阿道王（孝霊のモデル）、1金首露王（孝元のモデル）、2金郁甫王または居登王（開化のモデル）までの王系図を借用していたに過ぎなかったので、金官系図を借用しなかった場合、つまり「扶余系図だけを翻訳し借用」した本来の百済王系図レベルにおきましては、5肖古王、6仇首王、7沙伴王からは、その次の11比流王そして13近肖古王へと、つまり、5、6、7から飛んで11、13へという風に近肖古王（依羅）が百済を建国する「以前」の扶余系の王系図が、7から11へと続いていた筈だったのです（二1図）。

　と言うことになりますと、この11比流王と13近肖古王の「在位」は二三四年から三七五年までの百四十一年間にもなっておりますので、日本列島での古への弥生人と同じく「一年二倍暦」（二三5、一〇6『魏略』必見）を用いたと考えない限りは、常識では考えられず、この7沙伴王の次以降13近肖古王の前までの間（つまり、朝鮮半島南下の途中）満州におけます「プレ百済」とも申すべき真実の王系図におきましては、更に、少なくとも一代から二代、他の名前の王（無名の王）がそこには存在していた可能性が高かったのです。

＊しかし、その王は百済におきまして百済史作成の段階で抹殺され、その空白の百四十一年間におきましては、その抹殺された満州での扶余系のある王の代わりに7沙伴王と11比流王と13近肖古王という三人の王（前の7、11の二人は、中国史に照らしましても、間違いなく扶余時代の王です）が挿入されてしまっておりました。

また、もし仮に挿入が全くなかったといたしますと、中国史及び朝鮮史共に、その頃の年代が大幅に改竄されていたと考えざるを得ないのです（この可能性も大）。

そう考えてまいりますと、扶余の依慮王の子が百済を建てた依羅王であるとしましても、そこには何ら年代的に矛盾は生じて来ないのです。

このような状況下におきまして、四世紀半ばから後半にかけまして、百済13近肖古王が、当時は朝鮮半島の殆どを支配（『前漢書』）しておりました「金官国＝朝鮮半島部分の倭国」の本体の援助を受けまして、初めて馬韓諸国の一国（漢江のところの）から百済を起こして独立出来ることになるのです。

＊ですから、後世、五世紀後半の22文周王の時代に至るも、金官倭王の一族の蘇我氏が、百済の宰相の木氏（木満致）として、百済政治の奥深くまで入っていたのです。

（2）神武天皇も崇神天皇も、共にハツクニシラス・スメラミコトと言われた理由

そして、この朝鮮半島を満州の東扶余国から南下して来ました扶余国の依羅王こそが、百済の実質初代王であります百済13近肖古王となっているところから考えましても、そのことが十分に頷けるのです。

13近肖古王（崇神大王のモデル）と14近仇首王（垂仁大王のモデル）の父子――この前者の実質的初代王である13近肖古王の百済史におけるモデルであり、かつ、その次の14近仇首王の王名の元ともなりました百済6仇首王（貴須）は、高句麗の王子罽須（神武大王のモデル）の名から、百済史作成の際に「須」の一字をとって名付けられたものだったのです――が扶余から帯方へと南下したこと、及び、その後、百済は「倭（金官＝狗邪）の助力」により高句麗を迎え討ったために北上し、平壌城に侵入し、高句麗王・斯由釗を殺したことにつきましては、次の中国の史書により証明されていたのです。

「臣與（与）高句麗、源出扶余……臣祖須（13近仇首王）……梟釗首」（『魏書』百済条所引の百済王餘〔余〕慶〔蓋鹵王〕の上表文）

このことについて日本紀を百済史のレベルで考えてみました場合には、百済「実質」初代王13近肖古王（崇神のモデル）イコール百済亡命民が日本列島での作文（平安日本紀）で作った「形式」初代王6仇首王（神武のモデル）ということになりますので、共に百済初代王（形式初代王6と実質初代王13）という一面では、考え方といたしましては、パラレルに「1神武＝10崇神」であってもいっこうに構わなかったのです。

また、そうであるからこそ、平安日本紀では百済史をお手本としておりますので、その証拠といたしまして、神武も崇神も共に「ハツクニシラス・スメラミコト」と初代王となっていることが、こう考えてこそ初めてアナタにも理解出来てくるのです。

これでアナタも、何となく1神武（既に百済建国史上における

伝説の王の6仇首がモデル）と10崇神（百済の実質上の初代王の13近肖古がモデル）がイメージとして似ていること——今日、日本紀上でも神武と崇神が同一人だと信じているアカデミズムも多いくらいですし——がお判りになられた筈です。

早い話が、この「形式上」と「実質上」の二人の王はそのモデルが同じだったのですからね。

＊つまり、百済・扶余史レベルと比較いたしますと、「罽須＝仇台二世」と「神武」、「仇首＝近肖古王」と「崇神」とは、共に同じことの焼き直し（モデル）だったからなのです。

このように、近肖古王と崇神大王のモデルが同一人だと申しますのも、早い話が、東アジアの古代史の分析のみならず、大王の名前自体から単純に考えましても、北の満州の扶余国から「イリ王」が南下して来て百済王になったからこそ、その百済王をモデルとして作られました崇神大王のことを平安日本紀上でも正直にミマキイリヒコと、扶余のときと同じ「イリ」と言っただけの話に過ぎなかったのです。タネを明かせば、これは単純なことだったのです（イリ系＝扶余系）。

これも邪馬臺国の位置（フェニキア—インド—ジャワ海—越—遼東半島—咸安—西都原—纒向）の問題（遷移。二2）と同じように、そんなに難しい問題なんかではなく、アナタが素直な心で考えさえしていただければ至極簡単明快なことだったのですよ。

逆に、日本紀の崇神大王の「イリ」の名前の中にも、その百済初代王の出自の問題と、そのモデルともなりました満州の扶余王のことが、ストレートに隠されていたという訳で、驚かされてしまいますよね。

（3）名の似ている百済「蓋鹵王・肖古王・仇首王」と「近蓋鹵王・近肖古王・近仇首王」

尚、百済は後世に至り、国家の起源を古く見せるために——何処の国でもよくあることなのですが——13近肖古王、14近仇首王という実在の二人の王名から「近」をとった5肖古王、6仇首王という王を作文して創り出して、ペアー（アベック）で百済王系図の前方に挿入してしまっております（二3）。

つまり、百済初代の13近肖古王（三四六〜三七五年）を亡命百済人が創った平安紀での祖王の神武のモデルでもございます6仇首王（二一四〜二三四年）に「置き換え」てしまっておりますので、ここで百済の朝鮮史は干支二運（百二十年）余遡上（古く）させてしまっていることがアナタにも判明して来るのです。

尚、更に面白いことに、亡命百済人が日本列島で作りました平安日本紀におきましても、その出来事を朝鮮史と「同じ干支」A（子、丑、寅……）B（甲・乙・丙……）——干支＝AとBとの組み合わせで、その年を特定する——の時期にしておきながら干支二運遡上させて百二十年古く記しておりますが、これは果たして偶然の一致なのでしょうかしら！

この点の同一性こそが（百済史を基といたしまして作り変えられてしまいました平安日本紀が自白しております）「語るに落ち

る」とでも申せます、日本紀のお手本は何であったか――それは、百済史だった！――ということの自白の絶対的な証拠でもあったのです。

これで、アナタにも、百済史上同名の王が「4蓋鹵（婁）王（一二八～一六六年）、5肖古王（一六六～二一四年）、6仇首王（二一四～二三四年）」と「21近蓋鹵（婁）王（四五五～四七五年）、13近肖古王（三四六～三七五年）、14近仇首王（三七五～三八四年）」と、何故二代にも渡って（4と21、5と13、6と14と）、それもトリプル・ペアーで続かなければならなかったのか、という百済史上の大きな謎の一つが解けましたよね。

＊と言うことは、このように、百済4蓋鹵王の初めの一二八年から13近肖古王の直前の三四六年までの二百年間余の王が「架空」の存在であったことが、百済正史上の王名自体の「分析」からも判って来るからなのです。

このように、神武大王の朝鮮史上のモデルを捜してみますと、右の百済の13近肖古王、及び、更には、6仇首王だったのです（更に、扶余史では仇台王、高句麗史では罽須王子）。

実は、この13近肖古王が初代王でありましたことは、前述のように、百済史自身が、この王より前には文字を記録出来る人がいなくて百済には歴史書がなかった（『百済本記』。二4）、と（間接的に）告白していたことからも、よくよく考えてみれば明らかなことだったのですが……。

この点、新羅史より百済史のほうが少しは正直ですよね。

＊新羅は、後の統一新羅になりましてから、朝鮮半島の歴史を大幅に改竄――特に、五世紀代に七十年間以上も高句麗に占領されてしまっていた事実の抹殺をも含めまして――してしまいましたから（一四1）。

更に、高麗や李朝に至りましても、同じ民族同士での大規模な焚書が行われております（申采浩の「嘆き」につき、後述）。

ここで、百済が成立するまでの経緯を、その母国の扶余にまで遡りまして、別の史料を使いながら、平安（現行）日本紀の大王系図との関係で、もう少し申し述べておきたいと存じます。

二八五年（『通典』扶余条）鮮卑の慕容廆が北扶余の阿斯達（あした）（南下した馬韓の「月支国（あした）」の本貫〔モデル〕か）を攻めましたが、北扶余の依慮王（即位は六歳）は、遺言で太子の依羅に王位を継がせ、国を守れなかったことを詫びて、自ら「刀で自決」してしまいました。

＊実は、この鮮卑を恨んでの扶余王の自決こそが、我国の江戸時代の「切腹の元祖」ともなっていたのですよ。

そう言えば、王の子が源姓を名乗って「臣籍に降りる制度」の嚆矢も、満州の「遊牧民」の鮮卑の拓跋氏の大武王のときからでした。このように、日本の百済系平安朝での、「源氏」の源姓や「平家」の平姓の付与も、実は、満州の遊牧民を真似たものだったのです。九4必見。

扶余の支配者（一般民は「下民＝農民」、支配者は遊牧民）はシャーマンを兼ね、「其人麤大（体格が非常に大きい）」（『魏書』

扶余条）、更に「在国衣尚白（国内では白色の衣を好む）」とされておりますので、これは中山国の伯夷（白人＝コーカソイド）からの流れをも表していたのです。「国之耆老自説、古之亡人作城柵、皆員有似牢獄（この国の老人は、昔亡命して来て城柵を作ったが、円くてまるで牢屋のようであった）」（同右）というのですから、まるで、今日の福建省の「客家（ハッカ）＝後発の移住者」（四世紀、東晋の頃、中国中原を追われるまでのそこの住民）の故郷の巨大な円形の家のようですね。ひょっとして、客家と扶余とは、何処かで接点があったのかも。

シンガポールのリー・クァンユー前首相、台湾の陳前総統、李登輝前総統、蒋介石夫人の宋美齢、鄧小平なども、この客家の一族です（東行した有色セム系のユダヤ人か）。

因みに、鮮卑とは、この伯夷の中山国の亡命者である鮮卑山に篭った「東胡」とチュルク系「匈奴の冒頓部」とが満州で混血して出来た部族だったのです。

因みに、高句麗は古くは「高狗驪」と書きましたので「訓（くん）」（意味）といたしましては「狗＝犬＝チュルク」系高車（高い車に乗っていた鉄民の遊牧民。丁零、丁令、丁霊）と「鹿＝馴鹿（なれじか）＝ツングースやオロチョン」系との混合であったことがその名の分析からも判るのです（「音」といたしましては「吏読」的に「コクリヨ」）。

この高車の十二姓（高車丁零＝狄歴＝勅勒＝チュルク（トルコ族）の音訳。祖先はアナトリアからのヒッタイトの亡命者に遡ります。四八五年頃に鉄族の柔然から独立）と高句麗との関係は実に濃厚であり、鴨緑江沿いの集安の古墳の玄室の天井近くの西南の角の壁画には、鍛冶神のみに留まらず、その右には製鉄製輪神（十六本のスポークの鉄製車輪＝十六紋の菊。八岐（やまたの）大蛇（をろち）とも関連か。二４）も見られるところからも明らかだったのです（集安市駅北約四百メートルの通溝の禹山地区の五つの古墳が十字形に並んでいる「五盔（かい）（塊）墳五号墓」。この南面の朱雀の躍動感も実に見事です。同四号墓の青衣の製輪神もこれまた見事です）。

因みに、北扶余は四九四年に勿吉（もっきつ）に滅ぼされております。扶余の支配民の中には月氏の流れを汲む人々も混血しており、匈奴や烏丸や鮮卑を避け、空白であった北方より嫩江（のんこう）を南下して満州の農安や扶余に入って来た人々だったのです（因みに、その頃にはまだ蒙古人はモンゴル高原に現れてはおりません）。

その後、依羅は西曷思那（開原（カイチユン））方面に逃れ（南下し）、建国したといわれております。

百済を建国した13近肖古王（三四六〜三七五年）のモデルが扶余の依羅王であり、百済史におきましては、ここで実質的に、その建国を干支一運（六十年）古くしておりまして、更に、王系図上では、形式的に、13近肖古王、14近仇首王の前に、母国の扶余史から借用し、5肖古王、6仇首王（二一四〜二三四年）を建国史として作文（干支約二運、百二十年溯上）してしまっていたのです（二４）。

＊早い話が、形式上の王系図で見る限り百二十年（干支二運）、実体上の比較では六十年（干支一運）古くしてしまっていたのです。

つまり、このことは、逃亡扶余王家が、満州から朝鮮半島へと、転々としながら南下してまいりまして、漸く馬韓の地に定着し、百済に成長するまで、約干支一運から二運（六十～百二十年）かかっていたということを、十分な説得力を持って表していたのです。

そして、百済史の13近肖古王のモデルは6仇首王だったのでありまして、そのまたモデルは、右の鮮卑に敗れて自決した扶余の依慮王の子の依羅であったのです。

このように、6仇首王と13近肖古王との関係は、それを真似て日本で作られました平安日本紀での1神武大王と10崇神大王との関係にピッタリと一致し、そして6仇首王の時代は、扶余王・尉仇台（『魏書』扶余条）、仇台二世王（「百済本紀」温祚条で『北史』『隋書』を引用）、高句麗・王子罽須（「高句麗本紀」山上王条）の時代とほぼ同じですので、この扶余史・高句麗史の王・王子が、まず百済建国史の中に、架空の百済王として取り込まれ、そしてこれが、「白村江の役」の後、日本列島に渡来した百済亡命人の平安天皇家により、平安日本紀作成上での「二人」の「初代王（ハツクニシラススメラミコト）＝神武＝崇神」として描かれていた、ということだったのです（三二1、2　尚、三1）。

このように、アナタは、初代の新羅王も初代の百済王も、共にそんなに古い時代の人ではなかった、共に四世紀後半の人物に過ぎなかったのだということに、日本列島史と朝鮮史との双方に対しましての「バランス感覚」を十二分に働かせて気が付かなければいけなかったのですよ。

大陸の歴史だからといって、一部の学者のように盲従して有難がっていてはいけなかったのです。

序でながら、この依羅（イリ＝ヨサミ）の姓をもつ「依羅氏」の中には、物部氏の祖神・饒速日の後裔と称する連姓の者のみならず、百済系渡来人と称する連姓の者もおりますが、私の考えからいたしますと、この二つは何ら矛盾することではなく、逆に、私の考えを強化してくれているのです。

と申しますのは、このことは、共に百済成立前のその母国たる扶余の「依羅王」から派生した氏族だったことを証明してくれていたからなのでありまして、ニギハヤヒ・陝父王は、百済5肖古王として百済王系図の中にも入っているくらいなのですから、この依羅氏がニギハヤヒの末裔でありましても、ハタマタ、扶余の出自である百済人の末裔（しかも、百済王家の姓は、正史上はニギハヤヒと同じ扶余の「余＝シャー＝アグリー」でもあります。しかし、本来は「解＝カイ」なのですが……）であったといたしましても、それは満州・朝鮮半島において祖先を同じくする氏族なのでありまして、そこにはちゃんと整合性が認められるからなのです。

尚、万葉歌人の柿本人麿の妻の依羅（イリ・イラ＝ヨサミ）につきましても、後に少々触れてみたいと思っております（八3）。

7、金官国が百済より優位だったときの証拠

(1) 朝鮮半島の半分は倭の領土

百済が成立する前は、広い意味での倭人の馬韓五十四カ国（韓＝干＝于＝ワ＝倭。九3）は、小国家群の酋長連合の域を脱してはおりませんでした（『魏志』）ので、扶余から依羅が朝鮮半島を「海上」より南下してまいりましても、直ぐにはそれ程まとまった力は発揮できず（二6）、暫くは、当時南朝鮮の古くからの雄国でもありましたインド・マガダ国系の「倭国＝金官」の庇護下にあった筈なのです（二8、一一1、一八5）。

ここで、史書上で判る限度での、任那が最大であった頃（四七五年以前）の朝鮮の地名について検討してみますと、「久麻那利」（雄略紀二十一年（四七六）三月）とは、忠清南道の今の「公州＝熊津」（古代朝鮮語で「熊＝コム＝神＝大」。百済25武寧陵や蘇塗（アジール）のあるところです）のことであり、かつ、ここは百済の第三回目の首都（第四回目の最後の首都が扶余・泗沘です。因みに、「扶余」とは新羅が占領後に泗沘につけた名前ですのでご注意ください）だったところでして、倭（金官）国より与えられた王都の地でもありましたし、後に百済が伽耶より入手した「上哆唎（オコ＝肩・背・上・北。タリ＝全羅南道の栄山江〔前方後円墳が見られます〕東岸一帯）」、「下哆唎（アルシタリ。アロ＝前・下・南）」（これらは、百済の母国であります扶余の「六畜」や、兄弟国でございます高句麗の「五加」と同じです。日本語の「オロス＝降下」「オコス＝上起」に同じ。匈奴は、全ての物事を北から見て思考しておりまして、ですから「南＝前」「北＝後」「東＝左」「西＝右」という風に位置付けております）、「牟婁（全羅南道の霊光・高敞・務安）」、「沙陀（全羅南道の求礼郡・沙等村）」（以上、継体紀六年（五一二）十二月）という四縣は全羅南道と全羅北道の南部ですし、同じく百済が伽耶から入手いたしました「己汶（基文川＝蟾津江）流域」、「帯沙（蟾津江河口付近全羅南道と慶尚南道との境辺り。後述、継体二十三年）」（以上、継体紀七年（五一三）十一月）も全羅南道の南部と東部ですので、そういたしますと、何と！この頃の少し前までの金官伽羅（倭）のエリアは、朝鮮半島のほぼ「南半分」近くも占めていた、と申しましても、決して言い過ぎではないくらい巨大であったからなのです。

＊ですから、正に、このことは「韓＝倭」であったという重要なことを、その名残といたしまして、まだこの頃でも証明していてくれていたのです（九3）。有難や。

ところで、アナタ、ここに面白いことが見られます。百済25武寧王（五〇一～五二三年。30敏達大王のモデル）の王妃の副葬品の中には、内側に「庚子年二月多利大夫人……」との陰刻銘のある、内径六センチメートル、外径八センチメートルの銀釧（腕輪）が見られますが、この庚子は五二〇年であり、倭

（伽耶）の領土の哆唎が百済領となりましたのが、その八年前の五一二年で、大夫人とは王妃のことですので、この哆唎（伽耶＝倭）の大夫人（五二六年死亡）に与えられたものだったのです。そして、この釧が百済王妃の墓から出土したということは「哆唎人＝倭人」が百済王妃となっていた（！）ことをも示していてくれたのです。そして、この倭人の哆唎大夫人の姓も『百済本記』によりますと「意斯＝忍」か「穂積」であったという凄いこと（！）までもがアナタに判って来るのです（一3）。この王妃の腰の辺りから見つかった高さ二・五センチメートルの緑の「ガラス童子像」はとてもユニークです。なお、武寧王陵出土の「買地券」につき、一八10。また、昆支の来た倭とは、日本列島ではなく、南朝鮮の哆唎だったことにつき、一七2。

因みに、武寧王陵の玄室内出土の副葬品の中に「双魚紋」の線刻のある銅盃がございますが、これは伽耶（この場合は哆唎）出身の王妃が持参したものだったのです（一八5参照。今城塚古墳出土物や金官伽羅王紋章）。

右の四縣割譲（その真相は百済に奪われたこと）により、「任那＝倭＝伽耶連合」は、慶尚南道のみに縮小を余儀なくされてしまいました。

という訳で、百済実質初代の13近肖古王が、北方の「東扶余国」から南下してまいりまして、「馬韓の一部」でありました京畿道の漢城（ソウル付近）に定着して、百済を建国いたしました頃の朝鮮半島の状況は、倭人（韓人）の支配下（百済王は倭の養子的立場）にあったことが判るのです。このこと（この当時でさえ、朝鮮半島の南約二分の一が、当時は金官・倭であったこと）をアナタがしっかりと認識しておりませんと、朝鮮史の全てを見失ってしまうと言える程、これは大切なことだったのです。

＊尚、今日の日本人の姓（水原・高倉・太田など……）の殆ど全部と言っていいほど、それと同じ地名が、朝鮮半島の「道・市・区・洞・郡・邑・面・里」の行政区画の名の中に見られるのですよ。

また、六世紀初めにおきましても、安羅とともに「後期・伽耶連合」の盟主（前期の盟主は金官伽羅）的立場にございました「大伽耶＝高霊伽耶」と百済との国境は、小白山脈と智異山の辺りであったのです。

その証拠はと申しますと、高霊伽耶の王陵でございます「池山洞古墳」（慶尚北道）から出土している土器と同じ物が、「南原・月山里古墳」（全羅南道）から出土しているのみならず、この月山里古墳は、智異山の北麓にある阿莫山城を支配していた大伽耶（高霊）の人々のものだったからなのです。

更に、金官伽羅の9荷知王（鉗知。四九二～五二一年）が、南斉に遣使いたしましたときに出航した処の近くの、朝鮮半島西部の「竹幕洞遺跡」（全羅北道）からは、伽耶系の馬具が出土しておりますし、また、そこから出土いたしました石製模造品は倭の系統のものですので、西暦五〇〇年前後には（前後ですら）、倭（金官＋安羅）の領域が少なくともこの全羅北道の辺りにまで及んでいたということの証拠でもあったのです。

これらのことはとても大切なことなので、もう一度要約しておきますと、東扶余から依羅王（百済13近肖古王＝百済伝説上の6仇首王と同一人）が、漢江のソウル辺りへ南下してまいりまして馬韓の地に伯済という一つの小国を建てました頃は、その地は倭人（金官伽羅国人＝旧・狗邪韓国人）の支配地のど真ん中であった——つまり、この頃の朝鮮半島の「少なくとも」約南二分の一近くは倭人の伽耶連合（「任那」連合）の土地であった——のでありまして、この頃の馬韓王は当然、倭人であったのです。

＊更には、中国古代史の分析からは、古く前漢の時代には、倭は主として、内蒙古（北倭）と南朝鮮（南倭）の二か所にいたと見なければいけなかったのです。

実は、「韓＝倭」という古代中国の古典での用語の使い方からは、このことは当然のことでもあったのです（九3）。

ですから、扶余や秦からの亡命民が辰韓（秦韓＝新羅の前身）を東海岸に建てましたときに、その土地を貸してやった（『魏書』辰韓条）のは、この頃北倭の月支国を支配民として占領しておりました倭人（金官伽羅人＝旧・狗邪韓国人。南倭）が兼ねておりました馬韓王（辰王＝鮮王）のことだったのです。

＊中国人のかつての考えでは、馬韓王であった箕準の子孫は「倭人」という範疇に入って来ることにもなります（北倭）。

尚、このことは、倭王「珍」の、宋に対する新羅・辰韓についてまでもの官爵の要求についても、このように理由のあったことなのでありまして、この点につきましても、大切なことでありますので、後述いたしたいと存じます。

このように「韓人＝倭人」だったのであり、かつ、馬韓・辰韓・弁韓という古への「韓国」が、皆、倭人の建てた国であったこと（例えば、辰王のいた馬韓の月支国は「北倭」、弁辰の狗邪韓国は「南倭」というように）が判ってまいりますと、その謎の全てが氷解してしまうのです。ですから大雑把に申しますと、伯済の建国は、南倭の中に北倭が建国（居候）したということになるのです（二8）。

更に、かつては「倭国＝金官」が朝鮮半島の半分（または、それ以上）を支配していたという証拠として加えることが出来るものといたしましては、

「而　倭　以辛卯年来　渡海　破百残□□□羅、以為　臣民」
（高句麗「広開土王碑」）（二4、7、8、五3）

との金石文がございまして、この「辛卯」は三九一年（早ければ三三一年の考えもございます）とされており、この頃倭（金官の水軍が百済（新羅。内陸部の他の伽羅諸国をも含みます）を征圧したことをはっきりと示していてくれたからなのです。

＊この渡海の表現は、ズバリ、南朝鮮の伽耶から、主として「海路」で中部・北部朝鮮半島を征圧したことを表しております。「倭の五王」の「武」（雄略＝紀生磐＝金官王蘇我氏）も、朝鮮半島南部の拠点から、海路で北へ征圧に向かったのです。しかも、決して、日本列島の九州や丹後から海を渡った訳ではござ

いませんので、その点アナタはくれぐれもご注意下さい。兵站の問題からも、これは当然のことだったのです。伽耶は、元々鉄の交易のため、フェニキア・インド伝来の強力な水軍を有していたのです。邪馬臺国の本貫は、朝鮮の安羅、満州の遼東、南中国の越、ジャワ海、インド・アンガ国、フェニキアのオウドなどにまでも遡れるのですから（一五6）。

「百残□□羅」の□のところには、一部のアカデミズムのように「加羅新」と入れて読むよりも、この碑文の他との比較からも、「新羅安」と入れて読むべきなのです。また「任那加（安）」ということも十分あり得ます（二8）。

ここには、「任那伽羅」という言葉も刻んでございます（後世の朝鮮半島の「任那」を表示いたしております金石文につき、前述）。一般には、これは「任那の伽羅」と読まれておりますが、実はそうではなく、この四〇〇年の頃（この碑は、広開土王の死の二年後であります四一四年に建立されております）におきましては「任那＝伽羅」という風に読むべきであったのです。尚「ニムナ」の言語とタミール語につき、別述（主、神魚）。

永楽十四年（四〇四）には「倭不軌侵入帯方界」（「広開土王碑」）とありますように、凄いことに、倭軍が帯方郡の境（楽浪の南から平壌（ピョンヤン）の辺り〔平安南道や黄海道や京畿道。私の考え〕か、または、京城〔ソウル。日朝のアカデミズムの考え〕辺りまでも「海路北上」してまいりましたので、高句麗は大軍をもってこれと戦っております。

（2）「倭王武＝紀生磐」の上表文の「海北」の意味

しかも、ここで大切なことは、この戦いがあくまでも「海戦」であったということなのです（「広開土王碑」十四年〔四〇五〕の「□連船□」の文字）。これらは皆、兵船による伽耶からの北上だったのです。

ですから、先の倭王武の上表文の「海北」へということも、仮に通説が「船によるもの」だと認めたといたしましても、その出発地点は、必ずしも「九州から朝鮮半島へ」という意味ではなく、「倭の五王」の「武」（＝金官伽羅王の紀生磐）の祖先は「南朝鮮部分の倭から海路中・北部朝鮮へ」と進軍した（一八6。しかもこれは倭による高句麗占領軍からの新羅解放！）ということが、そのモデルであった可能性が大なのでありまして、かつ、当時の国際状況（倭の位置）に照らしましても、その方がより素直だったからなのです。

そういたしますと、この高句麗王の碑文（改竄し難い当時の金石文としての証拠）は、当然、倭の拠点が南鮮にもあったということを示していたとも言えるのです。

（3）「倭の五王」が南朝の宋に対し、百済のみならず「慕韓」、また、新羅のみならず「秦韓」の各軍事官位をも要求した理由——任那に加えて「加羅」も与えられたことの意味

更に、その証拠を加えておきましょう。

この頃の朝鮮半島の地名を調べて見ましても、京城（ソウル）

の百四十キロメートル近くにまで南部伽羅の「比自火（ヒヂボル）」（中臣・藤原氏の一部の本貫の地。四1）という名の地名遷移の跡が見られるからなのです。

更に、その後「倭の五王」の「讃」（この人は「秦氏の弓月君である金官第七代吹希王」の妃の仁徳――しかも、この人は百済の19久爾辛王の娘――のことでもございます）の弟のこれまた「倭の五王」の一人でもございます「珍」（菟道稚郎子・宇治天皇〔『播磨国風土記』〕・秦氏系。一九2）が、宋の文帝に遣使して官爵を要求いたしましたときに、何と「百済王」の官爵までも要求しており、今日から考えますと、一見頗る奇妙にも思えるのですが、この倭王が百済王の王位までも要求していたという事がある――たとえそれが中国の南朝に対するものであったとは申しましても――ということは、たとえその年に、結果としてそれが認められなかった（四三八年には、安東将軍・倭国王というレベルでのみ認められております）といたしましても、かつてのあるとき（五世紀前半）は、百済より「金官＝倭国」の方が優位に立っていたひと時が間違いなくあったのだ――しかし、後にその点は、朝鮮史でも倭史でもそれが抹殺されてしまった――ということを私たちに暗示してくれていたのです。

＊金官・倭王が、かつて建国当初の小国・百済を支配しておりました――百済王が居候に近かった――実体がございましたことにつきましては、一8。

そして、アナタがここで決して見逃してはならない肝腎なことは、その時期が一体いつのことだったのかということなのです。それが四世紀に百済建国（百済初代王13近肖古王。三四六～三七五年）の後、特に右の「倭の五王」の「珍」の要求は、五世紀の百済20毗有王（四二七～四五五年）の頃のことでありまして、丁度この頃は高句麗が新羅にまでその支配を及ぼしている間の出来事だった（かつ、百済の力が低下し、倭の庇護下にありました）ということが、特に重要だからなのです。

こう考えてこそ初めて、倭王の「珍」が何故このような百済王の爵位まで要求したのか、また、要求することが出来たのかという、一見不可解とも思える強引な行動をとったことの理由（わけ）がアナタにも氷解出来てくるのです。

この力を付けた伯済が、かつて伯済建国時に土地を分けてくれた恩のある馬韓（同じ北倭のグループなのに）を裏切って、これを滅ぼしてしまったことの証拠といたしまして「王は出兵し田猟と陽（いつわ）って、密かに馬韓を襲撃し、遂に都を併合した」（『百済本紀』初代・温祚王二十六年〔ＡＤ八〕冬十月）と百済史に自ら記されておりましたし（但し、干支六運、三百六十年も遡上）、また、このことの投影は中国史にも同様に

「準後滅絶馬韓人復自立為王」（『後漢書』韓条）

――箕準の子孫が滅びると、馬韓人がまた自立して辰王となった。

＊因みに、それまでの事情はと申しますと「昔、朝鮮王箕準が衛満に滅ぼされ、家来数千人を率いて海上に逃れ、馬韓を攻撃して降服させて、自立して韓王となった」という経緯がございま

した（『後漢書』韓条）。

と記されていたことと同じことだったのであり、これが百済13近肖古王の時代の出来事であったにも拘わらず、古い時代のこととして記されてしまっていたのです。

因みに、更に、「百済」のみならず「他」にも「馬韓」地域の軍事指揮権を要求しているのは何故なのかということについてもこれと全く同じことだったのですが、未だ、この当時の百済は、東の新羅を支配しておりました高句麗と、北は高句麗本国との圧力の双方に怯える、正式に百済王と中国から認められてから（三八七年）、たったの五十年足らずの新興の一小国家に過ぎませんでして、しかも、前述のように、この時期には高句麗軍が隣の新羅に駐留しており、その準備などで一時国力が弱体化しておりましたから、当然のことといたしまして、未だ、百済は、後世のように、全ての旧馬韓地域を支配するには至ってはいなかったからなのです（二3）。

＊特に、半島西南部の全羅南道には、伯済に服従しない旧馬韓の部族も多くおりましたし、当然のことながら、それらの土地は古くからの倭（金官）の領土だったのです。

そして、アナタ、そのズバリの証拠が日本紀の中にも残されておりました。

例えば、慶尚南道の西南端の蟾津江（せんしんこう）河口の「韓（伽羅）の多沙＝河東」（継体七年）などはその一つでして（一九2）、後の六世紀初めに、「倭王＝安羅王」の継体大王が、百済に自己の支配下のこの土地を割譲（日本紀上での表現）しようといたしましたときに「此の津は官家（みやけ）を置いて以来、臣（やつこ）が朝貢の津渉（つわたり）たり……元封限（はじめよさ）したまひし地に違う」（継体紀二十三年）と言って、ここの南朝鮮の王が反対していることの理由からも推測出来ることだったのです。

更に、右の百済22文周（もんす）王（四七五～四七七年）が「王都を倭の領土の中に移転した」ことは、次のように、日本紀の中にも見えることだったからなのです。

「廿一年春三月天皇聞百済為高句麗所破、以久麻那利（こむなり）、賜汶州（もんす）王救興其国」（雄略紀二十一年〔四七六〕三月）

——二一年は春三月に大王（つまり倭王、当時は金官伽羅王）は、百済が高句麗のために敗れたと聞いて、熊津（公州）を汶州〔文周〕王に賜いて其の国を救い興す。

この前年の四七五年に、百済の王都の漢城（ソウル・京城近郊）を奪われて百済は一時滅び（「高い授業料」を払ったのはこのときです）、このとき高句麗に殺された蓋鹵王の遺命により、翌年百済王文周は、倭（金官）の領土内の熊津に「買地券」を買って土地を分けてもらい、百済宰相の木満致（倭王＝金官5伊尸品王＝武内宿禰＝木協満致。後述）と共に同行南下し、熊津（公州）に亡命政府を打ち立てていることが判ります（二7。因みに、この熊津の地の武寧王陵出土の「買地券」）。

このように、百済が「全羅道までをも併合」いたしますのは、漢城を捨て（四七五年）、王都を熊津（公州）に南下させてから

（四七六年）、更にそのずっと後世になってからのことだったからなのです（二8）。

＊このように、六世紀までは百済西南部（全羅南北道）は倭（金官）の領土だったのです。
朝鮮史は倭の存在の抹殺のため、百済の亡命的南下の拡張をも隠してしまっていたのです。

百済がある時期に全羅南道を併合（倭の一部の勢力はそれに合体されてしまいます。朝鮮半島の栄山江流域の「前方後円墳」の存在との関連につき、後述）していたことの証拠は次の通りです。

百済南部（全羅南道光州広域市）の月桂洞古墳（第三期）は「前方後円墳」であるのみならず、円筒埴輪、朝顔型円筒埴輪、楯型木製品が出土し、周濠も備わっており、同じく「前方後円墳」の明花洞古墳（第三期）でも、円筒埴輪が周濠の裾を巡っております。

しかし、これら六世紀に入ってからの後期のものは横穴式石室（何回も埋葬が可）なのですが、当初の五世紀後半のものは竪穴式石槨（埋葬は一回限り可）。チャランボン古墳、黒色土器、霊岩郡。第一期・四五〇～四七五～四九九）であることや、出土した土器の分析（叩き板による成形や円形透孔の位置）から、明らかに日本列島のものとは異なり、百済の土器と同じであることが判りますので、たとえ日本列島の倭の勢力そのものの古墳ではないにしても、これら倭と百済との恐ろしいほどの一致は、その理由の如何を問わず、両者が当時一体の関係にあったことを示していてくれたのです（前述の「倭と百済との一体」。五3）。

因みに、百済西南部（全羅道）の六世紀前半に入ってからの前方後円墳（第二期・五〇〇～五五〇年）は、日本列島の北部九州及び畿内の河内・和泉・大和のものと共通性が見られ、その後のもの（第三期・六世紀後半に至り泗沘からの陵山里型の円墳に取って替わられるまで）は、畿内の古市（ふるいち）や佐紀盾列（たてなみ）古墳群との深い関連が見られるのですが、それは一体どういうことをアナタに示していてくれるのでしょうか（「百済＋倭」で倭の本格的な拠点が畿内へ進出。五3）。

これらのことは、言い方を変えますと、少なくとも四七五年くらいまでは倭（金官・安羅）の領域でありました朝鮮南部へ、高句麗その他の圧力を受け（追っ立てられ）た百済が止むを得ず南下してまいりまして、前述のように、オロシタリ、アロシタリ、ムロ、サタ（五一二年）、コモン、タサ（五一三年）と伽耶（任那）諸国（倭）の領土を立て続けに奪って、そこの倭の勢力を支配していったことの名残・証拠でもあったのです。

＊これが、実は、「磐井の叛乱」の朝鮮でのモデルの一部ともなっておりましたことにつきましては、十分に後述いたします（一一1、2）。
このように、「磐井の反乱」の真相（一一2）は、朝鮮半島での動きや、そこでの前方後円墳の変化（Ⅰ～Ⅲ）のみならず、畿内での変動ともピッタリと連動していたことを示していたのです（五3）。

百済系の天皇家の平安日本紀（現行のものとほぼ同じ）におきましては、この「百済の侵略」という点が、何と！任那から百済への「割譲」という風な美しいお話に偽造されてしまっておりましたので要注意だったのです（一一2）。

＊新羅が五三二年金官から奪い　五六二年には安羅からも奪って、それ以来領有しておりました洛東江以西を、後の六四二年の「大耶の戦い」では、今度は新羅から百済が一時奪い取ってしまっております。勿論、「倭＝安羅」は、五六二年以来日本列島のみに縮小（海峡国家であることの放棄）しております。

さて、一部前述のように、倭王「讃」（仁徳女帝）の弟の倭王「珍」（菟道稚郎子）が、宋に対し、「倭・百済・新羅・任那・秦韓・慕韓の六国諸軍事」を要求したところ、文帝の天嘉二十八年（四五一）に至り、倭王「済」（反正大王）に対し「倭・新羅・任那・加羅・秦韓・慕韓の六国諸軍事」（「百済」が削除され「加羅」が加えられた）が与えられたり、また、倭王「武」（雄略天皇）が「倭・百済・新羅・任那・加羅・秦韓・慕韓の七国諸軍事」を要求したところ（順帝の昇明二年（四七八））、「倭・新羅・任那・加羅・秦韓・慕韓の六国諸軍事」（「百済」が同じく削除された。『宋書』倭国条）が与えられましたが、このうちの「新羅＋辰韓」王の官位までもの中国への要求も、全く右と同様に考えてよかったのです。

それは、当時倭人（北倭）が支配しておりました馬韓の地の倭（金官）王が、かつて、亡命秦人・扶余人のために、その東部の辰韓の荒れた土地を与えたという伝統的な経緯、つまり、「辰韓在馬韓之東。其者老伝世自言、古之亡人、避秦役、来適韓国、馬韓割其東界地与之」（『魏書』東夷・辰韓条。「辰韓は馬韓の東にある。そこの長老は代々の言い伝えとして、〈昔秦の役を避けて韓の国に亡命して来たのであるが、馬韓が東部の土地を割いて与えてくれた〉と言っております」）ということがあった、更には、前述のように、金石文によっても新羅・辰韓を倭が征服した時期が間違いなく存在していた（広開土王碑文。二4、7、8）からだったのです（扶余からの亡命の『遼史』につきましては前述）。

ですから、ここで何を私が言いたいのかと申しますと、倭による百済・馬韓及び新羅・辰韓の支配の事実の他、よく教科書やアカデミズムの論文で、古代朝鮮半島の地図上にカッコ書きで見られますような「百済（馬韓）」つまり「百済＝馬韓」、「新羅（秦韓）」つまり「新羅＝秦韓」などという歴史を知らない短絡した間違った（杜撰で幼稚な）考えは、もうそろそろ止める（卒業する）べきなのです（後世に朝鮮史を改竄した者の思うツボ）。

そして、このように考えてこそ初めて、倭（金官）王が中国の宋に対して「秦韓と新羅」「馬韓と百済」の各軍事支配権を、決して「新旧でダブって請求」しているのではないということがこれによって判るからなのです（現に、前者は認定されました）。

＊読んで字の通り、引き算いたしまして、慕韓は百済（当時の首都は「公州＝熊津」エリア以外の地で、馬韓の南部が慕韓で、栄山江流域の倭との繋がりがございます新徳古墳などの朝鮮の

完璧な前方後円墳が見られる地域です（中国史での慕と馬との用字の区別にご注意アレ）。

秦韓は新羅以外の地で、東海岸から小白山南域を指します。

このように見ることも、当時の国際情勢からは十分に可能ですので、慕韓や秦韓は後に縮小された伽耶ではないとはいえ、倭人のエリアであったことには間違いなかったのです。

このことは別の言い方をいたしますと、インドの支配下の植民市（『山海経』）のニムナ（「神の魚＝双魚紋」の連邦・任那。古代朝鮮にありましたインドの植民市の存在につき、一〇5、一八5は必見）、つまり倭の支配する伽耶の範囲とは、朝鮮半島で「新興国であった頃の百済・新羅の夫々の実効支配（後に、アコーディオンのように拡張）が及んでいないところ全て」であったと広く考えるべきだったのです。

このことは三韓自体が元々（秦人・扶余人が辰韓に亡命してくる以前や扶余依羅王が馬韓の一部に亡命してくる以前には）全て倭人（韓人）の支配地だった（九3）のですから、考えてみれば当然のこと、かつ、そのことの名残でもあったのです。

しかも、ここでアナタにとって大切なことは、伽耶（「倭人＝韓人」のエリア）の範囲は決して固定的なものではなく、時代によってアコーディオンのように広がったり縮んだりしていたと考えるべきなのです。

＊古代中国・満州・朝鮮におけます倭人・倭国のエリアの移動につきましてもこの点同様だったのです（九2、3、4）。

と申しますのも、百済が熊津への南遷（四七五年）の後、朝鮮半島の南西部の栄山江（この流域には前方後円墳が多数存在）・蟾津江の諸国（前述）への初めての侵攻が六世紀に入ってからに過ぎなかったこと一事を見ましても、「馬韓諸国＝百済」などという短絡した考えは、ちょっと歴史を知っていれば、少なくとも百済建国の頃には全く考えられないことだったからなのです。

つまり、この四世紀の頃は、未だ百済も新羅も生まれたばかりの一新興国家（赤ちゃん）に過ぎず、当初は兄弟国の高句麗の南下に怯えながら、伯済国は旧馬韓地域の京城の辺りの一部を占めていたに過ぎず、それと同様に斯盧国もまたか弱く、旧辰韓地域の慶州の辺りの一部を占めていた亡命人の「米も作れない農業国」に過ぎなかったのだ（『魏書』）ということを、この語句がちゃんと証明してくれていたのです（倭が高句麗軍を新羅から追い出したことも「倭王武＝雄略大王＝紀生磐」の「渡平海北九十五国」〔『宋書』〕ということの中に当然含まれていたと見なければいけなかったのです。前述及び一八6。百済再興も）。

ですから高句麗に占領されておりました新羅は五世紀には王を称することをせず（実は、出来ず）、尼師今（18実聖尼師今、四〇二年即位まで）や麻立干（22智證麻立干、五〇〇年即位の途中〔五〇三〕より。「斯盧＝新羅」もこの年より）の遊牧の古い称号のままだったのです。この点は当時の百済ですらも太王は称しておらず王に留まっておりました（「七支刀」銘文など）。

これに対し、四世紀の倭（海峡国家）王は大王を称し（『宋書』

倭王武の「治天下大王」。もし、仮に真正であるといたしますと、「ワカタケル鉄剣」の「吾左治天下」も右と同様の思想の表れと考えてよいでしょう）、又、高句麗も20長寿王（即位四一二年）の建立いたしました「広開土王碑文」で、広開土王（談徳）の九年（四〇〇）のところで父王を「太王」と記しております（建立四一四年）ので（太王陵＝広開土王陵。口絵参照）、五世紀の東アジアでは倭と高句麗のみが「大王」を称すことが出来、この強者の二者が朝鮮半島で睨み合って対峙していたのです（この頃、新羅や百済は、広開土王の碑文によりましても、国際的には当事者能力を持たなかったからなのです。「倭以辛卯年来渡□（海）破百済□□□羅以為臣民」。一一8）

＊それ以前には、秦氏は蔚珍（ウルチン）の辺りにまで南下して居留しておりました（「波旦（はだん）の碑」につき、別述）。

たとえ、古代のことであったといたしましても、何らの理由も無いのに国家間の公文書に「無用なこと」などが記される筈など無いじゃないですか。百済と馬韓とダブって請求しているからおかしいのだ、などといっているアカデミズム（特に、高校レベルの先生）が多いのですが、単に現代の学者（そちらの方）にそのことが理解できなかったという（恥ずかしい）ことを曝け出しているに過ぎなかっただけだったのですよ。

では、この倭王「珍」の行動が一体何を意味しているのかということにつきまして、アジア全体から鳥瞰して申しますと、前述のように、この頃のインド・マガダ国及びアユダ国系の、つまり、後に述べますインドの植民市（九7、一〇5、一七6）であった南韓と九州の海峡国家の海洋交易民（主として鉱物を扱う。現に、鉱山を経営）「倭＝金官国」（いわゆる「南倭」）が、扶余から逃亡して朝鮮半島を南下してまいりました遊牧民の「北倭」（扶余の依羅王を援助して、濊（わい）族・貊（はく）族（つまり、チュルクやツングースなどの混血民も当然混住）も住んでおりました当時の「馬韓五十四国を束ねて百済が成立」するのを「助けてやった」という経緯があったことの証明にもなっていたのです（北倭と南倭のスタートは、ともにシュメール、少なくともインドなのですから）。

ですから、江田船山古墳出土の21蓋鹵王の銘のございます鉄刀には魚形（任那の象徴）が刻まれていたのです（百済＋倭）。

＊実は、この頃の百済は、一言でいえば、倭への「居候」に近い状態だったのです。

このことは平安紀の神話でも、イワレヒコの父のウガヤフキアエズの、その住居・墓（吾平（あひら）の岩屋）や墓の様子や行動（逃げるように九州の山上の尾根道を移動している点など）や境遇から、何とはなしに「居候」に近いような惨（みじ）めな感じを受けるのと同じこと（これが、朝鮮におけるそのモデル）だったのです。

それから、伊勢などに伝えられておりますす蘇民将来の伝説も、実は、朝鮮半島を南下して亡命してまいりました王族を、「蘇（そ）民＝金官人＝倭人」（蘇＝ソ＝金）が助けてやったということを表していた（つまり、ということは、この舞台も南朝鮮のことであった）のです。

＊浦島太郎の伝説の舞台も、同じく南朝鮮の伽耶から日本列島の龍宮へ行ったお話だったのです（別述）。

遡りまして、右の伝説上の旅人（亡命者）は、ユダヤ人を含むセム系の「秦人の亡命者」（一七7）が持ち込んだ角の生えたバアル神（牛頭天王）のことであった（つまり、秦氏が祖神サルタヒコと共に「別倭」〔伊勢〕に持ち込んだものであった）のか、それとも、ニギハヤヒ系の扶余「解氏＝高氏」がインドから持ち込んだその父の帝釈天（ダゴン）のことであったのか、そのどちらにいたしましても、この二人の神は、気の遠くなるように遥かなる出発地のオリエントでは「父子の神」だったのです。

＊パミール高原付近のフンザ地方における蘇民将来と同様な伝説と、古代のユダヤ人の「失われた十二支族」の高地の東行のルートにつき、後述。

この頃の「倭の五王」の倭王とは、「伽耶連合＝倭」の盟主のことだったのです。

そのことは次の中国の『宋書』の記載の分析からも判るのです。と申しますのも、「倭の五王」の「珍」（菟道稚郎子＝宇治天皇）は、自分が文帝から安東将軍の号をいただきますとき、十三人の他の倭のメンバーの王にも「将軍号」の下賜を申し出まして、「平西（へいせい）」「征虜（せいりょ）」「輔国（ほこく）」「冠軍（かんぐん）」などの将軍号をその王たちに貰ってあげております。

この点は、「倭の五王」の「済」（反正大王）も、同様でして、倭の他のメンバー二十三人に「軍郡」という称号を下さいと宋に要求していたことが判るからなのです。

では、このことが、一体何を意味しているのかと申しますと、この頃、倭の連合の小国家が十三国から二十三国もあったということを、この首長の数が示していてくれたのです。そして、各々の小国家が南鮮と列島に跨る海峡国家でありましたことを勘案いたしますと、この数字は、伽耶の主たる構成メンバーとしましては、朝鮮半島部で六〜十一国、その分国の日本列島部でも六〜十一国であったと、部族の意識（出自）的には（つまり、具体的な数は別といたしまして）考えましてもよいのではと思われます。

と言う訳で、この『宋書』の記述も、倭国が単一国家ではなく、連合政権でありましたことを端的に示していてくれておりますので、この「済」の頃でさえも、倭国には強力な「一人の大王」がいたのではなく、未だ単一の巨大国家ではなく、連合国の合議制であったんだということ、つまり朝鮮での伽耶（任那）連合そのものであったことが判ってくるのです。

しかも、宋の文帝は四三八年に倭王珍に安東将軍を与えましたが、私こと古代探偵がこの点につき、よーく分析してみますと、前述のように、倭隋らの地の倭の構成国の王にも、序列は異なりましても、官位としては全く同じ「将軍」の号が与えられておりますので、宗主国の宋から見ましても、倭連盟内部におきましては、倭連盟の盟主と各構成国の王とはそんなに大きな差はなかったのです（勿論、「都督……諸軍事」としての軍事の優位性はございましたが)。

但し、やがて宋の順帝は倭王武に対し、四七八年に至り、「安東大将軍」に任じておりますので、官位といたしましては(序列は別といたしましても)、高句麗(征東大将軍・車騎大将軍)、百済(鎮東大将軍)と同列に並ぶことが出来たのです。

因みに、高霊伽耶の土器(忠南大学蔵)にも「大王」の銘文が見られますので(別述)、そういたしますとこの頃高句麗と倭と伽耶の王が「大王」を称していたことになりまして、「倭=伽耶」との私の考えは、この点でもピッタリなのです。

*ところが、アナタがお読みになられております『日本紀』におきましては、この頃は、一人の絶対的な大王の記載・一人の天皇となっておりますので、これは実は「倭国」の記載ではない(後に作られたこの物語が、実は、他の地域〔または架空〕でのお話、又は、他の大王系図との合体だった)ということが判ってしまうのです。

新羅王で初めて、麻立干(まりつかん)という称号から、中国的な王という称号に変えました智證王(「新羅本紀」智證王四年〔五〇三〕十月。巻末の古代朝鮮の大王系図をご覧下さい)は、「六年春二月、王が親しく国内の州・郡・県を定めた。悉直(しっちょく)州を置いて異斯夫(いしふ)をもって軍主(ぐんしゅ)となす。軍主の名称は此処に始まった」(「新羅本紀」智證王六年〔五〇五〕二月。これは、慶尚北道蔚珍郡竹辺面鳳坪里の「蔚珍鳳坪新羅碑」に見えます「悉支軍主」と同じです)と記されておりますように、内外兵馬の用を司ります軍主を置いておりますが、この「軍主」の「軍」は、ひょっとしますと、古く(五世紀中頃)は、先程申し上げました「倭の五王」の「済」(反正大王)が宋に対し配下の連合の王のために要求いたしましたところの「軍郡」の「軍」に由来するもの(同じこと)であったかもしれませんよ(倭の支配地でもございますし。それも五〇五年と申しますと、倭が新羅を高句麗から解放してやったその直後の頃のことですし)。

因みに、「王=カン=干」といたします、遊牧系の高句麗の五世紀代の支配から、やっと新羅が脱却したということを、この「干→王」へという王号の変化が、その反射的効果といたしまして、如実に示していてくれたのです(この五世紀代の「……干」の時代には、実質的な王は新羅にはいなかったのです。別述)。

8、百済の宰相の「真氏」は金官国の蘇我氏の「木氏」

(1)百済の総理大臣も兼ねていた金官(倭)王の武内宿禰こと蘇我氏の木協満致

そして、この頃の百済の佐平(宰相)は「真氏」(『百済本記』)なのですが、この「真氏」と申しますのが実は曲者だったのです。つまり真氏とは、百済古代史上、一体誰のことであったのかということが問題なのです。

実は、時代的にも、政治力学的にも、「真氏」とは「木氏」以外のことではあり得ず、そして更に、結論から申し上げれば、この「木氏」の実体とは、何を隠そう、ズバリ金官（倭）王＝後の「蘇我氏」のことだったのです（更に「木氏＝紀氏」にも繋がっていたことにつきましては、一五1でお話しいたします）。

＊平壌の楽浪漢墓より出土の「眞氏」の銘のございます漆器につき、後述。

つまり、何と！　アナタは信じ難いでしょうが、この頃の百済の総理大臣は蘇我氏が務めていたのでありまして、しかもこの蘇我氏は、あるときには当時の金官伽羅王であったところの「武内宿禰＝金官国5伊尸品王＝木協満致＝蘇我氏の祖」のことでもあったからなのです。

このことは、倭国のメンバーでありました金官（五三二年）や安羅（五六二年）が、順次、主として新羅に滅ぼされてしまいました後にも、倭王家の重臣の一部（紀氏＝木氏）が百済内部に残り、その中枢官僚といたしまして、後世にまでも百済人として活躍しておりますことは、百済「真氏＝木氏＝紀氏」ということを補強してくれる証拠ともなっていたのです（「木劦＝モクラ」は複姓。『隋書』『唐書』では「貞」としておりますが、『北史』『通典』『翰苑』所引の『括地志』では「真」としております）。

＊「百済人には、新羅・高句麗・倭などが雑（まじ）っており、それに中国人もいる。衣服は高句麗とほぼ同じ」（『隋書』百済条）という中国史の記述の中にも、その証拠が見られたのです。

百済におきましての「木氏＝真氏」は、日本列島におきましては「木氏＝紀氏＝鬼氏・九鬼（くかみ）氏」としても表現されております。

その一人といたしまして紀臣奈率彌麻沙（きのおみなそちみまさ）を挙げておきたいと思います（奈率は、百済の官位十六階の第六位）。

「遣……中部奈率・木劦眯淳、紀臣奈率・彌麻沙等（紀臣娶韓婦所生、因留百済、為奈率也、未詳其父、他皆效此也）使于安羅……」（欽明紀二年七月、四年四月、五年二月、三月、十一月）

――中部（部＝ホウ）奈率・木劦（もくら）眯淳、紀臣奈率・彌麻沙等を遣（つかは）して（紀臣の「韓の婦（をみな）」を娶りて生める所、因りて百済に留まりて、奈率と為れる者なり。未だ其の父（かぞ）を詳（つまびらか）にせず。他（あたし）も皆此倣（なら）へ）安羅に使（つかひ）して……

紀氏や木氏の同族（主として南韓の倭の）が、このように百済の官僚として、後々までも百済国内に残っていたことが明らかだからなのです。

このように、蘇我氏とは5金官王の武内宿禰（たけのうちのすくね）の子孫だったのですよ（系図参照）。

アナタは、蘇我氏が百済の宰相（総理大臣ないしは主要大臣クラス）であったなどと私が申しますと、多分「エッ、そんな」と目を剥かれるかもしれませんが、まあ、もう暫く私の考えにお付き合い下さい。そのうちに、アナタがもっと驚くことが飛び出してまいりますよ。

では、木氏と真氏とがどうして同一（一八6）であったのかということにつきましては、前に述べました地政学的な「実質的」な理由（二一6）に加えまして、ここでは次の「形式的」な証拠を更に付け加えておきましょう。

「木（ボク）」の字の音は、古くは殷音では「キ」なのですが、周音では「モク・ム」です。

この「木」と「真」とは、音の上から考えてましても、「木＝mu＝ム」は「真＝ma＝マ」であり、この二つは「通音」であり、また、「訛り」でもありまして、強ち全く似ていないとは言い切れないからなのです。日本紀上のみならず、朝鮮史におきましても、「借用言語」に過ぎない舶来（はくらい）の漢字に惑わされてはいけなかったのです。その国の固有の古い言葉は「ローマ字」で、つまり音（耳で聞いて古い響き）で捉えなくては真実を見誤ってしまうことも多々あり得ることだからなのです。

（2）百済19久爾辛王（応神天皇のモデル）は、武内宿禰（金官5伊尸品王）と神功皇后（八須夫人）との間の子

そんなこと有り得ないとアナタはお思いでしょうが、実はこの百済の大姓と同一である「木氏が百済の宰相であり倭人であった」ことは百済の逸史も自ら認めていたところでありまして、

「木満致者……専於任那、来入我国往還貴国、承制天朝、執我国政、権重当世」（応神紀二十五年〔二九四→四一四年〕条に引用の『百済本記』）

——木満致（武内宿禰）は……任那（倭）に専（たくめ）なり。我国（百済）に来入（まうきい）りて、貴国（かしこきくに）（倭）に往還（かよ）ふ。制（のり）を天朝（みかど）に承りて、我が国（百済）の政（まつりごと）を執る。権重（いきほひ）世に当たれり。

とあります。

また、これに対応いたします日本紀の方にも、ちゃんと

「百済直支王身薨。即子久爾辛立為王。王年幼。木満致執国政（百済の）與王母相婬、多行無礼」（応神紀二十五年条）

——百済の直支王薨（みまか）りぬ。即ち久爾辛立ちて王と為る。王年幼（こしき）し。木満致、国政（くにのまつりごと）を執る。王の母と相婬（いろは）けて（くは）、多に無礼（さは）（ゐやなきわざ）す。

とありまして、このことは、右の『百済本記』逸文と同様の内容に加えまして、更に、ここで日本の正史は、金官王（倭王）の武内宿禰が、百済王の王母と夫婦関係にすらあったとの、実に重大なこと（！）を言っていたのです。

当然、この「王母」とは、19久爾辛王（四二〇～四二七年）の母、つまり系図上は父である18腆支王（四〇五～四二〇年）の王妃、つまり「八須夫人＝神功皇后＝息長足姫」のことを指しております。

日本紀のみに目を奪われることなく、日本列島の史書と朝鮮史とを総合し、更にそれらを止揚いたしまして「人史学」の立場（巻末）から考証いたしますと、初めてこのような（当然ですが、凄い！）結論に到達することが出来るのです。

つまり、このことは金官（倭）王と百済王（腆支王）の未亡人である王妃とが結婚していた、そして、その間に生まれた子が「久爾辛王＝応神大王」であった（！）ことを暗示していたのです。

＊更に、「応神＝武内宿禰」でもあることは、「応神の子である16

仁徳」と「武内の子」とが「同日生まれ」であり、かつ、「共に産屋に鳥が飛び込む」という吉兆（よきさが）があったというので、双方の鳥の名を取り替えてその名とし、仁徳を大鷦鷯（おほさざき）とし、武内の子を木菟（つく）宿禰（平群氏の祖）としたという正史の逸話（仁徳紀元年正月条「同一共彦。並有瑞……以為取其鳥名、各相易名子」）の中にも、よく読みますと暗示（否、ということで間接証拠として明示）されていたことがアナタにも判って来るのです。

更に、13成務大王（稚足彦（わかたらし）。モデルは百済17阿莘王）と、この武内宿禰（モデルは金官〔倭〕5伊尸品王＝木協満致。12景行（モデルは百済16辰斯王。「七支刀」の倭王「旨」）は、稚足彦を皇太子にすると共に武内宿禰を「棟梁の臣」に任じております。このことを百済レベルで申しますと、王子の頃の阿莘が百済王の世継ぎになると同時に「金官＝倭」王の5伊尸品が百済の宰相に就任していたことを示していたのです）とが「同日生まれ」であるということ（成務紀三年正月条「天皇與武内宿禰同日生」）にも、この頃の「倭（金官）と百済との密接不可分な関係」が見てとれ、更には、日本紀の歴史物語のレベルにおきましては、「百済19久爾辛王＝武内宿禰＝物部胆咋（いぐい）」ということまでもが暗示されていたと見なければいけなかったのです。

このように、日本紀の「行間＝紙背」を、百済史と照合しながら解読してまいりますと、恐るべきことに、「神功皇后は百済王妃（金官王女）」「神功皇后と武内宿禰は夫婦」「応神大王は武内宿禰の子」つまり、当時の「百済王は倭王（金官王）の子」でありましたことを、ちゃんと匂わせていてくれたのですよ。

このことは、父仲哀（百済・腆支王）が、暗闇の中で琴を弾いていて殺された（『古事記』神功皇后条）というナントも不気味な表現とも、正にピッタリではないでしょうか。

その不可解極まりない「仲哀大王の死因」につきましても、国家の正史（百済系の平安紀）では、実に不明瞭なのでありまして、「熊襲の矢に当たった」（仲哀紀九年二月、一云）という表現も見られますとともに、かつ、その死を一般に知らせず、殯（もがり）の火も焚かず（「无火殯斂」）、更に「新羅の役（えだち）」を理由といたしまして死体を正式に葬ることもしてはおりません（仲哀紀九年二月）ことが判明するからなのです。

早い話が、これは大王の「死体」がそこにはなかったからなのです。

死因すら不明、かつ、葬儀すらも出していない——これは、正に質（または、共同経営）として海峡国家の倭国（金官）に来ておりました百済王子の仲哀が、「百済に戻って」腆支王として即位してしまったことの暗示だったのです。

その後、百済の宰相・木満致（武内宿禰）と（金官で）未亡人となった腆支王妃との間の（不義の）子である久爾辛王（応神大王のモデル）が生まれ、「百済本紀」上では「王位継承者が幼かったので」——真相は、こんな、後世に面子の為に付け足したような言い訳は不要でして、端的に申しますならば、この頃の百済王の王位は、幼い金官（倭）王に乗っ取られてしまっていたことを婉曲的に示していたのです——木満致（武内宿禰）が「国政を執った」とはなってはおりますが、実は、宰相・木満致こと武内宿禰はこの時、「百済王そのものとなっていた」のです（ちょっと、道鏡のようでしょ。そう言えば、道鏡も百済王（こにきし）の出自ですが）。

「白村江の役」で百済が敗れた後、日本列島に渡った亡命百済王家は、このこと（一時、倭王「伊尸品王＝木協満致」に百済本国が乗っ取られていた状態にあったこと。そして、この頃は、右の久爾辛（応神）以外につきましても「倭と百済は一体」に近く、逆に、倭王とは派遣された百済王子でもあったこと。とは申しましても、その実体は「婿養子」でした）を平安日本紀にはどうしてもメンツがあり、素直には記せなかったのです。

と申しますのも、朝鮮半島では既に母国百済は六六〇年に倭人の一派で金官金氏の分派に過ぎませんでした慶州金氏によって滅ぼされてしまっており、統一新羅は唐の侵攻さえ阻み、今や強大であり、最早、とても母国に戻って祖国の土地に百済を復活することなど不可能と思われましたから、そういたしますと、ここ日本列島こそが永住の地と定めざるを得ず、この日本列島の地こそが「天孫降臨」の地（亡命百済政権の地）であるとともに、かつ、この王朝も「万世一系」であると主張しなければならなかったからなのです。

もし、そういたしませんと、天皇が自国以外の蛮民（異国）の出であったことがバレてしまうのみならず、天皇家が「天孫降臨」かつ「万世一系」であるという崇高なことの否認ともなってしまいますので、その有り難みが消えてしまいますからね。内乱は必至です（現に、多発しております。七1、7、8、4ノ50など）。

このように、武内宿禰（ところで、本来は、「武内宿禰＝木協満致」の方が父であり、木羅斤資の方が子であったにも拘わらず、平安朝の百済天皇家が、加上〔年代の溯上〕を手加減いたしまして〔父子が逆〕、この事実を隠蔽してしまいましたことにつきましては、とても大事な点ですので後述いたします）が、金官（倭）王として百済王（百済史での表記上は宰相）の地位にいたという凄いことにつきましては、何と、百済史自身が告白してくれていたことだったのです。

＊これは、今日、逸文でしか残っておりません『百済本記』（注意。『三国史記』の「百済本紀」という、より新しい史書の方ではありませんよ）の記録に基づく解読です。

尚、後述のように、この武内宿禰という人物は、必ずしも一人の人物と考える必要はなく、日本紀を作成いたしますときに、金官5伊尸品王を中心といたしまして、何代かの金官王（その前の4居叱彌王なども含めまして）安羅王などの倭王や、辰韓から下った秦氏などを「集合化」したものであると考えております（藤原四家の出自と同じように合成民）。

『宋書』の「祖禰（そでい）」を、仮に、祖先という一般用語ではなく、弓偏の「彌＝弥＝ミ」で人名（祖王の彌（み））といたしました場合には、この金官（倭）王の4居叱彌王（今勿、二九一〜三四六年）がそのモデルだったのかもしれません。また、同じく、13味鄒王（「新羅本紀」。二六一〜二八四年）とも、その名に共通性が見られますと共に、時代は少し遡りますが、「安羅王＝倭王」の卑彌呼も、朝鮮では「卑彌」氏と呼ばれておりましたので、朝鮮に在留中のその一族とも関係していたかもしれません。

応神大王（百済王の久爾辛）のこの時代におきましては、この「紀州＝木州」の武内宿禰の子孫たち、つまり、紀角宿禰（「木氏＝鬼氏」です）、羽田矢代宿禰（秦氏です）、石川宿禰（蘇我氏です）及び木菟宿禰（「木氏＝真氏」です）などの明らかに倭王家の人々が百済へ行って、百済の国政を左右するような力を発揮しております。

＊それに紀（木）州は武内宿禰（木協氏）の拠点でもありました。この紀州・和歌山市大谷の、遊牧騎馬民系の鉄の馬冑・馬甲・鞍が、一列に並んで出土いたしました「大谷古墳」（四五〇〜五〇〇年頃。出土時には馬冑の上には短甲が被せてありまして、この下には鐙も置かれておりました。少し離れますが、同じ紀伊国の那賀郡山前郷には、かつて狛村がございまして、遊牧系の「狛人＝高句麗人」が住んでおりました）の近くの、「六十谷遺跡」や「楠見遺跡」（和歌山市大谷）からは、「伽耶式若しくは新羅式の須恵器」が出土しておりますし、更に、「井辺八幡山古墳」（井辺前山一〇号墳・長さ八十八メートル）からは、高句麗の装飾古墳に見られますような北方遊牧民の高句麗・鮮卑系の「褌を締めた力士の埴輪」や、同じく北方遊牧民によく見られますところの「鉢巻をした埴輪」が出土しておりますことからも、この「木国＝紀国」というところは、「金官伽耶＝倭国」とも、「新羅」ともまた、更に、その新羅を五世紀代に支配しておりました「高句麗」とも直接繋がりのある、古代の一時期には非常にコスモポリタンな土地であったことには間違いなかったのです。

そして、ここ紀伊こそは、かつては畿内への玄関口でもあったのです。つまり、この湊から紀ノ川（この上流は吉野川です）を遡って、葛城から大和国中へと入って行ったのです。

尚、紀ノ川左岸の六百余の古墳からなる「岩橋千塚古墳群」の中で一番古い「花山八号墳」（長さ五十二メートル）は四〇〇年頃のものです。

もう少しこのことを具体的に申しますと、百済国に辰斯王（景行大王のモデル。「七支刀」の倭王「旨」。一八6）を殺させて（三九一年。実は、倭国へ行って景行大王となった）謝罪させ、紀角宿禰らが阿莘（阿華）王を立てて百済国王としております（応神紀三年是歳条、「百済本紀」辰斯王条。これから後の百済の異変につきましては一八6）。

＊日本武尊の九州や関東征圧のお話のオリジナルは、この頃（百済17阿莘王＝13成務大王のモデルの頃）の朝鮮半島での倭（金官＝蘇我氏＝木氏＝真氏）の活躍だったのであり、18腆支王（14仲哀大王のモデル）、訓解王子（日本武尊のモデル）、碟

礼王子（13成務大王のモデルの一部）を巡る百済でのトラブルなど（一八6）が、日朝で王代を一代ずらし（時代も少し変え）、平安天皇家の百済系の日本紀上に翻訳されて取り入れられていたのです（『宋書』の「倭の五王」の武の活躍とも一部重なってまいります。二4）。

そこで、大切なことは、右の「百済を牛耳ったとされる四人」が、皆、武内宿禰の末裔だとされていることでございまして、このことは、皆、「木＝真」「木＝紀」姓で繋がっていた一族（倭＝金官王家の人々）であったということなのです。

＊因みに、平壌のかつては楽浪漢墓（二6）とも呼ばれておりました大同江南岸（狸岩島の南）の貞柏里一九号墳（木槨墓。後貞柏洞南方。平安南道大同郡大同江面内）より出土の耳杯二十三個の中には「眞氏牢」という銘の印されているものがございますが、この頃から既に朝鮮半島での真氏の活躍が読み取れるのです。この近くにございます塼槨墓である将進里四五号墳からは、「田氏牢」という銘の盤も出土しており、アカデミズムでは、これらの「真」や「田」は漆器の作者（工人）の名だとされておりますが、少なくとも真氏の耳杯の漆器の方は、その銘の文字の大きさ及びそれが杯の裏の中央部にデンと主体として自己主張するように記されておりますところなどから考えましても、これが紋章、家紋に近い意味を持ち、「作らせた人＝所有者」の銘であったと考えるべきだったのです。

このように、真氏は朝鮮半島での古くからの名族（百済「八大姓」の一つ）であったことには間違いなかったのです。

更に、紀小弓宿禰（紀角宿禰の孫。朝鮮で戦死。金官8銍知王〔四五一―四九二年〕と同一人。19允恭大王のモデル）や紀大盤宿禰（生磐。小弓の子。「倭の五王」の「武」と同一人〔四七七年、四七九年、五〇三年に記録〕。21雄略大王のモデル。一九5）なども、この頃の朝鮮半島で活躍しております。

このように日本紀上でも、武内宿禰（金官国5伊尸品王）の一族が、当時の百済の内政に深く関与していたことが、後に、平安朝に百済系天皇家が、不都合なことを完璧に近いまでも改竄して隠蔽してしまいました平安紀とは申しましても、随所にこのように散見されるのです。

因みに、武内宿禰が金官伽羅の王でありましたことは、「木国の祖神であります五十猛（イタケル）が新羅の曾尸茂利（牛頭。江原道春川の牛頭か、慶尚南道の牛頭か）から渡来した」（神代紀須佐之男条・一書。一五3）と記されておりますところからも推測出来ることであったのです。それに、武内宿禰の日本列島での本貫が「木国＝紀伊国」とされておりますし。

また、この五十猛という神が、「大屋毘古」とも言われておりまして、この「大＝オウ」であり、かつては「金官＝倭」の王であったことを示していたのです（それに「五十＝イ＝忍＝オシ」も「オシ＝オホシ＝大＝王」つまり「大伽耶＝金官伽耶」ということを表しておりました）。

武内宿禰は、「屋主忍男武男心命……則娶紀直遠祖　菟道彦之

女　影媛、生　武内宿禰」（景行紀三年二月条）「比古布都押の信の命……木の国の造が祖、宇豆比古が妹、山下影日売に娶ひて、生みませる子、建内宿禰」（『古事記』孝元条）と、日本紀では父が屋主忍男武男心であり、古事記でも比古布都押の信と異なってはおりますが、父の名には、「記紀」共にちゃんと「忍＝押＝オシ」が入っており、「菟道＝ウヂ＝内＝珍」であることも合わせますと、先程も申し上げましたように、「忍＝オシ＝大＝王」ですので、このことは「大伽耶＝金官伽耶」系の秦氏の王であることを表し、武内宿禰が金官王系の出であることが判りますと共に、母が「木国＝紀国」の国造の出であることも判りますので、このことは、古代の朝鮮半島の金官伽耶と秦氏と「木国＝紀国」とが実に深い関係にあったことを示していてくれたのです。

更に、母方は「木＝紀」氏の「国造」であると共に、住吉大社の摂社の「船玉神社」の祭神は「紀国の紀氏神、志摩神、静火神、伊達神の本社なり」（津守宿禰嶋麻呂『住吉大神神代記』の訓解）となっておりますので、紀氏（国造家）の氏神が「韓国＝イタテ神＝五十猛＝イソタケル＝イタケル＝イザサワケ（気比神宮）」神であることも判ってまいります（ここの西殿にはちゃんと武内宿禰が祀られておりますよ）。

と言うことからも、この紀氏の祭神が、「伊達神＝五十猛神」であり、出雲のイタテ神の神社には、全て「韓国＝カラクニ」との冠が被せられておりますことなどから考えましても、「紀氏＝木氏」と朝鮮半島の王家との深い繋がりが感じられるのです（イタキソ神につきましては、一五1）。

＊因みに、紀国国造家と武内宿禰の紀氏とは別であり、国造家第三十八代の奉世が、武内宿禰よりも二十一代末裔の行義を養子にとってから平安朝の天元年間（九七八～九八二年）に合体したという考えも伝わっております（『紀氏国造元本之事』の紀伊国造系図）。

しかしながら、右のように、そもそも「船玉社」には武内宿禰が祀られているのですから、古くから紀氏と武内氏とは関連があり、逆に、後世に、朝鮮との関係を隠す為に断絶させられてしまっていたと見るべきだったのです。

(3) 木協満致は武内宿禰——倭人（金官王）が百済王も兼ねていた

さて、百済久爾辛王のお話に戻しましょう。

百済史（正史）におけます、応神大王（日本紀では日本列島最大の土木工事量を誇る大王陵）に相当いたします19久爾辛王の記載には、奇怪なことに、日本訳にして二行分すらもなく、その内容につきましても「腆支王（仲哀大王）の長男であること」「父腆支王が死んで即位したこと」「八年（四二七）冬十二月に死んだこと」（『百済本紀』久爾辛王条。一九1）のみでありまして、日本紀の応神条の方に引用されている方にだけ右のように「武内宿禰（木協満致）」が「百済の総理大臣になった」という記載が残されているのです。

百済にとりまして、「王の母と相婬けて」の点は別格といたしましても、たとえ一時的な事実とは申せ、こんな事実（百済王の父が倭王であることと推測）が残されておりましては不名誉極まりないことですから、当然のことながら、後世に削除されてしまっていたのです。

百済実質初代王の13近肖古王（崇神大王のモデル）と、その次の14近仇首王（垂仁大王のモデル）の百済国創設前後の王を除きまして、王名を「三字」で表示する百済の王は、この「久爾辛王」だけでありますし、それに加えまして、金官（倭）国王につきましても、第五代の「伊尸品王」と、その前王であります第四代の「居叱彌王」ぐらいしか王名を「三字」で表す王はいないのです。

それに、この居叱彌王（今勿。二九一～三四六年。屋主忍雄武雄心のモデル）は、少し年代が早過ぎますので（朝鮮史におけます在位年代が正しいとしての話なのですが）、そうなってまいりますと、百済19久爾辛王（四二〇～四二七年）と合致してくるのは、この金官5伊尸品王（三四六～四〇七年）、つまり「木協満致＝武内宿禰」だけということになって来るからなのです。

＊但し、武内宿禰の執政期間の異常な長さから推測いたしますと、少なくともこの金官5、6の二人の王の双方がそのモデルとなった可能性も否定はできません（一年二倍暦〔二三5〕をとれば別なのですが）。

更に、朝鮮史によりましても、その二人の在位の時期の差は、たったの十三年間しかないことのみならず、これに加えまして、前述のように、「百済本紀」におきましては久爾辛王の記載が皆無に近いということをも考え合わせますならば、そこには百済としては何らかの正史に記載しにくい事情があったものと考えざるを得ないからなのです。

＊この点、倭の方の「応神記」には、「応神紀」に比べましても、何らの実年代の記載が見られない（例えば、百済の池を作りましたときにも「この御世」としかございません）のです。実は、このことは古い史料には実年代など何も記されてはいなかったことを示していたのです（全てが朝鮮史を見て日本紀で創作された）。

応神大王のモデルが百済・久爾辛王であるといたしますと、応神が太子であった頃、武内宿禰に連れられて一緒に角鹿に行き仮宮を造ったとき、そこの気比神宮の祭神の伊奢沙和気（いざさわけ）大神が夜の夢に現れ「吾が名を御子の御名に易へまく欲し」（『古事記』仲哀条）とのたまったので「恐し、命のままに、易へまつらむ」と申し出て、名を取り替えたということも、「久爾辛王が倭（金官）へ行って押さえた」ということの、日本列島側の史料に残されていた痕跡だったのかもしれません。

更には、「倭王＝安羅王＝天日矛」でもございますから（一五1必見）、このことは朝鮮半島の伽耶連合におきまして、「金官」が卑彌呼の末裔である「安羅」を押さえた（勝利して盟主の地位を奪った）ということの、日本列島におけます歴史物語（日本紀）上での投影でもあったのです。

共に、日本列島に亡命してまいりました同志なのですから、そのように「昔の朝鮮での双方の争いの反映」であったと考えましても、何ら差し支えなかったのです。

因みに、敦賀湾内の反対岸（西側・半島内）にございます「常宮（じょうぐう）神社」（敦賀市常宮）こそ、この気比神宮の故地であったものと考えます。

つまり、この頃の金官（後の蘇我氏）は、百済に対しましても、安羅に対しましても、優位に立っていたのです。

これらのことを総合的に考えた場合には、どうしても次のような結論に至らざるを得ないのです。

つまり、ひょっとしますと、このときに限っては、又、以前のあるときは、前述のように、ズバリ、「金官伽羅（倭）王・伊尸品」＝「百済王・久爾辛」で兼務であったのでありまして、このように五世紀初めのある時期には金官（倭）王と百済王とは同一人が兼ねていたのです。

そう考えてまいりますと、古くに倭王「珍」が百済王の官爵をも宋に要求いたしましたことは、かつてはその実体が具わっていた（「珍」の父〔武内宿禰＝久爾辛王〕は「倭王＝金官王＝百済王」〔兼務〕だった）からだったとも言えるからなのです（二7）。

武内宿禰（伊尸品＝木協満致）は、百済の宰相どころか、そのときは「倭人が百済王をも兼ねていた」ということになります。

＊この頃の百済は、国際問題も絡んだ内部紛争により、揉めて弱体化しておりましたので、一時倭王・金官王に乗っ取られた状態であったのです（別述）。

「倭の五王」の「武」による、高句麗に占領されていた「新羅の解放」（これが「渡平海北九十五国」ということの真相でした。『宋書』）とガタガタになっていた「百済の再興」及びその頃からの「金官王＝倭王」の百済政治の中枢への参加の点につきましては、一八6は必見です。

実は、これと同じことは、百済王系図と倭王系図の「双方の王系図の分析」からも導き出せることでもあったのです。

と申しますのも、「百済本紀」上では19久爾辛王（15応神大王のモデル）から20毗有王（17履中大王のモデル）へと王系図が繋がっておりまして（二一6）、この点、日本紀上でも15応神大王から「倭の五王」のトップの「讃」（16仁徳大王）へと王系図が繋がっているところから考えますと、「久爾辛王から、毗有王と久爾辛王の女の仁徳大王」の二人へと、つまり「応神大王から、仁徳大王」へと王系図上は繋がっておりますので、このことは、取りも直さず、「百済本紀」上の武内宿禰（久爾辛王＝金官5伊尸品王）が、当時、百済王と金官（倭）王を兼ねていたということが判ってくるのです。

＊日本紀上では、「百済本紀」とは一代ズレまして、武内宿禰は応神大王（ともに三字で表現された王）の位置ではなく、その一つ上の、応神大王の父の仲哀大王の位置、つまり「神功皇后の内縁の夫の位置」におります。

しかも、そうなってまいりますと、この「武内宿禰＝久爾辛王」の女が「倭の五王・讃＝仁徳女帝」ということにも繋がって来るのです。

(4) 葛城襲津彦と蘇我石川と仁徳（女帝）と菟道稚郎子は兄弟だった
――木協満致と木羅斤資とで逆の年代加上

「武内宿禰＝久爾辛王」は、内外の圧力により揺れ動く百済の経営に専念し、海峡国家の「金官国＝倭国」のことは娘の仁徳と仁徳の「夫」の秦氏の金官「7吹希王＝弓月君＝秦氏系の秦韓から金官への亡命人」とに任せていたのです。

これらのことがバレてしまいますと困りますので、「白村江の役（えだち）」の後日本列島に亡命してまいりまして、平安天皇家となりました百済王（こにきし）は、百済本国の史書の『書記』などが、日本占領の新羅軍により奈良時代に焚書され抹殺されてしまったことをこれ幸い、奇貨といたしまして、この後直ぐ次にアナタに申し上げますように、平安日本紀への改竄の際、巧みに、父・木協満致＝伊尸品王（武内宿禰のモデル）の年齢と、子・木羅斤資（蘇我石川のモデル）の年齢との老幼を逆さまにし、親子関係を逆にしてしまいまして、金官王による一時百済王乗っ取りの事実が後世判らなくなるように細工してしまっていたのです。

＊「百済記伝、木満致者、是木羅斤資、討新羅時、娶其国婦、而所生也」（応神紀二十五年所引の『百済記』）と、正史ではあくまでも木満致は「木羅斤資の子」とされてしまっております。但し、「以其父功、専（たくめ）於任那（みまな）」ともございますので、満致は「任那の大臣」として百済に来て百済の政（まつりごと）を執っていたのですよ。『百済記』によりましても、木氏は「金官（任那＝倭）王＝百済の宰相」ということを匂わせていたのです。

私の考えでは、既にアナタにお話ししておりますように、「金官5伊尸品王＝木協満致＝武内宿禰のモデル」でして、その子のうちの兄は「金官6坐知王＝葛城襲津彦のモデル」、弟は「木羅斤資＝蘇我石川のモデル」であり、金官6坐知王の子は「金官7吹希王＝秦弓月君（融通王）のモデル」であったということにもなるのですが、このことは「倭国＝金官（安羅国）国」の成立及び発展に関しましてとても大切なことですので、また何度でもアナタに判り易くお話しいたしたいと思っております。

さて、ということになりますと、応神大王の子の金官王妃の仁徳女帝（「讃」）と、その異母兄弟の菟道稚郎子（宇治大王。「珍」＝ウヅ・ウヂ＝菟道）と、金官5伊尸品王の子の金官6坐知王（葛城襲津彦）と、その弟の木羅斤資（蘇我石川）の四人は、兄弟であったということにもなって来るのです（石川の子が蘇我満智です。祖父レベルの木満致の方ではありません）。

＊もしも蘇我氏の木満致やその孫レベルの蘇我満智の「マチ」が、「満致＝マヘツキミ」の音を表していたとすると、これらは「木臣」ということになり、これは素直に木氏を表していたことになります（半分冗談）。

実は、紀氏や蘇我氏や大伴氏が伽耶の人間であったことは、日本紀自ら認めていたことだったのです。

と申しますのは、雄略大王（倭王武）は、新羅（辰韓）を討つために、紀小弓（をゆみ）と蘇我韓子（からこ）と大伴談（語＝箇陀利＝カタリ）を派遣したと記されております（雄略紀九年三月条）。

この紀小弓は紀角宿禰の孫であり、そういたしますと「紀氏＝木氏＝木協満致＝武内宿禰＝金官５伊尸品王」でありますから、この人は金官（倭）王家の人であったのです（しかも雄略の父）。

次の蘇我韓子につきましても、この韓子は「蘇我満致の子」、つまり「武内宿禰の子」（この人は「金官６坐知王＝葛城襲津彦」や蘇我石川とは兄弟またはその内の一人と同一人ということになってまいります）でありますから、これまた同じく金官（倭）王家の人だったのです。

更に、三番目の大伴談は安羅（倭）王で継体大王のモデルですから、ということになりますと、この戦いは、南鮮における倭（金官＋安羅）と新羅――と申しましても、この頃の新羅は高句麗の支配下にありまして、独自性を保っておりませんので「新羅＝高句麗」と考えるべきなのでしたが――との戦いということを表現していたのです。

＊つまり、実質に着眼いたしますと、これは金官・安羅（倭）と高句麗との戦いであったのです。そして、この考えは、高句麗「広開土王碑」の内容に見事に添っております。

そして、紀小弓（「倭の五王の武＝雄略大王」の父）と大伴談が、夫々「金官王」と「安羅王」の表現であったのでございまして、共に倭国のメンバーとして朝鮮半島では「隣り合った」国々でありましたことは、この二人につきまして、ズバリ、「同国近隣人（同じ国〔倭〕の近き隣の人）」（雄略紀九年五月条）と自白しておりますことからも明らかだったのでございまして、これは日本紀の作者が、日本紀上におきましても、このことをアナタにちゃんと暗示していてくれていたのです。

つまり、早い話が、これらの日本紀に記されていたことの殆どが、実は、朝鮮半島の「伽耶＝倭」での出来事に過ぎなかったのだということに一刻も早くアナタは早く気付くべきだったのです。

そして、朝鮮の金官と安羅とは同じ「倭」連合の一員（「高句麗広開土王碑」に出ております「倭＋安羅戍兵」）ですし、高句麗側から見ましてこの両者は「同国」であり、しかも、その各々の拠点（王都）は、共に、南鮮の金海（キメ）と咸安（カンアン）だったのですから、正に、この二国は「近隣」以外の何ものでもなかったからなのです。凄い！

このように、武内宿禰の「紀氏＝木氏＝百済・真氏」と、その子孫である蘇我氏とは、共に倭人の金官王家の人でありますし、大伴氏は安羅王家の人（五三二年以降は、新羅に滅ぼされました金官伽羅に代わり、安羅が「倭＝伽耶」連合の盟主となりますが、五六二年には「安羅逃亡空地」とありますように、朝鮮半島では新羅により安羅も滅亡させられてしまいます）であったことが、日本紀上からも読み取れるのです（一３）。

ここで「金官王＝任那王」である「武内宿禰＝金官５伊尸品王」と「紀伊＝木」国との関についてのヒントを見ておきましょう。

紀臣の祖の紀角宿禰は「建内宿禰之子……木角宿禰者」（木臣之

祖。『古事記』孝元条）とあり、武内宿禰と紀伊との深い関係が示されておりますと共に、又、「老僧観規者、俗姓三間干岐也。伊紀国名草郡人也」（『日本霊異記』下巻第三〇）と記されておりますように、任那王の子孫と思われます僧の観規（正に「カンキ＝加牟伎＝干岐＝王」）が住んでおりましたところも紀伊国名草郡となっているのです。

因みに、このカンキという僧の寺は、能応村にございます先祖の造った弥勒寺（通り名は能応寺）という寺で、この「三間名人＝任那人＝金官人」は代々この地に住んでいたことが判ります。

＊因みに、右の武内宿禰は、角鹿の気比神宮とも深い関係がございまして、ここの祭神七座の一つでございます（大神と太子との易名につき、一五1）。

(5)「百済王＋秦氏」での平城京に遷都したお手本は既に朝鮮半島でも見られた（金官王妃の仁徳と百済王女の新斉都媛は同一人）

次に、さらに重要なことにお話を進めてまいりましましょう。

百済史によりますと、百済21蓋鹵王が高句麗の間諜（スパイ）の僧・道琳に騙されて国費を浪費し、米倉が空になり、その機に乗じて高句麗の長寿王の南進を招いてしまい、その際、蓋鹵王が王子に、王統を絶やさないため逃げるように、と申し渡しましたときに、それを実行した百済王子の文周（仁賢大王のモデル。一七2）は、ナント！「木劦（協）満致と祖彌桀取（この人は誰だ。宿題）と共に南へ行った」（四七五年。「百済本紀」蓋鹵王二十一年条）と百済の正史にそう記されているではありませんか。つまり、文周王が漢江のほとりから熊津（公州）へ百済の王都を移しましたときに、この武内宿禰（百済宰相の木協満致。真相は、生前退位した、老百済国王兼金官王）が同行しておりますことが百済史上からもダイレクトに判るのです。

＊この高句麗の百済に対する「浪費させる」戦術は、かつて高句麗が鮮卑に騙されたことの学習効果（応用）でもあったのです。因みに文周王三年（四七七）四月には内臣佐平の琨支（顕宗大王のモデル）が死亡したとされております（「百済本紀」。倭へ行った＝死んだと表現）。

この百済の南下（遷都）とは、早い話が、金官・倭王が、当時の「倭の領地」の中に再度、「新しく」百済の亡命王都を造らせてやったということを示していたのです。

ところで、もしそういたしますと、これまた大変面白いことが判って来るのでして、このパターンは、後の日本列島におきまして、秦氏が天皇家のため山背に平安京を造らせてやり、平城京（正確には長岡京）から引っ張り込んだのと、全く同じパターンだからなのです（一七4、7、三〇1）。

と申しますのも、「百済の熊津への遷都」＝百済王＋武内宿禰、「桓武天皇の平安京への遷都」＝百済王＋秦氏（造営長官は秦氏です）で、この「木協満致＝武内宿禰」は秦氏の祖だからなのです。という訳で、この二つは、民族の組み合わせが全く同一だったのです（秦氏と平安遷都につきましては、一七4）。

＊因みに、日本紀は、右の久爾辛王即位についての応神二十五年に記載された出来事を、恰も二九四年のことのように見せかけておりますが、この年は四一四年のことなので、干支二運（百二十年。とは申しましても、六年の差が有りますが）古く見せようと努力していることが判るのです。

日本紀の応神三十九年の「百済直支王＝18腆支王＝仲哀大王のモデル」の妹の「新斉都媛」を倭に派遣しましたのも（この質は、時代的には18腆支王の妹ではなく、この王の子の次の19久爾辛王の女の16仁徳の投影か。久爾辛の女＝進思の女＝新斉都（＝ツ＝の）媛。同音）、あくまでも三〇八年のこととして記しておりますが、これも、百済史と合わせまして考えますと四二八年のことですので、ここでも百二十年（干支二運）遡上させております。日本紀は「歴史年代偽造の常習犯」ですナ！

右の「直支王＝腆支王＝仲哀大王のモデル」が質または共同経営者として倭国へまいりました時期につきましても、三九七年のことであるにも拘わらず、日本紀は二二七年のことであるとして記しております。

このように、日本紀の年次は、百済史などにより、その出来事の生じたときの「干支」を借用して引用して述べる（同一干支ではございますが）と共に、実年代といたしましては、干支二運（百二十年）遡及（古く）させて記していることも判りますので、アナタも日本紀をお読みになるときには、この点十分にお気を付けて、百二十年スライドさせて当て嵌めて下さい。

（6）「紀生磐＝倭の五王の武」（雄略）が「三韓の王」を称したのは何故か

さて、朝鮮半島南部におけます、所謂「紀生磐宿禰の乱」（四八七年）につきましての日本紀の記述からも、「紀氏＝木氏＝金官（倭）王」を示しておりましたことが判るのです。

＊これは百済（平安天皇家）側から見ましたので「乱」としての扱いになっていたのです（語るに落ちる）。

では、次に、その原文を見てみることにいたしましょう。

「是歳、紀生磐宿禰、跨拠任那、交通高麗。将西王三韓、整脩官府。自称神聖」（顕宗紀三年〔四八七〕是歳条）

――この年に紀生磐（大磐）宿禰（雄略大王）が任那に股をかけて高句麗と通じ（ではなく、高句麗と戦って〔広開土王碑文〕）、西のかたに「三韓の王」たらんとして官府を整えて脩めて、自ら神聖と称した（ではなく、実際に王であった）。

これこそが、正に、中国史による「倭の五王」の武（雄略＝紀生磐。一九5。金官金氏）による「渡平海北九十五国」（『宋書』。「南鮮」から海路での朝鮮半島中部・北部の制圧）の真相だったのです（一八6）。このように中国史と「海峡国家の倭（金官や安羅）史」の真相を見抜いたうえで比較いたしませんと歴史の正体は決してアナタには見えて来ないのです。

＊因みに、高句麗広開土王の碑文（後述）の「倭以辛卯年来渡海破百残□□羅以為臣民」の□□の上の□□の二字のところには、一般にアカデミーでは「加羅」が入り、一番下の□には

新が入る（新羅）と考えておりますが、それでは漠然とし過ぎ、かつ、広過ぎますので、ここには本来、この□□□のどこかには、上の二字に「安羅」が入るにしろ、はたまた下の一字に「安」が入るにしろ、「安羅」という字が入っていたと見るべきだったのです。そうだからこそ、その後に三カ所も出てまいります倭（金官）の傭兵たる「安羅人戍（じゅ）兵」という文字の意味が生きて来るというものなのです。

またもし右の□□□の上の部分の二字が新羅だといたしますと、その下の□は加（加羅）ではなく安（安羅）と入る筈なのです。更に、□□□が「任那加」や「任那安」という可能性も全くあり得ない訳ではございません（永楽十年〔四〇〇〕。五3ノ2）。

このことも、「紀氏＝木氏」である「大＝王」が海峡国家の倭王・金官王であったと考えますと、「三韓の王として官府を作った」、そして「帯山城（シトロムレサシ）」（帯＝シトロ＝古代朝鮮語psus-tor＝現代朝鮮語sus-tor＝礪石、ムレ＝山、サシ＝砦）を作った（しかし、後に百済には、奪われてしまったと記されております）ということはその通りの、王としてこれは当然のことを表していたのです。

平安朝の百済系天皇家は、紀氏が「一時は、そのように称した」などと言って、かつては朝鮮半島の南半分を支配しており（一3）、百済の亡命的南下の際には、その土地を分けてもらって王都を作らせて貰ったのみならず、高句麗とも戦って勝たせて貰った、その相手の恩のある「金官伽羅国＝倭国」をも歴史から抹殺してしまっていたのです（何と恩知らずなヤツ）。

ですから、決して日本紀の文言のように金官伽羅（倭）が高句麗と組んで百済と戦った訳ではなく、これは、高句麗の圧力に負け、その「追っ立て」により、その後、無理矢理倭の領域に百済がより南進してくるのを阻止するため、金官（倭）王の紀生磐宿禰（倭王「武」＝雄略。一九5）が百済と戦って、一時は勝って阻止したのですが、最終的には、必死の百済にの南下を認めてやったということをも意味していたのです。

右の紀生磐（倭王「武＝雄略大王」）が「三韓の王」を称したという記事は、この頃かもう少し後に百済がより半島南部へ侵攻し、全羅道を併合していることに照らして考えましても、その当時は、紀氏（武内宿禰の末裔）が倭王であったことが、朝鮮史上でも認められていたことを示していたのです（二7）。

この百済の南進は、百済史に、大豊作で国の南部の漁村の人が「穂先の合わさった稲」を献上した（「百済本紀」東城王十一年〔四八九〕秋）、王は国の西部の泗沘（扶余邑・後の王都の扶余）の原で田猟した（同十二年九月。王の「狩りの境」＝「国境」でもございますので〔新羅・真興王の「巡狩管境碑」。一一2〕、国境の拡張を示しております）、耽羅国（済州島）が貢賦を収めないので親征しようとして武珍州（光州）まで侵攻したが、耽羅が使者を派遣し謝罪したので親征を中止した（同二十年八月）などという風に表されておりまして、ここでもし、はっきりと「百済が侵攻した」と記してしまいますと、逆に、百済がかつて北方の小国に過ぎなかったこと、そしてこの頃になってから初めて亡命で南進してまいりまして、南朝鮮の倭（伽耶）の地を奪ってしまったことがバレてしまいますので、あくまでも「本来の領土」の内での「狩り」に過ぎないようなフリをしていただけのことだったのです。

また、その前の百済の国自体の南下につきましても、前述のように（雄略紀二十一年〔四七六〕。二7）、高句麗により当時の百済の王都漢城を奪い取られてしまいましたので（四七五年）、止むを得ず、王都を倭（金官）の領土の中の熊津（公州）に遷したことが認められるのです。

このことが平安朝では、かように現在の日本紀の如く改竄されてしまっていたのです。

さて、ここで更に大切なことを一つ加えておきます。古代朝鮮史と照合してみますと、この木氏の木協満致（武内宿禰のモデル）の子が金官伽羅6坐知王（葛城襲津彦のモデル。兄）と木羅斤資（蘇我石川のモデル。弟）の二人であった（他にも傍系はおりますが）ということが判って来るのですが、平安日本紀におきましては、平安朝の亡命百済政権が、これらの朝鮮半島での倭国の過去の事実を完璧に隠すと共に「平安天皇家の祖先が朝鮮半島からの渡来人」であることをも隠すために、この木協満致と木羅斤資との、朝鮮史上にもその名が多少残されておりますこの二人の親子関係をも「逆」にしてしまっている（同音の人物を他にもう一人作り出すとともに、加上の年数を子の木羅斤資の方に多くして古くしてしまっている）ので（二8ノ2）、日本紀上におきましては、一見、木羅斤資の方が時代的には古い人間（祖先）となって表されてしまっておりまして、実際、そう思わされてしまっている単純思考の学者・アカデミズムも少なくないのです。ですから、この両者につきましては、「人史学」的には幼長が全く逆ですので、特に注意が必要だったのです。

＊しかも、蘇我氏の系図上、蘇我石川の父のレベルと子のレベルとに同音の「マチ」が二回も〔満致＝満智〕登場してまいりますよ。アラッ！

このように古への朝鮮史と比較しなければ、日本列島での古代史の真実は何一つとして見えては来ないのですよ。アナタが日本紀だけいくら一所懸命穴の開くほど（たとえ何百年も）睨めっこして見つめていても駄目なのです。

武内宿禰（木協満致）の一人の子（主流）が金官6坐知王であり、もう一人の子が蘇我氏の祖である蘇我石川（木羅斤資）だったのです。

そして、この「蘇我氏の祖＝武内宿禰＝木協満致＝金官5伊尸品王」の子の木氏（蘇我石川）から、満智→韓子→高麗→稲目→馬子（馬古）→蝦夷（毛人）→入鹿（鞍作、林太郎。歴史物語上の「大化の改新」で暗殺）へと倭王・蘇我家の系図は連綿として「本来は」続いていたのです。

近頃は、漸く蘇我氏が渡来系であり、しかもそれらは百済系ではないかなどと考える人も少しは増えては来ているようなのですが、それも一見正しいことだとは申せ（蘇我氏＝金官・木氏＝百済・真氏）、より深く研究が進むならば、やがては、蘇我氏の本質が百済宰相の「金官王＝倭王」であり、「倭人」であったことに辿り着かなければいけなかったのです。

＊木満致が蘇我氏でございましたことの証拠は地名の中にも隠されておりました。木満致は五世紀の末に倭に来たことになっており、河内の「石川＝一須賀」の一族の中に入ったとアカデミズムでも考えられているからなのです。正に、この近つ飛鳥（河内）の「須賀＝蘇我」ですからね。

さて、百済の初期におきましての支配構造は「金官（倭）↓百済」という金官・倭が上位に位置する形（亡命東扶余王が金官・倭王家に養子に入る形）をとっておりましたが、その後、この関係は逆転いたしまして、その時期には「百済↓金官（倭）↓秦王国」という「支配者の三重構造」になっておりました（三2）。

＊この、朝鮮半島におけます「亡命東扶余王が金官・倭王家に養子に入る」形は、そのまま日本紀におけます「神武＝イワレヒコ」の記載に引き継がれておりまして（その「父」のウガヤフキアエズをも含めまして）、イワレヒコが遠慮がちで何とはなしに「養子のような感じ」や「居候のような感じ」や「慎ましやかな感じ」がいたしますのも、実は、そもそもこの朝鮮でのモデルがそうなっていたからだったのです。また、「ニギハヤヒ＝天日矛」＝「神武の養父」が、ナガスネヒコ（朴氏＝倭人＝瓢公）の妹の御炊屋（みかしきや）姫と結婚し、倭人の家へ「婿養子」に入っておりますのも、これは同じことの現れだったのです。

さて、お話を戻しますが、この蘇我氏の右の王系図の中の、蘇我石川の子の「蘇我満智」につきましては、この直ぐ後に申し上げますように、日本紀が百済人と称して木（協）満致に似せて作ってあるだけのことなのでして、本来の「木満致＝武内宿禰＝金官伊尸品王」とは関係がないことに気を付けなければいけません。これはアナタの目を欺くためのダミーだったのですから。

系図上からだけでも武内宿禰は8孝元大王の子孫となっておりますが、8孝元大王のモデルが金官初代王の金首露と考える私の立場からは蘇我氏は当然、「金官王＝倭王」となって来ざるを得ず、そしてそれには、このようにきちんとした整合性が認められるのです。

＊ちょっと考えてみれば、古代朝鮮語（これは同時に海峡国家でございました倭国の言葉でもございました。一三5）で「蘇＝ソ＝金」なのですからこれは当然のことだったのですが。

そして、その金官王家の金氏の系図は次の通りなのです。

1首露王↓2居登王（または、郁甫王）↓3麻品王↓4居叱彌王、そして、その次の武内宿禰と同一人物であるところの5伊尸品王へと続いていたのです。

この金官2居登王（又は郁甫王）の辺りから金官6坐知王辺りまでの倭王（その中心は「5伊尸品王＝武内宿禰」）が、平安紀の天皇（大王）系図からは完全に削除されてしまい、その前に存在した金官初代首露王以前の三代の王（閼智・勢漢・阿道）と金官1首露、2居登又は郁甫（一3ノ1②、つまり5孝昭～9開化のモデル）が、1神武～4懿徳（一３ノ１①。ベース一）の次に入れられ、「倭の五王」などの15仁徳～21雄略＝紀生磐（一３ノ１④）が、10崇神～15応神（一３ノ１③。ベース二）の次に、それぞれ縦に繋がれて天皇系図の中に入れられてしまっていたのです。

つまり、早い話が、金官5伊尸品王こと武内宿禰の活躍は、倭の大王としては完全に抹殺され、その代わり、「臣下レベル」に落とされて（その代償といたしまして、彼の髭を生やした肖像は戦前の「百円札」に使っていただけたのですが……）平安日本紀には記されていたのです。

となりますと、平安紀の前の奈良紀での始祖王から五百年ぐらいまでの倭・伽耶・新羅・辰韓系をベースとした大王系図は、「右②の5孝昭～9開化の王系図＋消された大王としての武内宿禰とその前後の王系図（武男心命・武内宿禰・葛城襲津彦・秦弓月君など）＋④の15仁徳～21雄略（但し17履中は除く）の王系図＋⑥の26継体～28宣化の王系図」というように大筋では続いていた筈だったのです（二3、三二）。

また、このことは、武内宿禰の子に木菟宿禰という人もいるのですが、この名の中に「木」の字が含まれておりますことも、百済「木氏＝真氏」をも暗示していたのですね（一五4）。

つまり、日本紀で申しますと、この人と「木菟＝木羅斤資＝蘇我石川」とは、本来同一人だった——それを日本紀上では二人に分けられてしまっていた——筈なのです。

この木菟の異母兄弟が葛城襲津彦（金官伽羅6坐知王）であることにつきましては、朝鮮半島を南下してきた、百済初代王である13近肖古王の百済建国に、金官（倭国）王の蘇我氏（木氏＝真氏）が助力するところの説明（先述しました二6、7にプラスして一九1など）でも、またお話しいたしたいと思います。

因みに、この木羅斤資の「羅」という文字そのものが、どうしたことか中国史側から古代の伽耶（つまり倭人の国）の朝鮮半島部分の国々について付けられていた場合が多いのです（九1、2）。例えば、金官（海）伽羅、安羅、多羅、小（固）伽羅、星州（山）伽羅など皆そうだったのです（一五1）。

このように、百済真氏が金官王木氏（蘇我氏）と同一——尚、百済史によりますと比流王三十年（三三三）に真義が内臣佐平に任命されておりますが、これは未だ百済に史書の無い近肖古王以前のときのことですので、そのまま信用するわけにはいきませんが、後に、百済で改竄された部分とは申しましても、古い時期に真氏という名の表示が見られるということを（加うるに、前述の平壌の楽浪漢墓出土の漆の耳杯銘）、ここにご参考までにお示ししておきました（「百済本紀」近肖古王三十年〔三七五〕引用の、『書記』の記されている「古記」）——であったといたしますと、近肖古王二年（三四七）には、真浄が百済の朝廷佐平に任命されており、かつ、この真氏は「王后の親戚」（「百済本紀」）とまで記されておりますので、これらを総合して考えてみますと、正に、この頃（百済建国の頃）に、倭王・金官王の木氏である蘇我氏から百済王妃が入っていたということが判りますと共に、宰相すらも、この百済の初期の頃は、木氏（金官＝倭）から入っていた——つまり、実質的に初期の百済を金官・倭王の蘇我氏が動かしていた。そして、百済王とは申しましても、初期の頃は婿養子に近い状態だった——のだということを、これでお判りいただけた筈なのです（前述二及び一八6、一九2）。

扶余・高句麗と百済王家とは、その元が同じなのですから言うに及ばず、百済王家の中にも、このように金官人（倭人＝木氏＝真氏）が入っており、更に新羅王家にも建国時（狭穂彦＝金官金氏）のみならず、金官が後に六三二年に新羅に征服されてからでも金官人（倭人＝金氏）が入っております（例えば、後の金庾信将軍の妹が29武烈王妃として入っております。「大化の改新」について、六1）。

更には、新羅王家にも、「其の王の本（祖先）は百済人で海上に逃れて新羅に入った」（『隋書・新羅伝』。この「百済人」は本来、短絡せずに「百済の母国の扶余人」と表示すべきだったのですが。海路での亡命に注意。満州・遼東の晋平県。二3）と言われているくらいですので、百済を通して扶余の血も入っていること（また、別の意味〔『魏書』の表記〕につきましても前述）を示しているのみならず、加うるに、四〇〇年頃からの七十年余にも及ぶ高句麗軍の新羅の「王都・慶州への駐屯」により、高句麗の遊牧民の「血も文化」も相当農業国の新羅には混ざっておりますので、今日、一言で百済・新羅とは申しましても、その実質は金官（倭）と高句麗と二つの韓の血統のミックスジュースだったのでございまして、今日アナタが考える以上に、当時は相当コスモポリタンであったと捉えるべきだったのです。

つまり、この頃の朝鮮半島の国々に、たとえ形式的にせよ国境というものがあったといたしましても、混血により、王家の間には実質的には「国境は無かった」も同然の状態であったと考えるべきだったのです。

因みに、武内宿禰の子のうちの一人の紀角（日本紀）が木角（古事記）となっておりますところからも（「紀角＝木角＝金官6坐知王＝葛城襲津彦のモデル」が同時代）、実は、「金官王＝蘇我氏」の「木氏」は「紀氏」でもあったことがダイレクトに判明いたしますし、この父の木協満致（武内宿禰＝金官国5伊尸品王）が日本紀上ですらも伽耶で大活躍しているところから考えましても、この人が、元々、海峡国家「倭」の朝鮮半島部の王であったことが判って来るのです。

ということになりますと、この日本紀上の「紀氏」とは、三国史記上の百済の大姓「木氏」とは同一であり、かつ、三国史記上の百済「真氏」のことでもあったのです（この木氏の方も百済の大姓です）。

尚、この「武内宿禰＝金官5伊尸品＝木協満致＝蘇我氏の祖」ということの更なる証拠といたしましては、古朝鮮語では、この王の名は「伊尸品＝イツブム」と呼ばれておりましたので、これは「イツ＝ウィツ＝ウツ」でもあり、「ウツ＝鬱＝珍＝太秦（宇豆麻佐）のウヅ」＝秦氏の出自であったということをも表していてくれたのです。

＊これを仮に「伊尸＝イシ」と読みますと、「石＝磐」で、海峡国家の倭王の「磐井」とも繋がってまいります。新羅（シラ）のことは尸羅とも書きますから。それに「雄略＝倭の五王の武」と紀生磐とも同一人ですし。

それのみならず、「伊尸品」も「武内」も「ウツ」で同じで、このことは共に「ウツ氏＝珍氏＝鬱氏」（鬱色謎のウツ）のことを表していたのでありまして、この頃の金官伽羅の王家は、このとき既に秦韓から南下した（トコロテン式に高句麗の圧力に押されてか）秦氏に「半ば乗っ取られていた状態」でもあったということにアナタは気が付かなければいけなかったのです（ウツシコメとは「ウツ＝秦氏」＋「コメ＝インド・コーサラ国の許氏の女」）。

これらのことを一言でマトメて申し上げますと、金官の一部が秦韓へ北上し、そこで、南下してまいりました扶余・高句麗と共同して（通じて）「新羅」を建て（これが日本紀で言うところの「狭穂彦の乱」の真相だったのです）、逆に秦韓の一部も高句麗の侵入を予測し、その侵入に反対する勢力（高句麗を目の敵とし秦韓に流入してまいりました扶余の亡民）が南下して、金官（倭）の地に入りまして、金官と合体し「ウツ氏＝秦氏」の王朝をそこに建てていた（四4）――これが、やがて日本列島に渡来いたします（今来の）秦氏のことだったのでございまして、その後、高句麗が余勢を駆って朝鮮半島をより南下してまいりまして、更にその圧力が高まり、金官王家の一部が日本列島へと亡命して「倭の五王」となる――時代だったとも言えるのです。

＊新羅が応神の世に王都の付近まで侵攻し、先渡来の王と九州で妥協・和睦したという口碑も残されていると言われておりますようですが、果たしてこれが南鮮での出来事の焼き直しなのか、それとも日本列島での出来事だったのかにつきましては、いささか不明です。

とは申しましても、このとき高句麗の支配を逃れました他の一部は、当然朝鮮半島南部の地に残りますので、あくまでもこの時は、まだ、倭国は「海峡国家」の状態に踏み留まっていたのです。

（7）「謎の五世紀」とは、朝鮮半島における高句麗（その下の新羅）と倭（その下の百済）との対立であった

この後にお話しいたしますように、より南下してまいりました高句麗と戦ったときに、「金官王＝倭王」でありました百済宰相の武内宿禰が朝鮮で死亡（四〇七年）してしまったのかもしれません。

＊高句麗の広開土王碑に同王の十四年（四〇五）に記されております「倭不軌侵入帯方界」とございますときの、帯方のところまで攻め込んでまいりました倭王とは、その年代から考えますと、金官伽羅「5伊尸品王＝武内宿禰」のことであったからな

のです。

それに、この頃のことを記しました日本列島におけます豪族の系図の上でも、ちゃんと、秦氏（珍＝ウツ＝内氏）は武内（ウチ＝ウツ）宿禰の子孫となっているではありませんか。

この点、朝鮮史と日本紀とでピッタリ息が合っているところを見せつけてくれているのです。

なお、この武内宿禰のモデルの金官国5伊尸品（イツプム）の二代後の、7吹希（ふき）という王も秦氏の弓月君のモデルだったのであり、この人の名の中にも同じく「弓月＝ウヅ」が入っておりますので、この王もまた秦氏の「ウツ氏」の出自を表していたことが、アナタにもお判りになっていただけたことと存じます。

そういたしますと、国鉄（JR）奈良線に、可哀想にも南北真っ二つに分断されております奈良県下の巨大な椿井（つばい）大塚古墳は、敢えて言うならば、土地柄からも考えまして、時として百済の間接支配下で、木津川などのこの辺りの河川の運行を支配しておりました「秦氏（ウツ＝ウチ）」系の「金官（倭）国王」の陵であった可能性が大だったのです。

＊または、この南朝系の三角縁神獣鏡の出土から、南朝に遣使いたしました「東倭＝トンワ＝丹波」の一族の畿内への侵入（一五3）があったということも考えられなくもありません（二5）。尚、椿井大塚古墳から出土している、いわゆる「三角縁神獣鏡」は、北朝の魏より下賜された邪馬臺国の卑彌呼の鏡とは何らの縁もゆかりもなかったのです。何故ならば、この鏡は中国の南朝の「呉」の工人が日本列島で造った鏡だったからなのです。その理由につきましては、景初四年の「三角縁盤龍鏡」（または「三角縁龍虎鏡」）の銘文との関係で、九1を必ずご覧下さい。つまり、これらの鏡は卑彌呼の遣使した北朝の魏から下賜された鏡とは全く縁もゆかりもない鏡だったのですから（一五4）。但し、邪馬臺国自体は、壱与が西都原から対馬経由で大和・纏向に入っております（既に三角縁神獣鏡の存在していたところに、後から侵入いたしまして）ので、関係が全くない訳ではございませんが、少なくとも卑彌呼と三角縁神獣鏡とは直接の関係はなかったのです。

先に、右の古墳が、秦氏「系」のものではないのかと申しましたのは、かつてこの辺りを支配しておりました「春日＝和邇氏」の祖先のものであった可能性もあるからなのです（蟹満寺。七4ノ41）。

そして、ここが日本列島に渡来してからの「秦氏の主要な移動ルート」（九州豊国・日出・ヒヂ→出雲→丹後・ヒヂ・藤祭〔→安芸・ヒヂ〕→山背・京・「アオイ・葵祭り」→宇治・ウヅ→伊勢→そして東国への亡命）上に位置しておりまして、その途中の宇治であるということも、とても大切なことだったのです。

と申しますのも、山背の秦氏と伊勢とは、その商売上も密接な関係があったのです。

＊伊勢は、京で秦氏が作った絹織物の、東国への売買の「船のルート」の出発地でした。

それに「古来」の秦氏とも申せます弥生民の祖神のサルタヒコ神は、伊勢神宮が造られる前からそこにおりました先来の神でもあったからなのです。

＊今は、サルタヒコ神は「海の底」に沈め（鎮め）られてしまいまして、そこでブクブク泡を出しております（『古事記』）。八4。

さて、百済では兄の22文周王（24仁賢大王のモデル）と別れて倭（日本列島又は南朝鮮の哆唎か）に行った弟琨支（こんき）（23顕宗大王のモデル）のそのまた子の24東城王（在位四七九～五〇一年、欽明大王のモデル）の四年（四八二）に、先程の、百済の真氏は兵官佐平に昇進しておりますので（「百済本紀」）、この頃（五世紀末）におきましても、いまだ百済に残った倭王（金官王）の子孫たちが、今や百済人と化し、その貴族として残り、その子孫の「真氏＝木氏」は、この頃でも百済の内外の軍の統帥権を有するという実力を備え要職にあったことが判るからなのです。

古代史のキーポイントの一つは、間違いなく秦氏や蘇我氏や平群氏の祖であるところの、この武内宿禰だったのです。

ですから、この武内宿禰から分かれました子孫の氏を見ますと、そこには「秦氏＋蘇我氏（金官）」＝南下して金官伽羅に入った秦氏ということも暗示されていたことが判るのです。逆に、この人（合成人間）のことが判らないと古代の歴史は何も判らないのと同じなのです。

武内宿禰のモデルは金官5伊尸品王（木協満致）であり、三四六年から四〇七年まで「金官・倭」の王位に就いておりました。

ということは、この人が在位したとされております期間は、丁度、百済が初めて建国され、扶余から南下して独立（七4）いたしました百済13近肖古王（平安紀での崇神大王のモデル）の時代から、14近仇首王（垂仁大王のモデル）、15枕流王、16辰斯王（景行大王のモデル）、17阿莘（華）王（成務大王のモデル）、18腆支王（仲哀大王のモデル。在位四〇五～四二〇年）までの長い期間に相当いたしますので、実は、一言で申しますとこの間の百済は、金官（倭）「木氏＝真氏＝紀氏」の一族の庇護下（または、少なくとも軍事的協力体制）にあったとも言えるのです（一時期は力関係の逆転もございました）。

つまり、早い話が、この頃は百済は倭（金官）への「居候」に近い状態が長いこと続いていたのです。

＊つまり、日本紀では、この武内宿禰の長い存在期間は、前述のように、臣下にまで下げられてしまって（平安日本紀（現行）で消されてしまう前の奈良紀では大王としての系図は「一3ノ1②＋武内宿禰＋一3ノ1④」へと続いていたのです）記されております。

金官（倭）王の武内宿禰が百済の宰相（王）でありましたことにつきましては、先程、申し上げました。

そして、その後の朝鮮半島におきましては、地政学的には「百済＋金官（倭）」のグループと「高句麗＋新羅」のグループとの両陣営の対立の五世紀が長く続くことになるのです。そのラストの新羅解放は、前述の「紀生磐＝倭王武＝雄略大王」の高句麗との戦いだったのです。そして、これこそが、所謂「倭の五王」と「謎の五世紀」の真相だったのです。

ですから神功皇后（モデルは百済18腆支王妃の八須夫人）のいわゆる「新羅出兵」とは、当時の新羅は高句麗の占領下にありましたので、これは実質的には倭（金官）と高句麗との戦いがモデル――新羅の回復のため――でもあった訳なのです。

このように、後世に改竄されてしまっている朝鮮史（『三国史記』）などにおいては、ステレオタイプに、あたかも「百済」対「新羅」の対立であったかのように記されていることも、ことこの謎の五世紀におきましては、その実質はそうではなく、「倭（金官）」対「高句麗」の対立であったということを見抜き、かつ、そのように遡って朝鮮の歴史を書き替えてやらなければ、アナタには嘘で固めた古代の朝鮮史が何も判らないのと同じことだったのです。

＊このように、「謎の五世紀」の「謎」は、日本列島の部分の倭だけではなく、本体でもある朝鮮半島部分の倭、更には百済、新羅につきましても、皆「謎」だったのです。

さて、そう解してまいりますと、「倭と高句麗が戦った」と記してあります金石文の「広開土王碑」の内容とも、この私の考えは物の見事に合致して来るではありませんか。いかが！（考古学上の「金石文」＝私の考えとピタリと同じ）

このように古代の海峡国家の倭と朝鮮半島の百済とは、この時期には人的にも密接不可分な関係にあったと言えるのです。

この高句麗広開土王の碑文（四一四年に子の長寿王が建立）の示しております朝鮮半島の広域で高句麗と海峡国家の倭（当時の盟主は金官伽羅、つまり後の蘇我氏や紀氏）とが戦いました時期（辛卯。三九一～四〇八年。「倭の五王」の直前から前半）につきまして、日朝両国におけるその頃の王を比較してみますと次のようになります。いわゆる「謎の五世紀」における「倭の正体」が段々とアナタにも見えてまいりますよ。

・高句麗では19広開土王（三九二～四一三年）、20長寿王（巨璉四一三～四九一年）

・百済では、17阿莘（華）王（三九二～四〇五年）、18腆支王（四〇五～四二〇年）

・金官伽羅（倭）では、5伊尸品王（三四六～四〇七年。「武内宿禰＝木協満致」のモデル）、6坐知王（金叱。四〇七～四二一年。葛城襲津彦のモデル）、7吹希王（叱嘉。四二一～四五一年。秦弓月君のモデル。「百済19久爾辛王＝進思」の女である仁徳の夫。倭の五王の「讃」の夫）

＊序でながら、この後に、「倭の五王」の珍（四四三年以前に没。菟道稚郎子のモデル）、済（四六〇年没。反正大王のモデル）、興（四七七年没。安康大王のモデル）、武（最後に『梁書』に現れますのが五〇二年。雄略大王のモデル＝紀生磐のモデル）が続くことになります。

これこそが、主として海路により当時帯方郡（但し、遼東近く辺りまでも攻め込んで高句麗と戦い、そして高句麗を北（平壌）へ追い返しました「倭の正体」だったのです。

・新羅では、末仇（ばっきゅう）（又は、末仇（みきゅう））角干とその子の17奈勿（なこつ）（那密＝太陽）王（三五六～四〇二年。実質新羅初代王）

・日本紀（歴史物語）上では、11垂仁大王（百済実質二代王の14近仇首王［三七五～三八四年］がモデル）の妃となった狭穂姫の兄の狭穂彦（三1）のモデルは、新羅末仇王子であり、その子が右の新羅実質初代王の17奈勿であり、右の末仇の兄が新羅（当時は金官）13味鄒王（二六二～二八四年。丹波道主のモデル）

＊日本紀や朝鮮史の物語上での年代の数値は、大王系図合体により、真相とはズラされておりますのでご注意を。

更には、12景行大王（モデルは百済16辰斯王）、13成務大王（モデルは百済17阿莘王）、14仲哀大王（モデルは百済18腆支王。物部十市根も同一人）、15応神大王（モデルは百済19久爾辛王。物部胆咋も同一人）辺りがこれに相当いたします。

このように、本来、朝鮮史と倭（日本）史（より正確に申しますと、更には、満州にも目を転じ、この頃高句麗と対立しておりました五胡十六国の鮮卑の慕容氏［含む、燕］や中国南朝の宋、北朝の拓跋氏などの歴史をもここに加えるべきなのですが……）とは一体として分析しなければ何らの意義もないものであったのでありまして、そういたしますことにより、初めて広開土王の碑に描かれました「謎の五世紀」における満州・朝鮮半島での当時の国際情勢というものが、アナタの頭の中にも一発で入り易くなってくること請け合いです。

＊更に、この時代を紀氏（金官王＝蘇我氏）を中心に見てみますと、三九一年に倭が渡海し百残・伽羅・新羅を臣民とし（広開土王碑文）、三九二年には紀角宿禰（きのつぬ）（「紀生磐＝倭の五王の武＝21雄略」の曾祖父。紀小弓の祖父）が百済に遣わされ、16辰斯王（12景行のモデル）を殺し、17阿莘王（13成務のモデル）を王位に就け、又新羅17奈勿王（実質初代王。三五六～四〇二年）の子の未斯欣を倭に質として出させていたのです。この後、四〇四年には、倭は朝鮮半島を海路北上し、帯方界にまで攻め入っております（同碑文）。

この頃の金官（倭）王は、5伊尸品王（武内宿禰や木満致のモデル。三四六～四〇七年）か6坐知王（葛城襲津彦のモデル。四〇七～四二一年）であったのです。尚、「倭王武＝21雄略」の正体は、「紀生磐＝金官8銍知王（ナツ）（四五一～四九二年）」又は金官9鉗知王（カチ）（四九二～五二一年）であったのです。多分、後者でしょう。

第三章　天皇系図は金官国（倭国）系図と百済・扶余系図との合体

1、原・新羅の成立——狭穂彦の乱の隠蔽

(1) 彦坐と彦湯産隅は同一人物

奈良朝ないしは主として平安朝の日本紀では、共に先程の「金官＝倭」国の内部での分裂——つまり「新羅の金官（倭国）からの独立」＝「狭穂彦の乱」の真相——を隠してしまうと共に、更に日本列島内での亡命民と支配民（これまた、先渡来の亡命民なのですが）との民族の対立を融和するために、七五〇～七七〇年頃から始まった百済系亡命民による「平安クーデター」（二六、三〇1、2）により、正史における「倭国というものの抹消」、つまり、征服された「倭国＝金官・安羅」王系図（A）と、征服した方の「扶余・百済系」の本国の王系図（B）の二つの王系図を切り刻んでから一つに合体するという手法によりまして、後世にその真相が判らないようにしてしまっていたからなのです。

つまり、「A＋B」と日本紀上で合体されてしまいましたところのある部分の「祖父・父・子」の三代をピックアップいたしまして、分析してみますと、

A・征服された側の金官系列の「金官・居登・郁甫王＝9開化のモデル」（祖父レベル）、「金官・仇道王子＝日子坐のモデル」（父レベル。ヒコ・イマスとヒコ・ユムスミは、元来同一人だったのです。後述）、「金官・新羅13味鄒（みち）王＝丹波道主（たにはのみちぬし）のモデル」（子・兄レベル）、「金官・未仇王子＝狭穂彦のモデル」（子・弟レベル。二8）

へと連なる倭王の系図上のその同じ部分上に、次のB・征服した側（倭王の系図を抹消した側）の扶余系列の「百済13近肖古王＝10崇神天皇のモデル」（祖父レベル）、「百済14近仇首王＝11垂仁天皇のモデル」（父レベル）、「百済16辰斯王＝12景行天皇のモデル」（子レベル）、

つまり、AとBのそれぞれの、「父なら父」「子なら子」のレベル相互におきまして、日本紀上では金官（倭）王系図Aと牧民の出である百済王の系図Bとを「大王家との婚姻＝民族融和」という形で「ABの系図を合体」させてしまっていることが判って来る

のです。

＊右のイコールの印から下の部分は朝鮮史から「翻訳」された日本紀上での同一人物です。

このように朝鮮史を介して考えまして、初めて日本の天皇系図の改竄が明るみに出て来るのです。

では、右の点につき、もう少し詳しくお勉強したいと望んでおられるアナタのために、より具体的に、「大王系図合体」による偽造の例をお話しいたしましょう。

日本紀と古事記とを「分析」かつ「総合」いたしますと、

イ、丹波道主王は開化大王の子孫であり、彦坐の子である（『日本紀』垂仁五年十月割注）

ロ、丹波道主王は彦湯産隅の子（同割注の一云）

ハ、彦湯産隅は9開化大王と丹波の竹野媛との間の子（『古事記』開化条）

となってまいります。

そういたしますと、イ、ロ、ハの最大公約数といたしまして「彦坐」と「彦湯産隅」、つまり「イマス」と「ユムスミ」は共に丹波道主の父であり、かつ、開化と竹野媛との間の子ということになりまして、よって、この「イマス＝Imasu」と「ユムス・ミ＝Yumusu-mi」は、実は、同一人物であったということになって来てしまうのです（それに、ユムスとイマスとは、このように「音」もよく似ておりますよフフフ）。

但し、日本紀のみならず旧事紀も、この両者を異母兄弟（「彦湯産隅＝彦蒋簀」の母は竹野媛、彦坐王の母は姥津媛）としております。

そして、この竹野媛の父は旦波の大縣主の由碁理（湯切。『旧事本紀』白河家三十巻本、天皇本紀、開化）なのですから、本来の金官伽羅（倭）系の大王系図におきましては、「ユゴリ↓タカノ媛↓ユムスミ↓丹波道主」――このユゴリやユムスミの名に現れております「湯＝ユ」とは、金属を熱して溶かした「湯」を意味しておりました（伽耶の鉄民・銅民）――という風に、その金官王家の系図が続いておりましたところに、後から、侵入者の百済・扶余系の「崇神大王・垂仁大王」の系図を「結婚」という形（しかも史実とは逆に「倭王家―皇后妃側―女」が「征服者―百済王側―男」に結婚で入るという通常の結婚の形にしてしまっております）をとりまして合体させてしまっていたのです。

＊このように、アナタは、『日本紀』と『古事記』との分析・比較からも、天皇系図改竄・合体の真相を極めることも可能だったのです。

つまり、ちょっと難しくなりますが、この点の系図操作を、更にもう少し正確に申し上げておきますと、開化大王と竹野媛との間の子の（A）比古由牟須美（日本紀「彦湯産隅」）という、本来、金官王家の一人の王を、開化大王と意祁都比売（姥津媛）との間の子の（B）日子坐の王（日本紀「彦坐王」）という臣下の人間とに主従の形に「二分」してしまい（こういうことは、天皇家の「十八番＝オハコ」です）、次に、（A）ユムスミの子でありました（a）丹波道主王（垂仁紀五年十月割注の一云のみ記す）という一人の人間をも、（B）イマスと息長水依比売との間の子の（b）丹波比古多多須美知宇斯王（日本紀「丹波道主」）という人間とに二分してしまい、この（b）と丹波河上摩須郎女（本来は、この女はaの妻だった人です）との間の子の比婆須比売（日本紀「日葉酢媛」）をも、百済・扶余系の11垂仁大王（そのモデルは百済・実質二代王14近仇首王です）と結婚させるという形で、平安紀がモデルとした百済創生期の王系図と倭（金官）の王系図の二つの大王系図を合体させてしまっていたのです。

このように（A）ユムスミと（B）イマスとは本来同一人であったのでございまして、同じく（a）「一云」のミチヌシと（b）「本文」のミチヌシとも本来同一人であったことが判ってまいります。

＊大王（天皇）系図は全て、右に一例をアナタにお示しいたしましたような分析を経なければ、学問として甚だ不完全なものだったのです。この一番大切な点をアカデミズムではアンタッチャブル（神聖不可侵）として、今まで怠っていたのです。

そして更に、この舞台は、実は、本来は、次に述べますように、四世紀の伯済（百済）建国の頃の、朝鮮半島での百済と金官（倭）とのお話がそのモデルだったのです。

因みに、丹波道主のモデルは、金官伽羅の金味鄒王であり、その弟の狭穂彦（妹の狭穂姫の方は、「垂仁大王＝そのモデルは実質・百済第二代王である14近仇首王」の妃とされております）のモデルは、金官伽羅王子の末仇でして、金官伽羅から北の辰韓の地へ、後に亡命し、扶余系や秦氏の残留者と協力して新羅を建国し、同じ倭人の金官金氏から慶州金氏と化した人間だったのでございまして、この人の子が「実質・新羅初代王」である17奈勿王（三五六～四〇二年）だった、ということにつきましては既に申し上げました（一5、8）。

そういたしますと、これは、正に、百済（はくさい）建国の頃のお話であったのみならず、新羅（しろ）建国の頃の朝鮮半島におけるお話でもあったということが判ってまいります。

さて、そういう前提に立ちまして、この辺りの天皇系図を再び眺めてみますと、次のことがアナタにも見えてまいります。

「倭王＝金官王」家の「本来」の彦坐（ひこいます）Bという人の系図上の運命は、百済系大王家から「四道将軍」として丹波に派遣されて、この玖賀耳御笠（くがみみのみかさ）を殺して征服（『古事記』崇神条）した「某人」に、大王系図上では、その名を奪われてしまう（または、「名を交換」されてしまう）と共に、その結果、その子の丹波道主bも、その名を奪い取って彦坐になり代わった「新・彦坐」の子とされてしまっていた、ということが判って来るのです（つまり、親子のセットで名を奪われてしまっていた）。

このように、平安日本紀での大王（天皇）系図作成の際、「倭＝金官伽羅・安羅」家を征服した（形にしてしまった）百済王家は、大王系図上に小細工し、史実とは「逆に」、崇神・垂仁の大王家（百済系）へ、「丹後の金官伽羅系の女の方から、天皇家へと結婚によって入る」という形にして両系図を合体した大王系図・物語にしてしまっていたのです（尚、「倭王＝安羅王」家と百済王家との系図合体につきましては、二〇2）。

この頃、海峡国家の倭を支配下（または、正史上そういう形にしてしまった）におきました亡命百済王家は、このようにいたしまして、倭国の大王系図を、自らの百済王系図をモデルにして作った大王系図の中へと「取り込んでいってしまった」のだ、という風にアナタは分析しなければいけなかったのです。

2、金官（倭）国による畿内の秦王国の支配

さて、「異なる王朝」の系図の挿入は、これだけに留まりません。

先述の挿入大王系図一3ノ1④のいわゆる「倭の五王」の系図（一3、二1、8、三1）も、これまた、純粋には平安紀（平安朝に百済系天皇家で改竄された日本紀）の基（モデル）ともなりました扶余・百済系の遊牧民の大王系図とは言えない、別に存在していた大王の系図の挿入だったからなのです。

この頃は金官と百済の力関係が拮抗しておりまして（かつて朝鮮半島を南下した扶余王依羅の百済建国に金官伽羅の5伊尸品王〔武内宿禰〕らが協力した頃〔二8〕とは全く異なって、百済が建国後に吸収した中国文明と財の蓄積により段々と力を付けてきておりました。場合により、後世の平安紀における天皇系図作成上だけのことだったのかもしれませんが）、既に、実質的には扶余系や秦氏が南下して入っていた「金官＝倭国」は、時として百済の支配下にあったともいえたからだったのです（一五3）。一見、単一民族に近い我々日本人には気が付きにくいことなのですが、このように、当時の倭は非常にコスモポリタンの複合民族国家であったということにアナタも早く気が付く必要があるのです。

とはいえ、あくまでも金官王は、倭王（主として金官王・安羅王など）連合の盟主といたしまして、海峡国家であるところの南鮮と九州とに跨った「倭国」を支配いたしますとともに、更に、畿内の「毛人＝苗族」（呉越のボート・ピープルの末裔、より古くは、殷の亡命民の末裔〔弥生民の走り〕をも含む）の「秦王国」をも間接的に支配いたしまして、その税収をも国家の財源としていたからなのです。

＊この畿内の地域は、国際法上は対中国への外交権・貿易権を持たない秦氏を王としサルタヒコを祖神といたします、かつての銅鐸の「弥生の水耕民の国」（先来の秦氏）の末裔でした。

因みに、サルタヒコが秦氏の祖神であることは、その名の中（分析）からも読み解けることであったのです。

と申しますのも、古代朝鮮語で「矢」のことを「サル＝sal」とも申しましたので（「王＝サル」でもございます。別述）、そういたしますと「サルタヒコ＝猿田彦＝矢田彦」ですので、「矢田＝八田＝ハタ」ということで秦氏へとも繋がっていたからなのです。

この点は、日本紀におきますように、古くは「一矢」のことを「一発（ひれさ）」（綏靖即位前紀十一月）と表現しておりますので、この「サ」も「矢＝サル」の名残（訛り）であったということに、アナタもお気付きになられる筈です。

3、何故「倭の五王」の系図が天皇系図に入ったのか

では、これら挿入大王系図一3ノ1④の「倭の五王」が、異質である筈の百済系（牧民系）の平安日本紀の「歴史物語」の王系図上に何故登場出来たのか、ということにつきまして、これからお話しいたしましょう。

それは、秦帝国の圧政から亡命し、楽浪経由で秦韓から金官へと朝鮮半島を南下し、更に、日本列島へも渡来いたしました（一五3）秦氏及び実質的には「隠れ秦氏」ともいえる（二六）——秦氏から「妻と財力」とが入っておりましたところの——藤原氏、つまり「藤（とう）（唐＝トウ）原氏」四家の中の、主として「式家」などの唐・伽耶系と思われる人々（その根拠は、藤原鎌足のモデルの二分の一である郭務悰（かくむそう）のことを、ズバリ「唐務悰（とうむそう）」と記してある周鳳の『善隣国宝記』〔天智十年十一月条〕の記載からも類推出来ることだったのです。尚、六3。つまり、「藤（とう）氏の四分の一＝唐（とう）氏」でもあったのです）により、後になってから日本紀の作成・改竄の際に、「百済系天皇家」とこれらの秦氏の紛れ込んだ「伽耶系部族」との協和のために挿入された、藤原氏の本貫（含む秦氏）である朝鮮の伽耶王家（四1）の系図をも含んだところの「倭の五王」の系図だったからなのです。

＊秦氏には、この自称秦氏の満州・扶余の地域からの亡命民をも含めまして、少なくとも二系統（先来の秦氏は、遡れば究極的には秦帝国の亡民ということになります）があり、これは「後来の秦氏」の方です。これに対しては、もう一つの「先来の古い秦氏」がおりまして、それは、秦が漢に滅ぼされた後の亡命先の南越からの、前者より古くからやってまいりましたところの日本列島への渡来民でありました、秦帝国の始皇帝の孫の「有秩（ウヅ）」などの亡命民の末裔であるサルタヒコに率いられた、その下部カーストの水耕民の苗族（田の草の人）・毛人（立毛＝稲立ち毛）、つまり「弥生人」などのことだったのです。弥生の水耕民のリーダーの中には、その祖先が漢人の祖の羌人（チベット高地の彷徨から、蜀の「三星堆」などに降りてきて、「遊牧民から農耕民に化した」漢人の祖先）にまで遡れる人々もおりました。

郭務悰将軍は、日本の正史たる平安日本紀では、占領軍司令官・執政官として絶大な権力を振るうことになっておりますものの、何とその出身国でございます筈の、朝鮮史にも中国史にも全然見当たらないという謎の人物なのですよ（これは怪しいぞ？ 八4。そのモデルは、新羅の金押実か）。

では次に、藤原氏の一部が伽耶の出自でありました理由をお話しいたしましょう。

中臣鎌足という名前自体の分析からも、朝鮮語で「鎌＝ナッ(nat)」であり、「足＝タリ＝王」ですから、これがナガ族（朴氏）の「ナッタリ＝ナッ王」のことを表していることが判ります（比自火につき、四1）。

ところで、古への金官伽羅（倭）連合には、第八代に銍知王（ナッ王。19允恭大王のモデル）という、これと全く同音の王がおりまして、その前に伽羅の一部、例えば昌寧伽耶（比自火）が百済に征服されておりますので（別述「七支刀の項」）、その伽耶のナッ王（四五一～四五二年）の末裔がやがて日本列島部分に亡命してまいりまして、中（＝朴）氏を名乗り、祭祀を担当し、それまでの最高神のニギハヤヒに替えてアマテラスを作り出し、鎌足と化して藤原四家の中に紛れ込んでおりました可能性も否定出来ないからなのです。この頃は倭（伽耶）の連合国の王・祭司を昌寧（比自火）伽耶からも出していたのかもしれません。

尚、ひょっといたしますと、名草戸畔の末裔である紀氏（木氏＝鬼氏。更には、紀伊半島の九鬼氏。百済・真氏。この一族は、朝鮮から更に南西中国の「貴州＝昔の鬼州」へとも、その出自を遡ることの出来る伽耶系の人々なのです）系の氏族も、藤原一族との深い繋がり（銘文のある「人物画像鏡」のございます待乳〔真土＝マツチ〕の隅田八幡から恩知神社へ、更には奈良の春日大社から茨城の鹿島神宮〔近くの多生神社の祭神を藤原氏が乗っ取って、これが春日風鹿島へと発展・変化しております〕へと祖神が変遷しております。別述）がございますことから考えましても、藤原四家を構成しているその中の一つの部族に潜り込んでいるものと考えられます。

尚ここで右の鹿島神宮が藤原氏に乗っとられたということの証拠をアナタにお示ししておきたいと存じます。

「兒・建甕槌之男神……今坐常陸国鹿嶋大神即石上布都大神是也」（『先代旧事本紀』十巻本「陰陽本紀」。三十巻本の男武神雷男も、ほぼ同旨です）

――兒のタケミカツチノヲノカミ、今、常陸国の鹿嶋に坐す大神即ち、石上布都大神是なり。

＊エッ、鹿島神宮は物部氏の神社だったの！

それに、奈良県天理市の「石上神宮の布留大神＝ニギハヤヒと同体＝宇麻志麻治が父饒速日が降臨のときに天津御祖から賜った十種の宝（瀛津鏡、辺津鏡、八握剣等）の神気」なのですから（一五3）。

但し、石上神宮の他の二神の「布津＝平国之剣」や「布津斯」とは、似たような名前ですので混同なさらないで下さい。

右のように鹿島神宮（常陸国の主神）には、物部氏の祖神が本来祀られておりましたことが判るのです。但し、『常陸国風土記』では武甕の名は抹殺されてしまっております。

つまり、『古語拾遺』では「タケミカツチノ命を香島の神、フツヌシノ命を香取の神」としているのです。ところが「此より以西に高来の里あり……天より降り来ませる神の名を普都の大神といふ」（『常陸国風土記』信太郡高来の里）とございまして、この辺りに物部氏が奉斎いたします「フツノ大神＝フツヌシ」が鎮座しておりましたことが判るのです（改竄の証拠）。

実は、このことは、筑波（つくは）命が物部氏でございますことからも、ごく自然なことだったのです。更に「物部河内と物部会津らが……申請し、筑波郡・茨城郡の二百戸を割き、信太郡を置いた」（『釈日本紀』所引『常陸国風土記逸文』白雉四年（六五三））というところからも、アナタにも頷いていただける筈です。このように、古くは物部氏の神であった（または、元は、近くの多氏の「大生神社」）にも拘わらず、朝廷と藤原氏に乗っとられて、いわゆる「春日風」鹿島となってしまったということがお判りいただけたことと存じます。

＊物部氏も多（おほ）氏も、共にニギハヤヒを祖神とする一族であることに考え至りますならば、「古くは鹿島神宮の祭神がニギハヤヒであったこと」及び「元鹿島が近くの大生（おほ）神社であったこと」はアナタ、一発でお判りになられる筈です（装飾古墳の九州から東日本（関東・東北）への移動とも、この多氏の移動は関連しておりました）。太古は、要石（かなめ）＝鯰（なまず）＝ミャンマ衆＝渡来毛人。

さて、このように、藤原四家をはじめといたしまして、一見、一つの独立した部族のように思われておりますその中には、歴史的には幾つもの部族が重畳的に混入しており、今日我々が見る氏族の姿は、単なる「最終形態」の部族の姿に過ぎなかったのだ——その部族が生き残るためには、時の権力者の歴史改竄（取りも直さず、祖先の神々の系図を提出し改竄されてしまうこと）に妥協・迎合し、またある場合には離合集散せざる得なかった——ということを、十分にアナタは知らなくてはいけなかったのです。

基本とされました扶余・百済系王系図に、金官王系図が挿入された理由とはそういうことだったのですが、では挿入大王系図一3ノ1④のところで述べましたように、「倭の五王」を挿入してしまったがために、どのように百済系図を基とした天皇系図が、現行平安日本紀のように「変容」してしまったのかという結果につきましては、後にまた、詳しく述べることにいたしたいと思います（一九）。

4、仁徳天皇は百済王の久爾辛の娘

（1）秦氏の「弓月君＝ウヅ王＝融通王」のモデルは金官・吹希王——仁徳が女帝であったことの証拠

それに、仁徳天皇は女だったのですよ。「エッ」と驚かないで下さい。それにはちゃんとした理由（わけ）があったのですから。アナタが今までそのことに気が付かなかっただけのことだったのです。

と申しますのは、百済・久爾辛王（応神大王のモデル）の娘たる「仁徳＝讃」（これは「倭の五王」の最初の人）の夫とは、どういう素性の人であったのかと申しますと、それは金官・吹希王（日本紀の秦氏の「弓月君＝ウヅ王＝融通王」のモデル）と同一人だったからなのです（二―8）。

つまり、一言で申しますと、この頃、百済王久爾辛の娘が、百済から金官（倭）国の吹希王のところに王妃として嫁いで来ておりまして、このことをそのまま日本紀上の表現に直して申し上げますと、応神の娘――日本紀上では女から男に改竄されてしまってはおりますが――の仁徳が、秦氏の弓月君の妃として嫁いで来ていたということになっていたからなのです（五2、3、一九3、4）。

仁徳大王が女だなんて、そんな根拠の無いことを言うなよ、とアナタが仰りたいのはよーく判ります。では、私こと古代探偵がその確実な証拠をアナタにだけそっと耳打ちして教えて差し上げましょう。

実は、吹希王が秦の弓月君と同一人であり、その妃が仁徳だったのであり、かつ、百済王・久爾辛（応神大王のモデル）の女であったということは、次の朝鮮の史書からも、言うまでもなく自明過ぎることだったのです。

「王妃　思進角干　女　仁徳」（『三国遺事』掲載の金官知州事所撰『駕洛国記』吹希王条）

――金官伽羅国7吹希王（叱嘉＝エチキ＝ユヅキ＝弓月君）の妃は、百済19久爾辛王（思進）の女の仁徳である。

どうです、「思進（シン）＝久爾辛（シン）王」のことなのですから、そのものズバリでしょ。凄い証拠ですよね。誰も文句の付けようがありませんや。この朝鮮史には「仁徳」という固有名詞までもがちゃんと飛び出して来ておりますからね。この証拠で、私の考えは、何人といえども、たとえそれがアカデミズムの巨匠でございましても最早疑いようがございませんよね（五2）。この『駕洛国記』のたったの九文字でこの大問題の全てが決まりです。仁徳女の件は「これにて、一件落着～く」。序でに、これによって「吹希王＝ユヅキ＝弓月君」の点もスッキリされましたでしょ。

＊また、難波の東成郡の比売語曾社と高津宮（こうづ）（「蝦蟇行宮（かわづかりのみや）」孝徳紀、大化二年〔六四九〕九月）と仁徳大王との関連が言われておりますが、他方、この比売語曾社は新羅より渡来した「女」を祀る社とも言われておりまして、このように「難波―ヒメコソ―仁徳―女」という風にも繋がっていたことが判るからなのです。ひょっとすると、「ヒメコソと天日矛」は、後の「仁徳と秦弓月君（金官7吹希王）」とに対応したもの（モデルの一つ）であった可能性すらも考えられます。

天日槍が「韓国より渡りて宇頭川底（うつかわじり）に来到（きた）りて」（『播磨国風土記』揖保郡条）とありますことからも、天日矛と秦氏（内氏＝ウヅ氏）との関連が見られるからなのです。

また、天日矛は、物部氏（ニギハヤヒ系昔氏）の後を追うようにも行動しておりまして、昔氏との関連も見られるのです。

さて、この頃は前述のように、朝鮮半島の百済が既に南韓と九州の金官伽羅（倭）をも支配していたときもございまして、その金官（倭）が更に日本列島の畿内を中心とする古への秦王国（渡来して縄文人と闘い、かつ、混血していった華南系の「苗族＝毛人」の水耕民の国。但し、この弥生人も弥生の黎明期である殷の亡命民の頃は陸稲でした。別倭＝夷倭）を支配しているという、少なくとも「三重構造」だった（古代の日本列島は、実は、そんなに単純な構造〔縄文＋弥生〕などではなかったのですよ。二九4）のでありまして、この状況下におきまして、百済王の娘が金官（倭）を介して、畿内の秦王国（外交権・貿易権は持たないが、稲作と鉄によるゼネコンの金持ち国家）をも大王として支配していたのが、この仁徳女帝の真の姿だったのです。

という意味では、この仁徳女帝は、「百済—金官（倭）—秦王国」の夫々に関係していたキーポイントの位置にいたとも言えるのです。

そして、「その」秦氏の日本列島への渡来（このことは、秦氏のサルタヒコに率いられた「弥生人」の東方への拡散とはまた別です）と、その後の王都ないしは代表的な中心地の移動の一つのルート（前述）をオリエントに遡りまして一言でお示しいたしますと、その古来の秦氏の民族の「追っ立て」は、ユダヤ・イスラエル系の「セム人」↓中央アジア↓グレコ・バクトリア系の西戎↓匈奴とイスラムの勢力を避け、バタフシャン、ワハーン回廊、パミール高地を越え、更に、チベット高地の彷徨↓四川盆地への降下↓羌人の漢人化（九3、二3、1他）↓呂不韋の子の秦帝国始皇帝政（先述した「弥生人を率いて来た」先渡来のサルタヒコ系）↓（亡命）、ということになります。

次に今来の秦氏は、扶余↓朝鮮半島・秦韓の一部↓（高句麗の南下に追われて）その一部は屯田兵として金官へ↓豊国（日出＝臼杵の「ウス」は「ウヅ」。一部は大隅へ移住）↓出雲↓丹後（銚子塚古墳・浦嶋子伝説・網野神社境内の「蚕の社」、丹後の比治「藤祭り」）↓出雲大神（豊岡）↓山背（京都の木嶋坐神社・蚕の杜「元糺」、下鴨神社の糺の森）「葵祭り」↓伊勢↓（亡命）↓富士山麓（富士宮、富士吉田）などの東国へ、ということで、その主要な一族の移住の足跡をそこにハッキリと残してくれているのです。これら秦氏の移動のルート（二1）は、面白いことに、先渡来のサルタヒコの東国亡命・移動のルートの跡を追うように重なっているのです。

その中の豊国の例をお示しいたしますと、「豊前国戸籍帳」（正倉院、大宝二年（七〇二））の断片によりますと、何と「秦氏」と「……勝」とつく渡来系の人々だけで、豊前のその地域は七〇〜八〇パーセントも占められております（二5。この人々の屯田兵としての大隅への侵攻と、そこでの「郷名」につき、別述）。

因みに、この秦氏の出自とも関連してまいります古代中国の秦人（グレコ・バクトリア系ユダヤ人の出自）と漢（羌＝姜）人の両者は、共に鉄の力で周囲の国を征圧してきた民族なのでして、例えば、その末裔である西戎の羌（漢）系の「婼羌」は去胡来王（胡を去り来たりし王）と号し、蓄に従いて水草を追う遊牧民でありながらも「山に鉄ありて自ら兵を作る。兵に弓矛服刀剣甲有り」（『前漢書』九十六上巻）とありますように、その主体は鍛冶屋ですし、更に白蘭羌は吐谷渾の南西にあり「犀甲鉄鎧を献ず」

（『北史』九十六巻）とありますので、このように羌（漢）族と鉄とは古代において深い繋がりがあったのです。

＊但し、この羌（漢）族は遊牧であった頃とは異なり、定住したものは、後の中国人のように、周（オリエントの姫氏の出自）の影響（混血）を受け、鉄より青銅を重視するように変化してしまっておりましたので、アナタは今までこのことに気が付きにくかったのです（九3）。

5、四天王寺の下には蘇我馬子の祖先の墓があった

大阪の上町(うわまち)台地の「安羅王＝倭王」の墓を破壊し、祟らないようにその上に「荒(あら)墓寺」（後の「四天王寺」）のことをその当時はそう呼んでいたのです）を建立しておりますが、この四天王寺の下にある破壊されたアラ墓こそが、実は、「蘇我馬子＝聖徳太子」などとの金官系とも同族でありますところの倭王・安羅王の墓であったのです（御津寺(みつのてら)。大伴の三津。一八10）。

このように「荒王の墓＝アラ墓」とは、その発音通りの安羅（倭）王の墓を暗示してくれていたのです。

かようにいたしまして、日本紀は正直に「荒＝安羅」「荒墓＝安羅王・倭王の墓」であったことを、私たちへ教えていてくれてもいたのです。

＊上町台地が抹殺された倭王（特に大伴氏）の古墳銀座であったことについて、一八10、七8は、共にアナタ必読ですゾ。

この「荒墓の毀損」も倭国の痕跡の抹消の一連の動きの一つでもあったのです。

＊後に占領新羅軍が平城京を造るに際しての倭王の古墳の破壊については、七8。尚、新羅にも「四天王寺」のオリジナルである同名の寺がございますよ。

ついでながら、当時の日本列島における最新の「文明センター」でもありました大和の飛鳥・檜隈(ひのくま)の地を拠点いたしておりましたのは「東(やまと)ノ漢(あや)氏」でございまして、その出自は、実は、自称の中国の漢人の末裔などではなく、同じアヤ・アナ・アラでもこれは「アヤ＝安耶＝安羅＝アラ＝倭国」の倭人（このように、金官伽耶系の蘇我氏や安羅系の大伴氏も皆、海峡国家であった頃の倭人だったのです）のことであったのです（一五10）。そう考えてまいりますと、全てが自然に繋がって来るのです。

この点は「西(かわち)ノ漢(あや)氏＝近つ飛鳥＝河内」についても、それと同じことでして、ここ南河内の近つ飛鳥にも、かつては蘇我氏（金官伽羅王）や上宮太子（聖徳のモデル）や大伴氏（安羅王）などの倭王の拠点がございました。

そして、その河内、大和の両方のアヤヒト（アラ人）の拠点が、不思議なことに、ともに蘇我氏の拠点ともまたピッタリと重なっているのです。アナタは、これは何故だとお思いになりますか。

ということは蘇我氏と大伴氏は、同じ伽耶系というのみならず、見えない何か（赤い糸）で繋がっているようにも思えてならないのです。

このことは、共にその出自が、日本紀では「消されてしまった」倭人連合の倭王家の一員だったからなのでしょうか。

それとも、その奥にはもっともっと深い意味が隠されていたのでしょうか（かつて、「大化の改新」の前は「蘇我氏＝大伴氏」は一体で、共に倭王家でもございましたことにつき、七4）。

さて、仁徳女帝と神話との関係につきましても、ここで付加しておきましょう。神話上の海彦・山彦の母が木花咲耶姫でありましたことは、大山祇のモデルが百済王19久爾辛であり（更に古い時代のモデルは、扶余系のニギハヤヒ）、その女が仁徳であるところから考えますと（更に古い時代のモデルは、「ヒメタタライスズ＝卑彌呼」）、また、海彦ホスセリは金官・安羅の「海民系」、山彦ホホデミは扶余・高句麗・百済系の「遊牧狩猟民系」を表しており（更に古い時代のモデルは、「イワレヒコ＝神武大王」）、この百済王の女の仁徳は、金官（倭）7吹希王の妃となっておりますので、これらのことを総合して考えますと、この神話は「金官（倭）＋百済・扶余」の混血民の融合（但し、遊牧系優位の）ということを表していてくれたのです。

因みに、右の木花咲耶姫のことを木花開耶姫とも記しており、この「開耶＝カヤ＝伽耶」そのものの表示でもあったことが判ってまいりますと共に、更に、この同一人が吾田鹿葦津姫とも表されており、朝鮮語の「ラ行の音」は日本列島に入りますと「タ行の音」に訛りますことからも、この「吾田＝アタ」が本来は「アラ＝安羅」、又は、朝鮮半島南西部の干満の潮の差の激しい「多島海地域」のことで、安羅（倭）の王女を表していたことも判って来るからなのです。

＊ですから、吾田ノ笠沙ノ長屋というのは（神代の地名の「三セット」）、日本列島の鹿児島県のことではなく、朝鮮半島南部の安羅の王都・咸安のことを暗示していたのです。

という訳で、この「海彦山彦」の（作られた）神話は、百済と倭（金官・安羅）との王系図の合体と民族の融合（混血）――但し、百済・扶余系（山彦）優位の合同。現に、日本紀でも「山彦」が「海彦」に勝っておりますよ――ということを意味していたのです。

第四章　有名な貴族の故郷（本貫）は朝鮮半島だった

日本列島での主要な「支配者＝貴族」の殆どは、早いか遅いかの違いがあるにせよ、皆、渡来人だったのですよ（五7、二九1、5）。

特に、弥生人渡来のその後の紀元後におきましては、その殆どが満州や朝鮮半島からの渡来人でした。

ではここで、その証拠に、私たちが特に興味を覚える二、三の有力な豪族の故郷、つまり、朝鮮半島での本貫の地についても考えてみたいと思います。

＊但し、ここでは日本列島に渡来する直前の土地についてのみに限定し、それ以上遠くの、大陸における遥かなる移動の拠点にまでは、ここでは遡らないことにいたします。

1、藤原氏の本貫は南韓の「昌寧」伽耶

（1）藤原とは、朝鮮の故地の比自火を指していた——藤原氏

「藤原氏＝中臣氏（中＝ナガ＝蛇＝朴(バク)氏。倭人）」であり、その本貫は、朝鮮半島南部の比自火(ヒヂボル)（昌寧伽耶）だったからなのです（二7、一七1、三二）。

＊これは不斯国(ふし)（『魏志』辰韓条）に当たります（一八6）。藤原氏が「四族の合体」でありましたことにつきましては、別述。

「比自火＝ヒヂボル（古朝鮮での発音）＝フヂバル＝藤原」と繋がっていたのです。「火＝伐＝炑」の「ボル・バル＝日本列島でのハラ・原」は、本来「村・国」を表します古代朝鮮語の「プル」に由来しておりました。

その死に際しまして、大職冠が与えられました中臣氏の中心人物のモデルである唐人・鎌足（この人は、平安紀におきましては「新羅の金庾信(きんゆしん)」と「唐の百済将軍の郭務悰(とうかまそ)」〔その正体は新羅使の金押実など〕の二人の合体がそのモデルだとされてしまってはおりましたが、その前の奈良朝での奈良紀の段階におきましては、そのモデルはまだ前者の金庾信一人のみだった筈なのです〔二二1、六3、二五5〕。「鎌足＝ナッタリ」のモデルが、古への「金官＝倭」8銍(ナツ)知王に由来するものであったことにつき、前述、三

3）の天智八年（六六九年）における死に際しましては、天智天皇（この奈良朝におけます日本紀でのこの大王のモデルといたしましては、まだ新羅の太祖武烈王・金春秋一人のみだった筈です）から「藤原（フシハラ）という姓」を賜ったという物語にも、それなりのちゃんとした根拠があったのです。

つまり、「朝鮮の伽耶（倭）諸国を構成する小国の王の本貫の土地の名前」を、大王（天皇）は中臣鎌足に下賜していたことが判るからなのです。

この藤原氏の朝鮮半島での本貫の比自炑（ヒシボル・非火・ピボル・ヒシホ＝日出・比治・ヒヂ。二1、8、三4）は、日本紀上でも早くも三六九年に倭が新羅を攻めた段階で平定されております（神功紀四十九年（二四九年→二運加上により修正→三六九年）三月）。

＊この理由は、当時は比自火自体が「倭のメンバーの一員」でしたが、平安日本紀が書かれました頃には、倭は遡って日本列島のみの国との認識（天孫降臨思想）のもとに、朝鮮の比自火は外国ということにして「倭が攻めた」という表現になってしまったのです。

時代的には、この後、当時百済王子が王（但し、養子レベル）として治めておりました倭へ、百済より「七支刀」が与えられております（神功紀五十二年（二五二年→三七二年）九月十日。一八6）。

このとき以降、中臣氏の主たるメンバーは日本列島の分国に渡来するとともに（全ての伽耶各国が海峡国家でしたから）、その本拠を半島部より撤退させてしまったのです。

そのとき、その中氏（ナガ＝蛇。インド・アッサムのナガ族の出自。これも、インドの南部に逃げたドラヴィダ人と同じく、先支配民でありましたインダス人の一部）は、「朴氏＝榎本氏」として、まずはインドシナへ、そして沖縄へ、更に九州の豊国に定住したものと考えます（一九2）。そう考えてまいりますと、古への豊国では「ナガ」の付く地名が今日でも結構見出されるのも頷けます。

例えば、右の豊前（トヨノクニノミチノクチ）ノ国の京（みやこ）、つまり行橋（ゆくはし）の辺りが、古くは「伽耶（かや）ノ津」と呼ばれ、また、ここが「長峡（ながお）ノ県（あがた）」（景行紀十二年九月）とも呼ばれておりましたので、この京（みやこ）郡辺りは、かつて「ナガ族＝朴氏＝榎本氏」の領域であり、つまり、狗奴国のナガスネヒコ（ナグサトベがモデル）かその末裔が、豊（金官の母国）を、卑彌呼亡き後、支配しておりました時期もあったことを示していたのです（「ナガスネヒコ＝ナグサトベ」東征の前か）。

そして、この「伽耶＝カヤ・カナ・カラ」という名は、日本全国にも数多く見られるのです。

地名の「草＝カヤ」は尾張など畿内より東国でも見られまして、「尾張国草津渡三艘」（『太政官符』承和二年（八三五））などとも記され、この「草」が「カヤ」と読まれておりますところからも、ここが五条川と庄内川の合流地点の西、甚目寺町の古への萱津（かやつ）の一つのことであることが判るからなのです（伽耶＝倭）。

　という訳で、藤原の正体（一部）は、唐（藤）系の伽耶の「比自火＝ヒヂバル＝蛇」族である、海洋系要素をも持ち合わせました弥生人的な水耕民（蛇族）だったのです。

　この藤原氏の本貫である比自火は、「比利」「比子伐」「比斯伐」とも書かれております。

　と申しますのは、日本列島での神話上のヒヂ（日出、比治など）の地名――例えば、豊国・大分県の日出の真那井など――へとこのことは繋がってもいたのです（ヒヂ＝藤＝葛＝カル＝伽羅）。この辺は古い戸籍によりますと、圧倒的に秦氏（藤原式家）が多いのですよ（四4）。

　尚、「中臣＝藤原氏」が伽耶系であること（二一4）は、次のように、その名からも推測出来たのです。

「藤井＝葛井」と同じであり、また、「葛城＝カルラ・ギ＝カルラの邑・城（古代朝鮮語）＝伽羅の邑・城」ですので、よって「葛＝カルラ＝伽羅」を表し、ここから、「藤井＝葛井＝カルラ井＝伽羅井」ということにもなってまいります（一八4）。よってこのことからも「藤＝カラ＝韓（但し、唐ではない朝鮮のカラ・辛）」つまり、藤原氏＝伽耶原氏のことを指していた（伽葉原扶余も同源。仏教語）、という風に繋がって来るからなのです（平城京につきましては、七8）。

　このことは河内の藤井寺市藤井寺一丁目にございます、聖武天皇勅願（『葛井寺伝』。しかし真相は、かつては、この寺は渡来人の氏寺に過ぎませんでした）と言われております紫雲山藤井寺が、かつては葛井寺とも言われ、この寺が船氏（野中寺。銘文の仏有り。但し、真偽に争い有り）や津氏（善正寺）とも同族である葛井連によって建てられましたことからも「藤井＝葛井」であることが、当然のことですが、頷けるのです。

＊葛井連の一族は、百済王仁貞らの上表文（延暦九年〔七九〇〕七月）によりますと、王仁の末裔とされております。しかし、真相は、王辰爾の頃（六世紀中頃。欽明紀十四年〔五五三〕七月に見えます）の渡来人の末裔だったのです。

　更に、この王辰爾の子孫の氏寺であります藤井寺市の葛井寺の隣の氏神でもございます神社の名前が、何と！「辛国神社」と今日でも申しますところからも、実は、これらの人々が「韓国＝伽羅国」からやってまいりましたことを自ら証明していてくれたのです。

　刀身の棟に「上部先人□貴□刀」と金象嵌されました五～六世紀の円頭大刀は、昌寧伽耶の校洞一一号墳から出土したものですので、これも「藤原＝中臣」氏の朝鮮での本貫であった「昌寧＝比自火＝フシハラ」の刀であったのです。

　この「上部」とは、本来、遊牧民系の支配者の流れを汲む氏でして、当時、百済の王族か将軍が昌寧伽耶に入っていたことを表していたのです。この前の四～五世紀は、高句麗対「倭＋百済」とも言える時代で、百済とその庇護者たる「倭＝伽耶（金官伽羅とその下の安羅）など＝海峡国家」とは一体に近かったことが多かったからでもあったのです（その証拠は、高句麗「広開土王碑文」の分析。一八5）。

百済13近肖古王とその太子（後の14近仇首王）は、倭の協力を仰ぎ三万の兵力をもって北上し、平壌城を攻め、高句麗16故国原王（斯由＝釗）を殺すことが出来たのです。これは百済にとって兄弟（血縁）国家高句麗からの初めての実質的独立とも言えることだったのです（「百済本紀」近肖古王二十六年（三七一）冬。「高句麗本紀」故国原王四十一年（三七一）十月二十三日及び分注。「百済本紀」蓋鹵王十八年（四七二）「魏への上表文」）。この21蓋鹵王は、後に（四七五年）高句麗に殺されてしまいます。二8）。

さて、先程の藤井（伽羅井）につきましては、このように万葉の「藤原宮の御井の歌」の「……荒栲の藤井が原に……」（万葉集五二番）とあります「藤の井の原」より「藤原ノ宮」の名が付けられたという由来が判りますと共に、その前提ともなっております「藤井」とは「伽羅井＝辛井」のことでもあったことを指していたのです（この歌の「荒＝アラ」は、「倭＝安羅」の暗示であったのでしょうか）。

また、このことは和歌山県の日高川の近くの山の中に、早藤という地名が今日でもございますが、これを「ハイクス」つまり「早＝ハイ」「藤＝クス」と読んでいるところからも、先に申し上げましたように、古くは「藤＝クズ＝葛」、つまり「フヂ＝藤＝クズ＝葛＝カル＝伽羅」でもあったことを裏付けてくれていたのです。

また、同じく葛城が「カルラギ＝伽羅邑城」でありました証拠といたしましては、日子坐王の子に袁邪本王（沙本毘古王・沙本毘売の兄弟）がおりますが、この人の名が「葛野別の祖」とも記されると共に、更に、この同一人が、何と！「近つ淡海の蚊野の別（ワケ＝王）の祖」（『古事記』若倭根子日子大毘毘命・開化条）とも記されておりますところからも、ズバリ、「葛野別の祖＝蚊野別の祖」であったのであり、つまり「葛野＝蚊野」ということからも「蚊野＝カヤ＝伽耶＝葛野」つまり、「葛＝カル＝伽羅」ということを示していたことが明らかだからなのです。

このように、「カルラ＝藤＝フヂ＝ヒヂ」であるのみならず「葛＝カヤ＝カル＝伽羅」でもあり、かつ、「葛＝藤」ですので、これら本来の地名が皆「伽羅＝金官伽羅」を形容するものであったことが判るのです。

このように「藤＝伽羅」ということは必ずしも奇想天外の発想ではないのですよ。ですから、奥州の藤原氏の秀衡の「常居所」が「伽羅の御所」（『吾妻鑑』のいう平泉の舘の、そのまた南方の台地の上にありました。その西方の平地には無量光院の阿弥陀仏がございました）と呼ばれていたというのも、これは偶然とは申せ、単なる梵語の香木「多伽羅＝tagara」や褒め言葉に留まらず、藤原一族の祖先の出自をも表します、大変意味深なことだったのです。

序でに、秦氏や藤原氏（中心は、中臣＝ナガ族＝朴氏＝蛇族）

とは大変縁の深い、九州の豊国の豊日別王――豊日別皇子が襲（日向。今日の宮崎県と鹿児島県とを足したもの）の国造の始祖王でもありました（景行紀十三年五月）――のことにつきましては既に述べました（二1）。

では、次に、日本紀の中に現れております、藤原氏の祖先の記載を分析しまして、その出自を探ってみたいと思います。

イワレヒコ・磐余彦（神武大王）が東征の際、宇佐の菟狭津彦は、駅館川（やつかん）の上流に「一柱騰宮（あしひとつあがりのみや）」を造り、菟狭津媛（妻か妹か、兎も角その一族）を差し出しております。

イワレヒコは、勅を以ってこの菟狭津媛を自分の部下である侍臣（おもとまえつきみ）の天種子（あまのたねこ）に与え、その妻とさせております（神武即位前紀）。

この人は「中臣連の祖」天児屋（あまのこやね）の孫の天押雲の子（『釈日本紀』）とされておりまして（これは日本紀作成〔改竄〕のときに、「四族合同の氏族」であります藤原氏が、自分の祖先を神々の中枢に「巧みに売り込んで」こうなってしまったものだったのです）、この中臣氏の主流の本貫が何処であったのかと申しますと、それは、前述のように、朝鮮南部の洛東江の近くの「比自火」でありますので、中臣氏は、安羅伽耶国王の天日矛（奈良紀での神武のモデル）の日本列島東行に協力した、同じ伽耶系であり、かつて朝鮮半島におきましては「昌寧伽耶」（一八6）におりました「朴氏＝ナガ族」系の王であったことが判って来るのです（天日矛＋ナガ族。一五1、2、4）。

＊昌寧伽耶を表します「比自＝ヒヂ＝日出」の地名につき、別述、二一1など。

このことは、右のようにこの中臣氏の祖先である天種子の父の「押雲」という名の中に、伽耶の地を表す別の言葉でございます「押＝忍＝オシ＝大」という「大伽耶」を表す文字が入っていることからも判ることだったのです（二一5、一八7、一七1、一五10）。

2、菅原道真の本貫は伽耶の「蔚山」

(1)「クワバラ、クワバラ」は伽耶の故地の「屈火原」を指していた――菅原氏

無実の罪で太宰府へと流されて（「こちふかば匂ひおこせよ梅の花……」の歌を残して京を旅立ちました）、無念の涙のうちに、しかも病苦の中、九州の地で客死（九〇三年）いたしました天神様こと菅原道真の本貫につきましても、同じく南鮮の蔚山（ウルサン）（＝屈（ク）阿火（アボル））だったのです。

つまり菅原道真も、これまた、本来は伽耶（倭国）系の王族の末裔だったのです。

そう考えてまいりますと、冤罪の天神が祟って恐ろしいときに、道真を冤罪に陥れてしまった、征服者側の主として平安朝におけます百済系の貴族たちが、何故「クワバラ、クワバラ」と言って雷から逃げまわったのか、という理由も、実はこの金官の構成国

の一つの菅原（スガボル、スガ＝金、ボル＝地・国）氏の「出身地の名」（金官・金国）の屈阿火（クハボル）を叫んでいたその名の中に、その由来があったということだったのです。
という意味で、菅原道真こそは本来の「倭人＝金官人」の一族であったのです。

＊なお、大隅国の国分と桑原につき、一九2。

しかも、桑原とは菅原家の所領の地名でもあり、桑原氏は菅原道真の末裔でございますことからも、「クハバラ＝桑原＝道真」とちゃんと繋がっていたのです。更に、

「延長ノ霹靂(ヘキレキ)、其後度度雷ノ落チタリシ時、此桑原ニハ一度モ落チズ　鳴ル時ハ桑原・桑原ト云ヒテ、呪(ジュ)シケルナリ」（小野高尚『夏山雑談』寛保元年〔一七四一〕。『随筆大観』明治四十三年〔一九一〇〕掲載）

とございますように、古くから落雷は菅原道真の崇(たたり)だと信じられておりましたことは間違いありません（桑原には雷は一度も落ちなかったのは何故?）。

そしてこの屈阿火は、「火火乃弗」「弗又伐」「河曲」ともいわれておりまして（一〇2）、ここ朝鮮の地にも、何と大和と同名の「飛鳥山(アンスク)」（こちらが本家）があるのも、実に意味深なことだったのです。

屈阿火村のところには、かつて「東津」「虞風」の二県がございましたが、この県名の中の「東」と「風」が、何とはなしに、菅原道真代表歌の一つとも言えます、先程の「東風(こち)吹かば……」の歌の中に巧みに詠み込まれておりますところの「東」「風」の二つが、何となく気に懸かるところです。

それのみならず、これはあくまでも冗談としてお聞きいただきたいのですが、この朝鮮の「東風＝コチ」を、自らの「故地」と（故郷の東洋の風と）懸けていたのかもしれませんよ（エッ！マサカ）。

また、この近くに「林郎浦」がございましたが、これも蘇我入鹿が林太郎大臣と呼ばれましたその「林郎」との類似性が気になるところです。と申しますのも私の考えでは、蘇我氏は古への金官王家（倭王）そのものだったのですから。

序でながら、この蔚山の蔚（ウル・ウツ）も、「ウツ＝珍」ですから、秦氏の朝鮮半島南下を示す一つの地名遷移の流れかとも思われます。

また、それは、北方の同じ「ウツ」である、蔚珍(ウルチン)（ウツウル・ウルウル）の近くに、ちゃんと「ハダンの碑」（下塘）がございます（それに、今日に至りましても、ちゃんと下塘里(ハタンリ)、上塘里(サンタンリ)という行政区画が遺されておりますよ）ことからも、やはり、この蔚が、「朝鮮半島の東岸を南下」してまいりました秦（ハダ）氏の末裔と「称する一族」と関連のある地名であることが証拠付けられて来るのです。

更に、『甲辰年碑』の「波旦」の文字（蔚珍郡竹辺面鳳坪里）や蔚珍郡海曲県（遠南面徳新里）は、本(もと)高句麗の波旦(はたん)県（『三国史記』雑志・地理二・溟州）であったなどという記載は、これら

の証拠が皆、朝鮮半島における秦氏の南下の痕跡を示していてくれていたということにもなるのです。

と言う訳ですので、今日の桑原（クハボル）氏も、この天神様（菅原道真）と同じ流れの古への屈阿火村出身の一員だったのですよ。

尚、北野天神も太宰府の天満宮（菅原道真の埋葬はここではなく、安楽寺です）も皆、無実の罪に陥れられた道真の祟りを畏れて、その怨霊を封じ込めるために建てられたものだったのです。

一般に、特に丘や小山の上にある古代の寺や神社には、たいていそんな由来（先人の墓を暴いた跡に、その怨霊が祟って出てこないように、鎮魂のための重石（おもし）として神社等が建てられました）が多いのですよ（三〇2）。

土師（はじ）氏、大枝氏（本来この読みが「オオキ氏」であった可能性もあり、漢字では「枝＝エ＝江」ですので、いつの間にか、故意か過失か「キ」から「エ」へと、つまり「大江」とすりかえてしまっていることが判ります。そして、この氏の名は桓武天皇の母方の系列とも同じです）、大江広元、毛利元就などアナタのよくご存知の人々も、正史の六国史によれば皆同姓の分かれだったのでありまして、右の菅原氏とは同族の伽耶（安羅＝倭国）系の人々だったのです（八3）。

＊平安天皇家に対する平将門の乱と朝鮮の屈阿火（蔚山）との関係につき、七4ノ50参照。

3、神功皇后の本貫は「機張＝大良浦」

（1）神功皇后の息長は朝鮮の故地の「機張＝息長」を指していた――神功皇后（息長氏）

実は、この有名な女性（にしょう）（日本紀では武内宿禰との内縁・愛人関係が暗示されております）の本貫の地も朝鮮半島だったのですよ。

日本紀がそこで何回も、『魏志』を引用したりして一所懸命に卑彌呼になぞらえようと努力した（しかし、年代の読みを誤って失敗してしまいました）ところの、この神功皇后（息長足姫（おきながたらしひめ）＝そのモデルは百済腆支王妃・八須夫人（はっしゅ））の実家の息長氏の本貫も、同じく南鮮の伽耶の「息長＝キジャン＝機張」浦だったのです。

＊継体大王の出自が息長氏であるとの考えにつき、一一2。

しかも、更に決定的な証拠といたしましては、ここはかつての「足（たらし）＝大良（たら）」の地でもあり、この「タラシ」とは、正しくここ機張がかつての「大良浦」（『東国輿地勝覧』）でもあったからだったのです（一五10）。

更に、ここの機張県には甲火良（カバラ）谷という名の谷もございまして、これと北九州の香春（かわら）との類似が、私にはとても気になってしかたがないのです。

と申しますのも、この福岡県の香春銅山の「香春神社」の祭神の中の一柱であります、正にこの息長の名を冠しました「辛国（からくに）息長大姫大目命」（女神）は新羅から来た神（『豊前国風土記』逸文）であるとされているのみならず、何と、朝鮮での先述の甲火良が

「息長＝キジャン＝機張」と全く同じ場所であったからなのです。スゴイ！

そして、朝鮮の機張の甲火良谷の語源は、この谷が「険しい（kapalun＝カバル＝古代朝鮮語）谷」ということに由来することから付いた名だったからなのです。と申しますのも、この九州の息長氏を祀る香春神社は、元々は「険しい山の頂」に鎮座しておりましたものですから、その点でも正にその名の由来に両者共ピッタリだったからなのです。

この九州の香春、採銅所地方の鍛冶屋敷には、字名の「巌谷」が記されておりますし（『金子家文書』）、「台の地」より移った平屋根久右衛門という人がここを開墾して、「山神社」（大山祇、岩長姫、木花咲耶姫）を勧請して田畑を開いたとされております。

＊そう言えば、私が通いました目黒区の平塚幼稚園で、私の妹が祐天寺さんの息子さんとご一緒でしたが、その苗字が「巌谷氏」であったという記憶がございます。

このようにズバリ古朝鮮語の「巌谷＝険しい谷」は、同一の神の名と共に、この香春に存在していたのです。

この香春神社の宮司が代々秦氏の一派の赤染氏であったことも（七〇二年の戸籍帳でさえも、豊前国のこの地方では、渡来系の秦氏と勝系が、人口の七〜八割をも占めておりました。三4）、「伽耶と秦氏と豊国」との三者の深い関係（二8、三4）を思い起こさせると共に、アナタもよくご存知の、あの「炭鉱節」の「ミヤマ〜越え」の「三山」にございます（ですから、これは炭鉱のボタ山のことなどではなかったのですよ）、この三ノ岳の「現人神社」は、古くは大伽羅の王子である都怒我阿羅斯等（アラシト＝安羅人。崇神紀）を祭った神社であった可能性も高く、当時からこの香春神社の鎮座いたしますこの土地は、伽耶王、中でも特に「倭王＝安羅王」を祭り、大変コスモポリタンだったからなのです（一五1）。

「神功皇后＝息長足姫」が「安羅＝倭」の王女であったことは、①息長氏（「八色の姓」。天武十三年〔六八四〕十月の一三氏の真人）は羽田公と同じ出自であり、②羽田公は継体大王の曽祖父の意富富杼王の末裔であり、かつ、③「継体大王＝安羅王＝倭王＝大伴談」であることからも証明出来ることだったのです（「安羅＝倭＋秦氏」）。

因みに、記紀や『新撰姓氏録』を総合いたしますと、この真人一三氏の内の九氏もが安羅系であることが判って参ります。と言うことは、新羅占領軍は、それまでの倭の王家であった「安羅＝倭＝大伴氏系」の王族を貴族としてその支配下に取り込んで日本の列島の統治を行っていたということが判明したと言えるのです（八4、七4）。

それに加えまして、住吉大神を、住吉大社で「高天原」とも言われております「五所御前」（ここに住吉大神が顕現いたしました）に祀りましたのが神功皇后とされ（『帝王編年記』神功皇后摂政十一年〔二一一〕辛卯の年。二運加上していたとして三三一年、三運加上では四二一年となります）、この女性が前述のように朝鮮半島南部の「倭＝伽耶」の「機張（キジャン）＝息長」の王女だったことから住吉大神が本来「安羅＝倭＝大伴氏」の神であったということが判って来るのです。

もし、この「卯之葉（空木（うつき）の小枝）神事」と京都上賀茂社（別雷社）の御阿礼（みあれ）（＝御・安羅）神事や下鴨社（御祖社）の御蔭（みかげ）祭との共通性をアナタが分析されますと、賀茂神の真相が判明してくること受け合いです（秦都理や葛城）。

＊この両方の祭とも「花」ではなく「葉」が主役であることがキーポイントです。卯の葉神事とは申しましても、古くは「卯の葉」ではなく「橿葉＝柏」であったとも言われておりますので（『住吉松葉大記』梅園惟朝）、これは古くは「卯の日」に行われたことを示していたのです（『難波鑑』等）。と言うことは、この住吉神の祭の日は、天皇が行う「大嘗祭」「新嘗祭」と同じく「卯の日」だったのです（延喜式の「大嘗祭」の祝詞と「新嘗祭」の祝詞が同じであることにつき、賀茂真淵『祝詞考』）。このことはズバリ、大伴氏や葛城氏がかつては倭王であったことを示していたのです。

中臣氏が読むこの新嘗祭の祝詞は、神に奉上する「申す＝白す」型（宗教性を示す）ではなく、親王・神官に対する「宣る」型（政治性を示す）であったことを見逃してはいけません（七4ノ51、一八6）。

かつては夜間に行われておりましたこの住吉大社の秘事である「踏歌（アラレバシリ）神事」で袋持の所役が「オートモヨー」と答えるのも、「安羅＝倭＝住吉神＝大伴氏」と考える私の立場におきましては、嬉しい程奇妙な一致と言えるのです。それにこの神事の名そのものに付けられております冠（かんむり）の「アラ」も大変気になります（倭王＝安羅王＝大伴氏＝住吉神社＝宗像（むなかた）神）。

＊尚、先程申し上げました息長足姫の「足＝タラシ」は、遡りますと、後に申し上げます伊都国に置かれました「一大率」（『魏書』。一五1）の「大率＝タレ」にも繋がり、これは、右のように「足＝タラシ」は古代朝鮮語の「王」と同じことを表していたのです。

4、何故、新羅出身とされている神功皇后が新羅を撃ったのか

(1) 神功皇后は故国の伽耶を滅亡させた新羅を憎んでいた

序でながら、現行・日本紀上の文面では、右の神功皇后が「新羅系」の末裔とはっきり記されているにも拘わらず、それでは何故——暗闇の中で琴を弾く——夫の仲哀を、武内宿禰と謀って暗殺（反逆）してまでも、自らの同族の「新羅を撃つ」という形の記載になってしまっているのか、という今まで説明がつかなかった疑問も、これでスッキリ解消出来るのです。

その理由は次の通りです。

息長氏の本貫でございます朝鮮半島南部の「機張＝大良浦（たら）」（四3、九3、二一5）が、たとえ、後の七世紀の統一新羅に実

質的に支配され、朝鮮半島の全部がその範囲内に含まれてしまった――統一新羅後の朝鮮史におきまして、この朝鮮半島の国々人々に、皆、「新羅、新羅人」という冠（形容詞）が国の内外で遡って付けられてしまったのと同じように――とは申しましても、ここは元々は、あくまでも新羅とは敵対し、しかも新羅（慶州金氏）よりも建国が遙に古い伽耶（金官金氏や安羅大伴氏）の地だったからなのです。

と申しますのも金官「未仇王子＝狭穂彦のモデル」のとき（これは高句麗が辰韓へ南下した頃のことです）に、金官の王族の一部が、北の秦韓の地へ北上し独立し（これが、日本紀の「狭穂彦の乱」のモデルです。二7）、斯盧（しろ）（この「シラギ」の末尾の「ギ」につきましては「城・邑」という考えと、後に百済系平安天皇家が末尾に付けた蔑称＝「〜ヤツラ」という考えとがございます）を建て、それが刺激となり核となりまして、かつて秦の暴政から免れるため、また、漢になって大陸中央から追われて満州や朝鮮半島にやって来ました秦の亡民や扶余の亡民などが、農民のレベルで吹きだまって無気力な雑居の居候生活しておりました秦韓を束ねて力をつけさせ、やがて高句麗の去った後、高句麗の持ち込んだ（残した）スキタイ風の「金の文化」や軍制などと相まって「富国強兵の新羅」へと成長していった経緯があったからなのです。

＊その後、この新羅（分国）がより強大になった時に、伽耶（本国）の民は、その圧政から逃れるため、皆、金官国の日本列島での分国でもありました（古くはこちらの豊国の方が母国でもあったのですが）九州の豊国・豊日国（大分県と福岡県北西部）へと亡命して来てしまったのです（そして、この民が大量に鹿児島県へ屯田として移住いたします。一九2）。

やがて、後に新羅は唐と組むことによりまして「白村江の役」などで百済をも滅ぼし、ついで六六八年には宝蔵王の高句麗をも滅ぼし、「新興新羅（第二の倭人）＝（後の）慶州金氏」が朝鮮半島のほぼ全てを支配（統一新羅）し、やがて唐とも争って独立し、その結果、負けた百済の王族（牧民）と旧伽耶系の遺民（一般ツングース＋特殊ツングースの濊族系のオロチョン＋伽耶系の海洋民など）を半島で弾圧いたしました。

という以上の経緯がございましたので、祖国を滅ぼされた百済人にとっては勿論のこと、その前に、かつての「同族」でもあった新羅（慶州金氏）により伽耶（本国）から追われて日本列島へと亡命して来ざるを得なかった金官伽耶（倭国）系の金官金氏や安羅系の人々（息長氏もこの倭系の一人です。裏切りによる同族間の憎しみはより大きいのです。四3）にとりましても、「成り上がり者」の新羅（例えて言うならば、イギリスにとってのアメリカに相当します）は許し難い仇（かたき）でもあったからなのです。

こう考えてこそ、日本紀の記述上のことだとは申せ、新羅人の子孫とされている「神功皇后＝息長足媛」が、何故ゆえに新羅を憎んで討つ必要があったのか、ということがアナタにも十分お判りいただけたことと思います。

早い話が「伽耶＝倭」であり、かつ、「神功皇后＝息長足媛」の正体は伽耶人（倭人）だったからなのです。

更に、ここでアナタが見逃してはいけなかったことが一つございます。それは、先述のように、この頃（五世紀代の大部分）の新羅は高句麗の占領下にあったということなのです（二8）。

ということは、この頃の戦の真相は「金官（倭）・百済」対「高句麗・新羅」ではなく、その実質は「金官（倭）」対「高句麗」という単純な図式に過ぎなかったからなのです（一八6）。

「神功皇后＝金官王女八須夫人＝百済腆支王妃＝武内宿禰の再婚の相手」は、このとき金官・倭王かつ百済王妃として「新羅との戦い」ではなく「高句麗との戦い」に挑んでいたのだということを、アナタはしっかりと見抜かなければいけなかったのです。

＊つまり、これらの「倭の五王」の戦いは、高句麗の占領軍からの「新羅解放」という意味をも持ち合わせていたのです。そして、そのことが『宋書』の「倭の五王」の武（雄略大王＝紀生磐）の「海北征伐」として記されていたのです（一八6、二7、一九5）。

このように考えてまいりますと、日本紀上一見矛盾しているように思われます、新羅人の子孫とされております「息長足姫＝神功皇后」が、何故、新羅（つまり、新羅占領中の高句麗軍）と戦ったのかということが、これでアナタにも十分お判りになっていただけたことと存じます。

5、何故、安羅（倭）王の系図が天皇系図に入ったのか

(1) 大伴氏、多治比氏の祖先は安羅王

さて、平安紀に見られます、挿入大王系図一3ノ1⑥の継体大王以下の三人の安羅王の系図もまた、本来の百済王系図には無かったものなのです。

では、それなのに何故、安羅王の系図が平安日本紀の天皇系図の中に入り込んでしまったのでしょうか。また、入り込むことが出来たのでしょうか。次に、そのことを考えてみましょう。

それは、安羅国・倭国系の出自でもございます「大伴氏、多氏、多治比氏」などの一族が、左大臣などで政権の中枢に関与いたしました時代（天平十年から二十年頃、八世紀前半）に行われました日本紀の改竄では、当時の新羅系の天皇家と安羅の貴族（これらは共に倭人です）との妥協によりまして、それらの倭人の祖先としての「九州の倭王の一部」が、日本紀の大王系図の一部に辛うじて残されたものだったからです。多治比氏は宣化大王（モデルは大伴歌）の末裔ですから（別述）。

大伴氏（公孫氏）の祖先の、出雲のユダヤ・スライマン（ソロォーモン）系から派生いたしました「大物（オーモン）主神話」も、このときに日本紀上に加えられた筈なのです（九）。

このことは、また別のところでもアナタに十分に申し上げますように、この邪馬臺国の卑彌呼の一族の「民族の追っ立て」を時

系列とは逆に遡ってみますと、壱与（桜井・纏向）→卑彌呼（日向・西都原）→朝鮮半島の咸安→遼東半島の公孫氏→中国・山東の越→中国・江南の越→インドシナ半島「チャンパ」のチャム人→インドネシアの「ジャワ海」周辺→インド・アンガ国・アユダ国→地中海のフェニキアの都市オウド→エジプトのヒクソス（異王朝→上エジプトのアビシニア（エブス）→インド・インダス人→「オアンネス」のシュメール人→インド・ムンダ人→「ラピスラズリ」のアフガニスタン北部のバタフシャン地方……この先は東アジアの「大平山元」（！）――「民族の追っ立て＝輪廻の民」――へと、その出自を遥かに西アジアに、もう少し正確に申し上げますと、古代の中東アジアと近東アジアの間で何度かリターンを繰り返しました民族（スタートは極東アジアかも）にまでも遡及出来るからなのです（別述）。

第五章　文武天皇からが実在の系図

1、文武天皇のモデルは新羅王子の金良琳

(1) 金良琳には帰国の記録が無い

では、現行の『日本書紀』の天皇系図が百済王系図をベースにした歴史物語であるといたしました場合に、早い話が、一体その前の奈良朝の新羅系天皇のどこからが、日本列島に実在（渡来）した支配者（天皇）に基づく系図であったと言えるのでしょうか。

いつものように、結論から先に申し上げましょう。

実は、奈良朝の日本紀の天皇は新羅王・王子がそのモデルだったのです。

私は40天武天皇（この人のモデルは新羅・文武王＝金多遂です）の皇子である「42文武天皇＝新羅王子・金良琳がモデル」（即位六九七年）からは、日本紀上の天皇のうちでは、実在の天皇に従った系図だと言ってもいいのではないかと考えております。

＊ここで私がいう「実在」とは、実際に六九五年（持統天皇九、新羅孝昭王四）三月二日に日本列島に渡来して（一一3、二五1）、かつ、日本列島を新羅王の名代として、天皇又は皇帝の名におきまして「実効支配」した新羅王子のことを申します。

この「文武天皇＝金良琳」の渡来の記録につきましては、次の通りです。

「新羅王子金良琳……奏請国政」（持統紀九年〔六九五〕三月二日）

――新羅王子金良琳が来て国政を奏す。

何と！　その二年後に「即位」ですぞ。

どうです、ズバリでしょう。どうして外国（しかも、それまで敵国）であった筈の新羅の一王子に過ぎない人が倭国の「国政」を奏しにやって来たのでしょうか、又、奏することが出来たのでしょうか。また、奏しなければならなかったのでしょうか。これは独立国としての日本への「内政干渉」以外の何ものでもないのではないでしょうかしらネ？　そして、それは何故だったのでしょう。

この王子は天武十一年（六八二）に新羅で生まれ（この年の二

月一日に大津皇子が「初めて朝政を聴き給ふ」とございます。なお、六月三日に大伴望多亡。七月五日に鏡姫王亡）、六九七年二月十六日軽皇子として皇太子となり、八月一日に持統から天皇位を譲り受け即位し（十月二十八日には新羅使が祝賀に来朝）、そして慶雲四年（七〇七）六月十五日に日本列島において二十五歳で死んでおりますが（『続日本紀』『懐風藻』『水鏡』）、文武天皇のモデルこそが、実は、この新羅王子の金良琳と同一人だったのでございまして、この若い天皇（当時の日本列島での称号は、何と、「皇帝」となっておりましたよ）こそが、日本紀に記されました天皇のうちでは（記されてはおりません高市皇子、草壁皇子及び舎人親王は又別です）日本列島に於いて実在の人物が「天皇」と号されて記された初めての人であったのです。

しかも、このことを補強する証拠といたしましては、この新羅王子の金良琳につきましては、他の新羅王子の場合とは異なり、日本紀上ですらも帰国の記録が全く無い（！）ということも挙げておきたいと思います。

このことは、朝鮮史と齟齬を来してしまっては、日本紀の改竄がバレてしまいますので、「帰国した」との嘘は、後世の平安朝の百済系の正史でも、どうしても書けなかった（改竄出来なかった）からだったのです。

このように、やっぱり、若き新羅のプリンス金良琳は、このとき日本列島に「留まった」のです。

文武天皇からが実在の天皇であったということの証拠を、もう一つお見せいたしましょう。

中国を模倣いたしまして、亡くなられた天皇に追号（諡号）するようになりましたのは「大宝律令」（七〇一年八月三日）の「公式令」からであると言われておりまして、文武天皇（「軽＝珂瑠＝カラ」皇子）がその最初であるとされております。

しかしながら、この七〇一年の大宝律令そのものの制定自体には問題があることからも、後世の改竄と思われ、そういたしますと、仮令後世でございましても、正に、この「文武からの諡号が開始」されたという形が後にとられたということ自体が、文武天皇が、新羅王子として実際に渡来した初代の天皇であり、新羅の占領軍最高司令官に就任したことを実質的に裏付けていたのです（二六1）。

尚、文武天皇以前の大王（例えば「神武」など）にも同様に「漢風の諡号」が追号されましたのは、ずっと後の、淡海三船（この人は百済王の末裔です）により、精々桓武天皇の代か、もう少し早ければ、孝謙天皇の代に至って行われたものだったのです。「文武」につきましても、この頃（後世）の追号であったのかもしれません。

＊この辺りは、文武天皇と持統天皇が「並びて座して」天下を治めた（「宣命」元明天皇即位の際）と、統治者が二人もいた旨、ボカされ（又は、不安定な表現がなされ）ております。

また、そのことは逆に、文武天皇が自分の能力につき、次のように躊躇している様子が、他の資料からも窺われるからなのです。

「年雖足載冕（＝冠）　智不敢垂裳　朕常夙夜念　何以拙心匡」（『懐風藻』文武天皇三首、年二十五　五言。懐を述ぶ一首）——年は冠を戴くに足れりと雖ども（成人にはなったけれども）、智は敢えて裳を垂れず（政務を司る智恵はまだない）。朕常に夙夜に念へらく（常に考えているのだけれど）、何を以ちてか拙心を匡さむ（どのように直せばよいのか）。

このように、不安定な表現が見られるからなのです。

更に、「雲羅裹珠起雪花含彩新林中若柳絮……代火霄篆」（『懐風藻』同詠雪）という句の中に、自己の名（新羅王子・金霜林）が、なんとなく詠み込まれておりますところの、「新」「羅」＝「新羅＝金姓」「霄＝雹」（霜に近い）「林」なども、ちょっと（大変）気になるところです。

このように天皇系図の実在性は、実に新しかったのでして、何と、六九七年の文武天皇から初めて認められるに過ぎなかったのです。

因みに、この「初代の実在の天皇」の「夫人」が藤（唐）宮子であり、その子が首（聖武天皇）——日本紀の物語によりますと、このオビトを天皇にするために大津皇子は殺された（しかし、この大津皇子の造反も架空だったのですよ。二四）ようなものだったのです。このとき長屋王が藤原不比等の娘の宮子が天皇の一族に入ることに猛反対した様子が十分に窺われます（五2）——でして、その「后」が、あの伝説まみれの（余りにも日本紀などが誉め過ぎておりますので、その実在性が疑わしい）光明子皇后（アスカ姫）だったのです。

＊伽耶のクアボルにも、この娘と同名の飛鳥山がございますことにつきましては、四2、菅原道真の本貫の屈阿火・蔚山。

光明子には、法花寺に浴場を設け、そこでライ病患者の背中の膿を吸ってやったなどという美談の伝承があるくらいです。

宮子も光明子も、正史六国史上では、共に藤原不比等の娘（同父異母）とされております。

＊壱岐・史韓国あたりが、この不比等という人物作成の際に思い付いたモデルだったのでしょうか（六3）。

そもそも父の中臣鎌足のみならず、その子の藤原不比等（フビトゥ）という人物そのものも、又、架空の人物だったのですから（別述）、その女の宮子も光明子も共に、当然、架空の存在であったのです（五2）。実在の何らかの核となるモデルはあったでしょう。

2、仁徳天皇とは百済王女で金官伽羅王妃の仁徳のことだった

（1）光明子の立后の前提として、仁徳は男にされ、磐之媛は女にされてしまったのは、身分の低い高野新笠の子の山部を天皇（桓武）とするための伏線でもあった

右の光明子は、臣下の身分で皇后になった最初の例だとされて

おります。

しかし、アナタは「そうじゃあないよ。前例があるから最初ではないよ」とおっしゃりたいのでしょう。そうなのです、よくご存知ですね。

仁徳大王の后の磐之媛（そして、日本紀上、履中・反正・允恭大王の各母となったとされている人）がその先例とされていますよね。

＊この皇后は、後に申し上げますように、百済王系図と伽耶（倭）王系図、つまり、百済毗有王をモデルといたしました履中大王と金官系「倭の五王」の済（反正大王）との両系図の継ぎ接ぎの接着剤としても、平安日本紀作成の段階では、利用されております。

大鷦鷯大王（仁徳）のときに「葛城曽豆比古　女子　伊波乃比売　皇后　御相坐而食国天下之政治賜行賜」（『続日本紀』聖武、天平元年〔七二九〕八月二十四日）という前例があるので、臣下の光明子を（聖武天皇の）后とすることは何ら珍しいことではなく、新しいことでもないと「宣命」で態々そう言っている（言わせて前例を作っている）からなのです。

「朕時乃未尓波有難波高津宮御宇、大鷦鷯天皇、葛城曾豆比古女子伊波（磐）乃比売、皇后止御相坐而食国天下之政治賜家利。今米豆良可尓新　伎政有不有。本由理行来亦事曾止詔勅聞宣」

＊この葛城襲津彦のモデルは金官6坐知王（四〇七〜四二一年。別名の「金叱＝ソチエ」王からヒントを得まして、日本紀の作者は「ソチ彦」と名付けたのですよ〔ソチエ＝ソチ彦。アッ、そうか！〕。この王の子の金官7吹希王（四五一年死）の別名「叱嘉＝エチキ」王から、日本紀の秦氏の「ユツキ＝弓月」という名が付けられたのです〔エチキ＝弓月。アッ、そうか！〕。この吹希王のところに、百済19進思（久爾辛王）の女の仁徳が嫁いで来ておりますよ）ですので、この坐知王の辺りからヒントを得まして、日本紀の作者は、丹波の彦坐王（＝ユムスミ）の「坐」の名を引用して来ていたのです〔イマス＝ユムス。アッ、そうか！　しかも、干支二運遡上させまして〕。

しかし、もしもですよ、もしもアナタが、「仁徳大王が女性である」ことを知っておられたならば、それでもアナタの意見はお変りにならないでしょうか。アナタの言う前例は、たとえ存在していたとしても、それは「女と女」が結婚したことになってしまうのですよ。サンフランシスコでならいざ知らず。イッヒッヒッ！（これは余計なお世話）

この日本紀の先例らしきものは、日本紀の「十二回もの改竄」の中で、皇族の身分がないため制度上絶対に「皇后」にはなれなかった筈の、右の藤原氏の光明子（安宿媛）を、聖武天皇の后として入内させるため、その不可能を可能とするための奈良紀上のマジックとして、「往にし方の日本紀上に先例」を遡って勝手に作ってしまうために、藤原一族の仕組んだ作文に過ぎなかったからなのです。

＊皇后は皇族の出でございましたので、その子が「天皇＝大王」となれたのです。

因みに、光仁天皇の皇后である井上は廃后のうえ幽閉され、やがて暗殺されてしまいますが（二六1）、この後、身分の低い高野新笠（夫人。だからこそ贈皇太后の必要があったのです）との間の子の山部が天皇（桓武）となるための伏線の役割をも、磐之媛や光明子の前例は果たしていた（必須であった）とも言えるのです（アッ、そうだったのか！　目から鱗）。

そうであるからこそ、そこで、長屋王がそれを阻止しようとして、結果として敗れ毒を仰いで死ぬ理由が見つかる（アカデミズムには、この「長屋王の憤死」がよく見えないようなのですが）のです（三二2、三一2、七4ノ22、44）。

何となれば、藤原氏がそのことを実行するためにも、規則（「公式令」）などを楯にとって猛反対するであろう、目の上のたんこぶである「長屋王」の抹殺を謀る必然がございました。

＊と申しますのも、聖武天皇が、かつて七二四年に即位したその二日後に、勅令でもって「首皇子＝聖武天皇」の母の藤原宮子に、ヘンテコな「大夫人＝オオミオヤ」の称号を与えよう（つまり、早い話が、藤原氏が皇族の一員となってしまうこと）と企図いたしましたときに、長屋王が、公式令にはその名が載ってはいないではないかということを理由といたしまして猛烈に反対したことがあったからなのです（五1）。当然、今度は「夫人」どころか、その子が天皇になることが出来る資格を持つ「皇后」なのですから、もっともっと猛反対することは火を見るよりも明らかです。

実は、これは「白村江の役」で勝利した慶州金氏（新羅）グループと、負けた金官金氏（倭）グループとの、日本列島における確執・対立でもあったのでございまして、伽耶連合の一派である昌寧伽耶を本貫（四1）とする藤原氏（四家の一つ）が、女を奈良朝の新羅系天皇家に入れるなどして日本で段々と力を付けて（戻して）来たこと（内部バランスの崩壊）に対する警戒心からの、新羅本国の王子（長屋王＝長王〔懐風藻〕＝当時の天皇）側からの反対でもあったのです。

実際に、七二九年の「長屋王の変」では、藤原氏により冤罪に陥らされて、長屋王は自ら毒を仰いで（『日本霊異記』）死んでおりますですよ。だからこそ、「その長屋王の祟り」で、藤原氏の四兄弟が天平九年（七三七）に全員、天然痘で死んでしまったのだと、当時世の噂に上ったくらいだったのですから。

あにはからんや、天皇家では、この長屋王が無実でありましたことを九年後になってから、ちゃんと認めておりますよ。私はちゃんと見つけました。その証拠は、次の通りです。

天皇家の国家の正史には、このことにつきまして、はっきりと「東人即　誣告　長屋王事之人也」（『続日本紀』天平十年〔七三八〕）と、それが「誣告」（人を罪に陥れること）だった旨の表現が用いられているからなのです。これは長屋王の死後十年も経ってからのことだったのです（三一2）。

さて、序でながら、次に申し上げます「長屋王一族の墓」に絡む不可解な事件も、私の平安朝成立、つまり百済クーデター成立の考えを補強してくれております一つの証拠となっていたのです。

と申しますのも、もし仮に「高松塚古墳」が、高市皇子などの新羅系の墓であった（五3他）といたしますと、藤原不比等の娘「安宿媛＝光明子」の文武天皇への立后に反対した長屋王が毒を飲んで自決した後のあるとき、又は平安朝になってからこの長屋王の父の高市皇子の墓が暴かれ、「頭蓋骨が遺体から引き抜かれ何処かへ放り出され」てしまい、死霊からの守護神でもある「刀身も何処かに捨てられ」てしまうという古代人にとりましては空恐ろしい措置を受けてしまいました（五3）のも、高市皇子のモデルが新羅王子の金霜林であったと考えれば、百済系が宮廷クーデターにより天皇家を奪い取って平安朝になった後に、母国を滅ぼしたにっくき敵でもございます新羅系の日本列島の前支配者の墓をヒステリックに「片っ端から暴いていった」とも言えるからなのです。

＊そのことを補強する他の証拠といたしまして、平安の百済系の正史である平安日本紀の上では、その内容の改竄と共に、天武天皇の子孫の新羅系の皇子たちが、片っ端から殺されている（ような形に書き換えられてしまっている）ことも、ここに加えておきましょう（三一7必見です）。

という訳で、少なくとも、この明日香の墓は、新羅系の墓であったものと思われます。

このように、日本列島における大王陵の墓暴きは、大きな国家組織的なものだけでも、「白村江の役」の後の新羅占領軍によるそれまでの倭王（「大伴氏＝安羅王」と「蘇我氏＝金官王」）の墓暴き（七8他）、平安朝になってからの「百済系平安天皇家による、奈良朝の新羅系大王家の墓暴き」（七4ノ22他）というように、この二つを考えなければいけなかったのです。

ここに、今日の大王（天皇）陵の復元の困難さ――特に、前者の「倭王」（蘇我氏や大伴氏など）の墓の確立（一二2、一八10）――が付き纏っているのです。

さて、話をここでのメインテーマでございます、倭の五王の仁徳女帝のことに戻しましょう。

結論から先に申しますならば、前にもお話しいたしましたように、仁徳は金官国王妃だったからなのです（三4）。

しかもこの二人は、何と、朝鮮史と照合してみましても、一見明白に「王妃進思角干女　仁徳」（『三国遺事』吹希王条）と出ておりますように、百済王久爾辛と仁徳とは父娘だったのでございまして、その娘の名も、同名、同漢字ですし、正にその時代もピッタリだからなのです。これを同一人の投影でなくて他に何と申せましょうか。中学生にでも判ることでしょ。仁徳大王はこの朝鮮の王女と同一人のことだったのです。

つまり、仁徳大王のモデルは金官王妃の「仁徳」のことだったのですよ。

そして、「もしそうである」といたしますと、宮内庁の言うところに従いますと、大阪府堺市の大仙陵（伝仁徳大王陵）は、女性の墓ということになって来ざるを得ず、日本紀のように仁徳大王を男性とするのは間違いであるということにもなって来る筈です。

また、もし仮に、この墓の発掘により、その遺骨からこの陵が男性の墓であるということが判明いたしますと、この墓は女性である仁徳大王の墓では「なかった」ということにも、朝鮮史との照合の結果、明白になって来てしまうのです（アカデミズムにとりましては、コリヤ、テリブル、恐ろしや）。

と言うことは、つまり、仁徳陵という考えに基づきますと、大仙陵は仁徳大王の墓ではなかった、又は仁徳大王は男性ではなかったという、その何れかに確定してしまうことになるのです。

では、日本紀と朝鮮の金官史・新羅史とを証拠といたしまして比べながら、アナタのご期待に添うように、この点につき、更に検証を進めてまいりたいと思います。

仁徳女帝のことは前にもお話しいたしましたが（三1 4）、古代の「金官国と倭国との関係」や「金官・倭と百済との関係」などを考えるに当たりまして、このことはとても大切なことですので、確認の意味でも、ここでもう少し厳密に証拠を引きながらアナタにご説明したいと思います。

磐之媛は日本紀上では武内宿禰の子である葛城襲津彦の娘ということになっております。時代は正にこれらの当事者の頃だったのです。

しかし「武内宿禰のモデル＝金官王5伊尸品（三四六～四〇七年）」ですし、その子の「葛城襲津彦のモデル＝金官王6坐知（四〇七～四二一年）」ですので、磐之媛がその子であるということは、つまり、磐之媛が金官王7吹希（四二一～四五一年）と同世代の人ということにもなり、しかも、更に決定的なことには、この吹希王の妃が同じ仁徳という名前に朝鮮史ではなっているのですから、仁徳のモデルは女性に間違いなかったのでございまして、このことを日本紀上に置き換えてみますとどういうことになるのかと申しますと、日本紀という作られた歴史物語上では仁徳大王の后となっていた、右の葛城襲津彦の女の磐之媛こそが、実は、仁徳大王自身の「同時代」における真の姿の投影だったということになって来るのです。驚きでしょう。でもアナタ、これは真実だったのですよ。

実は、このことは日本紀の系図自体の分析からも判ることでもあったのです。と申しますのも、葛城襲津彦の「孫」（允恭紀五年七月十四日）とあります「玉田宿禰」は、実は孫ではなく「子」（雄略紀八年 是歳条（このとしのくだり） 所引の別本云（ことふみにいはく））であるという考えも、同じ正史の上に表明されておりまして、これが本来の正しい姿であったからなのです。

そして、そういたしますと、葛城襲津彦の子とされております磐之媛（日本紀上は仁徳の妻）につきましても、系図上は葛城襲津彦と「同じレベル」に一段上に上がる――前述のように、応神大王（百済・久爾辛王がモデル）のところでも、一段上がっております――ことになりまして、二人は兄弟ということにもなって来ることになり、共に「応神大王＝武内宿禰」の子（五7、8）ということになり、整合して来るのみならず、この仁徳は女なのですから、この磐之媛こそ仁徳の正体（焼き直し）であったということになって来ざるを得ないからなのです。

この仁徳の夫の、金官伽羅7吹希王とは、秦氏の弓月君と同一人のことでもありまして（エチキ＝弓月につき、前述）、ここに百済王久爾辛（四二〇～四二七年。応神大王のモデル。物部胆咋のモデルでもございます）の娘が嫁いで来ていたのです。しかも、アナタ、日本紀におきましても、その娘の名前が応神大王の子と全く同じ名前（朝鮮史と全く同じ）の「仁徳」であるからなのです。

金官伽羅史におきましては、仁徳は進思の娘となっております。しかも、この「進＝シン」と、百済王の久爾辛の「辛＝シン」とは、同音なのですよ。これ完璧。

そういたしますと、百済・久爾辛王と金官・伊尸品王とは同一人ですし、金官・伊尸品王と木満致も同一人であり、かつ、木満致と武内宿禰も同一人ということになるのですから（一8）、そこで「百済本紀」と金官史と日本紀の三者を総合して考えますと、仁徳女帝は「百済本紀」上におきましては、久爾辛王の子（「木満致＝武内宿禰」の子）であったと同時に、その同一人が、日本紀上におきましては、武内宿禰（応神の父）の孫（武内宿禰の子の応神の子）という風に表示されておりましたことも判って来るのです。

このことを、又、少し別な言い方をいたしますと、「仁徳」などという珍しい良い名前は――しかも、古代の重要人物におきましては――東洋史上を目を皿のようにして探しましても、そう滅多矢鱈にあるという訳の名前ではございません。このことからも、アナタには既に十分ご理解していただけたことと存じますが、朝鮮史によりますと、百済王久爾辛の「女」が金官王妃仁徳そのものでございまして、また、アナタもよくご承知の平安日本紀によりましても、応神大王の「子」が仁徳となっており、夫々の史書に表現されておりますことは、誰が見ても明らかで争いのないことなのですから、と申しますことは、これらから、逆に、応神大王と百済・久爾辛王とも同一人物であったということがストレートに判って来ると共に、日本紀での応神大王ホムダワケのモデルが百済の久爾辛王であったということも、氷解してしまうのです。

＊この点、「武内宿禰・木協満致＝百済王・久爾辛＝応神大王」ということの理由につきましては、前述いたしました。

このように「仁徳は女だった」のです。

(2) 何故、仁徳を男にする必要があったのか――仁徳は金官（倭）王妃

このように、百済・久爾辛王（四二〇年即位）、金官伽羅・吹希王（四二一年即位）、仁徳（右の金官伽羅吹希王の妃）、倭・応神大王（干支二運遡上させますと三九〇年即位）、秦氏・弓月君

（応神十四年〔四〇三〕渡来）という関係当事者五人の年代も恐ろしいほどピッタリコンと合ってしまっているのですよ。

これでは「仁徳＝金官・倭王妃」説は、アカデミズムがどう抵抗しようとも、否定のしようがありませんよね。ということは、つまり「倭国＝金官伽羅国」だったというより重大なことをも、アナタがよく読み込みさえすれば、日本紀自体が示していてくれた、ということにもなって来てしまうのですよ。

では、この金官・倭の王妃が百済王の女であったということが、「一体何を意味しているのか」と申しますと、この頃の「金官伽羅（倭国）と百済との関係」、つまり高句麗占領下の隣の辰韓（新羅）に「対抗」するがために、百済が倭（金官）と仲直りし、より強くチームを組んでいたという状態を端的に表していたのです。国際情勢に照らせば、これは単純なことだったのです。

さて、このことがバレてしまうと困るので、日本紀では仁徳を男に変えてしまっていたのです（アマテル・天照大神を女に変えてしまっていたことと全く同じ手法。この点、一二五はアナタ必見）。

さて、そうなってまいりますと、先程のお話に戻しますが、やはり、臣下が皇后になった例は「無かった」ということにもなってまいりまして、藤原氏が企てた光明子の立后も先例違反ということがこれでバレてしまったのです。

＊そうなりますと、ひょっとすると、この光明子の存在すらも、前述のように架空だったのかもしれませんよ（多分ネ）。

光明子の人生は、悲田院や施薬院を造ったり、見ず知らずの病人の背のオデキの膿を口で吸い出してあげたりしたとか、ちょっとカッコが良過ぎますからね。こういうのは逆に怪しいのだよ。

元々が日本紀上の文面の分析・解釈だけからでも、「仁徳の妻の磐之媛と黒日売」との対比は、日向神話の「醜女の磐長媛と美女の木花咲耶姫」との対比と同じですので、この点からも磐之媛（仁徳の妻）の名は実名ではないとさえ、従来から、一般にアカデミズムにおきまして言われていたくらいだからなのです。

因みに、この武内宿禰とは、百済宰相（実質は王）の真氏の木協満致（木氏＝真氏）だったのであり、かつ金官王5伊尸品（南下した辰〔秦〕韓人の王でもございました）のことだったのです（二一8）。

この点、日本紀上におきましても、八田皇女（やたひめみこ）が菟道稚郎子の妹であるとされていますので、そういたしますと「八田＝ハタ＝秦」ですから、その兄の菟道（ウヂ＝宇治＝ウツ＝珍）も当然秦氏ということになって来ますし、また、これらの人が系図上「和珥（わに）氏＝和邇氏」系であるとされているのですから、「和珥氏」の正体も、又、ズバリ言って「金官に南下して入った秦氏の一派」であった（一九2）ということにも重なって来るのです。つまり、「和珥氏・和邇氏＝秦氏の一派」だったのです。

＊この一族も、後の藤原四家の一つに紛れ込んで（込まされて）いたのです（後述）。

やはり、この頃の「辰韓の部族国家連合の主要メンバー」でもあった秦氏が南の金官伽羅国に入り、そしてそこを百済（又は馬韓）と共同で、「金官（倭）の地」を支配していた状況が読み取れるからなのです。

この点につき、『古事記』の人名を分析してみましても、秦韓の秦氏が、高句麗が南下してきたため、その一部が南の金官へと入り、婚姻により金官と混血したことを暗示していた部分が認められるのです。と申しますのも、それは次の点からなのです。8孝元大王の子の比古布都押之信命（彦太忍信命。『日本紀』）が、木国造の祖、宇豆比古（宇遅比古。『国造家譜』）の妹の山下影日売と結婚いたしまして建内宿禰（武内宿禰。『日本紀』）が生まれます。

この比古布都押之信の父の孝元大王のモデルは金官の初代王の金首露王ですし、加えて、比古布都押之信という名前の中に含まれております「押＝忍＝オシ＝オホシ」とは「余曽＝与謝＝五十＝イ＝阿倍」と同じことでして、これは当時の「大伽耶＝金官伽羅」を表す言葉（オホシ＝大）ですし、他方、結婚相手の山下影日売の兄の宇豆比古の「宇豆＝宇遅＝宇治＝ウヅ・ウヂ」とは、もうアナタもご承知のように、「ウヅ＝珍＝太秦のウヅ」であり、これは秦氏のことを暗示していたからなのです。

このように、名前の分析からも、この頃の南朝鮮における「金官＋秦氏」（混血）という状況（つまり、秦氏の南下）を読み解くことが出来たのです。加えまして、武内宿禰の「ウチ」が秦氏を表しておりましたことは、武内宿禰の子の波多八代宿禰が「波多＝秦」氏の祖となっていることに鑑みましても明らかなことだったのです。

因みに、武内宿禰の子の蘇我石川宿禰は、系図上蘇我氏の祖とされています（二4）。この人は木羅斤資と同一人であり、同じく武内宿禰の子に葛城襲津彦がおりますが、この人は王家直系で金官国6坐知王と同一人だったのです。何度も申し上げますように、勿論、武内宿禰と金官国5伊尸品王とは同一人です。

宇遅比古は「紀伊国造家の祖」の天御中主尊から数えまして六代目ですが（『紀伊国造系図』）、この父が5大名草比古命です。この系図の分析によりますと、13忍、17忍勝、19忍穂と「忍」が付いておりますので（「忍＝オシ＝大」につき、二15他）、この「宇遅比古が金官伽羅系」であり、又、紀伊国造＝名草戸畔＝吉原の「中言神社」（古への総本社）＝日前神社境内社（神紋の同一性）＝日前大神・国懸大神＝「国・前神宮」が、伽耶系であったことも判ってまいります（一五1）。

＊伊勢神宮の天照の鏡より古い鏡が、ここ紀伊の日前社に鎮座しております（『古語拾遺』）。
日前はレプリカであり、本体は国懸の方であった（その理由は「国懸vs天係」の分析より。『日前国懸大神本紀大畧』）との考えも伝わっております。

又、『紀伊国造系図』からは、この一族が九州の豊国（国東）とも深い関係があったことも読み取れるのです。この紀伊の「名草戸畔」や「中言神社」の「ナカ」は、神と人との間の「仲立ち」の意味と共に、これは「ナカ＝ナガ族＝蛇」のことでもございまして、実は、「朝鮮の朴氏＝ナガスネヒコ」の一族の末裔でもあったことをも暗示していてくれていたのです。

ということは、紀伊国造とは、天日矛（イタテ神＝倭王＝安羅王）に征服された名草戸畔（ナガ族＝朴氏）という図式になって来るのです（一五1）。

つまり、平安（現行）日本紀での神武大王に征服されたナガスネヒコに「相当」する人物だったのです。

＊つまり、藤原式家の中には、秦氏も入っており、かつ、その秦氏の中には朴氏も入り込んでいたのです（ナガ族の名残が「中臣氏」の「ナカ」）。

さて、お話を仁徳女帝のことに戻しましょう。后の磐之媛が紀伊国に行っている留守の間に、仁徳が、右の八田皇女を宮中に入れたことを知った磐之媛が、山背国の綴喜（つづき）の奴理能美（ぬりのみ）（この人の名は『古事記』にのみ出てまいります）のところに篭ってしまって出てこなかったと言われておりますが（仁徳紀）、この韓人（からひと）の奴理能美が百済系であることには（物語上のこととはいえ）ちゃんとした理由があったのです。

と申し上げますのも、私の考えでは「磐之媛＝仁徳（女）」そのものであったのであり、これは金官国の吹希王（秦氏の弓月君のモデル）の妃となっていた百済・久爾辛王（応神大王のモデル）の娘の仁徳のことなのですから、その「実家」とも言える「百済系の渡来人」の家に篭るというのは（仁徳と磐之媛で、男女が逆にされている点はさておきましても）当然のことだったと言えるからなのです。

では、結論を急ぎましょう。今まで申し上げてまいりましたこと（仁徳を男にし、磐之媛を立后したこと、更には、光明子の立后などの歴史物語）は、平安天皇家が身分の低い女（父は史（ふひと）レベル）から生まれた山部（やまべ）を天皇（桓武）とせざるを得なくなったことから生じました記紀のノベリスト達の苦肉の策（前例の捏造作業）の為せる業だったのです（ポイントはここに有り）。

3、仁徳女帝「讃」に相当する人の陵は新沢千塚一二六号墳か

(1) 天皇位の継承の秘儀に必要な神器を出土した新沢千塚一二六号墳

仁徳が私の考えのように女帝だとしました場合、私は仁徳女帝の陵を、出土いたしました「ガラス・金銀製品」の副葬品の女性らしさ・素晴らしさから考えまして、今のところは（それ以上のものが何処かから出土すれば別なのですが）奈良・橿原市のズバリ「新沢千塚一二六号墳」に充てたいと考えております。

＊その場所も、紀ノ川を遡行し、内陸部の桜井・纏向への「当時の進攻ルート」の、丁度、その途中にあたっております。

又、それらがスキタイ系、高句麗、朝鮮半島の新羅・伽羅の出土品と類似していることから考えましても、どうしても遊牧系の血の混じった百済王女のものであったことが推測されるからなのです。

＊瑠璃（るり）色のガラス容器が、スキタイ、新羅経由で日本列島に渡来したことにつき、七4。

では、何で中央アジアと直結するようなこんな凄い財宝が、当時、外交権も持たなかった畿内の農業国に過ぎなかった秦王国の土地から出土したとアナタはお思いでしょうか。

それは、百済王女の仁徳が夫の金官・吹希王（秦弓月君）とともに、高句麗の占領を恐れて、「持てるだけの財宝を持って」金官（倭）の分国の九州から更に、より安全のためその支配下の畿内にまで入って来ざるを得なかったことを、この素晴らしい財宝が示していてくれたのですよ。

＊かつて実家の公孫氏を滅ぼした魏の侵略を恐れた卑彌呼が、故意に北九州より、より遠隔の地（伊都より「水行十日陸行二十日」もの地）である日向・西都原に斎宮を建て、そこを王都としたのと同じ考えでもあったのです。

「倭の五王」の一人の「讃」であります仁徳女帝は、百済王久爾辛（応神のモデル。四二〇～四二七年）の娘ですし、嫁いだ先は金官（倭）第七代王の吹希（秦の弓月君のモデル。四二一～四五七年）ですので（三7）、それらの年代から考えましても、これが五世紀前半の古墳であるといたしますと、この「新沢千塚一二六号墳」は実にピッタリだからなのです。

そして、この古墳から出土いたしました鉄刀（一号～三号）は、把間及び鞘の樹種がともに檜（ひのき）であり、この刀が五世紀後半のものであることからも、年代的にもそう相違がないことが判ります。

この千塚（四世紀後半～六世紀）は、付近の他の群集墳よりも一世紀早く群衆化していることからも、この地域におきまして、他よりも先行した支配者の墓であるということが判るからなのです。

ここの約六百もの古墳の中で、その多くは円墳なのですが、一二六号墳は「長方形墳」であり、少し特殊な立場を示しておりまして、このことはどちらかと申しますと、朝鮮半島先端部分の伽耶系（円墳が多い）というよりは、扶余・高句麗系（方墳が多い）の大陸的な匂いを感じさせてくれます。

それに、私が注目しております大変重要な点は、ここからは、大王家の王位継承の秘儀で、「口に含んだ水とガラス玉をプッと霧状に吐き出す」ために必須の神器でございます白いガラスの碗（この一二六号墳からのものには丸い金箔すらも漆で幾つも、横一列に、かつ上下は一列置きに貼ってあった跡が見られます）も出土しているからです。つまり、その古墳の名前は兎も角も、少なくとも出土品の内容からは、これが大王クラスの墓であったと言えるからなのです。

と申しますのも、日本紀の中にも、この秘儀を暗示するものが見られるからなのです。それは、次の「濯於　天真名井　齕然咀嚼而　吹棄気噴之狭霧　所生神」（神代紀上第六段）がそれなのです。そしてこの狭霧のような「吹棄＝吹き棄（う）つる」＝「吐き出す」という行為は、アマテラスやスサノヲの神生みの神事にも表されているのです。

アマテルはスサノヲの三つに折った十握剣（とつか）を、天真名井の水を付けて噛んでから「吐き出し」て三女神を生み、スサノヲはアマテルの八坂瓊（やさかに）の勾玉の御統（みすまる）（環）を噛み砕いた上「吐き出し」て五男神を産んでいるからです（神代紀六段本文）。

このように「吐き出す」ということは、神を生むのみならず、「皇位継承」の基本的な動作でもあったのです。

こう見てまいりますと、新沢千塚一二六号墳とは、時代的に考えますと、「倭の五王」の讃である女帝仁徳（四一三年、四三〇年、四三八年。「百済王久爾辛＝応神及び物部胆咋のモデル」の娘で「金官・倭の吹希王＝弓月君」の妃となった仁徳女帝）の陵（と申しましてもこの頃の倭王の主たる拠点は、相変わらず九州と南韓なのですが。「済＝反正大王」の陵につき、一八３）に一番近いのであり、そして、そういたしますと、伝仁徳大王陵と一般に言われております堺市の大仙陵とは、この仁徳の夫である、この当時は畿内が中心であった（倭を通して百済の間接統治を受けてはいるものの）弥生人の秦王国（古くは魏志の「別倭・夷倭」）の王をも兼務しておりましたところの秦の弓月君の陵、つまり、金官（倭）系の「秦氏の王陵」であったのです。

＊秦の弓月君＝金官伽羅王＝倭王。四二一～四五一年。葛城襲津彦、つまり、その名からも「葛＝カルラ・カラ・伽羅」城「襲＝金氏・鉄人」「津＝留まった」彦（これは、正に金官に留まった王と読めます）であったことが判りますところの金官６坐知王・金叱王がモデルの、その又子でありますところの金官７吹希王・叱嘉王・「エチキ」が、この弓月君のモデルでした。

この点、日本紀でも、弓月君は、新羅（実質、高句麗）に妨害されて「伽耶に留まっている」と表現されているではないですか（応神紀十六年八月、十四年是歳条を見よ！）。そして、右の同じ名（金官に留まった王）の父・襲津彦と共に日本列島に渡来して来ているのです（応神紀十六年八月条）。

この新沢千塚（旧高市郡新沢村）の西側を流れております川が、古くから、ズバリ（！）曽我（そが）川と呼ばれていることは、蘇我氏は「金官＝倭王」なのですから、この古墳群が「伽耶＝倭」系の墓であるという私の考えにピッタリ合っているのです。

＊但し、この大仙陵は、その巨大性故、古代のもう一方のゼネコンでもあり、大王でもございました物部氏の祖のニギハヤヒ又は安羅の天日矛の一族（伊達系）の陵であった可能性も否定はできません（一五９）。

と申しますのも、当時、このような大陵を造営出来るゼネコンは、物部氏（祖神はニギハヤヒです）か秦氏（祖神はサルタヒコです）しか存在していなかったことも（たとえ、この二者が日本紀上では大王と記されていなくても）、その根拠となっているのです（一五10）。

右の弓月君は、金官に南下した秦韓の秦氏又は扶余系の混血した王でしたし、仁徳とはその王妃、つまり「金官７吹希王＝弓月君」の妃だったからなのです。歴史のテキストのように、そう単純ではなかったのです。

（2）新羅が五世紀の大部分高句麗に占領されていたことと、高松塚への高句麗の影響の因果関係

では、次に、この頃の「歴史物語である日本紀の表現」と朝鮮に残されている「金石文」と照らし合わせて考えてみる必要がございます。

そういたしますと、次のことが判ってまいります。日本紀にございます、「是歳　弓月君　自百済来因以奏之曰……新羅人之拒皆　留　伽羅」（応神紀十四年是歳条。秦韓から南下して金官〔倭〕に入った秦氏が、追ってきた高句麗の新羅占領軍により移動・渡海を阻止されていたこと）とは、金石文の「倭人満其国境」（「広開土王碑」永楽九年〔三九九〕。金官人〔倭人〕がその国境〔戦う為ではなく、逃亡出来ずにか〕に満ち満ちていたこと）ということと同一の出来事（新羅占領の高句麗軍と戦う金官〔倭〕を救うための倭の派遣部隊の駐留をも含む）の表現でもあったのです。

更には、「遣葛城襲津彦　而召　弓月君之人夫　於　加羅」（応神紀十四年是歳条。単に、金官王が、秦韓から南下しておりました秦氏系の自国の民を、自国金官伽耶で「会った＝助けるため」ということ）と申しますのも、前述のことに加え、その翌年の「歩騎五万……追至　任那加羅」（「広開土王碑」永楽十年〔四〇〇〕。高句麗の兵が、朝鮮半島南部にまで攻めてきたこと）と同じことが他面から記されていたのです（二4、7、8）。

ですから、「葛城襲津彦が伽耶で動けなかった」真の理由は、当時の国際情勢に鑑みますと、高句麗の五万の兵が伽耶まで南下してきてその防禦のため「然経三年而　襲津彦　不来焉」（応神紀十四年是歳条）という状態が生じて、動きたくても動けなかったということが、襲津彦が現地に留まって三年間帰ってこなかったと記してあったことの真相であったのです（女のためなどではなかったのだ！）。

＊任意に帰ってこなかった（『日本紀』。倭に行けなかった）訳ではなかったのです。

日本紀は、どうしてもこの時高句麗が朝鮮半島南部（日本列島の一部をも占領）まで占領してしまったことを隠したかったのです（二4、7）。

＊倭国の存在を隠す目的もございましたし。当然、その途中の新羅は、高句麗軍の完全占領下になっております。

よって、日本紀がここで「新羅、新羅」と声高に呼んでおりますのは、実は、「高句麗占領下の新羅」に過ぎなかったという冠のついた新羅のことであったという風に、アナタは読み替えて考えなければいけなかったのです（二一1）。

＊そうであるが故に、この新羅にも間接的に、匈奴（チュルク・冒頓部）や鮮卑などの遊牧系の影響（王都慶州の皇南洞古墳群の「天馬塚」出土物などから考えましても黄金を好む性格）が見られます。

加えまして、慶州「鶏林一四N号墳」出土の「嵌玉宝剣」は、正に、中央アジアの「キジール第一六洞」出土のものと、その

「意匠」におきましてそっくりだからなのです。これらは、高句麗の占領下で新羅に影響を与えたものだったのです。

この後に、遊牧系の高句麗の文化が、畿内の新羅の占領軍を通じて、高松塚などに入って来ていたのです。

この部分の日本紀は、正しくは「新羅を占領している高句麗軍の提督により、弓月君（秦氏。「倭国＝金官伽羅国」7吹希王）の人民が、日本列島に亡命するのを阻止されていた」と、高句麗の広開土王の「金石文」との比較からもそう解釈しなければいけなかったことが判ってまいります。

後世のことですが、前述のように、高松塚古墳（明日香村）の壁画の人物像が高句麗文化の伝播であり、又、キトラ古墳（同じく明日香村）の星座を金箔と朱線で描く方法（右の高松塚の星も金箔で描かれております）も、実は、白い顔料で描く中国のものとも異なり、日本列島独自のものとされてはおりますが、これも遡りますと高句麗の装飾古墳の様式（高句麗の後期壁画古墳の玄武〔平安南道江西郡江西大墓〕とよく似ております）と思われます（但し、「四神像」の描き方に、中国式の要素も入り込んでいることの理由につきましては、後述いたします）。

＊当時、高句麗の首都のございました平壌（ピョンヤン）での天体測定に基づく原図により描かれております。

この点、天武天皇の一族の墓は八角形墳が原則であるという理由で「キトラ古墳＝天武の皇子の墓」という点につき否定的なアカデミズムもございますが、この考えは、そもそも八角形墳が後のある時期に改造されてそうなっていたことを見逃しておりまして、その前提が誤っていたのです（天武持統合葬陵などの改造につき、一八3）。因みに、高句麗の集安の丸都山城には八角形の聖殿跡も二つ見られます。

このように七世紀後半に描かれました明日香の古墳、しかもその内容から見ましても、天皇や皇子・皇女クラスの墓が、高句麗の文化（高句麗の装飾古墳に見られるキトラ古墳石室の忍冬（にんどう）文の棺飾りの金具など）を「ダイレクト」に伝えておりましたということは、取りも直さず、かつて五世紀代に、長い間（少なくとも七十年間余）新羅が高句麗に占領されており、その際に、鮮卑などの遊牧民の文化に多分に影響されました高句麗文化を持った新羅が、六六三年の「白村江の役」の後、日本列島を占領支配し、新羅王子が新羅皇帝の名代としての天皇の名に於いて君臨していたことの証拠ともなっていたのです。

＊その占領の証拠に、忠州市の西北方面・南漢川左岸近く、かつ、達川の忠州鉱山の近くにございます、高句麗20長寿王（四一二～四九一年）の頃の「中原高句麗碑」（忠清北道中原郡可金面竜田里立石村。朝鮮半島内では唯一の高句麗の碑）におきましては、新羅王は「東夷寐錦」「如兄如弟」と表現され、高句麗の臣下扱いされております。

明日香の古墳に高句麗の影響が見られるということは、取りも直さず、その古墳が新羅の占領下で造られた古墳であったことの証拠ともなっていたのです（別述）。

因みに、高句麗が当時新羅を占領しておりました様子は、次のように、日本紀の方を分析いたしましても、その中にちゃんと見えておりました。

「人殺家内所養鶏之雄。国人知意。尽殺国内所有高麗人」（雄略紀八年〔四六六〕二月条）

――「雄の鶏を殺せ」と指示し、国内の高句麗人を悉く殺させた。

＊この新羅語「鶏＝tark」が、高句麗語「軍＝tak」の暗示となっていたのでありまして、これは高句麗の新羅占領軍の暗殺を指示・指令した大変重要な証拠であったことが判るからなのです。

更に、加えまして、

「新羅王……乃使人於任那王……若綴旒然、国之危殆、過於累卵」（同年同月条）

――新羅王が任那王に使いを出し、新羅は「高句麗に吊り下げられた軍旗のように振り回されており、卵を積み重ねたように国が危うい」と伝えてきました。

と記されております。

そして、このときには「倭王・任那王・雄略」＝「金官伽羅王・武」が援軍を出して新羅を助けた、とあります。「倭の五王の武＝雄略」のモデルは紀生磐（きのおいは）です（二―8）。この頃の新羅は高句麗に振り回されており、伽耶（倭）をとても頼りにしていたことが判るのです。金官（倭）が新羅からの救援要請に応えて、長年（延べ七十年余）駐留しておりました高句麗軍を、新羅から追い出すことの一因を作ってくれたことを示していたのでしょうか。

＊この通り、本当は（平安日本紀で書き替えられてしまう前は）、倭（金官金氏）と新羅（慶州金氏）とは同族に近く、仲が良かった筈なのです（日本紀とは逆）。

新羅も、後に、逆に高句麗を滅ぼしてしまい（六六八年）、又、唐すらをも追い出してしまってからは、この五世紀代における不名誉極まりない七十年余にも及ぶ高句麗による自国占領の事実を、正史の上では物の見事に抹消してしまって（ボカして）いることが判ります。でも、日本紀の方にはその証拠が残されていたのですね。

ですから、アナタは、仮令それが朝鮮史でありましても、そのまま措信せず、きちんとその当時の国際情勢に照らし、近隣諸国の歴史を総合して（人史学）その行間を読み込み、その「歴史偽造」を見抜かなければいけなかったのです。ですから高松塚古墳やキトラ古墳に見られます「装飾古墳の文化」は、新羅の日本列島占領下で作られたものであると共に、高句麗↓新羅↓明日香という二つの段階でのそれぞれの影響を、サンドウィッチのように考えなければいけなかったのです。

このように明日香の装飾古墳に見られます高句麗の文化の手前には、「高句麗の新羅占領」と「新羅の日本列島占領」という二つの重大な事実の存在が隠されていたのです（後述）。

＊前者は統一新羅となってから新羅において抹消され、後者は平安朝（百済系の天皇）に入ってから日本において抹消されてし

まっていたのです。
以上が高松塚古墳に見る高句麗と新羅の文化の「重層」の真相だったのです。

（3）高松塚は高市皇子の墓——女性が領布を付けていない

この装飾古墳である「高松塚古墳」は、当時「皇帝＝天皇」の名で日本国を治めておりました高市皇子（高野王）の墓であった可能性が高かったのです。

と申しますのも、この皇子の生年は、一応、孝徳大王朝の白雉五年（六五四）とされてはいるものの不確かなのですが、死につきましては、持統天皇十年（六九六）七月十日とされておりまして（四十三歳）、この「終末期古墳」の形式の分析からも、高松塚古墳の成立が六八〇～七〇〇年とされているところに照らしましても、ピッタリとその中に収まるからなのです。

そして、一発で完璧に近い決定的な証拠は、壁画は戸外の生活を描いてありながら女性が「領布（ひれ）＝肩巾」（頚にかけて左右に長く垂らした布）を身につけていないことです。領布が禁止されておりました期間が天武十一年（六八二）三月二十八日（「采女……肩巾並莫服」『日本紀』）から文武九年（慶雲二年〔七〇五〕）四月十七日（「采女肩巾囲依令停之。至是復旧焉」『続日本紀』）までの間ですので、これまた高市の死（六九六年七月十日、四十三歳〔『日本紀』『扶桑略記』〕）とはピッタリその中に収まっているからなのです。

＊因みに制度の変わった六八三年にも、七〇五年にも又、新羅使が本国から来ておりますよ。

この間に該当いたします要注意人物として、六八三年大伴望多、六八九年草壁皇子、六九一年川嶋皇子、六九九年弓削皇子、七〇一年多治比嶋、七〇五年刑部（忍壁）親王、七〇七年文武天皇没。

日本紀上、高市皇子は天武天皇の子ですから、そのモデルに直しますと、新羅・文武王（金多遂）の王子の金霜林であったということになります。

この人が日本列島で「皇帝＝天皇」の地位におりましたことの証拠は、その死に際しまして「後皇子尊（のちのみこのみこと）薨」（持統紀十年〔六九六〕七月）と「尊＝ミコト」と称されていたことからも判ることなのです。この表現は、奈良紀からの「漏れ残り」であったのでしょう。

＊「至貴（たふと）日尊（そん）、自餘（あまり）日命（めい）」神代上紀。『万葉集』も同様（一五六～一五八番）。但し、天武紀二年（六七三）二月条では草壁と区別して「命」の文字を使用しております。

しかし、このように、天武天皇の皇子で長屋王の父でもある、この持統朝で「太政大臣＝内閣総理大臣」をも務めた実質皇太子とも思われる高市皇子の死の表現が、何と！アナタ、正史上たったの右の「五文字」に過ぎなかったこと、及び、同じく天武天皇の皇子でこの高市皇子の異母兄である草壁（おさかべ）皇子、しかも、この皇子は日並知（ひなみし）皇子とも称され、かつ、43元明天皇の夫で、文武天皇の父でもあるにも拘わらず、その死につきましては、これ又何と！正史上たったの「九文字」の表現に過ぎなかったことにつき、二五必見。こんなにも新羅王子（天皇）が冷たく表現されているにも拘わらず、右の草壁皇子には、後に「天皇＝スメラミコト」の尊号が奉呈されていることからも、「奈良紀」におきましては、この人も実質的には天皇（そして、その次の実質的な天皇が高市皇子）でありましたことにつき、同じく、二五。

しかも、この死の前年には

「新羅　遣王子　金良琳（新羅王が王子金良琳を日本に派遣してきた）」（持統紀九年〔六九五〕三月）

とありますように、新羅本国から王子の金良琳が渡来しておりまして（二五、七4）、天武天皇の子の文武天皇のモデルが、この金良琳であると考えます私の考えとは、正にピッタリと合致しているのです（五3、七4ノ21、22）。

因みに、前にも少し触れましたように、この高松塚古墳やキトラ古墳の「玄武」の描き方や、キトラ古墳の「朱雀」の今まさに飛び立たんとしている姿が、輯安などの高句麗のものとは異なるので、これは中国の影響であるという考えもあるのですが、それは正にその通りなのでありまして、これは、先述のように、五世紀代に長い間新羅が高句麗に占領されていて（A）、その後、中国から新羅へと入って来た文化とも「融合」され（B）、更には、「白村江の役」の後、日本列島が新羅に占領された（C）ために、高句麗風のものと融合された、その中国（隋・唐）風のものが、新羅から大和の中枢である檜隈（ひのくま）の地へと入って来ていたからだったのです（A＋B＋C）。

ですから、このことは、正に、新羅による日本列島占領の証拠ともなっていたのです。

＊ということで、A・高句麗の新羅占領と、C・新羅の日本列島占領との、その二つが判らなければ、明日香のこの「高松塚」や「キトラ古墳」の謎は、アカデミズムがどう足掻こうが永久に解けない筈なのです。

このように、高松塚古墳の壁画は、A・高句麗、B・中国、C・新羅の三文化の複合であったのです（歴史は、アカデミズムの言うようなそんなに簡単なものではなかったのですよ）。

高松塚古墳が「高市＝新羅王子金霜林＝長屋王の父」の陵、キトラ古墳が「草壁＝日並（ひなみし）知皇太子＝文武の父＝元明の夫」（〜七〇五年）の陵である可能性が高く（又は、この逆も可）、大津皇子（六六三〜六八六年）も、もしその存在が真実であるといたしますと（私はあの悲しい物語を疑っております。二四）、これらの三者の陵であったのです（その皇子の名はともあれ、その人々は実質は新羅占領軍のトップ〔ＧＨＱ〕としての天皇・皇帝となっておりました。七4ノ27、21）。

更に、具体的な証拠を、アナタのためにサービスしておきましょう。

高松塚古墳の壁画の「四神」中最も大切な、「玄武」の亀蛇の頭部が故意に削られておりますが、これは何故だったのでしょうか。このことは、取りも直さず、この墓が後世の百済系の支配する平安朝に暴（あば）かれていたことを示している（五2）と共に、この特に念入りに描かれている「玄武」が、正に、新羅そのものを表していたからに他ならなかったからなのです。

　では、更に、それはどうして「玄武＝新羅」なのかについてをお話しいたしますと、「玄武」は「北方」の「水徳」を象徴しているのですが、そもそも秦帝国では洪水を治めた「水徳」のセンギョク高陽氏を祖と仰いでおりまして、かつ、新羅は、国自体が「中国史の記述にそのまま乗っかって」しまいまして、自称秦の亡命民（『魏書』）と称しているからなのです。そして、その頃の新羅の人々も、そう中国史に迎合して（権威付けるために、自分の良いように勝手に解釈して）そう信じてしまっていたからなのです。

＊実は、『魏書』をよく読んでみますと、辰韓が「秦人」の亡命者だとは一言も言ってはいないのですが。

マルコ山古墳（明日香村、七世紀後半）が六角形の墓であることが判りましたが、この伝川島皇子（天智大王の皇子）の墓といわれておりますものが、「六角形＝亀甲紋」を表しており、かつ、29太祖武烈王などの新羅の王陵も亀の石像が守っていること（新羅＝水徳＝玄武＝自称、秦韓は秦人の子孫。前述及び七4他）などから考えますと、この墓が新羅系の墓であることを示していてくれたのです。つまり、これは平安紀で改竄されてしまう前の、新羅占領軍提督（天皇・皇帝）であった天武天皇（モデルは新羅文武王・金多遂）の皇子たちの一人の墓であったのです（七4他）。

　このように、玄武は新羅そのものだったのですよ（そもそも「武」とは「亀」のことだったのです）。

　ということで、「玄武の顔」が削られていたということは、反新羅勢力である（平安紀での）百済系の天智大王の子孫、つまり道鏡・光仁天皇・桓武天皇らの一族によって平安時代になってから、新羅系の白鳳・奈良朝での大王陵が暴かれ、傷つけられ、この高松塚の被葬者のボディも首がちょんと切られて、持ち去られてしまっていたのです（怨霊がそうすることを防ぐために、わざと大刀を遺骸の直ぐ脇に埋めているくらいなのですから）。朝鮮人の執念深さは、ほんま、恐ろしや。

＊このボディには、右の通り頭蓋骨はございませんし、下顎骨もございませんでした。しかし、甲状軟骨と舌骨は残されておりましたし、第一頸椎にも何らの損傷も見られませんでした。ということは、法医学的な見地からこの死体を分析いたしますと、遺体が腐り、白骨化した後、下顎部を持って頭蓋骨を引き抜いた以外には考えられないところからも、右の考えを根拠付けていたのです。

　もう少し証拠を加えておきましょう。この「亀、又は六角形」が、新羅そのもの、又は、新羅王家を表しているといたしますと、菖蒲池古墳と川原寺の間（橘寺西方約六〇〇メートル）にございます飛鳥（川原）の、日の当たりの具合によりましてはニッコリ笑って寝ているようにも見えます「亀石」（長さ四メートル、巾二メートル、高さ二メートル）も右と同じ思想（亀＝新羅の象徴）の現れだったのであり、又、飛鳥式の瓦が出土しております河内・羽曳野市（埴生村）の「野中寺」（中の太子）の塔の心礎（円形の柱穴に半円形の支柱穴三つを持ち、柱穴の側面に舎利孔があり、表面前部と後方に刻線で亀を表していると考えられております）に見られます線刻も又亀でございますので、今日のようにこの寺が百済系の王辰爾の「船史氏」の氏寺（更に、聖徳太子との結び付きも語られております）とされてしまう「以前」の白鳳・奈良朝には、この寺が新羅系の寺であったことが確実であり、この石亀は、新羅の王子が天皇として日本列島の中枢を占領支配しておりました当時、それらの渡来した人々や宮殿や墓を、「新羅王の象徴である亀が守る」という思想が存在しておりましたことの、一つの物的証拠でもあったのです。

＊この亀石の近くにございます橘寺の塔跡の心礎の穴の形と、この野中寺の塔跡の心礎の穴の形との間には共通性が見られますことも、気にかかることの一つなのです（亀と穴の形）。

ということになりますと、同様に、唐招提寺の「金亀舎利塔」も、これはアカデミズムから言われておりますような唐のものなどではなく、実は、新羅製であったということにもなってまいります。

それに、この飛鳥の「亀石」が西南に向いておりまして、この方向の延長には、正に、先程の高松塚（「高市皇子＝新羅王子・金霜林」の墓）などの新羅系天皇家の墓場がございますことからも、この石亀が、新羅王の名代といたしまして新羅王子たちの「奥つ城」を静かに見守っていたのだということに、アナタもご注意アレ。

更に、証拠を加えましょう。ここに新羅系の王子（実質は天皇・皇帝。私の考えでは「高市皇子の歴史物語作成上のモデル＝新羅王子・金霜林＝『唐書』の総持」が埋葬されておりましたことの決定的な物的証拠は、ここから出土いたしました金銅製の対葉華文飾金具（透金具・パルメット）が、新羅文武王（天武天皇のモデル＝金多遂。つまり「高市皇子＝金霜林」の父）が作ったとされております臨海殿（「宮内に池を掘った」＝「雁鴨池」。「新羅本紀」文武王十四年〔六七四〕二月）出土の塼の文様と瓜二つだということなのです。

＊この六七四年は唐から徳福が新暦法の「麟徳暦」をもたらした年です。これを改良し儀鳳年間（六六七〜六七八年）から新羅が「儀鳳暦」として使用いたしましたことと、日本紀の「年代改竄」と、特に「大化の改新」の創作との夫々の関係につき、六2はアナタ必見です。

更にその証拠を加えますと、この高松塚の青龍の首の部分に記されております「×印」、つまり赤い四つの二等辺三角形が頭を寄せ集めたときに出来る「×印」は、面白いことに、薬師寺の台座の青龍の首に見られます「×印」と共通なのですが、この平城京の薬師寺が、新羅の王都慶州の旧「四天王寺」をそっくり真似て作られたものなのですから（七4ノ36）、ここにも高松塚と新羅との深い繋がりを垣間見ることが出来たのです。

（4）「美其造」は高松塚の壁画への表現だった

すると、どういうことになるかと申しますと、日本紀に記されておりました

「詔造京司衣縫王等、収所掘尸」（持統紀七年〔六九三〕二月十日）——A

——京を造る司の衣縫王らに詔して、掘り出せる屍を収めしむ。

及び、その前の

「賜直丁八人官位。美其造大内陵時、勤而不懈」（持統紀六年〔六九二〕六月九日）——B

は、一般にアカデミズムでは「直丁八人に、官位を賜ふ、その大内陵を造りし時、勤しみて怠りざりしを褒めたもへり」と、読まれてはおりますが、アナタは、この「美其造」の部分は、素直に「その大内陵を美しくするのに努力した」と読み下すべきだったのです。

と申しますのも、持統天皇の存在は架空でございますから（八4）、ということは、この大内陵と言われております「天武・持統天皇合葬陵」も架空・偽造だったのでして（一八3）、この記事は、正に、天武天皇の皇子の、高市皇子の美しい壁画の「高松塚」を造ったことを示していたのです（日本紀によりますと、高市皇子は六八六年に亡くなっておられます）。

これらは平安紀では改竄されてしまい、現行の姿にされてしまっていたのです。

右の正史の記述中、正に、「A」は後世にこれら政敵の墓を暴いたことをちゃんと暗示してくれておりますし、「B」は奈良紀のレベルでは、高市皇子（天皇・皇帝）の美しい壁画に色どられた高松塚を造ったという意味で「美其造」ことが記されていたのだと、平安紀の前の奈良日本紀のレベルのときからは少し変えられてしまっているとは申せ、残っておりましたその貴重な文言から、アナタはこのように解読しなければいけなかったのです。

この「美其造」の三字を平安朝で日本紀を改竄する際に、削除することを忘れてしまった（そこまではしなくても大丈夫だと思ってウッカリ油断してしまった）ことは大失態でした。

この「美しく作った」という文言こそが、あの高松塚古墳における、「美しい朝鮮乙女」のカラフルなタイトスカートの壁画の完成を素直に表現したものであったからなのです。

では、この美女たちが、「何故こういう形でここに現れることが出来たのか」と申しますと、先述のように、五世紀に約七十年近くも高句麗が新羅を占領しておりましたときに、そこに「高句麗の画法・文化」が新羅に根付いてしまったのみならず、新羅系由での「唐の最新の技法」もそこに加わりまして、それが新羅から飛鳥へと入って来ていたからだったのです。

ですから、「道教」（左道）の影響により玄室の壁を全て朱一色

で塗りたくって、そこに黒漆の棺を入れました、改竄古墳（一八3）でもございます、日本紀の示唆する「大内陵」、つまり天武・持統天皇合葬陵と、この高松塚の、目にも鮮やかな朝鮮乙女の装飾古墳とで、アナタは果たしてどちらを美しいとお考えでしょうか。もっとも、これは美意識の問題かもしれません……が、勝負は自ずと明らかですよね。

このように今日残されております証拠だけを見ましても、高松塚は新羅王子の美しい墓でありまして、かつ、この陵が後の世に暴かれておりますことが、このように明白であったのです。

さてさて、お話を弓月君に戻しますが、このように、弓月君の渡来とは、五世紀に高句麗に圧迫された金官（倭）王家の一時的な亡命（逃避行）を示していたのですよ。

尚ここで、応神十四年に葛城襲津彦（モデルは金官伽羅6坐知王）を派遣したのに、「三年経った」のに帰って来ないと言っている年が応神十六年のことだとしているのですから、明らかに日本紀のこの点での一年分のズレ（短いこと）は可笑しいのです。

今度は、お話を伝仁徳陵のことに戻しますが、このように大仙陵は、百済と金官（倭。当時は金官へ南下した秦氏〔今来の秦氏〕も共同統治に参加しておりました）との融合の象徴でもありますので、伝仁徳陵の中には秦の弓月君と一緒にその妃（と申しましても、仁徳は百済王女が配下［それとも、同等か］の金官王兼秦王国王妃としてやって来たのですから、この仁徳の方がこの堺市の王墓の主よりも上位の筈なのですが）も、形式的に合葬してある可能性もあり得ます（もし、この陵を掘ってみれば、実に当時はコスモポリタンであったことが判明する筈です）。

と申しますのも、この大仙陵には後円部の本来の埋葬部のみならず、前方部正面中段にも竪穴式石室があり、そこには長持型石棺が納められていたからなのです（明治五年堺県発掘）。

そして、何と、ここからも、大王の「即位のセット」でございます「白色の皿」と「瑠璃色の壺」が出土しておりまして、これが「新沢千塚一二六号墳」から出土しました「白色ガラス碗」と「紺色ガラス皿」のセットと、色もそのニュアンスもそっくりだからなのです。このように大王即位の儀式におきましても、この大仙陵と新沢千塚一二六号墳の方墳との二つの古墳は、思想的に同じ背景を有していたのです。

どちらにしろ、大きさの違いを超えまして、双方とも大王墓だったことには間違いなかったのです。寿陵（生前墓）と死後墓との関係かもしれません。

ところで、朝鮮半島では、ガラス製品は、何故か「秦韓＝新羅（この当時は伽耶）」系で多く出土しております。このように大仙陵と新沢千塚とは年代もあまり離れてはおらず、大きさが異なるとはいえ、やはり、思想的には繋がっていたとアナタは見なければいけなかったのです。

また、その他の日本列島の古墳のみならず、朝鮮の古墳とも相互に次のような密接な繋がり（関連性）が見られるからなのです。

①新沢千塚一二六号墳出土のこれらのものは、

②熊本の江田船山古墳（ハート型耳飾、靴につきましては、③とこの②とが共通です）のみならず、
③百済武寧王陵（一七2。王妃〔倭の哆唎の王女〕の頭部の瓔珞付き装金具、熨斗につきましては①とこの③とが共通です）とも共通しておりまして、更に、このは①と③の瓔珞は、
④満州の鮮卑の墓（瓔珞）へも遡ることが出来るものであるのみならず、③百済武寧王陵出土の「大刀亀甲文」の中の「鳳凰透かし彫り」は、法隆寺の直ぐ近くの、
⑤斑鳩町の藤ノ木古墳（馬具亀甲文）とも共通（百済武寧王陵―栄山江出身の哆唎王女―新沢千塚―斑鳩の藤ノ木古墳）しておりますので、アナタはこの頃の「日本列島①②⑤、朝鮮半島③、満州④」の三者の流れを一体と見て総合的に分析してみる必要があったのです。

＊②のハート型耳飾や靴は五〇〇～五二五年頃のもので、百済系のものですし、武器や三つ子の鈴などは、その前の四七五～五〇〇年頃のもので、高霊伽耶乃至は星州伽耶（慶尚北道星州＝伴跛＝本跛＝ハへ）系のものでありまして、このように時代と地域の異なるものが同時に埋まっているということは、実に、要注意なのです。

因みに、高句麗特有の「三環鈴」は高句麗（百済の兄弟国ないしは伯族）が遼西（当時の遼東、現在の遼西）までも占領しておりましたこと（『宋史』などの晋平県。二3）の証拠でもございまして（朝陽〔龍城〕などの五胡十六国の鮮卑の「三燕〔前燕・後燕・北燕〕の地」でも出土）、これが新沢千塚一二六号墳から出土しておりましたことは、五世紀の鑣轡（a高句麗の桓仁〔遼寧省〕の三世紀の高力墓子一九号墳、b集安の二四二号墳、c福岡県老司古墳、池の上六号墳、d五世紀の高霊伽耶の池山洞四四号墳）などの実用馬具の日本列島への普及とともに、扶余系遊牧民の朝鮮半島の南下、弁韓（卞韓）の支配、そして、五世紀代の「倭の五王」の頃の日本列島の分国への渡来を示す証拠でもあったのです（五3）。

ここ②からは、「獲□□□鹵」という百済21蓋鹵王（四五五～四七五年）の名の銘のある銀象嵌の鉄刀（別述のように、これはワカタケルのことではございません）が出土しております。

因みに、法隆寺の近くの、聖徳太子とは縁の深い「藤ノ木古墳」出土の右の冠⑤が、右の③の百済25武寧王（五〇一～五二三年）陵出土の「王妃の飾り金具」とその意匠が似ていることからも、栄山江流域の倭の哆唎と百済との関係が濃厚なのですが、平安紀での聖徳太子のモデルの一人を、百済27威徳王（五五四～五九八年）と考える私にとりましても、このことは注目に値することなのです（一一2）。

さて、テーマを本題に戻しますが、以上のことは、日本紀に直して申し上げましても、金官7吹希王（四二一～四五一年）が弓月君のことでございますし、その祖父の5伊尸品王（三四六～四〇七年）が武内宿禰であり、この人が秦氏の祖と系図上なっていることからも実にピッタリなことだったのです。

つまり、この当時の状況を一言でマトメて申し上げますと、新羅が南下した高句麗の支配下にあり（二―1）、一時は高句麗の勢いが強く、金官（倭）の一部のみならず百済の一部までもが、圧迫を受けて（丁度「朝鮮戦争」のときの敗退するマッカーサー元帥の国連軍の姿のように）列島の畿内にまでも亡命して来ていた状況であったのでございまして、そして、この当時の国と国との関係につきまして、金官（倭）を中心として申しますならば、やがて、百済は長い間隣国の新羅を占領しておりました高句麗の圧力からも倭の助力によって解放され、少しずつ独自の力をつけてまいりまして、倭（金官）の方も新羅との対抗上、「倭＝任那」連合の象徴として仰いだ百済王・王子と連係を保ち、その百済王の下に、金官（倭）王（後来の秦氏）がおり、その又下に、畿内の秦氏の「銅鐸の秦王国」（先来の秦氏）がいたということにもなりまして、朝鮮と日本列島を一体として見ますと、このように「三重の構造」になっていたことが判って来るのです（前述）。

＊「先来の秦氏＝倭鍛冶（やまとのかちぬ）」、「後来の秦氏＝韓鍛冶（からかちぬ）」か。

そしてその激動の当時は、百済王女の仁徳が、実質的には金官（倭）と畿内の秦王国の双方（つまり西日本全部）を統治していたと考えてもいいと思います。

＊仁徳女帝の夫の弓月君（ゆづき）（金官7吹希王）の名の由来が、「エチキ」であったことに加え、何と！古代朝鮮語で「弓月君＝百済君」をも意味していたことにつきましては、前述の五1のみならず二―5も必参のこと。

(5) 五世紀の畿内での支配者の交替と国際情勢

これらの大陸での動きの余波ともいえる動きを、四世紀の日本列島に遡って見てみましても、大和・奈良盆地の初期の頃の行燈山（あんどんやま）古墳（伝崇神大王陵）や渋谷向山（しぶたにむこうやま）古墳（伝景行大王陵）を始めとする大古墳、そして、それより少し遅れて現れました、佐紀の五社神（ごさし）古墳（伝神功皇后陵）や佐紀陵山（みささぎやま）古墳（伝日葉酢媛陵）、更には室大墓（むろのおおばか）古墳（宮山古墳）などの大古墳の勢力が、五世紀に入りますと河内平野の百舌鳥古墳群（特に、大仙陵・仁徳陵）や古市古墳群（特に、誉田山・応神陵）の勢力に取って代わられてしまっておりますが、このことが一体何を示しているのかと申しますと、これは、何度も今までアナタに申し上げておりますように、高句麗の南下の圧力（余波）で、海峡国家・倭（伽耶）の王権の中枢が、一時九州から畿内へと逃げ出して来て（緊急避難して）、本拠を移したことを示していたのです。

＊畿内の勢力側から見ますと、他人が侵攻して来たということにもなります。

この点、朝鮮半島での前方後円墳の変化（第一期～三期）との比較もとても大切です（二7）。

ですから、この変化の直前には畿内に内乱（私の考えでは、当然、内乱などではなく、外国同士の戦争）が認められるのです（河内vs大和戦争）。

つまり、「倭の五王」の一族の九州からの本格的な侵入により、その結果、畿内の支配者に「交替」が見られ、大和盆地（かつて東行した邪馬臺国の壱与の末裔＝安羅系。一〇4、5、6）の首長から大阪平野（金官王プラス今来の秦氏）の新たなる侵入者へと代わっていった、つまり、その又上に君臨したということだったのです。

このことを裏付けます河内と伽耶との共通性の証拠といたしましては、大型の衣蓋形埴輪やさしば状埴輪を出土し、又、その濠内の方墳より水鳥埴輪を出土し、竪穴式石室で長持形石棺であることから、まず大王陵であると考えられます四世紀後半（三七五年ぐらい）の「津堂城山古墳」（藤井寺市）の石室内石棺外からは「巴形銅器」（四足。楯飾り）が出土しておりまして、伽耶の金海市大成洞墳墓の一三号（但し、四世紀以降）からもこの特殊な形の巴形銅器（四足）の出土が見られますので、この両者の共通性が認められるのです（尚、唐津市の「桜馬場遺跡」から弥生時代後期のより古い巴形銅器〔しかし、これは六足です〕が出土しております）。

更に、葛城の古墳の北端ともいうべき馬見丘陵の上の佐味田宝塚古墳（河合町佐味田。前方後円墳。前期後半）からは、三十面以上の鏡のみならず、四足（翼）の「巴形銅器」が出土しておりますことが大切なのです。

この「巴形」が金官伽羅（倭）と関連しておりますことにつきましては、先ほどお話し申し上げましたが（更に、後述〔本節ノ6〕のように、扶余やアルタイとも関連）、葛城襲津彦が鉄器にかかわりの深い忍海氏を新羅から（但し、日本紀上の表現）連れて来たとされております（神功皇后紀五年条。別述）。

そして、この古墳より南方の葛上・葛下郡に挟まれました形で「忍海郡」もあり、かつ、この「葛城＝カルラキ＝伽羅の城（邑）」でありますし、「忍＝オシ＝大＝大伽耶＝金官伽耶」のことでもあるのですから（二一5など）、伽耶（倭）の勢力が河内から「大和川」を遡行するか、又は、「紀ノ川」を遡行し、葛城の地へと入り、そこで纏向へ先行して入っておりました勢力と対峙（ノカツギ型の銅鏃で戦いました）しておりました時期がございましたことをも示してもいたのです。

＊因みに、今日でも佤族の原郷の一つでございます雲南では、「傘」は王の権威を示す特権のシンボルです（西双版納の「金の傘」）。これを立てている傣族の「王」の建物の前を馬に乗ったままでの通過は、泰族の者でさえも許されないことなのに、プーラン族・ハニ族・チーヌオ族などの、被支配民である山岳民の中の一定の者のみは、馬に乗ったままで通過できるのです）。瑶族（打木格〔「木ヲ刻ミテ事ヲ記シ」た古代文字〕を持つ民であり、この一派が瓦族です。九黎から瑶族と苗族に分化）の中には、「過山榜」「評皇券牒」という、山地居住の由来を記した「特許状」を中国皇帝から下賜されていた一族も存在しておりました。後世の日本列島におきましても、山岳民のマタギや木地師なども、日光権現や惟喬親王（八四四～八九七年、文徳天皇の第一皇子。小野宮と号して八瀬・大原の辺りに住んだ。法名は素覚。『古今和歌集』にも歌があり、在原業平〔一2〕らとの交遊も

ございました。木地屋の祖に仮託されました）などからの「特許状・由来書」を与えられ、時の中央政府から独立し、その課税には服しませんでした。

今度は、河内の一つの古墳を例にとりまして、日本列島と朝鮮の伽耶との関係を、更に深めてまいりたいと思います。

野中古墳（うらやぶ古墳。藤井寺市野中。方墳。元は四隅突出型か）で出土いたしました多種多様の須恵質土器（蓋に「星形斜行文」の見られるものもあります）は、明らかに朝鮮南部の洛東江付近の伽耶製ですので、古代のある時期には河内が伽耶と密接な関係、もっとはっきりと申しますと、ズバリ、その分国になっていたことが判るのです（開中費直や加不至費直〔河内直〕につき、一七2）。

そして、この古墳は墓山古墳（羽曳野市誉田。長さ二二四メートル）の周庭延長上に築造されましたその陪塚であると考えられ、この墓山古墳そのものの大きさや、平面プラン（墳丘プラン）が、伝允恭大王陵や伝継体大王陵と同一（しかし、そのプランはこちらの方がより古い）であることからも、当然、これが大王陵であったものと考えられるので（記紀にない大王陵！）、そういたしますと、この畿内の大王が、五世紀中葉の伽耶（倭）系であったことになって来ざるを得ないからなのです。

紀伊の紀ノ川の近くの尾根上に展開する六百十八基以上を数えます「岩橋千塚」の中の、玄室・前道・羨道の三石室からなり、玄室の補強を目的とした巨大な石棚や石梁を用いた天井の高い構造の古墳（ワハーン回廊系。一〇3）は、「岩橋式」とも言われ、これは正に高句麗の古墳に見られる様式ですので、ここから西北約七〜八キロメートルの大谷古墳出土の馬具（馬冑）、南朝鮮の金官伽耶出土の馬具（馬冑）、更には右の大谷古墳の近くの楠見から出土の陶質の凸帯模様を持つ「楠見式土器」は、一見して伽耶系のものであることが判りますので、早ければ五世紀から、そしてそれから七世紀までの間の「満州→金官（釜山）→紀ノ川河口」という人の流れ、つまり大陸との濃密な人的交流（関連）を否定する訳にはまいりません（因みに、この紀ノ川北岸付近には「釜山」と名のついた古墳群もございますし。釜山＝浦上八国＝倭の大乱。一〇1）。

このように高句麗の南下に民族の追っ立てを喰いまして、伽耶（倭）は「緊急避難」という形で九州の分国から更に畿内へと入って（侵攻して）来たため、五世紀の河内や葛城の、「歴史」も「考古」も、皆、伽耶一色で溢れてしまっていたということに、アナタはもっと早く気が付くべきだったのです。

（6）巴型銅器の起源は金色の蛙だった

さて、お話を巴形銅器のことに戻しましょう。

実は、この巴形銅器は、もっと時代を遡りますと、高句麗の「金蛙」（後述）、更には中国のコーカソイド（白人）の中山国・鮮虞（BC五三〇年以前〜BC二九六年）の黒陶鼎の日足文・太陽紋（雲南などの銅鼓の「太陽紋」もこの流れです）へ、そして殷文化、インドのインダス文明（ＢＣ二三五〇～ＢＣ一六五〇年）における「太陽信仰」を表す卍（スワスチカ）や「車輪」、更にはシュメール文明にまで行き着く可能性すらもあり得るのです。

＊殷人は、インダスからアーリア人（ミタンニ人やカッシト人）の侵入により「追っ立て」を喰って中国へ流入した亡命民だったからです。前述の「打木格」の瑶族や佤族はこの流れ。また、インダス人の出自は、セム人のアッカドに追っ立てを喰ったシュメールの亡命民だったからなのです（別述）。

ミタンニ人やカッシト人の海路でインドへ亡命した以外の、陸行した一部が、当時はまだ緑豊かであったタクラマカン砂漠経由で、Ｗ型小麦とともにもたらしたものだったのかもしれません（コーカソイドの東行）。

ここで、序でに、先程の「中山国」が、北京から南南西約三〇〇キロメートルのところにありましたコーカソイド（白人）の国でありましたことの証拠について中国史を見ておきましょう。

「鮮虞　白狄　別種　在中山新市県」（『春秋左氏伝』昭公〔在位ＢＣ五四一～ＢＣ五一〇年〕十二年条杜預の注）とありますので、この鮮虞（せんぐ）国が白人系でありましたことが判ります。

更に、「中山古鮮虞国　姫姓　也」（唐・司馬貞『史記索隠』）「晋が鮮虞を伐った」（『春秋左氏伝』昭公十二年〔ＢＣ五三〇〕）ともございますので、晋が春秋の末に鮮虞を伐って、その国の名を「中山国」と改めたのです。つまり、このように、「鮮虞国＝中山国」（オリエントの姫氏）でもあったのです。

この中山国は、ＢＣ二九六年に趙により滅ぼされるまで存在いたします。

このように、今から二千五百年も前に、北京の近くに白人の国（多分、植民市として）があったなんて、驚きですね。アナタも古代中国についての認識を、少し変えなくてはなりませんよ。

＊こう考えてまいりますと、「秦の始皇帝政の正体」がグレコ・バクトリアの将軍の一族、又は、バクトラ地方のペルシア人の一族が、古くからあった白人の東の植民地に東行して来たものだったということも十分あり得ることですので（別述）、アナタは強ち否定出来なくなりますよ。

それに、古くは楼蘭領域で近年出土いたしましたＢＣ三〇〇〇～ＢＣ四〇〇〇年のバスケットに麦種を持ったコーカソイド（白人）の乙女（別述）も、その魁（さきがけ）だったのかもしれませんよ。

さて、以上のように「河内・葛城」と「朝鮮の金海（キメ）」とは、共に珍しい「四足」の巴形銅器で共通だったのですから、このことは両者の直接の繋がり（つまり、高句麗に追われた海峡国家・倭の大王が「金官伽羅」から「九州」経由で「河内」へ、更には「葛城」へとも入って来ていたこと）が認められたと考えてもよかったのです（河内vs大和戦争）。

また、前述のように、海峡国家「倭」には決して一人の王だけが君臨していた訳ではない（そういたしますと『日本紀』の文言の「一人の大王」とは真っ向から矛盾してまいりますよ）ことも判って来るのです（倭国連合）。

ところで、右の巴形銅器につきまして、満州辺りまで遡って見てみますと、高句麗や百済の祖国である扶余王の解夫妻（この王は、今日では解姓となされているのですが、本来は伯姓であって、穢族系に征服されていた「前期」扶余王室の一族であった可能性が大なのです）が、山々の神々にお世継ぎを授かりますようにと祈りましたところ、馬が鯤淵（今日の鏡伯湖＝吉林市の東方約一八〇キロメートルで、後に渤海上京龍泉府が置かれたところ＝牡丹江流域）という処で立ち止まり、大石を見て涙を流しましたので、その石を動かしてみたところ、その石の下から「金色の蛙の形をいたしました子供」を見つけ、金蛙（きんあ）と名付けて太子といたしましたが、巴形シンボルは、このことに由来するもだったのでありまして、この高句麗の史書の文注では「蝸（カタツムリ）」（「高句麗本紀」始祖東明聖王）ともあります。

このように、満州・朝鮮半島では、これが金官伽羅国で出土いたしました巴型銅器の原型に繋がっていったのでありまして、これが扶余・高句麗のアルタイ（金の意味）系の民のシンボルの一つでもあったのです。

このようにこの太陽を表す「日足文」の出た「カタツムリ・巴」は、アルタイ、満州、朝鮮、日本列島と、鉱山民のルートで繋がっていたのです（海の鉱山民のルートにつき、別述）。

そして、この遊牧民系鉱山民の象徴の「カタツムリ」が、別の形をとりまして、モンゴル国章や韓国国旗に見られます「二匹の鯰（なまず）」と化して、今日にまで伝わっていたのです。

このように、朝鮮から日本列島にかけてだけを見ましても「高句麗→金官伽羅→河内・紀州、又は→葛城」と遊牧騎馬民（「今来」の秦氏の正体は扶余から亡命した辰韓人の南下・渡来）が渡来いたしましたことの証拠は、そのシンボルたる「カタツムリ」の出土でも明らだったのです。

4、平安朝の日本書紀の天皇は百済王がモデル

現行日本紀＝平安日本紀は、今度は「百済王系図」を参考にして、百済亡命政権の手によって、平安時代になってから、奈良日本紀から「作り変えられた」ものだったのです。

このことにも、アナタは早くお気付きになってください。

このような点は文化の面にも見られまして、平安期に百済系天皇家が日本の正史を改竄するに際しましては、例えば慕韓地域（百済以外の馬韓の南部）の全羅南道の栄山江一帯（新徳古墳などの前方後円墳が多く見られる、百済に占領されるまでの倭の一部）から文化（例えば「灰色の陶質の祝部（いわいべ）土器＝須恵器」など。四五〇年、古墳時代中期頃）が伝播してまいりましても、「慕韓→馬韓→百済」と強引にこじつけてしまい、それが百済人からもたらされたものだなどと巧みにすり替えてしまって日本の正史に記載されたりしていること（雄略紀七年是歳条）にアナタはご注意下さい。

5、奈良朝の日本書紀の天皇は新羅王がモデル

（1）天武天皇のモデルの新羅文武王（金多遂）は、渡来して宗像君徳善の女の尼子と結婚し、高市皇子のモデルである新羅王子の金霜林をもうけていた

平安紀の前の奈良朝に作成されました奈良朝日本紀におきましては、先程も申し上げましたように、新羅王・王子が皇帝として記されていたのです。奈良朝の日本紀の天皇（大王）系図は、「新羅王系図」（つまり、朝鮮の母国の王系図）を参考にして、あくまでも日本列島に於いて作られました歴史物語である『日本書紀』の上での大王系図に過ぎなかったのだ　ということに、もうそろそろアナタにも気付いていただかなくてはなりません。

つまり、このことを一言で要約いたしますと、奈良紀におきましては、金春秋・太祖武烈王（天智大王のモデル。孝徳紀では大化三年〔六四七〕来日。実際は、長期の来日してはいないでしょう。短期間の視察レベルではあり得るでしょうが）と金多遂・文武王（天武天皇のモデル。孝徳紀では大化五年〔六四九〕来日）とが、それぞれ38天智、40天武のモデルといたしまして皇帝と記載されておりました。

しかしながら、平安紀におきましては、「大化の改新」を挿入してしまうと共に（これは奈良紀でも存在していたのでしょうが、その意味合いを異にいたします）、35皇極大王（新羅・善徳女帝がモデル）、36孝徳大王（百済・義慈王の皇太子の「孝」がモデル。「孝」が共通ですよ）、37斉明大王（新羅・真徳女帝〔善徳の姪〕がモデル。平安日本紀では、「35皇極＝37斉明」というように、同一人の重祚と改竄してしまっております）をも夫々挿入し、かつ、奈良紀におきましては天智のモデルが、右のように新羅・太祖武烈王であったものを、今度は百済王子・余豊璋の「二分の一」を足したものへと変更して改竄してしまっていたのです（一序）。

ということは、天皇・皇太子としての中大兄（天智。プラスされた百済仮王の余豊璋）という人が（合成人間であり）不存在ですので、当然、その子（余豊璋の子）も不存在だったのです。

＊しかし、平安日本紀の天皇系図では、百済王子・余豊璋の「弟」の「隆」を、天智の「子」の「大友皇子＝弘文天皇」ということに変えて挿入してしまっております。

その間接証拠を一つ申し上げておきましょう。

中大兄と蘇我倉山田石川麻呂の女の越智娘（おちのいらつめ）との間の子の建王（たけるのみこ）が唖者であり八歳で死んでしまったので、不憫に思った祖母の斉明大王が「要合葬於朕陵」（斉明紀四年〔六五八〕五月）、つまり「要（かなら）ず朕の陵にあの孫を合葬して欲しい」と言って歌よみして、悲哭（みね）したという。

＊この年の七月、勅命により智通と智達が「新羅の船」に乗り（乗新羅船）大唐国（もろこし）の玄奘法師のもとに行っております（六2、七4）。

これは一見、美しいお話のようなのでございますが、しかし、

こうすれば建王の墓は存在しなくてもよいことになり、「歴史物語」偽造が発覚し難くなることも間違いないのです。

また、奈良紀におきましては新羅王子の金良琳（文武天皇〔在位六九六～七〇八年〕のモデル。日本紀では六九五年来日。この頃になりますと、既に新羅王子が実際に渡来して皇帝となっておりました）が新羅王子の占領軍提督として日本列島を支配していた時代とその前の、同じく新羅王子の金霜林（高市皇子のモデル。日本紀では持統天皇元年〔六八七〕来日、翌年帰国）らの三兄弟が皇帝として支配していた時代のところには、平安朝に改竄されました平安紀におきましては、実際に日本列島には大化五年（六四九）に一度渡来しただけとされております（実は、老後にも渡来）、その父の天武天皇（モデルは金多遂＝新羅・文武王）と架空の女帝持統天皇（在位六八七～六九七年。八4）との二人を挿入して現行日本紀のように作り変えてしまっていたのです。

金霜林（高市皇子）の父の「金多遂＝後の新羅・文武王」（天武天皇のモデル）の若き頃の日本列島への渡来の証拠につきましては、正史上でも「是歳、新羅王遣……金多遂為質」（孝徳紀大化五年〔六四九〕）と記されておりますので、早ければこの頃渡来し、やがて、かつて「倭国の海人」（安羅水軍）を取り仕切っておりました、九州の宗像の豪族の徳善という人がおりましたが、その女の尼子（あまご）と結婚していたものと思われます。

＊因みに、六六三年に「白村江の役」で倭が敗れた後、倭の宗像水軍の一族で、新羅の占領軍と手を組まなかった抵抗組は、出雲、伯耆（ほうき）（ハバキ）、琵琶湖西岸の安曇（あど）川から、科野（しなの）（＝カヤ＝伽耶）国へと入り、更に、安曇野、穂高から「諏訪湖＝州羽海」（「ソバル＝王都」からルの脱落）へと入っております（宗像（むなかた）＝建御名方（たてみなかた））。そして、更に、東北に追いやられ、「荒＝アラ＝安羅（倭）」「ハバキ＝伯耆」神とも化していたのです。そして、正史上に荒蝦夷（あらえみし）と記されております一族も、実は、これと同系統だったのです。百済では異民族のことを「荒」という字で表現する傾向がございました（「百済本紀」蓋鹵王十八年〔四七二〕魏への「上表文」）。

諏訪神社の神長「守屋」「守矢」「洩矢」家が、もし物部守屋（「物部尾輿＝百済武寧王がモデル＝敏達大王」の子。「百済聖王明がモデル＝用明大王」と同一人）の子の那加世（正史では、用明大王二年〔五八七〕に物部氏は蘇我氏に滅ぼされたことになっております）と関係が有り、かつ、諏訪から東北へ逃げた千鹿頭（ちかと）神を戴く一族が、秋田県協和町境の「唐松（からまつ）神社」へ至った物部氏とも繋がっていたといたしますと、縄文の頃からの諏訪湖の「褐鉄鉱文化」の中に、所謂「崇仏排仏論争」で敗れた物部氏が六〇〇年頃に入り込み、更に、先程申し上げましたように、六六三年の「白村江の役」の後、そこに宗像の「倭＝安羅」水軍の亡命民（安羅伯耆＝アラハバキ＝荒ハバキ＝荒蝦夷（えみし））が侵入して来たため、物部氏の一派が北へ逃げざるをえなかったとも考えられるからなのです。

『旧事紀』国造本紀、『古事記』神武記によりますと、物部氏から「科野」国造が出ておりますが、このことの意味するところと、前述のこととの関連が、どうしても気になります。

因みに、唐古鍵遺跡（国内最大級の環濠集落、奈良県田原本町。下ツ道。別述）から出土いたしました弥生時代最大級（全国で十番目の翡翠製品）の翡翠の勾玉（長さ四・六四センチメートルと三・六三センチメートル）は、何と、自然の褐鉄鉱を利用した容器に入れられておりました。因みに、古くは殷でも銅刃の先に流星がもたらしました隕鉄を着装しているものもございました。

（2）高市皇子が新羅王子・金霜林であることの決定的な証拠は、弥勒菩薩半跏思惟像の銘文の「高屋太夫」

では、次に、若き日の天武天皇（金多遂）渡来の証拠の一つともなっております、ある素晴らしい（新羅系の）仏像（明治十一年〔一八七八〕に、法隆寺から皇室に献上されました五十九躯の小金銅仏群、所謂「四十八体仏」の一つ。そもそも、これらの大部分は承暦二年〔一〇七八〕に橘寺から法隆寺へと移管されたものです）をアナタと共に見てみることにいたしましょう。

＊この橘寺の辺りは、草壁皇子（奈良紀では天皇）の住んでおりました「嶋宮」にも近く、橘寺の北門と川原寺（七4ノ5）の南門と道を挟んで対になっておりますので、ともに寺になる前は、新羅王子の占領軍の政庁であったものと思われます。

この新羅の仏には、次のような銘文が、台座の下部の正面と右側に地を這うように、珍しく横書きで、正面に十四字、側面に二十の合計三十四字が刻まれております。

「歳次　丙寅　年正月生十八日記　高屋太夫　為分韓婦夫人名阿麻古願南无頂礼作奏也」（東京国立博物館蔵、銅造〔弥勒〕菩薩半跏〔思惟〕像）

この丙寅の作成年の銘をもつ銅造菩薩半跏像の銘文の「高屋太夫」というのが、実は、高市皇子（金霜林がモデル。「天武天皇＝新羅・文武王」の子）を指しておりまして、同じく銘文の「阿麻古」がその母であるところの、右の九州・宗像（胸形・肩・方）の豪族の宗像君徳善の女「尼子」を指していたのです。

＊宮地嶽神社（海の正倉院）の古墳は、この宗像氏のものです。「ムナ」の音からしますと、本来は古代朝鮮語の「ムナ＝胸＝中心＝王都」という意味だったのでしょう。

と申しますのも、天武のモデルと尼子とが結婚していたことが正史上にも、次のように記されていたからなのです。

「次納胸形君徳善女　尼子娘、生　高市皇子命」（天武紀二年〔六七三〕二月条）

このように、新羅王子の頃の金多遂は、占領軍提督として九州へ渡来してまいりましたときに、現地（九州）の敗戦国である倭国の海軍の司令官の女を現地妻としていたことが判るのです（二五）。

と言うことになりますと、右の正史により「高市皇子の母は尼子」（天武紀）なのですから、「高屋太夫の母が阿麻古」（右の銘文）となっておりますことと、この両者はピッタリと一致し、そういたしますと必然的に「高屋＝高市」だったということも判ってまいります。この「高屋＝高市」という点につきましては、ある偶然の機会に私が発見いたしましたものです。

＊この皇子の本来の名が、今日のような「高市」ではなく、「高屋＝タカヤ」「高野＝コウヤ・コウノ」（高野山の「コウヤ」）の名であった可能性につき、後述。

そして更に、その場合この「分韓婦夫人」のところの解釈が問題でして、ここを「韓・伽耶から来た女性」とは解釈しないで、素直に「韓ノ別（分）ノ妃」と読みまして「韓のワケ（王）の妃となった人」と捉えますと（古代朝鮮語の「Wang＝王」につき、二―1）、「初め渡来した当時はまだ新羅王子だった頃の金多遂と宗像君の女の尼子が結婚し、高市皇子こと金霜林を生んだ」という私の考えとも、この点ピッタリと整合して来るではありませんか。

＊韓の別（ワケ＝王）婦、その人の名アマゴ。

では、高市皇子がこの仏像を造った動機の点についても考えて、歴史探偵としての私の推理をより完璧にしておきましょう。

死んだ母の阿麻古への高市皇子の深い愛が、この銘文からも窺われるのです。

＊文字を鐫（せん）（鑿・彫る）刻（こく）後に研磨し、その上に鍍金しており、鐫刻内もちゃんと鍍金してございます、美術的にも大変優れたものです。

丁度、辛巳（かのとみ）・天武九年〔六八〇〕に「古墳の墓碑」として建てられました上毛野国（群馬県）の「山上ノ碑」の僧・長利の母黒売刀自（くろめとじ）に対するものと同じように。

そして、この新羅系の仏像の「様式」の分析からも、この「丙寅」の年が、六六六年（天智五）に相当する年のことであると考えられます。

＊また、この丙寅が干支一運上げた六〇六年（推古十四）という考えもあるのですが、この仏の抜群の造型感覚から考えまして、これは中宮寺の菩薩半跏像と並ぶものだと思われますし、そうだといたしますとこの丙寅は天智五年と考えるべきなのです。更に、同じ弥勒である大阪・野中寺の丙寅銘の弥勒菩薩半跏像が天智五年の作とされておりまして、かつ、これと全てがよく似ているところからも同年の作と考えるべきなのです。

但し、野中寺のものは、この頃のものに似せて、後世に作られたレプリカに過ぎないという考えもございますので要注意です。もし、そうだといたしますと、広隆寺の弥勒菩薩の整形手術と同じ……ですかね（七4ノ6）。

さて、そういたしますと、この「高屋大夫」の「高」とは、前述のように、正に「天武天皇＝新羅金多遂＝文武王」（日本紀におけます在位、白鳳元年〔六七三〕癸酉（みずのとり）～朱鳥元年〔六八六〕丙戌（ひのえいぬ））の子の高市皇子の「高」そのもののことを表していたのだ、ということとも整合して来るではありませんか（驚き！）。

＊注意。天武天皇の即位の年につきましては、ちょっと特殊でして、天武元年（六七二）ではなく、同二年（六七三）二月二十

七日ですので、もし他所で私がうっかりして、これと異なる計算の記述をしておりましたら「天武元年＝六七二」を基準（ものさし）としてアナタご訂正下さい。

この大王は、奈良紀では、高市ではなく、高屋王（高野王・タカヤオウ・コウヤオウ。山陰を回り、丹後の「高野」〔二カ所有り〕経由で、そこでも高野姫〔この人は、時代は違っても「高野＝高屋＝高市」の妻の尼子姫と「同一人の投影」だったのかもしれません〕と結婚し、やがて畿内に入ったのか）と言われていたのかもしれません（美作の中山神社の蛇神〔ナガ＝朴氏〕の高野（こうや）につき、八４）。

新羅系天皇家と丹後・若狭との関連につき、七４ノ２、３、７、８、12、19、23。

高野山の「高野＝コウヤ」の地名の由来は、古くは、この「新羅王子＝占領軍総司令官」の「高屋王＝高市皇子」の名の「タカヤ・コウヤ」に由来したものであったのです（高屋・高野から高市への改竄）。

この「高市郡」という郡名が、そもそも「新来郡」（『爾時阿智王奏。建新来郡。後改号高市郡』〔『坂上系図』姓氏録廿三巻〕）と呼ばれておりましたことからも、高市皇子が渡来した新羅王子であり、この高市郡も、かつては「新来＝アラキ＝安羅（正に〈安羅＝倭〉です）来」か、または、「今木＝今来＝今来た」郡であった、つまり「新来＝シラギ＝新羅来」郡と、その名そのものが「新羅からやってまいりました人々の郡」という風に名付けられており、後世に「高市郡」と変えられてしまっていたことが判るのです。

しかし、これは、ひょっといたしますと、その逆だったのでございまして、奈良紀での「新羅＝シラギ＝新来＝今来」郡から、平安紀での「高市」郡へという変遷を辿ったとも考えられます。

これらのことを逆に申しますと、この高市皇子の母の夫である「天武天皇＝金多遂＝奈良紀でのモデルは新羅・文武王」や、草壁皇子の子である「文武天皇＝奈良紀でのモデルは新羅王子・金良琳」などの日本紀（正史）での在位期間（つまりは、その真相はと申しますと、草壁皇子・高市皇子・舎人親王などの新羅・文武王の王子たちが渡来して、日本列島を天皇として統治していた期間）は、六七三年二月二十七日〜六八六年九月九日までと、それに、架空の天皇である持統の分を加えました（三二２）ところの六八六年九月九日〜六九七年八月一日までとをプラスしたものをいうことにもなりますので、唐・新羅連合軍が、倭のおおよその地の占領を開始いたしました六六三年以降、そして、正史上（勿論、正史の絶対年代は改竄されております）の文武と持統の在位期間に「相当する」中のある期間（六七三〜六九七年）に、この銅造菩薩半跏像の銘文の「高屋大夫＝高市皇子」らが日本列島を皇帝として統治していたことがあったということにもなって来るのです（二五１）。

＊右の六六六年「丙寅」は、アナタ、正に、その中（六六三年から六九七年）にちゃんと納まっておりますよ！

勿論、「白村江の役」（日本紀では六六三年）の直後からは唐の指揮を受けた新羅軍が日本列島を占領支配しておりますので、後の平安朝に至り百済系によって改竄され尽くされてしまいました日本紀の文面・紀年には必ずしもとらわれずに、アナタは独自に、つまり、ユニークに考えられてよろしいのですが、そういたしますと、新羅王子が占領軍司令官として渡来し、倭人（安羅水軍の長）の女と結婚し、そして、その子・高市皇子（父母の結婚が、正史上では六四九年頃といたしますと、この時「十七歳」ぐらいということになるのでしょうか）が亡くなった母のアマゴのために六六六年に、この（ウエストの極端に細い）新羅系の「弥勒菩薩半跏思惟像」を造ったということは、ごく自然なことだったとも言えるからなのです。

＊もし、銘文の「生十八日記高屋」を、「生を受けて十八年」と読んだといたしますと、数えで「十八」ということを表しており、この点も正にピッタリなのです。

右のアマゴの「ゴ」が、もし人名尾辞の「ゴ＝古」であるといたしますと（「王辰爾＝王智仁」の孫の船王後〔船王後墓誌。田辺廃寺の近くの松岳山（まつおか）より出土〕の長男の刀羅古の「古」と同じように）、このアマゴとは、正に、「アマ」までが名であり、新羅に敗れるまでは「安羅＝倭」の水軍の長であった「天＝アメ」氏の女のことを（名とは申せ）暗示していたのです（奈良紀での王家）。

6、真実の大王は誰で何処に眠っているのか

このように、『日本書紀』という物語上に、朝鮮史をモデルとして作成され記されておりますこれらの大王とは「何らの関係もない」、それとは「全く別個の存在」の統治者が、それぞれの時代と土地（北九州や畿内の古墳）には当然存在していた筈なのです（正史では、消されてしまいましたが）。

例えば、四天王寺の下に眠る大王陵のように（三5、一八10）。

という訳で、昔の日本は「三韓と同種」であるという記載のあった書を桓武天皇が焚書してしまったという「桓武焚書」を指摘いたしました、鎌倉時代末から室町時代始めにかけての吉野朝廷（南朝）の家臣である北畠親房（一二九二〜一三五四年）の考え（『神皇正統記（じんのうしょうとうき）』。南朝〔吉野朝〕正当論）には、今日から考えましても、そこには正しいものが含まれていたのです（一2）。

こんなに素晴らしい証拠を北畠は今日の我々のために残してくれていたのです。これに気が付かないなんて、北畠に申し訳ないことなのですよ。

そして、この桓武焚書のことは、日本の天皇家の正史である『日本後紀』を分析いたしましても、次のように自ずと明白なことだったのです。

文武天皇の天平宝字元年（七五七）に三十巻あった筈の日本の正史が、どうした訳か「唯二十九巻」しかなくなってしまっていたのです。つまり、「宝字元年之紀、全不在」であったので、縮

めて「刊創二十巻」に纏めた（『日本後紀』桓武、延暦十六年〔七九七〕二月）とあることが、これこそズバリ北畠親房の指摘した「桓武（百済王の末裔）の焚書」の一部を如実に指していたのです（このことの関連といたしましては、『日本後紀』の欠史につきましての一七8を必ず御覧下さい）。

そして、この桓武の改竄した（改竄し尽くされた）「後の」百済王系図を基といたしました天皇系図の日本紀が、正史『日本書紀』といたしまして、鎌倉時代にも多少改竄を受けているとは申せ、基本的には今日まで至ってアナタの目にとまっていたのです。

それに、右の焚書した桓武天皇という人は一体どういう人なのかと、もしアナタが問うならば、私は、平安クーデターを成功させた「百済王文鏡＝光仁天皇」の子ですという以外にはないのです（一2）。王朝の交替と焚書、正に両者はドンピシャリの必然で結びついているではありませんか。

これで、私の考えが決して奇異ではないことを、少しはアナタにもお判りいただけたことと存じます。私は、これを読んで下さっているアナタにだけ判っていただけたらそれでよいのです。出世及び保身の為とは申せ、先生のお説を「太鼓持ち」のように、テープレコーダーのように繰り返すだけのアカデミズムには判って欲しいとは思いません。

そして、それらの改竄により「葬り去られ、忘れ去られた古へのものたちの復元」こそが、これからの歴史学――私の言う、総合人間歴史学とも言うべき「人史学」――の新たなる第一歩としての大きな課題の一つなのです（巻末を参照）。

7、上代の支配者の九五・五パーセント以上は渡来人

次に、当時の「首都の人口」の面からも支配者層の素性を考えてみたいと思います。

宝亀年間（奈良朝末期）の畿内の文化の中心でございました「高市郡」の人口（前述のように、高市郡が高野〔タカヤ・タカノ・コウヤ〕郡だったのでございまして、高野山の地名はその名残でもあったのです）を例にとりましても、その八～九割は渡来人であったとされておりますし、下って平安朝の初めにおいてすらも、姓のはっきりしている一一八二氏（とは記載されいてますが、合計すると一一九一氏になってしまい、本文とは合いません。これもこの書が後に何度か改竄されていることの証拠の一つだったのです）のうちの約三分の一（三七三氏）が「諸蕃」（弘仁六年〔八一五〕、萬多親王らの『新撰姓氏録』）つまり、表面上ですらも「渡来人」となっております。

しかし、更に、この姓氏録のうちの「皇別」の三六八氏は大王家なのですから、当然、私の考えでは渡来人（平安朝では扶余・百済系）であり、「神別」の四五〇氏のうちの「天神」と「天孫」の合計が四二〇氏ですから、支配者に入っている「地祇」は、これら全てのうちのたった三〇氏に過ぎなかったのです。

しかも、「地祇」の中には、より古くからの渡来人と認められ

るもの（出雲の大国主命など＝遼東半島の公孫氏）が含まれておりますから、渡来人はそれ以上ということになり、そうであるといたしますと、「姓」を与えられている者（貴族・支配者クラス）、つまり日本列島の支配者の九五・五パーセント以上が渡来人であったということが、この新撰姓氏録の分析からも判って来るのです。

何と、このことは支配民の殆どが渡来人（！）であったことを表しているではありませんか（これらの人々が、果たしていつ日本人になることが出来たのかということにつきましては、二九5）。

大変大雑把に申しますと、当時は、姓のあるものは貴族（支配者層）、氏のあるものは自由民、氏すらないものは農奴・奴隷レベルと考えてもよいかと存じます。

この『新撰姓氏録』という証拠は、奈良朝が「新羅王子の日本列島支配の時代」であり、平安朝が「百済亡命王族の日本列島支配の時代」であったという私の考え（新羅も百済も、共に外国ですから）を間接的に証明してくれていたのです。仮に、一歩譲って内容の真実性はともかくといたしましても、その分類の数自体の比定からも。

「背奈→高麗→高倉→清原」という渡来人の姓の変化（このように、清原さんや高倉さんや高麗さんは、高句麗の出自の背奈〔絶奴部〕氏の末裔だったのですよ）や、同じく「物部→韓国→高原」という姓の変化（このように、物部さんや高原さんも扶余・百済系の民族の末裔だったのです）が、渡来人の土着化（もっとハッキリ言うならば、渡来人であったことの「隠蔽＝日本化」）を暗示、否、逆にちゃんとその過程を正史が明示（高麗とか韓国とか）してくれていたのです（一七6、一八8）。

それに、地方の一例をお示しいたしますと、九州の豊国の仲津郡丁里の「大宝二年籍」によりますと、姓のございます四三三口のうち、秦部二一六口（四九・九％）と勝姓一六〇口（三六・九％）だけで、何と！この里の人口の八六・八％も占め、つまり、そこの住民の大部分が渡来系で占められてしまっているからなのです。

このようにしてアナタの先祖たる日本人は、「渡来の事実を隠して」作られていったのです（二九1）。

第六章 「大化の改新」は架空の物語

こういう考えを基礎に据えて、もう一度古代史を見直してみましょう。そういたしますと今までの古代史の体系は、ガラリと音を立てて根底から崩れてしまうということにもなりますので、この古代史の「体系＝幹」の見直しは、歴史学にとってとても重要なことなのです。

そこで、私は、この本の中では、紙数にも限りがあることですし、個々の問題を余り深めることを敢えてせずに、全体の体系（幹と大枝）を「天皇系図」を中心といたしまして、そのアウトラインだけでもアナタに申し上げようと思っております。そして、個々の枝や葉の分析は、アナタにお任せしたいのです。

では次に、こういう人史学の「幹」に基づきまして、具体的にその幹の下の「大枝＝要点」の一部だけでも掻い摘んで、これからアナタにお話ししてみることにいたします。

ところで、「大化の改新」のこの第六章をアナタがお読みになるときには、必ず「巻末の図」をご覧になりながらお読みくださ い。そうすれば、この複雑・難解な問題がイッパツですっと頭に入ること受け合いです。そして、いつまでも忘れないでいられることでしょう。

逆に、もしそうでもしなければ、アナタにはお判りにならない程、これは難解な問題を含んでいるのです。

もしかしてこれからアナタは、歴史の真実に対面しガッカリすることがしばしばあるかもしれませんが、（例えば「聖徳太子は架空の人」など、一二）まあ、今は、騙されたと思って聞いて下さい。

では、よく知られている有名な二、三の例を挙げるだけでも、日本紀の改竄についてのアナタのご理解が得られることと私は信じて疑いません。

では、早速、誰でも知っている（筈の）有名な事件についてこれからご説明いたしますが、歴史のわりに新しい六四五年の「大化の改新」や、更には六七二年の「壬申の乱」ですらも、実は日本列島に於いてはまったく「架空の物語」に過ぎなかったのですよ（「大化の改新」と天皇系図の改竄につき、一二2。「壬申の乱」

の真相につき、八1、4のみならず二四3も必見）。

「エーッ」「そんな筈はあるまい」「では、そういうからには、そのモデルは一体何であったのか」「その証拠は」と、アナタは必ずや私に鬼検事のように鋭く問われることでしょう。それは至極もっともなことです。では、早速アナタの疑問にお答えいたしましょう。

1、「大化の改新」のモデルは新羅の「毗《ひ》曇《どん》の乱」

（1）具体的な内容が完璧に一致する「大化の改新」と新羅「毗曇の乱」

ズバリ一言で申しますと、六四五年の「大化の改新」につきましては、六四七年の新羅の「毗曇の乱」の全くの焼き直し（翻訳）に過ぎなかったのです。

この叛乱の内容を簡単におさらいいたしますと、新羅の「貴族会議」により善徳女帝が廃位されかかった（「新羅本紀」列伝一・金庾《ゆ》信《しん》伝）という反女帝派・反唐派の貴族連合のクーデターを、金春秋や金官（倭）王家の出身の金庾信たちがこれを未然に防いだのみならず、逆に反乱の「貴族連合軍」を破って鎮圧した事件だったのです。

この後、新羅では「貴族政治」が初めて廃止され、官僚的な「律令制」に代わって国力が強化されることになるのですが、このことは、
イ、女帝であった
ロ、その女帝を超える権力の出現
ハ、クーデター
ニ、事前にその鎮圧
ホ、王子と伽耶系の新興官僚が協力して防ぐ
ヘ、旧来の豪族の弱体化
ト、律令制の成立のきっかけとなる
チ、二人が知り合ったのは正月の蹴鞠
リ、鎮圧の後、主役が直ぐには王として即位しない
ヌ、鎮圧仲間の身内との結婚――新羅系（日本紀では二分の一は百済系）と伽耶系との結婚（しかも、姉に代わって妹が王后となる）
と、そのどれ一つをとりましても、正に「大化の改新」のモデルとしてピッタリ（瓜二つ）なのです。

では、右のイからヌまでの点につき、より具体的にアナタの前で比較してみましょう。矢印の上は新羅、下は日本列島です。
イ、善徳女帝→皇極女帝
ロ、貴族連合による善徳女帝の廃位→蘇我氏の天皇以上の横暴
ハ、毗曇の乱→大化の改新
ニ、毗曇・廉宗らの殺害→蘇我入鹿の暗殺・蘇我蝦夷の死
ホ、金春秋・金庾信→中大兄皇子・中臣鎌足（「比自火＝昌寧伽耶」四1）
ヘ、貴族会議の消滅→大臣・蘇我宗本家の滅亡
ト、新羅の律令制度の導入→「大宝律令」

チ、王子の金春秋と臣下の金庾信は、正月の午忌日に金庾信の家の前で「蹴鞠＝弄の遊び」をして、庾信はわざと春秋の上衣の結び紐を踏んで裂いてしまった（『三国遺事』紀異第一、太宗春秋公）→中大兄皇子と臣下の中臣鎌足も、「法興寺＝飛鳥寺」の槻の樹の下で「打ち鞠＝蹴鞠」をしていて、中大兄皇子の皮鞋が脱げてしまったのを鎌足が跪いて奉った（皇極紀三年〔六四四〕正月）

リ、金春秋は真徳女帝を立てる→中大兄皇子は斉明女帝を立てる

ヌ、金春秋は金庾信の「妹＝文明夫人」と結婚し、金庾信は金春秋の娘と結婚した（金庾信は金官王家の出自。妹が姉に「代わって」結婚）→中大兄皇子は蘇我倉山田石川麻呂（クーデターの仲間で、「上奏文」を読んで、声が乱れ手が戦慄いてしまった人）の女と結婚（蘇我氏は金官王家の出自。妹が姉に「代わって」結婚）

もう少し詳しく、右の「ヌ」の中の「姉に代わって結婚」したという特異な点の共通性につきまして、じっくりとご説明しておきましょう。

倭国の「大化の改新」におきましては、蘇我倉山田石川麻呂の長女と中大兄と結婚させようとしたところ、蘇我身狭臣（異母弟の蘇我臣日向。孝徳紀大化五年〔六四九〕三月二十四日に「蘇我日向＝身刺」と似た人物が登場しております）が偸んでしまったので、父が憂いていたところ、その妹の越智姫（後の持統天皇の母）が

「少女曰願而為憂。以我奉進、亦復不晩」（皇極紀三年〔六四四〕春正月）

――少女曰く「願はくば、な憂ひたまひそ、我を以て奉進りたまふとも、亦復、晩からじ」。

と申し出て、この長女に代わり妹が「中大兄＝天智」の妃となっていること。よって、「血縁＝信頼関係」が出来て「大化の改新」が実行出来たのです。

これに対しまして、新羅の「毗曇の乱」におきましても、太祖武烈王（金春秋）の金氏の文明王后は、蘇判の金舒玄の末娘で金庾信の妹でしたが、かつて、別の妹が「西兄山（慶州市西岳里仙桃山）の頂きに登って坐って小水（おしっこ）をしたところ、その水が国内中に流れていった」という夢を見たという話を末の妹にしたところ、その娘が錦織の裳で「その夢を買った」のでありましたが、その数日後の金庾信と春秋公との蹴鞠の際、春秋公のちぎれた紐を縫い繕った縁で、姉ではなく末妹が王后になった（「新羅本紀」文武王前文）のです。

＊このようにして金庾信の末妹は姉に代わり「金春秋＝太祖武烈王」と結婚し、「法敏＝文武王」を生み、文武王の王母となったのでした（武烈王の子である文武王は、金庾信の甥（妹の子））。

如何でしょう。このように両者は相当細かい点まで瓜二つなのです。右のヌの点の「姉に代わって結婚」などという内容は、どうしようもないくらいよく似ておりますよね（一三２）。

新羅での「毗曇の乱」と日本での「大化の改新」とがこんなに

似ていては、アナタがもし、正常な頭の持ち主であるとするならば、否、たとえ中学生ですら、最早、同一性を否定できない筈ですよねェ。でもね、日本のアカデミズムでは頑固なまでも同一性を否定して、相変わらず見て見ぬ振りをして「痩せ我慢」をしている、としか私には思えないのですが。

＊何故、この年、この初めての年号を「大化」としたのかということについては、アナタ六3は必見です。と申しますのも、古朝鮮語では「大化＝大和」で、その「吏読＝万葉仮名」的な訓は「ヤマト」なのですから。

実は、正史におきましても、旧豪族勢力の一掃や土地の公共化という「公地公民」は、「大化の改新」ではなく「壬申の乱」（六七二年）を待って初めて実効性を有するに至っておりますことからも、これらのことは頷けるものだったのです。

「壬申の乱」も、後述いたしますように、架空（八1、4。それに二四3も必見です）ですので、この「壬申の乱」の真相から読み取ることが出来ます歴史的意義は、このとき新羅の若い官僚である「花郎」たちが唐を排除し、占領軍提督を中心とした中央集権の富国強兵化に乗り出したということを示していたのです。

「いや、待てよ。そこには六四五年と六四七年とで二年の差があるではないか」と古代史の年号をよくご存知のアナタは必ずや口をとんがらかして言うことでしょうが（しかし、これは歴史物語上での「モデル」の問題なのですから、年代がずれていたって一向に構いやしないのですよ）、残念ですが、実はその点もそうでなかったのですよ。

では次に、その同一年であった理由（わけ）について早速お話しすることにいたしましょう。

2、何故、玄奘三蔵法師の帰唐が二回もあるのか（二つの暦の謎）

やはり、私の考えは間違ってはいなかったのです。

と申しますのも、そこには二年のズレがあるではないかというアナタの反論の根拠は、その紀年法に盲点があったからなのです。和銅日本紀が使っていたところの古い「顓頊暦（せんぎょく）」（寅（とら）歳から始まります）の紀年法と、現行の養老日本紀が使っていた新しい「現行暦」（酉（とり）歳から始まります）の紀年法とでは「干支紀年法」を異にしておりまして、そこで既に一年ズレている（下がる）のみならず、又、天皇の即位の年の計算の起算点などの相違の影響（前王の死んだ翌年か当年中か。景初「四年」銘の鏡のところを参照）からも、実際にはこの二年の差はなく、ということは、この新羅と日本列島でのこの二つの事件は全く「同一年」の、しかも、「同じ内容」の出来事であったということになって来ざるを得ないのです。

＊因みに、日本紀の神武大王の「辛酉革命」の考えは、この「酉＝トリ」歳から始まる暦に基づいて作られておりますので、これが新しい暦によりつくられた新しいお話に過ぎなかったこ

とが、この一発でもって「バレ」てしまっているのです。正に、幽霊の正体見たり、枯れ尾花ですよね。

右の暦の名となっております顓頊は、黄帝の次の王（五帝の一人）で高陽氏とも申します。

ここで、朝鮮と中国と日本が、この時期に採用しておりました暦につきまして、アナタの考えを整理する意味で簡単にお浚いしておきます。

まずは、戦争に勝ちました「新羅」の例（日本列島の占領軍も含めまして）から見ていきましょう。この「暦」の点に着眼いたしましても「大化の改新」の謎解きが出来るのです。

徳福が唐から新羅へ帰りましたときに、新暦法（「唐」では麟徳三年〔六六六〕より李淳風が作った新暦である「麟徳暦」を採用し〔成立は前年の六六五年か〕、七二八年まで使用しております）を持ってまいりましたので、新羅では文武王（天武天皇のモデル）十四年（六七四）正月からその新暦法に変えてしまっております（「新羅本紀」文武王十四年正月）。後に、儀鳳年間（六七六〜六七八年）にこれを改良しましたので「儀鳳暦」とも呼ばれているのです。ここまではいいですよね。

さて次に、日本の正史におきましては、この点がどうなっているのかと申しますと、南朝の「宋」の何承天が四四三年に作った暦を使用（四四五年からか）しておりまして、百済でもこれを用いておりましたところの「元嘉暦」とともに、新羅のこの「儀鳳暦」も併用したという、次のような可笑しな明文になっているのです。

「奉勅始行元嘉暦与儀鳳暦」（持統紀四年〔六九〇〕十一月十一日）

しかし、百済と新羅の暦を両方併用して使っていたなどということは、この時点におきましてはとても不可解なことなのです。と申しますのも、暦と宗主国とは一体と考えてもよいからなのです。通説によりましても、百済も倭も唐に対しては敗戦国家なのですから。

そういたしますと、日本紀でのこの文の前半に書かれております「始行元嘉暦」という記載、つまり百済の暦をも一緒に使い始めたという記載は、全く余計で可笑しなこと（ウソ）だったのです。

この六九〇年の時点では唐か新羅の「儀鳳暦＝麟徳暦」でなくてはならないからなのです。それに戦勝国、かつ、従前からの宗主国である唐の暦を使うということは（少なくとも、六六三年の「白村江の役」の敗戦から六七二年の「壬申の乱」までは）国際法上、当然の義務でもあったからなのです。

と言うことは、ここの時点で百済と同じ「元嘉暦」使用したという文言は、後の「平安紀で書き加えられてしまった」ものであった、ということを自白していたのと同じだったのです（ワカタケル鉄剣銘の捏造と暦につき、二一5）。

このへんには、可笑しなことがこの外にも幾つか見られまして、この日本紀の六九〇年の「十一月」運用開始に対しまして、同年の「十二月」（『日本三代実録』貞観三年〔八六七〕六月条）からであるという正史もある（根本的な制度の全く異なる暦の使用開始が一カ月も違っておりましては、国家の記録に大混乱を生じてしまう筈です）くらいでして、大変な矛盾が露呈しているのみならず、この国家の正史であります『三代実録』では、何と、持統四年紀の「併用」とも矛盾する「使用元嘉暦次用儀鳳暦」となっておりまして、今度は「順番」に使っちゃった（ちょっとだけ敗戦国の百済と同じ「元嘉暦」を使用しましたが、直ぐに止めましたよ、と実に「弁解がましく」）という風に改められてしまっておりまして、少しはこの可笑しさを「後日、軌道修正」いたしまして緩和してはおりますものの、やはりこの点も又、大きな矛盾であることには違いないのです。

＊因みに、飛鳥時代の迎賓館跡とされております石神遺跡（飛鳥村）から元嘉暦を表裏に示した木簡（直径約十センチ、厚さ一・四センチの円盤状）が出土しており、この表には六八九年三月八日〜十四日、裏には四月十三日〜十九日の干支（えと）と月の満ち欠け及び暦注（吉凶）が記されておりますが、この頃は既に元嘉暦は使用されてはおりませんので、これは不要となり廃棄され別の木器として使用されていたものが出土したということだったのです。

このように「いつ、どういう暦を使ったのか」という、今までとは全く違った切り口からも、「大化の改新の虚構性」を見抜くことは、ちょっと鋭く切り込めばアナタにも可能だったのです。

明治十三年（一八八〇）に出来た『三正綜覧』では、この点につき、「儀鳳暦＝麟徳暦」は「文武元年（六九七）」から、「元嘉暦」はその前の「持統六年（六九二）」から（尚、元嘉暦で計算された具注暦は推古十二年から）使用されていたとしております。そういうことからも、やっぱり、持統天皇（高天原広野姫）は架空の天皇（八4）であったということが判ってしまうのですよ。

その暦の齟齬の点については、もう一つ、アナタにも判り易い不思議な証拠を加えておきましょう。それは、玄奘三蔵法師（例の孫悟空の）がインドから帰唐したことが①大化元年乙巳（貞観十九年〔六四五〕）と②白雉二年辛亥（六六五）とにダブって二回も出ている（『一代要記』甲集）記載が見られるということは何故だったのでしょうか。これは内外の暦の不整合（正確には暦の違いによる翻訳過程での齟齬。別述の、新羅の日本列島占領軍が古代年号・干支を動かしてしまった点に加えまして）だったのであり、こういうことも暦が違うと干支もずれて起こり得ることなのでして、これもその証拠の一つに加えておきたいと思います。

＊尚、六五八年に、玄奘法師のもとへ、「新羅船」により学問僧を派遣いたしましたことの問題点につきましては、七4ノ34。

これこそ、一言で申しますと、顓頊暦と現行暦とで「干支」がズレていたため、中国史からの翻訳の段階で「干支合せに計算ミス」を生じ、このように一見明白に同じことを二十年（干支三分の一運）ずれて二度も載せるポカをやってしまって（但し、夫々の担当者は正しいと信じて）いたのです。

＊このような暦の矛盾の結果といたしまして、この二年のズレが日本列島史と新羅史とで生じてしまい、今日まで「毗曇の乱」が「大化の改新」のモデルだということにアナタは気付くことなく、平安日本紀の作者はアナタを今まで騙すことが出来たのですが……。

この点につきましては、他にも参考にすべき例があったのです。それは「高安城」の築造の年についてなのですが、『日本紀』（六六七年）と『続日本紀』（六六六年）とで一年ズレていることにつき以前にお話しいたしましたけれど、このことも、もし善意に解釈するとするならばの話なのですが、日本紀では、年の干支を一年引き下げられていると考え、これが右の『日本紀』と『日本後紀』とでの、その間の「紀年法の差異」によるものとせざるを得ないのでありまして、こういう差異が何故「同じ国家の正史」の中で生じてしまっているのかと申しますと、このことは現行の「平安日本紀」に対して、少なくともその前に別の「旧記」があった（「干支紀年法を異にする別の正史」が存在していた）ということとの間接証拠の一つになるものと考えます（伴信友『比古婆衣』所収「日本書紀考」）。そうではなく、単なる書き写しであるならば、同じ年になる筈ですからね。

そういう例は、まだ他にも見られます。更に、倭国が唐の命令に従い、敗戦・降伏の処理（日本紀では中国史、朝鮮史とは異なりまして、何故かこういう降服処理の点を見事に「隠して」おります）のため坂合部連石積らを派遣した年につきましても、唐・朝鮮史と日本紀とで一年のズレが生じております（六2、3）が、このことも同様の問題（つまり、真相の改竄の結果か、はたまた一歩譲って仮に真実だといたしましても干支紀年法の違いからの誤差か）を含んでいたとも考えるべきだったのです。

＊継体大王の死（辛亥・五三一年、甲寅・五三四年、丁未・五二七年）の相違も、作為のみならず紀年法の違いも複合して加わっていたのかもしれません。

3、中臣鎌足は、藤（唐）のＧＨＱの郭務悰

(1)『善隣国宝記』所引の『海外国記』にある「唐」の人の郭務悰

しかも、更に重要なことは、この「大化の改新」と「毗曇の乱」とで当事者までもが全く同一だったということなのです。少し難しくなりますので、必ずやアナタは末巻の図表を指で示して見ながらこの問題をお考え下さい。

何故ならば「奈良紀」（お手本は新羅史）における天智・中大兄のモデル（但し、今日の平安紀では二分の一。平安紀では合成人間とされてしまっておりますので）は新羅29武烈王・金春秋（在位六五四～六六一年）であり（一三7）、同じく「奈良紀」における中臣鎌足のモデル（但し、今日の平安紀では二分の一。平安紀では合成人間とされてしまっておりますので）は新羅（但し、もともとは、金官王家＝倭王）の金庾信将軍だったからなのです。

しかし、日本紀によりますと、次のように、大化三年（六四七）

十二月に、この金春秋が倭国に連れて来られたことになっております。

「新羅遣上臣大阿湌金春秋等……仍以春秋為質」（孝徳紀）

ところが、この年が国際的に見まして一体どういう年であったのかと申しますと、この金春秋が文正（子）と共に唐の太宗皇帝のもとに行っておりますので、金春秋自身が倭国へ来ているかどうかは大変疑問なのです。不可能に近かったのです。

しかも、そのことに加えまして、春秋はその帰途、海上で高句麗兵に見つかり、従者の温君解を身代わりとして小舟で命からがら帰国しているのです。

ですから、現行平安日本紀では、百済系の作者が、新羅が派遣した単なる使者を王子の金春秋と故意に「取り替え」て記してしまっていた可能性が大であったのです（奈良紀のレベルのモデルでは、素直に天皇として記載されていたからなのでしょう）。

ですから、実際には、この時は（この時も）金春秋は日本列島へは渡来していなかったのですが、しかし奈良紀での作文では既にモデルとして入れられてしまっていたのです。

＊但し、このときの新羅王子は人質などではなく、逆に、新羅の支配下の倭国の支配者としての大王・天皇（物語上のことですから）として記してあった筈です。

これらのことを、端的にマトメて申しますと、奈良紀におきましては、「天智天皇のモデル＝新羅・金春秋」であり「中臣鎌足のモデル＝新羅・金庾信」となっていたのです。

さて、そういたしますと、「大化の改新」での「中大兄（天智）と鎌足」との関係は、それは、とりも直さず、そのモデルとなった新羅の「毗曇の乱」におけます「王子だった頃の金春秋と将軍・金庾信」との関係と全くイコール（ピッタリ同じ）だったということが判ってまいりまして、両事件はその内容、時期のみならず当事者までも、つまり、その全てにつきまして、これまた全く同一だったということになってしまうのです（もう一度、巻末の図表をご参照下さい。今後も時々ね）。

次に、蘇我入鹿が「朝鮮人」に殺されたことと、その殺した後の天智大王が百済人であったということは、日本紀自らの記載の分析からも明らかだったのです。

と申しますのも、日本紀が言うところの「韓人」とは百済人のことだからなのです。その証拠といたしましては、「言韓人者百済也」（欽明紀十七年十月割注）という日本紀の記載自らが、そのことを示していてくれたからなのです。

だからこそ、「大化の改新」の入鹿暗殺の現場を目撃した古人大兄が「古人大兄　曰　韓人　殺　鞍作臣（朝鮮人が蘇我入鹿を殺した）」（皇極三年六月十二日）と言ったと日本紀には記されております。この韓人とは、「百済人」のことを指していたことになるのです。

つまり、素直に文字通りに考えれば、目撃した古人大兄が「韓人が入鹿を殺した」と言ったということは、これは平安紀でのメルクマールにおきましては、百済人が入鹿を殺したと表現されていたことにならざるを得ないのです。

そういたしますと、天智大王のモデルが、その前の奈良紀では新羅の太祖武烈王であったものに、「韓人＝百済人」が二分の一加えられ、つまり、平安紀での改竄では「新羅・太祖武烈王＋百済・王子余豊璋」とされてしまったということ——天智天皇（皇子の頃の中大兄）が殺した（後述）——とも、正に、ピッタリと合致して来るのです。

このように、後の「平安紀」（現行『日本書紀』）におきましては、この点が物の見事に改竄されてしまい、この奈良紀での「新羅王子」に「百済王子」がプラスされてしまったということが、これでアナタにもよーくお判りになられたことと思います。

ですから、古人大兄が「百済人が入鹿を殺した」と言っておりますこととも、平安紀上では整合性が見られるのです。

では次に、「大化の改新」のもう一人の立役者でもございます中臣鎌足の方について考えてみましょう。

平安紀でのこの合成人間の中臣「鎌足＝カマソ」の残りの二分の一のモデルとは一体誰のことであったのか、ということについて考えてみますと、それは「唐＝藤＝トウ」人系の百済人と思われます「GHQ＝占領軍最高総司令官」の郭務悰が、その「二分の一」のモデルだったのです。

では、何故、郭務悰が唐（藤）務悰なのかと申しますと、「郭務悰＝カマソ」というその名に秘められた謎に加えまして、次のような証拠も存在しているからなのです。

それは、『善隣国宝記』（相国寺の僧瑞渓周鳳の外交史、文明二年〔一四七〇〕。三1）には、郭務悰のことを、何と！「唐務悰」（『善隣国宝記』所引の『海外国記』天智十年〔六七一〕十一月）と、ズバリ唐人の務悰であるとの表記が見られるからなのです。

「唐＝トウ＝藤」でありますので、これは合成氏族の藤原氏の四族のうちの一部に唐人も入っていたこと（への繋がり）を示す紛れもない証拠の一つだったのですが、この「藤」が「唐」のことだったことにつきましては既に前述いたしました（三3）。

＊右に加えますに、光明子の署名も、単に「藤三娘」（『楽毅論』奥書）とされておりますよ（フヂ＝トウ）。

このように、「藤＝フヂ＝比自火」であり、かつ、「藤＝トウ＝唐」ということをも、この「藤の字」は意味していたのです（別述）。

このように、平安紀におけます中臣鎌足の「二分の一」のモデルは、この郭（唐＝藤）務悰だったのです。

(2) 郭務悰への疑義——この「壬申の乱」の仕掛け人は、やはり合成人間だった

さて、ここで私は、アナタに一つの疑問を提しておきましょう。

天智三年（六六四）四月に「大使　朝散大夫　上柱国　郭務悰」が渡来（『善隣国宝記』所引の『海外国記』。略称『海外記』）しております。

しかし、このとき不可解な記載が見られます。と申しますのも、

郭務悰が持参いたしました「表函」と「献物」のうちの「表函」が唐の高宗の書ではなく、百済鎮将の「牒」にすぎなかった「状者非是天子使人、百済鎮将私使……書亦不上朝廷」（『海外国記』）というので、朝廷には上申が許されなかったというのです。

ところが、更に、その翌年の天智四年（六六五）九月にも渡来し、十二月に帰国してはおります。

が、このときにも又同じように「既非天子使、又無天子書、唯是総管使、乃為執事牒是私意、唯頂口奏、人非公使、不令入京」（『海外国記』十二月）ということで入京が許されていないのです。

戦勝国側の正式な国の使いが、二回も同じ過ちを繰り返すものでしょうか。それに、それでは戦勝国に対し余りにも失礼ではないでしょうか。アナタはこの点につき、疑問には思われないのでしょうか。私には、可笑しいのだナア、この点は。

＊天智十年（次に、少しだけ触れてございます）と、更に、天武元年（六七二）にも生じました郭務悰の上表の問題につき、後程（七4ノ35）、正史『日本紀』を題材といたしまして、ご説明いたしたいと存じます。

そして、その七年半後の天智十年十一月にも、またも！この「唐務悰」が渡来（釈道旻が同行。『釈ノ道旻従之』。『海外国記』）しておりますが、先の二回の門前払いを喰わせられてしまいました「郭務悰」と、この三回目の「唐務悰」は、果たして同一人物だったのでしょうかしらね？

そして、この戦勝国将軍の郭務悰の渡来のとき（先の二回も含めまして）の倭国の王都（つまり、敗戦直後の倭国の首都）とは、一体何処にあったのでしょうか？　それも上町台地か近つ飛鳥か遠つ飛鳥か？　九州の太宰府だったのでしょうか、那ノ津だったのでしょうか、それとも畿内だったのでしょうか？

それに、現行の平安紀上ですら得体の知れない（つまり、朝鮮史・中国史にも見られない〔！〕外国の将軍）この郭務悰は、その前の奈良紀では、一体何人となっていたのでしょうか？

やはり、平安紀におきましては、この郭務悰と新羅・金庾信とを合成いたしまして、中臣鎌足（かまそ）に作り上げていたのです（別述）。

ひょっとすると、この郭務悰は、後に述べます、所謂「壬申の乱」（八4）の仕掛け人であった可能性もあるのです（エッ！）。

この将軍は、天智十年（六七一）十一月と天武元年（六七二）三月にも見えており、同年五月三十日に帰国したと記されております将軍なのですが、この六月には「壬申の乱」が起きておりまして、この真相が「新羅の唐軍の追い出し」であるといたしますと（八4、1）、このための新羅本国からその「指令」を持って来たということが考えられるからなのです。

（3）謎の将軍・郭務悰の正体は新羅使の金押実か

そして、この乱の終了直後の十月には、新羅人の客（まらうと）が突然筑紫に現れましたが、一カ月余で帰国してしまっているからなのです。

「饗　新羅客　筑紫」（天武紀元年（六七二）十一月二十四日）

――新羅の客（まらうとこむ）金押実（あふじち）を筑紫で饗（あへ）たまふ。

「船一隻賜新羅客」（同十二月十五日）
——船ひとつ新羅客に賜ふ。
「金押実等罷帰」（同十二月二十六日）
——金押実ら罷り帰りぬ。

とありますので、奈良紀レベルにおきましては、この「金押実こそが郭務悰の正体」だったのであり（八４）、新羅の将軍であった可能性が高かったのです（金押実・実体＝金庾信・形式として表示）。

＊平安日本紀では、百済系天皇家がこの点をボカすと共に中臣鎌足の一部に加えてしまっております。前述。

そういたしますと、一言で申しますと、正史上の鎌足の死は、天智八年（六六九）となっておりますので（六一四年生）、平安紀での「中臣鎌足のモデル」は、少なくともその一部が、「郭務悰＝金押実」であった可能性が高かったのです。

さて、では次に、同じく、後の平安紀における「天智天皇」の残りの二分の一の人物のモデルとは一体誰のことだったのか、ということにつきましても考えてみましょう。

その二分の一を新たにプラスされた人物（新羅・太祖武烈王に加えられた人）のモデルはと申しますと、これは百済王子（百済最後の義慈王の子）で高句麗へ逃げてしまったと大陸の史書に記されております余豊璋のことだったのです（一二3）。

（４）外国の記録に見えない「大化の改新」

ですから、大化の改新という、こんな史上空前ともいえる日本列島での大改革が、何故、朝鮮史や中国史には全く出てこないのかというごく素朴な疑問につきましても、やっぱり、これが日本列島におきましては全くの架空の「歴史物語」であったのだということに気付けば、アナタにも即座にご納得がいく筈なのです（八４）。

と申しますのも、

「新羅本紀」善徳王十四年（六四五）
「百済本紀」義慈王五年（六四五）
「高句麗本紀」宝蔵王四年（六四五）
『旧唐書』
『新唐書』

その全てを見ましても、同じ年に生じたとされております日本紀上での大事件の「大化の改新」（六四五年）のことなど、これっぽっちも触れられてはいないではありませんか（朝鮮史をよーくご覧よ）。

序でながら、唐の太宗（在位六二七〜六四九年）が高表仁を倭国へ派遣したのですが、倭国の王子と礼を争ったためとかで、太宗の命を伝えることが出来ませんでした。

＊『旧唐書』貞観五年（六三一）、舒明紀四年（六三二）十月難波津へ到着、同五年一月帰国。しかし、どうしたことか舒明大王とは会見してはおりません。

倭国は、その十七年後の貞観二十二年（六四八）に至りまして、再び新羅に付託いたしまして上表文を唐に奉っております（しかも、何故か、この間、倭国は唐と誼を通じてはいないのです）が、この際にも、直ぐその前に起きております筈の六四五年の「大化の改新」のことは、唐の記録にも何ら記されてはおりません。唐は全くこのことを知らなかったのです。何故っ！

これら当時の中国史・朝鮮史も、「大化の改新」が架空の存在であったことを示していた、と言うことは、つまり、その類似性からも、そのモデルが新羅の「毗曇の乱」であったことを示していたことにもなるのです。

(5) 藤原不比等の正体

因みに、そういたしますと、中臣鎌足（＝郭務悰）の子とされております藤原不比等（フビトゥ。妻の車持君は秦氏。聖武の后の光明子や文武の后の宮子の父）も架空の存在であり、強いて申しますならば、このモデルは、壱岐史韓国あたりが、その名前やその出自・境遇・仕事などから考えまして有力かとも思われますが、この人物は日本紀によりますと、「壬申の乱」（やはり架空）のときに「近江軍の将軍の大伴吹負」に当麻の葦池の辺りでの戦いで負けた（つまり、負けたので遁走した＝その後、隠れ棲んだ）人物として記されております。

この点、「他家で育てられて、突然出てまいります」藤原不比等こと中臣史の出自とも大変近いものが見られるのです（モデルだもん。それに、唐に対しても「史＝フヒト＝不比等」で同一人ですと言えば、それで通ってしまいますし）。

この点、フヒトも山科（ここも山科寺〔奈良・興福寺の前身〕のある藤原・中臣氏の拠点です）の田辺史の家で隠れるようにして育てられており、十四歳（生年は六五九年とされております）なのに壬申の乱で「中立」というのも、何やら匂いますし、更には国家の大英雄（もしも仮に、「大化の改新」が存在していたといたしますならばのお話なのですが）の鎌足の子でありながら、初めて「判事」として正史上（世に）に登場いたしますのは持統天皇（これも架空の天皇です）三年（六八九）、何と三十歳にもなってからのことであった、というのも古代におきましては実に不可解なことだからなのです（後世の、元服の年齢を考えてもみてください）。因みに、奈良・平安時代におきましては十二歳ないしは十五、六歳になりますと服を改め、髪を結い、冠を被り「元服の儀式」を執り行い、叙位される習わしなのですから、もしも、このときから彼がその正史に登場していなければ、それは「モグリ」であったとしか言いようがないではありませんか。

＊大職冠の中臣鎌足の子が、元服の儀式すらも受けていないなんて（しかし、田辺史の家に「匿われていた」から止むを得なかったなどという逃げをちゃんと打ってあったのです）本当かしらん？

アカデミズムでは、この点どう考えているのでしょうか。古代は「世襲制」の世の中です。このような世におきましては、こんな遅い正史への出現は普通ではあり得ないことだからなのです。そこにはきっと何か深い理由（後に偽造された人であったから）があったに違いないのです。

こんなところからも、そもそも、遡りまして、藤原四家自体が架空の存在で、その真相は、各「渡来人」間の融和（つまり、新たなる日本人の合成）のためのある貴族のうちの四部族の合同・合成――合成された各部族の可能性といたしましては、一応、「秦氏や和邇氏＝ウチ（珍）氏・内氏、朴氏＝ナガ（蛇）族」「金氏＝金官・比自火（倭）の王家の末裔」「唐人＝藤（唐）氏・百済系唐人」など――を示すものであった可能性が高かったのです（二一4、四1）。

もしかすると、本来の藤原氏（オリジナル中臣）は、百済系の平安天皇家誕生に尽力した百川などの藤原式家（秦氏）のみでございましたが、これと奈良朝に新羅占領軍と協力して支えました新羅とは同族の伽耶の出自の藤原（フジハラ＝比自火）・中臣氏と同じでは困りますので、そこで奈良朝の頃に四氏を作文して作り出し、しかもその四氏の長も全員天然痘で死んだことにして藤原四氏作成の証拠を隠滅し、不比等（史）や藤鎌足（唐・郭務悰）へと繋げてしまっていたのです。

つまり、奈良朝（新羅占領軍の天皇家）での協力関係と平安朝（百済亡命人のクーデターによる天皇家）での協力者との間に、同じ藤原一門としての血の繋がりを保つと共に、「家」による区別をつけてごまかしてしまっていたのでした。

しかも、合成人間（氏族）として大変都合のよい（手回しがよい）ことに、前述のように、その元祖の四人ともが、「全く同じ年」に「全く同じ原因」、つまり天然痘で死んでしまって、実に巧妙に各初代の証拠が途絶えてしまって（証拠が抹殺されて）おりますし……。

＊十分に整合性をもたせる時間がなかったためか、乱暴にも、新しく作った藤原氏の四人の元祖の全員の死で、荒々しくかつ単純に解決してしまっていたのです。

因に、この「史＝不比等」と全く同じパターン（相当年をとってから、突然、正史上に実名で現れて来る）は、正史上は天智大王の弟とされております（実は「子」です。一三1）、例の「大海人皇子＝天武天皇」にも同様に見られるのですよ。

＊架空の「壬申の乱」を偽造・挿入したため、「大海人皇子＝天武天皇」は「中大兄＝天智天皇」の、奈良紀における「子」から「弟」へとされてしまったのです（八4、1、一三1）。

このように日本紀に登場する古代の重要な人物は（否、重要な人物こそ）、何故か皆、謎だらけなのです。

アナタは、アカデミズムの言うことを真に受けず、もう少し疑問をもって、先入観（先師の説）を払い除けて自分の頭で考えてから、大学者といわれております人々の言うことに接するべきなのです。

二つの大王系図を偽造して結婚（崇神大王とミマツ媛、垂仁大王とサホ媛やヒバス媛などは、皆、百済・扶余系〔男〕＋伽耶・

倭系〔女〕という形の「系図合体」の代表的パターンの一例だったのですよ）という形などで合体させましても、その最後は抹殺しなければならない（ずーっとその一族がいつまでも存在しておりますと、必ずや何処かで齟齬を来す証拠が出て来てしまいますので都合が悪い）のですから、日本紀では必ずやその何処かでわざと特に人の気を引く（目立つ）悲劇で幕を閉じて、その一族を滅亡に近い状態で滅ぼしていること（架空の存在を抹消して後始末し、その残りはゼロにしてしまう――つまり、系図合体を作為する以前の合体の無い系図に戻させている）が私には見通せるのです（三一2、一一2、七4ノ31）。

安閑大王（多分、これは宣化大王のこと）一家の皆殺し、崇峻大王の暗殺、山背大兄皇子（聖徳の子）の自縊、有馬皇子の変死、橘諸兄の変死、古人大兄皇子の自殺、蘇我入鹿の暗殺、蘇我蝦夷の自殺、蘇我倉山田石川麻呂の自死などの悲劇も、皆、その可能性を含んでいるものと、私は睨んでいるのですが……。

古代の人々及び現代人のアナタの心を打つ悲劇（物語）は、ひょっといたしますと、故意に合体した系図の矛盾の解消としての殺人事件という役割を担っていたものと捉えなければいけなかったのですよ。

アナタもそのことを歌った万葉集（これは歴史改竄の効果的な擬音、つまり幇助犯の役目を果たしております）を大和に行って口ずさんでみたりして（天（あめ）の二上山（ふたかみやま）を見て詠んだ大津皇子の姉の大伯（おほく）皇女の万葉歌など）、そう感傷にばかり浸ってロマンチストになっていてはいけなかったのですよ。これからは、もうちょっと現代人らしく、ドライに史実・真相を見つめ直さなければね。

実は、一見アナタには何らの関係もないように思えるでしょうが、私の目からは、「聖徳太子の存在」と、この「大化の改新における蘇我宗本家の滅亡」とは、その両者の関連いたします系図上から考えましても、「表裏一体不可分の関係」にございまして、このことにつきましては、後に「聖徳太子架空論」のところで十分にアナタにお話しいたしたいと存じます（一二3、一三3）。

このように「原因・経過・結果」という因果の流れで歴史を見てまいりますと、一見関係のなさそうな各事件が、皆繋がっていることがアナタにもお判りになる筈です。

さて、お話を大化の頃のことに戻しましょう。

この「大化の改新」が全く存在しなかったということは、この以前に暗殺されたとされております蘇我入鹿の「祖父の馬子による崇峻大王殺害」も又、実は、虚偽であったということにも、どうしても繋がって来るのです（一二2）。

この「大化の改新」という歴史オペラを、日本紀上に創作してしまったがために、母国である朝鮮の大王系図（それを基にして作られました翻訳レベルでの天皇系図）が、どのように改竄されてしまっていたのかという点につきまして、後に又、一章を設けまして詳しくお話しする予定でおります（一二。ここと合わせまして、アナタ必見です）。

（6）倭国の古代年号の大化（丙戌）六八六年を、日本国は「新」大化（乙巳）六四五年に移動してしまった

ただ、ここではそれに関連いたします「古代の年号」の点につきまして、一言だけ付け加えさせていただきたいと思います。

この「大化」の年号を例にとってご説明いたしますと、日本紀の改竄の際に、九州の前王朝でございました倭王の末裔が、新羅占領下の旧首都で使っていた「大化」年号が丙戌（ひのえいぬ）（六八六年）からであったものを、後世、これを四十一年も遡上させてしまい乙巳（六四五年）から始まるものとしてしまった（つまり、「大化（やまと）の改新」の創作に合わせて）というのが、その真相であったのです（二4、七4ノ15、二四3）。

つまり、「大化＝大和」年号を「流用」かつ「遡上」してしまったのです。早い話が、「大宝」以前には、大和には九州とは独自の年号などはなかったからなのです。

＊舒明大王の出来事を干支半運（三十年）溯上（古く）しておりますことにつき、一二2必見。

つまり、大和には国際法的に根拠付けられましたところの大王家は不存在であり、そこには、元海峡国家であった倭国の倭王の支配下の、当時は畿内にのみに縮小してしまっておりました、所謂弥生の水耕民を主体としましたサルタヒコをその祖神と仰ぐ「秦王国＝別倭・夷倭」（中国史）のみが存在していたのです。

そこでは仮に年号が使われていたといたしましても、それは宗主国である九州の倭国のものを、その従属国であった秦王国が使用させられていた、ということに過ぎなかったのです。ですから、使用年代をごまかすことだけで日本紀の作者は使用・流用出来たのです。

これに反しまして、九州の倭王（当時は、日本列島のみに縮小した安羅王）は、既に五一七年より「継体」の年号を使用しておりまして、更に、五二二年よりは「善記」という年号をも使っておりました（一一5、二4）。

＊「継体大王のモデル＝大王の大伴談」なのですから、後に、このことを知っていた博学の淡海三船は、正に、「ここ倭国の継体年号から」継体大王の「諱・諡号」を持ってまいりまして「継体」天皇と名付けたということが、アナタにも「アッ、そうだったのか」とお判りになられた筈です。三船は「継＝ツグ」の字が「継母」と使われますように、血が繋がっていないときに用いられることを十分に知っていて「継体」と名付けていたのです。ここに王朝の断絶あり。因みに「嗣＝ツグ」は血統のある場合です。

因みに、九州・倭国の末裔たちが新羅占領下で使っていた「朱雀（すざく）」（六八四年。甲申）の年号をズバリ真似をいたしまして、日本紀の作者が、恰も畿内で使っていたかのように見せかけまして、朱雀とは似て非なる架空の「朱鳥（あけみどり）」という年号を日本紀上に作ってしまい、大化（丙戌）六八六年を「新」大化（乙巳）六四五年に移動して、その「空いた」跡の六八六年に、この擬似偽造年号の「朱鳥」をいれてしまったことにつきましては、後に又お話しいたしたいと存じます（一二三3）。

＊日本紀の信者（アカデミズム）には、このことは見えないのです。いや、見ようとはしない。

因みに、新羅占領軍がこの「乙巳（いっし）の変」の後、初めての年号を「大化」（元年＝六四五年）と制定いたしましたのは、「太和＝大和＝大化」（七4ノ15、二四3）から採用したものであった、つまり、新羅での乱を翻訳して日本での「乙巳の変」としてしまいましたので、日本における毗曇の乱という意味をも込めまして、「大化（やまと）＝大和（やまと）」という年号とし、更には、この初めての年号と正史の上では言われております「大化」年号を、新羅での年号の「太和＝大和」＝「日本」から持って来て付けていたことが判るのです（大化＝太和＝大和）。

第七章「白村江の役」の後、日本列島は唐・新羅に占領されていた

一般に、唐と倭の大艦隊同士の大海戦（とは申しましても「白村江の河口」での戦いに過ぎませんが）が行われたと言われております「白村江の役」につきましても、日本紀の記載は、その真相とは大きく相違していたようです。

では、その理由につきまして、じっくりと証拠に照らしながら、これからアナタと共に見てまいりたいと思います。

1、「救軍（すくいのいくさ）」の意味――「唐・新羅」対「倭・百済」の戦いというのは誤り

一言で申しまして、唐と新羅の連合軍によって三年前の六六〇年に亡ぼされた百済の「二流の貴族」を日本列島にまで運んでやった（せいぜい亡命人の運搬ぐらい）というのが「白村江」の事件の実体・真相だったのでございまして、そうであるからからこそ日本紀にはその字面においては正直に、そのことが「救軍（すくいのいくさ）」に過ぎなかったと記されていたのです。

「将遣救軍」（斉明紀六年〔六六〇〕十二月）
――救軍を遣（や）らむと思ひて。
「或知救軍敗績之怪」（是歳条（このとしのくだり））
――救軍の敗績（やぶ）れむ怪（しるし）ということを知（さと）る。

戦記にはどれにもよく見られることなのですが、戦勝国の唐の史書も新羅の史書も手柄を誇張したいがために過大表現（四回も水軍の戦いが行われたとしています）し、敗戦国の倭（九州）の方でも、たとえ負け軍（いくさ）だったとは申せ、朝鮮の母国への面子、子孫への面子の点もございますので、いかにも凄い戦いが行われた結果精魂力尽き果てて百済と倭が負けてしまったかのように唐史・新羅史の記載を参考にしてそれに辻褄を合わせ、つまり、それに「付和雷同」し、しかも今日の日本紀が、「このとき負けた百済王家が、後になって日本列島で作った史書」であるところの「平安紀」であったが故に、正に故国での「自国・百済がこの世から永久に滅び去ってしまったときの戦い」を過大に美化した表現にしてしまっていたのも、これは仕方がないことだったのです。

しかし、そのために、アナタは今までこの戦いの本質を見誤ってしまっていたのですよ。この場合には、日・朝・中の内外の三者の史書とも全て疑ってかかる必要があったのです。

しかも、この「白村江の役」につきましては、「唐・新羅連合」と「倭・百済連合」との戦いであると一般に歴史の教科書にはそう書かれておりまして、アナタも学校でそうお習いになった筈なのですが、当時の国際情勢をよーく分析してみますと、実はそれ程単純な図式ではなかったことが判ってまいります。

と申しますのも、この「白村江の役」には百済内部での「内乱の要素」が多分に含まれていたからなのです。

そのことは、両陣営の構成を見ましても、百済の王家を二分して戦っているところからも明らかでして、唐の熊津道総管の孫仁師・劉仁願と新羅の金法敏・金庾信とが「陸軍」を指揮し、唐の劉仁軌・杜爽と、既に唐の囚人となっておりました百済王子・扶余隆とが「水軍」を指揮して熊津（公州）から錦江を下り、白江でその両軍が合流して、唐・新羅側の記録によりますと、水軍は四回も戦ったとされております（『旧唐書』劉仁軌伝、『三国史記』「新羅本紀」）。

そして、これに対しましては、水上の「倭の軍船四百隻」及び白江の周辺でその水軍を守っていた百済「仮王」余豊璋の「百済復興軍」の陸上軍との合同軍が戦ったのです。

このように、実は、百済人王家・貴族をも二分しての、この機に乗じましての、共に百済義慈王の王子である「隆」と「豊」との兄弟同族同士での戦いの一面（お家騒動）も含まれていたことに、アナタは気が付かなければいけなかったのです。愚かにも、このお家騒動を外部勢力に利用されて、百済は滅びてしまったのです。

因みに、このとき敵の唐・新羅側の水軍の将の扶余隆という王子は、平安紀という後に日本列島で作られました歴史物語での大友王子（弘文天皇）のモデルとなっている人物ですし（八1、二八1）、負けた倭・百済側の余豊璋という王子（百済仮王）は天智天皇の二分の一のモデルともなっていたのです。

＊これらが材料の一部とされまして、「大化の改新」や「壬申の乱」が作られていたのです（六、二二、八）。

2、唐史・新羅史と日本紀との一年のズレは何故か

さて、ここには、更に不可思議な点が見られます。前にも少し触れましたし（七1）、またこの後にも述べますように（七3）、「降伏条約締結の使者の派遣」につきましての記事の一年ズレ（天智五年か六年かということ）も不可解なことの一つに加えておきましょう。このことも、前述の日本紀での歴史改竄（又は、少なくとも干支紀年法の違い）の有力な証拠の一つとなると私は見ているのです。

3、斑鳩寺と法隆寺の二重焼失

更に、この矛盾は、次に述べますように、あの有名な法隆寺の焼失についても見られるのですよ。それは、同じ正史・日本紀の中におきまして、A「斑鳩寺は六六九年に焼失した」とされている一方で、B「法隆寺はその翌年の六七〇年にも焼失」という記載がございまして、この「同じ日本紀上」の「同じ寺」の焼失が、何故ゆえに、わざわざ斑鳩寺から法隆寺へと「寺の名前を変えてまで」、かつ、同じ正史日本紀の中で一年のズレを生じさせてまで焼失させる必要性があったのかということ（しかも、ここでも、例のあの怪しげな——日本紀の作者が年代をごまかすときによく使う常套手段、月日を書くと朝鮮史・中国史などとの齟齬を来してしまい、嘘が一発でバレルことを防ぐときに、用心深くわざと具体的な月日を欠いてボカす方式、つまり「是歳条（このとしのくだり）」がちゃんと使われておりますよ。ホラ、この通りミエミエなのです）も、普通ではちょっと理解し難いことなのでありまして、尚かつ、この右のそれぞれ（講和会議も、法隆寺の点も）のABがともに「パラレルに連動しながら一年ズレて矛盾しているということの一致」も、「故意」による歴史改竄、又は、善意に考えましての干支紀年法の相違（これも、後の改竄の際「過失」による干支紀年法の相違の見誤り）、又は別の史書があり、それとは干支が異なっていたことの有力な一つの証拠となっていたのです。

六六四年に唐の高宗の命令により、劉仁願が泰山で「勝者」の新羅王・金法敏と「敗者」の百済王子（仮王）扶余隆とを「白馬を殺してその血により」誓わせましたとき、倭人が列席（当然、当時の状況下におきましては、百済・倭の側は負けた「捕虜」としての扱いなのですが）しておりますが、中国史の分析からいたしましても、この倭人は坂合（サカイ＝昔氏＝シャキー＝物部氏）部石積（いわづみ）及び吉士・枝彌らであることが判り、そして、そうであるといたしますと、日本紀の記述は、ここでも又、一年ズレていることになります（六六五年〔天智四〕。「日本紀編者私案」。しかもここにも又例の怪しげな「是歳条」がちゃんと用意されているのですよ）。

更に、右の石積らの帰国につきましても、六六七年（天智六）十一月九日と中国史と日本紀では一年のズレが生じているのです。

このように、「法隆寺＝斑鳩寺」「泰山の盟約」「その特使の帰国」についてまでも、皆そろって日本紀の記述が「一年ズレている」ところが妖しいナとアナタも気が付かなければいけなかったのです。

これは「故意」による改竄だったのでしょうか、それとも干支紀年法（暦）の違いによる「過失」によるものだったのでしょうか。そして、そのどちらにいたしましても、これらのことは、「前に別の史書（別の日本紀）が存在していた」ということの証拠であり、私の考えをサポートしてくれているのです。テストの点をよくするための暗記ではなく、このように「ハテナ」と思う心こそが一番大切な「歴史の母」なのです。

4、「白村江の役」の後、直ちに日本列島は占領されていた

更に重大なことに、お話を進めてまいりましょうか。これからお話ししますことは、とても大切なことですので、耳の穴かっぽじって、目ん玉を引ん剥いて、よーく読んで（聞いて）ください。

では、日本紀におきましての、これらのズレなどの矛盾が「どうして生じてしまったのか」、つまり、「何故天皇家には、このような歴史改竄の必要性が存在したのか」ということについての説明をしておかなければなりません（何度も作り直しさえしなければ年代の齟齬など全く生じなかった筈だからなのです）。

(1)「畿内の秦王国」と「唐・新羅」との共同作戦

例によりまして、簡明に結論から先に申し上げましょう。

今、お話し申し上げましたように、このことは既に、白村江の役（六六三年直後の日本列島の九州の占領）に先立つ六六〇年の時点――つまり、朝鮮半島での第一回目の百済滅亡のときに於きまして、唐・新羅により、即座に日本列島の「畿内」の一部分が占領されてしまっていたということを意味していたのです。

＊これは、当時、倭国の本拠地がございました九州のことではありません。そして、これは唐・新羅の連合軍の本隊によるものではなく、別働隊によるものか、はた又、列島内部では当時は九州の倭国の被支配民でもありました畿内の古来の「秦氏系」の、つまり中国史でいう「秦王国」の人々が、朝鮮半島における新羅・唐連合軍の動きに呼応して「武装蜂起」した可能性も否定できないからなのです（後述）。

と申しますのも、「新羅＝秦韓」系の「秦氏」と、畿内の「秦王国」（一五11）とは古来同族（日本列島に渡来した時期と経路は異なっておりましても、共に、その王族はグレコ・バクトリア系のユダヤ人の末裔であります「秦帝国」の遺民の「伝承」を持っております）なのですから、場合により外国の唐・新羅と「通謀」して積極的にこの畿内占領を受け入れていたということすらも十分考えられるからなのです。

但し、たとえそうでありましても、この点は九州の「倭国」の存在も畿内の「秦王国」の存在も、共に平安の日本紀の作文におきましては抹殺されてしまっておりますので、今までの長い間、アナタを含めまして皆このカラクリに気が付くことはなかったのです。

そして、「畿内の秦王国」と「唐・新羅」との共同作戦によりまして、遅くとも六六三年白村江の役の直前におきましては、畿内は勿論のこと倭国の本拠、すなわち五六二年以降は九州に退いておりました倭国連合国（大伴氏の安羅国が盟主）の殆どが包囲されてしまっていた状態だったと言えるのみならず、畿内でも裏日本の越でも、新羅有利に展開していた内戦状態（日本紀上の斉明朝の「阿倍」比羅夫は、日本紀の記載とは逆に、敵の占領新羅側の将軍だったのですよ〔七6〕。時代を遡及して記されており

ます。別述）に陥っていたのでありまして、やがて白村江の役でも敗れて、日本列島の西半分（つまり当時の倭国の支配地の殆ど全部）は、完全に唐・新羅軍に占領されてしまっていたことを意味していたからなのです。

(2) 若狭・小浜の新羅系「金銅弥勒半跏思惟像」

その際の畿内への唐・新羅連合軍の日本海ルートからの侵入路は、若狭小浜（遠敷＝オニュー＝丹生）から「九里半街道」で琵琶湖西岸の今津へ至るルートか、それとも、敦賀から琵琶湖北岸へ出て、ここからは水運を利用して、京畿へと入るルートであったものと思われます。

と申しますのも、小浜の太良荘の「丹生神社」の集落の北東にある「正林庵」には「金銅弥勒半跏思惟像」がございまして、これは京・太秦の広隆寺の弥勒菩薩（国宝第一号）と同時期の統一新羅成立の時のものであるからなのです。

(3) 東大寺二月堂の「お水取り」の起源と新羅系の白石神社

しかし、それだけでは、若狭と新羅との関係は不十分ですので、更に、次のことを加えておきましょう。

天皇と国家を鎮護いたします奈良・東大寺（新羅系最後の男の天皇〔廃帝となりました淳仁天皇を除きます〕聖武天皇の御寺です）の上院「二月堂」の「若狭井」の三月の「お水取り＝送水神事」（「修二会」三月十二日「籠松明」が有名ですが、二月二十日〜三月十八日の約一カ月間も行われます。この二月堂のご本尊は十一面観音ですので、元は伽耶・新羅系の鉱山民が信仰していたものだったのです。ですから二月堂の「お水取り」の「火祭り」には、この仏こそが相応しかったのですよ）の際には、若狭・小浜の「若狭彦神社（上宮）＝遠敷神社」と「若狭姫神社（下宮）」のその両社の「元宮」とも言うべき「白石神社」の近くの遠敷川上流（音無川）の「鵜ノ瀬」から、お水を取り寄せる（実際は、地下で繋がっているとの伝承により、「二月堂」の前の「若狭井」から水を汲み、加持をして香水といたして使用いたします。イラン「カナート＝地下水道」の理論と同様の考え方に基づき、十日前の三月二日に、九〇キロメートル離れた鵜ノ瀬で「送水神事」が執り行われております）形になっております（一一2、二三5）。

＊東大寺の前身は金鐘寺と申しましたが、この名は、何と、新羅王家の姓の「金」と同じなのです。

しかも、この寺の名の元ともなりました優婆塞（俗家にあって仏法に従う者）直金鐘という人が（百済の僧・法蔵と並べて記されてはおりますものの、その名からいたしまして、これは元々は、新羅僧と思われます）、美濃に派遣されて白朮（キク科の多年草）を煎じて薬を作らされております（天武紀十四年〔六八五〕十月八日）。

更に、この人のことを伝説化したものが、金熱行者（ここでの名からも、新羅系の人であることを匂わせております。『大日本霊異記』二十一話）であるとも伝えられておりまして、この人は東大寺の沿革を考えるに当たりまして、なくてはならないキーパーソンの一人であったのです。金鐘を辿ってまいりますと、日本国家鎮護の東大寺という寺が、その当初は新羅系の寺でございましたことが明らかになって来るのです。また、「八坂神社─白朮（天武紀十四年十月四日、金鐘が美濃で白朮を「煎した」。同年十一月二十四日「献れり」）─秦氏の氏寺・氏神─新羅系─僧・金鐘─金鐘寺─東大寺の前身」と、そこを辿ってまいりますと、一連の繋がりが見られるのです。

黒白の二羽の鵜が、盤石を穿って地中から出て樹に止まり、その二つの跡から甘泉が湧いたので、石で囲み閼伽井（若狭井）とした、とされております（『東大寺要録』十二世紀）。

しかも、此処で是非アナタに注意していただきたいことは、この若狭一ノ宮、二ノ宮の、この元宮の祭神が垂下いたしました鵜ノ瀬が、「白石の里」（小浜市下根来（ねごり））であり、よって、この神社が「白石神社（しらいし）」とされている由縁についてなのです。

ここに「シラ＝新羅」の名を冠しているのみならず、本来この男女の二神が垂れましたところが「白石の上」であり、「白馬」に乗り「白雲」に居す（『若州管内社寺由緒記』に載る「若狭国一・二宮縁起」）とされておりますので、正に、この「お水取り」の原点の神が、かつては新羅・伽耶系の神以外の何ものでもなかったことを暗示してくれていたのです（美作国の中山神社の猿神社につき、八4）。

＊近くに「白蛇川」という川がございますが、この「白＝シラ＝新羅」も関連があるのかもしれません。

と申しますのも、東大寺の大仏殿の前の鏡池の南側を東から西へ流れます川も又「白蛇川」と名付けられているからなのです（吉城川に合流）。ここにも若狭と同じく「白＝シラ＝新羅」の名が冠せられていたのです。

加えますに、三月二日に遠敷川上流の右の鵜の瀬で行われます「お水送り」神事（根来（ねごろ）八幡宮から神宮寺へ、そして鵜の瀬で香水を注ぐ）では、何故か全員が白装束で、かつ、白頭巾から目だけを出すという異様ないでたち（「目出し帽」に近い）なのです。これは、言うまでもなく、この神事は「白＝新羅（しろ）」で白一色だったのです。

更に、この神がここに垂下した「時」がより重要でして、それが元明天皇霊亀三年（七一五）とされておりますので、この神が初めて祭られたときが、正に「奈良朝＝新羅王子が日本列島を統治していた時代」であったからなのです。

更に加えるに、この男神の若狭彦の「形」につきましては、何と！「如、唐人」（前出『縁起』）と表現されておりまして、これも「唐＝カラ＝伽羅」ということで、この表現が伽耶・新羅系の神であったことを暗示してくれていたのです。

この男女の二神も、もしかすると、元々は「新羅（金官）王子の天日矛」と「妻のアカル姫」の二神であったのかもしれません。

これらのことは、七世紀後半の「若狭」という場所が、新羅・伽耶系天皇家や秦韓の亡民である秦氏と繋がっていたことを暗示していたのです。

＊ところで、祟ると恐ろしい、東大寺縁の、承元（元年が一二〇七年）の頃、『過去帳』を読む僧集慶の前に「など……よみおとしたるぞ」と言って掻き消すように失せてしまった「青衣の女人」とは、果たして一体誰のことだったのかという点につきましては、二一5、二六1。ヒントは、青衣＝死者・殺された者。

二月修中連日、初夜の大導師作法の冒頭に、「神名帳」を読み、そこに全国の「諸神」（天神地祇）、御霊など五百二十二柱を勧請しますし、又、五日目と十二日目の初夜の大導師作法の間には、「東大寺上院修中過去帳〜」と節をつけて荘重に「過去帳」を大伽藍本願聖武皇帝から読み上げ、この千二百年余の二月堂に縁の深い人々を偲ぶのです。この「過去帳」の中に右の青衣女人が出てまいります。

では、この新羅系天皇家が行っておりました「お水取り」の神事が、今日まで残ることが出来ましたのはどうしてなのかと申しますと、たとえ平安朝の百済系天皇の世に移りましても、それまで長年、京畿の東大寺と地方を結んで行われていた大掛かりな国家行事であったのみならず、このことは仏教用行事・信仰とも深く結びついて既に長年行われておりまして、しかも、平安天皇家は、仏教信仰という点では全く同じ（奈良朝も平安朝も）でございましたので、最早抹消することが難しかったからなのです（それに、円珍をはじめ立派な帰唐の新羅系の僧が出ておりますし。本章4ノ7、二三5）。

＊「お水取り」の行法は、天平勝宝四年（七五二）より僧・実忠により始められた「十一面観音悔過法要」として、大同四年（八〇九）まで約六十年間続いたと記されております（『東大寺要録』諸院・二月堂）。実忠はイラン系インド人とも言われております。と申しますのも、ここ遠敷を「ヲニフ」と申しますのは、イランの生命の水を主宰いたします女神アナーヒード＝An-ahid（この神には、仏教における観音菩薩に大変似通った要素が見られます）の名のアナヒが訛ったものであり、更には、この僧・実忠の名そのものも、ペルシア語の「異邦人＝jud-cihr」（ジュド＝異なる、チワル＝出自）の当て嵌めだとも考えられるからなのです（一一3）。

この二月堂の修二会におきまして、神々の名や寺縁の人々の名を読み上げますのも、祆教（拝火教）の聖典『アヴェスター』の中の精霊供養の章の中に、祆教に縁のある神名や人々を連ねてあることと同一の思想によるものであったのです（七4ノ3）。

ですから奈良朝の「白岩神社」の「上に」、平安朝になってから「若狭彦・若狭姫神社」などという地名の名を冠しました抽象的な神々の神社を創作して上塗りし、その上に被せ、そして、元々「新羅＝シロ＝白」系であったことを「カモフラージュ」してしまうぐらいが関の山だったのですよ。

ここ遠敷郡（小丹生評）に白鳳・奈良朝に、天皇家の屯倉が置かれていて、奈良朝の新羅系天皇家とはとても深い繋がりがございましたことは、藤原宮出土木簡（文武～大宝）、平城宮出土木簡（神亀・天平）に「三家里」「三家人」「三家首」の表示が見られることからも推測出来たのです（尚、「評→郡」の変化につきましては、本章4ノ19参照）。

(4) 川原寺の「白石」の謎を解く

更に、新羅が占領したことの幾つかの証拠を加えておきましょう。証拠は多ければ多い方がいいですので。

軒丸瓦としては最も優れているものの一つと思われます、元来は飛鳥川の「川原の寺」という程度の意味であった川原寺の「入葉（八葉）複弁蓮華文瓦」は、白鳳期のもの（私の考えでは「白鳳＝白王」時代という場合の「白」という文字は、そもそもが「白＝シロ＝新羅」王の時代を暗示していたものと考えます）ですし、更に、他に類が見られないとも言われており、「不思議だ、何故なのだろう」と言われておりますこの寺の「中」金堂の礎石にのみ白石の白瑪瑙（実は、大理石）が用いられているところから考えましても、この「白い石」には、他とは区別しなければならない違った特別のシグナルがそこに秘められており、アナタもご推測の通り、これが正に「新羅＝シロ」のことを表した象徴であったのでございまして、前述の東大寺「お水取り」の新羅系の「白石神社」と同じ「白＝シラ＝新羅」の発想に基づいたものであることをアナタに語り掛けていたのです。

更に、次のことは一体何を意味しているのでしょうか。

文武天皇が即位（文武元年〔六九七〕）いたしましてから三年余りの期間に限ってみましても、

「近江国　献　白　鼈」（『続日本紀』文武元年九月三日）
「丹波国　献　白鹿」（文武元年同日）
「近江国　献　白樊石（明樊）」（文武二年六月八日）
「伊予国　献　白鑞（錫＋鉛＝シロメ）」（文武二年七月十七日）
「伊勢国　献　白鑞」（文武二年十一月五日）
「河内国　献　白鳩」（文武三年三月九日）
「伊予国　献　白鷰（燕）」（文武三年八月二十一日）
「長門国　献　白亀」（文武四年八月十日）

というように「白」に因んだものが瑞兆だとされまして全国から次々と天皇家に献上されております。これも文武天皇のモデルが新羅占領軍提督の新羅王子金良琳であると考えますと、正に「白＝シラ」は、新羅という国名そのものを表しておりましたので、これらが新羅王子に献上されたものであると考えることがより素直だからなのです。

占領新羅軍が、倭王・蘇我馬子一族の建立したこの川原の寺を新羅様式に「改造」すると共に、ここを王宮（川原宮）・官庁として使用したのです。

また、奈良盆地の東の大和高原の都祁（＝呉音、漢音＝トキ。これは、倭人が新羅を開国致しました国名と同じです）の白石にございます「白石国津神社」の信仰の対象たる「白石」とも関連していたのです（この「白石信仰」は羌族がチベット山地から四川盆地に降りてきて漢人化した信仰にまで遡るかもしれません。九3）。

この川原寺の礎石につきましては、百済伝来のものという考えが伝わっております（寺伝では「三韓」からとしております）のも、平安時代になってから百済系の天皇家が、自分たちに都合のいいように、そう「付会」してしまったからあやふやになってしまったのです。

薬師寺の「一塔二金堂」方式は、この川原寺とも同じ（但し、薬師寺の中門を入って左の塔が、川原寺では西金堂となっております）なのですが、そもそも、この薬師寺は新羅の旧・四天王寺の模倣だった（別述）のですから、同様に川原寺も又新羅系の寺であったということにならざるを得ないと共に、この薬師寺の「須彌壇」が百済からの伝来と伝えられておりますのも、何処がその産地かは別といたしまして、本来は、朝鮮半島系、つまり、新羅系の思想に基づくものであった筈なのでありまして、この川原寺の金堂の大理石の基礎石が百済の石だという伝承も、右に述べましたように、同様に平安朝におけます付会であったのです（この石は、かつては吉野川辺りの山中のもの、それも吉野郡洞川の産と思われておりましたが、今日では近江の石山寺〔滋賀県大津市〕辺りの大理石とされており、瀬田川〔宇治川〕ルートで運ばれたものと思われます。八4）。

（5）飛鳥川の「川原の寺」の創立の謎——倭王・蘇我馬子の寺を、占領軍の提督の新羅王子の宮とする

これらのカモフラージュによるこの寺の創建の不可解さは、「斉明元年十月……川原寺を造る」「又、天皇（天武）建弘福寺」（『扶桑略記』）。因みに、現在のこの寺の名を弘福寺と申します）と同一史書の中に、年代につきましての、斉明か天武かという積極矛盾が見られますところからも裏付けられていたのです。

更に、この川原寺の建立が「宝亀五年（七七四）、光仁天皇」（『太子伝古今目録抄』）というものすらもございますし、又更には、「敏達天皇御宇第十三年春二月　蘇我大臣（蘇我大臣＝馬子）建立之　金堂十一面像　丈六　又有三重塔……従　百済国　持来弥勒仏也　像有東塔内」（『諸寺建立次第』）というものもございまして、ここには明らかに「百済との関係への強引な付会」が幾重にも見られるのです。

＊この寺は、初めに蘇我氏（正に、倭王）が建立いたしました点につきましては後述いたします。

このように、右の「光仁天皇の頃造られた」という年代の記述と「百済の仏」であるという言い伝えは、共に、正に「百済クーデター」の後、光仁天皇と桓武天皇が「歴史を焚書して改竄」し、倭王（蘇我氏と大伴氏）の倭国と、その後の新羅の占領の痕跡とを、共に抹消してしまったことの名残だったと見なければいけなかったのです。

＊因みに、川原寺と同じ瓦が出土いたしました豊浦寺につきまし

ては、一二2。

しかも、アナタ、このように飛鳥三大寺の一つでありながら、この大寺の「創建の記録」が日本紀には全く見られないと共に、残された各史書におきましても、その建立がマチマチなのです。

そして、この頃の地方寺院や小規模寺院には百済様式の瓦が使用されているのにも拘わらず、天皇（斉明か、天智か、天武か）の勅願の寺でもあり、かつ、藤原京の頃には「四大寺」（但し、この川原寺はその中でただ一つ、薬師寺、大官大寺＝大安寺、元興寺［これも後れて、平城京で新造されております。一三3］とは異なり、何故か最終的にも「飛鳥に取り残され」てしまっておりまして、平城京には移らなかった謎の寺なのです）の一つでもございました川原寺のこの瓦（川原寺式）が、それまでにない「新様式」のものであることからも、少なくともここから支配者が新しい考えの勢力に変わった、つまり、ズバリ申し上げますと、この川原寺は占領新羅軍が、「新羅の王都慶州の寺院と瓦」とに範を採りまして、建て直し・増改築いたしました、新羅王子（占領軍提督）の寺ではなく宮（官庁）となっていたからなのです。

しかも、面白いことに、この「川原寺式の瓦」の分布が伊勢、美濃の地方に見られますことは、その地が「壬申の乱」における天武天皇と密接に関連する土地であり、奈良日本紀という「歴史物語」におきましては天武天皇のモデルが新羅文武王（金多遂）であったと考えます私の立場（高屋大夫につき、五5）からは、このことは当然のことを意味していたのです。

＊つまり、壬申の乱の「真相」におきまして、唐軍を追い出すときに協力してくれた親新羅の地域だったからなのです（八1）。

仮に、斉明大王がこの寺を造ったといたしましても、私の考えでは「斉明女帝＝モデルは新羅・真徳女帝」でありピッタリなのです。

それに、新羅（伽耶を吸収）は、その前身たる金官伽羅（王は蘇我氏）へは、インドのアユダ王国から王妃が嫁いで来ておりますくらいですから（『三国遺事』）、このインド・ガンダーラ直伝の巨大な寺を新羅系天皇が造った、又はその寺の「基礎」を、その前の金官（倭）王の蘇我馬子が造ったということは、これは理論的にも一貫していたのです。

と申しますのも、川原寺の裏山の穴の中から大量に出土した二十センチ四方の「塼（せん）」で構成されております三尊の「塼仏」は、正に、インドのガンダーラに見られるものと、その「構成」も「描き方」も瓜二つだからなのです。

＊ミャンマーなどでも、似たようなものが見られます。

しかも、「河原寺（割註）号弘福寺　東寺末寺也　伴寺者　在橘寺北　敏達天皇十三年（五八四）二月　蘇我大臣　建立　金堂安丈六十一面観音」（『諸寺縁起集』）ともありますように、占領新羅軍が白石の礎石の金堂に建て替える「前」は、倭王・蘇我氏の馬子が建立した寺であったという言い伝えも残っていたからなのです。

＊『諸寺縁起集』にも蘇我氏・馬子の建立の記載が見られます。

（6）京都・太秦の広隆寺の弥勒菩薩は整形美人（男）

さて、次には、アナタが聞けば、必ずやガッカリするであろうことをお話ししなければなりません。これを知っていて申し上げませんと、私の良心が咎めるからなのです。

それは、先程の京都・太秦（うづまさ）の秦氏の氏寺である広隆寺にございます国宝の、あの清楚な半跏思惟の弥勒菩薩（元々は、如意輪観音か）は、明治初年頃までは、極めて大陸的なお顔立ちでございまして、今よりももう少しプックリとしたお顔で、目元も多少ウルトラマン的だったのですが、明治時代になってからの文化財の修理の際に、「大整形手術」が施されてしまい、今日見られるような、現代風な日本人好みの端正で清楚なお顔に削り直され、整形されてしまっていたからなのですよ。

アナタはこのことをご存知でしたでしょうか。信じられないでしょう。このように、あのお顔立ちは、残念ながら、決して古くからのもの、推古大王の頃のものではなかった、つまり、弥勒菩薩のお顔は、近代日本人の好みにいい、いいかえれば合わせて近代になってから作られた近代人形に過ぎなかったのです。

今で言う整形美人だったのですね。

ですから、私に言わせますと、「広隆寺」も、これを載せているる「多くの教科書」も、この点をハッキリと明示いたしませんと詐欺的と言われてもしかたがありません。はっきりと明治の「整形仏」と書かなければいけませんよね。

因みに、同じ聖徳太子ゆかりの寺であります、斑鳩の中宮寺のあの慈悲深い如意輪観音のお姿の方は、昔のままのものですが。こちらの方は金属ですから、削るのは難しいですからね。

（7）三井寺の新羅善神堂で元服した新羅三郎・源義光

さて、越前と新羅系の神社のお話に戻しましょう。

更に、「新羅」と「越」と「畿内」との関連は、伽耶・新羅系の出自であるとも言われ大友氏の氏寺であります「三井寺（園城寺）」及びその境内の「新羅・善神堂」――僧・円珍（智証大師）を介しまして――「新羅神社」（福井県南条郡今庄）へというライン（繋がり）にも見られるのです（二三5は必見です。他に、七2、3、二七1、一七1も）。

（8）対馬の安曇（倭）水軍の滅亡

さて、実際に新羅の来寇がございましたことは、九州の史書である『高良神社祭神攷』『宗像大菩薩御縁起』及び『高良玉垂宮縁起』などに記されているところに照らして分析いたしましても、ほぼ間違いないところなのでございまして、右のうち『宗像縁起』には「対馬島……遣竜宮城乾珠満珠二顆珠……」とあり、対馬の仁位（古くは「瓊＝ニ」とも言いました）にある「和多都美神社」（ご祭神はホホデミと豊玉姫）にはその境内に「玉の井」や「湯津社（ユツカツラの樹）」もございますので、神代巻で申します「海宮」（海神（わだつみ）の宮）のありました場所とは、ここ対馬（実は、ここは、任那（みまな）［ニムナ］の「本拠」でもありましたし、又、「龍宮」

も、朝鮮から出発してここだったのか、それとも、丹後か、豊か、鹿児島か、駿河の清水か、その他かという問題もございます。別述）のことだったのです。

そして、この神社は阿曇・安曇（あづみ）水軍の本拠でもありましたので、「新羅が九州に上陸した」ということは、当然の前提といたしまして、この途中の対馬（任那）の倭の宗像水軍の本拠地が敗れたということをも意味していたのです（一一1）。

(9) 大隅半島・吾平のウガヤフキアエズの陵

このように新羅軍が上陸して来ましたので、この頃北九州辺りにいた百済からの亡命者たちは、海路九州を南下し、日向（宮崎県＋鹿児島県）の山奥へと逃れております（一2）。

しかし、その人々も、やがて平安朝では政権の座に就きましたので（二六、三〇、三二）、百済王室の祖先でもありますイワレヒコ（神武大王）の父のウガヤフキアエズなどの山陵を大隅半島の吾平（あいら）などに後世になってから造り、その口碑が今日まで伝わっていたのです。

このウガヤフキアエズが山の洞窟に住んでいたということは、百済亡命者に、かつて居候のような亡命の時代が存在していたことを暗示していたのです。

イワレヒコ（神武大王）の父のウガヤフキアエズのモデルは、高句麗の9故国川王だったのですが、この人は、実は、罽須（神武）の兄ではなく父だったのです。

＊ですから、「高句麗本紀」が、この故国川王が罽須王子の「兄」としていることは間違いだったのです（別述）。

と申しますのも、後に李朝におけます「儒教」に基づくところの倫理観から、故国川王の妃の「于」と故国川王の子の「山上王＝延優」との「母子婚＝親子丼」が、倫理観の上で問題がございますので、歴史を遡って否定されてしまったがために、大王系図の改竄が行われ、本来の父の故国川王と子の山上王との「親子」関係（『魏書』）が故国川王が一世代下がり、「兄弟」という風に変えられてしまっていたからなのです（一2、二三5）。

つまり、「山上王と故国川王妃の于との結婚」が、本来の「母―子婚」である再婚から「義兄妃―弟婚」である再婚へと変えられてしまったから、というのがその真相だったのです。

＊遊牧民の世界におきましては、「母子婚」は何ら珍しいことではなかったのですが。

(10) 日本書紀の分析とその矛盾

さて、お話を新羅による日本占領のことに戻しましょう。

では、後の平安朝になってから、このとき負けた百済系の人々により改竄され尽くされてしまった日本紀とはいえ、その行間（紙背）から、その改竄前の唐・新羅による日本列島の占領という事実を、果たして読み取ることが出来るかどうか、これからアナタと一緒に、一つ一つ証拠を掘り起こしながら、針の穴を探すようなことかもしれませんが、じっくりと見ていくことにいたしましょう。

まずは、六六〇年（斉明紀六年）九月五日（新暦の十月二十日頃）には「百済の僧侶二人と王族がやって来た」という記録がございますが、この真相は、実は、「唐・新羅の畿内占領軍の「先発隊」が畿内（九州の倭国の主要部では六六三年までは激しく抵抗しておりましたので上陸は難しかった）の何処かに上陸した」ということを暗示していたのです。

そして、続きまして、その一カ月後の六六〇年冬十月（新暦の十一月中旬から十二月中旬頃）に「百済福信・貴智が唐の捕虜を百余人献上した」（福信来献唐俘一百余人）とありますことも、右の先発隊上陸の一カ月後に、占領軍最高司令官（GHQ）の本隊が「畿内」に上陸していたことを示していたと考えるべきだったのです。

このとき「百済」の達率の正珍（弥）も来たと言っておりますが、その正珍などというラーメン（支那ソバ）屋のような名前自体から考えましても、これは「宗主国でもあり戦勝国の大唐帝国の唐人」の渡来が暗示されていた可能性が多分にあるのです。しかもこの名は、実に不可解なことに、日本紀の「或本」にあるのみだからなのです。

＊更に不可解なことには、後に述べますように、この将軍の郭務悰の名も、日本紀以外には見られないからです。

と言うことは、唐史・新羅史におきましては、「他の名前の人、又は他の名前で異なる時期に日本紀又は大陸の史書に既に出ている人」がGHQ（占領軍のボス）として渡来していた可能性を探し出してみる必要があったのです。更に、右のように、百済の佐平（総理大臣格）の鬼室福信と貴智も来たとされていますが、これらの人々の役割は、古く馬韓の頃から列島に渡来して既に何代にもわたって定住していた多くの百済系住民（特に、畿内とその「三関」の周辺の人々。七4ノ13、他）の動揺、つまり、奴隷的扱いを受けるよりは叛乱を起こそうとの考えを抑えるため、敗戦国百済の責任者がプロパガンダの必要上、唐・新羅の占領軍によって、日本列島に連れてこられたということが、その真相であったと読むべきだったのです。

さて、この辺りから、段々と正史の記述は可笑しくなってまいります。見てみましょう。

続きまして、翌六六一年（辛酉）、右の一年二カ月後の冬十一月（新暦の十二月中旬から翌年一月中旬頃。先程述べましたように、日本紀では、既に一年二カ月「前」の六六〇年（庚申の年）に来ていた筈なのですが）に至りまして、百済の佐平の福信が「俘の唐人、続守言らを筑紫に連れてきて献上した」（「福信所獲唐人続守言等至于筑紫」。斉明紀六年（六六一）十月所引の高句麗の沙門道顕作の『日本世記』。尚、唐代北方音（長安音＝漢音）による大宝二年日本紀作成に関し、一二三2必見）、「この辛酉の年（六六一）は、福信が百六人もの唐兵の捕虜を近江国の墾田に住まわせた」（「福信所献唐俘一百六口居于近江国墾田」。右斉明紀所引の或本）年であると記されておりますが、この真相につきましても白村江の役の後に「白村江で捕虜となった敗戦国の倭の将軍と兵士たちを連行して、唐・新羅の占領軍の本格的なＧＨＱの本隊が日本列島の中心部（畿内の近くに）に上陸して来た」ということを、その年代を少しズラして記載してあった可能性があるからなのです（又は、一年二カ月前と全く同じことをダブって記したのかもしれません）。だからこそ、そこには、日本紀の作者にとりましても真相がアヤフヤ（一年のズレがある）なので、その私語である（正史の記述に私語はおかしいのですが）、

「故、今存注」

——故、今存きて注す。

という主観が記されておりますよ（これは、改竄の曝露そのもの！だよナ）。尚、右の『日本世記』という史書は、記事を年月にかけ、日にはかけないことを通例といたしますので、日本紀の中の「是月条」という表示の中のあるものは、これからの引用を加えることによって作られていた可能性もございます。

＊右の続守言らの漢人が日本紀の歌謡（万葉仮名）作成に関与か。特に早期に作成されました十四～二十一巻、二十四～二十七巻の唐代北音（漢字原音）が見られます部分。因みに一～十三巻、二十二巻と二十三巻は非漢人音（倭音）ですので、後の倭人・日本人による改竄で新しく挿入されたことが判ります（日本紀の「改竄」の証拠。別述）。

しかし、不可解なことに、「百済の福信が唐の俘を献上したのは、昨年のことだった」（庚申）とも、同じ日本紀の中でわざわざ割註として注記されており、この辺りの日本紀の文面は、いかにも不安定な表現に終始しておりまして、形式上の矛盾から見ましても、ここから何かが匂って来るのです。

又、唐人・続守言の「上送」（日本に送る）のことが天智二年（六六三）二月「是月条」にも「佐平福信上送唐俘　続守言　等」とこのことがダブって出てきてしまっておりまして、ここにも日本紀の改竄による齟齬が表面化してしまっているお粗末さが見られるのです。

更に、この「捕虜を置いた」場所につきましても、前の記載（斉明六年紀）では美濃の不破郡・片縣郡と言っておきながら、後の記載（翌、斉明七年〔六六一〕）におきましては、今度はそれとは全然別の近江国の墾田に居住させたと言っておりまして、ここにもまた、明らかな矛盾が露呈してしまっているのです。

本当にここいらへんは全てが矛盾だらけで、正史といえども「臭い」ことこのうえないのです。

(11) 高句麗・百済系は信濃・松本の「束間（筑摩）温泉」まで退いた

日本紀には、先程の「続守言」についてのダブリに加えまして、次のようなダブリも見られます。

「金主山　帰国」（天武紀十三年〔六八四〕三月二十三日）と

「新羅人　金主山　帰之」（天武紀十四年〔六八五〕四月十七日）

というように、正史上で「新羅人金主山の帰国」がダブっているという奇妙な記載から考えますと、ここには大変重要なことが隠

されていたのです。

と申しますのも、「是日、遣三野王……於 信濃、令看地形」（天武紀十三年二月二十八日）と「軽部朝臣足瀬……於 信濃令造。蓋擬幸 束間 温湯 歟（与）」（天武紀十四年（六八五）十月十日）とは、同じ理由で、天武十三年と十四年とに分けてしるされておりましても、同一年の出来事と考えられますので、それに場所も同じですから、本来は、この二つの事実は同一のことの表現であったと見なすことが出来ます。

そういたしますと、では次に、どうして鄙の地である信濃国の松本などに「王都」を造る必要があったのか、という問題が生じてまいります（束間（つかま）・筑摩＝松本市浅間温泉）。

＊古代の束間が、相当広い範囲であったものと思われますのは、今日の千曲川の「チクマ」も、元々はこの「束間＝筑摩」の名残だったからなのです。

更に、ここに記されております、単に「地形を見るため」とか「温泉に入るためか」（こんなに遠くの！）とかのあやふやな日本紀の表現も大変気になるところです。

実は、ここでのゴマカシのための伏線は、日本紀をよく読みますと、ちゃんと既にその前に打ってあったのです。

と申しますのも、「又詔曰、凡都城宮室、非一処、必造両参、故先欲都難波」（天武紀十二年（六八三）十二月十七日）とされておりまして、このように不可解にも「都は二つ三つ必ず造るということになっていた」のだから、信濃国にも造ろうとしたのだと、言い訳が出来るようにしてあったのです。

＊ですから、改竄後の記載の整合性のため、つまりその不自然さをなくすために、日本紀改竄のときに右のこの言葉（言い訳）を挿入しておく必要性があった。

では、そこに隠された真相とは一体何であったのかと申しますと、六七二年の所謂「壬申の乱」（八１）の後、唐を排除して日本列島の西半分を独占支配することが出来ました新羅軍が、高句麗系の渡来民（百済もその出自は高句麗と同じ扶余です）の当時の東国での拠点の一つでもございました「信濃の松本を攻撃した」ということが、新羅系天皇家が作りました奈良日本紀では記載されていた筈なのです。

＊ここ「束間＝筑摩」には「辛犬＝辛狗＝カライヌ」郷などもございました（『倭名類聚鈔』信濃国筑摩郡）。これは、読んで字の如く「カラ犬＝高麗犬」であり、古くは南信地方が高句麗人の拠点であったことを示していたのです。ですから、信濃には、扶余・高句麗系の積石古墳も多く見られます（一七３）。より古い時代のことですが、飯田市（長野県）近郊の古墳の周濠には、馬の殉葬土壙（じゅんそうどこう）が幾つも並んでいるものが見つかっておりますが、これも五世紀中葉の「倭の五王」の珍（四四三年以前に没。菟道稚郎子のモデル）、済（四六〇年没。18反正大王のモデル）の興（四七七年没。20安康大王のモデル）頃辺りに、扶余系の騎馬民が渡来・入植したことの証拠であったのです（五３）。

しかしながら、平安日本紀では、この点を百済系天皇家が現行のように「書き替えて」改竄してしまいましたので、新羅使の金主山（金は新羅の王姓ですし、名の中には「主＝ニムナ＝国主」という言葉も含まれておりますので、当然、この新羅から渡来いたしました使者のモデルとなりましたのは新羅の王子クラスであったものと思われます）の帰国が、一年一カ月ずれて「二度」も記載されてしまっていたのです。

このように「信濃に王都を定めようとした」という珍奇なことと、「新羅使金主山の帰国」のダブルミスとをセットで検証いたしますと、「白村江の役」の後の唐・新羅による日本列島占領という事実と、所謂「壬申の乱」の後の唐を排除した新羅独占支配及び平安紀におけるそれらの事実の「隠蔽」という三つのことが、いっぺんにアナタの前に炙り出されてくるのです。

それでは、日本の正史でもあるにも拘わらず、何故、このようなお粗末な矛盾が露出してしまっているのでしょうか。

その理由を申し上げますと、それは只一つ平安朝に、このとき負けた遊牧系居留民とは、兄弟筋に当たる百済系天皇家（高句麗も百済も、遡れば扶余遊牧民の分派なのですから）が、こういう不都合な過去のことを全て改竄してボカしてしまったがためだったのです。

朝鮮の白村江で「単に負けただけ」のことでしたら、このような小細工は全く不要な筈であるということから考えましても、やはり、そこには「何か」が隠されていた、つまり、この時日本列島は新羅の連合軍によって完全に占領されてしまっていた（これですと、平安朝の百済系天皇家といたしましては、「万世一系」どころではなく、凄く不名誉なことにもなってしまいますので）ということが、この小細工の反面として窺われて来るのです。

そして、これらの小細工（改竄）の度に、宮中ではボロが出ないように、学者によるその整合性の検討会が開かれておりまして、その結果『日本書紀私記』（卜部賢方の『釈日本紀』に引用の『承平私記』など。別述）というものが残されたのだ、と考えるべきだったのです。

(12)「神郷亀塚古墳」は何故突然放棄されてしまったのか

このとき、占領新羅軍が倭国の東国を占領してしまいましたことの間接証拠を一つ挙げておきましょう。

弥生時代の「周溝墓」と古墳時代の「墳丘」との双方の特徴を併せ持つ珍しい「神郷(しんごう)亀塚古墳」（四八メートル。滋賀県能登町、琵琶湖の東岸）という証拠がこのことを示していてくれたのです。

と申しますのも、この二世紀末から三世紀初めに造られました最古級の「前方後円墳」の丘上で、数十年おきに祖先を祀る追祭(ついさい)祀(し)が行われてまいりましたことが土器の出土から判るのですが、この古墳は六世紀中頃に改修されているにも拘わらず、七世紀中頃からは埋没し始め放棄されてしまったのです。

＊この古墳からは木槨跡が複数発掘され（前方後円墳としては初めて）、そういたしますと、その共通性からも、備中の王墓山

遺跡の東端の「楯築楽浪漢墓」（四〇メートル、三二キログラムもの大量の辰砂が出土）との関連も考えられます。

また、檍一号墳（宮崎市）、ホケノ山古墳（桜井市）などの木槨墓も、同じ頃の二世紀末から三世紀初めの可能性も出てまいります。

九州（宮崎市）近畿（桜井市、滋賀県）での弥生時代末期の木槨丘の発見は、これが満州・朝鮮半島からの流れであることは勿論のこと、「天日矛＝ニギハヤヒ」の東行とも繋がりがあるものと考えます。

このように七世紀中頃、つまり「白村江の役」は六六三年ですので、丁度この頃に至りまして由緒のある近江の最古級の古墳が突然顧みられなくなってしまった、否、顧みることが許されなくなってしまったということは、この土地の土着・先来の勢力が戦いに敗れ、新しい勢力がこの琵琶湖より東の地を支配してしまったことの、紛れもない証拠の一つだったのです（東国の信州の松本〔筑摩温泉〕での戦闘につきましては前述いたしました）。

＊但し、この由緒ある古墳の終末が、もし八世紀に入ってからのことであるといたしますと、新羅の慶州の王陵では「石亀」が守っていることも多い（太祖武烈王陵など）ので、この「亀塚」という古墳の名の由来から考えまして、亀の石像が守っておりました古くからの伽耶・新羅系の古墳を、奈良朝末期ないしは平安朝になりましてから、政権をとりました百済系天皇家の圧力により、その祭祀を放棄させられてしまった、ということも考えられなくもありません。

(13) 三関の役割

さて、右のこの新羅系、百済系の争いと「三関」つまり伊勢国・鈴鹿の関、美濃国・不破の関、越前国・愛発の関（これは都が山城に移ってからは近江国の逢阪の関に代わっております）の非常時における閉鎖の役割とは密接に関連していたのです。

それは、ズバリ申し上げますと、情報の伝達をカットして、これらの動きに呼応して外来系住民が内乱蜂起することを防ぐためでもあったからなのです（七4ノ10）。

(14) 弥生民の永久農奴化政策

そういたしますと、中臣鎌足と中大兄皇子が対唐・新羅の軍議を行った（この時の会議の主たるメンバーは九州倭王の大伴氏と日本列島の倭国に亡命中の百済王子の余豊璋の二人だった筈です）とされておりますのも、これは、唐・新羅の占領軍が上陸した畿内でのことなどではなく、「未だこの時は辛うじて占領を免れていた」九州の倭国におけるお話だったのです。

つまり、「百済の残党と協力して最期まで唐・新羅に抵抗した」のは、畿内の秦王国（後に「日本国」の中心となる土地）ではなく、卑彌呼の末裔である九州に縮小した「倭国＝安羅国」でのことだったのです。

逆に、この時、新羅と連動して（このとき、日本列島における宗主国の九州の倭国を「裏切って」）唐・新羅の列島占領に協力したのは、畿内の「秦韓の一部とは同族」ということになっておりました秦王国のサルタヒコを祖神と仰ぐ勢力だったのです。

　そして、このことに対する、後の平安期になってからの百済側による「制裁」（これは、やがて江戸時代まで長い間続きます「農耕民・弥生民の奴隷化」という形で現象化されることにもなるのです）には厳しいものがございましたが、これにつきましては後述いたしたいと思います（三〇2）。

(15)「倭国」の抹消と「日本国」の作成――「ヤマト」とは新羅占領軍が付けた名前であった

　右の「秦王国と辰・秦韓」とは同族ということになっていたと申しますのも、遡りますと、畿内の秦王国（プロト日本国）の支配者は、秦帝国の始皇帝の王族の扶蘇（二世皇帝胡亥の兄弟）の子の有秩（ウヅ＝珍＝三世皇帝子嬰。BC二〇七～BC二〇六年）の末裔であったのでございまして、BC二〇六年に劉邦（羌人（きやん）〔＝羌人＝漢人〕）により秦（グレコ・バクトリア人の分国）が滅ぼされ、主たる弥生人の指導者の祖先は、このときには、亡命先の南中国（ビン＝閩＝蛇）ないしは南越の地にいたのですが、やがて、更に、漢の武帝の将軍にも追われて、その一部は南中国の弥生の水耕民（苗族＝毛人など）を引き連れて日本列島へと渡来した秦氏系の別流であるサルタヒコの末裔でもあったからなのでして、元来、朝鮮半島を南下して秦韓に参りましたところの秦の亡命民の一部（この人々は、後の新羅の一般構成民の一部。含、「自称」秦の亡民ではない「本当」の秦人の亡民）とは、遡れば同族の関係にあったからなのです。

　ですから、秦氏のウヅマサやアサヅマの「ウヅ＝珍」とは、古くこの秦の三世皇帝の「有秩（うづ）」の名に由来するものであったのです。

　このように「珍＝ウツ」は「太秦のウヅ＝弓月（うづ）」でもあり、弓月君は、秦氏の出であることを、その名が表していたのです。

＊但し、平安朝の日本紀におきましては、この点につきましても十分に改竄が行われてしまいまして、「万世一系」と「天孫降臨」のスローガンのために、「唐・新羅軍が渡海して日本列島に侵入して、倭と百済系亡命者が敗れてしまった」というような平安朝以降の支配民である扶余・百済系民族にとって不名誉極まりないようなことは、今日まで物の見事に消されてしまっていたのです。

　そして、その侵入してきた占領新羅軍は、それまでは宗主国たる九州の「倭国」の支配下にあった、畿内の「銅鐸国家」の末裔、つまり「稲と鉄」の国家でございましたサルタヒコの「秦王国」を乗っ取ってその支配下に置くとともに、これを「日本国」という名に改名してしまい、そして、この国こそが古代からここ日本列島に自生し、九州からイワレヒコ（神武大王）――奈良紀レベルにおきましては、但馬の出石（出嶋（いづしま））からの「天日矛の東行」による「紀伊の名草戸畔の制圧」となっていた筈なのです（一五

1）――が、本州の畿内に攻め上った（この九州の点は、神話時代との接点ということでボカしながら）、そしてこの畿内の国こそが、中国史でいうところの魏志にも記載されました古来からの「倭国」の末裔であり、かつ、この国は土着の王権から派生した国であったのだということに、対中国関係で「創作＝すり替え」してしまいまして、そして、その結果（反射的効果）といたしまして九州の「倭国」及び当時、倭国の「出先機関」の下に位置して甘んじておりました、畿内の「古への秦王国」は物の見事に抹殺され、そのまま今日に至っていたのです。

＊秦王国は、古くは殷（但し、この頃は陸稲（おかぼ）レベル）、その後も呉・越・雲南より戦火を避け波状的に渡来してまいりました水耕民である、主として秦の亡民とその下の苗族などで構成されておりました弥生人の国ですので、一般に謎と言われておりますが、「銅鐸」のモデルは雲南の「銅鼓」だったのですよ（二三5）。

その意味で申しますと、時系列的に並べてみますと「倭国（日本国）は二つあった」（倭国とその後の日本国、つまり、九州中心の海峡国家と畿内中心の日本列島のみの国家）と言った方が判りが早いのかもしれません（二五1）。

そして、日本国が天孫降臨、つまり万世一系の大王の国であると、今日までアナタを含めまして多くの人々に信じられて来たということは、取りも直さず「二つの倭国」（連綿と卑彌呼の頃から続いてまいりました、古くは海峡国家でもありました「古い」倭国と、それを「飲み込んでしまった」後の新羅占領下で作られました「新しい」日本国との二つ）を「同一」のものであったということにして、時系列的に縦に繋いで一つにしてしまった優れた日本紀という歴史物語のライターたちのこの「陰謀」が、今日まで成功裏に終わっていたということだったのです。少なくとも、私に指摘される昨日までは、のお話ですが。

因みに、「大和＝ヤマト」という国号はいつ、誰が名付けたのでしょうか。実はこれは新羅の占領軍が母国の年号と川の名から、日本列島で「大化＝大和」という年号とともに国名も名付けたものだったのです。新羅28真徳王（在位六四七〜六五四年。斉明大王のモデル）は、元年丁未（六四七）七月に元号を「太和」と改めました（『三国史記』「新羅本紀」）。これは新羅の最後の独自の年号でありますが、但し、六四八年（同書「年表」には「二年戊申に改元太和」とあり、太和年間の干支は「年表」と一致いたしますが、右の「本紀」とは異なりますので、六四八年からとするのが正しいのです）から四年ないし六年続いたものです。

しかし、六四八年冬に、邯帙許を使者として唐に朝貢させたときに、太宗が御史を通じて「新羅は大朝（唐）に臣として仕えているのに、どうして独自の年号を称しているのか」と嚇かされたので、弁解のうえ「命令があれば止めます」と答えております。そしてこの太和は新羅王都の南方の蔚山（ウルサン）から西行する河名（太和江）にもなっており、「屈火＝屈阿火＝クアボル」（菅原道真の本貫。四2）の北を流れております。

新羅はこの「太和＝大和」から「ヤマト」という名を日本列島の占領地に命名したのです（勿論、「邪馬臺」に似せてのものです）。ですからヤマトという漢字で表しますこの国の名はアナタが考えているように古いものではなく、精々、七世紀中頃からのものだったのです。と言う訳で、「倭」「日本」「大和」を混同しないようにして下さいね。

更に、「太和」と「大和」と「大化」は、皆同音であることもアナタは忘れてはならないのです（「大津皇子の謀反」と新羅本国の「金欽突の反乱」と「大化」年号につき、二四3、六3。新羅占領下の倭で定められました「大化＝六八六年」から「大化＝六四五年」への移行につき、別述）。

この「太和」を初めて用いたのは、三国魏の明帝だとされております し（二二七～二三三年）、その後も、五胡十六国の後趙や東晋や北魏などでも用いられ、新羅にクレームをつけた右の唐さえも、文宗がこの年号を用いております（八二七～八三五年）から滑稽でもございます。かように、この年号は古くから人気のある年号だったのです。

因みに「日本」という国号は、六世紀中頃に百済の聖明王（用明大王のモデル）が倭に対する敬称として使用したことから始まって、大宝令で正式な称号及び用字として定着し、主として対外的に用いられたとされてはおりますが、前述のように、この日本という語が直ちには「大和＝ヤマト」には結びつかなかったのです（「朝鮮」と「韓」とが直接結びつかなかったのと同じように。別述）。

(16) 冠位二十六階

更に、唐・新羅軍占領の間接証拠といたしましては、白村江の役の後の国政におけます幾つかの重大な変化をあげることが出来ます。

まずは、「冠位と階位」という国家組織が大改革されて、大化五年（六四九）に制定された（とされておりましたところの）「冠位十九階」というものが廃止されて、早くも白村江の役の翌年の天智三年（六六四）には「冠位二十六階」となってしまっていることがそれなのです。

これは、唐・新羅の連合軍が日本列島に上陸して占領したからこそ、こういう新しく大きな変化が起きた（つまり、ここで新たに冠位が設定されて増やされた）と思われるのです。

考えてみれば、単なる敗戦後の緊縮財政の下では、官位を増やす（人を増やして複雑にする）ことなど全く必要なかったから逆だったのです。

これは渡来した占領軍の人員も増えるとともに（七4ノ33）、占領政策実行のための新たな役職も増えたからだったのです。つまり、新たなプラスアルファの要素が働いたからこそ、このように官位を増やさざるを得なかったのです。

＊又は、このとき新羅から渡来して増えた占領下の役人の肩書を、平安朝で改竄して隠す為にも、この時に遡りまして役職を増や

した形にする必要が生じたからだとも考えられます。

因みに、この官位・爵位などの増え方を、少し遡りまして、ここでおさらいしてまいりますと、次の通りとなっております。

右の「冠位十九階」制の前に大化三年（六四七）是歳「七色十三階の冠」制、先程の「冠位二十六階」制の後には、天武十二年（六八三）十月一日「八色の姓」制、天武十三年（六八四）一月二十一日「爵位の号・諸王十二階諸臣四十八階」制が制定されております。

(17) 四等官制

更に、このときどういう訳か唐制とは異なる「四等官制」をわざわざ採用しておりますが、これこそが正に新羅の制度と全く同じ（！）であることからも、図らずも、これが新羅占領下の出来事であったことの、その有力な証拠の一つとなっていたのです。

(18) 「好字」「嘉名二字」による地名の改竄

また、日本列島では八世紀の初めに、次のように各地の地名を「好字（感じの良い漢字）」に変えております。

「畿内七道諸国郡郷名着　好字　其郡内所生……山川原野名号所由、又古老相伝旧聞異事野載于史籍亦宜言上」（和銅六年〔七一三〕五月二日「好字令」『続日本紀』元明天皇条）

――諸国の郡郷の名は好き字を用ひしめ……（その風土記を）上らしむ……。

何と、これも同じ頃朝鮮半島で行われていたことと全く同じ！だったのです。真似っこでした（一五3）。

さて、この目的とは一体何であったのでしょうか。その点につきましてここで考えてみたいと思います。

更に、九〇〇年代に入りました延喜年間（九〇一～九二三年）に、以前のことを整理しマトメられました公文書には、

「凡諸国部内郡里等名。並用二字。必取嘉名」（『延喜式』民部上、第二十二巻。醍醐天皇延長五年〔九二七〕十二月二十六日藤原忠平奏進〔『日本紀略』、延喜式〕）

と「嘉名二字」にするようにとのお上からのお達しが出されております。

畿内七道諸国の各郡郷の地名を「好字」に直させたり、又「嘉名二字」に直させたことの目的は、まずは奈良紀におきまして朝鮮半島での出来事を、日本紀に翻訳して記すために、その地名の倭（和）訳（『風土記』の作成と共に、「地名由来譚」を適当に作り上げて）を考え出し、更に、それに上塗りをして、右のように「好字」に直させ、「建国神話の和風化」を完成させたからだったのです。

逆に、その翻訳化して出来上がりました日本紀をテキストとして使い、それに従いまして、今度は、お上が奈良紀や平安紀というその歴史物語（日本紀）通りに、その脚本に基づきまして、その土地に「地名を指定」して「付けてやった」（下命した）という可能性（今日、お上の一片の通達による町名変更）も十分にあ

り得ます。

＊ですから、右の和銅六年（七一三）『風土記』撰上の詔、同七年（七一四）『播磨風土記』成る、とありましても、この以降でも改竄はえんえんと続きまして、最初の奈良風土記から二百年も後の平安朝の延長三年（九二五年。右の「嘉名指示」の直前）十二月十四日に至りましても、「諸国ヲシテ風土記ヲ勧進セシム」とあるくらいなのですゾ（『類聚符宣抄』）。

そして、その結果「嘘も百回つけばナントヤラ」で、その後の千三百年もの間に、物の見事にその地名が「固定」されてしまい、今日に至りましては、最早、真偽不明の状態に陥ってしまって、アカデミズムがどう足掻こうが最早判らない、という状態になってしまっていたのです（万葉集の朝鮮語からの翻訳につき、一二3、4）。

(19) 評制から郡制へ

新羅占領の証拠はまだまだあるのです。

更に、評制（文武天皇四年（七〇〇）六月三日「衣　評督」（『続日本紀』））から郡制（天平十年（七三八）八月二十六日「国郡図」（『続日本紀』）聖武天皇条）、天平十一年（七三九）五月二十三日「郡司」（『続日本紀』聖武天皇条）、桓武天皇・延暦十八年（七九九）三月に「郡司」の記載（『日本後紀』））へと制度を変えておりますのも、何とこれ又この頃新羅で全く同じこと（！）が行われていたのです（それに、現在でも韓国では郡の字を「コホル」と読んでおります）。これ又、新羅の真似っこだったのです。

その証拠といたしましては、五一七年の頃には六啄評（王都の六郡）と五十二邑勒に、軍団（法幢＝ポプタン）を置いたとありますので、この頃の新羅が「評＝コホル」制であったことが判るからなのです。

そして更に、六八七年には、新羅に「郡県制」（九州五京制）が確立しており、このように倭国が評制から郡制へと移行するその少し前に、新羅が同じような「郡県制」への改革を実施していたことがこれによって判るからなのです。因みに、新羅は七五七年には郡県名を唐風に改めております（九州、五京……八郡二百九十六県）。

金石文の証拠といたしましても、「戊戌年（文武二年（六九八））四月十三日……糟屋の評造春米連広国鐘を鋳る」（『妙心寺鐘銘』。京都市右京区花園）とございますところからも、大宝元年（七〇一）頃までは、少くとも「評制」であったことが判ります。

ここでアナタも心に手を当てて、冷静に考えてもみてください。何で今まで「敵国であった新羅の制度」を、打てば響くように、終戦後直ちに、しかも、そのまま（！）取り入れているのでしょうか。素直に事象を分析しまして、これは、敵（新羅）に占領されていたからなのだと考えさえすれば、その全てが忽ちにして氷解して来る筈なのです。倭は、単なる敗戦国だけには留まらなかったのですよ。

因みに、この「評」ないし「郡」のコフル・コホリ（ko＝大、pul＝城邑）は、古代の朝鮮におきましては「中」とも表示されておりまして、これは古くは日本紀におきましてもちゃんと「己富里・知伽（未詳）」と表示されております（継体紀二十三年三月是月条。継体元年が五〇七〜九年。一七２）。

＊これも朝鮮半島での出来事（倭は海峡国家）でもあったのです。

そして、この「己富里」には「評」のみならず「費」の字も使われておりまして（共に「pul＝富里」の漢字の借音として。「知伽」「直岐」は君長のことであり「直」とも表示されました）、ですから隅田八幡神社の「人物画像鏡」（一七２、三〇２）の銘文中の「費直」は右の継体紀の「己富里・知伽＝国王（この場合は百済王の）の中級官人」と同じであったことにも、評制の面から分析して、アナタは気が付かなければいけなかったのです。

因みに、前述の遠敷郡（小丹生評）の中から貢進されました「調塩の付札」から分析いたしましても、評・里（藤原宮木簡、文武・大宝）→郡・里（藤原宮木簡・平城宮木簡、神亀・天平）→郡・郷・里（平城宮木簡）→郡・郷（平城宮木簡）というように、時系列的にはっきりと、その「評から郡へ」の変化が表示されております。

更に、白鳳・奈良朝に、ここに天皇家の屯倉が置かれておりましたことにつきまして、前述（七４ノ３）いたしました。

(20) 長屋王の大般若経の写経と「界線」

さて、更に、それらに留まらず、「文化の面」における占領軍による新羅の影響につきましても見てまいりましょう。次から次へと、色々（ザクザク）と出てまいりますよ。お楽しみに。

七一二年（和銅五）に長屋王（高市皇子の子で実質的には日本列島の支配者でした）たちが北宮で『大般若経』の書写を行っているのですが（六百巻、一万枚以上）、この用紙には「界線」が施されておりません。

この長屋王の行いました写経は大変特殊だったのでございまして（同じ長屋王が行った神亀五年の『神亀経』にも界線がございません）、これはズバリ新羅仏教の写経のスタイルそっくりだったからなのです。エッ、どうしてナノ？

これは、当時は「敵」であった筈の新羅の文化の継受そのものだったのです。

それなのに何故、同盟国であり、一緒に戦った筈の、そして、多くの亡命文化人も渡来して来ていた（『日本紀』）百済の文化ではなかったのでしょうか。

これも当時の日本列島での出来事が新羅の占領下の出来事であり、長屋王が新羅王子の新羅のＧＨＱの長官であった（長屋王が天皇であったことの証拠につきましては、三一２、二五１）と考えれば、このことは至極当然のことだったのです。

＊長屋王は高市皇子（奈良紀では新羅王子金霜林がモデル）の子ですよ。

それに薬井滝ノ北遺跡（奈良県河合町）で平成十六年に見つかりました「窯の焚き口」は、ここが長屋王（平城京に邸宅。天武天皇の子の高市皇子の子。六八四〜七二九年）の瓦工房（邸宅との距離は約一五キロメートル）であったこと（邸宅跡出土の木簡からの推定。木簡につき、三一2、三二2）を示しておりますが（同じ軒丸瓦と軒平瓦が二十一点も出土）、この時代の瓦窯の所有は天皇家や大寺院に限られており、その窯の所有ということから考えましても、この長屋王の窯が官営のものであり、かつ、長屋王が天皇でもあったことをアナタに語っていてくれたのです（七4ノ44）。

(21) いわゆる「隼人石」と慶州の新羅王陵の「十二支像」

新羅が日本列島を占領していたという証拠を、更に幾つか加えておきましょう。

聖武天皇の皇太子が亡くなられたとき（『続日本紀』神亀五年〔七二八〕九月十三日）、その亡骸は奈良市北方の奈良山の伝元明天皇陵の近くに埋葬されました（「葬於那富山」）が、その那富山墓の「隼人石」（とは申しましても、これは「犬」ではなく、実は、「鼠＝子＝ネズミ＝北」ですので、これを隼人石とアカデミズムがいうのは不適切だったのです〔隼人の犬の遠吠えのイメージから、犬を意識してそう名付けられたのですが〕）に刻まれております立像は「獣首人身」なのです。

これにつきましては、新羅の王都慶州市外の東南約六キロメートルに位置しております、美しい松に囲まれました33聖徳王陵（七〇二〜七三七年）を取り巻く「十二支像」（これは新羅特有の文化ともいえるものです）が、やはり、同じように「獣首人身」像（これは丸彫りですが、右の隼人石のようにやがて板石への線彫りに変化してまいります）でありまして、これらは唐の制度からの派生の面があることは否定できないとは申せ、正に全く同じ時期に同じモチーフ（加えまして、像の高さもほぼ同じです）の墓が、新羅と日本とでの双方で造られている（！）ということは、アナタにとりまして、決して見逃し難いとても重大なことだったのです。

新羅の古都・慶州郊外の松花山丘陵にございます金庾信の円墳の「十二支生肖立像」の獣首人身の左手に武器を捧げている「子像」もこれと同様ですよ。

この点の日本列島での検証を更に加えておきましょう。

このことは、杜本神社（大阪府羽曳野市駒ケ谷）の境内の拝殿の裏に左右一体ずつ立っております「隼人石」（石板）につきましても同様なのでして、これは裸人で頭部はネズミの「子像」であり、先程の那富山墓の「隼人石」と同じく、犬ではなく、ネズミ（子）だったのでございまして、正に、新羅王陵の「十二支」の石像の影響そのものだったのです。

ですから、この神社がアカデミズムによりまして東漢氏の当宗忌寸（一五10）という「百済系」（私の考えでは、東漢氏の正体は「倭人＝安羅人＝伽耶人」です。一五10）の神社であるとされてはおりますが、この「子像」の存在から考えますと、この神社が、かつての一時期、多分、奈良朝の頃かそれ以前には、間違いなく新羅・伽耶系の人物の墓であったことをちゃんと右の物証が物語っていてくれたのです（三〇2）。この点へのアカデミズムの反論をお待ちしましょう。

四神像の壁画の有る、アナタもよくご存知な奈良のキトラ古墳（明日香村。七世紀後半〜八世紀初め。先述）からも「十二支像」（五3）が見つかっておりますが、これ又、正に、前述のように新羅文化そのものですから、これらも素直に占領軍の新羅王子（天皇）の墓（出土した人骨と歯の鑑定からの推定では四十から七十歳）であったことを示していたのです（五3、七4ノ27）。

因みに、法隆寺・五重塔の「塑像」の中には十二神支の神獣の頭を持った「侍者（じしゃ）＝武人」像（八世紀初め）がございますが、これにつきましても同様なのです。

(22)「百済王神社」の「百済牛頭天皇」の扁額は可笑しい

次に、ここで、奈良時代におきましては、新羅系のお寺であったものが、この日本紀の書き替えに合わせまして、平安朝になって百済系のお寺に無理やり変えられてしまった例につきまして、幾つか見ていくことにいたしましょう。

今日、「百済」の冠の付けられております「百済王神社」（枚方市中宮西之町）が、その一つの良い例でして、ここは百済王の末裔の三松氏の社とされており、拝殿の「扁額」には確かに「百済国王牛頭天皇」と記されております。

しかしながら、「牛頭」とは本来、伽耶・新羅系の神（スサノヲなど）のことでありまして、ということは、この額は八世紀中頃までは「新羅国王牛頭天皇」と記されていたものと考えるのが自然ですので、これが平安朝における百済系天皇の世になりましてから書き替えられ（又は、よくあることですが、神社側が生き延びのため平安天皇家に自主的に迎合し）てしまっていたことが判るのです。そして、その動かぬ完璧とも申せます証拠も、次の通りちゃんとございますよ。

と申しますのは、この同じ処に、確かに百済寺跡がある（と言うよりも、この百済寺跡の敷地の中の一部に、逆に、この神社があるという方がより正確です）のですが、この寺も、アカデミズムにより百済王義慈の孫の「禅光＝善光」の孫の百済王（こにきし）敬福（「光仁天皇＝百済王文鏡」の父＝陸奥国からの黄金の発見者。敬福は、「百済クーデター」における、古代史上大変重要な人物です。三一2など）の氏寺とされてはおりますが、よーく見てみますと、この寺の「二塔一金堂様式」の伽藍配置は、明らかに新羅系ルーツのものでございまして、しかも極めつけは、この寺が新羅の王都・慶州の「感恩寺」と全く同じ方式であるということから考えますと、この寺が現行の日本紀の書き替えに合わせて変えられてしまう前、つまり奈良朝には完璧な新羅系の寺であったということを、遺跡の配置自体が、客観的に語らずして告白してくれていたからなのです。

このように、この寺は、一つには新羅に日本列島が占領されていたこと、二つには平安朝になってから新羅系であったということが隠されてしまったという二つのことを端的にアナタに物語っていてくれた証拠だったのです。

更に、右のような視点から、問題のありそうなお寺をちょっと見てみましょう。

竹之内街道に接する野中寺（大阪府羽曳野市）の巨大塔心礎（東西三・三五メートル、南北二・一三メートル）上の添柱孔の東側には、何と！「亀の線刻」が見られるのですが、「亀」は「新羅王家」を表すものですし（五3）、この寺が七世紀後半から八世紀前半にかけて、新羅軍によって建てられた寺（「庚戌年正月」の記年銘平瓦の出土により、六五〇年か七一〇年の建設ということが判ります）であり、前者の場合は既存の寺の再建ということにもなります。

更に、かつては、船連（百済の辰孫王の末裔で、船氏、葛井氏、津連の一つ）の氏寺とされてまいりましたが、瓦の型式、心礎の型式などからは船氏の寺ではない（野中連か野々上連か）とされるようになってまいりました。

矢っ張り、氏人につきましても問題がございまして、伝承は不正確だったのです。

又、仲哀大王陵を挟んで、その直ぐ北一キロメートル余の葛井(ふじい)寺（藤井寺市）は、塔は二基の薬師寺式伽藍配置であり（『河内名所図会』。七4ノ36）、これは旧・新羅四天王寺と同じでありますので、新羅系であることが判るのみならず、ここから一五〇メートルのところから七世紀中葉の土器が多量に出土しておりまして、この寺も、当時（白村江の役は六六三年、壬申の乱は六七二年）、占領新羅軍によって建てられたり、又再建されたものが、後世、平安期になってから、百済・辰孫王の末裔の白猪史（葛井連）の氏寺と「されてしまっていた」ことが推測されるのです。

＊因みに、寺伝では、この寺は神亀二年（七二五）に、聖武天皇の「勅願」寺として開眼供養を行ったと記されておりまして、ということはこの時期は、私の考えでは、新羅系「天皇」の支配下での建立・再建ということになってまいります。

(23) 敦賀の「白城神社」の祭神の変遷

これと同じような「神々の改竄」の例は、地方におきましても又、見られるのです。

では次に、畿内以外におけます、同じような例をアナタに示しておきましょう。

敦賀半島北端の白木浦に面しました「白城(しらき)神社」（敦賀市白木字上取）の現在の祭神は百済・扶余系の「ウガヤフキアエズ＝神武大王の父」ということになってはいるのですが、ここの社伝によりますと、古い頃の祭神は朝鮮新羅城の新良貴(しらき)氏の祖神の稲飯命又は白城宿禰であるとされると共に、この神社が『延喜式』の白城神社か信露貴彦神社と同一であると考えられており、更に、この直ぐ近くの白木集落の人々は、祖先が朝鮮の王の子孫であると言っていることからも、ここがかつては新羅系神社であったことが明白なのでありまして、ひょっとすると、「源義光＝新羅三郎義光」が元服いたしました（二三5）三井寺の「新羅・善神堂」（この御堂には「新羅明神」〔！〕が祀られてございますよ）の神名が、そもそもは大虫神社（武生市大虫町。式内社かつ名神大社）に伝わります茶臼山の悪神と戦って（武生盆地西部の「鬼ケ岳＝丹生岳」の鉄を巡る争い）勝ったと言われております「善神」と表示されております神に由来していた（つまり、この「善神」は本来普通名詞ではなかった）のかもしれません。

その由来は兎も角といたしまして、この地方における神社は、「シラキ」というその名前を冠しているところから考えましても、元々は新羅系だったことをプンプンと匂わせていたのです（三井寺も同様です　二三5）。

このように、平安朝の百済系の天皇家は『日本紀』や『万葉集』のみならず、地方の神社の祭神やお寺の由来につきましても干渉し大改竄してしまっていたこと（神々の改竄）が、アナタにもこれでお判りになっていただけたことと存じます。

ですから、今日に至り、「神社の（自ら主張する）神々の系列からこの真相を解き明かす」ということは至難の技なのです。

(24) 正倉院宝物を包んでいるのは「新羅の文書」

次に、当時の中央の文化そのものでもございました、「正倉院の宝物」を包装しております紙につきまして分析してみましょう。

これが、何故か百済系のものではなくこれまた「新羅の文書」であったということも、アナタが決して見逃してはいけないことの一つだったのです。

それがどうしてなのかと申しますと、この東大寺大仏殿の西北にあります間口十八間奥行き五間、床下九尺の倉庫であるアナタもよくご存知の「正倉院」とは、正史では聖武天皇の娘の孝謙天皇（新羅系で、この女帝の方は架空の天皇です）や皇后の光明子（安宿媛。同じく架空）が、聖武追善のため奉献した聖武の遺物（珍宝）を収めた倉だとされておりまして、しかも「長い間勅封」されて来た倉です。

ところが、その扉を開いてみますと、その聖武天皇の珍宝が、当時、敵国であった（筈の）「新羅の紙」で包んであった！　そして、当時そのままにある年代までは勅封されていた！　ということは、その珍宝を正倉院に納めるときに新羅人が関与していた（どころか、私の考えでは、この頃は天皇自身が新羅人そのものだったのです）ことをちゃんと後世に黙示していてくれたからなのです。

正倉院と新羅とを繋ぐ証拠が、更に、色々と存在しております。では、それを次々と検証してまいりましょう。

聖武天皇が使っておられました墨には「新羅武家上墨」「新羅楊家上墨」との陽刻がございますことも、聖武天皇が新羅系であったことを実に素直に示していてくれたのです。

何度もアナタに申し上げておりますように、聖武天皇は文武天皇の子であり、文武天皇のモデルは新羅王子・金良琳なのですから、このことは当然のことだったのです。

＊因みに、正倉院の『国家珍宝帳』には第一紙と第二紙の間の一枚の料紙が故意に削除されてしまっておりまして（継ぎ目の糊代の形体及び「天皇御璽」の印影より推測）、ここの部分には、一見して新羅系と判ってしまいます聖武太上天皇と光明皇太后の礼服礼冠の目録があった筈なのですが、平安期の百済系天皇家は、新羅軍の日本列島占領と平安朝の成立（百済王のクーデター）の事実とがバレるのを恐れてこの目録を抹殺し、前後の料紙を乱雑に貼り合わせてしまっていたのです。勿論、礼服礼冠自体も差し替えてしまったのです。

このとき外され書き変えられてしまったものが正倉院文書の「礼服礼冠目録断簡」だったのであり、その内容は「資財勘録」（弘仁二年〔八一一〕九月二十五日）とほぼ同じ内容であったということも、両者の内容の照合から判って来ているのです。前者には、後者にはない「右、高野天皇＝孝謙女帝＝佐保皇太后」という文言が、重祚した称徳女帝の死後（七七〇年以降）に書き加えられてしまっているのみならず、「敷白帳」や「着白線組緒」という「新羅＝シロ＝白」を象徴するものが消された形で残されているという奇異な点が見られるのです（何故か！）。

（25）正倉院と新羅・慶州「天馬塚」とを結ぶガラス器と金細工と新羅毛氈

正倉院のガラス器は、新羅（辰韓・伽耶系）から入って来たものと考えます。「韓国で瑠璃色のガラス器を出土」いたしますのは、今のところは新羅の首都慶州の「古・新羅古墳」だけでございまして、しかもこれらの墓の構造を観察してみますと、これはスキタイのものと同様（地下深くに埋葬し、一〇メートル以上もの封土をその上に乗せたシベリア・ミヌシンスクの「積石木槨墓」と全く同じ）だからなのです（「新沢千塚一二五号墳」出土品も、その意匠から考えますと、これと同系列のものでしょう。五3）。

＊新羅は五世紀の大部分は、高句麗の占領下にあり、匈奴や鮮卑系の文化が入り込んでおり、この頃はその独自性を発揮してはおりませんでした。

という訳で、正倉院の美しい瑠璃色のガラス器も、陸路スキタイなどにより高句麗・新羅経由で日本列島へと運ばれて来たものだったのです。そういえば慶州の「天馬塚」などの王陵からは、スキタイ好みの実に素晴らしい「純金の細工物」が出土しておりますよ（口絵写真参照）。

まだまだあるのです。聖武天皇の遺留品の毛氈には、「行巻韓舎価花氈」「紫草娘宅紫稱（称）毛」と布に記された銘が見られますが、これ又、ナント新羅製（！）の毛氈だったからなのです。帝の身近なものに新羅の品が！

(26)「平城京」から出土した新羅の「印花文」の緑釉の土器

更に、平城京からは、当時の新羅の「印花文」の緑釉の土器も出土しておりますので、これも王宮内で新羅人の高官が生活していた一つの証拠とも成り得るのです。

また、太宰府の鴻臚館（外務省）でも、当時の新羅の焼き物が出土しております（二五1）ので、ここで新羅の役人が生活していたことを推測させます。

「白村江」の役の後、日本列島が新羅に占領され、かつ、その後に企てられました百済の亡命民の陰謀（藤原式家・秦氏の新羅系天皇から百済亡命民側への寝返り）とにより聖武天皇が「新羅系の男系の最後の天皇」となってしまったのです（舎人親王の子の廃帝の淳仁天皇は除きます。三一2）。

そして、前述のように、この聖武天皇の父の文武天皇のモデルは新羅王子の金良琳だったのでございまして、その又父の草壁皇子のモデルもやはり新羅王子だったのでありまして、更にその又父であるところの天武天皇のモデルが金多遂・文武王（新羅王）であったと考える私の立場（二五）からは、これらのことは、余りにも当然過ぎることだったのです。

(27) 高松塚の大刀と正倉院の大刀

正倉院のお話に、もう少し付け加えておきましょう。

装飾古墳である高松塚の「銀装大刀」が正倉院の「金銀細装唐大刀」と同じ様式であるところからも、時代的に考えましても、高松塚が飛鳥時代のものなのではなく、新羅占領下のものであることを裏付けていたのです（五3）。

やはり、天武天皇（モデルは新羅・文武王）が王子の金多遂であった若き頃に、日本列島に占領軍司令官（提督）として渡来し、敗者の九州の倭（安羅）水軍の長である宗像氏の女の尼子（＝海子。五5必読）と結婚し、その間に生まれた高市皇子（モデルは新羅王子・金霜林。高屋太夫と同一人）がここ高松塚の被葬者だったのです（五3、七4ノ21）。

そして、天智九年から大宝二年（七〇二）までは、唐とは外交交渉が行われていないにも拘わらず大陸の文化がどんどん入って来ているという不可解なことの理由は、占領新羅軍を通して、それまで新羅に蓄積されていた唐の文化が入って来ていたということだったのです。

また、この墓のございます檜隈（明日香村）という処は、五世紀代から東漢氏の拠点であるとされておりますが、これは当然のことなのでありまして、何故ならば、日本紀が倭国の歴史を改竄してしまう前は、この「漢＝アヤ＝安耶＝安羅」こそが「倭国の王家そのもの」のことを表しており、卑彌呼の末裔の大伴氏であったのだと考えればよかったのです（一五10）。

因みに、この高松塚出土のものと「武蔵府中熊野神社古墳」（上円下方墳。下方部三二メートル、上円部一六メートル）出土の刀の鞘尻金具の形が似ておりますことからも、そして、関東に「惣領＝総領＝大宰」が置かれたこと（七11、一〇4他）をも考え合わせますならば、占領新羅軍の現地提督（新羅王子クラスか）の墓であった可能性も大であったのです（上円下方墳につき、一〇３）。

(28) 飛鳥古京の破壊の跡

更に、証拠はそれだけに留まりません。まだまだあるのですよ。

飛鳥寺の西方のあった立派な建物が七世紀後半（時期も正にピッタリです）にすべて解体され、柱すらも抜き取られ、かつ、大井戸すらも埋められてしまっておりますが、こんな「もったいない」ことが、何故敗戦後の困窮経済下で行われなければならなかったのでしょうか。又、そもそも何故この時期に行う必要性があったのでしょうか。不条理の一言に尽きます。その場合の答えは唯一つしか見つかりません。

このことも占領新羅軍が「倭国の支配下の秦王国」乃至は九州の「倭国の出先機関」でございました畿内の宮殿・官庁を破壊して埋めた（滅ぼされた人々の怨霊が祟らないようにするため。しかも、新羅の考えでは、その跡地を霊を鎮めるために池にまでしてしまうのです）ことの証拠だったのです（七７）。

又、明日香村の甘樫丘東麓の埋まっていた谷の底から、焼けた建物・焼けた壁土や大量の土器などが見つかっておりますのも（一九九四年）、アカデミズムでは「大化の改新」の際、蘇我入鹿が殺された後に、その父蝦夷が家に火を放って焼失させ（このとき天皇記と珍宝は焼け、国記は船史恵尺が取り出したので焼失を免れた（皇極紀四年、六四五年六月十三日））、その火災の跡がこれであるとも言っておりますが（では推古紀二十八年の「本紀」はどうなったのでしょうか）、何を隠そう、これこそが、六六〇年に百済が滅んだときから六六三年の白村江の役までの間に、畿内に侵略してまいりました唐・新羅の連合軍との戦いの結果焼失したものだったのです。

＊場合によっては、新羅と連繋いたしまして反乱を企てました、秦氏の一派（新羅・辰韓・秦韓も秦氏も自称は秦の亡命民）により焼かれた可能性もございます（別述）。

更に、「エビノコ大殿」「エビノコ郭」（明日香村役場東方の駐車場近く）と呼ばれております、太さ二尺（約六〇センチメートル）もの柱（しかも、この柱は、後に抜かれて他に転用されてしまったらしいのです）を持つ巨大な宮殿又は社（桁行九間（二九・二メートル）、梁五間（一五・三メートル））が急いで造られております。

ここは一番下層が35皇極大王の飛鳥板蓋宮、その上が37斉明大王の後飛鳥岡本宮、そして一番上が40天武天皇の飛鳥浄御原宮とアカデミズムでは考えられておりまして、かつ、その皇極と天武との統治の間には、36孝徳大王の難波長柄豊碕宮と38天智大王の近江大津宮とへ遷都が行われたことになっておりますが、孝徳（即位六四五年）と天智（二分の一。即位六六二年）とは、共に架空の大王ですので（孝徳＝モデルは百済王子の扶余孝、天智＝モデルは新羅太祖武烈王＋百済王子余豊璋。これらは、平安紀において作り出されました大王。別述）、難波（外港）へと近江（亡命百済王族などの幽閉地）への遷都も架空だったのでございまして、更に、皇極と斉明も架空の大王（女帝）ですので（皇極＝モデルは新羅の善徳女帝。斉明＝モデルは新羅の真徳女帝。これらは、六六三年以降に、占領新羅軍によって奈良紀において作り出されました大王）、倭の王都（西の太宰府と共に）は、皇極（即位六四二年）に相当する大王（蘇我氏の倭王）のときから、天武天皇（即位六七三年。新羅文武王がモデル。その王子が日本列島に渡来して統治）に至るまで、一貫して明日香の地（飛鳥板蓋宮、後飛鳥岡本宮、飛鳥浄御原宮）から動かず、「連続」してここにあったということになるのです。

＊もし、そうでないといたしますと、元明は架空の天皇ですので、新羅占領軍によります「日本国」の王都は、初めから大和三山の間の藤原京に造られていたという可能性も大になります。

ですから、ここからは二つの考えが可能でして、その一つは、藤原京から「飛鳥京跡苑池遺構」（南北二三〇メートル余、東西八〇メートル余。明日香村。飛鳥浄御原宮の内とされております。別述）へ天武天皇（在位六七三～六八六年）が出掛けたとき「幸白錦後苑」（「シラニシキの後苑に幸す」。天武紀十四年〔六八五〕十一月六日）の日本紀の表現が「幸す＝つまり王宮以外へ出掛けたときの表現」となっていたこととも整合性が見られるのです（プロト藤原京から別荘ないしは飛鳥仮庁舎へ行ったことになります）。

又、その二つ目といたしましては、仮に飛鳥に占領軍の仮の王都がございましたといたしましても、天武の頃の早くから藤原京の造営が行われておりましたことを「白錦殿作司（中務省〔天皇御璽や太政官印を管理〕の管轄）」（表）、「尾部門持」（裏）という木簡（藤原京の朱雀門〔南部〕の東南方数百メートルから出土）が示していたということになるのです。

南側の塀は、幅二・五メートル、深さ二メートルもの溝を埋めて、その上に造られておりまして、これは倭王であった蘇我氏の巨大な建物の跡地に、占領唐・新羅軍の建物が造られたものと考えますが、これらのことは、当然のことながら正史には見られないのです。何故なのでしょうか。

しかし、正にここの小字の「エビノコ」という地名が、元ここに「倭王＝蘇我氏（蘇我蝦夷の子の馬子）」一族の王宮があったことを暗示していてくれたのです（蝦＝エビですから）。

＊それに私の考えでは、六六三年まで蘇我氏と大伴氏は倭王でしたから。

また、その「後苑」という名前から、天武天皇の飛鳥浄御原宮殿の背後（明日香村役場の北）にあったと考えられる「白錦後苑」（半円型・中島に三本の松）も、この「白」は「シラ＝シロ＝新羅」そのものを表しておりまして、天武宮を「白錦＝新羅の美しい衣の人々の宮」と称えたもので、これは天武天皇のモデルが新羅王子の金多遂と考えます私の考えと見事に一致して来るのです（錦＝キン＝金）。

更に、飛鳥京跡の基幹排水路跡（明日香村）から出土いたしました日本最古級の定規（長さ二四・五センチ、幅一・九センチメートル。七世紀後半）には、目盛りが等間隔（同じく最古級の石神遺跡出土のもの）ではなく、表裏の両側に〇・九センチから一一センチメートルまでの様々な間隔の切込みが見られますが、これがその目盛りから考えて、もし新羅のものであったり、又、新羅経由で渡来した唐のものであったりした場合には、面白いことになります。

石舞台古墳の西の島庄遺跡（明日香村）から東西一三メートル、南北七・二メートルもの大型建物跡（飛鳥川東約一〇〇メートル、七世紀初め、飛鳥時代前期）が見つかりましたが（平成十六年）、ここの柱の埋め込み穴は直径が一メートル余、柱自体の穴も四〇センチにもなり、大王クラスの建物であったことを示しておりますが、これは蘇我馬子が大王であったことの証拠だったのです。

「家於飛鳥河之傍。乃庭中開小池、仍興小嶋於池中。故時人日嶋大臣」（推古紀三十四年〔六二六〕五月二十日）

——飛鳥川のほとりに家せり。乃古庭の中に小なる池を開れり。仍ち小なる嶋を池の中に興く。故、時の人、嶋大臣と曰ふ。

この馬子の邸宅跡に草壁皇子（六六二～六八九年）の嶋宮という離宮が造られた（「島の宮勾の池の放ち鳥、人目に恋ひて池に潜かず」万葉集一七〇番、或本。柿本人麿が「日並皇子＝草壁皇子」の殯宮のときに歌った挽歌）といわれておりますのも、この右の遺跡の上層の東西一二メートル、南北四・五メートルの七世紀後半の建物だと考えられ、これは私の考えでは、六六三年の「白村江の役」の後、日本列島を占領いたしました新羅軍提督（草壁皇子＝新羅王子がモデル）が、蘇我氏（倭王＝金官王家）の邸宅跡に政庁を造ったことを示していたのです。

更に、この庭園が「勾の池」、つまり、湾曲をもった朝鮮式の池を有していたということも、その主が朝鮮半島からの渡来人であったことを色濃く滲ませていたのです。

(29) 飛鳥の「水落遺跡」は唐・新羅占領軍の施設

また、一般には「水時計」や「日時計」などがあったとされております（これも九州の旧倭国の首都でありました太宰府に、占領軍が時計を設置したことを、後にこのように大和・明日香でのこととして平安日本紀では記されてしまっていたのですが）飛鳥の「水落遺跡」につきましても、「水時計」「時を告げる鐘・太鼓」の程度があった（後の天智紀十年〔六七一〕四月の記載からそう推測され、アカデミズムでもそのように言っておりますが）建物なんかでは決してなく、よーく考えてみますと、「建物の強度」と「柱の数の関係」、又、通常と比較しての「版築の基壇の頑丈さ」などから推測してみましても、これは当時としては、相当堅固な建造物だったのでありまして、つまり、これは占領、唐・新羅軍の造った軍事施設（砦と、飛鳥地方に占領軍の軍令を伝える「大太鼓」など）であったものと思われるのです。

また、明日香村岡における何キロメートルにも及ぶ山城の石垣の跡（内側が版築で固めてある）は両槻宮・城（高句麗の都、集安での国内城とその後の丸都山城との一体の関係に同じ）の跡であり、正史に「皇孫建王、年八歳薨。今城谷上、起殯而収」（斉明紀四年〈六五八〉五月）とある「今城」のことで、これは新羅の占領軍が築いたばかりのものだったのです（百済系の平安紀におきましては、これが「狂心渠」などと変えられてしまっております）。

(30) 蝦夷や隼人の「服従儀礼」に使われた飛鳥「石神遺跡」から出土した新羅の土器

更に、ここに決定的なことを加えておきましょう。

蝦夷や隼人の「服従儀礼」に使われたと一般に（日本紀の文言に合わせまして）言われております、蘇我氏の建てた飛鳥寺（安居院）のその西の「石神遺跡」からは、何とこの時期の「新羅の土器」が出土しているからなのです（この頃の九州の「鴻臚館＝外交部」からの新羅焼きの出土につき、前述及び後述）。

と申しますことは、実は、ここでは、日本紀に書かれているような「隼人」や「蝦夷」が倭国に服従を誓った儀式が行われたのではなく、逆に、正にそこでは「倭国人」や「百済人」が占領唐・新羅軍に対し「服従を誓わせられた」儀式が行われた遺跡だったのです。

(31) 倭王家の「蘇我氏」と「大伴氏」の二分化

そして、そこで行われましたことは、倭王国の主要メンバーのうちの「蘇我氏」（金官伽羅王家）と「大伴氏」（安羅王家・卑弥呼の末裔）の中で、新羅に服従した一部につきましては、以後は、その一部を、「大伴氏」の名前の下に両氏族を統一し（金官も安羅も共に卑弥呼以来の由来を持つ「倭人連合国」の構成メンバーだったのですが）存続させるという条件の下で、この時点における倭王の「蘇我氏＋大伴氏」から「大伴氏」への名前の一元化が行われまして、つまり、「大化」以前は分化された（本来の姿の）その二族が「大化」以後につきましては、主として大伴氏のみが歴史物語たる日本紀に登場してくる契機ともなっていたのです（尚、三4。この蘇我・大伴の二分化の「変化」は、奈良紀の段階ではなく、これはもっと後の平安紀での大改竄による書き替えでの可能性のほうが大きいかもしれません）。

＊かつての倭王のレベルの安羅・金官の一族は臣下のレベルに落とされ、前半は大臣「蘇我氏」＋大連「大伴氏」、後半六四五年（大化の改新）以降は主として大伴氏のみの名におきまして日本紀上残ることが出来たのでした。つまり、名前を変えてしまいましても、古い頃の金官「王」の蘇我氏の歴史自体は、大王の臣下のある名で、又は、大伴氏の名の下（大伴氏の大連の業績として集合してしまい）に両族の一部としてカモフラージュされて表示されているのです（勿論、九州の倭王の点は抹殺の上ですが）。

つまり、その真相は、共に両者が「大連」でもあったこと（別述）、及び、と言うことは、両者が倭王家を構成していたことの暗示でもあったのです。

だからこそ、「近つ飛鳥」と「遠つ飛鳥」の二つの飛鳥が存在していたのです。

＊ですから、この「大化の改新」の後の大伴氏は、武官よりも文官としてのニュアンスに変化しておりますことも見逃してはいけないことでして、このことの追及の糸口となり得たのです（大伴旅人・家持）。

このように、新羅から見まして外国でありました「倭王」は、妥協により占領支配した大王家の古くからの「大連」だったことにして（ワンランクレベルを落として）、かつ、特に蘇我「宗家」が滅んだこと（不思議なことに、「分家」の蘇我倉山田石川麻呂は益々栄えておりますよ。やがて、冤罪で石川麻呂は旧山田寺で自死してしまいますが）にされてしまっております「大化」以降の歴史物語におきましては、主として大伴氏の名のみによって、海峡国家倭王の末裔は、日本紀という歴史物語上では生き残れることになったのです（三2）。

かような観点から古代を見渡しましても、白村江の役以前の所謂「大化」の頃に遡りまして、日本紀という歴史物語の上に「大化の改新」（倭王の嫡流の人々の断絶）ということを作り出すがための必要性が理論上も認められるのです（蘇我氏の断絶。聖徳太子の一族の系図につきましても同様のことが申せます。一二）。

ということで、正に、右の水落遺跡の出土物の分析からは「占領新羅軍に服従を誓わせられた倭国（本来の本部は九州）」という構図が、彷彿として浮かんで来るのではないでしょうか。

(32)「酒船石遺跡」は占領軍新羅王子の水洗便所

因みに、あまりこんなことは言いたくはないのですが（とは言いつつも現に言っているではないか）、既存の先入観にとらわれることなく、つまり素直に思いつくままに申し上げますと、飛鳥の水の流れる神聖な（と一般に言われております）「石の亀の遺跡」（「酒船石遺跡」から発掘された亀形石造物。伝斉明帝の両槻宮跡）とは、端的に考えまして、皇帝（占領新羅軍の王子）の豪華な「水洗便所」の跡（巨大オマル）であったと考えるべきではないでしょうか（当時は、石造の亀の甲羅部分を円形にくり抜き、小判形の水槽から繋げました、この水流遺構の上には屋根がかかっておりました）。早めに、つまり証拠が散逸してしまう前に、付近の土中の回虫の卵などもきちっと調べてみるべきなのです。

＊但し、老婆心ながら、アナタは、右の平成になってから発掘されました酒船石遺跡（聖なる巨大オマル）と、この南東にございまして昔から露天下に晒されております「酒船石」自体とを混同しないで下さいね。

しかも物理的な証拠といたしましては、この地の「地形的状況」が大切なのでして、右の「酒船石」のある丘陵の北側の麓に位置しておりまして、この雛壇状の石敷と亀形と小判形の石の水槽は、「水を取り入れて流す」設備に違いなく、かつ、この南西の「後飛鳥岡本宮」（斉明）、「飛鳥浄御原宮」（エビノコ郭を加えて、後の天武・持統の宮）からはここが見えず、東側も丘陵で遮られ、この場所が一見して非常に閉鎖空間（まるで小盆地の如き、落ち着ける空間）であることからも、プライベイトなそして贅沢な場所であることが判るからなのです。

この石の水槽が九世紀まで使用されておりますことは、天皇が紀伊などへ行幸されますときの休憩所（レストハウス）兼トイレであったことを示していたのです。

それに、その石桶の形の「亀」自体が新羅王室の象徴でございますことにつき、別述。

このように、少なくとも「十二回も改竄されている日本紀」を信じて疑わないでおりますと、歴史の真相を見誤ってしまうのですよ。

(33) 異常に多い新羅からの使者――「国政を奏す」の意味

さて、話は変りますが、更に、以上の文化関係から見てまいりました証拠に加えまして、次に、もう少し幅広く外交の点について見渡して、新羅の日本占領の証拠を加えてみることにいたしましょう。少しくどいようなのですが、少数説である場合には、証拠は多ければ多いほど説得力を持つからなのです。

それは、白村江の役の後は、敵国かつ戦勝国でもあった筈の新羅からの使者の渡来が異常に多いということなのです。これは一体何故なのでしょうか。しかも、負けた途端にですよ。

天智七年（六六八）から養老三年（七一九）までの五十二年間を取り上げましても、新羅から六六八年、六六九年、六七一年（二回）、六七二年、六七三年、六七五年（二回）、六七六年（二回）、六七八年、六七九年、六八〇年（二回）、六八一年、六八二年、六八三年、六八四年、六八五年、六八七年、六八九年、六九〇年、六九二年、六九三年、六九五年（以上『日本紀』）、六九七年、七〇〇年、七〇三年、七〇五年、七〇九年、七一四年、七一九年（以上『続日本紀』）というように、三十二回も新羅本国から新羅使（私に言わせれば、これは、新羅王に任命されました日本列島占領監視団）が渡来しております（八4）。

ところが、それに反しまして、次の、七二一年から七六九年までの四十九年間を見てみますと、何とたったの十三回に過ぎません。半分以下なのです。

このように、やはり、白村江の役の後の「国際的な動き」には、誰が見ましても異常を感じざるを得ないのです。

しかも、そのうちの右の傍点の年代、つまり六七五年には新羅王子の金忠元（二五1。天武四年二月、天平勝宝四年二月渡来、八月帰国。新羅・文武王十五年）が来ておりますし、六八七年には新羅王子の金霜林（高市皇子のモデル。持統元年九月二十三日渡来、同二年帰国。渡来・新羅・神文王七年）が、そして六九五年には新羅王子の金良琳（文武天皇のモデル。持統九年三月二日渡来のみ。他の場合と異質なことは、この人には、何と！「帰国した様子が全く見られない」のです。新羅孝昭王四年。二五1）が渡来しており、加えまして、後の二者の場合には、ズバリ「国政を奏す」！（国家最高責任者として。もし、新羅にそういう日本列島占領、「提督＝天皇」派遣という記録が存在〔表面的には唐に内証の行為ですから公文書としては存在していないのですが〕していたといたしましても、ごまかせるように、サラリとかつ巧妙に、日本紀はこんな形で真相に触れてあった、否、触れざるを得なかったのです）るがために来ていることが、日本紀上の記載からもダイレクトに判るのです。

＊しかも、アナタ、右のうちの最初に「国政を奏」しにやって参りましたのは、何と！「六七二年の壬申の乱」＝「新羅独占占領」の数年後の、丁度、日本列島での残党狩りが完了した頃のことですよ。占領軍提督（執政官）が来るのがピッタリでしょうが！

しかも、「壬申の乱」の翌年の六七三年には百済大寺（八1、二三2、一2、七4ノ33など）を高市大寺（後の大官大寺）に造り変える司を任命しておりますよ（八1。新羅系官庁への変身）。

この、他の場合とは異なり、七九五年渡来の金良琳には帰国した様子が全く見られない（！）ということは特に重大なことだったのです（実在の可能性の高い、日本紀の記載と一致する、つまり、実際に朝鮮半島より渡来した、この初代の実在の天皇「文武天皇＝新羅王子・金良琳」につきましては、五1）。

何故、外国（しかも敵国ですよ）たる新羅の王子が、新羅王の名代として日本列島にまいりまして、日本（外国）の国政に口出し（チョッカイ）する必要性がこのときあったのでしょうか。また、その権限が認められていたのでしょうか。

アナタはこの点、不思議には思われなかったのですか。

更に不可解極まりないことは、同じこの六六八年から七一九年の期間の日本から新羅への遣使は、たったの四回（エッ！）に過ぎません（たとえ、正史に見えるものでありましても、単なる任命のみの記載は計算してはおりません。ちゃんと出発が記されているものだけにいたしましてカウントしました）。

その差は、プラスマイナス実に二十八回（次に申し上げます、初期の頃の耽羅使名でごまかした記載をも含めますと三十三回）にも及びます。

では、極め付けの証拠をアナタにだけお教えいたしましょう。六六五年八月の耽羅使、六六六年一月十一日の耽羅王子、六六七年七月十一日の耽羅使、六六九年三月十一日の耽羅王子、六七三年閏六月四日の耽羅使、六七七年八月二十八日の耽羅王子とは、実は、新羅王子や新羅の占領軍の到来のことだったのです。

この戦勝国からの使者の回数が三十二回（耽羅を含め三十七回）ということと、敗戦国からの使者の回数がたったの四回に過ぎなかったということの物理的な差は一体何を物語っているのでしょうか。

本当に敗れた後、日本列島は唐・新羅に占領されていなかったとでも言えるのでしょうか？

(34) 何故、敵国の新羅の船で唐の玄奘法師に会いに行ったのか

因みに、

「沙門知通・智達、奉勅、乗新羅船、往大唐国、受無性衆義、於玄奘法師所」（斉明紀四年〔六五八〕七月）

——法師の知通と智達が天皇のミコトノリを受けて新羅の船に乗りてモロコシノ国へ行き、無性の衆生のコトワリを玄奘法師のもとに受ける。

とされております（六2、一八3）。

この頃の倭は対百済よりも対新羅との方がより密接な関係があったので新羅の船で行ったということだったのです。

本来、倭（伽耶・金官金氏）と新羅（慶州金氏）とは、遡りますと同一民族ですので、そんなに仲は悪くはなかったのです（それが何故、悪くなったのか、否、悪かったように日本紀に書かれてしまったのかということにつきましては、大切なことですので、別述いたしております）。

更に、船のお話を追加しておきましょう。唐と新羅との戦いの際、倭（日本）の大使・物部麻呂（筑紫「総領」ともなっておりますので、唐・新羅の占領軍の北九州での責任者に任命されたこともあったのです）と小使・山背百足が、その戦いの場でございます白村江（所夫里州の伎伐浦（きばつほ））に向かうのに、新羅がワザワザ唐との戦いの最中に船を出してくれておりますことも、正史からは奇異なこと（水軍は倭のお家芸）でして、これは当時の日本列島（又、その時期から考えましても、日本列島は倭から日本への移行過程でした）が新羅占領下であったと考えれば当然のことだったのです。

これは、対唐の戦い（『三国史記』「新羅本紀」文武王十一年〔六七六〕十一月）における新羅との共同戦線を張るための打ち合わせに、日本の武将が呼びつけられたことの表現だったのです。

＊後に百済系天皇家の作りました平安紀では、この点が隠されてしまったのです。

天武紀五年、白鳳四年（六七六）十月、麻呂の帰国は翌年二月。因みに「妖言（およつれごと）」は前年の十一月三日です。

この戦いでは新羅は敗北いたしましたが、日本の援軍を得たため、新羅はこの後二十二回もの大小の戦いに勝利し、敵の首を四千余も斬ることが出来たのです（「新羅本紀」文武王十六年〔六七六〕十一月）。

(35) 小高句麗との外交と新羅の影

外交の面についての疑問点を、更に、見ていきましょう。

日本が「小高句麗」との間で、天智十年（六七一）から、天武十四年（六八五）までの十五年間に十一回にも及ぶ外交関係を結んでいたということも、このことは対唐関係を考えた場合に、対唐よりも対新羅関係のより優位を意味しておりました。何故ならば、その小高句麗とは新羅の援助で復興された国だったからなの

です（後述）。

これらのことなどから考えましても、新羅王子が「皇帝」として日本列島を支配していたからこそ、そのような外交政策が可能だったと考えることの方が素直だと私には思えるのです。

これらのことは取りも直さず、六六三年の白村江の役の後、唐・新羅に日本列島の西半分（九州の「倭国」とその支配下の畿内の「秦王国」）が占領されたこと、そして、六七二年（歴史物語の「壬申の乱」の真相。八1）以降は唐を排除し「新羅が独力で日本を支配」していたこと（八4、三四3）の間接証拠ともなっていたのです。

しかし、歴史というものは何と皮肉なものでしょうか。

この新羅が作った傀儡（かいらい）の小高句麗という国と日本との交易が、ジワリジワリと新羅系提督（天皇家）の首を絞めていき、やがて新羅系貴族を倒して平安クーデターによって「百済亡命政権＝平安朝」が建てられる伏線ともなっていたからなのです（三〇2）。

つまり、その後の、同じく滅ぼされた東夷の盟主たる高句麗（百済とは同族）の後裔である渤海との交流・駿馬や武器や砂金などの秘密裏での受領などの援助などが、新羅系天皇家滅亡の影の力（ロウブロー）になっていたということをも含めまして、そのように言えるからなのです。

以上のことも、六七〇年以前と以後とでは国政に「大きな変化」があったことを示しており、これらのことが、日本列島が唐・新羅に占領されたことの間接証拠ともなっていたのです。

外交の問題といえば、次の点も見逃せません。

先程は『海外国記』からの史料により、郭務悰が手続き上のトラブルから天皇への上表が出来なかったこと（天智三年〔六六四〕とその翌年とに生じました）をアナタにお話しいたしましたが（六3）、今度は、正史には見えない又別の郭務悰の上表（天智十年〔六七一〕）と正史日本紀上の上表（天武元年〔六七二〕）についてご説明いたしましょう。

と申しますのも、唐の使人・郭務悰の天皇に対する書の内容には可笑しな点が見られるからなのです。

郭務悰は正史によりますと「書函と信物」とを提出した（天武紀元年三月二十一日）と記されておりますが、天智十年に書を提出いたしましたことは記されていないのです。しかし、

A「天智天皇十年唐客郭務悰等来聘書曰、大唐帝敬問日本国天皇、云々」

B「天武天皇元年、郭務悰等来、安置大津館、客上書函題曰、大唐皇帝敬問倭王書」（行式部大輔の『菅原在良勘文』鳥羽院の元永元年〔一一一八〕四月二十七日、『善隣国宝記』収録）

というように郭務悰は天智十年にもA書を提出していたとされていたのです。

これは当然のことでございまして、この年に郭務悰は四十七隻もの大船団を率いて二千人もの人（百済難民か、倭人の捕虜か、私の考えでは占領軍）を倭（日本）に連れて来て対馬から筑紫に

到着しているのですから、「書を持って来ない」筈など有り得ないからなのです。やはり菅原勘文には真相が記されていたのです（次に申し上げます宛名が倭王か天皇かの点を除きまして）。

天智二年（六六三）八月白村江で倭が大敗を喫した翌六六四年に右の郭務悰が大筑紫太宰府に来て辞を受けておりますので、このときから少なくとも天武元年（六七二年。正史では五月帰国とされてはおりますが。いわゆる「壬申の乱」が起きたといわれております年）までは滞在していたのです。

この点が正史では抹殺されてしまっておりますと共に、天智十年のA書では「日本国天皇」となっておりながら、天武元年のB書の宛名はいまだ「倭王」となっておりまして、この時点では倭国は最早存在いたしませんので、可笑しな点が認められるのです。

このようなことは、白村江の役の後、倭が唐・新羅に占領されておりまして、以後の「天智大王の事蹟」が「占領新羅王子の事蹟」でございましたことを意味いたしますと共に、その後にも、「壬申の乱」という「歴史物語」が作られ挿入されたことを物語っていたのです。

(36) 薬師寺の「双塔式の伽藍」は新羅・四天王寺の模倣

更に、文化の面におきましても、新羅に占領されたことの証拠をもう少し加えておきましょう。

文化の面におきましても、先程述べましたことに加えまして、日本と唐とは交渉を絶っているにも拘わらず、外国の文化は絶えることなく輸入されておりまして、このことは、薬師寺における「双塔式の伽藍」が、ズバリ新羅の慶州にございます「旧・四天王寺」や「感恩寺」をお手本としていることからも、誰が見ても明らかだったからなのです。

(37) 新羅の「山岳仏教」と「塔」の意味するもの

更には、白鳳期の寺院につきましても「岡寺」や吉野の「比曽寺」（東大寺で大仏開眼の際「咒願〔願文〕」を読みました唐僧の咒師・道璿が病気で退いた寺）を見てみますと、それが人里離れた山の中に造られておりますことは、正に当時の新羅の「山林仏教」の思想がそのままダイレクトに日本列島に入って来ていたことを示していたのです。

もう少し噛み砕いてアナタに申し上げますと、この頃の新羅の「山岳仏教」におきましては、「五嶽」を神聖視いたしました。

＊「五嶽」重視は、古くは備中の楽浪式木槨墓の丘上（楯築遺跡）などにも見られ、ちょっと道教的ですが……。

それは、「国家仏教」の力を借りまして、地方の政治勢力・宗教勢力と周辺国の鎮圧を意図したからなのです。

＊奈良時代の日本列島でも仏教を国家独占することによりまして、地方・地域の各種の宗教を非公式化し否定することに力を注ぎ、宗教、それも仏教による国家の中央集権化を図る（これが聖徳太子を造り出した一番の理由・目的でした）と共に、神道をもこれに服従させ、やがては寺院境内の神宮寺として、従なる姿

（本地〔仏〕が神の姿に仮装して、この世に垂迹した）で生き残らざるを得ない形にしてしまっております。

奈良時代の文武天皇のときに、百済系の、否、もしそうでなくても、少なくとも非新羅系の「役行者＝役小角＝エノキミヲヌ」が伊豆に流されましたことと、この流れとは関係していた（華厳経を国家独占としての仏教化することへの在野からの反発だった）のかもしれません。大宝元年（七〇一）に役行者は赦されたことになってはおりますが……（「役行者―行基―空海」の流れ）。

北は、太白山で高句麗を、西の鶏竜山は百済を、南の智異山は伽耶・倭を、夫々仏教の力で鎮圧する象徴として選ばれたものだったからなのです。

＊この点が、日本の奈良朝の国家鎮護仏教（トップに東大寺の毘盧遮那仏・盧舎那仏を位置付ける発想など）とも実によく似ているということも、奈良朝が新羅の占領下にあったのだと考えれば、この日羅での同一性は当然のことだったのです。

因みに、新羅では寺院の「塔」にも山岳と同じ考えが込められておりまして、慶州の「皇龍寺」の木塔は九層で、その高さは何と約八〇メートルもあったのです。

このように地続きの大陸にありまして、新羅が仏教に託す「国家鎮護」「異国鎮圧」の願いは、四囲を海で囲まれております我国とはその緊迫の程度が多少異なるとは申せ、奈良仏教が決して庶民の仏教などではなく、あくまでも「国家安泰」「国家鎮護」のための大王家の仏教システムに過ぎなかったのでございまして、山岳仏教・国家独占仏教というこの二つの点でも、新羅との共通性を否定し難いからなのです。

(38) 仏教彫刻から見た「飛鳥時代」と「白鳳時代」のズレ

次に、その仏教から派生いたしました芸術である仏教彫刻という観点からも、新羅の日本列島占領による変化というものが読み取れるかどうか、次にアナタと一緒に検証してみましょう。

一般に、アカデミズムでは、「飛鳥時代」と「白鳳時代」（奈良時代）とは、六四五年の「大化の改新」によって区分されておりますが、実は、仏像彫刻の面から見ますと、不思議なことに「ここでは何ら大きな変化も見られない」のです。

そして、「その後」の法隆寺の火災（天智九年〔六七〇〕）や野中寺の「弥勒菩薩半跏思惟像」の作成（六六六年。疑問点、五3）の辺りになりまして始めて、主として、「それまでの止利様式の飛鳥彫刻から白鳳時代への変化」ともいえるものが見られますので、このいわゆる「壬申の乱」の辺りこそを白鳳時代の上限と考えるべきだったのでございまして、この「六七〇年代に至っての変化」こそが、正に唐・新羅の日本列島占領による文化への影響であったとアナタは位置付けなければいけなかったからなのです。

＊但し、野中寺の弥勒菩薩の年代につきましては疑問を留保しておきます。

(39)「百済大寺」から新羅系「大官大寺」へ

そして、「壬申の乱」（六七二年）以降の新羅独占支配の天武朝には、「百済大寺（一二32）を移築しての高市大寺（後の大官大寺・大安寺）の建築の再開」（『大安寺資材帳』天武二年〔六七四〕）。このことは、正に、「百済寺」から「新羅寺」への変化という重大なことを意味していたのです）を始めといたしまして、白鳳彫刻が花開いていくことになるのです。

一般に、白鳳時代の仏像は新羅の影響が強いことからも、当時は新羅の占領支配下であったことのメルクマールを、素直に示していてくれたのです。

(40)「橘夫人念持仏」の脇仏と慶州南山の弥勒石仏

ここで、新羅色を匂わせます少し変わった証拠を、更に幾つか挙げておきましょう。

法隆寺の阿弥陀三尊（橘夫人〔三千代＝上宮太子の母〕厨子念持仏）の左右の蓮華の花の上の脇仏は、新羅・慶州南山の三花嶺の頂から出土（慶州博物館蔵）いたしました、これを一見した者は、全て「思わずニッコリしてしまいたくなる」ような気持ちにさせてしまう程可愛らしい弥勒石仏（小児仏）と瓜二つなのです。

＊これを新羅仏そのものと言わないで何といいましょうか。

(41)「蟹満寺」の釈迦如来と慶州「石窟庵」の釈迦如来——東大寺の大仏のモデルともなっていた新羅・石窟庵の石仏

又、『今昔物語』にその縁起が記されております京都府相良郡山城町にある蟹満寺のご本尊は、奈良時代初期の作と言われておりますが丈六（二四〇センチメートル）の銅造釈迦如来坐像なのですが、これは新羅・慶州の郊外の仏国寺の山の上にあります「石窟庵」の釈迦如来石像（丈六）と、大きさの一致のみならず、その容姿すらも、実によく似ております（両者は同一のモデルから作られたものだったのです）。

＊この仏は、ここ新羅の都・慶州郊外の吐含山から、東海の一地点、つまり、大鐘川口の所謂「東海口」にございます大王磐（文武王陵）や、更には、その東方の丹後の「日の出」（ヒヂ）の真名井（元伊勢）への延長線上にございます伊勢神宮をも、静かに凝視しておられます（二五他）。

この石窟庵の建立は七四二年（35景徳王即位と同じ年です）でございまして、この七年前の七三五年には新羅が「朝鮮半島を統一」（文武王以来の対唐戦争の終了）しております（「新羅本紀」聖徳王三十四年〔七三五〕）。因みに、統一の開始は、六七六年で、この年には、七月に唐軍が道臨城（江原道通川郡臨南面）を攻略して奪っております。

この年、新羅35景徳王（七四二～七六五年）元年十月、朝鮮の正史には、「日本国の使者が来たが新羅はそれを受けつけなかった」とございますが（「新羅本紀」）、日本の歴史の方にも、新羅の朝鮮半島統一の成りました天平七年（七三五）、「国号を私に〈王城国〉と改めた」という理由で、新羅使を追い返した旨の記載がございまして（『続日本紀』聖武十四年）、日本の正史『続日本紀』上におきましても、この頃、新羅とのギクシャクした次のような記述が見られるのです（この日本側の対応のみは、平安日本紀上だけの後世〔平安朝〕の作為だったのでしょうか）。

①天平九年（七三七）二月十五日「常礼をうしなひて、新羅が（日本の）使いを受けなかった」

②天平十年（七三八）二月十五日、六月二十四日「（日本が）新羅使を饗し放ち還さしむ」

③天平十四年（七四二）二月五日「（日本が）新羅使を饗し放ち還さしむ」

④天平十五年（七四三）三月六日（新羅使来朝）、四月二十五日「（新羅の）無礼を責めて之を却く」

因みに、朝鮮史によりますと、倭国は六七〇年に「国号を日本に改めた」（「新羅本紀」文武王十年十二月）とございますが（二五1）、これは、正確には「改めた」と読むのではなく、その真相は、「改めさせられた」ということであったのでございまして、これは、新羅が北東アジアの新しい盟主を意識していたしまして、唐に対抗し始めた証拠でもございました（六七二年の「壬申の乱」につき、八1、4）。

しかも、とっておきの証拠をアナタにお知らせしましょう。

この蟠満寺の新羅仏が東大寺の大仏（盧舎那仏）のモデルとなっていたのです。この釈迦如来から「原型」を取って、これを数倍した巨大な粘土像を「雄型」として、大仏が造られていたからなのです。

この「新羅・慶州・石窟庵の釈迦如来＝蟠満寺の釈迦如来＝東大寺の大仏」の類似性という東西のラインに、もしアナタがお気付きになりますれば、「ハッ」と思って、この大仏を造った聖武天皇が新羅系（その父は文武天皇＝金良琳）であったことにご納得いただけることと存じます。

更に、東大寺の命とも申せます、東大寺のよって立つその思想につきまして、新羅との共通性を見てまいりたいと存じます。

この東大寺の前身は「金鐘寺」と申しまして、ここで聖武天皇の勅命により日本で初めて「華厳経」を教えました（華厳経の祖師）のは、何と、「新羅」学生である八世紀の審祥（シンジョウ。没年は、天平十七年〔七四五〕一月～天平勝宝三年〔七五一〕一月の間〔写経書の貸借の注記〕。と言うことで、『三国仏法伝通縁起・中』の、天平十四年〔七四二〕の没年という考えは誤りです）でして、このように新羅と東大寺とは根本理念に共通したものが見られるからなのです（七4ノ3）。

(42) 東大寺大仏殿前の石灯籠と慶州「仏国寺」

また、東大寺の大仏殿の前に「石灯」がございますが、こういう配置の仕方は、新羅の仏国寺や浮石寺の思想がそのまま日本列島へ伝わったものだったのです。

　更に、薬師寺などの伽藍（正しくは、サンスクリットの「僧伽藍麻＝サンガーラーマ」）配置の「双塔様式」は新羅の嶺南の観音寺や旧・四天王寺の方式と同じですので、この方式も新羅から伝わったものだったのです（前述）。

　新羅には四天王寺も観音寺も長谷寺という名の寺も存在しておりまして、これらとほぼ同時代の日本の同名の寺の存在は、仏教に縁のある名であるとは申しましても、単なる偶然にしては少し出来過ぎているとアナタはお思いになりませんでしょうか。

　このように仏教文化一つを取り上げてみましても、当時の日本のものは、こんなに（唐の影響というよりも、むしろ）新羅のものと生き写しなのです。

　このような証拠を分析いたしましても、やっぱり、「白村江の役」の後、日本列島は「唐と新羅に占領」され、所謂「壬申の乱」の後に、これが「新羅の単独占領」に代わってしまったこと（八4）をアナタも素直に認めるべきだったのです。

　このように、仏教の面からそう考えましても矛盾がないどころか、逆にそこにはより整合性が認められてしまうからなのです。

　そして、大きく比べてみましても、新羅の仏教美術の黄金時代の時期が、そのまま日本列島での仏教美術の最盛期と同じであったということは（七4ノ38）、新羅と日本が敵国として対立していたと考えるよりも、新羅に占領されていて、同一政治文化圏であったからと考えた方が、より素直であると私には思われるからなのです。

(43) 凄い贈り物も戦時賠償だった

　次の点も、新羅による日本列島占領の証拠の一つになりそうです。

　日本列島に参りました新羅の客の金押実が帰国する際に「舟を一隻賜った」（天武紀元年〔六七二〕十二月十五日）、又、新羅使の金元静が帰国するに際しまして、元明天皇は太宰府に勅して「船一艘、綿五千四百五十斤を下賜」（『続日本紀』霊亀元年〔七一五〕三月二十三日）とありますのも、一人の人に船一艘のプレゼントとはちょっと高価過ぎますよね。

　しかし、もしこれが、実は、戦時賠償の一環として継続的に新羅に支払われていた（この四十年余）ことの一部を暗示していた（日本紀が、トータルをいっぺんに表示しないで、小出しに分けて表示していた、そのことの一部）のだと考えれば、凄い贈り物だといってアナタも驚かないでも済むのです。

(44) 聖武天皇以上の権限を持っていた長屋王

　更に、別の面からも、不可解な国政の変化を見てみましょう。

　これより少し後のことになりますが、七二七年（神亀四）二月二十一日、一皇子に過ぎない高市皇子の子の長屋王が、天皇の勅を借りて次のようにちょっと変わった自己の意見を表明しています。

「天皇が怠っているのか、百寮の官人の奉行が不十分か……」

「左大臣正二位　長屋王　宣勅　曰……」（『続日本紀』）

このことは——たとえ聖武天皇が精薄ぎみだったとは申しましても（三一2）——そこに天皇を超えるバックの力を感じさせますが、そんなことも長屋王が実際には新羅の提督（天皇・皇帝）として日本列島を支配していた（『懐風藻』につき、二五、三一2。長屋王家が一人で天皇家並みの官営の「瓦窯」を所有していたことにつき、七4ノ20。木簡につき、三一2、三二2）からこそ言えた言葉だったようにも思えるのです（完全には、平安紀ではこの点を消せなかったのです）。

そして、『続日本紀』上でのこの文言の作成の際には、そのモデル（お手本）となりました出来事がその少し前の新羅史上にちゃんとございまして、それはズバリ、「新羅聖徳王が百官を誡(いまし)める文を作り、群臣に示した」（「新羅本紀」聖徳王十年〔七一一十一月〕）ということそのものだったのです。

つまり、この『続日本紀』の記述は、その少し前の新羅史における出来事のそのままの翻訳に過ぎなかったのだということが、これでアナタもよくお判りいただけたことと存じます。

＊彼此で、聖武天皇と聖徳王と、これは偶然なのでしょうが、「聖」の字の共通性も気になるところです。

しかし、現在に至っております百済系の平安紀におきましては、これらのことも皆、当然、改竄され、オブラートに包んで色合いを変えられてしまっていた（内容は似ておりましても、その趣旨は全く違えてしまっていた）のです。

(45) 唐と新羅との戦争の開始と「遣唐使の廃止」との必然の関連

さて、もっともっと重大なことを、今までアナタは見過ごしておりましたよ。

それは「遣唐使の廃止」という問題だったのです。この問題も、冷静になってよくよく考えてみますと、日本列島が新羅に占領されていたことのとっておきの証拠の一つとなっていたのです。アナタはそれは何故だろうとお思いになるでしょう。では、「当然だ」というその理由をこれからご説明いたしましょう。

遣唐使の廃止につきましても、六六三年（既にその一部につきましては六六〇年からでしょうか）に日本列島の西半分は名目上、唐と新羅（実際には、初めから新羅のみが代理で実効支配しておりました）に占領され、その後、六七〇年（壬申の乱の二年前）に至りまして「新羅と唐とが戦争」を始めてしまったがために、新羅が実力で名目上の唐の司令官を太宰府から排除してしまいまして、よってこの頃より新羅の独占支配下にあった日本列島は、その当然の帰結として、（朝鮮半島では親分が唐と戦っているのですから余りにも当然過ぎることなのですが）遣唐使など廃止された、否、廃止せざるを得なくなってしまっていたのです。

つまり、例えて申しますとこのことは「子供の目を見なくても親の目を見ればそれは直ぐ判る」単純なことだったのです。

＊しかも、仮に百歩譲りまして、新羅に日本列島が支配されては

いなかったといたしましても、新羅が支配している旧百済領土の西沿岸の航行が不可能だったのです。

もう少し正確に申しますならば、郭務悰が帰国した、天智十年（六七一）から大宝元年（七〇一。文武五）までの三十年間、唐と日本との交流がなかった（謎の空白の三十年）ということも、このことを物語っていてくれたのです。

こう考えてまいりますと、私の考えからいたしましても、「遣唐使の廃止」は余りにも当たり前すぎることだったのです。

この遣唐使の廃止は、この頃の（奈良）日本紀という歴史物語上での天武天皇のモデルが新羅の金多遂、つまり新羅の文武王（実際は、その王子たちが渡来して天皇となって日本列島を「実効支配」しておりました）であったと考える私の立場からは、余りにも当然過ぎることではあったのですが――。

たとえ唐とは外交交渉がなかったといたしましても、いわゆる「小高句麗」とは、前述のように、天智十年（六七一）から、天武十四年（六八五）まで、頻繁に外交記事が見え、この小高句麗という国が「新羅によって」安勝を王として建てられた国であったという沿革（つまりこの国が新羅の傀儡政権に過ぎなかったこと）、更には、天武四年（六七五）のたったの一回の場合を除きましては、他は全て小高句麗使に同行して「新羅使が必ず一緒に」渡来して来ているということなどを考え合わせましても、日本列島が当時新羅の支配下・監視下にあったからこそそのことだったのだと考える方がより素直なのでありまして、かつ、諸般の状況に照らしましても、この考えと矛盾することは何ら見出せないからなのです。

尚、この「唐と新羅の戦争」が始まったとされております丁度その同じ頃の六六九年・六七〇年に、斑鳩寺・法隆寺が炎焼（七3）しておりますが、もし日本紀の通りこの年の出来事であったといたしますと、この日本紀の記述は列島の畿内を舞台といたしまして、「唐に味方する勢力」と、「新羅に味方する勢力」との間で戦い（これこそが「壬申の乱」の実体・真相）が行われていたことをも示唆していたのです（八4）。

以上、アナタにも色々な証拠を挙げて見ていただきましたように、「白村江の役」の後、直ちに日本列島は新羅に占領され、新羅王子が提督として新羅王から派遣され、その王子たち（高市皇子などは、高市郡〔高屋太夫・高野郡か〕という名を大和の王都の中心部に残すほど、天皇以上に強力な存在を思わせるのですが、それにも拘わらず、正史におけますその「死の記事」が、驚く程僅かであったことも、日本紀が百済系により後に書き替えられてしまったことの証拠の重要な一つともなっているのです。一五）が「皇帝」の名のもとに、白鳳・奈良の時代の日本列島を支配していたと考えなければいけなかったのです。

（46）五畿内に入っていない淡海への遷都とは、百済系の民の「強制疎開」

このように、この頃の「奈良」日本紀の時点におけます天皇系図のモデルは、新羅王系図でした（二五）。

そういたしますと、日本紀上の「百済百姓男女四百人を近江国神前郡に居く」（天智紀四年〔六六五〕二月）「是の冬、百済の男女二千余人東国に居く」（同五年三月）というこれらの畿「外」への配置替え（後述）も、唐・新羅占領軍による、百済亡命民及びそれ以前から住んでいる百済系渡来人についての管理・統制の為の、驚くほど多量の辺境開拓（農奴）をも兼ねて「強制移住」させたことの痕跡だったのです（それが平安紀では、「強制」を省き、単に「移住」と置き換えられて、ちょいと薄味に書き直されてしまっていたのです）。

因みに、日本紀上の、この六六六年の二千人と、他の年の、六六九年の二千人と、六七二年の二千人の百済民の移送はその数が全く同じなので、この三年おきの「二千人の百済人」の数字の一致はとても気になるところなのです。

更に、「是の冬、京都の鼠近江に向きて移る」（天智紀五年〔六六六〕是冬）というのは、次の遷都の暗示だったのでありまして、そして愈々「都を近江（あふみ）に遷す」（同六年三月）とありますが、実はこれは、このときの天智大王（天智大王に相当する人物の二分の一。勿論、当時つまり奈良紀のレベルでは、天智は王とはいえ敗者なのですから、この人は半奴隷的な扱いをされていたでしょうが）が、この奈良や大阪湾に臨む港（軍港）から、更に離れた、当時は山中の別荘地レベルでございました近江（淡海）へと、百済系有力者と共に「強制移動」、つまりは「閑居」させられてしまったというのが、その当時の真相だった筈なのです。

＊勿論、奈良紀におけます「天智大王＝金春秋」に相当いたします、新羅占領軍の提督として日本列島を実効支配しておりました人物は健在です。

そして、この海上連絡網の遮断の措置は、朝鮮半島での百済の熊津など海外の残存勢力との連携を断つがためだったのです。

当然、この点は、後の百済系の平安紀におきましては「強制疎開」→近江「遷都」という風に、物の見事に体面を保つための「綺麗な表現」への改竄が施されてしまっておりますよ。

(47)「畿内」制度は新羅の制度

このように天智大王の王都と申せば、とってつけたように、楽浪（ささなみ）の「近江の大津宮」ですよね。ところで、ここに可笑しな点が見られるのです。

と申しますのも、王都を中心としまして、その周辺を「畿内」といいます。しかしですよ、しかしアナタ、古代の日本では大和、山城、河内、摂津、和泉は五畿内といって畿内に含めているのですが、何故か、この「近江」だけは入ってはいないではありませんか。

あの古代における偉大なる帝王・天智大王の都のあったところが、王都の資格のある畿内には入ってはいないのです。こんな可笑しいことはありません。これは当時の近江が、単なる百済亡命民の「幽閉の地」に過ぎなかったことの証拠だったのですね。

それに、近江の滋賀という地名自体も、元々は百済とは縁の深い地名でして、百済の王族の斯我君の名に由来していること（武烈紀七年二月条）にアナタが思い至るならば、ご納得いただける筈です。

もう少しこの点につき詳しく申し上げておきますと、奈良朝におけます畿内とは、東は伊賀国の名張郡、南は紀伊国の那賀郡、西は播磨国の明石郡、北は近江国の滋賀郡合坂山の内を言いましたので、琵琶湖の湖畔はギリギリで「アウト」という感じでしょうか。

それに、そもそもこの「畿内と畿外とを分ける」という考え方と申しますのも、元はと言えば新羅――たとえその大元は中華思想にある（王都から五百里内を中国の皇帝の直轄地としたことに由来いたします）とは申しましても――から入ってきた考えでして、新羅ではその本源の斯盧を中核といたしまして、「京」と「外」を区別する二重構造（中央の十七等の衣冠による「京位」と地方の十一等の「外位」）の身分制度と表裏一体の考えだったからなのです。

このように「畿内」という考え自体が、そもそも新羅のものだったからなのです。

そして、この畿内というのは、健牟羅（k'wn-mawl。『梁書』新羅条）から出ておりまして、「大城＝金城」の意味で、王畿、畿内に繋がっていたからです。

＊このように「畿内＝キンキ＝金城」というのも、決して偶然ではなかったのです（人名の金城史につき、二一4）。

(48) 外交部「筑後館」で出土した新羅焼

このように当時の日本の行政区画の制度にも、深く新羅の制度が浸透（！）しておりまして、亡民が沢山やって来ておりましたところの百済の制度ではなかったのは、一体どうして（！）だったのでしょうか。

また、北九州の外交部署も、新羅の占領下では「筑紫館（ツクシノタチ）」（飛鳥寺の西の「石神遺跡」からのこの時期の新羅焼きの出土につきましては前述いたしました）と言われておりましたものが（二一五）、百済系の「平安朝になりまして」、唐にならって、その鴻臚寺を真似まして「鴻臚館」と呼ぶようになりましたが、この跡からも「新羅焼き」がちゃんと出土しておりますということも、見逃せないことだったのです。

(49) 新羅系天皇家と豊国の秦氏の侵入に対する「隼人の反乱」――古表神社のクグツ

新羅が独占支配いたしました後は、そうすれば自分たちが安心できるからでしょうか、同じ秦韓系の「秦氏」（この秦氏の一部は後に、特に東国におきまして、新羅滅亡のときの水軍の亡命民と共に〔一三5〕、武士の「源氏」の嫡流へと見事に「変身」を成し遂げる〔つまり、蛹が羽化して蝶になる〕ことにもなります）を各地方へお目付け役として植民して、まつろわぬ者どもを監督させております。

その占領軍による吸収への政策の一つの例といたしましては、六六三年の「白村江の役」の後、新羅占領軍は、新設した大隅国へ、「新羅・伽羅系の民」でもございます豊国の秦氏を大量に植民して「屯田兵」化して、安羅・倭系の日向国（当時の日向国は宮崎県と鹿児島県を含んだ広域の「襲＝金」の国でした。ソオの「オ＝唹」は、本来は不要なのですが、好字及び嘉名二字に変えさせられたために加えられたものです。本節18）系住民の征圧に努力しております（別述）。

＊その九州でのもう一方の、その外に位置しますエリアが、熊（コマ＝狛＝高麗）である「肥＝コマ」国の肥前・肥後（熊本県）なのでした（一五3）。つまり、古くは熊襲（くまそ）（コマソ）という言葉で金氏と昔氏（場合によりましては朴氏も）の「九州全体」を表していたときもあったのです。

その名残といたしまして、今日でも金鉱石で世界的に有名な菱刈郡のヒシカリという名は、「南伽羅＝アリヒシノカラ」から渡来し、そこに定着いたしました鉱山民によって、その故国の名がそこの土地に付けられたものだったのです。「カリ＝鉱山」でもあることにつきましては、坂上田村麿の父の苅田麿のところでも後述（一七1）いたします。

尚、古代朝鮮語におきましては「南＝アリヒシ＝鉄」でもあり、又、「菱＝ヒシ＝鉄」でもありました。つまり、「南」伽耶という言葉自体が、ズバリ「鉄」の伽耶と同じことをも表していたのです。

序でながら、中国大陸や朝鮮でも一般に「南」とか「陽」の付く地名は、昔は鉄山があったと考えてもよいと思います（南陽＝宛＝ウツ＝古代の河南省の大製鉄基地）。ですから、本来は、「南宮」という言葉は、「鉄の意味を含んでいるところの何か」を祭っている言葉だったのです（そういえば、聖徳太子も「南宮」と呼ばれておりましたが、それは何故だったのでしょうか。一二4）。

さて、豊国の秦氏の日向への植民のお話に戻し、おさらいしておきましょう。

つまり、和銅六年（七一三）四月、日向国より大隅国を分置しましたとき、大隅国に大隅、始羅など四郡に続いて、桑原郡も加えましたが、この中の八郷の中の大分（現、蒲生町の北）とか豊国（現、帖佐町豊留）へは、豊前国（大分は豊後ですので豊前に限らず豊国全体と考えたほうが良いと思います）の民二百戸を移住させております（仮に、奈良時代の「戸」の基準により、一戸二十七人といたしましても五千七百人もの人数に上ります）。

この東北九州の豊国は、かつては金官伽羅（古への狗邪韓国）の母国でもございまして、そこへ渡来した辰（秦）韓系の秦氏や赤染氏の拠点でもあるとともに、南九州の大隅国の国分の牛屎（うしくそ）氏が「太秦（うずまさ）」の姓を称していましたことは、これらの移住民が、紛れもなく秦氏の一員であったことを示していたのです。

秦氏と言えば、行基（菩薩）も秦氏の出自だったのでして、そのことは行基の母が蜂田の首の女だとも伝えられ、この「蜂＝ハチ＝八」田は「八田＝秦」を表していたとともに八田荘（堺市付近）には「行基の親が行基を捨て、それが役行者に拾われた」という口碑が伝えられ、この「八田」も「ハタ＝秦」であったからなのです。この思想の流れは「役行者→行基→空海」と続いていたのです。

因みに、後世に栃木から鹿児島へ移住させられました大名の島津氏も、その系図等を分析いたしますと、「秦氏＝源氏系・新羅系」の一派だったのですよ（これも何かの縁、それとも偶然だったのでしょうか）。アナタはこのことをご存知でしたでしょうか。

この薩摩地方の「方言」をも含めまして、南九州一帯は朝鮮とは縁が深い地域でした。

これらの新羅系の天皇家と秦氏の侵入に対しまして、九州の隼人は当然のこととして怒り、監視官の大隅国国守・陽侯史麻呂を殺して反抗いたしますが（養老四年〔七二〇〕二月）、大伴旅人や豊国から派遣されました宇佐神宮の禰宜の辛島勝波豆米などに、翌養老五年（七二一）七月に鎮圧され、この反乱（否、自国防衛）では千四百人余が斬首・捕虜となってしまったのです。これをもちまして、それまでの長い間「南の外国」でありました大隅の隼人の中央への反乱は終止符を打つことになります。

＊このとき、侵略者側の豊国の「古表神社」に、今日まで伝わっておりますクグツ相撲（最後に勝つ「体の小さい色の黒い」住吉神が、このとき大量虐殺された隼人の霊を象徴しておりました）や放生会などは、国家鎮護の仏教の力を借りまして、このときの新羅系天皇家により隼人虐殺による霊の祟りを鎮めるために行われたものだったのです。

やがて、朝廷内での新羅系の勢力は、藤原氏の式家（秦氏）の寝返りや百済系民間人（亡命民）の謀略により国費の浪費をさせられたりすることによりまして、七四九年五月二十三日の聖武天皇の薬師寺への幽閉を始めとして（二六1、三一2）、七五〇年頃から段々弱体化させられ、七七五年に至り、新羅系の井上皇后の廃后とその子の他戸皇太子の廃太子が行われ、更にその後、その両者が幽閉の上暗殺されることによりまして（二六1、三一2）、百済系が天皇位を奪い取ることに遂に成功いたします（これが平安朝の成立です）。

＊但し、ここでアナタが注意すべきことは、『続日本紀』上では、この五年も前の七七〇年に光仁天皇即位としてしまっていることなのです（一2、二六1、三一2）。

(50) 「伊治呰麻呂の反乱」「阿弖流為の乱」などの「十二の大乱」はアンチ百済の動き

因みに、この「西暦七五〇年というライン」（二六、三一2。正確には七七五年）と申しますのは、日本列島の古代史を考えるうえでは極めて重要な区切りだったのでございまして、ここから約五十年の間の正史上に記されたもの（つまり、大規模なもの）だけを拾いましても、七八〇年（宝亀十一）「伊治呰麻呂の乱」（一七7）、七八九年（延暦八）「阿弖流為の乱」など、少なくとも十二回も、東国それも主として陸奥及び関東で大きな叛乱が生じております。

これらは皆、「宮廷クーデター」を起こし、政権を奪い取りました百済系に対します、アンチ百済の動きだったのでありまして、因みに、前述の隼人の養老四年（七二〇）のアンチ新羅の反乱とは全く逆の動き（揺さぶり）であったのです。

と申しますのも、アナタも既にお判りの通り、今度の中央の支配者はかつての新羅系天皇家ではなく、このときは百済系天皇家に「代わって」しまっていたからなのです。そして、これらの「十二の大乱」は、今回中央で樹立されましたその百済亡命王権に抵抗する動きでもあったからなのです。

＊ですから、このことは、「出羽国馳駅言俘囚叛乱」（『日本紀略』天慶二年（九三九）四月十七日）というように、俘囚が異類（津軽蝦夷や渡嶋蝦夷）と謀り、秋田城を襲っておりますが、この「天慶の乱」の際に、関東の平将門も、一万三百人の兵を率いて陸奥国と出羽国に侵攻しようとする動きを見せていたとの報告が『九条殿記』に記されておりますことからも判りますように、これらが皆連動しておりましたことの証拠ともなっておりました（四2）。

この平将門と蝦夷との連繋の点につきましてもなかなか意味深な点が見られるのです。

「常陸国に居住する……藤原玄明……其行を見るに、則ち夷狄より甚しく、其の操を聞くに、則ち盗賊に伴へり」（真福寺『将門記』）とされておりますような、国家に反抗した藤原玄明を平将門が守ってやったことも「天慶の乱」の一因をなしておりますが、この玄明の行動や『将門記』の表現は、玄明（又はその祖先）が俘囚であったことを匂わせているからなのです。

と申しますのも、朝廷に服従いたしました蝦夷の一部は、商人となり白河関や菊多関を自由に通行して、京との間での陸奥の馬や鷹の交易は勿論のこと、荷の運搬に従事していたという前提があると同時に、これは関東地方の運送業の「僦馬の党」の一派が、馬を盗み、更にその盗んだ馬を利用して略奪品を運送するという群盗を組織しておりまして、やがてこれが追われて地下に潜ってしまったのですが、右の玄明がその末裔であった可能性も「馬」「夷狄」「盗んだ大量の穀物の輸送」などのキーワードから推測出来るのでして、そういうことからも、平将門は蝦夷や俘囚とも水面下では深い繋がりがあったということが判って来るからなのです。

このように、これらの東国での反乱は、平安朝になって天皇家がそれまでの伽耶・新羅系から扶余・百済系（但し、同じ百済系とは申しましても、この平安天皇家の中核は「伯系」の「温祚」百済系であることにご注意下さい。一七1）に代わってしまったことにより、新羅・伽耶系の人々は東国へと亡命せざるを得なくなってしまったのでして、そして、それまでの奈良朝の天皇家（新羅系の支配者）が、当時はまだ外国でございました（一七1）東日本（フォッサマグナより東。一七3）の所謂「日高見国」

（その頃のその東国の王朝の支配者は、伽耶系や、物部氏の満州の穢系の「沸流」百済系でした。一七1）と合体しての叛乱（とは申しましてもこれは、正しくは、叛乱どころか、「百済系の反逆により奪われた王権の新羅・伽耶系による回復」の動きに過ぎなかった）であったことを間接的に証明していたのです。

物部氏の「沸流」百済系が、「温祚」百済系の平安天皇家に反抗したが故に、後の日本紀では物部氏の沸流系の祖神の「ニギハヤヒ」は、正史の「表面から」は抹殺され、伯族の温祚系の祖神の「神武＝磐余彦」が初代王として「置き替えられ」てしまっていたのです（「ニギハヤヒ＝天日矛」につき、一五3）。

この「温祚と沸流の百済王朝内部での対立」につきましては、後に、東北におけます「前九年の役」のところ（一七）で必要となりますので、そこでより詳しくお話しいたしたいと思います。

ずーっと後の「天慶の乱」も、この百済系天皇家に対しての、新羅系追放民を中心とする反発の一つの底流の現れでありまして、京都の百済系朝廷はこういうときに危険を感じますと、直ぐに京の市内から逃げ出してしまうのです。

神々の夜逃げという形でこのことの一つを検証してみますと、例えば、京都の鞍馬寺の鎮守社である「由岐神社」（左京区鞍馬本町）一帯で大松明を灯して行われます有名な「鞍馬の火祭」も、その起源へ遡りますと、ご祭神が御所（宮中）から郊外の鞍馬に遷されましたときが、天慶三年（九四〇）九月九日夜であるとされておりますので、これも「天慶の乱」の京都への波及の結果、京都御所の天皇家に危険が及ぶ可能性を恐れまして、このとき慌ててこそこそと神と天皇とが疎開したことに由来していたのです。

因みに、この百済系天皇家（新羅系の聖武天皇幽閉以降の勃興期をも含む）に対する新羅系前天皇家系のグループ側からの「レジスタンス」といたしましては、右に申し上げました他に、主なものだけでも、藤原広嗣の反乱（七三九年。やがて、蝦夷の清見ケ浦〔静岡県田子の浦〕までの攻撃により〔一七7〕、桓武天皇の山奥の長岡京への疎開〔七八四年〕を招く）、丈部小広刀自による夷俘の煽動（七九八年）、田苅女・留志女の賊地との交渉（七九八年。実は、八〇〇年頃まで蝦夷と天皇家とは箱根山で日本列島における勢力を二分しておりました〔一七7〕）、対馬の卜部乙屎麻呂の新羅の日本列島侵攻準備の報告（八二〇年）、胆沢・多賀城間の「異類」の延蔓と武器数千の隠匿（八三九年）、屋邑での庚申衆の煽動（八四〇年）、文室朝臣宮田麻呂の謀反（八四三年）、肥前の官人による対馬支配の謀反を新羅と通謀（八五九～八七八年、貞観中）、大宰少弐藤原元利麻呂の新羅と通謀しての反乱（八七〇年）、筑紫佐伯氏の新羅国王と通謀しての内乱の企て（八七〇年）、上総国の「夷種」の反乱（八七〇年）、出羽夷俘の反乱（八七八年、元慶二年）などがあげられます。

平将門の独立を精神的に助けました八幡大菩薩（『将門記』）は、豊の国の古くは金官国（豊国）の人々の神ですし、菅原道真の本貫も伽耶の屈阿火（蔚山）ですので（四2）、一言で申しますと平将門の乱は、天皇家が平安朝百済系天皇家に変わったことに対する新羅・伽耶系（但し、百済王（こにきし）側へ寝返った藤原氏の本貫の昌寧伽耶の人々を除きます。一七4）のレジスタンス運動の一環であったとアナタは大きな目でこの辺りの古代史を見なければいけなかったのです（四2）。

(51) 三種の神器の変化——鏡が消えた——は何を意味していたのか

奈良朝の天皇家は新羅系でしたので「鏡」を重視し、これに対し平安朝の天皇家は百済（遊牧）系でしたので「剣」と「玉」を重視している違いが出ております。

奈良朝での皇位継承には「鏡」と「剣」（『大宝令』）とが必要でしたが、平安朝に入りますと、アラ不思議！　いつの間にか、これが「玉」と「剣」（『日本後紀』大同元年〔八〇六〕三月、『続日本後紀』嘉祥三年〔八五〇〕三月、『日本三代実録』貞観十八年〔八七六〕十一月）とに変わってしまっております。

しかも、「剣」と「玉」は「清涼殿」に天皇と「同殿」し、天皇と共に動座いたしましたが、「鏡」は別殿の内侍所の「温明殿」に置かれ、しかも、天皇と動座しない（天皇と一緒に行幸しない）というように冷たく扱われるようになってしまっております。

だからこそ、天徳四年（九六〇）九月の「内裏焼亡」のときには鏡が焼けてしまったのです。

このことは、正に、奈良朝から平安朝への変化とは、天皇家が新羅系から百済系へと変わったことであったことを、如実にアナタに示していてくれたのです。

「祝詞（のりと）」の変化からもこのことが証明されます。と申しますのも、祝詞の「大前＝某神の大前に申す」という表現が、奈良朝では天照（あま/てる）のみに使用され、他の神々への「前＝某神の前に申す」という表現とは区別されておりましたのが、承和八年（八四一）以降、「延喜式」以外の祝詞では「広前＝某神の広前に申す」という形が広く使用されるとともに、宇佐社・賀茂社・松尾社などのアマテル以外にもこの表現が用いられるようになりましたのも、白鳳・奈良朝の新羅系天皇家から平安朝の百済系天皇家への変化にパラレルに対応したものだったからなのです。

5、唐にとっては大したことではなかった、白村江の倭の水軍

戦勝国の大唐にとって、この時点に至りましては、倭国の救出作戦（白村江の役）により百済貴族が列島へ亡命することなど最早大した事ではなく（七1）、逆に、「どうでもいい貴族は、日本列島にでも何処にでもお逃げなさい」という程度の認識しかなかったからなのです。

と申しますのも、この時までに、既に主だった人物（百済国・最終王である義慈王〔舒明天皇のモデル〕や皇太子の扶余孝〔孝徳天皇のモデル〕）は、唐が朝鮮半島部分において逮捕済みだったからなのです。

それに、逆に、日本海の向こうに行ってしまうこと（日本列島

への亡命＝お国替え）の方が、地続きの半島にいてゲリラの首領などになられるよりも、唐・新羅といたしましては、次善の策として安心でもあったからなのです。現に、この後に熊津都督府の反乱（壬申の乱の一部のモデル。八1）が起きておりますし。

6、三回ではなく「たった一回」の倭の出兵

さて、そんな状況にも拘わらず、日本紀の記述によりますと、次のような「三回」もの大軍を朝鮮へ渡海させた「素振り」を見せております。

六六一年八月には「前・後」の二軍編成。「安曇・河辺」「阿倍・物部」の各将軍、六六二年三月には「前・中・後」の三軍編成。「上毛野・間人」「巨勢・三輪」「阿倍・大宅」の各将軍を、そして愈々、六六三年八月二十七日、二十八日には「庵原」将軍のみで白村江の役で敗れています。

＊そもそも「前・中・後」や「左・右」などの軍制は遊牧系の扶余（六蓄）・高句麗（五加）・百済（五加）などに見られるものです。それが何故、倭軍に？

さて、果たして日本紀にあるような、三年間に三度にもわたる唐・新羅との戦いに備えた倭国の大規模な渡海・進軍などというものが本当に存在していたのでしょうか。

私は日本紀と当時の社会状況とを比較して分析してみますと、日本列島からの三回もの派遣という事実はなく、実際の派遣はその内のたったの一度だけ、それも六六三年の最後の一度のみであったと思うのです。しかも単なる「救援ゲリラ部隊の派遣」程度に過ぎなかったことが判るのです。

＊それに、駿河の庵原（いほはら）（イハラ）君臣（一七6、一五3）が、いかに吉備系の水軍の長らしいとはいいましても、なんで、こんな有名でない駿河国造が、大唐・新羅との世界的な「倭国の存亡」を賭けての大きな戦いの大将軍になっているのかも、全くもって不可解なことなのです。

しかし、それにつきましても、よーく考えてみますと、ちゃんとした理由（わけ）があったのです。

それは、歴史改竄の時に、それが中央の有名な豪族ですと、近い世のことでもあり、各自の家に隠し持たれている歴史や外国の歴史が沢山残っているために、矛盾が露出してしまう可能性が高いからか、又は、その他の何かの事情により具合が悪かったので、国の興亡を左右する大唐・新羅との大戦争におけます連合艦隊の総司令長官をこんな有名でない人にしてしまっていたのです。

真相は、同じ水軍の安曇（あづみ）連比羅夫あたりがその「イホハラ将軍」のモデルだったのであり、倭の安曇（宗像）水軍を取り仕切っていた可能性が高いと私は睨んでおります。これに対しまして、阿倍水軍の方は、平安日本紀で同じ倭の水軍であると改竄されてしまう前は、新羅側（敵）の水軍であったからなのです（後述）。

＊同じ「安」氏と「阿」氏で同音ですから、この点、中国人の官吏も気が付かないように配慮をしております。

この点、日本紀には前科がございまして、かつて日本紀が、継体十二年（五二七）六月、六万の衆（こんな大量の軍が全て海峡を船で渡って行ったとする非常識なことが、何らの疑問も差し挟まれずに、今まで教科書やアカデミズムではまかり通っているのですよ。単に、倭の主体が朝鮮半島にもあったと素直に認めればよかったことなのですが……。携行する食糧・干飯の兵站のことだけから考えましても、六万の衆の日本海の渡海は不可能に近かったのです）を派遣いたしまして、新羅に奪われた「南加羅」と「喙己呑」を取り返しに向かったとされておりますとき（正に、このとき、あの「磐井が反乱を起こした」とされているのです。この真相につきましては一一1、2必見ですよ）の指揮者が、これ又、大伴氏でも蘇我氏でもなく近江毛野臣という、パッとしない百済系とされております渡来人だったからなのです。

しかも、この近江（淡海）毛野氏は朝鮮半島で「不条理」な行為をしたとして、つまり、「是歳　毛野　被召到于対馬逢疾而死」（継体紀二十四年是歳）ということで召還され、その途中の対馬で死んでしまったというのです。

これでその司令官の証拠も完全に消えて（日本紀の記載に矛盾が出ないように予定通り上手く消されて）しまいました。

＊右の「磐井の叛乱」が、実は、主として朝鮮半島での出来事に過ぎなかったことにつきましては、一一1、2をご必読下さい。

この理由は、大伴氏（安羅王・倭王）や物部氏（百済王家・沸流系の流れ）では外国（特に朝鮮）の歴史（安羅史など）と明白な齟齬を来してしまい（当時の人々は、これらの人々が海峡国家の王家の末裔であるということは、当然のこととして知っておりましたので）直ぐに嘘がバレてしまう可能性がございましたので、日本紀の作者が慎重かつ賢明に有名人を避けたものと思われるからなのです。

さて、話を白村江の役のときのことに戻しますが、唐・新羅の水軍が九州にまで渡ってまいりましたときに、その途中の対馬（任那）に拠点を有しておりました倭国（安羅）の水軍である「阿曇」比羅夫が当然その前に敗れていることになります（七4）。

ということになりますと、ここで注意しなければならないことは、前述のように、平安紀では安曇比羅夫と「共に倭の水軍」ともされておりますところの「阿倍」比羅夫という人物こそが、実は、倭の敵の「新羅」水軍の将軍であったということなのです。

日本紀の作者は、わざと混乱させようとして、二人を似ている名前に変えてしまっておりますので（アベノヒラフ≒アドノヒラフ≒アドベ）、アナタもこの点には十分気をつけてください。

＊丁度、百済から倭へ亡命した百済王子の昆支こと顕宗・ヲケ大王と、倭の熊津に亡命政府を建てまして、その兄の百済文周王をモデルといたしました仁賢・オケ大王の二人の兄弟の表示のように（ヲケ≒オケ）。

この頃の新羅の阿倍（本来の出自は新羅系の金官家です）将軍の役割は、越の征圧（高句麗・百済と倭の親派との沿海州経由の貿易による兵站のカット）が主たる目的でした。

＊又は、多分、この斉明四年（六五八）から斉明六年（六六〇）までの阿倍臣の蝦夷・粛慎（みしはせ）東征は架空であったのです。本来新羅系（倭の敵）水軍であった阿倍水軍が、突然登場してまいりますと可笑しいので、恰も倭の水軍であったかのような振りをして、「白村江の役」（六六三年）の前に架空のお話を挿入していたのです。ですから、皇極元年（六四二）正月二十九日に大仁阿曇（山背）比羅夫、斉明三年（六五七）是歳条には小花下阿曇連頬垂（むらじつらたり）と阿曇氏が登場させておきながら、翌六五八年の時点からは、竹に木を繋ぐように、阿曇氏ではなく安倍臣を突然登場させていたのです。

このとき、何故、阿曇氏が蝦夷東征に行かなかったのでしょうか。やはり、この時点（六五八年）での安倍臣の登場は架空だったのです。と申しますのも、このような国際的緊張状態でかような行動を取ることは常識では考えられないことであるからなのです（この六六〇年には百済の王都・泗沘〔扶余〕が、唐・新羅の連合軍によって陥落し、百済が滅んでしまっておりますよ）。

しかし、この点も平安紀では見事に改竄・抹殺されてしまっておりまして、ペアーで仲良く「阿倍」「阿曇」の二者共に倭の水軍に収まってしまっていたのです（七4）。そうでもしなければ、新羅占領がバレてしまいますもの。

という訳でして、この三回もの朝鮮への派兵の中には、仮に架空ではなかったといたしましても、安曇連の「越」（含む、東北）地方での新羅との間の小競り合い」も含まれていたのです（別述）。日本紀のいう三回もの派遣が疑わしいということを推測させる証拠を更に示してみますと、日本紀の表現や数字自体にも各所に不自然なムラがみられるからなのです。

と申しますのも、唐側の軍船の数については記載していながら、倭軍の布陣については、故意か過失か触れておりません。また、大きな戦いの数につきましても、『新唐書』の記録（四回）と倭側の記録（二回）とで大きく異なってもいるからなのです。

それに、この白村江の役の年の三月に派遣した（と日本紀が言っているところの）倭の二万七千人もの大量の軍人のその後の動向についても殆ど不明のままだからなのです。可笑しいじゃないですか。

更に、問題は倭国の軍船の数についてなのですが、中国史では、倭船四百艘が焼かれて、倭の水軍は壊滅した（「大いに潰えた」）とされております（『旧唐書』百済国伝、竜朔二年〔六六二〕）。

しかし、同じ戦勝国側の史書には、倭船が白沙に千艘も停泊していたという記録もございます（「新羅本紀」文武王十二年条）。「白村江の役」では倭の水軍は全滅に近かったとも言われておりますが、そういたしますと、この差の六百艘の船はどうしてしまったのでしょうか。戦う前に逃げてしまったのでしょうか。このように、中国史、朝鮮史、日本列島の史書の間で、この戦いは「謎」というのもおこがましいくらいの、お粗末な「齟齬」だらけなのです。

では、「白村江の役」とその前に、実際は一回しか船師(ふないくさ)を派遣していないにも拘わらず、何故三回も派遣したことにしてしまったのかということについてなのですが、一つの推測といたしましては、単なる百済亡命者の救済に過ぎなかった（救軍）ものを、唐・新羅と激しく戦ったことにしてしまった日本紀の他の部分とで色々な矛盾が生じないように、その年代に幅を持たせて（先程の斑鳩寺と法隆寺のABのズレの不可解な現象と同じように）ボカしてごまかしてしまった（それ故に、盛んに、例の怪しげな月日を記さない「是歳条」を使ったりして）からなのです。

このため、平安日本紀のレベルでは毎年一回、「三回も軍を出した」ことにせざるを得なくなってしまっていたのです。

また、前述のように、坂合部連石積の「無条件降伏の式典」への派遣（山東の泰山へ）の年を一年後にズラさざるを得なかったりもしております。更に、これはもっと後のことでしょうが、一度焼けてしまった法隆寺が一年ずれて翌年に「もう一度全焼」したこと（AB）にせざるを得なかったように、「時」の矛盾を覆い隠すため、一見して判る苦し紛れの表現が日本紀の随所に見られるようになってしまったのもこのためだったと思われます。

さて、日本紀の記載は、「救於百済」（百済ニ於テ救ハシム）となっているのみですので、たった一回の朝鮮への派遣に過ぎず、しかもこれが単なる救済の途中で敵（百済と戦う為の唐・新羅軍）と遭遇したため、止むを得ず戦いに巻き込まれてしまった程度に過ぎなかったということを、日本紀の文言は正直に白状していたことが判るのです（天智即位前紀七年〔六六三〕八月）。

この点は、勝者の新羅史の方を見ましても「大変あっさりと」記してあるのみならず、しかも、「平安日本紀に全体に流れている思想」からは、凡そ考えもつかないことなのですが、降伏した倭人に対し、戦勝国の新羅は、「両国間では友好を結び、平和を図り、使節を訪問させ、国交を通じて来たのに、何故、今、百済と結んで悪事を働き、我国を滅ぼそうとするのか」（新羅・伽耶と倭との関係につき、三〇2。新羅(しら)の発生時の国名につき、一五2）「しかし、殺すに忍びないので、帰国して国王にこのことを告げなさい」と言って、兵士たちを「行きたいところに行かせた」（「新羅本紀」列伝二金庾信中、龍朔三年、文武王三年〔六六三〕）と、実に寛大な処分をした旨記されておりますところから考えましても、新羅と倭では（真相は）同じ倭人として長い間友好関係にあったのみならず、このときも日本紀での文言通り、一回限りの、しかも「救済軍」レベルに過ぎなかったので、余り新羅人を殺さずに済んでいたことが窺われるからなのです。

ですから、実は、三回も大軍を派遣したりはしていなかったのです。

7、法隆寺は滅亡させた倭王の「怨霊封じ」の寺――王宮の跡を池にする

日本紀におきましては、先程も申し上げましたように、「斑鳩

寺は六六九年に焼け」、「法隆寺は翌六七〇年に焼けた」と記してありまして（七3）、この点が大変不明瞭であり（私は「壬申の乱」の真相〔八1〕のときに焼失した〔八4〕とも考えておりますが、一応、ここでは「他の色々な可能性」につきましても排除しないで検討しておきたいと思います）、もし焼失した年につき、この二つの年に必ずしも拘わらないと仮定いたしますと、この焼失の可能性は次の場合にも考えられるからなのです。

実は、この九州の倭国との「白村江の役」の戦いの少し以前に、唐・新羅の連合軍は「地政学上の要求」から畿内に上陸していたのです（七4。先の大東亜戦争におきましても、アメリカ軍は北陸から琵琶湖辺りへ上陸するプランを持っておりました。日本列島を「真っ二つ」に分断するには、畿内のここが一番狭くてやり易いからなのです。また、現にその直前には越・東北での小規模な倭と新羅系との衝突も起きております。七6）が、「新羅に通じて、その上陸に協力した新羅・秦韓系の秦王国側」（それまでは、長い間倭国に従属させられておりました）と「九州に本拠がある倭国が畿内へ派遣しておりました倭の執政官側」との戦いのときに、畿内での倭国の重要な拠点の一つともなっておりました、法隆寺（に相当する寺。政庁）が戦いで全焼してしまった可能性もあり得るものと私は考えております。

ここでは暫くの間、安定性を欠く日本紀での焼失年代をひとまず離れまして、その十年前の六六〇年頃に唐・新羅の畿内侵入の際に焼失したと仮定してお話を進めてみたいと思います。

この焼けた寺（多分、九州の倭王でもございました、蘇我馬子・蝦夷・入鹿の一族が秦王国の財力でもって建てた寺。「大化の改新」というのは架空ですので（六1）、入鹿〔林太郎・鞍作〕はこの時はまだ老齢ながら倭王として生きていたか、もしそうでなかったといたしましても、この頃は入鹿の直系の子孫が倭王として生きて存在していたものと考えます）を、唐・新羅の連合軍が日本列島占領の後、それまでの倭国の王都（かつて、南韓と九州に跨る倭国の「倭の五王」の「武」は「開府—府を開く—儀同三司」の爵号を南宋に要求していますが認められませんでした〔『宋書』〕。しかし、「太・宰府＝ダザイ」とは何かと申しますと、中国の三司に「準ずる人」の開くことが出来る府という意味なのですから、「ここ九州の太宰府がかつて倭国の首都でありましたこと」につきましては、その「太宰府＝都督府＝都府楼」という名自体からいたしましても、唐の支配の事実は何らの疑いを差は挟む余地の無いくらい明白なことだったのですよ）でございました「太宰府（おおみこともちのつかさ）」の宮殿（一〇4、一三3）を破壊して、「古代からの朝鮮での慣行」に従って、殺された王の一族の怨霊から祟られないようにするため「その跡を池にする」（これは特に、新羅が好んでするところなのでして、朝鮮では「百済王の〈宮殿を沼沢〉と化し……過ちの源を塞ぎ、根本を抜き取る」〔「新羅本紀」文武王四年、六六四年正月のところの、百済との会盟の「盟文」〕とあるところからもそれが判るのです。「壬申の乱」〔八4〕の際、新羅が唐に対して反乱を起こし、唐軍の総司令部のあった太宰府を襲い、焼失させ、その跡を池にしてしまった〔証拠の隠滅〕可能性も強ち否定は出来ないのです。二四3必見）とともに、近くにあった観世音寺の「前身の寺」（当時の寺は官庁でもございました）を解体いたしまして、その材木を、何と、わざわざ九州から畿内まで運んで、その戦争ないしはその前哨戦の際焼けてしまった法隆寺の「前身の寺」を自分たちの政庁・寺（別述）として利用するために大修復していたのです（別の考え方といたしましては――私にはこの方がより可能性が高いと思われますが――右の「壬申の乱」の際に法隆寺が焼失した可能性につきましては後述〔八4〕いたします）。

＊石見（島根県）にいた柿本人麿が、万葉集（一三一～一三九番）の中で、日本海を西（太宰府の方角）に行くことを「上る」と表現していることにつき、一三3。

この「太宰＝都督＝総領」が、九州の太宰府をはじめとして、日本列島の中に、何故か国を超えた管轄で幾つもございましたことは、唐・新羅の占領軍の司令部が一つならず存在したことを示していたのです（周防・備中・伊予）。

この場合、九州の太宰府は外港の那ノ津（博多）と共に「総司令部＝ＧＨＱ」の役割であり、日本列島の占領も完了し、更に、その後、新羅軍が六七二年に唐軍を追い払ってしまってからは、九州の太宰府のみ残して、あとは閉鎖され、その治安は新羅官憲の国司に受け継がれていったのです。因みに、正史によりますと、「大宝令」により、太宰府を残して、他は廃止されたのだとされておりますが……（七11）。

ですから、そう考えてこそ初めて、何故九州太宰府の観世音寺の木材が、あのように五〇〇キロメートル以上も遠く東へ離れた畿内の奈良の法隆寺にまでも使われていたのか、ということの謎の証明がスッキリとつくのです。

法隆寺の五重塔の心柱が「年輪紀年法」から五九六年（これは焼失の前ということになります）に伐採されたということが判り、天智九年（六七〇）に焼失したこととの関連で、「新たなる謎」を提起しておりますが、この法隆寺の塔の檜材も、ひょっとして九州産でありましたら、とっても面白い（！）ことになりますよね。学者先生方、是非この点もお調べ下さい。

という訳で、それに加えまして、この日本三戒壇の一つである観世音寺につきましては、よーく考えてみますと、次に記しますように正史上も不明確な点が実に多く、そもそも色々と問題があったのです（この寺は法隆寺の亡霊だったのでしょうか）。

「詔曰筑紫　観世音寺……早令営作」（『続日本紀』元明、和銅二年〔七〇九〕二月一日）

これは、斉明大王（後岡本宮天皇）のため、天智の御宇に請願したにも拘わらず、いまだ未了であるとして出された詔勅です。

「遣　玄　法師　造筑紫　観世音寺」（『続日本紀』聖武天皇、天平十七年〔七四五〕十一月二日）

太宰府・都府楼周辺の池の底（既に埋まっているといたしましたら、現在は四～五メートルの地下でしょう。例の「水城」の底か、又は那ノ津の可能性すらもございます）から、ひょっとすると、破壊され焼失され尽くしたとはいえ、古への倭国の王宮（海峡国家でありました金官や安羅の「倭の五王」）の「ある僅かな痕跡」が見つかるかもしれませんよ。

と申しますのも、ここ都府楼の地に「小字」として残っております「大裏＝ダイリ＝内裏」という地名がそのことを示しておりまして、これは、実は、「遠のミカド」などではなく、その当時はズバリかつての本当の「ミカド」そのものの名残でもあったのです。

一刻も早く、広範囲に池の底を掘るべきなのです。

但し、前述のように法隆寺の焼けた年が不明確ですので、仮に日本紀の通り六六九年か六七〇年頃焼失したといたしますと、後の「壬申の乱」（架空）の「裏にあった事実」、つまり唐を排除して新羅が日本列島を独占支配しようとした行為の際に、つまり、「太宰府にあった本部に逗留しておりました唐側のエリートの一握りの人」と「その下部機関でもありましたが実動の占領部隊でもございました新羅側」とが争った際に、それとパラレルに畿内の出先機関に形だけ駐留しておりました外交武官レベルの唐の部隊と、実動の新羅の部隊との戦いによりまして、この寺（官庁）が焼失してしまった可能性も否定し難いからなのです（八4）。

＊それに、現・太宰府に移る前には、筑紫太宰は那津（なのつ）官家（福岡市南区大橋）にございましたので、そちらの調査・発掘の徹底も不可欠です。

兎も角、唐・新羅の畿内侵入の際か、それとも「壬申の乱」の裏の真実の際に、そのどちらといたしましても、外国絡みで「法隆寺＝斑鳩寺＝当時、最高の政庁」は焼失してしまった可能性が高いと思われます。そのどちらにしろ、このように考えてまいりますと、法隆寺とは、怨霊を閉じ込めた寺であることには間違いないといたしましても、世に言われているような単純に「聖徳太子（そもそもこの人は架空ですし。後述）の怨霊を閉じ込めた寺」などではなかったのです。

と申しますのも、私の考えでは、「聖徳太子＝その核心は蘇我馬子」なのでございまして、この二人は本来同一人だったのですし、それに加えまして、百済の威徳王をもモデルとして、「平安紀の段階」で、その他何人かのモデル（少なくとも七人位）から合成されて創り出されました（当時の「国家仏教政策」拡大的見地、つまり『華厳経』の国家仏教化〔一二3〕及び南都仏教界の新派〔東大寺派〕から必要とされる）理想的な人物であるとされておりますので、もしそうであるといたしますと、当然、この法隆寺の位置付けとしては、卑彌呼以来の伝統を持つ、それまでの九州に本拠のあった倭国（金官伽耶系又は安羅系）の政庁（出先機関）やその王族を血祭りに挙げて滅亡させてしまいました唐・新羅の占領軍が、聖徳太子として表現されたモデルの中心人物（つまり倭王、馬子）の建てた政庁・寺を、その戦いの際に炎上させてしまったので、抹殺した「倭王一族」の怨霊の祟りを畏れて、鎮魂のため（祟られないため）急遽材料を九州の倭国の本拠

（太宰府）から調達して来て建てた（又は従来からございました政庁＝寺を改築・再建した）という意味での怨霊封じの寺であったと考えなければいけなかったのです。歴史の真相は、一部の哲学者たちが考えるようには、単純ではなかったのですよ。

8、倭国の倭王の古墳・陵を破壊して日本国の「平城京」を造る

元明天皇（新羅系）が平城京を造る（遷都の詔。和銅元年〔七〇八〕）に際しまして、その地に古くからありました、数多くの先行王家の古墳・陵を破壊いたしましたことにつきましては、日本紀の中に直接証拠（自白）がございます。

それは、

「勅造平城京司。若彼墳隴。見発掘者。隨即埋斂。勿使露棄。普加祭酹。以慰幽魂」（『続日本紀』元明紀和銅二年〔七〇九〕十月十一日）

——造平城京司に勅して、もし営造工事中に古墳の発き掘られるものがあったならば、そのまま直ぐに埋め戻すように。発掘したままで棄てたりしてはいけない。どんな場合でも酒を注ぎその死者の霊魂を慰めなければならない。

と天皇家の正史にございますところからも明らかであり、幽魂のためすぐに埋めて酒まで注ぐようにとの「天皇の勅令まで出した」というのは、これは逆に、それらが単なる一豪族の墓や名もない人々の墓などではなく、古への異王朝の大王の陵（それも沢山あった）への畏敬の念（というか、本音は先行王家の霊が祟ったら困る）からだったことの暗示であったのです。アナタもこの文はそう分析して読まなければいけなかったのです。

それには、そこの死者の霊に対する、その遺族との「買地券」の処理の問題（一八10をご必読下さい）もあった（古代の東アジアでのルールに反し、買地券の入手なしで行ったので、その代わりに酒を注いだ）からなのです。

私の立場では、ズバリ、これは占領軍の新羅王子（天皇どころか皇帝という名におきまして日本列島の西半分〔所謂日本国〕を支配しておりました）たちが前王朝である倭王やその配下の秦王の陵を暴き、かつ、破壊し、しかも、倭王家の怨霊が祟らないようにすぐに埋めて酒を注ぎ、そして、そのグランド整備した土地の上に新たに「平城京」を造営させたということの表現だったのですよ（それに、元明天皇は架空ですから。三二）。

と申しますのも、奈良盆地というものは、その中央部、特に川沿いは沼か湿地帯でありまして、都に適した広い土地は周りにはドーナツ状に存在しており、そう広く（数多く）はなく、その当時でも、川の部分は今より多かったため、その周辺には結構湿地や氾濫原も少なくなくマラリアも多かったはずだからなのです（そもそもが、古代の奈良盆地は「大和湖の湖底」でした）から、当然前王朝の旧都のあった場所を破壊・利用して平城京を造らなければならなかったことを、天皇家の正史（『続日本紀』）自体が

珍しくも素直に自白していてくれたことを、慧眼をもってアナタは見抜かなければいけなかったのです（尚、同様な難波における前王朝の王陵破壊につきましては、五5、一八10、三5）。

9、白村江の役は「ダンケルク」

さて、話を白村江の役に戻します。

このような訳で、早い話が、白村江の役とは、第二次世界大戦における「ミッドウェー海戦」のレベルなどではなく、精々が「ガダルカナル」ないしはヨーロッパ戦線におけますフランスの「ダンケルク」（単なる〔しかし、偉大なる〕救済作戦。映画『史上最大の作戦』）に過ぎなかったということだったのです（二二4）。

10、倭国の朝鮮半島撤退から滅亡まで

さて、この辺で日本列島が唐・新羅に占領される迄のことを、アナタの復習のために簡単にマトメておきましょう。

そのポイントとなる年は、朝鮮史（新羅史）上では、取り敢えずは、五三二年（23法興王）、五六二年（24真興王）及び、六六三年（30文武王）の三つです。

話は戻りますが、西暦五三二年に金官国が新羅の法興王に滅ぼされて（これは、五二四年の頃の可能性もあります）、それからは、倭人連合の構成国の一つである安羅国が、それまでの金官国に代わりまして海峡国家の倭国連合の盟主となります。

この安羅国の拠点は、朝鮮半島の「咸安」と九州の「日向」（当時は鹿児島県と宮崎県との両方をも含む広大な隼人らの地域〔襲（そ）の地＝金氏の地〕だったのです）の西都原にあり、そこは、西都原にかつて亡命してまいりました邪馬臺国の女王卑彌呼の弟の「公孫氏康＝日臣＝道臣」の末裔の大伴氏の国だったのです。

そして、後に「倭王＝安羅王」である継体、安閑、宣化の三天皇として大王系図上に挿入された（二〇1、2）のは、その大伴氏の末裔だったからなのです。

しかし、西暦五六二年に、朝鮮半島でのその「公孫氏＝大伴氏」の安羅国も、今度は、新羅の真興王に滅ぼされてしまいまして、ここに初めて、それまでの少なくても五百年以上の長きに亘り海峡国家でございました倭国は日本列島のみの国に縮小せざるを得なくなってしまったのです（「安羅逃亡空地」という日本紀の表記がこのことを端的に示していてくれたのです。一3）。

ここ安羅の旧都、咸安には、伽耶諸国のものといたしましては巨大過ぎるとさえ申せます（他の伽耶の諸国のものは、普通は高さ三～四メートル、精々が直径一〇メートル前後に過ぎません）、高さ一〇メートル、直径四〇メートルもの円墳（これの発掘〔一応は、発掘調査はされておりますが、年代の比定が不十分です〕ないしは出土品の分析を、その周辺部分を含めまして、きちっと国際的視野〔遼東半島～馬韓～咸安～日向～吉備～奈良・纏向〕

で行えば、古代の日本史・朝鮮史の謎の一つは必ずや一挙抜本的に解明される筈なのです）が残されております。

この咸安でも最も大きいと思われますこの円墳は、安羅王家（倭王大伴氏＝遼東半島の公孫氏の末裔＝朝鮮半島時代の卑彌呼の一族（卑彌＝ヒミ氏）の末裔）のものだったのです。

これら末伊山（まるいさん）の脊梁上に築かれました古墳の中には前方後円墳と見られなくもないものもあり、その走りではと思われるものもございますので、日向西都原の卑彌呼の寿陵である男狭穂塚古墳（本来は円墳）との関連が注目されます。

このように、「本家」筋にあたる金官（海）金氏をも完全に日本列島に追い出すことに成功した「分家」筋にあたります慶州金氏の新羅王家は、ここで初めて、中国史によれば、中国に対して26真平王（五七九～六三二年）の頃から正々堂々と、名実ともに金氏の王姓を「名乗る」ことが出来るようになった（金氏を乗っ取ったので）ことが判るのです（二4）。

遡りますと、五二一年に百済に随って初めて、南朝の「梁」に朝貢いたしました新羅は（二4）、安羅伽耶を滅ぼした五六二年の二年後の五六四年に至り、24真興王（五四〇～五七六年）は、初めて金姓を名乗って「北斉」へ遣使して、南朝及び北朝との自立外交に踏み出したのです（唐に対し金姓を使用するのは、前述のようにもっと後のことです。二4）。

という訳で、「慶州金氏」の王姓は、精々が五六二～五六四年頃からのものですので、そう古いものではなかったのですね（新羅における初めての金氏の王朝は六世紀からだったのですから、新羅の金さんの歴史は新しい。それより古い慶州金氏の族譜はインチキだった）。

ということは、それ以前には金氏の国王は新羅にはいなかった（「釜山（プサン）＝浦上（カラサシ）（ホジョー）」の金官伽羅の王は別といたしまして）ということだったのです。

＊しかも、アナタ、この「新羅」という文字を冠する国すらも、六世紀に入ってからのものです（二4）。

という訳で、中国史と照らしましても、新羅・金氏の国王は（精々のところ）六世紀後半からに過ぎなかったのです。

＊それ以前の王系図上の金氏は架空。

以後、新羅占領下の朝鮮半島にそのまま留まった金官（倭）王家の金氏の一部は、新羅王家の下で「単なる貴族の一員」に甘んじながら生き長らえ、大いに活躍いたします。例えば「大化の改新」のモデルともなりました「毗曇の乱」（六1）や、又、「白村江の役」のときに倭と戦って大活躍した新羅将軍・金庾信（きんゆしん）（平安日本紀の中臣鎌足の二分の一のモデル）のように。

新羅将軍金庾信の曽祖父が、金官国（南伽耶）末王の「金仇亥＝近次休」だったのです（『三国史記』列伝第一「金庾信伝」。ですから、倭王の「蘇我氏＝金氏＝木氏＝紀氏」とは同族だったのです）。

序でながら、この人は祖父も新羅将軍で干角の金武力、父が金舒玄ということで「倭＝金官」の王家の末裔であることには間違いなかったのです。

＊但し、父は金逍衍であるという金石文もございます（『金庾信碑』）。

26真平王（白浄）の先妃の麻耶夫人（奈良紀での推古大王のモデル、しかし平安紀の推古大王では、そのモデルが百済28恵王〔32崇峻大王のモデル〕妃に差し替えられてしまっております）が金姓の金福勝の女でありますので、この辺りから新羅王家に金姓が入ったというのが真相であったのかもしれません。

さて、朝鮮半島から敗退し、日本列島の「九州を中心とした日本列島に閉じこもってしまった倭国」も、遂に六六三年に至り、白村江で唐と新羅（これは30文武王のときのことです）の連合軍に、百済と共に滅ぼされてしまい（私は、唐と新羅の「別働隊」による畿内の占領についてはもっと早く、遅くとも六六〇年〔斉明六〕頃のことであろうと考えております）、実は遅くとも、その六六三年の「白村江の役」の役以降は直ちに、日本列島の九州は占領されてしまっていたのです。

＊日本の正史によりましても、直ぐに二千人もの新羅兵がやって来ているのですから。

但し、それ「以前も以後も」日本列島の占領という事実などは全くなかったのだ（しかも、あくまでも敗れたのは六六三年〔天智二〕で、しかもそれは畿内にある日本国のことだったのだ）という風に、後に「この六六三年のときには負けた百済系の人々が」、今度は日本列島におきまして天皇家を奪い取った平安朝（七九四年〜）になってから作りました日本紀・平安紀におきまして、かようにその真相は大改竄により隠蔽されてしまっていたのです。

後の日本紀におけます「斉明天皇のモデルともなった新羅・真徳女帝」に相当するところの「倭王＝九州の安羅系の倭王（大伴氏・蘇我氏）」の連合国の主要なメンバーも、このとき共に、九州・朝倉の地で戦犯として処刑されていたのです。

そのことは、斉明天皇（大王）の死の際、六六一年に、「朝倉山の上の空からそれを見下ろしていた中国人風の大笠を着けたオバケ（鬼＝死霊）」がいたという日本紀上の謎が、そういうこと（唐・新羅占領軍による倭王の処刑）の暗示であったのだと考えるべきだったのです。

この斉明天皇の死を看取った鬼とは、「讖緯説」的に考えるならば、戦勝国の唐・新羅連合軍のＧＨＱ（総司令官）のことを指していたのです。つまり、朝倉での斉明天皇の死とは、中国による六六三年の頃のある倭王の「処刑」のことだったのです。

ここのところは、斉明女帝の死ぬずっと以前、しかも、そもそもその即位の年、六五五年に現れました、「空中で龍に乗れる青い油ぎぬの笠を被った唐人」の縁起の悪いオバケのことと合わせましてセットで考えるべきだったのです。

＊天皇の死のときのみならず即位の年にもこのような表現がなされているということは、「やがて」この（架空の）天皇が「唐人によって」殺されることになる運命の暗示とセットになって

いたのです。

つまりは、この女帝は初めから「青衣の人＝死んだ人のこと＝殺される運命にある人（童謡（わざうた）の暗示と同じような作用）」として用意されていたのです。

そして、それは、日本紀で斉明が死亡することとなっておりますよりも、その真相は、少し前（古い）のことだったのです。

と申しますのも、畿内占領のとき（又は、壬申の乱の「真相」のときかもしれませんが）に、前述のように斑鳩寺（法隆寺）が類焼しているのです。

その後、唐・新羅が白村江の役の後、九州の倭国の大宰府の本部の占領を完了してから、その占領軍の手によって九州・大宰府の観世音寺の材木で、戦いの際に焼失した大和の法隆寺が修復されていることにつきましては、既にお話しした通りです（七7）。

11、「大野城」「高安城」などの山城は天智天皇ではなく、占領新羅軍が造った

また、いわゆる「大野城」「高安城」「鬼ノ城」などの山城と言われているものは、新羅の日本占領軍が、自軍の安全のため（敗戦国の倭国のゲリラから身を守るため）に、つまり主として平時には「夜間だけ引き揚げて篭る」ためのものだったのです。

＊この考えは、古代の「フェニキア」も「蒙古」も、又、近東のシュメールに中東のアフガニスタンのバタフシャンからインド・インダス経由で初めてやってまいりまして、世界最初の文字であります「楔形文字（せつけい）」を教えました「オアンネス＝六人の魚人間」も、皆全く同じでした。

つまり、日本紀は後に何回も改竄されてしまっておりまして、一般に、その文言どおり倭国の「天智天皇（大王）側が築いた」ものと考えられていますが、実はそうではなく、「逆に」戦勝国の唐・新羅側が、敗戦国の倭国側に新たに築かせ、又は既存の砦を大規模に改造させたものだったのです。

＊六六三年の敗戦の前の、六六〇年には（辰韓系の秦氏の反乱などにより）既に畿内は、事実上新羅による占領状態にあったことにご注意下さい。

但し、ここが正に肝腎な点だったのですが、実際の工事の施工につきましては唐・新羅の占領軍のGHQの指示の下で、敗戦国の百済の匠に百済の技術を用いて築かせましたので、結果的に、かつ、技術（史）的に見ますと、それは一見「百済の亡命技術者が天智天皇に頼まれて築いたものであるかのように見える」が故に、長い間アナタもアカデミズムも誤解したままで今日まで来てしまっていたのですよ。

ではこのとき、どういう百済亡命人が実際に築城に派遣されたのかと申しますと、例えば、筑紫の大野城・椽城には百済亡命者の、憶礼福留（おくらいふくる）（後の石野連、『続日本紀』天平宝字五年（七六一）三月、『新撰姓氏録』左京諸蕃。石野さんの祖先）、四比福夫（しひふくぶ）（後の椎野連、『続日本紀』同年五月。日本共産党の志位さんや元外

務大臣の亡オトボケ椎名さんらは、こちらの系統だったのかしら?)を、また長門国の城には、答本春初（後の麻田連、『続日本紀』神亀元年〔七二八〕五月、『新撰姓氏録』右京諸蕃。浅田アメ〔飴〕の浅田さんは、この系統なの）を、というように三人の達率の位を持つ者が占領唐・新羅軍のＧＨＱによって派遣されております（天智紀四年〔六六五〕八月条）。

当然、その築城の時期につきましては、後の日本紀の文言の改竄により、白村江の役の敗北の前にまで遡らせて（年代偽造）しまっております。

尚、高安城を築いたのは、正史によれば天智六年〔六六七〕「是月」（『日本紀』）という記載がある一方で、他方、天智五年とする記載（『続日本紀』文武二年〔六九八〕八月条）というのもございまして、明らかに正史の間で矛盾を来しており、ここにも予想通りの混乱の跡が認められるのです。

これは、同じ国内のことですが、内外の干支紀年法による誤差というよりは、多分、真相に作為を施したため、「幾つかあった」正史の間で齟齬が生じてしまったからなのでしょう。

また、太宰府の都府楼の名の元ともなっております「都督府」の九州での存在が、対中国関係という国際法的観点から考えましても、この言葉が「王都」（九州にあった王宮、否、九州にしかなかった王宮）を示していましたことにつきましては、別のところで申し上げております（七7など）。

＊都督は、正しくは「都督諸州軍事」といい、魏の文帝が設置したことに始まる軍事（戦争）に関する役所です。

後述のように、都督（総領）は軍事的な政庁ですので、唐・新羅の日本列島占領当時には、幾つもございました。

また、備中（岡山県）の「鬼ノ城」の築城につき、「正史日本紀には何らの記載も無く」、大和からの指導が行われた形跡すらも見られないのみならず、かつ、この城が「官城として運営された様子も全く見られない」ということから考えましても、この城が、「白村江の役」の後、占領唐・新羅側によって築かれたということをアナタに暗示していてくれたのです（尚、安芸の鬼ケ城と日出・比治につき、二1）。

更に、極めつけの証拠をお見せいたしましょう。九州の太宰府のみならず、ここ「鬼ノ城」「備中国府」にも唐・新羅占領軍の「都督」が置かれていたからなのです（一〇4）。

と申しますのも、日本紀をよーく読んでみますと、正史にも「吉備大宰石川王」（天武紀八年〔六七九〕三月九日）と「太宰」の名残がちゃんと覗いておりましたですよ。しかも、この管轄が、何と!吉備一国に留まらず、播磨の国にまでも及んでいたことも判るのです。

と申しますのも、風土記の方に「石川王為　惣（総）領　之時、改為広山里」（『播磨風土記』揖保郡広山里条）とあるからでありまして、もしアナタがこの「惣（総）領＝大宰」ということにお気付きになりますと、石川王（八1）が吉備のみならず少なくとも播磨をも統括しておりましたことが判ってくるからなのです

（一〇4）。

　きっと、中国地方の周防以東の主要部分を、次に申し上げますように、周防と伊予にも分担させながら中央部の吉備で見張っていたものと考えます。

　と申しますのも、この唐・新羅の占領軍司令部は、六〇〇年代までは、筑紫のみならず、周防・吉備・伊予（それに播磨もか）にも置かれていたことが、次のように正史上からも窺うことが出来るのです。

筑紫　推古十七年（六〇七）四月、「筑紫大宰」
　　孝徳大化五年（六四九）三月（是月）、「筑紫太宰帥」
　　天智七年（六六八）七月、「筑紫率」
　　天武十四年（六八五）十一月二日（是日）、「筑紫大宰」
　　持統三年（六八九）六月一日、「筑紫大宰」
　　同年、閏八月二十七日、「筑紫大宰帥」
　　文武四年（七〇〇）十月十五日、「筑紫捴領」
周防　天武十四年（六八五）十一月二日、「周芳總令」
　　文武四年（七〇〇）十月十五日、「周防摠領」
吉備　天武八年（六七九）三月八日、「吉備大宰」
　　文武四年（七〇〇）十月十五日、「吉備摠領」
伊予　持統三年（六八九）八月二十一日、「伊予総領」
播磨　「播磨国風土記」揖保郡広山里、「総（惣）領」（前出）

　＊「常陸」にも総領が置かれていたとも言われております。東国の鎮台（又は牧）があったのでしょうか。

大宝令の施行と共に、これらの制度は廃止され、太宰帥のみが残されたとされております（七4）。

　平安紀では完璧に近く抹消されてしまいました、唐・新羅連合軍の日本列島占領の事実につきましても、このようによーく探してみますと、その証拠は正史の中に正々堂々と残されていたのです。

　＊因みに、『万葉集』上に見られます「遠の朝廷」という表現も、太宰府四、越中国二、節度使派遣先一、新羅一（エッ！　正にズバリ本国が）の八例も見られるのです。

　また、大宰と惣領・總領・摠領・捴領・総領は同意です。

　さて、この備中の朝鮮式山城は、古く紀元前後〜二、三世紀の楽浪漢墓（木槨・木棺）のある「楯築遺跡」の頃から既に山城として何度も利用されておりました「鬼ノ城」を、今回、唐・新羅の連合軍が倭と百済の亡命民を奴隷のように使役して大規模に改修したものだったのです。

　この山の上の、更に奥の部落の「鬼ノ窟」の巨岩（岩屋。岩屋寺。一五12）には、今日でも人知れず真相が眠っているかもしれませんよ。と申しますのも、そこの岩屋が、今日に至るも「皇ノ墓」とも呼ばれているからなのです（それに、その直ぐ南の大墓山は、かつては王墓山であった可能性もあるからなのです）。

　この備中の「鬼ノ城」と備前の「大廻り小廻り」の朝鮮式山城とは、他の「雷山、高良、女山、杷木」の九州の朝鮮式山城とは、次に申し上げますように、その分析から本質的に異なっておりますことも、その証拠の一つに挙げておきたいと思います。

と申しますのも、「鬼ノ城」（凡そにおきまして「大廻り小廻り」も同じです）の城壁の主体部は石垣と土塁なのですが、右の九州の山城はこの点が土塁ですし、列石の「折れ線」部分は「鬼ノ城」にはございますが右の九州の山城にはなくここが曲線ですし、石垣・列石の石も「鬼ノ城」では割り石で粗なものが多く、右の九州の山城では切石です。列石の石材の形につきましても、「鬼ノ城」には豆腐形のものも一部用いられておりますが、右の九州の山城では長方形です。

そして、その置き方につきましても、「鬼ノ城」では「寝ている」ものもございますが、右の九州の山城のものは「横」です。

更に、列石前面の柱穴が「鬼ノ城」では殆ど見られないのですが、右の九州の山城には沢山見られます。

このように、吉備大宰の山城は少しレベルが低いというか、より古いというか、それとも「急いで作った」というのか、兎も角、右の九州の山城とは異なっておりまして、普通は国家が統一的に行った場合にはこのような違いなど生じないことに加えまして、ここに大宰が置かれたという大変重要な場所であるにも拘わらず、この吉備の朝鮮式山城の記載が「正史には一切見えない」ということからも、これは頗る異常なことなのです。これは正史と同じ国のことではなかったのか、それとも、そうであったとしても、都合が悪かったので抹殺されてしまったのか、そのどちらかだったのです。さて、アナタは、それはどうしてなのだとお考えでしょうか。

私は、ここ備中の地に正史上「大宰」の冠も見られるところから考えましても、この二つの山城は、少なくとも、「白村江の役」の後にここに進駐いたしました唐・新羅の占領軍が、古くからこの地に住んでおりました秦氏のサルタヒコ神に率いられ銅鐸をシンボルとする「苗族＝毛人」の「別倭・夷倭」により、（この近くの足守川と砂川の合流地点の、庚申山の直ぐ北の「高塚」のところからは、銅鐸一個と、何と！二千年前の王莽の「貨泉」が二十五枚〔これは日本列島で最高の数です〕も出土しております）早ければ、このように弥生の水耕民（一〇6）の頃から、既に小規模ながら築かれておりました避難用の山城を、百済と倭の敗戦国民を使役して、急いで慌てて改修したものと考えます（この吉備大宰は、少なくとも吉備と播磨の広大な領域を管轄しておりました。別述）。

そして、次に、「鬼ノ城」と「大廻り小廻り」とのこの二つの役割の違いはと申しますと、その場所・地形などからも、前者は「守りの山城」「夜篭りの城」であるのに対しまして、後者は「攻撃用の山城」又は「通常の城」であったものと考えるのです。

それに、アナタ、考えてもみてください。こんなところに、仮に、倭国の天智大王側が、外国軍（海軍）の防衛のための山城などを作りましても、唐・新羅の水軍の軍船は瀬戸内海をスイスイとフリーパスで通過して畿内の王都に入ってしまいますので、そこには何らの抑止力も働いてはいないからなのです。考えてみれば、無駄な城なのですよ。ですから、天智大王が唐・新羅を対象として造ったものではないことは、当然過ぎることだったのですよ。

さて、六七〇年頃から、倭が外交方針を変更し、「新羅との修好に転じた」ように正史上では記載され、一見そうとも思えますのも、実は、そもそもが「新羅の占領下」であったこと、だからこそ新羅使（実は、占領軍）と新羅文化が次々に渡来しておりましても（七4）可笑しくは無いと思わせることが出来るからだったのだとアナタは見るべきだったのですよ。これ又、後に、百済系平安紀が、ムードをこのように修正して、新羅の倭占領の事実をカモフラージュしてしまっていたのです。

このように山城の点一つ取り上げましても、唐・新羅に日本列島が占領されていたことが窺われるのです。それに加えまして、ポイントは山城や神籠石（こうごいし）は、そもそもその築城の時期が不明だという点なのです。

九州の高良山、女山、雷山、帯隈山（おびくまやま）、御所ケ谷、中国の石城山、鬼ノ城、築地山なども皆そうなのでして、そうであるが故に、この築城が七世紀後半の天智の頃（白村江の役）か、はたまたその次の天武の頃でありましても、一向に構わない（ということは、白村江の役の後！）からなのです（私の立場では、九州以外では、六六〇年と六六三年の間でも構わないことになります）。

それに本格的に使用された様子が見られない（短期間の使用に終わった）から尚更なのです。

これは、二千人もの新羅兵の援軍が一挙に渡海（七4）して来て鎮圧していきましたので、占領軍は割合に早く不便な山城に篭ることから開放されたためだったのです。

それに、よくよく考えてみますと、山城のある場所自体の分析からも「占領軍の存在を暗示」していてくれたのです。

昼は「国府」で占領政策を実行し、夜はゲリラを恐れて一族で山城に引き下がるのです。ですから、山城が国府から遠く離れていては毎日が不便で困ります。

では、その点につきまして、ここでアナタと共に、次に、その「位置関係」につきまして検証してみましょう。

まず、筑後国府の直ぐ近くに高良山城が、豊前国府の直ぐ傍には御所ケ谷山城が、備中国府の直ぐ上には鬼ノ城が、備前国府の直ぐ近くには築地山城が、讃岐国府の真上には城山山城が、伊予国府からもそう遠くないところに永納山城が、というように、どういう訳か、正にその直ぐ近くに「国府と山城」がセットで併存しているではありませんか。

こういう両者の関連性についての分析も、切り口を変えて見さえすれば可能だったのです。どうです、国府と山城は一体でしょ。

さて、極めつけの証拠をお出しいたしましょう。

日本紀にもちゃんとこれが「新羅の城」だということが明文で謳われていたのです。

「仍難波　築　羅城」（天武紀八年十一月、例の是月条）となっておりますので、このことは占領軍が難波軍港に侵攻し、そこに

「羅城＝新羅城」を築いたことがこのことによって明らかなのです。

一般に、これは「羅＝連ね並べる」の意味だからこれは普通名詞の「周囲の城壁」のことだなどと言われておりますが、ここは素直に「羅＝新羅」と考えればよかっただけのことなのですよ。

朝鮮の「百済本紀」などを読んでみますと、新羅人のことを蔑んで「羅人」という表現が随処に見られるからなのです。

後に百済側が改竄してしまったからこそ、蔑んで「羅城」と言う用語を使ってしまって馬脚を現してしまっていたのです。

尚、関所というものの「走り」につきましても、これと同様なのでして、「初置　関　於　龍田山　大坂山」（同書）とありますので、このとき初めて、占領新羅軍によって、「百済亡命民が畿内の内外で通じ合わない」ように（つまり、情報交換が出来ない）、また、「畿外からの、王都でのドサクサに便乗する侵入を防ぐため」にも関所を必要として、よって設けられたことが判るのです（一一3）。

＊古くは、この同じ場所には、渡来支配民の侵入を防ぐために、先着系の「日高見国側」の築いた簡単な検問所があったのです。何故かと申しますと、よく観察いたしますと、その防ぐ方向が逆（不破の関など）になっておりますのでそれと判るからなのです。

更には、これは蝦夷が築いたものだったかもしれません。地層を掘り下げてよく分析してみる必要がございます。

このように「山城（やましろ）」も「三関（さんげん）」も、そもそも新羅占領軍が造ったものでございまして、「大宰＝総領＝総令＝率」を中心として、特に「情報カット＝人の流れのカット」のために、進駐軍の軍政の拠点として運営されたものであったのです。

それを平安日本紀では改竄してしまっておりましたので、アナタも今まで、物の見事に、「唐・新羅の占領はなかったのだ」と騙され信じ込まされ続けて来ていたのですよ。ご苦労様。

12、新羅に奪われた王権のシンボルのレガリア・草薙剣

日本列島が新羅に占領されましたことは、日本紀の中にもちゃんと表現してあったのですよ。日本紀をよーく読みさえすれば、そのことは書いてあったのです。

それは、王位を示すレガリアが、「新羅の占領軍が来て、それに取り上げられてしまっていた」ということが、日本紀の記載自体からも十二分に窺われるからなのです。では、そのことにつきまして、アナタにも十分にご納得いただけますように具体的にご説明いたしましょう。

ヤマト朝廷の王権の象徴である「草薙剣（くさなぎのつるぎ）」が、新羅僧の道行（どうぎょう）によって盗まれ、朝鮮半島に持ち去られようとする途中、幸運にも海が荒れて船が日本列島に吹き戻されたので取り戻せた（天智紀六年〔六六七〕是年条）などと日本紀には出てまいります。しか

しながら、当時の日本列島は、郭務悰（カマソ＝中臣鎌足の二分の一のモデル。この人は中国史にも朝鮮史にも見えない〔ということは、何人だか正体も不明の得体の知れない人〕日本紀上だけで活躍する謎の大陸側の占領軍の将軍なのです。七3はアナタ必読、八4も）による占領下であり、このことに気が付きさえすれば、つまり、その前提において物事を考えさえすれば、全てが見えてくるのです。

つまり敗戦国の「レガリア＝三種の神器」の一つの草薙剣が朝鮮半島の唐・新羅軍のGHQにより戦利品として新羅側に持ち去られようとした（このように、少なくとも、日本の天皇の支配〔宮中の倉庫〕から一度は取り上げられてしまったことがあった）ことをこのことは明確に示しておりまして、これを平安紀の改竄では、現行のように辻褄を合わせて「オブラートに包んで」トーンダウンさせることによってごまかそうとしていた、というのがその真相だったのです。

＊但し、ここでアナタに注意していただきたいことは、いわゆる「三種の神器」とは申しましても、実は、宮中の倉庫には「予備が幾つも」あって、「実は、そんなに重要なものではなかった」のだということをも知っていただきたいのです（一五1）。

このように三種の神器は、かつては、今日アナタが考えておられる程凄いものではなかったのです（スペアーが幾つも用意されていたのですから）。

では、重要視されなくなってしまったということの証拠といたしまして、ここに一例を挙げておくといたしますと、この天皇位の象徴たる草薙剣でさえも、平安朝の初期の八〇七年の頃になると、もう既に、「今、尾張の熱田神社に在って、未だ礼典に叙されず」（『古語拾遺』）と言われておりますように、朝廷は最早この剣を大したものだとは考えず、よって、朝廷から幣帛すらも奉献されてはいなかったという状態であったことからも、このことが判って来るからなのです。

この剣は、百済が滅んでから日本列島にやってまいりました平安天皇家の温祚百済系が日本列島に持参したものではなく、古くに沸流百済系の物部氏（これも共に扶余の出で、百済王家とは兄弟です）が満州で鉄民オロチョンの「多勿侯＝松壌王」からチュルク系の鉄山を奪うことによりまして初めてそこで生産・入手することが出来た奇しき錬鉄の剣だったからでもあったのです（一五3）。

これが「八岐大蛇神話」のオリジナルな姿だったのです（別述）。

日本紀が、唐・新羅との戦争に敗れた後、倭王のレガリアが「新羅へ持ち去られようとした」と記しておりますことは、取りも直さず、新羅が占領したこと以外には誰が考えても考えられないではありませんか。このことの素直な間接自白だったのです。

その証拠に「外賊偸盗、不能出境」つまり、「外賊偸みて逃げしかども境を出づること能はず」（『古語拾遺』遺りたる一。「外国の賊が、盗んで逃げたが、日本の境〔国境〕から出ることが出来なかった」）とございまして、外国の賊に、一時奪われてしまったことがチラリと覗いていたのです。斎部広成（いんべのひろなり）が真相を記して、秘していたのです。

正史をはじめといたします他の史書（『扶桑略記』『熱田太神宮縁起』）などには、盗人が新羅沙門道行と記されておりますので、これら「外国の賊」「新羅」などを綜合いたしますと、「占領新羅軍」が戦利品として持って行こうとしたことが判ってまいります。

では次に、このことを更に補強いたします実践的な証拠を加えておきましょう。

天武天皇の病気が良くならないのは「草薙剣」の祟りによるとの占い（六八六年六月十日）の結果が出まして、朝廷は尾張の「熱田神宮」にこの剣を返させたのですが、それでも天皇の病気の回復は見られませんでした（尚、一八3）。

さて、ここで大切なことは、新羅系の天皇が、これらの原因（当時の転変地異（大地震など）を含めまして）は、「滅ぼした百済系の祟り」であると考えていた点なのです。だからこそこの剣を返したのです。

それは何故なのかと申しますと、この草薙剣というものの由来は、そもそもニギハヤヒを祖神と仰ぐ物部氏などの百済・扶余系の人々が、満州から持参した宝剣だったからでありまして（一五3）、他方、奈良日本紀でいうところの天武天皇のモデルとは新羅文武王であった（二五）ことを考えますと、新羅系が百済系から奪い取った神剣を返すという訳なのですから、こう考えますと、この神宝の返却の理由（わけ）がよく理解出来るからなのです。

このように「行間」をよーく読めば、ちゃんと、その証拠は日本紀の中にも色々とあったのですよね。

このことを喩えて言うならば、舞台ではその役がちゃんと演じられてはいても、舞台がアナタの色眼鏡と同じ色の照明を浴びていたために、どうやらピンと来なかっただけのお話だったのです。

ですから、歴史を見て新しい発見をするには「切り口を変える（新しい頭で、異なる照明を当てる）」ことが必要だったのです。

かようにして、新羅による日本列島の即時占領は真実だったのでありまして、また「大化の改新」は架空の物語だったのです。

第八章　「壬申の乱」は架空の物語——その裏に隠されているもの

1、「壬申の乱」のモデルは百済の「公州・熊津都督府の叛乱」

驚くべきことなのですが、「壬申（みずのえさる）の乱」も又「大化の改新」と同様に架空のお話だったのですよ。

「そんな筈はない」とアナタは仰りたいんでしょう。

しかし、本当にこれは創られたものだったのです。では、それは一体どうしてそうなのかということについて、これからアナタにもお判りいただけますように、二段階に（二段目がポイントとなります）分けまして、十分に検討してまいりましょう（尚、「壬申の乱」の真相解明の真の切り札は二四3にございます）。

さて、見ていて下さい。段々と、白い霧に包まれて今まで誰にも見えなかった古代の真実が、アナタの前にリアルに現れてまいりますよ。

百済の最後の王である第三十一代の義慈王（日本紀に翻訳されて舒明天皇となっている人）の王子の扶余隆（この人は平安紀で翻訳されて大友皇子（出土した、この人と同じ名を記載してある「木簡」の意味するところにつきましては別に述べます）とされた人。そして又、この人は九百年後の明治時代になりましてから初めて39弘文天皇として「天皇」に格上げされました。ですから、在位の天皇の代数が、明治以前に作られた天皇系図とは、以下、一代ずつズレてしまっております。二三2）による、百済の三回目の王都（四回目が滅亡したときの扶余・泗沘（しひ））の公州におけます、「白村江の役」の後の「熊津（ゆうしん）都督府の叛乱」（そして、その結果、新羅による百済の残存政権の完全鎮圧。七5）ということが、平安紀におきまして、壬申の乱の「物語」が挿入されて改竄されましたときの、第一段階におけるモデルともなったものだったのです。

この朝鮮での事件の経緯を一言で申し上げておきましょう。

百済を滅ぼした新羅があまり強大になり過ぎないようにと、又、新羅への牽制の意味をも込めまして、唐が折角、百済最終王の義慈王の王子の扶余隆を立てまして、百済の政権をかつての王都・

熊津（公州）に、弱小化されているとはいえ残して（復活して）くれたにも拘わらず（但し、熊津都尉としてですので、王ではなく唐の一官僚としてなのですが）、百済の残党がハッスルし過ぎたためなのか、それともそう嗾けた新羅の陰謀（秦氏は、新羅の前身の秦韓の主要メンバーとはいえ、その出自には問題があると共に、本質的には、新羅成立当初は「倭人＝金官人」の別派の慶州金氏が、高句麗に占領されるまで支配者層に加わっておりました）だったのか、兎に角、扶余の騎馬民系の牧民の伝統ある名家である「温祚系」百済王家の扶余氏（余氏＝本来は解氏）が（半島では）滅び去ってしまったのです。

＊もっとも、後に日本列島に亡命してからクーデターにより不死鳥のように蘇り、新羅系の天皇を抹殺いたしまして、「平安朝」という「百済亡命政権の天皇家」を打ち建てることにもなるのですが……（三〇2、七1）。

新羅王は、このように温祚・百済王家を完全に滅亡させてしまった点をも含めまして、上元三年（六七五）に唐に遣使してこのことを謝罪いたしました（壬申の乱のモデルともなりました、後述の日本列島内での新羅の唐排除の動きをも含めまして）ので、唐もこれを許してくれております（二四3。といっても黙認の程度の意味なのですが）。

天智大王の死んだ二日後の十二月五日に、大友王子が即位したとされておりますので次のような文献もございます。

『扶桑略記』『水鏡』及び後世の水戸藩の『大日本史』、伴信友の『長等（ながら）の山風』など、このような「弘文即位」の文献もございますところからも、日本紀上でもかつては一度即位していた可能性があるのです。

＊但し、その真相といたしましては、その一時即位の物語のモデルは、あくまでも、日本列島でのことではなく、前述のように、そのモデルとなりました熊津都督府で百済王子・扶余隆が、一時、唐により復活・百済王とさせてもらったことの投影に過ぎなかったのです。

また、それは、唐のＧＨＱの劉徳高が大友皇子を「非凡な人」だといって、天皇以上の表現で大変誉めている（『懐風藻』）ことや、大友皇子が自分のところに来る予定の「皇位（太陽）が奪われてしまう」という夢を中臣鎌足に語ったとされております（予測していた）ことなどの状況証拠からも、日本紀という物語上での一時的な即位の記載が推測出来るからなのです。

このように考えまして、このことを私の申します「壬申の乱＝朝鮮の熊津都督府での叛乱」の図式に当て嵌めてみますと、正にこの点ピッタリでして、唐の力で、一応百済王（熊津都督）にしてもらった扶余隆が反乱で滅んでしまったことと、そして、それをモデルにして書かれました歴史物語（日本紀）では、かつては、ほんの少しの期間だけ大友皇子は天皇になっていたと見られる表現があり、そこで、明治時代になりましてから、一時は天皇になっていたらしいというその理由から、遡って天皇と認定されました（実は、天皇家は、室町時代に至り、「百済・扶余・高句麗系」

から「新羅系・北朝・源氏系・秦氏系」へと変わってしまいますが（二七）、変わったからこそ、明治時代になりましてから、約五百年振りに南朝、つまり「百済系」天皇家が復活いたしました（二八）ので、このように千二百年も遡って南朝と同じ系統の百済王子をモデルとした弘文大王が、名目上とは申せ、即位させることの必要性と可能性とが認められるのです）大友皇子（弘文天皇）が、結局は、壬申の乱で滅んでしまっている（その後に直ぐ消えてしまった）ということとも、実にドン・ピシャリと重なって来るからなのです。

　この大友皇子の日本紀上の記述には、次のような不思議な点が幾つか見られます。

　34舒明大王（そのモデルは、百済の最終王である31義慈王です）の長子である彼の有名な天智大王の後継者に相応しい人が、日本紀上では身分の低い宅子娘郎（やかこのいらつめ）との間の大友皇子だけしかいないということは、余りにも現実離れしたことなのでありまして、しかしながら、そうでもしなければ直ぐに日本紀改竄の嘘がバレてしまいますので、大友の母をあのような名もない人にしなければならなかった（八1）苦労がこれでよく判って来るのです。

「壬申の乱」の内容の記載につきましては、更に可笑しな点が見受けられます。

「壬申（みずのえさる）の乱」の、陰暦六月二十四日（乱自体は、既に六月二十二日の村国連男依らに対する詔により開始されております）に大海人皇子が東方に逃げ延びる途中のことなのですが、「大友皇子の母の伊賀采女の実家のある伊賀郡（上野）で、郡司をはじめ数百人もが〈大海人皇子〉のために集まってきた」（天武紀元年〔六七二〕六月二十四日～二十五日の夜半）と正史ではされておりますのも、大海人から見て、ここ伊賀は正に敵方の勢力の中心地なのですから、このことも（日本紀の記載自体から考えまして）不可解極まりない不整合を生じてしまっているのです。しかし、そうであるといたしましても、敢えて、その整合性を考えてみますと、大友皇子は百済王子の扶余隆の翻訳ですから、これは日本列島では架空の話と考えるか、又は、大友皇子の母の実家が、実は、伊賀ではなかった＝この母の不存在と考えざるを得ないのです。

　更に、疑問は幾つもあるのです。

まずは、「大皇弟（だいこうてい）＝大海人皇子」とその舎人である朴井連雄君（えのゐのむらじをきみ）らの、吉野宮からの余りにも急な出発であったにも拘わらず、その日、吾城（あき）の野では、三十人余もの食（をしもの）の用意をして屯田司（みたのつかさ）の舎人が待っていたということ。

　次に、甘羅（かむら）村の先で、大伴本連大国（おほくに）が猟者二十数人を待たせてあった（つまり、ここで武器を入手出来た）と言う手回しのあまりの良さ。通常、猟師はバラバラに行動している筈なのですが。

　更には、宇田郡（うだのこほり）（榛名町）の家（みやけ）の前で、湯（ゆ）沐の米を積んだ駄（におひうま）が五十頭も待っていたという偶然性。しかし、大海人皇子の「湯沐＝中宮・東宮への食封」は美濃の「安八磨郡（あはちまこほり）」であり、伊勢の地ではないにも拘わらず、湯の米（よね）を伊勢国の馬がこれを運んでいたのに遭遇したというのは、余りにも不自然なことだからなのです。しかも、その米を捨ててまで皇子側の歩者を乗せているということも、これ又疑問なのです。

こんな偶然の歓迎は、決して自然とは思えず、後世の作為であることがミエミエなのでありまして、現に、隠郡（名張市）では、夜中に駅家を焼いて目立たせて「出て来て参じよ」と大声で呼んでも誰一人として村人は出て来てはくれなかったくらいなのです。

もう少し可笑しな点を加えておきましょう。

通常、このような挙兵は「夜明け前」に行うのが常識でありますのに、敵側（近江朝廷側）の駅鈴を管理しております飛鳥の留守司役でございます高坂王のところに、叛乱を起こす側の大分君恵尺ら三人が「叛乱を打ち明けて」駅鈴を貰いにノコノコとまいりましたところ、（六月二十四日）、案の定、驚いた高坂王が近江へ報告の早馬を出してしまったので失敗したから――などと言うのは、余りにも子供騙しの理由に過ぎないからなのです。

それに、後に述べますように（八2）、そもそも天智大王の近江への遷都自体（ですから、ここが壬申の乱の主たる場面ともなりました）につきましても、よくよく考えてみますと、それは五畿内の外のことでありまして（七4ノ47）、これは占領新羅軍より「亡命百済人」を、軍事的な理由から、外港（住吉）から遠い近江へと「集団強制疎開」させたということに過ぎなかったのです（七4、6）。

それに、琵琶湖から北の若狭側は、占領新羅系が確りと固めておりましたので（東大寺の二月堂の「お水取り神事」。七4ノ3）、そのルートで彼ら（百済系）が朝鮮半島の百済ゲリラと連絡をとることも不可能でしたから、琵琶湖に置くほうが新羅系にとってより安心だったからなのです。

また、次の点にも、大いに疑問がございます。

「遣使奏言山部王・石川王並来帰之」（天武紀元年〔六七二〕六月二十四日）とありますように、鈴鹿の関に近江の大友皇子側の石川王と山部王とがやってまいりまして、大海人皇子側に寝返っているらしい（と申しますのも、鈴鹿の関に尋ねて来たということの報告が、その後直ぐに取り消され、それは「大津皇子」の間違いであったなどとされているからなのです……〔同年六月二十六日〕。そんなことって「有り」なのでしょうか？ しかも、不可解なことには、これらの王は、父が不明で、かつ、他には見ることのない王だとも言われているからなのです）のですが、しかし、この二人は、再び近江へと戻り、その結果、山部王は蘇賀果安に殺されてしまっている点などから考えましても、甚だスッキリしないのです。

＊実はここで寝返って生き延びておりませんと、石川王はこの「壬申の乱」の後に唐軍から「大宰＝総領」に任命されておりますので、六八〇年の時点での辻褄が合わなくなってしまうから（その伏線）でもあったのです（七11）。

この石川王という人物は、唐・新羅の占領軍から、備中国・播磨国における吉備の「大宰＝総領＝都督」に任命されている人物と同一人とも思われ、この人は吉備で亡くなっておりますが

（天武紀八年三月九日）、かような唐・新羅系から重視された人物の行動が、こんなにもあやふやだらけだからなのです（七11、一〇9）。

更に、吉野を出発した三日目の六月の丙戌（二六日）、辰の刻（朝八時頃。辰時。『釈日本紀』所引の『安斗智徳日記』）、大海人皇子らは迹太川（三重郡の朝明川）に出て、そこで「望拝天照太神」（天武紀元年〔六七二〕六月二十六日）つまり、「天照太神」を遥拝したとされてはおりますが（そこには「伊勢」「伊勢神宮」という言葉こそはございませんものの、日本紀の作者は、多分に「伊勢」を意識させております）、実は、この「天照を祀る伊勢神宮としての概念」が完成し、天皇家の神社となりますのは、この大海人皇子が天武天皇として即位し、更にその後、その皇女の大来（伯）皇女が、天武三年十月に伊勢へ初代の斎宮として派遣されてからのこと（六六一～七〇一年、天ノ二上山頂に改葬されました大津皇子の同母姉。天武二年〔六七三〕四月に斎王に卜定され、泊瀬斎宮に入り、天武三年〔六七四〕十月そこから伊勢に入りました）でありますから（一五1、2、八1、一二三5）、こんなところにも「壬申の乱」の虚偽性が露呈してしまっていたのです（余りにも早すぎる「天照＝伊勢」の登場）。

＊因みに、日本紀上では、垂仁大王二十五年三月十日とされております。天武天皇が改竄してしまう以前の伊勢神宮自体の姿、つまりプロト伊勢神宮は、「銅鐸」の神であるサルタヒコ神を祖神とし、弥生の水耕民たる「苗族＝毛人」を支配しておりました、秦氏の産土神でした（夷倭。別述）。

更に、

「尾張国司守小子部連鉏鉤率二万衆帰子之」（天武紀元年〔六七二〕六月二十七日）

――尾張の国司守チイサコベ連サヒチが二万の軍人を率いて帰順して来た。

とありますが、他方、

「尾張国司守少子部連鉏鉤、匿山自死之」（同年八月二十五日）

――山に匿れて自ら死んだ。

とありまして（「磐井の死」と同じパターンですよね。一一）、色々と憶測は可能なのですが、原因不明の死がここに記されているからなのです。

＊この「国司守」というのは大化～大宝の間（元年が各六四五年、七〇一年）での特別な用語でございまして、その存在が疑わしいのです。

この点も不可解な点の一つです。理由ぐらい一言書いてもよさそうなものなのですが……。

さて、大海人らは、次に、「天皇宿于桑名郡家。即停以不進」（天武紀元年六月二十六日）とございますように、桑名の郡家に留まったとされておりますが、尾張国司の尾張大隅が、近江側を裏切って大海人（天武）と菟野（持統）を、私第（自宅）に匿ったということが明らかになりましたのは、実は、「尾治宿禰大隅壬申年功田卌町。淡海朝廷諒陰之際……大隅参迎奉導。掃清私第遂作行宮。供助軍資、其功実重」（『続日本紀』孝謙、天平宝字元年〔七五七〕十二月九日）とございますように、その八十五年も後の、天平宝字元年の太政官（紫微内相藤原仲麻呂）が、「大化の改新」以来の功臣の、評価を改め、功田を与えることを奏日した時点なのです。

このことは、少なくとも、この頃か、後にこの話が作られたからということをアナタに暗示していたのです。

しかも、この頃の正史は本来欠如していたからなのです。

と申しますのも、

「降自文武訖（終る）于聖武皇帝。記注不昧余烈存焉。……但起自宝字至于宝亀……石川朝臣名足……上毛野公大川等奉詔編輯合成廿巻」（菅原道真編『類聚国史』巻一四七、文部下、国史）

――『続日本紀』に「文武―聖武」間の歴史は既に記録されていたが、それに続く「宝字―宝亀」間の歴史が出来ていなかったので、石川名足、上毛野大川らが二十巻に編集した。

とされていたからなのです。このように、この「よいしょする」お話が後に作られ加えられたものであったからなのです。

また、「壬申の乱」の戦いの様子につきましても、問題が多いのですが、その一つを次に取り上げておきましょう。

「壬寅……戦于安河浜大破……辛亥……到瀬田」（天武紀元年〔六七二〕七月）とありますように、琵琶湖の南部、安河（野洲川）の辺りに布陣した大海人（大皇弟）側の数万の圧倒的な人数の軍が、瀬田までの栗太（くりもと）の野を、三里余（約一三キロメートル）進軍するのに、七月十三日（壬寅）から二十二日（辛亥）までの九日間もかかっていることも、諸般の状況に鑑みまして、不可解なことの一つに挙げておきましょう。

＊尚、六六〇年の百済滅亡の時点で、既に唐・新羅の連合軍が畿内を占領しておりました証拠につきましては、七は必見です。

このように、一見しましても、「壬申の乱」の記述には可笑しな点が随所に見られるのです。

先程、「壬申の乱」の「第一段」のモデルは「熊津都督府での扶余隆の反乱」をモデルとして作られたお話であったとアナタに申し上げましたが、もしかすると、その後の百済の残党の反乱などをも含んで、そのモデルとなっていたと、もう少し時間の流れを広く考えるべきなのかもしれません。

と申しますのも、百済が亡んだ六六〇年から、熊津都督府での反乱までには幾つもの百済遺民の武装蜂起が続きまして、それらを束ねた上で一つに脚色し、その舞台を日本の「近江」に移し、日本紀という歴史物語上の「壬申の乱」という物語が構築されていた可能性も大だからなのです。

その広く考えるということの一例を挙げるといたしますと、新羅文武王四年（六六四）三月に百済残党が「泗沘山城」で起こした反乱などもそれにあたります。このときは、熊州都督のＧＨＱから兵を出して鎮圧いたしております。

2、近江とは百済の巨大な淡海の「碧骨堤」

さて、ここで、「壬申の乱」の主要な舞台として描かれております「近江」という地名の中にも、その謎を解くカギが隠されていたことについてお話しいたしましょう。

この点は平安日本紀が百済系によって作られたという思想的背景を考えるに当たりましても大切ですので、ここで一言説明を加えておきたいと思います。この二節と次の三節とは、「壬申の乱」の真相解明につきましての前座といたしまして、軽くお読みいただきたいと思います（ズバリのメインテーマは、四節です）。

では、アナタは近江という言葉が一体何を「暗示して」いたのだとお考えでしょうか。そして、平安紀におきましては、この名において、日本紀を改竄した亡命百済人たちは一体何を「表現したかった」とお考えでしょうか。

アナタは、今、私が何でこんなことを切り出すのかと、不思議に思い、きっと戸惑われていることでしょう。

しかし、このことを理解しない限り、私たちの古代の謎解き（「壬申の乱」という物語上の舞台といたしまして、「何故、近江という名と場所とが撰ばれたのか」ということ）は、一歩も前進出来ないからなのです。

ズバリ、近江とは淡水湖、つまり「淡水の海（アワウミ）」そのものを表しておりまして、しかもそのモデルとなりましたものは、日本列島のことではなく、かつて朝鮮半島におきまして百済が最後に亡んだ土地でもございます金堤の「碧骨堤」のことを暗示していたのです。

＊もう少し正確に申しますならば、ここから再び白江（錦江）の下流沿岸の周留城（『新旧唐書』『資治通鑑』）・州柔（ツマ）（天智紀元年〔六六二〕十二月一日）・都都岐留山（ツツキルムレ）（斉明紀六年〔六六〇〕九月五日、或文）へと戻ろうとして、結果として戦略を誤り百済は滅び去ってしまったのです。「ツヌ・州流須祇（つるさし）＝疏留城（そるさし）」（天智紀元年三月是日）・豆陵尸（ツルシ）・豆率・豆陵伊（『三国史記』）——ここは任存と共に百済復興を意図する鬼室福臣などの百済遺臣の拠点でもございました。

つまり「淡海＝碧骨堤＝百済」という謎解きが、その平安日本紀の作者のイメージの中に隠されていたと見るべきだったのです。「碧骨＝壁中（へきちゅう）＝避城（へさし）」で、これらは皆同じなのです。

では、次に、「何でこの碧骨堤が思想的にそんなに重要」だったのでしょうか。

ここ金堤の堤防で区切られた低湿地に自然水が溜まりますと約千百二十万坪以上もの広大なものになりまして、正にこれは「淡水＝アオ・アヲ」の巨大な海であり（逆に、塩水のことは、古くは「チヲ」と申しました）、「淡水湖＝アオウミ＝アワウミ＝近江」（とは、百済の文化〔新羅に比べて先進文化〕の象徴とも申せます、百済人が目を瞑れば皆が懐かしがる、思い出多い豊かなる稔りの大穀倉地帯地と人工の大貯水池のことを暗示していたのです。勿論、五、六世紀に百済が南下してまいりまして、この地域を占領する以前は、正しくここは「金官伽耶＝倭」の領土でした）「白村江の役」の戦いの勝者の新羅の支配下の日本列島に於きまして、新羅に迎合した変わり身の早い百済系の一部の貴族以外は、敗者として、深山幽谷の地（九州など。一2）で半奴隷的な生活を強いられ、悲惨な生活と空腹を抱えた奈良朝における百済からの亡命者たちにとりまして、故国の碧骨堤でのあの見渡す限りに広がる「豊かな稔りの光景」は、憧れとともに百済の誇りの象徴でもあったからなのです。

『万葉集』につきましても、この点につきまして、次のような面白い点があるのです。

琵琶湖（淡海）を詠んでいる歌におきまして、「ささなみ」が「左散難弥」と記されている（三一番、柿本朝臣人麻呂）のは、そのままで何ら不自然な点は見られないのですが、この同じ「さざなみ」の「ささ」を「楽」の字で表現している歌（二九番、人麻呂。三二、三三番、高市古人、ある書によりますと高市連黒人）は、何で「楽浪＝ササナミ」なのかが不自然なのです。

この「楽」の字を「ササ」と読ませていることと、この歌が「サザ波の志賀」を歌っていることとを考え合わせますと、遼東の「楽浪郡」からもってきたネーミングであるとは申せ、やはり「楽しく豊かであった金堤の〈碧骨堤〉のイメージ」と精神的には関連がありそうに思えてならないからなのです（八3）。

この「戯書」には深い意味が込められていたのです（因みに、石川夫人の一五四番歌の戯書では「ささ浪＝神楽浪」という面白い表現も見られます）。

さて、本題に戻します。

今日でも、ここ扶梁面浦橋里には南北約三キロにも渡り、「古への堤防」の跡がちゃんと残っております。この自然流を利用した大貯水池の延べの水面の面積を喩えて申しますと、それは縦一〇キロと横三キロぐらいの広さにも相当し、その満面に紺碧の空を映した豊かな水を湛えていたものと思われます。ここが百済亡命人のイメージにある、忘れられないあの穀倉地帯を潤す「淡海＝近江」だったのです。稲作に取りまして、水は生命そのものです。アフミとは「邑美」（因幡国・鳥取・邑美郡『倭名類聚抄』『延喜式』及び石見国・邑知郡・邑美『倭名類聚抄』）でもございますところからも（邑＝村）、この古代の淡海という言葉からのイメージといたしましては、その美しい「農村」風景とも重なって来るのです。

このように、この百済王家の実質的に最期の地（実際は、前述のように、その後、石城やまた周留城に戻ったとされてはおりますが、百済臨時王の余豊璋〔天智大王のモデルの二分の一〕自身が、百済が滅びることを覚悟の上で、あくまでもここ避城（＝碧骨）での戦いに固執いたしました、稔りの豊かな「平野」の土地だったのです）を、後の平安朝になって、日本列島で百済系亡命政権を樹立した人々が、平安紀という歴史物語の作文に際しまして、その故地の巨大な淡水湖を偲んで、「琵琶湖と碧骨堤」とのイメージが大変よく似通っているところからも、その「ダブルイメージ」といたしまして、「淡水湖＝アワウミ＝近江」（琵琶湖）と名付け、かつ、その舞台につきましてもモデルであった朝鮮半島の百済の「熊津」から日本列島におけます「その地」へと移し替えてしまい、そこを平安紀という歴史物語上での「壬申の乱の舞台」に「選んで」、近江での出来事に変えて、「作文として日本の正史に挿入」したということ（所謂近江京が「畿外」であり、当時は単なる百済亡命貴族の「幽閉の地」に過ぎなかったということにつきましては、七4ノ46、47は必見です）に過ぎなかったのです。

かようにして、そのどちらにいたしましても「壬申の乱」は「日本列島に於きましては架空のお話」であったのです。

そのためには「近江＝アワウミ＝淡水湖」が隠れたキーワード（証拠）だったということをアナタは見出さなければいけなかったのです。

しかも、古への大津とネーミングされた土地とは、東西四キロメートル、南北三キロメートルもの巨椋池（おぐらの）（京都と奈良の間）の東岸（更に古くは宇治川の河口。ここは、秦氏が共に押さえておりました「日本海・北陸ルート」と「瀬戸内海ルート」との、日本列島におけます当時の二つの巨大物流ルートの接点という大変重要な地）にございまして（時代はずっと下がりますが、鎌倉時代の『山科郷古図』にもこの大津は載っております。古への宇治王（秦氏系の金官伽羅・倭王）の物流の支配地）、実は、今日の「琵琶湖畔」の大津のことではなかったからなのです（地名遷移にご注意あれ！）。

3、柿本人麿の怪死と百済滅亡の歌

そういうことが判ってまいりますと、柿本人麿の「淡海の国のさざなみの大津の宮の天の下……大宮は此処と聞けども、大殿は此処と言へども春草の茂ひ生いたる……」（『万葉集』二九番）との何とも悲しげなこの歌は、一見日本列島の戦争後の近江の描写のようなのですが、実はそうではなく、これはズバリ心の底で、かつての「百済の滅亡」と朝鮮での「碧骨堤の農村風景」とをダブルイメージで、百済亡命民の王族のために歌ってあげたものだったのでありまして、そしてこれらの歌のオリジナルな原稿は、朝鮮語の「郷歌（ヒョンカ）」（朝鮮語の歌謡）として、かつては「吏読（イドゥ）」（朝鮮語の万葉仮名）でもって書かれていた（二三5、7）、今は亡き百済の穀倉地帯の「碧骨堤」をイメージして詠んだものだったのです。

柿本人麿の石見（いわみ）での怪死の裏には、隠された何かがあった筈なのです（後述）。

では、ここいらで、気分転換に冗談を一つ。

先程の歌の反歌に「志賀の辛崎」（三〇番）とありますのも、ひょっとすると「志賀」は、「シガ＝シラ＝新羅」のことの暗示とも見られますし、かつ、「辛＝カラ＝伽羅＝韓」「先＝サキ＝岬（みさき）＝半島」でもありますので、この「志賀の辛崎」という言葉の中（裏）には「新羅に占領され、百済の国が滅ぼされ、追い出されてしまった母なる韓半島」という意味も含まれている、とも考えられるからなのです。

又、ささなみの志賀の「大わだ淀む」（三一番）も、これも右の巨大な淡水湖の碧骨堤を指していたのかもしれません。こう見てまいりますと、同様に高市連黒人の作（前述）の「ささなみの故き京」（三二番）や「ささなみの国つ……心さびて荒れたる京」（三三番）は、正に（表面的には「壬申の乱」の近江を歌ったものなのですが、「壬申の乱」が架空であったといたしますと）ズバリ百済亡国のことを、心情といたしましては、歌っていたものだったのです（二三3）。

ところで、右の柿本人麿は、百済又は伽羅（次に申し上げますように、人麿の祖先には、「忍＝押」の付く名の人がおります）からの亡命人として、その歌（勿論、当時は朝鮮の「郷歌」としてですが）の優れた才能（渡来人でありながら、後に、石見国守にもなっておりますゆえに、日本海を渡り、命からがら上陸した亡命当時は、漸く財力の有る日本列島のより古くからの渡来系の石見の鉱山王か山林王かに匿われていた可能性も大なのです（又、これは、後に申し上げますように、政争で中央を追われた後のことだったかもしれません）。

「柿本神社」のございます島根県の益田市から南に高津川を遡行してまいります中国山地の中の柿木村に「柿木温泉」がありますが、ひょっとすると、人麿の渡来後の「柿ノ本」と名付けられた日本姓は、正史の内容には反するとは申せ、この村にある「柿の木の下」と何らかの関係があったのかもしれません。

＊柿本氏は、5孝昭大王の皇子の天足彦国押人命の末裔の和邇氏の一派の大春日朝臣と同族とされております（『新撰姓氏録』大和国皇別）。

この柿下氏は、柿本寺（添上郡＝天理市櫟本町東方）付近の地名に基づく名前であると言われており、天武天皇十三年（六八四）十一月に「朝臣」の姓を賜るまでの旧姓は「臣」でした。しかし、スッキリしないことは、その一族には、天武天皇十年（六八一）十一月に「朝臣」の姓を賜るまでの旧姓は同じく「臣」であった、臣姓の頃の人に柿本臣猨がおりまして（天武紀十年十二月）、この人は、朝臣姓になってからの柿本朝臣佐留（『続日本紀』和銅元年〔七〇八〕四月。和銅元年四月卒）とは本来は同一人なのですが、人麻呂とこのサルとは同一人であるという考えもあるからなのです。

柿本朝臣人麿という名は、万葉集二九番の「過近江荒都＝近江の荒れたる都を過ぎし時に」（この反歌が先ほどの「ささなみの志賀の辛崎……」の歌です）の歌などに見えております。

因みに、私の考えでは、柿本人麿の祖先であるとされております、この5孝昭大王のモデルは、金官伽羅国の金閼智王（この人は1金首露王〔孝元大王のモデル〕の曽祖父に当たります）ですので、柿下氏は、元は、伽耶（倭）系の古い氏族・王族の出自であったことが判るのです。

と申しますのも、前述のように、家の門に柿の樹がございましたので「柿下」と言った（『新撰姓氏録』大和国皇別。ですから、「モト」は、そもそも「本」ではなく「下」であって、そこから柿ノ本となったのだ）という別姓も見られるのみならず、「柿木温泉」が、この神社とも地理的に近いことが何故か匂うからなのです。

社下（安宿郡の住人）の名は、杜本神社の地の名に因むと言われておりますことからも、古代におきましては「本＝下」でありましても一向に構わなかったのです（日下＝日本）。

又、ひょっとすると、その柿木村の「柿木の名自体」からは、かつては「柿木＝シキ＝シラから来た＝志木＝新羅」人の村であったということも考えられます（武蔵国の志木郡は正にその通りなのですから）ので、そもそも、そこの場所は、古くにそこへ定着・亡命した新羅・伽耶系の出自の人々の里であったことを示していたのかもしれませんし、このように人麿自身もその祖先は伽耶系の出自だった可能性がございます。

その理由は、万葉集では、柿本朝臣人麻呂が、草壁皇子（万葉集一六七〜一七〇番）高市皇子（万葉集一九九〜二〇二番）舎人親王（万葉集一六八三、一六八四、一七〇四〜一七〇六、一七七四、一七七五番）への挽歌や献歌を作った形になっておりますが、この歌を作った相手が、後に申し上げますように（二五など）、「草壁皇子のモデル＝新羅王子」「高市皇子のモデル＝新羅王子・金霜林・総持」「舎人親王のモデル＝新羅王子・金阿用」でございますので、これらのことからも、奈良日本紀におけます新羅系天皇家と柿本人麻呂とは大変深い仲であったことが推測されるからなのです。

やはり、柿本人麻呂は伽耶（オシ系）の王家の出自であったが故に、「日本列島における百済と新羅との政争」に巻き込まれてしまって失脚していったのです。だからこそ、柿本人麿の死には謎が付き纏っていたのです。

序でに、人麿の嫡妻の氏名が依羅（イリ）であるということ（『万葉集古義』）も、これが四世紀後半の百済始祖王の「扶余王・依羅＝13近肖古王（三四六〜三七五年）＝10崇神（イリ）大王のモデル」と全く同じ名だということで、この人麿の妻の祖先も、同じく伽耶系又は百済・扶余の渡来人と関係のある人物だったものと思われるのです。

柿本氏の出自につきましては、和爾（天理市。この「ワニ氏」は秦韓から伽耶に南下して入った秦氏の流れの一つではないかと思われます）におりました和珥氏が、北の春日へと移って、そこで春日氏と変わり、更に敏達大王（モデルは百済武寧王）の頃に柿本氏に分枝した（他に大宅氏、櫟井氏も同族）と一般に考えられております（前出）。

私は、春日とか春日神社なんていう藤原氏系の神社の名前から、何とはなしに藤原・中臣氏（それに藤原四家の内の「式家」は実質的には秦氏そのもの〔二六〕だからなのです）を思い起こしてしまうのです。

尚、「ニギハヤヒ」と「百済系渡来人」と「依羅」との三者の関係につきましては、以前に述べましたところ（二6）をご参照下さい。

＊柿本氏が和珥氏の一派で秦氏系であるといたしますと、秦の始皇帝にはギリシャ・バクトリア系のユダヤ人の血も混ざっておりましたので、この「柿本＝シホン」ということで、イスラエルの出自（サイモン、シモン）を表していたのかも知れません。又、藤原四家の式家が秦氏であるといたしますと、ここにも遥か西アジアからの血が入っていた可能性も否定出来ないのです。

また、戦国大名の雄である毛利元就の毛利氏の出自は大江氏であり、その前の姓は大枝（おおき）氏で、更にその前は土師（はじ）氏だったのでありまして、このように土師氏とも同姓なのですから、遡りますと、これらの人々は皆同じ朝鮮の「安羅＝倭」系の出自の人々だったのです（四2）。

周防（スボフ・フホフという地名は朝鮮語の徐伐羅（そぼる）〔これは、新羅建国時の国名でもございます〕から、日本列島で「ル」が脱落したもので諏訪も同じです。元々は、「都」のことであり、その更なる語源は「ソ＝鉄・金」であることにつき、二3）の大内（大々良）氏（戦国大名の毛利氏に滅ぼされました）も、自ら「百済」系（百済余豊璋の第三子琳聖太子の末裔）だとは申してはいるものの、実は、祖先が上陸した浜に「多々良」と名付けているのみならず、「多々良朝臣」との姓を、例えば大内義興が永正三年の朝鮮国主との間の文書（松下見林『異称日本伝』巻下四引用の『海東諸国記』）でも自ら使っておりますところから考えましても、この大内氏の出自は、本来は、伽耶の中の「多羅」系（任那王・爾利久牟（ぬりくむ）の末裔の人々、ないしは、より広く考えました場合には、「ニギハヤヒ・陜父」系の穢族又は「タタラ＝踏鞴＝渡来鍛冶＝韓鍛冶（からかちぬ）」の王のこと）だったのです。兎も角、その何れにいたしましても、戦国大名の大内氏も朝鮮系であったことには間違いありません。

こうして見てまいりますと、戦国時代におけます西国での毛利氏と大内氏との争いは、朝鮮の夫々の母国（本貫）にまで遡って考えてまいりますと、「安羅王家」と「多羅王家」との日本列島における（形を変えた）生き残りを賭けた戦いでもあったのです（これらの点につき、「いつ日本人が出来たのか」ということの二九1、5必参。大名の末裔が貴族院議員）。

この大枝氏は「可美乾飯根（うましからひね）」の子孫（『新撰姓氏録』）とされておりますが、この場合の「乾＝カラ」が「カラ＝韓」であることは明白ですから、その名自体の中に大枝氏が朝鮮半島系の出自であることが表示されていたともいえるのです。

尚、江戸時代の支配者層でありますが、所謂大名というのもの出自が、今申し上げました毛利氏と大内氏との例を引くまでもなく、その殆ど全てが三韓からの渡来人の支配者層の末裔でございましたことにつきましては後述いたします（二九1、4、5）。

ついでながら、「風まじり雨ふる夜の雨まじり　雪ふる夜はすべもなく寒くしあれば……」（万葉集八九二番「貧窮の問答の歌」）

などで有名な山上憶良も百済からの亡命民だったのですよ（六六〇年に百済が滅んだときに、父と共に渡来したのです）。

と申しますのも、

「侍従　百済人　億仁　病大臨死」（天武紀、朱鳥元年〔六八六〕五月九日）

――侍従の百済人億仁、病して死らむとす。

とございまして、この億仁は、山上憶良（六六〇？～七三三年）の父であり、天武天皇の侍医だったからなのです（二三6）。

また、

「遣……憶礼福留……於筑紫国、筑大野及椽二城」（天智紀四年〔六六五〕八月）

――憶礼福留らを筑後国に遣して大野城、椽城の二城を築かしむ。

とございます。

この憶礼が憶良の父であるという考えもございますが、韓名と（それに由来する）倭名とは申せ、姓と名との違いがあり問題です。但し、これらの人々は、親戚であったのかもしれません。

因みに、この同じ年に

「卜天皇病、祟草薙剣。即日、送置于尾張国熱田社」（天智紀四年六月十日）

――（天智）天皇の病を卜うと、草薙剣が祟っていると出たので、即日尾張国の熱田社に送り置いた。

とあり、沙門（僧）道行が天智七年（六六八）に、盗んで新羅に持ち去ろうとして以来、宮中に没収してあったこの剣（新羅系天皇家が取り上げた扶余・百済系の象徴としての草薙剣）を即日熱田社に返しております（七12他）。

しかし、その効なく、九月九日に天智大王は崩りましたと記されております。

さて、こうして見てまいりますと、山上憶良が百済からの渡来人、柿本人麿が百済か伽羅からの渡来人、大伴家持が「倭王＝安羅王家」自体ということになりますと、「万葉の三大歌人」の全員が朝鮮系であったということにもなってまいります（尚、万葉集と朝鮮半島との関連・分析につきましては、必ず、二三5を御覧下さい）。

4、日本列島の新羅独占支配（郭務悰は外国史には見えず）

（1）新羅軍の日本列島占領――百済寺から新羅寺（大官大寺）へ

話を戻しますが、この「壬申の乱」というものの裏には、実は、更に重大な歴史的事実が隠されていたのです。

かようにして、現行の日本紀をも含めまして、「壬申の乱」の記載がいかに創作物語とであったはいえ、「壬申の乱」の実際の「地理的舞台」に鑑みますと、その「裏」には、既に、平安紀の前の奈良紀の段階におきまして、当時の日本列島での何らかのそれに添う（内容は全く異なりますが）実質的な動きがあったものと考えなければなりません。

では、それは、一体どういうことだったのでしょうか。では、愈々、「第二段階」へと「壬申の乱」の真相のお話を進めてまいりたいと思います。今まで申し上げましたことは、いわば前座でございまして、ここからが、「壬申の乱」のモデルとは何か、というテーマの中心となります。

奈良時代の日本紀（奈良紀）におきましては、ひょっとすると、時期的（新羅はメキメキと力を付けてまいりまして、この前年〔六七一年〕に朝鮮半島をほぼ統一しております）に考えましても、「唐の支配を排除」して「日本列島の独占支配」を目論んだ新羅の王子たる提督（壬申の乱での全軍の統帥権を、父・天武天皇〔モデルは新羅・文武王〕から与えられて朝鮮から渡来してまいりました「高市皇子＝モデルは新羅王子・金霜林」など。当時の敬称は、「天皇」どころか「皇帝」となっていたのです。『続日本紀』などには、このように皇帝という表現がちゃんと今日までも残っているからなのです。二五）が、秦王国（プロト日本）の人々、中でも、特に「唐に肩入れする勢力」（もともと、秦氏の一部は中国系ですから。七4）の拠点であるサルタヒコ系の伊勢を討ち、そこから更に東国の山地へとサルタヒコを祖神といたします親唐勢力の一族を追い出してしまった動き（これは、西半分の日本列島での、「新羅の独占統治の投影」つまり、「サルタヒコ神信仰」〔お稲荷様も秦氏の信仰ですし、又、庚申塚・馬頭観音・青面観音も、道教、仏教などが混合した流れです。妙見信仰などは道教の北斗七星と仏教との合体です〕の東日本への拡散）だったという要素も見受けられるからなのです。

つまり、その前の「奈良紀」においての「壬申の乱」の実体（その裏に）は、ほぼ「同じ地域」の上における戦いではありましても、（唐本国には極秘にした）新羅軍による日本列島からの唐軍の追放・抹殺がその隠されたテーマだった筈なのです。

壬申の乱の後大海人皇子（天武天皇）が即位した後の独裁制、つまり、「左大臣」も「右大臣」も、また「太政大臣」すらも置かなかった（太政大臣につきましては、非常の官ですから、もしこの頃に仮に存在していたといたしましても、常に置く必要はありませんが）のであり、名称は兎も角といたしましても、「合議なし」で国政の全てを決めてしまっていたということも、「壬申の乱」の真相は、日本列島における唐の排除、つまり、それまでの占領政策につきましては、「唐系の将軍」と「新羅系の貴族との合議」で何事も決めておりましたのを、今度は新羅の独占支配にしたということとの投影だったわけなのでして、この後は、すべて新羅本国の国王とそこから派遣（七4）されてまいりました新羅王子達が「天皇＝皇帝」と称しまして、新羅本国の命令下、すべてをかつてのＧＨＱのマッカーサー元帥のように、独裁的に取り仕切っていたことの表れだったのです。

公地公民（六1）も、所謂「大化の改新」の頃には未だ実効性が見られず、この「壬申の乱」（新羅提督による中央集権国家の設立）辺りから実現しているところに鑑みましても、やはり「大化の改新」は架空であったということが判るのです。

また、天武天皇（新羅文武王、つまり金多遂がモデル）の後、皇后の鵜慮野皇女が、即位いたしまして持統天皇・女帝（この持統天皇は、日本紀という歴史物語上で大王系図を操作し、百済系大王と新羅系大王とを繋げるために作りだされました架空の天皇だったのです）となるのですが（一八3、他）、「文武天皇から称徳天皇」までの奈良朝の七代の天皇の内、その四代までもが女帝であった（これらの天皇も架空なのですが、仮にそうではないといたしましても）という特殊な状態も、これは天皇の実態が新羅王子（天皇）の娘、又は精々新羅王子（天皇＝皇帝）の妻達だったからなのでありまして、新羅本国に実権があり、その指令にさえ従っていれば事足りたからこそ、こんな芸当が出来たと思わざるを得ないのです。このことも日本紀改竄の根拠の一つとなり得るのです。

仮に、更に、百歩譲りまして、この四代の女帝が日本紀が申しますように、皆真実日本独自（生え抜き）の天皇だった（新羅人の娘などではなかった）と仮定（かつ、これらの女帝が実在したと）いたしましても、これは実権を持つ新羅の指示により、倭国の占領政策を実施しやすくするために、本国から派遣された新羅王子が現地妻にした倭人、つまり朝鮮半島南部か、又は「日本列島の有力者の女」をトップにすえたものとも考えられるからなのです。

＊当然、平安紀での脚色もございますし、その場合全女帝（皇極から称徳までの七人、推古も含めますと八人。但し、仁徳は女ですが）が、他にモデルがあったかどうかは別といたしましても、「架空」であったものと私は考えております。

さて、この「壬申の乱」の結果、新羅の天下になったことの証拠を一つ次にお示しいたしましょう。

「拝造、高市大寺。（割注）今大官大寺是」（天武紀二年〔六七三〕十二月十七日）

――高市大寺を造る司を拝す。大官大寺是なり。

とありまして、百済大寺（一三2、一2）がここで高市大寺に変えられようとしていることが判るからなのです。

私の考えでは、「高市皇子＝金霜林＝新羅・文武王（天武天皇のモデル）の王子」だからなのです。

因みに、四年後の天武六年（六七七）に至りまして「（天武）六年歳次丁丑九月……改高市寺、号大官大寺」（『大安寺伽藍縁起并流記資材帳』）ということで、「大官大寺」と号され国家の寺となったことを明らかにしております。

＊直ぐにこうすると百済寺の「乗っ取り」から、反射的に新羅占領のことがバレてしまいますので、後の平安紀でオブラートに包んで二段階（百済→高市→大官）にしたのです。天武二年の記載は「割注」に過ぎないことに注意。

ここで、この右の寺についての「百済→新羅」という変遷を、もう少し正確に見ておきましょう。

熊凝精舎

・六一七年（推古二十五）「上宮太子……願建一精舎於熊凝（くまごり）村」（『扶桑略記』）
・六二一年（推古二十九）二月「聖徳太子薨……痛乎哀哉……以平群郡　熊凝精舎　成大伽藍」（『扶桑略記』）

百済大寺

・六三九年（舒明十一）正月「始造大宮十市郡百済河側……移熊凝精舎。建百済大寺」（『扶桑略記』）
・同年七月「詔日。今年造作大宮及大寺。則以百済川側為宮処。是以西民造宮。東民作寺」（『日本紀』）
・同年十二月「百済川側建九重塔」（『日本紀』）。但し、「扶桑略記」は十一月とする）
・同年十二月　焼失「大安寺記云……百済大寺……子部大神含怒　放火。焼寺并塔」（『扶桑略記』）
・六四二年（皇極元）九月三日「天皇詔……朕思欲起造大寺……（割注）百済大寺」（『日本紀』）
・六六八年（天智七）新百済寺完成「是歳新百済寺又営別殿安丈六釈迦像」（『元亨釈書』同旨『扶桑略記』）

とあり、ここで再建？との正史の記載もございます。

高市大寺

・六七三年（天武二年十二月造）「美濃王……紀訶多麻呂拝造高市大寺司。（割注）今大官大寺是」（『日本紀』）
「自百済地移高市地」（『大安寺伽藍縁起并流記資材帳』）

大官大寺

・六七七年（天武六）「改高市大寺号大官大寺」（『大安寺伽藍縁起并流記資材帳』）

但し、次のように、天武十二年（六八三）に高市郡に移されたという記録もございます。

・六八三年（天武十二）「移百済大寺。建高市郡夜倍村……改名日大官大寺」（『扶桑略記』）
・同年「是歳遷百済寺于高市郡改日大官大寺」（『元亨釈書』資治表）

確かに、ここでは、「百済大寺→大官大寺」という短絡した表示となってはおりますが、今、十分な証拠をアナタにお示しいたしましたように、これはより正しくは「百済大寺→高市大寺」「高市大寺→大官大寺」という流れのうちの、後者の「高市大寺→大官大寺」の部分の記載のことを指していたのだ、とアナタは見なければいけなかったのです。

大安寺

・七一〇年（和銅三。元明三）「移立大官大寺於平城京」？（『扶桑略記』）「移大官大寺于平城」（『元亨釈書』）
・七一一年（和銅四）大官大寺焼失「大官等寺（并藤原宮焼亡」？（『扶桑略記』）

・七四五年（天平十七）「改大官大寺名為大安寺……俗日南大寺」（『扶桑略記』）

以上はA大和の百済寺（→新羅寺）の数奇な運命を辿ってみました（二三2は必見）。

序でながら、他国の百済寺の例（一2など）といたしましては、次の通りです。

B　摂津国難波・百済寺（生野区）
C　河内国・百済寺（枚方、交野）
D　近江国・百済寺（愛知郡）
E　信濃国・百済寺（上水内郡）

また、右と重なりますが、地名としての「百済」には、正史上に次のようなものが見受けられます。

摂津・東成郡（『続日本紀』桓武天皇）
和泉・泉北郡（『日本紀』仁徳、『新撰姓氏録』）
河内・北河内郡（『日本紀』斉明・天智、『続日本紀』桓武、『新撰姓氏録』）
百済・北葛郡（『日本紀』応神）
上野国・甘楽郡
その他

さて、お話を戻しますが、次に述べますように、壬申の乱の意義につきましては、実は、東アジア全体から見ていかなければいけなかったのです。

次に申し上げますように、新羅文武王十一年（六七一）に新羅が唐と戦争を開始し、日本列島に郭務悰に率いられた四十七艘が到来いたしますその前年の国際状勢について見ておきましょう。

文武王十年（六七〇）六月に高句麗の水臨城（京畿路長湍郡江上面臨江里）の人であります牟岑大兄（『新唐書』では鉗牟岑。『三国史記』では年岑）が、（黄）海の史冶島で、高句麗の大臣でございました淵浄土（泉蓋蘇文の弟。高句麗の宝蔵王の嗣子あるいは庶子との考えもございます）の子である安勝と会ってこの人を君主とし、新羅に小兄の多式を派遣してまいりまして嘆願いたしましたので、新羅は「冊命書」を須彌山に届けさせて高句麗王に封じております（封安勝為高句麗王。『三国史記』「新羅本紀」文武王十年〔六七〇〕）。

このように、新羅は高句麗に、唐の占領軍に対する反乱を起こさせ、それと同時に、唐と百済（唐支配下）に対して戦争することを決定していたのです。

当然、唐と共同占領しております日本列島から唐軍を消し去ることも、そのシナリオの流れだったのです（「み吉野の鮎」の童謡につき、二四3はアナタ必見です）。

ここで大切なことは、壬申の乱の前年（六七一年）に唐と新羅が戦争を開始（「新羅本紀」文武王十一年〔六七一〕一月、新羅軍は百済に侵入し、熊津都督府の南で戦い、幢主の夫果〔『三国史記』「新羅本紀」及び「列伝七驟徒伝」〕が戦死し、六月には将軍竹旨が唐軍と石城〔忠清南道扶余郡石城面〕で戦い、暫首五千三百級を得、二人の百済将軍と六人の唐の副官を捕虜にし、そして、いよいよ十月六日に至り、新羅は唐の戦艦七十余艘を攻撃し兵船即将など士卒百余人を捕虜にしたのです）していることなのです。この年、新羅は朝鮮半島のほぼ全てを手中に治め、征服しております。

そして新羅が唐の戦艦七十四艘を攻撃した、その一ヵ月後に唐の兵二千人もが四十七艘（大軍団ですよね）で比知嶋（比珍島）から筑紫に、例の謎の将軍唐の郭務悰に率いられて日本列島にやって来たという記載がございます（天智紀十年〔六七一〕十一月。六３）。

＊「郭務悰＝カマソ」＝「藤・鎌足＝唐・ムソ＝カマソ」のモデルであったということにつき、七４。

しかし、これは平安紀で改竄される前の奈良日本紀では、「唐軍」などではなく、正に、二千人もの新羅軍が、白村江の役以来日本列島で倭国を共同統治しておりました唐軍を排除するためにやって来た、となっていた筈なのでありまして、このように、「唐兵」ではなく、実は、「新羅兵」（一応、入港時には船上に唐人への仮想のため宗主国の中国の旗を掲げていたものと思われますが。今日の、北朝鮮からの中国漁船を装った船名の「不審船＝スパイ船」のように）とされていた筈なのです。

しかも、ここで「唐国使人（もろこしつかひ）」とハッキリと表現されている代表の郭務悰（中臣鎌足のモデルの二分の一）は、日本紀におきましては十二回（天智紀七回、天武紀四回、持統紀一回）も出てくる人なのですが、驚くべきことには、何と、この人は朝鮮史にも唐史にも名前が一回も出てこない謎の司令官（！）に過ぎないのですよ（七11）。こんなことって有りなのかしらん。

この人も、実は、唐人などではなく、この奈良紀の時点におきましては「新羅人」（金庾信将軍に相当するクラスの人物）の将軍であったものと考えられるのです。

＊郭務悰への疑問につきましては、六３をご必読下さい。

と申しますのも、郭務悰の帰国に際して、甲冑弓矢、施（ふとぎぬ）一六七三匹（むら）、布二八五二端及び綿六六六斤（むら）も、天武天皇は下賜しております（天武即位前紀元年〔六七二〕五月十二日）。これも、新羅軍（占領軍）の司令官（天皇）が、母国新羅へ、倭からの「賠償金」の一部を渡したということを表していたのですが、これを平安紀では、日本の天皇からの「贈り物」という風に、その趣旨を「取り替え」てしまっていたのです。

このように、東アジアの国際情勢に照らして考えますと、新羅が唐と戦争を始めたその一ヵ月後には、新羅は二千人もの軍を日本列島に派遣していたことがこれで判るのです。

この日本列島におけます唐軍の排除こそが「本来」の壬申の乱の真相であったのでございまして、後に平安朝になりましてから、百済系が自分の同族の「熊津反乱」の事件をこれ幸いとモデルといたしまして、今日に伝わる壬申の乱（当然、日本列島の「地名・人名」に置き換えております。例えば、その中心地を、碧骨堤のイメージの「淡海＝近江」とするなど）というものを作り出すことによりまして、かつて日本列島が敵国新羅に占領されていた事実を物の見事に隠してしまっていたのです。

そして、そのことは、奈良紀（新羅系）におきましても、また平安紀（百済系）におきましても同じだったのです。

と申しますのも共にその建前は、その始祖がここ日本列島に空から天下ってまいりました「天孫降臨」、かつ、その天皇家は「万世一系」ということになっているからなのでございます……。

よって、日本紀の天武紀「大唐大使」として出てくる「唐人将軍郭務悰（かむそ）」とは、実は、「新羅」の占領軍の将軍のこと、例えば金庾信クラスの人（そして、これがやがて平安紀におきましては、唐郭務悰（とうかまそ）と音が全く同じの藤鎌足（とうかまそ）の「二分の一」へと化けてしまっていたのです（これは、唐人の外交官吏を同音でごまかすための史書）。つまり、中臣鎌足の「二人三脚」）であったと考えまして、日本紀を読み直さなければ真相が逆さになってしまうのです。

ズバリ、この郭務悰の正体は、新羅の客人（まらうと）（軍人だか使者だかもボカされておりますが）の金押実（多分、新羅王子か高官か将軍）であった可能性が高いことにつきまして、六3を必ずお読み下さい（天武紀元年〔六七二〕一月二十四日、同年十二月十五日、同月二十六日）。

白村江の役（六六三年）の後、唐新羅の連合軍に日本列島は占領され、壬申の乱の前年の六七一年からは、それが新羅の独占占領に変わったと見るべきだということが、これでアナタにもよーくお判りいただけたことと存じます。

＊「壬申の乱」の謎を解く、死を賭してその真相を叫んで首を刎ねられて死んでいった、飛鳥寺の僧・福楊の「妖言（およつれごと）」につき、二四3はアナタ必見ですよ。

(2) 架空の持統天皇と「壬申の乱」の真相

このように、六七二年の「壬申の乱」そのものは架空だったのでございまして、（日本紀の作者がそのモデルといたしましたのは、百済の旧都の「熊津都督府での百済王子の扶余隆の叛乱が新羅によって鎮圧」されたこと）そして、その「実体」はといいますれば日本列島における新羅による唐勢力の追放、唐兵とその傭兵の幽閉・皆殺しという事実であったのです（二四3は必ずお読み下さい。アナタ、もしアノ謎の童謡（わざうた）のところをお読みになりませんと損をいたしますよ。そして、その舞台のイメージといたしましては碧骨堤を近江の琵琶湖に移し変えまして）。

当時の畿内におきまして（東国は別といたしまして）は、既に山背国と伊勢国にしか僅かにその主たる拠点を保有してはおりませんでした秦氏の人々は、新羅とは大部分が同祖であった（辰韓とは、精々が秦人の神を祭る亡命民の一族の韓〔国〕という程度の意味ですので〔『魏志』の分析〕。しかし、その一族の上には、一時、扶余からの亡命民が居座っておりましたが、その主体は早々と日本列島に渡海し物部氏と化してしまっております）とはいいましても、元々がその支配民は中国人（的）なのですから、支那の本土と通謀されることを恐れ、更に、地政学上（伊勢はここから東国への海路と大和との接点に位置しておりますので）からもこの伊勢も当然新羅側の鎮圧の対象になってしまったのです（八３）。

と言うことになりますと、この壬申の乱の真相といたしましては、その一部に、辰韓人（今来の秦氏）と秦氏（古来の秦氏）との同族同志の争いの様相をも呈していた、とも言えないこともないのです。

一言で申しますと、かつて白村江の役の前後に唐・新羅の連合軍の日本列島上陸に際しましては、協力してくれました古来の秦氏（弥生人）も、唐に反旗を翻し、新羅が唐と決別して戦うに際しましては、今度は、その中の一部の親中国の勢力に対しましては、これを新羅の敵と見なさざるを得なかったからなのです。

序でながら、この辺りで持統天皇が架空であった証拠といたしましては、まずは、日本紀での持統紀の歴史物語の記載が、主として中国史の「女帝」の記載などからの引用だらけであるということも加えておきましょう。

長くなりますので、ここでは、その順番に中国史の「出典のみ」を、皆様お使いの岩波版『日本書紀・下』（日本古典文学体系）の「上註」部分から引用して（抜き出して）整理して並べておきます。それだけでも、持統紀における中国史の物真似部分がどれだけ多いか、アナタには即座にご理解いただける筈です。

・（持統天皇　称制前紀）後漢書・伏皇后紀、同・郭皇后紀、文選・東京賦、後漢書・光武帝紀、同・同、同・馬皇后紀、同・伏皇后紀、同・景帝記、同・光武帝紀
・（元年）左伝、後漢書・光武帝紀
・（二年）毛伝
・（六年）後漢書・光武帝紀、同・章帝紀、同・順帝紀、同・和帝紀
・（八年）漢書・高帝紀
・（十年）後漢書・光武帝紀

どうです、うんざりする程でしょ。

正史の持統紀の文言には、今日から考えましても、こんなにも中国史の引用だらけで、中国史の「物真似」だったのですよ。やっぱり、持統天皇（高天原広野姫）は架空の天皇だったのです（六２）。

日本紀のライターの架空の人物の作文も、さぞや大変だったものと見えまして、架空の天皇の事跡の内容は中国史からの翻訳で（この持統紀は）埋め尽くされていたのです（孝徳紀につき、二二５）。

この持統天皇の幼少時の名は鸕野ノ讃良と申しましたが、この「ササラ」とは初めは、古代朝鮮語の「鉄＝サヒ・サビ」のソブから始まりまして（二３）、やがてそれが徐伐羅、相良、早良、背振、草羅、金城、京城（ソウル）、という風に訛りまして、そういう訳で、これらの「ササラ」というのは、実は、古くは単に古代朝鮮の「王都」という「普通名詞」に過ぎない名前だったのです。このように持統天皇の名自体が、既に一見明白に朝鮮系の出自であることを表していたのです。

＊それに、日本列島には元々「ロ」の発音がないので、この人の名の中に入っている「讃良」「沙羅羅」という音そのものが、朝鮮半島の人間であったことを表していたのです（ラリルレロが列島ではタチツテトに変わってしまいます。別述）。

それに、この女帝が架空でありましたことは、この人が「皇后」「称制（六八六～六九〇年）」「天皇（六九〇～六九七年）」「太上天皇（六九七～崩七〇二年）」とあまりにも色々な役割を演じ過ぎてしまっている――あたかもチューインガムを伸ばすように――ところにも暗示されていたのです。

さて、次に、持統天皇が架空の天皇であると考える私の立場からは（一四2、一八3）、持統天皇の具体的な業績につきましても十分に疑ってかからなければなりません。

そういたしますとある重大なことが見えてくるのです。それは正にここでのテーマでもある「壬申の乱」の真相が日本紀の中からも覗いて見えていたのです。では、それは「どんな形」で出ていたのでしょうか、次にその理由を具体的にアナタに述べてみたいと思います。

持統六年（六九二）の持統（太上）天皇の伊勢への行幸に加えまして、大宝二年（七〇二）十月十日から十一月二十五日まで持統（太上）天皇は参河国に行幸されました（『続日本紀』）。

＊「禅天皇位」（持統紀十一年（六九七）八月一日）。文武天皇へ譲位し、持統天皇は「太上天皇」＝「上皇」となりました。六四五～七〇二年。持統上皇が行幸し上陸した地域は、参河国の東半分の部分であり、大化の改新以前にはここは「穂国」（古くは金官〔倭〕系の許氏の一族の国だったからでしょうか）とも言われておりました。

このとき、往路は前年に「天皇のお乗りになる船を三十八艘造らせた」（『続日本紀』八4）とありますように軍船を利用して海路で直接に参河国・御津（宝飯郡）へ上陸しております（古くは、大伴の「三津」の「倭＝安羅」水軍の移動に伴う津名遷移とも関連か）。

＊この点、正史の記載は、一見、文武帝の紀伊への行幸のためにこの船を作らせたかのように読み取れるような記述をしておりますので、アナタはこの日本紀の記述にごまかされないようにご注意下さいね。と申しますのは、造船命令が八月十四日ですので、九月十八日の文武の出発までにこれだけ（三十八隻）の船を造ることは事実上困難だからなのです。やはりこれは、一年後の東国征圧のための軍船の造船命令のことだったのです。

遠く離れた敵国を奇襲するには、海上からというのが古来鉄則ですので、その通りにしたまでのことだったのです。ですから、この行幸はマニュアル通り帰りだけが威風堂々、かつ、のんびりと陸路なのです。

しかも、ここでアナタが決して見逃してはならない重要なことは、このとき「行幸に随行した騎士の調を免除」（『続日本紀』十一月二十五日）したとされておりますことからも、このとき騎馬軍団が参加していたことが判るのです。

単なる前女帝の行幸に、騎馬軍団を、しかも船で運ぶなどということが、何で必要だったのでしょうか。この目的が、日本紀の文言に反して、実は、「戦争」、しかも「奇襲」であったことが日本紀の行間からはっきりと読み取れるからなのです。

私の考えの根拠は、それだけに留まりません。

更に、出発が十月十日で、帰還が十一月二十五日ですから、何とこの行幸には一カ月半も費やされております。

単なる前女帝の行幸、しかも還暦まで五年を切った前女帝の行幸にしては不自然な程時間がかかっているのみならず、加えて、持統（太上）天皇は、帰ったとたんに、十二月二十二日にアララと崩御してしまっているのです（『続日本紀』）。

それに、この時期は百姓を兵として狩り出すことの可能な時期でもあるからなのです。

しかも、よく考えてもみて下さい。この「参河・尾張・美濃・伊勢・伊賀」というルートは、これまた「壬申の乱」における勝者・大海人皇子（天武）の支持者（美濃国の多臣品治など）たちの国々と一致している（！）ではありませんか（更に、明日香の川原寺の大理石は大津産でしたよ。七4）。こんなところが臭い（意味深）のです（度重なる後の天皇の伊勢御幸の旅に、これらの民はかり出されますが、租を免除されるのですから、これはごホウビだったのです）。

加えまして、決定的なことは、この持統（太上）天皇の参河行幸の前には「神々を鎮め祭ってから」出発（『続日本紀』）しているということが窺えるからなのです。

これは、過去の例から考えましても、正に、敵の征圧に出かけるときの準備としての神々への祈りと全く同じだったからなのです。

つまり、古代におけます戦争の考え方は「神と神との戦い」でもあったからなのです。やがて形を変えて代表の相撲取り（神の名代）同士の戦いともなりました。インディアンなどにも同様な風習が見られます。

このように41持統天皇（鸕野讃良皇女（うののささらのひめみこ））。大化元年〔六四五〕生、六九〇年即位、崩御七〇二年十二月二十二日〔『続日本紀』『一代要記』〕）の参河行幸は疑問なことばかりなのです。

それもそのはず、やはりこれは持統天皇の事跡などではなく、六七二年の「壬申の乱」の「真相」のときのこと（新羅占領軍による唐軍の排除の動きに対する、サルタヒコ系・秦氏系の「抵抗」の排除）を、この架空の天皇である持統天皇のところに正史は、何食わぬ顔をして、丁度干支を半運（三十年）下げまして（六七二年→七〇二年）、その一部を記していたのです。

このように、41持統（太上）天皇の三河への行幸には、軍船の奇襲、期間の長期性、騎馬軍団の同行、事前の荒ぶる神々の鎮めの儀式の、そのどれ一つをとりましても、アナタには戦いの匂いがしませんでしょうか。

実は、これこそが新羅占領軍により東国に逃げた唐及びここぞとそれに加担する百済系の「残党狩り」（壬申の乱の正体）ということであったのです。「壬申の乱」の、その物語の裏に隠されておりました真相につきまして、新羅が唐を追い出して日本列島を「単独占領」することにあった（第二段階）と、私のように考えてこそ初めてこれらのことは理解出来てくるのです。

このように「壬申の乱」とは、第一段階といたしましては、その脚本(シナリオ)の「ヒント」は、熊津都督での百済残存勢力の反乱、第二段階といたしましてのその「真相」は、唐を排除しての新羅の日本列島独占支配、ということだったのです。

この「壬申の乱」のときに、法隆寺という寺は、上宮太子の頃から今来の秦氏とは関係が深い寺ですから、戦いの拠点になってしまったものと考えますし（七4）、そして、このときこの戦いに巻き込まれて焼失した可能性も又、大だったのです。

さて、このように、実はこのことが「壬申の乱」の実体だったのでございまして、唐に味方する勢力の皆殺しを隠す目的のために、朝鮮半島での「熊津都督府での叛乱」を借用して、これを適切なモデルといたしまして、日本紀上の「壬申の乱」という「歴史物語」の真相を、ぴったり干支半運（三十年）ずらした七〇二年の参河進攻という形で作り上げてしまっていたのです。ですから、この戦いの中で、漢(あや)氏、紀氏、佐伯氏、物部氏らが「氏の中を二つに分裂させてまで双方に参加している」（ということはつまり、戦いの結果如何に拘わりなく、その氏族自体は、一部が残り、後世にまで生き残れる形になる便利さが、そこには隠されておりました）ことも、奇妙な印象を与えるのです。

これもウソがバレにくくするための小細工の一つだったのですよね。このことは、古代の名族、大伴氏につきましても同じことが言えるのです。

この乱の始まる前に、大伴馬来田(まくだ)（望多）と弟吹負(いろどふけひ)が、病気を理由に大和に戻ってしまって、近江側から訣別して吉野（大海人(おおあまの)皇子(みこ)、大皇弟(ひつぎのみこ)〔天智三年二月〕、東宮大皇弟(ひつぎのみこ)〔天智八年十月〕、皇大弟(まうけのきみ)〔天武即位前紀元年五月是月〕。こんなにフラフラしているのは、きっと何かあるぞ！）側についてしまっております。

この点、兄の長徳(ながとこ)（近江の大友皇子側）とは異なる路線をとっております。

更に、このときですらも、更に、馬来田は大海人皇子に従っておりますが、吹負は倭(やまと)の家に留まっておりまして、兄弟が二手に分れております（天武紀元年六月二十六日是時、二十四日是日）。また、大伴連友国（持統六年〔六九二〕死）や黄文(きぶみ)大伴も、吉野側の人間として描かれております。

更に、物部氏も（大友方＝天智方）麻呂（七一七年死）と（大海人方＝天武方）雄君とに分かれ、阿部氏も（大海人方）御主人（布〔普〕勢朝臣御主人）とその他に分かれておりますのみならず、秦造も（大海人方）綱手(つなで)（六八〇年死）と他に分かれ、土師連も（大海人方）馬手（和銅二年〔七〇九〕死）と（大友方）千嶋(ちしま)とに分かれ、書直も（大友方）薬(くすり)と（大海人方）根（尼・禰）摩呂（慶雲四年〔七〇七〕死）、知徳らに分かれ、谷直も（大海人方）根麻呂と（大友方）塩手(しほで)（六七二年斬）に分かれて戦うなど、この乱では二派に分かれております。

こんなことってあるのでしょうか。

という点では、右の物部連麻呂は特に注目に値する人物でございまして、

「於是、大友皇子、走無所入。乃還山前、以自縊焉。時左右大臣及群臣、皆散亡、唯物部連麻呂且一二舎人従之」（天武紀元年〔六七二〕七月十三日）

――ここにおいて大友皇子は、最早走げ隠れるところがなく、還りて山前に隠れて自ら縊れぬ。時に左右大臣や群臣たちは皆散け亡せぬ。唯、物部連麻呂と且一、二の舎人のみが従いました。

とされておりますように、麻呂は大友皇子に最後まで同行し、その死まで見取ったという、大海人（天武）側にとりましては敵の責任者とも申せます人でございましたが、斬首にもならず、その逆に、

「以大乙上物部連麻呂為大使……遣於新羅」（天武紀五年〔六七六〕十月十日）

――大乙上の位の物部連麻呂を以て大使となし……新羅に遣す。

とございまして、かつての敵国の新羅への大使という大変重要な役職に抜擢されているからなのです（翌年二月帰国。天武紀六年〔六七七〕二月）。そして、やがて、「例の」柿本臣猨らと共に小錦下の位が授けられ出世しております（天武紀十年〔六八一〕十二月二十九日）。

このように、物語上巧に有力豪族を二分いたしまして、ちゃんと乱の後もその家が生き残れるようなストーリーにしてあったのです。

更に、「壬申の乱」の真相が、日本列島における新羅と唐との戦いであったこと、つまり、単なる国内の戦いではなかったことは、その正史の用語からも読み取ることが出来たのです。

と申しますのも、正史上の文面では、図らずも「壬申年之役」（持統紀七年〔六九三〕九月十六日）と、「役」という言葉を使っておりまして、「エダチ＝役」とは「外国との戦い」という意味なのですから（一七3）、ここに単なる国内戦ではなかったということを、素直に自白していたからなのです。

さて、「壬申の乱」というものが果たして「架空」であったのか、架空であったとしましても、それに添う軍の動き（唐の排除）が列島内に実際に存在していたのか。

そのどちらであるにせよ、長い間に、嘘も百回ついているうちに人名も地名も真実と見なされてしまっているのが今日の姿なのです。「大化の改新」や「壬申の乱」が、その一つの典型的ないい例だったのです（鮎の歌。二四3）。

因みに、ここで序でに申し上げておきますが、日本紀では、中国史には見られないことなのですが、朝鮮史にならって太歳（中国では木星から脱化いたしました最高の天神とされ、十二支の運行と関連して考えられてまいりました）干支を即位年紀の終わりに記すことになっておりますが（継体紀二十五年条所引の『百済

本記』太歳辛亥三月）、この天武のところだけは二年（六七三）の終わりに「是年也、太歳癸酉（みずのととり）」とズレて記されておりますことも、正史の改竄を暗示、否、明示していてくれたのです。私こと歴史探偵はこんな小さな事でも決して逃しませんゾ！

（3）サルタヒコを追い出して、新羅の王都慶州から「日の出」のライン上にアマテルを祭る伊勢神宮を作る

因みに、古く新羅に独占支配（六七二年頃）される前までの伊勢神宮の前身は、秦氏の始祖の「サルタヒコ」（穀物神）がその祭神だったのです（一5）。

と申しますのも、「興玉神、宝殿無し、衢神　猨田彦大神　是也」（『倭姫命世記』）、「一書曰　衢神孫　大田命　是　土公氏遠祖神　五鈴原地主神也」（同書。一書に曰く）と記されていることからも、このことは間違いありません。そして、このサルタヒコが、他の神々に先駆けまして伊勢に先住しておりましたことは「予め幽契を結びて衢神先ず降る。深く故あり」（『古語拾遺』）「深く故ありとは、猿田彦大神、皇大神に先立ちて伊勢国に到り」（『言余抄』）と告白しておりますところからも明らかなことだったのです（一五1、二五）。

では、この銅鐸民の秦氏の先住のサルタヒコ神が、今はどうしておりますかと申しますと、元旦の日の出で有名な「二見ケ浦」の海底に「興玉神（おきたま）」という名に変えられかつ沈められてしまっておりまして「海水（うしほ）に溺れたまひにき……底に沈み居たまふ……海水のつぶたつ時の……沫（あわ）咲く時の……」（『古事記』猿女の君条）と「ブクブク」文句を言っているのです（丁度、「筑紫舞い」、隼人の「溺れ舞い」のように虐げられてしまいまして）。

この興玉神が「興＝オキ＝沖」「玉＝魂」で、沖に沈められた魂を表していることぐらいは、そう言われてみればアナタも直ぐにお気付きになる筈ですよね。

このように、天武天皇（「大王巌」に眠る新羅・文武王がモデル。実際に皇帝としてこれらの行動をしているのは、渡来した新羅王子たちです。二五1）は、先住の、弥生の水耕民のサルタヒコ神を伊勢の海に沈めて排除した後に、その伊勢の地に丹後（当時、九州の豊国からこの丹後に遷移して来ておりました。と申しましても、元々ここ丹後にも秦氏の神〔豊受神も秦氏の神の一つです〕が鎮座しておりました）の大江山の麓の「元伊勢」から、同じ秦氏系の豊受神（外宮）を（広瀬神を経由する形で）遷座させ、更にそこに新たに「男神から女神に変えた」「アマテル＝天照大神」（内宮。鏡がシンボル）を新羅天皇家の皇祖神として作り出して加えて、今日の伊勢神宮の内宮・外宮という奇妙なアベック神の形を（国内の各部族との融和〔特に、数の多い秦氏の祖神の一つを外宮の神とすることにより〕の意味をも含めまして）造り上げてしまった、ということが伊勢神宮成立の真相であったのです（一五1、二五1）。

このことは、伊勢の神が、元々はサルタヒコ系の弥生の水耕民の「穀霊神（うかのみたま）」（この「ウカ」と豊受（とようけ）〔＝トユケ〕の「ウケ」とは

同じことです）に過ぎなかったものを（伏見稲荷とも同じ。別述）、新羅の日神信仰（ここ伊勢は、新羅の大王巌より見まして正に日の出の潔い地でもあるからなのです）により太陽神アマテルに変更し、この伊勢の地を皇室の聖地と化してしまう時期は、丁度、持統天皇か文武天皇の頃からですし、又、この持統天皇は大王系図上だけの架空の天皇ですので（八4）、そういたしますと、この伊勢の内宮の崇拝は文武天皇（六九七年即位。渡来した新羅王子の金良琳）の頃からのことということにもなり、その内容に辻褄を「合わせる」ようにいたしまして、神武の東征古事記の神話なども「作られ」ていったのだということが判って来るのです（伊勢の「斎宮の制度」が天武天皇の女から始まり、新しかったことにつき、後述）。

ですから、丹後の「元伊勢」の一つ（吉佐宮）にまいりますと「丹後と伊勢を結ぶ冬至の日の日の出ライン」を描いてある絵を社殿内に見かけますが、実は、このラインは、更にそのまま西に伸ばして、新羅の「大王巌」にまでも繋げなければ、歴史的な意味付けといたしましては甚だ不十分だったのです。

＊但し、「元伊勢」と称します神社も、他に幾つもございます。といいますのも、吉佐宮と申しましても「吉佐宮から少し離れた眞井原に天津水影の宝鏡を移して、そこに天津神籬（神社）を建て、黄金の御樋代に秘蔵して祭った」（「神道五部書」の一つの『豊受皇大神御鎮座本記』）とありますので、少なくとも二つはあったことが明らかだからなのです。この丹後におけます「元伊勢」につきましては、関連いたしますものが、伊勢内宮「皇大神社」、伊勢外宮の「豊受神社」、更には、日本三景の一つの「天の橋立」（宮津湾）の近くにあります「籠＝コモ」神社の奥宮の「眞名井神社」と色々とあるのですよ。

このラインは、伊勢、この元伊勢、大江山、与謝（ヨソ）郡の加悦（カヤ＝伽耶）町、更には、新羅の王都・慶州へとも遥かに東西に繋がっていたのです。

慶州の石窟庵の石仏、蟹満寺の釈迦如来、東大寺大仏と、そのモデルは一つのラインで固く結ばれておりました（七4ノ41）。

そして、その新羅・文武王（天武天皇のモデル）の陵である朝鮮半島の東海岸の「大王巌」の更にその又西方の、首都・慶州郊外の吐含山の「石窟庵」（この地下には辰韓・第四代倭人の昔脱解王が眠っております）にまで繋げて初めて、この謎の解明（真相への到達）が出来るのです。

＊新羅の30文武王、倭人の4昔脱解王へとこの歴史は繋がっていたのです（今の韓国人はこのことをすっかり忘れてしまっているのですが、新羅文武王は十分知っていたのです）。

丹後と伊勢とを結びますこの「日の出ライン」につきましては、新羅との関係で大変重要な問題を含んでおりますので、後に述べますところも是非ご参照していただきたいと思います（二五1）。

さて、ということになりますと、正史上の豊鋤入姫がアマテルを、倭の笠縫村に磯堅城の神籬を立てて祭ったこと（崇神紀六年条）や倭姫が諸国を巡行しアマテルの教えに従いまして伊勢に祠を立てたこと（垂仁紀二十五年三月条）などは、皇室の氏神としての伊勢を「古く見せるため」に、初めての律令国家の斎宮（天武天皇二年〔六七三〕斉王に卜定され泊瀬斎宮に入り、翌年伊勢に向かう）としての大伯皇女の出現よりも前にその「前例」が存在していたことを示す必要があったがために、日本紀作成の際に作られて「挿入」された必然性が認められるのです（一五1）。

＊この後の平安紀レベルでの意義を強いて申しますならば、これらのモデルは、扶余から南下して、漸っと馬韓の漢江流域に定着し、百済を建てるまでの、百済系平安天皇家の神々の満州・朝鮮での彷徨・放浪の姿（神々の放浪）の投影でもあったのです（別述）。

因みに、この大伯皇女は天武天皇の女なのですから、伊勢神宮を天武天皇が造り、その女が初代の斎宮となったということも（歴史物語上のこととは申せ）私の考えにピッタリと一致して来るのです。

＊新羅王子が伊勢神宮に作り替え、その女を斎宮とした。

このように、古くは、新羅（金官）第四代王（倭王）昔脱解王の眠っておりました新羅の王都・慶州の近郊の吐含山の「石窟庵」より東へ↓「新羅文武王＝天武大王のモデル」が海中に眠る慶州の東海岸の「大王巌」↓丹後の与謝・余曽・忍（大きい＝金官伽羅）の分国↓大江山・山頂↓丹後の「元伊勢」↓伊勢の「伊勢神宮」↓日の出（日出）へという、東西一直線の「日の出」のラインの、その何処の地点にアナタがいらっしゃっても、今後はその東方にも西方にもキョロキョロして十分にご注目下さいね。

そういたしますと、伊勢に神殿を建てるのは、ここが「重波の寄するよい地」だからと、正史上アマテルに言わせている天武天皇のお考え（垂仁紀二十五年）も、この「シキ」とは、当然「志木」＝「シラキ」「新羅」の暗示であったということにもなって来るのです。

それに、アナタ、倭（安羅・大伴氏）を制圧した新羅占領軍は、通常とは「異なる形」で出雲の神々（安羅＝卑彌呼の末裔＝公孫氏＝大伴氏）などの倭の神々の存在を認めたのです。

その一つ目は、神殿の正面を通常とは九〇度横の建物の「妻＝ツマ」とし、そこから入る「妻入り造り」とすること、その二つ目は、神聖な場所に張る「注連縄」は、通常は綯い始めをご神体に向かって右にし、その終わりを左とするように掛けるのですが、出雲大社などの反体勢神は、永久にその「左右を逆」にすること（これら異邦神としての扱いに甘んじる限り）によって生き残ることが許されたのです。

アナタは「妻入り」や「逆注連縄」の怪に気が付かれましたでしょうか。そして、それはどうしてだとお考えになりましたか。

＊因みに、「逆注連縄」は海峡国家の倭国の朝鮮での「母国＝安羅」の方を頭にしている、つまり西を向いているのだとも考えられなくもございません。

「妻入り」の点につきましても、タイ西北部に住んでおります苗族の家は高床であり、かつ、千木を付け、しかも「妻入り」

が見受けられますので、古くからの出雲と中国の華南とは関係があったのかもしれません（古くに長江辺りにいた人々は、漢人に追われ、湖南そして雲南からインドシナにまで追っ立てを喰っておりますので）。

因みに美作国の一ノ宮である中山神社（古くは中参〔『延喜式』『梁塵秘抄』『今昔物語』〕）。今日のご祭神は鏡作・石凝姥・天糠戸）の神殿の左奥の崖の中腹の磐座に、弥生の銅鐸の神でございますサルタヒコが「猿神社」として祀られておりますよ（紅色のフワフワした猿の人形を沢山吊しまして。『今昔物語』による二神のうちの「中参」は猿で先住のサルタヒコ、もう一神の「高野」は蛇と言われておりますので「ナガスネヒコ＝蛇族＝新羅・朴氏」のことを表していたのです）。

しかも中山の神は、文武天皇慶雲四年（七〇七）五月に「白馬にまたがり童子の姿で現れ（『中山神社縁起』）、これを里人の猟師・有木が見たと言われておりますので、小浜市の「白石神社」（七4ノ3）と内容もその時代も正にぴったりですね（剣よりも鏡を重視いたしました奈良紀での神々でもございました。有木氏につき、別述）。

更に、この中山神が現れましたところも「鵜の羽川」の上流霧山ということでございますので、この点も「白石神社の近くの遠敷川上流（音無川）の（鵜ノ瀬）からお水を取り寄せる」という伝承とも、「鵜」という点で何故か共通なのです。

やはり、白馬にまたがった童子は、遠敷のケースと同じように「白＝シラ＝新羅」王子の暗示だったのでして、「娘をイケニエとして奉られていた中山神を東国からやってまいりました男が計略をもって退治した」という内容は、先住の弥生の秦氏のサルタヒコ神を、「中参＝中国軍」と「高野＝カウヤ＝高屋太夫＝新羅王子・金霜林＝総持＝高市皇子」とが制圧したことの暗示だったのであり（五5）、つまりこれは、唐と新羅の合同の日本占領軍が、ここの先住のサルタヒコ神を支配いたしましたこと（七4ノ3）を表していたのです。

勿論、「まがね（真金＝鉄）吹く吉備の中山。帯にせる細谷川の音のさやけき」（『古今集』一〇八二番）の「中山」とは備中と備前の境の中山ではなく、この美作の中山神社の中山のことだったのです。

尚、右の『古今集』の歌の類似の歌でございます『万葉集』一一〇二番との異同にご注意下さい。

つまり、そのどちらが古いとも言えないこの二つの類似歌の「異なる部分」の比較から読み取れますことは、「まがねふく吉備の中山」（『古今集』）＝「大君の三笠の（大王之御笠山之）」（『万葉集』）ということであり、そういたしますと、この万葉歌の三笠の山とは、元来、九州太宰府の三笠の山のことですし、大君とは「倭王＝安羅王＝大伴氏」のことを指しておりましたので、ここ吉備の鉄山も、それまでは「倭＝安羅＝温羅＝浦＝カラ」のものであったことを暗示していたのだともとれなくもないからなのです。

先程の「妻入り」（この造りでは、千木は後述の神明造りと異なり、単なる「飾り」の作用に過ぎません）は、安羅（公孫氏・卑彌呼系）・大物主・大伴氏などの「大社造り」（出雲。奈良桜井の大神神社もこの流れです）、同じく倭王大伴氏の継体・安閑・宣化系の「住吉造り」（大阪・三津）、昌寧伽耶（比自火）が本貫の中臣・藤原氏などの「春日造り」（奈良）などの「伽耶＝倭」系の神社に見られ（大島神社の「大鳥造り」も、日本武尊のモデルは、日本紀上では、百済18腆支王（倭から百済に帰った14仲哀）の兄弟の訓解なのですが、この型は「妻入り」ですから、本来の祭神は伽耶系であったものと思われます）、これらは皆、新羅に五三二年に倭の盟主・金官加羅が、五六二年には安羅が、そして六六三年に至り、日本列島そのものまでもが占領されてしまうその前の「倭国」系の神社の姿でもあったのです（この流れは、インドシナ→雲南・貴州へとも遡ることが出来ます）。

日本列島を占領いたしました新羅は、「天武天皇＝金多遂＝文武王」の王子たち（提督たる草壁・高市・舎人）に命じ、右のような「妻入り」ではない「正面入り」は「他の神社は真似をしてはならない」とするとともに、アマテルのための「唯一神明造り」の伊勢神宮を作り上げ、これを唯一の新羅系の天皇家の中心的な神社と位置付けてしまったのです。

＊この伊勢系の、切妻型で、頂上で交差する妻が千木を兼ねる形のものを、一般に「神明造り」と総称しております。

ですから、戦いに敗れた倭（安羅）系の神社は、以降、正殿への入り口を、当時の大王家の神殿と比較して九〇度変えさせられてしまった形をとった（というよりも、これが古くは本来の形でもあったのですが）ということも十分に考えられるのです（注連縄の綯い方の方向とともに別述）。

アナタも、第七章で見てまいりましたように、この決して偶然とは思われないこれらの数多く（五十余）の証拠（七4）を突きつけられれば、新羅王の日本列島支配及びその事実の隠蔽（「み吉野……」の謎の童謡の二四3は、アナタ必見です。残りの謎解きは、ここを読まなければ判りません。それくらい重要です）という点について（よっぽど鈍くない限り）納得される筈なのですが……ね。如何。

第九章　卑彌呼の生家は満州の「遼東半島」

1、卑彌呼は『晋書』では遼東半島の公孫氏の娘

(1)「其」が読めないことによるアカデミズムの悲劇――ニギハヤヒの一族により倭王に祭り上げられた卑彌呼

さて、お待ちかね。次に、かの有名な女王「卑彌呼」の問題に入りましょう。卑彌呼は一体「何人（なにじん）」だったのでしょうか。

何人って、「倭人＝日本人」ではないの、ってアナタはきっと仰るでしょう。そうです。確かに『魏志』にもそのように書いてございます。しかし、ここでは、正にその「倭人」とは何かということが大問題だったのです（一3）。

一般に、「倭人」のことを「日本人」、「倭国」のことを「日本国」なんて短絡して簡単に書いている（少なくとも用語上の話としても）歴史の専門家やマスコミが実に多いのですが、このことこそがそもそも大間違いの元凶だったのですよ。

「日本人とは何か」という定義も、右と同様にとても大切なことだったのですが（二九4）、歴史家のプロの世界でも余りにも無神経にアバウトに取り扱われ過ぎているというのが現状なのです。用語としては、厳密には、「日本人」とは、少なくとも『唐書』以降、つまり、天皇で申しますと天武天皇以降にしか存在しない概念だからなのです（別述）。

さて、卑彌呼につき、一般に誤解されている幾つかの点についても、ここでハッキリとさせておかなければなりません。

ところで、邪馬臺国が、魏志の文面の「到」と「至」の分析から、九州におきましては、西都原にあったことにつきましては以前にお話しいたしましたし（一2）、その直前の本拠が南朝鮮の「安羅」の王都・咸安にございましたことにつきましては、この後にお話しいたしたいと思います（一〇3）。

では、まずは古代の中国の史書では、この卑彌呼の出自の点は一体どのようになっているでしょうか。ズバリ、結論からいきましょう。そこまで二十秒もあれば十分ですから。まず、アナタは、次の『晋書』をゆっくりとご一読下さい（カッコはわざと私が加えました）。

「名曰　卑彌呼　宣帝之平公孫氏也　〈其〉女王遣使朝見」

卑彌呼は、右の中国の『晋書』の原文を素直に、かつ正確に読むならば「其＝その」女王とちゃんと「指示代名詞」がつけられており、「其」で受けておりますのは、間違いなく公孫氏のことなのですから、と言うことは、卑彌呼は、間違いなく「宣帝に平らげられた遼東半島の公孫氏（公孫度）の娘」だということになりまして、そして又「それ以外には考えられない」のです。

ナンビトであっても、右の「『晋書』の漢文」は、それ以外には読みようがないではありませんか。

しかも、卑彌呼の在位期間のその殆どが、満州・遼東半島の燕王でもございました公孫氏（域王・度王・康王・恭王・淵王）一族の、一八九年から二三八年までの遼東支配の五十年間と、ピッタリと「重なっている」ではあッりませんか。

しかし、不思議なことに、多くの東洋史の学者には、この「其」が全く目に入らないようなのです。若くても老眼だからでしょうか。実に奇ッ怪なことなのですが――。アナタには、これと別の読み方が出来るでしょうか。もう一度此処で立ち止まって、ちょっと心に手を当て考え直してみて下さい。

では、右のことを、より詳しく知りたいアナタのために、もう少し丁寧に見てみることにいたしましょう。

「旧以男子為王、漢末、倭人乱、攻伐不定、乃立女子為王、名曰卑彌呼。宣帝之平公孫氏也、其　女王遣使至帯方朝見」
（『晋書』四夷伝・倭人条）

――倭人の国は、元男子を以って王としていたが、後漢の末に倭人が乱を起こし攻伐して決着が付かなかったために（注意！　ここは「倭国」とはなっておりません。「倭人」です。それに当時の朝鮮半島は、「倭人＝韓人」の領域でした。九3、一〇1）、女子を王とし、この王はその名を卑彌呼と言いまして、西晋の宣帝（司馬懿＝仲達、一七九～二五一年）に平定された公孫氏の女だったのです。そしてその女が遣使して帯方郡に来て朝見いたしました。

＊西晋は、三国の呉とも、かつて、一時、通じておりました公孫淵を景初二年（二三八）九月に平定いたしました。遼東の前は、山東半島の琅邪、その前は揚子江の近くの呉越の地が卑彌呼の実家でございました「邪馬臺国＝越」の本貫でしたので、公孫氏が南朝と通じることは、ごく自然なことだったのです。

となっておりまして、中国史上でははっきりと卑彌呼は宣帝に滅ぼされた公孫氏の女であったと明言されていたのです。

それに、何と！　アナタ、中国の『晋書』では、「倭の大乱」も「卑彌呼」も「遼東の公孫氏」のことも、皆「倭人条」の中に記されておりますよ。

ここで、この「卑彌呼が公孫氏の女」であると主張する『晋書』とは、一体いつ頃の史書だったのかという点を見ておきましょう。現行の『晋書』の撰録は唐の太宗（太宗自らも、この中の宣・武の二紀、陸機・王義之の四論を著しております）の貞観十八年（六四四）に詔をもって開始されました（その前に存在していた

『晋書・逸文』と、アナタは混同しないようにして下さい）。

このように倭人の女王卑彌呼は、疑うべくもなく「遼東半島を本貫とする人」だったのですよ（尚、一五8）。アナタが馬鹿の一つ覚えで魏志倭人伝だけを穴の開くように見つめておりましても、そこからは、何の真相も伝わっては来ないのです。

しかも、ここで肝心なことは、その遣使の時期でございまして、卑彌呼の実家の公孫氏が魏によって滅ぼされた、「その翌年」の二三九年には、間髪をいれずに卑彌呼は魏の帯方郡に遣使して来ているのです（九5、一〇2）。

そのタイミングの良さを考え合わせますならば、右の『晋書』の原文の「魏に滅ぼされた」「其」という表現が、実に「ダイナミックに生きている」とアナタはお考えにはならないでしょうか。

＊この真相（仕掛け人）を東アジア的に俯瞰いたしますと、海峡国家の倭に渡来いたしました、扶余王族の「穢＝カイ＝解」氏の出自の、物部氏の祖であるニギハヤヒの一族（沸流百済系）が、自分達が大陸では魏とは敵対関係にございましたので、主として朝鮮半島の倭人をマトメるためにも、無難な半中国人の公孫氏の女でありました卑彌呼を、海峡国家「倭連合の王」として表面上（看板「娘＝老女」として）担ぎ出して祭り上げた「対魏対策」の方便に過ぎなかったのです（卑彌呼＝看板バアサン説。二重権力構造）。

序でながら、その帯方郡遣使の一年後の、二四〇年（正始元年）の中国史には、実に大変面白い記録が見られます。それによりますと、「東倭」が晋の宣帝に遣使した（『晋書』宣帝紀）と出ているのです。これは一体どういうことなのでしょう。「卑彌呼」と「北朝＝魏」への遣使のことは必ず教科書に出ているのですが、この「東倭」と「南朝」のことなんかは殆ど出て来ませんよね。アナタも多分初めてでしょ。倭と東倭とは一体同じだったのでしょうか、それとも異なっていたのでしょうか。そして、その両者はどのような関係にあったのでしょうか。

＊ここに、魏の鏡などではない（つまり卑彌呼の鏡とは関係ない）南朝の「三角縁神獣鏡」の謎を解く鍵が隠されていたのです（別述）。

倭と公孫氏との交渉を示す証拠といたしましては、弥生時代後期の鉄の素材の入手経路は、今までは主として朝鮮半島そのものが考えられておりましたが、中国の技術的影響（素材・質感）も見逃せず、そういたしますと、「中国〜朝鮮半島西岸」というルートも考えざるを得なくなってまいりまして、このことは、公孫氏と、朝鮮半島の倭、日本列島の倭との関係にも関連してくるものと思われます。

これをアナタはどのように解釈しますか（この「東倭＝トンワ」につきましては、天日矛やニギハヤヒ、更には、神武大王とも関係してまいりますので、一五3はアナタ必見です）。

これこそが卑彌呼を考える前に設けられました、古代史の謎における第一の関門（ハードル）でもあったのです。

(2)『魏書』の卑彌呼の「男弟」とは公孫恭

さて、ここで、『魏書』の卑彌呼の弟のことにつきましても、少し触れておきましょう。

「無夫婿、有　男弟　佐治国」（『魏書』倭人条）

――卑彌呼には夫は無く、弟が卑彌呼を補佐している。

とありますが、この「男弟＝ダンテイ」とは、公孫度の子で、卑彌呼の弟でもございます公孫恭のことであったのです。

＊この恭の兄の公孫康は、大伴氏の祖の「道臣＝日臣」のモデルとなっております。

この次に少し詳しく申し上げますが、この「公孫恭」が『魏書』の卑彌呼の「男弟」であり、かつ、魏から派遣された軍師の「張政」の投影であり、更に、この人が神格化され「高皇産霊尊＝高木神」となっているといたしますと、とっても面白くなって来ますよね（公孫恭＝男弟＝張政＝高木神）。

と申しますのも「高句麗＝コマ＝貊」の母国でもある扶余の建国神話では、北夷の索離国王の侍女が大きな鶏卵ぐらいの天上の精気により妊娠して生まれた東明によって建てられた国とされているのですが（『後漢書』夫餘条）、『後漢書』よりも古い『魏書』の、その又基本テキストともなっております『魏略』におきましては、その国の名が「索離国」ではなく「槀離国」となっておりまして、ここからヒントを得た日本紀の作者が、魏の臣下の高句麗人の軍師の張政（卑彌呼の内夫、又は弟か）を日本紀の神話の「高木神＝タカミムスビ」として表現していたからなのです。

公孫度が、中平六年（一八九）に鮮卑に代わって満州の遼東を占領して君臨いたしまして以来五十年にして、景初二年（二三八）に、公孫淵と脩の父子が魏に斬り殺され滅ぼされてしまいましたが（『魏書』公孫度条）、このときの生き残りが、この「男弟」である公孫恭であったのです（巻末の系図をご覧ください）。

「男子年十五已上七千余人皆殺……文懿簒　伯父　恭　位而因之……帝乃釈繹恭之囚」（『晋書』宣帝紀）

――男子の十五歳以上は皆殺しにし……文懿（公孫淵）が叔父の公孫恭の王位を奪って幽閉してしまった……帝（魏宣帝）は恭を「解放」した。

と中国史ではなっておりまして、卑彌呼の弟の公孫恭だけが生き延びることが出来たからなのです。

しかも、アナタ、この恭は陰萎を病み、性的不能に陥り（『魏書』公孫度条）、資質も劣っておりまして、自らのリーダーシップで国を治める能力が乏しかったので、右の『晋書』のように、かつて甥の公孫淵（卑彌呼の弟・康の二人の子〔晃と淵〕のうちの淵）に王位を奪われて囚われの身となってしまっていたのです。

そこで、姉の卑彌呼は、魏によって解放された弟の恭を、西都原へ引き取ることとし、恭は朝鮮半島の馬韓の月支国（アシタ）、安羅の咸安を経由し、九州・西都原（都＝ビャコ＝魏朝の満州語での卑彌呼の読み方、宗女壱与の東行後は、ここが「西ノ都」と「東ノ都＝大和・纏向・箸墓」〔桜井市〕から呼ばれるようになるのです）へと「倭人のエリア」を下っていったのです。

*この姉弟の前後する南下は、恰も、アユダ国から金官伽羅国の1金首露王（8孝元大王のモデル）へ嫁いでまいりました許黄玉と、その兄の許宝玉の如し。ひょっとして、このインドないしはインドシナの王女の渡来のお話は、邪馬臺国の東アジアでの母国のヤーヴァ・ドヴィーパがジャワ海なのですから（一五6他）、卑彌呼の朝鮮半島からの南下の形を変えた投影であったのかもよ。

このように、卑彌呼の弟の公孫恭は、恰も「宦官」のように性的不能者であったが故に、子供が無く、しかも欲もなかったがために、「男弟」（『魏書』）として長い間（卑彌呼の生存中だけでも約十年間）「倭連合＝邪馬臺国」の政治を任せられることになったのです。

*男弟の仕事は主として伊都国（倭国）や那ノ津（荒ノ津＝安羅ノ津）で行われました。

さてここで、「卑彌呼＝公孫氏」ということにつきましての、ちょっと変わった証拠をアナタにお示ししておきたいと思います。山梨県の「浅間神社」（東八代郡一宮町）伝わっておりました『古屋家家譜』（『甲斐国一之宮・浅間神社誌』）という大伴氏の古系図（一一2）によりますと、何と、卑彌呼が公孫氏の女であったことや、そのことが『古事記』や『日本紀』にもちゃんと示されておりましたことまでも判って来るのからなのです。

と申しますのも、『伴氏系図』とこの『古屋家家譜』とを比較いたしますと、『伴氏系図』には10日臣命（後の道臣命）の祖父に8天日咋命という人が見られますが、前述のように卑彌呼の実家は公孫氏であり（『晋書』）、かつ、卑彌呼の弟の一人がこの大伴氏の祖の10日臣命である公孫康であること（別述）を考えますと、この10日臣命の父の9刺田比古命が公孫氏度（事代主のモデル）と同一人であり、祖父の8天日咋命が公孫氏域（大国主のモデル）と同一人ということにもなってまいります。

そういたしますと、この卑彌呼（ヒメタタライスズ。『日本紀』）の祖父が三嶋溝咋耳となっておりますので、ここに奇しくも、同じ「咋」の珍しい字が、「両系図上の同じ位置」に使われておりますところからも、この二人が同一人であったことを記紀の作者は十分認識した上でアナタに暗示してくれていたともいえるからなのです。

このように、『伴氏系図』にはない点が、この『古屋家家譜』には見られる――つまり、伴氏系図におきましては、1高皇彦霊（タカミムスヒ＝高木神）尊と6天日忍命の間に四代の他系列（2アムスヒ命、3カツチ命、4アメノ・イカヅチ命、5アメノイワカドワケ・ヤスクニタマテ命）を加えてしまっておりますことが、この二つの比較により判明してまいります――のでございまして、そこにも卑彌呼の末裔の「大伴氏＝安羅王＝倭王」の真相が隠されていたのです。

扶余・高句麗・百済の王姓は、本来『三国史記』（一一四五年。平安朝）におきまして、編者の金富軾が中国史に迎合して「余氏」と変えてしまう「前」は、実は、中国人がこの民族名に漢字を当て嵌めまして「解氏＝穢氏＝濊＝ワイ（汚い）」でありましたから（二４）、そういたしますと、「解」は、まず、「字音」によりますと「――解」、つまり、太陽がその名の「終わり」に付いた名前と同一のことを意味していた古朝鮮語音「Xai」で、民族自らは「太陽」を表しておりますし、他方、「字訓」によりましても「P'ur」であり「火＝pur＝日」でありますので、共に、満州の出自である大伴氏・物部氏の名に多い「――日」という形の名は、この扶余の王族に見られるという謎が解明されてくるのです（つまり、これは王名であったのです）。

因みに、末尾の解「――解」（――日）の方が、頭の解「解――」よりも古かったということにつきましては、『三国史記』「百済本紀」を分析いたしましても、古い時代に「仇頗解」「莫古解」「訓解」など「解」が末尾に付く「――解」型の人名の比率が高いこと、

＊しかも、中国史に右へ倣えの金とか朴とかの「一字」姓ではないところの古い形の、複数文字の姓である「――解」などが見られることにアナタはご注意下さい。

この点、日本正史におきましても同様でありまして、「四字」「三字」の解姓である「適莫爾解（ちゃくまくにげ）」「古爾解（こにげ）」「莫古解（まくこげ）」などが見られるからなのです（顕宗紀三年、是歳条）。

右の百済史の訓解（日本武尊のモデル）は、百済18腆支王（仲哀大王のモデル）の兄弟であり、兄弟を殺して王位に就きましたが、やがて訓解が百済の国人によって殺されてしまいましたので、腆支が倭から戻り18腆支王となったのです（別述）。

この頃は五世紀始めですから、この頃でさえ未だ「――解」という下に解が付いております古い型であったのでございまして、かつ、これは後世に、百済の王族の姓が皆「余氏」という風に『三国史記』上で、その作者により変えられてしまう以前の古い型を示していてくれたのです（別述）。

因みに、中国史によりましても、百済の有力八族（大姓）の姓の中には解（カイ）氏、真（シン）氏、劦（ラ）氏、苩（ハク）氏は見られましても、余（ヨ）氏は見られません（『隋書』百済条）。

また、百済より古い高句麗につき、「高句麗本紀」の始祖王の名が「東明聖王」諱（いみな）「朱蒙」のところに、「一云　鄒牟＝シュム」と並びまして、「一云　衆解」ともございますことからも、末尾に付く「――解」（字音での「――日」）の姓の方が、頭に付く「解――」より古いということが判るからなのです。

＊ですから、物部氏や大伴氏の古い名に見られる「――日」は、「――解」と同じで「――太陽」の意味でしたので、この点、満州の民とも繋がっていた名だったことが判るのです。

そして、この「解＝太陽＝日」は、日本列島におけます「蝦（か）夷（い）＝太陽＝日高見＝荒蝦夷（あらえみし）」とも繋がっております（別述）と共に、前述のように、大伴氏（安羅王＝倭王。卑彌呼も同祖）の出自が、遼東半島の公孫氏康（日臣＝卑彌呼の弟）であり、この人が扶余王女（「神武＝扶余王仇台二世＝高句麗王子罽須」の妹。別述）と婚姻関係（襷掛婚（たすきがけ））をもっておりますし、その扶余の

「カイ＝太陽＝穢族」は、その分国でございます高句麗（解氏）・百済（解氏）へとも繋がっておりました（二－4）ので、これらのことからも、卑彌呼が満州の公孫氏の女であることとの繋がりが十分考えられるからなのです。

　これらに関しましては、金富軾の編纂いたしました朝鮮の正史の『三国史記』（一一四五年）よりも、一然和尚（一二〇六～一二八九年）の編纂いたしました『三国遺事』の方が、より真相に近いことにつきましては、別述いたします（因みに、一然の出自は高句麗系であるとの考えも有力でございます）。

（3）白菟は玄菟の暗示

　さて、ここで、「大物主＝大国主」のモデルが、日本の正史上におきましても、公孫域であることの証拠を次にお目にかけておきましょう（この域の養子〔延の実子。巻末系図参照〕の「度」は、「事代主」のモデルであり、卑彌呼の父でもあったのです）。

　アナタもよくご承知のとおり、大国主は、稲羽の気多の岬（島根県気多郡末恒村）で、裸の素菟（『古事記』大国主の神、菟と鰐）を助けておりますが、この大国主のモデルである公孫域は、満州での地位は「玄菟太守」でございましたところからも、このことを十分に知っていた古事記の作者は、ここ満州の「玄菟」からヒントを得まして、ユダヤ伝来のソローモン大王（オーモン主＝大物主）の逸話の主役（東アジアでは「スライマン様と猿」など）を地域に合ったようにちょっと変えて、この因幡の「素菟＝白菟」の神話を考えついて挿入したのだ、ということがアナタにも判っていただけることと存じます（一五1。ただ、ちょいとウサギの色を、白から黒へと変えてしまってはおりますが……。又、『古事記』では『日本紀』とは異なり、大国主と事代主との混同が見られます）。

　では、先を急ぎまして、「倭国と北朝」「東倭と南朝」との関係を一言で申し上げておきますと、「倭」の卑彌呼（平安紀上の神武・イワレヒコ系。安羅の女王）が、亡命先の日向の西都原から北朝の「北魏」に遣使し、丁度、その同じ頃、「東倭」の天日矛（旧事紀上のニギハヤヒ系。この妻の「アカル＝麻多烏＝マタヲ＝安羅王の天日矛の妻」の出自・実家は、日本列島へ先渡来していた物部氏系）が、妻の実家の裏日本の丹波から南朝の「晋」に遣使していたということだったのです。

（4）景初「四年」の鏡は何故作られたか

　では、この「東倭」とは一体何者だったのでしょうか。

　そういたしますと、この「東倭」の分析によりましては、その前提問題といたしまして、例の、アナタをも含めまして古代史ブームをいつもお騒がせいたしております、卑彌呼と「三角縁神獣鏡」の謎がアッという間に氷解し、かつ、パッと霧散してしまうのです。

　と申しますのも、いわゆる「三角縁神獣鏡」は中国の「南朝」系の鏡に過ぎません――その理由は、①「三角縁神獣鏡」は中国では出土していないこと②これと似ている「平縁神獣鏡」や「三角縁画像鏡」は中国南朝の「呉鏡」であること③「至東海」の文言は、故郷の呉から東方へ来て作っていたことを示していること等（王仲殊）からそのように考えざるを得ないからなのです――ので、これは『魏志』に記載されている卑彌呼が魏（北朝）から貰った鏡なんかとは全く「別」ものでして、正にこの二四〇年の晋書に記載のある丹波のニギハヤヒ系（天日矛系）の「東倭」が南朝の「晋」から貰った鏡のことであったのか、又はその南朝系の呉の工人が「絶地亡出」の日本列島で造った鏡――陳是作の紀年銘のございます舶載鏡（仿製鏡は除きます）の「三角縁神獣鏡」は、神原神社古墳（島根県）の「景初三年」鏡一面と、柴崎古墳（群馬県）、森尾古墳（兵庫県）及び竹島古墳（山口県）の「正始元年」鏡三面です――に過ぎなかったからなのです（二一8）。

＊しかも、ここが大切な点なのですが、「景初四年」の紀年銘のございます「三角縁神獣鏡」（又は、三角縁龍虎鏡か。福知山市東羽合「広峯一五号墳」及び西宮市「辰馬考古資料館蔵」）が出土しておりますが、これは魏の明帝が景初三年（二三九年。卑彌呼の遣使の頃）の正月初一日に死亡し、直ちに斉王芳が帝位に就き、詔書を出して、景初三年十二月の次に急遽「後十二月」――倭でも閏月の閏の字を、同じように「ノチ」と読んでおります――というものを加え、この年は一年「合計十三月分」とし、その翌年を「正始元年」、二四〇年とした（『魏書』明帝紀・少帝〔斉王芳〕紀）、のでありますから、絶対に魏国の官吏が「四年」などというように間違える筈などはなく、そうであるといたしますと、これは当時日本列島の「東倭＝タンバ＝出石」におりました呉国（南朝）からの亡命者の「鏡造り」が、魏国（北朝）との外交関係を持った、日本列島での強者である邪馬臺国（倭国連合）の方に「迎合」し――鏡を頼むのは東倭の人だけとは限りません（商人が行ける範囲から、手広く注文を取って来て、造って売るオーダーメードなのですから）ので――、自分の出身国ではない「他国＝北朝」の魏の年号の鏡を作ったまではよかったのですが、南朝出身の呉人であったがためか、又は、その情報の伝達が遅かったがため――単に、自動的に年が替わったことのみの認識で――か、そのどちらにいたしましても、誤って、「存在し得ない」景初「四年」などという鏡を作ってしまったということだったのです。

更に、日本の各地の古墳から出土されます後漢鏡やそれらの彷製鏡の材料の銅に含まれております「鉛同位体比の分析」という化学的な理由からは、これらは中国南部の鉛の同位体比と類似しているということからも、中国南朝から輸入された材料により作られたことが判るからなのです。倭の古墳時代と中国の南朝との交易も、決してアナタは見落としてはいけなかったのです。

こんな単純なこと（魏の鏡ではないこと）が判っただけでも、もし倭と東倭が異なるといたしますと、「三角縁神獣鏡＝卑彌呼の鏡」として単純に「邪馬臺国＝畿内」を唱えている人々は、モハ真っ青（マッツアオ）ですよね。

　尤も、卑彌呼の宗女の壱与は、後に九州から対馬（古への任那（みまな）の本拠）へ一時亡命した後、ここ経由で、吉備から畿内の大和・桜井（古くからの地名は粟殿（おおどの））の纏向（まきむく）へと侵入して、邪馬臺国の中枢は畿内へと入ってはおりますが――。

　さて、アナタはこの点、どのようにお考えになりますでしょうか。中国の『晋書』が正しいといたしますと、次には又、実に面白い問題が控えております。

（5）倭人の大陸での移動――魏書にも遼史にも見える「アヤシキヒジリニフル」とは何のことか

　それは、卑彌呼は「遼東半島の人」つまり大陸の満州人であるにも拘わらず、今度は、その同一人につき、「魏志」でも卑彌呼は「倭人」であるとハッキリと書かれている（倭人を束ねて王となったからなのか）からなのです。つまり、中国の正史の魏志は満州人が倭人（！）だといっているのです。

　これをあなたはどう理解したらいいのでしょうか？　この時の燕王の女も準・中国人も倭人（南倭から北倭への変換点に位置）なのでしょうかね。更に、馬韓も辰韓も弁辰も「古へ（いにし）は倭人の国」だったからなのでしょうか（その通り）。

　実は、ここにも中国人の使う「倭人」の概念・定義のアバウトさ――確固たる定義づけもなく古代から、その時々で、「古代の中国人」も「今日の日本人」も、共に便宜的に使っている、つまり別の言い方をすれば「倭人の概念の時代的な広さ」――が示されていたのです。

　かつては「倭人＝佤人」は、この後直ぐに述べますように、古代の広い中国大陸の中でさえも、「西南夷」や「徐夷」から始まりまして、転々としていたこともあったのですよ（尚、九4。倭人はインドへ遡る）。

　ところで、卑彌呼が敗者である公孫氏の女でありましたことは、金印が与えられておりますこと（ワァ凄いナアと）にのみアナタの目が奪われ、その授与の「形式」（ランクの低さ）に気が付かなかったミス（不勉強）にも原因の一つがあったのです。

　と申しますのも、よくその文面を読んでみますと、「制詔（制詔ス）　親魏倭王　卑彌呼……」（『魏書』東夷・倭人条）との文言となっておりまして、これが中国の皇帝が下す書面の「冊書」「制書」「詔書」「戎書」の四段階（後漢・蔡邕）の「独断」）のうちの、王など三公の任命の「冊書」ではなく、精々長官クラスの任命に使われます「制書」レベルに過ぎなかったということからも、このように卑彌呼が「敗者の王の一族」であったが故に、通常の王の任命の形式がとられず、一ランク下の「蛮王」扱いされていたのだということが判って来るからなのです。

　更に加うるに、その「内容」を分析いたしましても、そのことは頷けることなのでございまして、卑彌呼の甥の公孫淵――公孫康（大伴氏の祖、日臣のモデル）の子――が、かつて呉孫権から燕王に封ぜられましたときには「君を封じて燕王となし」と、ちゃんと「君」と呼ばれておりますことに比べましても（このときは、まだ敗者ではございませんから）、今回の卑彌呼の場合には、文中「汝（なんじ）」呼ばわりされておりますよ。このことも、右のことを裏付けていたのです。

＊この卑彌呼の甥の公孫淵は、卑彌呼の弟の公孫恭（後の「男弟」）から王位を奪った人間です（『魏書』公孫度条。前述）。

卑彌呼の魏への接触は、実家の公孫氏が魏に滅ぼされたその翌年の、景初三年（二三九）を初めといたしまして、正始元年の二四〇年（一五4）、二四四年、二四六年、二四八年と、凡そ卑彌呼が死ぬまで二年毎に続いております。

これらの問題を考えるに当たりましては、アナタはどうしてもその前に東アジアの背景を見渡してみる必要がございます。

北方の魏と対立する南方の呉の孫権が、魏を背後から牽制するつもりで遼東半島の公孫淵（大伴氏のモデル）と結びました。

しかし、公孫淵はその呉の使者を切り、その太常と張彌の首を魏に送って、呉を裏切ったのです。

淵はやがて魏から遼東太守の位まで貰うことになりましたが、しかし、この事件で（寝た子を目覚めさせてしまい）魏は「背後の満州の遼東半島の重要性に気付き」、景初元年（二三七）に至り、遼東の公孫氏への攻撃を開始してしまったのです。

ここで大切なことは、この行動の行きがけの駄賃といたしまして、高句麗が攻められるはめになってしまったということなのです。そして、このことが思いもよらないことに波及していくのです。

＊これがアナタ、神武大王が日本紀に登場するきっかけ（一五1）ともなっていたからなのです。

二四四年には幽州刺史の毌丘倹（かんきゅうけん）が高句麗を攻め、翌二四五年には玄菟太守も高句麗を攻めております。このときの高句麗の王は、11東川王・憂位居（二二七～二四八年）です。

この同じ年には楽浪郡と帯方郡とが共同いたしまして「東濊」を攻め、そして更に、翌二四六年には三韓の王都のある「馬韓」にまでも侵入して来ていたのです。

また、その直ぐ前の二四五年には「韓人（倭人をも含みます）が魏に対し反乱」を起こして鎮圧されてもいるのです。これは「臣幘沾（しんせきてん）の乱」——「幘（さく）」は、頭巾のことでございまして、当時、韓（朝鮮半島中部・北部にいた倭人）の人々が、特に礼服や頭巾を好み、下戸の者でも郡の役所に行くときには、皆、礼服や頭巾を借りてやって来たりしており、又、自分で印綬・礼服・サクを誂えて身に付けるものが千人以上もいたというところからも（『魏書』韓伝）、この乱にこのような名が付けられたのです。因みに、この臣とは大酋長（韓王か）のことを申しました——とも朝鮮では言われているものです（尚、これらと「倭の大乱」との関連につき、一〇1）。

そして、これと同じことと思われますものが、次の事件なのです。

魏の明帝（二二七～二四〇年）は、帯方・楽浪の両郡の太守をして「諸韓国」の臣智（韓の普通の村の酋長である邑借よりも、より大きな村の大酋長のこと。例えば、馬韓王〔倭王〕などは、この臣智です）たちに印綬を授けましたが、その際、「辰韓八国」を楽浪郡に付して分割統治しようと企てましたので（少なくとも、通訳がそのように誤解を与えてしまいました）、臣智（馬韓王）らは怒り、帯方郡の崎離営を攻め、太守を戦死させてしまったのです。

しかし、魏は楽浪太守の劉茂と帯方太守の弓遵とに兵を挙げさせ、この「韓＝倭」を服属させているのです（『魏書』韓伝。一〇1）。

＊因みに、この臣智の位を持つ者（つまり、馬韓の辰王など）には、優呼「臣雲遣支報　安邪踧支濆臣離児不例　拘邪秦支廉」（『魏書』韓伝・馬韓条）という実に不可解（！）かつ、面白い「優呼＝称号＝美称」を持つ者がおりましたことが中国の正史に記されておりましたが、何と！この正史『魏書』とほぼ同じ語句が、「遼＝契丹」史の中にも見られますことからも、このことが一体何を意味していたのかと申しますと、耶律羽之編纂の「遼＝契丹」史の信用性も部分的には、中国正史レベルと比較いたしましても相当高いものがあるということを、この訳の判らない言葉を介しまして（共通性）物語ってくれていたからなのです。

と申しますのも、次の『遼史』の中の「辰沄繾翅報　案斜踧岐賁中釐倪叔斿厲　珂洛秦弁支廉」（耶律羽之纂『契丹史』頌之三）という文章が、何と！　その文字も発音も、先の中国の正史『魏書』韓伝・馬韓条のいうところの「韓王＝辰王」の肩書きと全くそっくりではあッりませんか（アラ、不思議ねっ！）。このことは又、重大な問題提起を孕んでおりまして、魏〔三八六年～東魏五五〇年・西魏五五六年〕の頃の朝鮮半島の「韓人＝倭人」と満州の「契丹人」〔遼。九一六～一一二五年〕とが、時代が大きく隔たっていたにも拘わらず、同じ言語を用いていた同じ民族（混血を含む）であったのだという、実に重大なことをアナタに提示してくれていたからなのです。

何故なら、白夷の中山国が亡命し、ツングースと混血して東胡と化し、その東胡が匈奴・冒頓部・チュルク系に征服されて混血し、そこから烏丸山の烏丸族と鮮卑山の鮮卑族（魏の王家は満州の東夷の鮮卑の拓跋氏の出自です）とが生まれ、その鮮卑の末裔が契丹三族の「奚＋契丹＋室韋」の三者だったのでございまして、このように「契丹」＝「奚＋契丹＋室韋」＝ともに「東胡の末裔」でもあったからなのです。別述。

そして、アナタ、この室韋の中から、蒙兀室韋（倭人の一派）が分かれ、そこから蒙古人が出てまいります。ですから、蒙古人の末裔であるブリアート人と今日の日本人が、「遺伝子的に大変似ており」ましても、実は、これは、民族の分析からも当然のことなのでして、別に騒ぎ立てするようなことではなかったのです（不勉強で知らないマスコミが大騒ぎ）。

因みに、この契丹は、「耶律氏＝馬トーテム＝王族＝昔氏」と

「審密(しんみつ)氏＝牛トーテム＝王妃族＝朴氏＝蕭・尚氏」とに分かれておりました。別述。

このように、この頃の満州（公孫氏・扶余・高句麗）と朝鮮半島（東濊・馬韓）の地域では、激動に見舞われていたのです。

馬韓への中国軍の侵入その他によりまして、半中国人である燕王の女の卑彌呼を盟主といたします「三韓＝倭人連合」といたしましては、倭人全体が朝鮮半島を南下せざるを得ないことなってしまったのです。中国軍の侵入など（鮮卑の圧力も含む）がそのことの重要な一因となっていたのです。

このように、この頃、後の扶余伯族の出自の百済もこの一部なのですが、「馬韓＝倭」は、朝鮮半島で「追っ立て」を喰いまして南下していることが判ります（百済は遼河の西の晋平郡・百済郡〔今日の蓋県(がいけん)〕経由で。二3、6、4、7、一五1、一〇1）。

この頃には、馬韓の月支国（アシタ）に拠点をもっておりました、倭人連合の象徴（辰王＝鮮王）たる女王卑彌呼は、既に、一足先に、朝鮮半島南部の安羅の咸安(かんあん)の拠点から、更に、九州の日向の西都原の分国へと、身の安全を求めて南下してしまっておりました（一〇1）。

＊卑彌呼はこの頃、正始八年（二四七）、又はその翌年に至りまして、狗奴国の卑狗弓呼（後の朝鮮の朴氏＝ナガスネヒコのモデル）と戦って死亡しております。

ひょっとすると、卑彌呼はこの頃朝鮮半島において死亡してしまっている可能性もございます。しかし、今はその考えを採りませんが――。一〇5。

では、より大きく倭人の中国大陸での位置付けについてのお話に入ってまいりましょう。

後漢の頃までは、「倭は燕の方向にいる」と中国人には考えられておりまして（『山海経』にもそのように記してあります。九4）、倭人とは、今日の山東半島・山東省辺りから内蒙古の辺りにかけて住んでいた東夷（淮夷を含みます）・北狄であると考えられていたのです（ですから、山東半島〔北上した「越＝遼東に来る直前の卑彌呼の実家の公孫氏」の故地〕から朝鮮の洛東江に海路移動いたしまして東萊と称しました「萊夷」も、その一派だったのです）。

その頃の「漢書・地理志」によりますと、倭の位置は「漢の長安の北六十度の方角」つまり「燕の方角」だと言っているからなのです（後述『山海経』）。

しかし、時移り、魏の頃に至りますと、今度は朝鮮半島の南部「をも」倭と呼ぶようになっておりまして、「韓の南は倭と接す」との記載がありますように（『魏志』東夷伝・韓条）、この頃には倭は朝鮮半島南部と日本列島西部（九州）へと移動してしまっていたものと考えられるようになっておりました。このように、倭人は長い時間をかけて「ゲリラ」のように時代と共にアジアの中を移動していたのです。

このような流れの上からも、三世紀の中国人は、慶尚南道の沿岸部をも「倭」と呼んでいたということを、まずはアナタにも、お判りになっていただけたことと存じます。

　ですから、この南鮮の部分は、七世紀ごろに「大良＝機張＝息長」（四３）など主として地名のおしまいに「良＝ラ＝羅」が付く所、つまり「伽耶」の全域か、又は時代によってはその南部（つまり、正に、その頃の半島での倭国）に相当する部分と考えてもよかったのです。

　しかも「安羅＝安耶＝安那」で、アナタもお判りになりますように、「羅＝耶＝那」は転音だったのであり、かつ、この「ラ＝ヤ＝ナ」は皆通音でもございまして、古代の中国人は「倭人の住む国邑」のエリアを、この同じ「字＝音」でございます「羅＝ラ」をもちまして表していたということが判って来るからなのです（更に、その北部の「韓」も、実は、倭人の国）。

（6）「委奴国」ではなく「倭国」となっている『翰苑』

　後の唐の時代のものなのですが、このことを裏付けますと共に、「委奴国＝倭国」であり（！）、かつ、倭人が「その頃」は、少なくとも「朝鮮半島中央部及び南部に居住」しておりましたことを示している証拠がございます。

　それは次の文章です。

「中元の際、紫綬の栄有り、漢書地理志曰く、夫余の楽浪海中に倭人有り……後漢書、光武の中元　倭国　貢ぎを奉じて朝賀す……」（太宰府天満宮所蔵、唐の張楚金撰、顕慶五年〔六六〇〕『翰苑』倭国条）

であり、この唐の時代の文書では「漢ノ委ノ奴ノ国」などという不可解な、ホップ・ステップ・ジャンプというような三段飛びのような表現ではなく、端的にここが「倭国」となっておりますことも、中国では古くは、「委奴国」の「奴＝助詞」又は「副詞」に過ぎないと考えていたことを裏付けていたのです。

　また、もう一つここで見逃してはならない大切なことがございます。それは中国人の感覚で「夫余の楽浪の海中」に倭人がいると言っていることも、楽浪郡から西朝鮮湾を船で渡った「朝鮮半島部分」に倭人がいたということ、つまり、ズバリ、「韓＝倭人の国」でありましたという重大なことをも、右の『翰苑』は意味していたからなのです（百済の晋平郡の場所〔遼東半島〕にアナタご注意）。

　この点を、念のため、今度は朝鮮史の方からも、もう少し確認しておきましょう。

「後對馬二島遂偽任那所制、任那刀対馬全称也、故自古仇州対馬三韓分治之地……任那又分為三伽羅」（『太白逸史』高句麗本紀）

――後に對馬の二島は遂に任那の支配地となった。任那は對馬の全称となり、故に九州と対馬は三韓人が分治した。任那は又分かれて三韓となった。

というのも、倭人が韓を統治していたということを表していたのでして、これはごく自然なことでもあったのです。

　このように国際的視野で東アジア全体を見渡します限り、かつて「倭人が大陸内の燕国の近くに居住していた」との古代中国人の考えは正しかったのです（後述　九4）。

　と申しますことは、取りも直さず、少なくとも（後半は）、「倭人」が中国大陸を満州（遼東）、朝鮮半島へ、更には日本列島へと「移動」して来た——そして、ある時期には「韓＝倭」であり、そういたしますと、「馬韓・辰韓・弁辰」は倭人の国だったのであり、倭人が支配していたときもあったのです。ですから、遼東半島の公孫氏（燕王）の女（卑彌呼。馬韓王〔辰王〕といわれました）も「倭人」の王と呼ばれていたのです——ということを意味していたからなのですよ（二三5）。

＊ですから、「楽浪郡＝平安道」「帯方郡＝京畿道（漢江）」などという日朝のアカデミズムの考えは大間違いであり、正しくは、共により北方に位置していたのでございまして、精々「楽浪郡＝遼東（公孫氏）」「帯方郡＝楽浪の南から、精々平壌止まり」であったのです。

2、「倭人」の概念のアバウトさ

　ここで、その中国人の「倭人」につきましてのアバウトさの理由につきましても、もう少し考えを深めてみる必要があるのです。

　それは、中国人は、正直なところ、少なくとも隋の頃までは、満州・朝鮮・日本列島には殆ど「関心がなかった」（それまではこちら側からの完全な片思いだった）からなのです（「壬申の乱」の「真相」におきまして、新羅の日本列島乗っ取りを、中国が大目に見てくれたことの理由につき、二五1）。更に、朝鮮という「国号」すらもが、中国から朝鮮半島での国に認められるのは、日本での時代に直しますと、次に申し上げます証拠によりますれば、足利義満の晩年の頃からに過ぎなかったのです。

「高麗李成桂……自立……　更　其国号曰　朝鮮」（『明史』本紀、太祖洪武二十五年（一三九二））

——高麗（こうらい）の李成桂……自立す……其国の名を更（あらた）めて朝鮮という。

　このように、国際法上、宗主国から朝鮮国という名で認められるのは、十四世紀で、しかもその末頃からに過ぎなかったのです（箕子朝鮮の名は古いのだけど、厳密には国号なんかではなかった〔！〕のだよ。しかも、その場所は明らかに満州だし）。

『魏志』の「倭人」につきましても、東方の遠方の珍客を、ほぼ西へ等距離の「月氏」と対比させることによりまして、その真中に位置する魏の雄大さ（帯方郡から女王国までですらも一万二千余里。『魏書』倭人条）を誇示し、その権威付けのために利用したのに過ぎなかったのです（精々、この頃は倭は利用されただけだった）。

　では、一体いつの頃から少しは「片思いではなくなった」と言えたのでしょうか。

　満州を開拓地として本気で漢人つまり自称・華夏人が意識し始めましたのは、「貧乏人の子沢山」で漢人の「人口も増えて」まいりました十四世紀の「明朝」年号（一三六八年～）の頃からに過ぎなかったのでございまして、遼東を中心に「二十五衛・二州」を置いて開拓にこれ努め、その結果、耕地面積も三百六十万畝を超えることが出来たという客観的データーからも、そのことは証明出来ることだったのです。

漢人と一言で申しましても、後世、全ての民族を中国人として吸収してしまった、その「中核」となる実体につき歴史的に分析いたしますと、古くは漢代の頃から徐々にチベット高地から青海・四川へと「下って」まいりました西戎（二三1他）が主体――チベット高地から降りましても、相変わらずの遊牧民として水耕民の上に君臨しておりました、後の「昆明族」などの羌族（A）と、四川盆地へと下って定住いたしました、遊牧の羌族のいたところ（山地）よりも「低い土地の住民」となった、つまり氐（てい）族（B）と呼ばれました、後に雲南などの南に下ってからは「滇（てん）族」「泰（たい）族」などと化しております――のAとB両者のうちの、定住した「Bを主といたしました混血民」の方の、その元から発展いたしました商人的農耕民に過ぎなかったのです。これが「漢人＝羌族」の出自の真相であったのです（九3、及び後述）。

このように、満州の草原・林野は、紀元後についてだけ見ましても、明の頃までの、少なくとも千四百年近くもの間は、漢（羌）人ではなく、主としてツングースやチュルク系の「満州人＝東胡」（鮮卑など）が独自で活躍する「北倭」の雄大な生活の場であったのです。

加うるに、次に述べますように、この満州＝東胡の地は、中国大陸を移動中のある時期におけます「倭人の故郷」の一つでもございまして、倭人（特にその中の「北倭」）が開拓した土地であったのです。

ですから、ここに倭人の末裔が国を建てること（満州国の建国）は、ユダヤ人の末裔が二千年もたってから、イギリスのチャーチルの二枚舌の大ウソによりアラブの「パレスチナ人を周辺に排除して」までイスラエルを建てさせたこと（イギリスが、第二次世界大戦をヒットラーと戦う為に必要不可欠なロンドンのユダヤ人財閥の資金欲しさから、我々が勝ったらそこにユダヤの国を作ってやるとの「手形」を切ってしまったことの結果、これを空手形にするわけにはいかなかったので、イスラエルが出来たといういきさつがあったからなのです）以上に正当性が認められるのです。

＊これを今日、右の手形を切ったイギリスの弟分のアメリカがより成長し、兄貴分のイギリスに代わってその手形債務を受け継いで支援しておりまして、アメリカの対外援助の一番は、相も変わらずイスラエルなのです。因みに、第二番目はエジプトでして、これは「イスラエルと戦争をしないための保証」として、エジプトをお金で骨抜きにするためにアメリカの国家予算（国民の税金）が使われております。

このようにアメリカという国は、その実質は、ユダヤ人（但し、滑稽にも旧約聖書とは何らの縁もゆかりもない、偽ユダヤの「アシュケナージ・ユダヤ＝カスピ海のカザール人」の末裔に過ぎなかったのですがネ）の藩屏に甘んじているということなのです。偽ユダヤ人は、ノーベル賞をとるだけあって混血で頭はいいのです。しかし、マア、これは凄い国際詐欺、否、国家乗っ取りですナ。この「宿借り」のユダヤ人は今、アメリカから資本主義化した中国へとヤドカリの「殻」を移しつつございます。早くアメリカ人がこのことに気付きませんと、いずれユダヤ人の見捨てたアメリカは又元の「赤い砂漠」に戻ってしまうかも……。

歴史を調べてみますと、ユダヤ人は太古から、そうして――巨大国の寄生虫（パラサイト）として――今日まで生き延びて来たという前科と伝統とがあるのですが。そういたしますと、東ローマ帝国のキリスト教とイスラム教に挟まれて、その双方から逃げる為に七七九年に国家ごとユダヤ教に改宗してしまいましたこの「ハザール（遊牧者・放浪者の意味）帝国」は、その源は、「突厥」の阿史那氏の建てた国（ハザール王の「アンサー」の名の由来は、突厥の「阿史那」が訛ったものだからなのです）でありますので、面白いことに、一見、今日アングロサクソン・プロテスタント（WASP）が支配しているように見えておりますアメリカという国が、実は、ユダヤ人、つまりアジアニックの「突厥＝チュルク＝伊犁可汗」の末裔（カザール人＝偽ユダヤ）のコントロール下にあるということにもなってしまうのです。アメリカでは、白人のアングロサクソンの上に、突厥（トルコの混血）系アジア人のアシナ氏が君臨していたということにもなるのです。コリヤ痛快。脳天気な歴史に疎い多くのアメリカの市民は、このこと（偽ユダヤのためにアメリカ人の税金を湯水のごとく使っていること）に今も気付いてはいない（ユダヤ協会は知らんぷり）ようなのです。もし、所謂「ジプシー」（放浪者）がインド人の出自で、インドの「アピル人＝ユダヤ人」の末裔であったとしたならば、面白いですね。「白人系の偽ユダヤ人＝カザール人＝放浪者」なのですから。

因みに、阿史那氏は狼を始祖とし（狼＝鉄民のトーテム。阿史那氏＝突厥＝「柔然の支配下の鉄民」）、ズンガリア盆地から出た民族であり、突厥（丁零、勅勒、鉄勒）の一派で、高車とも近い関係にあり、この突厥の勢力は、一時は東は沿海州、西はカスピ海（カザールの海）にまでも及んでいたのです（一〇6）。それに高車は高句麗にも入り込んでおります（その証拠は、集安の装飾古墳の五盔墳の「製鉄製輪神」）。

鉄木真（チンギスカン）も狼の末裔（鍛冶系）と言っております。

では、次に、満州が少なくとも「今から二千年近くも前から倭人の故郷」であったことの更なる証拠をアナタに更にお示しいたしましょう。

二世紀に蒙古高原を統一いたしました鮮卑王の檀石槐（在位一五六～一八一年）が、その当時は、その一部が満州の「松花江」辺りにもおりましたところの「倭人を千余家捕らえて来て魚を採らせ」た（『後漢書』）とされております（中国の西南夷の「巴人＝水運・農・魚人＝蛋民的」の四川盆地から満州への移動の可能性につき、別述)。今日のブリアート人も、やがて北に逃れたその分派の一つだったのです。倭人が遊牧民のために、食料となる魚を水に潜って捕らせられていたのです。

しかも、その数も、半端な数ではなく、一家を五人と少なく見積もりましても五千人、十人と見積もりますと一万人にもなってまいります。中国史によりましても、こんなにもの膨大な数の倭人が、今から千八百年も前の中国東北部の満州に間違いなく存在していたのです(因みに、日本列島におけます奈良時代の「一家」「一戸」の平均は二十七人です)。

しかも、ここのところには、モット重要な古代史の謎が隠されていたのです。と申しますのも、その前に出ている『魏志』鮮卑伝では、その同じ人々のことを「倭人」ではなく、何と!「汗人」「汗国」と呼んでいるからなのです。

このことは大変要注意のことだったのでして、アナタは決してこれを見逃してはいけなかったのです。では、そのことにつきまして、次に節を変えまして肝要な部分だけでも述べてみることにいたします。

3、倭人=于人=干人=韓人

(1)インダス人の一派はベンガル湾からミャンマー経由で蜀へ入り、プロト殷人と化した

このことはとても重要だと私が申しますのも、このことが、今までアナタが気が付かなかった「韓=倭」へと繋がっているキーポイントとなっていたからなのです(一五3、8。因みに、朝鮮半島での「羅=倭」につきましては前述、九2)。

そして、もしそうであるといたしますと、馬韓・弁韓・秦韓の「三韓」とは、中国人から見まして民族的には倭人(仮に、倭「国」という行政区画ではなくとも)から構成される地域だったということになって来るからなのです。

では、その理由につき、更にお話を進めてまいりましょう。ちょっと難しくなりますので、結論だけでも申し上げますと、「干=于=倭・佤」だったからなのです。

と申しますのも、古代の中国文献によりますと『尚書』の「九夷」、『後漢書』の「干夷」が「干=馯=犴=汗=韓」であると言っておりまして、しかも、それに加えまして「韓」と「馯」とは「音同而字異」(『正義』による)であるとしておりますので、そういたしますと、この韓と干の二つは、実は、「同じ」ことを表していた(!)ということが判るからなのです(一七2)。

このことを一言で申しますと、かつてのある古い一時期に「于=オ=倭」と「干=韓」とを、字が似ておりますので混同(無意識的に)して使うようになってしまい、それが古い頃、いつの間にか「倭=韓」ということで「韓」字が使われるようになってしまっていたのです。と言うことで、これは本来、「倭=韓」で同じことを表していたのです。

もう少し詳しくこの点を見てみましょう。

「聞　汗人　善捕魚……於是檀石槐東撃汗（この部分は汗ではなく、汙か）国……汗人」（『魏書』鮮卑条）とありますのが、後に、この同じ文が、「聞　倭　善網魚、於東撃　倭人国」（『後漢書』鮮卑条）と「汗人」から「倭」へと見事に変わっておりますことは、かつてはちゃんと根拠があったからなのでして、「汙」＝倭であり、「干＝韓」でありましたこと（『正義』）を示していたのです。

これらは皆、『尚書』「九夷」、『論語』「九夷」、『後漢書』「夷九種……干夷」で、古くは「干夷」の範疇だったのです（尚、前述のように「汗＝汙」と考えることも可能です）。

＊前述のように、鮮卑の檀石槐が、光和元年（一七八）冬に、東方の倭人千余家を捕らえてまいりまして、烏江秦水で、糧食を補うために捕魚させせましたときに、中国史におきましては倭人（『後漢書』鮮卑条）という表現が見られるのみならず、その同じことを汗人（『魏書』鮮卑条）とも表示されていたことからも明らかなことだったのです（一〇1）。

但し、汗は汙の誤りで、その「ウ＝倭」である（『三国志集解』）との考えもございます。

さて、殷人が作りました象形文字、つまり、「表意文字」の、所謂高度な（漢）字の内容の意味が、西から侵入したアルファベット（表音文字）族の「羌人＝漢人」には暫くは全く判らず（理解できず）、つまり西戎である粗野な牧民の「羌人＝漢人」がチベット高地から降りてまいりまして、その初期には単なる符号、つまり単純な「表音文字＝アルファベット」のレベルとしてのみ漢字を使用したからこそ、古代中国では（否、つい最近までもそうでした）、「音が同じ」なら「別の漢字」でも何ら差し支えないという原始的な慣行・原則が残ってしまっていたのです（一三1）。

これが、所謂漢字は殷人（インダス人）＝商人（シンド人）によって作られたということの根拠の一つともなっていたのです（一三1、一二1）。

＊インダス人＝シンド人の出自は、近東のメソポタミアのシュメール人。更に、このシュメールの人々の出自を遡りますと、東南方、つまりインド洋・ペルシア湾方面から、シュメールへとBC三三〇〇年頃に海上より渡来しました、中東のインダス系のアジアニックのムンダ人の一派かとも思われます神人「オアンネス」＝魚人の子孫。この子孫が近東でセム人のアッカド人サルゴンに追われまして、「再び」故郷のインドへとリターンしたのがインダス人だったのです（一〇1、一五6）。このように、セム系の「アッカド人やユダヤ人」、つまり、「アニミズムにより人を生贄にする多神教の頃のユダヤ教を、最早捨ててしまったユダヤ人」の子孫の「羌人＝苗人＝漢人」と「シュメール人やその子孫のインダス人」「そのインダス人の分派の一つが建てた中国」の「殷人・商人」の両者は、既に、西アジアにおきまして遥か太古から「不倶戴天の敵」だったことをアナタは知らなくてはいけなかったのです（羌人対殷人）。ですから、古代中国史では、羌人が周に寝返ってしまったので、殷が

亡んでしまっておりますよ。

この頃は、丁度、ＢＣ一六五〇年頃に高度な文明を誇っておりましたインダス人が、野蛮で粗野な牧民のアーリア人（ミタンニ人やカッシト人）に、西北インドから侵入されて滅ぼされてしまった（当初はボチボチ入って来て、脅威の存在とは見なされませんでしたが）のと同じように。

インドに侵入したアーリア人の中にカッシト人が含まれておりましたことは、ヒマラヤ山脈の「ヒマラヤ」という言葉自体が、そもそもカッシト語に見られます「シマーラヤ」（雪山中の女王）から名付けられているということにもしアナタがお気付きになりますれば一発でお判りになる筈です。

因みに、アーリア人がかつて、最後の「氷河期」の到来により、北極、又は、北極圏（シベリアの北方）から（又、少なくともそこを経由して）ここインドに到りましたことは（寒冷地適応）、サンスクリット語で書かれました『リグヴェーダ』（Rgveda利倶吠陀＝古代讃歌集）の分析からも明らかなことだったのです（因みに、「ヴェーダ＝知る」）。それは、『リグヴェーダ』の中の「太陽の昇る前には多くの日時があった」「火神は余り長く闇の中に滞在してしまった」「インドラよ、広大かつ限りない光明を齎せたまえ」「永遠の闇夜で私を覆うなかれ」という詩文がそれを暗示していてくれたのです。

プロト拝火教はインドラの崇拝より古いと言われておりますが、これは「北極圏での夜の暗黒に対しての恐れ」に由来するものだったからです。「寒さ」に対するものは勿論のことと致しましても。

序でに、シュメールの出自につきましても、太古にまで遡って考えてみますと、①取りも直さず、まずは少なくとも十六万年前にアフリカを出発し、インドネシア辺りの大スンダ列島から北上した「古代モンゴロイドの縄文人」が（因みに、北海道アイヌは新モンゴロイドのツングースです）、ベージリアンが冠水したためアメリカ大陸への行く手を阻まれ、その地に留まらざるを得なくなり（定着→器具の大型化を招く）、その津軽半島の大平山元（おおだいやまもと）で今から一万六千五百二十三年前に世界最古の土器（無紋式）を発明して作り出し、③やがてアムール河（黒龍江）を遡行してアジア大陸を南へ、そして西南へと移動し、時として北極までも追われ、そこで寒冷地に耐えることが出来ました（この点はアーリア人も同様ですので、どこかで接触があったかもしれません）一部が、④その後長い年月を経て、氷河が溶けて出来た当時の巨大な「タクラマカン大湖」を経由して、⑤アフガニスタンのバタフシャンの「ラピス・ラズリ」とともにインダス河口から海路シュメールへと移動し（オアンネス＝「六人の魚人」神話）、そこでもＢＣ三三〇〇年頃、世界最古の文字である「楔形（せっけい）文字」を発明する等の文明を創り出していったという驚異的な人類の因果の流れの一端をアナタに示していてくれたのです（本邦初公開）。

そして、この高度の文明を有していたインダス人の末裔が、今日、征服アーリア人から賤民扱いされておりまして、南インドやスリランカ（セイロン）にまで追われてしまっております「ドラヴィダ人」だったのです。

＊その殷人は、インドから東方へ、また海へとも漕ぎ出しました。

ですから、「古代インダス語（ドラヴィダ系のタミール語など）の日本列島への流れ」といたしましては、一つには、中国の殷の亡命者のルートと、二つには、インドからインドネシアへ、そこから南洋を海流に乗って北上して渡来したフェニキア系（後の邪馬臺国系）やニギハヤヒ系・マラ族系（後の物部氏）のタルシシ船に乗って鉱山開発を目的とした海洋民のルートと、大きく分けてその二つがあったのです。

＊河南省安陽県の洹水に沿った小屯の「殷墟」出土の卜辞（ぼくじ）の甲骨文字が「牛」の肩甲骨に記されておりますことも、インドとの深い関係を感じさせてくれるのです。

この点、扶余でも「殺牛観蹄以占凶」と牛を使って占っております（『魏書』東夷、扶余条）。扶余・高句麗の陜父（ニギハヤヒのモデル）の出自は、遡りますとインドのシャーキー族（釈迦族＝牛トーテム）までも遡ることが出来るからなのです（牛偏の「物」の物部氏＝昔氏＝畬（シャー）氏＝徐氏＝余氏＝古代インドの塩鉄カーストのアグリー。中山国の白夷の「謈（シャク）氏＝昔氏」を介して）。

このように、漢字は「漢人＝羌人」が殷人から「盗んだもの」だったのでございまして、その殷・商帝国とは、有色人のインダス文明人が、白人のアーリア人からBC一六五〇年頃追っ立てを喰ってインドから支那へと亡命し建てた国であることの幾つかの証拠につきまして、これからお話ししてまいりたいと思います。

(2) インダス文字から殷字へ、そして漢字へ——亡命シュメール人がインダス人となる

南越国の番禺城（香港の北）から出土いたしました「金印」（BC二〇〇年頃）の文字は、中国語ではなく、何と！「神殿の定礎板のシュメール語」＝「ハラッパやモヘンジョダロの押印型印章のインダス語」でございまして、このインダス文字により「ル・ガル・カル・メス」つまり「王の子」と印してあり（ル・ガル＝王、カル・メス＝長子ですので）、この象形（デザイン）が、正に、後に「漢字＝殷字」の「泰子＝太子」になったことは一見して明白なことだからなのです（川崎真治）。

この余人を卓越した川崎の思考も、「殷文明はインダス人が作ったこと」と、そして、その上で、更に「漢字が殷字からの借用・盗用であった」という私の考えまで、もう一歩巾を広げて欲しかったと思っております。惜しい！

このように、「インダス文字—殷字—漢字」と繋がっていたことは（九9）、今後、時代と共に証明され、やがて、近い将来には通説となっていくことでしょう（ワケにつき、二1）。

因みに、漢字の元を作りました殷人が、インド・アッサムから察偶を通り蜀へ入り、やがて黄河流域に進出いたしましたことの

証拠は次の通りです。

それは青銅器に含まれております銅・鉛・錫のうちの四つの同位体を有する鉛の同位体比値の測定によりますと、殷の初期（Ⅰ期・Ⅱ期。黄河・偃師市商城）の青銅器は、その殆ど（八〇％）が高放射性成因鉛という特別な鉛で作られており、これは蜀（四川）の「三星堆遺跡」出土の青銅器の鉛と同一だからなのです（金正耀、T・チェイスら）。

殷の後期（Ⅳ期になりますと、この特別な鉛は見えなくなってしまい、地元の黄河流域の鉛に取って替わっているからなのです。

このように、インダスからの亡命民の殷人は、海上から山東に上陸した（海路でのスリランカやニコバル島経由や、陸路東行の途中でメコン川などを下り、インドシナから北上した人々、又、長江を下った人々）だけではなく、陸路インド・アッサムから東進し、蜀へと入って鉱山を開拓した人々もいたのです。

そして、この人々が、今日の西南夷のロロ族に殷字の元祖を残していたのです（二三1、九9）。

このように漢字は「漢人の盗作だった」のです。

＊アーリア人から「民族の追っ立て」を受け、南へ行きスリランカ（セイロン。ここに留まったのがドラヴィダ人・タミール語）から更に海洋に出ましたインダス人が、マルディヴ諸島から「宝貝」を、当時はまだ一部が雲南レベルに留まっておりました、東方に逃げました別派のインダス人（今日の「ロロ族＝イ族」の祖先）に、今日では忘れられております「マルディヴ→ベンガル湾→ミャンマー→インドシナ→雲南・貴州」というルートで送り、その人々が青銅の貯貝器にそれを貯めましたことにつきましては、一八5は必見。これらのインダス亡命民（今日の「ロロ族＝イ族」の祖先）が、やがて中国で殷帝国を建て、更に、殷が滅んだBC十一世紀には、日本列島へと亡命してまいりまして、初期の頃の「弥生の水耕民」（但し、陸稲（おかぼ））ともなっていったのです。

BC三三〇〇年頃に、既に、アフガニスタンのヒンドゥクシュ山脈中の「バタフシャン」（鉱山の場所は、アム・ダリア〔河〕の支流のコクチャ川の上流で、サル・イ・サング山頂近くの海抜二七〇〇メートルの地点）からインダス河を下り、シュメールまで「ラピス・ラズリ」が運ばれておりまして、このシュメール人がセム族のアッカド人サルゴンに追われて、「インドへと再びリターン」いたしましたのがインダス人であったのですから、このときマルディヴへ逃げたのは、元々が海洋民であったシュメール人（オアンネス＝魚人間）の子孫達であったのです。

このとき、別派がインド洋を西へ「戻り」、アビシニア（エチオピア）に入り、上エジプトから北へ下エジプトを征服した異王朝（ヒクソス王朝）が、「インド・ムンダ人→シュメール人→インダス人→アビシニア人」というリターンにリターンを重ねた流れだったのでございまして、やがて、カナーンの地へと亡命し、「フェニキア人＝カルタゴ人」となり、再びアラビアやインドやインドネシア（イアヴアデオウ＝ヤーヴァ・ドヴィーパ）などと「タルシシ船＝奴隷船」を用いて交易を行うことになります（インド十六王朝の「アユダ国＝コーサラ国」は、地中海のフェニキア人のオウドの植民市でした。これは、やがて邪馬臺国の卑彌呼へと繋がる家系でもあったのです。九7）。

インダス河流域から出土致しました印章の文字は、シュメール人の印章（回転印章）の文字と大変良く似ておりますし、バルチスターン地方（パキスタン）のナルを経由して、シュメール人の一部がインドに入って参りましたことは（里帰り。インドを出発致しましたのはプロト「ムンダー人」）、そこの死体が日干しで乾燥させた「塼の棺」に入れられ、そこから出土した土器・石臼等もモヘンジョダロやハラッパのものと良く似ていることからも、そのように言えるのです。

後世のアーリア人の一派でもございますカッシト人は、海路インドに済りインダス河を遡行してパンジャブ（五河地方）に植民致しましたし、又、ミタンニ人も、東のアッシリアと西のヒッタイトに挟まれ、BC十四世紀（BC一三六七年以降）にインドに侵入しております。これらの人々が、アーリア人の中核と致しまして、亡命シュメール人であるインダス人を滅ぼし、インド残存勢力（インダス人の一部は中国に移動し、そこで「殷帝国」を建てます）の「ドラヴィダ化」を生じさせることにもなるのです。

加えまして、髭毛のある胸像（モヘンジョダロ出土）は、短頭・細長い目の点等から考えましても、シュメールに残されております像に大変近く、又、ハラッパ等の出土品はスサの出土品とも良く似ていること、又、逆に、インダス人の第二の故郷（第一の故郷は、そもそもインドから出発しておりますから、インド自体だったのです）と私が考えておりますシュメールの方からの出土品を比較致しましても、「インド産の杉の木片」が出土しておりますし（バビロン）、「インド産の貝」が出土し（スサ）、更には、メソポタミアにおいても「インド風の小船のデッサン」が出土しておりますことからも、それらの証拠を積み重ねてまいりますと、シュメール人とインダス人との深い繋がりが頷けるからなのです。

更に遡り、インダス人は亡命シュメール人であったということの理由を、先程の文字ではなく今度は文章という点からも考えてみましょう。

シュメールの古い時代の文章（つまり世界最古の文章）は縦書きかつ文字は右向きで、右から左へと行を進めていたこと、インダス文章も右から左へと読んだという驚くべき両者の文章のルールの共通性からもこのことは頷けることだったのです。

＊今日でもアラビア語は右から左へと書きます。

更に、インダス人（殷人）が甲骨文字（漢字）を作ったということは、シュメールから伝わった縦書き、かつ、右から左へと書いていく方法が、漢文と全く同じであったということにもズバリ表れていたのです。

という訳でして、シュメール語から派生いたしましたエジプトのヒエログリフ（聖刻文字）と殷字（漢字）たる象形文字との文章の書き方が似ておりましても、これは当然のことだったのです。

　エジプトのヒエログリフ（古文）と古代中国の象形文字とが、頗る類似しておりましたことにつき、板津七三郎の昭和初期の膨大な研究成果（『埃漢文字同原考』。含む、「重訂・補遺」）の中から拾い上げてみますと、私が一見いたしましたところでも、「県」「毋」「反」「分」「刃」「肖」「丙」「商」「日」「姜」「羌」「委」「全」「唯」「集」「鬼」「匆」「爪」「臼」「塊」「凹」「衣」「主」「皇」などは、両者がほぼ同一とも言えるからなのです（次に申し上げますように、シュメールの「連山・帰蔵・周易」の「連山」が、エジプトのスフィンクスの背後にございます二つのピラミッドへ、更に、その三つのセットが東方の古代中国へと伝わりましたことも参考となります。別述）。

　この文字はシュメールから西のエジプトへ、又、東のインダス、更に、遥かなる中国の殷へと、その流れは世界の果てまで流れていたのです（多分、南太平洋の島々は勿論のこと、南米のインカ帝国や北米のマヤ文明にまでも、伝わっていたものと考えます）。

＊凄いでしょ。シュメール文字（楔形文字）、インダス文字（未解読）、ヒエログリフ（聖刻文字）、甲骨文字（殷字＝漢字）の「世界四大文明」の文字の書き方が皆同じ（！）だなんて。ヒエログリフの文字は、約七百もあり、母音を表すものはなく、又、一字一音のものも二十四個見られます。そして、古くは、「右書き」で「縦書き」のものもあったのですから（驚き！）。

これらの「四つの文字」の比較から、未解読のインダス文字を読み込まなければ、解読は出来ないのではと思われるのです（誰か如何？　挑戦しては如何！）。

それに、アナタが驚くのはまだ早いのです。実は、前述のように「占い」につきましても、近東のシュメール起源のものが、中国へ伝わり、「連山」、羊の内臓の筋で占う「帰蔵」、そして「周易」という同じような「三つの形」となって、遥かなる極東に残されていたからなのです。この「連山」の考えが、シュメールからエジプトに入り、「スフィンクスの両側の二つの大ピラミッド」＝「連山」として、イムヘテプにより設計し直されております。このエジプトの医者は、他に「段階ピラミッド」や「複合建造物」を第三王朝のジェセル王のために設計した人としても有名です。

　正に、古代中国の文明とは、殆どその全てが、シュメールやインドからの輸入品ばかりだったのです（実は、中国文明とは、そんなに大したものではなかったのだ。それが、華人が独占していた文字（文化）というものによって、ごまかされてしまっていたのだ）。

　それに、インダス人がＢＣ一六五〇年頃にアーリア人（ミタンニ人やカッシト人）に滅ぼされるまでインダス文字を使っていたにも拘わらず、そこの征服者のアーリア人は、ＢＣ七〇〇年頃まで書くことを知らなかった（出来なかった）のです（最初の記録は、「アショーカ王の碑」の石刻文でした。ＢＣ三世紀。それまでの「口伝」につき、二一4）。そして、その文字もセム系言語の書法の影響を受けたものでした。

この点、「インダス人＝シンド人」が古代中国で「殷人＝商人」と化し、漢字の祖先である殷字を使っておりましたが、西戎の「漢人＝羌人」が自ら漢字を使えるようになりましたのが、次に申し上げますように、紀元前後頃の漢代以降に『説文解字』を作りましてからなのですから、「インダス人・殷人」に対します「アーリア人・漢人」の対応が全く類似のパターンだとも言えるのです（被征服者の使用しておりました文字の、征服者の使用につきましての「殷対羌（漢。遊牧民＝西戎）」は、「インダス対アーリア（遊牧民）」と同じパターン）。

では、お前がそう言うからには、その殷人から殷字を盗んで漢字としたという漢人とは、一体いつ頃成立した民族だったのかと、きっとアナタはお尋ねになられることでしょう。

実は、ズバリ申し上げますと、漢族はＡＤ一〇〇年頃の後漢の頃までは民族ではなかった（つまり、民族という体を成してはいなかった）のです。

「エッ、そんな！」とアナタはお思いでしょうが、その理由・証拠は次の通りです。

(3) セム系亡命ユダヤ人の羌人から漢人への成立は『説文解字』の作成から——チベット高原から蜀盆地へ

漢族のその三つがセットでの成立（羌（きゃん）族から漢人への変貌）は後漢の許慎の『説文解字』（一〇〇年成立、漢字九三三五字の成立・原義・構造を分析し、五百四十部に分類）からでして、それまでは「漢人（その頃の中国中原では、人口も増えてまいりましたが、かつて、少数であった殷の頃は、殷から「奴隷」「生贄（いけにえ）」扱いされておりました羌人。仮に、ここでは「キャン人」というのもなんですから、一応、漢人と名付けておきます）と異民族の区別」は主として「風俗・文化」（頭型、食事、衣服、住居、刺青など）のみで区別されていたのに過ぎなかったのに対しまして、この後漢の頃からは「人間と禽獣の差」（西戎は羊、南蛮は蛇、北狄は犬、東夷は貉・狢・ムジナ。これを物産に例えて申しますと、その西・南・北・東は、夫々、肉・米・鉄・魚とでも申しましょうか。自分は早く来た西戎であるにも拘わらず）という新たな基準からの区別、つまりは、早い話がこの頃から初めて人種や体質という点から、中国人は他人と自己との区別をするようになったのだということが判るからなのです。

因みに、中国人が漢字を自由に使えるようになったのはいつのことからかと申しますと、それは前述の『説文解字』（漢字の意味が整理出来た）の頃よりももっともっと新しく、何と！隋の陸法言の『切韻』五巻（仁寿元年（六六一））からに過ぎなかったのでして、これが唐代の天宝十年（七五一）に『唐韻』と名を変え、更に、宋代に重修が命じられ、これが大中祥符四年（一〇一一）に『大宋重修広韻』五巻（漢字の発音別による「韻書」という辞書。二万六百十九字）とされてからのことだったのです。

精々、千三百年前から千年前からに過ぎなかったのですね。意外と新しかったのです。このことは何を意味しているのでしょうか。

どうです。という訳で、この頃には、つまりかつての殷代には、極東アジアでは奴隷レベル（甲骨文字による）に過ぎなかった羌人から、「天孫降臨」的な漢人へという、「羌から漢」への「漢人の第一次の変貌」の完成があったと見るべきだったのです。

つまり、これが「漢民族の中心の〈華人＝夏人〉の成立」だったのです（二三1、一七1）。

＊後世の日本紀や朝鮮史で見られます、支配者（天皇家）の天孫降臨的な神話のオリジナルな姿は、既に、この二千年も前の「羌から漢へ」の「漢人の生まれ変わり」という隠され偽造された中国古代史の中に見出せたのです。

尚、低地羌（農耕・定住）とは、チベットから四川の盆地に下り、本来の羌（高地羌・遊牧）から分離し、その後は「氐＝テイ（低い）」と表現され、両者を合わせて「羌氐」と表現されるのですが、本来は、漢人（羌＋氐）の二分の一でございました、この氐人につきましては、やがて隋の時代に至り、ほぼ完璧に滅ぼされて吸収されてしまうのです（漢人の第二次の変貌。ですから五胡十六国はアナタ、要注意）。

と言うことで、遊牧民から農耕民に変わった「漢人＝羌人」は、ここで初めて、正式に中華思想の中核の一団の仲間内に「入る＝成る」ことが出来たのだとも言えるのです。

このように「漢民族の中国人化」は、主として後漢の頃と隋の頃との、第一次と第二次の二つの時期に過ぎませんでしたので、実は、そう古いものではなかったことが判るのです（となると、その前の中国とは一体何だったのか？？？）。

＊匈奴の原郷であった中国中原。

これらのことを一言で申しますと、古代（ＡＤ一〇〇年頃まで）の支那人には「同一民族」という観念が「全くなかった」ということを支那人自身が記した右の古文書が白状していてくれたことにもなるのです。

つまり、早い話が、中華思想に従う人間は皆「支那民族」として仲間に入れてしまっていたのです。

この考えは、民族を問わず「ユダヤ教を信じる人々は、皆ユダヤ人」と言われているごまかしと、この点でも古代の「支那人＝羌人」とセム人の一派であるユダヤ人とは非常に似ていたとも言えるのです。

と申しますのも、やはり西アジアでの迫害から亡命してまいりました（その実体は、流浪です）ユダヤの亡命民（失われた十二支族の一部）が、華・花の咲き乱れる（ここから華夏というこの「民族の名」〔トーテム〕が出てきたのです）迫害者（匈奴やアラブ系）の少ない荒れた「チベット高地」で生き長らえながら、長い時間をかけて段々と宗教的にも変容を来しながら東行し、途中で羌族と化しながらも、世界の屋根であるチベット高地（排他性の強い、ペルシアやアラブ系の雄族が、世界の屋根〔パミールやチベット〕の上には少なかったことから、厳しい気候ではございましたが、より安全な、唯一のこの場所とルートとを、失われたユダヤ人たちは選んで生き延びて来たのです）を少しずつ東行し、揚子江源流（ここの住民の容姿と四川盆地の「三星堆」出土の仮面との共通性につき、後述）や黄河源流を経まして、やがてチベット高地の切れる青海辺りから蜀・四川盆地へと、中央アジアで学び取った繭の「ノウハウ」（特許）を後生大事に持って（チベット高原から低地へと降り、再び桑に接し養蚕を可能とし、それによって富を蓄積できたのです）降りてまいりまして水耕定住したのが、そもそもの漢人の始まりとしての「低人＝氏人」であったことを、この「テイ＝低い」の民の名と「トーテムの名」＝「花・華」自体が示していてくれたのです。

＊それに、岷江に南下してまいりました羌人は、天神から授かった白石のおかげで先住の丈基人に勝てたと信じ、そんな訳で、羌人には白い石を聖なる石として特に崇める「白石信仰」が見られるのですが（墓の中に副葬することすらございました）、

これは前述のように華夏という民族名の「華＝ハナ」が、チベット高地を祖先が彷徨った頃の、短い夏に咲き乱れる可憐な高山植物への思いを引き継いだものであると同様に、この白石も又、チベット高地の白い万年雪を戴く山々に取り囲まれた村落を故郷とも考え、かつ、聖なる場所（祖先の受難の場所）とも考えて信仰の対象にしたものだとも言えるからなのです。

「三星堆」（四川盆地）の蜀の開祖が「蚕叢王朝」とも言われており（揚雄、BC五三〜AD一八年編纂の『蜀王本紀』）まして、その名の漢字の「蚕」が、養蚕の技術を持っておりましたことをちゃんと表していてくれたのです。それに、この「叢＝ソウ」も、共に「ソウ＝桑」の草を表していたからなのです。因みに、この蚕叢王朝に続く、次の柏灌王朝（柏葉を神霊とする水耕民の王朝）、魚フ王朝（鵜飼による漁師の王朝）の王系譜は「左前の襟」ですから、これは後の漢民族の王朝ではありません（古代朝鮮や南洋諸島では、中国人とは逆に左襟を尊びました）。その後の杜宇王朝や開明王朝の鼈霊（鼈＝スッポン。この王朝は秦始皇帝により滅ぼされてしまったという考えもございます）からは「右前の襟」に変わりますので、この辺りからは、又漢民族へと付和雷同して化した可能性が考えられます。

「蜀……杜宇従天堕止朱提有一女子名利」（『蜀王本紀』、『太平御覧』所引）

＊「天堕」は杜宇が天より下った「天隳」山（天回山）の誤り（『蜀中名勝地』三巻成都府）。

杜宇が天から天回山に降りて、当時揚子江の源流と考えられておりました岷江の源流の梁氏（『華陽国志』蜀志。銀山朱提山を経営）の女と知り合います。

そして、この梁氏の女の「利」と結婚することにより、蜀王となったのです（宇自立して蜀王と為る。『蜀王本紀』）。

ということから考えますと、右の杜宇からが「低地羌」としての実在の蜀王（望帝）であったと考え、かつ、この時期につきましては、王莽は、漢家の姓の「劉」には「金」「刀」があるとい

うことで、「錯刀」「契刀」「五銖銭」を廃止すると共に、「金・銀・大亀甲・貝・銭・布」で「宝貨」と名付けた貨幣を作り、その際、「朱提銀は重さ八両（銀八両の重さ）で一流とし、価は、五八〇銭とした」（『漢書』食貨志下。「朱提＝犍為郡」）とございますので、この銀山は王莽の頃に存在し、よってこの朱提氏の話は、今から二千年を下ることはない（上限は戦国時代か）ものと考えられます。

この杜宇から禅（ゆず）られた「鼈霊（べつれい）＝開明」王朝は（常璩『華陽国志』蜀志）、周の慎王五年（BC三一六）に秦の恵文王によって滅ぼされたとされております。

＊因みに、「三星堆」出土の青銅金箔の「縦目仮面」の頭は、その裏から見ますと明らかに「辮髪（べんぱつ）」ですから、この人々の出自は、山（チベット高地）から降りてまいりました遊牧民と混血した王朝であったことを明確に示していてくれたのです。そして、やがて遊牧民の昆明族などとなってまいります。

羌族がチベット高地より四川に降りてまいりましたことの証拠を色々と中国の史料から拾いあげてみましょう。

「七国称王　杜宇　称帝号日望帝」（『華陽国志』巻第三所引の『蜀志』）

とございますように杜宇が望帝といったことが判りますと共に、この望帝は

「後有王日杜宇教民務農一号杜主時朱提有梁氏女利遊江源宇悦之納以為妃」（同書）

とございますことからも、朱提で朱（水銀）や鉱山を経営しておりました梁氏の女の利と結婚しております。そして、この望帝は「天従り下る」（『水経注』所引の蜀の将領来敏の『本蜀論』）とございますので、高いところから降りてまいりましたことが判ります。

このとき「都広野」（岷江の流れる成都平野）には神々が天から降りるときに使う「建木」（「三星堆」出土の三八四センチメートルの巨大神樹がこれでして、『山海経』海内経の若木（太陽の木、扶桑）と同じ）という梯（はしご）があったといわれ、杜宇もこれに従って降りて来たことになります。

この王妃の姓の梁も名の利も、民に養蚕を教えたと言われております嫘祖の西陵氏と同一であり、「梁＝利＝嫘＝陵＝蚕叢の一族」であったのです（『山海経』海内経では、黄帝の妻の「雷祖」となっております）。

＊『史記』本紀巻一、五帝本紀でも「黄帝は軒轅の丘におり、西陵氏（西の陵国）の女をめとった。これを螺祖といい、黄帝の正妃であった……（子孫の）昌意は若水のほとりに下居し、蜀山氏の女をめとった」とございます。

この嫘祖の故地は塩亭県（綿陽市の東南）とされており、西方を西羌水（九3）である嘉陵江と合川で合流いたします涪江が流れております。正に嫘祖（梁氏）とも羌とも縁の深い場所だったのです。

この辺りから山岳部にかけて先住しておりました、養蚕のみな

らず鉱山（金・銀・水銀）を経営して、「石棺墓」（羌族は火葬ですから、これは羌族の墓ではございません）に埋葬されておりました弋基人（弋＝豊。これが朱提の梁氏であり、嫘祖の陵氏でした）を、山を後れて岷江沿いに茂県辺りに下ってまいりました羌族が征服したのです（羌と弋基人との戦いの羌族の史詩「羌弋大戦」）。

この羌が、先にチベット高地から四川に降りた低地羌の氏族か、遅れて降りて来た遊牧系の羌かにつきましては、更に煮詰める必要がございます。

この羌につきましては、羌族の中に無弋（mnag＝奴隷）がいて、名を爰剣といった。秦の厲共公（BC四七一～BC四四四年在位）に捕えられ奴隷とされたが、不思議な出来事が起きて殺されずに済んだので（蜀で生き返った荊人鼈霊〔『蜀王本紀』〕の投影でもあるのか）、羌の首領となった（要旨）というお話がございますが（『後漢書』西羌条）、この奴隷の爰剣は、山から降りそれまで半農半牧で廬住まいでございました羌（氏か）人に本格的な定住水耕を教えたものと考えます。と申しますのも、この爰剣とは「yur mkhyen＝灌漑を知る」の音訳であり、奴隷（被支配者）でありながら羌（氏）に農耕・養蚕を教えたので、奴隷の身分でありながら王にまで推挙されたのです。

そういたしますと、今までのことを綜合いたしますと、一方は、「先住民（青石信仰）＝緑泥片岩による石棺墓の弋基人（鉱山民）＝無弋爰剣＝梁氏＝利＝嫘（雷）祖＝西陵氏」、かつ、蜀志の「蚕叢＝先来のセム人」ということになり、又、他方は、山を降りて来た「杜宇望帝＝羌・氏」（白石信仰）ということにもなってまいります。

このように古代の中国の史料も同一の出来事が色々な形で記されていたのです。

羌と氏との関係につきましても、昆明の東南方のイ族のうちの平地水耕民（白夷＝ペイイ）と遊牧騎馬団である支配民（黒夷＝ヘイイ）がございますが、この人々は紀元前に高山から降り、追っ立てを受け、大涼山（四川）や小涼山（雲南）に南下して来たと言われており、この区別の一方は、早期にチベット高地から四川盆地に下り岷江や嘉陵江（西羌水＝西漢水）の上流に定着し、色も白くなりました（白イ）水耕定住化した「低地羌＝氏」（このテイが、後に雲南の泰族、タイ国の傣族となってまいります。漁労民＝鵜飼）であり、他方が後世まで高地に留まり、遊牧民として農耕の氏族を支配し、その上前をはねておりました日焼けした（黒イ）羌族（チョンまげ・大刀・騎馬）であった（銅鼓貯貝器の殺人祭）可能性も大だったのです。

羌族が黄河に入り漢人と化してまいりますのも、爰剣が「三河（黄河・賜支河・湟河）に逃れた」とされております（『後漢書』西羌条）ことが暗示していたのであり、これら同一祖先を持つ、「羌・氏・漢」が完全に同化するのが、後の「五胡十六国」の時代だったのです（別述）。

実は、『説文解字』（一二三1）により、夏王朝（夏后氏）の禹の字の変化の分析によりますと、夏王は「虫」（蟲）であり、更に遡りますと、この「虫」は「禺」であったことが判明いたします。つまり、この禹の字は「①禺→②蚰→③禹」と変化して来たのであり、このことを別の表現をいたしますと、①「禺＝グウ＝月氏＝カッシト人」――これこそ、カッシト人やミタンニ人がBC十七世紀には、インドのみならず中国にも侵入して来ていたことの証拠だったのです（楼蘭のバスケットにW型小麦の種を入れた白人の乙女のミイラ）――から、②「〈虫＝姫姓〉の祖の黄帝」（『史記』、『国語』普語、青銅器の象形文字）である蛇（亀）をトーテムとする夏王朝、つまり「姫＝キ」はキシュ王の黄帝サルゴン（アッカド人・セム族。公孫氏）へ、そして更には、③中国に至り、蛇神の夏若禹氏とされ（表現され）ていたことが判ってまいります。

「〓＝禺」から「〓＝虫（蟲）」（説文「古文禹」）となり、更に「〓＝禹」（説文云、古文禹）へと変化していったのです。

＊非常に古くは、禹の字に足偏が見られ（「奎踽敹〓注云」（張衡の『西京賦』））、これは更に古くは足偏ではなく虫（蛇）偏であったからなのです（姫姓＝虫姓の祖＝黄帝（サルゴン）＝公孫（象形文字））。

ここの元々の「虫」はやがて「蟲」となりますが、その前が「蚰＝コン＝禺」でございましたことは「蚰＝男蛇神＋女蛇神」ということで、これはシュメールより古代中国へと入りました「庖犠＋女媧」（「コンパス（┐）と定規（T）」の鏡の文様としても、アナタはご存知のことと存じます）となっておりますが、元々、漢字は漢（羌）人が作りましたものではなく、殷人（姓は子。その一例といたしまして、箕子朝鮮の子姓の箕子は殷王家の末裔。「シ＝シンド＝商」）が作りましたものでしたので、紀元前後頃にやっと漢人と化した羌人が約千年もかかって『説文解字』を作り出すまでは、正に、「漢字ノ本義ニ昧シ（クラシ）（夏王以為学者昧基本義）」だったから、こういうことが判らなかったのです（気が付いても隠し通した）。

マトメますと、「禺＝偶＝庖犠・女媧＝包括名が蚰（こん）＝昆（こん）」であったのです。

因みに、殷の代でも「甲骨文字」の中に「蚰＝昆」＝「庖犠＋女媧」が見えておりますので、殷字をインダス文字から作りました殷人も、シュメール渡来（直伝）のこの考え方をここに素直に表していたのです。ですから、そもそも祖先を祀る「祀」という字の中にも「巳＝蛇＝蚰＝男女神」、つまり「虫＝禹」が今日に至るまで表されていたのです。

因みに「虫＝蛇」は閩（びん）越の閩の字からも判るのですが、この「虫＝蛇＝ムシ」はシュメール語で「這う蟲＝蛇」のことを「mush＝ムシュ」と申しますから、日本語の「むし」もそこから（弥生人の走りである殷の亡命民・陸稲（おかぼ）の民を介して）はるばる西アジア（近東）の思想が伝わったものだったのです。

更に、契丹では王族の耶律氏が白馬族、王妃の蕭（しょう）氏が青牛（かつ、ナガ族＝蛇族）ですし、下エジプトでも王族は蛇トーテム、王妃族が牛トーテムですので、この流れの東漸でもあったのです。

このようにシュメールまで遡りますと、黄帝は「龍顔（『白虎通』『潜夫論』五徳志）」と中国史にもございますように「虫＝蛇」王だったことで共通（同一のモデル）だったのです。

＊中国初代の帝の黄帝は「姫＝虫」ですから、このことは当然のことであり、この帝の姓は「公孫＝大孫＝天亀（軒轅）」なのですから繋がってまいります（上古国族名号。容庚『殷周青銅器通論』）。

右に申し上げましたことを踏まえまして、次に申し上げますことが重要となってまいります。

つまり、チベット高原の東端に位置しております四川（蜀＝元々は虫偏有り）という西に片寄った地に中国の五帝の初代の「黄帝」の妃の実家の西陵国王の女の螺祖（この一族にも虫偏がつけられておりますよ）のお話が伝わっておりますことは（前述の『蜀志』『史記』）、取りも直さず、西アジアや中央アジアの西戎が、匈奴やイスラムの迫害の少ないチベット高地を幾重にも東行（逃亡）してまいりまして、高地の切れました嘉陵江（西羌水＝西漢水。別述）の上流や岷江沿いに降りてまいりましたことを暗示（否、明示）していってくれたのです。

そしてこれらの先渡来人（羌、氐のその前の東行民）の姓は「梁＝利＝嫘＝雷＝陵」（蚕叢王朝）ですので、これは「ユダヤ失われた十二支族」の指導者であるラビの一族を指しているものと考え、そして、この「ラビ＝レビ」一族は、秦始皇帝政の実父である「呂不韋」の「呂＝ロ」や漢王劉邦の后の「呂后」の「呂＝ロ」として姿を変えて現れていたのです（但し、ユダヤ・イスラエル人の渡来に二派あり）。

＊実は、この二派は日本紀の神話の上にも投影されておりまして、A・国常立（兄。イスラエル亡国BC七二五年。陸行で先行し、イスラエル→ウラルトゥ（又はメディア）→バクトリア→バタフシャン→パミール高原→チベット高地→四川へ後着）と、B・国狭槌（弟。ユダヤ亡国BC五八七年。海路で後から東行し、インド・アンガ国→セイロン（スリランカ）→アンダマン島→ニコバル島→ミャンマーに上陸→陸路インドシナ半島（別述）を今日のシーサンパンナのチェントゥンや景洪経由→四川へ先着）のこのABは、四川で合流していたのです（Bが丈基人で、Aが羌氏だったかもしれません）。

そして、この人々が早期に四川盆地に定住し、水耕・養蚕・魚労・鉱山開発を営んでいた、いわゆる「丈基人」（先行したセム族）だったのであり、遅れて山を降りてまいりました「羌人＝氐人」に滅ぼされ（妃を出し混血し）、この羌（正しくは氐）がやがて黄河流域へと入り漢人と化して、更に、前漢の王家へと化していったのです（完全なミックスは「五胡十六国」の時代）。

ひょっといたしますと「丈基人」の「丈」は豊かな金持ちという意味で、元来の姓は「基」だけだとも思われますので、羌と共に殷を破り「殷周革命」で周王朝を建てました西戎の「姫」氏と繋がっていたのか、もしくは「基＝キ」で「鬼州の鬼＝貴州の貴」

へとも繋がっており、この四川・雲南・貴州の「鬼＝キ＝木」は、朝鮮半島の百済の木氏、日本列島での紀伊の「木＝紀」氏に（『九鬼文書』の九鬼（くかみ）氏）などへも繋がっていた可能性も否定出来ません。

ユダヤ人と漢人との本質的部分におけます共通性は、その他にも見受けられます。漢人の本質が農民ですらも「商人」に近い性質（大陸で、大東亜戦争〔太平洋戦争〕終了に際しまして、「戦争で親が死んで、一人取り残されてしまった日本人の孤児」「親と別れ離れになった孤児」「親のみが引き揚げてしまって、大陸に一人残されてしまった孤児」などの「戦争孤児」の殆どが、中国人の「養親」によって奴隷と同じように金銭で「人身売買」され、そして、その買われた子の殆ど〔希に、そうではないケースもございましたが〕が、牛馬の如く使役され、結核などになっても薬も与えられず、死ぬまで水汲みなどで扱き使われ、かわいそうにも血を吐いて死んだら野に放置されたという事実が如実に示しております）を有しているという特殊性は、漢人の本性が主として古代セム系ユダヤ人（有色）の出自である羌氏（の中の氐）から派生した人種であったことと一致するからです（九2）。

それはどうしてなのかと申しますと、中国の今から二千年も前の古代史書を見てみますと、本来、農民である筈なのに、次のようにその「拝金主義」の商人性がちゃんと記載されていたからなのです。

「氐人は……冐を抵して貨を貪り、利に死す」（『後漢書』一一六巻）

このように、古代から「漢人＝羌人」の正体は「貨を貪り、利に死す」でございまして（しかも、アナタ、何と！「夏人＝華人」の「夏＝カ」とは、そもそも「賈・アガナウ＝貨」〔！〕でもあったからなのです）、このことはシェークスピアの『ベニスの商人』などの「偽ユダヤ人」の例を引くまでもなく、その本質がガメツイ、ユダヤ系セム人（但し、旧約聖書から見まして「偽ユダヤ」のアシュケナージ・ユダヤ的ではございます。この点、セム系の真正ユダヤ〔スファラデー〕もカザール人の突厥の阿史那氏の偽ユダヤ〔アシュケナージ〕も、ともにガメツかったのです）と同じような人種であったことを示していたのです（因みに、「殷人＝商人」でございまして、こちらの方も、読んで字の通り、商的色彩のある民族でした）。

＊但し、極東に至り、四川盆地へと降りて「羌氐の氏」と化し、漢人と変化いたしましたのは、有色セム人系の真正ユダヤ人（しかも、「モーゼの宗教改革」前のアニミズムの頃のユダヤ教を持った人々）たる「スファラデー・ユダヤ＝真正ユダヤ」の方だったのです。

思想的にはこのチベット放浪のユダヤ人（羌族）と同じ流れとも思われます、後世のパキスタンの、（その高利貸しは）月五割以上の高利を要求し、常に長いナイフと金を入れた袋を持った（実質的にユダヤ人）「パターン人」の出自につきましては、今後十分に調べてみる価値がありそうです。

又、チベットから南下してまいりましたネパールの「タカリー族」からもユダヤ的な匂いを十分嗅ぎ取ることができますので、その祖先は東行した羌の一派の別族であったとも思われますが、これにつきましては、この直ぐ後に述べたいと思います。

＊シッキム人の一派の「レプチャ族」も同様でしょう。

さて、このチベット高地から下って来ました羌（姜）氏と氐氏は、春秋時代には未だ共に「西戎」と呼ばれておりまして、この一族は庸や蜀や巴（巴氏）の国を建てますが、漢代の頃から後、羌氏の中で漢人と化されなかった部族が、その後どのような運命を辿ったのかと申しますと、羌族（高地羌）は後秦を建て、氐族（低地羌）は前秦、後涼、仇池、前蜀、南夷となりまして、それぞれ「一歩又一歩と、遅ればせながら」漢人と化していく道筋を辿る姿が、この辺りによく表れているのです。

その後、五胡の時代に至りまして、羌氏は西域のチベット族の黨（党）項と姿を変え「党項は漢の西羌の一種」（『新唐書』）、「党項、羌は三苗の後なり」（『北史』）、「西羌は元三苗より出でて姜姓の別なり」（『漢書』西羌伝）、又、宋代（九六〇年～）に入りますと、タングート羌を中心として白蘭族など色々な諸族を統一して、敦煌のあの「西夏文字」で有名な西夏（一〇三二～一二二七年。但し、初代皇帝の「李元昊＝嵬名吾祖『宋史夏国伝』＝ギウ・ミ＝ギウ部ミ族」は、何と、鮮卑・拓跋族の出身〔魏帝の末裔と称しました〕でした）ともなるのです。

＊こうなってまいりますと、パキスタンのパターン人やシッキムのレプチャ族や中国の苗族（弥生人の祖）や敦煌の西夏人（鮮卑）にも、セム系の血が混ざっていたということにもなります。

「五胡十六国」の時代に羌・氐が消えた（最終的に祖先である「漢人＝羌人」と同化した）ことの一つの理由といたしまして、これらの国々が、ひんぱんに「徒民」政策を行ったことが挙げられます。つまり、強制移住政策です。そして、それには匈奴の末裔の王国の政策が一役買っていたのです。

まず、匈奴系の羯族の将軍の石勒が建国（三一九年）いたしました後趙は、その国の存続期間の三十年余りの間に、何と三十回以上も徒民を行ったとされており、三一八年には前趙（匈奴の劉淵が三〇四年に建国し、三二九年に滅んでおります）から、羌族、巴族、羯族などを百万人単位で移住させておりますし、三二九年にも羌族、氐族の何百万人かを司州・冀州に移住させ、三三二年には、十万人単位の羌族、氐族を雍州・秦州から関東へと移させております。

この後趙の前の、匈奴系の屠各種の建てた前趙でも、羌族・氐族を十万人単位で長安に移住させており、後秦（羌族の姚萇が三八四年に建国）も羌族・氐族・胡を数十万人の単位で関中へ移住させ、南涼（鮮卑・禿髪部の烏狐が三九七年に建国）も羌族を十万人以上武威や昌松に移住させ、西秦（西鮮卑族の乞伏国仁が三八五年に建国）も、相当多数の羌族を自国の首都の付近に移住させております。このようにいたしまして、羌・氐は四世紀の「五胡十六国」の時代に至り、混血して消えていったのです。

さて、このように、中国の奴隷レベルを脱した「漢人＝羌人」の歴史というものは精々前漢の頃からか、又は、より確実には後漢の頃からのことに過ぎなかったのです。

＊漢字の自由使用という文化の点からは、前述のように、もっと遅く、隋か宋の頃からだったのです。

因みに、「秦人・漢人の正体と鉄との関係」につきましては、三5を必ずご覧下さい。

では、それ以前の「中国中原」はどういう状態であったのかと申しますと、東夷、つまり倭人・佤人・淮人や北狄、つまり犬戎・匈奴（チュルク）など左襟の人々（人食い人種でもございましたが）の自由に活躍する領域だったのです。しかし、文字を持たなかったこれらの人々の歴史は、文字（表意文字）を殷人より盗み取って表音文字レベルで自己のものとして使えるようにした（出来た）「漢人と化した羌人」に、今日に至るまでに、文字を持たなかったが故に、悲しいことに完璧に抹殺されてしまっているのです。

（４）司馬遷はアジアのシェークスピア――国を人物に換えての『史記』の作成

しかし、心配ご無用。その痕跡はまだ見られます。この点は、秦の始皇帝・政を巡る人々を分析してみれば、秦の時代が、実は架空でありましたことは、自ずと明らかなことだったからなのです。

始皇帝政の実母である呂不韋の妾は「趙」の人であり、その政の実父の呂不韋自身は「韓」の人であり、安国君の妾の一人で「子楚＝異人」の母は「魏」の人であり、安正君の正夫人華陽夫人の養子となった「子楚＝異人」が子楚と称したのは、夫人が「楚」の人だったからという風に『史記』には記されております。

では、これらの『史記』の登場人物のシナリオが一体何を表していたのかと申しますと、これは正に、「秦の統一」である「趙・韓・魏・楚の征服」ということを、国を人に換えて（例えて）「物語」として表現したものに過ぎなかったのだと、アナタは慧眼を持って見抜くべきだったのです。

ということになりますと、司馬遷とは史家というよりも「偉大なる劇作家」に過ぎなかったと言う方が正確だったのです。

そういたしますと、司馬遷とは、古代東アジアのシェークスピアでもあったのです。

ではここで匈奴の位置付け（古代中国との関係）についても考えておきましょう。匈奴の人口が、当時、近隣に比べて、予想外（特にオルドスを中心として）に多かったことからも、匈奴が古代の東アジアにおいて相当な勢力を有していたことが判るのです。

では、その例を、BC二〇〇年頃から同一〇〇年頃までの間（私の考えでは、実際に「漢＝羌」民族が中国中原で、初めて主体的勢力として活動し始めた頃）を例にとりまして、中国史に基づきまして、主として匈奴の兵力側から分析して申し上げますと、次の通りになってまいります。

BC三一八年には、何と！匈奴が、韓・趙・魏・燕・斉とも共同いたしまして秦を攻撃しております（しかし、破れております）。この通り、匈奴が「主体性」を持って他の国々を束ね、かつ、協同しているのです。

BC二一〇年　始皇帝の死。

BC二〇九年　冒頓単于（チュルク系）の兵力は三十万人。燕・代に侵入し、蒙恬に奪われましたオルドス地方を回復。

BC二〇六～BC二〇二年　楚（項羽）と「漢＝羌」（劉邦）の争い。

BC二〇〇年　冒頓単于、四十万騎（弓を引く者三十万との記載もございます）で「漢＝羌」の高祖・劉邦を七日間包囲する（「白登山＝平城」〔山東省大同の東〕の戦い。平城の恥）。

BC一六六年　老上単于が十四万騎で漢と戦う。

BC一三三年　軍臣単于が武州塞を越える。

BC九九年　日堤鞮侯単于が十万騎で李広利と戦う。

BC六二年　虚閭権渠単于が十万騎で長城に向かう。

このように、当時の東アジアの総人口に較べまして、騎馬兵四十万で攻めてくるということは、凄い勢力でございまして（騎馬四十万、それを整備する人々、食糧を調達する兵站の人々、その他の歩兵、その家族、奴隷）、匈奴というものが単なる中国の外敵という考え（中国史の考え）だけでは、余りにも単純過ぎると思われるからなのです。

漢人が初めて「羌人から漢人」となり主体性を持って活躍いたしますのは、精々、グレコ・バクトリア系の植民地でございました秦の後の、この前漢か、遅ければ後漢の頃からのことなのでございまして、それまでの中国古代史（西周や春秋・東周や戦国時代）は、一言で申し上げるといたしますと、架空であった（但し、楚・呉・越は存在）のであり、それまでそこは、匈奴や東胡など、漢人から北狄・東夷と後世呼ばれる人々（東胡＋匈奴＝鮮卑。九4）が、長い間支配する地域に他ならなかったのです。

＊ですから匈奴のオルドスへの侵入は、「故地の回復」の戦いに他ならなかった（つまり、匈奴こそが、かつての古代中国中原の主人公であったのだ）と考えなければいけなかったのです。

次に、古代の東アジアにおきまして、匈奴がそれほど孤立してはいなかった（そんなに憎まれてはいなかった）例といたしまして、古くは前述のBC三一八年の韓・魏などと共同して秦と戦っていることや匈奴と楚（項羽）とが共同して秦を破っていること（BC二〇六年）、匈奴が、河西支配に際し、漢とのかけひきのため羌・氐（西に留まった漢人）とも連絡し合っていた様子が見られること、漢は匈奴と羌との連絡を絶つために酒泉・武威の二郡を置いていること（BC一一五年）などが挙げられると思います。

歴史を記録出来るレベルの文字を持たなかった匈奴のために（記号やキープ文字や雲南の「打木格」レベルのものは有りました。尚、匈奴も雲南・貴州にまでも入っているのですよ）、その名誉も回復してやらなくてはいけません。

因みに、後に匈奴が建てました国に「北涼」と「夏」がございますが、そのうちの夏は、「匈奴が夏后氏の末裔」という伝承に基づき「大夏」（四〇七〜四三一年。赫連勃勃氏〔鉄弗氏〕によって建国。陝西省北部）と称していましたが、ひょっとするところのことは、匈奴が古くの中国中原の支配者であったという点で正しかったのです。

つまり、古代中国史を一言で申しますと、匈奴の夏后氏をインダスからの亡命人が倒し殷（商）を建て、それを、共に西戎の出自である「姫氏＋羌氏」が滅ぼして周を建てたということだったのです。

しかもアナタ、驚かないで下さい。唐や北魏を建てました鮮卑の拓跋族の「大人」の中には匈奴も含まれていたのですよ（九４）。そういたしますと、西戎であった周や漢（羌）は中国中原への「侵入者」であり、実は亜流の住民だったのでございまして、唐を建てました鮮卑や匈奴の方こそが保守本流だったのです。

ということで、大唐帝国は本来の中国の住民が、後に渡来いたしまして本家を気取っております漢（羌）族を支配して、故地を回復した王朝とも言えたのです（目から鱗）。

次に巴氏・氐氏と漢との関係につきましても見ておきましょう。

五胡十六国の前期の成漢（後蜀）は、氐氏と巴族との混血民である成都王・李雄によって三〇四年に建国されましたが、李雄が死にますと、内部争いの後、右の李雄の父（特）の弟（驤）の子の李寿が即位いたしました。しかし、李寿は李雄の子を全て殺すと共に（越・覇・保・期を殺す）、その国号を「漢」と変えております。このように巴氏や氐氏は、漢とは元来何らかの関連があったのです。

更に、匈奴の屠各（とかく）部の劉豹は南匈奴の於扶羅単于の子とされておりますが（『晋書』劉元海載記。年代の相違がございますが）、この劉豹が建国（三〇四年）いたしました前趙は国号を「漢」と称し、劉豹自身も「漢王」と称しているのです。その理由は「匈奴と漢とは兄弟であるから」であるというのです。現に、前漢の時には匈奴は漢の王室と通婚関係にございました。このようなことからも、古くは、今日いわれております以上に漢（羌・氐）族と匈奴とは密接な関係にあったのです。それに、この匈奴王が、漢の王姓と同じく劉姓を名乗っていることも、単なる政策だけではなく、そこにはそういった確乎たる伝承に基づく意思の表れがあったものと思われます。

やがて、漢は、色々なごたごたの後、劉曜が即位（三一八年）し、漢の国号を廃すると共に、国号を「趙」とし、匈奴本来の姿に国を修正してしまいます。

(5) チベット高原を東行したユダヤ人の分派の「タカリー族」

では、ここの処で、先程も少しは触れました、セム系の人間（真のユダヤ人を含みます）が、パミール高原経由でチベットへ、ここで漢人の祖であり、更にチベットを東行した羌人とは別れまして、チベットから直接インド方面へと南下いたしましてネパールへと入りました、思想的にはユダヤ系の民の分派とも言える人々につきまして、少々お話ししておきましょう。

この民にも、秦氏や「漢人＝羌人」、更には古いアニミズムのユダヤ教の頃、近東を出発して東へ東へと亡命してまいりましたユダヤ人の面影が色濃く残っているのです。

では、その訳についてご説明いたします。

「ネパールのハタ氏」と私が名付けました山岳民である「タカリー族」は、その商人性（ギルド・頼母子講に支えられた「タカリー商法」の確立）及び教育熱心（子供の教育を極端に重視し、特に、語学が巧みなこと）ということで、この点、かつてヨーロッパの放浪の民であったユダヤ人とも実によく似ているからなのです。

その出自を遡りますと、タカリー族を構成する中の四族の中のブルキーは今日の「バタ・チャン族」ですが、この名の中に含まれております「バタ」は、正に、「秦」と同源の「ハタ」という言葉だったのです。

それに、遡りますと、そもそもこの「チャン」は「羌」で「漢人の祖」のことだったのかもしれません。

＊「バタ」「セル」「ゴー」の三族に「トゥラ」が加わった構図は、日本での「秦氏である藤原四家の式家」とも、実によく似ております。と申しますのも、「秦氏」などの三族に、この「トゥラ」に相当する少し異質の「朴氏」（ナガ。本来の中臣の「中＝ナガ＝蛇＝生贄と神・蛇との仲立ち」）が加わって四族となっているのと同じ構図が見られるからなのです。

チベット高原からアンナプルナ経由で南進し（このかつての渡来の経路は、今日の「ラハ・ペーワーの大祭」での神像の行程にもきちんと投影されておりますので、この人々の渡来ルートが今日でも判明するのです）、そして、そこの原住民であった「大木信仰」のサルキー（サル。トゥラ・チャン族）を征圧して、タコーラ盆地でタカリー族が形成され、やがてネパール（これは「谷間の盆地」という普通名詞でした）に定住し、主として交易を中心にして生計を立てて来たのです。

因みに、このタカリー族の吸収いたしました右のサルキーの「大木信仰」は、古くはシュメールの大木信仰の流れ（これは人類がアフリカからシュメールなどの近東を通過してインドネシアの大スンダ列島へと向かったときには、既に持っていた超太古からの信仰かもしれません）でして、この流れは民族の移動と共に東漸し、チベット高地から東へと下り、先程も申し上げました四川盆地の「三星堆」では、「降龍の世界樹」となり、更に、朝鮮に入りましては、これが「蘇塗＝スドゥ＝ソト＝アジール＝聖域」ともなり、更に日本列島に入りましては、「巨木信仰」「巨柱信仰」（ですから、青森の「三内丸山遺跡」で発見されました穴は、能登の「真脇遺跡」と同じく、特に古いものは、建物の穴などではなく、そこには只「柱のみ」が高々と空に向かって〔空の神を指して〕そそり立っていたのです。と申しますのも、古代の人は、この地球は「四角＝□」だと考えておりまして、その四隅の「柱」

が天を支え、この柱は「天の神の象徴」と考えていたからなのです。地球が丸いと考えるようになりましたのは、ごく新しいことなのです。ですから、マヤでは、この四本の柱の代わりに、その空の神の代理人といたしまして、東西南北に「赤・黄・黒・白」の「鬼＝バカブ」を配しました。中国では柱の代わりに「山」で表し、東方の山の象徴といたしまして「泰山」を充てておりますや「倉下＝クラゲ・クラジ」（前述）などにも連なっていたのです。

＊朝鮮半島では、聖なる山の「樹林＝神壇」のことを「スドゥ」と呼び、そこに檀君を祀り、その周りに注連縄（しめなわ）を巡らせ、五月や十月や緊急時には「牛を生贄にして、その蹄の割れ方により占い」をし、その領域を、中国人は「蘇塗（ソト）」という漢字を使って表現しました。

桓因（帝釈）が、三危の一つの太白山（妙高山）を上から見下ろしたところ、そこが人間が住むのに相応しかったので、庶子の桓雄に風師・雨師・雲師の三神の天符三個を与え、太白山頂の神壇樹の下に降ろし、そこを「神市」と呼んだとございます（『三国遺事』古朝鮮・王倹朝鮮所引の『古記』）。

この南漢江（ナムハンガン）の源流の近くの支流、玉洞川の川上の太白山（テーベク）（江原道南端、ウル珍西方約四〇キロメートル。この周囲は鉱山ばかりです）も「スドゥ＝蘇塗」の祖の一つであったのであり、これが日本列島に入り、「倉下＝クラゲ＝権力の及ばないアジール（禁足地）」「笹＝ササ＝砂鉄」の山民の地と化していったのです。

因みに、秦氏の朝鮮半島南下の跡を示す「下塘＝ハダン」の碑は、このウル珍の東北約五キロメートルのところにございます（別述）。

諏訪の巨木信仰も、神の降下の「依り代（よりしろ）」だったのです。

ですから、「三内丸山」の巨大な柱の上に床板・屋根を乗せてしまったのは、発掘担当者の思想が貧困（古代人の心・発想・アニミズムを理解出来ない）だったからなのです。より古い時代につきましては、決して現代人の科学的な頭で考えてはいけなかったのです。今からでも遅くはないので、直ちに床板・屋根を取り去って、ただ黙って「天を指す柱だけ＝巨木と等価」の古来の姿に戻すべきなのです。

又、中国四川盆地の「三星堆遺跡」出土の聖樹は、ネパール北西部に住むマガル人のシャーマンの「宇宙樹＝生命の木」の思想と同じ流れである可能性があるのです。

さて、このタカリー族の商的色彩は、パキスタンの実質ユダヤ人（尚、古代のインドのユダヤ人はアヒル人とも言われておりましたが、それとの関係も考えられます）とも言われております「パターン人」と同様なのです。それにタカリー族の主流の名前の「パタ」は「パターン人」の「パタ」とも、古くは共通していたのかもしれないからです（それに、先程のタカリー族の「バタ」族とも名が似ておりますし）。

しかもこれは「パタ＝秦」でインドのバラモンのカーストの婆（バ）

陀氏（後述）とも同じ名前でもありますし。

面白いことに、このタカリー族の宗教は、チベット的大乗仏教でもなく、と言ってインドのヒンズー教でもない「固有のアニミズム」（それも、一対の銅の水差しを祖霊とするものです）を古くから頑なに維持しておりまして、変えようとはしません。ここのところも、ここインド辺りの中東周辺の人々と比べましても特異な存在なのです。

このタカリー族はネパールのカトマンズ盆地を掘削して農地化しており、この点につきましても、古代の日本列島における秦氏の役割（全国の大井・大堰・オオイの造作などによる灌漑用水の確保、及び、その逆の、大和湖の奈良盆地化、甲斐湖の甲府盆地化などの排水・干拓）と不思議とよく似ておりますことが気になります。名前のみならず、その仕事（ゼネコンぶり）におきましても、実によく似通っております。きっとタカリー族の大陸での祖先は秦氏と同一であったものと思われます。

十二年に一回の「ラハー・ペーワの祭り」は、かつて彼らの祖先が「十二進法」を採用していたこと（十二×五も「シュメールの六十進法」の一部です）の名残りであり、ここに彼らの祖先が遥かな近東のオリエントの地からやって来た民（セム系）であることの面影が見られるのです。

＊伊勢神宮の六十年遷宮ともこれは同一の思想だったのです。伊勢神宮の元の姿は、外宮のサルタヒコを祖神といたします秦氏の豊受神だったからなのです。別述。

これらは、多神教アニミズムだった頃のユダヤ教を信仰しておりました

古い頃のセム族（ユダヤ人もセム族の一派です）が、オリエントから東へと亡命し、チベットを越え中国へ、ある者は、パミール高原を越えて、インドへと入って行った人々だったのでして、前述の、インドのバラモンのカーストの中に紛れ込んだBC六世紀以前の婆陀氏（インド国の秦氏）もその一派であり（その他のヒマラヤから南下した人々につき、別述）、更に、東行してチベット東端から四川盆地へと下って定住農耕化した羌族の一派の人々が「低地羌（羌＝漢＝テイ族）」であり、この野花のトーテムを持った人々が後に中華人の核となってまいりました「夏人＝華人＝花人」だったのです。

＊キリスト教とイスラム教とが、それから分派する以前の、その母なる古ユダヤ教は、多神教かつアニミズムで「人の生贄」を「焼き殺して」神に捧げていたのです（『旧約聖書』創世記二二「アブラハムによる子のイサクの殺害についての神の声による中止」までは）。

ここから「逆に」考えますと、「それまでは人を殺して多神教の神々にイケニエとして捧げていた」（古くは、モーゼが一神教に作り直すまでは、人格神のヤハウェではありませんでした）ことが、旧約聖書そのものの文面からも認められるからなのです。

今日、これが「モーゼが用いた言葉」であり、これが「ヘブラ

イ語」であるとされておりますものも、実はそうでなく、BC十四世紀にカナーンの地に入ってまいりましたヘブライ人は、本来の言語である「アラム語」の一種を捨て去って「カナーン語」（「カナーンの言葉」Lip of Canaan）を採り入れていたのです。

そして、後になって、そういう真相がボケてしまってから、これが「ヘブライ語」だったのだと強引に主張しているに過ぎかったのです。

「夏人」は、「チベット高原のお花畑」をトーテムとするという一風変わった人々（別述）。つまり、白い神々の山に囲まれ（これが四川盆地に降りてからの羌族の「白石信仰」に繋がっていたのです）、寒く貧しく迫害に耐えながらも、長い間チベット高原を彷徨し、短い夏、その高原に咲き乱れる花の可憐さだけを生きる拠りどころとして耐え忍び、そして健気に生き延びて来た人々。その証拠といたしましては、今日の羌族の民族衣装の花の刺繍（とはいえ、極東にまいりまして高地から降りてしまってからは、高山植物ではなく、窈窕とした桃の花（『詩経』桃夭）がその中心となってしまいましたが）に、その「花＝華」トーテムの名残が見られるのです。

かようにいたしまして、こう考えてまいりますと、漢人自らその名を、何故中華の「華（ハナ）＝夏（同音字）＝カ」の人と言ったのか、ということが解明されてまいりますと共に、そのトーテムの中からも、漢人（華人）が、羌人（花の人＝花人）の生まれ替りであり、中央アジアのバクトリア辺りからパミール高原を経由してチベット高地を東行して来た「最早、古代ユダヤ教を捨てた」ユダヤの亡命人であったということが判って来るのです。

そうなのです。漢人の本質は旧ユダヤ教から変節した元ユダヤ人だったのですよ。

（6）卑彌呼の「鬼道」の元は、セム系ユダヤ人の持参した「道教」——漢人の出自は「西漢水＝西羌水」の羌族

こう考えてまいりますと、昔（モーゼがシナイ山で一神教に宗教改革する以前の）、未だアニミズム（精霊信仰）の域を脱しておりませんで、人の生贄を殺しては神に捧げておりましたレベルの、多神教であった頃の「ユダヤ教」を信じておりましたユダヤ人・イスラエル人が、迫害により近東の地を離れ、中東（インド、チベット辺り）からやがて極東へと至り、それを放浪の途中で色々な現地の神々（含む、黒魔術）と習合し、やがてこれをオドロオドロしいキョンキョンの出て来る「道教」的な神秘教にまで発展させ（七夕、七五三、菖蒲湯など）、そのプロト道教が更に日本列島へと入りまして卑彌呼の「鬼道」ともなり、後の「神道」へとも発展していったのです（神道「鬼道＝道教」起源説）。

このように神道の起源は、オリエント（近東）にまで遡るものだったのです。

ですからこそ、伊勢神宮の石灯籠に「ダビテの星＝カゴメ・マーク」が彫ってありましても、そのことは何ら不思議なことでは

なかったのです。

ユダヤ教から派生いたしましたキリスト教につきましても一言触れておきたいと存じます。

聖母マリアの伝承も、これはバアルの死体をシールメマット山で発見したアナトの嘆き物語（ラス・シャムラ出土の粘土板）の焼き直しにすぎなかったのです。又、治癒神としてのキリストの確定も、四世紀のキリスト教徒（東ローマ帝国）によるアスクレピオス神殿の破壊（エピダウロス神殿の碑文）により、この古代ヘレニズムの杖に蛇を絡ませた奇跡を呼ぶ神、アスクレピオスの簒奪により完成したものだったのです。

ということは、キリスト教は「物真似宗教」だったのです（先述のマリアの作成も同様ですし、ユダヤ教レベルの「洪水伝説」すらもシュメールのウトナピシュテム王の、更に古くはジウスドラ王の物語の焼き直しに過ぎなかったからなのです。別述）。

今まで多くの中国内外、つまり世界中の著名なアカデミズムたちが漢人の本質について研究してまいりましたが、その殆ど全てと言っていい程、（故意か、過失か）「漢人＝夏人＝華人」というものの存在を、確固不同の大前提といたしまして、各研究がその次からスタートさせておりまして、つまり、その「夏華人存在自体」につきましては、何らの疑問すらも呈さず、その次に、この華人を中心として、如何なる他の民族がこれに加わり、引きつけられ、又征服され融合されて中華人というものが出来ていったのか、という点にその詐術が絞られていた感がございました。

＊ユダヤ人の問題も、正に、これと同じパターンです（前述）。

しかし、それでは、どんな大研究でありましても甚だ不十分の極みでございまして、そもそもこの「夏人＝華人＝花の人」とは何ぞや、その出自は、何処の誰のことだったのか、そして、いつ頃から「夏人＝華人」、つまり中華人と「なった」のか、更には、より具体的には、いつ頃から何処で「夏人＝華人」から「漢人」へと「脱皮した」のかということから追究を始めなければ、それらの研究には、何らの価値も認められない甚だ不十分なものだと言わざるを得ないからなのです。

このことにつきまして、私がここで、「羌から漢への変化」の大切な本邦初公開のヒントを一つアナタに内証で差し上げておきましょう。

と申しますのは、中国の王朝の名前は、その「王室の出自の土地」の名前を付けるということが、古来、「中国の王朝の名の由来」といたしましては、大原則・自明だったのです。

そして、そういたしますと、アナタも既にご承知の通り、漢王朝は「漢水」がその故郷であったことを示しておりますが、その漢の始祖王のことを考えてみますと、劉邦の故郷であるこの「漢水」のことを、うーんと古い地図（漢代）によりますと、何と！そこには、ちゃんと！「羌水」と書いてあるではありませんか。真夜中にこのことを調べていた私も、このときばかりはアッ！と驚いて、頭の中が真っ白になり、息が止まってしまいましたよ。かようにいたしまして、特に、「西漢水＝西羌水」だったのです。

やっぱり、「漢＝羌」だったのです。漢王朝（かん）は、羌（きやん）（チャン）王朝だったのです。

この西羌水とは、揚子江の「巴（江州）」のところで北から合流いたします、揚子江の支流の「嘉陵江（チアリンコウ）」の上流のことだったのです（「チャリンコ＝自転車」じゃあないよ。でも、そう覚えれば早い）。しかも、この上流は、正に、「羌族がチベットから降りてきた処」そのもの（歴史上、昔から羌族の故郷とされている処）でもあったのです（九寨溝（きゆうさいこう）につき、二三1）。

そういたしますと「三星堆（さんせいたい）」の古い王朝が、その青銅仮面の後頭部の頭髪の形の「辮髪」からも遊牧民との混血であることが判りますと共に（前述）、それらの人々が「西北から馬と共にやって来た」という四川の古くからの伝承とも一致してまいります（インダスからの亡命の原初の殷人と羌人との混血〔この頃は殷人の方が上位〕だったのかもしれません）。

この四川の三星堆出土の「青銅の人頭像」（頭髪の形からいたしましても遊牧民の出自であることが判ります）が、今日、チベットの揚子江源流（姜根迪如（チャンゲディシュ）氷河の舌端辺り）近くに住む人々とそっくりの容姿（細長い卵型・長面・目の感じ）であることも、このことを物語っていたのです（人の顔も地名と共に「生きる化石」だったのですね。一部前述）。

＊樺太（サハリン）のツングースのオロッコ（これはアイヌ人による呼び名で、自称はウィルタ）の中にも、この揚子江源流の人々とそっくりの容姿の人々がおりますし、このオロッコは歴史時代に入ってから大陸から樺太に渡った人々ですので、これら「古モンゴロイド＝華南モンゴロイド」系の人々がアジア大陸で「追っ立て」を喰って、満州経由でここまで流れて来ていた可能性もございます（二九4）。

因みに、同じ古モンゴロイド系の樺太のギリヤーク（スメルンクル＝自称ニブフ＝人間）の中にも、この揚子江源流の人々とよく似た顔立ちの人々がおります（二九4）。

また、柳江人（広東省、洪積世人）と港川人（沖縄本島、具志頭〔チャン〕村、洪積世末期、BC一六〇〇〇年）との特徴の類似性からも、古モンゴロイドの北上が認められるのです（因みに、津軽の大平山元遺跡につき、別述）。

これら漢王朝の出自の真相は、かつて、私がバタフシャン、そして西のパミール高原から「羌族のチベット東行」を、チベットの大地図上で東へ東へと追究しておりまして、その流れを辿っている中で、やっと本来の中国領へと入りましたところで、漢代の古い地図上から、この「漢水＝羌水」ということを発見することが出来たということと、それに加えまして、中国では、その「王朝の名前は、その王室の出身の土地の名前を付ける」という原則の、この二つを組み合わせました結果、発見することが出来た結論だったのです。

それにアナタ、漢の高祖・劉邦の、濃い鬚、鷲っ鼻、黒子（ほくろ）の多さという人物表現一つとりましても、これは決して漢人のものなのではなく、これは明らかにセム系（ユダヤ人など）かアーリア系（ペルシア人など）の人物であることを如実に表しているからなのです。

＊となりますと、同様の容姿の秦の始皇帝・政（グレコ・バクトリアの出自）のみならず、漢の高祖・劉邦も、共に西アジアの出自、つまり、実は西戎であったということになってまいります。

このように「漢人」＝「チベットから低地に降りてまいりました羌人」であったのです。

＊そのまま鄙の地に残りました人々（そして、後の「五胡十六国」のときにも、先行羌人である漢人と同化しなかった人々）、つまり二次にわたる「羌人の漢人化」の機会を逸した人々（別述）が、今日、少数民族の「羌族」「氐族」として山中に取り残されてしまっていた人々だったのです（漢人の化石として）。

これらのことは、本邦初公開だと思います。

十七世紀に「大清」を建てた女直族が民族名を信仰する文殊（もんじゅ）（菩薩）からとって満州としました（十九世紀にヨーロッパ人はこの地を中国本土とは区別しManchuと称しました。しかし、レッド・チャイナは地政学上、地域名とは認めず、民族名としてのみしか認めようとはしないのです。何故）。

次に、この漢の始祖王と同じ劉姓の人々の「出自」とその「移動の跡」についても検証してまいりましょう。

この劉氏五族の中には、婁（ろう）（Lou）族から改姓した者も含まれており、このことは、この一族の出自が西方の民族であることを示していること、更には、ある劉氏の中には王李（周の文王の父）の末裔もおり、この周という国自体が、そもそも当時は西戎でございました「姫氏＋羌氏」から成立した国でありましたこと、中国で姓が形づくられる時期におきましては、この劉氏以外の氏族の移動が、河南・山西から東北の山東・直隷へ、又、西方の陝西・甘粛に向かっているのですが、この劉氏のみは東南の方角へ移動していることなどが他の氏族とは甚だ異なっているからなのです。

その後の時代を見ましても、他の氏族は南方へと動いているのですが、この劉一族の一部は「四川盆地」へと移動（元々、ここに降りて来たのですが）しております。これらは「羌から漢へ」、つまり「漢王朝の劉氏となる動き（漢族の発生）」の一つを表してもいたのです。

このように漢王朝の出自は、劉氏の動きの跡から考えましても、どう見ても「西戎」であったのです。

少し古い時代のことを見てみましても、吐蕃は西羌（きょう）に属し、西羌は百五十の部族に分かれ、黄河、湟水、長江、岷江の辺りに住んいた（『新唐書』吐蕃上）とされておりますので、岷江の辺りに羌が居たことは明白であるのみならず、「岷山は長江を導く」（『尚書』禹貢）ともされ、揚子江の源流は明代に修正されるまでは（ということは、それまでの文学や歴史におきましては）、四川盆地に流れ込む岷江の源の民山とされていた（つまり、そこが漢族の故地とされていた）のでありますから、正に、チベット高地から、羌が四川盆地の蜀・巴に降りてまいりましたズバリその地域のことを示していたのです。

中国人が神話上とはいえ、西王母が住居としたと言われております、タクラマカン砂漠の南の「崑崙山脈（クンルン）」とは、本来は、その山のことではなく、更にその西南部に位置しております「客剌崑崙（カラコルム）山（脈）」のコルム山のことだったのでございまして、ここはパミール高原に連なる西方の窓口でもあったのです。

ここパミールの南の「ワハーン回廊」は、古代の西方の民がここを通り東方へ向かい、葉爾羌河（ヤルカンド）（この河の名の「羌」に、羌族東行の名残が見られます）流域へ、又、直接カラコルムへ向かう入口でもあったのです。

中国伝説のオリジナルな姿が、世界地図上の近東に位置しておりましたことが判り、より一歩近東のシュメールに近づきましたよね（連山、帰蔵、周易の起源がシュメール・エジプト）。

ここで、次に、羌が周建国（殷周革命）のときの主要なメンバーでございましたことの文学上の証拠の一つを見ておきましょう。

「厥初生民時維姜嫄」（『詩経』生民之什）

——その初め周人を生める。これは姜嫄（きょうげん）。

となっておりまして、周の祖の后稷は姜嫄から生まれたと表現されていたからなのです。

＊因みに、ここには「取羝以軷載燔載烈」（牡羊を牲（にえ）に道の神祭り〔牡を壇の上に置き、車でその上を轢いて過ぎる〕、あるいは燔（や）きあるいは烈（あぶ）り）とございまして、古代中国に「ケルト人のイケニエの三原則」（時間の順番に、叩く・焼く・殺す）と全く同じパターンが見られますことは大変興味深いことです（そもそも、漢以前の中国古代史のモデルは、オリエント史や更に西方の歴史だった〔翻訳して漢字で表現したに過ぎなかった〕のか？）。

因みに、今日揚子江の源流であるとされております各拉丹冬（グラタンドン）雪山（六六二一メートル）の近くの羌根迪如（チャングディシュ）雪山（六五四八メートル）の羌根迪如氷河（舌端部で標高五四〇〇メートル）——揚子江は、このチベット高地の氷河から、北流する納欽曲（ナクチエンチユ）、東流する沱沱河（トトホー）、通天河、南流する金沙江と名を転々と変えまして揚子江本流となってまいります（全長六三〇〇キロメートル）——の辺りに今日住む、頬骨の少し出た「面長」の遊牧民の顔は、四川盆地の「三星堆（さんせいたい）遺跡」出土の遊牧民の青銅仮面と瓜二つですよ。どうしてなのでしょうか。

＊尚、チベットの右の長江源流の近くの、唐古立（タングラ）山口の辺りの住民は、コーカサス系のトルコ人に似ていたという記録もございます。又、時代の下りました七世紀末には、この辺りに西羌の一部である勇敢な遊牧民の蘇毘（スンパ）が住んでいたとされております。又、このチベット高地の、揚子江源流の羌根迪如氷河の辺りに住む遊牧民と樺太・サハリンの一部住民との容姿の共通性につき、別述。

（7）「イスラエルの失われた十支族」のバクトリアから東の亡命ルートを探る

このように、西戎である遊牧民の羌の一部が、チベット高原から岷江(みんこう)沿いに四川盆地の蜀（成都）へ、及び嘉陵江（西羌水＝西漢水）沿いに四川盆地の巴（重慶）へと下ってまいりまして、そこに定住し、桑を栽培して農耕・養蚕に従事し、更にここから長江・黄河流域へと移りながら段々と「羌族から漢族へと」変化・脱皮していったものと思われます。

＊但し、本当の脱皮は「五胡十六国」の終了からでした（別述）。

ユダヤ人・イスラエル人（「失われた十二支族」を含む）の中央アジアからの東行ルートの一つといいたしましては、オクサス河（アム・ダリア）→バタフシャン（古代のラピス・ラズリの産地）→秘境ワハーン回廊（パミール高原南方）の辺り→レシート（フンザ川支流のチャプールサーン川南岸・「老女の庭」の伝承地）→シムシャール→ヤルカンド（葉爾羌・叶尓羌）川→チベット高原に上がる→羌塘高地（経由）→温泉→四川盆地→岷江や羌水（西漢水・嘉陵江）沿いに南下という可能性が考えられます。

＊後述のレプチャ族は辮髪(べんぱつ)であり、この遊牧民が、古くにチベット高地を東行したセム系の「羌人＝漢人」の一派でございました可能性につき、九4。

右のイスラエル人の東行ルートの解明には、ヒンドゥクシ山脈辺りのフンザやワハーン回廊やラピスラズリの鉱山のバタフシャンなどのチェックが必要でして、そういたしますと、後世のものとは申せ、それらと自ずと重なってまいります、西へ戻りました大月氏の五翕侯の拠点の探索がキーポイントとなってまいります。

そこで『漢書』（西域条）によりますと（カッコ内は『北史』によるものです）、クシャン朝をインドで建てました貴霜は護澡城（鉗敦国。ワハン峡谷辺りか）、その西の肸頓は薄茅城（弗敵沙国。バダフシャン。古へのラピスラズリ鉱山辺り）、貴霜の東の休密の和墨城（伽倍国。ワハン峡谷辺りか）などを特定することが必要となってまいります。

高附の高附城（閻浮謁国。ヤムガン）は今日のカブールですし、又、中国の北魏の首都の代（大同）より一番近い（一万三〇〇〇里）とされております双靡城（折薛莫孫国。マストゥジ）の確定も必要でしょう。

『漢書』の「西域都護府＝亀茲東方の烏塁城」から五九四〇里、陽関（敦煌）より七九八二里、北魏の首都の（代＝大同）より一万三五六〇里。

日本人の中でも、ミトコンドリアの遺伝子構造が、三五〇〇メートルものアメリカでの高地トレーニングにも耐えられるようになっている女性（例えば、オリンピックで優勝したマラソンランナーの高橋尚子選手など）は、かつてユダヤ系の人々が迫害を逃れ、「羌人」と化しながらパミール高原からチベット高地を彷徨し、更に、長い時間をかけて東行し、四川盆地へと降りてまいりまして、やがて「羌人」から「漢人」へと変化し、混血していった人々の一部（所謂、「弥生人＝弥生の農耕民」としての渡来）が、その祖先であったのかもしれません（かつては、三危山にいたという「三苗＝トーテツ」の末裔か）。

高度四〇〇〇メートルものチベット高地に長い間留まっておりました間に、ミトコンドリアが変化し、低酸素でも大丈夫のような身体にしてくれていたからなのです（勿論、訓練の賜物でもあるのでしょうが）。

＊「三苗＝トーテツ」とは「トー＝飲食に貪欲」「テツ＝金銭に強欲」（『支那字典』「左伝＝春秋の註解書」）とありますので、正に、「ユダヤ人」や「羌人」ともこの点の気質がピッタリですね。

ここら辺りで、古代中国史上での中央アジアに関する歴史改竄の点を少しだけでも見ておきましょう。

「遂遷於大夏」（『後漢書』西域条）とございますし、大月氏は大夏（バクトリア）へ移行したとされておりますが（『漢書』西域条も月氏西遷の点は同じ）、それは実は間違いでございまして、途中からのことだけを見ていたのに過ぎなかったのでして、元々、バクトリア地方などの中央アジアにおりました月氏が東遷してまいりまして、それが古くは中国オルドス辺りが故地でございました匈奴の祖国奪回などの圧力もあり、止むを得ず月氏は月氏の故地でございました中央アジアに「戻ったのに過ぎなかった」、つまり元々が東方に作った植民地の祁連山に統治に来ていた西戎が西に帰ってしまったということにアナタは気付かなければいけなかったのです。

これは、中国史が大月氏と翕侯の貴霜の出自（月氏が任命したのか、それとも月氏自体だったのか）を隠したから生じたことだったのでございまして、大月氏は匈奴の圧力を受けて祁連山（甘粛省）から西方へと移動いたしました（匈奴老上単于〔即位BC一七四年〕により月氏王が殺され、その「頭蓋骨で酒杯」を作られてしまいましたことは有名です）と言われておりますが、実は、その歴史の前半部分が隠されてしまっていたのです。

ギリシア人からバクトリアを奪ったアムダリア川におりましたサカ（塞＝スキタイ）系の遊牧民の「クシャン人」こそが中央アジアの故郷に「戻り」ました大月氏の母体だったのでございまして、この五翕侯（ヤブグ）のうちの「貴霜（クシャン）」が、やがてインド亜大陸をも統治するカニシカ王で有名なクシャン王朝を建てたのです（『漢書』と『後漢書』とでの大月氏と大夏の地の五翕侯との関係を巡る矛盾・ボカシも、実は、このこと――クシャン人の出自の隠蔽を示唆していたのです）。

では、何故中国はこの大月氏の出自を隠してしまったのでしょうか。何故その必要があったのでしょうか。

その答えは明白でして、始皇帝（BC二二一～BC二一〇年）が築いたと言われております中国で初めての統一国家である秦帝国の実態が、ギリシア・バクトリアのディオトドス（BC二三〇年没）の系列の一派の東方での植民地に過ぎなかったということを隠すためにも（メンツより）、「中央アジアからの西戎が次々と東方にやって来て古代中国に植民地を作っていた」ということを知られたくはなかったからだったのです。

ひょっとすると、「本来中国の住民であった楚の項羽と匈奴の冒頓単于の旧住民とが連合して、ＢＣ二〇七年、西戎の侵略者である秦を破った」ということも十分考えられ、しかしその後再び、同じく西戎の侵略者でございました漢（羌）の劉邦に「垓下の戦い」で敗れ、セム系（髭の濃い）の漢（羌）王朝が成立したということも十分に考えられるからなのです。

(8) 古い「万里の長城」は匈奴が造った——尾根道は泥のハイウェイ

序でながら、中国の「万里の長城」とは、果たして何であったのかという点につきましても、ここで誤解を解いておきましょう。古代中国の都市、村落、個人の家の周囲が、土塁の塀（板築）で囲まれております（後に申し上げますように、石壁やデン築のものは、ずっと後世の物に過ぎません）ことがその起源であったのでして、これは古代にここに「侵入してきた人々」が現地人から身を守る為（そうでなければ、そんなもの造る必要はありません）に造ったものだったのです（自己防衛壁。この起源は、ＢＣ三三〇〇年のシュメールにまで遡ります）。そして、その思想の延長が、この「長城」だったのです。

そして、あなたも誤解しておられますが、この防禦の壁は、決して北辺にのみあったものではなく、「中原の腹地」にもちゃんと存在しておりますところからも、本来北狄の防禦のためのものではなかった（！）のです。

＊ですから、長城は、その当初は、北狄（匈奴）とは必ずしも不可分の関係ではなかったのです（ですから教科書でのアカデミズムのこの点の説明は誤りだったのです）。

と申しますのは、初めての長城が、山東省の斉国により、その西方が中原の国から侵害されるのを防ぐ為に造られたものだったからなのです。

遡りますと、この防禦物は、易の「上經」、詩の「大雅」に、既にそれらしきものが見られ、特に『春秋』（襄侯十一年）にみえます「防」というものがそれであったのです。

「長城」の名自体は中山築長城（『史記』趙世家。中山国は、白夷〔コーカソイド。鮮虞白狄別種『左傳』。一五1〕でしたから〔別述〕、正に、ここの支配者は西方からの侵入民でありまして、そこの先〔原〕住民から身を守る必要性があったことをちゃんと示していてくれたのです）などと見えますところからも、春秋時代（ＢＣ六〇〇年頃～ＢＣ四〇三年）から存在し、戦国時代には大いに発達したものと思われます。

更にここで、もう一つアナタの誤解を解いておかなければならないことがございます。それは、秦の始皇帝が「万里の長城」を築いたと、現地でも、日本の教科書でもその長大な写真と共に説明されておりますが、この人は、天下を統一し（二二一年）、匈奴を破り華南の地を奪った後（ということは、それまでの河南の地が、匈奴の先住地であったことを示していたのですよ。そういたしますと、その「前」の漢族の中国古代史〔正史〕は、司馬遷がどう書こうと、その全てが怪しくなってまいります）諸侯（燕、趙、魏、秦）の造った長城（『史記』匈奴条）を単に繋げただけだったのです。

しかも、更にアナタの誤解を解いておかなければいけないことは、「万里の長城」と申しますと、つい秦の始皇帝の所謂「万里の長城」を思い浮かべてしまうのですが、実は、秦の頃の長城は、今日全くその痕跡を残しておらず、今日アナタが見ることが出来ますものは、精々、南北朝時代の北斉や北周に始まり、隋の頃に大規模化され、遅いものは明朝の、それも中頃に築かれたものに過ぎなかったからなのです。

中国人は、沿革的にも、その本質は農民でも商人ですから（別述）、「万里の長城の看板に偽りあり」だったのです。

ですから、現地を訪れ、「二千年も前に、これが！　やっぱり中国はすごいなぁ」などといって感激していつまでもそこに佇んでいるのはアナタの自由なのですが、ひょっとすると、アナタの前に巨大かつ長々と続いております「石造」の立派な万里の長城は、決して秦の始皇帝の頃のものではなく、それは単に明代（元朝の後、明代は一三六八年～一七世紀中頃）の、精々今からタッタ七〇〇年前の足利義満の頃の石造物に過ぎなかったりするのですよ。今後は、ご注意あれ。

しかも、ここで重要なことは、仮に、長城が春秋・戦国時代から存在していたといたしますと、これは「漢＝羌」の主勢力が中国中原に入って来る前（序でながら、殷の甲骨文字〔と申しましても、私の見るところ、漢代の新しいものも混じっておりますので、実は、要注意なのですが〕に記されております、「奴隷レベル」の頃の、生贄の対象として「殷の祭り」で殺されておりました「羌人＝漢人」は別といたしまして）のことですから、漢人が匈奴の侵入を防ぐ為なんかに造ったものではなく、その逆に、それまで長年の間、中国「中原」を実効支配しておりました「匈奴・ツングース」たちが造った、中央と外部とを結ぶ交通路（古代の泥製のハイウェイ）だったものもこの中には含まれていた筈なのです。

ですからこそ、古代の長城の巾が、荷車が通れる巾として造られていたのです。

この古代の「匈奴のハイウェイ」（物流システム）をごまかす為に、漢人が「道」ではなく「城」の字を当て嵌めて、以後判らなくしてしまっていたのです。

＊因みに、西方からの流浪のセム系遊牧民とも混血した「漢人＝羌人」は、チベット高原から蜀の四川盆地へと降りてまいりまして（低地羌＝テイ族＝後のタイ族も同じ。同じ順語族ですから）、定住して養蚕をも含む農業国家（初期の「三星堆遺跡」の出土物）を築きましたが（別述）、この「蜀」字の、上の部分の横位置の「目」は、実は、「羊」という字の変形（！）であったということからも、彼等蜀を建てた「漢人＝羌人」が元遊牧民であったことが一発で判るのです（尚、青銅仮面の「辮

髪」と遊牧民などにつきましては、前述九2など）。

このようにアナタの発想の転換が必要だったのです。

さて、日本列島におきましても、古代の道が山の尾根を通っておりましたことは、低地にはマラリア（江戸時代でも、山伏を呼んで祈ると、震えが治るが、また定期的に発病する「オコリ」）、ツツガ虫（「恙無きや」の隋への文。今日でも、秋田県など東北地方には多い）や日本住血吸虫（盆地の大部分は、古代には湖底〔甲府盆地など〕でしたから）などがおりまして、長旅の途中、その害を避ける為にも、これは当時の常識でして、例えば、一番古い部分の「東海道」を例にとりましても、箱根の山の上から最乗寺のところへと降りて来ておりますよ。

（9）三韓とは三倭であった――「韓と倭」は言語上繋がっていたけれど、「朝鮮と韓」とは言語上何らの繋がりもなかった

さてさて、随分脱線してしまいましたが、お話を「漢（羌）族の本質」や「万里の長城」から、「本来の倭人」のお話、つまり「韓＝干＝于」でもあったことに戻しましょう。

そうなってまいりますと、古代中国人の認識の上では、人種的には「三韓＝三倭」だということになってまいりまして、「韓は倭」とは繋がっておりますが、逆に、「朝鮮と韓」とは必ずしも文字の上からは繋がってはいなかったということが判って来るのです（しかも、それにその朝鮮の場所につきましても、各々「箕子」と「衛氏」と「李氏」とでは歴史上も相当〔五〇〇キロメートルも〕異なっておりますし。二三5）。

と申しますのも、古くは、「朝鮮」という地域は広く満州の遼河ないしは遼東半島より東の部分、つまり満州のことを中国人は言っていた筈だった（箕子「朝鮮」〔殷・周の頃の「箕方向の子氏」、つまり、その名は「子胥餘」〕など）のですが、これが段々と地名遷移し、否、特に李朝辺りの史書におきましては、朝鮮の官吏が中国史に迎合し、故意に地名遷移させてしまい、この「朝鮮」という土地をずーっと東方の「朝鮮半島」にまで移動させてしまっていたことが判るからなのです。

その証拠は次の通りです。

「張晏日朝鮮有湿水洌水汕水三水合為洌水」（裴駰『史記集解』）

――朝鮮に洌水がある。

＊「汕＝鮮」同音。

「列水河口在遼東」（『資治通鑑』漢紀）

――列水の河口は遼東に在る。

右の列水とは「太子河」のことであり、そこに合流する二河は「渾河」と「遼河」と考えられまして、と言うところからも、古朝鮮が今日の朝鮮半島とは何ら関係のない満州の遼東の地にあったことが明白だからなのです。

その朝鮮の名の移動と同じような、アナタにも判りやすい顕著な例が、「浿水」という河の名でございまして、これは今から二千二百年前の秦の頃には、満州のそれも西部の遼西の「灤水」であったものが、その千六百年後の李朝の頃の中国・朝鮮の地図に

なります、何と平壌のところの「大同江」にまで移動させられてしまっていることからも、このことは明白だったのです（二3）。

＊因みに、百済が遼西を支配していたという中国の史書「百済略有　遼西、百済所治。謂之晋平郡晋平縣」（『宋書』『梁書』『南史』の各百済条）は、プロト百済の馬韓やその兄弟国である高句麗が、かつて遼河の西側まで占領していた（しかし、中国史は都合が悪いので、この点を抹殺してしまっております）ことを意味していたのです（二3、6、4、8、7、一五1、一〇1、九1）。

さて、そういたしますと、「韓は当時の朝鮮より遥か東方の倭」であったということ（一七2）と、地名との整合性の接点といたしましては馬韓・辰韓・弁韓とは、その「人種」から申しますと、「倭人」の国だった、つまり、中国人は古への「倭人種の国を〈――韓〉と呼んでいた」（後の、南韓にまで追われてしまった〈――羅・耶・那〉が末尾につく国もこれと同じことだったのです〔九1〕。そして、それこそが、馬韓・秦韓〔辰韓〕・弁韓だった）ということにもなって来ざるを得ないからなのです（二7、6）。

又、この「韓＝倭」であることにつきましては、中国史自ら認めていることでもありました。と申しますのは、倭人が少なくともその南部を占めておりました弁辰・狗邪国（『魏志』韓条）のことを、同じ史書の別のところでは、一体何と表現されていたのかアナタはご記憶でしょうか。

そうです、「倭人の国の北岸」のことを狗邪韓国（『魏志』倭人条）と表現（！）していたではありませんか（一3）。

同一の両者が中国史（しかも、同一史書）上では、このように、あるところでは「韓」と、そして、他のところでは「倭」と同じことが表現されていたからなのです。

このように「倭人の狗邪国＝狗邪韓国」と言っているのであり、「狗邪韓国＝後の金海の金官伽羅国＝倭国」のことを「――韓国」とも中国史が表現していることからもこのことは頷けるからなのです（「忍＝オシ＝オホシ＝大きい」が、狗邪韓国の後身の「大」伽耶＝金官伽耶を表現していることにつきましては、二一5、四4。但し、ずっと後の大伽耶は「高霊伽耶」です）。

因みに、「狗邪＝クヤ・クジャ・クサ」も、右の「忍＝オシ」と同じく「大きい」という古朝鮮語です。

＊そういたしますと「草＝クサ」も「大伽耶＝金官伽羅」を指す場合もあったのです（特に地名を注意）。

と言うことになりますと、魏の使者が帯方郡から倭国へ向かう途中に寄りました「韓国」より南方の、金海（キメ）辺りにありました倭の北岸の「狗邪韓国」の方がより「大きな韓国」であったと言う意味にもなりますので、こちらの倭国の「汗＝韓＝倭」国（一〇1）の方がより大きかったことが判ってまいります。

つまり、帯方郡から朝鮮半島の南端までの間におきましては、倭国連合の一つの「狗邪韓国」が一番大きな国だったと言っていたのです（これは、『魏書』の文理上、この「韓国＝馬韓」と考えた場合です）。

ですから、この末裔である伽耶が、少なくとも四七五年（高句麗に追われて、百済が漢城・ソウルから熊津へ王都を遷しました）以前から五一二年（任那四県の百済への割譲）頃までは、狗邪韓国を含む朝鮮半島部分の「倭国」は、朝鮮半島南半分における広大な地域を占めていたということになるのです（二6、7、8）。

序でながら、朝鮮の濊族が倭でもあった可能性を示しております中国史がございますので次にお目にかけておきましょう。

建安年間（一九六～二二〇年）に公孫康（卑彌呼の弟）が楽浪郡の屯有県（黄海北道黄州郡か）以南の非支配地に帯方郡を建てた際、韓・濊を攻めた（『魏書』韓条）のですが、この後の記述で、公孫氏の帯方郡に属するようになった人々につき「倭と韓」と記されております（『周書』）。そういたしますと「韓・濊」マイナス「韓」イコール「濊」となり、「濊＝倭」ということを『魏書』の文面が示していたことにもなるのです（字音にも近いものがございます。因みに、『魏書』を引用して書かれておりますす『後漢書』韓条では、この部分は省略されてしまっております）。

さて、お話を戻しますが、ということは、古代中国史が「韓」と表現しておりますのは、弁韓・弁辰のみならず馬韓、辰韓をも含めまして、実は、「倭人・倭種」の国を「国名」として用いた場合の用語法だったということにアナタももっと早く気が付くべきだったのです。

ですから、逆に、このように「朝鮮という言葉」自体（つまり箕子朝鮮とか衛氏朝鮮とか）と「韓国という言葉」とは、その当初におきましては、そもそも、韓国とは何らの因果関係もなかったのです。

因みに、古くは朝鮮の王のことを、又、朝鮮半島を南下してからは半島の倭王のことを「辰王」とも申しましたが、ここでとっても大切なことは中国での「辰」の本字は「鮮」ですので、これは「鮮王＝辰王」で同じことを表現していたのです。

ところで、この「鮮」の字は、「東胡の鮮卑」や「箕子朝鮮」や、更に古く遡りますと白狄（コーカソイド）の「鮮虞・盧奴（中山国）――北京の南南東約三〇〇キロメートル」とも人種的に繋がっていることを示していたのですし、更に決定的なことは、そもそも「朝鮮＝粛慎」で共に古代の音が同じですから、朝鮮という言葉と女真族などの満州族の祖先との関連も、決して見落としてはいけなかったのです。このように、これらは皆、「古への倭人」と深い繋がりのある言葉だったからなのです。

＊この中山国の白夷が、満州に亡命してツングースと合体し、その中のある一派は東胡と化し、更に、匈奴冒頓部（チュルク系）とも混血し（後述）鮮卑となっていくのです。

4、満州は「倭人の故郷」

（1）唐とは漢人が野蛮人だと言っている鮮卑拓跋氏の作った国

更に、その後の「東アジア史」を見てまいりましょう。先程、途中まで申し上げましたように、東胡（ツングースとコーカソイドの混血）が匈奴の冒頓部（チュルク）に追われ（その一部は混血し）、南の烏桓山に逃げたのが烏桓（うがん）でありまして、北の鮮卑山へ逃げたのが鮮卑（せんび）であったのです。

＊鮮卑（Sabi）とは、山の名であると共に、それのみならず、実は、「瑞祥＝めでたい」という現地の満州語でもあったのです（これが正解）。

そして、この鮮卑という名が「自称」でありますところからも、そのことは頷けるのです（この点、中国史では、後漢の和帝の永元中に、匈奴の余種が自ら鮮卑と称し、十余万が鮮卑に合流したとされております〔『後漢書』巻一二〇〕）。ですから「東胡と匈奴が混血して鮮卑になった」と考えましても、それは大筋におきましては間違いではなかったのです。

そして、やがて、この「北倭」系の鮮卑が中国皇帝となり、非漢民族の王朝であります「隋」や、アナタにもお馴染みの、咲く花の匂うが如き「大唐」帝国を建てていくことになるのです。

因みに、このように、唐の大帝国の出自は「漢人の王朝などではなく」、逆に、漢人から常日頃から東夷・北狄、つまり「野蛮人」だと馬鹿にされ、蔑まれておりました、この東夷・北狄の出自の満州の鮮卑の拓跋（たくばつ）氏（この王朝は鮮卑の出自を隠すため、途中から「李氏」の姓に変えてしまっておりますので、アナタをはじめ多くの人々が、一見このことを今まで見失いがちだったのですが）が建てた国だったのですよ。

このように、唐とは満州の鮮卑（つまり、我々倭人の仲間だったのです）が作った国だったのですよ（このことは、魏志倭人伝の魏国につきましても全く同じです（一〇４）。実は、中国五千年、まともな漢人の王朝は殆どなかったのです（驚き！）。

＊マトメ「中山国白夷（コーカソイド）＋ツングース＝東胡」＋匈奴冒郁部（チュルク）＝鮮卑。

アナタも、ただ漫然と、悠久の中国というものを眩しく眺めて憧れているばかりではなく、ご自分の目でその中身を十分に吟味するべきだったのです。そういたしますと段々と中国という化け物の「化けの皮が剥がれ」てゆくのが判ります。これからは、そうして下さいね。

このように「青丹よし奈良の都……」のそのモデルともなった大唐帝国とは、決して漢人の王朝などではなく、漢人を征服した「北倭」の鮮卑の建てた国（一〇４）であったのです。つまり、唐帝国とは、「倭人と満州時代に共通の祖先」を有していた倭人の一派、しかも「北倭」の建てた王朝だったのです。この点アナタも、これからは誤解しないようにして誇りに思って下さい。

しかもアナタ、「魏は初めに（代の頃より）四十六部があったが、（独孤部の）祖先は部落の大人となって魏と共に起こった」（『北史』独孤信条）とございますところから考えましても、北魏や唐を建国いたしました鮮卑の拓跋氏の中には匈奴も含まれておりましたことが判明するのです。

と申しますのも、この独孤部は後漢の頃の南匈奴の攣鞮氏の末裔であり、又、晋の頃の匈奴五部のうちの北部師劉猛の後裔でございまして、このように「匈奴が鮮卑の中に紛れ込んでいた」からなのです。

ということになりますと、前述（九３）のように、匈奴が殷の前の中国の住民でもございましたから、この鮮卑や匈奴の建国いたしました「非」漢民族の北魏や大唐帝国こそが、正史『史記』や『北史』の分析からも、本来の中国の正当性ある民族によって建てられた国であったことが判るのです。

＊匈奴は夏后氏の子孫。『史記』匈奴列伝。しかし、アカデミズムは中国（漢民族）の言いなりでございまして、『史記』の「匈奴の始祖は夏后氏の後裔で名を淳維といった」という文言を一笑に付し、決して認めようとはいたしませんが、古代中国史（偽史）を作り出しましたご本人の司馬遷は、この匈奴についての中国史上で初めて整備された『史記』匈奴列伝という史書におきまして「夏の子孫である」と言っておりまして、この表現で、「匈奴こそが最も古い先住民」であったということをアナタに暗示してくれていたのです。そうでないとそれを知った司馬遷の「良心」が咎めたからでしょう。

たとえ中国中原と匈奴との文化は異なりましても、寒冷の地で真剣に生きる匈奴へのある程度の理解と尊敬も彼は持ち合わせていたからなのです。そして、それは友人の李陵（りりょう）の姿とも彼の心の中では重なっていたのでしょう。漢の武将として匈奴と戦った司馬遷の親しい友人であった李陵が、戦いの結果捕虜となり、投降したこと（ＢＣ九九年）に、どうしたことか彼も連座させられることになってしまい、自らも宮刑（死刑に次ぐ重罪で、去勢ないしは男女の性器を切り取り閉ざす刑。腐刑とも申します）に処せられてしまい、そして、その後完成させました（ＢＣ九一年）のが、正に、この「匈奴列伝」を含むところの『史記』だったからなのです。

これ以上は、真実を書けなかったのです。それが『史記』上では控え目な「匈奴は夏の末裔」という表現として表れていたのです。

つまり、漢人とは、西戎の新参者の「羌・氐」の出自が化けたものに過ぎず、その以前の、漢人がお手本と仰ぐ周すらも又、西戎の「姫氏＋羌氏」が建てた国に過ぎず、実は、匈奴こそがオルドス辺りを中心とした「古代の正当な中国の先住民」だったのです。

そういたしますと、大唐帝国（鮮卑＋匈奴）の建国は、匈奴の故地奪回のモニュメントでもあったことになるのです。

更に、五胡十六国の後半の「十六国」の一つでございます夏（大夏）という国は、赫連勃勃によって四〇七年六月に建国されましたが、この赫連氏とは、南匈奴の末裔の鉄弗として劉氏を称しており、山西省を拠点としていた一族ですので、この国も匈奴が建てた国だとも言えるのです。

しかし、ただそれだけでは五胡十六国の前期における前趙を建国した劉氏も匈奴の屠各の一派ということで同じなのですが、この赫連氏の国がその国名を「夏」と名乗りましたことが正に問題なのでして、単に司馬遷の『史記』に「匈奴の祖先が夏后である」と記されていたのみならず、そのような伝承を匈奴が長年に亘り実際に持っていたからこそだったのです。

＊しかし、この時点で、夏は匈奴のみならず、鮮卑・羌・氐なども混血してしまっております。

因みに、大切で耳よりなことをここで付け加えておきましょう。それは、「チョンマゲ」と「源姓」についてのお話です。

この鮮卑の拓跋氏の大武が、禿髪（とくはつ）（チョンマゲ。正に武士みたいでしょ）部の「五胡十六国」の一つの南涼国の河西王の子を臣籍に下し「源」姓を与え、源賀と名付けたことから東アジアにおける源姓というものが発生しておりまして、日本でも平安朝にはこれを真似まして、同じように皇族から臣籍に下し、源姓が与えられて源氏が誕生したということとも、同じ満州系の北倭（百済・扶余）の子孫として、遊牧系の日本の扶余・百済系の平安天皇家が、「これに範をとった」ことと、地下水脈ではちゃんと繋がっていたのです（二6）。

＊但し、源氏などの東国での武士の発生は、実は、天皇の子孫などではなく、大陸での民族の興亡と裏では密接に関連しておりましたことにつきまして、二三5を必ずお読み下さい。

つまり、日本におきまして、二十九人もの后妃（皇子は八十余人。平安時代になり支配者階層が変わり、百済系貴族〔支配者〕の大量生産〔古代はもとより中世までも「身内」だけが頼りでしたから〕をしなければならなくなりましたので）がいたとされております、百済系（遊牧民）の平安天皇家の嵯峨天皇（七八六～八四二年）のときに、初めて一部の皇族を「臣籍」に降下させて「源姓」を与えております（一2）。

この嵯峨天皇の父は桓武天皇であり、その又父の光仁天皇は百済王文鏡のことで、百済亡命民の末裔だったのですから、この嵯峨帝は扶余・高句麗と同じく、間違いなく正統派の遊牧民の血を引いていたのです。

ですから、右に述べましたように、同じ遊牧民の王でありました鮮卑の「大武」の満州での政策をそのまま真似いたしまして、日本列島におきましても、皇子を臣下に下して源姓を与えたのです。この点、全くピッタリでしょ。アンタ文句ある？

次のお話は、この満州・朝鮮系の血統と「平安王朝文学」とが切っても切れない関係にあったということを証明してくれております。

と申しますのも、アナタもよくご存知の、紫式部の書いた『源氏物語』の「光（ひかる）源氏」のモデルは、藤原道長よりも源融（みなもとのとおる）（彼の六条賀河原院〔枳殻邸（きこくてい）。現、渉成園〕は、物語中で「雨夜の品定め」の頭中将が子供〔玉鬘〕を生ませた「常夏の女」夕顔が頓死したところです）の方が有力ですが、正に、この源融こそが、嵯峨天皇の皇子で「源姓」を賜り、臣籍に列した代表的な人物の一人だったのです。

(2) 東アジアの倭人と「日本語と満州語との共通性」――ブリアート人の原郷はバイカル湖ではなかった

ところで満州から蒙古にかけましての中国東北部は、次に申し上げますように、言葉の面からの日本語との共通性を比較いたしましても、倭人（北倭）の故郷だったことが判るのです。

生(なま)　満州語　nam
怠(なま)ける　満州語　nam
連れる　満州語　turu
入る　女真語　il
壺　満州語　dungmo
恋　満州語　goi　（三―2）
嫁(よめ)　蒙古語　ême（婦）
歩く　蒙古語　algus
尻・尾　蒙古語　süil
従う　蒙古語　shidar

如何です。アナタの予想外に、似ているとはお思いになりませんでしょうか？

さて、序でながら、『魏書』が倭のことを表すのに際しまして、「倭人」条として、倭人だけは人扱いしてくれている不思議さの謎につきましても、ここで迫ってみましょう。

同じく東夷の中でも「一段と高く扱ってくれている」のも、この北倭の一種の鮮卑の建てた国の魏が、古い読み方では、実は、「魏＝ワイ＝ウィ」なのでありまして、他の漢族（羌族）の中国王朝はいざ知らず、この魏と倭とは、満州では同じ祖先の倭人の仲間であったのだという認識が魏の官吏の底流にはあったからなのです。だから、この北倭の王朝は、東夷の中で倭人だけ「人扱い」してくれていたのですよ。お判り？　満州の倭人の子孫が魏だったのですから。

さて、お話を右の鮮卑のその後のことに戻しましょう。

そして、匈奴の冒頓部(ボクトツ)（チュルク系）の血が一部混ざった、右の鮮卑の中から、後に、室韋(しつい)（韋(い)＝なめし革）と奚(けい)との二族が分かれ、この奚の中から更に、契丹(きったん)（「鑌(ひん)」鉄・ハガネ・彬鉄(ひんてつ)の意味）が分かれております。

＊冒頓単于(ぼくとつぜんう)（～BC一七四年）の「冒頓」＝土耳古(トルコ)語Baghadur（勇者）＝蒙古語Bogdo（神聖）

そして、この室韋の一部には蒙瓦室韋(もうがしつゐ)という部族がおりまして、「瓦(が)＝佤(わ)」（支那人には同族を同じ漢字で表現する例があるからです。九3）でもありますから、遠く遡ればこれらの人々も、遥か昔にアジア大陸を、インド・アッサムの「瓦人(わ)」が、雲南、そして満州へと北上して来た倭人(わ)の末裔だったことを、中国人がちゃんと示していてくれたのでありまして、この蒙瓦室韋からモンゴル部が派生（しかも『新唐書』では蒙古のことを「蒙瓦」〔ここにもちゃんと「瓦人(わ)」が入っているんですよ。と言うことは、蒙古の「古」とは、その音は「瓦＝古」で「倭人を表す音」を示していたのですね〕と表現しているくらいなのです）しています。因みに、大興安嶺の鉄民のオロチョン族もこの室韋の一派だという考えもあるようです（一五３。日本列島では、この一族は「大呂＝オオロ＝オロ」の地名を、産鉄を行った山中に残しております。島根県など）。

そして、「日本人に遺伝的に最も近い」といわれているところの、現在はバイカル湖の周辺に「住まわされて」おりますブリアート族は、このモンゴル部から派生した部族だったのですから、右の流れから考えましても、今日の「ブリアート族と日本人とが、遺伝子の構造が最も近い」というのは当然のことだったのです。このことを知っていれば、なにも大騒ぎする程のことではなかったのです。

さて、ところが、そこに大きな問題があったのです。と申しますのも、右に「住まわされている」と敢えて私が表現いたしましたのは、とても大切なことでありながら、この点専門家（アカデミズム）でも誤っている人が多いので、ここでアナタのために、アマチュアーの私から一言訂正しておきたいと思います。

と申しますのも、元々ブリアート族は満州北部の広い範囲（北倭のエリア全体）に散在して居住していた部族なのですが、ロシア革命のときに国王側について敗れてしまいましたので、革命側にペナルティといたしましてシベリア鉄道建設のための奴隷的な労働者（言わせてもらえば、ソビエット労働者の政権下で「奴隷的な存在」とは、これまた皮肉なものですが！）として「強制移住」させられてしまいまして、それで今日バイカル湖の周辺に住んでいるのだという特殊な事情を、アナタは決して見落としてはいけなかったのです。

このように、日本人と遺伝子の近いブリアート族は強制移住の結果という「人為的理由」から、たまたま現在シベリアのバイカル湖の周辺に住んでいるのですから、その点の詰めが甘かったがため、「バイカル湖の周辺が日本人の原郷」だなどという短絡したテレビ局や専門家の考えは、それこそトンデモナイ誤った考えであったのです（恥ずかしい専門家だナア。どっちが「トンデモ本」だい）。

このことは、古代・中世史が専門の学者が、その時代とその前後につきましてはよく勉強されてはおりましても、遠く離れた近世・近代史の詰めが少し甘かったために起きた悲劇（というか喜劇）だとも言えましょう。

日本人と遺伝子的に最も近いといわれておりますブリアート族の原郷とは極寒のバイカル湖周辺などではなく「勇壮・広大な満州（東北中国）の大草原・高原全域」（そして、ここは「倭人のふる里」の一つでもございました）であったのだと言わなければいけなかったのですよ。

しかし、時代と共に「貧乏人の子沢山」で人口が多くなった、その本質は「商人的色彩」の濃い農耕民の漢族（前述。儲かること・利益になることなら何でもやる民族。その字にも、本性が現れておりまして、「夏人＝中華人＝賈人・アキナウ人」。古代の中国人は、将軍が我が家を訪れたときには、妻を殺して「肉鍋」にしてご馳走することすら平気でいたしました。今日の朝鮮民族が、家族同様の犬〔甘肉という。特に黄色い犬などは、風邪に効き、身体が温まるなどと称して〕を「肉鍋」にして食べてしまうということなどにも、この思想は受け継がれていたのです。流石に、二〇〇二年のサッカーの「ワールドカップ」の前には、「世界に対して恥ずかしいからやめよう」という国家による行政指導すら行われたくらいですもの）のために追っ立てを喰って、本来中国中原の先住民であった倭人の中のある一派は、北の山間部へと、逃げ延びて行かざるを得なくなってしまったのです。

このように日本人の一部と満州人は同族だったのです。

これらの根拠は、余り沢山述べますと煩わしいので、以上ほんの一例だけしかアナタにお話ししませんでしたが、このように満州は、我々日本列島に渡来した人々の少なくともその一部の人々の間違いなく故郷だったのです。

それに私の考えでは倭人の卑彌呼すらも満州人（倭人）ですしね（九1）。

古代中国の史書により、「淮夷」という民族は大変古く、少なくとも殷の時代からの流れ（中国大陸で、漢人の産毛すらも未だ生えていない頃からの大族でした）であり、かつ、この民族は「殷とは親類」でもございまして、古代中国史によりましても、周が中国中原に侵入してくる「前」からのそこの住人（『尚書』）でありましたが、このことにつきましては、後にもう少し詳しくお話しいたします（一七1）。

このように「淮夷」は中国大陸の東部に周（姫氏＋羌氏）よりも古くから存在していた民族であることが、最も古いとさえ言い得る中国の右の史書（『尚書』）自体からも判るのです。

満州の「瓦＝ワ＝佤＝倭＝Wo」が、ひょっとして満州より南の「淮河」の辺りに古くからいた、この「淮＝ワ＝Wo＝倭」の淮人の北行とも、その名称の同一性からも、関連しているものと考えます。そして、そういたしますと、「淮夷（土地の名）＝貉（部族の名。東方を表す貉のトーテム）＝徐（酋長の名）」（これらは皆同一のことの表現の差に過ぎません。徐は、元来インド系の金属民でして、古く銅の時代には銅の民〔それより前の太古には、褐鉄鉱や砂鉄の民、銅の後は、鉄鉱の民へと変わっております〕の一派でもございました）の北上したもの、又はこれとの混血によるものとも考えることが出来るからなのです。

更に、「貉＝貊＝伯」（満州・朝鮮北東部へと亡命し、濊族とも繋がっております）でもあります。

＊因みに、「貉人犯法不従騶起……夫餘之属……夫餘・穢貉復起……穢貉遂反……尤誘高句麗候騶」（『前漢書』王莽伝、新・始建国四年〔ＡＤ一二〕）とあり、通常、穢貉は江原道の部族を指しますが、ここでの貉人とは高句麗人のことを指しますので、そういたしますと、古代中国人は高句麗は「貉」の国だとの認識をも持っていたものと考えます。

又、古代中国人は、東胡は貊であるとの認識を持っておりました（白人の中山国の亡命民＋ツングース＝東胡）。

そういたしますと、河南省の宛（ウツ）（南陽。淮河のどん詰まりの西側）の鉄工民の徐（シャー・ジョ）氏が満州へと入った（亡命した）ものとも考えられるのです。そして、この考えは一理あるようにも思われます（満州のアグリ王につき、別述）。

ではそれは何故なのかと申しますと、「徐氏＝昔氏（シャー）」であり、「余氏＝徐氏」であり、また「余氏＝アグリー氏」でもあり、日本列島に渡った昔氏はニギハヤヒ（物部氏）（扶余の穢（かい）族＝解族）の姓でもあるからなのです。

このように、少なくとも河南省の頃までニギハヤヒ（物部氏）の出自は遡れるのです。

しかも、右のように「徐＝余＝アグリー」でもあり、これまたニギハヤヒ（物部氏の祖神）の姓であるとともに、かつ、満州の扶余国から依羅（いら）王（この王は、百済史の王系図での実質初代の近肖古王と「平安」日本紀の天皇系図での「ハツクニシラス」の崇神天皇との、その「両者」のモデルともなっております）のとき朝鮮半島を南下いたしました、百済王家（平安朝の天皇家の出自とも同じです）の姓（扶余の伯族）の一つでもある「余」でもあるからなのです（北扶余の前期は伯、後期は「解＝穢」）。

＊つまり、平安朝の日本紀の中に、百済史が引用した扶余史を通じまして間接的に扶余王の系図が入って来てしまっていたのです。そして、これこそが抹消された古代の輝ける大王ニギハヤヒ（沸流百済・但し、これは穢族）の一派のことだったのです。

（3）倭人概念の二分割から三分割へ——南倭と北倭と中倭

こう考えてまいりますと、山東半島の琅邪から、秦の始皇帝政を騙して、多くの水耕民と共に海洋に船出した道教の方士の徐氏の「徐福」も、もともとはその出自が徐州系の、インド系金属民の系譜に属する「倭人・淮人・ワ人」の仲間であった可能性を否定することはできません（一一5）。

＊道教はアニミズム・精霊信仰・多神教の頃の「古ユダヤ教」の民が東行し、東アジアで花開かせたもの。卑彌呼の「鬼道」もこの流れ（魏では道教が盛んでした）であり、やがてこれが、日本列島の「神道」へと発展していく基となるものです。

BC七二五年アッシリアにより「北サマリア十枝族」が滅ぼされ、BC五八七年バビロニアにより「南ユダ二族」（ユダとラビ）が滅ぼされ、前者は、陸路でウラルトゥ、バクトリア（大秦・大夏）又はメディアからチベット高原経由で四川盆地、華北へと入っておりますし（「低地羌＝夏人＝華人の祖」となる）、後者は、主として海路でインド・コーサラ国（アヨーディア国）、インド・アンガ国へと入って来ております。前者が「大物主」や「先発・陸路・東アジア　後着・兄」で「国常立命（くにとこたち）」の日本神話と化し、後者が越国経由で「サルタヒコ」や「後発・海路・東アジア　先着・弟」で「国狭槌命（くにさづち）」の日本神話と化しております（九3）。

因みに、ユダヤ教から分派いたしましたキリスト教には、本来十二月二十五日のクリスマスは存在していなかったのです。と申しますのも、古くはエジプトのコプト教で原始大母神イシスの誕生日でございました一月六日をキリストの誕生日とした教会の記録があったくらいに過ぎず、この十二月二十五日は、四世紀に入り西ローマ帝国により正式に定められたことだったからなのです。

オシリス神の死体を膝に抱いた凍石製のイシス像（テル・ジャイフ出土。大英博物館）や、BC八～BC六世紀のサルディニアの聖所遺跡出土の成人した男子の死体を抱いて嘆くピエタ的な青銅像なども、皆キリスト教のピエタの原像であったのです。

このように、キリスト教に関するアナタの常識は皆非常識だったのです（九3）。

また、中国古代の禹王の末裔であり、夏后氏（夏）の帝少康の庶子（無余）の二十余代の子孫でもあります越王句践（BC四九六～BC四六五年）の祖先は「文身」をしていた（『史記』世家篇十一）とありますので、禹王や越王・句践は、秦人（グレコ・バクトリア、ディオトドス系。その本質はギリシア系ペルシア人）や漢人（羌人。その本質は古ユダヤ教を捨てた混血ユダヤ人）の中国への侵入により中国中原から追いやられる以前の中国中原におりましたところの、古くに少々は匈奴とも混血しておりました、本来は海人系の「食人」でもあった倭人の一派でありましたことは間違いなかったのです（一七1）。

そして、その越の祖先の名に「余＝シャー＝アグリー」というインダス系の名が見られることからも、後のインドから野蛮なアーリア人（ミタンニ人やカッシト人。今日のインド支配民の祖先）に追われて渡来いたしました殷人の分派の一つでもあります徐氏（徐福も徐氏なのですよ）とも繋がっていたのです。

＊殷王家の一族でございました箕子（きし）朝鮮の本名である「子胥餘（ししょよ）」の「余＝アグリー＝徐＝シャー＝昔」と、インドのカーストのアグリーとの共通性が気になります。

しかし、仮に、たとえ徐福が「淮人＝倭人の一派」であったといたしましても、次に、徐州、更には山東半島の琅邪から直接（たとえ、済州島〔耽羅〕経由であったといたしましても）日本列島（有明海・丹後・熊野など）に渡来した人々ということになりますので、この人々の流れは、今までの倭人の定義の大きな二つの流れ（南倭・北倭）からは外れることになってしまいます。

しかし、これを敢えてどちらかに入れてしまいますと、今までの概念に混乱を生じてしまいます。

そこで、この徐福の渡来ルートは、南洋から直接渡来いたしました「南倭」Bとも、又、一度中国大陸を北上した後、満州・朝鮮半島を南下して渡来した「北倭」Aとも少し異なりますが、これが主要な倭人のルートの一つであることには変わりありませんので、この大陸を移動してまいりまして、「東シナ海」辺りから海路で渡来いたしました倭人のグループを、私は、新たに「中倭」Cと呼びたいと思います。

このように、この徐福の渡来ルートは、従来の「南倭」とも「北倭」とも異なるからなのですが、その点を、まずは基本の点

ABに戻りまして、もう少し詳しく申し上げましょう。

A（北倭）のインドのパンジャブ（五河）からアッサムへ、そして陸路で中国へと入り、一旦満州まで北上し、その後朝鮮半島を南下して日本列島に渡来いたしました所謂純粋「北倭」系Aとも、この「徐福のルート」Cは少し異なりますし、（ベンガル湾からチベットへの入口に位置しております、ブータンとネパールとの間の、シッキム（哲孟雄）のダージリン（紅茶で有名です）辺りの一番古いヒマラヤ語でございます「レプチャ族」（九3。カンチェンジュンガの近くの谷間に居住）の言語の単語は、現在でも、日本語の単語と音が瓜二つです。

＊例えば、春はバン（つまり、バル）水はウム（つまり、ウミ＝海）父はアボ（古朝鮮語の父）などです。

「レプチャ」はネパール人の彼らを呼ぶ言葉でして、チベット人からは「モンバMon-ba・モンリクMon-rik＝モン国の住人」と呼ばれており、自称は「ロンパ・ロングRong＝ネパール語で谷間の人」です。

このレプチャ族は辮髪（べんぱつ）ですので、その本質が遊牧民であることが判りますが、この一族が、古くにチベット高地を東行した、イスラエルの「失われた十二支族」、私の言う「羌人＝漢人」の祖先の一派が「ヒマラヤ山中に留まったもの」であった可能性もあるのです（九3）。因みに、植木鉢を逆さに倒したような形の「藤製」の帽子を被り、その前を草や孔雀の羽で飾り立てます（離れておりますが高句麗人のようです）が、蔓を使うという点では、セレベス（スラウェシ）人とも似ている点がございます。又、藤を使う民族は、雲南・貴州などにも色々と見られます。

序でながら、南米のインカの「ケチュア語」には今日でも「テ・ニ・ヲ・ハ」の後置詞が見られ、これは日本語と同じアルタイ（金）語の仲間だったのです。因みに、「インカ」とはトルコ語で「王子」のことです。このように、スタートのインド・アッサムの辺りと、その途中と、そしてその終着駅の南米とで、「瓦人（わ）としての共通性」が強く見られるということにつきましては、アナタは「どうしてなんだろう」とはお思いになりません？

又、B（南倭）の同じくインド・アッサムの東の「ナーガランド」よりスリランカ（セイロン）経由でニコバル島へ、又は、「ナーガランド」より直接南下してニコバル島へ、そしてジャワ海の「耶馬堤国＝ヤバテイ国＝イアバディオウ＝ヤーヴァ・ドヴィーパ」（九7、一五6）から、インドシナ半島や南洋諸島経由で、沖縄、種（タネ＝種子島）、日本列島の九州、朝鮮半島南部（含む、済州島・鬱陵島）へと海上を北上して渡来してまいりました、所謂純粋「南倭」系Bとも、この点「徐福ルート」Cは少し異なるのです。

そういたしますと、この徐福の「山東半島の琅邪（ろうや）からのルート」は、古くに揚子江中流・下流（当時）におりまして、主として「呉」や「越」の滅亡に際しまして、日本列島へと亡命してまいりました弥生人（苗族＝毛人＝弥生の水耕民）の渡来のルートとも共通性が多分にございますので、これらを、新たに一まとめのグループとし、この「東シナ海や黄海南部」辺りからの「直接」海路による渡来ルートを、今までの純粋な「南倭」Bや純粋な「北倭」Aのルートとは区別し、「中倭ルート」（「準南倭ルート」と「準北倭ルート」とを含め）と呼ぶと共に、このルートで渡来した人々のことを「中倭」Cと呼びたいと思います（倭人概念のAB二分割から、ABCの三分割へ。九9）。

ところで、アナタは、古への中国人も「南倭」と「北倭」とを分けて、同じ倭人でもちゃんと区別して考えていたと私が申しましても、「何らの根拠もないんじゃないの」と仰るでしょう。しかし根拠はあったのです。ちゃんと古代の中国の地理書にそう明記していてくれたのですよ（九1）。

＊但し、これは、次に直ぐ申し上げますように、中国から見まして、主として満州・朝鮮・日本列島辺りの「方角に位置」しておりました当時の倭人グループを、南方の「南倭」と北方の「北倭」との二つに「地域的」に分けて呼んだものでございまして、前述の私の区分での、倭への渡来ルートを加味いたしました「満州から南下したもの」「北倭＝A」と「南海から北上したもの」「南倭＝B」と分けたように、「その出自と渡来方法・コース」による分ける方法（「倭人渡来ルート」による分析）とは大変異なります。

又、私の区分による広い意味での「南倭」の中にも、その後、大陸内に入り込んでおりますもの（沖縄のナガスネヒコ＝南朝鮮の朴氏。沖縄の尚氏＝契丹の蕭氏）などもございますので、この「南倭」「中倭」「北倭」は、あくまでも各時代・場合により異なる「相対的な概念」（南倭であったものが、時代とともに北倭になること、またはその逆もあり得ます）であるという風にアナタにはご理解いただきたいと存じます。

さて、その中国史での区分の理由につきましてですが、先ほどお話し申し上げました『漢書』や『後漢書』の鮮卑条からも明らかである（九1）と共に、それに更に加えまして、次に述べる文献からもズバリ、南倭と北倭の区別が証明されるからなのです。と申しますのも、『山海経（せんがいきょう）』の「蓋国在鉅燕南倭北倭属燕」というのがその証拠でして、これは江戸時代までの長い間、「蓋国（穢（かい）国）は鉅燕（燕の端）に在り」「南倭・北倭、燕に属す」とちゃんと正しく読まれ、そこには「南倭」「北倭」が現れていたのです。

＊ここで、倭が二つに分かれていたということが特に大切でして、燕から見て（端に蓋国が付随しており）北方の倭と南方の倭とがあり、共に燕に属していたということ、つまり、北倭は満州の倭人、南倭は朝鮮半島・日本列島・沖縄の倭人を指していたということになります。

ところが、アナタ、これが明治になりましてから、皇室のご祖先様が大陸の出身では、今植民地として実質統治されている朝鮮や満州の、特に満州の原住民の先祖であることになってしまって都合が悪いと考えました当時の政治家・官僚、それにアカデミズムの代表の帝国大学の学者たちが、この同じ漢文を、「蓋国は」「鉅燕南、倭の北に在り」「倭燕に属す」と読むように無理やり読み変えてしまった（少なくとも、満州の方の「倭＝北倭」を消してしまった）という経緯があったからなのです。そして、これがアカデミズムでは、今日まで、何らの疑問も抱かれずに祖述（二三1）されて来てしまっていたのです。

という訳でして、そんなことからも我々は、近年、それも明治以降になってからの「人為的」な理由から「倭人のルーツ」の全て（否、半分）を見失ってしまったのだということに、アナタはもっと早く気が付くべきだったのですよ。

＊結果として、これは朝鮮の李朝での歴史改竄と同じことになってしまっております。

これはお国のためとは申せ、当時のアカデミズムも罪作りなことをやるものですよね。

後漢の頃まで、倭は「燕の方向」、つまり、今日の山東省や内蒙古の辺りにいた、と古代の中国では考えられていたことにつきましては既に申し上げましたが（九1）、この「南倭・北倭、燕に属す」という倭を南北に二つに分けた『山海経』の文言と、右の『漢書』『後漢書』のそれらの表現とは、実に内容がピッタリ合っているとアナタはお思いにはなりませんでしょうかしら。

＊但し、アカデミズムの考え方（北より南へ）「鉅燕―蓋国―倭」によりましても、この蓋国が、今日の遼東の蓋平（A）の辺りや、東北中国部の扶余の解（穢）族などの地域（B）若しくは、朝鮮半島北部の蓋馬（ケーマ）山脈（C）辺りを指しているといたしますと、アカデミズムによる『山海経』の解釈でも、倭というのはその南だと言っているのですから、そういたしますと、どの立場に立ちましても、当時の倭は、満州の南部と朝鮮半島（A）か、朝鮮半島全部（B）か、若しくはその大部分（C）を指していたことにもなり、その場合、最小でも朝鮮半島の大部分ということになり、正に、馬韓・辰韓・弁韓の三韓が「倭人の国」であったということを根拠付けていた文献であった、ということにもなってしまうのです（これは、かえって面白いゾ！　栃錦、ウッチャリで勝ち）。

さて、お話を戻しまして、この節を終わりといたしますが、このように彼の「大唐帝国」とは、倭人と同じ「北倭」の、しかも、漢人が常日頃から東夷の倭人と同様に、北狄と蔑んでおりました、満州の鮮卑・拓跋氏の建てた国だったということを、アナタは片時もお忘れにならないでいて下さいね。

＊あの素晴らしい唐文化は漢人の国のものなんかではなかったのですから。この点、くれぐれも誤解しないようにネ。

5、卑彌呼が、父・公孫氏より下賜された「太刀」

まずは、卑彌呼の実家である公孫氏の系図を、アナタの頭の中に叩き込んでおいてくださいさい（巻末系図参照）。

さて、「中平□□五月丙午」（一八四～一九〇年、この一九〇年の途中までが中平の年号）の銘のある、あの素晴らしい銘文を持った後漢の頃の「東大寺山古墳」（天理市）出土の一一〇センチメートルもの長さの鉄の大刀（しかし、これには「反り」がございますので、厳密に言えば「大刀」ではなく「太刀」と表示すべきです。この点、学者のケアレスミスですね。この太刀の刃の部分は大陸製なのですが、柄の部分は日本列島製のようです）は、卑彌呼が、父である遼東半島の燕王の公孫度又は弟である公孫康から「倭王（馬韓王＝辰王＝鮮王。南倭＋北倭）のレガリア」といたしまして下賜（この、準中国政府の公孫氏から）された刀であった可能性も、考古学的・時代的・地政学的に見ましてもあり得ないことではなかったのです。

＊この康は卑彌呼の兄弟で、建安中に屯有県以南の「荒地」に「帯方郡」を置いた公孫氏のことでして、この後、中国史によれば、「倭人と韓人」とが帯方郡（公孫氏＝燕）に属したとされております。

満州・朝鮮半島北部及び中部の倭人の「韓国」と朝鮮半島南部及び日本列島の「倭連盟」が、共に公孫氏に服従し、その結果、公孫度の女の卑彌呼を倭王として仰いだということを、この中国史が示していてくれたのです。

正に、この公孫氏の頃の倭人のいた場所は、アカデミズムのいう「鉅燕＝燕の端」となっております。

ということですと、ここで申しますところのこの頃の倭人とは、日本列島九州と朝鮮半島南部の「倭人」を指し、韓人とは同じ倭人でも、半島北部・中央部の「倭人」（秦韓人は「自称秦の亡命人と北扶余からの亡命人」ですし、馬韓人の一部は「東扶余からの亡命人」ですので、当時の主な馬韓人・秦韓人は、主として扶余からの単なる「亡民＝居候」に過ぎませんでした）と満州の「倭人」（北倭）のことですから、公孫氏が下賜したこの刀の銘（金石文）と「倭人の女王」の卑彌呼の地理的な要素とは、ちゃんと繋がりがあったのです。

又、この燕が「方角」だけではなく、ある時期における遼東半島の公孫氏の燕王をも指しているものと考えますと、前述のように、「南倭・北倭・燕ニ属ス」という『山海経』の表現ともピッタリ合致して来るのです。と申しますのも、これも、時間差があるとは申せ、相当長い期間かかって何回も改訂されてしまっておりますので、新しい時代の改訂も含まれていた可能性があるからなのです。

東アジアでの背景から、このことを考えてみますと、この金石文である太刀の銘にございます二世紀末の「中平」の頃は、丁度、満州の「公孫氏が後漢からの独立を企てている時」のことですし、これは朝鮮半島南部で「倭の大乱」（一〇1。主として、後の金官と安羅の対立）が終了して、正に、卑彌呼がそれらの王として「共立」されていた頃のことなのでございまして、先述の公孫氏に服従した、つまり、公孫氏の娘（天下った）を王として戴いた（半ば強制的に戴かざるを得なかった）ところの倭人エリア（とは申しましても、この時点では、卑彌呼は既に九州の日向・西都原に亡命してしまっておりました）の、その女王に与えられたレガリアであった可能性が大だったからなのです。

この鉄刀（レガリア）は、襲（金＝日向）国の西都原で、沖縄とその飛地である九州の球磨盆地（豊もそうか）を支配しておりました、狗奴国の、後に朝鮮で朴氏ともなっておりますナガスネヒコ（名草戸畔がより古いモデル）に卑彌呼が殺され、（この戦いは二四七年より始まっておりまして、二四八年頃に死んだものと思われます）その宗女の壱与が、九州から一時逃亡先の対馬（ここは古くは、インド海洋民系の「伽耶＝倭」が占拠しておりました「任那」＝ニムナ・ミマナ＝ドラヴィダ語＝「神＋魚」を王家の紋章〔双魚紋〕といたします、金海と同じく東北アジアでの海人の中心拠点でもあったのです。別述）を経由して、やがて時を得まして、その当時「安羅＝倭」の鉄の植民市の一つでもございました吉備の勢力の助力を借りまして、畿内・大和の三輪山山麓の纒向へと侵攻し、この鉄刀を持参した後、その地の近くで、いつの日にか壱与の一族の墓に埋められて（天理市で出土）今日に至ったものだったのです（尚、一五1。特殊器台の共通性）。

＊但し、この吉備の勢力のお話は、「7孝霊大王の皇子のイサセリヒコ（吉備津宮縁起）」に征服され、その名を奪われてしまいましたところの先住の鉄民である「吉備冠者＝浦凝別」（応神紀二十二年九月に名が見えております）の「温羅＝ウラ＝浦＝伽耶（一〇1）＝浦島太郎＝安羅」、つまり安羅の水軍（倭＝安羅＝大伴氏＝公孫氏）とその妻の「阿曽女」、つまり「阿曽＝安曇＝アド」の女（後の宗像）の一族の祖先のことでもあったのです（別述）。

浦島太郎（九9）と桃太郎（一五12）とは、吉備と安羅とで繋がっていたの？

そして、これは、丁度、熊襲の「魁帥の取石鹿文＝川上梟帥」と「日本童男＝ヤマトヲグナ＝日本武」との名の交換（景行紀二十七年十二月）と同じパターンだったのです。

また、西都原で卑彌呼を殺してこの中平の太刀を奪ったナガスネヒコ（名草戸畔）が、壱与に「先行して」大和に入り、そこに持参したものだった可能性も否定は出来ません。

先程申し上げましたように卑彌呼の弟の公孫康により、建安年間に帯方郡が置かれましたが、その建安元年は一九七年に当たります（正確に申しますと、二〇〇年一月一日が建安四年十一月二十八日です）。

尚、卑彌呼の実家である遼東半島の公孫氏（淵。卑彌呼の甥）が魏によって滅ぼされ、「公孫氏＝燕王」が満州から消えるのは二三八年（景初二年）のことです。

卑彌呼がその魏の帯方郡に遣使いたしますのは、「この翌年」の二三九年（景初三年）のことでして、この点『晋書』におけるその因果の表現と、実にピッタリでありまして、これらの因果関係の存在につきましては、既にお話しいたしました（九1）が、このことはとっても大切なことですので、この後でも機会がありますれば、また何回でも私はアナタにお話しするつもりでおります。

因みに、この刀の銘文の中の「上應星宿」（天上の星座の神々の加護を受けて）という文句に内在する思想は、ずっと後世の「天皇」という称号にも繋がって来ているのですよ。

＊天武天皇（日本紀という歴史物語上での、この天武天皇のモデルは新羅文武王・金多遂ですから、当然、日本列島の王のことではありませんでした。但し、王子の頃と、場合によりましては、晩年に再び、妻の尼子の実家のございました九州・宗像（宮地嶽神社）に渡来していた可能性も大でございますが。五5）からこの天皇の称号を使用したことになっております。ですから天皇という称号はそんな古いものではなかったのです。

さて、お話を卑彌呼の出自の点に戻しますが、このように『晋書』にはハッキリと卑彌呼の出自が示されておりますので、皆さんも一度ご自分の目でこの『晋書』の漢字の原文をお読みになって、「其」の字を「アッ、これだっ！」と指差して確かめてみて下さいね。

6、「四隅突出型方墳」と満州の公孫氏

(1) 大国主・大物主のモデルは公孫域で、事代主のモデルは公孫度

次の考えも、アナタにはちょっと、いや、大変奇異に思われるかもしれませんが、いま暫く私にお付き合いください。右のように卑彌呼が公孫氏の娘であるといたしますと、この点を「公孫氏の系図」に当て嵌めますと、次のように考えることが出来るからなのです。

出雲での「大国主命」「大物主命」のモデルが遼東半島の公孫域（ヨク）であり、「事代主命」のモデルが、その子（但し、養子）の公孫度でありまして（巻末の公孫氏系図を参照）、その又度の子が卑彌呼と「康＝日臣命（道臣命・大伴氏の祖。二〇前文、四5）」と恭（『魏書』による卑彌呼を輔佐した「男弟」。九1）という三人の姉弟であると考えました場合には、古くに公孫氏の一族（一五1）が「日向の西都原」から対馬を経て、畿内・纏向へ入るに際しまして、その途中の出雲に侵攻した（その遼東・楽浪での「大国主の神話」を持って）と考えることも、又は、その逆の「朝鮮半島から」渡来して、その途中の出雲を押さえ、その出雲から九州へと侵攻したという順序も可能なのです。

そして、そのことの根拠は、その出雲と九州の両地域での神社の神々の分布（宮崎県の都農神社が、島根県の出雲大社と同じ大国主を祭神としておりますことなど）を見れば明白だからなのです。

卑彌呼が殺された後、壱与は対馬へ亡命し、山陰コースで出雲や但馬へ、又は中国山地を吉備へ南下し、更に瀬戸内へとも南下して、摂津から紀伊へと入ってまいります。

さて、ここで、九州の大名の大友家が七人の家臣に命じて古記録を収集させたという『上記』を見てみましょう。

＊この書や『秀真伝』（二三5）は、『日本紀』や『古事記』や『旧事紀』をも含めまして、皆「兄弟」のような書（何処から漏れ残った書）だったのですが、この『ホツマツタエ』は日本紀から派生した書であり、この『ウエツフミ』の方は『古事記』から派生した書だったのです。

そこには、「大汝＝大国主」が「穴門の豊浦に行って出雲に戻る」という記載があります（日本紀の方では、何故かこの点が抹消されてしまって、ございません）が、このことは出雲と九州との広域な関係（含む、卑彌呼の先発隊の日向の国分・都城・西都原などへの侵入）を暗示していたのです。

そうであるが故に、九州の都農の都農神社の祭神は、前述のように出雲の大国主命（「安羅＝公孫氏」系）なのです。

因みに、度々アナタに申し上げますように、「大国主のモデル＝公孫域」で、その子の「事代主のモデル＝公孫度」でありまして、更にその娘が、馬韓から安羅へ、そして日本海を渡って日向「西都原」に亡命した卑彌呼でして、日向で「卑彌呼を補佐する男弟」は「公孫・恭」だったのですから、右の古事記の表現の中にも、公孫氏の卑彌呼と九州の関係（そして、出雲の国譲り神話のオリジナルな姿）が暗示されていたのだとも考えられるのです（九1）。

（2）四隅突出型方墳の出現と銅鐸の「秦王国」の消滅

そして、その場合の「出雲と日向と公孫氏と遼東半島」を結ぶキーワードが、山陰と越（コシ＝安羅咸安のクシ・ムレ。共に大国主のエリアです）及び安芸（広島県）の山中にも見られます、あの不可思議な「ヒトデのような形」の、高句麗や朝鮮半島の付け根部分や、更にはその向こうの満州にもそのオリジナルな形が見られる（と私が考えております）ところの「四隅突出型方墳（方型墳）」だった（大型のものといたしましては、石が飛び出すように四隅に置いてある高句麗の「将軍塚」なども、実は、墓の思想といたしましては、この仲間だったのです）ことに気が付くべきだったのです。

高句麗の将軍塚（長寿王陵、吉林省集安）の正面から見まして左奥隅の角の路面の、下石の出っ張り具合などを一目見れば、アナタも四隅突出型方墳の起源が満州にあったことにご納得頂けることと存じます。

又、「国内城」の城壁の角の見分からも、この角の部分は、整備のため等の昇り降りの階段の役割をも持ち合わせていたようにも見受けられますとともに、将軍塚や大王陵（広開土王の墓）の四隅や一辺の中央に立て掛けてございます長さ三メートル以上の巨石の役割等から考えましても、四隅に配置されております石の群れには、本来、土留め、崩れ止め、等の用途があったものと思われます。

これらの思想が、日本列島に渡来した「北倭」の人によって、石積塚などの山陰の四隅突出型方墳にも応用されていたのです。

＊また、満州全体を見まわしてみましても、朝陽の西方一〇〇キ

ロメートル余の遼寧省の建平県と凌源県の交わる辺りの「牛河梁遺跡」（大凌河の近く）の「第二地点」の二号塚の中心大墓（第一号墓）の角の一つには、上積してございます積石が被さるように出っぱっているのが見分出来、満州西部の蒙古高原近くのBC三〇〇〇年頃の遺跡にも、既にこの傾向が見られるからなのです。

広島県の例といたしましては、三次市の東酒屋町の「矢谷古墳」は、弥生から古墳時代初期にかけましての、明白な「四隅突出形方墳」であるのみならず、そこからは「鼓形器台」や「特殊器台」が出土しておりますところからも、ここと山陰や吉備との人的な繋がりも濃厚だったといえるのです。

このことからも、日本列島におけます全ての前方後方墳的なものが、果たして、そのスタートには四隅突出形方墳（角の崩れ止めつき）でなかったのかどうかということを、改めてチェックし直す必要があるのです。

西都原では珍しい方墳である一七一号墳（伝スサノヲの墓。かつ女狭穂塚古墳の陪塚とも言われております）の四隅の円筒埴輪が他の部分のより大きいのは、同じ思想（崩れ止め）に基づくものであり、この一つの流れでもあったのです（一〇2）。

そして、卑彌呼の実家の公孫氏の古里の遼東半島も、当然、この満州の一部だからなのです。

但し、同じ満州系とは申せ、公孫氏は、その遠い祖先は、「越・南倭」系からの渡来民でありますので、円墳が主であったと考えますならば、この方墳の流れは、純粋に扶余・高句麗系のものであったとも考えられます（二4）。

ここで、ちょっと視線を変えまして、卑彌呼の実家である遼東半島の公孫氏一族につきまして、中国大陸を、越国（勾践の越）から河南省に、そして更に山東半島、遼東半島へと長い時間かかって北上してまいりますその途中の部分につきまして見ておくことにいたします。

＊越と遼東との間に位置します古代の河南省に公孫喜の名が見られます。

魏が公孫喜に命じて楚の方城を攻めさせて唐昧を殺させております（『史記』秦本紀、昭襄王七年）。

魏は秦（昭襄王＝始皇帝・政の父）に南陽・宛の製鉄基地を与えて和議を結んでおります（『史記』秦本紀、昭襄王三十三年）。

この時の韓の将軍の公孫喜に命じ周・魏の兵を率いて秦を攻めさせておりますが、秦は公孫喜を捕虜にしております（『史記』韓世紀、キ王三年、BC三八四年）。

＊紀元後の、「三国志の魏」とは同名ですが、これとは別の国である「戦国の魏」と戦います。公孫喜と遼東半島の公孫氏〔卑彌呼の実家〕とは、同一部族であると共に、どうもその末裔らしいからなのです。

秦が韓の河南省の「南陽」＝「垣＝エン＝宛＝宛の徐」を抜いております（『史記』韓世紀、キ王五年、BC三八二年）。

＊「秦韓の戦い」が河南省を中心に行われましたのは、ここの

「宛＝エン＝ウツ」に一大製鉄基地があったからだったのです。つまり、河南省の韓に、公孫氏と宛の徐氏が前後して存在していたのです。

ということは、日本列島での大伴氏「フェニキア系・ジャワ海・インドアンガ国・大物主・邪馬臺国・卑彌呼・安羅王・倭王」と物部氏「シュメール系・サカ系・インドシャキー族・ニギハヤヒ・北扶余穢族の王家・昔氏・徐氏（中山国・鮮虞・盧奴の宛の徑陽王）」とはその祖先同士が、古代中国最大の製鉄基地の宛（エン＝ウツ）で、BC四世紀の昔に共に存在していたということを示していてくれたのです。

さて、お墓のお話に戻しましょうか。

尚、ここで、四隅突出形のこの古墳を時代との関係から「古墳」とは区別いたしまして「——墳丘墓」などと名付けた考古学の大家の先生がおられますが、それは二重の意味で間違いを犯しているのです。

何故ならば、まずは、元々「墳」とは塚（土まんじゅう）のあるもの、「墓」とは塚のないものを指す言葉だからなのでして、いくら偉い人がそう言ったからといって、マゼコゼの定義は困りものです。素直に「——方墳」と言ったほうがスッキリして、それでいいのです。この点は、アマチュアーの方からアカデミズムへクレームを付けておきましょう。

それに、次に、古墳時代の上限も、纏向の遺跡から発掘されました「木片」などによる「年輪紀年法」その他によりまして、上限が上がりましたし、これが古墳であっても何ら問題はない筈だからなのです（逆に、弥生墳丘墓の縮小）。

＊大和・纏向の、「箸墓」より数十年は古いとされております、長さ九四メートルの「纏向石塚古墳」の周濠から出土いたしました木製品の「年輪紀年法」による鑑定の結果、その最も外側の部分が一七五年頃のものであることが判明しております。使用するときには削られておりますところから考えましても、一七五～二〇〇年頃にかけまして伐採された木であると思われます。

又、同じく纏向の、長さ一一〇メートルの「石山古墳」の周濠から出土いたしました檜の伐採年が、二〇〇年頃であることも判明いたしました。

ですから、古墳の出現は二〇〇年頃ということになり、それ以前が弥生時代（遅くとも、BC十一世紀がスタート）のものということになります。

と申しますのも、この四隅突出型の古墳が出現した丁度その頃に、正に、銅鐸の「秦王国」の弥生人が、その地方（出雲など）では消えうせてしまっているからなのです（つまり、この出現が弥生時代の終焉のメルクマール〔！〕だったからなのです）。

このことは、正に、時期的に考えましても、朝鮮半島経由で、新たな満州の民（この方墳の民）が日本列島に侵入してきたことを端的に示していたと考える以外考えようがないのです。それによる弥生の水耕民である秦王国の文化の中国地方から近畿地方への追放という「民族の追っ立て」を意味していたのです。

今後、遼東半島から朝鮮半島の付け根辺りで（積石の一つ一つがそれ程は大きくないものも多いので、明朝になってから入植した漢人の満州大開拓〔九4〕で、耕されて畑になってしまっている可能性も大なのですが、山間部ではまだ手付かずでそのままの形で残っているものがあるかもしれません）この四隅突出型方墳の「地下に残っている部分」だけでも、もっと発見されるようになれば、高句麗より更に先（西側）の撫順（ここは、無煙炭を巡り、高句麗になる前の扶余の一部と遼東の公孫氏〔卑彌呼の実家〕との接触の舞台でもありました。一五1）などの遼東・遼西にまで繋がって来ることになり、「大国主命＝公孫氏＝その孫の卑彌呼」の渡来ということも実証される可能性が多分にあるからなのです。

そして、「倭王＝安羅王」である卑彌呼の父が遼東半島の燕王の公孫度（たく）であり、同じく公孫氏の「大物主＝大穴持」が卑彌呼の祖父の公孫域（よう）（ヨク）であり（九1）、この大穴持の「穴＝アナ」と申しますのも、実は、後の朝鮮半島での卑彌呼の国が「アナ＝安那＝安羅＝倭国」と呼ばれたことの一因を示していたことに、アナタが、もしお気が付きになりますれば、倭王の卑彌呼が南朝鮮の「安羅＝安那」の女王でもあったことも判って来る筈なのです。

尚、先程の「四隅突出型方墳」が、日本海側から安芸（アキ＝安来＝安羅から来た民）にかけてもその分布が見られるということは、「百済史におきまして6仇首王として引用されております高句麗の王子の罽須」である「イワレヒコ＝神武」に相当する人物（又は、ニギハヤヒや天日矛）が九州から「日本海を回って」、そこから安芸に入って瀬戸内へ出たルート（但馬・丹後から生野銀山、伊和、瀬戸内への南下も考えられます）をも暗示していた可能性がございますし、では、何故、そういうルートになったのかということにつきましては、改めて述べてみたいと思っております（一五）。

＊因みに、四隅突出型方墳が見られます江川（ごうのかわ）の流域は「出雲文化圏」に含まれるのですよ（一五11）。

尚、高句麗の「馬面」の残基につき、一一3。

ところで、この「天日矛、ニギハヤヒの渡来と東行」及び「神武の（平安日本紀上での）日本列島への渡来と東征」、つまり、「扶余・高句麗系の（四隅突出型）方墳の出現」と「銅鐸の民の消滅」の因果関係は、先ほども申し上げましたように、「弥生の水耕民が遊牧の民に征服されるという歴史」の別の面を見ることでもあったのです。

かつては、四隅突出型方墳が新羅系だという人もおりましたが、「四隅」の方は、新羅の成立（四世紀半ば）よりもずーっと古く、三世紀の終わりから四世紀初めと言われておりますので、仮にこの新羅を秦韓・金官に置き換えたといたしましても、この考えは疑問なのです。

仮に、新羅の慶州の伝味鄒王陵地区出土の「底抜き壺」「木槨」

と鳥取県の古墳からの出土物との関係から考えて、これが新羅(当時は秦韓)系だと言えたといたしましても、秦韓そのものの成立が、秦及び扶余の亡命民の流浪(その民の話します言語から、『魏志』では前者のように推測しております)によるものですので、楽浪郡辺りからも少なからざる人々が流れて来ているものといたしますと(辰韓人がより北方からの亡命民であることは間違いありません)、そこには素直に「満州・楽浪からの文化の流れ」があったと考えた方がよいと思います(それに秦〔辰〕韓人は扶余からの亡民であると、ズバリ指摘した史書もあるからなのです。前述)。

そして、前述のように、秦韓人の言葉の中には「西部」中国人の発音のようなものがあると、中国史でも言われておりますが(『魏志』)、このことは、この民族の過去(出自)に遡るならば、そもそも秦帝国そのものが、どう足掻(あが)こうが、「秦からの亡命民が西部中国や中央アジアの言語を喋っていた」ということにもなりまして、それは秦帝国が、正に「西戎」だった、つまり、その名の通り、秦が太秦・大夏(グレコ・バクトリア。ディオトドス、BC二五〇年自立)の東方での植民地に過ぎなかったということの素晴らしい証拠の一つでもあったのです(謝謝。「太秦＝ウヅマサ＝秦氏」に注意)。ずっと後世の『魏志』におきましても、ちゃんとそのことを証明してくれていたのです。

このことは、史記上のお話(前述)であるとは申せ、始皇帝・政の出自、つまりその実父の呂不韋(「韋＝なめし皮」ということですので、父、不韋の初期の仕事の中心は、ラビ族の出自のユダヤ系〔セム系〕の皮商人・鉄商人〔鉄も皮も両方とも古代では武器に必須の材料ですので、彼はユダヤの武器商人〕だったものと思われます)にも繋がってくるのです。

なお、序でながら、新羅の王陵(天馬塚古墳)からは北方遊牧・スキタイ系ないしは鮮卑系の物が出土いたしますが、このことは新羅の歴史を考えれば、何らの不思議ではない当然のことなのでありまして、何故ならば、新羅史や教科書にはあまり書かれてはおりませんので、アナタもつい見過ごしがちなのでしょうが、かつて五世紀代に「新羅が七十年近くもの間、高句麗に占領されていた」(そして、その七十年間に、新羅の女は、膨大な数の北方遊牧騎馬民との混血児を生まされていたからなのです。五世紀末の「中原高句麗碑」忠清南道中原郡〔この間、その文面の分析からも、この頃の新羅王は「東夷之寐」と呼ばれて高句麗の駐屯軍からも「見下されていた」ことが判るのです〕がそのズバリの証拠だったのです)という事実がございまして、その間は新羅としての独自性が全く否定されていたからなのです。

7、公孫氏の邪馬臺国の母国は「ジャワ海」

(1) 河南省南陽の「宛」を「ウツ」と読む理由——インドを介しての金官伽羅とフェニキアとの関係

この遼東半島の公孫氏の、遠い祖先の出自につきまして、更に古い時代へとタイムスリップして遡ってみましょう。

公孫氏は、明らかに海洋性の鉱山民（沿海部を航行し、大河を遡行しては鉱石を見つけ開拓する人々。記紀におけます公孫氏の娘の名には、ちゃんと「タタラ」が入っております。一七6、一五8）の出自ですので、ヒッタイトやフェニキアの亡命民が東行し、インド、ジャワ海（耶馬提国。『法顕伝』による）、インドシナ（チャンパ）、中国の「越」へと辿りまして（その中の一派は、台湾の山岳民ないしは海洋民の中にも紛れ込んでしまっておりますす。鉄＝マラ）、更に、河南省の宛で鉱山を開発し（前述）、やがて山東半島から遼東半島へと亡命し、満州へとも入ってまいりました可能性が大だからなのです（後述、及び一五6）。

古くは、この一族が、右に述べましたように、中国の内陸部の「宛（うつ）の徐（じょ）氏の南陽＝河南省＝大製鉄基地」にいたこともございます（『史記』に記された公孫喜などがその一族の祖先でもあったのです）。

この宛の人々は、遡りますと、最後はシュメールの「ウル」にまで行き着く人々なのですが、ここで「宛＝エン」が、何故「ウツ」なのかということにつきましてご説明しておきましょう。

それは、ヨーロッパでも牛のことを「ウル」と申しますが、これが東へまいりまして「ウツ」と訛り、日本列島では「ウシ」となっていったのです。このように訛っていったからなのです。

更に、「朝鮮→鬱陵島→出雲」という、「もう一つの忘れられた古代ルート」の途中の日本海の鬱陵島は、朝鮮語では「ウルルン」島ですが、日本では「ウツリョウ」島と呼ばれております。このように朝鮮語の「ラ＝L」行音は、日本に入りますと「タ＝ダ＝D」行音と訛るからなのです。このように「ウル」は「ウツ」となってしまうからなのです。

例えばアナタにもお馴染みの、物部氏というときの「氏＝ウヂ」という言葉にいたしましても、朝鮮語の「叫」が、日本列島では「udi」となっておりますよ。これは、より遡りますと、トルコ系キルギス語、ツングース語の「ウル」であり、又、ブリアート語の「ウリ」とも同じです。

＊秦氏（ウチ氏）が秦韓（後の新羅）からの渡来人であり、その人々が中国の秦の始皇帝（実父はセム系の呂不韋）の一族の末裔であると「自称」しておりますが、その氏神の一つである京都・八坂神社がスサノヲ（牛頭天皇）を祭っていることも、実は、このスサノヲは、西アジアでの「ウル＝牛＝ウツ」、つまり「バール神」にまで遡るものだったのです。

ところで、「宛＝エン」が「ウツ」となりましたのも、秦帝国成立前の中国中原には、未だ「羌族・氐族＝漢民族」は存在せず（別述）、北部を除きましては、「羌＝漢」に追われる前の、今日の「西南夷」と「百越」とがそこに「我が家」として播居していたからでございまして（仏人・オルソー）、そのことに加えまして「エン＝宛」の字が含まれました「𡧃」を、この越の別派でもございます広東語では「wat」と発音しているからなのです。

ですから、これが「エン→ウツ」と訛ってよく、「ウル→ウツ」

→ウシと訛ってもよかったのです。

序でながら、朝鮮語と日本語とで、「ラ→タ」の音韻変化を見てみますと、夫々、水は「mil」と「midu」、涙は「numil」と「nomida」、鯨は「korari」と「kudira」というように、朝鮮語の「ラ行音」と日本語の「タ行音」とが、物の見事なまでも今日対応していることが、これでアナタにもお判りになっていただけたことと思います。

又、ふんどしは「フントス」と「フンドシ」（前述）、牛は「ウツ（utsu）」と「ウシ（ushi）」となりますところからも、日本列島に入りますと「ス（su）→シ（shi）」「ツ（tsu）→シ（shi）」というように「ウ＝u」が「イ＝i」に変化することも判ります（東北弁との関係につき、別述）。

更に、古代の日本列島では、「ン」の発音の言葉は本来はなかったものと思われますので、この「ふんどし」も朝鮮から入ってきた言葉（元は、揺褄褌（ゆうろう）→越中褌）であることが判るのです。

ところで、『論語』の孔子の子孫は、秦が魏を討ったBC二二五年頃からは、ここ河南省の宛の官営製鉄所の所長をしておりました可能性があるのですよ。

そこで「宛で莫大な金をもうけて、その金で諸侯のもとに遊んだ」（『史記』貨殖列伝。一二3）と記されております。孔子の子孫は、孔子の貧乏漫遊とは違って、金満の諸国漫遊のようだったのです。

もし、この古代の鉄官が世襲制だったといたしますと、ひょっとして、遡りまして、元祖の孔子も鉄官であった可能性もあり得るからなのです。何故ならば、古代に遡れは遡る程特殊技能は皆、世襲とされておりまして、その秘儀は門外不出だったからなのです。

仮にそうであるといたしますと、『論語』の元々の姿は、「上命下服の労働（奴隷）指南書」であった（それが長年に渉る弟子たちの添削により、今日の姿に「倫理化」され純化されて変化してしまった）可能性が大であったのです。

(2) 邪馬臺国のフェニキアから西都原へ、そして纏向への遥かなる移動

さて、このように、公孫氏の出自を介することによりましても、邪馬臺国の東アジアでの母国が「ジャワ海」を取り巻くエリア（本来は、次にお話しいたしますように、邪馬臺国の出自は、更にオリエントの地中海のフェニキアのオウドにまでも遡ることが出来るのですが）であることが判るのです（一五6、九3）。

では、そのことにつきまして、ここでは必要最小限度で触れておくことにいたしましょう。

インド十六王朝の一つでもありました「コーサラ国（Kosala）＝アユダ国」のアヨーディヤー（Ayodhoya）という別名は、「難攻不落」という意味でして、これはコーサラ国の古い主邑のサケータのことであり、更に、この「アヨーディヤー＝アユダ＝アウド（Oudh）」と繋がりまして、これは地中海岸のキ

プロス島の方に面しましたフェニキアのアルヴァド（現、アトラス）からの「地名遷移」だったからなのです。そして、このアウド国のインド人たちが、フェニキアのアウドから渡来してきた（勿論、その途中及びパンジャブ〔五河〕地方での数次の混血を経てはおりますが）人々であったことを示していたのです。

そして、このコーサラ国はビルーラバ王のときにマガダ国に滅ぼされ吸収されてしまいまして、次に、卑彌呼の祖先の公孫氏に繋がるチャム人のアンガ国（この国は、ジャワ海域の耶馬提国〔『法顕伝』〕から、やがてインドシナに移って、BC二世紀に至りチャンパ国をも建てております）も、やがてこのマガダ国のビンビサーラ王に滅ぼされて吸収されてしまうのです。

また、金官伽羅1金首露王（孝元大王のモデル）の王妃の許黄玉（鬱色謎〔うつしこめ〕のモデル）も、このインド・コーサラ国（又は、インドシナにあったインド・アンガ国の分国のチャンパ国）から九州の豊国（当初の金官伽羅の母国。二1。その母国はインド・シスナガ王朝。「ナガスネヒコ＝ナグサトベ＝朴氏」はその末裔）へと嫁いで来ております。

このように、中東・極東アジアにおける「邪馬臺国に至る道」を一言で申しますと、インド「アンガ国→マガダ国」の流れと「コーサラ国→マガダ国」（早い話が、倭でのある時期におきましては、安羅の卑彌呼の一族より、朴氏〔金官で混血〕のナガスネヒコ〔名草戸畔〕の一族の方が、優位に立っていたということなのです）の二つの流れが、マガダ国に吸収され合流いたしまして、そのぶつかり合った余波（亡命人）が、インド「アンガ国」のチャンパ人→ニコバル島やモーケン諸島→ジャワ海（ボルネオ島〔カリマンタン〕のパンジェルマシン〔文〔バン〕郎馬神〔ジェルマシン〕・十八世紀・中天竺・ハンシャラマアシ〕、スマトラ島のジャンピ＝テラナイプラ、パレンバン、ジャワ島のマドゥラ島・マズラ島）→

＊ここ邪馬臺国の本貫は、「イアゥバディウ」（『プトレマイオスの地理書』）、「ヤーヴァ・ドヴィーパ」（ヴァールミーキ『ラーマーヤナ』）、「耶馬提国」（『法顕伝』）などと表現されておりまス。一五6。

後のインドシナの「チャンパ」の地のチャム人（但し、この名の国自体は、後のBC二世紀からのものです。インドシナの文郎国は、正に、ボルネオの文郎馬神からの移動によるものだったのです）→

中国のBC六〇一年頃「越国」A（臥薪嘗胆）。越が呉を破り呉王夫差自殺。越北上BC四七三年→

＊この間の公孫喜と河南省の宛の徐につきましては、先程述べました。

「南方を蛮雕題交趾と曰ふ。其の俗は男女が同川に浴するので、故に、交趾と呼ぶ」とございまして（『礼記』『後漢書』南蛮西南夷条）、越南とは古くは交趾とも交州とも呼ばれ、これが唐の頃には安南とも呼ばれておりました。ということからも「越南＝安南」で「越＝安」ですので、安羅の女王・卑彌呼と越とは、その名の中にも接点（かつての祖先の滞在地の名）が示されていたのです。

山東半島の琅邪（ろうや）の「越国」B↓BC三三四年（『越絶書』）

遼東半島の公孫氏「燕王」（一八九～二三八年）↓

＊公孫氏は遼東のみならず、山東半島の一部も支配しておりますが、このことは、公孫氏と山東半島の関連を示すだけではなく、公孫氏が、かつて山東半島から渡った来たことをも示していたのです。

朝鮮半島南部の「安羅国」咸安の「クシムラ＝クシ＝エッ＝〈越〉C」（『晋書』、「百済本紀」）↓一八九年・二一二年

日向・西都原の「越（こし）」D↓卑彌呼殺害さる二四八年↓

＊ナガスネヒコが裏山から「越えて」まいりまして、卑彌呼を殺したので「越＝コユ＝児湯」でもあったのです。

宗女・壱与対馬へ↓（日本海回り）↓大和・纏向

＊日本列島の「越ノ国」Eは、後の、日本紀上のいわゆる「継体大王〈越前〉説」といたしましても関連して来ております。

へA越↓B越↓C越↓D越と流れて来ていたのです。

つまり、早い話が「継体大王＝大伴談＝安羅王＝公孫氏」で、「安羅＝倭」の女王・卑彌呼の子孫なのですから、この長い長い「越＝コシ」の因果のうねりは、「インドから邪馬臺国まで」正しく繋がっていたことが判るのです。

この点、東アジア沿岸部におけす支石墓（dolmen＝ドルメン＝そもそもブルターニュ語で「石卓」）の流れが東南アジアから中国沿岸部へ、そして遼東半島へ、更には、その流れが朝鮮半島を南下して九州の伊都国（周船寺（すせんじ））等へ伝播して来たという考えを採りますと、これは「邪馬臺国のインドネシアのジャワ海のヤーヴァ・ドゥヴィーパ（『法顕伝』の耶馬提国（やばてい））からの流れ」とも（時間差はございますが）その道筋がピッタリと一致して参りますから不思議です。このように太古から「海の道」は連綿として繋がっていたのです。

高句麗20長寿王陵の直ぐ近くの第一の妾の墓が、王墓とは全く異なりドルメン型でございますのも、その王妃の出自が遼東半島の公孫氏系等の海洋系の女性であったことを示していたのです（「扶余王尉仇台＝高句麗王子罽須」の妻は公孫度の女でした。一五8）。

因みに、右の「越」のB（山東）↓（遼東）への移動の点につき、そのBとCとの間を少し補っておきましょう。

つまり、山東半島の「琅邪」で消えてしまった敗戦国の（越の大艦隊）は、その後、「廟島（びょうとう）（ミヤオタオ）群島」を島伝いに北上して渤海を渡り、遼東半島に逃げ込みました。しかも、その距離は、直線にしてたったの一〇〇キロメートル余に過ぎません。

そして、この「渤海湾渡海のルート」は決して新しいものではなく、遥か昔に「水耕の稲」が（色々な考えがございますが、仮に、その一つといたしまして、稲作が揚子江・淮河の河口あたりから、同時に朝鮮半島経由でも伝わったといたしますと）山東半

島南部の連雲港市から、北部の栖霞遺跡、そして右の廟島群島を伝わりまして遼東半島の大連、更に北緯四〇度線を越えて満州に入ると共に、朝鮮半島を南下し、平壌（ピョンヤン）の近くの南京遺跡、更に南下いたしまして欣岩遺跡、松菊里遺跡を経まして、日本列島へと伝わってまいりましたルート上に、この越の亡命ルートは存在しているからなのです。

これが、一言で申しました卑彌呼の祖先の「越」がインド→ジャワ海（文郎馬神）→A越（文郎国）→B越→C越→D越→大和・纏向へという風に海を「越ゆ＝越えて」まいりました「A越からD越」までの「邪馬臺国」流浪の跡（民族の追っ立て）であったということになります（一五6、10）。

そして、これが、所謂「継体天皇越前説＝越の出自」の真相（但し、終着駅の部分）でもあったのです。

＊「継体大王＝大伴談＝安羅王＝倭王（卑彌呼の子孫）」

古くは越前も越後も、その全てが朝鮮半島から渡来した先の「越＝コシ」の地であったからなのです（三〇1、一五10）。更には、明日香村の飛鳥駅の周辺の越（こし）（岩屋古墳や牽牛子塚古墳がございます）の地名も、近くの観覚寺から安羅伽耶系の「オンドル」が出土しております（一五10）ことから考えましても、これも邪馬臺国の最終到達地点の「越」の一つ（その末裔）に加えてもよいのかもしれません（越「E」）。

私は、許黄玉がインド・アユダ国（コーサラ国）から嫁いで来た（『三国遺事』）金官伽羅国という倭国連合の盟主は、古くは右のインド十六王朝の盟主でございましたマガダ国の「殖民市」であったものと考えております（別述『山海経』の記述に一致）。と申しますのも、コーサラ王家は、マガダ国王の命令によりその王妃（この「兄」の許宝玉はインドから「提督＝執政官」として、許黄玉と一緒に派遣されたものと考えます）を金官に嫁がせているからなのです。

尚、この許氏（インド・コーサラ国王家）とフェニキアの鉱物貿易民との関係につきましては後述（一七6）いたします。

後世に至りましてからも、インドと倭国・日本とは色々と繋がりがございました。

「覩貨邏人（とから）　乾豆波斯達阿」（斉明紀六年（六六〇）七月十六日。筑紫への来倭は、斉明紀三年（六五七）七月三日）とあります。

乾豆（げんづ）（カンヅ）波斯達阿（はしだちあ）（ダルア）の乾豆とは、イラン語の「ヒンドゥ（インド語のシンドゥ）」ということであり、「身毒＝シンドゥ」のことを表しておりますし、質として倭国（含む伽耶に残りましたこの人の妻の「舎衛国婦人」の舎衛とは、インダス河中流のゴンダの舎衛城（Sravasti）のサヘート・マヘートのことで、ここは祇園精舎のあるところだったからなのです。

このインドの釈迦の本拠の人々が、飛鳥に「須彌山像」を作り「盂蘭盆会（うらぼんえ）（イラン語）」を設けていたのです。

＊しかし、三日に九州に漂着し、十五日には飛鳥に「須彌山像」を作っておりまして、その期間の短さからも、これは畿内のことでは「なく」、南鮮かその当時の倭王の拠点であった北九

州・筑紫のことであったことを暗示していたのです。

「或本云堕羅人」（斉明紀三年〔六五七〕七月十五日）とございますので、これはインドシナ半島のメコン河下流の「ドラヴァティ（Dvaravati 吐和羅鉢底）＝ダラ＝多羅」（一五６、10。当時はインドの植民市）のことだったのです（『旧唐書』南蛮伝吐和羅条）。

ここを経由してインド人が唐へやって来る途中で奄美大島で遭難してしまったのです。

（３）インドネシア・ジャワ海の耶馬提国（ヤーヴァ・ドヴィーパ）と日本列島の邪馬臺国との関連

さて、お話を変えましょう。

日本語の基礎が、長い間の縄文（初期は古モンゴロシド）の頃の「南方語」の上に、主として縄文末期から弥生初期にかけまして、アルタイ系ツングース語が入って来た（大陸の男が渡来し、日本列島の女と混血した）ことにより成立したことは、大筋におきましてはまず疑いのないところなのですが、この南方系の文化との共通性について、稲を例にとって考えてみましょう。

一般に日本の稲は中国南部や雲南やインド・アッサム（照葉樹林帯及び東亜半月弧）と比較されておりますが、実は、インドネシアの稲とも近い点が大変多いのです。

＊トラジャ族のセレベス島・スラウェシと日本列島の「吉見百穴」や「藤縄の橋」、更には、この直ぐ後に申し上げます「赤米・ウルチ」の共通性。

と申しますのも、エストラーゼ・アイソザイム（同位酵素。アイソザイム分類は、自然的淘汰や人的選択の結果を直接反映するものではないので、品種分化の結果そのものを直接反映いたします）の「十二の遺伝子」を対象としてみますと、日本のものは殆どが第六遺伝子が顕著なのですが、日本の次にインドネシアのものが顕著だからなのです。

更に、籾がフェノールに反応して着色するかどうかを見てみますと、右の種につきましては、日本のものやインドネシアのものは反応しないものが多いからなのです。

また、別の種でフェノール反応プラスであるが、籾には四〜八センチメートルもの長い芒（ぼう）を持つ、低地水田にも山の畑にも栽培されておりました「水陸未分化の赤米」（ウルチ）が、インドネシア・バリ島、ロンボク島の辺り、その北のスラウェシ（セレベス）島中央部西岸、ハルマヘラ島西岸、台湾山地、八重山群島波照間島、久米島、日本と、「黒潮に乗って北上」してくるように存在しておりますところから考えましても、インドネシアと日本の稲とは、所謂「稲の道」「海上の道」でもって深く関連していたと考えるべきなのです。

＊このように稲の渡来ルートは、一つではなく、その種毎により色々とあったのです（既に消えてしまったものも含めまして）。

つまり、古代の快速艇アウトリガーに帆を張って、これらの稲を持った人々が、ＢＣ二〇〇〇年以降次々と南海を北上して日本列島へもやって来て、数は少なくとも縄文の世界の中に、点を築き始めていたのです（オーストロネシア語族の渡来）。

また、台湾の「高砂族」の神話と言語を、フィリピンやインドネシアと比較いたしましても、その共通性が大きいことが判るのです。

このように、古い時代から日本列島とインドネシアとは「稲の道」「海の道」「交易の道」を介しまして深く繋がっていたのであり、こう考えてまいりますと、その距離は遠いにも拘わらず、日本列島の稲とインドネシアの稲は「他よりも近い関係」にあり、ずっとその後のこととは申せ、朝鮮半島咸安及び日向西都原の邪馬臺国の母国が、先ほども申し上げましたようにインドネシア・ジャワ海沿岸のパンジェルマシンやジャンピやパレンバンやマドゥラ島を含む一帯だということの有力な根拠（古くからのアウトリガーによる航海ルートが開けていた）ともなってくるのです（少なくとも、太古から、ここジャワ海〔文郎馬神〕からインドシナ半島〔文郎国〕、南越、越へのルートは開けておりました）。

このように縄文・弥生の両時代にインドネシアも、決して見逃してはいけない倭人の故郷の一つだったのです。

さて、稲のお話が出ました序でに、稲の温帯ジャポニカ種につきましては、必ずしも朝鮮半島経由ではないルートで日本列島（但し、畿内）へと伝わったのではないかという証拠を一つお示ししておきましょう。

と申しますのは、奈良県田原本町の「唐古・鍵遺跡」のみならず、大阪府和泉市と泉大津市に跨る「池上・曽根遺跡」から出土しました炭化米のＤＮＡの鑑定の結果、その稲は朝鮮半島では見られない種であることが判明したからなのです。

このように、朝鮮半島を通らずに、「揚子江南部の中国」や「南洋の島々」から直接日本列島へと伝わった（ということは、その同じルートで弥生人や縄文人の一部もやって来ていたということになります。倭人Ｃ）稲もあったということは、大変参考になることであったのです。

古墳時代とインドネシアとの文化の共通性という点からも、一つの証拠を補充しておきましょう。

藤井寺市の仲津媛陵（二九〇メートル）の「沢田の三つ塚」という陪塚の周濠内で出土いたしました、アナタもよくご存知の長さ八・八メートルもの胴部から尾部が二又になっております、巨石を運ぶための「修羅（しゅら）」とほぼ同じ木橇が、インドネシアのスンバ島で使用されていたということは、インドネシアと日本列島との深い関係、及び、古代のゼネコンでもあります物部氏の祖のニギハヤヒの載った「天ノ磐楠船」（その船長はフェニキア系インド人の天津麻羅・赤星。別述）との関連を思い出さざるを得ません。

＊この修羅は、今日でもインドシナ半島のミャンマー（ビルマ）の山地でも、巨石を運ぶのに使われております。

8、日本紀の「卑彌呼＝神功皇后」への誤導の失敗

また、日本紀の巧みで意図的な文面から暗示を受けてしまい、今日でも卑彌呼を神功皇后と同視しようとする考えがアカデミズムの一部であるのですが、それは見当違いも甚だしいというものです。

＊日本紀の「神功皇后＝息長足姫」の本当のモデルとは、私の考えでは、卑彌呼（二四七、八年頃死亡）ではなく、ずっと後世の、金官王女の百済18腆支王（在位四〇五～四二〇年）妃の「八須夫人（はっしゅ）」に過ぎなかったのですから（野洲＝安）。

平安紀（現行日本紀）の文言を読みますと、神功皇后摂政紀三十九年（景初三）、同四十年（正始元）、同四十三年（正始四）、同六十六年（泰初二）というように、その作者は一所懸命「卑彌呼＝神功皇后」という風に、何度も何度も暗示（日本紀上このように、くどい程出てまいります）をして、その方へと後世の人々を誤導しようとして努力していることが明らかなのですが、残念ながら年代が違い過ぎて（つまり、平安朝の日本紀の作者の国際的な歴史の勉強が不十分だったため）しまっていて（別述）、この点については、今日の考えからすれば、この日本紀の作者の「卑彌呼＝神功皇后」を意図した考えは不発に終わってしまっているのです。

9、「南倭」と「北倭」の合体の象徴だった「前方後円墳」

(1)「南倭＝円」と「北倭＝方」の墳、そして「中倭＝秦氏＝銅鐸型の周濠」との三者の合体

さて、次に、この南倭と北倭の問題を、東アジア全体から、お墓の点を中心としまして考え直してみることにいたしましょう。

ヤマト朝廷の成立と関連して一般に述べられております「前方後円墳」とは、一体何を意味していたとアナタはお考えでしょうか。

では、私からアナタへ逆にお聞きしますが、どうして前方後円墳の「方」が前で、「円」が後なのでしょうか。誰がそんなことを、いつどういう科学的根拠に基づいて決めてしまったのでしょうか。

いつもの通り結論から先に申し上げますと、私は、これは古代の「二つの政治勢力の妥協」の産物であったと考えております。

では、その二つの勢力とは一体何であったのかと申しますと、それは、端的に申しますと「円墳」で表されるところの主として海洋系、つまり本来の「伽耶系」と、「方墳」で表されるところの主として牧民系、つまり「扶余系」との、主として日本列島内（「主として」と申しましたのは、時代は下りますが、今日「朝鮮半島＝古への伽耶・倭の地」の栄山江流域などでも前方後円墳が見られるからなのです。別述）におけます二者の政治的な「連合」

を意味していたのです（一五10）。このことを別の言い方で申しますと、古墳の形態（墓室）におけます伽耶系の「竪穴式」と扶余系の「横穴式」（追葬可能）とでも申せましょうか。

つまり、金官伽耶（倭）と扶余・百済との合体と言ってもいいのかもしれません（その結果といたしまして、当然、天皇系図上でも、それとパラレルに同じように合体〔天皇家と豪族との結婚というお定まりの形をとっております〕が見られます）。

本州の備中から中央の畿内へ至るルートでは、この二つの「妥協・連合」によりまして、当時のヤマト朝廷が二世紀後半から三世紀の前半の間に成立したことを、寿陵でモニュメント性の高かった巨大「前方後円墳」の形が我々に暗示してくれていたのです。

＊その寿陵の証拠の一例といたしまして（天下の徒罪七十余万人を労使して）「始皇初即位穿治酈山」（始皇帝が初めて即位するや酈山〔後に、二世の二年冬、政はここに埋葬されております〕の麓に穴を掘り。『史記』秦始皇本紀）との記載を挙げておきましょう。但し、項羽は始皇陵を三十万人を動員して盗掘し、三十日かけて埋葬品を持ち去ったとも記されております（なのに、何故、あんなに埋葬品があるのかしらん？）。

民族としては最も本質的なテーマでございます「葬送の儀式」の点におきまして、「円墳と方墳の合体」であるところの所謂「前方後円墳」が成立したのだということにアナタは気が付くべきだったのです。

これを別の因果の言い方をいたしますと、同じ東アジアの各地に飛び散っていた倭人（瓦人と佤人）の中の、いわゆる「北倭」と「南倭」（九4）とが、共通の遥かなるインドの故郷アッサム（厳密には、倭人は、インドのパンジャブ〔五河〕地方におきまして、ヤーダヴァ族と化する前のヤードゥ族、ナーガ族及び瓦（わ）族として存在しておりまして、更に、それらの人々の各々は、オリエントのシュメールや小アジアの地にまでも遡ることの出来る出自を持つ民族だったのですが。このうちのナガ族〔朴氏〕は、インド東部の高地のナーガランドに追われてしまいます）の地を離れてからの、長い長いアジア放浪と数度の混血の後、久しぶりで極東の「吹き溜まり」である日本列島におきまして合体（○＋□）したこと、つまり、このことはインド・アッサム以来の「倭人・瓦人の復活」をも意味していたのです（「北倭」＋「南倭」＝□＋○＝前方後円墳。但し、濠の形はサルタヒコ神の銅鐸型）。

一言で申しますと、「インド亜大陸で別れた兄弟の日本列島での再会」ということを意味していたのです。このようにアジア全体を鳥瞰図のように見なければいけなかったのです。

そして、古い狗邪韓国時代以前は兎も角といたしまして、この古墳時代の頃は、どちらかと申しますと扶余・百済系の遊牧系がやや優位に立っておりましたので、満州系の方部がより上位とされ、又、海洋・金官系の円部はそれと同位ではなかったのかもしれませんが（後の平安朝に確定されました神話では海彦が負け、山彦が勝ったことにされておりますので）。

尚、この「円と方」との考えにつきましては、楽浪系の様式を持つ日本列島の墓の中にも円墳の木槨墓が見られます（「楽浪漢墓↓平壌・大同江・楽浪王光墓↓新羅・金官・慶州・朝陽洞古墳↓岡山・楯築楽浪式木槨墓の双方中円墳」の流れ）ことからも、ひょっとすると「円」は満州の公孫氏系（元来は、鉱山民かつ海洋民。南陽の「宛」の徐にも公孫氏が見られます〔『史記』〕）のものであり（但し、この双方の「方」の形自体は遊牧民の扶余系のものです）、この前方後円墳とは、楽浪の公孫（卑彌呼）系及び倭国・安羅国・金官伽羅国系の「円」と、扶余・高句麗・百済系の「方」との折衷だったという捉え方も出来るかもしれません。

そして、日本列島におけますその主たるスタート地点は（北九州からの流れも含めまして）、この備中の楯突遺跡の「双方中円墳」からだったのです。

と申しますのも、この「円」と「方」との融合（接点）におけます「方」が、そもそも何処に由来するのかという点につき吉備から更に遡って見てまいりますと、石見、出雲、伯耆、因幡などの山陰の四隅突出型方墳の突出部と吉備の楯突の楽浪漢墓の双「方」部との間には、同時性かつ類似性が見られること、又山陰の、四隅突出型方墳には山陽の吉備の特殊器台が供えられております（出雲市、西谷三号墳、四号墳）ことから、その相互関係を考えましても、これらの流れの突出部が、吉備からやがて大和に入り、そして前方後円墳の「前方部」に発達していったと考えられるからなのです（他方で、出雲から九州・都農や西都原の都万への流れもございました。スサノヲの墓と伝えられる一七一号の方墳。一〇2）。

言うまでもなく、この吉備の特殊器台「そのもの」、又はその型の「埴輪」が大和・纏向へと入って来ているところからもこのことは頷けるのです（一〇5）。しかも、加えまして、前方後円墳出現期におけます「吉備↓大和」のルートの存在は、備中国の足守川（総社市）の砂礫が、大和国の三輪山の近くにございます箸墓（桜井市箸中）出土の「特殊器台形埴輪」に使用されているということからも証明されるからなのです（一〇10）。

更に、こう考えてまいりますと、朝鮮半島で圧迫を受けました安羅（や金官伽羅国などの倭国）が、九州、更には山陰の出雲や三次盆地（向木見型特殊器台〔後述〕が三次盆地からも出土しております）から吉備へと入り、出雲でも吉備でも、既に先行して入植しておりました「別倭・委倭・夷倭」＝「秦王国」の秦氏に率いられた「鉄と稲の民（銅鐸の民）」を征圧し、更には、紀ノ川を遡行して大和・纏向へと侵攻していったのです。

ですから、飛鳥などの「檜隈の地」が東漢人の支配地であったと正史に記されておりますことは、正に、朝鮮半島から撤退いたしました倭王（安羅王）家が、六六三年まではここに倭の分家の王族として存在していたことを意味していたのです（一〇6）。

吉備で特殊器台が、「立坂型A・B」から、「向木見型」へ、そして「宮山型」へと変化し、「埴輪といたしましては最も古い形式」である都月型円筒埴輪となり、これが大和の箸墓（桜井市）や西殿塚古墳（天理市）から出土し、更には、やがてこれらの地域から「宮山型特殊器台そのもの」の出土すらを見るに今日至りまして、これら吉備と纏向との権力的同一性は確証が得られたと申しましても何ら差支えなかったのです。

このことは、端的に申し上げまして、卑彌呼の宗女（養女）の壱与（安羅の女王でもございます）が、亡命先の対馬から、先行したナガスネヒコ（ナグサトベ）を追って、吉備経由で紀ノ国から大和・纏向へと侵攻して来たことをも意味していたのです。

因みに、これら巨大前方後円墳の造営には、当時のゼネコンの秦氏（祖神サルタヒコは、弥生人の「銅鐸の神」）が関与していたため、外濠の形を、その神である銅鐸型にしたのですし、更に、周濠及びその外の「兆（浄）域」である「周庭帯」を含めました形も、これ又同じく銅鐸型にいたしますことで、征服民と土着先住民との妥協が出来ていたのです（尚、同じくゼネコンの物部氏の関与につきましては、別述）。

＊このように「周濠・兆域」の形は、秦王国の弥生人の神（である「中倭」の銅鐸の神）の形から、方部は遊牧民系の「北倭」「横穴式」の墓の形から、円部は海洋系の「南倭」「竪穴式」の墓の形から夫々折衷され、二〜三世紀頃に「前方」後円墳というモニュメント性の高い形に落ち着いていたのです。

さて、前方後円墳のお話に戻しますが、もともとが前方後円墳というこのネーミング自体には全くその根拠がなく、ミスマッチだったのですよ。

と申しますのも、この名は江戸末期の蒲生君平（がもうくんぺい）（一七六八〜一八一三年）が、横から見たこの古墳の姿を古代中国の「宮車」に見立てまして、「円部」は人が乗るもの、「方部」は車の轅（ながえ）（長柄）と見まして、その結果、当然、車を引っ張る棒の「方が前」だとして「前方」と名付けたのに過ぎず、この考えは古墳自体の実質的考察による「前後＝メインはどっち」かということとは全く関係なかったからなのです。

その意味では、本来は「前方」でも「後方」でもなかったのです。

ですから、「前方後円墳」という蒲生のネーミングは不正確、かつ不当なのです（一八２）。そうだとしますれば、学会・アカデミズムは、単に「方円墳」とか「円方墳」に、その良心に基づいて一刻でも早く訂正すべきなのですが——。

但し、敢えて、どちらか（実質的な埋葬など）と申しますと、前方後円墳は、あくまでも円部が主なのです。そして、形式的にもその通りなのです。と申しますのも、墳丘の大きさを決定する「基準」が、あくまでも後円部の直径にございまして、これによって前方部も含め、全てのことが決められているからなのです。

後円部の直径を「八分の一」にした基準（マス＝升目）で、全体を覆いますと、誉田山（応神）も大仙（仁徳）も、皆そのワク内の網目の中にちゃんと収まるからなのです。

そして、超巨大古墳（渋谷向山、誉田山、大仙、造山、作山など）は、一マス十三ヒロ（大ヒロ、一ヒロ＝約一六〇センチメートル）以上となるようなのです。

この点から考えましても、前方後円墳は方部よりも円部が主ですので、正しくは（どちらかと言えば、アカデミズムの今日の用語とは逆に）「前円後方墳」とすべきなのです――が如何。

この前方後円墳は、一見、古代中国の陵である「上円下方墳」に繋がっているようでもあり、これの上下を水平に分離させた形のようでもあるのですが、実は、そうではないのです。

そもそも、中国で「円＝天」「方＝地」で、その合体と考えられているその基となる思想自体につきましても、その大元の思想にまで突き詰めて考えてみますと、「円＝天体の星＝天球」は、やはり「海洋・航海・貿易」でより重要だったのであり、「方＝大地・草原・雨」は、陸上での「遊牧・農耕」でより重要であったのでございまして、その民族が天空と大地のそのどちらをより本質と考えるか（物理的に「天が上」というのではなく）という思想が、墓の形式に現れていたものと考えるべきだかなのです。

兎も角、農耕民といたしましては「雨」が一番大切なのです。

（2）倭人の故郷はインドまで遡る

さて、前述のように「インドの祖地」パンジャブ（五河）を離れ、アッサムから、サージャ（察偶）、金沙江（揚子江上流）、雲南・貴（鬼）州、中国中原、満州、朝鮮、そして、そこから朝鮮半島を南下して日本列島へと放浪して来た倭人（瓦人）もいたでしょう。

＊インド最東部のアッサムのブタマトプラ川（ヤルツァンボ）屈曲部の東方、ダーバム山の北に瓦弄（ワルン）という都市がございます。

ここから「察隅（サジャー）（ザユイ）＝吉公（ギガン）」を通りまして、怒江（サルウィン川）、欄蒼江（メコン河）を横切り、金沙江（揚子江上流）から四川盆地（蜀の地）に達するルート（いわゆる張騫〔～BC一二二年〕の報告書の「羌の地や匈奴の地を避けて行ける」インドへの「謎のルート」、つまり、康薩→八宿→左貢→芒康→巴塘→雅江→康定（カンティン）〔ダルト〕→雅安→蜀・成都というルート）のインドにおけます出発点にあたり、ここの西南方向には、ナガ族（朴氏）の原郷である「ナガ」ランドがございますし、その西方にはシッキム（錫金）、ブータン（不丹）という「倭人と言語の共通性」が今日でも見られます人々の住んでおります国（別述）もございますところからも、ここは正に「瓦（わ）＝倭」人の東行陸路のインドでの「出発点」にも当っていたのです。

今日まで生きている化石として「瓦」の名が重要な地名（瓦弄）の中に残されていたのです。

この辺りには、今日でも、右の他に、措瓦、察瓦友（龍）、瓦厂、瓦切、瓦密などの「瓦（わ）人＝佤人」の東行を暗示する瓦（わ）のつく地名がちゃんと残されておりますよ。

更に、古くは、「ビルマ（ミャンマー）―雲南」ルート（瑞麗→潞西〔又は、盈江→勝衝〕→保山→鄧川→大理）も存在しておりました。

スリランカの南西の、マルディヴ諸島の「宝貝」が、ベンガル湾、ミャンマーを経由いたしまして、古代の雲南の「貯貝器」の中に収まるに至りました経緯につき、別述（又、殷人＝インダス人）。

さて、次に、より具体的な古代の証拠によりまして、身毒（インド）とセレス（中国。『エリュトゥラー海案内記』の紀元一世紀頃の表現）間の古代（紀元前後）交易路のルートを探ってみることにいたしましょう。

「大夏……其東南有身毒国……見卭竹杖蜀布。問日安得此。大夏国人日。吾国人往市之身毒」（『史記』西南夷条）

――大夏にいたとき……その東南にはインド国がございます……卭国（四川・西昌）の竹杖と蜀の布を見かけましたので「何処で入手したのか」と問いただしたところ、大夏の国の人が「私は商人で、インドに出かけて買って来たのです」と答えました。

そして更に、大夏の人は

「従東南身毒国可数千里。得蜀買人市」（『史記』西南夷条）

――東南のインドから来ました。ここから数千里です。そこ（インド）の蜀の商人の市場で手に入れました。

と答えております。また、「ガンジス河の北のある場所へと外海が尽きると、そこにはティーナイ（秦又は雲南の滇国とよばれる大きな都がある）」（『エリュトゥラー海案内記』六四節）とも記され、更に、「ティスの境界（雲南省境）でベーサタイと呼ばれた未開人（ガンジス河の東の民、アッサムの山岳民〔ナガ族も含むか〕、シッキム人）との「無言貿易＝沈黙交易」「鬼市」で、マラバトゥロン（肉桂樹の葉。『プトレマイオスの地理学』による）がインドに運ばれる」（『エリュトゥラー海案内記』六五節）とありますところからも、紀元一世紀頃にはインドと四川盆地の蜀との貿易路が開設されていたということが間違いなく判るからなのです（二1、一五6、二三5）。

＊尚、金官伽羅国王妃の許黄玉とその兄の許宝玉の、インド・アユダ国からの「嫁入りルート」につき、別述。

このように、古代のアジアの陸路といたしましては、インド→中国・四川のルートとビルマ（ミャンマー）→中国・大理のルートも忘れてはいけなかったのです。

＊邪馬臺国の卑彌呼一族の「祖先」が、かつてインドからジャワ海の耶馬提国経由で渡来してまいりました「海上ルート」につきましては、前述いたしましたし（九7）、又、これからも必要に応じましてお話しいたします。

ここでお話しいたしておりますのは、一般の弥生人が、インド・アッサムから金沙江を下って揚子江河口迄まいりました「陸上の渡来ルート」のことなのです。

その一部は、今申し上げましたように、チベットと中国の境界辺りの金沙江（長江・揚子江上流）から河を下って太平洋に出たものや、又、その一部は怒江・サルウィン川や欄蒼江・メコン川の上流からインドシナへと下り、東シナ海を船で北上した人々や、長江の途中から陸上を進み、陸路上で「北倭」と合体したものをも含んでおります。

この「アッサム→雲南（テン池）→呉・越→弥生人」という倭人の一つの大きな渡来の流れの、雲南以降の行程につきましては、「倭人が、黥面文身し、自ら太伯（呉の始祖）の後と云う」（『晋書』）（古くは殷人が陸稲ないしは焼畑を持って）――殷の滅亡は、BC一〇二七年、そして満州・日本列島へ――殷の帝辛（紂王）が自殺する――（やがて呉人や越人が水稲を持って）――呉の滅亡は、BC四七三年、そして日本列島へ――越の滅亡はBC三三四年、そして百越・遼東・列島へ――この右の殷人の亡命こそが、日本列島における弥生時代（但し、この頃の弥生人は、まだ「陸稲」でした）の始まり（BC十一世紀）とも申せるものだったのです。

「倭の水人……文身」（『魏書』）という中国の史書の文言からも、更には同じ「蛇紐」、かつ、「金印」の「漢委奴国王」印と「滇王之印」印（雲南・昆明）との共通性から考えましても、頷けることだったのです（委人の「委＝文身」につき、別述）。

また、前述のように、同じく「インドの瓦人の祖地」からニコバル島、スマトラ、ボルネオ、ジャワ海、インドシナ、越、遼東半島、又は、沖縄、日本列島（多禰、豊日国、薩摩国）、南鮮（金官）へと、インド洋を渡って海流に乗って北上して、流浪し又は探鉱しながら渡来した倭人の子孫もいたのです。

＊その一部は長江河口辺りから山東半島辺りへの間で上陸し、中国中原・満州へと入って行った倭人もおりました。

台湾の高砂族の「首狩り」では、殺した生贄から切って持ってまいりました「生首」に肉や酒を食べさせながら、その首に対し「兄弟・友人を連れてきたら、ご馳走してやろう」という特長のある呪文を唱えるのですが、「この言葉」がインドネシア、ビルマ（ミャンマー）のみならず、何と！インド・アッサムとも共通しておりますので、このことも米作水耕民がアッサムから拡散し、揚子江やメコン河を下り、太平洋の島々へと拡散して行き、古くの「海の人食い人種」ともなっていきましたことを物語っていてくれたのです（島の人喰い人種。因みに、縄文人は、元々は、「人喰い人種」だったのです。別述）。

更に、このインド・アッサムと台湾との間に位置します、雲南の「ワ族」は、一九五〇年代の後半まで「首狩り」をしておりましたが、その際、狩り取った首を迎えました家では、ご馳走を作り、肉や卵などをその「生首の口に押し入れ」たりしておりまして（アラ、そっくり）、このように「瓦人の原郷であるインド・アッサム→雲南→台湾」又は「インド・アッサム→ビルマ（ミャンマー）→インドネシア→台湾」と、その見事なほどの繋がりが見られるからなのです。完璧。

更に、次に、右の台湾の高砂族と、台湾とインドとの間に位置しております中国の貴州（古くは鬼州）省のロロ族との類似性についてお話しいたします。

＊インドと朝鮮は古くから関連しておりました（『山海経』朝鮮身毒）が、このことは朝鮮語がドラヴィダ語と「発音」から、

「語源」から「文章」そのものまで全てに著しく近似である（ハルバート）ということ、南部朝鮮人と台湾の高砂族とも酷似している点が見られること（ハルバート。二三5）、更に、中世までの日本の標準語が「ズーズー弁」で、これが今日出雲と東北に残り、朝鮮とも共通であった（一七5、二三5）ことなどから考えましても「インドの非アーリアのドラヴィダ族—貴州と四川のロロ族—台湾の高砂族—南朝鮮—日本列島の出雲と東北」は、かつて深い絆（人の流浪の痕）で結ばれていたことがあったことが判るのです。

更には、四川涼山の彝族（ロロ族。象形音節文字を有する民）は、着物の中に膝を曲げて丸くなって寝ますが、これと全く同じ寝方をネパールのカトマンズ盆地の石室に定住しているチベット族がいたしますので、ここにも共通性が見られるのです。

（3）漢字の元となった古代ロロ族の「紅岩文字」

北盤江の左岸の紅岩山の山頂近くに、巨大な古代文字（一字が三尺もあるのもございます）を刻んだといわれておりますロロ族のうちの一族で、朗岱におりますロロ（玀猓）族の女の結髪の結い方は特に奇異でございまして、「額の上で二つに分け、その下を辮髪とし、余りを更に頭の周りに巻きつけ」ておりますが、このユニークな頭の形は、右の台湾の高砂族とも大変よく似ておりますことからも、今は遠く離れてはおりましても、かつては同族（「頭＝魂の宿るところ」の同一性）であったものと思われるからなのです。

更に、加えまして、このロロ族が漢字とは異なる「古代文字」（北盤江の紅岩山）を持ち（前述）、又別の四川省のアライの白夷のロロ族が被っております固有の「笠」が、何と！インド・アッサムのナガ族の土俗品に見られますものとも同一でありますことからも（因みに、ヒマラヤ・シッキムのレプチャ族の「辮髪」と「籐製の帽子」につき、前述）、ＢＣ一六五〇年頃に、アーリア人（ミタンニ人・カッシト人）の西北インド侵入により、「追っ立て」を喰ったインダス人（現、ドラヴィダ人・タミール語）が、アッサムから雲南・貴（鬼）州経由で中国へと入り（亡命し）、殷（商）人となり、殷字（漢字の祖先）を作ったものと思われるからなのです（二二1。なお、殷の青銅と蜀との深い関係、つまり殷人は四川より移行した点〔独特な同位体の異常鉛器物の値〕につき、九3は必見）。

＊もしアナタが素直な気持ちになり、古代中国の「殷＝商」につき、「殷＝インダスのイ」「商＝シンドのシ」を表しておりましたことにお気付きになりますれば、「アッ、そうだったのか」と即座にご理解に至りますよ。

そして、この「殷の亡命民」が、既にＢＣ十一世紀に、朝鮮半島南部（倭）と九州（倭）と日本列島の縄文人へ、初期の弥生人として、稲作（陸稲）と殷字（今日のロロ族文字＝漢字の元。別述）とを伝えていたのです。

揚子江南側から雲南にかけて見られます「Ｂ型肝炎ウィルス」

の「ａｄｗ」型が、何と、日本列島の沖縄及び、ピョンと北へ飛んで秋田、青森でも見られますので、この「ａｄｗ」型の存在は、かつて、揚子江流域からの渡来人が、弥生人の中心となっていったのだということが判って来るのです。

　このように、貴州の「ロロ族」の古代文字が、「インダス文字」と「漢字」との双方との繋がりを示しておりました貴重な証拠の一つでもあったのです（インダス文字と殷字との類似性「泰子→太子」につき、九３）。

　更に、この金沙江（アライの白夷は、この長江〔揚子江〕上流のことを「ヴィニーVini」と呼んでおります）の支流の人々の羊毛布・麻布の衣は、何と！日本列島出土の銅鐸の絵と同一でございまして、その他、臼・杵の形、家屋すらも同じでございますところからも、これらの人々が、かつては長江中流にいた瓦人と同一の、「弥生人＝苗＝毛」の流れの源流に位置していた人々であったこともアナタに判ってまいります。

　次に、「ブランコ」というちょっと特異な点からも、弥生人が「インド→西南中国・雲南→揚子江流域→日本列島」とやってまいりましたことの証拠を見てみましょう。

　五月五日の端午の節句の頃に、ブランコに乗る川内（鹿児島県）の風習は、韓国の江陵（江原道。濊族の地）、狩俣（宮古島）、中国の海南島苗族、雲南泰族のみならず、ネパールのチェトリ族にも見られますことからも、この「点と線」を繋ぎますと、インド・アッサムの瓦族（主として陸路）やナガランドの「ナガ族＝朴氏」（ニコバル島経由の海路を含む）の移動と共に伝わって来たものと考え、このブランコも倭人のインドからの拡散を示す証拠の一つと考えるべきだったのです。

　これらのことからも、銅鐸の源は「銅鼓」であった（一〇６他）ことを、文化の面からも裏付けていたことが判って来るのです。

　これらの瓦人が、インドの祖地から、各経路を経て中国大陸に至りました各種の倭人たちのうちで、主として弥生時代以降に「満州に滞在した後、朝鮮半島を経由」して日本列島へと渡来した倭人を、私は、「北倭」とし、そこを経由しないで、ジャワ海、インドシナ半島等の南洋から直接渡海してまいりましたものを「南倭」とし、それ以外の、越の地、長江河口、又は、時として、山東半島も含む辺りの中国沿岸部から、専ら「海路」で直接日本列島に渡来してまいりました、どちらかと言えば「準南倭」とも言うべきものを、私は、「中倭」と定義付けることにいたしたいと思います（九４）。

　そして、この南倭と北倭の二つの大きな流れの政治勢力の合体・妥協こそが、いわゆる墓としての「前方後円墳」の成立（○＋□）の意味するところだった（そして、周濠の形が銅鐸と同じことが「中倭」のサルタヒコ系の弥生人の関与をも示しておりました）と考えます。

＊物部氏と共に、ゼネコン（工事施工者）でもございました、私の区別では「中倭」であるサルタヒコ系の秦氏から取り入れました「外濠の形＝銅鐸型（起源は銅鼓。同じく、平素は埋めて

おき、祭りのときにのみ吊るして叩く神器。一〇6)」をも含めますと、三つの大きな流れの合体ということにもなってまいります。

因みに、大陸側から渡来して参ります人々の立場に立って日本海、黄海、東シナ海、日本列島の方を眺めましたイメージにつきまして、アナタが今おかけになっている「眼鏡」に譬えてアナタの顔の側から考えてみますと、次のように言えます。

左のレンズは日本海、日本列島は左レンズの上のフレーム部分、朝鮮半島はアナタの鼻、東シナ海は右レンズという配置になり、豆満江(とまんこう)辺りから日本列島に向かうことは、左レンズの下から左フレームの上の部分を目指すということですし、朝鮮・満州(北倭)から列島へは、単にアナタの鼻を登って左右のフレームの中央部分を目指すということに過ぎませんし、揚子江河口(中倭)から列島へと向かうことは右レンズの右下辺りから(九州ですと)左右フレームの中央を目指すということですし、インドネシア、フィリピン、台湾(南倭)からの北上は、右フレームの右端からその上部を辿って中央への移動ということになり、それらの全てがアナタの眼鏡のレンズ(海)部分をそれぞれ二つの湖と考えて、その湖を単に対岸に渡るような感覚でしかなかったのです。

ですから、目先の列島と沖縄が、丁度、オイルフェンスのように目前に横たわり、多分、古墳時代以降の満州の人々にとりましては、その先の太平洋自体までは余り眼中になかったものと思われます。大陸からは、日本列島はそれ程近く親しい関係に見えた筈なのです。ですから、日本人のアナタが、「海は広いな、大きいな♪」とアメリカの方ばかり見ている感覚とは大分異なっていたのです(これを私は大陸から覗いての「眼鏡理論」と命名致したいと思います)。

このように倭人のルーツは、少なくともインド亜大陸にまでは遡れる(また遡ってアナタは考えなければいけなかった)のですよ(「瓦＝佤＝倭」人の系譜)。

(4) 浦島太郎の龍宮城は日本列島にあった

しかし、このかつて合体した頃には平等に近かったこの「南・北」の両者の倭人も、平安朝の百済・扶余系(北倭)の天皇の時に改竄された日本紀(平安日本紀)のレベルにおきましては、最早、南倭の隼人・ホスセリ＝海彦系＝敗者、北倭のホホデミ・ニニギ・ウガヤ・イワレヒコ(神武)＝山彦系＝勝者という図式(海は負け、山は勝ち、という扶余系の神話)が固まってしまっておりましたので、この頃には、明らかに「北倭」優位に改竄(海彦山彦神話、隼人の溺れる「筑紫舞い」、古表神社の「クグツ相撲」など)され、今日の日本紀の姿に至っているのです(一1)。

さてここで、右に関連いたしまして日本列島の古代史と朝鮮半島の古代史とを総合いたしますと、とても面白いことに、「天日(あめのひ)矛(ぼこ)・アカル媛(比咩古曽(ひめこそ))」「延烏郎・細烏女(くわし)」「山幸彦・豊姫(和邇氏)」という各夫婦の類似の図式がアナタにも見えて来る筈です。

と申しますのも、「夫に約束を破られたり、夫から侮辱されたりして、実家に帰ってしまった妻を追う王」というパターンは、「天日矛・アカル媛（比咩古曽）」も「山幸彦・豊玉姫」も「延烏郎・細烏女」も、皆全く同じだからなのです。

ですから、「兄」の漁労・航海民の海幸彦（火照命）と「弟」の狩猟民の山幸彦（火遠理命）との争いの後で、山幸彦が産屋を覗いてしまったので怒った豊玉姫が帰ってしまった実家の「海人国」＝「魚鱗の宮」、つまり、伝説の中での竜宮城とは、実は、「朝鮮から見ました」日本列島（含む、「対馬＝任那」・壱岐）のことだったのですよ（別述）。

そして、この海人と山人との争いは、又、別の視点で見ますと、百済史におけます沸流百済（海）と温祚百済（陸）との争いの反映とも考えられるのです（一1）。

ということは、今日、アナタはその「発想を変え」なくてはならなかったのでして、例えば「浦島太郎伝説」（九5）も、その本来の舞台は朝鮮半島の伽耶（倭）での出来事だったのでございまして、と言うことになりますと、実は、その真相は「伽耶から日本列島に行って、再び伽耶へと帰ってきたお話」だったのですが、後に、それらの人々が、朝鮮での母国が滅ぼされそのお話を持って日本列島に亡命せざるを得なくなってしまいましたので、アナタの考えとは、その「行く先が全く逆になってしまっていた」ことに気が付かなければいけなかったのです（こんなこと言っているのは私だけでしょうが……）。

＊ですから、その一例を申し上げますと、大隅国一ノ宮「鹿児島神宮＝大隅正八幡宮」つまり、日本列島の九州（姶良郡隼人町。元は東十余町のところの「石体」にございましたが、和銅元年〔七〇八〕にそこから現在の地に遷宮したと言われております）に、豊玉姫が祭られていたのです。

そして、そこが日本列島におけます「竜宮」の一つでありました証拠は何かと申しますと、「木製の鯛魚」（釣り取った赤女魚の故事に倣う）と「化粧箱」（豊玉姫の婚姻の式の故事に倣う）とが、ちゃんと神宝として備わっていたからなのです。

日本列島における「龍宮」の可能性といたしましては、他に、丹後、対馬、壱岐、九州の豊後水道部分、駿河・三保、それに次に申し上げます住吉など（倭は、海峡国家でしたから）。

その場合、浦島太郎の朝鮮での本貫（出発地）は、一体どの辺りだったのでしょうか。朝鮮半島南西部（干満の差は一〇メートル以上、早い時の海流は時速一四キロメートルにも達します）の多島海の「漂流漁民」の「船魂」には「お白粉」も入っております。こういう人々が、グチ（魚名）などを追って日本列島までも移動しておりましたことの名残でもあったのです（古代の主役は漂流民）。

朝鮮半島で前方後円墳が少なからず見受けられますのは、栄山江流域（南下後の下哆唎＝倭の穂積臣押山君の国）なのですが（別述）、この河口一帯の大変広い範囲に、右の多島海が位置しているのですから、倭とは深い関係にあったことが判るのです。

更に、これらの人々は、九州から紀伊半島へ、更には伊豆、房総から、福島、三陸海岸へと移動していたのです（白浜やメラの地名遷移。別述）。

アナタはちょっと意外にお思いになられるかもしれませんが、大都市大阪の住吉（すみのえ）も、浦島太郎の行った龍宮城の候補に加えておきましょう。

と申しますのも、住吉大社の末社の旧地（住吉区遠里小野（をりをの）三丁目・六丁目の新・大和川北岸地帯）には、字「玉手箱」という地名が存在しております（ここに、玉手箱を埋めたのでしょうか）のみならず、ここ住吉の大海神社（住吉大社の式内社の境内摂社。しかも、この本殿は住吉大社の本殿と同型かつ同大の「住吉造」という、実に重要な神。ご祭神は豊玉姫と豊玉彦ですので、ここに九州の大隅正八幡宮や龍宮との接点が見られます。遷移か）の地を「玉出島」（前述の朴津（えなつ）〔日向。一〇3〕の小字「玉手箱」と関連か）と言い、大阪上町台地上の大伴金村（倭王＝安羅王、安閑大王のモデル）の陵（一八10）を「玉出丘」といったという言い伝えが残されているからなのです。天皇が即位したことを示します「大嘗祭」の翌年（最初は、天武天皇即位の翌年）に難波津の熊河尻（後には、住吉大社に近い代家浜）で行われます、生島神と足島神とを祭る「八十島（やそじま）祭り」で「天皇の衣の入った筥（はこ）を開いて振る神事」の内容は、遠里小野（ウリフノ→ヲリヲノ）の「得名津＝榎津＝朴津＝日向（へなつ）」郷の「玉手箱（筥）」の小字名とも関連があると思われますので、とても気になる神事だからなのです（浦嶋伝説との接点有り）。

となりますと、「かぐや姫」（一二三5）「羽衣伝説」「夕鶴」などの天に昇る乙女の伝説、「機織姫」「長者伝説」などの国際性（同じ倭国の中の、朝鮮の伽耶が元か、それとも日本列島が元なのかという、そのどちらが元であるかということは別といたしまして）も、表裏一体として考えなければいけなかったのです（勿論、それよりも遙彼方から伝わって来たものであるといたしましても。例えば出雲の「大物主＝オーモノ＝ソロオーモン＝ユダヤ・ソロモン王」などを含めまして）。

ですから、筒川嶋子こと水江の村（朝鮮半島西南部の多島海か。別述）の嶋子（『丹後風土記』。浦島太郎）が雄略大王の世に龍宮へ行った（雄略紀二十二年〔四七八〕七月）というのは、近くは倭人の金官が五三二年に、同じく倭人の安羅が五六二年に、夫々新羅に滅ぼされ、朝鮮半島を捨て、日本列島へ去ったということを意味していたのです（ウラ＝温羅＝浦＝カラ＝伽羅＝安羅）。

龍宮の乙姫（おとひめ）のモデルの一人は、旦波（たには）ノ比古多多須美智能宇斯ノ女（『古事記』垂仁）だったのです。戻りましたのが三四八年目とも言われておりますのも（淳仁天皇、天長二年〔八二五〕十月）、新羅が亡んで、日本列島の子孫たちが故地を訪れることが出来たということだったのですが、その間に既に三百年余りが経過してしまっていたということを、「玉手箱を開けたら白髪になった」という風に表現していたのです。

逆算いたしてみますと、嶋子の出発は四七七年頃でして、年代的にもピッタリ（！）なのです。「倭＝安羅」が滅んだのが四六二年ですので、

「水ノ江ノ浦」の「水」が、もし「ミヅ＝御津＝三津」を指しているといたしますと、大阪上町台地の端の「三津」とも繋がってまいりますし（この台地の西が大伴氏〔安羅王家〕の御津であり、前述のように、南には浦島伝説が伝えられておりますし、この台地の上には「安羅王＝倭王」安でございました「安閑大王＝大伴金村」の陵もございます。一八10）、八三六年に紀「三津」という人が新羅に派遣されております（『続日本紀』承和三年〔八三六〕。紀氏は金官王家なのですから、その際、朝鮮半島の南部を通過いたします際に、かつて祖先の居りました故国の現状を垣間見ることが出来たのでしょうか）。

この嶋子は筒川村（伊根町）の人夫とされておりまして、日下部首の祖先とされておりますが、日下（日と下との二つで一字）部の「クサ」は「日＋下」であり、これは「太陽＋下」＝「〇＋下」で「卞＝ベン＝弁」と同じことを表しておりますので、正に読んで字の通り、「卞韓＝ベンカン＝弁韓」のことを指しており、浦島太郎が朝鮮半島の民（但し、倭人です）であることを示してくれていたからなのです。

しかも、この人は彦坐王の後裔（『新撰姓氏録』）でもございまして、彦坐は開化大王の子なのですから、日下部首は開化の末裔であったということになり、開化大王のモデルは金官伽羅（倭）の2居登王（又は郁甫王）なのですから、正に、この浦島太郎が「朝鮮半島の倭人」であったことが判るのです。

＊更には、四七五年に漢城（ソウル）の漢江南の百済の王都を高句麗に攻められ、21蓋鹵王が殺され、その王子のうちの兄の方は、当時はまだ倭（金官）の領土でございました熊津（公州）へ都落ちし、そこに都を建て22文周王となり、弟の方の琨支の方はもう少し南下し、南鮮の倭の哆唎（前方後円墳の見られます栄山江流域）の部分へと逃亡し（一七2、二7。この倭とは日本列島のことではありませんのでアナタご注意を）、それが平安紀上では23顕宗大王のモデルともなっておりまして、更には、右に述べました「浦島太郎伝説」の下敷きとなっていた可能性も強ち否定は出来ないのです（前述。多島海）。

このときの朝鮮半島での百済の南下を「倭の五王」の武（21雄略大王）が迎え伐ったということが、「紀生磐の反乱」という形で日本紀上には記されていたのです（紀氏＝蘇我氏＝金官王＝倭王）。

このように、記紀の神話は、その舞台（基点）の殆どが朝鮮だったのです。

さて、お墓の形のお話に戻しましょう。イワレヒコ（神武）に敗れたナガスネヒコ（インド奴隷王朝であるシスナガ王朝の出自で、後に新羅・伽羅に入って朴氏の祖ともなっております。奈良紀レベルにおきましては、この人は紀伊のナグサトベとも表示されておりました。一五1）も本質的には「南倭」だったのです。

*たとえ、その一部は、後世に大陸に入り、契丹（北倭）の王妃族の「蕭氏・キキタエ」にまでも入っている（沖縄の「尚氏・聞大君」や奥州十一年戦争の出羽の「蝦夷のキミコベ氏」もその祖先は同じだったのです）とは申せ。

前方後円墳の出自について、こんな奇妙なこと（○南倭＋□北倭＝前方後円墳〔＋秦氏＝周濠の形・銅鐸の形〕）を申し上げているのは私ぐらいかもしれません。

*しかも、アナタ、巨大前方後円墳のうちの殆どが（伝磐井の墓の岩戸山古墳や箸墓をも含めまして）寿陵（生前築造）であるとするならば、モニュメント性の認定は、より高く認めざるを得ないのです。

ひょっとすると、この墓の形の○や□には、その民族の「遥かなる太古の頃からの住居の形」からの夫々の流れが含まれていたのれかもしれません。

そこで、日本列島におけます太古からの、住居の形の変遷について考えて見ますと

縄文前期　□
縄文中期　○
縄文後期　東日本　○
　　　　　西日本　□
弥生前期　縄文　□
　　　　　渡来系　○
弥生中期後半　中部・関東　□
古墳時代　畿内　○
　　　　　日本列島　□
　　　　　越・出雲・吉備だけ　○

という変遷になっておりまして、これは日本列島におけます、限りない人々の渡来・移動及びその結果の混血と支配者の交代をも表していたのです

アナタはこの住まいの形の変遷から、「民族の追っ立て」（トコロテン式移動）につきましての想像力を、各自で自由に逞しくして下さいね。

第一〇章　「倭の大乱」は南朝鮮で起きた

1、「倭の大乱」とは朝鮮半島南部での「安羅と浦上八国との三年戦争」

（1）「倭の大乱」は霊帝光和中のたったの六、七年間

これで卑彌呼が、亜流の中国人（漢人・羌人とは少し毛色が異なる、うーんと遡りますと、古へのフェニキア系インド人のハーフの出自）の公孫氏だということを朧げながらもお判りいただけたことと思います。

＊フェニキア人につきましての民族の「追っ立て」の流れから、一言で申し上げますと、セム人にシュメールの地を追われた亡命シュメール人の末裔のインドのインダス人の一部が、「再び西へとリターン」し、アフリカのアビシニア（エチオピア）から上エジプトへと北上し流入いたしまして、そこで「異王朝・ヒクソス王朝」を建てました後、パレスチナの地へと亡命し、そこのセム人と混血して出来た、元来が海洋系の人々（九7、一七6）であったのです。しかし、西洋の学者は、このエジプトのヒクソス王朝の支配者を、アジア系という点までは認めているのですが、それが陸上民の「羊牧民」であると捉えておりましたので、今までその本質を見誤ってしまっていたのです。フェニキア人につきまして、セム系がアラビアよりパレスタインの低地に定住し、フェニキア人とモアブ族・アモン族に分かれたと考えている人もおられます（ウォレン）。

尚、メソポタミアで最古のシュメール王朝の次の、セム人のアッカド帝国の都市国家キシュ出身のサルゴン王のことを、古代中国では「姫（き）氏」、かつ、「公孫氏」と漢字で表現していることと、かつ、殷王朝を倒した周王朝（殷周革命）の人種の構成が、共に同じ西戎の「姫氏＋羌氏」から成り立っておりますこと（後述）、更には、遼東半島の燕王家が「公孫氏」と表示されておりますことは、果たして偶然（ではなく、その中国歴史物語作成のモデルとなっていた）だったのでしょうか。

このように遼東半島の公孫氏は、遡ればサルゴン王と同じ土地のオリエントからの流れですので、このことは大変興味深いこと

なのです。

ひょっとして、漢以前の古代の中国は、一面では西アジアからの「流人の吹き溜まり」に過ぎなかったのであり、祖先が西戎でありましたことが、この子孫たちにより古くから語り継がれておりまして、今から二千年くらい前（漢の頃）までは、未だこのことを薄々知っていたのかも知れません。たとえ、今は忘れてしまっておりましても……。

＊因みに、中国に最初に鉄の利器が入ってまいりましたのは、アナタの常識とは異なり、秦ではなく南方の長江の楚なのです。これはインドからの海上ルート又は「インド→ミャンマー→長江」ルートによるものでしょうか。

それに、先程も申し上げましたように、周王朝も、「姫氏（セム族が東行し、コーカソイドと混血）」＋「羌族（殷代の生贄の対象であったセム系の奴隷民＝チベットから初めて〔又は、二番目に〕四川盆地へと下ってまいりました頃の漢人の祖先）」で成立しておりますし（九3、他）。

＊当然、この「羌人＝三苗」と言われた人々は、アニミズム（精霊信仰、人のイケニエを欲する多神教）のレベルの頃の「ユダヤ教」を持った、セム系のイスラエルからの亡命人（有色の真正ユダヤ人）の走り。

さて、お話を西アジアから東アジアに戻します。そういたしますと、次に、卑彌呼出現の前提ともなりました「倭の大乱」の舞台とは、一体何処のことだったのかということが問題となって来ますよね。

アナタは、「エッ」と思われるかもしれませんが、実は、これも日本列島のことなどではなかったのですよ。「倭＝日本列島」と短絡するのはもう止めて下さい。しかも、その「年代」についてさえも、アナタの学んだ教科書は間違っておりまして、『魏志』では「住七八十年」、『後漢書』では「桓霊の間」とは言ってはおりますものの、最も信頼の出来ます魚豢（ぎょかん）の書きました『魏略』によりますと「霊帝光和中」とハッキリと特定がなされております。

そこで『魏志』のテキストともなっておりますところの、この『魏略』（『魏略』は、陳寿が三国志の『魏書』を書くときに台本として使われたものです）の年代を分析しさえすれば、「倭の大乱」が一体いつ頃のことであったのか、ということがハッキリと判ることになります。そういたしますと「倭の大乱」とは、後漢の霊帝の時代の、しかもその中の光和の年号（戊午一七八～甲子一八四年）中だけの、それもたったの実質「六年間」の出来事（長くとも足掛け七年）に過ぎなかったのだということが、『魏書』（『三国志』の中の『魏書』。西晋の陳寿撰。アナタにも「倭人伝」で十分お馴染みの『魏志』のことです）よりも信頼の出来る、その「台本」ともなりました『魏略』の記載から判って来るのです（尚『宋書』もこの点同じなのです）。

＊因みに、この私がこの本の中で『魏書』として表示しておりますものは、同名異書である王沈の『魏書（逸文）』のことではありませんので、アナタはこれとは混同しないで下さい。

王沈（晋の泰始二年〔二六六〕没）の『魏書（逸文）』（宋の裴松之が、註として『魏志』の中で、「明帝紀」を始め「烏桓条」「鮮卑条」などで引用しておりますもの）は、倭人条の部分ではその引用が見られません。内容が『三国志』の『魏書』とほぼ同じだったからなのです。

この期間は、朝鮮の『三国史記』上では、阿達羅王、伐休王（以上、新羅）、新大王、故国川王（以上、高句麗）、肖古王（以上、百済）。

さて、そういたしますと、「倭の大乱」は、アナタの教科書で書いてあります期間中の、たったの「十分の一」の期間に過ぎなかったのですよ。

＊檀石槐が東方の倭人国を撃って（このとき、満州における「民族・倭人の追っ立て」が生じております）千余家を得ましたのは、光和元年（一七八年。『後漢書』鮮卑条）とされておりますので、正に、この頃の出来事であったのです。

ところで、この倭人国の表示は「汗国」（『魏書』鮮卑条。九3）となっている、つまり「汗＝カン＝韓」となっておりますよ。

そういたしますと、当時は、烏江秦水の東方にも「汗国＝カン＝韓＝倭」があったということになってまいります。

この倭人千余家（何万人も）を掻っ攫った檀石槐が四十五歳で死んだのも、同じ光和年間（一七八〜一八四年）だったのです（『後漢書』鮮卑条）。

このように、これらは皆、この「倭の大乱」と同じ頃のことだったのです。

ということは、アカデミズムの作った教科書にあるように、桓帝・霊帝の間の七、八十年もの間、大乱をドンパチ長々とやっていた訳ではなかったのですね（そんなに長いと、米や麦や魚を主食としております〔腸の長い〕我々東洋人は、息切れがしてしまいますよ）。

＊とは申しましても、大乱でありましたから、朝鮮のみならずその分国の日本列島をも巻き込み（高地性集落）まして倭人の「男の数」は、それにより五分の一から十分の一くらいにまで減ってしまったことが判るのです（『魏志』の分析）。

(2)「倭の大乱」の一つは南朝鮮での浦上八国と安羅との二度に渡る鉄の争奪戦——安羅王の卑彌呼は九州西都原へ亡命

さて、ここで大変気になり、かつ、朝鮮史の年代の「上げ底」を解明するのに大変役に立つ記載につきましても少しだけですが、ここで触れておきたいと思います。

秦韓（後の新羅）史では、一七三年に倭王・卑彌呼の「遣使来聘」（「新羅本紀」阿達羅尼師今二十年〔一七三〕）という記載が見られます。そして、これが、正に丁度、右の「霊帝光和中」の直前に当たる時期だからなのです。しかしながら、卑彌呼の遣使は、後に申しますように（一〇2）、中国史の方に照らして考えますと、景初二年〔二三九〕のことですので、新羅史のこの辺りは、明らかに約干支一運（六十年）溯上（古くする）して記してあることが判ってまいります。

このように新羅史が、後に大幅に改竄されてしまっている（朝鮮史上に見られます「倭の大乱」（二〇二年、二一二年。浦上八国と安羅との戦い）」は、「干支一運の二分の一」のズレが見られます、一〇2）とは申せ、これはとても気になる記載の一つであることには間違いありません。

と申しますのは、古代の東洋の暦は、当然のことながら西暦のような年号で表すのではなく、「干支」でその年代を表すものだからなのです。

という訳で、どこかにその六十一年毎に同一な「干支」のときに「何かの動きがあった」という伝承が残っていたのかもしれないからなのです。更に、アナタにとって驚くべきことがあるのです。では、次に「倭の大乱」のモデルのお話に入っていくことにいたしましょう。

しかも、その「倭の大乱」は、これ又、アナタのものも含めまして、全てのアカデミズムの教科書に、何らの疑問も抱かずに、日本列島での出来事であると書かれておりますが、これは間違いだったのでございまして、実は、日本列島で起きたことなどでは「なかった」のです。

「倭」の問題が日本列島（自分ちの庭）の中の出来事のみだと、今までアナタが「思いたかった」から、その先入観が邪魔をして真相が見えてこなかっただけの話だったのですよ。

「倭とは何か」の定義――海峡国家という点――が不完全だったからこそ、そもそも最初から視野の外へアナタ自身が「倭の大乱」の真実を放擲してしまっていたのです。

このように、歴史だけに限らず、全てのことに先入観は禁物なのです（アナタにとっての「史上最大の先入観＝学問のガン」は「恩師のお考え」だったのです）。もしアナタが「素直な心」で、列島・半島・大陸を、空の上から鳥のように俯瞰出来たならば、このことは何も難しいことなんかではなかったのです（当時の倭は海峡国家であり、日本列島中にも分国があったからなのです）。

そしてこのことは、中国の『魏書』と『後漢書』との文面（文字）の分析からも判ることだったのです。大乱のありました頃は、単に「倭」となっておりまして「邪馬臺国」とも「女王国」ともそこには表示されておらず、三韓（倭人の三国）であった（九3）朝鮮半島、それも南部で起きたことを表していたのです。

因みに魏書では、王都に「到る」（一2）説明のところでのみ邪馬臺国となっております他は、全て「女王国」（四カ所）となっておりまして、後世の『後漢書』では、この点が、いつの間にか「邪馬臺国」と変わって来ておりまして、その違いにもアナタは細心の注意を払うべきだったのです（一大率のいる伊都との違いにつき、一2）。

これらの用語の違いや地理的に的確性の乏しい表現は、当時は「情報が混乱」していたことを示しておりまして、このことは、取りも直さず、二四七、八年に卑彌呼が死んだ後、対馬（任那の中心）に一時逃れていた宗女壱与が東行し、やがて大和桜井の纏向に侵入して、そこにも「新たなる王国」を築き上げたということ（「邪馬臺国の東行」による「二つの倭国」とその「二つの都」〔都と西都〕の出現）によるものと思われます（一〇4）。

では、その前の、「倭の大乱」とはいつ、何処で起きたことであったのかということを、もう少し具体的に申し上げますと、それは主として南朝鮮に於ける「産鉄」国家同士の戦い、つまり、安羅と浦上（ホジョー）八国との、伽耶地域の「鉄資源の支配権」（この鉄が伽耶の生命）をめぐる「三年戦争」（その余波も入れて六〜七年間）がそのモデルであったことに、アナタは気が付かなければいけなかったのです。

＊つまり、倭国（中国史によりますと朝鮮半島南部で国名の末尾に「……羅・耶・那」の付く国。二7、九1、2）における、倭（伭）人同志の内部での戦いであったのです。

浦上八国とは、主として馬山湾沿岸部、又はここと近い①骨浦国（合浦。馬山）②柒浦国（漆吐。馬山。鎮海）③古自（史）浦国（慶尚南道固城郡）④史勿国（慶尚南道泗川郡泗川邑）⑤保羅（発羅）国（慶尚南道固城郡固城邑付近・羅州）⑥竭火（屈阿火＝蔚山＝クアボル＝桑原。菅原道真の本貫。四2及び後述）などが中心であったと推測いたします。

当然のことなのですが、長い間、伽耶（倭）連合の盟主でございました⑦金官伽羅国（金海。釜山。古の狗邪韓国。『魏書』）その他、⑧瀆盧国（東莱。本貫は山東半島で、鉄（銕）民の莱夷の出自。但し、多羅国の考えあり）も、最初の①から⑥に加わることになります。

ということで、これらが「浦上八国」だったのです。

では、何故、最も肝腎な、盟主の「金官国」がここでは外されてしまっているのかと申しますと、それは、李朝辺りの朝鮮の官吏が、わざと金官伽羅国を隠蔽して改竄してしまったからだったのです。

と申しますのも、この問題をトコトン突き詰めてまいりますと、何にぶち当たるかと申しますと、どうしても海峡国家「金官伽羅＝倭」の実態（一時期は、その盟主が高霊伽耶国のときもございましたし、五三二年以降は、金官伽羅国が新羅に滅ぼされてしまいましたので、安羅国が五六二年まで務めております）に触れざるを得なくなってしまうからなのです。

つまり、倭国の領域が朝鮮半島部分にもかくも深く及んでいたということを、朝鮮の官吏はどうしても隠したかったのです。

倭、つまり、朝鮮半島の「任那」連邦という海峡国家の存在が判ってしまいますと、都合（面子）が悪かったからなのです。

＊この戦争におけます浦上八国の相手国に付きましては、『三国史記』の「新羅本紀」では、単に「加羅」とされておりますが、第八列伝「勿稽子」（ムルケジャ）伝では、正直、かつ、具体的に「阿羅」との文言が残されておりますので、「安羅＝倭」が、同じ倭人の国家でございます「金官伽羅＝倭」連合などから攻められたのです。ですから、この倭人同志の戦いが、正に、「倭の大乱」の真相であったのです。この後、安羅は五三二年

まで金官の傭兵的な立場に置かれます（高句麗広開土王碑文の「安羅人戍兵」）。

又は、安羅と「ナガ族＝当時沖縄と九州の球磨盆地にもその拠点を有しておりました、後の朴氏の一部」連合との戦争（一〇5）であった可能性も否定は出来ません。その場合には、卑彌呼が日本列島へ去ったことを、朝鮮側では、例によりまして、「殺された」と表現し、それがそのまま魏志に記されてしまっていた可能性も大いにあり得るからなのです。そういう例が、朝鮮史には少なからず見受けられるからなのです。

ナガ族との戦いであったということにつきましては、右の⑥「蔚山＝ウルサン＝屈阿火＝桑原」は菅原道真一族の本貫でございまして（四2）、菅原道真が罪を被り九州に流されましたときに、その住居でありました太宰府・南舘の跡に建てられました神社の名が、どうした訳か「榎神社・榎寺」と名付けられております。ところで、文字上では「榎＝朴」であり、「朴氏＝ナガ族」を表しているのですから（別述）、この菅原道真などの菅原氏の出自が、「伽耶の朴氏の王族」であったことが推測されるからなのです。

「朴＝パク＝瓢箪＝倭人の瓢公」でもございました。

これら「浦上八国」からは、古く魏書の弁辰の記載のみならず、今日でも鉄の遺跡が発見されておりますし、『東国輿地勝覧』によりますと、金官（金海）、掲火などでも、産鉄の記録が見られます。

考古学上からも、この鉄生産の中心地は、特に密陽（沙村・金村）、三浪津、梁山（外花・勿禁）などに鉄遺跡が顕著ですので、洛東江下流の東岸一帯であると考えられます。

という訳で、「倭の大乱」とは、伽耶諸国の間（とは申しましても、前述のように、日本列島におけます分国（一2）でも、その影響（いわゆる「高地性集落」の出現など）を受けましての、その分国〔出先〕同士でも戦っております）での鉄鉱山の奪い合いの争いでもあったのです（「倭の大乱」の国際性）。

安羅の朝鮮半島でのある時代の拠点は咸安ですし、金官や浦上八国の拠点は金海（釜山の近く）でした。

この点を、朝鮮半島における地名の読み方から「浦上」八国の読みを解いてみましょう。「音＝吏読」的には、「浦＝ポ」（例、全羅北道・茂朱郡「浦内里」）であり、「上＝サン」（例、全羅北道・鎮安郡「上田面」）ですので、よって「浦上」ということで、これがそのまま今日の釜山へと繋がっていたのです（近くにある、王陵を表します「亀山」の地名も、「亀山＝クサン＝プサン＝釜山」と近いので少し気になります。秦帝国のみならず、亀＝新羅・伽耶の王家のシンボル）。

このように浦上八国の中心は、やはり「浦上＝釜山」で金海の金官伽羅（古への大伽耶＝忍＝オシ＝与謝＝五十＝イ）だったのです。

＊又、古代朝鮮語では、「訓＝意味」的には「浦＝kara＝カラ＝伽羅」で（九5）、そのものでもあり、「上＝サシ＝砦・城」の

意味ですので、この「カラサシ＝浦上」の「浦上八国」とは、

その意味といたしましては「伽耶の夫々の城を持つ水軍」の八国のことでもあったのです。

そして、その両者の「二回目」の戦いである二一一年の「浦上竭火の役」では、その三年の間に状況の変化があったのでしょうか、①骨浦国（慶尚南道馬山市。又は昌寧）②柒浦国（漆原。漆吐。柴浦）③古自（古史）浦国（鎮海とも考えられます）の三国の人々が、再び竭火（屈阿火＝屈弗＝カルボル＝クアボル＝桑原。蔚州。ここは、前述のように菅原道真の本貫でもございます。朴氏　四2）に攻めて来たとされております（「勿稽子」）。

＊史書の表示及びその解釈には、両方の戦いの違いが見られ、その場所・国の所在を多少異にいたしますが、これらの国々が南朝鮮の国々であり、かつ、この戦争が南朝鮮での出来事であることには、何ら変わりがありません。

この「安羅と浦上八国との戦い」も、「倭の大乱」の一部を構成していたのでして、そして、この戦いの際、「倭人の女王」でもありました、当時、北方の圧力から逃れ、馬韓から南下し安羅に入っておりました、元馬韓王（辰王）の「安羅の女王」の卑彌呼が、日本列島に亡命することになるのですが、それには次のような事情があったからなのです。

この戦いの最中、一時は安羅が滅びそうになるのですが、やがて浦上八国の兵のうち六千人を、秦韓（秦氏＝但し、扶余系）側が捕虜として捕らえてくれたため、漸く安羅が滅びずに助かることが出来たのです（扶余＋「倭＝安羅＝公孫氏」）。

＊金官（狗邪＝大）と浦上（カラサシ＝大砦）八国とは、時代によっては当然一部重なって来る国家概念かもしれません。

それは、「撃殺八国将軍奪所虜六千還之」（『三国史記』「新羅本紀」10奈解尼師今〔一九六～二三〇年〕十四年〔二〇九〕）と記載されていることから、このことが判るのです。

＊『三国史記』列伝八、勿稽子伝（二〇九年、二一二年）にもこの戦いは出ております（『三国遺事』五、第八避隠、勿稽子）。

その、先程の安羅が滅びそうになった際、その当時、既に馬韓の月氏（支）国（アシタ）から安羅の咸安へ朝鮮半島を南下して、列島での分国の日向（今日での宮崎県と鹿児島〔伽耶島・伽羅島〕県。よく見ますと、この中の国分エリアの内の大隅正八幡の境内の隅にも、ちゃんと卑彌呼が祭られていたのですよ。二2）をも支配いたしておりました、「半島と列島」に跨るところ（海峡国家）の倭人連合の象徴としての「倭国の盟主」でもありました「中馬韓（チャンパ）国王＝安羅王」である卑彌呼は（この「中馬韓＝チャンパ」も、インドシナの後のチャム人の母国で、更に、インド「チャンパの分国＝アンガ国」ということの表示でもあったのです。そもそも卑彌呼の実家は、満州・朝鮮半島ではズバリ「費彌＝ヒミ氏」とも表現されていました。一〇4）近衛の本隊に守られ、日本列島の日向・西都原にあった分国へと亡命して来たのです。

(3) 中国史や朝鮮史に見られる、形を変えた「倭の大乱」の表現——倭人に倭王に祭り上げられた燕王家の女の卑彌呼

所謂「倭の大乱」(一七八～一八四年)につきましては、ひょっとしますと、次のA～Kの各紛争、つまり、

A・「浦上八国の戦争」(二〇九年、二一二年。『三国史記』『三国遺事』)。「倭の大乱」の海戦部分。新羅(辰韓)では干支半運下げ(新しく)。

B・「臣幘沾の乱」(二四五年。九1)。朝鮮半島部における魏に対する「韓人・倭人の反乱」。干支一運下げ。

C・「韓の臣智の乱」(『魏書』韓伝)。明帝(二二七～二四〇年)の頃、「辰韓八国」が楽浪郡に分割統治されそうになったとき、韓(朝鮮半島中部・北部の倭人の国)の臣智(大酋長)らが怒り、魏の帯方郡を攻めたのですが、逆に敗れてしまい、結局、辰韓八国はその支配下に置かれてしまったのです(九1)。右の「辰韓八国」という内容が、前述の弁辰の「浦上八国」に、場所も近く時代も近いことからも、その同一性が少し気になります。

D・公孫氏の帯方郡による倭と韓の支配(二〇五年頃)。建安年間(一九六～二二〇年)に公孫康(卑彌呼の弟。大伴氏の祖「日臣=道臣」のモデル)が屯有県以南の非支配地に「帯方郡」を建てた(二〇五年頃。この直前の二〇四年に父の公孫度(事代主のモデル)が死んで王位を継承)後、倭も韓も公孫氏(卑彌呼の実家)に属したことや、その前に楽浪郡の住民の多くが韓国(倭人のメンバー国)に流入したこと、更には、公孫氏が韓と倭を攻撃したこと(『魏書』韓条。別述)も、「倭の大乱」のモデルとして中国側に形を変えて表現されておりましたその一部であったのです。

ですから、公孫度の女である卑彌呼が倭王として倭人の上に君臨いたしましたことは、満州・朝鮮半島におきましては至極当然のことでもあったのです。

E・「ワイ族(沸流・ニギハヤヒ)の〈東韓の地〉への南下」(「東韓の地」の語は、『三国史記』「新羅本紀」)。「ワイ=穢=濊=倭」(後述)。鮮卑の檀石槐に追われたためか(前述)。

F・「長髄彦の邪馬臺国への奇襲」(二四七年か二四八年。『魏書』倭人条)。沖縄の狗奴国王=ナガスネヒコ。球磨盆地から山越えで西都原の卑彌呼を奇襲。それによる卑彌呼の死亡(二四七～二四八年)。

G・新羅(辰韓)からの延烏朗・細烏女の王と王女の日本列島への渡来(『三国遺事』新羅8阿達羅王四年〔一五七〕延烏朗・細烏女条)。『三国史記』「新羅本紀」8阿達羅王二十年(一七三)五月のところに、卑彌呼の使者来訪の記事(前述)。景初二年(二三八)六月卑彌呼が帯方郡に初めて遣使の記事(『魏書』倭人条)との比較によりまして、この点では朝鮮史での干支一運(六五年)遡上(古くしている)ということが判明。

H・天日矛とその妻のアカル(比咩古曽神)の日本列島への渡来(『古事記』応神。『日本紀』垂仁三年と八十八年)。

I・金官伽羅王子仙見（2居登王の兄弟）と神女の渡海（『金氏王世系』居登王元年（一九九））。浦上八国と安羅との戦争の始まる十年前に、南朝鮮で内紛があったことが窺われます（後述）。2居登王（一九九〜二五九年）又は郁甫王は、9開化大王のモデルともなっております。

J・満州における鮮卑による倭人の大量略奪。そして、この「倭の大乱」の遠い原因の一つとも考えられます、満州における鮮卑の檀石槐による「倭人＝汗人」の大量略奪（光和元年〔一七八〕。前述）に起因いたします「玉突き現象」も、決して無視してはいけないものでして、必ずやここの遠因に加えなくてはならないものであると考えております。

などのA〜J、及び次のKも、皆、形を変えて各国の歴史に記されておりましたところの、同じ「倭の大乱」及びその祖先「伝承」における表現の違いに過ぎなかった可能性も否定はできない、と私は考えております。

＊丁度、卑彌呼が朝鮮史では、アカル・比咩古曽や細烏女などとも表示されておりましたように。別述及び次述。

右の「倭の大乱＝朝鮮半島の出来事」、つまり「倭＝朝鮮半島」の考えを更に一歩進めまして、「百済が晋平県を治めていた」という『宋書』（東夷・百済条）や『魏書』（東夷・高句麗条）や『梁書』（百済系）や『南史』（百済系。一前文、二2、一五8）の考えと「馬韓南與倭接」という『後漢書』（東夷・韓条）などの考えとを忠実に総合いたしまして敷衍いたしますと、ひょっとすると、古い時代の倭の領域とは、黄海の西朝鮮湾の北岸一帯（西は旅順、大連から、長山列島を経て、東は朝鮮半島の大洞江河口辺りまで）であり、その頃の三韓（プロト三韓、つまりプロト馬韓・辰韓・弁韓）もその倭の直ぐ北の内陸部にあった可能性も否定出来ないのです。

しかも、私の考えでは東沃沮の位置は鴨緑江中・下流域ととらえておりますので、この西方に濊貊や韓がございましても一向に可笑しくはないからなのです。

そういたしますと、そこには必然的に「倭人の移動」ということと、「中国史・朝鮮史の改竄」ということが考えられるのです。

もし、この考えをとりますと、「倭の大乱」も西朝鮮湾での出来事となり、正に、卑彌呼の実家の遼東半島の直ぐ隣で生じたことになります。

更に注目すべきことは、馬韓は遼東半島内部ということになり、ここは公孫氏の置きました帯方郡と接するか、又は、一部重なる地域ですので、遼東半島の公孫度の女の卑彌呼が馬韓の倭人の女王となったということ（九1）とも整合性が見られるから驚きです（因みに、右の考えは、『漢書地理志』が「倭は漢の長安の北六〇度の方角」といい、又、『山海経』も「燕の方角」と言っておりますこととともピッタリではありませんか。一〇1）。

この「倭の大乱」につきましては、朝鮮史に記されております逸話の分析からも、ある程度は伺うことが出来たのです。

ではその理由について次に見てみましょう。

K・インド系のアユダ国王女の許黄玉が、金官（倭）国の金首露王（四二～一九九年）のところに自称十六歳の身で嫁いでまいりました（『三国遺事』『駕洛国記』光武帝・建武二十四年戊辰〔四八〕七月二十七日）。

＊干支二運修正と見て、一六八年（安羅経由で）。干支三運修正で、二二八年。

やがて、太子の居登（許登。一九九～二五九年。開化大王のモデル。許氏の祖）を生み、その後、「死亡」しております（『三国遺事』『駕洛国記』雲帝・中平六年己巳〔一八九〕三月一日）。

＊干支一運修正では、二四九年。このとき百五十七歳であったと申しますから、その死亡時の年齢は、当時の倭の計算法であった「一年二倍暦」（二三5）によりまして七十八歳となります。そういたしますと、金官伽羅への渡来の時期につきましては、二四九マイナス六二（一五七÷二マイナス一六年前）ということになりまして、一八七年頃のことということになり、先程の干支二運修正いたしました一六八年で「倭の大乱」の頃とも近いということが判ります。

また、二倍暦を採らずに、単に年代で三運とすれば、先程の干支三運修正の二二八年ということになります。

ということで、この朝鮮での騒乱は、この頃、「倭の大乱で卑彌呼が九州の日向へ亡命した」ということを意味していたのです。

つまり、このことは、遼東半島の燕王・公孫氏の女の卑彌呼が、燕王におべっかを使う倭人たち（高句麗の南下を恐れた馬韓人。特に南下してきたばかりのプロト伯済やその同族など）により、「燕王の女」という理由で朝鮮半島の総ての「倭人＝韓人」を統率する馬韓王・辰王に推挙されて「馬韓」へと入り（後述）、そして「安羅」へ入り、「倭の大乱＝浦上八国との戦争」に遭遇し、一時国が危うくなりかけたときに、九州の西都原へと「海路」亡命したということを表していたのです（九1）。

＊「金官（金海）＝朝鮮半島南東部」と「安羅」との両国は、戦っておりましたので、卑彌呼はお得意のフェニキア系の安羅水軍を使って、主として「海路」で、九州へと亡命したのです。

この王妃の連れてまいりました役人が、金官の役人の官職名を漢風に改めたりしておりますことは、この役人が漢文化の洗礼を受けた人々だったのであり、公孫氏の一族（婚姻に同行してまいりました漢の文化の素養をもちました楽浪の役人）の力によるものでありまして、更に、この王妃が安羅（倭）の女王をも兼ねておりましたことは、王妃がやってまいりましたときに「絹の袴（バジ）」を脱ぎました丘を、自己にゆかりの「綾」と名付けましたことからも推測できたのです。

それは正（まさ）しく「綾＝アヤ絹＝安耶＝安羅」のことだったからなのです。

しかも、この「赤い旗」ということも、「延烏朗・細烏女」の「赤絹」や天日矛の妻の「アカル＝明＝赤」の名そのものとの共通性（同じこと）が見られるからなのです。

やがて、この「王妃一族が朝鮮半島では死に絶えて」しまい、その賓館が「ガランとしてもぬけの殻」のようであったという表現の中にも、この一族の女王（卑彌呼）が日本列島へ亡命してしまったということが素直に表現されていたのです。

そしてこれが、「倭の大乱」の結末でもあったのです。

（4）朝鮮史も卑彌呼の亡命を暗示していた

このように「卑彌呼の朝鮮からの渡来」と「天日矛の妻のアカルの渡来」と「延烏朗・細烏女の渡来」と「4昔脱解王（新羅＝金官）の母（倭人）」のお話は、皆同じこと、つまり、「女王」が朝鮮から日本列島へ行ってしまって、国が暗くなってしまったことの異なった表現に過ぎなかったと考えるべきなのです。

＊朝鮮史におきましては、倭へ行ってしまったことは、古への朝鮮では日本列島を「文化果つる地」と見なしておりまして、そんな処へ亡命するのは朝鮮民族の恥と考えられておりましたらしく、「死」と表現されて朝鮮史上からは抹殺されてしまうのが常だったのです（その反対が光輝く中国への媚び。事大主義）。

右のIのお話も、もう少し詳しく見ておきましょう。

金官2居登王即位（一九九年）に際しまして、「王の兄弟の仙見と神女とが雲（船）に乗って国を離れてしまったので、洛東江の中の石島に登り、戻って来てくれるようにと願った」（『金氏王世系』）とありますのも（前述）、この居登王十年（二〇九年）には、先程申し上げました浦上八国と安羅との戦い（倭の大乱）が起きておりますので（「新羅本紀」奈解尼師今十四年七月他）、卑彌呼が朝鮮半島から倭の九州部分へ亡命いたしましたのもこの頃のお話だったのです。

国外へ去った（金海から国外と言えば、倭の日本列島部分ということになります）神女とは、時代的にも卑彌呼のことを表していた可能性もあり、そういたしますと、このお話は、卑彌呼の日本列島の日向・西都原への渡海（亡命）を意味していたのです。

＊卑彌呼につき、『魏書』二三九年の出来事が、辰韓・新羅史におきましては「新羅本紀」阿達羅王二十二年（一七五）のことと記されておりまして（後述）、そこには「六十四年もの年代の加上」が認められますように、この辺りの朝鮮史は年代の改竄（混乱）が特に著しく、特定は難しいとは申せ、二百年を挟んでの、その前後の何十年かの出来事であったというところまでは言ってもいいと思います。

この金官史の女神が、卑彌呼（公孫度の女）のことであり、共に倭へ渡ったその男弟（公孫恭）がこの仙見王子であるということも、年代的には考えられると共に（別述）、「倭の大乱」がこのように朝鮮での浦上八国の戦いと同じことであったと考えてまいりますと、このとき卑彌呼が日本列島部分の倭に亡命したことを表していた、と考えてもよいからなのです（一六1）。

そして、このことは「王と王妃が倭へと辰韓を去ったので国が光を失った」と記されております「延烏朗・細烏女」のお話Gや、又、天日矛とアカルのお話Hと繋がっていたとも言えるのです。

序でながら、「浦島太郎伝説」もこれと同じパターンだったのでございまして（別述）、あくまでも朝鮮を基点としたお話でありましたものが、いつの間にか、亡命者により日本紀上では日本を基点としたお話にすりかえられてしまっていたのです。

そういたしますと、新羅（この頃は、金官）史上第四代の脱解王の逸話も「浦島太郎伝説」と同じパターンであったのでございまして、祖先の朝鮮・満州の鉄民（天日矛＝ニギハヤヒ）が日本列島の熊本県の「肥＝コマ」へと渡り、その子（脱解王）、又はその末裔が「東倭＝丹波」の母の物部氏の実家から再び朝鮮に「戻って」まいりましたときには、そこの支配者が変わり既に鉄王であった南鮮の実家は滅び去ってしまっていたということを表していたからなのです。

これらの各朝鮮史・伝承は、必ずしも厳密に時代・人名が一致することは、必要ではございません。と申しますのも、夫々の伝承が長い年月の間に、それなりの風土・事情により独自の変容・発展を遂げてしまっているからなのです。

これらの「倭の大乱」の主たる原因の一つが、高句麗などの馬韓への侵入（南下）でありましたことにつきましては、この後にお話しいたします。

＊また、魏の公孫氏への攻撃及び高句麗への攻撃も、共に史書上での時代は前後いたしますが、これらの民族の「追っ立て」の動きと密接に関連していた可能性が大なのです。

（５）倭は海峡国家の連邦＝「任那」連邦

さて、先程も少し申し上げましたように、当時、朝鮮半島の国々は、日本列島に多くの分国を持っておりましたが（二２）、その例をアナタにも判り易いように身近な例で一つお話ししておきましょう。

例えば、このことは、狭い地域に隣り合っておりました次の三都県、つまり、北から埼玉、東京、神奈川が、夫々、ムサシ、ムナザシ、サネサシと三つに名も地域も分かれていたのみならず、更に、これらが皆、古代朝鮮語で「中心となる砦」という同じ内容の名でこの「狭い地域に三つも並んでいた」ということ（別述）から分析いたしましても、この三つが異なる朝鮮の本国（宗主国）夫々の日本列島におけます植民市であったことが判ってまいります。

ところで、弁辰のうちの十二カ国は、馬韓の月支国（馬韓五十余国のうち十四番目の国で、その位置は、忠清南道北部から京畿道南部辺りにかけての国）にいる辰王（鮮王）に属し、辰王は常に馬韓人がなり、世襲であったが、その辰王は自ら立つことが出来なかった（つまり、「共立」であった。『魏書』「韓伝」弁辰条）との不思議な表現が見られますので、これは海峡国家の倭国及び朝鮮半島中部・北部の倭人の国「韓国＝干国」におきまして、倭人連合が卑彌呼（馬韓王）を共立していたこと（前述）の大陸・朝鮮半島側に残された記録であったものと見なければいけなかったのです。

＊『魏書』の文理上は、辰韓（十二国）弁辰（十二国）の合計二十四国（但し、国名明記の国は、辰韓十一国、弁辰十一国の合計二十二国）で一致しませんし、又、「馬韓・辰王に属すという十二国」と『魏書』の言う中に「弁辰・安邪国＝安羅国」が入っているのかどうかも、文理上も必ずしも明らかではございませんが、私は「弁辰・安邪国＝安羅国」は当然含まれていた（つまり、安羅は馬韓の月支国にいる辰王に支配されていた）ものと考えます。

このとき卑彌呼は、遼東半島の公孫氏燕王家から派遣されて、又は、朝鮮半島の倭人たちから乞われて、朝鮮半島における、倭人・韓人（種族は共に倭人。馬韓・辰韓・弁韓）の上に君臨する馬韓の辰王（鮮王）として擁立されていたからなのです。

そして、国際情勢の変動に影響されまして、更に馬韓王の倭人の盟主・卑彌呼は南下を余儀なくされ、やがて安羅国の咸安から、日本海を渡り、九州の西都原などにあった安羅の分国へと亡命していったのです。

さて、では、何故、卑彌呼は、朝鮮半島に一番近い北九州に入らなかったのでしょうか。

それは、この頃の九州には、金官国（古への狗邪韓国）の本国である豊国（王は豊日別神社の豊日別）が存在しておりまして、この国は「倭の大乱」の頃は、朴氏（ナガスネヒコ・ナグサトベ）の影響下にある敵国筋だったものですから、素直に九州東北部へとは入ることが出来なかった（又、入れてはもらえなかった）からなのです（更には、半島も含めまして大陸からの攻撃も受け易かった）。

初めは、物語上のこととはいえ、何故か皆、日向国の鹿児島県部分に入って来ております。

＊「神武＝イワレヒコ」に相当する人物（列島でのモデルは天日矛やニギハヤヒ）も同じです。

このことは、ニニギ（神武の曽祖父）の川内（せんだい）にあります可愛山（えの）上陵、ホホデミ（神武の祖父）の溝辺（みぞべ）にあります溝辺山上陵、ウガヤフキアエズ（神武の父）の吾平（あいら）にあります吾平山上陵などのその所在地の伝承が、何故、皆、鹿児島県でなくてはならなかったのか、ということが暗示してくれていたのです（別述）。

だからこそ、百済系の史官の書き上げました（書き直されました）平安日本紀という歴史物語上では、百済の伝説上の王でありますところの扶余王の仇台王（百済6仇首王のモデル、かつイワレヒコ・神武大王のモデル）の伝承が、北九州にではなく、九州中・南部に集中して存在していた訳は、こういう経緯（いきさつ）があったからだったのです（尚、百済王（こにきし）の亡命と南九州との関係につきましては、前述いたしました一2など参照）。

さて、このように、朝鮮史に見られる「安羅」対「浦上八国」の戦争というものが、いわゆる魏略（『魏書』の台本）のいう「倭の大乱」の真相だったのです。

そもそも馬韓で三韓を統（す）べる女王たる、倭人の「辰王＝鮮王」の地位を受け継ぎました、亡命公孫氏の女の卑彌呼が（『晋書』）、朝鮮半島南部の倭の地である「安羅」の咸安に南下してまいった理由、及び魏へ朝貢した理由といたしましては、先程も触れましたように、「魏が公孫氏の故地（本貫）の遼東を侵した」ことに加えまして、「高句麗が、卑彌呼が当時おりました馬韓（平壌）にまでも侵入し始めた」こと、その他色々な影響があげられるのです（九1、一五8）。

(6)「倭の大乱」の原因の一つはニギハヤヒの南下

そして、この倭の大乱の真相におきまして「浦上八国」を唆せ（そそのか）た（刺激を与えた）のが、この頃同じく朝鮮半島を南下してまいりました扶余「穢族」系のニギハヤヒ、つまり朝鮮史上での「百済5肖古王」と表示された王であり、かつ、「多羅国・陜父＝昔氏＝物部氏の祖」でもあったのでございまして、このことは「百済本紀」に記されております「沸流」が「東韓之地」にやって来た（一五1、尚、このとき洛東江河口が「土湿水塩不得安居」でありましたことにつきまして、一七1、他）と記されていることと全く同一の出来事だったのです。

＊東韓の地は、一般に「彌鄒＝仁川（インチョン）」とも朝鮮では考えられているのですが、それでは「東」という表現に合いませんし、しかも、アカデミズムのいうように仁川（西）とソウル（東）とに、沸流と温祚とが別れたというのでしたら、正に、沸流百済の選んだ仁川は「西韓の地」となって逆（さかさ）になってしまいますよ。これは凄い矛盾ダヨネ。

金海は、朝鮮半島南部におきまして、正に、東の端に位置しております。

このように、これからの「人史学」におきましては、朝鮮史と記紀との整合性をチェックし、双方の史書の「異なる表現の中に、その同一性を発見」していかなければいけなかったのです。

浦上八国は「海人の国」でありまして、ニギハヤヒの物部の軍団には天津麻羅（あまつまら）や天津赤星などの船長も多いことから、ニギハヤヒの乗って渡来した「天磐楠船」と浦上八国のインド系の海軍とは、時代、場所、内容の点の分析からも、どうやら関係がある（重なっているか吸収関係）と見てもよさそうなのです。

＊朝鮮東南部の金官伽羅の地の「松羅（まつら）＝マツワ＝光川」が、海賊ニギハヤヒの東行の拠点の一つでございましたことにつき一八2必見。

尚、日本列島におきましても石船・岩船・磐船・イワフネと名の付けられました古墳は、このニギハヤヒを祖神と仰ぐ物部氏系の墓であることが多いのです。例えば、香川県（讃岐）高松市の栗林公園の隣の、古墳時代前期の「石清尾山（いわせおやま）古墳群」の「石船塚」「猫塚」などの積石古墳もそうでしょう。

因みに、ここ讃岐の琴平にございます金毘羅宮（金刀比羅宮）の祭神は、インド・象頭山（ぞずさん）（＝霊鷲山（りょうじゅせん））の「梵語Kumbhira＝クンピーラ（鰐魚）」の鬼神ですよ。これは金毘羅（こんぴら）の語源でもございます。又、ここの祭神はニギハヤヒ（火明命）との考えもございます（「五人百姓」は五加の王を表す）。

尚、これらの東アジアへのインド人の航海には、一時はその下部カーストでもありました「ナガ族＝朴氏＝パク氏＝瓢公＝倭人」もニギハヤヒの軍団に同行しておりました（南倭）。この人々は今日でもインド・アッサムの原郷ナーガランド（倭人・佤人の原郷の一つ）に住んでおります。

と言う訳で、この「百済本紀」の「東韓之地」という言葉も、「濊・穢」の地の濊族・穢族の南下、「濊王の印」（この印は、朝鮮半島の東岸の江陵か元山での出土したという記録がございます。この不正確な記録自体が、かつては扶余王の一族でもありました濊族・穢族の朝鮮半島東岸の南下〔このことは「ニギハヤヒ＝昔氏」に、半島東部をも含めて秦韓全域にも広くポツポツと残留しておりました「秦（真相は扶余）の亡命民の一部も同行」しておりました〕を示していたと見るべきなのです）、と共に、「倭の大乱」の場所とエネルギーを示すヒントの一つになっていてくれたのです（ニギハヤヒの南鮮霍乱）。

さて、秦韓（扶余系又は秦氏）の援軍により、このときの安羅は、敗戦こそは免れたものの、朝鮮半島南部の、安羅の「倭人の象徴」の女王卑彌呼は、日本列島へと去って行かなければならなくなってしまったのでした。

＊この倭の大乱という大戦争における同盟関係を、後世の日本列島での氏族に言い換えてみますと、朝鮮半島における「藤原・式家」（秦氏）の「大伴氏」に対する協力（勿論、扶余・穢系の物部氏も加わっております）とでも申せましょうか（扶余＋公孫氏）。

延烏朗と細烏女の朝鮮のお話での「太陽が居なくなって真っ暗になってしまった」ということが、このことを暗示していてくれたのです（別述）。

但し、この後、「安羅＝倭国の朝鮮半島部分の一部」の国自体につきましては、このずーっと後の五六二年に新羅の真興王のときに唐・新羅に敗れて吸収されてしまうまで、「朝鮮半島と（主として）北九州・九州の東半分」に於きまして、倭国の一員として（畿内の「秦王国」〔一〇5〕の民を間接支配しながら）存続することになります。

＊日本紀には、この年、紀男麻呂宿禰（天武十三年〔六八四〕十一月朝臣に改姓）の新羅との激しい戦いが記されております（欽明紀二十三年〔五六二〕七月。尚、それより以前、五三二年の金官伽羅国の喪失につき、一一2）。

因みに、右の紀男麻呂の祖先の「紀生磐＝倭王〈武〉＝雄略大王」は、新羅占領中の高句麗軍と戦って新羅を解放いたしました。

尚、右の当時、倭の支配下の「秦王国」につきましては、「又、至竹斯国、又東至秦王国其人同於華夏」（『随書』俀国条）と、倭の東方に「中国人と同種の人」が住んでいると、ちゃんと中国史にも出ておりますよ。

そして、五六三年、「白村江の役」で敗れた後、倭国（安羅＝大伴氏＝公孫氏）は、初めて、本部を九州とした日本列島「のみ」

の国家へと縮小を余儀なくされてしまったのです。

尚、倭国のもう一方の主役であった金官国（蘇我氏＝木氏＝紀氏）はどうなったのかと申しますと、既にその三十年も前の五三二年に、新羅の法興王に滅ぼされて朝鮮半島からは消え、列島に篭ってしまっていたのです（一1、一一2）。

このとき金官伽羅（倭）の王族は、九州にあった母国でもございます、当時から古来の秦氏が比較的多く住んでおりました、豊国から、日本海・丹後経由で畿内へと入り、河内（後の「近つ飛鳥」）の「蘇我氏・大伴氏」の一部や山背の「秦氏」の一部の中に融け込んでしまっております（七4）。

そして、同じくこのときから五六二年までは、「海峡国家倭国連合」の「主導権」は、金官国（蘇我氏）より安羅（大伴氏）の単独支配へと移ることになってしまうのです。

2、朝鮮史での「年代と歴史地理」の改竄

但し、新羅史におきましては、右の「倭の大乱＝〈三年戦争〉の年代」につき、故意か過失か、例の如く年代を改竄してしまっております。

つまり、この件については霊帝光和中（最後が一八四年。『魏志』所引の『魏略』）より干支「半運」繰り下げ、約三十年後の出来事と、新しく（二〇九年、二一二年と）してしまっているのです（一〇2）。

この「新羅本紀」に於ける新羅史の改竄の際のズレと、「倭の大乱」の時代確定についての詰めの甘さの二つのお陰で、今まで私たちはこの「倭の大乱」の真相がなかなか突き止められなかったのですが、こんなにもその材料は揃っていたのです。

朝鮮史の年代偽造につきましての、アナタにも判りやすい代表的な例といたしまして、先ほども少しお話しいたしましたが、ここでも、確認の意味で次の例を挙げておきましょう。

『三国史記』「新羅本紀」阿達羅尼師今（王）二十年条（この「条」の字は、クダリと読みます）を見ますと、ズバリあの有名な卑彌呼が登場しております。しかし、この「新羅史」では、『魏志』に於けるこの卑彌呼の二三九年（景初二年）の魏の帯方郡への朝貢を、何と！「一七三年」の出来事として記してしまっておりますので、魏書との比較から、朝鮮史では、ここではこの卑彌呼の点につき自国の歴史を明らかに約「干支約一運＝六十年」（ここでは、更に、プラス五年）近くも加上（古く）してしまっていることが判るのです。

と申しますことは、このことにより、つまり自国の歴史をも序でに古く見せようと努力しているということがバレてしまっているのです。

それは、取りも直さず新羅建国が新しく四世紀後半に過ぎなかったので（二4）、古く見せるために日本紀と同じように（その歴史改竄ではこちらがお手本でもございました）、どうしても色々と年代加上・内容偽造する必要があったからなのです。

朝鮮史は（も）皆、同様です。そして、日本紀もこの朝鮮史の偽造と同じ考えに基づき、かつ、それをお手本として、朝鮮人の新羅の支配者（奈良朝）又は朝鮮人の百済からの亡命者（平安朝）によって作られていたのです。

このように、朝鮮史は適宜自分の都合の良いように年代を加上されておりますので、慎重に干支を分析（干支をそのまま引用して西暦に合わせるのではなく、一運とか二運その「加上を割り引き」する必要がございます）しながら、日本紀への「引用」を一歩引いて考えたり、又、「読み込んだり」していかなければいけなかったのです。

特に、李朝以降の朝鮮史につきましては、宗主国の中国の意向に極端に迎合（この国では、宗主国中国の言語である漢文に対して、自国語のことでさえも、中国人のご機嫌を取るために普段から謙りまして「方言＝地方の言葉」などと呼び、自国の歌でさえも、「郷＝地方＝鄙」の歌と言って中国の漢文の歌（漢詩）に対して謙っているくらいなのですからネ。更に、その証拠を一つお示ししておきましょう。朝鮮の正史である『三国史記』であるにも拘わらず、「朝鮮語＝自国語」の郷歌につきまして、これは「詞俚（ヒナビル・イヤシイ）不載」（自国語の歌は品がないので、載せないこととする）などと言って、中国に慮って自国の歌は載せてはいない（漢詩ベッタリ）ことが、そのことを如実に物語っております）いたしましての、朝鮮特有の「事大主義」による古い時代の歴史の改竄が、限が無いほどですので要注意なのです。

アナタのため、例えば東アジアの「浿水」という一つの河を例にとり挙げまして、その所在の分析、つまり「中朝合体による歴史偽造」への「解明」につき、次にご説明いたしておきましょう。

「浿水」という河が、時代が下るにしたがいまして、後代の中国の史書が、中国の支配権が古くから東方（東夷の地）へも及んでいたと言い張るがために、それに迎合し、『前漢書』の頃の

A大遼河（今日でいう遼西。この頃は未だ大遼河が「より西方」にありましたので、今で言う遼西は、「遼東」と記載されていたのです）・灤水・潦水・涪（ホウ）水（但し、『康熙字典』の「水経注」のバイ水とは別ものです）・沛水（『前漢書』地理志遼東郡潘汗県）・梁水（梁＝蒙古語の水流。以上、Aは皆、「大遼水＝古浿水」の別名です）から

B遼河（満州・東北中国所在の川）

C鴨緑江（現在の中朝国境）

D清川江（『隋書』）より

E大同江（平壌）へと（以上CDEは、朝鮮所在の川です）、このように、前漢書から隋書までで、つまりA〜Eまでで、何と！約五〇〇キロメートル近くも正史書上だけで東へと移動「させてしまっていた」ということを、疑いもなく（朝鮮の学者は「半ば故意」に、日本の学者は「うっかり過失」により）あまりにも「無防備、かつ、素直に受け入れ」てしまっているのです。李朝の頃の朝鮮史には、特にこのデタラメな傾向が顕著ですので、アナタも要注意だったのです。

ですから、「古への朝鮮」（満州にありました箕子朝鮮や衛氏朝鮮）というものが、朝鮮半島の、それも平壌（ピョンヤン）にあったなどという摩訶不思議な考えすら、日朝のアカデミズムでは出て来てしまって今日でも巾を利かせているのです。

この主たる理由はどうしてなのかと申しますと、そこに含まれております「遼河」、つまりそれを基準といたしましてその東方を「遼東」地帯とする（と言う）という地理上の定義（動かしてはいけない物差し）自体が、実は、東へ東へと動いて来てしまっておりましたところに、今まで盲目であったことから生じました悲劇とでも申せましょうか（「基準＝物差し」が動いていたのです）。

朝鮮という言葉について、もう少し具体的に申し上げますと、特に、アカデミズムにおきましても、漢武帝にBC一〇八年に滅ぼされてしまいました右の「衛満（えいまん）朝鮮」は、右のE大同江（平壌）にあったなどと信じているアカデミズムもおられるくらいなのですよ。全く酷（ひど）い話です。

＊因みに、より古い、殷の王族の「箕子朝鮮」の三遷とは、①周都→②遼西の昌黎・険涜（涜＝河。王険城はここだという考えもございます）・孤竹城（箕星ノ分野・燕ノ東境）→③義県・広寧・医無呂→④海城（遼河）までですので（別述）、本来②〜④は、その全てが「満州内」における移転であり、と言うことは、朝鮮という言葉は、本来、朝鮮半島とは何らの関係もなかったのです。

因みに、この箕子朝鮮についてですが、「箕＝キ」とは単に「箕星の方角にいた」ということを示していただけでございまして、箕子の姓は「子＝シ」だけであったのです。ですから、「箕子」はその全部が姓でもなく、勿論その全部が人名でもなかったのです。この点につきましても誤解しているアカデミズムをちょくちょく見かけますよ（かつて、朝鮮に「箕子という人がおりまして」……などと書かれたりしておりますテキストもあり、チャンチャラ）。

このように「浿水＝現・大同江」という河が、秦以来、千五百年の間にAからEまで、何と！五〇〇キロメートルも東へ動いて来てしまっていたということをアカデミズムは知らなかったのでしょうか。もし、そうであったといたしますと、不勉強の誹りを免れません。

実は、この作為は中朝両国の利益に合致することであったからなのですが、このように主体性のない「事大主義」の李朝の朝鮮官吏の態度には困ったものです。

＊つまり、早い話が、中国人にとっては、古くから皇帝の威光が遠く東方にまで及んでいたこととなりますし、朝鮮人にとりましても、本当は、当時は人の住まない荒地に過ぎなかったような所が、古くからの中華の文明の地として開化していたとすることによりまして、他の東夷に対して（特に、日本などに対して）ペーパー上の作為だけで誇れる（威張れる）からなのです。

さてさて、お話を卑彌呼の実家の公孫氏のことに戻します。

公孫度の孫の公孫淵（在位二二七～二三八年。卑彌呼の甥に当たります）は、南方の呉より「燕王」の称号を受け、その後、魏に寝返ったりしたのですが、信用されず、これがために、結果といたしましては、公孫氏は北方の魏によって二三八年（景初二年）に攻め滅ぼされてしまったのです（九1、5）。

＊「燕＝フェニキア」の表示により、卑彌呼の実家（オリエントでの出自）をも暗示。

卑彌呼が、西都原から北九州の「伊都＝委奴＝本来は委＝倭」の一大率に司令を出して、その実家の公孫氏を滅ぼした魏の帯方郡へ遣使いたしますのは、丁度この翌年の二三九年（景初三年）のことです。

「其」のタイミングの良さに気が付くことこそが、正に歴史を見極めるポイントだったということを、アナタは見逃してはいけなかったのです（九1、5）。

3、卑彌呼は「親魏倭王」の金印とともに日向・西都原の王陵「男狭穂塚古墳」に今も眠る

(1)『魏書』の径百余歩の卑彌呼の円墳「男狭穂塚」の殉死

魏志の文面の「到」と「至」の分析から、アナタが素直に考えましても、又、何方がどう考えましても、「日本列島における」邪馬臺国が日向・西都原（宮崎県）に存在しておりましたことにつきましては既にお話ししましたね（一〇3、二2）。

因みに、この国の名の日向は、日に向かう「ヒムカ」→「ヒューガ」と変わったものだとして、今日は読み継がれてはおりますが、実はそうではなく、そもそもが、古くは「ヒナタ」だったのです（そもそも日本紀や風土記は、こういう歴史の真相の改竄・隠蔽、作成した「地名のこじつけ公証」のために作られました書でもあったのです。要注意！）。

と申しますのも、この「ヒナタ」という言葉は古朝鮮語の東方の「日向＝日面」に由来するものでして、朝鮮語の「日＝へ＝hai」と「面＝ナッ＝nat」に由来する「ヘナッ」から来たものだったからなのです（「朴津＝エナツ」につき、九9）。

＊という訳で、「江夏＝日向＝ヘナツ」さんの祖先も古い渡来人であったことが判るのです。

又、「He＝許」で金首露王妃の許氏（穂積氏もその一派）のことを表す場合もございますし、その子の金官2「居登＝許登」王は、開化大王のモデルともなっております。

今日でも「ヒナタ」と読む人名や地名も少なからず見うけられます（日向精義モロッコ大使や伊勢原市の日向薬師など）。

さて、このように、安羅の女王たる卑彌呼の「主たる墓」は、宮崎県西都原古墳群の中にある径百余歩（『魏志』）もの、本来は「円墳」でもございました「男狭穂塚古墳」（円部のみで直径一二八メートル、高さは二〇メートルもございます。卑彌呼は女王ですが、この隣にある「女」の字の付いた「女狭穂塚古墳」ではありませんよ。念のため。旧伝によりますれば、これはかつて、ニ

ニギ命〔ウガヤの祖父・神武の曽祖父〕の可愛山上陵だともされておりました。なお、現在、可愛山上陵とされています川内のこの可愛川も、鹿児島県の川内から広島県の江の川へ、そして更には摂津三島のミゾクイ耳〔卑彌呼の祖父〕の可愛川へと、人の移動と共に「エ」ノ川の河名遷移の跡が見られます）であったのです（後述の「鬼の窟古墳」も、ここ西都原の台地上の「中央」にデンと鎮座しておりますので、これも何とはなしに臭いとは思いますが……。後世に大規模に改竄されているため、今日では五〜六世紀頃のものだとされてしまっております）。

＊右の「溝咋神社」（旧・溝咋村大字馬場字山下＝現・茨木市大字馬場）には、卑彌呼の父母である「公孫度＝事代主」と「玉櫛媛＝三島溝橛姫」及び卑彌呼自身でもございます「媛蹈五十鈴媛＝富登多々良伊須々岐比売」、その他、天日方奇日方命をもお祀りしてございます。

卑彌呼がこの西都原に亡命してまいります、その直前の王都は朝鮮半島の咸安でした。

ところで、韓国・慶尚南道の咸安道項里の古墳群の中で、特に「八号墳」と呼ばれております直径三三メートルもの安羅王の「円墳」（前述）に見られます殉葬の制度（五人、西頭。この一族が西方の出自であることを暗示しております）は、明らかに満州から遊牧系が南下して持ち込んだものでございまして、これは朝鮮側が発表しております五世紀よりも古い（三世紀に遡る）ものであると私は考えております。

この安羅の都・咸安の北方約五〇キロメートル余にあります、高霊伽耶の「池山洞四四号墳」における「二十体以上の殉死」の例が、倭王の卑彌呼が、遼東半島から馬韓の王都・月支国（アシタ）へ、そして更に朝鮮半島を高霊（ここにも「イザナギ伝承」がございます）から咸安へと南下（亡命）してまいりました。その経路を示していてくれたのです。

＊金官1金首露王陵（高さ一丈、周三百歩。実測・高さ五・六メートル、周囲六四・八メートル。『駕洛国記』）からも若い女性と見られる死体が王陵の傍らから出土しておりますので（『嵩善殿誌』）、この朝鮮半島南端でも「殉死の制」がちゃんと認められるのです。

このように、金官1金首露王陵も周三百歩（『駕洛国記』献帝立安〔建安〕四年〔一九九〕三月二十三日崩）とされており、これは径九十歩に相当いたしますし、又、この王妃・許黄玉の亀旨峰の東北の丘（『駕洛国記』霊帝中平六年〔一八九〕三月一日崩）もこれに近い規模ですので、この金海の両王陵も、寿陵かつ卑彌呼の日本列島へ渡来して去ってしまった後の「追憶の墓」（朝鮮史では、倭への渡来を「死」と表現いたしますのを常としますので）であった可能性が高いのです。

男女の点では、西都原の「女狭穂塚古墳」ではなく、「男狭穂塚古墳」（「穂＝ホ＝許」で、これは金首露王妃の「許黄玉＝卑彌呼の投影」と同一人を暗示する陵名であったのかもしれません）の方が卑彌呼の墓ですので、このように伝承と男女が逆の場合も大いにあり得るからなのです（仁徳を見よ）。

しかも、この夫の方の金官初代王の王名は、「首露＝ジュル＝巫」で、本来、普通名詞に過ぎなかったのですから尚更だったのです（別述。女の方の名だけが固有名詞）。

特に、『駕洛国記』によりますと、初めて上陸した渡頭村を主浦村といい（因号初来下纜渡頭村日主浦村）、王妃が初めて上陸し、絹の袴（ばじ）を脱いだ丘を綾峴（きぶぜ）（綾＝アヤ＝安耶）と言い（解綾袴高岡日綾峴）、黄色の旗が入って来た海辺を旗出辺と呼んだ（茜旗行入海涯曰旗出辺。倭へ去って遺体が無かったので、こんな風にする必要があったのです。細烏女ともそっくりです）とありますので、これが「安羅＝倭」の王陵の暗示であったのかもしれません。

さて、このように、高霊伽耶と安羅への移動のラインは、少ない物証とは申せ、満州からの「殉死葬」の遷移（南下）を示していてくれたのです。そして、この朝鮮・咸安の安羅王都の巨大円墳は、そのまま宮崎県西都原の「男狭穂塚古墳」（これも改造されてしまう前は「円墳」だったからなのです。一〇３）へと、その系譜といたしましては繋がって来ていたのです。

＊更には、この殉死は、安羅の分国の吉備の「特殊器台」（人のイケニエを入れ、鳥に食べさせるため）自体へとも繋がり、やがてそれが「特殊器台型・埴輪」へと変化しながらも、特殊器台と共に大和の纏向へと入って行ったのです（一〇６。卑彌呼の宗女の壱与の東行）。

こんな巨大な円墳が、当時（『魏志』の卑彌呼の頃）の九州の西都原にあっては、自分たちの邪馬臺国の所在についての考えに破綻を来たしてしまって困ると考えた人々（主として黒板勝美東京帝国大学教授ら）によって、この巨大な円墳は、いつの間にやら「補修」と称する土木工事（多分、大正末期か昭和初期でしょうが。西都原の現地の資料館には、彼等が現地で見分している写真がその証拠として残されておりますので、この、さも歴史マフィア然とした黒板勝美のメガネ顔は、アナタ、必見ですぞ！　西都原の第三回目の調査報告書〔日本古文化研究所報告第十、昭和十五年〕には、この黒板氏が序文を寄せております）により「小さなスカート＝方部」を無理やり穿かせられて、巨大円墳から、所謂、前方後円墳が生まれる途中の、赤ちゃんの帆立貝型（柄鏡式）古墳——前方後円墳の卵にされてしまい、つまり、当時の考えにより、この古墳の成立時期が五世紀頃のものであるとして「より新しく」されてしまい、卑彌呼の古墳が隠されてしまって今日に至っていたというのがその真相だったのです。

このようなアカデミズム（そして、今日に至るまでそれにとりつかれておりますその亡霊たち）にも困ったものです。アマチュアーの立場から、この点を厳しく指弾しておきましょう。

そして、右の卑彌呼の眠る宮崎県西都原の「男狭穂塚古墳」の直ぐ近くにございます、前述の西都原にしては珍しい、台地上では唯一の「方墳」（一七一号墳。正方形。通称「スサノヲの墓」。一辺約二〇メートル、高さ約四・五メートル。しかも二重の埴輪列〔円筒列〕があり、家形埴輪も出土しています。九9）も四隅の円筒埴輪が他より大きいことからも、古くは単なる方墳ではなく、満州起源の出雲系の「四隅突出型方墳」と、その古墳設計の思想の中には近いものが含まれていた可能性が高かったのです（九6）。

尚、九州の有明海に近い、福岡県久留米の耳納山の西端部分の高良大社の麓にある、九州で一番古いと言われております方墳（扶余・高句麗系）の「祇園山古墳」も、その空中写真からは、やや四隅突出型の名残を留めているように私には思われます。九州では大切な古墳の一つですので、是非実物を現認したいと思って私は二度も現地を訪れて付近の道路上から探したのですが、人家に紛れて、二度とも見つけることが出来ませんでした。

尚、序でながら、右の一七一号墳の通称に付けられておりますスサノヲが、朝鮮にいたとされておりますす頃の曾尸茂利（そしもり）（ソツムレ）と申します語は、「鉄の山・邑」という本来の意味から「王城・邑」という意味への変化・転化によるものだったのです（二3）。

更に、日向・西都原の丘の中央部にデンと居座る孤高の古墳、「鬼の窟（いわや）古墳」（二〇六号。後世に改竄されてしまったため、今日では六世紀、精々五世紀のものとさえ言われております）という円墳・上円下方墳（直径三七メートル、高さ六・八メートル、頂上部には葺石が有り、土塁が巡っており、基底部の周囲は一四二メートルにも達しております日本でも数少ない形の中国風な古墳です。しかも、少なくとも昭和の初め頃までは、この入口に向かって神社の参道のように松の並木が続いておりましたし、「家型」や「舟型」の埴輪も出土しておりますのみならず（一六九号墳の子持埴輪家が有名）、西都原の三百五十基余の古墳の内、これは数少ない「横穴式」なのです。何故これが、こんなにも特殊なのでしょうか？　興味深々なのです）は、男狭穂塚古墳（卑彌呼の墓の一つ）と並んで西都原での最も重要な古墳の一つなのですが、面白いことは、こういう「様式」の大型古墳は、日本でもそう多くはないと言われておりまして、強いてこれに似ております大型のものを見つけるといたしますと、大和・明日香の蘇我馬子の墓であると伝えられております「石舞台古墳」（但し、上円〔方？〕部の土は失われ、下部の方墳部分の土のみが残っております）などが挙げられると一般に言われております。

私の考えでは、馬子は日本列島（場合により、畿内）へ亡命後の「倭王＝金官王」そのものであり、西都原も「倭王＝安羅王」の卑彌呼の日本列島での故地の一つなのですから、その共通点といたしましては、共に「倭王の陵」であるということでございまして、その両者の王墓に似ている点があるということも頷けるからなのです（しかし、これは卑彌呼とは時代が二百五十年程異なります）。

先程の「上円下方墳」の他の一例を申し上げますと、鉢塚古墳（大阪府池田市鉢塚）もその一つでして、五社神社の現在の奥の院ともなっておりますその玄室は、高さが五メートル、幅四メートルで奥行きが七メートルもあり大王クラスの規模を誇っております（一体、これも誰のお墓だったのでしょうか。その真相や如何？）。

序でながら、この東南七〇〇メートルのところにございます稲荷山古墳（二子塚古墳。池田市井口堂）という「双円墳」は、長さ七〇メートル、高さ一〇メートルもあるのみならず、その石室の入り口の巨岩はなかなか立派なものです。これらの大阪府北部の古墳は、ある時期における秦氏系（今来）の古墳であると考えます。

奈良盆地の東方の大和高原の都祁（呉音でツゲ、漢音ではトキで、これは新羅建国の時の「国名」と同じです。別述）の古墳にも、上円下方墳ではないかと思われるものがございます。「三陵墓」の近くの「柏峯」も、かってはそういう墓か祭場であったのかもしれません。

武蔵府中熊野神社古墳（方部三二メートル・円部一六メートル）も上円下方墳でして、これも大変意味深な古墳です（占領新羅軍のものか？　七４）。この古墳の三つの石室の奥室は、上部を丸くするアーチ形の天井構造の石組みなのですが、これは五世紀の高句麗の新羅占領、そして、六六三年以降、特に六七二年以降の新羅の日本列島独占占領に伴う技術の流れが、その底には流れていたのです。高句麗へは、オリエントからパミール高原の南の「ワハーン回廊」やフンザ河のカリーマーバードの直ぐ北のバルティト城辺り（付近の山で申しますと、ラカラポシ山の北方）を通って、その技術が伝わって来たものだったのです（ヤスィーン河辺りの「八角形の天窓＝三角隅持送り構造＝ラテルネンデッケ〔独＝屋根窓〕。五３）。

（２）西都原の「鬼の窟」は謎の古墳

さて、この「鬼の窟」という西都原の上円下方墳の石室は、真南から羨道（せんどう）を通って陽が射しますし、北枕ですので、その故郷は此処より北方であったことを示していたのです。当然のことながら、ここの北方は朝鮮や満州であり、そこが故郷・本貫の地だったからなのでしょうか。

また、この「鬼の窟」という異質的な墓は、もしこの古い塚が後世に何度か改造されている（その可能性は非常に高いです）といたしますと、その当初のものは、狗奴国（この頃は沖縄に主たる本拠がありました）のナガスネヒコ（長髄彦。ナグサトベと同一人。後に、新羅朴氏と化す）の一族が、西隣の球磨盆地（狗奴国の飛地・植民市）から、今日の「米良（めら）街道」を通り、西から山越えで西都原の「邪馬臺国」を攻めて（九１）、倭王の卑彌呼を征圧（二四七、八年頃。卑彌呼は死亡し、その宗女の壱与は対馬に一時亡命いたします）した後に、そこに造った「狗奴国」系の朝鮮「朴氏」系の墓であった可能性もあるのです。

＊右の狗奴国は、「奴＝助詞」であり、「狗＝ク＝大」で、かつ、「大国」をも意味しており、南朝鮮の「狗邪韓国＝大韓国」（韓＝倭人の国）とも同系の国であったことを示していたので

す。

因みに、西都原の反対の西側の九州部分（ナガスネヒコが、仮に、球磨川を遡行して東へと西都原に向かってやって来たといたしますと、丁度、有明海側の入口部分に相当）の八代市には、東片町古墳群の中に（国道三号線に沿って）、「鬼の家屋」と言われている処もございますので、意味深です。

しかし、この墓はナガスネヒコの一族がいなくなった後、そして大和でナガスネヒコ（ナグサトベ）が滅ぼされてしまってから、再び「安羅王・倭王系」の墓として、その当時の支配者により大改造され、立穴式から横穴式の巨大石室を持った立派な墓にされてしまった可能性も十分考えられます。

そして、百済系の平安朝以降になってから、この「新羅」「安羅・伽耶・倭」系の王墓は、この墓も含めまして、皆「鬼の墓」と呼ばれ、暴かれてしまったのです。

＊壱岐の、一石一壁の巨石の円墳である「鬼ノ窟古墳」（古墳時代後期と言われております）も同様で、「倭国＝安羅」系の、宗像氏や安曇氏などの、当時の「倭の水軍」のものだったと思われます。

この南朝鮮に入ったナガスネヒコの朴（ボク・パク）氏は、後の百済の宰相の「木氏」とも繋がっていた可能性がございます。

このように、右の「鬼の窟」古墳が、朴氏のものにしろ、あるいは安羅金氏のものにしろ、又、その他のものであったにしろ、ここ西都原の丘の上は、少なくとも古代のある時期には倭王の「奥つ城（墓所）」であったところなのです。

ということは、「親魏倭王」の卑彌呼の「金印」は、ここ西都原の何処か（男狭穂塚古墳か）に今日も眠っていると思われます。

＊もし、狗奴国王のナガスネヒコ（ナグサトベ）が暴いて、紀州や大和のトビ・トミへと持ち去ってしまっていなければの話なのですが。それとも、戦いに勝って金印を奪ったナガスネヒコが、それをここの鬼ノ窟か、更には、紀州か、大和トビに持ち去ってしまったのでしょうか。

しかし、この金印はそう大きいものでもなく、しかもとても大切なものですから、宗女の壱与が死守して対馬へと逃げ、やがて大和国纏向へと侵攻するとき（一〇1、5）に「携行」してまいりまして、その金印が「箸墓」「纏向石塚」「ホケノ山古墳」ないしは桜井の「茶臼山古墳」周辺に眠っているということも考えられなくもありません。

ですから、もし仮に、この金印が大和の地から出土いたしましても、それは決して邪馬臺国が元々そこ（大和）にあったからではなく、これは邪馬臺国が「東行」したことの証拠と見なければいけなかったのだ、ということをここに明記しておきましょう。

因みに、「三角縁神獣鏡」が卑彌呼へ下賜された魏鏡などでは全くないことにつきましては十二分に前述いたしました。

九州西都原のこれらの男狭穂塚・女狭穂塚古墳は、記紀上の大王陵でもない筈なのに、何故か今日でも宮内庁が厳格に管理しておりまして、他人に一切手を触れさせませんが（古へからの口伝により、天皇家はこのことに関しまして、きっと何かを掴んでいたのでしょう）、ここを完璧に掘ってみさえすれば、古代史の全てが氷解するかもしれませんよ。

4、邪馬臺国の「卑彌呼＝ビャコ＝ミヤコ＝京都」テリトリーの「満州語」

邪馬臺国の日本列島での拠点につき、魏志の文言の「到」と「至」の分析により、簡単に九州の西都原であると確定いたしましたことにつきましては、前に何度もお話しいたしました（一2）。

正確には、当時の列島における倭王・卑彌呼の支配の及んでいた地域は、もう少し広く、九州の東半分に広く今日まで「地名の化石」として分布しているところの「京（ビャコ）」テリトリーがそれであったことは、その地名が「卑彌呼」という王の名の漢字表示の「満州語での読み方」＝ビャコ＝（それが訛って今日では）ミヤコ（となっています）と一致することからもより広く考えるべきだったのです。

＊南の国分姫ノ城（国分の大隅正八幡宮・鹿児島神宮の東北直ぐの処に「卑彌呼神社」、そして更には「石体神社」が鎮座しております）、都城（市内に姫城町・都原町・都島町がございます）より、北へ向かいまして、西都、都万、都農、都原（臼杵市の南西約一〇キロの豊肥線犬飼駅東七キロメートル。大分県野津町。「ヤヅ＝ヤス＝安」か）、都町（大分市）、そして北の京都郡（行橋）まで。しかも、この行橋（草野津。一五12）には、面白いことに「ヒメコ塚」という名の古墳（行橋市大字竹並字ヒメコ塚・ツカノワキ五七四）も存在しておりますから、少なくともこれは女性の墓だったのでしょう。

その人名がいつの間にか、「都」の地名の字と「同じ音」に転化されてしまっていたのです（もし仮に、卑彌呼の「卑彌」のみがその名の部分であるといたしました場合には「ビャ＝ミヤ＝宮」の部分ということになり、これが「宮＝ミヤ」という語の起源ともなった可能性もございます。後述）。

この西都原には、都於郡（西都市）という地名が三財川に囲まれた高屋の地に現在も残されておりまして、これは古くは「都＝ト」で「ミヤコノコホリ」であったのでございましたので、ここが邪馬臺国の卑彌呼の本拠であったことの、ズバリの証拠（「都＝ビャコ＝卑彌呼」の名）が残されていたのです。

そして、邪馬臺国の卑彌呼の宗女（養女）壱与が、対馬へ亡命の後、東行いたしまして畿内の纏向に入りましてから、時移り、やがて、ここ九州の西都原は「西のビャコ（都）」の地（故地）として呼ばれるようになったのです。そして、そのように表現されました漢字が、今度は「西都＝サイト」と「音」で読まれ、それが今日の「西都」の地名として残されたのだ、ということにアナタもお気付きになられなければいけなかったのです。

これは、倭国の王都（ミヤコ）の都督府（この名は、唐・新羅の占領軍がおりました証拠ともなっております）のありました那ノ津または太宰府が、後に「遠」のミカドと呼ばれるようになってしまったこと（一三3、七7。そして抹殺されてしまった）と同じことだったのですね（かつては外国である蝦夷（かい）国の王都でもございました宮城県の多賀城もこれと同じことでして、「遠」のミカドと呼ぶことにより、独立国の王都であったことが隠されてしまっていたのです、一七1）。

＊因みに、太宰府といえば、吉備にも、唐・新羅の連合軍の拠点が置かれておりました名残がございましたことを「鬼ノ城」と「備中国府」のところで申し上げました（七11）。と申しますのも、正史には「吉備大宰（きびのおほみこともち）石川王」（天武紀八年〔六七九〕三月）という文言が見えるからなのです。

大宰は「総領」のことと同一であり「石川王為惣領之時、改為広山里」（『播磨国風土記』揖保郡広山里条。惣＝摠＝總＝捴＝総）とありますところから推測いたしますと、この唐・新羅占領軍の吉備の大宰の都督は、吉備、播磨は勿論のこと、中国地方の相当広い地域をも軍事的に管轄していたものと思われます（七11）。

因みに、この中国地方の「中国（なかつくに）」という言葉は、「朝廷」「大王・天皇の居場所」そのものということをも表しておりますので、唐の占領軍との関係ではナカナカ意味深な言葉だったのです（因みに、「高句麗＝カウリー」という国名も、これは吏読（いどう）だったのでして、その意味〔訓〕は、「中国」ということだったのです）。

さて、卑彌呼と記載されているのは「魏・蜀・呉」の「三国志・魏書」という史書です。魏国の史書です。如何に三国志が漢字で記載されている（ですから、アナタも惑わされてしまうのですが）とはいえ、「蜀」などの「漢＝羌族」中心の国とは違い、この魏の国は「満州」の鮮卑の祖先の東胡の建てた国（北倭の一種）なのですから（九4）、東夷の王の名前などは、厳密に考えますと、当時の「満州語の音」で発音し、「満州人の王家の耳」で聞いて、それを当時の事務担当の漢人の宮廷官吏が漢字で表現していたのに過ぎなかったのだと、厳密に考えなければいけませんので、もし、そうであるといたしますと、この卑彌呼という言葉の「音価」も本来「満州語」で解読すべきものであったのだということに、必然的になって来る筈なのです。

＊邪馬臺国の東アジアでの母国でもございましたジャワ海（インドネシア）のヤーヴァ・ドヴィーパという音に、中国人が「耶馬提」（『法顕伝』）という漢字を当て嵌めましたのと同じ様に（九7他）。

では、「卑彌呼」と表現されました漢字の「原音」をいつ、誰が、何処で聞いたのかということ（この当たり前のこと）の詰めが今まで甘かったのです。総合史学であります「人史学」におきましてはそんな杜撰なことは許されないのです。

そして、もしこの卑彌呼という文字を、魏の王室の満州人の「満州語で読む」、そういたしますと、「ビャコ」であったという私の仮説（卑彌呼＝ビャコ説）が正しいといたしますと（恐ろしいことに）卑彌呼が「大陸の人」「満州の出自」、つまりは、正に中国の『晋書』がダイレクトに申しますように、その反射的効果といたしまして、卑彌呼が遼東半島（ここも満州ですから）の「公孫氏の娘」であったことも、間接的ながら証明されてしまうことになるのですよ。

因みに、日本列島におけます日本紀が作成された頃の用語法によりますと、「霊女＝巫女＝ミコ」なのですから、「ヒルコ＝日・霊女＝日ノミコ＝ヒ・ミコ」で、一般名詞であってもよかったのです。

そういたしますと、このように、実は、日本神話における大日(おおひ)霊女貴(るめむち)が、元来（古く）は、卑彌呼のことを九州では表していたことにもなってまいりまして、そういたしますと、九州の揖宿(いぶすく)神社（鹿児島県指宿市）や枚聞(ひらきき)神社（鹿児島県開聞町）や天岩戸神社（宮崎県高千穂町）などにこの女神が祭られておりますということは、取りも直さず、かつ、ここら辺りの、この古代のある時期には襲(そ)ノ国（金ノ国）が、「卑彌呼テリトリー」の一部でもあったことをも表していたことの証拠だったのです。このように大切な証拠は今日まで鄙の地に眠っていたのです。

邪馬臺国は「倭の極南海」（『魏書』）なのですから（ここ倭の極南界からの指令に基づきまして卑彌呼の使者が来ております）、中国史から考えましてもこの辺り（襲ノ国＝宮崎県＋鹿児島県）が「海路」上ピッタリだからなのです。

それに、「卑弥呼」と教科書のいうように「略字」で書いてしまいますとどうしても見落としがちになる（そこが今まで盲点の一つだったのです）のですが、『魏書』本来の字によりちゃんと「卑彌呼」と記しますと、この「彌」は、「弥生人」の「弥＝彌＝ヤ」、「弥太郎」の「弥」なのですから、これは、本来、「ヤ」に近い音価でもいい訳だったのでございまして、そういたしますと、それから千八百年近く経ちました今日の発音でさえも、卑彌呼は「卑ヤ呼」、つまり、私の言う「ヒャコ」「ピャコ」「ビャコ」でもよく、これは私の言う満州語での「卑彌呼」という字を読んだ場合の「ピャコ・ビャコ＝ビヤコ＝都＝ミヤコ」に大変近い！ではありませんか。

このように九州の東半分に南北に繋がって見られます「ビャコ・ミヤコ＝都」テリトリー（例えば、先程の行橋の都郡(みやこぐん)など）は卑彌呼の末裔の「倭国＝安羅国」の名残（証拠）でもあったのですよ（安＝ヤス＝野洲＝野津）。

やはり、「生きている化石」とも言われております「地名」や「人名」などは、簡単だから、覚えやすいからといって、たとえ教科書でございましても、否、教科書であるが故に「略字で表してはいけなかった」のです。ですから、今日、日本中で見られます旧郵政省の木っ端役人どもによる行政区画・町名・字名の変更なども、とんでもないことだったのです。

さて、その略字であったがために、アナタも今日に至るまで、卑彌呼の名を「満州語」（それに、魏そのものも正に「満州人＝北倭の王朝」です。決して漢人の建てた王朝などではございません。咲く花の匂うが如くの大唐帝国につきましても、この点は全く同じなのです。九4。「魏」帝国も「大唐」帝国も、皆、鮮卑〔檀石槐など〕の「北倭」の末裔の系列だったのです）で読み解くことに気が付くことが出来なかったからなのです。

アナタはこの点、どう思われますでしょうか。

加えまして、こういう次の考え（今は私は採りませんが）も又可能です。

卑彌呼や狗奴国王の卑狗弓呼の「呼」とは、「そう呼ばれていた」又「そう呼んでいる」（「卑彌」呼ばれた）ということの中国側の役人の表現であったと仮にいたしますと、「卑彌」「卑狗弓」までがその名だということになってまいります。そういたしますと、倭の女王の名は卑彌＝満州語の「ビャ・ミヤ」であり「宮＝ビャ・ミヤ」から「都＝ミヤ呼」へと繋がり、他方、男王の卑狗弓の方は、後のナガスネヒコ（長髄彦。ナグサトベ。これは女性です）の「彦＝ヒコ」へとも繋がっていたということにもなってまいります。

しかも、アナタ、右の卑彌呼の実家は、朝鮮半島では「費彌＝ヒミ＝ビャ」氏（二2）とも呼ばれておりましたので、このことは、尚更ストレートで説得力を持つのです（一〇1）。

また、前述のように、魏の使いが、単純に、倭の女王が当時の言語で日の巫女（ビノミャコ・ヒノミコ）と呼ばれていたという「普通名詞」に近かったものを「卑彌（ビャ）と呼ばれている＝卑彌呼（ビャコ・ビミコ・ヒミコ）」と表現し、又、男王が当時の言語で「彦＝ビコ」と呼ばれていたということを孫子・彦子（ヒココ）と、魏の出先機関の「帯方郡の役人が表現」していたからだった、という捉え方も可能かもしれません。

このように、古代の文字は色々な読み方が考えられバラエティーに富んでいたのです。もう少し色々な面白い読み方の可能性につき、アナタと頭の体操として考えてみましょう。

因みに、伊声・耆・掖狗邪（『魏志』倭人条）という人は「ウズキ・シ・ワケイラッコ」とも読めますし、そういたしますとこれは「臼杵国」＝「豊日国」の若郎ということになりますし、倭載斯・烏越（『魏志』）は「ウサツ・オエ（大兄）」（「大兄」は、高句麗の官位としても残っております〔日本紀。別述〕）。卑彌呼の軍事顧問の張政は、高句麗人の魏の役人ですし〔高木神のモデル〕）とも読め、そういたしますとこれは秦氏と関係の深い「宇佐（豊）国」ということになり（その場合、秦氏系の「珍吉士」というのも可能でしょう）、又、これを「イズシ」と読めば「出石」（東倭＝トンワ。一五4）となり、更に、難升米（『魏志』）という人につきましても、普通の「ナシメ」という読みではなく、「ナカツォメ」「ナカツオミ」とも読め、これは、正に、「中臣」＝豊国又は、那珂ノ津（博多）臣・那賀ノ津臣のこととともなり得たのです。

＊アナタも、アマチュアーなのですから、一つの考えに囚われずに、私のように色々とその可能性を面白くかつ柔軟に考えてみて下さい。その中に、ひょっとすると真実が含まれているかも

しれませんし。

そして、これらが、何れにいたしましても、九州の東部・東北部の人々のことであり、この土地が「卑彌呼の〈ビャコ＝都〉テリトリー」に属することがポイントだったのです。

5、「箸墓」と「纒向石塚古墳」などの意味するもの――壱与の東行

さて、その後、「魏志」によりますと卑彌呼は殺されてしまいますが、では一体誰によって殺されてしまったのでしょうか。それは、南海のインドシナの赤鬼国（文郎国。インド・シスナガ王朝〔ナガ族〕の植民市）から北上し、当時「沖縄」と「九州・玖磨盆地」と「南鮮」との三つにその拠点を持っておりました、鉄と米の水耕海洋民である蛇族（ナガ族・パク族・瓢公。蛇に生贄を捧げる民）のインド・シスナガ王朝系のナガスネヒコ＝名草戸畔（一五1。これも非アーリア系インド人の倭人・佤(わ)人の一派の末裔です）に、西から西都原の裏山越えで日向・西都原に攻めこまれ、その際、不意を突かれた卑彌呼が死んでしまったのです。

このように、卑彌呼が沖縄のナガスネヒコに殺されてしまったので、壱与が東行したのです。

＊このナガ族の人々は、後の朝鮮では朴氏と名乗る人々（日本での子孫は榎本氏・中曽根氏）でして、その王族は、インドシナの文郎国・赤鬼国を経由して沖縄に北上してきたインド系水耕民の蛇族のことだったのです。

そのナガ族の一部は、インド・ナーガランドから海路又は陸路で東行し、華南に「定住」し、やがてその一派が「羌＝漢」族の人口増加に追われて雲南にまで亡命させられてしまっております。

尚、同じ中国人と申しましても、漢人と閩(びん)人の「遺伝子の違い」につきましては、一七1。

因みに、実は、「朴＝ボク＝ホコ・ホク・パク」＝「倭人の瓢（ヒサゴ・パク・朴）公」と「新羅（この頃はまだ新羅が成立していないため、狗邪韓国・弁辰・金官伽耶の前身などです）の開祖王の赫（パク・朴・カク）居世干」とは同一人だったのでありまして、しかも「ホコセ＝大国主(ほこせ)」とも同一人でもあったのです。これは、安羅の祖神の南下ということを示しておりました。

つまり、この大国主は、朝鮮史上では「新羅＝金官」の初代王の「倭人＝瓢公＝赫居世」とも同一人・同一神であったのです（一一3）。

金官伽羅が「倭人の国」であったことのスタートは、この新羅初代王の赫居世の名の中に表現されていたのです。

やはり、倭は百済より新羅（前身は金官伽羅）の方に近かった、と言えるのです。

ということになりますと、「赫(かく)（パク）＝朴(パク)＝長髄彦(なが)＝沖縄・狗奴国王」と繋がってまいりますので、このように日本紀のナガ

スネヒコ（又は、紀伊の伽耶系のナグサトベ）は、よーく朝鮮史を読んでみますと、古代の朴氏系の「新羅王系図」にもちゃんと引用され、両者が繋がっていたことが判明するのです（「新羅本紀」始祖赫居世西干）。

＊この倭人の瓢公は、朝鮮史では船で渡来したとされており、腰に瓢（ひさご）を下げていたからこの名が付いたと記されておりますが（「新羅本紀」赫居世三十八年）、このヒョータンは航海用の飲料水が入れられていたもの、又は浮き袋（雲南や貴州の山中では、渡河いたしますときに、身体や荷物に縛って使いました）と考えるのが常識的なのですが、更に、民俗学的に考えますと、この黄色の瓢とは「バナナの房」のことの表現であっても決して可笑しくは無く、そういたしますと、これは南洋からの長期航海における　最高の自然保存食でもあったということにもなるのです（積み込むときは「青いバナナ」）。

この卑彌呼と長髄彦の戦いを、両者のアジアに於ける遠い本貫であるインドの地に焼き直して（遡りまして）申し上げますと、インド「十六王朝時代」における「インド・アンガ国系＝卑彌呼」（安羅系）対「インド・マガダ国系＝長髄彦」（金官系）つまり南九州（ヒミコ）と沖縄（ナガスネヒコ）との二つの勢力の対立、又は、インドのアンガ国、マガダ国の夫々の「殖民市」である（後述、『山海経』）、南朝鮮における安羅と浦上八国（一〇1）を拠点としました対立（これも朝鮮・九州・沖縄を巻き込んで生じました、これは所謂「倭の大乱」の一場面でもございます）と言ってもいいかとも思います（九1）。

因みに、朝鮮半島ないしは古への朝鮮（満州）に、インドの植民市が存在しておりましたことの証拠につきましては、何度も申しますように、「東海の内、北海の隅に国あり、名を朝鮮天毒（天竺＝身毒＝インド）、この国の人水に住む、偎（わい）人・愛人あり」（『山海経』海内経、冒頭。『山海経』に注を付けました郭璞（かくぼく）は晋の武帝咸寧二年〔二七六〕に山西省で生まれております）とありますことからも明らかだったのです（一五5、他）。

このことは言語の面からも言えることでして、インダス語の一派のドラヴィダ語の語彙が朝鮮語に借用されているのが約四百語であり、日本語に借用されているのも約四百語とされておりますので、このことは古代の朝鮮と日本列島が、海流を介してのインド・ドラヴィダ語の影響が大であったことを示していたのです。私の「人史学」では、アジア史を「シュメール人↓インダス人↓殷人」（これらは皆、同一民族）というように、ダイナミックな「民族の追っ立て」の大きな流れとして捉えておりますので、古くは殷の亡命民、例えば殷の王族の「箕子朝鮮」などの亡命者と共に、幾重にもわたって、インドのドラヴィダ（インダス）語が、満州・朝鮮は勿論のこと、日本列島にまでもたらされているということは、至極当然のことと考えます。

それに、弥生人（但し、陸稲）の初期の渡来は、殷の滅亡が契機ですし。また、ニギハヤヒの天津麻羅船団などにより、海路直接古代のインド商人が渡来しておりますので（マドウラス↓

松浦。別述）、古代インドと日本列島との関係を否定する方がどうかしているのではないか（その人は、それでもプロと言えるのか）と思われます。

卑彌呼が殺されため、「卑彌呼の宗女」、つまり卑彌呼の弟の子（「遼東半島の公孫康＝道臣＝日臣＝大伴氏の祖＝卑彌呼の弟」の娘。卑彌呼のもう一人の弟の「恭＝キョウ」は、性的不能ということですので〔『魏書』公孫度伝〕、その女であることは一応除いておきます。九1）である壱与が対馬（任那）にひとまず戻って亡命し、やがて、当時の関門海峡はまだ通航出来ませんでしたので（一五11）、日本海側から（場合によってはイワレヒコに相当する人〔つまり奈良紀における天日矛など〕の軍と共同して）東行したのです。

途中から中国地方の内陸（例えば広島県の三次盆地、兵庫県朝来郡の生野銀山、又は、兵庫県養父郡の明延銅山など）へと南下し、何処かで瀬戸内海へと出まして、吉備にも鉄の拠点を設けると共に、やがて紀ノ川（熊野川ではありません）を遡行し（一五1）、葛城（カルラ・キ＝伽羅城）に砦を設けながら、奈良・桜井市の三輪山麓の粟殿（大殿）の纒向へと侵入するに至ったのです（一五9）。

＊このことは南朝鮮の咸安、又は、九州の西都原での倭（伽耶）連合の諸国による女王卑彌呼の「共立」、そして、大和・纒向に入った宗女壱与の「復立」、つまりナガスネヒコ（南倭）、又は、「ニギハヤヒ＝天日矛」と壱与（北倭）との二者の復立（共同統治）ということを意味していたのです。

そして、かつての困難を極めた「日本海の渡海の成功」と畿内に先行して入りました、養母・卑彌呼の「仇」もございますナガスネヒコ（又は紀伊〔木＝鬼〕のナグサトベ。ですからこそ紀ノ川の遡行が必要だったのでございまして、平安日本紀におきましても、イワレヒコの兄〔長兄〕の五瀬命が、正に、ここ、紀伊の名草で死んだことになっていたのです）を、「養母のそのまた養父でもございますニギハヤヒに、ナガスネヒコ（又は、ナグサトベ）を裏切らせて」壱与側の味方につけることによりましてナガスネヒコ（又はナグサトベ）を倒したのです。

よって畿内を征圧したということをも含めての西日本統一の成果をも記念する意味も含めまして、ここに西都原で死亡いたしました「倭＝安羅」の壱与の伯母である祖王・卑彌呼か、あるいは、その卑彌呼の夫・イワレヒコ（神武天皇）に相当する人（又は、奈良紀での天日矛〔襲名〕）か、更には、卑彌呼とイワレヒコとの二人の養父（つまり、壱与の祖父）でもございました（一五8ニギハヤヒ＝天火明命（又は、天日矛〔襲名〕）か、そして、それらの人々の「記念墓」として、はたまた、その一部の人につきましては生前からの「寿墓」として、死後あるいは生前に、この桜井（粟殿）を中心といたしました地に「纒向石塚古墳」、「ホケノ山古墳」、「箸墓」などの古い古墳、更には纒向系の「鉄製品」の出土を伴います最も古い（三世紀後半から四世紀へかけましての）古墳群、つまり「茶臼山古墳」「メスリ山古墳」「黒塚古墳」

などを造らせたものと私は考えております（その前の三世紀の唐古・鍵遺跡からは鉄は未だ見られませんから。「鉄の動き」で見る限りではそういうことにならざるを得ないのです。但し、緑鮮やかな翡翠を入れた「褐鉄鉱＝サナギ」が出土しております）。

と申しますのも、ここ大和・纏向で出土いたしました土製の風を送る鞴羽口が四世紀初頭の「博多で出土」したものと類似しておりましたことは、この頃に、より新しい製鉄の技術が九州から畿内へ移行して来たことの証拠の一つであり、「鉄を征する者が国を征する」というこの時代の常識に照らしまして考えますと、当然その前提といたしまして、ここ大和への人の侵入・殺戮ということが考えられ、このことも邪馬臺国連合（「安羅＝倭」の継承者の壱与など）の東行を根拠付けていたのです（中国史上に表されておりました「女王国」と「邪馬臺国」の情報の混乱と東行との関連につき、一〇1）。

また、九州では始めての「銅鐸」が吉野ケ里遺跡（佐賀県）から出土いたしましたが、これと同じものが出雲からも出土していること、吉野ケ里遺跡と同じ所謂「疑無紋式土器」といわれておりますものが、朝鮮半島でも出土（無紋式土器）しておりますこと、更には、前漢と後漢の間の新（八～二三年）の王莽の頃の「貨泉」が吉野ケ里、備中（多量に出土）、丹後などで出土していることなどから考えますと、遼東半島・公孫氏→朝鮮→九州　という　当時の「貿易ルート」が存在しており、そして、ここからは、「関門海峡が通れなかった」がために（一五11）「山陰ルート」によりまして、「卑彌呼の後継者の宗女・壱与」が、吉備経由で畿内の大和・纏向へと侵攻し、そこに王権を樹立「復立」するに至ったということが推測出来るからなのです（邪馬臺国の「朝鮮→九州→纏向」という遷移。西都原での卑彌呼の「共立」、そして、大和纏向での壱与の「復立」につき、前述）。

このように、奈良・桜井の近くの箸墓（本来は、これも、実は、巨大「円墳」でした）をも含むところの纏向遺跡群は、邪馬臺国連合が畿内へと東行（再亡命）し（但し、天日矛は、現行の日本紀に記載してあるような熊野川の遡行などではなく、紀伊でナガ〔蛇〕族の名草戸畔（ナガスネヒコと同体）を征圧してから、そこに河口を開いております紀ノ川から葛城の南部へと遡行いたしました。一五1）、畿内の秦王国（一〇1。古くに南中国系の「苗＝毛」民を率いて渡来いたしました非・秦韓系〔秦韓経由の亡命人の秦氏の渡来ではないという意味での〕秦氏）の弥生の農耕民を征圧したところの、「卑彌呼の宗女・壱与の一族」と「神武（平安紀）＝天日矛・安羅王・倭王（奈良紀）＝ニギハヤヒ（旧事紀）」たち（北倭＋南倭）との合同の古墳群だったのです。

6、生きたまま人を入れて鳥に喰わせた特殊器台

(1) 生贄を入れた「巨大円筒器台」から「特殊器台型埴輪」へ

卑彌呼は安羅（遼東半島の公孫氏）の出自の倭人の女王でもあり（九1）、壱与はその宗女（養女）なのですから、壱与とイワ

レヒコ（に相当する者）との共同での畿内への侵入は、吉備にあった当時は安羅の分国（鉄王であり、後に「鬼」とされてしまった吉備の「温羅＝ウラ＝安羅＝倭国の一部」。天日矛系）の支援を対馬（任那）に亡命中の壱与が受けての行動によるものだったのですから、ここ大和の巻向の地から吉備の特殊器台が出土してまいりますのも、これは当然のことだったのです。

＊この器台は、実は、丹や朱を塗って真っ赤にし、墳丘に並べ、その中に生きている人間を入れ、鳥につつかせて食べさせるための物だったのです。しかし殉死用（親族・家来。来世で死者のお世話をする）のものは土中に埋められたと思われますので（一〇6など）、この土器に入れられて屋外の古墳の上に晒されましたのは、生贄（いけにえ）用（奴隷民。神々への献上物）の円筒の土器だったのでございまして、これは公孫氏が大陸から持ち込んだものを、少し形を変えてはおりますものの、その本質は古代中国式の葬祭儀礼そのものの一つでもあったのです。

やがてこの器台そのものは、次に申し上げますように、特殊器台型の「埴輪」へと変化をとげてまいります。

埴輪を「殉死に代えた」と記してあります、日本紀の野見宿禰のところの記述に従いまして、テキストでは一般にはそのように考えられてはおりますが、より正確に申し上げますと、「巨大円筒器台」「そのもの」に、神への「生贄の人」を入れて鳥につつかせることを止めて、「特殊器台型」の「埴輪」その他の各種の「具象埴輪」を並べることに替えたということだったのです。但し、「殉死者」の方は、あの世で死後の主人に仕える者ですから、墳の中に遺骸と一緒に埋葬されました。

イワレヒコ（奈良紀の段階では、安羅王の天日矛となっておりましたし、旧事紀では、ニギハヤヒとなっておりました。一五他）の畿内への侵入は、実は、安羅女王の壱与を「伴っていた」のです。

しかも、考えてみれば、天日矛と壱与とは同じ「倭王＝安羅王」家の「公孫氏」の人間ですので、これは至極当然のことでもあったのです（壱与は卑彌呼の弟の公孫康〔日臣＝道臣〕の子。天日矛のモデルは伽耶の勢漢王）。

これが、平安紀に至りまして、扶余・百済系の遊牧民の持参した百済王家の祖先伝承・建国神話をモデルとしましたイワレヒコ（神武天皇＝扶余王仇台が主役）の東「征」という風に書き改められ、かつ、それに同行した壱与も、安羅・伽耶系、つまり「倭国系の女王」（かつて、中国の魏と戦った公孫氏の一族の女ですので、中国〔唐〕に遠慮して）ですので当然表面からは「抹殺」されてしまい、神武の兄の五瀬（いつせ）もその主役の座を降り（一1）、ここにイワレヒコ（神武）のみが主役の東征という形に書き改められてしまっていたのです。

この点、『古事記』の方を見てみますと、前半は兄の五瀬が主役となっておりますので、神武中心の『日本紀』とはかなり異なっておりまして、そこには主役が二人登場していることにもなっております（一1）

右の「温羅」は「桃太郎」の鬼のモデルなのですが（一五12）、その音の中に「浦＝カラ」の字も見られるところから考えますと（応神紀二十二年九月条。別述）、丹後の「浦島太郎」とも関連があり、かつ、同じく丹後の征服された鉄民であります大江山（但し、京の「老ノ坂」のところだという考えもございます。別述。この大江山や伊吹山も鉄山です）の鬼（酒呑童子）とも関連がございます。口碑のレベルにおきましては、「時代の同一性」はあまり関係がございませんので。

因みに、安羅系の出雲「塩津山一号墳」（二五×二〇メートル）は方墳とはされておりますが、貼石の遺制の点から考えますと、これは前期の四隅突出型方墳であったものと思われます。

問題は、ここでは特殊器台様の土器を用いた「棺」が出土したとされております点についてなのですが、中心主体は、別に竪穴式槨があることから考えまして、これは、正式な葬儀による死者の棺ではなく、これこそが正に、特殊器台が「生贄の人」を入れて神に捧げたものであったという用途を如実に物語っていたのです。

さて、このように卑彌呼の宗女、壱与の大和の纏向への侵入は、天日矛の支配下の「吉備との共同行為」であったからなのです（一〇3）。

奈良桜井市高田のメスリ山古墳出土の、「口縁部」はラッパ型に上に開いた形で、その直径一三一センチ（最小のものでも五八センチ）、高さ二四二センチ、基底部九〇センチもの巨大な円筒埴輪を見れば、かつてのその前身としての「特殊器台」（これは埴輪ではなく土地に直接は差し込まなかったので、「下部」が開いた形になっており、これを置いたときに安定する形になっておりました）というものが、生きている人間をその中にスッポリと入れて鳥に喰わせたということ（鳥葬。これも殉死か生贄の一種です）の理解が出来るのではないかと思います。

＊この殉死の風習は、中国に入る前には、インダス人（亡命シュメール人）が持っていたものでございまして、このインドのインダス人より古代中国の殷の殷人へと受け継がれ、そして更には殷に従った伯（ばく）族・扶余の亡命、又は、殷の王族で東方に行った箕子朝鮮（姓は子）などにより東アジアへと広がって行ったものだったのです。

チベットには、今日に至るまで鳥葬の風習が残っております。古代の中央アジア、西アジア、ヨーロッパの生贄につきましては、後述いたします。

(2) 中央に抵抗する吉備津神社の安羅王——宗像神の遷座

先程の吉備と安羅（倭）との関係について、ここでもう少しお話ししておきましょう。

吉備津神社の神主が、その存在が不可解な本殿の「裏扉」から秘儀として拝んでおりましたのは、オフィシャルな祭神ではなかったのです。

崖っぷちでありながら、その表面上の象徴としての「飯（い）の山」

が見える特異な位置に本殿を築いていたのですが、真のご神体は、実は、神南備の飯の山そのものではなく、更には東山にあった摂社の旧・新宮（現在は、長廊下の端に鎮座）だったのです。

　そして、この本殿自体の構造にいたしましても、外見からは判らないように、僅かながらも「菱形」にしてございまして、このように今日まで中央（に乗っ取られて、そこに祀られた祭神）に対して、恰も表面上では従順を装いましても、その裏では、ちゃんと、ささやかながら根強く地方の抵抗（レジスタンス）を示していたのです。

　しかも、右の古い「新宮」こそが、何を隠そう「新＝アラ」で、正に、「安羅宮」のことを表していたのです（安羅＝倭。有木神社と安羅につき、一五12）。

　今日、真如院のある「旧・新宮」の辺一帯は、賀陽氏の舘跡であったとされておりまして、そこには中世の砦の跡もございます（地元では、そこの地を「城」と呼び、今日でもそこには長方形の少し高くなった土地と堀とが見られます）が、この賀陽氏は、言うまでもなく伽耶氏のことであったのです。

　備前・吉備津彦神社（同じ吉備中山の中で、かつ、地理的には、右の吉備津神社の直ぐ近くにございますが、温羅を祀っております〔後述〕右の備中・吉備津神社とは混同なさらないで下さい）の西北西約二キロメートル余（吉備津神社の北北東約三キロメートル）のところには宗形神社がございまして、これは、本来は安曇ノ比羅夫の「安羅＝倭」の宗像水軍の神社であったと共に、備前には式内社として赤坂郡、津高郡にも宗形神社がございます（『延喜式』）ことから考えましても、かつてここは海峡国家・安羅（倭）の支配地であったことの名残をこれらの神々の存在が示していてくれたのです。

　因みに、忍（オシ＝大きい＝大伽耶＝金官伽羅）系の「和邇（和珥）氏系図」は、5孝昭大王（モデルは金官の遠祖である金閼智王）から始まっておりますが、この系図の第八代目に「八千足尼命」がおり、そこには景行朝吉備「穴・国造」、「安耶・公」、大阪臣祖（駿河・浅間大社宮司家『和邇部系図』）と記されておりますところからも、吉備の支配者に、古代のかつてのある時期には「安羅＝倭」系の支配者がおりましたことを、この系図が図らずも示してくれていたのです。

　更に、先の、本殿が菱形である備中・吉備津神社の北東約二キロメートルの砂川と中川に挟まれたところに鎮座いたします神社が、「艮御崎神社」とされ、この点、備中・吉備津神社の本殿内の外陣の東北隅に「艮御崎神社」が祀られ、この祭神が、征服された温羅（安羅）とその弟の王丹であることをも合わせて考えますと（それに、かつては備前も備中も吉備一国でしたし）、ここ吉備が海峡国家「倭＝安羅」水軍の支配いたします、伽耶と同じく鉄を産する分国であったことが判って来るのです。

　ここの支配者でもございました巫女の加夜奈留美（『社伝』。先程の賀陽氏は、この加夜奈留美の子孫だと称しておりますよ）は、やがて大和・飛鳥川の上流へと入り賀夜奈流美神社の祭神（『出雲国造神賀詞』）となっております（下照姫や壱与）。

＊この稲淵川水源に近い加夜（賀屋）奈留（鳴）美（比女）神（飛鳥の神奈備に坐す神）の鎮座致します栢森も、和銅四年（七一三）元明七年五月二日に「好き字」を用いて郡郷名を定め『風土記』を上申せしめるまでは、正に「伽耶ノ牟礼」（ムレ＝古朝鮮語の邑・山、又は、水源）」そのものとなっていた筈なのです（稲淵川の「南宮＝上宮＝鞍作＝馬子」の証拠につき、一二4、6はアナタ必見です）。

この伽耶から「なる＝おなりになった」（来た）巫女・神という名称は、次に申し上げますように、私の考えでは、朝鮮半島の馬韓から安羅へ亡命いたしました倭王・卑彌呼や宗女・壱与や「比咩古曽＝アカル＝阿・伽流（吾・伽羅）＝赤・留」や延烏女（「延＝燕＝公孫氏」の「烏＝ウ＝倭」の女）などを連想させる（投影であった）のです。

因みに、公孫「延」とは、公孫度（事代主）の実父の名前です。度の養父は公孫域（大物主）です。

若くして死亡いたしました、公孫域の子の名が「豹」で、公孫度の幼名も同じく「豹」でございましたご縁から、度は域の養子となったという経緯がございました。

そして、卑彌呼の宗女の壱与は、卑彌呼の弟の公孫康（日臣＝道臣）の女のことだったからなのです（九）。

この女神という点にも、「吉備→大和（飛鳥川）」への遷移の証拠が一つ見られるのです。この女神の賀夜奈流美は、卑彌呼が九州西都原で殺され、日向・西都原から一時對馬・任那に亡命し、その後、吉備経由で大和纏向へと入った卑彌呼の宗女の「壱与」の移動ルートを示しており、その投影でもあったのです。

ですから、この「吉備→大和・纏向」という移動は、卑彌呼のルート（遼東→朝鮮→日向・西都原）と、その宗女・壱与のルート（西都原→対馬へ亡命→吉備→大和・纏向）という、二人の女王が辿った「ルートを足したものの末尾」の部分をアナタに示していてくれていたのです。

そして、この吉備から東行した纏向の「倭」、つまり「金官・安羅（倭）の日本列島での分国」を中心といたしまして、ここに東国の勢力も加わり（東国の土器の出土がその証拠）、サルタヒコ（古来の秦氏・弥生の水耕民）の民、所謂中国史のいう「別倭・夷倭」の上にこの「倭の分国」が成立していったのです（つまり、この地域は初めは弥生の水耕民のみ。後には、そこに海峡国家の倭の民が侵入して加わったのです。倭の二重構造）。

つまり、朝鮮の咸安から日向・西都原に亡命してまいりました「委奴国＝倭国」連合の女王の卑彌呼が、沖縄と球磨盆地に拠点を持っていた「狗奴国＝狗国」の「ナガスネヒコ・長髄彦＝その後の朝鮮の朴氏＝ナガサトベ・名草戸畔」に、山越えで征圧されてしまい（本来の卑彌呼の古墳は西都原丘陵の男狭穂塚古墳「七11、一〇4」であり、邪馬臺国を征服した狗国の王の墓は、改造される前の「鬼ノ岩屋古墳」だったのです（後に大幅に改竄）、卑彌呼が二四七、八年に殺されてしまいましたので、宗女（弟「公孫康＝日臣・道臣＝大伴氏の祖」の子）の壱与が、当時、任那の本拠地でございました對馬に一時亡命したのです。

その壱与の対馬（古への任那）への亡命の間に、「ナガスネヒコ＝ナグサトベ」は、先に日本海回りのルート（関門海峡は通航出来ませんでしたから。一五11）で、同じ安羅の植民市でもございました吉備の鉄民をまず征圧し、更に、その余勢を駆って「紀州（和歌山）＝木州」の鉄をも押えてから、紀ノ川を遡行し、葛城から一足先に大和・纏向やトミへと入って行ったのでした。

この畿内に先行しました「ナガスネヒコ＝ナグサトベ」の後を追い、天日矛（ニギハヤヒ）と壱与とが、同じく安羅分国の吉備を回復してから大和の纏向へと、今度は吉備の特殊器台と特殊器台型埴輪とを持って（つまり、吉備の勢力と同盟して）入り、漸くそこでナガスネヒコを征圧出来たことが判って来るのです。

これら「吉備→大和・纏向」のルートの存在は、備中の足守川（総社市）の「砂礫」が箸墓（桜井市・箸中）出土の特殊器台型埴輪に使用されておりますことからも、完璧に近く証明されております（九9）。

ということになりますと、「記・紀」共に、そこには吉備と7孝霊大王の皇子（稚武彦と異母兄の彦五十狭芹彦〔日本紀〕。「伊佐勢理毘古＝大吉備津稚武彦」と異母弟の若日子建吉備津日子〔古事記〕）との深い関係（侵略したこと）が表されておりますが、この7孝霊大王のモデルは金官（倭）王の阿道（更に、この「金官＝倭」王は、百済史におきましても9責稽王〔二八六～二九八年〕として、その建国史に引用されております）であり、この一代前の6孝安大王のモデルは、金勢漢王であり、この人は「天日矛＝安日彦」（また、百済8古爾王〔二三四～二八六年〕のモデル）とも同一人ですので、私の考えでは、「天日矛＝安羅王＝倭王」ということから、吉備と安羅との深い関連を日本紀も古事記もともに示していてくれた、ということになってまいります（孝霊大王と吉備につき一五12）。

＊因みに、この吉備とは特殊器台などを通じて関連のございます伯耆の大山には、その山麓に、7孝霊大王が大山と背比べしに朝鮮からやって来たという伝承のございます高霊山（韓山）や、楽楽福神社（境内に、溝口の砂鉄民を退治した孝霊大王の陵といわれているものがございます）や、溝口町の鉄民の鬼住山の南の笹苞山（ササ＝砂鉄）の大牛蟹と乙牛蟹という鬼が退治されたという伝承（これが日本最古の鬼〔鉄民〕退治の伝承と言われております）が残されておりますので、これらとの関連にもご注意下さい（備中・美作・伯耆を結ぶ南北の一つの文化圏）。

因みに、右の吉備津神社の元宮であります安羅神を祀っておりました東山の、その西方にございます楯築遺跡は、所謂木槨墓の「楽浪漢墓」であり、これは大陸では遼東半島の楽浪→朝鮮の平壌→新羅の王都の慶州→吉備へと、主として海上ルートから伝播してまいりましたものであり、後漢の頃になりますと、これが木槨から塼槨へと変わってしまいますので、これは一般に、一応は、三世紀の卑彌呼の頃のものと考えられてもおりますが、私は、もう少し巾を持った（古くも新しくも）ものであった可能性があると考えると共に、又、木槨墓そのものは楽浪から始まったとは申せ、楽浪郡や帯方郡が滅んだ後の伽耶でも、三世紀後半から四世紀の木槨墓が出現いたしてもおりますし（金官伽羅・大成洞古墳など）、五世紀に入りましての安羅の王都の咸安や、多羅の王都の陜川でもこの形態が見られますので、ということから考えましても、より後世にこれらの人々が日本列島に渡来して、ここにこの墓を作ったとも考えられるのです。

しかしながら、大量の朱（しかも、これは辰砂・硫化水銀）の中に埋葬されました、この楯築遺跡の楽浪式木槨墓の主が、その墳丘上に、埋葬部分を囲むようにして並べられました「五つの形の異なった大石」の形から考えましても、道教の「五山」の思想に影響されました相当古い時代の王でありましたことには間違いございません。

この楯築遺跡の丘にかつてございました楯築神社は、大正六年に鯉喰神社（温羅が鯉〔吉備の中山＝鯉山〕になったとき、征服者の吉備津彦が鵜になって温羅〔鬼〕を喰い殺したところ）に合祀されてしまっておりますが、この楯築神社は別名「西山宮」とも言われておりまして、先程の吉備の中山の吉備津神社の元宮でもございました旧・新宮のありましたところの小字名が「東山」で、この両者は見事に対応しておりますところからも、本来この二神はペアーであったのでございまして、安羅（倭）王の「天日矛とその妻のアカル」とが、かつてのある時期にはここに夫婦神（王）として祀られていた可能性も大だからなのです。

（3）吉備の産鉄を支える秦氏の「買地券」

尚、この安羅の分国の吉備の中山の産鉄を「支え」ておりました技術者（実務スタッフ）は誰なのかと申しますと、この中山の周囲には、今日でも、近距離内であるにも拘わらず、「畑」「高畑」「畑田」「日畑」などの「畑＝ハタ」の小字が取り巻いておりますところからも、古代の鉄と稲の「秦氏」（『魏書』の倭国の東方の「倭種」、『隋書』の「秦王国」の末裔）でありましたことが判りますと共に、この西方の高梁川の西側にも、今日「秦上」「秦下」の小字名をもつ大字の「秦」の部落が存在し、かつ、秦氏の前方後円墳もここにはございます（別述）ことからも、このことは十二分に頷けるのです。

しかもここには、県下最古の寺である「秦原廃寺」もございまして、中山近くの天神山古墳からは「仏獣鏡」も出土しておりますところからも、遅くとも四、五世紀には仏教的用具がここに伝わっていたことが判るからなのです（一五2、12）。

それに倉敷考古館の目玉（三階中央に有り）でもございます、八田郷長「矢田部益足」の天平宝字七年（七六三）の石製の「買地券文」の同一文の「ペアーの割符」が、江戸時代の文政年間（一八一八～一八三〇年）頃に出土しております旧山陽道沿いの土地（そこは吉備大臣墓の西方一キロメートル余の吉備郡真備町大字尾崎字瀬戸）も、その小字名が「畑部」（その近くには「畑岡」という小字もございます）ですから、この「買地券」が秦氏のものであったことが判るのです（二分されて使用されました「買地券」につきましては、一九10）。

それに、ここ備中国には、下道郡八田（也多）郷、賀夜郡八部（夜多倍）郷、邑久郡畑部（『倭名類聚鈔』）などが見られますことも、秦氏の産鉄従事の証拠として加えておきましょう。

それに、前述の楯築遺跡のございます標高約四七メートルの丘を、楯築山とか片岡山とも申しますが、古くはここが「日幡山」とも申されておりましたことからも（『楯築山縁起』）、この楽浪漢墓自体が、かつては、道教の思想を取り入れました秦氏の墓であったことを示していたのです。

＊尚、近時、近江の琵琶湖東岸の「神郷亀塚古墳」（能登町。七4ノ12）も、二、三世紀の「木槨墓」であることが判ってまいりました（秦王国との関連か）。

この直ぐ傍を流れる足守川も、かつては「大井川」とも称されておりましたので、これも、正に、秦氏に因んだ名前だったのです（京都・嵐山の大堰・太秦）。

それに、この足守八幡のございますところには、正史によりましても、古くは「葉田ノ葦守宮」があったと記されておりますよ（応神紀。当然、葉田＝ハダ＝羽田＝八田＝秦）。

上道臣は、賀陽・香屋氏の祖で朴氏（ナガ族。この付近から中臣宿禰高雄が出ております）であり、これに対しまして御友別＝「トモの王」は、下道臣の祖であり、これ又、どちらにいたしましても、伽耶系（しかも、多分、秦氏）であったことが判って来るのです。

このように吉備の倭の産鉄は秦氏が支えていたとも言えるのです。

（4）東アジアの太古の雄族「伯族」——弥生人の魁はBC十一世紀の陸稲を持って来た殷の亡命民

さて、ここで序でながら、この東アジアでの太古からの雄族である「伯族」についてお話ししておきます。

そもそも商（殷）王室の姓は「子＝シ」（インダスのシンドの「シ」、シュメール人の「シ」を表していたのです）「伯昊子」ですから、この「バク族」は、かつては「殷王家のメンバーそのもの」の一つでもあったのです（二1）。

しかも、箕子朝鮮の箕子というのも、前述のように、「箕＝キ」というのは、実は、姓そのものではなく、単に、星宿の東方を表しているだけに過ぎませんでしたので、姓そのものは「子」でして、この箕子も殷王室のメンバーの姓と同じであるということが判るのです。この子氏は、ひょっとといたしますと、後期か前期かの殷王室そのものの一部でもあったのです。

＊ということは、司馬遷の『史記』（宋微子世家第八）では、漢人の祖と称します周王朝を「持ち上げた＝ヨイショした」ため

に（別述）、その反射といたしまして、この点がごまかされてしまっていたのです。

つまり、中国史でははっきりとは申してはおりませんが、箕子という名前自体が「殷王家の一員で東へ亡命した者」であるということを表していたのです。

＊このBC十一世紀以降の、殷の亡民の倭への渡来なども、「弥生人の魁（さきがけ）」となっていったのです（但し、この頃はまだ「陸稲（おかぼ）」栽培のレベルの稲作だったでしょうが）。

ですから、日本列島の弥生時代のスタートは、BC十一世紀の殷の亡命民の渡来からであっても一向に構わなかったのです。

この殷のメンバーであった箕「子」が、殷がそれまで奴隷であった「羌」の寝返りにより、西戎の周（セム人の姫氏）に敗れ滅びましたときに、周の支配下に入り生き延び、やがては、遼西から遼東へ（この頃の遼東とは、今で言う遼西の医無閭山〔広寧〕などのことです。それは基準となる「遼河」自体が、時代と共に、中国人と李氏朝鮮の官吏とによる歴史の偽造の談合などにより、文献・地理上、最終的には、故意に東へと五〇〇キロメートルも移動させられてしまっていたからなのです。一〇2）、更には満州の中央へと追っ立てを喰い、北扶余（前期の王朝は「伯族」。後期王朝は「穢族」）や、更には、粛慎（スシン）（シュクシン。スシンという語には、「チョソン＝朝鮮」の名を秘めた響きが含まれておりますところからも、扶余の東北にまで亡命いたしましたかつて同族の分派であったことが窺えるのです。また、「挹婁、古粛慎之国也」（『後漢書』）とも言われております）の核へと発展した可能性も考えられるからなのです（アナタ、「挹婁（ゆうろう）フンドシ＝越中（えっちゅう）フンドシ」は南方のインド的ですよ）。

さて、お話を壱与の畿内侵入に戻します。この時（壱与の侵入）以降は、畿内の「水稲と鉄との秦王国」（『隋書』『北史』に明文がございます）は、九州（豊）と南韓の伽耶（金官伽羅・安羅）、つまり、いわゆる海峡国家の「倭国」が支配することになります。

(5) 一年に一度だけ「眠ぶり」から覚めた青銅の神々――銅鐸の起源は銅鼓だった

銅鐸の出土（出雲などでは武部（たけるべ）の東谷の「加茂岩倉遺跡」の銅鐸や、武部の西谷の「荒神谷（こうじんだに）遺跡」などで大量に出土しております）につきましてもアナタは大いに誤解をしているのです。

それはどういう点かと申しますと、秦王国は、いわゆる稲作民の「銅鐸国家」でしたが、この銅鐸は、実は、神として「平素は土中に埋めて」おきまして、一年経って地の霊を十分に付けさせてから、次の「例祭のときにのみ」豊饒を祈り、山・丘から「掘り出し」て来て祭ったものだったからなのです（前方後円墳の周濠の形と秦王国の銅鐸の形との関連につきましては、九9は必見）。

「神在月（かみあり）」（一五3）という言葉には、単に神様がここに集まったなどという単純なことではなく、その収穫の月に集まった地方の弥生の農耕の神々（村長（むらおさ）が代行）に、一年間地中に埋められ「十分に地霊の付いた依代の神器」を、その地方での「祭の期間のみ」、秦氏のサルタヒコ系の神官が各村長に貸与していたのです。その「銅鐸＝神」集まりが「神在月」と表現されていたのです。

日朝双方に跨る国家から、九州のみにその拠点を移し（五六二年以降は、移さざるを得ず）、そこから財力の豊かな畿内を支配しておりました渡来王朝（倭）も、統率の取れた有力な納税者集団でもあり先渡来民でもございました弥生の農耕民（秦氏が中心）のこの祭り（含む、後世の変形）と慣習は黙認していたのです。

その場合には、秋祭が終了いたしますと、また出雲又は各国造の支配下の出雲の分社（今日の各地方の「総社」の役割に相当します）の神官に、この神器を返却し（飲み屋のボトルキープみたい）、銅鐸の神々は人知れず山中で、再び、次の祭までの一年間の永い永い眠り（ねぶ）について地霊を身に付けたのです。

因みに、より正確にこのことを申しますと、今で言うこの一年は、当時では二年に計算しなければならないことだったのです。日本列島では、卑彌呼（三世紀前半）の頃でさえ、「一年二倍暦」だったからです（実は、この風習はとても古く、古モンゴロイドの頃からの「二倍暦」がございましたことにつきましては、二三5、二6必参）。

その根拠は、次の通りです。

「魏略曰、其俗不知正歳四節、但計春耕秋収為年紀」（『魏志』倭人条引用の魚豢（ぎょかん）の『魏略』裴松之（はいしょうし）注記による）

——この民は正月や四季を知らず、春の耕作にかかるときや秋の収穫が来ると、それを計っておいて年数を数えている。

＊雲南のワ族は、種蒔きの前になると、「土中に眠らせておいた」銅鼓をとりだしてまいりまして叩くのです。

貴州の水（すい）族は、新年の始まりは銅鼓の音によって告げられます。

このように、「青銅の神々」は一年に一度だけ、つまり祭りのときにのみ「眠り」から目覚めたのです。

一年間（正確には、一年間マイナス地上に出ている期間）眠らないと地の霊が十分に依り付かず、豊饒や豊かな雨が期待できない（と当時の人々は考えていた）からなのです（ですから、貴州の苗（ミャオ）族では、次の祭りまでは銅鼓を勝手に動かしてはならず、もし動かせば、天災・人災が起こるとされておりました）。

＊貴州苗嶺山脈の苗族は、清水江で（元は）旧暦五月五日より「竜の船」（リャン・ゴン）でレースを行いますが、このとき苗族は「銅鼓を山中の洞窟から取り出し」てまいりまして、竜舟上で叩くのです（竜は雨の神）。

前述のように、雲南のワ族も、種蒔きの前になりますと、「土の中から銅鼓を掘り出し」てまいりまして叩くのですが、この種蒔きの時期になりますと、豊穣を祈り「首狩り」を始め、狩られる首は通常で百首、少ない年でも六十首ぐらいはあったと言われております。

そのことは今日の日本でも形を変えて、ちゃんと地方に残っておりました。

因みに、青森県のネブタ祭は、正しくは「ネブリ」流しと言ったのですが、この「ネブリ＝眠り」（秀真伝の「回り歌」。一三5）の目覚めと銅鐸の一年間の地中での眠りからの目覚めとはお互いに因果の関係にあったのです。

このことは、秦末・漢初の、秦王国のサルタヒコの亡命先でもございました「雲南」での（当時はまだ揚子江・中下流域におりました）「銅鼓の使用例」と比較いたしましても、そのように（一年〔平素〕の眠り）推定すべきなのです。

時代や習俗――納豆・豆腐・餅・赤飯・農作と雨乞いのための「人の生贄＝首狩り」（中国雲南省の石寨山・前漢墓から「殺人祭銅鼓貯貝器」が出土しておりまして、これは遊牧民の「昆明族」〔私の言う、相変わらず遊牧に留まった高地羌の一種です〕の監視の元で、その「被」支配民の水耕民の「滇族」〔低地羌の水耕民＝氐〕が、人間の生贄を神に捧げさせられている構図と思われます。又、「貢納銅貯貝器」〔青銅貨出現以前のものなので、中には子安貝が入っておりました。この貝が、何故か、スリランカ〔セイロン〕より更に遠方のマルディブ産であり、このルートの存在が「インダス人の殷への亡命」の有力な証拠の一つとなっておりましたことにつき、別述。黒イ族＝ロロ族〕なども出土しておりまして、これには「大刀」を腰にブル下げ「ちょん髷」〔遊牧民の証拠〕を結った人物も祭りの主要人物として鋳られております。蜀の「三星堆」出土品と比較してみて下さい）など――の共通性から分析いたしましても、畿内を中心としていた「秦王国＝別倭＝夷倭」（丹波のみならず、この別倭も含めまして、実は、皆これらは「東倭」でございました。一五3）の被支配民（この頃の支配民は、物部氏の祖神のニギハヤヒの一族）、いわゆる「弥生の民」は、サルタヒコに率いられて南中国から亡命してまいりました「苗族＝毛民」たちがその中心だったからなのです（古への苗族は、現在は、人口増加の漢人に押し出され、かつて住んでおりました揚子江中流域から、更に雲南・貴州〔鬼州〕のより鄙の山中へと、トコロテン式に追われてしまっております。この点、ブリアートの原郷の問題とよく似ております）。

＊ですから、倭人の原郷は、雲南・貴州（更に、インドまでも遡れるのですが）ではなく、本来（漢人に追われる前）は、揚子江の中流域（ここから鬯草を献上したとされております）と言うべきだったのです。

では、日本列島の「銅鐸」と雲南の「銅鼓」とが兄弟でございましたことの物的証拠を、次にアナタにお見せいたしましょう。

これらのことは日本列島の一部の銅鐸の「銅（Cu）」と「錫（Sn）」との合金率がCu82：Sn18であるのに対し、インドシナの一部の銅鼓の比率がCu81：Sn19ということで、両者で「信じられないほど極めて近い」数値のものが存在いたしますことからも、当初は、雲南から（と申しましても、先程も申し上げましたように、漢族に追われる以前は、もっと中国中原の黄河中流域や揚子江中流に近いところにおりました。ですから弥生民の中にも、当然、セム族系の末裔の低地羌〔九3他〕も一部混血しておりました、つまり、日本列島に渡来いたしました弥生の水耕民〔苗族＝

毛人」の血の中に、かつては、その元であった漢人の中核となっていった亡命「羌人」を通しまして、西アジアのオリエントのセム系（有色です）の血が流れていたということなのです）「苗族＝毛民＝弥生の農耕民」が当時、揚子江中流域から持参いたしました、その「銅鼓」を鋳潰して日本列島で「銅鐸」を造っていたものもあったのだということが化学的に判明いたしますと共に、このことは雲南・インドシナの「水耕民」と日本列島の「弥生人」との「深い関連性」が認められたということでもあったのです（前述の「アッサム―ナガランド―四川」と「ビルマ・ミャンマ―大理」の両古代ルート。後者を、私は、忘れられた古代の「宝貝ルート」と名付けたいと思います）。佤人の原郷の一つでもございます、東北インドに近いシッキム国の名は、前述のように漢字では「錫金」と書きます。

因みに、日本列島での青銅（ブロンズ。これは出来たては、その「青」の名に反し赤く「金色」に輝いております。アナタがお財布の中の本年発行の十円玉をご覧下されば一発で判りますよ）は、一般に錫の比率の低いものが目に付くからです。

また、銅鐸の表面に描かれている模様のうちの葦舟型や高床などは、朝鮮半島や長江以北の中国を「飛び越し」まして、その先のインドシナ半島によく見られるモチーフだからなのです（これは、チベットからメコン河を下ってインドシナ半島に入っていった人々が海上を北上した流れとの繋がりが考えられます）。

そういえば、朝鮮半島には銅鐸が少なく、ありましてもこれは「銅鉦」に繋がるものなのですから、本来の意味では銅鐸の系列ではなく、という訳で、今日残っている証拠からは、日本への弥生文化の渡来が半島経由ではなかった（揚子江及び揚子江より南部の地域からのダイレクトの方式だった＝中倭のルート）という可能性をも、この「銅鼓＝銅鐸」のラインからは言えるのです（「稲の道」につきましては、九7。朝鮮では、次々と「人が押し寄せて来る荒波」によりまして、消されてしまった、又は、仮に在っても、その殆どが鋳潰されて他に使われてしまって失われたのかもしれませんが……）。

（6）東北の船形山神社に残された神々の一年間の眠り

では、ここで弥生人の主なメンバーでもございました「苗族」の出自につきまして少しだけ見てみることにいたしましょう。

今日、漢人に追われて雲南省・貴州省の山中に住んでおります、漢人と同じ「順語族」の苗（ミャオ＝メオ＝モン）族（その一部は、漢人と同じチベット高地を東行してまいりました羌人の分派の可能性もございます）の言葉は、「a（kaを含む）」から始まる語の割合が一番多く七十七（分母を二百として）であり、ヒマラヤ・シッキムのレプチャ語が七十七、チベット語も七十八であり、このようにかつて苗族がヒマラヤやチベット方向から東行してまいりました証拠がそこに見られるのです。

更に、呉や越が滅びましたときに、この苗族は、日本列島にも渡来し、殷の滅亡のとき先に渡来しておりました「陸稲の弥生人」

とも混血し（ですから、縄文から弥生へは、まずは「陸稲（おかぼ）」を介しての変化――ゆるやかな、時間のかかる変化だったのです）、やがて、呉越の亡命民のもたらした水耕中心の「毛人＝弥生人」と化しておりますので（貫頭衣、歌垣、鳥居、高床、赤飯などが共通）、このことからも倭人の中の弥生人の一部が、インド・アッサムから揚子江上流を経て（その一部はメコン河からインドシナへも南下しております）、その中流、そして下流から日本列島へと至ったことが推測できるのです（実は、更に、この苗族の出自はオリエントにまで遡ります）。

＊ですから、第一の弥生人の渡来（但し、この頃は、どちらかと言えば、まだ陸稲が中心でした）をBC十一世紀の殷王朝の滅亡の際といたしますと、第二の波（この頃は既に水稲でした）は、呉・越の滅亡のときとでも申せましょう。

そういたしますと、第三の弥生の波は、秦が漢によって滅亡され、やがて漢の将軍に追われた、サルタヒコを祖神と仰ぐ人々が、揚子江より南の地から、倭に渡来いたしましたときなのでして、この人々が中国史で、倭の東の「秦王国」と表現されておりました、「銅鐸」（元は「銅鼓」）を神と仰ぐ人々のことでして、今日へ繋がる弥生人（農民）の中核（第三派＝古来（ふるき）の秦氏）となった人々だったのです（かつての日本列島へは、言語上だけでも「デデムシ」「マイマイ」「カタツムリ」「ツブリ」「ナメクジ」という、少なくとも五つの波が渡来しております）。

さて、このように、弥生人の渡来と一言で申しましても、大きく分けまして三派ございまして、「銅鐸」の出自（故郷）は雲南・インドシナであると考えてまいりますと、一般に、出雲の大量発掘例などの例からも言われておりますような「戦争や異変が起きたので、急いで（慌てて）土中に埋めた」のだとか、又、「それがそのまま忘れられてしまった」のだというアカデミズムの考えは、間違いですから、即刻改められるべきなのです。

その逆に、アナタにも既に十分お判りになっていただけたように、銅鐸は常に埋めておかれていたものだったのです（二三5）。「地霊」の考え方と水耕民の「生贄」の問題などを「総合」して考えますならば、民俗学的にはそれ以外は考えられないからなのです（総合史学としての「人史学」の立場）。

しかも、この一年の眠りの流れは、このように形を変えまして今日に至るも日本列島の鄙の地で連綿として続いていたのです。

と申しますのも、その一例をアナタに申し上げますと、東北の山形県と宮城県の県境の船形山（一五〇〇メートル）にございます船形山神社（宮城県黒川郡大和町吉田字桝沢）の、第一の御神体はこの山自体なのですが、第二の御神体は宝冠を着けました六世紀中頃の朝鮮半島からの渡来仏の薬師如来立像なのです。

そして、これを一年間山腹の岩窟に埋めて（しかも、別当以外はこの場所を知りません。秘儀なのです。昔は十月十二日に埋め戻されました。これを「止山＝トメヤマ」とも言いました。これは、元は「留（とど）め山」＝山に再び留め置くという意味だったのでしょうか。そうであるとしますと、山に「留められる」ことの方が原則であったことを、この言葉自体が表していてくれたことにもなります）おきまして、毎年五月一日（本来は四月八日）に掘り出しまして、錆の付き具合で天候（豊作か凶作か）を占う「梵天ばやい——奪い合う」という神事が今日まで残されているからなのです。

＊このみ仏は、私が、「そら飛ぶロケット仏」とでも命名したくなるくらいの流線型をしておりまして、裏から見ますと、正にメインタンクを両袖に付けたロケットが今にも飛び上がらんとしている様にも見えるのです。

このみ仏が現れております半年の水耕の期間が、一年二倍暦の「前半＝表の期間」の一年に相当するものだったのです。

（7）神の嫁——アジアに見る生贄

尚、この東北の船形山神社にも日本と百済の建国神話とまったく同じ構図（一、前文のお話）が残されております。それは、兄弟が争い、此処の神が負けて繭（イ）の中に隠れてしまい、繭で目を突いて片目となったのでこの地では繭は植えないというものです。

後半の片目は鉱山民（一つ目）の話が加わったものでしょう。

＊古くは、祭り毎に殺される神主は、前年の祭りのときから片目を傷つけられていたのだということも考えられます（別述。諏訪のイケニエの鹿の耳、済州島のイケニエの豚の耳）。

また、この地方には「姉妹の争い」で妹が勝ち、姉が逃げる話も多く伝わっております。

朝鮮史では兄の沸流より弟の温祚が勝ち、日本紀でも兄の五瀬より弟のイワレヒコが生き残るというのと（男女の差があるとは申せ）基本的には全く同じ構図（兄姉が逃げる）だからなのです。

＊因みに、吉備津神社の二本の「矢の鏃を埋める神事」も、古くからのこの銅鐸・銅鼓と同じ思想の流れだったのです。前述のように、この直ぐ近くの楯突遺跡からはサルタヒコを祖神と仰ぐ秦氏系の「楽浪漢墓」が見つかっております。

さて、お話を人の生贄のことに戻しますが、これらの場合に神に捧げられる生贄は処女でなければならず、ここ古川の鹿島神社でも祭の後、次の生贄を出す家に「長持」を担いで行くときには、何と！「嫁入り唄」を歌うのだそうです。本来は、その行き着く先の家の稚児が来年は「神の嫁＝生贄」となり犠牲になるからなのでしょうかしら。

今日では、イケニエが女児から「雌（めす）の雉」に変っているところも見受けられます（宮城県古川市の「鹿島神社」など）。岩手県花巻の葛集落にございます諏訪神社の裏手の「供養塚」には、三年毎に「生娘（きむすめ）」をイケニエとし、やがてイケニエは「鹿」となり、北上川の雲南（うんなん）掘りで採れた「鮭」となり、更に「深紅の深海魚」と変わって今日に至っておりますところのイケニエの骨などが埋められております（『供養塚由来』『邦内郷村志』、和田甚五兵衛による和賀・稗貫郡の『二郡見聞私記』）。かようにいたしまして、「頬紅を塗り、唇に紅を注した童女、ワインカラーの鹿肉、紅色の鮭の切り身、深海の魚」という風に、神々の好みとイケニエの色との関連（血と色）には、面白いものが見られるのです。

「凡諸節会、吉野国栖献御贄奏歌笛」（『延喜式』宮内省式）とございます吉野国主（＝国巣＝国栖）の天皇への奏は、途中で官人の代行となり、やがて、南北朝の大乱の頃、北朝年号の永徳三年（一三八三年。この年は、足利義満が「源氏長者」となっており、安聖院を鹿苑院と名を変えさせております）の大嘗会からな廃絶されてしまいましたが、この国栖の本拠にございます浄見原神社（祭神は天武天皇。吉野郡旧国栖村南国栖）という吉野川の断崖にある神社では、「橿の実の団子」「栗飯」等と共に「腹赤の魚」と「籾」をもお供えしておりますが、この「赤魚」も幼女のイケニエの残照だったのです。

そして、このことは、実は、日本でも江戸時代までは全国各地の神社で、水耕民の生死も左右するところの「豊饒＝雨乞い＝水利」のため、「大地の神に捧げる生贄として幼女を殺して、神と共に神官がその生肉を食していた」（共食）ことと関係していたのです。

＊愛知「国府ノ宮」、信州「諏訪大社」（後述及び一五3）、太宰府「観世音寺」を始めといたしまして、実は、ひと昔前までは全国ほとんどの神社等に、このイケニエの風習がございました。現在は、何処の神社でも、満七歳の女児の「人肉の一片」を神主が食することの代わりに、「神の依り代＝人形・お札」を氏子が奪い合うという「裸祭」のみに今日では落ち着いてしまっております（東北・水沢の「黒石寺」の裸祭りなど）ので、アナタが一見しただけではそこまで思い至らなかったのです。

もし、アナタが、神社のみならず、由緒あるお寺におきましても、五重塔・三重塔の上の「水煙」のところをよーく見ますと、ひょっといたしますと、そこには何故か金属の「鎌」が突き刺さっていることがございますが、その由来にご注意下さい。

＊諏訪神社の「御柱祭」と紅色の衣の幼女の生贄につき（諏訪大社の御贄柱、「十間廊」、「神子屋敷」など）一五3。イケニエを吊るすために、柱に打ち付ける「鳥の形」をいたしました「薙鎌＝風切り鎌＝贄形の鎌」（諏訪大社）。

一般に、神社の井戸（石神井など）は、神や神官が初めのうちは、満七歳の幼女の人肉を食する前に、そのイケニエの人の血を洗うための聖なる処だったのです。人肉から穢れの血を抜き取る、又は、まずは生贄の幼女の鼻を切り落とし、その血を土や木で出来たご神体にかけて生贄を失神死させるという、今日から考えますと、世にも恐ろしい儀式（グリム童話の恐ろしい「真相」のような）が秘儀として行われていたのです（この風習は、古くは殷・周の頃より中国大陸に存在しておりました）。このご神体が稲種のこともございまして、「生ける鹿を捕りて臥せて、その腹を裂きて、稲をその血に種きき。よりて、一夜の間に苗生ふ。すなわち取りて殖えしめ」（『播磨国風土記』讃容郡）ともあるからなのです。

「イケニエの血と種籾（米、稲、飯）とを混ぜる」という儀式は、南セレベスのトラティーヤ族、サラワックのイバン族、同タイヤック族、南ボルネオのダイヤック族、同オトダノム族、同オッダノム族、北ルソンのティンギアン族、フローレンス島のタガ族など、東南アジアの南洋域で広く認められております（宇野円空、昭和八年）。

元来、鹿は、この諏訪の「ミシャグチ」の七十五頭の鹿の生首を並べる祭りと深い関係があったものと思われます（一五3）。というのは、「種取り神事」で鹿の腹に納める苞を「鹿の胎児」とも言っているからなのです。これは縄文と弥生の両文化の合体を意味する珍しい神事だったのです。

因みに、諏訪の神木の引き摺り下ろしとよく似た行事が、雲南西南部の「阿瓦山＝元は、仆佤山＝奴隷のワ族の山」（仆＝奴隷）の佤族にも見られ、これも、木太鼓（直径六〇センチメートル、四人で打つ太鼓）を作るための神木を、村中の男女が総出で山から引き摺り下ろす行事がございますので、諏訪のこの神事が、必ずしも縄文文化の名残であるとは言えず、弥生人が渡来の際持参してまいりました弥生独自の文化であった可能性もございます。

「鼻を切る」のは、インド・ベンガルのオラーオーン族がアンナー・クアーリ（Anna-Kuari）という女神に人の生贄を捧げるときにも見られまして、このとき首だけでなく「鼻も」切られるのです。

この点、後世の六世紀の、匈奴の末裔と考えられます蒙古の「突厥」におきましては、犠牲の人間の顔を小刀で傷をつけております。これは「血が涙とともに流れるのが認められるように」との考えなのです（日本列島の埴輪の中にも、そのように見られるものがございまして、特に、井手挾三号墳（鳥取県淀江町、古墳時代中期）出土の盾持人埴輪などには、この「涙の跡」が顕著です）。

＊ですから、一部のアカデミズムのように、そのような顔の文様が全て刺青であると考えてしまうのは早計だったのです。

因みに、右のアジアニックの、「突厥」の一派の阿史那氏が西行し、カスピ海で「ハザール帝国」を築き、スキタイ系の白人とも混血すると共に、偽ユダヤ人（アシュケナージ・ユダヤ）と化してまいります（別述）。

序でながら、ここで高句麗や扶余の支配者と同じ遊牧系の人々の「犠牲の考え方」につきまして、中央アジア、西アジアまで見渡してみましょう（古代東アジアのイケニエにつきましては前述いたしましたので。平安朝は、扶余・百済系の遊牧民の王朝でもございます。一2）。

犠牲の鼻を切り取るのは「スキタイ」にも見られます。

スキタイは、それ以外に両腕・前額をも切り取り、馬と従者も陪葬していました（因みに、スキタイとはギリシア人の付けた名でございまして、ペルシア人やインド人はこれを「サカ」「サカエ」と呼びました。この一族はインド亜大陸に入り釈迦の一族でもございますシャキー族〔昔氏＝物部氏〕などとなっております）。

＊今日、中央アジアの「……スタン」と言われております国々は、このサカ（エ）が建てた国だったのです。この「スタン」を旅行いたしました私の友人のM氏は、現地のガイドさんから「加藤タキ」と憶えなさいと教わったとのことでした（カザフスタン、トルクメニスタン、ウズベキスタン、タジキスタン、キルギスタン）。

アケメネス朝ペルシアにおきましては①フェルガナ盆地・カシュガル（パミールの西と東北）の「固有のサカ」、②シル河下流のアラル海沿岸のサカ「狭義のサカ」、③南ロシアの「海の外なる」サカ「狭義のスキタイ」と区別しておりました。スキタイ人にはBC一六五〇年頃にインドに侵入いたしましたアーリア人と同じく「聖職者・戦士・農民」の区別がございました。

「フン族」（蒙古高原の匈奴）でも、王の死の際には妾や従者が殉死し、時として、その数は百や千を数えたこともあったとされております。

＊旧約聖書に見られます古ユダヤ教の神への生贄は、ここまで遡るものだったのです。

尚、先にも少し触れましたが、モンゴル高原の匈奴でありますフン族の「アシナ氏」が、西征して建てましたカスピ海（カザールの海）のハザール（カザール）帝国の王家の「ユダヤ教への改宗」とアシュケナージ・ユダヤ（旧約聖書から見ての偽ユダヤ。現在のアメリカやロシアのユダヤ人の殆どは、歴史的に見ますと、「聖書から祝福されておりますスファラディー・ユダヤ」（有色人種のセム人）とは、何らの縁も縁もないアーリア（白人）系のこの「偽ユダヤ人」（十三番目のユダヤ人）だったのです）との関係につきましては、別述いたします。

このハザール（カスピ海）王国は、アジアニックの「突厥」の阿史那氏（アルタイ山・金山に住み、かつては鍛鉄に従事していた柔然の奴隷部族でありましたが、五四六年に至り酋長の土門（Tuman）が鉄勒を糾合して柔然から独立し、東西の突厥帝国の基礎を造りました。唐では阿那氏とも単に史氏とも言われておりました）の建てた国でして、突厥の下にスキタイが従う形の「二重王権（ダブル・キングシップ）」の国だったのです（アシナ＋スキタイ（サカ））。

この「偽ユダヤ」部族のことを、ヘブライ人はアシュケナズ（Ashke-naz）と、アッシリア人はアシュクザ（Ashkuza）と呼んでおりましたが、この「アシュ」が「アシナ＝阿史那」氏に由来することにアナタがお気付きになりますれば、「アッ、しょうか」と一発でご理解いただけることと存じます。

このように、ここカスピ海の辺りは東西交易路の要で、かつ、民族の坩堝でもございましたので、アジアニック（黄色人種）とアーリア（白色人種）の混血も激しく、優生学上も大変好ましいことであり、よってこの「偽ユダヤのアシュケナージ・ユダヤ」からは、後世優秀なユダヤっ鼻（鷲っ鼻）の「ノーベル賞受賞者」が沢山輩出されたのです。

しかも、更に面白いことに、匈奴（BC四〇一年、戦国時代）

↓鮮卑と混血↓フン族↓カスピ海のカザール帝国阿史那氏（アシュケナージ・偽ユダヤの祖）↓「フン族＝フィンランド」↓海賊バイキング・混血↓フランス↓イギリスのアングロサクソン↓アメリカ（ＷＡＳＰ）というルーツを否定出来ないといたしますと、今日の世界巨大帝国アメリカは、「アングロサクソン」と「偽ユダヤのアシュケナージ・ユダヤ」との二つが動かしているとも言えるのですが、その両方の支配民ともに、アルタイ系言語のアジアニックの「フン族の末裔の血」が流れていたということにもなってくるのです（優生学上の外形の点は別といたしまして）。

阿史那氏の出自につき、九2、七4ノ33

因みに、西アジアのトルコと中央アジアのアルタイ（金山）との共通性につきましては、次のような興味深い事実が示されております。

キンメリ人の末裔とされる一族が、アナトリア（トルコ。かつての鉄民ヒッタイトの拠点のボアズギョイもトルコです）のゴルディオン古墳（ＢＣ七五〇～ＢＣ六〇〇年）からアルタイのバシャダル古墳などへと移動いたしましたことは、「墓の構造」「馬の埋葬形態」「土器」などの比較からも肯定出来るのみならず、キンメリの戦士のかぶっている「先の尖った高い帽子」は、中央アジアのイシック古墳（ＢＣ六～ＢＣ五世紀）出土の「黄金人間」の帽子とも大変よく似ており、かつ、アルタイのウコック高原出土の「先が鳥の頭のような形で、その上に山羊が付いているようなフェルトの帽子」は、キンメリ人のものとも類似性が見られますところから、キンメリ人やスキタイ人を介しまして、その特徴的な影響が天山やアルタイにまでも見られ、その人々の移動が肯定出来るのです。これは、時代は異なりますが、中国の紅山文化や牛河梁文化の形象のモチーフとも関連しているかもしれません。

そして、これらの西から北からの流れが、中国の春秋時代や戦国時代（もし、この時代が中国に存在していたとすればの話なのですが）へ影響していたのです。

更に、モンゴル高原北方が故地とされております遊牧民の「丁零」につきましては、トルコ系と言われておりますが、この民族は匈奴の南北分裂後、モンゴル高原北部に移動し（一世紀後半）、そこに留まっておりましたが、鮮卑王の檀石槐の死後は南下し、長城内にも入っております（高句麗の王陵壁画の「高車＝製鉄製輪神」にもご注意下さい）。これは「民族の追っ立て」のほんの一例に過ぎませんが、「トルコ―アルタイ―中国―満州」というステップルートやツンドラルートの大きな古代の流れも決して見落としてはならず、その途中の一つの西への「反流」が、阿史那氏（突厥＝偽ユダヤのカザール人）の西行であり、アナタは、このように東西の大きなうねりの中で歴史というものを見ていかなければいけなかったのです。

さて、このように、高句麗も百済（平安天皇家）も、その王族は遊牧民（被支配民はツングースです）ですので、当然これらの人々も日本列島に殉死（純粋には、農耕民の水の神〔蛇・雷など〕への生贄とは異なり、王の来世での従者という要素が強いのです。二者の区別は、前述の「吉備の特殊器台」のところで申し上げました）の風習を持ち込んでおります。

このように、生贄や殉死の際に「人の鼻を削ぐ」という風習は、遊牧民の間では何も珍しいことではなかったのです。

＊因みに、古代ヨーロッパでの「ケルト人」の神へ捧げる「イケニエの三原則」は、古くは「殴る・火で焼く・殺す」を順次行うことでした。

この点、ここ諏訪でも、松明の強力な火力、それに、「葛ヲ以テ搦（カラ）メ、馬ニ乗セ、前宮ノ西南ノ馬場ヲ引廻シ、打擲ノ躰ヲ為ス」（『信府統記』五）とあり、このとき、生贄は馬上で「片柏の葉」に盛った酒を飲みほし、左手に捨て、その後、大祝の即位式とは逆廻りに三回廻り、その後、殺されておりますので、ここにも遥かヨーロッパの、右のケルト人の「イケニエの三原則」との共通性が見られるのは大変興味深いことです（一五3）。

東アジアにおきましては、「生贄・首狩り」は稲作の水・雨（豊饒）と密接に関係しておりまして、台湾の高砂族などにも一昔前まではこの風習が見られたのみならず、これは米の原産地の一つ（倭人の原郷）とも言われておりますインド・アッサムにまでも遡ることができる「古い制度」だったのです。

そして、そこでは首狩りが出来て初めて、その部族の一人前の男として認められたのです。このアッサムは倭人の原郷の一つでございます。

この台湾の高砂族の首刈りの際の「呪文」が、何と右のインド・アッサムとも共通でございましたことにつきましては、既にお話しいたしました（九9他）。

そして、これらは、南方民のみの風習ではございませんでした。今日北方におりますアイヌが死者の後頭部を「円く切り取る」習慣（脳を食べる・食人）とも、深く関連していたのです。これからは、縄文人の遺骨からもこのこと（人喰い人種であったこと）が次々に証明されて来ることでしょう。

そして、こういう慣習はアイヌだけではなく、南は台湾の貝塚や、北はエスキモーからもかつては見られたことだったのでして、古くは人類が皆（普遍的に）人食い人種（貴重な蛋白源を粗末にしないため）であったことを暗示してくれていたのです。

このように人肉食取は、かつては人類普遍の原理だったのです。

さて、本州でのイケニエのお話に戻します。この生贄に関する「雨と豊饒」との関係につきましては、近世まで各神社の境内で、お祭りのときに、人々の面前で、神に選ばれた男女が、正々堂々と真っ昼間から「性行為」を実際に行っていたことと同じ思想によるものだったのです（これはヒマラヤ山麓のブータン王国でも見られます）。

その例といたしましては、歌人で民俗学者の釈迢空・折口信夫の、奈良・明日香の実家の「飛鳥坐神社（あすかにます）」などがその典型です。このことは、何ら珍しいことなどではなく、ひと昔前までは日本全国で見られたことでした。南の九州での一例を申し上げますと、安楽（やすら）神社（鹿児島県曽於郡志布志町安楽（あんらく））では、蓆（むしろ）の上で牛を使って「田打ちの神事」を行うのですが、正にこれはその姿態から考えましても、かつては性行為そのものでありましたことの表現ですし、又、拝殿に参拝するときに「田の神」と「田の神のオッタカ」が手に持つ「竹筒」は、性器そのものを表していたからなのです（こちらの方は天の豊かな恵みではなく、労働力の「蓆豊饒」へと繋がるのです）。

（8）「と〜りゃんせ」の童謡は恐ろしい生贄の天神歌だった

さて、正直なところ、神社の祭で化粧した今日の「お稚児（ちご）」さんとは、実は、その（恐ろしいイケニエ）名残だったのですよ（一五3）。お稚児さんに選ばれました（前年の正月にその家の屋根に「白羽の矢」が当たった。この方式は丹後にもありました）子供も、幼いながら薄々は自分が死ぬことに気付いてはいたのですが、自分の家での普段の生活（そんなに貧しくない百姓の家でも、お母さんの織った苧麻（からむし）などの植物繊維の衣類を年に二着貰えるぐらいが精々〔平素の子どもは上半身は裸の生活〕でした）では一生着ることが出来ないないような、お姫様のような美しい絹のべべを着せてもらって、可愛いらしくお化粧もしてもらって、美味しいお菓子も鱈腹食べさせて貰えるのみならず、幼ごころにも「家族のためにもなる」ことがある程度は判っていたので、喜んで死んでいってくれたのです。

この生贄を差し出す家に「白矢」が打ち込まれるという風習は、かつては日本全国に見られたのでして、先程は北部京都府の丹後の例をお話しいたしましたので、今度は九州中央の肥後の例についてお話しいたしましょう。

肥後の国の「伊倉両八幡」（玉名市。高瀬駅南方約四キロメートル）では、若い女の子を肩に乗せ、金銀の紙で作った直径一間もある大団扇で、その女の臀部（シリ）を煽ぎながら行う「練嫁」神事がございますが、これもかつての人身御供の名残なのでして、この女を出す家には「白矢」が当たったと言われております。

そして、此処では、この生贄を食べる妖怪は、お話（その地域によりましては、古狸だったり、大ヒヒであったり、猿であったりにされてしまっているようなのです。本来、これはかつて人間が人間を食べたことの名残だったのですが（ということは、古狸・大ヒヒ・猿たちは皆、無実の罪だったのですよ。可哀相に！私は弁護士として現代人だけでなく古代人も、それに妖怪〔動物〕までも弁護してやらなければ……藤原清衡みたい。アア、忙しい）。

＊「中山神社」（岡山県津山市一宮。『今昔物語』猿神退治譚）でも、「人の生贄から猪・鹿に変わった」旨記されております（『宇治拾遺物語』の末尾）。

アナタは江戸時代にマサカそんなことが、とお思いかもしれませんが、江戸という時代は、たとえ飢饉のときでなくとも、生まれたばかりの赤ん坊の鼻にピタリと「濡れた和紙」をくっ付けて、窒息死させての「間引き」ということが、日常茶飯事で行われていたような時代だったのです。

楽しみも少なく、衛生サック（何と、古典的な懐かしい表現のことか）などの避妊具も未発達だったからなのです。ですから、決して、アナタは、祖先たちのこの慣習を今の価値観で計ってはいけないのですよ。このことは、遠い歴史も近い歴史（満州国建設など）も、全ての歴史の評価にいえる普遍的なことなのです。

さて、そして、そのお稚児さんを「神の嫁」として差し出しました家は、村人との固い不文律の約束で結ばれておりまして、それはどんな約束かと申しますと、神様へ身代わりを出した家（「在野の神官」的な地位が与えられましたため）なのですから、その村がどんなに飢饉で作物が採れなくても、「チゴ」を差し出したその家にだけは、村人がいつまでも食料を献上してくれたのです。その一家は「生き神様」なのですから。感覚といたしましては後世の、家の生活苦のための遊郭（遊女）への身売りに近いものがございます。

＊パレスチナの自爆テロで死んだ女の母が、「娘は死んでアラーの神の嫁になった」と誇らしく話しているのと、これは一脈通じるところがございます。

因みに、諏訪では、西の祭りの御頭郷に当れば、「千両箱一つ」飛ぶとも言われておりますし、又、御柱の年には葬式も出せない程金を使うとも言われております。

ですから、あの「とーりゃんせ、とーりゃんせ」で始まる「天神様の歌」とは、実は、この「恐ろしい生贄の童謡」だったのですよ。これは童謡ですが、この天神歌（てんじんか）の根底には、全国各地で古くからつい最近（江戸末期）まで行われていた、このような（今日では空恐ろしい）思想が流れていたのです。

だからこそ、幼馴染の子供達が「行きはよいよい、帰りは死んでしまうので（怖い）帰ってはこない」（予感がする）ので、「行ってはいけないよ、行ってはいけないよ」と「とうせんぼ」して「とーりゃんせ」して天満宮へ行くのを引き止めていたということが、この歌の底に流れております本来の意味だったのですよ。

それに、古代におきましては全ての歌謡という歌謡には、「魂が篭っている」ものと考えられていたのですよ（二三5）。

こんな恐ろしいことを言っているのは、私ぐらいなのでしょうが……。

＊この「通りゃんせの歌」自体は大人の作った童謡なのですが、この歌の底流には「鬼遊び」系列（関所遊びの「通りゃんせ」「かごめかごめ」など）に属する「わらべ唄」の流れが見られるからなのです。

第一一章　「磐井の乱」は架空の物語

1、磐井は九州の「倭王＝大伴氏」

(1) 継体・安閑・宣化は「倭王＝安羅王」

また、北九州での「磐井の乱」というのも、アナタは又、「エッ！」と仰るかもしれませんが、これまた全く架空の出来事であったのです。

はっきり申しますと、これも又、南朝鮮での出来事を加除・修正した上での、日本正史上での焼き直し（翻訳）に過ぎなかったからなのです。

と申しますのも、そもそも、五六二年まで「倭国」は朝鮮半島を含めた海峡国家だったのでございまして、その後、六六三年の白村江の役で唐・新羅に敗れるまでは、「倭国」は九州にちゃんと存在していたからなのです。

つまり、日本紀の記述とは逆に、磐井（大伴氏。倭国での本拠は、博多付近と太宰府と八女、より古くは襲国・日向の西都原）の方こそが、九州と南韓の正当な卑彌呼の末裔の倭王・安羅王であったのです。

実は、素直に考えれば、こんなことは直ぐ判ることだったのです。何故なら、こんな国際的な大きな戦い——磐井は新羅から賄いを貰って行った（日本紀の記載）とされ、又、新羅の「海辺人」（多羅の物部系・海部・アマベ）がこの乱に関与した（『旧事本紀』サキツミヨノフルゴトノモトツフミ。但し「十巻本」のみ）とされております（安羅王・天日矛と多羅王・ニギハヤヒとの関係につきましては、一五3）、このように日本列島を二分するような、しかも国際通謀による国家反逆の大戦争——で、負けていながら、九州の小さな糟屋（かすや）の屯倉を献上したぐらいで、国家反逆の磐井の跡取り息子である「葛（カル・クズ・フヂ）子」が許される筈などあり得ないことだったからなのです（尚、このことと継体大王の五二七年の新羅征伐との関係につき、七6）。

実は、このことは日本紀にも別の場所に、ちゃんと形を変えて出ていたのですよ。では、この「倭王・磐井と新羅との通謀」の点が、日本紀上ではどのように（時期をズラして。大王系図は合体されておりますから、この時間差は、実は当然のことでもございますが。天皇系図の合体のマトメにつき、三二2）表現されていたのかを見てまいりましょう。

「百済、聞安羅日本府與新羅通計」（欽明紀二年〔五四一〕七月）

——百済、安羅の日本府と新羅とが計（はかりごと）を通すを聞きて。

＊朝鮮での、新羅による倭・金官（蘇我氏）の滅亡（安羅の裏切り？）は五三二年ですし、倭・安羅（大伴氏）の滅亡は五六二年ですので、このときの倭の盟主は安羅だったのです。

ということは

「別以安羅日本府　河内直　通計新羅深責罵之」（『日本紀』）

——別（こと）に安羅のヤマトノミコトモチの河内直（かわちのあたひ）の、計を新羅に通す（かよはす）を以って、深く責め罵（の）る。

＊この真相は、金官に代わって五三二年より海峡国家倭の盟主となりました安羅（大伴氏）が、境を接することになった新羅と国境査定の交渉をしたということの表現だったのです。

ですから、隅田八幡宮の「人物画像鏡」の銘に記されておりますす「開中費直＝カフチノアタヒ＝（右の）河内直」とは、当時はまだ海峡国家でございました朝鮮半島南部の倭（安羅）の王ないしは重臣のことであったのです（一七2）。

と同じことを表現していたのでございまして、この朝鮮南部におけます安羅と新羅との通謀こそが、日本紀での「磐井の叛乱」のモデルともなっていたこと（右のように国境交渉）を、如実に示していてくれたのです（この点、一七2必見）。つまり、アナタは、ここでは「安羅＝倭」と考えればよかったのです。

＊隅田八幡宮の「人物画像鏡」の銘文の「ヲホド＝継体大王＝大伴談」や、右の河内直につき、一七2は必見ですよ。

このように、この鏡の銘にも継体・安閑・宣化が「安羅王＝倭王」であり大伴氏でございましたことが示されていたのです。

そして、朝鮮の伽耶の「分国」が、日本列島の河内にもございましたことを、これらのことは示していたのです。

それに、磐井の叛乱には問題が多く、磐井の死そのものにつきましても大変疑問があるからなのです。それは日本紀では「遂斬磐井」（継体紀二十一年十一月十一日）と「斬り殺された」と勇ましくなっているかと思えば、風土記におきましてはこの点、「勢ひの勝つまじしを知りて、独白豊前の国（トヨクニノミチノクチ）の上膳（カミツミケ＝上毛）の県に遁れ、南の山の峻しき嶺の曲に終はりき」（『釈日本紀』所引の『筑後（ツクシノミチノシリ）国風土記』の逸文）と「自害」したとも記されているからなのです（ミケ＝御「毛」＝上毛郡）。

斬り殺されたことと、自害したことの、そのどちらが正しかったのでしょうか。それとも逃げ延びたのでしょうか。と申しますのも、その後に「ここに、官軍（みいくさ）追い尋（ま）ぎて蹤（あと）を失ひき」ともございまして、「逃げた」と「切り殺した」の差は、正に、磐井の乱が日本列島におきましては架空だったことを表していたのです。

因みに、古代の戦いにおきましては、負けた方の男は殺されるか奴隷とされるのが常識だったからです。

では、序でながら、こういう古代の戦いに際しまして、「女はどうしていたのか」という点につきまして、ここで少々考えてみたいと思います。

女は、戦いが始まると、常に、遠くの山の上から「中立でただ見守っていただけ」だったのです。昔から女はドライだったのですね。

何故ならば、敵が勝てばその敵の男に腹を貸す（敵の男の子を産む）しかなかったからなのです。これが古代の戦いでの女の悲しい（と申しましょうか、それともドライと申しましょうか）現実の運命（さだめ）だったのです。このように、あまりにも現実的とはいえ、女の腹は温かくても頭は実に古代から「打算的でクール」だったのですよ。

しかし、非難は出来ないのです。これこそが「古代の女が生き残る唯一の知恵」でもあったからなのです。

＊そうでなければ、百済滅亡の際のように、「落花岩」から白江へ飛び降りるしかその方法が無かったのですから。

特に、長い間には幾重にも亘り、大陸から日本海を渡って攻めて来たり又は亡命して来ておりますが、その際には、兵士に妻の同行は不可能ですから、日本列島での戦いでもし新渡来の大陸の民族が勝ったといたしますと、そこで結婚し世帯を持つことになります。

当然、そこには満州・沿海州・朝鮮半島から来た男と先渡来の日本列島の先住民の女との間の混血の子が生まれます。

日本語の二重構造の点も、この異民族との結婚という観点から考えれば、謎は直ちに解けて来るのです。

つまり日本語の文法構造はウラル・アルタイ語系かつ「逆語」なのですが（これは事務的・支配者側で父系です）、その個々の言葉には、日々家庭で赤ちゃんを育てる母系である先住の縄文系先住民のオーストロネシア語系・南方系の混血度のより高い女たちの重複語（ヒラヒラ・パラパラ。これは母系です）が今日まで多く残されることになったのです（但し、朝鮮半島からの貴族レベルの人が亡命して来たときは、希に妻帯もあったとは思われますが）。

さて、磐井の叛乱のお話に戻しますが、次のような考えも出来るのではないかと思います。ここ（第一節）では色々な可能性について考えてみましょう。但し、本命はあくまでも第二節ですから、アナタもそのおつもりで。

高句麗人が越（この「コシ＝クシ」が、半島かそれとも列島かということにつきましては問題がございます。後述）に漂着いたしましたとき、東漢氏（民）直糟兒と葛城直難波が遣わされております（欽明紀三十一年（五六一）四月）が、この（新羅による安羅〔大伴氏〕滅亡は、翌五六二年です）糟兒を「アラコ」と読ませているところを見ますと、先程の「磐井の叛乱」で賠償として大王側に渡したとされております北九州の糟谷屯倉（かすやみやけ）という文字も「糟屋（あら）」のミヤケと読んでもよかったことになり、そうであるといたしますと、これは正に「安羅のミヤケ」そのものを意味していたということにもなって来るのであり、「安羅＝倭＝五六二年までは海峡国家」なのですから、これが朝鮮半島の出来事であっても何ら可笑しくはなく、このことも「九州の倭王＝安羅王＝荒王＝大伴氏」だったことを暗示していたものと考えることも出来るのです。

正史上には、次のように他にもこのカスヤノミヤケの「糟＝糠＝カス」の字を「アラ」と読ませているところがございます。

「乃使鏡作部遠祖天糠戸者造鏡」（神代上紀、宝鏡、第七段一書、第二）

＊但し、第三の一書では天抜戸として、この「糠」を「ヌカ」としております。

ここでは、「天糠戸＝アメノアラト」としております。このように、矢張り、「カスヤノミヤケ」とは、ズバリ！「安羅＝倭」国の屯倉（みやけ）のことを指していたのです。つまり、日本紀におきましては、朝鮮半島の安羅（倭）の咸安における自己を守る対外的軍事行動が、北九州の狭い一地域の糟屋（かすや）の問題に凝縮され、かつ、置き換えられて平安日本紀上では記されてしまっていたのです。

＊これは、当時の朝鮮半島を巡る国際情勢に鑑みますと、南朝鮮で新羅が金官伽羅を奪おうとしたとき（又、時期によりましては、これが百済からの、ドサクサに紛れての要求であったかもしれません）、安羅が抵抗したことの表現だった、つまり（亡んだ）金官と（それに代わった）安羅が組んだ防禦だった、それを平安紀では、それが対新羅であったにしろ、対百済であったにしろ、正しくは、同じ倭連合の「（亡んだ）金官と通じ」と書くべきであったところを、平安朝の百済系天皇家の作家たちが「新羅と通じ」というように、奈良紀での文言を「金官→新羅」と変えて平安紀に記してしまっていたのです。

つまり、百済系の平安天皇家は、このときの相手を、「金官金氏」から「慶州金氏」へと巧みに書き替えてしまっていたともいえたのです。

因みに、この高句麗人の漂着のとき、東漢氏に同行いたしましたのは、葛難波という人ですので、「葛＝カル＝伽羅」の難波ということにもなり、この人も「伽耶人＝倭人」であったことをその名自体からも推測させますし、また、この葛（カルラ）城直難波と倭王磐井の子の「葛＝カル」とが同じ字（つまり、音はカル＝伽羅）で表現されていることも、大変気に懸かるところなのです。

（2）欽明天皇のモデルは百済の東城王

さて、27安閑大王が「倭＝安羅（あら）」王・安（大伴金村）と同一人であり、28宣化大王も又安羅王でありましたことは、日本紀の中にもちゃんとその名残があったのです。

何故ならば、欽明大王に嫁いだとされております、宣化の女の小石（こいし）（オイシ）姫＝倉稚綾姫（くらわかやひめ）の「綾」は、単に「ヤ」とのみ呼ばれてはおりますが、この「綾」は、本来は読んで字の如く、ズバリ「アヤ＝安耶＝安羅」姫のことだったことが判りますし、この「小石」の方も、更には、その妹の石姫の「石」も、「石＝イワ＝磐」で、これも九州の倭王である磐井（襲名）の娘たちであったことを表していたからなのです（一三1）。

このような小細工をして似たような名の人々（姉の小石姫と妹の石姫という、似たような名の姉妹ペアーで、欽明大王妃となっております。28宣化と29欽明との間には、大王系図上大きな断絶がございまして、大王系図上のモデルを安羅系から百済系へとジョイントするため、これらの小細工を必要としたのです。三一2）を周辺に配置して置きさえすれば、オブラートに包みながらも歴史の真実は表現されているのだと、日本紀上では抹殺されてしまった他の倭王の一派（大伴氏や蘇我氏）に対しましてもある程度は説得することが出来るとともに、更には、万一、その一族に大王家に内緒の文書が存在していたといたしましても（実際、存在しておりましたよ。一三5）、それとの矛盾を将来突かれても、ある程度は逃れる（弁解する）ことが出来るからだったのです。

因みに、この28宣化大王のモデルは安羅王の大伴歌です。

29欽明大王に蘇我稲目（伽耶王）の娘の小姉を嫁がせた形になっておりまして（その前に、姉の堅塩媛をも嫁がせた形になっております）、その間に生まれました三男の皇子の名が涅部穴穂部皇子（五八七年死）というのですから（一二3）、これ又「穴＝アナ＝安那」で「倭王＝安羅王」の皇子でありましたことを、ズバリ表していてくれたのです。

＊この欽明大王の皇子はハシヒトとアナホとの二つの「部名」を持っておりますが、これは異例中の異例であるのみならず、この皇子には「須売伊呂杼（杼＝ドングリ）」という天皇の同母「弟」という形容が付けられておりますが、実際には、この皇子の同母「兄」には皇位に就いた者が「おりません」ので（アラ！）、この点（日本紀の自己矛盾）を捉えましても、他の人と入れ替えられてしまっていたということがバレてしまっているのです。

このことは、前述のように、この辺りで、宣化大王（安羅・倭王の大伴歌がモデル）系図に欽明大王（百済の東城王がモデル）系図を無理やり継ぎ足しておりますので、その安羅伽耶（倭）系から百済系へのジョイントの矛盾が生じてしまっておりましたことの、端的な表れでもあったのです（前述）。

また、もしここで、仮に、藤ノ木古墳（六世紀後半）の主の二体の被葬者の内の一人が、右の穴穂部皇子（欽明大王の皇子）（この皇子の母は、先程申しましたように蘇我小姉です。「オ・アナ＝オ・安那」だったかもしれません）であるという考えを採るといたしますと、東アジアでも超一級品と言われております金銅製鞍金具なども出土しておりますので、これは倭王ないしは王に近い皇族の墓であり、そういたしますと、この墓も「穴＝アナ＝安那＝安耶＝安羅」の墓ということになり、正にこの穴（アナ＝アラ＝アヤ）穂部の名は、倭王家の出自であることを今日まで暗示していたとも言えるからなのです。

29欽明大王（五〇九～五一七年）のモデルは、百済・東城王（四七九～五〇一年。「諱」矣大、矣都・末多・マタ・マト。「芋掘り長者」＝薯童＝マト＝「炭焼き長者」の変形＝弥五郎ドンのモデル。別述）だったのでございまして、この頃は、丁度、「百済と新羅の仲が大変良かった」時期に当たり、この百済の東城王のところには、新羅から善化公主が嫁いで来ておりますので、この「芋掘り長者」のお話は、蘇我小姉が欽明大王の皇妃となったこと（正に、伽耶（倭国）の女が百済王妃となっていたこと。「新羅＝伽耶の歴史と王系図とを吸収した国」なのですから）を表していたのです。

＊因みに、東城王の次の25武寧王（30敏達大王のモデル）のところには、同じ倭の哆唎の王女（穂積氏＝意斯氏＝忍氏）が嫁いでおります（二7）。

＊日本紀上でも欽明と堅塩媛との間の子に推古や用明がおり、欽明と小姉君との間の子に泥部穴穂部皇子や穴穂部間人皇女（用明の妻）がいるのですから、と言うことは、穴穂部間人皇子と推古とは義理の姉妹（正に同時代）ということになりまして、推古のモデルが朝鮮半島での前方後円墳の見られます栄山江流域（朝鮮半島南西部）の倭の哆唎大夫人（「武寧王＝敏達大王のモデル」の妃）であり、この人の実家の姓が日本紀によりますと「穂積＝押斯＝忍」（二7）で、しかも「穂＝ホ＝許」なのですから（別述）、私の考えと日朝の史書とはぴったりと一致していたのです（推古のモデルは百済王妃の哆唎夫人。因みに「推古＝新羅武烈王妃麻耶夫人」「推古＝百済恵王妃」との考えは、別述。更に、「推古＝倭王大伴望多」という点につき、一三1）。

このように、日本紀の欽明と「百済本紀」の東城王とは「内容的」のみならず「時代的」にもピッタシだったのです。

それを知っている一部の人が、後世の朝鮮におきまして、故意か過失か、芋掘り長者（薯童＝マト・ムタ）を、同じ百済史上四代後の30「武王＝末通＝王子＝マト＝マド」（六〇〇～六四一年）のところに、「同じ」諱でありますことを奇貨といたしまして、この百年も後の王のところにこじつけてしまった、と言うのが『三国遺事』（十三世紀、一然（一二〇六～一二八六年）撰）上におけます30武王のことだった、ということが判明してまいります。

（3）倭と百済の初めての外交は近肖古王から

さて、次に、「古への百済から倭への確実性のある外交の端緒」は、一体いつのことからなのかと申しますと、百済実質初代王の13近肖古王（三四六～三七五年。この人は崇神大王のモデルです）から「鉄鋌四十枚が、倭王へ幣えられた」ときからだったのです。という訳で、その交流は思ったほど古くはなかったのです。

では、そのことがどうして判るのかと申しますと、このとき百済人の久氏氏が、朝鮮の卓淳国（洛東江上流の伽耶諸国の北部、現在の大邱の辺り。『魏書』の古淳是国は「古寧伽耶」のことであり、咸昌と尚州の間の恭倹池・コンガルモッコ（コンガル＝古寧伽耶の縮音」であるという考えの他、これは東海岸の蔚山（ウル）という考えもございます。星州伽耶の西部。『魏書』の半路〔ポル＝星〕国＝星山伽羅）までまいりまして倭（金官）への道を尋ねましたところ、卓淳国王が故意か過失か「不知其道」（その道を知らず）と答えたと文面上ではなっておりますから、このことから考えまして、「百済」という名の国から倭への外交はこのときが初めてであった（その前に百済は無かった）こと（と言うことは、つまり、正に、このときが「百済成立」のときでもあった〔二4〕ことをも意味していたのです）が判って来るのです（神功皇后摂政紀四十六年〔干支二運・百二十年下げまして三六九年〕この頃は、丁度、百済成立の頃に相当いたします）。

＊「この頃」の百済は、北漢城（ソウル）辺りへやっと朝鮮半島を南下してまいりましたばかりの新興国に過ぎず、使者がここ大邱辺りまで来るのにも、ソウルからは相当な距離があったのです（この後、兄弟国でございます高句麗に追われた百済は、ここ北漢城から更に「漢江南→熊津→扶余」と、三度も都を南下させております）。

ところで、何故、急に、この四世紀後半になって初めて百済が倭との外交を求めて来たのでしょうか、又、来ることが出来たのでしょうか。

その理由は、正に、扶余からの南下亡命により百済が成立しつつある頃、又は成立したばかりの頃であったから、と言うことに尽きるのですが、その点をもう少し具体的に申し上げますと、北漢城（ソウル）を中心とした倭〔馬韓も倭人の国〕の領内に伯済国（初めは村の規模）を建てることの「了承」を、支配者でありました倭人（「馬韓・辰韓・弁韓」＋伽耶連合）からもらうことと、更には、それに加えまして、当時の国際情勢に鑑み、馬韓に南下いたしました扶余王の依羅、つまり、先述の百済初代王である13近肖古王が、「依羅を追って半島を南下してくる高句麗軍を防ぐため」にも、倭国の援助を仰ぐ必要がございました、このような倭の積極的援助及び領土の割譲ということが、どうしても必要でございましたので、そのどちらにいたしましても、当時は、朝鮮半島の約南半分を支配しておりました倭人（金官など）と外交を結ぶ必要があったからなのです。

ですから、この頃になって（とは言っても、何度も申し上げますように、百済はこの頃やっと成立した国なのですが）初めて久氐氏を倭（と申しましても、この場所は南朝鮮です）へ派遣して来たということを示していたのです。因みに、ずーっと後における名前なのですが、この大邱の辺りには、今日でも「倭館」という地名が残っております（但し、倭館という「建物＋エリア」は、朝鮮の中にかつては他にも沢山ございました）。

この百済が倭国へ鉄鋌（てってい）（伽耶にはまだない半鉄製品——良質な還元炎〔酸化炎ではなく〕による錬鉄か——だったと見えまして）を与えました、初めての倭との外交交渉の結果、倭の援軍を得ることが出来ました百済は、13「近」肖古王（その実体、つまり「百済本紀」でのモデルは、「その七代も前」の「6仇首王と同一人＝扶余王依羅＝平安日本紀での神武大王のモデル」でもございました。つまり、実質、百済初代王）を追って南下してまいりました高句麗軍に見事伐ち勝つことが出来ますと共に、逆に、高句麗の16故国原王（三三一～三七一年）を、倭の協力によりこの戦で殺すことも出来、満州時代からの「腐れ縁」（兄弟国ということ）からもきっぱりと断絶出来まして、よって、ここに初めて、独立国（扶余・高句麗のしがらみから分離出来た）としての百済建国の完成――と共に、これには同時に、元々朝鮮半島に於けます、やや国境が不明確でありました倭の領土（古代は、実は、領土〔広さを持ったもの〕と言うよりも、「重要な邑を中心としたその周辺部分の支配の連鎖」＝つまり「邑と街道」「点と線」の実効支配とでも申します方が、より実情に即しておりました）で、それまであまり重視しておりませんでした地域、しかも、それ程の魅力を感じさせませんでした畑作しか出来ない寒冷の北部地域への、「倭＝伽耶」の実効支配の拡張とでもいう反面もございました――を見ることが出来たとも言い得るのですが、このときその初代の百済王からネリガネを受け取ったとされております倭の人物の名前が、これ又問題だったのです。

と申しますのも、その人は斯摩（人名）宿禰に従った爾波移と過去の二人だったのですが、しかし、この爾波移はそのまま「ニハイ」とも読めますし、この人は安羅王・倭王の世襲名の「イワイ＝磐井」に大変近い「音」ですし、又、過去の方も、その侭でも「ワコ＝倭子＝若」とも読めるからなのです。つまり、「イワイ＝磐井」は、九州の倭王（大伴氏）の地位の襲名ですし、「ワコ＝倭子」とも、又「ワコ＝ワケ＝Wang＝王」（二1。つまり古朝鮮語で単なる普通名詞の「王」）の変化とも解することが出来るからなのです。

そういたしますと、このとき南下した扶余王であった百済王からお礼に、今までは技術的に不可能でございました良質の鉄鋌を貰った倭王とは、ズバリ、当時九州と南韓の海峡国家としての「倭王＝安羅王」のことでございました磐井（襲名の日本紀上での大伴氏）そのものを示していたのです。

そして、やがてこの百済初代の13近肖古王（崇神大王のモデル）から倭王「旨」（王子の頃の百済16辰斯王＝景行大王のモデル＝王子の頃は南鮮の倭王家への入り婿）への「七支刀」の贈呈（一八5、6必見。四世紀後半）の時代へと移っていくのです。

因みに、市辺押磐（羽）皇子（このモデルは高句麗に殺された百済21蓋鹵王。四五五～四七五年）の同母弟とされております御馬皇子が、雄略大王（金官・倭王武＝紀生磐）と戦ったときに、御馬王が待ち受けていた敵軍と戦って敗れたとされております場所（このとき御馬王が「この水は、百姓〔百済王の暗示〕のみただ飲むことを得む。大王〔倭王のこと〕は、独り飲むこと能はじ」と雄略大王・倭王〔金官〕武〔四七七～四七九年〕を呪って意味深な発言を残しております。倭王武が百済の言うことを素直に聞いてくれなかったからなのでしょうか。これは、朝鮮半島における倭と百済との駆け引きを表していたのです）が、「三輪磐井側」

となっておりますので（雄略即位前紀三年十月）、この三輪山（と言いましても、この「日本紀の三輪山」というものが大和・奈良のものではなく、勿論、九州のものでもなく、当時の東アジアの国際情勢から考えますと、当然、これは朝鮮半島南部のクシムラ〔久斯牟羅。継体紀二十三年四月、二十四年九月。三〇1、九9、7、一五10〕か、又は、後の百済の地〔当時は伽耶の実効支配〕におけるもの〔多分、そうでしょう〕なのかということが問題なのですが。つまり、百済の南下）の麓の聖なる井戸に、大伴氏の倭王代々襲名の名である「磐井」という名が付けられていたということ、及び「倭王に敗れた百済系の人間」が倭王を呪っていることは、「磐井＝倭王」と考える私の立場からは、整合性を持ち、決して見逃してはならない重大なことだったのです。

　右の戦いは、きっと後の五世紀後半になってから、高句麗などの圧力を感じた百済が南下し、倭の安羅か金官かの領土を攻撃したときに、返り討ちにされたお話が、そのモデル（下敷き）となっていたのです。

(4)「磐井の乱」への疑問の数々——日本海制海権の放棄か

　さて、お話を磐井の叛乱に戻しますが、「社稷存亡、於是乎在」（継体紀二十二年十一月十一日。「国家の存亡はこの戦いにあり」）ということで始まりましたこのような大きな戦い（磐井の乱。そのモデルは朝鮮での倭〔安羅〕国の存亡の戦い）に敗れれば、当然のことといたしまして、その全領土は没収されてしまうのが普通です。

　と申しますのも、その戦いに臨む際の物部大連麁鹿火（あらかひ）と大王との密約によりますと「長門以東朕制之、筑紫以西汝」（継体紀二十一年六月三日。「長門より東は朕が制しよう。筑後より西を汝が制せる」）となっておりましたので、そうであるといたしますと、大王の言葉のニュアンスからも、勝った場合のそのご褒美といたしまして九州は全て物部麁鹿火のものになる筈ではなかったのではないでしょうか。

　それにも拘わらず、子孫は殺されず、かつ、日本紀の文言上では小地域に過ぎない糟屋（かすや）の土地を差し出す（可笑しい。しかも、九州を貰えた筈の物部氏へ出すのではなく、約束に反し大王家へと出しておりますよ。更に、可笑しい）ぐらいで許される筈などありません。

　可笑しい点は更にあるのです。

　それは、日本紀では「筑紫国造磐井」として、大王から任命された役職であります国造としてしまっているものの、この点、『筑後風土記』逸文の方によりますと「筑紫君磐井」となっておりますし、『古事記』によりましても「筑紫君石井」となっておりまして、これは当時、独立した地方の「君＝王＝キミ」のことを指していたのでありましたから、決して磐井は大王の支配下の人物（大連＝連＝家来）である国造（くにのみやつこ）などではなかったのです（改竄し過ぎの勇み足）。

　つまり、国造と君とではその性格を全く異にしているにも拘わらず、何故か日本紀はその点をごまかして一緒くたにして改竄してしまっていることが判るからなのです。

しかし、それにはちゃんとした理由（わけ）がございまして、実は、この物部麁鹿火の正体こそが、この頃の百済王の投影・モデル（「麁＝アラ＝安羅＝倭」を治めた「穢＝カイ」の出自の王）であったのであり、その麁鹿火の祖父の物部木蓮子（いたび）連公のモデルが百済23三斤王（四七七〜四七九年。同時に25武烈大王のモデルでもございます）であったことをも考え合わせますならば、そして、更に、麁鹿火の叔父にあたります物部目連公が、高句麗の南下の危機により列島に渡来（避難）してまいりました百済王子昆支（こんき）その人（23顕宗大王〔兄弟の弟の方の弘計（をけ）〕のモデル。因みに、この〔兄弟の兄の方の億計（おけ）〕は24仁賢大王でありまして、百済22文周王がそのモデルです。別述）であったと考えましても、これらのことは、正に、百済の一部の勢力による倭、つまり伽耶・九州への侵入（そして、これに対する倭の反攻。後述）ということをも意味していたのです。さて、私のこの考えとは異なりますが、もしも、磐井の乱が存在しておりまして、かつ、磐井が負けていたとしましても、仮に、次のように考えれば、その整合性を持たせることが出来るのではないでしょうか。

私の考えでは、この当時は「倭連盟の盟主＝安羅国＝アラ国」ですし、糟はアラ（カスヤのカスではなく）とも読みますので「糟屋の屯倉＝アラ屋の屯倉＝安羅の屯倉」と考えまして、この日本紀の文面の意味いたしますところの真相は、「朝鮮半島部分の倭国・安羅の全食料についての権限（徴税権）を「新羅」（但し、百済系の史官が作りました平安紀におきましては、この点、〔百済へ与えた〕という風に「変えられて」しまっておりますので要注意だったのです）へ与えるのと引き換えに、九州におりました倭王磐井の子の葛子（からこ）の命が助けられた（それに、当時はまだ新羅が独力で対馬海峡を渡って日本列島にまで攻めてくるだけの国力・余力はありませんでしたので）」と考えるべきではなかったかと思います。

と申しますのも、もしも、ここで日本紀の言う通りに磐井の方が負けてしまっていたとしたならば、単に糟屋地域の大王の耕地・屯倉（耕地のことか。この「屯倉＝ミヤケ」の定義もとても大切なのですが、この点が疎かにされています。磐井が倭王であると考える私の立場では、当然、ミヤケとは大王の「農地と倉庫と人民」の全ての総合体を指すことになります）を差し出したという程度（しかも、狭い土地です）では甚だ不十分で、少なくとも「倭国の全食料＝全徴税権」を与えて、葛子が命を助けられたというくらいのことが必要ではないかとも思われるからなのです。

それなのに、日本紀の文面上では、文字通り北九州の狭い（当時は、広く北九州の中枢部全域を指していた言葉だったのかもしれません〔那ノ津・博多も、古くは「荒＝アラ＝安羅」ノ津と呼ばれておりましたから〕が）一地方に過ぎない糟屋の屯倉を差し出したというぐらいで許されたとするのは、どう見ても不可解このこの上ないことだからなのです。

そういうバランスから考えましても、もし、それが「倭国全体＝安羅全体の屯倉」の意味ではないといたしますれば、やはり日本列島では磐井の叛乱はなかった、つまり、後の世に日本紀の改竄で、朝鮮半島の伽羅で生じましたある事件（朝鮮半島からの倭〔金官〕の撤退という五三二年の出来事及びその前後の事件など）がそのまま形を変えて挿入されたものであったと考えざるを得ないのです（一一2）。

又、次のような見方も可能ではないかと思います。磐井の乱で敗れた後、粕谷の屯倉を差し出して許されたとされております、この粕谷という場所が一体どんなところであったのかと申しますと、倭の水軍の長である阿曇氏の志賀海神社の旧社家のあったところだったのです（一七2）。

ということは、もしこの時に日本紀のいうように倭が新羅に敗れ、かつ、志賀海神社のある場所を献上していたといたしますと、磐井は自動的に倭（安羅）の水軍（日本海の制海権）をも差し出していたことを意味していたことになるのです。

それに、先程お話しいたしましたように、粕谷の「粕＝糟」は「アラ」とも読んでいるから尚更なのです。かつては、ここに九州における安羅の拠点があったのかもしれません。

海人（航海・漁労・製塩の民）の集団である「海人部と山守部が定められた」（応神紀五年八月）とあり、その前には「阿曇連の祖の大浜宿禰が〈海人の宰〉を命じられた」（応神紀三年十一月）ともありますので、かつては阿曇氏が対馬を拠点（七4）といたしまして、日本列島と南韓との間の翰海（日本海）の「制海権」を握っていたということがこれによりまして判ってまいります。この制海権を放棄した（又は、没収された）のです。

そして、今の室津のことだと言われておりますところを、「浦上と号くる所以は、昔、阿曇連百足等、先に難波の浦上に居りき。後此の浦上に遷り来けり」（『播磨風土記』揖保条）とあるところが問題だったのでございまして、この海峡国家の倭の安羅の水軍が「かつて居た」という難波（難波という地名自体が、そもそも、金官系の植民地でもございました丹後の余謝・余曽からの地名遷移だったのですし）の「浦上」とは、実は、日本列島のことではなく、古代朝鮮語では「浦＝カラ」ですので、この文は「伽羅」のことを暗示していたのであり、朝鮮南部のかつての「浦上八国」の「浦上＝カラサシ＝ポサン釜山」のことを指していたのです（倭の内乱の「場所」とも関連してまいりますでしょ。このことにつきましては、一〇1）。

この西部播磨の「縄の浦＝那波の浦」の辺りには巨大な「輿塚古墳」（御津町）、「みかんのへた古墳」（赤穂市）のみならず、四世紀後半の大型古墳である「佐方裏山古墳」や五世紀後半の「池の内大塚古墳」、六世紀前半の「陸狐塚古墳」などもありまして、これらは「日本国」成立以前の、「倭国」支配下の「海部＝ニギハヤヒ＝物部氏」系の国造の墓か、又は、それらの海人を統率していた倭国の海軍長官の阿曇氏の墓であったのです。

因みに、「大三輪氏の系図」の中には阿田賀田須命という人

（一七6）が見られますが、ここには「宗像朝臣等之祖」（『三輪高宮家系』）と記されておりますところからも、ここにも「倭の水軍の主」の宗像氏の一派の名が、「阿田」（安ダ＝安那＝安耶＝安羅）でもあったことが示されておりまして、「宗像氏＝安羅＝倭」であり、このことは、「卑彌呼＝大物主家の公孫度（タク＝卓）の娘」かつ「安羅＝倭」の女王であったことを暗示していてくれたのです。

2、大伴談（継体天皇）が百済に朝鮮半島の領土を割譲した

（1）「日本の天皇及び皇太子、皇子ともに没す」とは、朝鮮半島での「金官王＝倭王」蘇我氏の滅亡だった

さて、今までのは前座でして、ここからいよいよ「磐井の乱」の本命に迫っていきたいと思います。まずは、磐井の乱の実体が、決して日本列島の九州などで起きたことではなく、それが「倭の一部であった朝鮮半島からの撤退」を意味していたのだということにつきまして、日本紀自体の中から、次の六つの疑問点を拾ってアナタに説明してみたいと思います。

イ、磐井の叛乱（継体二十一年〔五二七〕〜継体二十二年〔五二八〕）の後、近江毛野（けぬ）が安羅に派遣されていること（五二九年）。

ロ、そのとき同行し交渉しておりますのが、河内馬飼の御狩（みかり）という近江の従者で、この人が荒籠（あらこ）の一族であったこと。

ハ、この人が「継体（オホド）＝安羅王」の唯一の河内にいた知人、かつ、部下でもあったこと。

ニ、安羅に命じて造らせたという高殿（安羅王宮）には、右の毛野と御狩と安羅の国主（国王）の三人しか自由に昇殿出来なかったこと。

ホ、百済王の使者ですら、王宮の下の庭で待たされていること。

ヘ、近江毛野が外交交渉におきまして百済新羅の国王（コンキレベルを招聘しようとしたほど、毛野氏にはその二国（百済・新羅）と同等の力が認められていること（継体紀二十三年〔五二九〕四月）、

これらの日本国の正史・日本紀の表現を総合いたしますと、実は、これらの話の内容とは「逆」に、この倭国自体が安羅（あら）と同一体であったことが浮かび上がって来てしまうのです。

磐井の乱の「実体」というものが「倭の朝鮮半島からの撤退」であったが故に、大伴談が五一二年に「上哆唎（おこしたり）、下哆唎（おろしたり）（アルシタリ。哆唎は金官〔倭〕の穂積氏の領土）、娑陀（さた）、牟婁（むろ）の任那四県を百済に割譲した」（継体紀六年〔五一二〕十二月）とあることにつきましても、その真相は、その頃は南韓に本拠があった大伴談のモデルである「倭王・安羅王」が、当時は「朝鮮半島の自分の国の一部を半ば強制され外交上の必要から自分で百済に譲った」（但し、当時の国際情勢に照らして考えますと、この平安日本紀での譲渡の先〔その真相〕は、必ずしも百済ではなく、次に述べますように「新羅・他の伴跛などの伽耶」だった可能性も十

分あるのです（特に、この四県割譲の後に割譲いたしました「己汶」や「帯沙」など。後述））ということに過ぎなかったのです。

つまり、朝鮮半島南西部の上・下の哆唎国の「国守」の穂積臣押山（王女を25武寧王に嫁がせております）が上奏し、大伴大連金村がそれを認めたので、これを五一二年に百済に割譲したとされてはおりますが、この穂積の「穂＝ホ＝コ」は、金官（倭）王妃の許氏の姓と同じでありますし、かつ、「押＝オシ＝忍＝余曽＝与謝」は金官国の別名でもあり（「忍＝オシ＝オホシ＝大」であり「大伽耶＝金官伽羅」、よって「忍＝余曽＝与謝」＝「金官伽羅」ということにつき、二一5他）、更に、大伴金村は「安羅王＝安閑大王のモデル」なのですから――大伴という名は「大＝王」「伴＝ハン＝韓」で、つまり「大韓王」でもあることをも表していたのです。ここで、27安閑大王が大伴氏でありましたことの証拠をアナタにお見せいたしましょう。大伴氏には、始祖の天忍日を始め、日ノ臣や武（建）日など、その名の終わりに「日＝ヒ」が付く人が特に多く見られことがその一つの特色となっております。このことと、安閑大王の和名が勾大兄広国「押」武金「日」と、そこには「忍＝オシ＝大」が入っておりますと共に、「――日」で終わっていることと相まちまして、安閑大王が倭王かつ大伴氏であることの暗示ともなっていたのです。勿論、安閑大王のモデルは大伴金村（「安羅＝倭」王の安）のことだったのです（別述）。「大＝忍＝オシ伽耶」の盟主は、金官が新羅に滅ぼされました五三二年以降、五六二年の安羅の朝鮮半島からの撤退までの間は、金官から安羅へと代わっていたからなのです――かようにいたしまして、この任那四県の国土の割譲の真相は、伽耶の人々が自らの領土を百済・新羅等に与えた（百済・新羅等が奪った）ということに過ぎなかったのです。

ですから、後、七世紀後半になって（日本紀では六六三年とされております白村江の役）から列島に侵入してまいりまして、その「倭国」（安羅＋金官）＋それらの二国の従属国たる「秦王国」の三国を征服いたしました「新羅系の奈良朝の大王家（支配者）」の作った日本紀や、又は、その後八世紀になってから、その新羅系大王家の人々を、更に、クーデターによって征圧いたしました「百済系の平安朝の大王家（支配者）」などの指示に従い「作文」として史が書かせられました歴史物語としての日本紀（前者が奈良紀であり、後者が、今日までアナタの前に伝わっております平安紀なのです）上におきまして、「倭王（大伴氏＝安羅王）の、百済への（真相は、新羅・他の伽耶への割譲をも含みます）〈任那四県〉の割譲」のことなどが、誰からも「非難」される筋合いなど毛頭無い（逆に、真相は百済が奪ったのですから、尚更だったのです）ことだったのです。

＊日本紀上では大伴金村が非難の対象とされてしまってはおりますが……お気の毒に。後述。

さて、翌五一三年の「己汶・帯沙」の地の譲渡につきましての事情も、右と全く同じだったのです（帯沙は、蟾〔ヒキガエル〕津江の周辺、己汶は、その西北方向）。

これらの出来事につきまして、主として朝鮮側の資料——とは申しましても、その原本は既に失われ、日本紀に引用してございますものが主なのですが。「百済本紀」（『三国史記』の一つ）よりも古いと言われております、百済の逸史（『百済記』『百済新撰』『百済本記』）の中には、百済人により亡命後の「日本で作られている」部分も見受けられますので、アナタもこの点にはよーく注意してください——や、主として日本紀以外の日本列島側の資料などと比較して整理して、私の考えが果たして根拠のないものなのかどうかという点につきまして、アナタとともに次にじっくり検証してまいりたいと存じます。

◎任那四県（朝鮮半島西南部）上哆唎、下哆唎、沙陀及び牟婁の四県が、大伴金村の賛成により百済に割譲されることになり、物部大連麁鹿火がその使者にならされそうになったときに、妻が「後世いつまでも非難を受けますよ」と反対して諫めた（五一二年〔継体六〕『物部家伝』）。

◎伴跛国（星州伽耶。本彼。弁辰の彌邪馬〔ミ・ウ・イエ・マア〕＝高霊伽耶との考えも可能です〔以下同〕）が奪った、右四県の東北に位置する己紋国と東南に位置する帯沙国を百済に割譲（五一三年〔継体七〕『百済本記』）。

＊尚、継体紀七年七月条では、百済へ与えたのは己紋のみとされております。十一月条の記載は、右の『百済本記』と同じです。

◎伴跛国が帯沙国などの割譲を阻止した（五一四年〔継体八、九〕『百済本記』）。

◎この己紋国と帯沙国が新羅に略取されてしまった（五二〇年以前）。

◎新羅の支援を受けた筑紫国造の「磐井が叛乱」した（五二七年〔継体二十一〕『物部家伝』。七6）。

＊右の伴跛の行動が新羅（場合により百済）の差し金であるといたしますと、これも「磐井の乱」のモデルの一つに組み込まれているかもしれないのです（後述）。

◎『古事記』による継体大王の薨去（丁未＝五二七年四月九日）

＊因みに『日本紀』本文では、丁未は年ではなく死んだ「月日」に過ぎないとされております。

◎磐井を斬殺し、子の葛子が糟谷屯倉を献じて死を免れた（五二八年〔継体二十二〕『日本紀』）。

◎磐井が自害した（五二八年、『筑後国風土記』。一一1）。しかし「蹤を失ひき」ともあり。

◎任那王の己能末多干岐（木氏）が新羅の侵攻を大伴金村に訴えた（五二九年〔継体二十三〕『大伴家伝』）。

◎新羅に任那・金官などの四村を占領された（五二九年『百済本記』）。

◎近江毛野臣が、新羅・百済の任那侵攻を阻止出来なくて、金官・背伐・安多・委陀を掠め取られた。一本に云わく、それは多々羅・須那羅・和多・費智である（五二九年〔継体二十三〕『日本紀』）。

◎新羅と百済が伽羅を侵略し五城を奪った（五三〇年〔継体二十

四〕『百済本記』）。

◎この年（辛亥年）、日本の天皇及び太子、皇子ともに没する（辛亥〔かのとのゐ〕年説。五三一年〔継体二十五年「二月七日＝丁未」〕、辛亥『百済本記』。一四2）。

＊この当時は「倭国」であり、「日本国」「日本」というのは天武天皇（六七二年以降）より後でしか存在しない言葉なのですから、『百済本記』における文言の改竄が明白です。『古事記』では、「丁未」は「月日」ではなく薨去の「年」としております。次の「或本」の甲寅五三四年と三年のズレ有り。

しかも、この『百済本記』の考えによりますと、安閑も宣化も大王になる前に死んでしまったことになり、そういたしますと、日本紀での次の安閑の即位、宣化の即位は、共にあり得ないことになってしまうのですが……（後述）。それとも、この時死んだのは安閑・宣化ではなかったからなのか（これも大王系図の改竄の証拠）。

◎任那の金官国が新羅に奪われた（五三二年、梁の武帝の中大通四年、『駕洛国記』引用『開皇録』）。

◎「或本」による男大迹（ヲホド＝継体大王）の崩り（甲寅年説。五三四年〔継体二十八年〕、甲寅・キノエトラニヤドルトシ）。

＊この年は「安閑紀」による即位の年（太歳甲寅）。

前述の『百済本記』の「辛亥説」を採りますと、大王位に二年間の「空位」が存在することになってまいります。

◎大伴金村が任那四県百済割譲（五一二年）のことで失脚する（五四〇年〔欽明元〕『物部家伝』）。

◎任那の安羅国が新羅に奪われた（五六二年、「新羅本紀」、『駕洛国記』、欽明二十三年正月、『日本紀』）。

◎紀男麻呂宿禰を任那に派遣し哆唎より出て、新羅と戦った（五六二年〔欽明二十三〕七月『日本紀』）。

◎法興王（とはいっても真興王の時代）大兵を以って阿戸良国（阿那伽耶）を滅ぼす（五六二年『三国史記』雑志地理一康州咸安郡）。

◎新羅・真興王が各地に「巡狩管境碑」をこの頃建てる（五六二年。二8）。

＊新羅が、倭の主体でありました金官・安羅を朝鮮半島部から追い出した。

こうした東洋史の一連の流れ（四七五年頃最大〔二6、7〕でありました伽耶〔倭〕が、五一三年から百済・新羅に侵されて縮小してゆき、つまり、その時から「五十年後」の五六二年には、「朝鮮半島での全ての領土を失ってしまった」〔海峡国家ではなくなってしまった〕こと）の中の「体系上の位置」の分析という点から、所謂「磐井の叛乱」というものを見ていかなければなりませんが、そういたしますと、五三一年（辛亥）の「継体大王の死」（これも三年ズレがあります。不安定ゆえに）というのは、実は五二八年の日本紀上の倭王の「磐井の死」とのダブルイメージだった可能性が大なのです。何故なら、私の考えでは継体（大伴談がモデル）も磐井も、共に「倭王＝安羅」家なのですから。つまり、平安（現行）日本紀では、海峡国家の同じ倭王を、日本列島だけにおける大王としてしまい、かつ、倭王家を継体大王と筑紫君磐井とに「二分して」書いてしまっていることが判って来るのです。

＊尚、日本国内における倭王家の蘇我氏と大伴氏への更なる「二分化」と「大化の改新」のストーリーの作成につきましては七4、一二2。

このように、一人を多くの人々に分裂させることも（蘇我氏と大伴氏）、又逆に、多くの人々から一人を作り上げることも（聖徳太子）、共に日本紀の作者の「十八番」だったのです（一二4、3、2）。

さて、そういたしますと、これらのことから、次のことが浮かび上がって来る筈なのです。「五三一年に金官が新羅に奪われた」（『開皇録』）ということは、五二九年の任那・金官が新羅に奪われたということ、つまり、記録上では、五二九年任那王の己能末多干岐が新羅の侵攻を大伴金村に訴えた（継体二十三年『大伴家伝』）、五二九年新羅に任那・金官などの四村を占領された（『百済本記』）、五二九年近江毛野臣が、新羅・百済の任那侵攻を阻止出来なくて、金官・背伐・安多・委陀を掠め取られた。一本に云わく、それは多々羅・須那羅・和多・費智である（継体紀二十三年）と皆同じことだったのでありまして、かつ、「五三〇年に伽耶が、新羅と百済に侵略された」（『百済本記』）ということとも、記録上では、五三〇年新羅と百済が伽羅を侵略し、五城が奪われた（継体二十四年『百済本記』）ということと同じことだったのです。

＊六世紀における伽耶（倭）の弱体化と百済の優位性を示す証拠といたしましては、百済は「任那復興会議」（欽明紀二年〔五四一〕四月、欽明五年〔五四四〕十一月）で主導権を取るとともに、下韓・南韓（倭）の地に「郡令」や「城主」を置いておりますことが挙げられます。

そういたしますと、面白いことに、日本紀上これらの「五二九年と五三一年の出来事」の「間」に、正に、五三一年の「日本の天皇（継体）及び太子、皇子ともに死す」という事件が起きているのですから、「このとき滅ぼされた日本の王」とは、必然的に海峡国家である「金官国＝倭国」の王（蘇我氏）のこと「以外」ではありえないということになって来ざるを得ないからなのです。ここが古代史の謎の解明のキーポイントの一つでもあったのです。

これら朝鮮半島での「一連の出来事のマトメ」といたしまして、「磐井の乱」という名の下に形を変え、集約され、日本紀上にストーリー化されて記載されていたのです。ですから、「継体大王の死」が日本列島の史料と朝鮮の史料とで（アナタや多くの学者を今まで悩ませ続けてまいりましたように）マチマチだったのは、実は、そのためだったことに、もっと早く気が付かなければいけなかったのです。

（2）新羅との戦いで継体天皇は新羅に殺された――海峡国家倭の日本列島のみへの縮小

継体大王の死は、継体二十五年辛亥（シンガイ＝カノトノイニヤドルトシ）年（五三一年）磐余玉穂宮にて崩り（『日本紀』所引の『百済本記』）。このとき、何と！八十二歳とされております（可笑しいナァ）。

しかし、継体大王の死んだとされております（二一6）この同じ年に、欽明大王が即位（『上宮聖徳法王帝記』〔説ではなく「記」が正しい〕）したとの考え（この考えにより、欽明の在位の年数が四十一年間辛卯年四月崩とされております。これは継体大王崩御の年に欽明大王が即位したと、この書の編者〔不明〕が考えまして、欽明大王の在位期間を四十一年と記しましたので、後世この帝説を読んだ者が、これは誤りであると考え、この本文の「四十一年」を塗抹して、その右傍に「三十二年」と加筆しております。つまり、「四十一」〔卌一年〕を塗抹し、右傍に別筆で「王代云卅二、文」〔『知恩院本』〕と、つまり「四十一」が「三十二」と訂正が付加されていたのです）もございまして、そういたしますと、安閑・宣化両大王（天皇）の治世が全く存在しないということにもなってしまうからなのです。

＊これらの不都合が何故生じたのかと申しますと、それは取りも直さず、平安期の大王（天皇）系図作成の際、その基礎（モデル）といたしました百済王系図の途中を切って、継体・安閑・宣化という安羅（倭）系の三代の王系図を、その間に挿入したことに起因するものだったのです（二〇2、三一2など）。

「百済本記為文。其文云太歳辛亥三月軍進于安羅営乞乇城。是月高麗弑其王安」（継体紀二十五年十二月所引）

――百済本記を取りて文を為れるなり。其の文に云へらく、太歳辛亥の三月に、軍進みて安羅に至りて乞乇城を営る。

＊これを素直にそのまま読めば、「倭＝安羅＝大伴氏」が、五三一年に百済に侵略されたということになりますよ。

とございますが、実は、この後半部分は「高句麗の安蔵王」が五月に死んだこと（『三国史記』高句麗本紀、五三一年）ではなく、同じ「安」という漢字が使われておりますことに悪乗りいたしまして「安羅王＝倭王」の死をゴマカシてしまっていたのでありまして、その真相はと申しますと、これはズバリ、大伴氏の「倭王＝安羅王」の死（継体紀二十五年所引）のことを意味していたのです。

ここで死んだのは、高句麗王「安」ではなく、「安羅王・安＝大伴金村＝安閑大王」の「安」のことだったのです。更に、先程の引用の『百済本記』には、その次に

「又聞日本天皇及太子皇子倶崩薨」（継体紀二十五年所引

――又聞く、日本の天皇及び太子・皇子、倶に崩薨りましぬといへり。

＊早い話が、継体・安閑・宣化の全員が、いっぺんに死んでしまったといっているのです。

という文章が記されておりますので、正にここには、ズバリ、安

羅、即ち倭の王家の崩壊のことも「ダブルイメージ」で書かれていたのです。

早い話がここで宣化も死んで、「倭王＝安羅王」家は、朝鮮半島「では」全て滅んでしまったのだよと言っていたのです。

単に「安」の字が同じだからといって、この文章の前後の脈絡をも考えず、わざわざ遥か北方の遠いところに存在していた「高句麗の王の死」のことなどに繋げて考えることこそ、不自然だったのです。アナタは、アカデミズムの考えにとらわれず、ご自分の頭で考えて下さいね。

これがどうしてこうなってしまったのかと申しますと、百済の亡命人の末裔が、日本列島におきまして平安朝に日本紀を改竄いたしましたときに、高句麗の22安蔵王（興安）の死（五三一年）とこの倭王の「安」の暗殺が「同年」であったことを奇貨といたしまして、ちょいと、『百済本記』の原本には在りもしない「高麗」の二文字を「加えて」しまって引用する形にしてしまうことによりまして、つまり、『百済本記』というそのとき既に、殆ど全文が存在しないという状況に近かった逸書の中身に、勝手に日本における亡命百済人が一部工作することによりまして、平安日本紀上におきまして、偶々同年に起きておりました倭王安の暗殺と高句麗王の死と巧みに「差し替え」てしまい、倭（安羅）王の存在自体とその死をも判らなく（カモフラージュ）させてしまっていたのです。

このような斬新な発想で考えてまいりますと、これらの五二八年の磐井の死から五三一年の金官滅亡までの六件の似たような右の事件は、実は、「皆同じ一連の事件」の別の角度からの表現に過ぎなかったのだと、アナタは考えなければいけなかったのです。

実は、このとき継体大王が朝鮮半島で暗殺・死亡いたしましたことにつきましては、次のような証拠が「大伴氏の系図」の中にもちゃんと記されていたのです。「談連公（朝倉大宮朝征新羅之戦役於彼地戦死）」（『古屋家家譜（ふるやけかふ）』。一五1）

＊因みに、アカデミズムの一部には、継体大王の出自が息長氏であるとする考えもございますが（四3）、私の考えでは「継体大王＝安羅（倭）王の大伴談（かたり）」ですし、「神功皇后＝息長足姫（おきながたらし）」は「息長＝キジャン＝朝鮮半島東南部の地名の機張」で、その出自の地名からも伽耶（倭）の王女を表しておりましたから、継体大王が息長氏の出自でございましても、共に海峡国家倭の構成メンバーですので、一向に構わないどころか、その方がより真相に近かったとも言えるのです。

さて、「大伴談（かたり）＝継体大王のモデル」ですので、このように継体大王が海峡国家「倭＝安羅」王家の人であり、朝鮮半島での新羅との戦いで死んだということをこの系図はちゃんとアナタに示していてくれたのです。

勿論、このことは日本紀の中にも次のように記されております。

「是夕、大伴談連及紀岡前来目連、皆力闘而死」（雄略紀九年五月条）

つまり、これらのことは、「安羅＝倭」が朝鮮半島で滅ぼされたことを暗示していたのです（但し、各大王・天皇系図は「縦に合体」されておりますので、この雄略九年という年代を、そのまま西暦に直してはいけませんよ――念のため。三二）。

実は、この六世紀の頃の「任那＝倭＝安羅（大伴氏）＋金官（蘇我氏）」は、東の新羅からも、西の百済からも、徐々にその領土を侵略されて「縮小」していったということを、これらのことは意味していたのです（倭の縮小）。

後の百済系天皇家は、その支配下で作らせました平安紀におきまして、百済の「侵略」ということを、逆に百済への「割譲」という風に、その趣旨を百八十度も変えて記させてしまい、自分が「いい子」になってしまっておりましたので、それで今日までアナタはこの重大な歴史改竄を見抜くことが出来なかったのです。

さて、そういたしますと、五二九年の「任那のキノマタカンキが大伴金村に新羅の侵攻を知らせた」ということは、倭国連合の主要なメンバーの一つでありましたところの、「キ＝木」氏でもございます、金官王の「後の」蘇我氏（二8）が、同じく倭国のメンバーでありましたところの、日本列島又は、朝鮮半島の安羅の本拠の咸安におりました「大伴氏＝安羅王」に対し、朝鮮半島での倭の一部、つまり自国の金官が、新羅によって滅ぼされた、又は、今将に滅ぼされつつあるということを知らせて「救援」を求めた伝令が、その基となったモデルであったということに他ならなかったのです。

これは、近江臣毛野が、新羅（日本紀では、百済をも含めておりますが）の任那への侵略の阻止に失敗してしまったということが、正直に記されていた、ということなのです（継体紀二十三年〔五二九〕）。

このように考えてまいりますと、「私の考え」と「朝鮮史・日本紀」とは、その全てが見事に一致して来るのではないでしょうか。

朝鮮史と日本列島史とを、「人史学」的に照合いたしまして、アナタはもっと早くにこういう風に「磐井の叛乱」の真相（朝鮮半島での倭の滅亡）に至るまで読み込まなければいけなかったのですよ。

但し、この辛亥のとき、継体・安閑・宣化の三人が死んだとされてはおりますが、このとき殺されたのは、前述のように、日本紀での「継体大王のモデル」とされました大伴談のことではなく、「安閑大王のモデル」の大伴金村（安羅王・安）か、又は、「宣化大王のモデル」でありましたところの大伴歌（うた）、その三者全部（金官王の蘇我氏は勿論のこと）であった可能性があるのです。

これらの一連のことは、とりもなおさず、朝鮮半島と九州の倭国との「干支紀年法」の違い（差）を利用しての、巧みな日本紀及び他の史書における改竄の結果であったということが、これでよくアナタにもよくお判りになられたことと存じます（倭＝「金官＋安羅」のダブル滅亡→磐井の乱の正体）。

＊因みに、磐井が倭王（安羅王）で、かつ、大伴氏であったとする私の立場からは、ここに大変興味深いものがございます。

と申しますのも、「磐井の乱」の起きた年（五二七年丁未）に、新羅系の史書である『古事記』では、継体大王が死んだ（四十三歳）とされているからなのです。継体大王のモデルは大伴談ですので、この翌年に死んだとされております磐井もほぼ同じ年であるのみならず、干支紀年法を異にするならばこの二つは同一年のことであったことになりますし、しかも同じ「倭王＝安羅王＝大伴氏」でもございますので、私の考えともピッタリだったのです。

この点につきましては、『古事記』の方がより真実に近く、そう致しますと、継体大王の死につきましての『百済本記』の「辛亥（五三一年）」の引用や、「或本（あるふみ）」の「甲寅（五三四年）」というのは、アナタへの目晦（めくら）ましに過ぎなかったのカモよ。

それに、そもそもが、アナタ、『日本紀』が引用致します『百済本記』が、仮令そう言っていたと致しましても（それも実は眉唾物なのですが）、その文の分析からも、これが「五三一年の出来事」だったとは何処にも一言も書いてはいなかったことが判るからなのです。

と申しますのも、『百済本記』には「安羅……日本天皇及太子皇子倶崩薨」と記し、その崩薨（かむさ）りましたのが「辛亥年」だとまでは言っているのですが、更に、それが「当継体廿五年」だとまでは一言も言っておらず、それは「日本紀作者の私的な感想」に過ぎなかったからなのです。

その証拠は、その後に、割注で記されておりました「後勘校者知之也＝後に校閲する人は知るだろう」という日本紀ライターの正直過ぎる呟（つぶや）き（ボヤキ）です。

アナタがこの日本紀の「本文」とライターの「感想」とをゴッチャにしないで分析が出来たならば、こんなアカデミズムの誤り（不十分さ）は一発で見抜けることだったのです。

『百済本記』の言っていることをマトメますと、「辛亥年だった」と言っているだけなのでして、決して、それが「継体二十五年＝五三一年」だということまでは、ちっとも言ってはいなかったのですよ（目から鱗でしょ）。

アカデミズムの人達、学生に教えているのですから、これからは「眼光紙背に徹す」で原典をよ～く見て読んで頂戴よ（誤導禁止）。

それにアナタ、前述のように「丁未」が古事記では継体大王の薨去の「年」のことだとし、日本紀本文の方では「月日」のことだとしているのも（歳次・太歳は辛亥）、両方ともこりゃ怪しいよネ（真相の改竄と、更に、その写し間違いまでもが、ここでいっぺんにバレてしまっていたノダ）。

このように、男大迹（をほど）（継体大王）の死が、倭国のある史書では継体二十八年甲寅説（五三四年）だと言っていながら、外国である百済の正史（しかも、それは逸史）を引用して、継体二十五年辛亥説（五三一年）だとの考え（大王位の二年の空位）を日本紀の作者が採用しておりますことは、正にここに、倭国の王の空位（つまり、これは、改竄の結果の空位だったのです）の点などは考えもせずに平安（現行）日本紀が百済史ベッタリ（一一3）でありまして（一三3）、その天皇・大王系図が百済史の「翻訳」を中心とする折衷・改竄に過ぎなかったということを図らずも物語ってしまっていたのです。

＊但し、どちらかと言えば、朝鮮史の『百済本記』のいう、継体の在位二十五年辛亥、五三一年頃の死（安閑とは空位三年有り）が正しかったのでしょうが、やっぱり、今申し上げましたように、疑問が払い去れません。

自国の歴史でありながら、このように、一事が万事、百済史ベッタリであるが故に、日本紀の作者は「後勘校者（のちにかむがへむひと）、知之也（しらむ）」などと、実に優柔不断な（かつ、無責任な、反省ともボヤキともとれるような）態度をとらざるを得なかったのです（ちゃんと「ノチニカンガヘムヒト＝私」が、事件の千五百年後に「知り＝判読いたし」ましたけれど……）。

尚、「大伴歌とその子孫が、暫くの間系図上ハッキリしていない」ということ（詳しくは、この後直ぐに）は、「日本の天皇及び太子、皇子ともに没する」（『百済本記』）ということと全く同じ価値のことが、五六二年に、そのモデルとされました朝鮮半島の倭国・安羅国でも生じておりまして（ですから、「ダブルで」と先程申し上げました）、その結果、この同じ年に安羅までが、日本列島の分国に亡命（かつての祖先の卑彌呼を追うようにいたしまして）せざるを得なかった（つまり、海峡国家倭国の列島のみへの縮小）ことの表れだったのであり、これが日本紀上におきましては「大伴歌＝宣化大王」の死（但し、朝鮮半島での）と表現されていたことの真相だったと考えれば、その全てがちゃんと整合していることが判って来るのです。

尚、この正に南韓での激動の時期におけます日羅という人物の死（五三八年）には重大な問題が隠されていたのです（一五10必読）。

（3）百済王系図の中に挿入された継体・安閑・宣化の安羅王＝倭王——大化の改新を作り出した目的

さて、「25武烈→26継体間」の「百済系から安羅（倭）系へ」と繋がれた大王系図の継続が架空であったのと同じく、その後の、「28宣化→29欽明間」の「安羅（倭）系から、再び百済系へ」と繋がれた（戻した）大王系図の継続も又架空であったこと、つまり、百済の大王（天皇）系図の途中に「継体・安閑・宣化」の大王系図が　挿入されてしまっておりますことを暗示していた証拠といたしまして、次のような「矛盾を示すもの」を挙げておきましょう。

＊因みに、その前提といたしまして、私は、継体大王のモデルは大伴談、安閑大王のモデルは大伴金村（安羅王安）、宣化大王のモデルは大伴歌と考えております。

ある系図（朝廷側の正史）におきましては、大伴室屋（祖父）、談（父）、金村（子）、歌（孫）（『伴氏系図』『新撰姓氏録』）と続きますのに対しまして、又、ある系図におきましては、大伴室屋

（兄）、談（弟）、金村（室屋の子）（『甲斐国一之宮浅間神社誌』付載の『古屋家家譜』）というものもございまして、前者（『姓氏録』）では、金村（安閑）は室屋の「孫」となっているのに対しまして、後者（『古屋家家譜』）では、金村（安閑）は室屋の「子」、かつ、談（継体）の「甥」となっているのです。可笑しいでしょ。

しかも、『古屋家家譜』では、歌（宣化）は金村（安閑）の「弟」（姓氏録）ではなく、「子」となっておりまして、正史とは整合しないのみならず、金村（安閑）の「子」は、大伴磐・狭手彦・糠手古・阿被布子・宇遅古となっておりまして、そこには歌（宣化）という「子」が見当たらないからなのです（それとも、金村の弟の御物か若古（わかこ）が、それに相当するのでしょうか）。

このように、実は、安閑と宣化とは兄弟ではなかった（！）ということも判って来るのです（「歌＝宣化」の系図はハッキリしないことにつき、前述）。

ここで大伴氏が、実は「倭王」でありましたことの実質的な証拠を加えておきましょう。17履中大王（モデルは百済20毗有王。即位四二七年）から28宣化大王（モデルは安羅王・大伴歌。即位六世紀初め）までの間の政治の最高責任者（総理大臣格）は、表現上は「大臣系」の平群氏、葛城（円）氏、許（巨）勢（大男）氏及び「大連系」の大伴氏、物部氏となってはいるのですが、しかしながら、日本紀の内容の実質的な分析からは、「大臣系」の事跡はと申しましても、葛城と平群との反乱などの紛争が中心でございまして、実質的な政治の記載は大変少ないということに気が付きます。

つまり、具体的に内容の「ある」ものの殆どは、次のような大伴室屋（例えば、安閑紀元年十二月条）や大伴金村（例えば、継体大王即位前紀元年正月・二月条）などの「大連系のみ」に見られることなのでございまして、と言うことは、「大臣系＝蘇我氏」の総理大臣は、実は、歴史物語上の架空の存在であったということでございまして、そういたしますと、正史の記載上の大「連」系の大伴大連や物部大連こそが、古い時代の総理大臣格、つまり、大王家としての倭の支配者であったことを示していたこと（平安紀の台本ともなりました「百済王＝物部氏」と、それに加えますに「倭王＝安羅王＝大伴氏」）になるのです。

大伴氏こそが「倭王＝安羅王」であり、つまり、「大連と大臣の両方の実権」を握っておりましたこと（五三一～六三二年）（つまり、王権自体を持っていたこと）は、橘姫を立后いたしました年に、何と！大伴宿禰真鳥任大臣、同月大伴宿禰室屋任大連（『扶桑略記』雄略元年十一月）とございますように、大伴氏が大臣と大連との「両方」に任命されて支配権を一人占めしておりますことからも窺われることだったのです。

しかし、この点は、改竄のチェックが徹底いたしました正史日本紀・同条の方には見られません（やっぱり）。

このように、やっぱり大伴氏は「大連」かつ「大臣」、つまり実質倭王であったことが判るのです。

そしてこのことは、大伴金村が、河内三野県主小根から「我君（わがきみ）」

（清寧即位前紀二十三年八月）と「連」系でありながら、独立君主格の「君」呼ばわりされていたことに、端的に表されていた（漏れていた）のです（「大伴金村＝安羅王・安」）。

＊つまり、日本紀上にそれまで記載されておりました「大臣」系の執政官は、実は不存在であったのです（これは「倭国＝金官国」や「倭国＝安羅国」という倭国に、かつて実在した「王＝蘇我氏＋大伴氏」を、新しく創られた「日本国」の記述の中に引用して書かれていた記事に過ぎなかったのです）。ということですので、単にその真相に合わせ、倭王家（蘇我氏＋大伴氏）から蘇我だけを分離し（「大化の改新」で蘇我宗本家を抹消しております）、以後は大伴氏だけを残す形にしたのです（別述）。ですから、「大化の改新」の創作の「目的」の一つも、「大臣（架空）と大連」という六四五年までの「二人」の執政官制から、それ以後の日本紀の記述を「一人」の執政官制へと変える（本来に戻す）ことにするための、何らかのアクシデントを作り上げるという必要性にございました（一方の抹殺。七４）。このように、倭国に実在した王で、朝鮮半島では既に五三二年に滅んでしまって、それ以降は日本列島に引き篭ってしまいました蘇我「大臣」家（金官伽羅王家）の宗家を、平安日本紀上この六四五年の時点からは（つまり、それまでは大臣レベルに下げて存在しておりましたこととして、ここで）抹消してしまっていたのです。

一見態と中国の『芸文類聚』（武部の戦伐・将帥条）の諸書を繋ぎ合わせ、語順や人名・地名を変えたものだとアナタに思わせて、軽くフリー・パスさせようと日本紀の作者が目論見ました次の物部麁鹿火（あらかひ）が磐井を伐った辺りで発言したと記されておりました文言の中にこそ、実は、磐井が大伴氏であり、かつ、倭王（安羅王）でもございましたことを示すヒントが隠されていたのです。

「在昔道臣、爰及室屋、助帝而罰」（継体紀二十一年〔五二七〕八月）

――昔、大伴氏の祖の「道臣＝日臣」より、ここに大伴室屋（大伴金村の祖父）に及（いた）るまでに、帝を助（まも）りて罰（う）つ。

というのがそれでして、何故ここに大伴氏を讃える文言が入っていたのかが問題だったからなのです（因みに、道臣は卑彌呼の弟の公孫康のことですし、室屋は「継体大王＝大伴談」の父だからなのです）。

尚、「大伴氏＝倭王＝安羅王＝天日矛」の紀伊国への侵入と大伴氏系図の分析につきましては、一五1を是非ご覧下さい。

（４）「平非王」で繋いだ『上宮記』逸文の父方の天皇系図への疑問
――母方の系図は継体天皇が安羅王であったことを示していた

因みに、継体は「応神の五世の孫」とされておりますが、日本紀では「フタマタ王」（一世）と「ヒコウシ王」（四世）との間の「三世」を記しておりませんし、又、古事記の方はといえば、「オホド王」（二世）までは記しておりますが、それ以下（三世～四世）を記しておりませんので、この点につき、一見して判り易いように、アナタのために「私こと歴史探偵」が図にいたしますと、次のようになります。

応神――フタマタ――○――●――ヒコウシ――継体（日本紀）
応神――フタマタ――オホホド――●――○――継体（古事記）

＊如何です。このように「●＝三世」が、記紀共に不明であり、大王系図上明らかな「断絶」がございます（このことは、「紀」のみならず「記」も連動して改竄されておりましたことをも、如実に物語っていてくれたのです。二一4）。

大王（天皇）系図につきましては「歴代を示す」という原則に、明白に「紀」も「記」も違反して記しておりまして、このことが一体「何を意味している」のかと申しますと、早い話が、応神と継体との間には、大王系図上、何らの関係も無かったからということ（つまり、「万世一系」ではなかったことの証拠の一つ）を、正史自ら示していてくれたのです（百済王系図の間に、金官王系図と安羅王系図の挿入による、大王系図の継ぎ接ぎ）。

＊この点、卜部兼方の『釈日本紀』所引の『上宮記』逸文（一云）では、右の記紀では不明であった「●＝三世」につきまして、「意富々等王（大ホド。太郎子）娶中斯知命生児乎非王」と記されておりますところからも、この「●＝三世」が「乎非王＝ヲヒ王」（母中斯知命）と呼ばれていたことが判りまして、一応、応神からその五世の孫とされております継体（乎富等大公王＝ヲホド＝小ホド。男大迹）までの間の「四人の系図上の名」が整っては来るのですが、この記紀で欠けた三世の孫の名を補うために、後世この「●＝三世」の部分だけが新たに作られた可能性も否定できないと共に、次に申し上げます理由からも、この引用の記載だけでは不十分であり措信し難いと申せます。と申しますのも、後世の「令」では「天皇の五世までを皇親」としておりますので、この「令」が作られた頃に至り、「令」に合わせて「五世の孫」の「●＝三世」の部分が新たに作られたものと考えます。更に、この『上宮記』逸文（一云）の「用字法」が「天寿国繍帳」と似ておりますところからも（この繍帳が、推古大王の頃のものではないことにつき、別述）、この「天寿国繍帳」と共に、ヲヒ王も後世に創作されたものと思われます。

このように、日本紀と古事記とを比較いたしますと、案外簡単に歴史偽造は見破れるものなのです。法律の世界でも、歴史の世界でも、「比較考量」という理由付けの手法はとても大切なのです。

＊因みに、右の『上宮記』の応神からの父系の系図は問題でも、継体の母系の系図には、大変貴重な証拠が含まれていたのです。アカデミズムは、この点「継体は応神の五世の孫」という馬鹿の一つ覚えの方にばかり気を取られ、母方のほうに思いが至らなかった点が認められるのです。と申しますのも、ここには、継体大王が大伴氏で、かつ、安羅（倭）王であったことが記されていたからなのです。つまり、右の「上宮記」の継体の母方の系図に真実が残されておりました。それは、「継体の母の振

媛」より六代前が偉波津久和希、五代前が偉波智和希、四代前が伊波己里和気と記されており、これらが全て「イハ＝磐」であり、これは倭王の襲名である「磐井＝イハイ」のことを表していたからなのです。こんなところにも、大伴氏がかつて倭王であった証拠が隠されていたことに、アナタは気が付かなければいけなかったのです（継体大王の母方の祖母の「アナニヒメ＝安那〔安羅〕ノ姫」につき、一一1）。

3、「磐井の叛乱」では磐井の方が勝っていた

日本紀には、確かに筑紫の磐井の方が負けたと記されております。

しかし、私は、日本紀は後に何回も改竄（トータルで約十二回）されておりますので、この乱が内容も場所も列島としては架空（ということは、安羅王の大伴金村〔安閑大王のモデル〕の子の磐が「磐井の叛乱」の「磐井＝倭王」ということになってまいります）か、もしそうでないといたしましても、日本紀の通りであるといたしますと、この頃は、時として、新羅や安羅以外の他の伽耶の諸国と組んで百済と戦った磐井（倭王＝安羅王＝大伴氏）の方が、このとき朝鮮半島では勝っていたという可能性すらも考えられなくもありません。

何故かと申しますと、何度も申しますように、歴史物語上のこととは申せ、磐井の子の葛子の免責の条件が余りにも軽過ぎるからなのです（一一1）。

しかもこの頃、海峡国家の一方である熊本県の八女には、倭王の卑彌呼の正統な末裔の磐井の墓（陵）である、巨大な「岩戸山古墳」が造られているからです。

この古墳の「別区」となっております、横にはみ出した四角い衙頭部分に残されておりました石像が、もし、本物か又は、本物の再現であったといたしますと、倭王磐井は、解部（裁判官。『筑後国風土記』逸文）として日本列島で始めて「公開の裁判」を行った聖王であったのかもしれなかったのです。

＊蘇我馬子が九州の有明子のことを表していたのであり、五三二年に朝鮮半島で新羅に滅ぼされた金官王家、つまり蘇我氏や、五六二年に新羅に滅ぼされた安羅王家、つまり大伴氏が、この頃朝鮮半島から主力を引き上げ、九州から本州を東行する様子を捉えたものと致しましては次の考古学的証拠が挙げられます。まずは、出雲等の山陰で作られました石棺式石室の中で一番古い古天神古墳や伊賀見古墳（島根県）のものと、九州八代海沿岸の宇賀岳古墳との交流が見られることが挙げられます（源流は肥後）。

出雲の安来（＝安羅来）の直ぐ西隣にございます、伯耆の大山の麓の「伯耆古代の丘公園（淀江町）」の刳貫玄門を採用する岩屋古墳（向山一号墳、長さ五二メートルの前方後円墳。複室の石棺型石室で、奥の六畳敷の室は側壁、天井とも一枚岩の角閃安山岩で構成されているという巨大切石造りです）の後円部

の東側には「台状」の造出が見られ、又、向山四号墳（長さ六四・五メートルの前方後円墳。五世紀末～六世紀始め）の縊れの東側部分と前方部の南側にも同じように「台状」造出が見られまして、これは九州八女の岩戸山遺跡（「倭王＝安羅王」の磐井の陵。ひょっとすると物部氏の墓か）の「別区」（『筑後国風土記』逸文）と類似しているところが気になります（因みに、高句麗の王都であったこともございました集安の「国内城」城壁でも「馬面」の残基が見られます）。そもそも、この剣貫玄門様式というものが、肥後中南部の宇土半島から派生したものだったからなのです。

又、この近くの上淀廃寺のある丘の直ぐ下の天神垣神社には、かつては近くの石馬谷古墳（六世紀中～後期。淀江町福岡）から出土致しました角閃石安山岩の丸彫りの「石馬」（一・五メートル。五五〇年頃のもの）が石馬大明神として祭られておりましたが（現在は、伯耆古代の丘資料館に展示）、これも筑紫の国造（本来は「君」か）である磐井の墓（磐井の死は五二八年です）とされております岩戸山古墳（六世紀前葉。八女市吉田）と同じ八女市の正福寺境内の阿蘇擬灰岩の「石馬」との共通性が気になるところです（「磐井の乱」は五二七～五二八年です）。

更に、吉備の最古の横穴式石室を持つ千足古墳（五世紀前半）が、その石室内部に石障を持っておりますことも、肥後の有明海沿岸からの派生であったことが明らかなのです。

このように、「石棺式石室」「石馬」「造出しと別区」及び「石障」等の共通性を分析し、かつ、総合致しますと、金官王（蘇我氏）や安羅王（大伴氏）は、六世紀の中頃、九州から主として山陰経由（又は、出雲・伯耆より吉備へ至るルート）で中央の畿内へと向かった（更には、この先は、時期によりましては「若狭→尾張」ルートも考えられます）ということが判るのです。

古代の裁判は、洋の東西を問わず民事も刑事も区別なく大王の意のままでして、例えば大王が道を歩いていて好きな女性に出会えば、その場で妻に出来たというくらいの状況「コモヨ、ミコモチ、フクシモヨ……ナツマスコ、イエキカナ、ナノラサネ……」（万葉集一番雄略大王歌。大王から名前を聞かれ、それに対して女が名を名乗ることが、大王への結婚の承諾を意味しておりました）でしたから、この「トキベの制度」が如何に画期的なことであったか、アナタもお判りになられる筈です。

＊因みに、被告人が原則的には必ず負ける、熱湯に手を突っ込む「盟神探湯」は、瓦人・倭人の原郷でございます雲南、そして更には、インド・アッサムやパンジャブ（五河）へまでも遡ることが出来るものです。

新羅という外国などと通謀して起こした（日本紀）とされております「国家反逆の大罪」で敗れたような犯罪者の一族に対しまして、かような「超巨大で立派な古墳」の築造が許される筈など毛頭無いではありませんか（次のように、生前から作ってあった

「寿墓」であれば話は別、ということにもなりますが……）。

＊という訳で、実は、磐井の死と古墳との年代の辻褄が合わなくなると困る日本紀の作者は、当然、内容が関連してくる『筑後国風土記』（『釈日本紀』に引用）などにも手を加え（又は、日本紀改竄の隠蔽への援護射撃という目的から考えましても、風土記が最初からそのようになっていたのかもしれませんが）あくまでもこれは磐井が生前に造らせておいた寿墓だったのだと記させているのです。

その証拠といたしまして「生平けりし時　預　此の墓を造りき」（『筑後風土記』逸文）という記録が残されたりしておりますから。

しかしアナタも考えてもみて下さい。磐井というのは本来、倭王の代々「襲名」する名前だったのですから、後世日本紀の改竄にタッチした人々が、あまりこの「時」の点に神経質になる必要はなかったのですが……ね。

このように、やはり、この後「白村江の役」の六三三年までは九州の「倭王」と「倭国」とは存在していたのです。「磐井の叛乱」（の真相）の後は、それまで主流でありました大伴金村（継体大王の子＝安閑大王）の子孫から大伴歌（宣化大王）の一族へと、安羅（倭）王家の中でもその主流が変わり、そして、そうであったからこそ、その後、右の大伴歌の末裔である多治比嶋らが、高市皇子（モデルは新羅王子金霜林）らの占領新羅軍の提督（当時の呼称は皇帝）の執政に協力することが出来る（この嶋は天武四年（六七五）から右大臣となっております）と共に、日本紀の改竄にも参加することが出来たのです。

その改竄とは、初めから七回目か八回目の日本紀の改竄でございまして（一三2の主なもののうちでは、五回目か六回目）、より具体的に申し上げますと、天平十年（七三八）の多治比広成、大伴道足らによる天平十年版『古事記』（これは『公式令集解』に天平十年『古記』成立とあるもの）、及び、天平二十年（七四八）、右の二人に、更に、橘諸兄の指導が加わり作られました天平二十年版『日本書』があげられます。

白村江の役で倭が敗れた後の約五十年間に、新羅使の渡来が三十二回（そのうちの二回は新羅王子自らが「国政を奏す」ために渡来しております）に対しまして、日本列島から新羅への遣使がたったの十四回に過ぎず、しかも、正史には実際の出発は記さない「任命のみの記載」が相当多いということは、正に、このアンバランス（真相は新羅の実効支配のための人員が朝鮮から派遣されて来たことと、その交替要員の渡来であったのです）を隠蔽するための後世の付加としか考えられないからなのです（七4ノ33）。

この高市皇子が日本列島の支配に乗り出す六九〇年前後には、新羅人も続々と渡来しておりまして、東国に逃げました百済・扶余及び秦氏以外の秦人・伽耶系の人々を鎮圧・監視するために、新羅人が東国に移住させられております（六七八年、十四人、下毛野、僧俗二十人、武蔵。六八九年、下毛野。六九〇年、僧俗五十人帰化、二十人、武蔵、下毛野などと、このことが表現されております）。

さて、このように、「磐井の叛乱」などは九州には存在しなかったという私の考えの方が、もし日本列島と朝鮮半島の双方の上空から当時の歴史を眺めることが出来ましたならば、より自然だとアナタはお思いにはなりませんでしょうか。

＊このことは朝鮮半島での倭国の構成メンバーであった伽耶の一部の滅亡、つまり日本紀に「糟屋の屯倉（＝宮家）の譲渡」「安羅滅亡」と表現されていることのモデルは、五六二年の朝鮮半島における「倭国＝安羅」の大伴氏の全領土の喪失（一〇1）のことか、又は、その三十年も前の、同じ倭国の有力メンバーの五三二年の「倭国＝金官」の蘇我氏の全領土の喪失（前述、近江臣毛野の失敗）とその余波、又は、その両方を示していたのです。

このように考えてまいりますと、伴跛国（星州伽耶など）が奪った己紋と帯沙を、五一三年に倭が百済に割譲しようとしたときに、五一四年に、新羅の差し金により伴跛国が己紋の割譲を阻止したこと、その後五二〇年以前に、この己紋と帯沙が新羅に略取されてしまっていたことなども、この日本紀におけます倭王「磐井の乱」の内容（一部）に投影されていたのだ、と見なければいけなかったのです。ですから、これらの真相の舞台は、主として南朝鮮だったのです。

そういたしますと、朝鮮半島での領土の提供が主だったのですから、日本列島での提供は「零」でも構わないのですが、それでは「磐井の乱」というフィクションの作成が後世バレ易くなってしまって困りますから、そこで「安羅＝倭」の朝鮮半島での滅亡のことを、九州での戦いであり、それで九州の一地域に過ぎない「糟屋のミヤケ」を提供したことに差し替えしてしまい、それでお茶を濁して日本紀に記さざるを得なかったのです。

このように、五一二年から五六二年までの五十年間に、倭国の失ったものの大部分は、実は、朝鮮半島における領土とその権益・利権だったのです。という訳でして、これが九州の「磐井の叛乱」のモデル（真相）だったのですよ。

＊その後、六六三年からは、倭国は日本海の制海権をも失ってしまいます。

ここで、日本列島の地名で本来は伽耶のことであった例（地名遷移）を挙げておきましょう。

「新羅王……知盡得喙地……（紀）小弓宿禰追敵将陣中。喙地悉定」（雄略紀九年三月）とございます朝鮮の地の「喙＝tok」（新羅の俗字で梁の古方言tokに通じた当て字。慶尚北道「慶山＝押梁＝ap（南）梁」）をモデルにしたと考えられます徳勒津（和歌山県）という地名が、武内宿禰（木氏＝紀氏）の日本列島での拠点の一つでございました紀伊に見られるからなのです（押＝忍＝南）。

因みに、右の紀小弓（允恭のモデル）の子の「生磐＝大磐」は「倭の五王」の武、つまり、21雄略大王と同一人です（「倭の五王」は金官伽羅王の「蘇我氏＝木氏＝紀伊氏」だった。序章）。

今まで、このように「朝鮮半島と日本列島とを空から一体」と見て歴史を考えて来なかったがために、「磐井の乱」も「継体大王の死」も「安羅・伽耶の滅亡」も、別々にアナタは考えておられ、かつ、この日本列島の中だけで考えようとしておりました先入観があったがために、それで何となく幽霊のようにスッキリしなかっただけのお話だったのですよ（先入観は禁物）。

アナタはこの点につき、どう思われるでしょうか。

尚、ここで、「古代の関所の役割」（七11）というものにつきましても一言加えておきたいと思いますが、「新羅と組んで」とか「百済と協力して」とかいう日本紀の表現が目に付きますが、元々倭国は連合国家であり、かつ、海峡国家だったのですから、同国の分国が朝鮮半島に存在し、それぞれが百済・新羅ともその境を接しますと共に、日本列島にもそれらがあったからなのです。

そのこと（日本海を跨いで広く見ること）がアナタにもお判りになりますと、日本列島での古代の三関（関所）の役割というものが自ずと氷解してくるものと思われます（七4ノ13）。

今仮に、列島内での一つの勢力が支配権を握ったといたしましても、それに従わない、又は反する勢力（国）が存在しておりまして（特に、その中でも有力だったのは、当時はまだ外国〔一七3、1〕でございました東日本の「蝦夷＝カイ」国など）、しかもその勢力の動きは常に、朝鮮や満州の母国の本貫とも連動していたのだと考えればよいのです。

ですから畿内でちょっとした「乱」や「変」が起きただけで、神経質になって三関が閉じられてしまいましたのは、実は、東国や越などと畿内の反乱軍とが連動出来ないようにするための、「人の移動に伴う情報のカット」がその主たる目的（単に、外敵の侵入阻止というよりも）だったのです（関は、砦の役割とは少し異なっていた〔ハードよりもソフトが中心〕のです）。

これでアナタにも当時の「関」の本当の役割がお判りいただけましたでしょうか。

4、何故、大伴室屋に「韓奴」が六人も贈られているのか

室・兄麻呂・弟麻呂・御倉・小倉・針という六口（六人）もの「韓奴」が吉備上道采女大海から、当時は倭・安羅王であった（と私が考えております）大伴室屋（「継体＝大伴談」の父。磐井の曽祖父）のところに贈られております（雄略紀九年〔四六五〕五月による。これは「倭王の五王」の武「雄略」＝金官王の時代のことです）が、この朝鮮からの奴が大王・天皇ではなく大伴氏に贈られているということは、取りも直さず、この頃の海峡国家・倭の王が蘇我氏や大伴氏であったことを推測させる資料の一つともなっていたのです。

＊この大海は、紀小弓の妻として新羅（つまり朝鮮半島）へ行ったり、夫が死んでから日本列島に又戻ったり、半島と列島の間（又は、半島内）を相当自由に行き来している大変コスモポリ

タンな女性だったのです。では、このことが一体何を意味しているのかと申しますと、日本紀は隠してはおりますが、正に、かつての「倭が海峡国家」でありましたことを、この一女性の行動が素直に表していてくれたのです（国内の行動は自由）。アナタは、ここからもこの問題の本質を見抜かなければいけなかったのです。という訳で、そもそも天皇・大王から小弓に下賜されております、この吉備上道「采女」大海自身が、次に申し上げますように、かつて百済王から「木氏＝金官＝倭」王に献上された采女そのものでもあったのであり、かつ、采女の中の女ボスでもあったのです。ですから、日本紀の古代の部分の文面上に、たとえ「采女＝ウネメ」という語が出てまいりましても、それは必ずしも倭人の女とは限らないのです。その当時の国際情勢に鑑み、日本紀の文面に囚われずに、アナタは慎重に判断する必要があったのです。要注意。

百済・加須利君（『百済新撰』によりますと、これは蓋鹵王だということです）は、以後、女人を倭国に貢して「采女」となすことを止めさせて、その替りに百済王の弟の軍君（琨支君）を遣わした（雄略紀五年（四六二））とあります（この蓋鹵王は市辺押羽皇子のモデルです）ので、このことにより、逆に、かつてのある時期、五世紀半ばの21蓋鹵王（四五五～四七五年）の頃（ここで大切なことは、この蓋鹵王の時期は丁度、百済は未だ北方の漢江・ソウルに王都があった頃であり、お隣の新羅が高句麗の占領下にあって、兄貴分の高句麗の新羅侵入に百済がビクビクしていた時期とピッタリ重なっているということなのです。又、現にこの百済の蓋鹵王は、高句麗に騙されて殺されてしまっておりますよ。別述）までは、百済が倭国（金官）へ「采女」を差し出していた（つまり、百済が対倭の関係で「再び」弱くなったある時から、この五世紀半ば過ぎ頃までの間は、再び「百済が倭国にやや従属せざるを得ない力関係」にあったのです。そして、高句麗の圧力もあり、万一の場合に百済王家の「血筋」を残す保険の意味合いをも込めまして、今までの単なる倭王の後宮用のご機嫌取りの為の女などではなく、今度は「王弟」そのもの（！）を倭へ送って来ていたのです）ということが判るのです。

＊蘇我氏の拠点でございました「畝傍山＝ウネビヤマ＝ウネメヤマ＝采女山」という名との関係も問題となってまいります（一二2）。

では、倭王への采女の献上を止めたというこの百済の21蓋鹵王とは、一体どういう人物だったのかということについて、ここで少し考えておきましょう。

この蓋鹵王とは、日本紀上では「市辺押磐皇子＝物部伊莒弗」（一八7）のモデルでございまして、その子の琨支とは、日本列島に実際に来て23顕宗大王（共に「OKE」〔ヲとオの違いはありますが〕という、同音の二人の兄弟のうちの、「弟の弘計＝物部目」もこれと同一人です。一八7）のモデルとも日本紀という歴史物語上ではなっていた人だったのです。

この五世紀後半に至りますと、高句麗との関係もございまして、百済王は海峡国家の倭国（金官）へ王弟の琨支を派遣し、その人が、平安紀上では顕宗大王（ヲケ）と表示されていたことを、このことは示していたのです。

5、九州の倭王（大伴氏）の古代年号

継体・安閑・宣化の三大王（「安羅＝倭」の三王）の時代に相当する、古記に表された正史とは異なる年号が、次に述べますように、こんなに沢山あるということは、一体何を物語っているとアナタはお考えでしょうか。

継体大王の時代「定和・正和」「発□・教到」「善記・善紀・善化」「正和・正治・正知」「教到・教倒・発倒・教知・正知」、安閑大王の時代「宝元」、宣化大王の時代「僧聴」などの、いわゆる「古代年号」と言われておりますものは、大王継体のモデルは大伴談（かたり）、安閑のモデルは大伴金村（かなむら）＝安羅王の安、宣化のモデルは大伴歌（うた）で、皆、当時はその拠点を「九州」「南鮮」と「一部、畿内」（近つ飛鳥）にシフトしていた「倭王＝安羅王」であった、ということころに照らして考えますならば、これら大伴氏は、九州と南韓に跨る「倭王」「安羅王」そのものだったのですから、これらの古代年号は「九州のみならず南鮮の倭国部分でも適用になっていた古代の年号」であったと考えるべきだったのです。

この中の特に右の「善記」という年号につきましては『諏訪大明神絵詞（えことば）』（正しくは、『諏訪大明神御縁起次第』。縁起五巻〔元は三巻〕祭礼七巻。これが載っております縁起下、この部分は、「絵」は中務少輔隆盛、「詞」は円満院二品親王がご担当です。一七4）の中に「善光寺は、継体天皇御宇善記四年（五二五年。筆者註）、本尊阿弥陀三尊、百済より波に浮かびて、日本摂津国難波津に来着し給ふ、貴賎ゆえをしらす、その後二十七年をへて、欽明天皇十三年仏法伝来す、此の時初めて仏像をしる、されば当時本尊は本朝仏法の最初也」（縁起下）とありますように（内容の整合性はここでは別といたしまして）正史よりも二十七年も前に仏が伝わっていたということに鑑みましても、「善記」という年号のその言葉自体は、地方史の中にもちゃんと今日まで、千五百年間も残されていたことがこれで明白に判るのです。

因みに、右の「善記」の古代年号は、九州の「倭王＝安羅王」である大伴氏たる継体大王（在位五〇七～五三四年か）の十六年、壬寅の五二二年である可能性が高いと思われます（尚、「大化」年号につき、六3、「朱雀」年号につきましては、二三3を夫々ご覧下さい）。

ところで、この初めての九州と南鮮での倭王の「年号」は「継体」元年丁酉（五一七）からでございまして、新羅系の大和朝廷が畿内で大宝元年（七〇一）に「大宝」の年号を正式に使うまでの百八十五年間の長きにわたる「年号」は、その全てが九州と南鮮での金官伽羅と安羅の倭王の年号ないしは新羅占領下の九州の倭国の末裔の年号であったのでございまして、五六二年に朝鮮部分から倭国が撤退しましてからは、これは九州（支配下の畿内の

「秦王国」をも含みます）での「倭王＝大伴氏」の年号にその適用エリアが縮小してしまったのです。

つまり、六六三年以前には、畿内には独自の年号というものはなく、この時期の年号は全て九州の倭国の使用したものだったのです（その支配下の畿内の秦王国も倭国と同じものを使わせられておりました）。

＊正史の年号が不可解なことにつき、二三2。

第一二章　「聖徳太子」は架空の人――「憲法十七条」も架空

次に、「聖徳太子」につきましてもここで考えてみましょう。

ところで、誠に申し上げにくいことではございますが、その真相についてアナタが勇気をもって、ここで考え直してみなければならないときが到来してしまったようです。

平安朝に於いて百済系の天皇家の人々によって改竄されて作られた、現行の日本紀（平安紀）に表現されている聖徳太子という人物につきましても、実は、この人は、ズバリ架空の存在だったのですよ。

「エッ！　そんなことはある筈がないじゃないか」又「そんなことがあっては困る」、とアナタがおっしゃりたい気持ちはもっともなのですが、まあ、私の話もちっとは聞いて下さい。

まずこの疑問のスタートは、日本の正史である筈でございます日本紀の中に、この廐戸王（うまやど）が「法隆寺」を建てたことの記載が一言もないということなのです。

こんなこと（日本紀上の他の大寺の建築の由来など記載とのバランスから考えましても）あり得ないことだからなのです。この時、大和には、法隆寺・斑鳩寺は存在していなかったからなのでしょうか。九州太宰府の観世音寺から材木を持って来るまでは、この名の寺は存在していなかったのでしょうか（ということは、当時は九州に本拠がございました倭国〔日本国ではありません〕の出先機関の「寺＝官庁」（一一2）でございました斑鳩宮（いかるが）そのものが、法隆寺の前身でもあったということも、このことは示していてくれたのです）。

1、『先代旧事本紀』のモデルは百済の「威徳王」が作った百済三逸史の一つの『百済本記』

八世紀初期の日本紀の作成におきまして、そのお手本となったところの百済本国の歴史書といたしましては百済三逸史（実は、これが倭で改竄ないしは偽造されていた証拠につき、アナタ、一七2は必見です）の一つの『百済本記』というものがございました（と言われております。別述）が、この『百済本記』（「紀」の方ではありませんよ）の王系図を「翻訳」し、それを基にして作られた歴史物語こそが、日本列島における『日本旧記』＝原・『先代旧事本紀』、つまり「サキツヨノ・フルコトノ・モトツフミ」という現行の日本紀に先行する史書だったのです（とは申しましても、両者は兄弟のような関係に過ぎなかったのですが。一三2。このことは、既に平安朝の学者矢田部公望が指摘しておりますよ。別述）。

つまりプロト『先代旧事本紀』（略称、原・旧事紀）は、『仁寿鏡』にちゃんと出ている「大宝二年」の日本紀に相当するもののことだったのですよ。これは「今日の古い日本紀」に更に先行するモデルとなったものだったのです。

この『百済本記』をお手本といたしました「日本旧記＝大宝二年（七〇二年）日本紀」（一三2）は、次のようにちゃんと（しかし、僅かながら）日本紀の中にも顔を出していたのですよ。

「汶洲王母蓋鹵王弟也。日本旧記云、以久麻那利、賜末多王。蓋是誤也。久麻那利者、任那国下哆呼唎県之別邑也」（雄略紀二十一年〔四七七〕三月割注）

――文周王は蓋鹵王の母の弟（ハラカラ＝実弟）なり、日本旧記に云はく、コムナリを以って、末多王に賜ふといふ。蓋し是、誤ならむ。コムナリは任那国のアロシタコリ県の別邑なり。

＊これは百済が南へと亡命し、王都・熊津（公州）の地を倭が百済王に与えたという重大な記録でもございました。一二7、8。「以久麻那利賜文洲王、救興其国」（雄略紀本文）も同様です。

但し、「文周王は蓋鹵王の子」（百済本紀」文周王前文）が正しいですので、22文周王は21蓋鹵王の「母の弟」などではなく、蓋鹵王の「子」ですので、この日本紀の割注の記載は間違いだったのです（別述）。ということで、ここでの「誤也」の誤りとは、文意が導いているような「コムナリ」の場所の点についてなどではなく、蓋鹵王と文周王との身分関係の方でございましたのに、その点、このように、実に老獪にごまかしてボカしてしまっておりますし、更にその土地につきましても、熊川（A、任那の一部でございました慶尚南道昌原郡熊川）か熊津（B、錦江の上流南部の忠清南道公州）かという、祖先の逃亡遷都（倭の地への）の事実をも、百済王の末裔でございました平安紀の作者自らがボカしてしまっていたのです（ここではBが正しい）。

と申しますのも、ここでの久麻那利は下「哆呼唎＝哆唎」（これは、後世の、南下した哆唎〔継体紀六月十二日〕の場所〔栄山江〕とは異なりますので、アナタご注意）と考え、かつ、錦江上流南部と考えますと、「熊津＝公州」に接する地ですので、その「別邑」のことであって本文は間違ってはいないことになります（これは日本紀の作者が継体六年〔五一二〕十二月の「哆唎」の「慶尚南道昌原郡熊川面」、又は「金羅南道栄山江東岸」と、「川＝津＝ナリ・ノリ」を利用して、アナタを同音の「熊津」と「熊川」とで混同させようとしていたのです。

そして、その理由は、倭の中に百済の王都を作らせて貰ったということをあからさまには知られたくなかったからだったのでしょう。そして、更に加えますに、大王系図合体による齟齬が生じる（改竄がバレる）ことも恐れてのボカシでもあったのです。

又、百済王をモデルとして作られました、この辺りの日本紀におきましても、24仁賢大王は市辺押羽皇子の子となっております。

ですから、日本紀は、文周王（仁賢大王のモデル）の長子の三斤王（武烈大王のモデル）を表すのに「文斤王」（雄略紀二十二年〔四七九〕四月）などという、何だか得体の知れない、父の文周王のことだか、子の三斤王のことだか一見しても判らないような、中国の官吏をごまかすために、二人を足して二で割ったような王の名を記載して霍乱させておりますので、アナタもこの点にはくれぐれもご注意ください。

更に、浦嶋子の伝承（浦島太郎）を記しております部分にも（後述、一二2）「語在別巻」（雄略紀二十二年〔四八一〕七月。「語は別巻に在り」）とございますので、明らかに日本紀とは別の書物がございまして、それを参照しておりますことを日本紀が自白しておりますことが明白でありまして、かつ、その表現自体の分析からも、これは右の大宝二年（七〇二）の「旧記」とも又、別の書物であることが判って来るからなのです。

どうです。このように、正史・日本紀をよーく「読み込み」ますと、日本紀より「前の史書＝日本旧記」などがちゃんと浮き上がってまいりまして、更に又その前にも「別の史書＝別巻」というものが存在していたということを、日本紀自体が白状していたことに、アナタもお気付きになられる筈なのです（一一3）。『日本紀』が自分でその中でそう言っているではありませんか。面白いでしょ。

ですから、日本の正史は「日本紀が最初だ」などと言っている日本紀の多くの研究者・アカデミズムは、ひょっとして日本紀の原文すらも十分に読み込んでは（分析しては）いないのではないか――と疑わしく思ってしまうのです（オイオイ、バレてしまったようたぞ！）。

さて、次に、今までのアカデミズムの考えからはトンデモナイと思われることをお話しいたしたいと存じます。私の基本的な考えのように、倭国には朝鮮半島部分をも含むということになりますと、全てが氷解してまいりまして、先程の浦嶋子伝説（一一1）につきましても、実は、「朝鮮から日本列島（丹後か駿河か豊国か対馬〔任那〕か）へ行ったけれど、温暖で海の幸山の幸に溢れ、親切でかつ居心地もとても良かったので、老人になってから、やっと故郷の朝鮮半島に戻って来た」という、その戻ったときには、その間に生じました朝鮮での争乱で「故地」は昔の面影がなく荒れ放題であったという朝鮮でのお話を、日本列島に渡来した渡来人が「持ち込んできた」ために、その出発地点が逆になってしまっていた、ということだったのです。

早い話が、朝鮮での母国が滅んでしまったので、帰るところが無くなり、亡命先の日本列島を「新しい本貫」(ですから、そこが「スタートの地」となってしまったのです)として、日本紀を書き直してしまった(作った)ので、「行く先」と「帰ってきた場所」とが本来とはアベコベになってしまったのだということだったのです(逆転の発想が必要)。

では、その証拠を次にお見せしましょう。

と申しますのも、この「浦島太郎」と似たような田島守(垂仁紀)の例で申し上げますと、日本列島には古くからちゃんと「橘」がございました(『魏書』東夷・倭人条)ので、たとえ、大王の命令だとはいえ、田島守は外国へなど行く必要は全くなかった筈なのです。

海峡国家の同じ倭国内でのお話であったとは申せ、寒冷な朝鮮半島部分から、黒潮が洗う温暖な日本列島へ「橘=ミカン」を採りに行った(豊後・奈多神社など)と考える方が、小学生が考えましても辻褄が合うのではないでしょうか。

つまり、何を隠そう、この竜宮城とは、今アナタの住んでいる日本列島そのもののことを指していたのです。

そして、その人たちが後に日本列島へ亡命してまいりましたので、「何がなんだか判らないのよ♪」と訳が判らなくなってしまっただけのことだったのです。ですから、ここでアナタには逆転の発想をして頂かなければいけなかったのです。

アナタはこの点、どうお考えになりますでしょうか。

御伽草子に取り上げられましたお話が続きました序でに、桃太郎の鬼退治につきましても、ここで少し考えてから、この節を終わりたいと思います。

因みに、桃太郎の鬼退治の「鬼のモデル」は、朝廷側に滅ぼされ、今日、吉備津造りの壮大な「吉備津神社」の、神殿の中の外陣の艮(丑寅・東北)の隅(御崎)に押し込められて窮屈に祀られておりますところの、鉄民の「吉備ノ冠者」こと「温羅」とその弟の「王丹」のことでありまして(一五12、2)、そのことは、後世になりましても、「一品聖霊吉備津宮……丑寅みさきは恐ろしや」(後白河法皇『梁塵秘抄』二七〇番)と歌われておりますことからも、このことが推測出来るのです。ところで、この温羅が新山(アラヤマ。今日では地元でもその「倭王が滅ぼされた」歴史を忘れてしまいニイヤマと呼んだりしております)に居を構えていたと伝えられておりまして、その場所(今日でも、かつては温羅の山城でもございました「鬼ノ城」に登る途中のここの部落には、後世のものとは申せ、直径一・八六メートル、高さ一・〇五メートルもの底の抜けた「巨大な鉄釜」が置かれております)の名自体が、温羅(ウラ・アラ)が倭国の鉄王かつ「安羅」王でありましたことを表しておりましたことにつきましては、別述いたします。

この巨大な鉄釜のございます新山部落から更に登りました、「鬼ノ城」の裏側の部落には「岩屋の皇の墓」というものもございますよ。

不可解なことに、この吉備津神社の、正に「裏ノ扉」(「浦=ウラ」を暗示）から、宮司のみが密かにこの飯野山を拝む神事が伝わっておりますので、この神社の本来の御神体は、「飯野山＝イノヤマ」自体（更に、真のご神体は「新宮＝アラ宮＝安羅宮」でした（別述）のでございまして、この飯山とは「イ＝飯＝ハン＝韓＝カラ」で韓ノ山を表しておりますと共に、かつ、ここ吉備ノ中山の頂き（幾つかございますがその一つ）にございます「中山茶臼山古墳」は、その東脇の、かつての「波津登玖神社」の奥宮の穴観音の磐座や、これと現在の八徳寺との関係などからも、古くはこの古墳が「倭王＝安羅王」の「温羅・浦羅」一族の奥ツ城であったものと思われます。

と申しますのも、ズバリ！「波津登玖神社小祠……祭神温羅命」（『一品吉備津宮社記』）と明記されてございますところからも、ここの「本来」の御神体は、ここを征服（「吉備団子＝賄賂」をちらつかせ、犬＝「狼＝チュルク系＝鉄民・シャーマン」や、猿＝先住の「サルタヒコ＝鉄民・水耕民＝秦氏」や、雉＝「砦の守備隊」などの、犬・猿・雉として後世に伝えられております温羅の家臣たちを裏切らせて温羅を殺させてしまった。別述）いたしまして「温羅＝吉備ノ冠者」からその名を奪って交換して自分の名としてしまった吉備津彦（桃太郎）などではなかったのだ（実は、征服された者が、従前通りに祀られていた）ということが判って来るからなのです（この、地方の、強かさを見よ）。

しかも、温羅を祀っております「御釜殿」は、四角い通常の建築ですから、その中は、一見角張ってはいるものの、よーく見ますと、この建物の内部は「前方後円墳の形」になっておりまして、正にその円部に相当するところにお釜の穴があり、ここに温羅の化身でもあります「鳴る釜＝神」が置いてあるのみならず、また、ここで神主がお釜に向かって「鳴る釜神事」をとり行っておりま す間、そこで一言も発さず黙って立っております温羅の妻の子孫でもございます鉄部落の阿曽女の顔の位置は、厳島神社から寄贈を受けました紅葉の一木から作りました、立てかけるようにして正面の空中に固定してございます巨大な円い「御杓文字」の真中に位置しているということになっておりますので、このことは温羅の魂が前方後円墳の円部に祀られていることと同価値でございますことをも、今日に至るまでの千五百年間もの長い間象徴的に暗示し続けていてくれたのです（アナタ、早く気が付いてあげなくっちゃ。温羅が痺れきらしちゃってるよ）。

更に、不思議なことに、前述のように、この吉備津神社本殿の建物全体の形が、ほんの僅かですが「菱形」に傾いでおりまして、このことは、一見朝廷側に従順な素振りを見せ、朝廷の派遣いたしました（名を奪った）将軍の征服者の吉備津彦をちゃんと祀っているかのような素振りを見せていながらも、実は、ヤマト朝廷には「魂を売り渡さず」に強かに千五百年近くもの間抵抗しておりまして、温羅の怨霊が祟らないようにちゃんと「地元では地霊に十二分な配慮」をしていたことを意味していたのです。

因みに、この神社の建物の中の外陣の乾（西北）の隅には、「忍海部」直之祖の真揖などが祀られておりまして、忍海氏は伽耶の航海鉄民の出自ですから（一五10）、この神社は元来鉄や伽耶の海洋民とは深い関係にあったということを表してもいたのです。

この温羅と御釜殿の「巨大な杓文字」を代々寄贈していただいております厳島神社との関係にも必ず触れておかなければなりません。

と申しますのも、安芸の宮島の伊都伎島神社は、宗像（胸形）三女神のうちの市杵島（イツキシマ）姫を祀り、この胸肩君そのものが「吾田片隅命之後」（『新撰姓氏録』右京神別・河内神別）とされておりますことからも、「吾田＝安那＝安羅」であり倭王の水軍を表すと共に、「カタス＝蹈鞴＝フイゴ」で鍛冶民をも表しておりますので（一七6。安羅の鉄民）、吉備の「温羅＝安羅」と厳島神社、つまり倭国の安羅水軍とは、この巨大な杓文字を通しましても繋がりがあったということが判って来るのです。

先ほどの桃太郎の家来（吉備団子を貰って寝返った）のサルにつきましても、吉備の中山や鬼ノ城や造山古墳との関係で、又、古代のゼネコンの秦氏と吉備との関係におきまして、少々見ておきたいと思います。

鬼ノ城や造山古墳の西方の高梁川の西岸にございます大きな秦氏の部落には、秦大𡌛古墳や秦茶臼山古墳などという前方後円墳を始めといたしまして、金子石塔古墳、秦上沼古墳など、それに、ここは吉備でも一番古いとも言われております秦原廃寺跡（中門と金堂とを結ぶ中軸線より東よりに塔を配置し、金堂の北端に講堂を配置するという「大官大寺伽藍」に近い配置です。紀寺、上総国分寺もこれと類似の配置です）が今日でもございまして、これらはその名からも秦氏との深い関係が考えられると共に、この近くには加陽氏の本貫の足守があり、この氏が「葉田の葦守」（『日本紀』）とも記されておりますところからも、この「葉田＝秦」であり、そういたしますとこの「加陽氏は秦氏」系でもあった（金官に南下した秦氏）ということにもなりまして、これらの工事と当時のゼネコンの秦氏との関与が考えられますと共に、桃太郎の鬼退治の「サル」につきましても、サルタヒコを祖神と仰ぐ自称・秦の亡命民（弥生人・「古来」の秦氏）や秦韓からの渡来民（古墳時代の「今来」の秦氏）との関係が考えられるからなのです。

吉備王の鉄民の温羅が中央の将軍の吉備津彦と副将軍の巨智麿に征圧され、その名前を分捕られ（交換され）てしまいましたのが、「温羅＝吉備冠者」とその副官（同盟か）の有木冠者でした（『備中府志』）。

右の巨智麿につきましては、備前と備中の境の細谷川（ここにも「細＝金官伽羅の許氏」が……）のところの有木神社（吉備津・馬場）のご神体は巨智麿又は針間牛鹿直とされております（『一品吉備津宮社記』）。

この点、孝霊大王とハエイロド（縄伊呂杼）との間の日子寤間は、針間の牛鹿の祖となったと記され、「臣」となっております（『古事記』孝霊条。因みに、五二〇年以前に新羅に略取された星州伽羅の別名を伴跛（はへ）と申しました）。

又、この巨智は韓人山村等の上祖とされておりますので、朝鮮半島との関係が色濃く示されております（『播磨国風土記』餝磨（しかま）郡条）。

古代の吉備（備前・備中・備後・美作）の祭祀権と政治権とを支配しておりました有鬼（ありき）（有木）氏は、後に備後のみに縮小（又は、逃亡）し、広島県の吉備津神社（大同元年〔八〇六〕に備中・吉備津宮から分社したと伝えられております。備後一之宮。広島県芦名郡新市町宮内）の神主として江戸時代まで世襲しておりました（付近の福山市、尾道市にて有木姓の世帯が百軒弱もおられます。ここのご祭神の中に、例の細比売（くわし）もおられますよ）。

このように「温羅＝ウラ＝安羅」でしたし、「有鬼＝有木＝アリキ」も「安羅来＝アラキ」の訛りであり、共に安羅（倭）の王族であったことを示していたのです。

2、「上宮（聖徳）太子＝蘇我馬子」のモデルは百済・威徳王

（1）「合成人間」聖徳太子の正体を見破る

聖徳太子のモデルが百済27威徳王（五九八年即位）でありましたことは、その存在の年代（摂政五九三年）のみならず、平安紀上での名自体の分析からも解くことが出来たのです。何となれば、まずは、この百済の威徳王の諱（いみな）（生前の名）は昌（しょう）と申しましたし、この漢字の「ショウ」の音を持ってまいりまして聖徳の「聖＝ショウ」を作り上げております。

更に、この百済の威徳王の「徳」の文字そのものをそのまま一字持って参りまして、ご存知のように聖徳の「徳」に当てているからなのです。

＊このように、聖も徳もモデルの名と全く同じ。

このように聖徳太子という名の由来は、ズバリ、百済史の翻訳そのもの以外の何ものでもなかったことが、この名の由来を聞けば中学生でも判ることだったのです。このカラクリは案外簡単でしたよね。

しかも、「その名に隠されていた証拠」はそれだけには留まりません。

更に、このモデルとなりました威徳王・昌の父が、百済26聖王明であることから考えますと、その父の「聖」の字からも一字そのまま持って来たとも考えられるからなのです。そして、この百済王の父の名を持って来たことも、それは当然のことだったのです。

それはどうしてなのかと申しますと、私の考えによりますと、かつて九州の倭国で「上宮」（という単なる「普通名詞」）で呼ばれておりましたところのある太子を基本（核＝コア）といたしまして、平安紀上で「聖徳」太子という人物を作り上げてしまいますときに「倭王の蘇我馬子・蝦夷・入鹿の三者の業績のよい点」は勿論のこと「百済史上での聖明王をモデルとした父の用明大王

の一部」をも加えまして（それに、「舎人制度」の走りとも申せます、秦川勝などの仏教関係者の事跡すらをも加味し）作り出されておりますので、そこから考えますと、父の用明大王のモデルでありま す百済の聖王明（聖明王）の「聖」の字が、聖徳太子という合成人間の名の中に入って来ておりますことも、これ又実体が同じであったのですから当然のこと（凄いデモンストレーション）だとも言えるからなのです。

そして、聖徳太子の父の「用明大王」のモデルは、右の通り百済王の「聖王明」ですので、ここからも父用明の「明」を持って来ていたということも判って来るからなのです。

このように、歴代の大王に漢風謚号を付けました（例えば、御間城入彦五十瓊（ニエ＝玉）には「崇神」大王と）うちの一人だとも言われております、百済王の子孫（つまり「大友皇子＝弘文天皇＝モデルは百済王子扶余隆」の曾孫）の淡海真人三船（『釈日本紀』。別述）は、今日よくよく考えてみますと、大王・天皇・太子の名の中に、このように色々な謎を残して（後世のアナタに暗示して）くれていたことが判るのです。

つまり、この百済の27「威徳王」とその父百済の26「聖王明」（この百済の明王は、前述のように、日本紀の31用明天皇のモデルでもありましたから。ここもズバリですね）の二人の王を中核のモデルとし、それらの人々の事績を一旦統合（朝鮮半島と九州の倭王家を抹消するために）した上で、次に、「蘇我馬子」（一八7）と（アナタ、早い話が、聖徳太子のモデルの一つが「蘇我馬子」だったので「厩戸皇子」とされて（記されて）いたのですよ。明解だね。フフフ……。そう、二人が同一人だからこそ、『天皇記』や『国記』の編纂すらも、蘇我馬子と聖徳太子（厩戸皇子）との「共同作業」であった、つまりペアーで行ったのだと、正史上にも記されていたのです（別述）。これだと、アナタ、齟齬が出ませんからネ。それに、日本紀の記述をアナタが御覧になって下されば、一見明白にお判りになりますが、何故か、日本紀上の記載では聖徳太子と蘇我馬子（大臣）とが並んで（ペアー）一緒に出て来ることが実に「多い」のですよ。きっと、二人は臭い仲だったのだ。仕方ないさ、二人は同一人だったのだもの）「上宮太子」＝「聖徳太子」とその父「用明天皇」とその子の悲劇の主人公「山背大兄」皇子と同じく悲劇の人「古人大兄」＝別名「蚊屋（皇子）」（この名のカヤは、伽耶のことを表していたのでしょう。この名は『大日本皇胤紹運録』に出ております。舒明大王の子）までも少なくとも五つの人格に分割し、平安日本紀の上では、「一人の人物」として再構成し直すとともに、まず、『上宮聖徳法王帝記』（「説」は誤りで、正しくは「記」です）五部のうち初期には一部と二部のみが作られ、その基本戦略に基づき、その崇高な逸話や皇子たちの「美しくも悲しい物語」を見事に脚色して、混ぜこぜにしてしまい、合成人間・聖徳太子を「完成」させますと共に、その出自を人々に永久に判らないようにするために統合・分離いたしまして作文してしまったのです（百済王としての物部氏も、当然ここでの王系図上には重なっては来るのですが、その点につきましては、複雑になりますので後に章を改めまして述べてみたいと思います。一八7)。

更に、先述のように、日本列島での舎人制度の走りだとも言われております、聖徳太子の「実質上」の舎人(秘書室長)でもありました秦川勝(ずっと後に、この秦川勝の邸宅跡が桓武天皇の平安京の内裏になることになります)や蘇我馬子をも入れますと、少なくとも七つの多重人格ということにもなってまいります(一二4、5)。この葛野秦造河勝は、主として仏教興隆期の推古朝に活躍し、聖徳太子の時代には舎人の元祖として「太子と一体」の存在でありまして、あの広隆寺まで建立した秦一族の超大物でありながら、何と!その子・孫が不明なのであり、しかも、その晩年の記録すらも乏しいということは、正に、秦河勝そのものも、聖徳太子作成の際のモデルの一部として使用され、不整合な部分が消されてしまっていたことを示していたのです。但し、次の文書には河勝の二子らしきものが見られなくもありません。

「副将軍河内国秦川勝親子三騎」(『善光寺縁起』物部守屋討伐条)

更に、この秦造河勝の位階には、次のような矛盾が見られます。推古二十四年丙子以前に「小徳」になっている(『上宮聖徳太子補闕記』)一方、他方では推古二十七年己卯に「小徳」(本来、これは、日本国の官位ではなく九州の倭国での官位だったのか)になっている(『聖徳太子伝暦』)という矛盾がそうなのです。また、「小徳位太花上」という記載(『山城州葛野郡楓野大堰郷広隆寺由来記』の明応八年〔一四九九〕に僧済承作の「秦氏系図」)も見られますが、その位階の「大花上」とは大化五年制定(孝徳大王)の「官位十九階」の第七位でありまして、「小徳」とは推古十一年制定の「官位十二階」の第二位でありますので、こちらの「小徳」のほうが上でございまして、ここにも明らかに矛盾が露呈してしまっているからなのです。このように、聖徳太子を巡る人々は、皆、矛盾・謎だらけなのですよ。播磨・赤穂郡坂越の「大避神社」の祭神は右の秦河勝なのですが、ここには厩戸皇子社もございますところからも、この二人が不即不離の実に深い間柄にありましたことが推測されるのです。聖徳太子の建立した九つの寺の一つが蜂岡寺(広隆寺。尚七4)である(『扶桑略記』)とされておりますのも、秦河勝がモデルとして取り込まれていたことを示していたのです。尚、この社には、蘇我入鹿に殺されそうになって、ここに秦河勝が逃れて来たという口碑もあり、ということは、当然のことながら、少なくともこの入鹿と河勝の二人が同時代(蘇我氏〔倭王・金官王〕の時代)の人であったことを示してもいたのです。秦河勝は皇極三年、六四四年に、東国不尽河・富士川の辺りの大生部多が「常世虫」というものを祭って人を惑わしたとして、この人を討ち取ったりもしております。

六世紀から七世紀の初めの頃に、ニギハヤヒの子孫(『旧事本紀』天孫本紀)とされております物部鎌姫大刀自連公(石上贄古連の女で鎌姫とも申しまして、この名は「カマヒメ=コマヒメ=狛姫=高麗姫=百済姫=朝鮮姫」ということを暗示していたのです〔因みに、物部氏の姓（かばね）は途中で一度「韓国＝カラクニ」の姓に変わり、又更に「高原」の姓に変わっておりますよ〕何故なのでしょうか？　一八８）が、蘇我氏へ嫁いだとされておりますが、この女性が「宗我嶋大臣（蘇我馬子宿禰）の妻」となり豊浦（とゆら）大臣（蘇我蝦夷（えみし））を生んだとされております。

しかし、この点、この蝦夷は蘇我豊浦蝦夷（『帝説』）では「毛人」）臣（推古紀十八年〔六一〇〕十月）豊浦大臣（舒明紀八年〔六三六〕六月）とございますように、『日本紀』では豊浦大臣を蝦夷とするのですが、『旧事本紀』（天孫本紀）では豊浦大臣を入鹿（妹物部鎌姫大刀自連公……宗我嶋大臣為妻。生豊浦大臣。名日入鹿連公）だとしているのです。

このように、聖徳太子の正体の一部であります豊浦大臣が蝦夷（『日本紀』）であったり、入鹿（『旧事紀』）であったりして異なっているのです。『旧事本紀』は物部氏の史書ですので、自分の一族のことは、後に何者かによって変造されない限り、間違うことはないと思われますので、さて、どちらが正しいのでしょうか。

このように蝦夷と入鹿につきましても「アヤフヤ」な点が多々見受けられるのです。

(2) 聖徳太子偽造を補強した『上宮聖徳法王帝記』『補闕記』『伝暦』

さてさて、お話をメインテーマでございます聖徳太子という人物の偽造のことに戻しましょう。

右の『帝記』はやがて五部となり増えますと共に『上宮聖徳太子伝補闕（欠）記』や『聖徳太子伝暦』で益々補強されて今日に至っております。ですから、これをアナタが崩すのも容易なことではない筈です。

＊尚、『帝記』第五部は、右『伝暦』の誤りを正すために付加されたようなものですので、延喜十七年（九一七）以降の作であることには間違いありません。よって、『帝記』と言われているものの内容には、ずーっと後世の十世紀のものまでも入っているのですよ。アナタも十分お気を付け下さい……ネ。

さて、用明大王の子の上宮（聖徳）王家には四人の妃との間に十人以上の子がいるにも拘わらず、山背大兄皇子、白髪皇子、長谷部皇子の三人の皇子以外は、その業績すらもはっきりとせず、その存在すらも明白ではないということも、その住居の場所の表示である「上宮」「南宮」そのもの（そして、誰かがそこに住んではいたにしろ）は存在していた（法隆寺金堂内の、釈迦三尊像の光背裏面の銘にも「上宮法皇」としか刻んではおりませんので、仮にこの銘が本物であった〔実は、ニセ物なのですが。別述〕といたしましても、公平な立場からは、これではまだ一体誰のことだか判らないのと同じなのです。一一3。そうであるからこそ、この普通名詞の「上宮」と「聖徳」とを結びつけるための「接着剤」といたしまして、右の『法王帝記』の作成〔準備〕が是非とも必要であったということにもなって来るのですよ）といたしましても「聖徳太子」というネーミングの人間は架空であったことを裏付けていたのです。

一言で申しまして、その結果から考えますと、この動きは、金官伽耶・倭系（蘇我氏）、安羅・倭系（大伴氏）と、百済系（平安天皇家・その架空代表の百済威徳王を主たるモデルといたしまして作られました聖徳太子）との王族との間での、日本列島における民族「融和」の折衷案（つまり大いなる「方便」）であったとでも申せましょうか。

ですから、私に言わせますと、その準備作業（布石）といたしまして、既に、厩戸皇子の祖父の欽明大王のレベルのところで、金官系の蘇我稲目の女の小姉君（おあねのきみ）が入り、更に安羅系の安閑大王の女の石姫（いしひめ）も入っておりまして、同じことを別の言い方をいたしますと、百済王をモデルといたしました欽明大王（そのモデルは百済24東城王）のところへ、予め伽耶（倭・金官・安羅系）を系図上でジョイントさせてしまっていることに気が付くのです。

（3）日本初の巨大官営寺である「飛鳥寺＝元興寺」建設が正史に一切見えないのは何故か？

更に、蘇我馬子が倭王であったことの実質的な証拠を、ここで二、三加えておきましょう。

蘇我馬子が八年もかかって創りました（しかし、不思議なことに日本紀にはそれが官営寺であったことの記述がないのです。ですから、この寺は元々、異なる地域〔異なる国か〕で異なる名称で作られていた可能性も十分あるのです）「飛鳥寺＝元興寺」の規模（境内）は、何と南北が三二〇メートル、東西も二一〇メートルにも及び（この大きさは、後に述べます、かつての倭王・蘇我氏の王宮の跡に建てられております畝傍山麓の「久米寺」とほぼ同じ大きさです）、この正式には日本列島初の大寺の巨大さから考えましても、しかも、ここで大切なことは、当時の寺とは単なる仏教修行所であるのみならず、政庁でもあった（仏像が中国に初めて正式に入りましたとき、「役所＝寺」「刑務所＝院＝囲い地」に仏具が置かれた為、漢字の「寺＝ジ」や「院」が仏教の施設を表すものとして定着し、そしてそれが日本列島へと入って来たからだったのです。後述）のでございまして、しかも、この寺は、当時は、医学部もあるところの総合大学でもあったわけなのですから、素直に考えましても、これは国の総力を挙げての国家プロジェクト以外ではあり得なかったのでございまして、このことから単純に考えましても、その建築を命じた馬子が倭の「大王」であったことを否定することの方が難しいのではないか、と私には思われてならないからなのです。アナタは如何。

次に、馬子が倭王でございました証拠について見てみましょう。

「以始造銅繍丈六仏像各一躯。乃命鞍作鳥為造仏之工。是時、高麗大興王、聞日本国天皇造仏像貢上黄金三百両……丈六銅像坐於元興寺」（推古紀十三年四月）

「高麗大興王方睦大倭……黄金三百廿両助成大福……畢竟坐於元興寺」（『元興寺縁起』所引『丈六光銘』）

「蘇我大臣（馬子）、亦依頼、於飛鳥地、起法興寺（崇峻紀「平乱之後」）

「是歳、……蘇我馬子宿禰……始作法興寺」（崇峻紀是歳条）

とございますことからも、推古十三年（六〇五）に高句麗の「大興王＝嬰陽王＝平陽王＝大元」が、倭王が初めて銅の仏像を造るにあたって黄金を贈った（但し、「高句麗本紀」の方から裏を取ろうと見てみましても、同年の箇所にはかような記事は見られません）相手の寺が、飛鳥真神原（明日香村飛鳥、正に、現「安居院＝飛鳥大仏」の地）に崇峻元年（五八八）に着手し、推古四年（五九六）に成った「飛鳥＝大法興寺＝元興寺（平城京移転後の名。但し、主要堂塔はそのまま残され、本元興寺と言われました）＝法満寺＝建通寺」であったことが判るのですが（一二3）、この寺は天皇が造った寺ではなく、正に、蘇我馬子大臣が造った寺なのですから、そのことから致しましても、右の「日本国天皇＝大倭王」が蘇我馬子であったこと、かつ、「鞍作鳥＝馬子」であったことも判ってしまうのです（更に、この問題は、この後にお話しいたします一二4で全てが決まりますので必見。それにこの法興寺と法隆寺とは構造・規模が驚く程類似しておりますよ）。

つまり、そういうことになりますと、この「飛鳥寺」とは、それまでは主として九州に拠点を持っておりました倭王の一人として畿内での執政官（九州の本部は、同じく倭王の蘇我氏の「分身」でもあります大伴氏が博多と太宰府で担当）でもございました蘇我馬子（旧、金官伽羅系の倭王家）が、当時の外交上の理由から、畿内の従来からの出先の拠点（秦王国の監視及び徴税機関）を強化するつもりも含めまして（更には、万一、中国・満州・朝鮮方面から攻められたとき〔特に、近頃メキメキと力をつけてまいりました新羅による侵攻に備える〕のために、国防上の必要性からも、その拠点を九州から畿内へ一部シフトするつもり）、長期計画により八年もかけまして、国際情勢をも横目でチラッチラッと睨みながら「倭国の新都市」建設としての意図の下に「新政庁＝飛鳥寺（元興寺）」を明日香に造った（丈六仏は推古十四年〔六〇六〕）ということだったのです（一二4は必見中の必見）。

（4）神聖な畝傍山にあった倭王蘇我氏の王宮——消された防人が守っていた倭王蘇我氏の「畝傍山」の拠点

蘇我氏が大王であったのではないかということの証拠に関しましては、甘樫岡（あまがしのおか）の双家（ならびや）や宮門（みかど）や子女を王子（みこ）と呼んだことなどが、日本紀を引用してよく教科書などの例として出されてはおりますが、それよりもっと重要であり、アナタが決して見逃してはいけなかったことは、正史日本紀上での次の

「更起家於畝傍山東。穿池為す城。起庫儲箭……五十兵士……名健人日東方儐従者」（皇極紀三年〔六四四〕十一月）

——更に、家を畝傍山の東に起つ。池を穿いて城とせり。庫（つはものぐら）を起てて箭（や）を儲む（貯える）。……五十人の兵士（いくさびと）……健人（ちからひと）と名付けて東方のシトベという。

という点の方だったのです。

何故ならば、古くは頂上に山口神社も鎮座してございますこの「畝傍山及びその山麓全体こそが蘇我氏の聖域」だったのでして、

ここは長い間「禁山」ともなっておりまして、ここを東方のシトべ、つまり防人に守らせている（正に、これは大王宮以外のなにものでもないですよね）のみならず、住吉神社（倭の水軍。この神社のある住吉は、「倭王＝安羅王」でありました大伴氏の支配する外港の一つでございましたのみならず、この隣の大阪・上町台地上には大伴氏などの「倭王」の陵がズラリと並んでいたのですよ。一八10必見）の神事ではここから埴取を行っていたくらい神聖視されていたからなのです。

　住吉大社の祈年祭・新嘗祭の約十日前に、畝火山口神社へ行く前に、まず、雲名梯神社（山口社の西北一・五キロメートル）（これは、古くは、この「安羅＝倭系＝出雲系」の神の了解が必要だったことの名残です）へ寄り、事代主（卑彌呼の父の公孫度がモデル）に畝傍山の植土に採ることの了解のための祝詞を奏げ、その後山口社にお参りしたうえで、畝傍山頂で「口に榊の葉を含み」ながら「三掴半」程淡墨色の米粒状の植土を採って戻り、それで天平瓮を作り、住吉大神に奉ることの中にこそ、新羅占領軍が天香具山を神聖とする前の「神聖だった畝傍山の姿」が隠されていたとアナタは見破らなければいけなかったのです。

＊ですから、これと同じパターンといたしましては、新羅系天皇家の守護神・み仏でございました、東大寺の二月堂の「お水取り」神事は、朝鮮半島の新羅から、若狭の遠敷経由で奈良の東大寺へと何かが伝えられたことを暗示していたのです（七４ノ３、二三５必見）。

更には、奈良市街を一望に見下ろします、アナタもよくご存知の「若草山＝三笠山」の三四一・八メートルの山頂に築かれております、長さ一〇三メートルもの前方後円墳の「鶯塚古墳」とは、「鶯陵」（『枕草子』）のことでありまして、これは「陵＝大王・天皇墓」のことなのですから、そういたしますと、もしもアナタが清少納言の口を借りるといたしますと「そこには一体、大王の何方が眠っているのでしょうかしら」と言うことになります。

これが初めからの前方後円墳だといたしますと、より古い時代からものとなってしまいますが、もしこれが本来（古く見せるための偽装工作の前）は円墳であったといたしますと、これが「占領新羅軍の王子＝白鳳・奈良期の大王・天皇」の墓であった可能性すらも高くなるのです。何故ならば、この位置は正に平城京の大極殿の真東に位置しており、奈良朝の天皇家にとりましての奥城といたしまして、又、奈良盆地の大極殿より先に朝日を浴びる処といたしましても、霊的に最高の土地であったからなのです。

新羅文武王（天武天皇のモデル）の陵が、新羅の王都慶州の真東の日の出の位置にある海岸・海中に造られておりまして（大王巌）、更に、その東の丹後の「元伊勢」の更なる東の延長上に、その同一人である天武天皇の造りました伊勢神宮がございます謎につきましては、別述。

実は、この（畝傍山の聖域）反面、アナタには予想外のことでしょうが、万葉集などでも一般に聖地として（アカデミズムでも皆そう信じて疑おうとはいたしません）歌われております天の香具山の方は必ずしも神聖ではなかったのです。天の香具山の神聖視は、少なくとも天武天皇以前では有り得ず、多分、平安朝になって平安紀の作成及び「それに合わせて万葉集も改竄・挿入」されてしまった頃からのものだったからなのです。

確かに日本紀には、「宜取天香具山社中土」（神武即位前紀、戊午）と、神武の大和制圧（神武は、日本列島での大王といたしましては架空の存在なのですが。三二1など）に際しまして、天の香具山の社の中の土を密かに取ってまいりまして、平瓮八十枚と厳瓮を造り、厳呪詛（一五1）をいたしましてから（この言葉は、万葉歌九番額田王の難解ナンバーワンの謎歌の「五可新」の謎解きとも関連してまいります）、大和を平定したという風に、ここが神聖視されて記されてはいるのですが、他方、私はこれには大きな疑問がございまして、それはどうしてなのかと申しますと、ここには、かつて旅人の屍体（行路死者。『万葉集』四二六番での柿本人麿の表現）がゴロゴロ見られたくらいのところだったからなのです。この同じ「万葉」の中の「矛盾」を、アナタの鋭い嗅覚は、どうお受け取りになりましたでしょうか。

ということは、早い話が、ここ天の香具山は、決して「古くから神聖であった訳ではなかった」のだ、ということだったのです。

実を申しますと、これら大和三山の中で、本当に古くから神聖でございましたのは、天の香具山などではなく、大和国中でのその山の高さなどから素直に考えてみましても、この畝傍山の方であったのです（この点は、平安朝の『続日本紀』『日本後紀』以下では物の見事に抹殺されてしまっておりますが……）。

通説におきましては、いわゆる「大化の改新」というものが日本紀上に存在していたとされておりますが、その後（真相は、私の考えでは「白村江の役」六六三年より後。この「大化の改新」のとき「悉焼天皇記・国記・珍宝」（皇極紀四年、六四五年六月）つまり、「天皇記」が焼失したとされておりますのも、この「天皇記」とは「倭王（金官王）蘇我氏のことを記しました天皇記」が、六六三年以降に占領新羅軍により焚書されてしまったということだったのです。一二6）この倭王蘇我氏の家と山麓一帯は官（新羅占領軍）に没収され、その王宮の跡地に、その「倭王＝伽羅王」家の怨霊が祟らないように鎮めるためにも「久米寺」（久米氏は大伴氏の一族。この久米氏とは、その民族の出自を遡りますと、中国大陸のインドシナ半島にいたときから「大伴氏＝公孫氏＝越王＝チャム人＝卑彌呼の祖先」に同行してまいりました「クメール人」のことだったのです。但し、古事記におきましては、大伴と久米とは同等扱いにされてしまってはおりますが）が建てられると共に、そこに大きな池が作られているからなのです（大窪廃寺もそうです。年代が正に私の考えとピッタリだからなのです。新羅占領下の朱鳥元年（六八六））。その久米寺の池の底には、何が隠されているのでしょうか。池の水を汲み出してから発掘する必要がございます。

しかも、この久米寺は、実に巨大な寺だったのでして、東西三町、南北二町の寺域をもつのみならず、かつてここの五重塔の初層は、一辺一〇・七メートルもある日本でも最大規模を誇っていた塔だったのです（心礎は六メートル四方もの巨岩に一・一メートルの心柱受け円孔を掘ってあります）。凄いですよね！　正にこの久米寺こそ、大王の寺ないしは倭王の鎮魂の寺に相応しいと、アナタは素直にお思いにはなりませんでしょうか。

しかも、この寺の縁起には不明な点も多く、もし「白村江の役」以前に建てられていたといたしますと、正に蘇我氏の巨大「氏寺」（とは言いましても蘇我氏は倭王なのですから、その当時は「官大寺」でございました）だったのでございまして、蘇我氏が占領新羅軍によって滅ぼされた後は、その霊が祟るのを怖れて、その跡地を池と鎮魂のための寺と化してしまったのです（この点は法隆寺や太宰府とも同じです）。

ということに気付いてまいりますと、畝傍山東部の下ツ道脇の「橿原遺跡」や「丈六遺跡」の掘建て柱や井戸群は、倭王蘇我氏の家（王宮）の周辺のものであったことになるのです。ですから、これら全体を一つの「集合遺跡」と位置付けて、統一した思想の下に発掘しなければいけなかったのです（after the fire＝後の祭り＝最早、家やビルばかり）。

実は、この畝傍山には蘇我氏の王宮があったのです。では次に、アナタにその証拠をお示ししておきましょう。

「乙未蘇我大臣於畝傍家喚百済（大使）翹岐等。親対語話」（皇極紀元年〔六四二〕四月十日）とありまして、蘇我大臣が百済の大使の翹岐（こんき）と畝傍山の家で親しく語り合っておりますところからも、この畝傍山の麓が「倭王＝蘇我氏」の王宮であったことが推測されるのです。

＊この百済大使の翹岐と百済24東城王の父（23顕宗大王のモデル）の、倭に渡来いたしました昆支（こんき）とが、時代は二運以上異なるとは申せ、同音なのが気になります。

そして、この畝傍山の南部の深田池古墳群（古墳時代後期前半）、西方尾根上のスイセン塚古墳（前期後半、五五メートル）、東の池田神社のイトクノモリ古墳などの古墳時代のものは、倭王かつ金官王であった蘇我氏や、場合により、同じく倭王かつ安羅王でございました大伴氏の陵であったのです（尚、蘇我氏と大伴氏の、日本紀上での「二分化」の作為につきましては七4を、大伴氏の大王陵が、大阪上町台地上にあったことにつきましては、一八10をご参照下さい）。

＊尚、平安日本紀が、「磐井の叛乱」のお話を作り上げました際に、倭王を「磐井と継体とに二分化」させてしまいましたことにつきましては、前述いたしました（一一2）。

こういうこと（改竄）は、日本紀の「十八番（おはこ）」なのですよ。

古代「倭の豪族政治」とは、倭は卑彌呼の頃を含めまして、朝鮮半島と日本列島とに跨る「海峡国家」でしたので、倭の盟主（執行者＝連盟の大統領）を伽耶諸国（金官・蘇我氏や、安羅・大伴氏や、高霊など）の王の中から選んでおりましたし、そして、その他の王は合議体としての倭連盟の政治を、連邦議会の構成員として決めていた、ということだったのです（羅＝倭＝伽耶。別述）。

古代の倭を、日本列島でのみでアナタは考えてはいけなかったのです。

この畝傍山の南端の久米寺から西南西一キロメートルの近くに、伝宣化大王陵（橿原市鳥屋町）がございます（本来の宣化大王の陵は南鮮か九州か、たとえ畿内に存在いたしましても上町台地上〔一八10〕であると思われます）が、この宣化大王のモデルは「安羅王＝倭王」の大伴歌のことですので、畝傍山の直ぐ近くに、蘇我氏と同じ「伽耶王＝倭王」の大伴氏の陵の伝承があるということ自体が、なかなか意味深なことだったのです（上町台地から大和へ侵入したことの名残か）。

尚、この直ぐ西に、「金官＝倭」系の「五王」の「讃＝仁徳女帝」の陵（もし、そうでないといたしましても、誰か伽耶（倭）系の女王の王陵）の一つであると私が考えております「新沢千塚古墳群」の中の一二六号墳（五3）がございます。

先入観を持たないで考えれば、つまり、出土品及びその地域（畝傍山周辺）の時代的な特殊性から素直に分析いたしますと、そうとしか考えざるを得ないからなのです。

尚、百済天皇（一三2）とも言われておりました舒明大王の厩坂宮は、橿原市大軽にあったとされております。正に、ここは倭王・蘇我氏の宮殿のあった畝傍山山麓・周辺部にあたるところに位置していたのです（軽＝カル＝伽羅＝倭）。

蘇我馬子「宿禰」（このスクネとは、本来、古代朝鮮におけます「王の称号」の一つでした。「王＝ワケ」につきましても同様でして、この点前述いたしました）は、宅の東に仏殿を建てて百済からの石仏像を安置し、「大会設斎」をしておりますし（敏達紀十三年〔五八四〕）、その翌年には「大野丘」という丘に塔を建て、舎利を（法興寺〔飛鳥寺〕のように塔の心礎に安置するのではなく）塔の柱頭（敏達紀十四年〔五八五〕二月）に納めておりまして、これは一応、橿原市和田の和田廃寺のことであるとされているようなのですが、豊浦前という考えもある（後述）くらいでして（『元興寺縁起』。橿原神宮の近くの大軽に軽島豊明宮跡がございますように、「豊」という場所も甘樫の処だけとは限らないのです）この点一定してはおりません（軽島＝萱島＝伽耶島＝倭）。

これは久米寺の近くであったかもしれません。このように、畝傍山の一帯は「倭王＝馬子」の宮殿のエリアだったのです。

（5）大和三山の万葉歌は朝鮮半島での耳梨山と香具山（百済と新羅の畝傍山（倭）を巡る争奪戦を反映したもの

そして、この「畝傍山」というネーミングそのものも、実は、よくよく考えてみますと大王に侍る采女のいた「采女山」のことだったことが、日本紀の記載からも推測できるからなのです（允恭紀）。

＊百済王から倭王に贈られました「采女」に因む名称だったのでしょうか。

ということは、やっぱり蘇我馬子が倭王であったことを隠すために、つまり、日本紀の作者は、そこに大王に侍る采女がいては、蘇我氏の畝傍山が王宮であったことが「バレてしまいます」ので、采女を畝傍の字に巧みに変えてしまい、更に、『万葉集』で嘘の上塗りを行って仕上げてしまっていたのです。

＊アナタ、漢字に目を惑わされてはいけません。心の耳で聞いて下さい。

となりますと、万葉の一三番の天智大王の有名な「三山の歌」の解釈も、国文学の上では当然見直しが必要となって来ざるを得ないでしょうね。

右の歌　中大兄三山歌一首

「香具山は畝火を愛しと耳梨と相争ひき。神代よりかくなるらし、いにしへもしかなれこそ、うつせみもつまを争ふらしき」

も、次のように、畝傍山を古くからの海峡国家であった倭国（安羅・金官伽耶・大伽耶）、香久山と耳成山を百済と新羅とに置き換えまして、「倭国（安羅・金官伽耶）の領土を巡って、古くから、朝鮮半島では新羅と百済が激しく争いましたことよ」（意訳。特に、歴史的〔日本紀上〕には、六世紀代に百済が伽耶〔倭〕から奪ったウエシタリ、アロシタリ、ムロ〔五一二年〕、コモン、サタ〔五一三年〕などや、新羅が伽耶〔倭〕から奪ったハヘ〔五二〇年以前〕、金官伽羅〔五三二年〕、安羅〔五六二年〕など、及び、七世紀の「大耶の戦い」〔六四二年〕では、逆に、五六二年以来新羅が伽耶〔倭〕から奪って占領しておりました洛東江以西の地を、今度は百済が奪うというようなことなどが挙げられると思います。別述）と解釈いたしますと共に、更に、その次の同じく天智大王の

「香具山と耳梨山とあひし時、立ちて見に来し印南国原」（『万葉集』一四番）

という歌につきましても「日本列島におきましても、六六三年の〈白村江の役〉の後、亡命してまいりました百済王家と占領新羅軍とが戦おうとしていたときに、当時、〈九州の太宰府〉のみならず、〈吉備の備中〉などにも太宰府が置かれておりまして、少なくとも播磨の国〈印南野〉をも管轄しておりました（惣領＝大領。七11、一〇4）、つまり、名目上は占領軍総司令官でございました〈吉備太宰府に駐留しておりました大唐の将軍〉が、その調停に乗り出しましたよ」（意訳）という解釈（唐による新羅と百済との争いの調停）が可能でございますし、と言うことになりますと、場合によりましては、この歌のモデルは、実は、遥かなる故地の朝鮮半島での出来事の暗示ともダブルイメージであったのでございまして、歴史的事実といたしましても、「唐の仲介・勅命による麟徳元年（六六四）の熊嶺（熊峴城）での〈新羅と百済との盟約〉（そして、ここを両国の国境といたしました）」（「新羅本紀」文武王）ということを意味しておりました歌であったのでございまして、更には、「就利山（忠清南道公州郡公州＝熊津）

に壇を築き、唐の勅使の劉仁願と新羅王とが血を啜り、互いに誓い合った〈唐と新羅との盟約〉」（「新羅本紀」文武王）などのことをも意味しておりまして、これらのことをもオブラートで包んで間接話法の歌として表していたのです（別述）。

そういたしますと、更にその次の『万葉集』一五番の

「わたつみの豊旗雲に入日射し、今夜（こよひ）の月夜（つくよ）さやけかりこそ」

の、一見して場違いな「変な反歌」の謎（それもその筈、「左注」にも正直に、右の一首は、「今案不似反歌也＝今案（かんが）ふるに反歌に似ず」［ここにも「旧本」という表示が見えます］と記しておりますよ）が問題になってまいりますが、この歌は、印南野の近くの播磨の海上で、この伝承を思い出したので歌ったからなのだなどと、アカデミズムでは苦しい解釈をして反歌との整合性に苦労しているのですが、これはそんなことではなく、「扶余（パル）＝百済（百＝パル）＝百済（アリ＝光明）＝尉礼（キル＝入）＝有馬（アリム）＝播磨（アリマ）＝氷（アリム）」ということですので、もっと単純に、古代朝鮮語では「播磨＝有馬＝アリム」が「百済（扶余）」のことを表す言葉で、これは滅亡した百済でのことを暗示する言葉（入日＝落日）だったのだということを、もしアナタがお知りになれば、私の右の三つの歌の「解読」もご納得いただける筈です。全てが日本中心の日本人の独り善がりの考えではいけなかったのです。

この点につきましては、「ハタ＝海＝秦氏＝豊国」＝「豊受（とゆけ）神＝金官伽羅の本国＝倭国」ということをもヒントにいたしまして、更にアナタ自身でお解き下さい（秦氏と金官王家との関係。宿題）。

序でながら、ここでの「題詞」の表示が、『万葉集』巻一の他の歌とは異なり、天智天皇（大王）の歌であるにも拘わらず（正直にも）「皇子」の敬称を使わず、単に「中大兄」と記すのみであり、又、「御歌」とはせずに、単に「歌」とのみでございます点からも、これらの歌が後世に偽造されて挿入されたということをプンプン匂わせておりますと共に、家伝の「万葉集・伝本」を有しておりました藤原定家が、『長歌短歌之説』を表す際に、その中には一三番の「香具山は畝傍を愛（を）しと……」の超有名な歌が、そこには記されていないという、実に不可解（怪？）なことが見られるからなのです。

これらのことは、取りも直さず、これらの歌の左注に登場いたします天豊財重日足姫（斉明大王）も、この歌の作者とされております中大兄（天智大王）も、共に架空であったことの間接証拠であることを示していてくれたのです。

これらの歌の解釈につきましてはさて置きましても、このように、実は、畝傍山の山麓の一帯は「倭王＝金官伽羅王＝蘇我氏」や「倭王＝安羅王＝大伴氏」の倭王の宮殿のあったエリアだったことには間違いなかったのです。

このことは、次に申し上げますように、ちゃんと『日本書紀』『古事記』上ですらも形を変えて表現されていたことが判るのです。と申しますのも、イワレヒコが天下を治めた宮「畝傍山東南

橿原地……命有司経始帝宅」（神武即位前紀、己未年三月）が「畝火の白檮原」（『古事記』中巻、神武、久米歌条。畝傍山の東南）とされておりますのも、これも右にのべましたように、倭（金官）王の蘇我氏の王都が、かつて（早くても、五三二年以降であり、多分、五六二年以降のことと思われます）は、ここ畝傍山麓の橿原にあったことを示していたのです。その事実を、平安紀が神武大王の条を作成（三―1）いたしますときに、主体を消して、その場所だけ流用してしまっていたのです。

そして、その部下でございました道臣（日臣・大伴氏の祖）が、「大王の宅地を賜って築坂邑に住まわせた」（神武紀二年二月条）とされておりますことも、日臣は安羅王家（公孫氏である倭王・卑彌呼の弟）なのですから、これは倭（安羅）王の一派の大伴氏が、かつて、ここの「王都の畝傍山の近く」に住んでいたことの素直な表現でもあったのです。

＊尚、日本紀上では、「大化の改新」の前の倭王家が、その後、蘇我氏と大伴氏とに大きく二分化されてしまいましたことにつきましては、七4ノ31をお読み下さい。

（6）龍泉寺に伝わる「龍池伝説」は金官王蘇我氏の河内への侵入を暗示

先に、問題を含んでいるということで、お話しいたしました豊浦という地名につきまして、ここでもう少し深く考えてみることにいたしましょう。

実は、この豊浦という地名がここ大和のみならず河内にもございますし、山田、春日という地名も同様であり、更に、（河内）柏原、安宿、志紀、石川、（大和）橿原、飛鳥、磯城、石川との各の地名の共通性が、よく言えば「部族そのものの移動」の跡（地名遷移）をいみじくも示しておりましたし、悪く言うならば、「大和」における「歴史・地名の改竄・偽造（コピー）」の証拠を如実にアナタに提示してくれていたのです。

これらが存在しておりますエリアが、「大和国中」ではちょっと狭すぎることが、より疑わしくさせている（見え見え）のです。河内ではもっと広いエリアだからなのです。

このように河内と大和のみならず、九州と大和との間でも地名の共通性が見られますが、これらのことは、即これらの地名の偽造（つまり歴史の偽造）ということをも示していたのです。

このように、豊浦の探索につきまして、大和だけに限らずに、河内と大和とを全体としてその対象として考えてみますと（同じ飛鳥にも、近つ飛鳥〔河内〕と遠つ飛鳥〔大和〕とがあったように）、この「豊浦寺＝宅東方仏殿」とされておりますものが、隣国の河内の富田林市の牛頭山医王寺「龍泉寺」であるとも考えられますので、豊浦という地名につきましても、河内というエリアを初めから外して考えてはいけなかったのです。

と申しますのも、この寺の寺伝の「龍池伝説」によりますと、蘇我馬子が万池の悪龍を退治して、推古二年（五九四年。倭が海峡国家でなくなってから約三十年後）に「勅命」を得てこの寺を建てた（『龍泉寺縁起絵巻』及び後述の『春日神社文書』）とされておりまして、その共通性も大変気になるところだからなのです。

しかも、この龍泉寺が「豊浦寺＝宅東方仏殿」であることの証拠といたしましては、この寺の俗別当の名に「宗岡＝ソガ」（春日神社・所蔵『龍泉寺氏人等解文案』）が見られ、「宗岳」「宗我」も皆同じことですから、この寺が、かつて蘇我氏が初めて此処に侵出し、先住民（悪龍とされてはおりますが「人の形になって現れた」ともされておりますので、これは「先住者」のことであったことを表していたのです）を排除して河内へと入ってまいりました（『日本三代実録』元慶元年〔八七七〕条のところにそのことが記載されております）頃に建てられた記念すべき氏寺であったことが判るからなのです（そして、蘇我氏のこの地への侵入は、五三二年に金官が朝鮮で敗れた後か、又は、五六二年に安羅も敗れて、倭国が日本列島にのみ縮小した後、倭王家の「九州→摂津→河内→大和」という移動の跡〔王都を朝鮮・唐より、より遠い地点への移動〕の一つを示していてくれていたのです）。

この龍泉寺から出土しました奈良朝前期の「瓦」の紋様は、竹内街道沿いの野中寺や大和の川原寺（！）とも同じですし、更に、この寺は薬師寺と同じ「東西に塔」を持った伽藍配置であったものと考えます（これは、右『解文案』や三重の塔「心礎」などからの推測です）。

更に、「学問尼善信等自百済還住桜井寺今豊浦寺也」（『上宮聖徳法王帝説』裏書）とありますので、この豊浦と名の冠する寺につきましては、この寺が元の桜井寺であり、百済から帰りました学問尼・善信などが住んだところだともされておりますので、この「豊浦」が三輪山の山麓であった可能性も、又、十分あり得るからなのです。

このように豊浦寺につきましては、大和なのか、その中でも明日香なのか、桜井なのか、畝傍山麓なのか、それとも河内の富田林（また、寺名遷移しているのか）なのかという謎も、アカデミズムにおきましてすらも、今日まだ十分に解明されているとはいえない状態なのです。

（7）「冠位十二階」の対象外であった蘇我氏の三代——華厳経の国家仏教化のために作られた聖徳太子

さて、お話を畝傍山のことに戻しましょう。

このようなかつての「蘇我氏の聖域」を利用いたしまして、江戸末期から明治にかけまして、神武大王の聖域や、それをお祀りいたします橿原神宮などが、不条理にも造られてしまって「ウソの上塗り」がなされてしまったのです。誠に残念なことなのですが。

倭王蘇我氏の「本当の拠点」は、このように明日香の甘樫の丘（ここも確かに倭王としての支配地の一つではありましたけれど）などだけでは決してなく、その消された本拠は畝傍山麓（右の「遠つ飛鳥」＝現・明日香村の地までも含めまして）のみならず、河内の「近つ飛鳥」、更には摂津上町台地の住吉神社（畝傍山から神事の埴取り）をも含む広い地帯だったのですよ。

このように、畝傍山こそが、大和に入った後の倭王・蘇我氏の家であり、かつ、飛鳥の島の庄（石舞台）と共に奥津城（墓）でもあったことに気が付かなければ、古代史の謎はいつまでたっても闇の中に潜んだままなのです（大伴氏と大阪「上町台地の奥つ城」につきましては、一八10。甘橿丘は、敢えて申しますならば、この時点におきましては、別荘レベルとか宗教村レベルとでも申しましょうか。ここを占領新羅軍が駐屯地・政庁として使用したのです）。

＊先程もお話しいたしましたように、古代中国では「寺」や「院」（囲う、刑務所など）は政庁を意味しておりました。それは、仏像が中国に伝来したときにそれを「官庁」に置いたため、それで「寺（じ）」が仏教施設としての寺の意味を持つようになってしまったからなのです。因みに、「寺（てら）」という言葉の方につきましては、これは古代朝鮮語の「テール」（崇拝するところ）から来ていたのです。

このように、アナタがいつも口に出している「お寺」という言葉は、マルマル古代朝鮮語そのものだったのです。

さて、蘇我氏「倭王＝大王」の証拠のお話を続けましょう。

倭国で初めて官僚制に着手したともいわれております「冠位十二階」（推古十一年〔六〇三〕「始行冠位」）が定められたにも拘わらず、どうしたことでしょう、その後も、蘇我氏だけはこの対象外なのです。

しかも、アナタ、蘇我氏は中国では皇帝・大王のみが使える色である「紫冠」を被っていましたし、それのみならず、更に、これが「私授紫冠於子入鹿」（皇極紀二年〔六三四〕十月）とありますところからも、馬子一代限りではなく、子の蝦夷、更には孫の入鹿へと「世襲の制度」としてこれが少なくとも三代も続いておりましたことが特に重要だったのです。

と申しますのは、これは、いかにこの点蝦夷個人が「私した」と日本紀の作者が明文上では強調してはいるものの、これでは「頭隠して尻隠さず」なのでございまして、紫冠の制度が何十年も続いておりましたということは、取りも直さず、これが「国家の制度」として存在していたと認めざるを得ないからなのでございまして、このことは、蘇我氏が倭国（畿内中心の後の「日本国」のことではありません。一三1）の大王家の一員でありましたことの、最早否定し難い事実そのものであったことをアナタに示していてくれたのです。

また、冠位十二階の制度におけます冠位の被授者が、現行日本紀上畿内とその周辺のみに限定されておりますことは、正に、「語るに落ちる」というやつなのでして、九州に拠点を持つ「倭国の抹殺」を、逆に、語らずして反面から証明してくれてもいたのです。

更に、ここで私が馬子の無実の罪を一つ晴らしておきましょう。明日香・島の庄の「石舞台古墳」は蘇我馬子の墓と考えられておりますが、もし、馬子が日本紀の言うように「崇峻大王を暗殺」

していたといたしました場合には、遅くともその孫の入鹿が暗殺され、子の蝦夷も死んだ段階（多分、その直後）におきましては、先例に鑑みましても、直ちにかつ完全にその国家反逆者のその墓は暴かれ破壊され尽くされてしまっていた筈だからなのです。

それなのに広大な「石舞台古墳」が今日までも（途中で長いこと忘れられていたとは申しましても）堂々と残されております。

と言うことは、やはり、「大化の改新」は虚構だったのでございまして、又、このことは馬子の崇峻天皇（大王）暗殺も嘘であったいうことにも繋がって来るのです（六3、一三2）。

と言いますのも、蘇我馬子が、東漢直駒（やまとのあやのあたひこま）を使っての、崇峻五年（五九二）十一月三日の崇峻大王弑逆事件が、『古事記』には全く記載されていないということが、このことが架空であったことを裏付けてもいたのです。こんな重大な事の記載が無いなんて、ワシハ信じられんワイ。

それに、アナタ、二百年も前の安康大王（穴穂＝「倭の五王」の興、五〇〇年頃）が寝ている間に、目弱王（まよわ）（眉輪王）に大刀で頸部を斬られて殺されたという事件は、ちゃんと記されているのですよ。アアそれなのに、何故、より近い時代の崇峻大王の弑逆が記載されていないのでしょうか。

「目弱王…大刀を取りて、その天皇の頸をうち斬りまつりて」（安康記）

「壬子の年十一月十三日崩りたまひき」（崇峻記）

『古事記』の作者の「バランス感覚の欠如」につき、私はその理解に苦しみます。アナタはどうなの……？　矢っ張り……架空かいナ！

系図上から考えましても、「大化の改新」で蘇我氏の宗本家が滅ぼされた（抹殺された）ということは、取りも直さず、聖徳太子の出自をあやふやに「出来る」（父、用明大王の祖父は、蘇我「稲目」であり、本人の母、穴穂部間人皇女は、蘇我「稲目の曾孫」であり、妻の刀自古郎女は、蘇我「馬子の女」だからなのです）ということにも密接に繋がっていたということに、アナタも気が付かなければいけなかったのです。

このように見てまいりますと、「大化の改新」の偽造の真の目的は、聖徳太子の偽造がバレないためにも必須のものであった（そのように、その二つは、実は、密接に繋がっていたのだ）ということにアナタはもっと早く気が付かなくてはいけなかったのです。

＊聖徳太子と「大化の改新」との関係につき、六3、一三3。

つまり、華厳経の国家仏教化（旧派・興福寺に対する新派・東大寺の優越）のためにも聖徳太子を捏造する必要性があり、そのためにも「大化の改新」を作り出すことが必要であったということになります。

では、早速そのことにつきまして、これからアナタに具体的にご説明したいと存じます。

3、日本の史書の初めは『先代旧事本紀』だった

(1)『日本書紀』より古かった『旧事本紀』――ニギハヤヒを抜きにして古代史は語れない

日本列島における新羅系の大王や百済系の大王（それが「沸流・穢」系にいたしましても「温祚・伯」系にいたしましても）による正史の最初のものは一体何だったのでしょうか。それは『日本書紀』ではなく、前にも少し触れましたように『先代旧事本紀』（サキツヨノフルコトフミ）だったのですよ。

アナタは、そんなことはないよ、それは『日本書紀』の間違いじゃないのと仰りたいのでしょう。しかし、それでは考えが甘いのです。

では、日本紀などではなかったことの、その証拠の一つをお示しいたしましょう。それは、既に、古くは平安朝の学者の矢田部公望が、宮中におきまして、「日本の歴史書の始まりは『古事記』なりという先師（藤原春海）の説があるけれど、それは間違っていて、「上宮（聖徳）太子」の作った『先代旧事本紀』であると答えるのが正しい」（承平六年〔九三六〕の『日本書紀私記』＝承平私記）と、今から千年以上も前に、既に公の席でこのように断言していることを私はここに指摘しておきたいと思います。

このことは、たとえ公望が物部氏の子孫（『旧事本紀』には、物部氏の祖のニギハヤヒが、神武より以前に「哮ケ峯」に降臨したことが記されております。これは、扶余の構成民のうちの、穢族か貊族かが、満州から朝鮮半島の北鮮の妙高山へと移動したことか、それとも朝鮮半島から穢族〔物部氏＝ニギハヤヒ＝昔氏〕が、日本列島の肥〔コマ＝熊本〕、更には但馬〔東倭〕へと移動したことだったのか、そのどちらかがこの降臨のモデルだった筈なのです）であったということを差し引きましても、正に右のことを裏付けていたのです。

この『旧事本紀』が、史書として重要でありましたことにつきましては、平安時代のみならず、鎌倉時代に入りましてからでも、例えば、卜部氏の『釈日本紀』では、この『旧事本紀』が三十箇所以上も引用されておりますことからも判ることなのです。

更には、室町時代に至りましても、『旧事本紀』には史書としての正当な位置が与えられておりました。

卜部家の吉田兼倶『唯一神道名法要集』、関白藤原（一条）経嗣の第二子の一条兼良が『日本書紀』の神代のみを注釈いたしました『日本書紀纂疏』（この中では「按旧事紀云」「按旧事本紀曰」などとして随所にこの『旧事本紀』を引用しておりますよ）などがその例なのです。

このように、少なくとも室町時代までは、この『旧事本紀』は重要な史書として位置付けられておりまして、学者たちの真面目な研究の対象となっていたのです。では、何故、この『旧事本紀』が研究されなくなってしまったのでしょうか。

実は、このように、この『旧事本紀』が偽書であるとして否定されてしまったのは、そう古いことではなく、江戸時代のそれも

中期になってからのことだったのです。ごく最近のことだったのですね。

しかし、そんな逆風の中でありましても、右の国学の大ボスの本居宣長でさえも、その『旧事紀』の価値を認めざるを得なかったくらいなのですよ。

この点は今日のアカデミズムの研究者も是非反省し、見直すべきなのです。

そうでないと、古い歴史書におきまして、朝鮮半島の多羅の陝川を経由して日本列島へと渡来してまいりました、日本列島の初代の王とされた物部氏の祖神でもあるニギハヤヒ（陝父）が草葉の陰で浮かび上がれませんもの。可哀相。

考えてもみてください、日本紀の改竄に合わせて、古事記のみならず、その改竄の装飾、擬音の作用の役割を果たしました万葉集ですらも改竄（一二三3）されてしまっているくらいなのですから、この百済系のものといたしましては「日本列島で一番古い史書」であると、少なくとも平安時代の昔から言われてまいりました『旧事本紀』に、改竄の手が加えられていない筈などないではありませんか。

当然、その何回かの改竄の際には、改竄時である「後世の言葉」が度々混入して来ている筈なのです。江戸時代の分析は、隣接諸科学がそんなに発達していたわけではなく、悲しいかな、精々、主として「言語の分析が中心」でありましたから、その言語の点だけを捉えまして偽書扱いされてしまいましたのは、当時の学問水準としてはやむを得なかったこととは申せ、今日に至るもアカデミズムがこの種のことを捉えて、相変わらず偽書扱いして他人（江戸時代）の褌で相撲を取っているのは、正に、かっての日本紀の改竄者の思う壺（つまり、今の学者よりあちらの人々の方がよっぽど頭が良かった）に嵌まってしまうことだったのです。

世の学者たちが、もっと真剣に『旧事本紀』を分析しなければ、ニギハヤヒ（古代の大王でありましたサルタヒコ、ナガスネヒコ、天日矛につきましても同じです。三二2）が主役であった頃の、いわゆる、平安日本紀上で扶余王・百済王をモデルにして作られました神武大王より「以前」の東アジアの古代の歴史（これが欠けてしまいますと、どうしても変則的な不完全な古代史になってしまいます）は絶対に見えてはこない筈なのです。

＊但し、この物部氏（沸流百済）の祖神のニギハヤヒ（世襲）も、百済5肖古王をモデルとして、「肖古＝ソカ・ソコ」から「ハヤヒ＝速日＝ソカ」と名付けられたものだったのですが。

但し、信頼性が認められるものは、幾つか伝本がある『旧事紀』のうちの京都の白川神祇伯家に伝わる「三十巻本」のみ（十巻本もよくありません）なのであります。と申しますのも、『旧事本紀大成経』の方は仏教的な付加改竄が激しすぎますので、読んでおりましても、その部分のより分け（排除＝クリーニング）に無駄なエネルギーを使わざるを得ず不適切だからなのです。

ではここで、『旧事本紀』と聖徳太子との関係につきまして、今までのことをマトメておきましょう。

一言で申しますと、「百済・威徳王＝上宮・聖徳太子のモデル（のうちの一人）」が作りました『百済本記』こそが、物部氏（百済・扶余・穢族の出自です）系により日本列島で最初に作られた史書（但し、百済系の日本紀のナンバーワン）である『先代旧事本紀』のモデルであったのだということになって来るのです。

そして、そうであるからこそ、このことは、日本列島におけるこの初めての正史の作者が上宮・聖徳太子（そのモデルは、百済・威徳王で、正にピッタリでしょ）であったという風に当時伝わっておりまして、そのことはそのまま、正史の百済系平安日本紀上におきましても、次のように書かれていたのです。

「是歳、皇太子（上宮・聖徳太子）と嶋大臣（蘇我馬子）が共謀して『天皇記』と『国記』と『本記』を録す」（推古紀二十八年〔六二〇〕一月の条）

そして、この右の百済の威徳王をモデルにして平安紀のレベルで創られた人物（奈良紀におきましては、仏教を厚く信じた馬子を形容した場合を除きましては「聖徳太子」という名の固有の人は一切登場していなかった筈なのです）こそが、彼の有名な聖徳太子だった（前述）ということに気が付かなければいけなかったのです。

尚、仏像の後背銘などの金石文といわれているものでも、日本紀改竄に合わせた聖徳太子存在の「ニセの証拠」といたしまして、当初ないしは後世に作られたものがかなり多いので要注意だったのです。

（2）上宮太子から聖徳太子へ――偽造された銘文と行信が捏造した法華経義疏

ではそう言うからには次に、その偽造の金石文の幾つかを、証拠に基づきましてアナタと共に見破ってみましょう。はっきりと偽造であると申すことが出来ますのも、例えば「上宮法皇」（一二2）という銘が法隆寺の「金堂釈迦三尊坐像」には刻してある（但し、本当はそれだけでは「普通名詞」の「上宮」に過ぎず、一体それだけでは本来誰のことだか判らない筈なのですが）と主張するのですが、その文字が同時代の他のものと比べましても新し過ぎ、かつ、立派過ぎるのが気になりますし、多分、この字体は唐代になってからのものだからなのです（「ワカタケル鉄剣」銘の捏造につき、二一5）。

更に、その中でも特に「しんにゅう」部分の書き方につきましても、他のものとの比較から、これは少なくとも八世紀に入ってからの字なのです。しかも、致命的でありますことは、「止利仏師造」と記してあるにも拘わらず、よくよく見てみますと、何とマア！呆れたことに、止利仏師の元興寺の飛鳥大仏とは異なると共に「足の組み方」も逆（飛鳥大仏は左足が上、釈迦三尊のは右足が上）ではないですか！　もしアナタが写真か絵葉書をお持ちでしたら、是非、今すぐにでもこの二つを見比べて見て下さい。可笑しいでしょう。これでは子供だましのレベルですよ。私のようなアマチュアーが一発で見抜いてしまうのですから。

次に、「天皇」「東宮聖徳」という銘文が法隆寺「金堂薬師如来坐像光背裏面」には刻してあります。しかし、これも又、可笑しいことなのです。

と申しますのも、天皇号そのものは、唐の高宗の上元元年（六七四）に中国では採用されておりますが、日本列島におきましては、日本紀上持統大王（架空）の時代に採用され、天武天皇（即位六七三年）の代から使われております（一三2）ので、これらのことに照らし合わせて考えますと、やはり、早くても日本紀上で上宮太子から聖徳太子が「作られた頃」のこと（そのタイムラグは約百年にも及びます）だったのであり、これに合わせまして、又は、「その後、天平までの間」に「偽の証拠」作りのために、これらの後者の金石文が彫られたということが判って来るからなのです。

因みに、右の天皇号を使い始めたと言われております40天武天皇（六七三〜六八六年）という人物像のモデルは、新羅30文武王（六六一〜六八一年）だったのです。

客観的に通用する証拠に基づきまして良心的に見てまいりますと、このように、「聖徳太子という固有名詞の人に直接繋がる証拠は何一つとしてない」と言ってもいいくらいなのです。

更に加えまして、『上宮聖徳法王帝記』（「説」は誤りです）は内容的には五部に分析することが出来るのですが、先述いたしましたように、その第三部の作成に合わせまして、右の光背銘も造り出された可能性が大だからなのです。

因みに、聖徳太子の作と言われております『三経義疏』も、これも八世紀に作られたものだったのです。

と言うことは、これは、時代的に「太子の作品とは言えない」ものだったのです。

更に、これらは、八世紀の元興寺の僧である法相宗の行信が仕掛け人だったものと私は睨んでおります。

＊しかも、行信は東大寺と縁の深い僧でもございます（過去帳）。

と申しますのも、「聖徳信仰」の「利用とその完成」の「意味するところ」は、この僧・行信の『華厳経』正式名は『大方広仏華厳経』を国家仏教の根本に位置付けようという意図の実践（つまり、より判り易く申しますと、聖武天皇の大仏開眼への「三宝の奴」、天平感宝元年〔七四九〕四月の仕掛け人）の一つだったからなのです。

そして、このように位置付けましてこそ、初めて「聖」なる名を持った人である聖徳太子の存在が浮かび上がることが出来るのです。

＊但し、この聖徳という名は、平安日本紀を作りました際にモデルとされました百済・威徳王と、その父であります聖王明（用明大王のモデル）の両名の名から採って来て、同じ百済系であるところの、聖王明から八代後の淡海三船が付けたものだったのです。

聖徳太子の創造の黒幕が「僧・行信」でありましたことの、よりスカッとした証拠をもう少しサービスしておきましょう。

聖徳太子の直筆（天平十九年〔七四七〕二月二十一日〔そもそ

も、太子の死後、干支二運・百二十年以上後世のものですから信用性に欠けるのですが）の『法隆寺資材帳』などへの「上宮聖徳法王御製」その他の記載などが、「直筆」の根拠とされているようです）とさえアカデミズムでは言われております『三経義疏』のうちの『勝鬘経』の「義疏」のうちの約七割もが、何と！敦煌から出土いたしました『勝鬘義疏本義』という注釈書と全く「同一内容」でしたので、この模倣でありましたこと（つまり、聖徳太子の作ではなかったこと）が明らかですし、しかも、ここで更に重要なことは、この『法華経義疏』が「律師法師行信覔求（モトメル）奉納者」（『東院（夢殿）資材帳』天平宝字四年〔七六一〕）とされておりますところからも、この今問題としておりますこの「義疏」は右の「行信」自らが何処からか探し求めて来て納めたもの（これを種本といたしまして書かれたもの）に過ぎなかったからなのです（行信マッチポンプ説）。

聖徳太子の撰述とされております『勝鬘経義疏』は、右に申し上げましたように、敦煌の『勝鬘義疏本義』とその四分の三が同文であり、この点は、『法華経義疏』も、梁（中国・南朝）の法雲の考えと三分の一以上同じであり、かつ、聖徳太子の自筆本と伝えられておりますこの義疏の巻頭の「法華義疏第一」という記載の下に「此是大委国上宮王私集非海彼本」（第一は、法華義疏此れは是れ、大委国の上宮王の私集であり、海彼の本には非ず）との紙片が態々貼り付けてございますが、この「委」を「大和国」と用いる用法は、早くとも八世紀初頭からのものですので（七4ノ15）、逆に、もし、初めからこの紙片が貼られていたといたしますと、これは太子の頃より百年も後の作品であったということになってしまいます。

この点を言い逃れるために、本来の上宮太子撰の『法華経義疏』は、二巻を欠く不揃いの三巻だったのであり、これを、後に、法隆寺の東院伽藍を建てた僧・行信が揃った四巻本を寄進したのだ、この四巻本の寄進が八世紀だったのだと、アカデミズムはその辻褄を合わせるために、ちゃんと先に逃げを打っておりますよ。

このように「上宮太子」から「聖徳太子」を作り上げた最右翼が、この「行信」であったことの、こんなに有力な証拠が幾つも存在していたのです。

誰が見ましても、これで「聖徳太子＝架空の人」は決まりですよね。

＊右の三経文のうちの「経文のウエイトの違い」は、聖徳太子創作（と言われております）過程の、ある程度の時間の流れ（巾）の中での、それぞれの時代の違いを示しているものと思われます。

(3) 仏教界の新旧派対立の止揚と華厳経国家仏教化の戦略

このように、単に上宮太子と言われておりましたところの誰かが存在していたことは確か（その主たるモデルは、蘇我馬子です）なことなのですが、聖徳太子という「名」の人物につきましては架空であり、最終的には、「中央集権国家の必要像」といたしまして、『華厳経』の「国家仏教化」の手段であったと共に、光明子の時代になって完成された人物（大宝元年〔七〇一〕安宿媛誕生～天平宝字四年〔七六〇〕崩御。この間、七二九年「長屋王の変」、七四〇年「藤原広嗣の乱」、七五七年「橘奈良麻呂の変」などが起きております）であったと考えなければいけなかったのです。

例えて申しますと、丁度これは、古代中国におきまして、「孔子」が鉄工労働者を働かせるために、労働指南書としての『論語』を作り出しましたのと同じ発想（九7）でもあったのです。

又、もう少し別の見方をいたしますと、当時の平城京の仏教界は、旧派（興福寺・大安寺を中心といたします三論宗・法相宗）と新派（東大寺を中心といたします華厳教）とに二分出来るのですが、この東大寺・華厳教派の優越性の確保のために聖徳太子という人物を作り利用したとも言えるのです。

ですから、奇麗ごとではなく、ドロドロした当時の仏教内部の対立に勝利するために聖徳太子を必要として作り出したとも言えるのです。

この密教系の東大寺からは、後に西域僧・実忠が出ております（異国僧・実忠＝ジュド・チワルにつき、七4ノ3は必見）。

そして、この華厳宗は、東大寺戒壇で得度（とくど）いたしました、アナタもよくご存知の最澄（延暦四年〔七八五〕、十九歳）に引き継がれて発展していったのです。

それに、聖徳太子が架空の存在でございますことにつきましては、次のような平安日本紀上の身分（親族）関係の無理な記載からも、ある程度は推測出来ることでもあったのです。

このことは誰でもが「少し可笑しいナ」とは思ってはいたことなのですが、私のように考えますと、「アッ！　そうだったのか」とアナタもご納得いただける筈なのです。

と申しますのも、異母兄の用明大王の皇后（きさき）である、聖徳太子の母の間人穴穂部（はしひとあなほべ）（又の名、渥部穴穂部。二つの「部」が一つの名に含まれているという奇妙な人物。一一1）は、夫の死後、用明大王と稲目の女石寸名（いしきな）との間に生まれた子であります田目（ため）（豊浦皇子（聖徳太子の義兄弟）と結婚（母子婚。倫理上問題があります。大陸・半島におけます純粋な遊牧民は別といたしましても）し、佐富女王を産んでおりますが、この「母子婚」は如何に聖徳本人のことではなく、その実母のことではあるとは申しましても、あの「聖なる」聖徳太子像とは、仏教的倫理観からも非常に異質的なものを感じさせるからなのです。

この親子丼の真相はと申しますと、元々この間人は、田目と結婚していたのですが、実存に近い人物同士の間に「聖徳を作り上げて」挿入してしまったがために（と申しましても、「上宮」と呼ばれたある太子が存在していたことは間違いないようなのですが）、その系図上に無理が生じてしまいまして「間人は、先に異母兄の用明大王（モデルは百済聖王「明」です）に嫁いで、聖徳太子という大王（天皇）の子を生んで、その後に、田目と結婚した」という風にせざるを得なくなってしまったのだ、と考えれば辻褄が合ってくるのです。

そして、これが真相に近かったのです。

因みに、古代の日本紀におきましては、「中大兄」の「中＝ナカノ」と表示されました、「若い頃には抽象名でしか正史に登場しない人物」（天智天皇）も、平安・日本紀上では「新羅太祖武烈王」（金春秋）＋百済王子余豊璋の「二者合体した人物」を、そのモデルとして作り出されてしまったこと（六3）から考えましても、この「中＝ナカ＝中間」という表示も「ハーフ人間」「二者合体の架空者」を表示していたものと考えられると共に、更にこの聖徳太子の母の「間人＝ハシヒト＝間（あいだ）の人」も（「間人＝ハシヒト＝ペルシア人」の混血などという考えはここでは別といたしましても）同様な「挿入された人」であることを表す暗号であったのだと、今日アナタは読み取らなければいけなかったのです。

＊因みに、「中」の方ではなく「大兄」という役職自体は、遊牧系の高句麗の官位にもございました。

それに、欽明大王の女であり、かつ兄弟姉妹には敏達大王、用明大王、崇峻大王、推古大王がおり、しかも聖徳太子の母などというこんなに大切な人（間人皇后）の生年すらも不詳だとされておりますことは、実に、奇ッ怪かつ理解に苦しむところだからなのです。

これと同じような考えは、神功皇后が「息長足姫（おきながたらしひめ）」と呼ばれておりまして、この「中＝ナガ」も同じことを示しており、実は、「百済＋金官（倭）」の混血児・ハーフ（百済王と金官王女との間の子）の中間人であったことを表示していたのです（この神功皇后のモデルが、南朝鮮の「息長＝機張（キジャン）」の伽耶の王族の出自であることに加えまして。四3）。

このように「中」「間」などの形容は、そもそも「二人を合体して作った人＝架空の人」や「二重国籍の人・二族の混血児」や、更に古くは「神と人間との間の人で、半神半人の半分架空の人」などを表示していたものであったとも考えられるからなのです。

そして、「木国＝紀国」（金官・倭の豊の分国）の、ナガスネヒコのモデルともなりました、伽耶王女の名草（なぐさ）戸畔の「ナグ＝中」もこれと同じことを表していたのです（一五1）（但し、これらの人々の場合には、その出自が「ナガ族＝朴氏＝蛇トーテム族」であるということをも、同時に表示しておりました）。

さて、聖徳太子作成のお話に戻しましょう。

それに、このように偉大な人間であった（筈）の聖徳太子の死が、推古二十九年（六二一）二月五日（『日本紀』）とされ、又、推古三十年（六二二）二月二十二日（「法隆寺金堂釈迦三尊銘文」）と一年もずれていることはどう考えたらいいのでしょうか（一2）。

このように、ある人物を評価する場合には、その時代の全体的把握からのアプローチを試みなければいけなかったのです。

アナタもこれで、今までとは又一味違った聖徳太子像を浮かび上がらせることが出来たのではないでしょうか。

因みに、これは余談なのですが、聖徳太子を作り出しました右の華厳経が遠因で、「東海道五十三次」というものが出来たのですよ。

つまり、『延喜式』に東海道五十五駅を置くとありまして、これにより、ずっと後の江戸時代に至り、五十三次に整備されたということだったのです。

(4) 聖徳太子の作ったと言われている『旧事本紀』のモデルは『百済本記』だった

では、お話を『旧事紀』に戻すことにいたしましょう。

日本列島で一番古い史書が『旧事本紀』であり(矢田部公望)、それを作ったのが聖徳太子であると伝えられ(推古紀。『承平私記』)ておりますが、このことを別の言葉で掻い摘んで私が申しますと、聖徳太子(と申しましても、平安紀になる前の奈良紀か又は、更にその前の史書におきましては、単に「上宮」太子とのみ申されておりましたところの、その「本体」であるところのある太子)のモデルが百済・威徳王(この百済王をモデルといたしまして、後世の日本列島で作られました日本紀上におけますモデルは実在の人である〔名は別〕蘇我馬子です)だったということでございまして、敏達大王のモデルが百済25武寧王で、その孫なのですから(一三2)、そういたしますと、百済におきましてこの威徳王が作った史書が『百済本記』であったということにもなって来るのです。

つまり、この本体(お手本)側につきまして一言で申し上げますと、この『旧事本紀』の基となりましたところの『百済本記』を創りました人は百済の威徳王・昌だったのでございまして、かつ、その人は聖徳太子のモデルともなっていたからこそ、「倭国での初めての史書である旧事紀が聖徳太子によって作られた」という言い伝えにピッタリと合致して来るということにもなって来るのです。

さて、ここでも、平安紀が百済亡命政権の所為であったことの間接証拠の一例を挙げておきたいと思います。それは、どういうことなのかと申しますと、百済三逸書が「継体の死の年次を三年短縮」させていること(一一2必見)など、日本紀の内容に、「百済の主張がダイレクト」に反映され過ぎている、つまり、それを日本紀の作者がそのまま採用していることなどが挙げられるからなのです。

*特に、中でも右の『百済本記』。たとえそれが朝鮮史とは申しましても、アナタが特に気を付けなければいけませんことは、その一部は亡命百済人が六六三年以降に亡命先の「日本列島」で「完成乃至は補充」している可能性も否定できないからなのです。つまり、平安日本紀で亡命百済天皇家が百済史を基にいたしまして天皇系図とその装飾物語の平安日本紀を作成するに際しまして、「今は亡き百済三書=百済三逸史」というものを、一見もっともらしい古への証拠として「作り出し」てしまい、又は勝手に自分たちに都合のいいようにその内容を「改竄し」、それを日本紀に引用することによりまして、日本紀が如何にも

説得力がある「かのように」もっともらしく作為していた（装っていた）、と考えても決して可笑しくはないからなのです。

この右の矢田部公望が、『承平私記』引用の中で、日本の正史の初めであると言っております『旧事本紀』とは、これは『日本旧記』と言われているもののことでして、「大宝二年（七〇二）日本紀」、つまり『仁寿鏡』で指摘されているものと同じものを指していたのです。これがやがて今日の『先代旧事本紀』へと繋がって来ていたのです。これは日本紀が十二回改竄されておりますうちの第一回目の「大宝二年（七〇二）日本紀＝旧・旧事記」です。仁寿鏡所引。別述。

このように、一言で申しますと、平安日本紀は誰が見ましても百済史べったりの内容だからなのです。

しかし、このことは、私のように平安日本紀が、扶余（王）史・百済（王）史に題材を採りまして百済亡命人（平安天皇家）のライターが書いた「歴史物語」（フィクション）に過ぎなかったのだと考えますれば、これは余りにも当然のことだったのです。

明治百年、文明開化より今日まで百二十年余年、もうそろそろ、アナタの目から偽史の鱗を落としてもらわなければ困るのですよ。

このように、『百済本記』（いつものことですが、これは「紀」ではありません。『三国史記』の「百済本紀」の方とアナタは混同しないようにして下さいね）は、聖徳太子のモデルともなっている百済・威徳王が百済で作ったものだったのでございまして、これを基（モデル）として作られましたものが、日本列島での最初の正史であると言われておりますところの『旧事本紀』だったのです。

＊正確には、今日、一般に『旧事本紀』といわれておりますものの、その又基ともなりました大宝二年日本紀（七〇二年）を基にして和訓を施し、和銅七年（七一四）に「顓頊暦法」（「甲＝寅歳」から始まる暦法）に基づき、紀清人・三宅藤麻呂によって書かれました「和銅日本紀」＝『日本旧記』＝「原旧事記」と言われているものですので、ご注意下さい。因みに、次の、養老四年（七二〇）に舎人親王らによって書かれました「養老日本紀＝現行日本紀」は、「現行暦法」（「辛酉＝酉・トリ歳」から始まる暦法）に基づいております（神武即位が辛酉の年然り）ので、明らかに右の和銅日本紀より遅く作られたものであることがバレてしまっていると共に、このように、何故か、「この和銅と養老との二つの正史の間には深い断層」が存在しておりましたことが、採用されております「暦法の違い」からアナタにも一見して判るのです。

『承平私記』の中で矢田部公望が日本最初の史書だと言っておりますのも、この前者の大宝二年（七〇二）またはそれに和訓を加えました和銅七年（七一四）の「旧（原）旧事紀」の方だったのです（尚、正確には、その間に太安万呂の仮名の「和銅五年（七一二）日本紀＝プロト日本紀」もございます）。

奈良紀（それ以前からのものをも含めまして、平安紀と「対照」する意味で、私はこう表現しております）が、その初めから、やがて平安紀となり、鎌倉時代までの間に、少なくとも「十二回」は改竄され、そして最終的には今日私達が見る姿の『日本書紀』という名の史書になってしまっていたのですが（一四1、2）、これはその最初から一回目か三回目ぐらいの日本紀改竄の一場面のものだったのです。

因みに、日本紀を盲信するアカデミズムから、奈良紀における一番初めの歴史作成のモデルとも言われております天武十年（六八一）の「帝紀・上古諸事の記定」というのは、実は、これは日本列島におけます正史の記定のことなどでは全くなかったのでございまして、これは「調露元年の新羅史」の翻訳そのものに過ぎなかったのでございまして、日本列島での歴史書の作成といたしましては全くの架空のものであったのです。このことにつきましては、又後に十分に述べることにいたします（一四）。

このように現行の日本紀の全体を見渡しましても、ことさら新羅を「敵対的」に取り上げているのみならず、主として五五〇年以降の記事に注目してみますと、何と、百済の資料に比べまして新羅の資料が「ほとんど使われて無い」（！）という不自然な状態なのでありまして、このことからも、今日までアナタの前に伝わっております『日本書紀』（つまり、私の言う平安日本紀）というものが如何にも百済べったりの書でありまして、このことも百済系天皇家によりまして、十分に「最終」改竄・調整がなされており、その前の新羅史を「台本」といたしました奈良紀が完璧に近く抹殺されてしまっておりましたことの動かぬ証拠の一つとして加えておきたいと存じます（尚、伴信友）。

右に述べましたように、新羅の出来事の記事が極端に少ないのみならず、このことは平安時代になってから日本の支配者（貴族など）を書き並べて作られました『新撰姓氏録』におきましても、同様でございまして百済系百十九氏に比べ、新羅系はたったの十七氏にしか過ぎず、この点『日本紀』（「美濃国に、七十四家を置き、広田郡を立てた」〔元正紀〕、「武蔵国の新羅人に、金姓を賜いて、新羅郡を立てた」〔聖武紀〕など）におけます記載に比べましても、それは余りにも少なく、これは姓氏録上、百済人、伽羅人と称しておりましても、実はその中には、新羅系が相当隠れている（何らかの「差別される事情」が生じ、新羅系の姓を使わなく、又は、朝廷に上申しなくなったから）であろうことを差し引きましても、これは余りにも少な過ぎることですので、素直に読みましても、そこには何らかの意図が隠されていたと読み取らざる（見破らざる）を得ないからなのです。

これもひとえに、「平安紀」及び「新撰姓氏録」（支配民の記録）というものが、平安朝に「百済系天皇家によって最終的に確定」されたということの間接証拠になる（そして、これらの状況証拠は、取りも直さずその前提といたしましての「百済クーデター」の存在〔三〇、三一〕ということにも繋がっておりました）ものと私は考えております。

4、南宮＝上宮（聖徳）太子＝鞍作＝蘇我入鹿

更に、この平安紀では、蘇我氏の「馬子」のみならず、その孫の「入鹿」の事跡すらをも混合させて、その倭王家のよい点のみを吸い取って上宮・聖徳太子という「一人の理想的な人物像」の中に集約・埋没させてしまっていたのです。と申しますのも、慎重によーく分析してみますと「南宮＝上宮」のみならず「南宮＝上宮＝鞍作」でもございまして、これらは皆同一人であり、しかも、「鞍作でもある」という点は、蘇我氏でなければ整合しないことが判るからなのです（前述の「日本国天皇＝大倭王＝馬子」につき、一二2）。

次に述べます証拠から、「南宮」と言われておりましたのは「上宮」のことであることが判りますし、更には、「上宮」とのみ書かれていた人物を、「聖徳」太子と同一人だという作為から「上宮＝聖徳」太子と記されるようになったという経緯をも考えて合わせました場合に、必然的にそういう結論になって来ざるを得ないからなのです。

では、その理由の分析すべきポイントの点についてだけでも、簡潔に一言で申し上げておきますと、①天皇の住居や明日香の「島の庄」との位置関係、②「南宮」（七4）「南方」「南の正宮」「南の上殿」「宮の上殿」「上宮」「巽方」「厩戸垣内」「南淵」という夫々の言葉の由来、③「鞍作」「鳥郎」「司馬達止・達等」「多須奈」とは一体誰のことだったのか、④「坂田寺」「金剛寺」「坂田尼寺」「坂田郡」の実体とは何だったのか、という点などの、主として地理的・人物的な面での状況証拠を「正史」のみならず『太子伝古今目録抄』『平氏伝雑勘文』『扶桑略記』『法隆寺東院縁起』『元亨釈書』『七代記』『伊呂波字類抄』『多武峯略記下』『聖徳太子伝暦・暦録』などの関連史料と共に十分に「分析」し、かつ、「総合」いたしますと、自ずと一つの答えしか出てこないからなのです。

ではここで、右の史料の一部を用い、更に具体的に分析致しまして、聖徳（上宮・南宮）太子のモデルの一部に間違いなく蘇我氏が含まれておりますことを史料の上から完璧に証明してみましょう（前述の「倭王＝馬子」〔一二2〕ということに加えまして）。アナタは、人名・寺名・宮名等に注意深くサイドラインを引きながら、じっくり目ん玉ひん剥（む）いてお読み下さい。では、始めますよ。

「多須奈坂田寺を造る……天王寺を建立す……又法隆寺を立つと云ふ」（『太子傳古今目録抄』天皇の寺の事）

という点から、日本紀には何ら見えないことなのですが、法隆寺を建てたのが、何と「多須奈」（！）という人であったことが判って来るのです（驚きでしょ）。

さて、更に、

「鞍部（くらつくり）多須奈（鞍作鳥の父）、司馬達等（しめだちと）が子なり……又丈六の仏像（ほとけのみかた）及び寺を造り……今南淵の坂田寺の木の丈六の仏像……是なり」（用明紀二年四月二日）

このタスナの素性が判って参りました（祖父・達等↓父・多須奈↓子・鞍作鳥）。

「第廿七代継体天皇即位十六年（五二六年）大唐漢人案部村主司馬達止……草堂を大和国高市郡坂田原に結び、本尊を安置」（『扶桑略記』欽明十三年十月十三日所引の『日吉山薬恒法師法華験記』に云はく、『延暦寺僧禅岑記』に云はく）

鞍作一族が今、坂田寺にある丈六の仏を作ったことが判ります。

「太子寺を建立す……坂田寺」（『顕真得業口決抄』）

とございまして、ここでは「?太子」の造った寺に「坂田寺」という寺があったことが判ります。

「百済仏土鞍部多須奈奉為天皇出家、造顕丈六仏像并坂田寺」（『扶桑略記』用明二年四月）

前述のように、多須奈が坂田寺をも造っていたのです。となりますと、

「元は南の上殿に居る。上宮の名此れに依り得。即ち宮を以て仏工鞍部鳥に賜ふ。鳥、宮を以て寺に改め造りおはんぬ。今の坂田寺なり」（『法隆寺東院縁起』）

「天皇愛之、命居南宮、称上宮太子、今謂坂田寺、是其処也」（『扶桑略記』推古元年正月）

このように、「南の上殿＝上宮」太子の「宮」と鞍作の造った坂田寺とは同じものだったのです。

「天皇崩謚用明。鞍部多須奈建坂田寺」（『元亨釈書』用明皇帝二年）

「金剛寺坂田寺と号す。鞍作鳥の建立する所なり。寺の南方に太子の本尊薬師有り」（『伊呂波字類抄』）

鞍作一族が造りました坂田寺と金剛寺とは同一の寺だったのでございまして、その直ぐ南側に太子のご本尊がございました。

「私に云ふ、卅二歳にして摂政と為る。天皇之を愛し宮の南に居らしむ。故に称して上宮太子といふ。今坂田寺と謂ふは是れ其の宮なり」（『太子傳古今目録抄』法隆寺繪殿の事）

但し、ほぼ同文なれど『平氏伝雑勘文』上一御名不同之事では、「此の伝下廿二歳の時に云ふ、天皇之を愛し、宮の南に居らしむ。故に上宮太子と称す。今坂田寺と謂ふは、是れ其の宮の処なり」

と言っております。

王宮の南に住居を構えていたので、聖徳太子の宮のことを上宮と言い（扶余・百済系が「南部＝前部（上部）」と考えておりましたことにつきましては、一八5）、その「宮そのものが鞍作一族の造った坂田寺と同じもの」だったというのです。

「橘寺の巽方に厩戸垣内と云ふ処有り。坂田寺の側なり……金剛寺（是れ南淵坂田寺と謂ふ）は……鞍作鳥の秀工なり……坂田寺は工鞍作自ら出家し、用明天皇の為に丈六の仏像を造る」（『太子傳古今目録抄』井の事）

「南淵の坂田尼寺は高市郡椋橋に在り」（『興福寺官務牒疏』）

「推古天皇十四年夏五月五日に勅して鞍作鳥郎に大仁の位を賜み、因りて近江国坂田郡に水田廿町を給ふ。鳥、此田を以て

天皇の為に金剛寺を作る。是れ今、南淵の坂田尼寺と謂ふ」
（『多武峯略記』下）

このように、坂田寺も坂田尼寺も金剛寺も南宮も上宮も同じ寺（しかもアナタ、古代は「寺＝官庁＝宮」でした）のことだったのです。

以上の史料を総合致しますと、橘寺の巽（東南）の方角の太子の生まれた厩戸の地にある「坂田寺」と「坂田尼寺」と「金剛寺」とは、何と！皆同一の寺であり、かつ、そこが太子の宮そのものであったことが判ると共に、この寺が鞍作（部）鳥（郎）が造ったということも判って参ります。そうなって参りますと、この寺は鞍作一族が造り、そこが正に「上宮＝南宮」太子の宮そのものであったことが判って参りました。

ところでアナタ、蘇我入鹿のことを「鞍作」とも申しますので、「案部＝鞍部＝鞍作」というのが、蘇我氏一族の別の表現（襲名）であったのであり、倭王蘇我稲目の王宮のございました嶋の地（馬子の陵・墓である石舞台古墳付近）から見まして、皇子の馬子（鞍作鳥）の居た「稲淵宮殿」（上流の栢森の名の由来につき、一〇6）がその南にあったことからこそ、聖徳（上宮・南宮）太子のモデルの一つでもございました蘇我馬子が、ズバリ！「南宮」ともいわれていたのです。

それに鞍作氏の住まわされた所の内の二箇所（桃原は明日香村島庄であり、真神原は同村飛鳥）は、蘇我氏の居住地ともピッタリ一致し重なっているではありませんか。それにアナタ、聖徳（上宮）太子は、正史日本紀上に常に「馬子とペア」で出て参りますよ。

これは何故かしらん？　つまり「正史では飛鳥から南の地は、今日まで封印されてしまっていた」のです。私こと古代探偵が、今、この封印を解いたのです。

ですから、蘇我氏の「高麗→稲目→馬子→蝦夷→入鹿（鞍作）」という系図と「司馬達等→鞍部多須奈→鞍作鳥」という共に正史上に表されていた系図とは、その一部が系図上重なるべきものであったのであり、そう致しますと、正に「鞍作鳥＝蘇我馬子」（一一2）ということ以外には考えられず、その父であった「鞍部多須奈＝蘇我稲目」（又は、その父、又は、その子）が、「坂田寺」「坂田尼寺」「金剛寺」「天王寺」のみならず、「法隆寺＝斑鳩寺」をも造っていたという事だったのです。

こういうアプローチは本邦初公開かしらん！　きっとそうでしょう。

＊因みに、明日香村上居五八七番地には、上宮寺という名の、今日では無住寺（橿原市大軽の大軽寺のヨシミズエモン住職が兼務）となってしまっている寺がございますが、場所的にも、又、上宮太子という名との類似性からも少し気になりますが、私は未調査です。後世の寺でしょう。

ひょっとして、司馬達等という名が、馬子という名のヒントとなっていたのかもよ。また、厩（地名かつ上宮太子の実名）と馬子とも同じ一族ということで、世代は異なるとは申せ、そこには暗示が含まれていたのかも。

それに、島ノ庄の「南」には斉明大王の六六一年十一月七日の飛鳥川の川原の殯宮（ひんきゅう）（もがりのみや）とも考えられます謎の建物や、それと同一地域には、日本紀上の倭飛鳥河辺行宮（やまとあすかのかわべのあんぐう）（孝徳大王の反対にも拘わらず〔これは可笑しい〕皇太子中大兄〔但し、個人名なし〕らが白雉四年〔六五三年。是歳条〕に移った〔往居于倭飛鳥河邊行宮〕）とされております稲淵宮殿遺跡もございますし（但し、この「倭飛鳥」が、本来〔日本紀の改竄される前〕は近つ飛鳥〔河内〕のことであった可能性もございます）、ともかく、今日まで飛鳥から南の地は封印されて眠っておりました歴史の宝庫であることには間違いなかったのです。

聖徳太子とは、存在しておりましたある太子（上宮太子）に、倭王・蘇我氏のいいところ（秦氏も、正史上では蘇我氏と同族です）を寄せ集めて、そのような多重人格者としての着物（後の十二単衣のような、否、七単衣か）を着せて作り出した「聖徳人形」に過ぎなかったのです（聖徳太子＝多重人格者の元祖）。

更に、聖徳太子は中国史によりましても、上宮太子などという「普通名詞」では決してなく、次に申し上げますように（一三1）、九州におわしますところの「ワカミタフリ」（『隋書』）であると、ちゃんと「固有名詞」になっているではありませんか。

何故、日本列島の正史上では「普通名詞」で、外国では「固有名詞」（より具体的）なのでしょうか（二6）。子供でもその理解に苦しみますよね（名無しの権平さんではね……）。

このように、単純に考えてみましても、海峡国家の頃の九州の倭王・蘇我馬子こそが、百済・威徳王と並びまして聖徳太子の物語の本体（モデル）の中心だったのです。

これらによりましても、やっぱり、聖徳太子は（モデルは誰かと言う点はさておきましても）作為された人物であったということに間違いなかったのです。

5、倭王・蘇我氏は金氏だった

さて、「馬子」なんていう名（国家の貴族・官僚のトップの名が、初めからそんな「動物の名」などではなかったことは子供でも判ることなのですが）が、日本紀の作者により「どうしてそんな賤しめる名が付けられてしまったのだろうか」と、アナタはその由来について真剣に考えたことがおありでしょうか。

祖父の蘇我馬子と孫の蘇我入鹿との二人合わせまして「馬鹿」だなんて、そして、加うるに、父の名が「蝦夷＝エミシ＝当時は荒エビス＝蝦＝海老＝エビ＝ガマ」だなんて、更に「入鹿＝イルカ＝海豚」、つまり、三代が「馬鹿」に「エビ」「ガマ」に「海豚」だなんて、これでは余りにもふざけ過ぎていて、倭王であった蘇我氏の歴史の抹消の過程で、後から一族の「本来の名前が改竄」されて消されてしまっていたことが、却ってミエミエだとはいえ、それではあまりにも酷い話ではありませんか。

＊この「敗れた政敵を動物の名前に変えてしまう」という手法は、

古代日本正史におきましては、朝鮮からの「渡来人同士で卑しめあうとき」によくとられる常套手段だったのです。

ところで、この馬にこそヒントが隠されていたのです。それは、前にも申し上げましたように、「聖徳太子＝厩戸皇子＝蘇我馬子」ですので、「厩＝ウマ＝馬」で同一人を暗示していたのです。しかも、厩戸皇子（聖徳太子）の没年は六二二年、蘇我馬子の没年は六二六年で、この点も、二人ともほぼ同じなのですよ。更に、蘇我馬子が古い史書に有明子という、とてもステキな名で記されていることを、アナタは今までご存知でしたでしょうか。そして、それは一体何故だったのでしょうか。

ズバリ申し上げてしまいましょう。それは蘇我氏（金官王・倭王、「蘇＝ソ＝金・鉄」、つまり金氏）が、海峡国家連合の倭の王として、古くは対馬海峡の両側を支配しておりまして、当然、九州もその支配下の拠点の一つだったのであり、この不知火の燃ゆる有明海に倭の大王である蘇我有明子の名が「有明子＝ウ・メィ・シ（コ）」の海として付けられていたからなのです。又、逆に倭王家の王には、この倭国の外国への表玄関の海の名（有明＝アリアケ）が、古くから「襲名」として代々付けられてもいたからなのです。「馬＝ウマ＝ウメィ＝有明」、つまり「有明の王」は、元々倭王の襲名でもあったのです。

そう言われてみれば、何とはなしに、この「有明子＝ウメィシ」という名は、アナタが何度も早口で呟いてみますと、「天氏＝アメ氏」つまり「倭王」の姓とも近い感じがしませんでしょうか。そうなのです。正に蘇我馬子は「天の王朝」のアメ氏の王の直系の末裔だったのです。この「有明＝ウメ」は「天＝アマ」でもございまして「天の王朝＝海の王朝」をも表していたからなのです。「海＝ウミ・アマ」ですから。

しかも、それ程までに、蘇我馬子は名君として倭国の民から慕われていた存在だったのだ、ということをこの名は示していたのです。

＊うーんと古く弥生の頃までは、玄海灘の荒波に面した博多・那ノ津などよりも、「吉野ケ里遺跡」などがあるこの波の静かな有明海の方が、長い間中国や海外への「表玄関」だったのですよ。倭人の一派（九4）でございます中国・徐州人である方士の徐福伝説・八代市の加羅輩（ガラッパ＝カラ・ッパ＝カッパ。伽羅の人＝倭人）伝説の存在など。

有明海こそが古くからの九州の倭国の玄関だったという私の考えによりますと、後世の太宰府の辺りへ重い荷物を運ぶにも、北の那ノ津（博多）から南下していたのではなく、逆に、当時は「有明海から」大河の筑後川とその支流を遡って北上して、船で「水流」を利用して大宰府のすぐ近くまで入っていたということも考えられ、その可能性も高かったのです。

と申しますのも、太宰府の「水城の位置」とそれによって都督府の付近に「作られる水面の範囲」を、何らの先入観を持たないで地理学的に等高線を比較しながら考えてみますと、都督府の位置からいたしましても、この水城は、北の玄海灘からの攻撃に備えたものではなく、逆に、後の「南の有明海から筑後川とその支流を遡上して船で攻めてくる（主として外国からの）敵」、つまり直接上がって来る「軍船」を意識していたものと私には思われてしかたがないからなのです。真実の政庁の前方に水城により造られる湖水の位置（それは太宰府政庁の南側〔北の玄海灘の側ではありませんよ。その逆です〕を防禦する形になっているではありませんか）を考えれば、アナタも自ずと私のようなこのような結論に達するものと思われます。

私も、ほんの僅かな時間ではございましたが現地に佇んで、暫くは首を捻っていたのですが、実は、水城が防ぐ敵との位置関係は「南北がアベコベ」だったと考えれば、全ての疑問はここに氷解することになるのです。

この結論の当否は兎も角といたしましても、こういう「ハテナ？」という柔軟な問題提起こそが歴史では大切なのです。

さて、この倭王の蘇我有明子が、『続日本紀』により本来の名から改竄され、音は同じでも、「有明子（ウメイコ）→馬子（ウマコ）」と賤しい四足の動物の名前なんかに変えられてしまっていたのです（イルカ＝哺乳動物も同じことです）。

実は、この「政敵であった人間を動物の名に変えてしまう」のは、前述のように、朝鮮から渡来した支配者のよく使う手段であったのです。正史を見ましても、そこには数え切れないほどの例が出てまいりますよ。

そして、この海「そのもの」の字も、古い読み方では「有明海＝ウメイコ」の「コ」でよかったのです。

と申しますのも、その名残といたしましては、藤原純友が「天慶の乱」（天慶二年〔九三九〕。私のいう、新羅水軍が消え去り、それが東国武士の発生の原動力の一つとなったことを示す証拠の一つでもございます。二三5）の際に、その拠点といたしました豊後水道の日振（ひぶり）島の地名には、どうしたことか「明海」と書いて「アコ」と読むところがあるからなのです。つまり、「海＝コ」なのですから、ズバリ！「有明海＝ウマコ」でよかったのです。やっぱり、馬子という名は有明海を暗示していたのです。

このように「馬子の名」は、有明海、そして、九州の倭王の金（蘇＝襲＝菅＝ソ＝金）氏、金官金氏そのものをも意味していたのですよ。

日本紀の作者が、「祖父から孫までの三代」を、こんな変な「馬鹿げた」（！）名前に変えてしまったからこそ、逆に、私から「これは怪しいゾ」と瞬時にしてそのカラクリを見破られてしまったのです（全て、やり過ぎはイカンぞなもし）。

6、「憲法十七条」も架空だった

このように聖徳太子の「モデル」の一つは、倭王であった蘇我馬子などの金官王家であったというお話をいたしましたが、最後に、聖徳太子が架空でございましたことの極め付けの証拠といたしまして、聖徳太子の代表作ともされておりまして、今日でもあなたの口から直ぐにでも出てまいります、「和を以って貴しとなす」、より正確には、「和なるを以て貴しと為し」（「以和為貴」。推古紀十二年夏四月。和は「ワ」ではなく、正しくは「ヤハラカ」なのですよ）の「憲法十七条」（イツクシキノリ・トヲアマリナナ）が、実は、太子の時代には「不存在」でありましたことにつきまして、その理由を次に簡単に述べてみたいと思います。

　聖徳太子の作であるとアカデミズムではされております、推古紀十二年（六〇四）に記されておりますこの「憲法十七条」の文章の単語の「音価」の分析から、文法に誤りのない「正格漢文」なのか、それとも「倭習」なのかを区別（参考、一四2）いたしますと、この文章が作られましたのは、何と天武朝（六七三〜六八六年）以降（そこには、日本紀の記載とは八十年もの差異が見られるのですよ）でなければこの日本語の文章は存在し得ないこと、つまり、それがどういうことなのかと申しますと、「憲法十七条は、後世に〈日本紀と共に〉作られた」ものであった、ということを意味していることが判りまして、このことも、聖徳太子が架空の存在であったことの有力な証拠の一つに加えておきたいと思います（尚、『日本紀』と『古事記』の基が同じものでありましたことにつき、二一4）。

　それだけではまだ不十分であるというアナタのために、もう少しその証拠を加えておきましょうか。

　更に、文章上の致命的なミスは、憲法十七条の中の第十二条の中にございます「国司」という言葉は「大化」以前にはあり得ず、精々『大宝令』よりも後のものですし（因みに、この「令」とは広く民事法のことであり、もう一方の「律」とは刑事法のことを指しますので「――律令」で民事・刑事のセットになっているのです）、更に、実質的理由から考えてみましても、推古大王の時代は、いまだ「氏族制」の華やかなりし時代でございましたので、憲法全体に流れております「君・臣・民」の中央集権的なものの考え方とは凡そ程遠く、実に可笑しい思想の矛盾がこの両者間には原理原則上見られるからなのです（二一4）。

　それに、入鹿が殺された翌日、その父の蘇我蝦夷も滅亡するに際しまして、「悉焼天皇記・国記・珍宝」（皇極紀四年（六四五）六月十三日）とありますので、「スメラミコトノフミ＝天皇記」「クニツフミ＝国記」「タカラモノ＝珍宝」を蝦夷の死に際しまして焼いてしまったことが判ります（又は、六六三年以降に占領新羅軍が焚書してしまった可能性につき、一二2）。

　それでは、その内容はともかくといたしましても、そして、たとえ蘇我氏が自ら焼いたといたしましても、何故、蘇我氏がその滅亡の時に、天皇の皇居の蔵に保管してございました「天皇記」を持っていて（持つことが可能で）、宮中の倉庫になく、そして焼いた（焼くことが可能であった）のでしょうか。その答えは唯一つ、当時は、「蘇我蝦夷が天皇・大王」であり、自ら大王記（天皇記）を所持していたからこそ、それに火を放つことが出来たことに他ならなかったのです。

　そのときの「天皇記」の内容が、「金官王＝倭王」の蘇我氏の天皇記でございましたことにつきましては以前に申し上げました通りです（一二2）。

このように日本紀の作者が「上宮・厩戸（うまやど）の太子を聖徳太子としてしまった目的」は、藤原氏や僧・行信などが、光明子の時代に聖徳太子（像）を作り上げ「中央集権体制の確立」にこれを利用することに加えまして、蘇我馬子の天皇・倭王を「隠してしまう」（朝鮮と列島に跨って長年存在しておりました海峡国家倭国の存在の抹殺）というより大きな二つの目的があったからなのです。

＊それに、天皇の天孫降臨の思想とも相容れないですから。

ですから、この策は、「得体の知れない部族」（朝鮮から追い出された今来の秦氏などを含む）でもございました藤原氏（四族連合。別述）にとりまして、実に、一挙両得の策であったとでも申せましょうか（尚、この「聖徳太子」の捏造と「大化の改新」の捏造とが、実はその系図分析からも、必然的な関係にございましたことにつき、別述）。

第一三章　九州にあった倭国

1、推古天皇のモデルは男で倭王・大伴望多

（1）阿蘇山と男王と具体的な皇太子の名で決まり

誰が見ても明らかな日本紀の嘘がここに見事に露出していたのです。歴史好きなアナタが、何故今までこのことに気が付かなかったのか、私には不思議でしょうがないくらいです。

最も肝心なことは、この頃の大王は、日本紀によりますと「畿内」にいる「推古女帝」の筈なのですが、可笑しいことには、このことを記している中国の正史の『隋書』によりますれば、倭国・俀国には「近くに」阿蘇山という山があるとともに、その倭国の大王の名は阿毎・多利思比（北）狐と明らかに女ではなく男となっておりますし、その皇太子の名も、又、利（和）歌彌多弗利となっておりまして、共に男でかつ具体的な固有名詞になっているからなのです。

このように『隋書』ではこのときの大王・天皇は「女」などではなく「男」ですし、しかも、皇太子の名も、単に天皇との住居の位置関係から名付けられました抽象的な「上宮（後になって聖徳という名で再登場）」などではなく、ちゃんと具体的な「ワカミタフリ」の名が記されているからなのです。

＊ですから、隋から帰朝した際（推古十六年〔六〇八〕六月十五日）に、小野妹子（中国名は蘇因高）が煬帝からの国書を百済で紛失して持参できなかったと申しますのも、このときの倭の王都は「九州」にあり、これはここ「倭国」宛の国書でしたから、後の畿内の「日本国」には存在してはおりませんので、「紛失」したことにして正史に記してしまっていたのです。ですから、妹子が大王から何のお咎めも受けなかった（不良）ということにも（『日本紀』）、そんな真相が隠されていたのです。

そして、これがもし日本紀のいうように畿内・大和であるといたしますと、近くに阿蘇山が聳えていよう筈などないではございませんか。幼稚園の子でもこんなことは判る筈ですよ。アナタが、もし、マトモな考えの持ち主であったとしたならば（多分、マトモでしょうが。但し、「こんな本」をお読みくださる方は、そも

そもマトモな頭脳の持ち主ではない、という外野からの野次も聞こえてきそうですが）、どうやって「女帝と彦王」「抽象名と具体名」「畿内と阿蘇山」とをイコールで結ぶことが出来るのでしょうか。この点を、是非、倭が大和だと相変わらず言い張っているアカデミズムにもお聞きしたいものです。

こんな単純なことからも、古くからその頃までも倭国の「主体」部分が、畿内ではなく「九州」にあり、しかもこの当時の倭国の王が「男王」であり、そこが畿内を中心とした後の「日本国」のことなどではなかったということ、つまり、日本紀に記されていたことがデタラメであったことが明白だからなのです（二4）。

では、そう言うからには、その男王とは一体誰のことだったのかとアナタから問われるならば、私は次のようにお答えすることにいたしましょう。

先に、五三二年に金官伽羅国（蘇我氏）が南韓で新羅のために滅ぼされ、倭連合の支配権が安羅（大伴氏）に移ったことにつきましては既にお話しいたしました（一一）。

その安羅も、遂に五六二年に同じ新羅に滅ぼされて、朝鮮半島部からの撤去を余儀なくされ、日本列島のみに引き篭もってしまった（海峡国家ではなくなってしまった）のでした。

このことを前提（この頃の「倭の大王家＝安羅王家」が大伴氏であったこと）といたしますと、この答えも自ずと明らかになってくるのでございまして、『隋書』の倭の王子の真実の姿、それは、音の類似性からも、ワカミタフリ＝ワカ「ミタ（フ）リ」のモデルとは日本紀で抹殺された倭王の皇太子であった、まずは、大伴道足（みたうり）の投影であったのですし、そして、そういたしますと、次にその父の王でありましたアメタ（META）リシヒコ＝ア「モタ」（MOTA）リシヒコとは、正に、大伴望多（もた）（MOTA）・馬来田（まきた）（MAKITA）の投影だったからということが判って来るからなのです。

しかも、アナタ、アメタリシヒコとワカミタフリとは「親子」ですし、この大伴氏（倭王家）の望多と道足も「親子」で同じですので、その両コンビの「身分関係」の点におきましても、日本紀とピッタリだったからなのです（但し、「王系図合体」により、アコーディオンのように大王系図が伸縮されておりますので、当然のことですが、その両グループの「絶対年代」はズレておりますのでご注意のこと。ご不明の方は、三二2などを、是非ご覧下さい）。

そして、その又父が大伴磐で、この人が「磐井の叛乱」の磐井の投影でもあったのです（別述）。

つまり、逆に時代を下がって（新しくして）まいりますと、「継体大王＝大伴談（かたり）・語」であり、その子が「安閑大王＝大伴金村＝安羅（倭）王・安」であり、その又子が「磐井の叛乱」の大伴磐（いわい）であり（宣化二年〔五三七〕十月に任那を救うために派遣されていながら、弟の大伴狭手彦は任那に行ったのに、大伴磐は「何故か」筑紫に留まって、「国政を執り、三韓に備えた」〔『日本紀』〕とされておりますのは、正に、磐が九州の「倭王＝磐井」

であったことを端的に表していてくれたのです）、その又子が「推古大王＝倭王・多利思比孤＝大伴望多・馬来田」であり、その又子が「上宮太子＝皇太子・和歌彌多弗利＝大伴道足（タリを暗示）」であったということになってくるのです（因みに、色々な可能性が考えられますが、「推古＝哆唎大夫人」という点につき、一一1。つまり、百済25武寧王は百済24東城王の子。30敏達は29欽明の子。日本紀の敏達大王のモデルは百済武寧王。「欽明の子＝33推古」は「東城王の子の武寧王の妃＝哆唎夫人」と全くの同時代、かつ、同一の身分関係。よって、「武寧王妃＝哆唎夫人＝穂積氏＝推古女帝のモデル＝皇太子ワカ〔Wang＝王〕ミタフリの母＝ミタ〔フ〕リの母＝哆唎(たり)人の母」ということで、時代も大王系図上も、中国史と倭史と百済史とで彼此全てがピッタリでしょうが――）。

＊談＝語、金村、磐、望多、道足の五代分の倭（安羅）王。

やっぱり、このとき、海峡国家の「倭王＝安羅王」の磐井は、「日本列島の九州」などでは負けてはいなかった（モデルとなりました、朝鮮半島の出来事としては別として）のです（一一3、2、1）。

このように、当時の倭王（つまり、五三二年以降の「倭王・天皇・大王」は安羅王）とは、九州にいた卑彌呼の直系の倭王「大伴氏＝遼東半島の公孫氏」の末裔のことだったのですよ（九1）。

また、右に加えまして、仮に、宣化大王のモデルが磐井（イファイ＝倭王の襲名）の大伴歌のことであるといたしますと、この女(むすめ)が日本紀上「石姫(いわひめ)」とされておりますのも、これ又「磐姫（イワのヒメ）」のことを表していたのでありまして（一一1）、「倭王磐井の娘」であったことと、この点でもピッタリ合致して来るのです。

つまり日本紀は、ちゃんとここでも「大伴氏＝倭王・安羅王家」が「磐井」であったということを暗示、否、明示してくれていたのです。

磐(いは)と申しますと、「倭の五王」の武の正体でございました紀生(きのお)磐(いは)（大磐＝王・磐）も「磐」でした（金官王＝倭王）。

＊但し、倭王・大伴氏の各系図自体も、大化以降をも含めまして十分改竄され尽くされ（蘇我氏との二分化など）てしまっておりますので、他の事実を参照しての「絶対年代」その他の点についての日本紀との「ズレ」の調整・修正が必要なことは勿論のことなのです。

大伴氏と蘇我氏とが古代の氏族（共に倭〔伽耶〕王家の盟主）といたしまして、「不可分一体」の存在であったことにつきましては、既にお話しいたしました（七4）。

(2) 鹿児島も「伽羅」であった

考えてみますと、このように案外単純なところにも、九州が「倭＝伽羅」の一部であったことを示す証拠は残っていたのです。

では、その九州の中での「鹿児島県」の「鹿児＝カゴ」という言葉を例にとりまして、このことをご説明いたしましょう。中央アジアの北方ステップに主として住んでおりました「タタール人」のことを中国史におきましては「多々児」とも表記いたします。つまり、本来は、「児＝ル」でもあるのです。ところで、そういたしますと、鹿児島県の一枚の分県地図上でさえも「カヤ」という地名が二十四カ所も見られますが、このことの謎が解けて来るのです。

それはどうしてかと申しますと、この鹿児島の「カヤ」という地名は、決して「植物のカヤ」「榧」「茅＝萱」のことなんかではなくして、古くは朝鮮（私の考えでは海峡国家倭国そのもの）の「伽耶＝カヤ」のことを指していたからなのです。と申しますのも、「児＝ル」でございますと、「麑島（『倭名類聚鈔』）＝カゴシマ＝鹿児島」の鹿児は、本来は一字であり、その音価は「鹿児＝カル」であったということになり（地名の分解・統合は日本紀・風土記の「十八番」ですよ）、「カル＝軽」「カラ＝伽羅」「カヤ＝伽耶」を表しておりまして、正に、ある時代における「鹿児」というのは「カル」であり、「カヤ」そのものだったのでございまして、ここ鹿児島は「伽羅の島」「伽耶島」「萱島（かやしま）」と呼ばれていたことがあったのです（川島皇子につきましては、「有馬皇子の変」を歌いました『万葉集』三四番。一3）。

＊それに「刈＝カリ・カル」とは、古くは朝鮮語で鉱山・鉱山民の表示でもございました（坂上田村麿の父）。

また、「シマ」とは「島」に限らず、古くは一定の地域・支配地を示す言葉（今日でのヤクザの「シマ」など）でもございますので、そういたしますと、現・鹿児島市の付近のこの旧郡名の鹿児島郡は、そこがかつて「伽耶の支配地」、つまり古への「倭」そのものの一部であったということを如実に示していたことにもなります。ある時代には、きっとそうだったのでしょう。

この薩摩を含む古代の日向は、卑彌呼の「倭＝安羅＝安耶＝阿田」のエリアでした（阿田（あた）ノ笠沙（かささ）ノ長屋（ながや）の三点セット）。

＊となりますと、BC二〇〇〇年頃の古いオーストロネシア語の頃の隼人の祖先は別と致しましても、卑彌呼以降の隼人の中には、ジャワ海に拠点を置くフェニキア系タルシシ船の末裔の「安羅＝倭」水軍（南倭）も混ざっていたのかも知れません。勿論、これは、後述のように、薩摩の大名の島津氏（秦氏の出自）が、中世に至り、栃木県から移転して来る遥か以前のお話です。

そういえば、下って江戸時代ですら方言としての薩摩弁（鹿児島弁）は、何となく異質的な朝鮮語の響き（伽耶語の響き）に似ているものが残っている感じがいたします。

＊たとえ、大名（ボス）と家来（その私設ガードマン）とが変わりましても、土地に縛り付けられました多くの人民は「伽耶＝倭」の民のままなのですから。

加うるに、今申し上げましたように、後の薩摩の支配者である、かつて栃木県から移転してまいりましたこの大名の島津氏は、「金官伽羅7吹希王＝秦の弓月君」の末裔でありましたし……。

日本列島は海峡国家倭（伽耶）連合の一部（分国）だったので

すから、当然のことではございますが。

又、次は日本列島の中央の大和国の例なのですが、古くは「草＝カヤ＝伽耶」でもございましたことは、奈良・桜井の安倍文殊院の境外地（大字谷字艸墓）の阿倍丘陵東斜面にございます方墳である「艸墓古墳」（葺石あり）が、俗に「カラト古墳」と古来何故言われて来たのか、ということの謎もこれで初めて解けて来るのです。

正に、これは古くは「艸の字＝草の字＝カヤ＝伽耶」の音そのものを表していた場合もあったからなのです。古代の渡来人の瀬戸内海航路の出発地でもございます、福岡県行橋市のかつて豊日別（王）のいた「草場＝カヤ場」と言われたところが「伽耶場」であったことなどの例もそうなのです（二１。尚、「草＝カヤ」の他の例につき、前述）。

また、「白村江の役」の後、唐軍の太宰府（「大領」などの名で幾つもございました。常陸国にさえも）の一つ（占領軍司令部）が置かれました、備中国の山城の「鬼ノ城」のございましたところ（七11）は、律令制下では賀陽郡であり、備前国の山城の「大廻り小廻り」のございましたところは、律令制下では上道郡で、現在の岡山市草ケ部であり、共に「カヤ＝伽耶」の名を冠している地名であったというところにも、アナタがこれらの謎を解く際の鍵が隠されていたのです。

風土記や日本紀などを作り、それまでは「倭」国の名そのものをダイレクトに表しておりました「伽耶」や「伽羅」や「伽那」という言葉を、「倭王」の歴史抹殺のために、全国レベルにおきまして

・「カヤ」　草榧＝カヤ＝櫟＝イチイ、萱、茅、仮屋、加屋、賀陽、仮谷、加悦、芥屋、賀谷、神谷、栢、高陽、加屋、可也、嘉陽、荷葉、華陽、駕与、通（カヨウ）

・「カラ」　唐、空、涸、柄、辛、香良、烏、犂（カラスキ）、伽藍、狩、刈、雁、借、軽、佳例、狩留、佳留、加礼、干飯、王余魚、嘉例、枯、賀露、我路、鹿老、我老、鹿狼、霞露、加路、加呂

・「カナ」　金、家内、鼎、叶、神、神奈、鹿、蚊無、鐘

など（これらの姓からの、更なる派生、例えば「金→今→紺→今野・紺野」（二4）などにつきましては、アナタがお暇なときに、パズルとしてお考え下さい）に巧みに変えさせて（右は二次変遷・三次変遷をも含みます）ごまかしてしまっていたのです（一五1）。

＊朝鮮半島における朝鮮語の地名の翻訳（意訳）による、新日本語地名の作成（『風土記』など）による強制。

その結果、「嘘も百篇唱えれば真実」の譬えの通り、渡来朝鮮人・満州人の支配者（大王・天皇家）により、この千三百年間にカチカチに固定されて来てしまっていたのです（『古事記』などでの、「地名命名譚」の思いつきのいい加減さを、アナタも思い浮かべてください。これは「古代らしくて素朴でいい」などと、のたまっておられる脳天気なアカデミズムの空し

さよ)。

古代朝鮮語で、その一例を解いてご覧にいれますと、サネ(中心・核)サシ(砦)、ムナ(中心＝胸)サシ(刺し)、ムサシ(武蔵)の三国。既にアナタにもお判りのように、これは狭い地域に、何故か相近接いたしております(その理由は、別述)「埼玉県」「東京都」「神奈川県」の一都二県のことです。

こうして倭国の痕跡の地名レベルでの抹殺は「風土記の制定」などと相まちまして完了していったのです。さて、このように、鹿児島＝古への日向の国(「熊襲ノ国」の一部の「襲＝曽於＝ソオ＝金」の部分)、つまり金官伽羅(倭)は、海峡国家の倭国(金官伽羅乃至は安羅)の「金氏の王朝＝襲王朝」の一部であったときがあったのです。

(3) 飛鳥寺を造ったのは推古天皇ではなく、倭王の蘇我氏か大伴氏

さて、お話を男王である推古大王(の真相)に戻しましょう。

こう見てまいりますと、日本列島で初めての仏教大伽藍であった飛鳥寺が出来ましたときの倭国の大王は、日本紀によりますと30敏達大王(五七二～五八五年)の妃の33推古(五九三～六二八年。因みに、この「推古の夫の敏達」のモデルは、百済25武寧王〔五〇一～五二三年〕でございました。ということは、日本紀では、百済王のモデルから干支一運・六十年下げられておりますので、アナタもご注意下さい)だとされてはおりますが、矢張り、この女帝が『隋書』に書かれましたところと比較いたしましても、女帝としては全く架空の存在であったことが判ってまいります。

＊その推古女帝のモデルは、奈良時代の新羅系の「奈良紀」におきましては、新羅史を基にして創られた新羅26真平王(白浄。五七九～六三二年)妃の摩耶夫人(金福勝の女)がそのモデルとなって翻訳されていたのでございまして(この名は当時の仏教の影響でしょう。摩耶という名は、お釈迦様の妃の名と全く同じ名前だからなのです)、この点が、次の百済系の平安時代の「平安紀」におきましては、年代合せに無理をしながらも、百済史を基にして書き換えられ作り直されて、百済28恵王(32崇峻天皇〔五八八～五九二年〕のモデル)の妃という風に「変えられて」しまっていたのです。

但し、日本紀の記述を全く離れまして、朝鮮史での考古学上から推古天皇に相当する人物を考えてみますと、南鮮の倭の「哆唎女王＝百済25武寧王妃の哆唎大夫人」が最適でして、この女性の姓は穂積(ほづみ)、又は「意斯山(おし)＝押山＝忍山」(継体紀六年十月)という全くの倭名となっているのです(穂(ほ)氏＝許(ほ)氏)。

30敏達大王のモデルはこの百済25武寧王ですし、敏達大王の父は29欽明大王で、推古大王は欽明大王の女ですので、この点でも親子(父娘)の関係がピッタリであるのみならず、「武寧王＋哆唎夫人」と推古(額田部)とも全くの同世代であることが判るからなのです(因みに、朝鮮ではともかく、日本紀上の推古大王自体の存在は、架空です)。

ですから、それに整合する物的証拠もちゃんと残されておりま

して、このように架空の大王であったからこそ、六二八年三月七日に崩御されたという推古大王には独自の陵がなかったのですよ。それは「五穀実らず百姓が大いに飢えているから、厚く葬ることをしないで敏達大王との間に生まれた竹田皇子の陵に葬るように」との（民を安んじ如何にもホロリンとさせる）遺詔があった（『日本紀』）からとはいうものの、それならば、墓は既にあるのですから、何も七カ月も殯宮に安置する必要は全くないことになり、これも架空の大王であったため都合の良い理由付け（そんな奇麗ごと）をしたからこそ生じてしまった矛盾だったのです。

序でながら、これとは逆に、通常は陵を造ったりするために安置しておく場所が必要ですので、四カ月から一年ぐらい殯宮（もがりのみや）に安置されるのですが、崇峻大王のケースでは蘇我馬子の手下の東漢（直）駒による「弑逆」による崩御でありながら、何故か手厚く葬ることをせずに、かつ、不可解にも、「是日葬」（『日本紀』）となっておりますのも、この弑逆の話のみならず、この崇峻という大王の存在自体も共に、百済王をモデルにいたしました架空の大王であった（朝鮮史の焼き直しに過ぎなかった）ものと考えれば、全てがいっぺんに氷解して来るのです（一一2、六3）。

と申しますのも、前述のように、日本紀という歴史物語上での32崇峻大王の平安紀におけますモデルが、百済28恵王だったたからなのです。

そういたしますと、必然的に、飛鳥寺（元興寺）を造ったのは、推古ではなく、その拠点が南韓と九州とにありました、安羅（倭国）王の大伴氏か、それとも、同じく倭人連合の九州（五三二年に、南韓では新羅に滅ぼされてしいました）の金官（倭国）王であった蘇我氏の蘇我馬子かのそのどちらかが、「倭連合」の大王としてこの寺を創建したことになって来る筈なのです（一一4）。

金官伽羅が五三二年に滅び、安羅が五六二年に滅び、そして、その両者が日本列島部分に逃げ込んでからも、この両者は六六三年に唐・新羅に敗れるまでは「シャム兄弟」のように「合体」して共同歩調を取っておりました（蘇我・大伴シャム兄弟論）。

＊というよりは、逆に、平安朝での日本紀改竄以降におきましては、新羅の「毗曇の乱」をモデルとして作り出されました六四五年の「大化の改新」の時点を中心といたしまして、それ以前は倭王の王族の一族が「蘇我・大伴の二つに分化されて」かつ「天皇家の臣下」と下げられて記されていた、そしてそれ以降は、蘇我宗本家が消されたことにしてしまい、大伴氏の部分だけが残されて記されたのだと考える方が、より正確だったのです（七4）。

金官・蘇我氏は、五三二年に新羅に敗れて列島部分に逃げて（引き上げて）来ておりますので、既に「海峡国家である倭国」の主導権はなく、当時、卑彌呼直系の末裔でございました安羅・大伴氏が、それ以降の「倭国連合」（これは伽耶連合でもございます）を、金官・蘇我氏に代わって、取り仕切っていたからなのです。

2、日本紀の改竄と「天皇号」――隋書との矛盾

ここの推古大王のところには、更に、日本紀の「改竄」の証拠がモロに露出してしまっておりますよ。

それは「天皇号」の問題についてでして、日本では40天武天皇から「天皇」号を使っておりまして（一四2）、その以前には使ってはいないからなのです。その証拠に、俀（たい）（倭）国から文書を受け取ったことを記しております『隋書』が、王・倭王のことを「日出処天子、致書日没天子」と「天子」という風に、その「文書の内容」に記しているところからもそれは明らかだったのです。推古天皇の頃は、日本列島におきましては正史ですらもまだ「天皇号」は使用していなかったのです。もし、日本紀が天皇号を使っておりますと、これは自己矛盾（逆に、この文書が後に新しく作られたこと〔後世の偽造〕の確実な証拠）ともなってしまうからなのです。

さて、この点は果たしてどうなっているのでしょうか。

早速、日本紀の推古条を見てみますと、その倭と中国で彼此同じでなければならない文書の記載内容が「東天皇敬白西皇帝」と、「天皇」という名で文書を隋に出しているのだと「してしまっている」からなのです（推古紀十六年〔六〇八〕）。

これは明らかに、「後に」日本紀の方の文言だけが後世に「天皇」と改竄されていたということを如実に表していてくれていた証拠だったのです。天皇号を使うのは、この後、少なくとも七十年以上も経ってからのことなのですからね。

単に、『隋書』に合わせて「天子」としておくか、又は、「大王＝オオキミ」としておけばよかったものを――カッコいいとこ、見せようとして見栄を張るから……さ。

これでも、日本紀というものが、歴史を遡って改竄されてはいないとでもアカデミズムの人々は、あくまでもステレオタイプのように言い張るのでしょうか。

実を申しますと、正確には、唐の高宗が「天皇」号を用いたのが六七四年のことなのですから、その前に倭が「天皇」号を用いるということはあり得ないことなのでございまして、その真相はと申しますと、「壬申の乱」（六七二年）で新羅軍が唐の勢力を日本列島から追い出し（のみならず、このとき新羅は唐と戦って実質的には勝ってすらもおりますよ。八1）、日本列島の独占支配が出来た「その後に」、唐との対等、かつ、「対抗（ライバル）意識」をもちまして（実質的には、この頃の日本列島は、天武天皇〔新羅文武王＝金多遂がモデル〕の皇子たちでございます草壁皇子〔新羅王子がモデル〕、高市皇子〔新羅王子・金霜林＝金総持がモデル〕、舎人親王〔新羅王子・金阿用がモデル〕たちにより統治されておりました〔一五1〕。ですから、現行の「平安」日本紀の前の「奈良」日本紀では、これらの新羅王子が、白鳳時代と奈良時代の一部は、「天皇ないしは皇帝という名で君臨」して

いたのです（三二2）。但し、現行の平安紀では、完全にこの点が見事に抹殺されてしまい、「何人もの女帝」を創作し、これと差し替えられてしまっていたのです。三二2）、その結果、天武天皇（モデルは新羅・文武王・金多遂）のときから、唐の皇帝が使用した「天皇」号を模倣いたしまして、日本国王としてこの号を用いた（用いることが出来た）のです。

＊何故、「唐と同じ称号」の使用が可能であったのかと申しますと、「国際法的」に見ましても、正に、このとき「だけ」は、新羅は唐の冊封体制の「枠外」に位置しておりましたので、このように対等に振舞えたからなのです。

本来ですと、このことは宗主国・唐の「天皇＝皇帝」の逆鱗に触れてしまうという大変なことだからなのです。中国皇帝と同じ名（漢字）を王名として使うことすらタブーであった時代なのですからネ（泉蓋蘇文→カッスイドン。二三4）。

このことも「壬申の乱」が架空であったという考えの補強証拠となり得るのです。

そして、たとえ、日本紀が改竄されていなかったといたしましても、この隋との外交につきましては、一般的に対等外交だなどと教科書ではカッコよく言われてはおりますが、その当時の「時代的背景と各国の人種関係」から慎重に分析いたしますと、その実体は、中国系の渡来人が日本列島におきまして、古代の中国の周辺諸国の例に違わず、官僚に収まっておりまして（例えば、金官系秦氏の秦川勝は、日本紀上は上宮〔聖徳〕太子の舎人〔これは舎人制度・秘書室長、つまり側近官僚制度の走り〕ともなっておりますす）、そういたしますと、当時の中国の魏が如何に大国であったとは申せ、漢人（含む、自称漢人）から見ますと「隋の大帝国とは、実を申せば、漢人がそれまで北狄と蔑んでいた蛮族の〈鮮卑〉の作った国」に過ぎなかったのですから、日本列島に渡来した漢人の官僚が大王のスタッフとしてこれと対等に出た（否、出ることが出来た。つまり、万里も離れた安全な海の彼方からの、しかも、虎の威を借りた、漢人のエリート意識に基づく犬の遠吠えといたしまして）ということに過ぎなかったと見るべきだったのです。

つまり、アカデミズムのいうこの対等外交とは、残念なことながら、「日本人としての態度」では決してなく、日本列島の役人となっているとはいえ、あくまでもその実体は、秦人・漢人系の子孫としての倭の中国人官僚（スタッフ）の安全な距離からの「中国人＝漢人」としての「態度＝犬の遠吠え」がそうさせたまでに過ぎなかったのだ、とアナタは見抜かなければいけなかったのですよ。だからこそこの時「だけ」は勇ましかったのです。この外交文書は、正しく、ピュアーな漢人の作文に過ぎませんでしたから。

3、歌聖・大伴旅人のいう「空しきもの」とは

さて、難しい歴史偽造のお話が続きましたので、アナタも少し

（否、さぞ）草臥れたことと思います。そこで、ここいらで気分をリフレッシュしていただくためにも、ほんのちょっとだけ『万葉集』のお話をいたしたいと思います。

倭王の大伴氏（遼東半島の公孫氏の王女であった「卑彌呼＝倭王」の直系）につきまして、右のように考えてまいりますと、その末裔でもございます歌聖・大伴旅人の、例の万葉三三八番「験(しるし)なき物を思はずは一杯(つき)の……」の歌の「験なき物」とは何かということが、意味深になってまいりますよね。

実はこれは、一般に言われているような、亡くした妻のことなどではなく、その裏にはもっともっと重大な意味が隠されていたのでございまして、それは「かつての倭王（安羅王）としての地位」の喪失そのものであったのだということを、それに続く「……濁れる酒を飲むべくあるらし」の句の中から（言外に）その苦渋を詠みとらなければいけなかったのです。

＊私は、高校生（東京学芸大学付属）の頃、教室で、『万葉集』の授業を担当しておりました古文の先生に、この大伴旅人の、「験なき物」ということの真意とは、「倭王の地位」そのものの喪失ではないのですかと、今から考えますと、若いながらなかなか「鋭い」質問をいたしましたことがございました。もう四十年以上も前の昭和三十七、八年頃のことだったでしょうか。

三つ子の魂百まで。

だからこそ、この新興の藤原氏（とはいえ、この「藤原氏の実体」は、作為された唐人・秦氏・朴氏・伽耶系・百済系などの渡来四族の、日本列島での協和のための「方便による」日本紀上の合成氏族だったのです）万能の世の中で、同じく旅人は万葉七九三番「世の中は空しきものと知る時し……」と、かつての倭王の一族の長(おさ)としての、つまり氏(うじ)の上(かみ)としての誇りと、その遣(や)る瀬無い気持ちを、それに続く「……いよいよますます悲しかりけり」と巧みに歌い上げていたのです。

＊尚、大伴家持の「族(やから)に喩(さと)せる」歌、『万葉集』四四六五〜四四六七番につき、一八10必見。

これも表面上は、一見旅人は死んだ妻のことを歌ってはいるかのようなのですが（そして、アカデミズムも例外なく皆そう言っている。歴史を知らない国文学者の悲哀）、実は、その裏（行間）に隠されていた旅人の真意を、アナタは慧眼を持って汲み取ってやらなければいけなかったのですよ。

更に、重要なことにお話を進めてまいりましょう。

旅人がここの歌に、アナタが「アレッ」と思うようなことを「付加」いたしております「筆不尽言。古今所嘆」（筆が「言いたいことを十分に言い表さない」ことは、古来の人々の嘆くところです）というのは一体何が言いたかったからなのでしょうか。

この、ちょっと不可解な、これらの歌への説明文の「ひねた」言い草（呪言）が、私には何か一瞬匂ったのです。

では、旅人が、言いたくても口に出せなかった「この文面では言い尽くせないこと」とは一体何のことだったのでしょうか（一八10必見！）。

ここには、大伴旅人が口が裂けても絶対に言えなかった悲しい「倭国という国家の興廃」（勝者による歴史の改竄へ対する、歌によるレジスタンス）が歌われていたのだと見るべきだったのです。

しかも、この万葉歌（七九三番）は、かつて祖先が倭王として君臨しておりました九州（七7、一〇4、一七4）の、しかもその王都のあったミカドのいた大宰府（ですから後世の日本紀では、ここにいた倭王・役所のことを「遠の御門（朝庭）」と表現し〔又、『万葉集』では越中や新羅などにもこの表現が使われております〕、ヤマト朝廷はこのことを巧みにごまかしてしまっていたのです〔七11〕）の地におきまして、今、単なる一官僚に甘んじて赴任していたときのものだからです。遺る瀬無い筈です。

「祖先の王都の埃を、今、一官僚として我足下に触れている身」なのですからね（一〇4、一七1）。

なお、『万葉集』や日本紀では「ミカド」は朝庭、御門、帝、王室、中国などとも表現されております。

さて、かつての太宰府が倭国の首都であったことを示す、「六六三年の倭国滅亡直後」の証拠が存在していたのです。

まずは、アナタは太宰府の「都府」という言葉の土台には、軍都の「都督府の楼観（物見櫓）」という言葉が控えていることをご確認下さい。

次に、この「都督府」とは何かと申しますと、宗主国の中国皇帝から「開府儀同三司」という資格を与えられた者のみが開設できる役所であるということもご確認下さい（七4他）。

＊都督、つまり正確には「都督諸州軍事」というものを初めて設置いたしましたのは、三国時代に鮮卑の建てた国、魏王朝の文帝からだったのです。

「魏黄初二年始置都督軍州事。或領刺史」（『宋書』百官志）とございまして、魏・晋の頃は「民治＝刺史」「軍政＝都督」の司るところだったのであり、『宋書』倭国条の「讃の弟」の「珍」（許されず）や「済」（元嘉二十八年〔四五一〕に許される）のところに見えております。

そういたしますと、つまり、この言葉が、本来、つまり開設の当初は、唐の占領下の中心となる役所のことを意味していたということになってまいります。

また、「白村江の役」の後、百済鎮将の劉仁願が、朝鮮から倭国へと戻る倭国の遣唐副使（その真相は、敗戦国側の講和条約締結の使者なのでした）である境連石積を、旧百済の地の熊津（公州）「都督府」の熊山縣令上柱国司馬法聡に送らせるに際しまして、それが畿内の大和までではなく、何故かこの九州の筑紫・都督府（オホミコトモチノツカサ）までに過ぎなかった（天智紀六年〔六六七〕十一月一日）ということも、その直前まで、九州の倭国の首都が此処にあったということを間接的ながら如実に示していてくれていたのです。

その倭国の王都が九州にございましたことの状況証拠を更に一つ加えておきましょう。

それは、山陰地方の石見では、古くから西に行くことを一般に

「上がる」と表現していたからなのです。

歌聖・柿本人麿（七～八世紀頃）の頃に至りましても、つまり、倭国から日本国へと変わり（『旧唐書』『新唐書』。二五1）、その「新興・日本国」の王都が、大和国に定められましてからでも、このことは同様だった（長年の慣行でしたから）のでございまして、『万葉集』の「石見国より妻に別れて上り来し時の歌」（『万葉集』一三一～一三九番。この妻は、依羅〔ヨサミ・ヨセアミ〕娘子です。『万葉集』一四〇番）と申しますのは、石見銀山の、北方約一〇キロメートルのところにございます、辛ノ崎（五十猛町の大浦の大岬）を出まして、西の江津へ行くときに、このように「西へ行くこと」を「上る」と表現した長歌の題だったからなのです。

このように、石見より「西方」の九州にかつては倭国の王都がございましたので、それで、石見より大王・天皇のおわします「西方」の九州へ向かって航海いたしますことを、古くから「上る」と表現していたのです。

＊時代が下りましてからは、津軽や秋田や新潟から、難波へと米や海産物を積んで向かう、所謂「北前船」などが、石見からは一旦は日本海を「西へ向かって」赤間関に至り、今度はそこで航路を東へ転じて関門海峡を通り、瀬戸内海を進み畿内の難波の米倉に至ります、そして、そうであるからこそ石見からの船が西へ向かっても、それは上方・大阪へ行くのですから、「上る」と表現しおりましても、それは決して九州の方を指して「上る」と言っているのではないのだ、という近代的な理屈ともなって来るのですが、これはそれよりもずーっと前の『万葉集』の頃のお話だったのですから、それが理由だとはいえません（念のため）。

そして、「神さぶる荒津の崎に寄する波間無くや妹に恋ひわたりなむ」（『万葉集』三六六〇番巻十五。天平八年〔七三六〕六月）と土師稲足の歌にございますように、博多の今日の「西公園」のところが「荒津」の名で呼ばれておりまして、この「荒＝アラ」が単なる荒波の津などではなく、古への「安羅＝倭」（一八10）の玄関口をズバリ表していたからなのです。

このように朝鮮史と照合いたしますと、日本紀のボロがアナタにもよく見えて来ますよ。

更に、太宰府の田地が、後世のある時期には不輸租田（職田の一種の公廨田）ともなっておりまして税を納めなくてもよかった時代があったということは、とりもなおさず、ここがかつて倭王の王都であったことの微かながらもその名残・名誉でもあったのです。

因みに、かつて倭王でございました大伴氏の、その後の「哀れなる消息」につきましても、序でにここで触れておきましょう。

弘仁十四年（八二三）、淳仁天皇の諱である「大伴親王」に触れるということで、氏族の名の大伴から「大＝王」を取り「伴」姓に改めさせられてしまっております。倭王家の大伴さんは、ここで大（＝王）伴（＝韓）つまり大韓さんから単なる伴（＝韓）

さんへと変えさせられてしまったのです。

そして更に、八八六年の「応天門の変」で失脚した伴善男はこの大伴氏の末裔だったのです。

＊これにより、倭王の末裔であり、かつ、卑彌呼の末裔でもございました大伴氏は（蘇我氏に続きまして）中央政界からは姿を消してしまいます。

元々が大伴氏（安羅王）も蘇我氏（金官王）も、古への海峡国家・倭王の家系で両者は一体ともいえる一族だったのです（七4）。

「大化の改新」という歴史小説の作成の主たる意図とは、「九州の倭王家の抹消」と「蘇我・大伴この二家への分化」及び「聖徳太子の作成のため、先行系図の基礎の布石を打」ったことの跡始末にあったとも言えるのです（六3、一二3）。

ここでもう少し、先ほどの「万葉集の謎」「万葉集の暗示」につきまして加えておきましょう。

太宰府の遊行女婦の児嶋が、水城関で詠みました太宰帥大伴旅人送別の歌は、次の二首です。

「凡ならばかもかも（左モ右モ＝トモカクモ）もせむを恐みと振り痛き袖を忍びてあるかも」（『万葉集』九六五番）

この「凡＝オホ」は「王」のことでしょうし、「忍びて」も「そのことを今や表せない」苦しみを、高級遊女（九州の現地妻）の児嶋が旅人に代わって言ってやって慰めてくれていたのです。

「倭道は雲隠りたり然れども余が振る袖を無礼と思ふな」（『万葉集』九六六番）

「倭道」の「道」という言葉の中には、大伴氏（倭王＝安羅王）の祖の「道臣＝日臣」であります「卑彌呼の弟の公孫康」のことが暗示されておりまして、「雲隠りたり」は「その卑彌呼から大伴旅人に至る倭王の存在が隠蔽されてしまったこと」の悔しさ・遣る瀬無さを、旅人に代わって児嶋が言外に暗示していてくれたのです。

これに対する大伴旅人の返歌。

「倭道の吉備の児嶋を過ぎて行かば筑紫の児嶋念ほへむかも」（『万葉集』九六七番）

吉備は「倭＝安羅」の日本列島での拠点の一つ（鉄民の温羅につき、別述）でありまして、卑彌呼の宗女壱与が、かつて亡命先の対馬からここを経由して、奈良の纏向（箸墓・纏向石塚古墳など）へと入っていったことがあったからなのです。

「大夫と思へる吾や水茎の水城の上に涙をはら（ノコ）はむ」（『万葉集』九六八番）

かつての倭王は、今や文字の上（水茎＝手紙の墨跡）の儚い存在でしか過ぎないのだよ、と児嶋の同情に対して、涙している歌だったのです。

このように、海峡国家倭の「倭王＝安羅王＝大伴氏」の「氏の上」である旅人や家持の歌を、その心情にまで立ち至って、解読出来る力をアナタは持たなければいけなかったのですよ（一八10）。

更に、筑紫娘子の児嶋の歌には

「家思ふところすすむな風守り好くしていませ荒しその路」

（『万葉集』三八一番）

というものも見られますが、この「荒しその路」という中に「荒＝安羅＝倭王＝大伴氏」の、これから進む路の険しさ（今、正に、大王家が滅びゆくこと）が、掛詞（掛け言葉）となって込められていたのです。こんな風に考えるのは、私だけでしょうが。

序でながら、ここで大伴旅人の妹の歌に関する疑問をお話ししておくことにいたします。

元興寺（飛鳥寺）は、どうしたことか薬師寺と共に奈良遷都（元明天皇。和銅三年〔七一〇〕）のときには奈良には移転されなかったのです（川原寺などにつき、七4ノ5）。

しかし、貞観四年（八六二）には

「朝廷更めて新しき寺を造り、そのさざるの欠を脩す。所謂元興寺是なり」

とございますので、元の寺をそのままにして、その後平城京に新築されたことが判ります（一一2）。そして、その間、この寺がどういう経緯をたどったのかと申しますと、

「始徒建元興寺于左京六条四坊」（『続日本紀』天正天皇霊亀二年〔七一六〕五月十六日）

――始めて元興寺を左京六条四坊に徙（うつ）し建つ。

更に、

「遷法興寺於新京」（『続日本紀』養老二年〔七一八〕九月二十三日）

――法興寺を新京に遷（うつ）す。

とございまして、以上をマトメますと、七一〇年の遷都では何故か残されてしまったのに、八六二年には完全に（新築して）移っておりますが、しかしその間に、正史におきましても、七一六年に移ったとか、七一八年に移ったとかの矛盾が見られるのです。

疑問は深まりまして、現在の平城京における元興寺址とされておりますのは奈良市元興寺町でありながら、七一八年に移されたとされました先の左京六条四坊とは場所が異なっているのです。

他の資料によりましても、

「聖武太上天皇……天平元年（七二九）二月八日……左京元興寺大法会を修し三宝を供養す」（『日本国現報善悪霊異記』）

とございますので、七二九年の時点で左京で大法会が開かれていることが判ります。

こう次々に疑問が湧いてまいりますと、

「古里の飛鳥（あすか）はあれど青丹よし平城（なら）の明日香（あすか）を見らくしよしも」（『万葉集』巻六、九九二番。天平五年〔七三三〕作）

という「大伴坂上郎女（大伴旅人の妹）の元興寺の里を詠む歌一首」における「古里の飛鳥」と「奈良の明日香」につきまして、アカデミズムでは「前者は飛鳥の寺、後者は移された先の平城京の寺」と決めてしまっておりますが、私に言わせますと、大伴坂上郎女は九州の万葉歌壇の中心人物ですので（別述）、元歌ではこの「古里の飛鳥」は「九州（場合によっては朝鮮）の飛鳥（アンスク）であり、「奈良の明日香」は「飛鳥のアスカ」であった

と考え、日本紀を改竄した人々によって、この歌があたかもその改竄の結果に一致するかのような証拠として利用されたという可能性も否定出来ないのです。

一歩譲りまして、この「古里」は、九州の飛鳥ではなかったといたしましても、「近つ飛鳥（河内）」と「遠つ飛鳥（大和・明日香村）」の二つのアスカのうちの河内の「近つ飛鳥」を指していたと見るべきだったのです。

つまり、九州に倭国の首都があった頃か、それとも河内にあったプロト元興寺との比較を、この歌の中で大伴坂上郎女は行っていたのです（時間差でズレて対応）。

第一四章　日本書紀の成立

さて、ここまでお読みになられたアナタは、もうどんなことが飛び出してきても、ちょっとやそっとでは驚かない筈ですよね。

では、準備体操も十分のようですので、ここいらから、いよいよ『日本書紀』そもそもの「作成」の真相へと迫っていきたいと思います。

1、天武天皇の「帝記・上古諸事」のモデルは新羅文武王の「国史大改搬」

最初に新羅系天皇が奈良朝で作った日本紀（奈良紀）というもののそのモデルとされましたものは新羅史の王系図ですので、天武天皇のモデルである新羅の文武王（金多遂）が、新羅におきまして調露元年乙卯（六七九年）に創り始めた、「新興国」であった新羅の偽史の作成がそのモデルだったのです。

＊その新羅の偽史の内容とは、せいぜい四世紀中頃の17奈勿王（四〇二年即位）の頃に成立いたしました金氏（ところが、中国への金姓の主張は五七二年以降〔しかも、倭国・伽耶国の安羅王家を破った五六二年以降のことです〕の真平王の時からなのです。二4）の新羅を正当化し、かつ、より古く見せるため「朴氏」や「昔氏」の王系図をも「金氏の頭（先）に重ねて持って来てしまった」もの（但し、この「朴・昔・金氏の王姓の三点セット」も、日本でいえば奈良時代に、唐を真似て創作した姓に過ぎなかったことが判ります）だったのです（二4）。

「新羅本紀」によりますと、真興王六年（五四五）に、異斯夫の上奏に基づき、王命により居柒夫が主体となって、初めてこれを完成させたことになっております。

では、その新羅史を古く見せるための改竄の証拠とは、一体何であったのでしょうか。

このことは新羅史にちゃんと文武王の国史大改搬（『三国遺事』紀異第二・文虎王＝法敏）と、「改」の字を用いまして、単純明快にズバリ明文で表示されていたのです。

＊新羅・調露元年乙卯（六七九）の文武王の国史大改搬（『三国

遺事』）。

因みに、この文面の解釈といたしまして、「改刪の対象」は新羅・慶州の四天王寺（雁鴨池の近くにその跡がございます）の改修だという考えもありますが、そうではありません。尚、日本にあります四天王寺につきましては、一八10、三5、七4。

天武天皇のモデルは新羅文武王だったのですから、これがストレートに日本紀における「天武天皇の国史作成」のモデルとして「翻訳」されていたに過ぎなかったのですよ。

そして、新羅・文武王の歴史改竄の主たる目的は、右に述べましたように、新興国家（二4）新羅の歴史を古くへ遡らせること、つまり、伽耶（倭）王系図の「引用」と、征服した伽耶（倭）の歴史の「抹殺」及びそれを修正した上での、新興新羅史の王系図の中への「繰り入れ＝取り込み」ということだったのです。

このとき海峡国家「倭＝伽耶」の歴史は、「朝鮮半島」におきましても、このように六七九年の文武王の国史大改刪により「抹殺」されてしまいますと共に、「日本列島」におきましても、「白村江の役」の後の、新羅占領軍（奈良朝天皇家）によりまして同じく、「抹殺」されてしまっていたのです。

＊この百済のより古い史書である『書記』（一3）は、唐と新羅が百済を滅ぼしたときに、新羅によって焚書されておりますし（一前文、3、二4、5）、又、高句麗の『留記＝麗記』につきましても、魏の毋丘倹が高句麗を占領いたしましたときか、又は、もしこのとき残っていたといたしましても、同じように遅くとも「統一新羅」のときに焚書されてしまっていたのです。『旧三国史』『三韓古記』『海東古記』『新集』『新羅故事』などの焚書につきましては、一前文。

その後の平安紀におきましても、当然、高天原（新羅の吐含（とかむ）山、吐含川。別述）からここへ天孫降臨したことにしてしまっておりました「奈良紀での内容」を「維持」（名はそのまま流用）しておりまして、今日に至るまで「伽耶＝倭」でございましたことの歴史は相変わらずパラレルに「抹殺されたまま」だったのです。

このように、新羅・伽耶系の「奈良紀」における「高天原」は、出雲の近くの山陰地方（安来のトガム＝十神）を意図して書かれておりましたが（出雲神話は「奈良紀」のときの名残だったのだ！）、次の、百済・扶余系の「平安（現行）日本紀」におきましては、百済の亡命王家が、九州の日向（古代では、宮崎県＋鹿児島県）の山中に逃げ隠れたりいたしました経緯から、神武以前のウガヤ三代の王陵を鹿児島県内に造るなどせざるを得なかった関係からも、「高天原」を九州の「何処か」の空の上辺りへ設定し直さなければならなくなってしまっていたのです。

しかし、その百済系の平安紀での改竄におきましても、伽耶系の有力な貴族との妥協によりまして、継体大王以下、安閑大王、宣化大王までの三人の大伴氏の大王（倭王＝安羅伽耶系の王）の王系図の「絶対年代をズラした」うえでの天皇系図への挿入が認められております（前述及び二〇2）。

そして、その際に、伽耶の地のかつての倭の大王（5孝昭・6孝安・7孝霊・8孝元・9開化）は、それが伝説上の「百済王化された」形の限度におきまして、日本紀の大王系図の中に「伽耶系の王」として残されたのでした（一三2）。

＊つまり、既に、これらの王は「百済史の王系図に取り込まれて」おり（二3）、その翻訳といたしまして、例えば、「金官伽羅・金勢漢王」は、百済建国史上での「百済8古爾王」と変形され登場してまいりますと共に、「日本紀6孝安大王」のモデルともなっておりまして、これらは皆同一人だったのです。

さて、このように、奈良朝での「日本紀を作成」したという記載のモデルが、初め（スタート）は、「新羅の文武王の国史大改竄」ということの単なる翻訳に過ぎなかったのだということを、アナタはまず十二分に頭に入れておくべきなのです（一二3）。そして、そのことが古代におけます『日本紀』などの倭の歴史解明のスタートともなるのです（二一3）。

ここ迄読んでくださったアナタは、ひょっとすると「日本紀が、新羅史や百済史の（人名や地名を変えての）翻訳そのものであったかもしれないな」と、段々思いつつあるのではないかと、私は密かにアナタの胸中の変化に期待をしつつ、更により具体的な証拠を引きながら、話をより深く先へ先へと進めてまいりたいと思います。

2、これは、初めての『日本書紀』である天武十年の「帝記・上古諸事」の記定のモデルだった

(1) 新羅文武王紀も天武天皇紀もここだけが二巻に分かれている理由——「天皇」「日本」という概念の発生

新羅史での事象がそのままモデルとなっていた点はそれでOKといたしまして、次にその焼き直しである「日本列島側」におけます正史であるところの現行の日本紀の方に、果たして「それに合致するもの（つまり、翻訳部分）がどのように記されているのか」という点につきましても、検証してみることにいたしましょう。

そういたしますと、そこでは、まず、次の日本紀の文章が問題となってまいります。この天武十年（六八一）に天武天皇が行ったとされております「帝記・上古諸事の記定」という、所謂「天武国史」の日本紀の明文につきましても、これを西暦に直してみますと、新羅・文武王の歴史改竄とは年代が少しズレてはいるのですが、これは当時、朝鮮半島と日本列島とでは使っていた暦を異にしておりまして、つまり、その「干支紀年法を異にしていた」と共に、かつ、新王の即位の年を前王の死の末年とするのか、翌年とするのかということ、つまり日本紀は、本来、「踰年称元法（ゆねんしょうげんほう）」を採用しており、大王の崩御の「翌年」を新大王の即位の年とすることになっております。

しかし、継体大王崩御の同じ年「辛亥」の安閑大王の即位（本

来は翌年の「壬子」となるべきなのですが）にはこの変則も見られます（一一2。だからこそ、この安閑の即位には歴史改竄などの問題が含まれていたことが判ってしまうのです）。又、閏月（あとのつき）などの調整の違いなどにより、このように即位の年にも手を入れたりして、真相が判らないように巧妙に「修正」が施されてしまっていたからなのです。

つまり、そういうことなどを勘案いたしますと本当はこの朝鮮と日本列島の両方の国史作成は全く同じ「干支」の年のことでありながら、「西暦に直しますと」韓と倭とでは、右のように暦などの違いなどから二年もズレて来てしまっていた（ズラしてしまった）のです。

ですから、そういたしますと、天武天皇（右の「国史大改刪在調露元年」を行いました新羅・文武王・金多遂がモデル）が「川島皇子他に帝記・上古諸事を記定させた」と日本紀上でなっている（天武十年三月十七日）出来事につきましても、実は、右の新羅史の翻訳に過ぎなかったのでございまして、これを日本紀上に直しますと六八一年のこととなり、右のように、一見二年ずれてはいるようなのですが、新羅での文武王の「国史大改刪在調露元年」と全く「同一年」の「同一作成者」の「同一内容」の出来事に「相当」することが、「天武十年の国史」として日本紀に翻訳されて、ちゃんと「そのまま書かれていた」のに過ぎなかったのだ、ということにアナタはもっと早く気付くべきだったのです。

＊まあ、早い話が、私の立場では、日本紀は朝鮮での母国史を真似て、渡来人の天皇家によって作られた「物語」なのですから、奈良紀では新羅の、平安紀では百済の、それぞれお手本となった朝鮮史のモデルとは何年ずれておりましても「本来は」一向に構わない筈なのですが、敢えて一致の整合性を見出そうといたしますと、このようになるのです。

そして更に、形式上のこととは申せ、面白いことには、このモデルとされました朝鮮史の流れをそのまま受け継いでおります、後の『三国史記』の「新羅本紀」の全体系上、右の国史を大改竄した――正にこのことは、新羅（慶州金氏）が、倭（金官金氏＋安羅）を六六三年に「白村江の役」で破って、更に六七二年には唐の勢力をも日本列島から追い出してしまいまして（「壬申の乱」の真相）日本列島を独占占領してから、初めて（！）倭国の歴史を改竄出来た、そして次に、その「新羅母国での、かつての調露元年の改竄新羅史に合わせ」まして、「奈良」日本紀（その初めのものは、文武天皇六年〔大宝二。七〇二〕の「大宝二年日本紀」でした。これは「大宝二。日本記修。元正天皇御宇。舎親人王。安麿等。奉勅撰之」とする『仁寿鏡』によります。この「文武天皇＝モデルは新羅王子の占領軍提督の金良琳」）以下のものを書かせていたのだ、ということをも意味していたのです――とされておりますこの30文武王のところだけが何故か「上下」二巻に分かれておりますが、日本列島での正史での日本紀の全体系上におきましても、同じく国史を大改竄した右と同一の新羅文武王をモデルといたしました、40天武天皇のところだけ（天皇紀について

2、これは、初めての『日本書紀』である天武十年の「帝記・上古諸事」の記定のモデルだった

は）が、何故か、これ又、「上下」二巻に分かれているのです。

この「巻の分かれ」の点は日朝で全くの偶然だった、とでも言うのでしょうか。朝鮮史の方も日本紀の方も、この人のところだけが何故か二巻に分けてあるのですよ。オッカシイんだナァ〜もハ。

加えまして、日本紀上の大王の記載におきましては、前大王の死んだ翌年を次の大王の元年とする慣わしとなっておりますが（孝徳大王の死、六五四年十月十日、斉明元年は翌六五五年一月三日等）、天智大王から天武天皇へは、天智の死んだ十年（六七一）十二月三日のその翌年（六七二年＝壬申の乱）を天武元年としながらも、何と、その即位は天武二年（六七三）二月二十七日からとするなど、実に奇妙な矛盾がそこには明示されているからなのです（正史が同じように「二巻」に分かれている点に加えまして）。このことも天武天皇のモデルが新羅文武王（金多遂）であったことを如実に示していてくれたのです。

＊因みに、この点のボロが出ることを恐れ、日本紀では、前の「皇極→孝徳」では生前譲位（六四五年六月十四日）の形を採り、更に、「母・斉明→子・天智」も、「称制」（六六一年七月二十四日）という変則的な形にして（二一4）、翌年即位である「踰越即位の原則」の「例外」を織り込んで矛盾が出ないように巧みに工夫を凝らしております。

私の考えでは、端的に申し上げますと、「奈良紀でのモデルは新羅史であり」、「天武天皇のモデルは新羅文武王」なのですから、この形式上の点（日本紀の巻の分け方）のみならず、これまでに申し上げましたように実質上の点からも、ドンピシャリ（天武天皇＝新羅文武王（金多遂））で、これは正に新羅史の王系図の翻訳そのものだったと言えるからなのです。

このようなことからも、逆に、日本列島で初めて「天皇」の称号が与えられた（ですから、既にアナタもお気づきのように、それ以前の天皇につきましては、私は、原則として「天皇」とは言わず「大王（おほきみ）」と慎重に表現しております。序章、他）といわれておりますこの天武天皇のモデルが新羅文武王の法敏・金多遂のことだったのであり、この天皇の名と共に新羅系の日本の正史（新羅史を基にした幾つかの奈良紀のうちの一つでもあります、養老四年〔七二〇〕の『養老日本紀』など）は始まったものと考えてもいいと思います（一四、二一4）。

しかも、この私が天武天皇のモデルであると申し上げております新羅30文武王（法敏。金多遂。在位六六一〜六八一年）から「天皇」号が使われておりますことの証拠は次の通りです。

「□□□□□焼葬即以其月十日大……／妣……天皇大帝……／土礼也……君主局量」（「慶州新羅文武王陵之碑」『海東金石苑』所載）

＊右の三行は第三石の五〜七行目です。原文は一行十四字二十行で、方眼の中に記されております。『韓国金石文全書』第三巻「朝鮮金石総覧上」朝鮮総督府編。大正八年。

どうです、「天皇大帝」となっておりますでしょ。「敵」であっ

た新羅文武王が天皇と称し、「同時代」に日本の天武天皇も初めて天皇と称しているのです。彼此ピッタリの一致は恐ろしいくらいでしょ。

＊建立は新羅31神文王元年（六八一）頃。神文王（政明・明之）は、文武王の長子。この妃が蘇判金欽突の娘でして、父の反乱に連座。大津皇子の謀叛のモデル。二四3参照。

又、この天武の頃から制定が始まり（六八一年に編を開始）ました『飛鳥浄御原令（あすかきよみがはらりょう）』（公式令（くしきりょう）。儀制令。天武十年（六八一）撰修され、令は二十二巻、律は不明。持統天皇三年（六八九）施行され大宝二年（七〇二）まで行われたとされたもので、「律」の初めての制定。因みに、「令」としては、天智七年（六六八）に中臣鎌足撰修の、唐の貞観令をお手本とした「近江令二十二巻」が初めてと言われております。しかし、これらの撰修には疑問が少なくありません。このように、明治から戦前に至るドイツ法を模倣した会社法の改正、更には、戦後から今日に至るアメリカ法を模倣した商法・会社法の改正と、今日に至るも、官僚による先進国の物真似体質は、奈良時代から連綿として、何ら変わってはいないのです）によって「天皇」の称号が確立（一三2）されましたときに、アナタの国の今日の「日本」（この日本という国号のネーミングは、実は盗用だったのですが、西方の新羅本国から見ましても占領下の日本列島の方位は「日の本」（何処から見て「日の本＝東方」なのかということが大切だったのですよ。このときは、畿内から見て東方の「日高見」などの「日の下」の盗用という意味ではなかったのです）ですから、これは、強ち間違ってはいなかったのです）という国号も、この令によりまして正式には初めて定められたのです（一三2）。

因みに、「天皇聚露弘□寺」（終わりの二字は「婆春」と読む考えもございます。「飛鳥池遺跡」より平成十年三月出土の木簡）と記されました「木簡」のこの「天皇」は、天武天皇（新羅王子の占領下の。大王の水洗便所につき、七4ノ32）であるとされております。

ということは、私の考えに則して申しますと、日本列島から唐を追い出して新羅が「独占」支配（これが「壬申の乱」の真相でした。八1、4）体制を固めることが出来ました結果、初めて新羅提督である天皇が日本列島の支配関係におきまして、独自で「日ノ本」の名を採用・盗用「出来た」ともいえたのです。それは、丁度、新羅の本国が、五三二年に倭・伽耶の盟主の金官伽羅を滅亡させ、次いで五六二年に安羅をも奪い取って、倭・伽耶（金官金氏など）を倭の朝鮮半島部分から追放してしまってから、新羅の王室が中国に対して初めて慶州金氏としての金氏を名乗ることが出来た（前述）のと全く同じように。

天武のモデルは新羅・文武王なのですから、この頃は文武王の王子が、草壁（皇子）皇帝（又はその兄弟の高市皇子、舎人親王など。二五）の名におきまして、占領軍提督として代々日本列島を支配していた時代だったと申せましょう。

日本という国号は、対外的には、七〇二年から唐に対して使っております。このように「天皇」号も「日本」という国号も、「ヤマト＝大和」も、共に、占領新羅軍が日本列島で初めて用いたということが言えるのです。このように、「トップの官の名」も「国の号」も変わってしまったのですから、これは「国が変わったこと」を端的に示していてくれたのです。

つまり、マトメますと、「天皇」という称号は七世紀の後半から使われ、「日本」という国号は八世紀の初めから使われたということだったのです（一3）。これらは、このように案外と新しかったのですよ。

更に、その証拠を加えておきましょう。

新羅・文武王（金多遂・金法敏）が、大唐の行軍摠管の薛仁貴（せつじんき）に対して出した返書（六七一年）の中では、「龍朔三年（六六三）……周留城下に来たときに倭国の兵船が……」（「新羅本紀」文武王十一年（六七一））と表現してあり（七1）、この頃（天智大王の頃）は、まだ「倭国」という表現であり、「日本」ではなかったということが判るのです。

ですから、それよりも前のことにつきまして、「日本」や「天皇」という言葉を教室や論文の中で使うアカデミズムの先生方は（たとえ、歴史学が文学部の範疇だから、その使う言葉の定義が、人の権利を拘束する法律学ほど厳密でなくてもよいとは申しましても）、これは民を惑わす歴史上詐欺的なことだとも言えなくもないのです。

このように、倭と日本、大王（おおきみ）と天皇とは、厳密に使い分けなければいけないのです。

尚、以上のような調露元年の新羅史上の修史事項の「単純な和訳」ではない具体的な史書の作成、つまり、同じ朝鮮の資料を使ったといたしましても、日本列島において「実際（独自）に作られた」日本紀、それも通説でいう「養老」（七二〇年）の『日本書紀』よりも、より古い「大宝」二年及び「和銅」五年と七年の『日本書紀』につきましては、後に述べたいと思います（二一3）。

＊又、アカデミズムのいう養老四年（七二〇）の「舎人親王の日本紀」よりも古い日本紀が、少なくとも「二つ」はあったということ（平安朝の『弘仁私記』での指摘）につきまして、二三2は必見です。

(2) 異なる用字法から判る「奈良紀」と「平安紀」の違い

次に、日本紀の改竄を「内容」の面から、しかも、そこに一緒に記してあります「歌謡」という点に視点を置きまして、その日本紀の成立の時期を分析し、そこから逆に本文の成立時期を推測するという手法によりまして、ほんの一寸だけですが、日本紀改竄の真相を、此処でアナタと一緒に覗いてみることにいたしましょう。

日本紀の中の歴史的叙事の百二十八首の、そこに使われております「歌謡の万葉仮名の分析」からも、日本紀の歌謡は少なくとも、その作成時期が真っ二つに分かれて来るからなのです。

と申しますのも、その歌の「仮名と漢字音」の対応につきましての分析（一二6）によりますと、十四巻～十九巻、二十四巻～二十七巻の二グループは「唐代の北方原音」のものに基づく「単一の字音体系」によるものであり、これに反しまして、一巻～十三巻、二十二巻～二十三巻の二グループは「倭音（日本の漢字音）」による「複数の字音体系」により書かれたものであることが明らかになったからなのです（森博達）。

ということが、一体何を意味しているのかと申しますと、日本紀の歌謡は、少なくとも二つの異なる時期に、二つの異なる人々により、作られていたということが間違いなく明らかになって来たのです。

そういたしますと、右のことを歴代天皇・大王紀に具体的に当て嵌めて考えてみますと、古いところの神代～允恭と推古、舒明は「倭音」、その途中の雄略～欽明、近くの皇極～天智は「漢音」という風に歌謡の分析からは「二分される」ことになります。

そして、この二分されているということの意味は、これが歌謡の挿入とはいえ、取りも直さず、その本体の日本紀の本文（歴史物語の部分）自体の成立につきましても、二分出来るということなのでありまして、そういたしますと、つまり、奈良朝、つまり、初期には新羅系の人々が、主として唐人を使い新羅・伽耶系王系図を基とした天皇系図と日本紀本文を「作り」、平安朝、つまりその後におきましては百済系の人々（渡来し亡命してから相当日時が経過しております）が、自ら手を下し、百済・扶余王系図を基にして天皇系図と日本紀本文をも「書替えてしまった」こと（主として、「神武～允恭」と「推古、舒明」の部分の改竄）に対応した、その名残ではなかったのかと、これらは私の考えを補強してくれているものと考えられるのです。

そして、何故そのようになったのかと申しますと、奈良紀は中国語を母国語とする渡来唐人そのもの（唐・新羅の連合占領軍が連れてきた続（つづき）氏などの学者）が作成に関与し、平安紀での改竄のときは、それから時代がだいぶ経過しておりますので、中国語を学んだ日本人官僚自らがその作成に関与したからだ（そうだからこそ、持統紀では中国文〔史〕引用のオンパレードだったのです。一四4）と考えざるを得ないのです。

そして、これらのことを前提といたしまして、歌謡から本文の方を「逆」に推測いたしますと、後の平安紀では百済系天皇家が、古い時代の「1神武～19允恭」までは十分改竄出来たのですが、「21雄略から以降」は何らかの事情により改竄が十分に完成しなかったものと考えられます。

しかし、ある程度時代が近いところでは、たとえごまかしにくくても、どうしても百済の母国での最終王である義慈王をモデルに34舒明大王という大王を作り出さざるを得ず、更にその前に、新羅系・百済系の両系図への「繋ぎの役割」といたしましての、33推古大王のモデルを奈良紀での新羅26真平王妃・摩耶夫人から平安紀では百済28恵王妃へと変えて挿入しなければなりませんでした。

そして、そうした上で更に38天智大王のモデルを、奈良紀での新羅29太祖武烈王（金春秋）から、平安紀での百済王子・余豊璋へと変えて（二人を合体させて）挿入してしまっていたのです。

とは申しましても、あまり近過ぎるところは、そう滅多矢鱈に変える訳にはいかなかったものとみえまして、天武という名はそのまま残したのですが、その王系図上のその「位置＝天武の前」には、新羅史上の29武烈王（奈良紀での天智）の「子」の「金多遂」＝「新羅30文武王＝40天武天皇のモデル」から百済史の百済王子・余豊璋（平安紀での天智）の「弟」の「扶余隆」＝「大友皇子＝39弘文天皇」のモデル（別述）に、その「内容を変え」て差し替えてしまいますと共に（ほんの一時の在位に過ぎませんが。六七一年十二月五日～六七二年七月二十三日。但し、『扶桑略記』『水鏡』には即位の記載がございました。明治になってから正式には追認）、その次には、ジョイントの齟齬が生じないようにするため、例の、全くの「架空の天皇」の41持統女帝（新羅系に百済系の王統を繋ぎ、維持するために必要として作り出された大王）を作り出して挿入することによりまして（八4）、そこにクッションを作り、白村江の役の後日本列島に占領軍として渡来して支配しておりました奈良朝のGHQの新羅王子たち（例えば、文武天皇のモデルは新羅王子金良琳。二五）に、止むを得ずそのまま系図を繋がざるを得なかったのです（但し、それらの新羅王子であった天皇は、皇子のままの身分として残さざるを得ませんでした。草壁・高市・舎人）。

という訳で、これらの王子達の大部分の足跡が、天武天皇の業績として集約されて日本紀上には記されていたのです。

そして、更にその大切なジョイントの役目を果たしておりますのが、新羅系の「天武」の皇子の磯城（しき）皇子とは全く「同名異人」である、これまた架空の皇子でございました、「天智」の皇子の施基皇子（しきのみこ）（田原（たわら）天皇。一前文）でございまして、この架空の皇子の、「石（いは）ばしる垂水（たるみ）の上のさ蕨の萌え出づる春になりにけるかも」（『万葉集』一四一八番）という『万葉集』における、日本紀改竄の真相から「目を反らせる」ための文学的援護射撃が、今日に至るも抜群の威力を発揮してくれていたのです（二三5）。

『万葉集』におきましては、何故かこの架空の方の「シキノ皇子」の歌が目立っている（優れている。アナタも、この人の歌は学校で教わった筈）のです。

第一五章　「神武東征」の元の姿は何か——天日矛と名草戸畔

さて、いよいよ、ハイライトである「神武東征」についてもお話しするときがやってまいりました。この点につきましても、他と同じように中国史や朝鮮史での証拠を十分に引用しながらコメントを加えなくてはなりませんが、この問題は、今までのものとは違って、ちょっと難しくなります。まずはお聞き下さい。

1、神武東征の真相

（1）平安天皇家の祖先の満州から朝鮮への渡来ルート——月氏にまで遡る天皇家の祖先

現行（平安）日本紀では、アナタもご存知の通り、日本列島の西半分を東行したのは神武大王となっております。では、そのモデルは一体誰だったのかということを、これからお話しいたしましょう。

その真相は、満州の扶余系部族の中の伯族出身の「高句麗王子・罽須（けいす）＝扶余王・仇台二世」が、百済建国史上におきましては「百済6仇首王」（実際は百済建国以前の王なのですが）として登場して来ておりまして、この王が日本列島に渡来いたしました伯族系の亡命百済王家によって、日本列島で百済王系図を基として平安朝に「平安」日本紀の大王系図が作られた際に、自動的に取り込まれてしまっていたということだったのです（三二1。百済の始祖の「仇台」の廟を国都に立て、年四回これを祭る〔『隋書』百済条〕）。

＊このように、少なくとも隋の頃迄は百済は宗主国の中国に対し、始祖は「扶余王仇台」（＝高句麗王子罽須＝百済6仇首王のモデル＝神武大王のモデル）だと主張していたことが判るからなのです。

このように、神武大王の登場というものは、ひとえに、李朝で大改竄されてしまう前の「百済王家の祖先をモデル」としていました「平安日本紀という歴史物語」に起因するものだったのです。

では、この百済王家の祖先であります扶余・伯族の一族は、満州から朝鮮半島を何代もかかって南下してまいりまして、13近肖古王のとき漢江を遡行して、その中流域で、四世紀後半に至り馬韓の中に百済を建て、やがて六六三年の「白村江の役」の敗戦の後、日本列島へと亡命してまいりますが、ここではその本家筋（兄弟筋）にも当たります高句麗の満州から朝鮮半島への「南下のルート」につきまして、序でに見ておくこともこれから必要となりますので、ここでお浚いしておくことにいたしましょう。

・亡命民→阿城（阿什河）

始め、高句麗（百済についてもそうですが）の母国でもございます北扶余の祖先は、満州の農安の東北、松花江を越え、更に拉林河を渡った雙城のそのまた先の、今日の「阿什河」（濱江省、阿城県、旧阿斯楚喀）の辺りに、少なくともモンゴル高原経由で北方より嫩江を南下して亡命してまいりました（一五3）。

＊「阿什河」は金代の女真語の「黄金・生金・砂金」の音訳。後の、金朝の発祥地の阿之古村。

この地は、上古の粛慎、漢・晋の挹婁、北魏の勿吉、隋の安車骨（靺鞨七部の一つ）、唐の渤海、遼の女真、金の上京・会寧府（白城はこの旧趾）の地で、満州中央の要地でした。後の、朝鮮半島馬韓の王都の名の「アシホ・アシタ＝金城＝王都」（「アシ＝月氏」の「タ＝土地」）とも、この人々の南下ということで、この地名は繋がっておりました（都を「阿斯達 as-tal＝朝山」、又は、白山とも言った『三国遺事』古朝鮮条）。

という訳で、日本語の「朝＝アサ」も古語の「朝＝アシタ」も、満州・中央のアジアのみならず西アジアにまで及ぶこの言葉の「阿斯＝阿什＝月氏＝as」に遠因があったのです。後に「アシユケナージ・ユダヤ＝偽ユダヤ」の核ともなりました、カスピ海のハザール（カザール）王国の王家でございました「突厥」の阿史那氏の名の「アシ＝金＝鉄」とも、この点、関連していたのかもしれません（九2、一〇6）。

「国之切耆老自説古之亡人」（『魏志』扶余条。二4、5、6、一五3）

——この国の老人が古へに亡命して来たという。

と記されておりますことから、このことは明らかなことだったのです。

扶余（胡不與〔与〕『山海経』第十七大荒北経）の出自は、スキタイのサカや匈奴刀漫部（キンメリ）と混血した「月氏」の亡命民か、更には、北扶余後期王朝の穢につきましては、ニギハヤヒ系の「宛の徐」の鉄民や白夷（コーカソイド）の姫姓の民である中山国（九3）の亡命民（BC二九六、五年に趙に滅ぼされた）ということも十分に考えられます（鮮虞白狄別種〔『左傳』昭公十二年杜預の注〕、中山古鮮虞國、姫姓也〔唐の司馬貞『史記索隠』〕）。これらの人々が一度北へ「追っ立て」を喰らい、再び南の「隙間」地帯へ下がって来たのです。

＊この扶余から、やがて亡命民が南下し、①扶余が、同じ満州で、濊族の鉄民の多勿侯・松譲王（高句麗2類利王の妃の父。八股のオロのモデル）と合体し、やがてその中の扶余・伯族がその

入手出来た練鉄の武器を用いまして「高句麗」を建国し（後述）、②他方、同じ貊族・伯族の「温祚系」百済が、馬韓の地で、金官伽羅（倭）の力を借り「百済」を建国し（遼東半島の晋平県百済郡経由でやって来たことにつき、一二3）、③更に（その前に）、扶余・穢族の一部の「沸流系」百済が南下し、伽耶には殆ど留まらず、早めに日本列島に渡り、ニギハヤヒを祖神とする物部氏と化すのですが、辰韓で秦氏と合体したその一部は、後に金官伽羅・倭の分派とも合体して「新羅＝シロ」を建国することにもなるのです（別述）。扶余・穢族は伯族に勝っておりますので、草薙剣はこのとき穢族（沸流百済・ニギハヤヒ・物部氏）側が入手して日本列島に持ち込んでいた可能性が大なのです（濊王の印。故城は濊城。『魏書』扶余条）。

この満州の扶余の松花江の本貫におけます右の「アジコ」は、朝鮮半島を南下する扶余の王民とともに、高霊伽耶では「始祖王のイジナゴ」（『東国輿地勝覧』高霊県）となって残り、日本列島の神話では更に「イザナギ」（日本紀）へと変化していったのです。

満州と朝鮮における地名の「アシホ」、満州の「アジコ」と朝鮮の「イジナゴ」と列島の「イザナギ」ともこのように民族の南下ということで繋がっていたのです（又、王都を表しますアシホ、アシタにつき別述）。

このように、その伯族の中から、後に高句麗を建設する一族が南下してまいります。

この扶余（母国）は、扶余の分派（穢〔遊牧民性が貊よりは高い〕と貊〔農耕民性が穢よりは高い〕）の二重構造の内の下部の貊の方が穢から「追っ立て」を喰って南へ逃げ独立したもの。因みに、扶余の最下層は、扶余王家の人ほどは身体の大きくない通古斯とその下の奴隷の白丁でした）である高句麗とそれに従う勿吉とに四九四年に滅ぼされてしまっております。

扶余の最盛期は一世紀初めから三世紀中頃迄でして、一一一年には楽浪郡を攻めており、又、一六七年には夫台王が二万の軍勢で玄菟郡を攻めて敗れております（この早い時点におきましても、遼東半島への伯族の南下が見られるのです）。

・農安・扶余→撫順

やがて、この一族は、農安を経て南下し（扶余市の場所が中国の地図と日本の地図とで異なっている場合がございますので要注意です）、満州の撫順（そこでは古くから露天掘りの撫順炭を製鉄・鍛鉄に利用しておりました）から朝鮮半島の付け根へと下ってまいります

＊尚、辰韓への、扶余人の別派の穢族（ニギハヤヒ）の南下につきましては、一二5。

また、「辰韓人は秦の亡命民の南下した人々」（『魏書』）というのは、実は、間違い（これは鄙の地への亡命民が、権威付けのためによく使う手です。「東漢人」の漢帝の末裔というのも同じです。一五10）でございまして、これは、この北扶余国の分国の、

後の高句麗の王家が、消（涓＝ケン）奴部（6大祖大王より）から桂婁部（9故国川王より）へと変化（この涓奴部の「涓＝ケン」は、インド・西域系遊牧民の出自をも表しておりました。高句麗王子の罽須〔神武大王のモデル〕の「罽＝ケイ」〔毛織物〕の字も、カピーサ系の「ケイヒン」の「ケイ」を表しておりましてこれと同じです）したこと（一八5）と関係（この余波）していると共に、これは、途中で北扶余の支配者が伯族（温祚系＝イワレヒコ系）から穢族（沸流系＝ニギハヤヒ系）へと変わったことの投影（その際、伯族の一部の亡命・南下）を表していたのです。

因みに、満州の長春の東方約一〇〇キロメートルにある吉林市の東郊、北流松花江（満州語で「スンガリーウラ＝天の川」。十五世紀に漢族が進出し、スンガリの音に松花の文字を当てた）東岸の「龍潭山」付近が扶余の中心地であった時期もございまして、ここの濊貊を征服した高句麗の19好太王（談徳。三九一～四一二年）が、ここに出城を築いて泉水の龍潭や円形の旱牢（倉庫）を作っております。この付近には、今日でも阿什哈达（達）吉林市街の東方一五キロメートル、明の文字碑。造船を記す）摩崖と、「阿什」という形容の付いた扶余の故地に縁の名が残されております。

・撫順→桓仁

更に、撫順の北関山城の地（又は、奉天・瀋陽の南約三〇キロメートルの塔山山城）から「渾河（フンガ）」を遡行し、営盤へ、「蘇子河」を遡行して東行し、上夾河、烏爾墩木奇、大和睦、永陵、新賓、紅升、旺清門を経まして、「富爾江」（一七5）の上流へと入り（富爾江橋有り）、江南、响水河子、古城子を経て更に南下し、五女山山城（宮王）から、愈々桓仁（BC～AD二世紀の間）へと入って行くことになるのです（一五3）。

尚、北扶余の亡命民の集安への南下につきましては、右のルートより東方を南下する「阿城→扶余→長春→响水→伊通→佟家→梅河口→柳河（A地点）→（この辺りは第二松花江の上流の輝発河〔A地点〕と桓仁を流れます鴨緑江の支流の渾江〔B地点〕の接点でもあるのです）→富爾江橋→富江→旺清門又は新賓（B地点）→富爾江→桓仁」というルートも十分考えられます。

因みに、長白山に発し、黒龍江と合する松花江（この河は北扶余の故地である阿城の近くを流れております）上流も、同じ様に富爾江といいます。この富爾江は、鏡伯湖（北扶余王の解〔伯か〕慕嫩王の後を継いだ東扶余王の解〔伯か〕金蛙の故地です）の所を流れております牡丹江の上流と、柳樹河の辺りで一〇キロメートル位（地図上）の距離で接触（ニアミス）しております（この牡丹江の方は、北扶余の祖地の阿城の近くは流れてはおりませんが、ハルピンより下流で松花江と合流しております）。

ここは「鴨緑江」の支流の「佟佳江」の処なのですが、この河も先程の川と同じく「渾江」とも申しまして（満州側のものと混同しやすいのでご注意下さい）、又、この河は別名「佛流江」とも言う（更に、次のものとも混同しやすいのでご注意下さい）と共に、この更に上流が、先程南下してまいりました際の「富爾江」

ですので、この辺りの地理名は大変紛らわしいことこの上ないからなのです。

因みに、慕容翰（慕容廆の長子で燕王皝の兄）が、三四二年十一月に高句麗の丸都城を攻めた道には、平坦で広い「北道」（通化→鉄廠→老領〔嶺〕→集安。通化―集安間は、旧南満州鉄道が施設いたしました、今日の梅集線〔梅河口市―集安〕に沿った行程です）と、険しく狭い「南道」（富爾江→渾江→八王朝→新開河→集安）とがありましたが（撫順から東進し、途中の新賓の所で、この道は右の様に二道に分かれました）、不意を突く方法で何万人もの軍は狭い（一人しか通れない部分もございました）南道から攻め、慕容氏が勝利致しました。

このとき、高句麗の16故国原王は単騎で断熊谷へ逃げましたが、燕の慕輿埿将軍は追撃し、王母周氏と王妃とを捕らえ、宮殿を焼き、丸都城（山城）を毀し、父15美川王の陵を暴き、屍と宝物と男女五余万人の捕虜とを連れて帰国しました。

右の慕容翰の辿った「南道」は、かつて北扶余からの亡命民が高句麗建国前に桓仁へ入りましたルートと途中まで重なる部分がございます。

・桓仁→揖安

高句麗はこの後、内紛に次いで、遼東の公孫氏（卑彌呼家）の攻撃に曝され、更に、ここ桓仁から「鴨緑江」本流の揖安（集安）の丸都城へと入ります。

魏の毋丘倹、次いで鮮卑の燕王・慕容廆、更には前述の慕容皝に、この都は攻撃され王は日本海（日本列島かもしれません）に一時逃れますが、再び、国内城に都を再建し、15美川王（三〇〇～三三一年）の時には、遼東の地を併せると共に、更に楽浪・帯方の二郡をも奪って段々と高句麗は強大になっていくのです（この辺りは中国史ではごまかされておりますのでご注意。伯済の晋平県）。

＊集安の広開土王陵（太王陵）および将軍塚（長寿王陵）につき、口絵写真参照。

・揖（集）安→平城

やがて、次に揖安（三～四世紀の間）から平壌（五～七世紀の間）へと南下して来て平地に王都（ピョンヤン）を築いております。

この高句麗の一連の行動の影響で、本来の扶余伯族が南下を余儀なくされ、馬韓の一地域で倭（金官）の了解の下に貊済（伯済）を建国することになるのです（二3、4、8、7）。

以上、高句麗が、満州の母国の扶余から分かれ、鴨緑江中流域から朝鮮半島を南下して、やがて平壌に至るまでの経路につきまして、私が考えております筋道をお話しいたしました。

（2）名を変えて朝鮮史・満州史にも顔を出していた神武天皇とその即位の真相――現行の日本紀の神武天皇のモデルは「扶余王仇台＝高句麗の王子罽須＝百済6仇首王」

さて、神武大王に「相当する人物」などを祖神と仰ぐ百済王家の人々が、その祖先がこれら扶余から南下の右のルートと全く同じルートで南下して来たと考えていたのか否かは別（別述）といたしまして（多分、百済の祖先は、扶余からは「東・扶余＝〈伽葉〉原・扶余＝南・扶余」〔カヤ＝南鮮の伽耶と同じ音が気になります。その間に地名遷移があったのでしょう。この仏教系の地名のネーミングはインドの都市の伽耶へと遡ります〕へと、高句麗の南下とは全く別のルートを辿りまして、扶余・依羅王〔百済13近肖古王のモデル。三四六～三七五年〕のとき、遼東半島の百済郡から海路〔伯族が海を済ったので「伯済」と言われましたことにつき、二4、6〕で西朝鮮湾を渡り馬韓の中に一国の伯済を建て、やがてそれまでツングースの上に君臨しておりました倭人〈韓人〉をも束ねまして、その地の一部を馬韓連合の「辰王＝倭王」から買い入れまして〔又は、半ば武力でもって奪って〕百済を建国したのです）、やがてその扶余系の一部が九州の伊都（委奴＝倭）国へと渡来（亡命）する過程で、神武大王（に相当する人物）は、満州「扶余王」、朝鮮「高句麗王子」、朝鮮「百済王」「延烏朗」「天日矛」、九州「伊都国王＝倭王」（天日矛。後述）という風に、朝鮮や中国の各国の歴史上の王名の中に、ちゃんと「その名を留めて」いてくれた（但し、考えてみますと、「平安日本紀」は百済王家が日本列島で作った「自分たちの祖先の物語」ですので、同じ祖先の扶余族の神武大王の事跡が、百済6仇首王をモデルとして登場してまいりますことは、〔前述のように〕私の立場からは、これは当然過ぎることだったのです。三二1）のですが、実は、「平安紀レベルで創られた神武のモデル」と、これらの東アジアでの古代の王たちが歴史物語上で同一人であり、各国史の上で、その国への渡来人の支配者がそれらの名を残していった、「重畳的」に出ていたという考えすらも、残念ながら、未だアカデミズムの一国至上主義の狭い考えからは、正当に評価されるに至ってはおりません。

＊『魏志』の北九州の伊都国のところには、ほんのチョッピリだけこのことの真実がのぞいたのです。それは『魏書』上の「一大率」という王の語に合わせまして、平安紀では「神武天皇」に相当する人物についての大王名を「磐余」として作り出してしまったことでして（それを知らず、「磐余＝神武天皇」が九州の伊都国に実際に渡来したと思い込んでしまっている人もいるくらいです。もし、仮に存在していたといたしましても、本来の神武の名は、サヌ又はワカミケヌですので、正史上の畿内の「イワレ」の地〔天香具山の西北西の近く、桜井駅の西南西〕とは全く関係がなかった筈なのです）、この古い頃の亡命（しかし、神武大王の日本列島への「渡来」につきましては、それは亡命百済人が日本列島で作りました歴史物語〔平安日本紀〕の作文の上でのことに過ぎなかったのですが……）のことを暗

示していたのですよ（尚、後述）。この大率が、後の「神功皇后＝息長足姫」の「足」の、古代朝鮮語での「王＝タラシ＝タレ＝大率」で「王」に相当いたしましたことにつきましては、先述いたしましたように（四3）、「イ・タレ＝委足＝倭王」の表示でもあったのです（一大率＝イタレ＝イワレ彦）。

それにアナタ、平安朝の日本の貴族の自称である「麻呂＝マル」の語源は、遊牧民の王家の「貊耳＝貊族の王」だったのですし、高句麗も「高氏の貊耳＝貊＝肥」ということだったのですから。

このように、アカデミズムは、いつまでも「頑固な自らの殻の中」に篭っておりまして出て来ようとはしないのです。この史学界にも「構造改革」が是非とも必要なのですが。

ですから、今日、この点におきまして、アカデミズムは、可哀想なことに、こんなにもアマチュアーのレベルからも遅れてしまっているのです（特に満州の歴史では、と私は思っております）。では次に、神武大王の即位の年の真相に迫っていきたいと思います。

神武大王即位の「紀年」につきましては、日本紀では辛酉の年となっておりますが（六2）、これには平安紀が参考といたしました大陸史の方にお手本がございまして、同じ「辛酉」でも、実在した辛酉の大王の即位があったのです。

しかし、それは、日本列島のことではなく、満州での出来事であり、それは「AD二四一年の」辛酉のことだったのでありまして、この年の意味するところは一体どういうことなのかと申しますと、そもそもが「百済史上におきまして」、神武のモデルでありましたところの百済6仇首王（この王は、13近肖古王をモデルといたしまして、百済史上更により古い時代に、その王名から「近」を取って「設定し直されて」作られた百済王のことだったのです。5肖古王・6仇首王と13近肖古王・14近仇首王のセットにご注目ください）の即位がこの頃のことだったからなのです。

と申しますのも、「百済本紀」での13近肖古王の即位は三四六年となっているのですが、これを干支二運（百二十年）古い時代に上げました二二六年という年は、驚くべきことに、「神武大王のモデル」の一つともなっております、百済6仇首王の在位の期間（二一四～二三四年）とも、このようにちゃんと「重なって」いるではありませんか。

これでアナタは、私の考えが絵空事ではないということ（平安日本紀が、改竄された百済史を元にいたしまして、更に改竄されていたという点）を、少しはお判りいただけた筈です。

このように、日本（日本紀）の中だけで、単に神武大王の「辛酉革命」（別述）の点をアレコレと論じておりましても、それはアナタの「気休め」に過ぎなかったのです。失礼ナガラ。

尚、この紀年は、これ又、その又前の神武のモデルの一人ともなっております高句麗の11東川王（更に、この東川王の「叔父」の罽須王子も神武のモデルの一人となっていたのです。何故、同一人であったのかということにつきましては、次にお話しいたします）の在位中（二二七～二四一年）のことでもあったのです

（二6、二〇1、三二2）。

驚きでしょ。ですから、「神武＝高句麗の王子＝百済王＝磐余彦」が、各国の「歴史物語」上皆同一人であっても一向に構わなかったのです。

このように（百済史及び日本紀という「物語上」とは申せ）高句麗の東川王は、実は、百済建国史上（それを真似た平安日本紀上）では、東遷した王でもあったのです。

＊寒っ！なんて言わないで下さいね。と申しますのも、ちゃんとした理由がございまして、古朝鮮語で「東・川＝サ・ナ」＝「東の地」でもあったから、そのことを知っていた高句麗の史官が、魏に敗れて東の地へと去って行った王に、死後そういう諱を付けたからなのです（一七6）。

さて、問題は、そこへもってまいりまして、更に複雑で理解し難い（解読困難）ことは、まずは、百済史上で、日本紀の「神武」に相当いたします、6仇首王（そのモデルは高句麗王子罽須及び東川王）の「位置付け」の点。

次に、神武天皇のモデルとなりました満州での王の「実際」の朝鮮半島南下と、その後の、日本紀の「物語上」におけます日本列島渡来及び東征の点。つまり、右の前半の王系図上の二人の王の「位置付け」の問題は、「高句麗本紀」におきましては、9故国川王と10山上王とが本来は父子であった筈なのに、これを兄弟としてしまった（一五6、一七6、他）がために（この点、中国史におきましては、ちゃんと伊夷模〔9故国川王・国襄・男武〕の子が位宮〔10山上王・延優〕としております。『魏書』高句麗条）、9故国川王と罽須王子（神武のモデル）との関係も、本来は父子であった筈なのに、それが（父王が兄弟レベルに下がってしまったため）兄弟とされてしまっている関係上、その「枠組そのものが一代下がって」、その反射といたしまして罽須王子（神武のモデル）も11東川王の位置に一代下がった形で、同一人と考えられてしまっていた点なのです（前述）。

＊その原因は、類希な美しさであったといわれておりました9故国川王の妃（椽〔デン・テン・垂木〕那部の于素の女）と、その王子（10山上王）との「母子婚」でした（一七6）。この王妃の一族の「于＝ウ＝ワ」氏は、朝鮮半島における倭人のことを表していたのかもしれません。

これに加えまして、初めの奈良朝（新羅・伽耶系の大王・天皇の時代）の奈良紀（平安朝に改竄される平安紀のその前の歴史物語）におきましては、日本列島を東征したとして作文されておりましたのは、右に述べた意味での現行日本紀のように、百済・実質始祖王の、その又モデルとなっておりました扶余・遊牧系の神武大王（仇首＝罽須）となっては「いなかった」からなのです（何故かにつきましては、この後直ぐに申し上げます）。

このように平安紀のお手本となっておりました「百済史」自体が引用の参考といたしました「扶余・高句麗」の大王系図自体の内容が、既に、百済史が作成される段階におきまして、多くの問題（偽造。高句麗本紀の改竄）を含んでしまっていたからなのです。

＊但し、アナタがそのことと混同してはいけないことは、右の高句麗の罽須王子や東川王につきましての大王系図上の親子を兄弟にしてしまったりした「母子婚隠し」の「改竄」自体は、逆に、『日本紀』や、平安末期の金富軾の『三国史記』（一一四五年）をある程度「参考」にいたしまして、後世の李朝（一三九二年〜）になってから、朝鮮で行われたものだったということなのです。

そして、そうであるからこそ、今日におけます日本での古代の天皇系図の真相の解明は不可能に近くなってしまっていたのです。でも、もうアナタもご安心して下さい。

では、それが扶余系の神武ではなかったといたしまして、一体誰のことであったのかと申しますと、それを単に否定するだけではなく、建設的な提案をしなければ説得力に欠けます。

（3）奈良紀では神武天皇ではなく「安羅王＝倭王」の天日矛が東行した大王となっていた――香春神社の祭神の天日矛の妻のアカル

私なりに考えた人物を敢えてここに指摘するといたしますと、何度も申しますように、初めの奈良時代の日本紀では、前述のような平安日本紀での百済・扶余系の「罽須＝神武」の「朝鮮半島の扶余から百済までの南下」、そして（ここから登場）日本列島の九州からの東行という「物語」とは「なっていなかった」のでございまして（平安紀におきましても「天孫降臨」に合わせるということで、その前半の、天皇家の朝鮮半島の南下という点は消されてしまってはおりますが）、それは、伽耶系の倭王でありましたところの天日矛（あめのひぼこ）のことだったのです（七4。プロト神武＝天日矛説）。

＊しかも、この天日矛は、『晋書』でいうところの「東倭王」と同一人であったのです（九1）。

つまり、「伽耶系の安羅王・倭国王」（天日矛＝金官伽羅国・金勢漢王＝6孝安天皇のモデル）が、北九州の伊都国（古への「委国＝倭国」）から、但馬（出石）、丹後などの「日本海経由」（一五11）で中国地方へと入り、やがて畿内へと東行していったことになっていた筈なのです。

＊ということは、平原の巨大鏡の出土いたしました「平原遺跡」で、日向峠に向かって股を開いた姿勢で埋められておりました被葬者の女性は、伊都王であった「天日矛」よりもその妻の「アカル姫」の一族の方が、相応しかったのです。天日矛の墓は但馬の出石神社と考えますので、この墓はアカル・細烏女・卑彌呼など倭王家の一族の「日の巫女＝日霊女」（日向峠からの陽の光を股に受ける形で埋葬。北方系の思想）のものだったと考えます。

次に、この天日矛が古くは「倭王＝安羅王」であったことの痕跡・証拠について、幾つか見てまいりましょう。

豊国の香春（かわら）の「現人（あらひと）神社」の「縁起」によりますと、垂仁大王（モデルは百済14近仇首王）の代に「富伽羅（おほから）＝この頃は金官伽羅か安羅伽耶」の都怒我阿羅斯等（斯等＝臣智＝王）が比売神を慕って越前（この「越＝コシ」も、本来は、朝鮮の安羅の「クシムレ」のことだったのです）から香春の「台の森」にやって参りました。

この人の奥さんの比売神は新羅（この頃は未だ金官伽羅・安羅から逃げて豊前国に来て香春一の岳の比咩古曽となった神とされておりますので、これらのことからも、この比売神は「アカル」のことであり、そういたしますとこの夫のアラシトは、ちゃんと「安羅・王＝アラ・シト（チ）」を表していたのでございまして、正に、アカルの夫の天日矛のことだったということが判ってまいります（四4）。

つまり、右の「ツヌガアラシトは天日矛と同一人」だったのです。

この点の証拠を一つ申し上げておきますと、三間名公（加牟伎）は「弥麻奈国主牟留知王之後也」とございます様に（『新撰姓氏録』未定雑姓・右京）、任那（『真鏡大師塔』碑銘に出て参ります。別述）王の子孫であり、かつ、『新撰姓氏録』の注文にも「意富加羅国王之子、名都努我阿羅斯等。亦名于斯岐阿利叱智干岐」（垂仁紀二年是歳条）と記され、安羅王（阿羅＝阿利）とされておりますので、「天日矛＝ツヌガアラシト」が任那王（倭王）であったこと（大伽耶は五三二年以降は安羅です）がちゃんと示されていたのです（「敦賀」という地名の発祥地。太子〔応神大王〕と共に笥飯大神〔気比神社〕に拝し、伊奢沙和気大神と太子との易名に関与しております〔『古事記』仲哀条〕。武内宿禰と紀伊〔木〕との関係につき、二8）。

因みに、「ツヌガ＝敦賀」の気比神社の境内摂社には、ツヌガ「アラシト」を祭神とする（延喜）式内社の角鹿神社が鎮座しておりますよ。

このように、「平安紀レベルでの神武」に相当いたしました「奈良紀レベルでの天日矛」は、この頃は「安羅王＝倭王」でもあったのです。

ところで、豊国（主として大分県）の香春神社の豊比咩は、かつて古宮ケ鼻（小字「小宮」）の古宮八幡から三ノ嶽の麓の採銅所町鷹巣森「阿曽隅」へ、更に、現在の香春神社へと、九州へ渡来してまいりましてから「三遷」もしている神なのです。

＊この天日矛（安羅王＝倭王）の妻のおりました（滞在地でもございました）ところの、この九州の「阿曽」の地名が、吉備で桃太郎（吉備津彦）に鬼退治されてしまいました鉄民の温羅の妻の「阿曽女」へと繋がっていたのです（一〇6、尚、このアゾメと類似の名であるアチメ・アチ氏と物部氏との関係につきましては、一五12。又、金官伽羅の古代の始祖レベルの王に閼智王という人もおりました）。

それに、吉備最大（日本第四位）の前方後円墳（長さ三六〇メートル）でございます「造山古墳」の前方部の上には、何故か（近くの古墳から出土したものなのか）九州の「阿蘇＝阿曽」山の石で作られた石棺が置いてあります（吉備と安羅との繋がりにつき、後述。倭・安羅水軍の「阿曽」につき、別述)。

草野津(福岡県行橋市)から海路で難波を目指し、国東半島の直ぐ北の姫島の「比売語曽神社」(ヒメ＝姫。語曽＝古代朝鮮語で「コソ＝社」)、別名「赤水明神」には、天日矛の妻の「ヒメコソ＝アカ(赤)ル」が今日まで祀られております。

そして、この島の男根のような二本の青竹を持って女の周りを回る、勇壮かつエロチックな踊りが「アヤ踊り」と言われておりますのも、古くは比咩古曽神の夫である、天日矛の母国の「アヤ＝安耶＝倭」の踊りを伝えていたことの名残でもあったのです。

そして、この香春の三ノ嶽の頂上は岩が白く光り、その山麓にも「白岩」という地名が残っているくらいでして、又、「韓地における大姫＝辛国息長大姫大目の霊は、実に白石の玉となって現れた」(『香春神社縁起』)とされておりまして、よって、「大姫＝白石」であることが判ると共に、更に、前述の都怒我阿羅斯等の妻は「白石が童女」と化したもの(『太宰管内志』所引の『垂仁天皇紀一書』)で、これらのことと古宮八幡と香春宮とは「異社同体」とされ祭祀や神輿を共にする(『古宮八幡縁起』)とされていることを考え合わせますと、その答えといたしまして、前述のようにツヌガアラシト＝アメノヒボコでございますと共に、天日矛の妻の「アカル＝ヒメコソ」と「大目」と「豊ヒメ」が皆同一人であったことが判って来るからなのです。

九州に倭王がおりましたことは、日本紀の崇神大王の条で、大伽耶(この頃は金官国)の王子・蘇那曷叱知(「蘇＝ソ＝金」で「金官国＝大伽耶」のことを表しておりました。崇神紀六十五年七月。垂仁紀二年是歳)、都怒我「阿羅斯等」＝安羅人于斯岐「阿利叱智」(ウシキ・アリシチカンキ。垂仁紀二年是歳「一云」)が、穴門(那ノ津＝博多)に上陸し、「自称」倭王の「伊都都比古」に会ったと記されておりますところにもチラリと示されてはいたのです。

この伊都の王こそが、実は、倭王のことを表していたのです。

＊後述のように、「伊＝委＝倭」国そのものを表しておりまして、「都＝奴」は中国語の副詞・冠詞に過ぎなかったからなのです。それに、太宰府の『翰苑』では、ズバリ「倭国」となっておりますよ。

そして、ここで重要なことは、この都怒我阿羅斯等(蘇那曷叱知・于斯岐阿利叱智)が、朝鮮半島南部の任那(金官伽羅)から日本列島に行って、暫く留まった後、又、戻ってまいりましたことが、「浦島太郎の龍宮城」行きなどのお話のベースとなっていた可能性もございます(別述)。

龍宮城は、やはり日本列島のこと(對馬か丹後か南九州か)だったのです。

＊このお話は、そのお話を祖先伝承として持つ金官(倭)の「海人・漁民」の海上移動によりまして、海路丹後、更には紀伊から駿河の清水の「三保ノ松原」その他へと広められ伝えられております。

ここ（日本紀）に記されております「嶋浦」という語句の表現がちょっと気になります。と申しますのも、嶋浦に「倭国の名＝阿羅」が付きましても「阿羅嶋浦」となり「アラ・シマウラ」↓「ウラシマ・ウラ」↓「ウラシマ」と訛って来るからなのです。

また、丹後半島の網野や伊根のみならず、日向北部（宮崎県北部）のこれらとの「浦嶋浦」の同一地名も気になります。

更に、これら都怒我阿羅斯等・蘇那曷叱知・于斯岐阿利叱智の渡来は、その分析からは、天日矛の渡来と同一のことを表していたことが判るからなのです（天日矛の妻の「赤絹」も気になるところです）。

と申しますのも、天日矛のことは、日本紀の垂仁大王三年三月及び八十八年七月条と古事記の応神大王条との双方に見えますが、「日光感精」により生まれた美女と天日矛との結婚と、そしてその妻の祖国・倭への逃亡という点は、日本紀には見えないのですが、その代わりに、日本紀には都怒我阿羅斯等を巡る伝説の中に「類似」のものが認められる（垂仁紀二年是歳条「一云」にも見られます）ことからも、「天日矛と都怒我阿羅斯等との同一性」及び、そのことを前提といたしまして、天日矛が伽耶諸国のうちの「阿羅王＝安羅王＝倭の盟主の王」であったことが判って来るからです（「金官伽羅の金勢漢王＝６孝安大王のモデル」もこれと同一人です）。

さて、先程の天日矛の九州から（又は朝鮮の越より九州へ、更に）の東行につきまして、この伊都国の一大率（率＝sol, sal。『魏志』）の「一大＝イタ＝イト＝伊都」とは（先程、平安日本紀の作者が、この「一大率」から磐余彦の名を思いついて作ったと申し上げましたが、それはそれといたしまして、奈良日本紀におきましては）、本来（真相）は「怡土縣主の祖の天日矛」のその「イト」の地名をも、この「一大＝イタレ」は表していた（平安紀での「イワレ」からの転化に加えまして）のです。

しかもアナタ、弁辰（倭）の官名の「殺奚」（『魏書』弁辰条）は、「殺＝率＝サル＝官」で、「奚＝（大の訓の）ku」ですので、正に、この倭の殺奚とは「大官＝狗邪韓＝後の金官加羅＝大加羅」のことを表しておりましたし、この「大率」は、後の百済（平安天皇家の本国）の官名の「大率」とも同一だったのです（「官有十六品、長曰左平、次大率……紫帯」『隋書』百済条。尚『周書』では「達率」）。

「自女王国以北、特置一大率、検察諸国」（『魏書』倭人条）

――女王国の北にある国々に対しては、特に一人の大官を置いて監督させている。

という「女王国の北にある国」というのが、素直に考えますと、「朝鮮半島の国々」をも指しておりますことは明白ですので、そう致しますと、私の考えでは「伊都国＝怡土国＝委奴国＝倭国そのもの」であり（別述）、そこに各国の駐在員を置かせ、かつ、この「大率＝タレ」とは倭国の「大官」のことで、「海峡国家の倭」の日本列島部分のみならず朝鮮半島部分（弁辰）をも共に検察していたということになるのです（『魏書』を素直に、かつ、単純に読む限り)。

更に、それのみならず、正に、「イト＝天日矛」のことをも表していたのです(特に、出雲のイタテ神よりも「紀伊」のイタテ神の方が要注意なのです。紀伊＝キ＝木＝金官・蘇我氏。二7、8)。

＊そういえば、スサノヲだって、よく読みますと、「出雲」の熊野の神だか「紀伊＝木」の熊野の神だかよく判らないくらいですもの。

奈良紀での熊野は「紀伊」であったものが、平安紀での熊野は、そこから「出雲」へと移し変えられてしまっていたという可能性も、強ち否定は出来ないのです(どっちの「熊野＝神野」)。

これは、紀伊の、伊勢神宮よりも古かった「日前神宮と国懸神宮」隠し、つまり「天日矛の東行」隠し、及び「名草戸畔＝長髄彦」隠しとも密接に関連していたのです。

ですから、この点は、韓国伊太氏神もこれと同じことだったのです。

(4)「天日矛＝神武」が畿内を征圧したルート——熊野川ではなく「紀ノ川＝吉野川」から遡行した

次に、天日矛が東行して畿内にまで入りました証拠といたしましては、近江・蒲生野の「吾名ノ邑」に滞在したと日本紀に書かれていたことがそれを暗示していたのです。

＊天日矛は、紀伊で女王の名草戸畔を征圧してから、熊野川ではなく紀ノ川を遡行いたしまして、そのうちの一派は、葛城(カルラ・キ)山の麓から大和盆地を北上し、更に小椋池からは宇治川を遡行し、近江へと入っていったものと考えられますし、又、別の一派は、紀ノ川から吉野川へと入り、北上して宇陀野から纏向を制覇した(神武神話のモデル)ものと思われます(一〇5)。当時の交通路は、あくまでも海・川が主だったのですから、このように考えなければならないのです。特に、進軍は兵站や風土病の問題もありますことからも、尚更川は重要なライフラインだったのです。

正史におきましても、ちゃんと天日矛は菟道河から近江の吾名邑へ入ったとされておりますよ(垂仁紀)。

面白いことに、「天日矛の紀ノ川の遡行」の点は、京都で秦氏に乗っ取られる前の「鴨＝賀茂」神(下鴨神社・上賀茂神社)の葛城から山背まで北上するルートとも一部重なっております。これは、この紀州名草・葛城・纏向・宇治という道が、古代のメインルートの一つであったことを示していたのです。平安紀での神武東征の神話では、「熊野廻り」のルートにしてしまい、「紀ノ川」ルートの点を隠してしまっていたのです。これも又、「天日矛の東行」隠し、及び「名草戸畔＝長髄彦」隠しの一貫でしょう。

神武東征の行路(神武即位前紀)には、六七二年の「壬申の乱」(架空。八4、1、二四3必見)の大海人皇子の軍の行路と重なっている部分が見られるのですが(天武紀元年(六七二)、正にこのことは、奈良紀レベルにおける「天日矛の東行」（平安紀ではこの点の主役が「神武東征」に焼き直されてしまっております）をモデルにして、日本紀の作者が脚色したものであったことの証拠にもなっていたのです。

このアメノヒボコと近江との「接点」ともなっております邑の名の「吾名（あな）」とは、「阿那＝安羅」のことでございまして、つまりこのことは天日矛の朝鮮での本国でもありました安羅の咸安のことを示していたのです（安羅の出自）。

それに、草津市（本来、これも「草＝カヤ＝伽耶」ノ津（一二2）でした。因みに、「大津」とは、古くは琵琶湖畔の今日の大津ではなく、ここより瀬田川・宇治川を下りましたところの、右の天日矛のルート上でもございます、小椋（おぐらの）（巨椋）池のほとりの「大津」のことを指していたのです（地名遷移）。でありますからこそ、古くの木津川は、「輪韓（わから）」川とも、又、「泉川」、つまり「イズミ＝和泉＝ワセン＝倭の朝鮮」の川とも言われていたのです）の「穴（阿那＝安羅）村」には、かつて、ズバリ「安良明神」とも言われておりました「安羅神社（やすら）」もございましたし（それに、この安良の「安」は、「野洲（やす）」として今日まで、そのものズバリの地名といたしまして、アナタの前に、その証拠が残っておりますよ）、鍛冶神の伊福神（いぶう）（伊吹神）といいますのも、実は、この伊吹山の鍛冶王の天日矛のことを表していたからなのです（一五9）。

＊因みに、日本武尊（やまとたける）がこの伊吹山で白い猪の神（「高句麗＝白頭山」など外国と内通した百済の碟礼（せつ）王子を、次に申し上げますように、この白猪が暗示していたのです。この頃は、高句麗がお隣りの新羅に入ってまいります頃のことですから）を、神そのものではなく神の使いに過ぎないと安易に考えてしまったため、これに敗れ、やがて死亡してしまうというお話は、朝鮮でのお話がモデルとなっていたのでございまして、「日本武尊のモデル＝百済王子訓解」が、その兄弟の「碟礼王子＝13成務大王（稚足）のモデル」に殺されてしまったという百済史そのものが、本来はそのモデルだったのです。

そして、やがて、百済の「国人」がこの碟礼を殺してしまい、倭に渡来（この渡来が、「百済本紀」の方では、それ以前に「死んだ」と記されていたのです）しておりました「18腆支王＝仲哀大王のモデル」を百済に迎えて（ここで、生き返ったのか！ 不思議）百済王とするのです。ここが、今度は、日本紀の方では「仲哀の死」と記されていたのです。何度、死んだり、又生きたりする王様なのでしょうか。大変な王様（！）ですよね。チュウアイさんは。

ところで、13成務（碟礼）と14仲哀（18腆支）とは、百済史上におきましては兄弟なのですが、翻訳されました日本紀上では「オジと甥」の関係とされ、つまり仲哀が「13成務の兄弟の日本武尊（小碓（おうす））」の子とされてしまっておりますことにアナタはご注意下さい。

つまり、百済王モデルからは一代ずれてしまっております。

古い時代の近江に天日矛が入り、その子孫が平安朝の頃までも彦根におりましたことの一つの証拠を、次に挙げておきます。

近江国犬上郡清水郷（彦根市青波）の清水首が「任那国の都怒我阿羅斯等より出づ」（『新撰姓氏録』左京緒蕃下。「ツヌガアラシト＝天日矛＝安羅・倭王」ですから）とされておりますところからも、この近江の辺りに、「安羅＝倭」系の天日矛の子孫が、平安朝に至りましても一つの勢力を形成していたということが窺われるからなのです。

そして、この天日矛は「船で来た」とされておりまして、日本海を東行し、出雲の稲佐の浜（因佐神社。この南には「荒木＝安羅来」「茅原＝伽耶原」「唐島＝伽羅島」、その又南には「荒茅＝安羅伽耶」「茅原荒＝伽耶原安羅」神社がございます）へ、そして但馬「出石」辺りからは中国山地を南下し、古へのプロト生野銀山やプロト明延鉱山を開拓し、更に南下し、「播磨国・宍粟邑」へ、そこから瀬戸内へと出まして、「淡路島出浅邑」「菟道河」（この前に、紀ノ川河口で名草戸畔を征圧して従えております）を遡行し、更に、「近江の吾名邑」に留まりまして伊吹山の鉄山を開発いたしました後、「若狭」「但馬」と西日本をぐるりと征服しながら巡って、又但馬「出石」へと戻って来て死亡しております（天日矛の大王陵は出石神社）。

＊静岡県の引佐も関連か。

しかし、もしアナタが、天日矛は北九州から馬関海峡を通過して直接瀬戸内海に入り東行したと考えていたといたしますと、それは間違でございまして、その頃は馬関海峡は通航不可なのですから（一五11）、そういたしますと、実はこの「平安日本紀」上での天日矛の行程の記載（順序）は、ワザト「逆」（逆時計回り）に表現されていたものと考えられるのです。

又、「天日矛が難波に入ろうとしたときに、その土地の渡の神（海上の神）に塞えぎられて入れず、更に還って、多遅摩の国へ来て泊てた」（『古事記』天日矛）ということは「神武が、難波の草香江（日下江）という入り江における〈孔舎衛の戦い〉で、兄の五瀬が負傷しナガスネヒコに敗れ、大和に入ることが出来ず、紀国に向かはざるを得なかった」（神武即位前紀）ということの、そのモデルともなっていたのです。

これは、ニギハヤヒ（海部＝アマベ）が、阿波の海部郡（又は、但馬の余部・丹後の海士より、伊和神社から瀬戸内へと出て。「天日矛ルート」と同様）経由で、紀州の紀ノ川の遡行ルートを辿り、大和・葛城の「高尾張」より大和国中へと入ると共に、その後、愛知県の「尾張」（これは葛城の高尾張の地名遷移です）の海部郡へとも移住し、そこで尾張氏を名乗り、やがて中部地方一帯に根を張り、尾張一之宮であります「真清田神社」（一宮市）に天火明（ニギハヤヒ）命を祀るに至っておりますこととも何らかの繋がりがあったのです。

何故ならば、「天日矛＝ニギハヤヒ」なのですから（後述、一五3）。

そういたしますと、「天日矛＝ニギハヤヒ」なのですから、「天日矛＝安羅王＝倭王」ということとこのことを合わせますと、この「真清田神社」が継体大王と縁が深いのも、「継体大王＝大伴談がモデル」かつ「大伴氏＝安羅王・倭王」ということで（一一2）、逆に遡りますと、継体大王↓大伴氏↓「安羅」王・倭王↓天日矛↓ニギハヤヒと同一人ということとなり、そこにはちゃんと一貫した理論的・整合性が備わっていたのです。

日子坐王の妻の息長水依比売の父の天之御影は、「御上神社」（滋賀県野洲郡）に祀られておりますが、この神はこの野洲の地を支配しておりましたかつての安国造の氏神でもありますところからも、この「野洲＝ヤス＝安」であったことに気が付きますと共に、天日矛の伝承（前述）と合わせましても、ここ伊吹山一帯（産鉄地）が朝鮮半島の「安羅＝倭」の分国でもあり（日向・西都原や吉備も、同じく海峡国家「伽耶＝倭」の分国です）、かつ、息長水依比売（「息長足姫＝神功皇后」も同じ出自です）も、伽耶の安羅の王族の出であったことを示していたのです。

＊もしかすると、この天日矛の巡幸は、朝鮮半島の「安羅＝倭」内での出来事を日本列島の地名に焼き直した物語だったのかもしれませんし、と言うことになりますと、伊吹山も、谷那などの朝鮮の鉄山を巡る百済王家の中の兄弟喧嘩だったということになって来るのかもしれませんが……。

さて、ひょっとすると、この天日矛という祖神は、本来女神だった可能性も考えられなくもなく、東行して畿内に入った卑彌呼の宗女壱与や、朝鮮半島から渡来（戻った。しかし、列島から見ますとこちらが本体）いたしました延烏朗の妻細烏女などの「投影」だったのかもしれないのです。

ということは、どういうことなのかと申しますと、日本紀の方では男神アマテル（ウヒルギ）を女神天照大神と変えてしまっておりますので（二五、一五10）、逆に、女神（妻アカルの投影として）の天日矛（壱与）を男神に変えて交換してしまって、このように日本紀では逆にひっくり返して記載してしまっていた可能性もあり得なくもないからなのです。つまり、日本紀改竄の折、「天日矛＝イワレヒコ」を持ってくるのではなく、天日矛の妻の「アカル＝細烏女」の方を採用し、女神のアマテルのモデルとしてこしらえてしまったのです。

が、しかし、やはり天日矛は、次にお話ししますように男（しかも、朝鮮史の昔脱解王の父）だったものと思われますので、この考えは採りません（一五2）。

＊日本紀上では、アマテル（男↓女）、仁徳（女↓男）、推古（男↓女。哆唎大夫人とすれば、女↓女）などという、古代の「性転換」が随所に見られるからなのです。

(5) 鉄山を目指して畿内にやってきた天日矛――韓国の冠のついた神社の意味すること

ここでは、右の疑問を留保して先へと進みたいと思います。「伊吹＝五百城＝伊福」ですから、このように考えますと、安羅神社と伊福神と伊吹山とは皆同一のことを表しておりまして、実は繋がっていたことになるからなのです（一五9）。
それに、この伊吹の「イ」は「五十＝忍＝オシ」でもございまして、「オホシ＝大伽羅＝金官伽羅又は安羅伽耶」のことを指しており、これは古くに遡りますと「東夷」の「委＝イ＝倭＝ワ」そのものにも繋がり、その頃は倭人のグループの表示でもございました「伽耶＝羅」（二8）の集団のことを表していたのです（二一5、四4）。

＊委という字は、刺青（いれずみ）のことを指した、という古代の中国人の考えもございます。

更に、この伊吹山の東側にも鍛冶集団がおりましたし、この伝統は代々受け継がれ、後世、戦国時代に種子島に鉄砲が伝来いたしましたときに、時の領主の種子島の時尭（ときたか）から招かれて見事にそれを完成させた八坂金兵衛清定（きよさだ）という人は、濃州（岐阜県）関（セキ＝シャキー＝ニギハヤヒ系　昔（しゃく）氏の土地を示す言葉です）、現在の関町の鍛冶師でした（ここからは、後に関の孫六も出ております）。

物部氏の祖ニギハヤヒを祀る唐松神社のございます秋田県協和町の「境＝サカイ」という土地も同様です。このように日本全国の「関（せき）＝シャキー＝境（さかい）」という地名や人名は、何故か、鍛冶や物部氏に関係があることが多いのです。

＊しかも、「八坂」だなんていう名前は、名前からいたしましても、きっと、本来、秦氏系でしょう（八坂神社）。古代の秦氏は米や絹だけでなく、鉄も、そして、それらの物資の流通をも支配していたからです（かつてのゼネコンのニギハヤヒ系の物部氏と同じように）。

伊吹山のその反対の西側の滋賀県側では、この鉄砲の頃、鍛冶の国友（くにとも）が出ております。

この伊吹山の辺りから東の赤坂鉱山の辺りは、良質の「赤鉄鉱」が産出されます。「伊吹＝息吹く＝イブキ＝イブウ（音便形）」、つまり「イブウ神」と申しますのも、本来は風を「吹き込む」踏鞴（たたら）（オロチ）そのものを表していたものと思われます。

天日矛も、伊吹山の鉄と、冬の「乾燥（低湿度）」した伊吹おろし」の北からの強風による製鉄法を目指してやって来たのです（少しでも湿度がありますと、古代の製鉄は質が悪くなってしまって役に立たなかったからなのです）。

伊吹山の東側の岐阜県を流れます揖斐（いび）川の「イビ」というのも、古くはこの「イブ」「イブウ」の訛りであったものと私は睨んでおりますが、アナタは如何。

古代では「鉄と稲と水」とを制したもの（決して表には出ない秦氏が支持してくれた者）のみが大王となれましたから、その名が関連しておりましてもこれは当然のことだったからなのです。

と言うことは、日本紀の「日本武尊が伊吹山で神に敗れ死んで白鳥になるお話」は、百済17阿花王（三九二〜四〇五年）の頃に、その出自は遊牧系の「シャーマン＝鍛冶師＝王」でありました百済・扶余系の侵入者が、鉱山を探索して巡り歩いておりまして、先渡来の、天日矛の「安羅＝倭」系の鉄民に、伊吹山（又は、朝鮮の伽耶の鉄山）で敗れたということがそのモデルであった可能性も否定できないのです。

百済王家の兄弟国でもございます高句麗王家の伯族が初めて入手したという、「錬鉄」で出来た家宝の「草薙剣」という鉄剣をミヤズヒメのところに忘れた（又は、置いていった）倭建命が、その「鉄剣の霊の加護」を受けられずに、ここ伊吹山という「鉄山での戦い」で、そこの神（先来の鉄山の神）に敗れて、やがて死んでしまったということとの関連でも、鉄を巡っての古代の戦いの意味深な何かを感じさせるのです。

＊「倭の大乱」も、その真相は、鉄を巡っての卑彌呼の安羅と浦上八国との間の朝鮮半島における戦いでした（一〇1）。

韓国伊太氏神社、射楯兵主神社、伊太和気（ワキ＝ワケ＝朝鮮語Wang＝王）命神社、中臣伊達神社、伊太祁曽神社などの祭神の五十猛命（五十＝忍＝オオシ＝大＝大伽耶系又は銕）は韓国と「往来」したとされております『日本紀』の一書。これは「倭＝海峡国家」でありましたことを、日本紀という正史が示す貴重な暗示の一つだったのですね）。

そして、この「イトテ＝伊達」の「イト」は天日矛＝気比のイザサワケ＝伊都国王＝糸王＝委奴王（「奴」は助詞にしか過ぎません）＝「倭王」（皆同一人です）と、ちゃんと繋がって来ていたのです。

＊九州の「糸」「イタ」島の「平原遺跡」（前原市大字有田字平原＝糸島半島の付け根付近）の「方形周溝墓」出土の、直径四六・五センチメートルもの「倣製連弧文鏡」など「巨大な鏡」（しかも、四十二面もの銅鏡片）こそ、日矛の「日矛＝鏡」だったのですから（日矛が「矛＝ホコ」などではなく「鏡」でございましたことは、紀伊の「日前」、「国懸」の両宮につき、次に述べます『先代旧事本紀』のところを是非ご参照下さい）、正に、この平原出土の鏡は「天日矛＝磐余彦のモデル」、又は、その妻の「ヒルメ＝アカル」の北九州渡来時における、その拠点の一つを示していてくれたのです。

東行した天日矛の、この北九州での本貫は、その次の新渡来の勢力である「津古生掛古墳」などの新兵器「ノカツギのある鏃の民」など（この古墳は、九州におけます「前方後円墳」の走り〔「□型＋〇型＝前方後円墳」。九9〕であると私は考えております）に征服され合体されてしまい（これは通常は、春日市の「奴国」が滅んだものとしてテキストでは説明されておりますが、そもそも、私は「委奴〔奴は助詞などに過ぎない、よって〕＝イ＝委＝倭」であり「伊都国＝イト国＝古への倭国」そのものであったのだと考えておりまして、「奴国」ではなく、これは「倭国そのものの一部」が滅ぼされたことが表現されていたに過ぎなかったと考えております）、その王妃（アカルの一族）は殺され、一部は東方へと亡命し、そのシンボルとしたこの一族の「トーテムの鏡」は、祟らないようにとの配慮から、この剣をシンボルとする征服者に「破壊されると同時に埋葬されたてしまった」ものだったのです。

もし、そうであるといたしますと、奈良紀におけます天日矛が東行し、紀伊の名草山に砦を築いておりました「砂鉄の女王」の名草戸畔（刀弁＝女酋＝女王）をやっつけましたことは、平安紀におけるイワレヒコ（神武）が、河内の日下の戦い（ここでイワレヒコの兄の五瀬はナガスネヒコに傷を負わせられやがて紀伊に至り死んでしまいます）で、ナガスネヒコを、結局は大和国中に入りましてから「トミ＝トビ」でやっとやっつけたこと（神武即位前紀）のモデルともなっていたのです。

＊名草山＝「赤土＝鉄」の山。ですから、奈良紀におきましては、天の香具山の埴ではなく、紀伊の「名草山の埴」を採って、天日矛が名草戸畔を誅した、となっていた筈なのです。「埴安彦の乱」と「埴＝ハニ」を採る「倭香山＝和歌山＝紀州」つまり名草山につき、後述。隅田八幡宮の「人物画像鏡」銘の「河内アタヒ」と、叛乱を企てたとされております右の埴安彦一族との関係につき、別述。

と申しますのも、実は、この「ナガ・ス・ネ（男）」も「ナグ・サ（女）」も、共に「ナグ＝ナガ＝蛇＝朝鮮の朴氏＝日本での榎本氏」「スサ＝ス＝サ＝鉄」ということを表しておりまして、この「ナガス」「ナグサ」の男女の二人の名は全く同音であり、同じことを表していた（男女を別といたしますと）からなのです（ナグ・スサ→ナガス）。

つまり、本来これは、「ナ・グサ＝名・草」という女（戸畔＝トベ＝女）であった（つまり、『魏書』の「狗奴国＝狗国」の巫女）ものを、日本紀の頭の切れるノベリスト（作者）たちが「ナガ・ス（ネ彦）」＝長髄彦という男へと漢字を変え、更に男女をも変え、その読むときに区切るべきところすらをも変えて（一つ後のガで区切って）しまい、巧みにその名を全く関係のないことへと改竄し、その出自を後世辿れなくしてしまっていたのです。

日本紀では、こういうことはよく見かけることでございますので、この逆に「ナガ・ス（ネ彦）」から「ナ・グサ（トベ）」へと変えてしまったという可能性も捨て切れませんが……ともかく、両者は同一だったのです。

こういう手法は、先程お話しいたしました、大王家が満州から朝鮮半島を南下して来る際に、多勿侯・松壌（松氏＝八岐大蛇）から初めて入手した錬鉄の剣である「ク・サナギノ剣」＝「奇しき・鉄・剣」を、「クサ・ナギノ剣」＝「草・薙ぎ倒す・剣」などという風に、しかも焼津での物語という奇妙な設定に、その内容に変えてしまっておりまして（別述）、平安天皇家の祖先が満州・朝鮮からの渡来人であったことを、後世のアナタが全く辿れなくしてしまっていた手法と全く同じことなのでして、これは日本紀の作者のよく使う（常套手段「十八番＝オハコ」の）改竄方法の一つでもあったのです（一五3）。

アナタも日本紀の文字面に決して引きずられないように、「耳を澄まして」ローマ字としての「音」に変えて考え、「目を瞑って」聞き、心の目によって日本紀のカラクリを見破らなければいけなかったのですよ。これからもそうして下さいね。

また、現行（平安）日本紀におきまして、神武東征の際、生駒山の日下でナガスネヒコの軍に負傷させられ、やがて死亡（一、前文）してしまった「神武＝イワレヒコ」の兄の五瀬命の墓（五瀬命のモデルは、高句麗の9故国川王の王子で長男の発岐です。「高句麗本紀」では、この9故国川王が「発岐の父」であるにも拘わらず、「発岐の弟」へと改竄されてしまっておりますので要注意だったのです。一五6。大王系図改竄前は、発岐が他の兄弟とは異なり、貊族出身であったために王位につけなかったのです。ここ発岐の父〔『魏書』〕の高句麗9故国川王から、王家が6大祖〔国祖〕大王〔宮〕より始まりました貊〔伯〕族〔消奴部〕から穢〔解〕族〔桂婁部〕へと変わったことを示していたのです。この点は、北扶余とパラレルなのです）が、何と、ここ紀伊国の名草郡に存在しておりますことも、そもそも、奈良紀上におきましては「神武・イワレヒコのモデルが天日矛」とされていたのでございまして、「長髄彦のモデルが紀伊の名草戸畔」であったことを表していた（一〇5）と考えますと、ここ紀伊国・名草郡に神武の兄の五瀬命の墓（「竈山墓」兆域東西一町南北二町・『延喜式』巻二一諸陵寮）が存在している（平安朝に作成されました「歴史物語」の日本紀に基づきまして、後世にそれに合わせてこの墓が造作されていたのではございますが）ということは、右に述べましたこととともドン・ピシャリで繋がって来ているのです。

（6）紀伊国（木国）の国懸神社「天日矛の鏡」は伊勢の「アマテルの鏡」よりも古かった——韓国イタテ神は天日矛

次に述べますように、アマテラスを初めといたしまして、古代神話の謎は、この紀州の日前宮と国懸宮の探究からも解けることだったのです。

このナグサトベの分身でもございます名草彦・名草姫を祭ってある「中言——ナガ（蛇）氏とその神との媒介——神社」（和歌山市吉原坂本。このナガも「ナーガ＝蛇＝朴」又は「中臣」の中でしょう）がありますが、この名草彦は紀氏の祖の天道根（紀では神武の部下として表示）の五世の孫となっていますが、先程ご説明いたしましたように、イタテが天日矛のことであり、この天道根が「名草宮こと日前及び国懸神宮」に「アマテルを持ち込んだ」とされておりますことと合わせて考えまして、更には、日前宮のご神体の日像の鏡は伊勢の鏡（アマテル）より古いとされているものですし（『古語拾遺』）、国懸宮のご神体の日矛（『紀伊国名所図会』、これは近世の資料ですが）は天日矛の「変形」とも考えられますので、このように考えて参りますと、この紀伊国の名草戸畔（一八1）は天日矛の子孫（又は、天日矛に征服され従った者）であったと考えるべき（このことは、『魏志』上の卑彌呼の宗女である壱与・伽耶〔倭〕王の孝安大王〔安日彦〕側と『日本紀』上のナガスネヒコ〔朴氏〕側との連合を意味しておりました）でございまして、このことからも奈良紀におきましての神武東征は天日矛の東行であったことを示していたとも言えるのです（五2）。そして、この天日矛の東行に、実は、朴氏（ナガ族）が従っていたということなのです。

右の日前宮の日像か、国懸宮の日矛かの、これらの鏡の一つこそが、正に、天日矛（倭王＝安羅王）が朝鮮の新羅（日本紀での表現。但し、この頃は新羅という名の国はまだ成立してはおりませんので、正しくは秦韓か伽羅（弁辰＝海峡国家の倭）ということになります）より持参した、貢献物の七物（膽狭浅の大刀を入れますと八物。「一云」）の一つである「日鏡」（垂仁紀三年条）のことであったのです。

そして、この「天日矛の鏡」こそが、新羅系天皇家（天武天皇）によって奈良朝に造られました「アマテルの鏡」よりも、古くかつ由緒のある伽耶（倭）系のものだったと言えるのです。

また、日前・国懸両大神がお渡りになられます「神幸式」におきましては、「鉾＝日矛」が国懸大神の神輿の神代わりとされているのに対しまして、日前大神の神代わりは、本来は日像鏡こそが日前大神の神代わりになる筈であるにも拘わらず、そうではなく「榊」とされてしまっているのです。

しかも、この榊は何故か名草山の榊でなくてはならないことになっているのです。

と言うことは、取りも直さず、日前宮の「真のご祭神」が、日本紀におきましては「天日矛＝神武（イワレヒコ）」に殺された女王・名草戸畔であったことを意味していたのです。

＊因みに、古朝鮮語では「熊＝コム＝神」ですので、そういたしますと「日前＝ヒノクマ＝日熊＝日神」ということになり、正に、この日前宮の鏡こそ、古くからの正当な鏡だったことを神社の名そのものが表していてくれたのです。

初めての木国（紀国＝朝鮮・金官）国造であります天道根は、「名草戸畔は、神魂命の子の御気（木国を暗示）持命の後」（『新撰姓氏録』）、「名草戸畔は、御気持命より天道根命に至る中間二代のその一代」（『続紀伊国風土記』）とありますところからも、この名草戸畔の子か孫に当たる人物ということになりますので、このことは当然のことでもあったのです。

因みに、この名草戸畔の「畔＝べ」は、物部の「部＝べ」（五加・六畜）と同じで「分割統治のその区域の首長」（「畔＝べ」という表現のときは女性のことが多い）のことであり、「戸＝ト」は「の」ということです。この場合は、「名草＝ナグサ」（ナガクサ）トべは「ナガ族＝朴氏」の「草＝カヤ＝伽耶＝倭」の「女王」という意味も含まれていたのです。早い話が、紀伊は古くは金官伽羅の分国でもあったからなのです（伽耶の土器の出土）。

＊インド・ナーガランド系の朴氏（ナガ族）は、この頃沖縄から北上し、九州の球磨盆地及び南朝鮮に植民市を作っておりまして、そのことは、新羅初代王の「赫＝カク＝パク＝朴」居世（王）、2南解次々雄（ジジオ＝巫）などの、倭人（南倭）の初期の五名の王の名の中に、このことは表されていたのです。

そして、この「天日矛に征圧された名草戸畔の伝承」が、平安紀におきましては、「神武（磐余彦）」に順次征圧された「名草戸畔と長髄彦」というように置き換えられてしまったのです。

＊このように、元の姿の名草戸畔も、相変わらず、そのままの名におきまして、日本紀上にそのお姿（顔）を出しておられました。

そして、平安紀におきまして、天日矛が抹殺され消されてしまいましたことは、次のことからも推測が可能なのでした。

と申しますのも、「名草山の秋月・万代岡の地」が、毛見の浜の宮より遷座する日前・国懸両大神の社地として献上されましたときに、伊太祈曽神社の祭神であります五十猛（「金官＝倭」系の神）は、西山東の地（山東荘亥ノ森）に遷座させられてしまい、その後更に、現在の伊太祈曽の地に遷座したということですので、この土地の征服者によって、「この土地の神」（先来の神）が「交替」させられしまっていたことの名残がここにはちゃんと示されていたからなのです。

因みに、「紀伊国造、上古、伊太祈曽大明神の祭りを兼」（紀伊国六十九代国造『昌長記』）とありますので、「紀伊＝木」氏が、「兼ねて」イタキソ神「をも」祭っていたことが判ってまいります。

そして、「イタキソ＝伊達（イトテ）＝ダテ」神で、このイタキソ神は天日矛と同一神であることが判りますので、そういたしますと、「紀伊＝木」氏が天日矛の末裔（同族）であったか（養子入り婿）、又は、もしそうでないといたしましても、少なくとも、かつて天日矛に征圧されて、それに従っていた一族であったことが推測出来てくるからなのです。

伊都県主の祖の五十迹手（伊達神）の祖も天日矛（『筑前風土記』逸文）ですし、伽耶の大良浦（一五3、四4。機張＝キジャン＝息長）出身の息長足姫（神功皇后）の母は葛城（カルラ＝伽羅）高額姫（『古事記』応神天皇条）となっておりまして、この祖先も又天日矛（！）ですので、そういたしますと、「神功皇后＝息長足姫」とは伽耶諸国の中の本流（盟主）である安羅（倭国）系の王女（ここでも朴氏が従っております）であったことがこれで判って来るのです（尚、四3）。

更に、大己貴（公孫域。九6）の六世の孫の豊御気主と紀伊の名草姫が結婚し、一男をもうけております（『旧事本紀』地神本紀）し、天香語山（公孫淵。九5、6）の五世の孫の天戸日が紀伊国造（一8）の娘の中名草姫（尚、『旧事紀』尾張氏系図におきましては、その二世の孫に「天戸目」がおります）と結婚し、六男一女をもうけております（『旧事紀』天孫本紀）ので、これらのことは、やはり「安羅＝倭国」系の天日矛に名草戸畔が征服されていたこと、つまりこのことは卑彌呼系の「倭国＝安羅国」と名草一族（紀氏＝朴氏＝木氏）とが古代におきまして「合体」していたことを示していたのです（五2、一五1）。

＊後の、大伴氏と蘇我氏との合体（連合）を示す。

ここで大伴氏（天日矛と同族）が安羅王であったことの証拠を見ておきましょう。

『古屋家家譜』（『甲斐国一之宮・浅間神社誌』）による大伴氏の

系譜と『伴氏系図』との比較・分析からも、初代高皇産霊の後の第二代が安牟須比であり（「牟須比命児安牟須比命」。『新撰姓氏録』）、第五代が「天右門別安国玉主命」であることが判り（古屋家での系図引用の点は、ここではさて置きまして）、第十代が「日臣＝道臣」（大伴氏の祖）となっておりまして、この人は記紀にも出ている人であることが判ります。

実は、この「日臣」のモデルこそが、遼東半島の公孫康で、卑彌呼（安羅王＝倭王）の弟のことなのでございますが（別述）、このように本来の大伴氏の系図上では「消されてしまった部分」の第二代「安牟須比」、第五代「安国玉主」という神・人に付けられました名前の「安」「安国」の字からも、この大伴氏の一族がかつては朝鮮（とは申しましても、この頃はまだ「海峡国家」の倭です。一一2）の「安羅＝倭」王の一族でありましたことを示唆してくれていたのです。

更に、この『古屋家家譜』によりますれば、第三代から第五代、第九代及び第十代が、紀伊国名草郡の神社の祭神とされておりますこと（つまり、3香都知神社、4鳴神社・天雷命、5朝椋神社・九頭神社、9刺田比古神社、10「生紀伊国名草郡片岡之地」）は、「安羅＝倭」王の天日矛が東行し、紀国で朴氏の名草戸畔（ナガスネヒコのモデル）を征圧して、そしてその神社の「祭神を奪い取った」ということの痕跡をアナタに示していたのです。

このように天日矛（神武大王のモデル及び後述のニギハヤヒのモデルを含む）が、日本列島を東行いたしました証拠がここにも残されておりまして、これこそが平安紀で書き替えられてしまう前の「神武東征」のモデルであったことが判って来るのです。

さて、お話を戻しましょう。

先程のこの日前宮の鏡と国懸宮の日矛につきましては、「日矛が、実は、矛ではなく鏡の名である」という古伝があります（『先代旧事本紀』石凝姥条）ので、このことも「天日矛＝鏡（アマテル）」ということで、これらのことから「天日矛＝神武」への「変化」を暗示しているようにも思えるのです。

これは、天日槍（紀）が「朝鮮からの渡来時」に持ってまいりました「八物」の中に「日鏡＝ヒノカガミ」（垂仁紀三年三月一云）というものがございますが、実は、これこそが日前宮・国懸宮の鏡のことであったのです。

しかし、単純に考えましても、日前宮の祭神が日像の鏡、国懸宮の祭神が日矛鏡なのですから、平安紀におきまして百済系天皇家が「東征者を天日矛から神武に変更」いたしますと同時に、この従前からの祭神の「日矛」に、アマテルの身代わりである「日像」を加えて鏡を二つにしてしまい「二社」に分けてしてまっていたのです。

そして、そうであるからこそ、この二つの鏡に、次に述べますように、「優劣の順序」をつける必要が生じてしまったのです。

しかしながら、伊勢アマテルの鏡の方が「新しく」、日前・国懸の方が古い（第一）鏡だったとは、口が裂けても言えなかったので、止むを得ず「先に存在していたが、その出来が良くなかった」ので日前・国懸へ与えてしまった（『古語拾遺』）という風に言ってごまかさざるを得なかったのです。

これらのことは、平安初期に、宮中の「温明殿」の内侍所の忌辛櫃の中に日前と国懸と伊勢の三つの鏡の分身（予備）が用意してあったこと、そして、それが天徳四年（九六〇）九月の「内裏焼亡」の際（『日本紀略』村上天皇条）に、「伊勢御鏡は残り」、「日前と国懸は焼失した」（藤原実資『小右記』。この頃〔平安朝〕になりますと、百済系天皇家に変わっておりすので、奈良朝の新羅系天皇家が皇位の象徴〔伊勢のアマテラスの身代わり〕と位置付けておりました「鏡」は、最早重視されなくなってしまっておりまして、「三種の神器」からも外され、鏡が天皇と同居もしなければ、御幸にも同伴しなかったのです。だからこそ、温明殿に置かれていて、このように焼けてしまったのですよ。一八6。このことも白鳳・奈良朝と平安朝とでは「天皇家が異なって」おりましたことのよい証拠〔ナイスエビデンス〕だったのです。平安時代になってから、天皇家では、宮中で夜に内証で、ニギハヤヒ〔物部氏の祖・扶余・百済系の神〕を祀るようになっておりますよ〔エッ、何故なのだ！〕。別述）と天皇家の正史に記されていることなどからも、完全に復元出来ることだったのです（尚、七12）。

つまり、アマテルが天岩戸に隠れたのでアマテルの像を造ってアマテルを招こう（これが「日招ぎ」であり、蝦夷の系の佐伯〔サヘキ〕氏や日置〔ヒオキ、ヘキ〕氏へと繋がる名だったのです）としたとき、石凝姥神が「再び鋳た鏡」の方が美麗だったので（『古語拾遺』）の方ではこの点「少に意に合はず」となっております）、これを伊勢神宮の「祭神＝八咫の鏡」とし、前の方は出来がよくなかったので、この紀州の日前と国懸の祭神にしたという「上下関係」の神話自体の中にこそ天日矛から天照（アマテル）への「変化」がダブっていたとアナタは考えなければいけなかったのです。

しかも、日前・国懸の両宮は、「仲良く左右に並んで」おりますところから考えましても、かつては、この二神は、「国懸＝日矛鏡」＝夫「天日矛」、「日前＝日像鏡」＝妻「アカル姫」という夫婦神であったとも考えられるのです。

そうなってまいりますと、ここ紀伊にも倭王「天日矛とアカル」のセットの神宮があったことになるのです。しかも、この両宮の鏡（同価値として天日矛、更にニギハヤヒ）は、天皇家の正史の日本紀によりましても、伊勢神宮・内宮のアマテラスの身代としての鏡（同価値としてのイワレヒコ）よりも古いのですから、私のこの考えにもピッタシなのです。

（7）神武天皇東征ルートのモデルは、ニニギ命降臨のときの「日像鏡・日前」と「鉄の日矛・国懸」の移動ルート

尚、序でながら、この日前宮に伝わります『日前国懸両大神宮本紀大略』を分析いたしますと、神武東征伝説は平安紀におきましては、神武の曽祖父のニニギの臨降のときのルート、つまり、

「二種之神宝」の伝播のルート（「日像鏡・日前」と「鉄の日矛・国懸」を天道根が奉安。この二種の神宝は、九州日向国↓高千穂↓摂津国・難波↓紀伊国・名草郡加太浦↓毛見郷の琴浦の岩上↓名草浜宮↓萬代宮・日前・国懸鎮座地と遷移してまいりました）に、正に従っておりますので、ここからヒントを得まして神武東征の「そのコースが考え出された」のか、又は、それと同一のコースとしてしまったということが推測できると共に、そのルートも、決して熊野回りなどではなく、ちゃんと紀州の「琴の浦」から「紀ノ川」を遡行していたのです（一〇5、他）。

　しかも、これらのことに加えまして、この日前宮・国懸宮がここに鎮座する以前には、この場所には何と！先程の、伊太祁曽社（「伊達＝イタ」「キソ＝コソ＝杜」、つまり、倭王を祭る北九州「怡土社＝イト＝伊都社」）が鎮座ましましておりまして、正にこのイタテ神の神社は、韓鍛冶系の神社（この神社のうち、出雲にある五社の名には、全て頭に「韓国」の冠が付けられておりますよ！）なのですから、「実質的」にも「形式的」にもこれらの状況証拠から、朝鮮半島からまいりました天日矛という金属神（平安朝の百済系の日本紀ですらも、天日矛は最高神のアマテラスに取って換えられてしまったとはいえ、朝鮮半島の「蕃神」の新羅の神だと「されてしまって」おります）の東行、ということに繋がっていたことが判って来るのです（同じ、海峡国家の倭の神です）。

　この神話上の天照（アマテル）の「岩戸隠れ」からその「再出現」という過程、及び、そのモチーフこそが、奈良日本紀から平安日本紀への書面上での変化におきまして、日本列島での支配者が、歴史物語上とは申せ「天日矛」から「神武＝イワレヒコ」にバトンタッチされてしまったということ（一五1、前述）を表していてくれたのです（尚、このことと新羅・伽耶の延烏郎伝説との関連につきましては、別に申し上げました）。

　また、このことは、天香具山の社の土を採って「厳呪詛」（一二2）を行ってから大和盆地の平定を行った（神武即位前紀）ということのモデルともなっております、埴安彦の妻の吾田媛が「埴安彦の乱」におきまして密かに土を採る場所が「倭の香山」（崇神紀十年九月条）となっておりまして、一般にこれは、文字通りに奈良盆地の「天の香具山」であるとされ何ら疑問もないようにアカデミズムでは言われてはおりますが、この「倭香山」をアナタがもし素直に読めば、アッ！と驚く「倭香山＝ワカヤマ＝弱山＝若山＝和歌山」（一8）ということ（天香具山のオリジナルはここ紀伊だった！　奈良紀では、天日矛が紀国の名草山の埴を採っていたことになっておりましたことにつきまして、前述いたしました）になってまいりますし、（つまり、ここ紀伊こそが奈良紀での「天の香具山」の本体であったのです）また、紀伊の「弱の浜」を「明光浦」と改めた（『続日本紀』聖武、亀神元年〔七二四〕）、ともありますので、この倭香と紀伊の和歌ノ浦とは古くからの繋がりがあり、実は、こちらの紀伊の方が「本家」であったことが判るのです。

＊隅田八幡宮の人物画像鏡の「河内アタヒ」と埴安彦の一族との関係につき、別述。紀伊・金官が、この埴安彦の叛乱と関係していたのです。

このように、イワレヒコのモデルが天日矛であり、天日矛が「紀伊」の名草戸畔を討ったことの証拠が、日本紀の中にも、よく読めばちゃんと出ていたことがアナタにもお判りになられた筈です。

今日では、奈良・大和の外港は大阪（浪速、特に住吉（すみのえ）など）という考えが一般的なのですが、より古く、桜井・纏向に王都があった頃には、纏向からの主たる水系ルートは葛城に沿ったルート及びその先は紀ノ川だったのでありまして、その港は紀（木）州・和歌山であったのです。

一部に急流や難所があった大和川や、氾濫を繰り返す三つの大きな川が合流いたします、当時の暴れ川の大川（淀川）は、紀ノ川ルートよりずっと危険性が高かったからなのです。

このような古代地理上の観点からも、名草戸畔（ナガスネヒコのモデル）が、かつての大和の王都纏向の外港でもございました、和歌山を押さえておりましたので、そこで殺された（となっておりました）ことは、整合性があったのです。

日本紀が、ここの紀国での出来事をなんとなく「ボカ」してしまっておりましたことは、日本紀と古事記との比較からも判ることだったのですよ。

と申しますのも、その一例といたしまして、五月八日に神武が至った処が「茅渟（ちぬ）＝山城水門＝山井水門＝雄水門（をのみなと）」であり、そこにおいて、今、正に死なんとする五瀬（いつせ）が雄誥（たけび）を挙げた後、「紀国の亀山（かま）」（和歌山市和田〔ここは正に、旧・名草郡です〕に「亀山神社」〔『延喜式』神祇・神名帳下〕がございます。尚、紀伊国の本国でもございます、金官伽羅の慶尚南道の王都の金海の西方の馬山の南にも、亀山（くさん）がございます）に至り、そこでこの神武大王の長兄の五瀬が死んでおります（神武即位前紀戊午五月八日条）。

ところが、この点、古事記の方を見てみますと、五瀬が死んだところが、次のように「紀の国」とされておりまして、そこが「紀国男之（を）水門」（『古事記』神武条）であるとされているのです。

このように、古事記では「ヲノミナト」は「紀の国」とされておりまして、ここは既に、日本紀のような「血沼の海」ではないからなのです。他方、日本紀におきましては、あくまでも「ヲノミナト」であり、ここは右の「紀国ではない」からなのです。

このように、どちらが正しいかということは別といたしましても、「平安日本紀」の磐余彦（いわれひこ）（神武）のモデルともなりました、「奈良日本紀」での天日矛の上陸した「紀国」の「ヲノミナト」のことが、後の日本紀におきましては、このようにボカされてしまっていることにアナタはご注意下さい。

『日本紀』と『古事記』の双方共単なる歴史物語に過ぎないのですが、とは申しましても、その双方にじっくりと目を通し、その違いをよーく分析して、その意味を考えなければいけませんよ。

さて、以上のことから、更にどういうことが判ってくるのかと申しますと、前述のように「日前（ひのくま）」の「クマ＝熊＝神（朝鮮語）」であり、これは古くは決して天照の「前霊」などではなく、その前（平安紀で変えられる前）の「より古い日神」の姿そのものを示していたのです（五2）。

「国懸（くにかかす）」の「カカス」から暗示されるものといたしましては、「熊野の八咫烏（やたがらす）」（ヤタ＝矢田＝八田＝ハタ＝先住の秦氏。平安紀おきましては、本来の天日矛の従者から神武大王の道案内人へと変えられてしまいました。因みに、サルタヒコも、その女房となった天受女〔ウヅ＝珍〕も、秦氏系の神々だったのです。又、この天受女の子孫が、古事記を暗記したと正史で言われております二十八歳の稗田阿礼ですので、この人の出自も安羅・秦氏系だったのかもしれません。「安羅＝倭」に秦氏が従っておりましたときがございましたことにつきましては、吉備と産鉄民の温羅のところで前述いたしました。一〇4）がございますが、これまた、世界共通の太陽神（中国・馬王堆、エジプト）の烏（からす）でありまして、しかもここの祭神の「日矛（ひぼこ）」は、実は太陽神の象徴であります「鏡」でもあったからなのです。

このように、この紀伊の名草戸畔の日前宮・国懸宮こそが、アマテルより「以前」の「日神＝天日矛＝アマテラスの前の鏡」の東行（つまり、これを持った又は取得した支配者の東行）を表していたのです（九州イト「平原」→紀伊「名草」へ）。

そういたしますと、これは国懸宮ではなく、本来これこそが「古伝」の申しますように天懸宮（天日矛の「天＝アメ」そのもの）であったということが判って来るのです。

尚、「百済・真氏」は「金官・木氏」のことだったのでございまして、これが金官王・倭王の蘇我氏でもあり、武内宿禰（金官伽羅国の第五代王伊尸品＝木協満致）を介しまして、この「紀氏」にまで繋がっておりました家系である（紀氏の祖）ことにつきましては、前にお話しいたしました（二8）。

それに「倭の五王」の「武＝雄略大王」のモデルは、日本紀上ですら朝鮮で活躍いたします紀生磐（きのおいは）でしたし（別述）。

（8）垂仁朝での伊勢宮での鏡の留め置きのモデルは、紀伊の名草宮での鏡の留め置きだった――天武天皇が造った内宮（アマテル）よりも前からあった外宮（サルタヒコ）の方が上位だった

また、伊勢の内宮と下宮（御食津神＝本来は奈具神）、それに日前神社の所謂「神代の三鏡」といわれておりますものは、崇神朝には倭の笠縫（かさぬい）に、垂仁朝には三輪の三諸（みむろ）宮へと移ったとされてはおりますが、一部の鏡は何故かここに留め置かれおります。

さて、このことと、紀伊国の名草宮に日前鏡と国懸鏡（日矛）の鏡が祭られ、そこに今日まで、同じように留め置かれておりますということとは、その経緯と、その前後の様子が「とてもよく似通って」おりますので、ひょっとすると、垂仁朝での鏡の留め置きは、このこと（天日矛）の投影ではなかったのかと思わざるを得ないのです。

尚、このことは「宮中より→豊鋤入姫が大和笠縫へ（崇神紀六年）→倭姫が伊勢へ（垂仁紀二十五年三月）」（他に『倭姫命世記』など）という天照大神（鏡に具象）の移動（つまり、鏡を主神とする信仰への変化）というものが、律令制度に裏付けられた「大来皇女」型の最初の「斎王」の制度の起源を、より古い時代にまで遡らせるために天武朝に仕組まれたということにつきましては前述いたしました（八4）。

　つまり、このことは、この天武天皇の頃に、高天原の主宰神が「倭＝安羅」の卑彌呼系のタカミムスビ（モデルは魏の高句麗人の張政か男弟の公孫恭）からアマテル（天照大神）へと変えられてしまうと共に、伊勢の主宰神（内宮）につきましても、同じように秦氏系穀物神のサルタヒコからアマテルへとパラレルにリニューアルされてしまっていたということを物語っていたのです（八4、一五1）。一言で申しますと、これは新羅系占領軍による主宰神の変更ということだったのです。

　右のタカミムスビ（高木神）とは、魏から倭連合の盟主の卑彌呼のところに派遣されてまいりました、魏（ウィ＝倭。北倭の一種）と同じ遊牧民系の出自を持ち、かつ、扶余・高句麗系でもありました軍師の「張政」の一派、又は、卑彌呼の男弟（『魏書』）の公孫氏恭が、魏王により幽閉の身から解放され卑彌呼の処に送付されてまいりましたことを表していたからなのです。

　つまり、「伊勢神宮のリニューアル」とは、新羅文武王の頃に新羅の王子（天皇）たちが、「倭＝安羅」系の神を「一段引き下げ」まして、自分たちの日本列島統治に都合がいいように、「その上」に作り出しました、新たなる「日ノ本の神」を、伊勢の地に創設したということに他ならなかったのです。

＊ユダヤ教における宗教改革者（①生贄を捧げるアニミズム→人格神へ、②多神教→一神教のヤッハェへ）のモーゼの役割とも大変よく似ております。

伊勢神宮は、実は、アマテルを祭る「内宮」よりも秦氏の豊受の女神を祭る「外宮」の方が古かったということにつきまして、神社側に残る文献の分析から次にご説明いたしたいと思います。

　この点、日本紀によりますと、垂仁大王二十六年に五十鈴川上に磯宮を建ててからであると記されてはおりますが、伊勢神宮の最大行事であります「遷宮」というものに着眼いたしまして、これがいつ始まったのかということを見てみますと、「天武天皇朱雀三年巳丑（九月二十日）」（『太神宮雑事記』）。平安末期の書に「廿年に一度」と定まったとございまして、ここから考えますと、伊勢神宮の根本制度でございますこの「遷宮制度」が確立されました、この天武天皇（モデルは新羅・文武王・金多遂です）のときにこそ初めて伊勢神宮が造られたということをアナタに暗示していてくれたのです（二三5）。

　但し、この「朱雀」という年号は、九州に拠点がありました倭国の年号だったのでございまして、これに似せて「朱鳥」という年号を、占領新羅軍政府が作ってしまったものだったのです（二三3、他）。

　更に、「内宮」と「外宮」の夫々の遷宮の日時を見てみますと、奇妙なことには、まずは、「内宮の遷宮から中一年か中二年を隔てて、外宮の遷宮が行われた」とされておりまして、この点だけから考えますと、一見如何にも、内宮の遷宮が先行し内宮優位に見受けられるのですが、しかし、アナタ一寸待って下さい。次にその遷宮の月日の方をチェックしてみますと、外宮が「九月十五日」に対し、内宮が「九月十六日」となっており、外宮の方が一日前なのでございまして、一見、内宮を優先させ遷宮の年が違う（早い）とは申せ、明らかに一年の季節のカレンダーによる行事の進行上では内宮のアマテルの方が「後回し」になっているのですゾ。

　ということは、このことが、実は、やはりいまだに外宮優位を示していたのでございまして、外宮（豊受神＝秦氏の神＝サルタヒコ）こそが、元々この伊勢の地にあった先住の神（秦王国の秦氏・サルタヒコの神）であったということを示していてくれたのです（八4、二五）

　＊このことは、吉備津神社の本殿の形が、ほんの少し歪んで菱形をしておりまして、「中央に抵抗」していたこととも、共通な点が見られます。つまり、一見、中央の権力に従うような振りだけをしておきながら、押し付けられ、取り替えられてしまった新しい神々に、表面上は従順に従って祀っているように見せかけていること。

　また、別の史料によりますと、先程の伊勢神宮の初回の遷宮が「持統天皇四年（六九〇）に行われ、この御宇より廿年と定められた。但し、大伴皇子謀反の時、天武天皇の御宿願に依ってなり」（『二所太神宮例文』及び細注）という考えもございまして、先程の「朱雀三年」の記事とは異なることにはなりますが、やはり、同じように「この頃、つまり六八〇年代」に伊勢神宮が初めて営まれたという証拠といたしましては十分に使えるのではないかと思います。

　しかし、この「朱雀」は「朱鳥」だとする考えもございまして、もしそうであるといたしますと、「朱鳥三年」は持統天皇の即位二年（六八八）に当たりますので（一二3）、最早、天武天皇の治世ではなかったということになってしまいます。

　さて、どちらが本当だったのでしょうかしらネ。

　持統天皇を「架空」の天皇であると考え（八4）、又、更に「朱鳥」年号を「架空」の年号であると考えます私の立場（前述）からは、そのどちらにいたしましても、このことは興味深々のことなのです。

　この点につきましては、伊勢神宮（内宮）と大倭神社・大倭姫の起源説話とを付加し、ゴタゴタが脚色されたものが付加されてしまいました『日本紀』（崇神六年条、垂仁二十五年条）とは異なり、『古事記』（崇神条）の方は、実にスリムなのでございまして、単に「妹豊鉏比売命者（拝祭伊勢大神之宮也）」（「妹トヨスキ比売の命は、伊勢の大神の宮を拝き祭りたまひき」）とあるのみだからなのです。

　そして、これこそが、より古い本来の伊勢の姿（先の神であるサルタヒコのいた処。八④）により近い表現（デコレーションの無い表現）であったということが判って来るのです（二五１）。

（9）桃太郎の鬼退治伝説にも表されていた天日矛の東行——天日矛と孝安天皇と金官勢漢王と百済古爾王とは同一人

さて、お話を神武東征のモデルともなりました天日矛の東行のことに戻しましょう。

かようにして、プロト（原）平安紀（つまり奈良紀の段階）におきましては、東行したのは、平安（現行）紀で百済王家の祖先（伝説上）の牧民系の扶余王（尉仇台二世王）をお手本として作られましたところの1神武（イワレヒコ）などではなく、伽耶（倭）系の卑彌呼の末裔の倭王の天日矛（あめのひぼこ）であったと、はっきり自信を持って指摘したのは、多分、私の知る限りでは私が初めてではないかと自負しております。

やはり、①卑彌呼が渡来していたと共に、②その後、海峡国家の朝鮮半島部分に残ったその子孫たちも渡来し、③やがてその子孫たちが日本列島を東行（「東征」ではありません）していたのです。丁度、卑彌呼の宗女の壱与の東行と同じように（又、このことはその投影でもあったのかもしれません）。

そして、これらのことを時間の系列を逆に辿って朝鮮史を分析をしてまいりますと、「百済本紀」上におきましては、平安日本紀上の「神武大王」が「百済6仇首・貴須王」として反映されているところに照らしましても、また、この天日矛の素性が、天日矛＝「金官・勢漢王＝6孝安大王のモデル＝百済8古爾王のモデル」であり、体系上の分析からも、この右の四者は皆同一人だったということが判るのありまして、かつ、右のうちの「天日矛と同一人」であります百済8古爾王の在位が二三四～二八六年とある程度特定され、他方、「平安紀での神武天皇のモデルのモデル」であり、「イワレヒコと同一人」でもあり、つまり、「平安紀での神武天皇のモデルのモデル」でありますところの百済6仇首王の在位も二一四～二三四年と特定されておりますので、この両者より、天日矛と神武とは（共に伝説上の人物だとは申しましても）共にほぼ同年代の人として各国の歴史物語上設定・想定されていたと考えても何ら差し支えなかったからなのです。

それに、この天日矛の東行は、アナタは「エッ」と仰るかもしれませんが、吉備（岡山）の「桃太郎の鬼退治伝説」の分析の中にも、その証拠の一つが隠されていたことが判るのです。

と申しますのも、「吉備津彦遺西道」（崇神紀十年九月条）と記されておりますところの、孝霊大王の子の吉備津彦（孝霊紀二年二月条）が吉備（中山＝鉄山）を征圧したというお話は、各国史書の体系上の分析からも「孝霊のモデル＝百済9責稽王（二八六～二九八年）のモデル＝金官王金阿道」でございますし、かつ、孝霊の父の6孝安大王のモデルが、右の天日矛＝金官王・金勢漢＝「百済8古爾王（二三四～二八六年）のモデル」でもございますので、そういたしますと、この「桃太郎」のお話のオリジナルというものは、「天日矛（安羅王＝倭王）の王子、又は孫が、吉備の中山に侵入し、そこの鉄山を開拓、ないしは先渡来民（オロチョン系や秦氏など）から奪った」こと、そして、「その後、その安羅（温羅）系の支配した産鉄地帯も、時移り、後から朝鮮より渡来した扶余系の者により、更に奪われてしまった」（一五12）ということをも意味していたのです（この中山のオリジナルは朝鮮かもしれません）。

因みに備中の、鬼城山・高丸山辺りから流れ出た血吸川の両脇には、阿曽（総社市）の鋳物師の集落がありますので、この血吸川という名前は、この鉄山の争奪戦で多くの人々が殺されて血が流されたことに由来するという風に伝わってはおりますが、本来は、その出来事の更に古くから存在していた地理的な名前だったのです。

つまり、この辺りの砂が赤い（砂鉄のため）ので血吸川と言われていたのです（朱土）。

ここの朝鮮式山城の「鬼ノ城」と「西阿曽」の部落（吉備津彦と戦った温羅〔桃太郎の鬼〕の奥さんの阿曽女の里）との間の、丁度谷の出口にあたるところの血吸川には、不思議なことに川の流れと直角に、約東西三〇〇メートルの「水城」が築かれてございました。

その証拠といたしまして、その部分が帯状（今日、民家が帯状に建っているところ）になっているのみならず、しかもその細長い帯状の土地だけが不自然に高くなっておりますし、今日その上手には、今日池もございませんのに「池の下」という小字が残されているからなのです。

＊尚、ここの東方にも、右と同じ「池の下」の小字の存在と共に、その上流に、西阿曽と同じく「中筋」という小字までも残されておりますので、ここにも同じ様に「水城」があったのです。因みに、このほんの少し下には、後世のものですが、豊臣秀吉の「備中高松城」水攻め（織田信長が明智光秀に殺されたときに、秀吉が毛利方と和睦し、奇跡のリターンを行って戻り、昼夜駆け抜けて明智光秀を討ちました）の跡もございますくらいですよ。

これらの古代の水城の目的は、水門を開いて、敵を溺れさすというダイナミックなものではなく、川の水を堰き止めて流れなくして溢れさせ、付近の水田を泥沼化して、騎馬も歩兵も足を囚われて攻め難くするという古い（原始的な）形態の水城だったのです。

また、備後国に安那郡があり（『延喜式』神名帳）、これはヤスナとも呼ばれており（『倭名類聚鈔』）まして、ここに「多祁伊奈太伎佐耶〈布都〉神社」が鎮座しております。

これは、ここが古へに安羅（倭）の植民市でありましたことの名残りであると共に、神社名に「布都＝フツ」と付いておりますことからも、これがニギハヤヒ（古代のゼネコンの物部氏・百済王家の分派）の東行の名残（一八3、一五3。と言うことは、つまり天日矛の東行の名残）でもあったのです。

因みに、奈良天理市の石上神宮に遷移いたしました、その元宮でもございます「石神布都之魂神社」（全国の石神・石神井という地名の中にも、「ニギハヤヒ＝天日矛」の移動と関連するものも含まれていたかもしれません）が、同じ吉備国内の備前国・赤坂郡に今日でも鎮座しております（一五12）。

このことは、この地に古くから鎮座しておりました神のことを「吉備穴済神」（景行紀二十八年二月一日）とも表示されておりますので、つまりこれは、「穴＝アナ＝安那＝安羅＝朝鮮の倭」から「済った＝渡来した」神という表現からも窺い知れることだったのですね。

それに、備後国の次に「婀娜」（安閑紀二年五月九日）が見られますことからも、この吉備の地が、古くは朝鮮半島の「安羅＝倭」の分国であり、かつ、かつてのある時期は倭王大伴氏（古くは、天日矛）の支配する国であったことも判るのです。

このように、この桃太郎のお話（一五12、一〇4、七11）が、奈良紀（現存の平安日本紀での吉備津彦などの侵攻ではなく）では、夫々、初めは東行した「イワレヒコ（神武）＝天日矛」であったことを表していたことの証拠ともなっていたのですが、このことは他にもまだ見られるのです。

＊ここへの侵入の順序は、①秦氏、②天日矛（ニギハヤヒ）、③扶余系の夫々の渡来民であったと思われます。

それは次の点です。

そもそも何故、イワレヒコが生駒山の日下江を目指してまいりまして、ここでナガスネヒコと戦ったのかという点のモデルについてなのですが、旧大和川の遡行を目指したことに加え、古代の日下周辺にありました弥生時代中期の遺跡の分析からは、ここの鬼虎川遺跡（東大阪市）などを始めとして、当時としましては最新の「鋳鉄脱炭鋼」技術を、先に東行いたしましたナガスネヒコ（本来は、名草戸畔）から奪い取ることが、その主たる目的であったものと思われるからなのです。イワレヒコと兄の五瀬の二人（本来は、天日矛夫妻）は、鉄を目当てにここにやって来て先住のナガスネヒコに一度は敗れていたのです（但し、これは弁韓における出来事の投影であった可能性もございます）。

このように、ナガスネヒコ（朴氏・古新羅の第二代王の南解次々雄・倭人）とは、その出自を遡りますと、インド・マガダ国の「シスナーガ王朝」の分派の、ジェジェモニ族系の末裔が、モーケン諸島・ニコバル島を経まして、インドシナ半島から「ベンガル湾方式の製鉄技術」を持って、黒潮に乗って北上して渡来して来た鉄王（やがてその子孫は、大陸へと入り〔逃げ込み〕、後の「契丹国＝ヒン鉄の国」におきましては、王妃族としての朴氏の蕭氏として産鉄に従事していることが判ります。沖縄の尚氏＝契丹の蕭氏）のことだったのです。

＊熊本・菊水町の高句麗系と考えられます（『魏書』東夷伝・高句麗条）トンカラリン遺跡の近くの、江田船山古墳付近で発見されました小型製鉄炉も、どうしたことかベンガル方式のものでした。因みに、この江田船山古墳からは百済21蓋鹵王の銘の有る鉄刀が出土（これは、時代は近いとは申せ、そもそもワカ

タケル・倭王武のものではございません）しております。この百済王は、日本紀に翻訳されまして市辺押羽皇子という皇子レベルの名で出てまいります人物と同一人だったのです。そして、この刀は銀象嵌ですので、縁取りは金ですから全体が金の刀と同じ価値を持ったものだったのです。因みに、埼玉県稲荷山古墳出土のものは金象嵌ですので、縁取りは銀ということになり、全体が銀の剣と同じ価値ということとなり、この江田船山出土のものより一ランク下のものだということが判るのです。この江田船山古墳の西側からは六世紀後半の石人も見つかっております（二一5）。ですから、この刀は百済・蓋鹵王から倭王・磐井へと下賜（又は、献上）された物であったことが判るのです。

このように、奈良紀での長髄彦（男）のモデルは、紀伊の名草戸畔（女）だったのでありますし、磐余彦のモデルは天日矛でしたから、そういたしますと、ナガスネヒコとこの日下の鬼虎川遺跡出土の産鉄技術との関係は、名草戸畔と紀州のサイガ（「サヒ＝鉄」で鉄民）衆の技術との関係ともパラレルの関係にあったのです。

かようにいたしまして、鬼虎川遺跡出土の産鉄技術を介しまして、「鉄」という点でもナガスネヒコと天日矛とは繋がっていたともいえるのです。

このように、吉備団子の「桃太郎の鬼（鉄民）退治」のお話も、「神武大王の紀伊の名草戸畔の征圧」も、皆平安紀におけます「神武東征のモデル」（奈良紀では、天日矛の東行と記載されておりました）となっていたことが、朧気ながらアナタにもご理解いただけ始めたことと存じます。

これからも必要に応じて申し上げますが、ここでも、「神武大王がどうして日本紀の上に登場出来たのか？」ということを、一言にマトメて申し上げておきます（より詳しくは、三二1）。

天日矛（安羅伽耶王＝倭王）が、但馬（東倭＝トンワ＝丹波。一五4）の出石から東行し、「紀＝木＝真」の国（金官王木氏の分国）で、先行して土着しておりました狗奴国（狗国）王家の末裔である「ナガ族の名草戸畔」を征圧し、服従させ、共に紀ノ川・吉野川を遡行して、葛城を経まして纏向へと入り、そこの桜井付近に「トミ王国」及び安羅系の「大神神社」とを建国致します。

そこの新しい国での支配者層は、天日矛（安羅王・金勢漢王。及び、ほぼ同時に、卑彌呼が殺されたため西都原から対馬へと亡命しておりました壱与が、対馬から安羅の分国の吉備経由で、ここ纏向へと入ってまいります。天日矛と壱与は、共に同じ安羅系の伽耶〔倭〕人で、卑彌呼の一族でもあり、満州経由の「北倭」の一員でした）及び、それに従う名草戸畔（ナガ族＝朴氏＝蛇トーテム族。ナガスネヒコの一族で、大陸に上陸し、やがて契丹に入る前は、海洋系の「南倭」の一員でした）という図式でしたが、日本列島での主たる被支配者層は、この点江戸時代に至るまで農奴の域を出なかった（二九）、弥生の水耕民たる苗族・毛人（旧

「秦王国の民」でした。

＊それ以前にいた先住民は（二九4）、山奥・高地へ移り住むか、又は、日本列島を東へ北へと「追っ立て」を喰って逃亡してしまいました。

百済王（こにきし）の平安天皇家（一2）は、日本紀を改竄するに際しまして、この安羅系の倭王である「天日矛」を消してしまうと共に、これを自らと同族の「ニギハヤヒ」に変えてしまいまして（一五2）、そして、悪王ナガスネヒコを全面に出しまして「ナガスネヒコの国」がそれまでそこにあったことにしてしまうと共に、そこで養子に入っていたニギハヤヒが、義兄のナガスネヒコを殺して（裏切って）、そのナガスネヒコの国を滅ぼし、イワレヒコに国を明渡して服従したという「百済・扶余系始祖バンバンザイ」のストーリーに書き換えてしまった、というのがその平安（現行）日本紀の真相であったのです。

ということは、つまり「イワレヒコ＝神武」という人は、あくまでも百済からの亡命者であります平安天皇家の「頭の中」にあっただけの存在に過ぎなかった、つまり、百済建国における伝説上の始祖王の「13近肖古王＝6仇首王＝同一人」のそのモデルでございました「高句麗王子罽須＝扶余王仇台二世」をベースにいたしまして、これを「日本列島での平安日本紀」ではノベル化して神武大王（ワカミケヌ）という祖王を誕生させたということに過ぎなかったのです。これが神武大王誕生の真相だったのです（三二1）。

この「神武＝天日矛」という私の考えに対し、「呆れて物も言えないよ」とアナタは思っているかもしれませんが、実は、そんな暇はないのですよ。

何故かと申しますと、先程も少し申しましたように、神武は、共に神武以前の大王たる「天日矛」のみならず、物部氏の祖の「ニギハヤヒ」とも、この後すぐに申し上げます理由から、神々の体系上の位置という点を考えました場合には「同一人」とも言わざるを得ないからなのです。

つまり、「ある一人の日本列島の大征圧」のお話を、日本列島の史書や朝鮮史で、その「時代」や「形」や「名前」を変えて各々が記しておりました可能性が大だったからなのです。

この結論を、今、ここで朝鮮と日本とを区別せずに、仮に先に申し上げてしまいますと、扶余から朝鮮半島を南下いたしました亡命二グループの内の一つである「沸流百済」が、主として朝鮮半島東岸を南下して伽耶に入り（一〇1）、更に、日本列島へその一部はほぼダイレクトに渡来して来ておりますが、その際朝鮮半島の陜川の「多羅」に入ったものを、日本紀では「陜父＝ニギハヤヒ」と表示し、伽耶での咸安の「安羅」に入って王となったものを、日本紀では「天日矛」と表示していたのだと考えれば、少し不正確なきらいが無きにしも非ずとは申せ、この方がアナタには理解し易いのではないかと思います。

2、新羅（金官）脱解王の父はアメノヒボコ

（1）朝鮮史に見る卑彌呼の渡来――天の岩戸神話の真相は延烏郎と細烏女

さて、もし、そうであるといたしますと、神武東征に匹敵いたします各日本列島東行の主役の神々（そのモデル）が、同一人（神）でありながら、その「歴史物語」如何によりましては、次のように扶余伯族の温祚系の百済6仇首王、扶余仇台二世王、高句麗王子の「罽須」（平安紀での主役）であったり、その前は、安羅王の「天日矛」（奈良紀での主役）であったり、はたまた、扶余の穢族の沸流系の「ニギハヤヒ」（旧事本紀での主役）であったりと、「神武」に相当する者のモデルは、各々異なっていたからなのです。

更に、それは、場合によりましては、新羅（伽耶）史での、倭へ去ってしまった王と王妃である「延烏郎と細烏女」も、これに加えなくてはならないのかもしれません。

と申しますのも、この妻の細烏女（赤玉）や天日矛の妻のアカル姫（太陽の子）は、「アカ＝光＝太陽」が共通であるのみならず、ひょっとすると、卑彌呼（日霊女＝ヒルコ）の「朝鮮史上に残された」遺影であった（！）のかもしれないからなのです。

更に、このことには証拠があったのです。それは、「下照姫＝比売許曾神」（『釈日本紀』巻八、神代下）であり、そういたしますと天日矛の妻が「下照＝アマテル（天照＝上照）が女神とされてしまう前の男神の妻＝瀬織津比＝アマサカル・ムカツ姫」ということになり、これが卑彌呼の投影でもあったということからも、「天日矛＝ニギハヤヒ＝神武」であると共に、「ヒメコソ＝アカル＝卑彌呼」ということにも繋がって来るからなのです。

ここで、なんとなく天日矛や卑彌呼の頃と関係ありそうな、朝鮮史での右の延烏郎・細烏女のお話の要旨を、ほんの触りだけご参考までに申し上げておきましょう。

＊実は、アナタ、この「烏＝ウ」は「ウ＝倭」ということをも暗示していたからなのですよ。

東海（日本海）より岩・磐（日本紀での磐余彦を、後から参考にしての作為か）に乗って延烏郎（新羅8阿多羅王）が日本列島へ行ってしまって王となった。そこで、妻の細烏女も、夫の王を追って日本に行ってしまったのでした。

＊延烏郎の名がいみじくも示しますように、この頃の秦韓又は狗邪韓国は、どうしたことなのか「烏トーテム」でございまして、ここには匈奴・鮮卑的な、つまり遊牧民・狩猟民的な東シベリアのシャーマン的要素が見られるからなのです。

そして、「多羅」はタタラの表現（一七6）でもございまして、この王が鉱山王であったことをその名自体が示してもいたのです。朝鮮の山々がハゲ山になって薪（特に鉄・銅などの鉱業に必須の火力の強い松の木など）がなくなってしまいましたので、止むを得ず、未だ大木の多い日本列島での開発に着手せざるを得なかったという事情もございました。但し、朝鮮半島では早

期弥生時代（早ければ、殷の滅亡のとき）より「焼畑農耕」がおこなわれておりました関係で、禿山が多くなってしまったということも考えられます（多面的思考の必要性）。「天日矛＝安羅王」「ニギハヤヒ＝多羅王」なのですから、この二つを合体させますと「アラ＋タラ」で、正に、これ右の新羅８「阿多羅王＝延烏（倭）郎」の名と一致してまいります（一五四〜一八四年。干支一運下げますと、二一四〜二四四年となり、これは正に、卑彌呼の頃（！）ともなりますよね）。

細烏女の「細」は、日本紀での「クワシ＝クワ氏」で、インド・マガダ王国系（『駕洛国記』）の許氏をも表しておりました。別名では、この王妃のことを内礼夫人とも申しますのも、この「内」は「ウツ＝ウチ＝珍」で「秦氏＝内氏＝ウチ・ウツ氏」系でもあることをも同時に表しておりました（秦氏の祖の武内宿禰も、そのモデルは金官５伊尸品王でして、この「尸」の字は「シ＝ツ」ですので、「伊尸＝イツ＝ウツ＝珍」氏で、今来の秦氏（扶余亡命民）を表していたのです）。又、金官初代の金首露王妃となりました、インドのコーサラ国（アユダ国）の許黄玉の「許＝コ＝ホ＝穂」積氏のことでもあったのです（百済25武寧王妃である哆唎大夫人の実家は、栄山江流域の「穂積＝押山＝忍山」氏でした。ということで、この倭国の哆唎もインド・コーサラ国と関係があったのです。許黄玉の墓のございます金官伽羅の亀旨峯（クヂボン）につき、口絵写真参照）。この許氏の許は、今までに何度も申し上げましたように、インド・コーサラ国の出自を表しておりまして、古代の南鮮にはインドの植民市があったのですから、これは当然のことを表していたに過ぎなかったのです。

それで、細烏女が去ってしまったために、どうしたことか新羅（南鮮の「伽耶＝倭」又は、高句麗占領下の新羅。以下同じ）は真っ暗になってしまいましたので、日本列島に去った妃に頼んで妃の織ってもらった細綃（しょう）（絹織物）を送ってもらって、それを祭ったところ、新羅にも日と月が戻ったので、それを保管した倉庫と祭った所を夫々「迎日県」（現在も、慶州東部の東海岸の湾に、この名が残されております）「都祁（とき）（ツゲ）野」（共に、この「トキ」は「日の出」＝「日ノ本」を意味しておりますと共に、これは、そもそもが倭人（慶州金氏）の「新羅（しろ）」の建国当時の国の名前でもございました）と言ったのでした（「新羅本紀」辰韓・伽耶第八代阿達羅王四年（一五七）。狭穂彦の乱のモデル）。

＊尚、卑彌呼の遣使のことを、新羅史（金官伽羅史から盗んで記載したもの）では、この阿達羅王二十年（一七三）のこととして記しておりますので（「新羅本紀」）、それを証拠といたしまして、右の延烏郎・細烏女のお話も、同じように干支一運下げまして、二一七年頃とすべきだったのです。

この新羅（金官伽羅＝倭）王と王女とも思われます延烏郎・細烏女の日本列島への渡来のお話は、何となく、日本列島におけます大王の出自（海峡国家の倭からの渡来民であること）を、朝鮮史の方で暗示してくれていたのだ、とはアナタはお思いになられませんでしょうか。

真相を知る機会は誰にでも与えられているにも拘わらず、この国にはアカデミズムの検閲病というものが、明治以来蔓延しておりまして、そのためにこのことに今まで気が付かなかった（実にもったいない話ですが）だけなのだと。

尚、「都祁」につきましての「トキ」と「ツゲ」は、中国での漢字の漢音と呉音との読み方の違いに基づくものでありまして、これは同じことを表しておりました（別述）。

さて、右の点とアマテラス（奈良紀での最高神・天照大神）とに関しまして、ここで是非アナタの誤解を解いておかなければならないことがあるのです。では、それを次にお話しいたしましょう。

アマテラスが天の岩戸に隠れてしまったため、世の中が真っ暗になってしまったという神話は、はっきりと申しますと、その舞台は日本列島などではなく、元々が朝鮮半島（もっとはっきりと申しますと、古への新羅、ですから秦韓ないしは古への狗邪韓国・後の金官伽羅国）でのことだったのです。

そして、それが一体どういうことを表していたのかと申しますと、朝鮮（秦韓）から王（秦氏か扶余民）が（高句麗の南下の圧力から逃れて）倭（つまり朝鮮半島南部の伽耶か日本列島）へと逃げて行ってしまったので、残された人民が困ってしまったということを表していたのです。

＊新羅は以前からしばしば高句麗に占領されておりまして、なかでも四〇〇年代には、何と、約七十年間にも亘って高句麗に占領されておりました（二8、他）。

当然、常にその余波を、その南の金官・安羅（倭）は受けておりました。ここが特に大切な点だったのです。

正に、右の「天の岩戸神話（女王が隠れてしまうこと）」は、古代新羅におけます「延烏郎・細烏女のお話と全く同じこと」を指していたのです。例えて申しますと、同じシナリオだったのですが、演出家が違っていたとでも申せましょうか。

つまり、この新羅（辰韓）での出来事から、王と王妃の二人（支配者層）が南鮮や日本列島へ去ってしまって、人民のみがそこに取り残され、遊牧民の高句麗の占領と秦からの遺民（実は、扶余からの遺民）の労苦話（一五3、二五）ということのみがそこに残されてしまった、ということを暗示していた、とアナタはその昔話の中（行間）から読み解かなければいけなかったのです（眼光紙背に徹す）。

＊遊牧民の智恵は、自ら働かず農耕民を働かせて搾取するのがお得意（本来の性分）だからなのです。ですから、辰韓では、扶余からの亡命民が占領者の東夷に過ぎない高句麗に対抗する意識のもとに、朝鮮より上位の中国の秦の亡命民だと「主張」して、アイデンティティーを高めていたのです。魏志には、よーく読めば、そんな断定的なことは一言も書いてはなかったのですが。

そして、新羅系天皇家が作りました奈良日本紀におけます「天の岩戸神話」は、その単なる翻訳に過ぎなかったのです。

ですから、この王妃の「形見」を日本列島から貰って来て祭って、初めて日と月を取り戻すことが出来たという「細絹」とは、倭（つまり伽耶か日本列島）へ去ってしまった秦氏の出自の「王妃の織った赤い絹の布」のことを示していたのです（この点、金官伽羅王妃の許黄玉の赤い（茜色）の綾との共通性に、アナタはご注目下さい）。

＊天の岩戸神話は、今日の朝鮮の迎日県や都祁野の地名とも関係（思想としては、同一）していたのです。

このように、細烏女や、アカルと天照（アマテラス＝アマテル）の神話の内容の同一性にアナタがお気付きになりますと、先程も少しお話しいたしましたが、天日矛の妻のアカルの「アカ」とは「明」「赤」「閼伽」のことであり、光の豊富なことを申しますので、これは日霊女（ヒルコ）は当然のことといたしまして、天武天皇の作った天照・アカルとも繋がっていたということが、アナタにもお判りになられる筈です。

＊因みに、倭人（後述）の新羅4昔脱解王の妃が、2南解次々雄の女の朴氏の「阿孝」で、この「アコウ」は天日矛の妻の「アカル」ともその音が非常に近く（KRの子音は同じ）、しかも新羅初代王の赫居世の「赫＝アカ＝朴＝パク」ともその内容が同旨なのです。そして、アカルの夫の天日矛の父に相当いたします伽耶の祖王の金閼智と、この赫居世の妃の閼英（おえい）（一五4）とは「閼」（ア・オ）が共通です。又、2南解次々雄の妃の阿婁とも音が似ております（子音は同じ）。

つまり、これらのお話の元には　卑彌呼が朝鮮半島から日本列島へと亡命してしまったことが、形を変えてちゃんと隠されておりましたことに、アナタが気が付かなかっただけのことなのです。

＊尚、ナガスネヒコの妹のミカシキヤ姫とニギハヤヒとの結婚の朝鮮史（金官・倭）でのモデルにつき、一五4。

そして、この神話のオリジナルの台本を朝鮮半島で持っていた人々（多分、新羅の日本列島占領軍）が、「白村江の役」の六六三年以降日本列島に渡来し、新羅王子が天皇・大王・皇帝として日本列島に君臨いたしましたとき（白鳳時代と奈良時代）に、伊勢の地から秦氏の祖神のサルタヒコ神を追い出し（海の底に沈めてしまい＝古事記）、祖神アマテルを創り出し、それを祭る伊勢神宮というものを造り出すと共に（一五1、八1、一二三5）、その前提となるアマテルの「天の岩戸神話」を、故国、新羅の伝承を題材といたしまして、祖国の首都・慶州の「吐含＝トカム＝高天＝タカマ」を材料として日本列島で作り上げてしまっていた、というのがその真相であったのです（タカマガハラのモデルの「トカム＝高天」つき、一二五1。朝鮮に向かって中海（なかのうみ）に面した「安来＝ヤスギ」町の「トカム山＝十神山（とかみ）」）。

＊この後の、右のサルタヒコの哀れな運命につきましては、古事記に記載されておりますよ（八4、一二五、一五1）。

因みに、中国の山東半島（山東省昌邑県）にも「天の岩戸神話（アラビアの開けゴマ）＋浦島太郎説話」のような「石門開

（岩の戸よ開け）」という民話が残されております。

これが、越（卑彌呼の出自である「遼東半島の公孫氏の母国」で、その出自が、ジャワ海のヤーヴァ・ドヴィーパ、更にはインドのアンガ国のみならずオリエントの地中海のアウド・オウドにまで遡りますことにつき、別述）が滅ぼされましたときに、「越」の大艦隊が、山東半島から神隠しに遭ったように消えてしまい（『越絶書』）、その一族が遼東半島へと渤海湾を渡って（亡命して）満州の遼東で公孫氏（燕王）と化し、やがて、この王女の卑彌呼（九１）が、朝鮮半島の馬韓（月支国）、そして安羅（倭。咸安）から日本列島の西都原へと渡来して（亡命して）まいりましたときに、持ち込まれた可能性もございます。

ということで、そのどちらにいたしましても、伊勢で天武天皇によって作られたアマテラス大神の中には、祖国（朝鮮）における「倭へ去った女王」のお話が潜んでいたともいえるのですよ。ですから、アナタは、日本の神話だからといって日本列島中心に考えてはいけなかったのです。

この神話を作った人々が、一体「いつ、何処から来た人々であったのか」、ということこそ、今や、その前に十二分に考えなければいけないレベルに、最早達してしまっているからなのです（単純なアカデミズムに負けるなよ！）。

（２）天日矛と物部前津耳の女の麻多烏との間の子の新羅・昔氏の脱解王のルーツ――倭人の王の名が、そのまま新羅発祥の地の古名となっていた

兎も角、『日本紀』は『日本書紀』となるまでに、色々な人々によって少なくとも十二回も改竄されていたのですから。

誰が見ましても「一書（あるふみにいわく）」のその数の多さを見れば、そのことは一目瞭然の筈なのですが……ＺＺＺ。

元々の舞台が朝鮮半島であることに、もしアナタがお気付きにならなければ、古代史はいつになっても何も判らないのと同じなのです。

丁度、「八岐大蛇（やまたのをろち）神話」が、満州と朝鮮半島の付け根の鴨緑江支流の更に又その支流での出来事（とても、とても、アナタ、出雲なんかではありませんよ）であったのと同じように（一五３、二４）。

＊ひょっとすると「八岐大蛇」の舞台は、更に古くは松花江（古への沸流水（ふるすい））であったものを、人の移動とともに、高句麗建国の地である桓仁に持ってこられたものであったのかもしれません（松花江→鴨緑江の支流の佟家江→出雲）。

お話をニギハヤヒのことに戻します。

では、これだけに満足せず、更なる好奇心を持ちまして、「天日矛とニギハヤヒの類似性」につきましても、アナタと共に、メスを入れて追及していきたいと思います。

しかし、「ちょっと」待って下さい。その前に、その天日矛と、

その子である新羅（この名の国は四世紀後半の建国ですので、この頃はまだ秦韓か狗邪か金官に過ぎませんでした。以下全て同じ。二4）の第四代王昔脱解と倭との関係、つまりは、その頃の「日本列島の支配者」と「朝鮮半島におけます支配者」との関係について、この話を進めるに当たりまして、その前にどうしても確認しておかなければならないことがございます。

それは、珍しくもプライドの高い朝鮮史の官吏が、はっきりと新羅王が「倭人」であったと記しております、右の新羅・第四代王の「昔氏・脱解王のルーツ」についてなのです。

新羅の第四代王の、この「昔脱解＝サキタケ＝前武」王（実は、この王の名そのものが、母方である但馬・物部氏の「マエツミミの娘のマタヲ」の氏と同じ「マエ」（！）であること、つまり、この王の姓が「先＝前」で物部氏の「昔（シャキー＝先）」とも一致していることに、アナタは注意する必要があったのです。つまり、この朝鮮史でのこの第四代王は、物部氏と同じ、沸流百済系、アグリー系、シャキー・後の新羅王家の「朴昔金の三姓」のうちの一つの「昔系」の祖だったのです）が天日矛の「子」であり、母の母国でありました日本列島の但馬から、朝鮮半島の祖先の地に「戻って」王となった（『三国遺事』）ことを、この新羅脱解王の「名自体」からも表してくれていたからなのです。

＊新羅史におきましても、4昔脱解王の父は「倭・多婆名国王」、母は「倭・女王国王女」「女人国王の娘」となっておりまして、このことを別な言い方をいたしますと、この王の父は但馬の出石の天日矛、母は物部氏前津耳の女の麻多烏ということになってまいります（別述）。そして、このことは、天日矛とニギハヤヒの同一性の証明とも密接に繋がっていたのです（熊本のニギハヤヒから但馬の天日矛へと変化）。

このことは、扶余から南下した沸流が金官に入ってから（朝鮮の「百済本紀」でもここまでは明言しておりますよ。実は、このニギハヤヒの南下も「倭の大乱」の遠因の一つともなっておりました（一〇1）。尚、中国（魏）史では、この「倭の大乱」は「濊」（朝鮮半島東部の海岸伝いに南下してまいりました部族）の反乱とも表示されております。そして、「ワイ＝倭」のことでして、満州・朝鮮半島東北部におりました「北倭」の一派のことを表していた言葉だったからなのです。このように、ワイ族は、中国史上での表示上、穢とも同じでありまして、沸流百済系のニギハヤヒの「扶余からの南下」が、この通り中国史にもちゃんと記されておりましたことが、アナタにも判るのです）更に日本列島へ、そして九州の肥（コマ）国（熊本。日本紀上では、改竄の結果「肥＝ヒ＝火＝ファイヤー」と巧みに変換されてしまっておりますので、その出自を見失ってしまいますので、そこに使われております「火ノ国」という漢字には常に要注意だったのです）の多婆那国から畿内を一周した後、山陰の但馬の出石の「東倭」（一五3。これが『晋書』で申しますところの「東倭」のことだったのでございまして、この「トンワ＝丹波」の王が、中国の南朝の呉人を招き、卑彌呼が北朝の魏から下賜されたものだとアカデミズムの多くが「誤解しております」ところの三角縁神獣鏡を鋳造させていたのです。ですから、三角縁神獣鏡は卑彌呼の鏡などではなく、強いて申しますならば、南朝の要素の色濃いニギハヤヒ〔物部氏〕の一族の鏡だったのです＝銅の産地からも明らか）の拠点（出石神社）へと移行し、そこで満州・朝鮮からそれよりずっと以前に渡来して先住しておりました、後の朝鮮の昔氏と同一族でもございます、物部氏の前津耳の娘の麻多鳥と結婚し、その間の「子＝脱解王」の代に至り、この脱解ちゃんは祖先の地である朝鮮半島へと「再び」戻りまして（慶州の吐含山にございます、石窟庵の下の昔脱解王の墓につき、二五1）、鉱山王の昔氏の脱解王となったことを証明していたのです（一七1）。

＊越前の「武生＝タケフ・タケオ」＝「武生＝タケ・王」の名が、今日まで古代の越（福井）の地にはちゃんと残されておりました。

この脱解王が「朝鮮半島の祖先の故国」に戻りましたときの「脱解王」と「金官（倭）・首露王」との戦いの様子（『三国遺事』駕洛国記）は、鷺や隼の出てまいりますエジプトの「ピラミッド・テキスト」（第二六七章・天空への死者の航行）と非常に類似性がございますところからも、この金官国（インド・マガダ国の植民市）とエジプトとは、フェニキアの奴隷船の東アジアへの渡来（海のシルクロード〔南倭〕）を介しまして、繋がっていたのです。

そして、このお話は、吉備の鉄民で鬼とされてしまいました温羅（安羅）と朝廷の派遣いたしました「乗っ取り屋」の吉備津彦との間の争い（桃太郎の鬼退治のモデル。一五12）で、魚になったり鳥になったりして王レベル同士が戦うこととも、その基本的モチーフが共通なのですが、この安羅という国は、遡りますと、卑彌呼の実家の遼東半島の公孫氏から、更には、ジャワ海のヤーヴァ・ドヴィーパ、そしてインド・アンガ国、フェニキュアの地中海のアウドにまで行き着くことが出来ますので（九7、9、一五6）、この考えは強ち不当でも不思議でもなんでもなかったのです。それに、エジプトの異王朝（ヒクソス王朝）は、インダス人が、アビシニアから上エジプトへと入って建てた王朝であり、この人々がエジプトを追われてからカナンの地でフェニキアを建てたからなのです。

歴史では、このような、広域的複眼的視野が必要なのです。たとえ、一見、日本列島での歴史でありましても、そこを取り巻く海は間違いなく全世界へと繋がっているのですから、そういう可能性は、常には否定できないからなのです。

天日矛が、倭王として、太古からそれまで大沼・大潟でございました出石盆地を干潟して（一五9）、豊かな農地と化し、定住すると共に、そこに王都を作っております。

その証拠が、椿に囲まれました、倭王天日矛の墓のあります「出石神社」だったのです。

同じ、出石盆地の豊岡市の宮井にあります「耳井神社」（この「耳＝ミミ」とは匈奴・トルコ系の遊牧民の言葉で「王」のことです。ですから、日本紀の神話上の「――耳」と付く人物（神々）は皆満州の出自を暗示していたのです。例えば「多研耳（たぎしみみ）」など）には、天日矛の妻の「物部氏の前津耳の女の麻多烏」がちゃんと祭られておりますよ。天日矛が渡来する前は、妻となる前津耳の女の麻多烏の一族は、ここ出嶋（いづしま）（古代の出石のこと）に先に渡来して住んでいたのです。

このことが一体何を意味しているのかと申しますと、伽耶の中の安羅王・倭王の天日矛（平安紀での神武に相当する人）が、先住しておりました扶余系の「沸流」百済の物部氏の勢力（東倭）を古への丹波で征圧すると共に、その後そこの養子に入ったということを示していたのです（もしくは、前述及び後述のように、沸流百済と天日矛は朝鮮半島時代から一体であって、両者は単に別な表現に過ぎなかったと見るべきなのかもしれませんが）。

と申しますのも、古代では、洋の東西を問わず、如何に武力で戦いに勝ちましても、その家に「養子に入らなければ祖先伝来の土地の承継が慣習法上又は、その土地によりましては宗教上（土地の霊＝アニミズムが）許されなかった」からなのです。ですから、ニギハヤヒがナガスネヒコの妹と結婚したということは、戦いに勝つと同時にそこへ養子に入ったということを意味していたのです。

＊この点、古代の中国や朝鮮半島では、「買地券」を金品で買うことで、地霊の許しを得ることが出来たのです（熊津の百済・武寧王陵のものや備中の秦氏の買地券につき、一八10）。

このことは、例えば、オリエントにおきましても、コーカサスの南に原郷を持ち、当時チグリス川東部に住んでおりました聖書のホリ人の慣習法によりますと、金を貸した債権者がその土地を取得するには、その金を借りた「債務者の養子」に入らなければいけなかったからなのです。古代のオリエントのセム族（ユダヤ人など）でもこれは同じです。この習慣は、既に「鉄器時代」に入りますと薄らいではおりましたが、ユダヤ人のアブラハムがエリエゼルを相続人にした（『旧約聖書』創世記・一五ノ二）ということも、メソポタミアのこの古い慣習を伝えていたのです。

そして、古代では幼少時のみならず、成人してからも母方の氏・姓（この昔脱解の場合「インドのシャキー＝アーリアの釈迦族」、つまり物部氏の「昔＝シャク＝サキ＝前」）を名乗ることは、ごくありふれたことだったからなのです（通い婚制）。

物部氏（昔氏＝シャク氏）の「サキ（先）ツ・ミミ＝マエ（前）ツ・ミミ」の孫の日本列島から朝鮮半島に戻ったと「朝鮮史に記され」ておりますところの、この新羅4「昔脱解＝ソク・タレ＝サキ・タケ＝前武」王についてですが、更にはこの名の意味しますところは重大なのでして、それはどうしてなのかと申しますと、古代朝鮮語で「脱解（タレ）（タケ）＝吐解（トク）＝都祁（トギ）・柘植（ツゲ）＝迎日＝鶏林」ということなのでございまして（「都祁＝トチ＝迎日＝日ノ本」につき前述及び後述一五3）、そしてこの倭人の脱解王の別名たる「鶏林」（トギ・ツゲ）こそが「昔氏」「朴氏」「金氏」の三姓が、古代の王位を占めると新羅史上では伝えられております（但し、この三氏の姓が唐代からの新しいものであることにつき、二一4）「新羅」の昔氏の建国神話（鶏林〔新羅の別名〕・蘿井〔新羅の発祥の地の井戸の名〕。その音から考えましても、これはズバリ、倭人の「倭井」を表していたのです。扶余王の持っていた「濊王之印」（『魏志』扶余条）の「濊」も、「倭人＝ワ人」の一派の「北倭」を表していたのです。穢も同じことです。という訳で、新羅と倭とは、本来同一国民でもあったのです。つまり、同じ倭人〔海峡国家〕の金官金氏〔倭〕と慶州金氏〔新羅〕との違いに過ぎなかったということなのです）そのものへと、「昔＝サキ＝先＝前」氏の雞林という名を介しましても、繋がっていたからなのです。

＊しかも、このときの辰韓のトーテムは北方遊牧系の「鳥」だったのです。これは、扶余の構成民のワイ族・カイ族の南下を示しておりました。

高句麗は冠に鳥の羽を挿しておりましたし、これは日本列島に入りまして、武官の冠の左右に付けた、毛で作った「緌・老懸」もこの名残でしょう。

これは、古く、翠毛から作られました（『晋書』輿服志）ことからも、鳥とは関係があったことが判ります。

つまり、このように、倭人の王の名がそのまま「新羅の発祥地」の古名となっていたという恐ろしく重大なことに、これでアナタにもお気付きになっていただけたことと思います。

ということは、韓国の金さん、つまり慶州・金氏も金官・金氏も、日本の金井さんも、金田さんも、金子さんも、紺野さんも、古へに遡りますと、そもそも皆同じ倭人（主体は南倭）の仲間であったのですね（七6。但し、先来の亡命民の子孫であった北倭の扶余系の混血や秦氏は、一応は除きます）。

「日本列島の王子（昔脱解）が朝鮮の祖先の地へ戻って王となった」（『三国遺事』伽洛国記）という朝鮮史の文言は、うーんと古くに、九州東北部の豊日別王（この王は福岡県行橋〔古くは豊国〕の近くの草場の豊日別神社に今日まで連綿として、細々と、かつ、実に穏かに祭られております。この神社の屋根裏の梁の構造は、曲がった自然木を巧みに使い、非常に特殊・芸術的で、建築史上一見の価値がございますよ。二一1）の豊日国が、古へに朝鮮半島南部に狗邪韓国（後の金官伽羅国＝倭国の一部＝インドの植民市）を建てたということ、つまり九州の「豊日国が金官伽羅国の母国」であったことをも意味していたのです。

ということは、インドのコーサラ国（アユダ国）乃至はインドシナ半島のチャンパ国から嫁いで来ました金首露王（孝元大王のモデル）妃の許黄玉（『三国遺事』。日本紀の鬱色謎のモデル＝許氏＝細姫）が、一旦、日本列島の大分県・福岡県の一部の「豊日国を経由」してから分国である朝鮮半島部の金官伽羅国へと嫁いで来たということをも意味していたのです。

＊更に、百済25武寧王妃は「哆唎王（栄山江流域の伽耶）＝穂積（忍山）氏＝許氏＝細氏＝鬱氏＝珍氏（秦氏の混血）」の女ということになります（インド・コーサラ国〔許氏＝アユダ国〕

↓豊国↓金官伽羅↓百済という関連がここに見られるのです）。朝鮮半島の「倭人連合国」の王と祭り上げられてしまいました、半中国人の卑彌呼は、遼東半島の自称・燕国王である公孫氏・度王の女なのですから、ちょっとこの、インド・コーサラ国から派遣されました許黄玉ともその境遇（異民族の女王となる）に似ている点がございますよね。

このように、慶州の新羅発生の地点（スポット）の名（鶏林＝雞林）が、新羅王の名の昔氏を介して、古への「倭王の名」に由来していたなんて、アナタもさぞかし驚かれたことでしょう（朝鮮の人がこれを知ったら、尚更驚くことでしょうがね）。しかし、アナタ、慶州金氏も金官金氏（倭王）も同じ倭人だったのですから、私に言わせればこれは古代では当たり前のことだったのです。それに、先述の「迎日湾」「都祁野」も、倭人に関してのエピソードの「日の出＝日の本」を意味する地名でしたからね。

＊新羅系天皇家が、天武天皇のときに「日ノ本ノ国＝日本国」という国名を定めましたのも、これらのことが頭にあったものと思われます（「日下＝日の本」からの借用に加えまして）。

ですから、奈良・天理の東方の山の上の大和高原を始めといたします「都祁」という地名（三重県の柘植、愛知県の黄楊野など）も、初めは占領新羅軍が駐屯した場所に名付けた名前だったのでして、この新羅の国名の基になった地名（ツゲ＝都祁）遷移の一面でもあった訳なのです（勿論、柘植さんは新羅系）。

3、アメノヒボコはニギハヤヒか

（1）「東倭＝トンワ＝丹波」は熊本の多婆那（玉名）から移動した――神武天皇は「天日矛＋ニギハヤヒ」から作り出された

ここまでのお話で、「新羅（金官・秦韓の頃）のある大王」と「日本列島のある大王」とが、古代に非常に強い絆（同一血族ないしは同一故郷）で結ばれていたことにつきましては、アナタにもある程度はお判りになっていただけたことと存じます。

では愈々、その「天日矛」と、（日本紀がほぼ完璧に近くまで抹消してしまったこととは申せ、ほんの一寸だけ顔を出してはおりますが、『旧事本紀』ほどのことではございません）神武大王「以前」の日本列島での大王でもあり、「天之磐船」（『旧事本紀』）に乗って大陸から渡海してまいりました、物部氏の祖の「ニギハヤヒ」との関係につきましても、お話を進めていかなくてはなりません。

＊より正確に申し上げますと、平安紀におけます神武大王のモデル（扶余王仇台）は、実は、百済王としてすらも不在ですし、勿論日本列島に渡来した事実も全くございません（三二）。

右の、ニギハヤヒの船は「楠ノ木」製であったものと思われます。大阪市内の古墳時代の主たる丸木舟を見ましても、「船出遺跡」（浪速区、旧鼬川。長さ一一・六メートル、巾一・二メートル。複材式）や「今福遺跡」（城東区。長さ一三・四六メートル、巾一・八メートル。複材式）がよく知られておりますが、これらは共に「楠材」なのです。

古来より、杉・楠は「浮き宝」（神代上紀）とまで言われてまいりまして、ニギハヤヒの渡来に使用されましたのも、比較的軽くて腐らないこの楠（インドシナ〜関東まで分布）船だったのです。

さて、何度も申し上げましたように、アメノヒボコとニギハヤヒは「同一人」だったのです。つまり、その実体は、平安日本紀での神武＝古への「天日矛」＋「ニギハヤヒ」＝一人の王から作り出された王であったということなのです。

前述（一五1）のように、扶余から南下いたしました沸流百済の一派が安羅国に入りまして、その一部が混血いたしましたものが「天日矛＝金官伽羅・金勢漢王」（同一人）と表現され、同じく扶余から南下いたしました沸流百済の別の一派が多羅国に入りまして、その一部が混血いたしましたものが「陜父＝ニギハヤヒ＝物部氏の祖」と朝鮮史上では表現されていた（これらは、朝鮮史上、同一人物の異なる表現に過ぎなかったのです）のでございまして、この一族が日本列島に渡来して、かつ、東行したことが別々の名で記されてきたということを意味していたのです。

少なくとも、古くは馬韓が倭人のエリアでして（二8、九3）、「倭から船でやって来て、古への新羅の総理大臣になった」と新羅史に書かれております倭人の「赫（パク）居世＝朴氏＝榎本氏＝瓢公」が、「朝鮮半島北部から南下」してきた沸流百済の分流（金官での混血）であった（百済を建国した温祚百済の「兄」の系統＝穢族。二5）と考えれば、これらのことはものの見事に一致してくるのです。

＊この「倭人」とは「北倭」のことだったのです。ですから、これが元々は満州系ですので、辰韓の「赫居世＝ホコセ＝大国主」とも音の上では繋がっていてよかったのです。と申しますのも「大国主」とは「遼東半島の公孫域」のことだったからなのです。

朝鮮史におきましては、倭の東北千里の多婆那国王と女王国の王女とが結婚し、七年目に大きな卵が生まれ、その卵が箱に入れられて金官（洛東江河口）から阿珍浦まで流され、新羅（辰韓）第四代王の昔脱解となった（『三国史記』）とされておりますが、この多婆那国王の家は、物部（昔氏・物部氏の祖・ニギハヤヒ系）のところに入婿した天日矛（出石神社。安羅王＝6孝安大王＝金官金勢漢王）で、かつ、この女王国王女とは卑彌呼（又は、宗女壱与）の投影とも見ることも可能ですので、正に、この間に生まれた「卵＝脱解」王が、物部氏の「昔氏」の姓を持っていることと、「ニギハヤヒ＝天日矛」という両方のことへと繋がって来ていたのです。

因みに、金官1首露王ら六伽耶の祖は、紫の紐の端の紅い風呂敷の中に入った日輪の形をした黄金の卵から生まれたとされており（『駕洛国記』）、アルタイの「アルチ＝金属」は、金首露王より三代前の始祖の金閼智＝「アル＝光明」＝「鶏卵＝アル」＝「小児＝アル」ということで、これらは「金官伽羅→辰韓→扶余→アルタイ山」という具合に、ちゃんと北方へとも繋がってもいたのです。

新羅の国号の「雞林」が閼川（アリナレ）の畔に建国されたという伝承とも繋がっておりました（卵には南方の要素もございます）。

つまり、「倭」が「伽耶」より南にあるとの常識的な先入観が、アナタを盲目にしてしまっていたのです。この頃は、少なくとも朝鮮半島の南半分に占める広大な地域は、いまだ「古い時代のインドの植民市の伽耶連合＝倭＝韓」の支配地でもあったからなのです。

ですから、当然のことといたしまして、朝鮮半島では「伽耶より北（例えば、満州）にも倭人が沢山いた」からなのです（本来は、こちらの満州が北倭の母国だった。別述）。

平安紀での神武の正体（そのモデルは扶余王でしたね）に加えまして、その前の奈良紀での天日矛とも同一人であるとの話が出てきたと思ったら、その舌の先もまだ乾かないうちに、今度は物部氏（この氏も百済王の一派の沸流系の投影です）の祖の「ニギハヤヒまでもが天日矛と同一人」ではないのかということが登場してまいりまして、さぞかしアナタの頭の中は混乱を極めていることと存じます。しかし、もう少し我慢して私について来て下さいね。

では、早いとこ、そのズバリの証拠をアナタの前にお出ししてしまいましょう。

ニギハヤヒ（これは襲名です。東扶余から朝鮮半島を南下して多羅国・陜川に入りました鍛冶王シャーマンの陜父のことです）が、金官（狗邪韓国）経由で、かつて日本列島に渡来した頃に、暫く今の熊本の「肥（コマ）の国」＝「高句麗（コマ）の国」＝「狛（こま）の国」＝「貊（はく）の国」におりましたが、この熊本における国の名そのものが朝鮮のときと全く同じの「多婆那国＝多羅」でございまして、ここ倭国の一つから「東の倭国」へ、つまり「東倭＝トンワ＝タムバ＝多婆＝但馬（古くは丹波の一部）＝東の倭国」へと東へ移行して行ったからなのです。

この「倭」とは兄弟国でございます「東倭」は、中国史によりましても、二四〇年に「南朝」の晋に遣使しており、はっきりと「南朝」の中国史にこの名が記されていたのです（『晋書』宣帝紀。九1）。

そして、これは何と、卑彌呼が初めて「北朝」の魏に遣使したその翌年（九1）のことであったのです。

しかも、卑彌呼はこの後も二四八年まで魏への遣使を続けておりますので、二四〇年は正にその途中ということになりますし、卑彌呼が同時に南北二股の「両天秤」にかけるなどということは、この当時の国際情勢に鑑みましても、更には、魏は「卑彌呼の正体」を十二分に知っておりましたことからも（『晋書』。九1）、そんなことは到底考えられないことだからなのです（尚、高句麗につきましては、一時、南朝と北朝の両方に遣使したこともございましたが、それとは諸般の事情が全く異なっております）。

ということは、この「東倭」は、魏志の卑彌呼の「倭」とは全く別の国であったということが判ってまいります。驚いたでしょ。

そして、この多婆那国が、「元」熊本にあったことの、古への証拠といたしましては、その多婆那という名が、今日までも熊本県の、しかも、なんとなく直感でも古代的な名でございます、玉名市として残っていたということに気が付いて下されば、「アッ、そうだったのか!」と、アナタにもお判りいただける筈です。

また、この多婆羅は今日まで少し訛って「タバル」といたしまして、右の玉名市の直ぐ東側にございます、彼の、西郷隆盛の薩摩軍と官軍との戦いで有名な、越すに越されぬ「田原坂」としてもその名を留めておりましたよ（共に、熊本県＝肥＝コマ。「火」は間違い）。

この玉名は、多萬伊奈（『倭名類聚抄』）、玉杵名（景行紀十八年六月）、玉杵名（『延喜式』）とあり、このタマキナからタマイナ、タマナとなったともアカデミズムでは言われてはおりますが、元のタバイナそのものが、そもそも「タバナ＝東倭＝丹波」（但馬・出石へと東行いたしました倭連邦の一部）から来ていたものと考えるべきなのです。

これが、嘉字二字に直されて、高句麗（肥＝コマ＝狛）の名残が完全に隠されてしまったものが、今日まで伝わっております「玉名」という地名だったのです。

また、先程の「高来郡」も、ここの元来の国名である「肥＝コマ＝高句麗」とともに、何とはなしにニギハヤヒ（「扶余・高句麗の陜父＝百済5肖古王」がモデル）が、高句麗より伽耶経由で熊本に南下して来た、そして、「天日矛と名を変えて同一人が但馬出石に登場して来る」ということを匂わせているようですね。

この東倭のことは、よく見ますと、実は、日本紀の神話の中にも表現されていたのです。

と申しますのも、日本紀のこれに関する神話のストーリーを一言でマトメますと、アマテラスの孫が二人おりましたが、その一人のニニギは日向へ行き、もう一人のニギハヤヒは東方の大和へ行ったということになっておりまして、このことは、少なくとも二つの目的があったことを示しておりまして、正に、「倭」とその「東方の倭」、つまり、「東倭＝トンワ＝丹波（その前は熊本の玉名）」の二つが存在していたことを表していたとアナタは見なければいけなかったのです。

「安羅＝倭」王の天日矛の陵がございます「出石神社」（一五9。近くに「安良＝アラ」「加陽＝カヤ」の地名もございます）の北方約五キロメートルの処にございます森尾古墳（豊岡市森尾。三世紀後半～四世紀初めの「方墳」）から出土いたしました「言之紀鏡」などの銘文がございます「方格規矩四神鏡」が、約二千年前の「新」の頃のものでありまして、その頃の中国史には「〈東夷の王〉が大海を渡って珍宝を奉った」（『漢書』王莽伝第六九上）とありますが、この王莽のときの「貨泉」も、この豊岡から東北約一五キロメートルしか離れておりません丹後半島の付け根の久美浜の外浜の函石浜（玉手箱？）から出土しており、かつ、その東方数キロメートルの近くに意布伎神社（イフキ＝伊吹＝イブーキ＝天日矛。一五5）もございますところからも、これらのことを総合して考えますと、この漢書の、新の王莽の頃（八〜二三年）の「東夷の王」が東倭王のことであり、そうだといたしますと、その頃丹後・丹波（たんば）の東倭王の子孫が、但馬（出石）の地におりました可能性が高くなって来るのです（東倭＝トンワ＝但馬）。

また、北近畿では、この頃の鉄刀なども出土しており、ということは、丹後・丹波は直接（九州を介しないで）中国と交易していたものとも思われます。それに、アナタ、備前の「高塚」からは、約二千年も前のこの貴重な「貨泉」が何と、二十五枚も出土しておりますよ（日本一、ギョギョ前述）。

(2) ニギハヤヒと天日矛は同一人

次に、本来は別の神々の体系上に位置しております「ニギハヤヒ」と「天日矛」が、実は、「同一人」であったことの間接証拠を加えておきましょう。

福岡県小郡（おごおり）市大崎字東の宝満川の右岸からそれ程遠くないところにございます「媛社（ひめこそ）神社＝七夕（たなばた）社」には、一緒に「磐船神社」（一般に、ニギハヤヒを祭っております。河内の磐船神社など）も合祀されておりました（このように、ちょっとアナタが見落しがちな小さなことなのですが、嘉永七年〔一八五四〕の石鳥居の「扁額」にその証拠が記載されておりました）。

＊この九州の小郡と比咩古曽神は、そのまま地名遷移と共に、セットで難波（大阪）に移されてしまっております（日羅のところの一五10で、別述）。

大阪城の前に存在いたしました石山本願寺には磐船神社があり、そこにニギハヤヒが祀ってございますと共に、その近くにあったヒメコソ社（天日矛の妻のアカルが祭神）は今日でもございます（別述）。

この一地方に見られます現象は、アナタが決して見逃してはならないことだったのでございまして、朝鮮半島から倭へ戻ってしまった天日矛の妻の比咩古曽（ひめこそ）神社のヒメコソは「倭人」でしたし、この夫は、朝鮮半島から「妻を追ってきた」天日矛という朝鮮にいた王ですし、しかも、右のヒメコソ社に合祀してございます磐船神社のご祭神はニギハヤヒなのですから、ここからも「天日矛＝ニギハヤヒ」で、この二人は同一人であったということ（一八10）が導き出されて来ても決して可笑しくはないからなのです。

しかも、ここから西一キロメートルの寺福童の福童神社には、火明命（ニギハヤヒ）が祭られておりますので、かつての古代のある時期には、この辺り（「肥＝コマ＝高句麗」の国）一帯が沸流百済系である物部氏のエリアであったことは間違いなかったのです（菊水の「トンカラリン」）。

＊耳納（みのう）山の周辺には、ニギハヤヒ（物部氏の祖）船団の船長である「赤星」（『先代旧事本紀』）を祀る神社もございますし。

耳納山の西端の「高良（こうら）大社」も、かつては、その名の通り素直に考えましても「高麗＝コウライ」、つまり、当時の「コマ＝

高句麗」神社だったのです。しかし、現在は、この点完全に抹殺されてしまったままなのです。

五世紀代には、新羅を長い間占領いたしておりました高句麗軍が、時として伽耶、日本列島にまで南下してまいりまして、倭とも戦っております。ですから、この頃の朝鮮の史書に出てまいります「新羅」とは、たとえそれが新羅兵でありましても、それは「実質・高句麗」の手先に過ぎなかったのだと見なさなければいけなかったのです。

因みに、時代は下がるのですが、六世紀中頃には、大伴狭手彦は任那から侵攻し、平壌の高句麗の王宮にまで攻め込んで「珍宝・七織帳・鉄屋・美女」を得て帰国した（欽明紀二十三年〔五六二〕八月「舊本」、宣化二年〔五三七〕十月）という記述がございます。そして、この時、「美女媛」と「従女吾田子」が、天皇にではなく、蘇我稲目に送られ、これを蘇我稲目が妻として「軽の曲殿」に住まわせたとされておりますことが、たとえ日本紀上でのこととは申せ、大変気に懸かります。大王に渡るべき最大の戦利品の美女が、どうした訳か大伴氏から蘇我氏に渡っているからなのです。このことを素直に考えますと、その当時は蘇我稲目が倭の大王であったと考えなければ辻褄が合わないのです。正に、このことは、朝鮮半島で倭国「金官＝蘇我氏」と「安羅＝大伴氏」が高句麗と戦っていたということを示していたのです。それに、蘇我氏（金官王）が美女を住まわせたと記されておりますこの「軽」とは、本来は、「伽羅」の土地そのもののことを表していたからなのです。

この頃の「海峡国家」倭の朝鮮半島部の主体は「安羅＝大伴氏」でしたから、日本列島部分に五三二年以降は籠もってしまっておりました「金官＝蘇我氏」に、大伴氏から戦利品が届けられたということを意味していたのです。

しかし、たとえ、これが海峡国家の倭国のことであると考えましても、五三二年には金官伽羅が滅ぼされてしまい、次いで、丁度この右の頃である五六二年には安羅すらも滅ぼされてしまっておりまして、朝鮮半島部分から倭が撤退せざるを得なくなっております状況下ですので、右の日本紀の記述自体には大変疑問がございます。

更に、「天日矛＝ニギハヤヒ」の証拠を追加いたしますと、当時は物部氏の影響下にございましたものと思われます、秋光川の対岸（鳥栖市）にも「姫方」の地名のみならず姫古曾神社そのものもございますので、この辺り一帯も「物部氏＝ニギハヤヒ」と「天日矛＝アカル＝姫コソ」の一族が渡来後に混在しながら支配していた土地であったことが判るのです。

これと同様な、後に「抹消されてしまった天日矛」のパターンといたしましては、越の国である越前でも見られるのです。

それは、越前の敦賀半島の付け根にございます「信露貴（シラキ）彦神社」（敦賀市沓見。越前と若狭を分ける旗護山の東麓に鎮座し、現祭神は、ニニギとヤマトタケルとされてしまっております。この神社は古くは、より南方の「神所・下ノ森」にありました）は「白木大明神」とも呼ばれ、かつ、「男宮」とも呼ばれておりますし、これに対し、敦賀郡にございます「久豆彌神社」（現祭神は、木花咲耶姫とされてしまっております）が「姫宮」と呼ばれておりますところからも、少し離れておりましても、男神の「地名」と女神の「神社名」の「クツミ」とが共通である、この二つの神社が、古くは対応する神であったことが判るのでございまして、日本紀上では、現に天日矛が新羅王子（実際は、天日矛は「安羅王＝倭王」です）と表現されておりますことからも、古くはこれが朝鮮での「天日矛と妻のアカル姫の夫婦神に対応したもの」であったことが判って来るからなのです。

　更に、そもそも天火明（ニギハヤヒ＝火明＝ホアカリ）命の「明」という字は「アカル」とも読めますので、ニギハヤヒは天日矛の妻のアカル」＝「ヒメコソ＝比咩古曽神」とも共通性があったことを示していたのです。

　と申しますのも、正史にも、「玉造遠祖伊奘諾尊児　天明玉所作八尺瓊之曲玉」（神代上紀・宝鏡・第七段一書第三）とある「天明玉」のことを「アマノアカロタマ」と読ませておりますので、「明＝アカル」でもよかったからなのです。

　どうです。ということで、このニギハヤヒの名の中にも、天日矛の妻（朝鮮から日本列島に去ってしまいました、馬韓と後の安羅との倭人の女王「卑彌呼の投影」だったのでしょうか）の「アカル」が潜んでいたのです。

　天日矛はニギハヤヒであることの証拠をもう一つ加えておきましょう。

　石上神宮（奈良県天理市）にニギハヤヒが降臨した際に持参した「十種の神宝」の神気が、布留御魂として祀られておりますが（三3）、それのみならず、何と！この神宮には、

「天日槍寳物皆蔵於神府」

「天書第六曰。垂仁天皇八十八年秋七月己酉朔戊午。詔覧新羅王子天日槍所來獻神寳使蔵石上神宮」（卜部兼方『釈日本紀』第十述六）

と、右の「天書」によりますと天日矛（槍）の将来した「八種の神宝」も納められていたのです。

　共に古代の日本列島を東行したこの二人の王（神）。そして、ニギハヤヒ降臨の際の神宝も天日矛降臨の際の神宝も、共にこの石上神宮に納められていたのです（この点は古事記には見受けられませんし、日本紀でも「出石小刀」のみは淡路島で祀られております。これは何故？）。私のように「ニギハヤヒ＝天日矛」と素直に考えさえすれば、一瞬にしてこれらのことが氷解する筈です。それに、天日矛はニギハヤヒ（物部氏）の後を追うようにして移動しておりますよ。

　更に、昔氏（物部氏も昔氏です）の新羅4脱解尼師今の父は含達婆王ですし、「含達婆王＝天日矛」なのですから（別述）、朝鮮史を踏まえて考えますとこのように昔氏と天日矛も重なって来るからなのです。

　それに、

「筑前國風土記曰……高麗國意呂山自天降來日桙」(『釈日本紀』述義六第八)

とございますのも、この高麗が単なる朝鮮という広い意味に留まらず、高麗(こま)、つまり高句麗という意味をも暗示していたといたしますと、天日矛も、又ニギハヤヒと同様に朝鮮半島を南下して参りましたこととなり、「天日矛＝ニギハヤヒ」ということとも整合性を持ってまいります。

(3) 何故、天皇家では十一月二十二日の深夜に宮中で物部氏の祖神のニギハヤヒを祭っているのか――それに三種の神器から「鏡」が外された理由

ここでアナタに、知って得する「耳よりなニュース」を一つお知らせしておきましょう。

物部氏の祖であり、江戸時代中期に偽書とされ(一二3)てしまいました『旧事本紀』での主役でもございます「ニギハヤヒが最高神」でありましたことの証明は、何故、今日、天皇家が、宮中奥深くで十一月二十二日の夜、記紀において完璧に抹殺されてしまった筈でございます「ニギハヤヒ」(この神のフルネームは「天照国照彦櫛玉饒速日天火明命」と申します)を密やかに祭っているのかというところ(しかも、夜にですよ)からも証明出来ることだったのです。

実は、本音を申し上げますと、扶余・百済の遊牧民系である平安天皇家にとりましては、奈良朝に新羅系の天皇家(天武天皇＝金多遂＝新羅・文武王)が、秦氏から奪った伊勢の地の内宮に、新たに男神から女神に変えて作り出されてしまいましたアマテル(天照大神)と、その象徴としての「鏡」なんか、実は、どうでもよかったのでございまして、それよりも、扶余・百済系のこの「ニギハヤヒ＝天火明命」及び、百済系天皇家といたしましては、遊牧民の末裔らしく「剣」の方がより大切だったからなのです(何となれば、ニギハヤヒは百済史上では5肖古王としても表現されておりますように、扶余遊牧民系の百済の祖先神の一つでもあったからなのです)。

もし、この祀りを昼まっから天皇家がおおっぴらにやってしまいますと、平安朝に至る過程での「新羅系天皇→百済系天皇」という王朝の断絶・乗っ取りすらもバレてしまうと共に、「天孫降臨」「万系一統」の否定(天皇家が、亡命渡来の蛮神であったということの告白)ともなってしまいますので、そこで我慢して夜、秘密裏にニギハヤヒを祀らなければならなかったのだという理由(わけ)が、アナタにもこれで十分お判りになっていただけたことと存じます。

＊天皇位の継承に必要な「三種の神器」から、いつの間にか「鏡」が外されてしまっておりますことも、これと軌を一にしていたのです(一八6)。

このように、天皇家「自身」が、ニギハヤヒ(そのモデルは「扶余・陝父」＝「多羅国陝川の陝父王」＝「百済5肖古王」＝「物部氏の祖」＝「先代旧事本紀の中枢の神」)を内証で崇拝し

「始めた」こと、つまり『旧事本紀』の存在価値をちゃんと認めている（のに等しい）にも拘わらず、アカデミズムの方が、今日でもこの史書を偽造であるとしてシカト（無視）し続けておりますのは、この「天皇家の深夜の秘儀」のことを不勉強で知らないためなのか、もし仮に知っているのであれば本末転倒で罪深いことなのでございまして、私に言わせれば、これは実に「奇怪」なアカデミズムの現象（アカデミズムの「歴史七不思議」の一つ）とすら言い得るのです。アナタはどうお考えでしょう。

さて、「天日矛＝ニギハヤヒ」ということは、但馬（旧・東倭＝トンワ）では、天日矛（倭王・安羅王）と物部氏（旧支配者）の前津耳の女の麻多烏（またを）とが結婚（合体）しておりますことも、合わせて考える（本来、同一だったのか）べきだったのです。

この同一人であることにつきましては、素直に、朝鮮半島では「元々が同一であったものが、日本紀レベルでは分化させられてしまった」のだと発想を転換すれば（そう切り口を変えて考えさえすれば）それでよかった話だったのですが――。

「ali＝閼（アリ）＝尉礼（ヰル）」（漢江の尉礼城）の原義が「pal＝パル＝光明」であるとすると、「扶余＝パル＝光明」であり、「ʌl＝安羅＝アラ＝アリ」ということで、北扶余の末裔と安羅王とは繋がりが見られることになります。

このことは、磐井の叛乱というものが、新羅の海辺人と一緒になって起こされた（『旧事本紀』十巻本・国造本紀）ものであった（二4、一一1、一五3。これが、実は、時期をズラして『日本紀』の欽明条に出ておりますことにつきましては、一一1）ということから考えましても、「磐井＝倭王・安羅王＝大伴氏」（卑彌呼や天日矛の末裔）ですし、この「海辺人」は「多羅のニギハヤヒ系の物部氏」のことを意味していたと考えざるを得ないのですから、このときは天日矛側とニギハヤヒ側とが一緒になって他と戦っていたのだということが判るのです。

このことを更に一歩進めますと、平安紀で分割されてしまうまでは、「天日矛とニギハヤヒとは本来同一人」であったということになり、こう考えればよりスッキリとして一本化出来るのです。

（4）「磐井の乱」の真相は朝鮮半島での倭の領土の喪失だった

「磐井の叛乱」の真相とは、海峡国家の倭（金官・安羅・多羅など、その名の末尾に「羅＝耶＝那」などが付けられ、大陸史上でも表現されていた国々）が、百済や新羅（時としましては、新羅の支配者としてそこに君臨いたしました高句麗）の侵略に対抗して、「主として朝鮮南部」で戦って、そして、結局はその朝鮮半島での倭の領土を盗られてしまったということだったのでございまして、これをモデルにいたしまして平安紀で、九州を舞台としたお話に縮小されてマトメられ、かつ、天皇家の出自をごまかす為に、「磐井の叛乱」というお話（フィクション）が作られたからなのです（一一2）。

＊因みに、四七五年頃までは、倭（盟主は金官伽羅）の朝鮮半島での領土は最大でしたが、五一二年には百済に上哆唎・下哆

喇・牟婁・沙多（半島南部の西半分）を奪われ、続きまして翌五一三年には、同じく百済に己文・帯沙（共に、安羅の西方）を奪われ、更に、新羅には遅くとも五二〇年までに伴跛（星州伽耶、または高霊伽耶）を、五三二年には金官伽羅を、五六二年には、金官に代わりまして倭の盟主になりました安羅すらも滅ぼされ、ここから、倭は、「初めて」海峡国家ではなくなりまして「日本列島のみ」の国となってしまったからなのです（一一2）。

そして、実は、これらの多くのことが、日本紀上では「磐井の叛乱」としての一事に凝縮されてしまっていたのです（この点、物部氏と蘇我氏との「崇仏排仏論争」とも同じ傾向だったのです。一八）。ですから、倭国にとりましては、百済も新羅も共犯・悪だったのです。しかし、奈良紀では、新羅系天皇家が百済のことを悪く書き、平安紀では、今度は逆に、百済系天皇家が新羅のことを悪く書くということが行われ大改竄されてしまっておりましたので、今日ではその真相が、最早日本紀の上からは殆ど解読不可能に近い状態に陥ってしまっていたのです。

しかし、この「ニギハヤヒ（物部氏）＝天日矛」で両者がイコールでありました古代のセットが、平安（現行）日本紀におきましては「ニギハヤヒ＋神武（平安天皇家の祖先）」という古代セットへと「書替え」られ（但し、前者が後者に服従する形ですがてしまっていたのです。

（5）大伴氏（安羅・卑彌呼家）と物部氏（ニギハヤヒ）に多く見られる「――日」型の人名とは

さて、もう少し「天日矛＝ニギハヤヒ」の証拠を挙げておきましょう。

前述のように、「大伴氏＝安羅王＝天日矛」系であり、「物部氏＝沸流百済＝ニギハヤヒ」系であり、そのことを前提といたしまして、この大伴氏と物部氏には、どうした訳か、共に「――日」型の特殊な神名・人名が多く見られるという不思議な共通性・傾向が挙げられるからなのです（元は、つまり、歴史物語の種は同一だったからなのかナ。共に、満州が故地でもございますし）。

そして、物部氏の祖のニギハヤヒの「ハヤ日」、大伴氏の祖の「日臣＝道臣」の「ヒ」やアメノオシヒのオシ「ヒ」などが正にそうなのでございまして、これらは共に七世紀後半に、天武天皇により、それまでの天ツ神（あま）の最高神のタカミムスヒ（高木神）がアマテルに変えられてしまう前に、その最高神でありましたタカミムスヒに従っておりました神々（オシヒは、タカミムスヒの「陪従神」となっております〔『日本紀』〕。タカミムスヒは、ニギハヤヒのことを「我御子」と呼んでおります〔『旧事本紀』天孫本紀〕）についての表現であったのでございまして、かつての神々の体系はタカミムスヒを中心といたしましてアメノオシ「ヒ＝日」型（大伴氏の祖先）もニギハヤ「ヒ＝日」型（物部氏の祖）も、共に「同一グループ」に属していた（やっぱり、同一だった）ことが窺われるからなのです。

では、この「――日」型の神名とは一体何を表していたのかと申しますと、これは、実は、満州の「扶余の穢族」の自称の「カイ＝太陽」という意味をも根源的には表しておりまして、これが日本列島での「日高見国＝蝦夷＝蝦夷＝太陽（カイ）」ということで、満州と東北とが「この形の名」を介しましてこのように何らかの繋がりがございましたことが判るからなのです。

このことは、少なくとも、満州や朝鮮にまで遡りますと、そこではニギハヤヒと天日矛とは、かつて同族であったことを示していたからなのです。

（6）肥（熊本＝コマ）と満州・朝鮮との関係――トンカラリンが結ぶ倭と高句麗

更に、「十月には天を祭り国中のものが大集会に集まって来る。これを〈東盟。収穫祭〉という。その国の東部には大きな洞穴があり、そこに祀る神を〈隧神〉という。又、十月にはこれを迎えて祭る」（『後漢書』高句驪条。『魏書』高句麗条もほぼ同じです。『魏書』では「隧神」＝「トンネル神」となっております。出雲の大国主の神在月・神無月〔一〇6〕のようですね。大国主のモデルが遼東半島の公孫氏なのですから、そこと婚姻関係にある扶余・高句麗の風習と、その両者間に繋がりが見られてもこれは当然のことだったのです。それに「扶余＝貊＝百済の百」で、皆同じことを表していたからなのです）とございますので、熊本県の菊水の「トンカラリン」の洞窟が、十月に神を迎えて神々を祭る（『魏志』）高句麗・扶余の遺風であることに気が付きますと、アナタも、これらの「熊本と満州・朝鮮半島との関係」につきましてもある程度は納得される筈ですし、耳納山の西端の「高良大社」が、元は、読んで字の如く「高麗（コウラ・コマ）大社」だったのでございまして、古くは高句麗のことを高麗・狛（後の時代の下った李朝の高麗ではありません）と表示（『日本紀』）していたことからも、このかつてのある時期には、少なくとも、「熊本県（肥後）＋佐賀県（肥前）」が「肥＝コマ＝高麗」系の人々の支配地・占領地であったということを示していた、ということにつきましても頷いていただける筈です（高句麗の南下）。

更に、「陜父　奔南韓居馬韓……陜父乃知将　革……渭水而下由海浦潜航直到　狗邪韓国　乃加羅海北岸……阿蘇山　而居是為多婆羅国　之始祖也」（『高句麗国本紀』）。〔要旨〕「扶余の陜父がバイ河を下り、海路狗邪韓国へ到り、更に阿蘇山のある熊本の多婆羅国〔多羅の分国〕で始祖王となった」）と申しております史料もございますので、このように、ある時期における高句麗・扶余と熊本（多婆那＝タバナ＝玉名）とは、古くは日本海を跨いだ深い関係（つまり本国と分国）にあったとも言えたのです。

＊そして、ここ熊本の「肥＝コマ」の多婆那・玉名と、古への天日矛・ニギハヤヒの丹波・タムバ・東倭とは、古代のある時期には、更に、日本列島内部におけます本国と分国の関係にもあったのです。つまり、そこに「高句麗（扶余）―熊本―丹波」という日本海ルートの一つの流れが見られるからなのです（後

述）。

因みに、この「高句麗国本紀」の右の前半部分は、朝鮮の正史でございます『三国史記』とも全く同じでございますので、信憑性は高いのです（二4）。

李朝に至り、「王が朝鮮から倭へ去って行ってしまった」などということは、その理由の如何に拘わらず、朝鮮民族としての「面子・プライド」が許さなかったので、後半部分がカットされてしまっていたのです。

ですから、ここ熊本県の菊水の、「江田船山古墳」の近くのトンネル遺跡でもございます「トンカラリン」では、前述のように十月になると扶余・高句麗の「天の神」を祭っていたのです。

＊五世紀に高句麗が伽耶まで南下いたしましたときにも（五3など）、その一派が余力を駆りましてこの「肥＝コマ」まで侵入して来た可能性も否定出来ません（第二次の扶余・高句麗系の侵入）。

「肥＝コマ」の国にニギハヤヒ（沸流百済・物部氏）の一族が渡来したことの証拠について、もう少しお話しいたしましょう。

古くは肥国を速日別と申しまして（因みに、『度会延佳本』古事記では「筑紫—白日別」「豊—豊日別」「肥—速日別」「日向—豊久士比泥別」「熊襲—建日別」と九州を五面に分けております）、この速日（はやひ）がズバリ饒速日（にぎはやひ）（速日＝ソカ）のことであり（「——日」型）、平安日本紀では「神武大王のモデル＝百済6仇首王」の一代前の百済5肖古（ソカ）王をモデルにして作られており、このことは、つまり神武より一足早く朝鮮半島を南下又は渡来したことを暗示してくれていたのです（「兄＝沸流＝ニギハヤヒ」「弟＝温祚＝神武」）。

この熊本県のニギハヤヒの出自であった、正しくは肥（コマ）＝高（句）麗（コマ）の「分国」を、後世に至り、「コマ＝肥＝ヒ＝火」ということで、音が同じなのを奇貨といたしまして、巧みに「肥＝ヒ」から「火」＝「ファイヤー」の国へと差し替えてしまい（七4）、高千穂神社のかがり火の下での「夜神楽」などで五感に訴え、情緒性を強調することによりまして、いつの間にか、この高句麗（高麗＝コマ＝肥）の分国のことが、何がなんだか判らなくしてしまったのは、後世の日本紀の作者たちの故意による隠蔽のテクニックの一つだったのですね。

その流れの典型的な例といたしましては、「大化の改新」の後の漢字での地名の「桂字」表現の国家強制でした。

例えば、古くは「ミノ＝mino」という「音」を持つ地名を、漢字が入ってからは「三野」で表しておりまして、更にその「三野」を「美濃」に変えてしまったりしております（七4）。

＊和銅六年（七一三）五月二日に、郡・郷名に「好き字」を付けさせ（つまり、改竄し）た上で『風土記』を上らしめております（『続日本紀』元明条）ので、ということになりますと、『風土記』の役割とは、第一次的意義といたしましては、新羅軍による占領の事実の隠蔽とその隠蔽のための新たなる地名の証拠作りでもあったのです。

尚、記紀の改竄者が、天日矛の妻は朝鮮では「ア・カル」で、「吾、伽羅ノ女」という意味（伽羅＝倭）も含まれておりましたものものを、「アカ・ル」にその区切りを変えてしまい、「明ルイ女・赤イ女」のみにしてしまいましたということにつきましては、既に申し上げました（一八10）。

(7) トンカラリンの謎に含まれていたもの——百済東城王は「炭焼長者＝弥五郎ドン＝牟大」であり、倭から戻って百済王となった

このトンカラリンは、広島県安芸津（あきつ）（これは倭の古名でもございます）町にも存在いたしますところから考えますと、ニギハヤヒ（物部氏の祖神・沸流百済系・北扶余穢族系）が熊本県「多婆名＝玉名」から安芸へ、そして備前の石上布津魂（いそのかみふつみたま）神社（鎮座は赤磐郡吉井町石上、但し、社務所は御津郡御津町石上で、境界を跨いでおります）から奈良・天理市の同地名（を後から付けた）の石上神宮へと、東へ東へと遷移いたしましたことの僅かながら痕跡が窺われるのです。

但し、このトンカラリンは、百済24東城王（弥五郎ドン＝炭焼長者。昆支の子。29欽明大王のモデル）が、時代は少し下がりますが、高句麗を恐れて倭国の日本列島部に亡命（既に、その父、昆支〔一七2〕自身の亡命により、東城王は倭で生まれていたからなのです）しておりました頃、ここで十月に同族の扶余・高句麗に倣って、天地（太陽とトンネル）の神々を祀っていた跡であった可能性も否定できません。

と申しますのも、この王は、父が倭へ行ったということに加えまして、即位四年後の四八二年になってからやっと百済史に現れて来るという不可解な百済王なのでございまして、即位後十年、四八八年には、百済で壇を設けて天地の神々を祀っているからなのです（「百済本紀」東城王十年）。

＊それとも、この頃、九州の炭焼き長者の弥五郎ドンは、百済王として倭から百済に戻ったのかもしれませんよ。多分。この百済王は、倭に渡来いたしました百済王子昆支の子なのですから。日本紀に直して申しますと、顕宗大王の子の欽明大王ということになります（一七2図）。

そして、この東城王の祖父が蓋鹵王（市辺押羽皇子のモデル）なのですから、このトンカラリンの直ぐ近くの江田船山古墳から、所謂「獲□□□鹵」の銘のございます大刀が出土しておりますが、この銘の「鹵＝ロ＝ル」とは、右の百済・蓋鹵王のことを表していた可能性の方が高いと私は見ております。

＊祖父の蓋鹵王（市辺押羽皇子）が、倭に渡った子の昆支王子（顕宗大王）か、又は孫の倭にいる東城王（欽明大王＝弥五郎ドン）に下賜した刀。

因みに、この江田船山古墳の鉄刀の銘の王が「ワカタケル＝雄略大王」であるというアカデミズムの考えの強力な根拠の一つになっております、これとはパラレルの関係に立つ、埼玉古墳群出土の「獲加多支鹵＝ワカタケル」の銘（中は※ではなく九に近い字）のございます剣は、平安朝以降に造られ埋められました偽造品である可能性が高いからなのです（その系図内容の分析につき、別述）。

東城王八年、四九〇年に至り、南斉の武帝が、牟大（東城王）を「鎮東将軍・百済王」に任命しておりますことも、又、即位（四七九年）から三年も経ちました四八二年春正月に至りまして初めて百済史上にこの王の業績が記されてくるという奇妙なことなどと考え合わせましても、この頃、この東城王は日本列島の九州の倭から百済に戻って（渡来して＝父の母国へ戻って）、百済王となっていたということを示していたのです。

因みに、南九州一帯に伝えられております弥五郎ドン（牟大＝鉄王）と熊本県との関係についてですが、この辺りの「米原長者」（熊本県山鹿市）のお話も「炭焼き長者」のお話とほぼ同じですし、「鷹編小三郎」（熊本県菊池市）、「小岱山の疋野長者」（玉名市。『肥後国誌』他）なども、内容的に見て、皆、「弥五郎ドン」と同一人物の表現であることが判りますので、鹿児島県や宮崎県の「弥五郎ドン」のお話が、熊本県（肥の国）でも姿を変えて見られますことからも、ここ玉名の地に百済・東城王のお話が残されておりましても、それは当然のことだったのです（それに、今日でも元玉名の小字名が、このトンカラリンから至近距離の約二キロメートル西南の菊池川右岸にございますよ）。

（8）「奇しき鉄」の剣から「草薙」の剣へのすり替え

さて、次のものは地名の例ではございませんが、日本紀の偽造の酷さを示す大変良い例といたしまして、序でながらここでも（又、これからも何度でも）挙げておきたいと思います。

それは、平安朝の日本の大王（天皇）家の祖先でございます扶余族が南下いたしましたときに、「満州の鴨緑江の支流の〈佟家（佳）江＝富（沸）爾江〉の桓仁」で（ひょっとすると、より古くは、北扶余が南下して来る前の松花江上流〔同じく、その名は富爾江〕、又は小興安嶺の南端辺りで）、ヒッタイト系の遺民の一部が東方へと亡命し、そこでチュルク系と混血して出来ておりましたオロチョン族の一派の鉄民である多勿侯・松壌王（八岐大蛇のモデル）から奪って（高句麗のみならず百済の建国神話とその王は、ともに北扶余の伝承を継承しているため）、大王家が初めて入手いたしました「錬鉄の剣」、つまり「奇しき鉄」の剣であったものを、平安紀のライターが面白可笑しい駿河国の焼津での「ネズミが出てくる神話」などを加えること（但し、ここ駿河は高句麗系の背奈氏〔「白村江の役」の百済救助軍の司令官の庵原氏、七5〕の拠点でしたので、ここでこの神宝を登場させ、この一族に花を持たせてくれた形になっております）によりまして、草原の草を薙ぎ倒して空き地を作り、草に迎え火を放ち、火を防いだ剣だ（アンタ、生の青草が、ガソリンでもぶっ掛けない限り、火打石のカチカチくらいでそんなに良く燃える筈はないのにナ？）、などという「草薙」の剣という名に巧みに差し替えてしまったりしておりましたことなどがその典型だったのです（つまり、この日本紀の目的は、正に、平安大王家の祖先が百済、そして更に、満州の出自であることの隠蔽作用そのものの一つだったのです)。

＊但し、この剣が、朝鮮半島を南下して日本列島に渡来した際に、中継地の南鮮の「草(カヤ＝伽耶＝倭国)を薙ぎ倒した(征服した)」ところの武器である、という意味でも捉えることが出来るのであれば、それも又一理あるとも言えるのです。勿論、ヒッタイト系の鉄民の神が、ギリシア・ペルシアに伝わったのと同じく(蛇王ザッハーク)、極東へも鉄民の移動に伴い伝播しております。

(9) 諏訪大社の七歳の童女のイケニエ

このように、太古には「サナギ」は鉄のことを表しておりました。では、その訳につきまして、諏訪大社を例にとりましてアナタにご説明いたしましょう。

諏訪大社の御神体となる柱に、まだ木が生えております祭の前年から打ち込まれる薙鎌(なぎかま)の「ナギ」も、本来は「奇鉄(くさなぎ)」の「クサナギ」の縮まった「ナギ＝鉄」のことであったのです(実は、途中から諏訪に入ってまいりました建御名方の、朝鮮での母国である安羅の、そのお隣の金官伽羅の金海(キムヘ)の博物館でも、今日、これとよく似た同形の鎌のモチーフが見られるのです。諏訪のより古い薙鎌には、背の部分の鋸の歯のようなギザギザが見られません。イケニエの幼女を柱に吊るすだけでしたから、よりシンプルであり、かつ、それで十分であったからなのです)。

つまり、これは「サナギ・カマ＝ナギ・カマ＝鉄・鎌」であったのです。

そして、これは、古くはこの鉄鎌は、諏訪湖の巨大であった葦原の葦の根元に自生(自成)する水酸化鉄(褐鉄鉱)から加熱して叩いて作られていたのです(同様にして、古くは「鉄鐸＝サナギ」もそうやって作られたのです。その形は別です)。

＊その意味では、鉄は縄文時代から使われていたといえるのです(東夷と鉄の関係につき、一七1)。

そして、古くは丁度七年前の、前回のお祭(神木の取り替え)のとき生まれました「七歳の稚児(童女)」が、七年後の祭ではイケニエとなり、この神木に「この」薙鎌で打ち込まれて吊るされたのです(一〇6)。

アナタはそんなことウソだろうとお思いになる(又は、なりたい)でしょう。しかし、今日でもその証拠(記録)はちゃんと残されておりました。

＊御頭祭で、神使(オコウサマ＝生贄の童児)は、「前宮」で神長官守屋氏から「みつえ」を背中に負わせられるのですが、この杖に、守屋氏は「鉄鐸＝佐奈伎の鈴」を自らの首から外して懸け、このとき、周囲の人は「八拍子」の礼を尽くすことになっているのです。

古くは、童女が、葛(後に、「藤白波」に変わったのか)で縛り付けられ、身体を殴打され(『信府統記』五)、やがて殺されてしまいましたのが、「御贄柱(おにえばしら)」(「諏訪大社」本宮)つまり、イケニエ柱だったのであり、その生贄となる子（神使＝オコウサマ）が殺される迄隠されて置かれた処が「十間廊（じゅっけんろう）という長い長屋」（御頭祭のとき、この十間廊で、血の滴る七十五頭の鹿の頭（生首。『官国幣社特殊神事調』）が、松の板の俎板の上に載せられて捧げられますが、この内の一頭は、何故か「耳裂」鹿なのです。因みに、朝鮮の済州島では、生贄にする豚は耳を切って区別して育てております。この方が「豚が太って神様が喜ばれる」から、と信じられていたからなのです）でありまして、そして、その近くの「神子屋敷（かみこやしき）」（「諏訪大社」前宮。一〇6）なども皆その名残だったのです。

＊イケニエの童女が「神の嫁」なるから「神子」だったのです。

この前宮と本宮とは、共に「守屋山（もりや）」の山麓に鎮座しておりますが、この風習と東西の地名の一致は、果たして偶然なのでしょうか。つまり、旧約聖書でアブラハムが、神の命令で子のイサクを殺して焼いて神への生贄にしようといたしました山の上の土地の名前も、これも偶然の一致なのでしょうか！「モリヤの地」なのです。

そして、「社内にて　自然人をあやまつ　事あらば、地　五尺掘可捨也」（『物忌令』神長本）とございますので、その殺されたイケニエの童児（オコウサマ）は、この指令書により地下一・五メートルのところに埋められたのです（一〇6）。アナタ、掘ってみては？

(10)「八岐大蛇」の原郷は「満州」だったのに、何故その舞台が出雲とされてしまったのか——ポイントは扶余の亡命民と秦氏との南朝鮮での接触

ところで、序でながら、何故、満州での「八岐大蛇（やまたのをろち）の話」が出雲に定着してしまったのか？という点につきましても、ここで分析しておきましょう。それはこういう理由（わけ）だったのです。

この鉄民征圧の話を持ち、扶余から南下いたしました沸流百済系の物部氏の祖先が、朝鮮半島を南下し弁辰に至りましたとき、その当時既に秦韓からその一部勢力が既に南下して金官に入っておりました「秦氏」（二2、3。その実体は、同じく、先行した扶余の亡命民）と、同じくこのより北方から、後に、特急で南下してまいりました「扶余の民」との混血が行われました結果、この話を継受し（インディアン部族の接触による祖先伝説の相互継承にみられますように）、その秦氏が九州の豊国（「毛＝稲立ち毛＝米」郡。先来の秦氏（サルタヒコ系の弥生民）の開墾した土地）へ渡来した後、大隅にも侵攻したり（別述）、やがて出雲に至り、そこに長い間留まることによりまして出雲平野で大開拓（宍道湖への「川筋（河口）変更」という自然干拓による耕地拡大化のゼネコン的作業の結果の稲作と、中国山地での「カンナ流し」での鉄の生産）を行いました際に、八岐大蛇伝説がここ出雲の地に「定着」してしまったからなのです。

ですから、この出雲の耕地の西部にも東部にも、「ハタ」の名を冠しました地名・川が残されております。

しかし、その満州で、高句麗によって制圧されてしまいました、チュルク系ツングースとオロチョンとの混血民でありました満州の鉱山王の多勿侯（松譲王。蛇トーテム＝朴氏＝ナガ族。朝鮮史上では、この多勿侯松譲の女が高句麗2類利王と結婚した形になっております〔「高句麗本紀」瑠璃明王二年、BC一八年七月〕。因みに、同「高句麗本紀」上には、この年の十月、百済の始祖の温祚王が即位したと記されてはおりますが、この温祚は、百済史が高句麗史から引用して作った百済の「建国神話上」の王に過ぎません）の夫婦のお話が（一八6、3、一五1、3、九4）、日本紀の中に取り入れられるに際しまして、どういう形に変化してしまったのかと申しますと、やがてこの出来事が、この出雲平野における秦氏による「神話化」に際しまして、満州での鉱山王から、何と！日本列島での農耕神の「アシナヅチ・テナヅチ」（「奇稲田姫」の父母。しかし、この「ツチ＝槌＝鎚」という言葉にこそ、実は、ちゃんと鉱山王の名残が示されておりました）へと変えられてしまっていたのです。

　このように八岐大蛇伝説の「舞台」は、実は、「出雲などではなかった」のです（二4必見）。

　そして、それは満州と朝鮮の間の鴨緑江支流の山間部（一五1。又は、松花江。前述）での出来事であったのです。

　高句麗の建国神話を見ましても、温祚の即位が北方で起きたことであったことを証明しております（「高句麗本紀」瑠璃王二年〔BC一八年。三運遡上では一六二年、四運では二二二年〕七月）。

　同じ「扶余の出自」ではございますが、穢族系・沸流百済の「物部氏」や辰韓より南下してまいりました「秦氏」などの先行民よりもずっと遅れまして、六六三年の「白村江の役」以降に亡命により渡来してまいりました貊族系・温祚百済の「平安天皇家＝亡命百済王家」が、日本列島におきまして、「秦氏により、出雲を舞台に設定し直されて作られましたこの祖先のお話」（持参した「原話＝オリジナルの史実」は両方とも同じですので）をそのまま「取り入れ」まして日本紀上で今日見られるような八岐大蛇の形で神話化されていた、ということだったのですよ（尚、同じようにアマテラスの隠れた「天の岩戸伝説」の舞台が、秦韓・新羅のことでありましたことにつき、一五2）。

　このように、全く同じお話が、「時間差」を持って「別ルート」（「ペルセウスとアンドロメダの神話」〔ポイントは処女と竜〕などをも、少しずつ変容させながら〔ペルシア神話のマルタース王の「王子ザッハーク」につき、別述〕）により、後に百済より持参されるとともに、秦氏が朝鮮南部の金官でニギハヤヒ（沸流百済）系から継受し、後に、その話の舞台を永年自己（秦氏）が活躍しました「出雲」に設定「し直して」しまいましたこのお話を、平安日本紀で八岐大蛇神話を作るに際しまして上手く利用したのです（秦氏は、政権の中枢に近い藤原氏四家の中に隠れておりますし、又は、少なくとも藤原氏に女を入れることにより間接的に天皇家と日本とを支配しておりましたから。別述）。

　では次に、この「八岐大蛇神話」の真相が、朝鮮史・中国史におきましては、一体どのように表現されていたのかということを、ここで具体的・結論的ですが示しておきたいと思います。
「高句麗広開土王碑」、『魏志』東夷伝扶余条、『晋書』東夷伝扶餘条、『日本紀』、『遼史』高句麗国本紀、『三国史記』高句麗本紀、『三国遺事』を総合いたしまして、満州・朝鮮側の史書と対比してこのことを申し上げますと、次の二つが考えられ、つまり、A・奇稲田媛のモデルは、「卒本扶余（東扶余—鴨緑江の支流の佟家江）の柳花（河伯の女）」であり、スサノヲのモデルは、「北扶余・王　解夫婁の子の金蛙」とするか、又は、B・奇稲田媛のモデルは、松譲王（濊王・多勿侯）の女であり、スサノヲのモデルは、東扶余王・金蛙の「義理の息子」の朱蒙（柳花の先夫である北扶余王・解慕漱との間の子である高句麗初代王）又は、その子の高句麗2儒留王の投影であったと（多勿侯松譲の女は召西奴〔沸流と温祚の母〕と同一人の焼き直しであった可能性もございます。ということになりますと、「八岐大蛇＝ワイ王・多勿侯＝松譲の女の父＝召西奴の父＝延陁勃」ということにもなってまいりまして、更に、満州・朝鮮におけます八岐大蛇の正体が特定されてまいります）、夫々のモデルをAかBかに特定したいと考えております。

＊このようにAなのか、それとも、先に申し上げましたようにBなのか、更には、第三のCなのかにつきましては、私がこのような「八岐大蛇満州説」という切り口を提示いたしましたので、これに習って、後はアナタに極めていただきたいと存じます（アナタの宿題といたします）。

古代朝鮮語で、スサノヲの「ス・ソ＝金」でもございますし、スサノヲのいたというソシモリそのものが、「ソ＝鉄」「シ＝助詞」「モリ＝山」、つまり「鉄山・金山」を表しておりましたことにつきましては、別述。

因みに、「蘇我氏＝菅氏＝スガ氏＝金氏＝金官・倭王」でもございます。

このようにスサノヲの「名自体」が、扶余人が辰韓、金官へと朝鮮半島を南下してまいりまして、日本列島で蘇我（菅＝スガ）氏の一部と化したということを示していたのです。

ですから、スサノヲが新羅の神である（『日本紀』）とか、「辰」韓が「秦」の亡命人である（『魏書』）というのは、正確ではなく、これらは辰人の「自称」かつ「付会」に過ぎなかったのです。

では、この辺で、この頃の満州での「扶余→高句麗→百済」又は「扶余→百済」という民族の動きにつきまして、又、別な史料に基づきまして、王家の「人的側面」（八岐大蛇の人脈をも含めまして）から、少し整理しておくことにいたしましょう（尚、被支配民はツングースです。以下同じ）。

まずは、（1）松花江の柳花は、北扶余王の解慕漱（「鳥羽の冠」を被り「龍光の剣」を帯びた一族。古くは伯族）との間の子（朱蒙＝鄒牟）を、野合により身ごもり、父から「優勃水」に投げ込まれ追放されてしまいます。

＊「阿利＝アリ＝鴨」ですから「アリラ＝鴨川」。ですから、この日本列島や朝鮮での鴨川という地名は、吏読〔朝鮮の万葉仮名〕的に考えまして、高句麗・扶余系の渡来民が、かつて渡来して定住した地に付けた名前であったということが判るのです。日本列島におきましては、単純に本貫の「鴨＝コマ＝高麗」川の音の訛ったものであったと考えましても構わないでしょうが。と申しますのも、古い頃の「鴨緑江」とは、今日の鴨緑江のことではなく、より北方の満州の「松花江」のことを指していたということも、強ち否定は出来ないからなのです。何故なら、この「アフロクガン＝アリナレ」は、古くはより北方の「挹婁大水」を指していたのであり、これは古代における人の移動に伴う「河名遷移」の一例を示すものであったからなのです〔淹淲水＝奄利大水〔広開土王碑文〕＝北流・松花江の支流〕。しかも、何と！この松花江の本流は、北扶余王国発祥〔定着〕の地の阿城の近くを流れておりますよ〔一五1〕。

柳花・萱花・葦花の三姉妹は、皆、絶世の美人であったと伝えられております〔この点、召西奴も同様でした〕。私は、未だ伝説上の人物とは申せ、現中朝国境の近くの桓仁で高句麗を建てた朱蒙の母の「柳花」と、漢江〔ソウル〕に百済を建てた温祚とその兄の沸流の両名の母の「召西奴」とを「東洋のクレオパトラ」と命名したいと存じます〔と申しますのも、この二人の美女は各々を取り巻く系図上の位置から考えてみますと、とても良く似ているのです。ひょっとすると、柳花と召西奴は同一人であったのかもよ〕。

（2）やがて、北扶余王の解慕漱が死に、北扶余王を継いだ東扶余王の金蛙〔松花江の支流の「牡丹江」の「昆淵＝鏡伯湖＝チンポー湖」！出身〕は、解慕漱王の妃であった未亡人の柳花〔漁夫〔満州の倭人か〕に助けられました〕と、遊牧民の風習に従い結婚いたしますが、柳花は、既に懐妊していた解慕漱との間の子である朱蒙〔伯族〕を生みます〔金蛙は、朱蒙の父が自分ではないのではと疑います〕。

（3）東扶余の金蛙の七人の王子のうちの、長男の帯素が、朱蒙を疑って殺そうとしたので、母柳花の助言により、陜父・烏伊・摩離らと共に逃亡し、南下し、卒本扶余〔桓仁〕で高句麗〔カウリ＝中京＝中国〕を建設いたします。

（4）また、朱蒙は、長者の延陁勃の女で、かつて北扶余の「解夫婁王」の庶孫の「優台」の妻となり、既に未亡人となっておりました召西奴〔後に南下して朝鮮半島中部の漢江で百済を建国いたしますところの温祚〔イワレヒコの祖先〕と、その兄の沸流〔ニギハヤヒの祖先〕とを生んでおります。但し、この二人の父は、朝鮮史の百済本紀「本文」のいうような朱蒙ではなく、その「注」でいうように召西奴の前夫の解夫婁の庶孫の優台だったのです〕と再婚いたします。

＊朱蒙の方も、扶余から逃亡する前に礼氏の女と結婚いたしておりましたが、逃亡の際に、この女とその間の子の儒留は置いてきてしまっております。

朱蒙は、卒本（ゾルボン）扶余の「濊（わい）族・穢（かい）族・アグリ」系の松譲王（朱蒙に服従した後は、多勿侯に任命。実は、前述のように、「八岐大蛇」神話のモデルは、ここ満州の鉄王であった松譲王こと多勿侯のことだったのです。高句麗では旧領土を復興することを「多勿」と言ったからなのです）から錬鉄の武器とその技術と技術者とを奪い（ここ大陸で初めて、平安天皇の遊牧民の祖先は「錬鉄の武器」を手に入れることが出来たのです）、高句麗を建国し、自分（朱蒙）の子の右の儒留（ヌリ）と松譲王の女（実は、先述のように、「八岐大蛇」神話の奇稲田（くしいなだ）姫のモデルは、この松譲王の女のことだったのです）とを結婚させます。

右の「八岐大蛇」のモデルであった松譲王は、かつての沸流国王で、又、その国の場所も沸流川（渾江）上流の国の王であり（日本紀での「箸」は、高句麗本紀では「野菜」が上流から流れて来たとなっております）、後にこの一族は「沸流部」とか「沸流那」と言われ、高句麗五族の一つとして高句麗の主要な貴族の一員となり、やがて朝鮮半島を南下して行ったのです（「高句麗本紀」始祖東明王前紀）。

「フルエ、フルエ……ヒ、フ、ミ、ヨ……」の呪文を持つ物部氏の祖神のニギハヤヒ（陜父＝沸流百済）は、この八岐大蛇と同一部族（鉄民）、乃至は混血民であったものと私は考えております。

（5）朱蒙が、礼氏の女との間の子の儒留を卒本に呼んで王位を継がせようとしましたので（真相は、高句麗の嫡流やワイ族などから追われたのかもしれません）、召西奴と沸流と温祚とは、遼東半島経由で朝鮮半島を南下して、馬韓王をしておりました箕準（北倭）の子孫に金員を贈り、そこに墓を作るために（住むのですから、当然、墓は必要となります）「買地券」を購入することにより、漢江の「北」の尉礼城（イリ＝百済＝扶余）の辺り一帯の土地（ソウル＝京城）を買取り、まずはそこに「伯済国＝後の百済」を建てることが出来たのです（買地券につき、一八10、一〇6）。

さて、日朝のアカデミズムの中には、高句麗初代王の「朱蒙（チュモン）」と「東明（トンミョン）」とは、違う人だと言っております人も実に多い（中国史と朝鮮史との間での混乱も見られます）のですが、どっこい、実は朱蒙と東明の二人は、全くの同一人だったのでございまして、と申しますのも、この「東明」とは、臣（シン＝大）スドゥ（蘇塗＝倉下＝クラゲ＝アジール。別述）の「十月の大祭」を執り行います「大祭司＝国王」に捧げられます「東明＝ハンモン」という一つの「敬称」のことを指していたのですから、これは「朱蒙」の「肩書き」の一つに過ぎなかったからなのです。

この勝負は、私とアカデミズムとで五分五分でしょうかしら。そんなことないよね。

因みに、「沸流＝フリュウ＝プルー」と申します語も、実は、これは「扶余＝パル（音）＝光明（訓）」のことを指しておりまして、それは、朝鮮史に見られます「沸流王　松譲」（『旧三国史』、つまり『李相国集』東明王条に引用）という表現からも明らかであったのです（扶余＝沸流＝陝父）。

沸流・百済の子孫である物部氏（ニギハヤヒ）の出自は、このように百済の本国筋に当たります扶余にまで遡ることが出来たのです。

ですから、物部氏の唱える「火起こしの儀式」の呪文の「フルエ、フルエ……ヒイ・フウ・ミイ・ヨウ……」というのも、遥かなる故郷の川である鴨緑江の支流の「フル江＝沸流江」のこと（より古くは松花江のフル江）を表すと共に、母なる国の北扶余王国自体のことをも表していたのです。

このように、柳花と召西奴という、飛び切りの二人の美女を挟みまして、満州におけます民族の追っ立て、つまり「北扶余→東扶余→高句麗→百済→そして、やがては平安天皇家」へという流れを、日本紀上への神武大王の出現を考えるにあたりましては、アナタはここで確りと掴んでおいていただきたいと存じます。

(11) 満州の北扶余から京・山背までの亡命人の流れ——北扶余・高句麗・百済・平安天皇家のライン

以上の北扶余での王家の交替から高句麗の建国、そして百済の建国、更には「白村江の役」の後の百済王族の日本列島への亡命、そしてこの一族（百済王（くだらのこにきし））の「亡命政権（平安朝の天皇家）」の樹立」へと至る大きな流れの大陸部分つきまして、更にもう一度マトメておきますと、次のようになります。

①穢族系の解慕漱（かいぼそ）＋河伯の女の柳花が、北扶余王国の王家の伯族を征圧いたします。

②北扶余の王の解夫婁（かいふる）（実は「解」氏ではなく、本来は「伯」氏です）とその養子の金蛙（きんあ）とが、金蛙の実家の昆淵（コンヨン）（鏡伯湖）へと逃げて、そこで伯族系の東扶余王国（豆満河口・琿春（こんしゅん））を建てます（東扶余には「二つ」ありますので、アナタはその混同にご注意下さい）。

③北扶余王国の解慕漱が亡くなり、東扶余の金蛙が北扶余王を継ぎ柳花を娶ります（柳花は解慕漱との子であります朱蒙を生んでおります）。

④金蛙の子であります帯素が、「柳花の先夫の解慕漱との間の子の朱蒙を殺そうとした」ので、柳花は、朱蒙を卒本扶余（第二の東扶余。桓仁）へと逃がします。このとき陝父（物部氏の祖であるニギハヤヒの一族。沸流［プルー］とも同一人）も同行しております。

⑤朱蒙は卒本扶余に下り、そこで、子連れの未亡人の召西奴と結婚し、ここに二人で協力して高句麗を建国します。

⑥朱蒙の北扶余時代の妻である礼氏の女との間の子の儒留（ヌリ）（後の高句麗第二代王）が、卒本扶余の朱蒙のところに下って来て王位を継ごうとしましたので、儒留の義母でもございます召西奴は、先夫・優台との間の子の（兄）沸流と（弟）温祚との二人を連れて、満州の遼東半島から西朝鮮湾を渡り（済り）朝鮮半島へと南下し、平壌（ピョンヤン）経由で河北尉礼城（漢陽）へと入り、馬韓王であった箕準の子孫に財宝を与え、そこの土地を分けてもらって弟の温祚

（伯族＝百族）が「伯済＝百済＝ハクサイ＝ペクチェ」を建てることになるのです。

はて、一体何のお話でしたっけ。お話を元に戻しましょう。

また、朝鮮半島南部の多大津（継体紀二十三年四月の多々羅原。但し、注意すべきことは、これは今日の釜山の南二〇キロメートルの多大浦のことではありません。「タタラ」ではなく「タタ＝上陸地点」の用語の場合につき、一七6）は、息長足姫（神功皇后）の本貫（四3。「足＝タラシ」とは「スクネ」と同じく、古代朝鮮語で「王族」のことを表しておりました）である今日の「機張＝キジャン＝息長」（その直ぐ隣には、「大羅」もあります）は、当然その「字」そのものからも製鉄基地であることを推測させますと共に、この西北七キロメートルのところに熊川（神津）があり、更にその西南三キロメートルのところには、今日でも「鉄馬＝瓦餘（倭・アグリー）」という意味深な地名もございます。

ですから、八岐大蛇を退治したスサノヲが、この右の「熊成峰＝熊川」にいた（継体紀二十三年四月）と平安日本紀上されておりますことも、これは扶余王家の分派が満州から南鮮へと南下してまいりまして、秦（辰）韓（実は、扶余の亡民）や伽耶（倭）の人々と混血（そうだからこそ、「弁＋辰」と古代中国ではその二つを区別せずに弁辰とマトメて言われていたのです）して、やがてその王家は日本列島へとサッサと渡ってしまった（そうだからこそ、金官王家は、考古学上も忽然と朝鮮半島南部から消え失せてしまっていた）のだということをも示していたのです。

因みに、やはりスサノヲがいたとされております地名の曾尸茂利（神代紀。二8）とは、この後直ぐに申し上げますように、徐羅伐と同じ王都（ソフル＝京城＝金城）のことを表していたのでございまして、更に、その語源にまで遡りますと、やはり「ソ＝鉄・金」から来ておりますので（二3）、このスサノヲのソシモリも鉄との関係（古代朝鮮語では、「ソ＝鉄」「シ＝助詞＝の」「モリ＝山」ということで、これは「鉄山」を表しておりました）を示しておりまして、これらと日本紀の記載とを合わせますと、物部氏（沸流百済系）の「扶余→高句麗→南鮮（秦氏や伽耶との混血）→九州→出雲→吉備→但馬→大和（又、吉備→摂津→河内）」という東行の移動の跡が裏付けられていたのです（一五1）。

又、遡りますと、このことは、百済の伝説上の始祖王であります温祚と沸流が、共に卒本（東・伽葉原）扶余王の子であり、そもそも、この「卒本＝ゾルボン」という言葉自体が、古代朝鮮語の「ソホル＝鉄」の訛ったものであったことにアナタがお気付きになりますと、そこからも鉄との深い関係（八岐大蛇との関係）が推測出来ることだったのです（一六2）。

これと同語の曾尸茂梨もまた、先程述べましたように、本来は「ソ＝金＝鉄」を含みますところの「ソツムレ」で、これ又「鉄の山」のことだったのでありまして（二3）、卑彌呼（ヒメ　タタラ　イスズ）が朝鮮半島から亡命してまいりまして、定住いたしました九州の「襲＝ソ」「曽於」国（日向）というところが、本来は「鉄の国＝鉄山」「金氏の国」の一族のことを表していたのです。

4、天日矛の子の国は「倭の東北千里」

(1)「龍城国＝正明国＝完夏国」は「但馬＝東倭」だった――倭の東北千里から朝鮮に来た含多婆（多婆那）王の子の新羅4脱解王

それに、天日矛とニギハヤヒの同一性についての証拠はそれだけには留まりません。

更に、アメノヒボコは、朝鮮史によりましても、脱解王との関係で、王系図上、その父の「含多婆王に相当する位置」が与えられていることにアナタは、次に申し上げます理由から気が付く筈だからなのです。

そして、そういたしますと、アメノヒボコが留まって「日本列島の女と結婚した所」も、これ又、何と、偶然の一致にしては出来過ぎている、昔脱解が朝鮮に来る「前」にそこで生まれたという、その故郷の「但馬」そのものだったからなのです。

しかも、このニギハヤヒと天日矛の両者とも、非常に古い時期に日本列島を「東行」しております。

更に加えまして、昔脱解王は朝鮮に行ったとき、自己紹介の中で、何と、「自分の国は倭の東北千里」の「東倭」だとズバリ言っているからなのです（『三国遺事』脱解王条。東倭につき『晋書』。九1）。正に方位はピッタリですし、それに当時の感覚では、九州中部から見て山陰の但馬は、東北千里と言っていいと思います（千里＝和里百里＝四〇〇キロメートル）。

しかも、ここには「我本　龍城国人（亦云　正明国、或云　琓夏国。琓夏或作花厦国、龍城在　倭　東北一千里）」（『三国遺事』第四「脱解（トヘ）」王）とも記されておりまして、これらの国々は、古朝鮮語「正明＝バハ」「完夏＝ハンス」「華厦＝ハハ」とも読めまして、これらは正に、「タンバ＝タバ」ともその音が大変近い（訛った）からなのです。

しかも、「脱解＝吐解」は、「父は含達婆王で母は積女国王女」と言っておりまして、この朝鮮王の名は「達婆＝タバ＝丹波」かつ「玉名＝田原」（これが元は熊襲の熊本でもあったことにつき、前述いたしました）でもございましたのみならず、この古代朝鮮史のいう母の本貫である「積女国」とは、「積＝セキ＝昔＝シャク」「女＝ジョ＝徐＝余＝アグリー」でもございますので、「積女」という女は「セキジョ＝昔余＝昔氏のアグリー」ということを表していたのでございまして、正に、この丹波の国名は、ズバリ「昔氏の物部氏のニギハヤヒ」の一族のことも表していたことが判るからなのです。

天日矛と但馬（出石（いづし））の物部太耳（ふとみみ）の女の麻多烏（またを）との間に生まれました但馬諸助（もろすく）（但馬日楢杵（ひならき）の父）は、朝鮮史上でも倭人であると記されております新羅4昔脱解王と同一人か、少なくとも兄弟であったのです。

そういたしますと、「東倭」（後半）とは、やはり天日矛が物部氏に「入り婿」（本来同一なのですが。前述）した但馬のことだったのです（東倭＝但馬）。

ということは、このことは、「倭＝公孫氏＝卑彌呼女王＝〈安羅〉＝大伴氏」が北朝の魏に朝献し（「魏＝ウィ＝倭」族につき、一五8）、まったくそれと同じ頃に、「東倭＝天日矛の婿入り先＝〈多羅・多婆那〉＝物部氏」（「安羅」と多羅の合体＝アダタラ＝安達太郎山）が南朝の晋に朝献していたということが（地理的にはクロス関係になります）明らかになったのです。

因みに、肥後（倭）と丹波（東倭）との古くからの繋がりを示す口碑もございます。

＊こちらの丹後・丹波王朝の東倭が、中国の南朝系より下賜された、又は、南朝系の工人に倭で造らせた鏡が「三角縁神獣鏡」だったのであり、魏や卑彌呼とこの鏡とは一切関係がなかったことにつきましては、何度も前述いたしました。

肥後（玉名）の生贄を喰う妖怪の古猿を退治して共に死んだ「般若」という犬は、もと丹波の寺で飼われていたものでございまして、この怪猿はその丹波から肥後へと逃げてきたものであったという「犬薬師」の伝承（『築紫野民譚集』玉名）が、正に、「倭＝多婆那＝玉名」と「東倭＝丹波」との古へにおける何らかの関連（接点）を示していてくれたのです。

古くからの東アジアでの物語におけます「犬」は、そもそも鉄民を表しております（チュル系のトーテムの狼・大神）ことがよくございますし、「猿」は、弥生の水耕民の祖神であるサルタヒコを表していることがございますので、この口碑は古代における二つの民族の争い（大陸の遊牧系の鉄民による弥生の長江系農耕民の奴隷化）が、抽象化された形で語り継がれて来たものと考えます（遊牧百済系による江戸時代に至るまでの水耕民の農奴化）。

このように、但馬は古代史の上ではとても重要なキーポイントだったのです。

と申しますのも、但馬の朝来郡の和田山町の「城(じょう)の山古墳」は四世紀後半の古墳なのですが、ここからは「三角縁三神三獣鏡」などが、何と六面も出土しているからなのです（このように、東倭と三角縁神獣鏡とは深い関係にあったのです）。

古くは「円山(まるやま)川―生野(いくの)銀山・明延(あけのべ)鉱山―瀬戸内」という南北のラインが、山陰から山陽へのメインルートの一つだったからなのです。

しかも、前述のように卑彌呼が「北朝」の魏に遣使していた、丁度その同じ頃、東倭も「南朝」に二四〇年に遣使（『晋書』宣帝紀。九1）しており、「三角縁神獣鏡」が北朝ではなく南朝系の鏡であり（又は、南朝の工人が、南朝から持参した銅地金か製品を鋳潰して造った鏡＝材料の銅の産地の分析からも当然）、「東倭」が「タムバ＝丹波」として今日でもその名が残っておりますところからも、「但馬」と中国の「南朝」との関係（工人の人的交流）が、この古墳からの三角縁神獣鏡という鏡の出土によって示されていたと考えてみなければいけなかったのです。と言うことは、つまり、逆に、畿内のアカデミズムの主流のように、卑彌呼とこの鏡（三角縁神獣鏡）とを繋げてはいけなかったのです。

赤烏元年（二三八）のような呉の年号を持つ南朝の鏡こそが、この「東倭」との繋がりを示していたのです。

右の古墳の近くには、五世紀代ではありますが但馬で最大（長さ一二八メートル）の前方後円墳である池田古墳（和田山町平野字イケダ）もございます。

ここで、有名なアカデミズムの思い込みによる調査によって、かえって真実の探究が遠のけられてしまっていたということの例を、ここ但馬の古墳を例にとりまして、序でにご説明いたしましょう。

但馬の出石郡の「森尾山古墳」（豊岡市森尾字市尾）からは「□始元年陳是作」の銘をもった有名な銅鏡（群馬県高崎市の蟹沢古墳でも同笵・同型鏡を出土）が出土しており、これは魏の正始元年（二四〇年。何と、アナタ、この年号は、右の但馬の東倭から南朝の晋に遣使したその同じ年のものですよ）と考えられる鏡であり、とても重要な古墳であるにも拘わらず、象牙の塔の最高峰でございました梅原末治氏は、正式調査の後、これは「長円墳」だとして今日その図面を残しております。

しかし、そもそもこの古墳「発見の時」よりも先行いたしまして存在いたしました図面の方をよく見てみますと、これは明らかに「方墳」だったのです。ですから、これは北方アジア系の要素を含んだものだったのです。これは、当時誰も逆らえなかった有力な学者の先入観が、真実を誤導してしまった一つのよい例なのです。

(2) 卑彌呼の宗女・壱与までも神功皇后のモデルにしてしまった日本紀作者の不勉強

更に、右のこの「□始」は、先入観なく考えてみますと、北朝の「正始」だけではなく、南朝の晋の「泰始」（二六五〜二七四年）年号と考えることも可能（日本紀は「泰初」としておりますが）なのです（朝鮮にもこれと似た独自の年号がございました）。そして、この泰始には、「女王」が「再び入貢」したとも記されているからなのです。

＊『晋書』武帝紀「泰始二年（二六六）十二月」。武帝紀「泰初二年十月、倭女王遣重訳貢献」（今申し上げましたように、「始」が「初」として日本紀では引用されております）。神功紀六十六年条所引の『晋・起居注』。起居注とは、天子の言動・勲功を日記体で記したもの。

しかも、アナタがここで絶対に間違ってはいけないことは、この「倭女王」とは、実は、その年代（二六六年）から考えましても、「卑彌呼」のことではなく、その一代後の「宗女・壱与」の方のことだったのです。

それにも拘わらず、日本紀の作者がこの中国の史書（『晋書』）を見まして、「まだ卑彌呼がこの二六六年頃まで生きていたもの」と間違って考えて（勘違いして）しまい、「卑彌呼＝神功(じんぐう)皇后＝息長足姫」（これは日本紀の作者の一貫した基本的な考えです）が、この後（泰始四年〔二六八〕）に死んだんだ（それまでは生きていた）ということにして日本紀にそのように記して「しまっていた」のです（『魏志』をよーく読みさえすれば、その二十年も前の二四七年か八年には、既に卑彌呼は死んでしまっていた筈なのにも拘わらず、それも知らずに……可哀相な平安日本紀のライターたちよ……トホホノホ）。

このように、実は、古代の但馬は、後の古墳時代の後期になりましても相当の権力の持ち主がいたことが判ります。

それは、但馬で最大ともいえる横穴式石室（この「横穴式石室」の「横から入れる」という方式のものは、一般に、一族の複数回の埋葬を予想して作られたものなのです）は養父町大藪の「コウモリ塚古墳」でして、その石室の長さは、何と！一二・五メートル、玄室の長さすらも七・一五メートルもございまして、後期の方形墳とはいえ、大王クラスといえますこんなに内部が巨大な古墳が但馬に存在していたということは、とても重要なことだったのです。

＊因みに、古朝鮮語で「父・王＝アブ」ですし、ここの「養父＝ヤブ」という地名との関連が気になるところです。と申しますのも、この養父はアブから訛ったものでありまして、古代の朝鮮語の「父」「王」を表していたからなのです。熊本県山鹿市の装飾古墳の「チブサン」と対になっている「アブサン」の「アブ」も同様です。ところで、シュメール古語でも、父は同じアブなんですよ。

（3）やはり天日矛とニギハヤヒは同一人だった――インド・パンジャブ（五河）からアーリア人に従っていたナガ族（朴氏）

さて、お話を東倭のことに戻しましょう。

このように、「倭」と「東倭」とが、当時、並存していたことを理解しない限り、古代のことは何も判らないのと同じなのです。

しかも、この脱解王の「姓」は扶余・穢氏や新羅の後の王族（三姓）の一つと同じ（だからこそ、「ニギハヤヒ＝扶余・穢族＝昔氏」が朝鮮半島を南下して辰韓に入っていることが推測出来るのです。二5。このことは神話レベルで、五世紀代に高句麗が新羅を長年〔約七十年間も〕占領していた間〔五3〕に、昔氏〔本来は、徐氏〕が新羅の王系の中に混血で入り込んでしまったという可能性も大なのです）ズバリ「昔氏」そのものでありまして、この点、ニギハヤヒ（インド・シャキー族＝今日その子孫である「境さん・関さん・堺さん・酒井（サカイ・サカエ）さん」らの先祖「徐＝余＝アグリー氏」でもございます。一七6。仁徳陵のある堺につき、一五9、五3）とも全く同一だからなのです。

そして、「シャキー＝昔」であり、更に、この昔氏は、百済5肖古王の「ソカ＝シャク＝昔＝饒速日のモデル＝ソカ」でもございますので、このようにニギハヤヒは、ちゃんと、「百済史の中」にも百済第五代の肖古王として組み込まれまして納まっていたのです（「――日」型）。

そして、このように、この天日矛の「子」の新羅第四代の昔脱解王は、「物部氏」のみならず「その祖神の饒速日」にまで繋がりのある両氏族の接点とも言える人物だったのです。

これだけ証拠がそろい、かつ、一歩譲りまして、天日矛もニギハヤヒも夫々が古代におけるある種の「襲名」であったという点までも考慮に入れますと、アメノヒボコとニギハヤヒの「同一性・同族性」を否定することの方が却って難しいとさえ言い得るのではないでしょうか。

尚、筑前の怡土の県主の祖が天日矛の末裔である（『筑前国風土記』。『釈日本紀』引用）ということ（ですから「イトテ氏＝伊達氏」は、平安紀（現行紀）の神武ではなく、プレ神武つまり、奈良紀での神武に相当する天日矛の方にちゃんと繋がっていたということで、理論がピシャリと一貫していたのです。これは、私の予想する「奈良日本紀」の内容ともピッタリ一致しております）からいたしましても、更には、後の伊都王が天日矛（委奴→倭→伊都）であり、かつ、イワレヒコ（神武＝高句麗の王子「罽須」に相当する人）のことであり、後の平安紀での改竄の後は、この神武もまた同じく日本列島を東行しておりますので、これらのことから、逆に推測してみましても、奈良紀におきましては、古くは天日矛が先行した東行者となっており、そういう奈良日本紀の内容を作り上げた人の素性を、逆算してみましても、六六三年の「白村江の役」の後は、新羅王子が日本列島におけます天皇・皇帝であったことが窺われるのです。

という訳で、平安紀での「神武」と「ナガスネヒコ」との関係は、その前の奈良紀におきましては「天日矛」と「名草戸畔」との関係であったのですから（一五1）、ここに「天日矛＝ニギハヤヒ」の図式を挿入しますと、満州から朝鮮半島そして日本列島へと至る過程の何処かにおきましてニギハヤヒ（昔氏＝シャキー氏）には、ナガ氏（朴氏＝蛇族）が従っていたということが推測出来るのです。

＊ひょっとすると、遙かに気の遠くなるように遠く、インド・パンジャブ（五河）の頃から、朴氏（非アーリア人）のナガ族は昔氏（アーリア人のシャキー族＝日神のサカ族＝釈迦族）に従っていたのでしょうか（インド出発の前から）。非アーリアのナガ族の一派は、アーリアから追っ立てを喰って、後のナーガランドから海上へと逃れ、遅くともニコバル島やモーケン諸島におりました頃に「シャキー氏＝アグリー氏」と合体し、それ以後はニギハヤヒの天津麻羅の軍船の水夫・奴隷といたしまして参加していたものと思われます。丁度、大伴氏（インド・アンガ国）と久米族（インドシナ・クメール族）との服従関係と全く同じように。

このように、アナタは古代の東アジアを、インドを中心として鳥瞰図のように見渡して見る必要があったのです。

東アジア史を中国史を通して見てしまいますと、中国史は偽史ばっかりですので、ギシギシして歴史を見る日が曇ってしまいますよ。

そして、そういたしますと、平安紀のストーリーにおきまして、神武が生駒・トミのナガスネヒコを征服するときに、そこに既に、ニギハヤヒがいた（しかも、ナガスネヒコの妹を娶って）ということとの整合性も出て来るのではないでしょうか。

＊ニギハヤヒ（昔氏）は、義兄のナガスネヒコを裏切る形になっております。

つまり、朝鮮史レベルから考えましても、沸流百済（物部氏）の朝鮮半島南下と渡海には朴氏（ナガ族）も従っていたのです。

＊後の朴氏が、大陸で契丹の「王族」である昔氏に従属し、「王妃族」として王妃を供給しておりましたことにつきましては、前にも少し申し上げましたが、古代東アジア史ではとても大切なことですので、この後直ぐに、より正確に申し上げたいと思います。

これらの点につきましては、日本紀と朝鮮史（新羅本紀）を整合させてマトメますと、次のように言えるのです。

新羅（金官国）王家の1赫（朴＝パク）居世の妻が閼英（アッエイ。一五2）であり、その二人の間の子が2南解（ナガ族）次々雄（ジジュー＝巫）で、これは列島におけるナガスネヒコ（名草戸畔）と同一人の投影であり、その妻が阿妻で、その南解の妹が阿老（ar）であるということからも、これを朝鮮史上に焼き直してみますと、この南解の妹の阿老こそが、ニギハヤヒの妻となったナガスネヒコの妹のミカシキヤの朝鮮でのモデルであった（アカル＝ヒメコソ）ということが判って来るのです。

＊ということからも、新羅第二代王の南解次々雄も、初代王の赫（カク＝朴＝パク）居世と同じく「倭人」であったことが、朝鮮史と日本列島史との比較・分析から判明して来るのです。

因みに、古代朝鮮語でのこの「ar」とは、決して固有名詞ではなく、「祖先の霊・卵・穀霊」、つまり「巫＝シャーマン」（王・女王）を意味しておりました。

しかも、右の「赫＝アカ」は、このように天日矛の妻の「赤＝阿老＝アカル」の名の表現とも繋がっております（「伽羅＝カル」につき一五2）と共に、「赫＝パク＝朴」ということでも、ナガ族とは繋がっていたことが判るのです。

さて、この「昔氏に朴氏が従っていた」というところから出てまいります「昔氏＋朴氏」という図式は、日本列島での紀伊国造（ナガ氏＝朴氏）の名草姫・中名草姫の祖神の天道根（『国造系譜』）が、ニギハヤヒが天降りしたときに従った三十二神の一柱（『先代旧事本紀』巻三）となっている形からも、アナタはダイレクトに読み取らなければいけなかったのです。

＊このように古代の神々や王の名は、朝鮮半島や日本列島で、たとえその名前が異なっておりましても、夫々の体系上の位置の比較からは、皆繋がりを持っていたのです（倭は海峡国家でしたから、このことは当然のことでもあったのですが）。

因みに、実質、扶余・高句麗の後裔とも申せます渤海を滅ぼしました契丹（きったん）では、王族は耶律「ya-lu」（劉Liu）氏（昔氏・白馬トーテム）ですが、そこに王妃を供給いたします王妃族は審密「Shen-mi」（蕭・Haiso、ショウ・蓬）氏（「ナガ氏＝朴氏」・青牛トーテム）であり、この契丹のキキタエ神や蕭（しょう）氏は、ナガスネヒコ（朴氏）が黒潮を北上中のかつての中継地点でもございました沖縄の後の尚氏や聞ノ大君と同族であったことも意味していたのです。後の東北のキミコベ氏も、その一族の末裔の一支流だったのです。これは、皆「尚＝ショウ＝蕭」ということで同一族を表していたのです。

因みに、この契丹の「王妃族」の蕭氏とは、その出自を遡りますと、満州・桓仁のオロチョンの鉄民の「松譲王（多勿侯）＝八岐大蛇のモデル」の松氏のナガ族（蛇トーテム族）の一族、つまり朴氏と中央アジア系の鉄民との混血民でもあったのです（鉄の接点）。

＊朱蒙の母の柳花も、その父は「河伯＝竜蛇神＝ナガ」ですので、高句麗の始祖王である朱蒙には、伯族の血とナガ（蛇）族の血が混ざっていたということにもなるのです。

そして、この「王族」の耶律氏の方は、「昔氏＝シャキー族」と匈奴の冒頓部（チュルク系）との混血民でもございました。

このように、その出自を遡ってまいりますと、この契丹とは、古代中国の戦国時代の「中山国」（鮮虞＝盧奴）の亡命民と殷の王族の「箕子朝鮮」（姓は子。東胡。朴氏＋昔氏。殷王朝はインダスの亡命民です）とが合体し、その東胡が匈奴に征服され、やがてこれが烏丸山の烏丸と、もう一つの鮮卑山の檀石塊の「鮮卑」となり、そこから二分し、その子孫は二つのルートに分かれまして、A蒙瓦室韋（北倭）→蒙古（モンゴル人）→ブリアート（日本人と遺伝子が最も近い部族）というルートと、B庫莫奚（クメール）→奚→契丹というルートとに分かれたのです。

この奚と契丹などがかつて匈奴の一派に支配されておりましたこと、つまり「鮮卑社会の階級の構成」につきましては、後世の史料なのですが、「奚及契丹。旧是突厥之奴」（開元十三年〔七二五〕の「毘伽・ビィルガ可汗」の言葉）という表現からも、支配民は匈奴の一派（突厥）であり、人民は奚・契丹であったということが窺えるからです（その更に、下に白丁などの奴隷民もおりました）。

このような例を、何故ここで私が申し上げるのかと申しますと、次のことをアナタに是非理解していただきたいからなのです。

＊この突厥の一派の西突厥（カスピ海のハザール帝国の阿史那氏）と、偽ユダヤのアシュケナージ・ユダヤとの関係につき、別述。

それは、以上何度か申し上げましたように、古代史上殆ど全ての王家には、「王族」と「王妃族」が存在（サンドウィッチ構造）し、更にその下にツングースなどの一般の人々と白丁などの奴隷民とが存在していること（四重構造）に、もしアナタに気付いていただけるならば、アナタの東アジアの古代史の理解が、益々深まることと思われます。

倭王・安羅王家（卑彌呼の末裔・公孫氏・大伴氏）には、旧中臣（シャーマン系）を主といたしますナガ族（朴氏）が王妃族と入っていたのです。

＊前述のニギハヤヒ（昔氏）とナガ族（朴氏）との関係とパラレルでしょ。

「有馬皇子の変」（斉明四年〔六五八〕十一月）のとき、皇子を捕らえた物部朴井連鮪（＝まぐろ）や「古人大兄皇子の謀反」（大化元年〔六四五〕九月）のときに連座した物部朴井連椎子（前の鮪とこの椎子とは同一人との考えもございます）、更には、「壬申の乱」で大功があったとされております物部朴井（榎井）連雄君という人名などを見ましても、その一人の名の中に「物部＝昔氏」と「朴（榎）氏」の二姓が含まれている「複姓」となっておりますところにも「昔＋朴」氏ということは、ちゃんとアナタの前に氷山の頭が表されていたのです。

平安天皇家（扶余・百済系・北倭）に対しましても、古代からの例に違わず、中臣氏（ナガ族＝朴氏）を中心とする藤原氏（つまり、伽耶の南倭・秦韓系〔混血してはおりましてもユダヤ・ペルシア系〕など、朴氏・金氏・秦氏・唐人・百済系などの混合氏族）が妃を天皇家に提供いたしまして、その「女（色）と財力」とにより、国政を永年実質（裏で）支配して来たのです。

＊尚、平安朝における、更なる、つまりその裏に控えておりました、秦氏の日本列島の実質的支配（「天皇家・藤原氏・秦氏」という三重構図）につきましては、一七4、7、二六、三〇2をご必読下さい。

さて、東アジアの大陸におけます「朴氏＝ナガ族」の流れにつきましてはこれくらいにいたしまして、再び、お話を日本列島におけます「朴氏＝榎本さん＝ナガ族」のことに戻しましょう。

紀伊の名草姫は、大己貴（公孫域）の六世の孫の豊御気主と結婚（『旧事本紀』地神本紀）しておりますし、中・名草姫は、天香語山の五世の孫の天戸日と結婚（『旧事本紀』天孫本紀）しておりますので、「公孫氏＋ナガ（朴）族」「ナガ（朴）族＋昔氏」という図式は、別の言い方をいたしますと、朝鮮での「安羅（倭）＋朴氏（狗奴）」「朴氏＋多羅」という図式でもあったことが判るのです。

＊朴氏が倭の内紛から卑弥呼を西都原で滅ぼした後は、暫くは「朴氏＝狗奴」の方が上位におりましたから。

この公孫氏と朴氏（ナガ族）との結び付きは、歴史を遡りますと、古くインド・アンガ国の頃からのアーリア人（白人）とドラヴィダ人（インダス人＝アジアニック）系のナガ族との結合だったのかもしれません。

又、天日矛の子孫に伊覩縣主の祖の五十迹手や葛城高額姫や息長足姫（神功皇后。この「長＝ナガ」も、もしかすると朴氏がその中に含まれていたことを表していたかもしれません。神功皇后＝安羅王家の女王）がおりますので、これらのこともニギハヤヒが、南韓の「機張＝大良浦」にまで半島を南下して来ていたこと（四3）を裏付けていたのです。

そして、この「追っ立て」に影響されまして卑弥呼出現の前提ともなりました南韓における「倭の大乱」が始まったとも考えられるのですよ（一〇1、他）。

5、朝鮮から来た人々は東へ、船先は左へ（袴狭遺跡と青谷上寺地遺跡の船）

天日矛の東行の証拠はそれだけでしょうか。いや、まだ有力なものが幾つもあるのです。朝鮮から渡来した王者が日本列島の山陰側を東行した証拠が、近年になって幾つか見つかっております。

この天日矛（現行日本紀の天皇の系図上では、6孝安大王のモデルとなっております）の陵のございます兵庫県の出石町の出石神社の北西六〇〇メートルのところにございます、袴狭川の北岸の袴狭（はかざ）遺跡からは、ＡＤ三〇〇年頃の十四隻もの大船団（しかも、準構造船）が刻印された杉材が見つかっております（これは平成元年に発掘し、同十二年四月になって気付いたものです）。

さて、問題はこの船団の向きが何故か皆、「左に向いている」という点なのです。

出発した地点の朝鮮半島から見まして（つまり、北から見まして）左とは東のことですので、この針路は、奈良紀での天日矛（又は、ニギハヤヒ）の「東行」の一つの証拠ともなり得ると共に、また改竄後のそれを真似た平安紀での神武の「東征」の伝承ともダブルイメージで繋がって来ているのです（天日矛は、正史・日本紀においてすら、新羅〔当時は伽耶〕の王子とされています）。

この遺跡の刻印の船につきましては、「丸木舟」の上に波除けの竪板と舷側材を付けた準構造船だとも言われておりますが、そう簡単に「基礎材が丸木」の丸木舟だとされてしまってはたまりません。しかも、その証拠もございません。この刻印を見た限りでは、それだけでは素朴な丸木舟だとは簡単には断定できないからなのです。

そして、その中央にある三七センチメートルもの長さの刻印の「巨大な平たい船」は一体何だったのでしょう。私は、これは夏季に騎馬隊用の馬を運んだ大型の「筏（いかだ）」であったものと考えます。

＊もしかすると、この大型の筏は、作戦の指揮を取る-「王の家」そのものをも乗せていたかもしれません。上陸しましてからも、王の指揮所設定の予定地まで、川を利用いたしましてロープで両岸から引っ張って行くのです。

また、これは、ひょっとしますと、後の「カタマラン＝双胴船」に相当するようなものだったのかも知れません（海上の「修羅」）。

カタマランとは、二隻の船の間に梁を何本か渡して、その二隻を固定し、その上に板を張ったものです。

これなら、船の小ささの割には、相当広い甲板を確保できますので、波さえ高くなければ大量の馬——つまり騎馬隊（今日の重戦車にも匹敵する威力）を渡海させることが出来たからなのです。

＊特に夏の日本海は、台風に遭わない限りすこぶる穏やかですし、朝鮮半島の東岸や沿海州のどの辺りから日本海へと漕ぎ出しましても、リマン寒流と対馬海流とその支流・反流とに乗りまして日本列島（特に、越の地の辺りが多い）に無事到着出来るからなのです（三〇2）。

武器の優位（武装騎馬兵）により、たとえ渡来側が相対的に少数であったといたしましても、天日矛（ニギハヤヒ・神武大王）などの渡来人は、この秀でた武力により敵（日本列島の先住王・先渡来王）に勝つことが出来て東征（東行）が出来たのです。

＊時代は下がるのでしょうが、和歌山から朝鮮と同じ馬冑が出土していること（別述）が気になります。

古くは、魏に追われて日本海に逃れたとされております高句麗＝東川王（二二七～二四八年）の一族の末裔は、その後、日本列島にまで入って来ていたのでしょうか。

因みに、但馬の「三ノ谷一号墳」（村岡町高井字三ノ谷）は、直径一〇メートルくらいの円墳に過ぎませんが、この羨道壁の、ある部分の石（一六〇×六〇センチメートル）が特に磨かれておりまして、その上には「鳥」が二羽線刻で描かれてもおります。鳥は遊牧民のトーテムです。

この鳥が「左」を向いている、つまり朝鮮から渡来してまいりますと左は東、畿内の方向ですので、この方向も、袴狭遺跡出土の船（前述、本節）の方向と共に、何故船も鳥も東（左）を向いているのかということで、この「天日矛＝安羅王＝倭王」の国である但馬におきましては、特に意味のあることだったのです。

更に証拠を加えておきましょう。証拠は多ければ多いほどよいのですから。アナタも幼少のころからお馴染みの「因幡の白兎（しろうさぎ）」大国主の神話」の伝わります白兎海岸の西約一〇キロメートルにございます、弥生中期後半（約二千年前）の「青谷上寺地（あおやかみじち）遺跡」から出土いたしました、長さ約七〇センチメートル、幅約一〇センチメートルの杉板からも、側面に何と！オールが八十五本も描かれました約二〇メートルもの大型外洋船の刻印が見つかっております（スゴイ！）。

この船も、袴狭遺跡のものと同じく、その舳先は左（大陸から見まして東）へと向いておりまして、かつ、この大型船の前には十六～二十九本のオールを持つ船が三隻、後ろには別の大型船の前部も描かれて下りますので、これだけの艦隊は、その時期から考えましても、朝鮮半島の倭（伽耶）から日本列島に渡来しております「天日矛軍団＝ニギハヤヒのアマツマラの軍団」またはその先行民の東行を示すものであったと考えられるのです。

＊因みに、右の青谷上寺地遺跡と同じ鳥取県にある梶谷古墳（彩色装飾古墳、岩美郡国府町岡益）や鷺山古墳（同町、町屋サギ山）からは、魚紋が見つかっておりますので、これは海洋系の渡来民の墓であったことを予想させます（別述）。

この青谷上寺地遺跡からは、弥生人の生の脳が約三百グラムも出土しております。

尚、高句麗の馬面・別区につき、一一3。

この刻印を分析して素直に考えますと、これは中央に司令塔を持った「超大型のアウトリガー」であることが判ります。

そういたしますと、後述のインドネシアの「ボロブドール遺跡」の石刻に見られますような高級なアウトリガー船に発達するその前段階の、船の高さはさほど高くはなくても、多人数の兵を運べる夏用の巨大型のアウトリガーであったことが判ってまいります。

やはり、神武大王のモデルであった天日矛（ニギハヤヒ）軍団は、この頃東行していたのです。

このように、天日矛とニギハヤヒとは同一人だったのでございまして、この天日矛や天磐楠船によるニギハヤヒの日本列島東行が、後に、神武大王（イワレヒコ）の東征のモデルという風にされてしまったのです（扶余・百済系の平安日本紀）。

因みに、古代の裏日本が朝鮮からの渡来人との関係では「表日本」でございました事の証拠は、山陰道五六〇座、北陸道三五二座（以上、裏日本の合計九一二座）に対し、山陽道一四〇座、南海道一六三座、西海道一〇七座（以上、表日本の合計四一〇座）という神々の密度の倍以上の賑やかさからも明白だったのです（『延喜式』式内社）。

6、邪馬臺国の東アジアでの母国はジャワ海の「ヤーヴァ・ドヴィーパ」

(1) たいしたことではなかった邪馬臺国の「臺」と「壱」との違い

先程の船が、既に丸木舟レベルではなかったということの証拠といたしましては、邪馬臺国の東アジアでの母国が、ジャワ海であることを考えれば、丸木舟ではない大型準構造船は当たり前のことだったのです。「エッ！　邪馬臺国の母国がインドネシアやボルネオやカリマンタンだって……！」「そんな。信じられない」と、このこともアナタの頭の中を、さぞ混乱させることでしょうが、東アジア全体から中国史のみならず、インド史、ヨーロッパ史を統合して分析いたしまして邪馬臺国の位置を探り出してみますと、これはごくごく当たり前な結論だったのです（九7、他）。

＊尚、巨石を運ぶ木橇の「修羅」とインドネシアとの関係につき（九7）。

と申しますのも、邪馬臺国（『魏書』）、「イアゥバディウ」（「プトレマイオスの地理書」。二世紀頃。一二五〜一五一年頃、ローマのアントニウス帝の時代。エジプト生まれのアレキサンドリアの天文・地理学者）、インドのバラモンがそれを「サンスクリット」で表現いたしました「ヤーヴァ・ドヴィーパ」（ヴァールミーキ著の『ラーマーヤナ』。上限BC二世紀）、そこを更に中国人が「漢字」で表現いたしました「耶馬提国」（『法顕伝』四一四年。法顕は、三九九〜四一四年の間インドへ）――古代の金の国（九7）――ということでありまして、つまり「イアゥバディウ＝ヤーヴァ・ドヴィーパ＝耶馬提＝邪馬臺国」ということで、これらは全く「皆同じ」ことの各国（ローマ・インド・中国）での表現の違いに過ぎなかったからなのです（九7）。アナタ、目から鱗でしょ。

東洋史全体を見渡しましての探索による、この「邪馬臺国＝ジャワ海」説の考えは、三十年後にはきっと通説の地位を獲得しているものと、私は確信いたしております。

＊狭い日本の中だけで、明治百年余、いつまでも、九州だ、いや

大和だと、コチョコチョと卑彌呼ちゃん探しをしている「井の中の蛙」のアカデミズムの小人ではいけませんよ。アナタ、大人になって、男らしくもっと気宇壮大になって下さいね。

さて、ということになりますと、今日の日本での「臺」か「壱」かという論争つまり邪馬「臺(たい)」国なのか邪馬「壱(い)」国なのかという論争につきましても、これは、実は、ちっともたいした問題ではなく、漢字で記録いたします古代の中国人の史官がこのジャワ海域の「ヤーヴァ・ドヴィーパ」という国の「音」を初めて聞きましたときに「ヤーヴァ＝邪馬」（この「邪馬＝ヤマ」は、フェニキュアのタルシシ船を表しておりました。又、「邪馬＝ヤマイ＝Yamai＝タミール語＝亀」ということも、インドと古代朝鮮との関係を考えますと、あり得なくもないのです）で、これはほぼ問題がありませんが、次の後半の始めの「ド」、つまり「ドゥィ＝ダイ」の部分の音を強く感じて、これを漢字の「臺」の字を当て嵌め、邪馬「臺」と記そうが、その「ド」の次の「ヴィー＝イ」の部分の音を強く感じて漢字の「壱」を当て嵌め、邪馬「壱」と記そうが、はたまた、「ド＝テ」の部分の音を強く感じて漢字で耶馬「提(て)」の漢字（正に、中国の後世の『法顕伝』ではそうなっております）で記そうが、そんなことは「カラスの勝手」だったのでございまして、逆に、このように「臺」「壱」「提」との三通りもの表記が存在しておりますこと自体が、邪馬臺国の本質が、「ジャワ海」の「ヤーヴァ・ドヴィーパ」という一見（聞）して紛らわしい「音」であった（漢字の少ない字数〔『法顕伝』では三字のみ〕ではこの固有名詞の音価の微妙な「ニュアンスの差」を表現し難かった）ことを裏付ける証拠ともなっていたのです。それに、この「臺」の字は濁音のドゥ（dö）であり「台」の字の清音のトゥ（tö）ではないからなのです。やはり、ヤーヴァ・ドヴィーパの「ド」の中国人の表現だったのです（略字？の「台」は間違い）。

更に、ジャワ海のヤーヴァ・ドヴィーパは、インドシナから越に入り、越は呉を破ってから北上して琅邪に入って、そこでも「越」を建国しておりまして、この琅邪臺と邪馬臺とは、中国人は共通性があるものと認識していたからなのです。この山東半島の琅邪の越が滅ぼされてから（『越絶書』）、この一族の中のある者は、中原を経て、又他の者は海路で遼東半島に入り公孫氏となりました（先行の公孫氏に融け込んだ）ことにつき、別述。

という訳で、この論争はこれで決まりです。実は、邪馬「臺」でも邪馬「壱」でも、そんなことどっちでもいいことだったのですが、『法顕伝』の表現であります「テ＝テイ＝提」の音に、「イ＝壱」よりも、どちらかと申しますと「ド＝タイ＝臺」の方がより近いと思われますので、便宜上、私は、これからも「邪馬臺（ド＝タイ）国」、つまり「ヤバタイ国」、しかし、これではヤバったいので少しスマートにいたしまして、「ヤマタイ国＝邪馬臺国」と記すことにいたしたいと思います。

＊ヤマトかヤマタイかにつきましても、これと同じことだったのです（但し、今度は、この漢字の「倭国側」での発音の問題に

過ぎませんでした）。

今まで、こんな単純なことが、なかなかアナタにお判りにならなかったのは、アナタの「卑彌呼の母国」を見ようとする目が、色々卑彌呼を研究されているとは申しましても、精々今迄のところは、中国南部の越の地か、又は、遼東半島時代以降における、満州・朝鮮半島での公孫氏の移動の足跡ぐらいにまでしか及んでいなかった（「卑彌呼一族を辿る目」の視野が狭く全東アジア的視野を持てなかった）ということから生じました悲劇によるものだったのです（尚、公孫氏の山東半島から遼東半島への移動・亡命につきましては、九7）。

(2) 邪馬臺国の「邪馬＝ヤマ」はフェニキアを表していた

さて、ここに大変面白いことがございます。燕（つばめ）が取り持つ縁でフェニキアと邪馬臺国とが繋がっていたからなのです。

と申しますのも、邪馬臺国の原郷が、インド・アンガ国、フェニキアのオウドにまで遡ることの出来るジャワ海の「ヤーヴァ・ドヴィーパ」でございまして、そこからフェニキアのタルシシ船の一族（天ツ麻羅船団の北限の地である千島列島の「松輪」につき、別述。千島には「白浜」という地名すらもございます。白浜の地名遷移）の末裔と共に、インドシナ、越、河南省南陽、山東半島（狼耶）、a中山国、b遼東半島の公孫氏へと鉱山開拓民の行きつ戻りつの移動（その一部は、山東半島から、既に白夷（コーカソイド）がコロニーを作っておりました北京の南南東の、後の「中山国」の地へとも入っております（昔氏＋公孫氏））が行われ、その公孫氏の娘が卑彌呼であり（九1）、更に、朝鮮半島の馬韓・安羅を経由いたしまして日向・西都原に至ったということの、細い糸のような証拠の一つを申し上げましょう。

フェニキアのことは中国では「燕」の字で表され、中国語で燕は「yam（ヤマ）」であり、支配地は「to＝ト＝土」であり、という訳で、公孫氏が遼東に建てた国名も燕（燕土yam-to＝「燕＝yam」＋「土＝to＝支配地」）でございまして、その女の卑彌呼の国の呼び名が邪馬臺（タイ・ト）国でもあるのですから、やはり「燕＝ヤマ」という言葉が、公孫氏と不可分一体だったのでして、かつ、地中海のフェニキアから極東の邪馬臺国に至ります海上ルートのキーワードともなっておりましたことがこれによって判って来るからなのです。

＊ヤマタイ国とは、このようにフェニキアの植民市（！）をも指していたのですよ。

しかも、満州の遼東半島の、倭人である卑彌呼の母国の「ヤマト」をも指していたのです。モハ、驚き。

ジャワ海の「ヤーヴァ・ドヴィーパ」の「ヤヴァ」も、プトレマイオスの「イアゥバディウ」に含まれます「イヤアゥバ」も、皆、古くにフェニキアのタルシシ船（奴隷船）の支配地を意味していたのです。

このように、「フェニキア―ヤーヴァ・ドヴィーパ―邪馬臺国」へと、オリエントから東方への、地球の半分の流れを読み取らなければいけなかったのです。

さて、アナタにこのことを覚えて頂くための極め付けの情報をお知らせ致しましょう。この紅海の南のアラビア半島の角の「ヤマン」の英語の訛りが「イエーメン」だったのです（「ソロモンとシバの女王」のシバ（サバ）の女王ビルキースの国もこの辺りでしたよ。又、この辺りのエブスはフェニキア人の故地の一つでもあったからなのです。別述）。そして、この辺りはヘブライ人の真の本貫たる「約束の地」であったとも言われており、しかもアナタ、アラビアのセム系の「真実のユダヤ人」は決してアブラムの子孫などではなく、ユダヤ教徒となったアラム人やアラビヤ人だったことが、その姓自体からも判って来るのですよ。

さて、エジプトの三千五百年前のレバノン杉で造った「太陽の船」でさえ、木製で三〇メートル以上あるのですからね――。

それに、このように、この邪馬臺国の東アジアにおけます母国でもありましたヤーヴァ・ドヴィーパは、更にインドを介しましてエジプトのヒクソス王朝の末裔であるフェニキア人とも繋がっていた（地中海のオウドがインド・アユダ国の王族の母国）からなのです（九7）。

そのフェニキア人は、アナタもよくご存知のように、盛んに古代の東アジアを「香料と金」とを求めて奴隷船で訪れておりますよ。

インド人の船乗りの「ニギハヤヒ船団の船長の天津麻羅（あまつまら）」を使用したフェニキアの「タルシシ船＝奴隷船」も、インドネシア（イアゥバディウ＝金の国）へ古くから頻繁に金や香料を求めてやって来ております（九7、3、4、9）。

因みに、台湾の高砂族（かつての生蛮の総称＝マライ・ポリネシア系）の中のアミ族（東海岸）では、「鉄」のことを「マラ」と申しますので、ニギハヤヒ船団（船長は右の鉱山探索民の天津麻羅）が古くにアジア東岸を北上いたしましたとき、この言葉を、当時はジャワ海、フィリピン、台湾辺りにおりましたニグロイド系も混血いたしておりました「プロト高砂族」（伝承・神話・民話・言語からも、この高砂族とジャワ海やフィリピンの部族との深い関係が認められるからです）の中に置いていったのです。

卑彌呼の頃よりも何百年か後世のものですが、その母国と同領域で存在しておりました、アナタもよくご存知の、右のジャワの「ボロブドール遺跡」の刻印にも巨大なアウトリガーが刻されておりますよ（前述）。

さて、先に述べましたように、これらの艦隊（今日で言うところの機動部隊）を記しました「杉板」が、天日矛の墓のある出石神社のすぐ近くから出土している（しかも、その時代も卑彌呼と、正に同じ頃のものですし）ということは、取りも直さず、同じ頃に、同じように日本列島を「先行した東行者」があったというところからも、このことは「アメノヒボコ＝ニギハヤヒ」で同一人（神）の投影ということにも繋がって来ていたのです。

7、神武に先行して東行したニギハヤヒと天日矛

日本紀の神話では、この点の表現はどうなっているのでしょうか。またその中には何らかの隠されたヒントは見られないのでしょうか。では次に、その点につき、アナタと共に見てまいりましょう。

実は、日本紀の神話からも、神武の東征に「先行」する大王の暗示を幾つか読み取ることが出来るのです。

それは、イザナギ・イザナミがまず高天原から下りまして——つまり、より正確に申しますと、扶余系の平安天皇家の祖先（と申しましても、平安天皇家の「伯族＝温祚百済」系ではなく、これは主として大陸の出自といたしましては同系統の兄弟ともいえます物部氏・ニギハヤヒ系・沸流系を意味いたします）が満州・朝鮮半島から日本列島に南下して参りまして——天浮橋（丹後・天の橋立）に立って「アメノヌボコ」を以って夫婦の契りとし、イザナミが国と多くの神々を産んだとき、その中からアマテラスや「火神」を産み、やがて亡くなってしまいます。

この話の中の、右の「アメノヌボコ」（丹後での復活）と「アメノヒボコ」（当時の丹後、後世の但馬の出石に定住）の「名」と「地域」との類似性や、「火神（インドでは古くからの最高神）＝アグニー」と「ニギハヤヒ（その姓は大陸ではアグリー氏＝徐氏＝余氏）」ですから、この「アグニー」と「アグリー」の「神名」の類似性、それもニギハヤヒの本姓である「アグリー」＝「シャキー＝シャー＝昔＝徐＝余」との音の類似性も気になるのみならず、共に、この二つはどうしたことか丹後とも深い関係にあるからなのです。

＊それに、インドには、古くは「鉄民のアガリア」と「塩人のアグリアー」というカースト・賤民も存在しておりました。

尚、満州時代におけますニギハヤヒ（昔氏）の祖先の扶余の「穢（かい）の王」の「アグリ（淮骨令）氏」につきましては、後（一七6）に述べる予定です。また、日本紀の神話中、塩土老翁（しおつちのおゆ）から「東方にニギハヤヒ（アグリー）が天降った」ことを教えられた神武大王（イワレヒコ）が、東方のその土地へ行った、と記されておりますことも、その証拠の一つに加えてもよいかと思います。

さて、この辺りで「神武東征」の物語が「作り出され」ました経緯につきまして簡単にマトメておきたいと思います。

新羅系の奈良日本紀では、伽耶・倭系の天日矛が東行したことになっておりましたものを、次の百済系の平安日本紀におきましては、空から降りてまいりました天孫降臨の子孫で、日本列島生え抜きと称します神武大王が九州の日向から東征したことに、扶余の大王（百済の神話時代の大王。百済建国の実質初代の13近肖古王〔三四六～三七五年〕以前の王でございます「扶余王依羅＝百済6仇首王」）をその「モデル」としてもってまいりまして、「天日矛＝ニギハヤヒ」から「神武大王＋ニギハヤヒ」という風にその組み合わせを変えてしまっていたのです。

そして、このようにニギハヤヒと天日矛とは同一、かつ「鏡の

両面」でもあったのです。

この点、「ニギハヤヒが神武と戦わずに降伏した」という日本紀での表現が意味しておりますところは、本来は、扶余から先行して渡来しておりました「穢族系の物部氏の祖神のニギハヤヒ（つまり、沸流系）」が、その頃の倭王の一員であったものを、後に、百済が六六〇年に滅亡してから亡命渡来してまいりました百済王家の人々が、その自分たちの「祖神」である「貊族の神武」（つまり、温祚系。平安朝では、貊族の温祚百済系が「天皇＝王権」を掌握し、日本紀を書き替えてしまっておりますので）にニギハヤヒが降参したという風に自分たちの祖神優位に書き換えてしまったということだったのです。

この点、平安紀のお手本とされました百済史の方を見ましても、このニギハヤヒ（沸流）が5肖古王として、そして神武（温祚）が6仇首王として、共にその百済王系図上に取り込まれて表現されておりまして、しかも沸流が兄で温祚が弟なのですから、この百済王位継承の「順番」（建国前の架空のものではございますが）も年長のニギハヤヒが先となっており、見事な程ピッタリと一致しているからなのです。

因みに、「天日矛が紀伊の名草戸畔」を伐ったこと（奈良紀）をモデルにいたしまして、イワレヒコがナガスネヒコを伐った話（平安紀）を創り出して（書き換えて）しまいましたことにつきましては、既に何度もアナタにお話しいたしております（一五1）。

そう致しますと、平安日本紀での神武大王の東征のお話（一1の『古事記』A（イロハニ））における河内の日下（くさか）のモデルとは、本来は朝鮮半島の弁韓のことだったのでございまして（日下＝＝卞＝弁）、そこに「北倭＝扶余系」が船で朝鮮半島を南下して参りましたが、釜山（プサン）の近くの「弁韓＝倭」に上陸しようとして「長髄彦（ながすねひこ）系＝朴（ぱく）氏＝瓠（ぱく）公＝南倭＝インド・シスナガ系＝ナガ族＝息長（おきなが）（キジャン。足＝タラシ＝王）＝機張（キジャン）王」に上陸を阻まれてしまったという事でもあったのです。そして、その後は（一1の『古事記』B（ホヘトチ））、止むを得ず、そのまま一部はそこで和睦して混血し（二3）、その他は船で日本海を渡り、北九州の伊都（列島での倭の外港）、そして山陰の熊野（出雲）へ上陸し、吉備を経由して大和の「纏向（まきむく）＝トミ」へと入って行ったということが、神武東征の本来の台本の一つ（奈良日本紀レベル）であったのです（但し、その主役は「イワレヒコ＝神武」ではなく、「安羅王＝倭王」の天日矛（あめのひぼこ）、乃至は物部氏の祖神の沸流百済のニギハヤヒとなっておりました。一五1、3、4）。

8、卑彌呼と神武は夫婦でニギハヤヒの養子となっていた――隋書によれば神武・仇台王と卑彌呼・公孫女は夫婦

(1) 高句麗との戦いに敗れた公孫氏は女を高句麗の王子の罽須に嫁がせた

このことも、アナタにはなかなか信じられないどころか、右の

テーマを読んだ途端に一瞬「アレッ」とか「ギョッ」とされたことでしょうが、実は、卑彌呼と平安日本紀上の神武天皇（大王）に相当する人物（この人は、百済6仇首王＝百済実質初代の13近肖古王として投影されております扶余王のことです）の実在のモデルとは、満州・朝鮮半島では夫婦だったのですよ。

しかも、この二人で満州から朝鮮へと移動して来た（神武につきましては、百済建国史上でのみ）と共に、そして、そのうちの一方の公孫度の娘の卑彌呼につきましては、朝鮮半島（唐土）の「倭人＝韓人」に担がれ、馬韓王として王都の月支国（アシタ）へ、更に、南下して安羅（倭）の咸安へ、そして「倭の大乱」（主体は南朝鮮）に遭遇し、その際、日本海を渡って日本列島の九州日向・西都原（魏国からなるべく遠いところ）へとも実際に亡命して来ていたのです。

この点につきましても、より正確に申しますと、神武のモデルの「扶余の仇台二世王」は、「亡命扶余民」により民族のシンボルの一つとされておりまして神話と共に朝鮮半島へと持ち込まれ、百済におきましては祖先神の一柱「6仇首王」として祖先の王系図の中に取り入れられておりましたが、やがて日本列島へも六六三年に「亡命百済人」が頭の中にそれを持って（つまり「祖先崇拝思想」の一貫といたしまして）渡来して来たということになるのです。

そして、それが平安日本書紀におきまして、自分たち亡命百済系が天皇位に就きますと、日本列島で初代の大王の神武として日本紀の「神話時代」の次の「人の時代」の初めに、辛酉革命として表現することが出来た（但し、「酉」から始まる暦が新しいものとは露知らず。アホか）という次第だったのです（三二1）。

アナタがたとえ日本紀だけをいくら穴のあくほど見つめておりましても、決してこういう答えは出てはこない筈です。しかし、このことは東洋史全体、つまり朝鮮史と中国史とを比較検討しながら注意深く読み込みさえすれば、アナタにでもスグに解けることだったのですよ。

卑彌呼が公孫氏の娘でございましたことにつきましては、そこには一片の疑義をも差し挟む余地がないくらいに『晋書』を引きまして、既に十分アナタにお話ししましたよね（九1）。

ここから卑彌呼と邪馬臺国の問題をスタートさせなければ、今日のアカデミズムが陥ってしまっている袋路のように、卑彌呼のことは「盲人象を撫でる」状態から一歩も抜け出すことは出来ないのです。

＊それに、正史でも神武（モデルの一人が高句麗王子の罽須）の先妃の吾平津媛（阿比良比売）は、阿多小椅君の妹とされておりまして、この「阿多」が「阿那＝安羅」であったことの暗示であったことにアナタが気づかれますと、「安羅＝倭王＝大伴氏＝卑彌呼の末裔＝遼東半島の公孫氏（「事代主＝公孫度」「大物主＝公孫域」）の末裔」ということなのですから、ここにも「扶余・高句麗」と公孫氏との関係が見られたのです（勿論、後妃のヒメタタライスズは、言うまでもなく公孫度［事代主］

の女です）。

では、次に、百済始祖王の一人でございます神武（モデルは「扶余・仇台王＝百済6仇首王」）と卑彌呼（公孫度の女）とが満州・朝鮮では「夫婦関係」（後妻）にあったということにつきまして、まずは中国史や朝鮮史ではどのように表現されていたのかという点につき、早速見てまいることにいたしましょう。

朝鮮史では、中国史を引用いたしまして『北史』や『隋書』では、「すべて、高句麗の東明の子孫に仇台というものがいて……始め国を帯方郡の祖（故）地に建てたのであるが、（後）漢の遼東太守の公孫度が娘を仇台に嫁がせたので百済は東夷の強国となった」と言っている（「百済本紀」始祖温祚条）旨の記載がなされております（高句麗王家の前半も、百済王家もともに伯族で同一です）。

この点は、「百済本紀」が引用いたしておりますオリジナルな中国史の方を見てみましても、右の百済史での引用通りとなっておりまして一致しております。

これがまずは、「大陸のレベル」の史書におきまして卑彌呼と神武の二人のモデルとしての、実在した人間が「夫婦の関係」にあったということの証拠の一つだったのです。

では、次に、「何故、公孫度は娘を高句麗の王子仇台に嫁がせたのか」と申しますと、『北史』『隋書』の中国史や、それを引用する「百済本紀」におきましては、不思議なことに「公孫氏が娘を嫁がせた理由」を一切書いてはおりませんが（このように、中国史では自分に不利な点は故意に書かないのです。ズルイなァ）、この点、朝鮮史の「高句麗国本紀」などによって私が補ってみますと、次のように

「山上帝元年遣弟　罽須（けいす）攻破公孫度　伐　玄菟　楽浪　滅之遼東悉平」（李陌（りばく）編『太白逸史』「高句麗国本紀」〔一然編『三国遺事』所引の「古記」〕）

とございますので、高句麗10山上王（延優・位宮。一九七〜二二七年）が、その弟の罽須王子（神武のモデル）を派遣し、公孫氏や玄菟郡・楽浪郡を破り遼東の地を悉く平らげたということがこの史書によりまして初めてアナタにも判って来るのです。

＊この点、『梁書』などの他の中国史でも、高句麗と同じく扶余の分国であった百済の位置が、今日の中国領に深く食い込んでおります「満州の遼東」になっている記載が見られますので（二一3、一五8。高句麗〔伯族＝百族〕が満州の、しかも遼西の義県〔東経一二一度、北緯四一度三〇分辺り〕にまで進攻し占領しておりました証拠につき、一七2）、間違ってはいなかったのです。中国の「懲りない面々」による、現代の歴史改竄につきましても、この後直ぐに申し上げます（新中華主義）。

よって、半中国人とも申せます公孫氏は「敗れ」ましたので、それで娘を「勝った」高句麗の罽須王子（神武のモデル）に「差し出し」嫁がせていたのです。ですから、これはごく自然なことだったのです。

＊満州での鉄民征圧の「八岐大蛇（やまたのをろち）」のお話が、日本列島の出雲で

のお話とされてしまったのと同じように（一五3）、高句麗によるこのときの満州の公孫氏の征圧が、これは偶然の一致でしょうか、同じように出雲での「大国主の国譲り」の神話と化して、日本紀の中に紛れ込んでしまっていたのです。

このことは、「公孫𦊆＝大物主のモデル」「公孫度＝事代主のモデル」ですので、当然のことではあったのですが……。

この点、中国側の史書でございます『魏志』『通典』におきましては、「天子の国としてのそれなりの面子」というものがございますので、同族に近い、しかも中国皇帝の部下でもあるところの遼東太守の公孫氏が「東夷の朝鮮の高句麗ごときに敗れた」とは、素直には書きませんで（書けず）、この点につき、後に述べますように、「扶余王尉仇台は公孫の支配下に入った」などと、同じ出来事につきまして、朝鮮側の資料とは全く百八十度逆に記してしまっていることが両者の比較により判るのです。

＊このように朝鮮史と中国史とで全く逆のことを記してある場合には、アナタはそのどちらを選ぶのかという「眼力」を、常日頃から東洋史全体の因果の流れを見渡しまして養っておく必要があるのです。

同族とは申せ、扶余と高句麗との差し替えによる、故意の中国史の混同・ごまかしにご注意アレ。

この中国のズルさは、千五百年前の帝国と何ら変わらず、今日のレッドチャイナの「懲りない面々」におきましても見られることなのです。と申しますのも、近時、中国の国家機関でもございます中国社会科学院・中国辺境史地研究センター（副院長の王洛林が主査）などでは、「新中華主義」（早い話が、覇権主義）というものに基づき、高句麗を中国領域内の「地方史」として位置付けてしまいまして、歴史を遡りまして独立国家としては否定するような考えが台頭し始めてはおりますが（五年計画の「東北工程」）、これこそ、正に、南北朝鮮統一後に、必ずや生じてまいります、満州の朝鮮族居住区を巡る、「中朝国境線確定」を意識いたしましての地政学的な動きだったのです。ホラ見たことか、アナタ、同じ社会主義国の仲間内ですら、いよいよ中国が馬脚を露しましたよ。怒れ、朝鮮族！

つまり、ここでは公孫度の娘と「高句麗」の王子仇台の結婚（『北史』『隋書』）、公孫度（又は、その息子）と「扶余」王女との結婚（『魏志』『通典』。後述）と、一見、「クロス対婚関係」におきましての相互の国名に矛盾（高句麗と扶余）が見られるようなのですが、この場合には、次のように「高句麗＝扶余」と考えますれば、右の点は、それで忽ち氷解してしまうのです。

と申しますのも、中国（公孫氏）側では、東夷・北狄の如き高句麗に、中国の大帝国の軍が完璧にまで敗れたとは、とても素直には書けませんので、扶余王・尉仇臺（『魏書』）と高句麗王子・罽須（「高句麗本紀」）とが歴史上、しかも正史に「同一人」と見られておりましたところから、これ幸と、敵国「高句麗」のことを、中国とは同盟関係にありました高句麗の母国ともいえます「扶余」（との結婚。しかも、公孫氏への婿入りのニュアンス）とボカしてしまったからなのです（古代からメンツの国、中国）。

それに、中国から見ましても、両者はほぼ同族の国であるのみならず、右のように、扶余は高句麗の母国でもありますから、民族的にもそれ程不当なことではないのだと、無理に考えられていたからだったのです。

＊北扶余の前期王朝と高句麗の前期王朝とは、ともに伯族（というよりも建国史の物真似に起因）で、外から見ましても同一ですし。

しかし、東洋史全体を俯瞰的によーく眺めてみますと、たとえその勝敗の点はごまかせたといたしましても、逆に、「高句麗＝扶余」と置き換えて表示して敗戦をごまかしたことが、「仇台」と「罽須」とが同一人であったという重大なことを、アナタに間接的に証明（確認）させてしまっていたのだという側面を見せてしまったのです。

さて、更に、アナタは驚くかもしれませんが、先にも少し触れましたように、神武のモデルである扶余王の仇台二世の「妹」と卑彌呼の「弟」つまり、この卑彌呼の弟を「日本紀という歴史物語での登場人物」に置き直してみますと「日臣＝道臣＝〈卑彌呼の宗女の壱与〉の実父＝公孫康＝大伴氏の祖」（公孫恭は、性能力なしと『魏書』に書かれておりますし、これは生き延びて卑彌呼の「男弟」〔『魏書』倭人条〕になった人ですので、この卑彌呼の弟とは、もう一人の兄弟の公孫康のことであると考えざるを得ないのです）ということにもなり、この右の二人も結婚していたことになるのですよ。

この卑彌呼の弟（大伴氏の祖、道臣、日臣）の公孫康と「クロス対婚」した扶余の神武の妹との関係の証拠を見てまいりますと、まずは、日本列島での史料におきましても、「幼名大玉大苔命、速玉山田命、中臣道臣命、武部道臣命」（このようにここに大伴氏の祖、「道臣＝日臣」が出て来ております）、そして「天日方奇日方命と改め賜う。天皇の妹武織媛命を妃とし給ふ」（『神皇紀』神皇、後紀人皇、人皇歴代、神武天皇条。この日方奇とは「日置・ヘキ・伯」族のことをも表しているのでしょうか。因みに、この天皇とは神武大王のことです）とありますように、この書では神武の妹の名は「武織媛」と申しまして、この人が、実は、卑彌呼の「宗女」壱与の「母」＝神武の「妹」のことでもあったことが判って来るのです。

つまり、「神武大王の妹」のこの武織媛が、公孫氏の「大伴氏の祖である道臣」と結婚していたということが判ってまいります。

このように遼東半島での公孫氏と扶余王家とは「クロス対婚関係」にあったということ、つまりアナタにも判り易く、翻訳された平安日本紀上の氏族にこのことを焼き直して申し上げますと、大伴氏と百済祖王家たる神武大王家とのクロス状の結婚ということだったのです。

＊このように大伴氏と平安天皇家の祖先とは、満州の時代から婚姻関係にあったのです。

(2) 中国史にも記されていた公孫氏と扶余王の女との結婚——何故、神武も崇神もハックニシラススメラミコトなのか?

そして、こちらの方は中国史の方を見ましても、ちゃんとその通りに、「漢の末に公孫度が海東に勢力を拡張した。外夷を服属させた。扶余王尉仇臺は公孫の支配下の遼東部に属することになった。その頃は高句麗と鮮卑が強く、公孫度は自国がこの二つに挟まれていたので扶余王の長女を妻に娶った」(『魏志』扶余条、『通典』も同旨。遼東と扶余との関係が明白です)と、「神武の妹」を公孫氏が娶ったことが、正直に記されていた(どっちが強かったのかの点は、逆ですが)ことからも裏付けられていたのです。

*但し、ここを「扶余王に妻するに長女をもってした」と読む人もおられます。そういたしますと、前述の中国史の『北史』『隋書』と、ほぼ同じ内容(神武自身の結婚のこと)ということになってまいります。

ここで『魏書』や『通典』のいう神武のモデルは、年代の検討結果から考えまして、扶余王の仇台一世ではなく仇台二世と見なければなりません。そしてこのことは、その仇台二世の妹と公孫度の子の康との結婚、つまり「神武の妹」と「卑彌呼の弟」とが結婚していたことの投影であったのです。

と申しますのも、「永寧元年(一二〇)、夫余王は嗣子尉仇台(遣嗣子仇台)を後漢の宮廷に派遣した」「天子(安帝)は〈印綬〉と〈金色の絹織物〉を与えた」(『後漢書』夫余国条)とございますので(これが神武東征の折に弓に止まったという金鵄のヒントとなったのでしょうか)、年代的には仇台一世ではなく仇台二世の頃の出来事であるからなのです。

*但し、中国史・朝鮮史におきまして、よく見られますような年代の加上(歴史の改竄)がなければの話なのですが。

実は、この辺の高句麗王系図は後世(特に李朝あたりか)の改竄が激しく、9故国川王(一七九～一九七年)と10山上王(一九七～二二七年)が、本来は「父子」の関係にありながら、(父)9故国川王の王妃・于と(子)10山上王との母子婚(親子丼)が行われてしまったがために(「高句麗本紀」)、後世(多分、李朝の辺りでしょうか)の朝鮮の儒学の倫理観の影響によりまして、この母子婚を隠すため歴史改竄が行われ、右の「父子」を「兄弟」とすり替えてしまい、つまりこの二人の結婚を「義姉・弟婚」にすり変えてしまっておりますので、この辺りの年代と事跡につきましては史書が大いに改竄されてしまっておりまして、歴史を学ぶものにとりましては、頗る要注意だからなのです(尚、日本紀の上代への、このことの投影につき、多研耳のところ、一六3参照)。

*高句麗は、ツングース系ないしは伯族系にチュルク(高車)系の遊牧系の血の混じった王朝ですので、その結婚の当時といたしましては、この母子婚は、何ら可笑しいことではなかった(かえって、扶養としての社会福祉的な意味すらもあった)のですが、時代も下りまして、李朝当時の朝鮮では、最早朝鮮人は農耕民化してしまっておりまして、中国べったりの(事大主

義）面子だけで生きる家長制の儒教の「両班」の支配する奴隷制的な社会でしたので、その遊牧民の正当な歴史すらも忘れてしまっておりました。知ってはいたけれど、気取っていて、後世の儒教の倫理上、野蛮なので許されないとして、祖先の王の「母子婚」を否定しただけのことだったのかもしれませんが。ですから、この点は「親子」とする中国史（『魏書』）の方が正しかったのです。

また、これは中国の正史であり、ここでは公孫氏はあくまでも中国人としての遼東太守の立場から書かれておりますので、かような国際情勢下におけます実際の力関係は、この表現とは少し異なり、平等か又は、真相といたしましては、公孫氏の方が扶余の神武に従属していた可能性も大いにあったのです（前述）。

そのことは兎も角といたしましても、満州では公孫家と扶余王家とは「襷掛け婚」をしていたということが、これでアナタにもお判りいただけたことと存じます。

この点につきまして、一般にアカデミズムは、「『隋書』が、百済の仇台と混同したのか」などと、ブツブツ・ムニャムニャ言ってはおりますが、とんでもありません。決してそんなことはなく、このことは、間違いなどではなく『隋書』や『北史』の「文字通り」史実（但し、「仇台一世と二世」という小さな混同及び「公孫氏とその子」との小さな混同は見られましたが）だったのです。

＊この混同は、高句麗史上での6太祖王（五三～一四六年）の在位が、古代の人にしては、一見明白にあまりにも長い（この辺りには、明白に歴史改竄が窺われます）ことによる影響かとも思われます。

この王が、精々、高句麗の始祖王らしい人（伯族系の消奴部の王。「国祖」とされておりますので）なのですが、これらは高句麗の母国の扶余史からの借用ですので、実際は9故国川王（穢・解族系の桂婁部の王）からが高句麗（モデルとなりました北扶余では別といたしましても）の実質的な王だったと思われます。この王は神武のモデルの一つである罽須王子の父でございます。

9故国川王の父の8新大王の諱は伯固でして、これは伯族を表しており、9故国川王の長男である「発岐＝抜奇」も「発＝抜＝伯」で伯族でしたので王になれなかったのです（ここに系図合体有り）。因みに、この発岐の子も駮位居と言い、これ又伯族であったのです。つまり9故国川王からは、伯族に代わって「穢＝解」族が（扶余史の焼き直しとして、高句麗建国史〈物語〉上）王位に就く形になっていたのです。

高句麗史も、実は、6太祖王（宮。即位一四六年）辺り以降からしか信用性はないのです。

と言うわけで、「魏志」上での扶余の仇台（二世）王と「百済本紀」上での百済の6仇台（仇首）王とは全くの「同一人」だったのでございまして、これは百済史の作成のときに、自国の建国を古く遡らせるために「扶余王仇台二世＝高句麗の王子罽須」を百済6仇首王のモデルとして王系図上に持って来て（挿入して）

しまったことから生じたことだったのです。

更に、この百済6仇首王の「焼き直し」が百済実質初代王の13近肖古王だったのです。

このことを我が国の平安日本紀との関係で申し上げておきますと、百済系の平安天皇家が、この百済建国前の百済6仇台（仇首王をモデルといたしまして、奈良日本紀におけます天日矛の「代わりに」神武天皇・大王という人物を新しい「現行暦」によりまして「辛酉革命」説に基づき創り出してしまったがために（六2）、「扶余王＝高句麗王子＝百済王」が、日本の天皇系図の始祖である「神武＝イワレヒコ」という人物の中（始祖王の位置）に自動的に入り込んで（投影され）来てしまったのだということだったのです（三二1）。

＊因みに、百済13近肖古王自身の方は、日本紀上では10崇神大王として翻訳されて挿入されておりまして、そうであるからこそ、百済「6仇首王＝13近肖古王」で同一人、日本紀に翻訳された「1神武大王＝10崇神大王」で、これ又同一人であり、共に、神武と崇神は、同じく「ハックニシラス・スメラミコト」であったのです。

(3) 神武と卑彌呼が朝鮮半島を南下した（済＝海を渡る）

では、神武と卑彌呼が夫婦であったという点は、それでOKといたしまして、次に、その二人が朝鮮半島を南下して行く様子につきましても、そこに何らかの証拠が残っていないかどうか、中国史を「目を皿のようにして」見てみることにいたしましょう。

アナタ、実は、ちゃんとあったのですよ。「6仇首王＝13近肖古王」と同族の扶余「伯族」の朝鮮半島南下の証拠が。

「東明の子の仇台（二世と思われます）が帯方郡の故地に国を建てた」

「後漢の遼東太守の公孫度は娘を仇台に合わせた」（以上、二人の結婚につき、前述）

「百家（伯家）が海を済（わた）ったので百済という」（『北史』百済伝）

＊尚、『隋書』もほぼ同じなのですが、この『北史』の方にはハッキリと「済＝海を渡る」と記されております。

この点につきまして、今までアカデミズムでは長い間、百家「が」ではなく、百家「で」と考えられてまいりました。では、「が」と「で」では一体どのようにニュアンスが違って来るのかと申しますと、従前の解釈のように「で」ですと、「百」という数（多くの「姓＝職業」の人々が海を渡ったなどという表現。そして、これが百姓などという言葉に繋がって来ております）にポイントがあることになってしまうのですが、それが「が」ということになりますと、「百家」はより主語に近くなり、「百＝伯」族という百済の母国の扶余の部族名（北扶余の前期王朝）にもポイントがあることになって来るからなのです。

百＝パル＝扶余＝光明。四国の琴平山（ことひら）（この場合は「ニギハヤヒ＝天火明命＝大歳（おおとし）」です）の「五人百姓の伯」。須我神社（島根県大東町）の摂社に「琴平＝大歳命」が祀られておりました。

そもそも高句麗や百済の母国であります北扶余王国が、「伯・貊族」と「穢・濊族」との二族連合からなる国家であったことの認識がございませんと、こういう発想（「で」と「が」の区別）に思い至ることは到底至難の技なのです。

ところで、東扶余王仇台は、北扶余「伯族」の末裔（温祚系）ですので、この『北史』百済伝は扶余伯族が朝鮮半島を南下して百済を建国したということを正直に表現していてくれたのです（『宋書』などの遼東半島の百済郡・晋平郡〔蓋県〕につき、別述）。

このように百済（ペクチェ・ハクサイ）とは、扶余の「伯族」が朝鮮半島を南下して建てた国、つまり「百＝伯＝パル」ということを素直に表していてくれたのです。

尚、ニギハヤヒ系の「穢族」（沸流系）は、朝鮮半島を素早く通過（多分、東岸を通り）いたしまして、金官（倭）へ入った（そこで支配又は婚姻により混血）後、伯族よりも古く（早く）に日本列島へと渡り、畿内におきましては高尾張（葛城）から尾張（愛知）へと進み（尾張一の宮の真清田神社の祭神の天火明命）、この頃にはニギハヤヒを祖神といたします物部氏の祖先と化して日本列島の一部を支配していたのです（一六2、一八5）。

ですから沸流物部氏系図と百済王系図（これが平安・現行日本紀の天皇系図の基礎となっております。一八5）とは、個々の王の名こそ異なっておりますが、基本的には同一だったのです（沸流＝パル＝扶余＝百済）。例えば、平安『日本紀』では15応神大王のモデルである百済19久爾辛王は、『旧事本紀』の方では物部胆咋宿禰と表現されております。

このことは、又、別の見方をいたしますと、そこにはある法則が見られるのでして、「物部胆咋＝応神大王のモデル＝百済王久爾辛」の「イ」、「物部五十琴姫＝仁徳大王のモデル」の「イ」、「物部伊莒弗＝市辺押羽皇子のモデル＝百済蓋鹵王」の「イ」などの名に共通して見られます「イ」とは、「百済実質初代王の13近肖古王」の満州でのモデルである「扶余王依羅＝崇神大王のモデル」の「イラ・イリ」の「イ」に由来し、その血をひくものであったこと、つまり、その翻訳である「10崇神大王＝ミマキイリヒコ・イニエ」の「イ」（一五11）、「11垂仁大王＝イクメイリヒコ・イサチ」の「イ」と同じことであったことに、もしアナタが思い至れば、『旧事本紀』が「物部氏＝百済王」であったことを暗示していたことの理由がお判りになった筈なのです（イル＝パル）。

更に、これらの王名の頭文字の「イ」は、特に大切な「字音」だったのでして、高句麗始祖王（c系列、桂婁部）9故国川王（一七九〜一九七年）の伊夷謨（イイモ）の末裔を示す「イ」の表示だったのであり、その後の、10山上王（一九七〜二二七年）の位宮（イグウ。本来、故国川王の「子」でありながら「兄弟」とされてしまいました高句麗王。一五1、6、一七6、他）、同じく11東川王（二二七〜二四八年）の憂位居（ユウイキョ）、18故国壌王（三八四〜三九一年）の伊通（イツウ）、発岐の子の駮位居（ハクイキョ）なども皆、この「イ＝イル・イリ」の表示でもあったのです。

＊因みに、右の10位宮は、6太祖王（五三～一四六年。実質、歴史的に推測可能な、高句麗初代王か）と似ておりましたので、その「宮」を受けて「位宮」と呼ばれたのです（但し、王朝は異にしますが。系図上同一人であることの暗示だったのか）。

加えますに、扶余族が南下して辰韓、そして金官（倭）へと入りましたことは、この北倭の「イ」が「五十＝イ」と表示され、同じくこのことが「忍＝オシ＝与謝＝ヨサ」としても表されておりまして、これは「大」つまり「大伽耶＝連邦の盟主」ということ（古くはこの一族の渡来と「金官伽羅＝倭」、新しくは高霊伽耶）をも表していたからなのです（扶余・穢族の入った金官（倭）伽羅）。

＊新潟（古代の越）に多く見られます五十嵐の姓の「五十＝イ」も、古くは関連していたものと思われます（扶余＝光明族との合体）。

五六二～六六三年は、安羅も、一時、高霊伽耶と並行して「五十＝大＝忍」伽耶、つまり大伽耶であったことがございました（満州系の出自の暗示）。

このように、中国の『北史』や『隋書』は、公孫氏の娘の卑彌呼と高句麗の王子の神武が共に朝鮮半島へと南下し（但し、神武自身につきましては、百済建国史という物語上における6仇首王としてのみ）、やがて卑彌呼の方は馬韓に倭人連合の王として、倭人連盟から乞われ、又は、勝者の公孫氏から押し付けられて入り、伯（百）族の神武の子孫たちは、約百年余をかけ、遼東半島から「西朝鮮湾」を「渡って」、馬韓に「国を建てた」という事実をも示していてくれたのです。

＊中国史では、単に湾を渡ることも「海中」「渡海」と表現されておりますので、アナタは気を付けなければいけません。大洋の中の島国育ちの日本人が考えます、この言葉のイメージとは相当異なりまして、「大海に乗り出すこと」ではない場合も多くあるからなのです。これは西戎であった遊牧民（かつ、長い間ユーラシア大陸の高地を亡命・流浪してまいりました）の末裔の漢（羌）族が、そもそも民族発生的（本質的）にも海に暗かった民族だったので、海を暗いものと表現していたのです（漢字の分析からも「海＝晦＝暗い」ですので、このことが判るのです）。

「羌人＝漢人」が『説文解字』を作った頃からは、「漢人＝羌人」も漸く独自の文字を使えるように成長して来ております（一二1、一三1、九2、3）。

このように百済史上における「建国の歴史物語」といたしましては、「仇台＝6仇首王＝1神武のモデル」が、象徴として西朝鮮湾を渡海して百済を建国したことになっていたのです。但し、実際の百済の建国は、それよりずっと後の「13近肖古王＝10崇神のモデル」の四世紀後半になってからのことだったのですが（渡海の証拠につき、一二6）。

そして、この百済・建国神話である歴史物語を、百済系の支配いたします平安朝におきまして、平安紀がそのまま日本・建国神話として継受して百済史から採用して（取り込んで）しまっていたという訳だったのです。「百済がもと遼西をも支配」していたという中国史の『梁書』（二―3）の意味するところも、同じ扶余から別れました高句麗又は伯族が、遼東半島の公孫氏（卑彌呼の出自の「安羅＝倭」王家）を制圧して、遼河の一帯を占領していたこと（これが出雲の大国主の国譲り神話のそもそものモデルでもございました）と、北扶余の一部が南下して、馬韓の地（ソウル）に百済を建てたということの二つのことが（合わさって）示されていたのだということを、アナタは読み込まなければいけなかったのです。

＊中国史に見えます「小水貊」（『魏書』高句麗条、「高句麗本紀」東川王二十年（二四六）の梁貊谷（渾江の支流の富爾江）の建国もこれらのことと関連しておりました。
そもそも、中国は、近年（中世）に至るまで、東夷のことなどは殆ど関心を持たなかったので、この程度の認識でも史書上に残されておりましたこと（『北史』などの百済の遼西支配との文言）は（古代の「歴史探偵」を目指しております、私の証拠探しといたしましては）、大変有り難いことだったのです。

更に、もう一つ「渡海」の例を挙げておきましょう。

楽浪王の崔崇が、珍宝を楽浪から馬韓の都の王倹城（二―1）に運びましたときに、単に湾を突っ切っただけのことだったのにも拘わらず、次のように「渡海」と表現されていることも、その一例といえましょう。

「楽浪王……渡海　至馬韓都王倹城」（『北扶余紀』上、三世檀君高奚斯）

先程の中国の『晋書』によりますれば、扶余王仇台（朝鮮の高句麗史でもこの同一人を王子の罽須として表現しております）と公孫氏の娘長女とが結婚していたことが判りますし、そして、その結婚の時期が一体いつ頃のことなのかを分析してみますと、前述のように、それは正に「卑彌呼の時代」（三世紀前半）ともピッタリと重なって来るではありませんか。

（4）出雲の国譲り神話の舞台も満州だった

このように、卑彌呼が公孫氏の娘（『晋書』。九）であり、平安紀（現行日本紀）における神武のモデルが扶余王・仇台（二世）であり、かつ、高句麗の王子や百済王・仇首とも日韓各国の正史（歴史物語）上、同一人であったと考える私の立場からは、形式的にも驚く程これらのことがドンピシャリだったのです。

そして、このことは、当時の東洋の「国際情勢」に鑑みましても、実質的に、至極自然のことだったのです。

と申しますのも、当時の公孫氏は「鮮卑」と「高句麗」に挟まれて脅威を感じておりましたので、どうしても近くの「扶余」と手を結ぶ必然性があったからなのです（九1）。

という訳で日本紀におけます「タケミカヅチ」（雷＝イワレヒ

コ・神武の投影）が「大物主（モデルは公孫域）から領土を分けて貰い、事代主（モデルは公孫度）の娘のヒメタタライスズと結婚した」という表現の真相の解明には、右の中国史（『北史』）にこれを重ねて合わせて考えてみますと、ピタリとその真意が判って来るのです。

＊所謂、これが、一般に「出雲の国譲り神話」言われているものの、翻訳されます前の満州におけます祖型・原型だったのでございます。

「ワケ・ミカヅチ＝王・雷」。字義から考えますと、「雷＝辰」（古代中国では、長い間、雷から地震が起こると考えられておりました）ですので、雷王は「辰王＝鮮王」、つまり朝鮮半島部の倭王をも暗示していたのです。丹後の籠神社（下宮）の祭神のニギハヤヒ命が、京都山背の上賀茂神社（秦氏に乗っ取られた葛城の伽羅系の神社）の祭神と同じ名の「別雷命」であるとの考えや、又、丹波道主であるという考えも、丹後には伝わっております。

このことは、「タタス＝黼＝タタラ」ということで、丹波（丹波道主＝ヒコタタスミチノウシノミコ）と山背（「元糺」の木嶋坐神社と「糺の杜」の下鴨神社）とも神々の遷移という点で繋がっておりましたことを示していてくれたのです（別述）。

そういたしますと、このことは、日本列島を東行いたしました歴史物語上の「ニギハヤヒ＝神武大王」ということにも繋がり、更には、これらと「天日矛」とが同一人であったということにもなって来るのです。

「ワケ・ミカヅチ＝別雷＝神武大王」（『秀真伝』第三〇章）とありますことからも、この「建雷＝別雷＝神武」であるということが判って来るのです（Wang＝ワケ＝王につき、一1）。

事代主（公孫度）は、神話上では、木花咲耶媛の父の大山祇としましても投影されておりますよ（大山の「オー」は、ソロモンの「オー」。卑彌呼はフェニキア系）。

この点は、「卑彌呼＝公孫度の女」で、又、時としては「木花咲耶媛」のモデルといたしまして、鹿児島県の大隅正八幡の境内にも、卑彌呼として祀られていたのです。

これは半ば冗談なのですが、公孫度が事代主のモデルとなっておりましたことは、公孫度済升からヒントを得て、「公度升＝コトショウ＝コトシロ」（！）と日本紀の作者が命名いたしましたことが、ちゃんと暗示されておりましたよ。これも朝鮮人のユーモアの一環なのでしょうか（二三5）。

また、更には、この大山祇（和多志大神）は、木花咲耶媛と石長媛との父で、仁徳大王の頃に渡来した「応神大王＝モデルは百済王・久爾辛」であるとも考えられますので（『伊予風土記』逸文の分析）、神話の脚色におきましては、この物語が色々な形で使われている（登場している）ということが判るのです（アナタの「水平思考」が必要）。

大山祇（祇＝ツミ＝津見・積）命とは、愛媛県の芸予海峡の大山祇神社に祀られた「海神・水軍」であり、別名、「ワタシ大神」（ワタ＝海）ですので、その名自体にも渡来系であることが表されているのみならず、この神の妻は、鹿屋（かや）比売と申しまして、その妻の名自体が「カヤ＝伽耶＝倭」を表してもいた、つまり、この「応神＝久爾辛」と鹿屋比売の夫婦のモデルは、共に朝鮮半島の百済王と伽耶王女とのペアーであったこと（この頃の倭国の実体そのもの）がここに示されていたのです。

という訳で、これは日本列島の出雲での国譲りなどのことでは決してなく（スサノヲの八岐大蛇（やまたのをろち）退治が満州での出来事であったのと正に同じように）、その「オリジナルの台本」は、満州での「扶余王の仇台二世が遼東を占領し、遼東におけます鉱山王（一七6。鉄と撫順炭）の公孫度の娘と結婚していた」ということを表していたのです。

＊当時は遼東の範囲が今日より広かった。と申しますのも、物差しとなる「遼河」の概念（定義）自体が、時代とともに五〇〇キロメートルも東漸しているからなのです。前述。

そして、この鉱山王であったという考えを側面から強化するものといたしまして、その史実に基づいて作られました卑彌呼（に相当する史料上の人物）の名の中（ヒメタタライスズ・日本紀）や、その母の勢夜陀多（だた）羅比売（古事記）の名の中に、何故か皆、「タタ＝蹈鞴（たたら）＝鉄民・銅民」が入っているということつきましては、既にお話ししましたし、これも鉱山王の「公孫氏＝燕王」ということとピッタリ合っておりますし、又、このことはとても大切なことですので、いずれ必要があれば何度でもアナタにお話しいたしたいと存じます（一七6）。

また、その時代的背景から考えてみますと卑彌呼が魏の軍師であり帯方郡にいた高句麗人の王族の高氏の「張政」と政略結婚していたということも、日本紀上には暗示されていたのだと、見られなくもありません。

そして、その場合に日本紀上では、高句麗人の「張政」は「高木神（「高」句麗から渡来して「来」た神）＝高皇産霊尊＝タカミムスビ」という風に表現されていた——実は、この人は帰国しなかったのか、又は、又再び倭へ戻って来ていたと考えなければいけなかったのです（一七1）。

＊そういたしますと、卑彌呼には、顧問格としての男弟の公孫恭と高句麗系の魏の軍師の「張政＝高木神」との二人が側近としていたことになります（同一人か）。

また、同じように、天日矛がムスビノカミの末裔（『新撰姓氏録』）とされ（これは、実は、「高」ムスビのことを表していたのです）、かつ、このムス氏が『遼史』のアシムス氏（古への辰国〔辰韓者古之辰国也辰王治月支（アシ）国〕）のムスから出ていることから考えましても、朝鮮・満州時代に遡りまして、天日矛と朝鮮・満州とはこのように深い繋がりがあったと共に、平安紀におきましては神武大王のモデルともされてしまったがために、「天日矛＝神武」の祖先は、まずは、産霊（むすび）神として神話の初めに登場していた（出来た）のです。

＊因みに、アシムスの「アシ」とは、右の馬韓諸国の王都のござ

いました「月支国」のことをも表していたのです。

（5）神武天皇と卑彌呼は夫婦でニギハヤヒの養子となっていた

次に、この神武天皇と卑彌呼がニギハヤヒへ「夫婦養子」に入った点、つまり、夫婦二人が朝鮮で政略的に陜川の多羅王のニギハヤヒ（陜父）の養子となっていたということにつきましても、アナタは又もや「エーッ」と思われるかもしれませんが、日本での百済・扶余史を基にした歴史物語である記・紀上ですらも、それを「よーく読みさえすれば」アナタもそのことに気が付いた筈だったのですよ。

と申しますのも、記・紀の系図を注意深く分析してみますと、「イスケヨリ姫」が「ニギハヤヒ・速日（ソカ）」（朝鮮半島を南下した沸流系の多羅国・陜父＝「百済5肖古（ソカ）王」がモデル）の「子」となっております。これをまずアナタの頭の中に入れておいて下さい。

ところが、この「イスケヨリ姫」＝「ヒメタタライスズ」（紀）＝「卑彌呼」のことでございまして、この右の三人の女性は皆同一人ですし、加えまして、このヒメタタライスズは、先に述べましたように、政略上、満州におきましては、中国史上でも「イワレヒコに相当する人（仇台二世）と卑彌呼（公孫度の娘）」が夫婦になっていたからなのです。この点、思い出していただけたでしょうか。高句麗の王子罽須と公孫康の娘は、中国の『晋書』では夫婦となっておりましたよね（九1）。そのことです。

このことは、日本神話自体の分析からも、この二人が先渡来の「ニギハヤヒの養子」に入っていた可能性をも暗示していてくれたのでありまして、では、これらの「夫婦」「養子」のことが一体何を意味していたのか（単に文字通りにとらえてはいけません）と申しますと、このことはとりもなおさず、「ニギハヤヒ」と「イワレヒコ」に相当する人と「ヒミコ＝イヨ」の夫々の部族の長の三者連合つまり、多羅国（肥国と但馬の「東倭」とを含む。沸流百済）と伊都国（「委国＝倭国」の政治・貿易・軍事の中心）と安羅国（公孫氏＝倭国）などの同盟、かつて、邪馬臺国（倭国連合）が成立していたことをも暗示していた、とても重大なことだったのです。多羅と安羅の連合（一五3）につきましては、先程「東倭」のところにおきましてもお話しいたしました（一五4）。

このように海峡国家の「倭国＝邪臺台国」とは、実は「連合国家＝ユナイテッド・ステイツ・オブ・ウォ（WO＝倭）」つまり「倭人国連合」（しかも、この場合「倭＝韓」でもありましたね。九3）を示していたのであり、そしてこれは、更に古い時代へと遡って考えてみますと、「呉・越（遼東の公孫氏も、古くは「越系」の出自なのです）系の連合」でもあったのです。

＊越（戦国時代の越）が滅びましたときに、その一部は、既に白夷（コーカソイド＝白人）のコロニーがございました、後の「中山国」の地へとも入っております（昔氏＋公孫氏）。

この越系（非漢人）の末裔の文身断髪・左衽の人々の流れは、更にインドシナのチャンパ国からジャワ海の耶馬提国へ、そして更にはインドのアンガ国から中東・近東へとも遡ることが出来ます（九7、一五6）。

右の「倭人と呉・越との関係」についてですが、これがどうして問題になるのかと申しますと、古代中国人の表現によりますれば「越＝呉＝倭」＝WO＝ウォで、その音は皆同じ「WO」に近い音でありましたことも（アナタがその出自を遡りますときに決して見落としてはいけない重要なキーポイントだったからなのです（大唐帝国を作った鮮卑の魏でさえも、「ウィ」であり、これは倭人・北倭の一派であることを表していたのですからネ。一五4）。

又、卑彌呼の表示は「媛（ひめ）　蹈鞴（たたら）　五十鈴媛（いすずひめ）」（『日本紀』）、「富（ほ）登（と）　多多良（たたら）　伊須須岐比売（いすすぎひめ）」「比売（ひめ）　多多良（たたら）　伊須気余理比売（いすけよりひめ）」（『古事記』）となっておりますが、その父は、事代主（『日本紀』『旧事紀』）または三輪の大物主（『古事記』）となっており、また、そもそも「大三輪＝オホミワ＝大神＝オオガ＝Wang＝ワケ」は「古代朝鮮語の王」（二一1）のことでして、古くは「王」という「普通名詞」にしか過ぎませんでしたので、アナタにもこの「大三輪氏＝大神氏」が、少なくとも朝鮮経由の渡来人であることがお判りになりますと共に、更に加えまして、卑彌呼の父は遼東半島の公孫度（『晋書』）ですので、「事代主（子）、大物主（父）」＝公孫氏＝大伴氏＝半島を南下した北倭の倭王ということに記・紀の上でもなって来ざるを得ないからなのです。

＊但し、古事記と日本紀とでは、卑彌呼の父が「事代主」か「大物主」かという点で異なってきております（つまり、一代ズレてきております）ので、アナタはこの点の注意が必要だったのです。

ですから、今日、三輪山に大物主が祀られておりますことは、公孫氏の一族（卑彌呼の宗女の壱与）が、古くに亡命先の対馬から、出雲、吉備経由で奈良・纏向へと（天日矛と共に、又は、それと前後して）侵攻し、そこを征圧し、そこに「王殿＝オホ（大）ドノ＝粟殿（大字名）」の巨大建築・神殿を建てて君臨した歴史があったことを示していたのです。三輪神社と箸墓とは、大物主家・公孫氏の祭祀といたしましては一体だったからです。もしかすると、右のオホドノとは出雲での大殿（高さ三十二〜十六丈〔九六〜四八メートル〕）のことを意味していたのかもしれません。

「安羅＝倭国」の、ある時期の日本列島での本拠。忘れられた古代の朝鮮・日本列島間のルートである「鬱珍・江陵〜鬱陵島（うつりょう）〜隠岐〜出雲」ルートの拠点としての出雲三瓶山・島根半島・伯耆大山周辺。安来＝ヤスギ＝安羅から来た人々の作った・開墾した邑。

それに、卑彌呼の名称には、記・紀共にちゃんと「タタラ」の形容詞が入っておりますし（一七6）、しかもその母も又、セヤ・タタラ媛（記）であり、この点卑彌呼の祖父は記・紀共に三島ミゾクイ耳（公孫域。九5）で一致しておりますので、卑彌呼の実家の公孫氏及び祖父は「満州の鉄」と「撫順の無煙炭」を使った「鍛冶王」「鉄王」（古代では、鍛冶師は例外なくシャーマンかつ王でした）であったことがこれで判って来るのです（タタ＝蹈鞴につき、一七6）。

尚、右のイスケヨリ姫が、「大久米の黥（さ）ける利目（とめ）（文身）を見て奇しと思った」（神武紀）とありますのも、「イスケヨリ＝卑彌呼」のことですから、卑彌呼が本来は、「魏志に表現されているところの倭人（南鮮と九州の人）ではなかった」こと、つまり、大陸・半島を南下して来た女王であったことをこの文は自白してくれていたのです。

と申しますのも、『魏志』を見ましても、「倭人は、常に文身をして水に潜って生活」している訳なのでございますから、もし同族であったといたしますと、文身はそんなに珍しいことではなかった筈だからなのです。

と言うことは、卑彌呼（イスケヨリ姫）は、南倭・中倭ではなく、本来、その出自は「北倭」であったのです（九2）。

＊但し、北倭の中でも、南下してきた檀石槐に捕らえられて（当時の満州では、技術者の略奪が遊牧民の侵入の主たる目的でした）、北方の松花江まで運ばれ、そこで遊牧民のために漁労に従事させられた倭人もおりましたが、これは海洋系ではございませんから、派手な文身はしていなかったものと思われます。

つまり、この大久米の「文身」の話は、卑彌呼が遼東半島から南下して来た「大陸系」の人物＝北倭であったことを証明してくれていたのです。

＊やっぱり、朝鮮半島の「倭人＝韓人」の大酋長（臣智）たちは、公孫氏の女を引っ張り出し、又は、半ば燕から押し付けられ、その王として仰いでいたのです。

日本列島などの低温域での海人（あま）の場合には、「外耳道外骨腫」（耳の穴が狭くなる）が発達しておりますので、アナタもその発掘された頭蓋骨を見ればそのことが判るのです。

9、アメノヒボコの墓は「出石神社」

天日矛は、古代から大沼・大潟でございました「出石（いづし）の盆地」（兵庫県北部）を干拓したのです。

天日矛はオリエントより中国大陸・朝鮮半島に伝来した「掘削・灌漑」の広範な技術により、安羅（東アジアの朝鮮半島咸安と九州西都原との安羅の母国は、途中の遷移の過程を省略して一気に一言で申し上げますと、インドシナ・チャンパ国やボルネオ、インドネシアの「ジャワ海域」であり、そして更に遡った、その又母国であるインド・アンガ国は、オリエントの地中海岸のオウドを拠点とするフェニキア系ユダヤ人とインド・アーリア系との混血民の国だったからなのです。九7、一五6）の技術者を率いて、「小島」（盆地なのにこんな地名がありますよ。これはかつては出石盆地が大沼・大潟であったことの名残だったのです）辺りの磐山を削岩して、屏風のような個所を作り、つまり、「瀬戸」（これも此処の地名ございます）とし、出石の大沼の水を海に落とし（辟＝サク）、「出石潟」を「出石盆地」へと変えて、そこに広大な農地を作り出したのです（一五2）。

と申しますのも、入江湖であったところを「瀬戸」の岩戸を削岩して農地にしたという由来も現地には伝わっているからなのです（『出石神社由来記』）。そういたしますと、この近くにある「西刀神社」も、本来はこれは「セト＝瀬戸」だったものと思われます。

そして、この出石の町には、倭王・倭国を表します安羅という地名がちゃんと今日まで残っておりました。

出石町の北部で豊岡市との境に近いところに「安良（あら）」という地名（因みに、近江・草津市の安羅（やすら）神社も、かつては安良明神と言われておりました。一五9）があるのみならず、その直ぐ西の豊岡市に入ったところには「加陽＝カヤ＝伽耶」という地名までもあるくらいです。

更に、出石町には天日矛から五代目の多遅摩比多珂（たじまひだか）の妻となりました菅竈由良度美（すがかまのゆらどみ）を祀りました須義神社もあり、その場所が、何と「荒木」ですので、この点、天日矛一族の朝鮮の「アラキ＝安羅・来」ともちゃんと符合していたのです。

＊因みに、「菅＝スガ」は「ソガ＝蘇我」と同じことの訛りだったのでして、このことは、「蘇我氏＝金官王家」と「大伴氏＝安羅王家」との海峡国家・倭王連盟内での婚姻関係を示していたのです。

この出石の鍛冶屋の辺りには「伊吹部神社」がございますが、これは近江の安羅神社の「イブウ」神のことで、「伊吹山」の神と同じ製鉄民の天日矛のことを表していたのです（一五1）。

＊細江神社（遠江「引佐（いなさ）」伊福郷。万葉集三四二九番）も本来は銅鐸民・鉄製民である伊福部の神だったのです。

この安羅の分国の一つでもございました「吉備」で、征服者（桃太郎）に鬼にされてしまいました鉄民の温羅（うら）（アラ）の抵抗につきましては、前述いたしました（温羅＝ウラ＝安羅）。

出石神社が「倭王＝安羅王＝天日矛」を祀り、それが「倭王＝多羅王＝ニギハヤヒ」とも同一人でありました（一五1）ことは、物部氏の、九州から丹後の久美浜などの「海士＝アマ」への地名遷移や、丹後の「籠神社（この）」（祭神が「天火明命＝ニギハヤヒ」ですから）への移動ルート上に位置しておりますことからも、その重要性を示していてくれたのです。

＊日本紀では、天日矛の安羅の倭王一族を、物部氏の昔氏の系図の中に取り込んでしまっている可能性も高かったのです（例、新羅・辰韓・金官の4昔脱解王の、但馬の母の実家は、物部氏のマタヲの家です）。

更に、この但馬の出石神社の西北約二・五キロメートルの処に、「城山古墳」という石棺直葬の伽耶の金海（キメ）に見られるのとよく似ている方式の墓がございまして、ここの地名が何と先程の「安良＝安羅」であったというのみならず、この神社の南西約三キロメートルのところにございます先程の「荒木」という地名も、これ又、元は「安羅・来」＝「安羅（朝鮮部分の倭）から渡来した」

であったものと考えざるを得ないからなのです。

因みに、奈良・桜井（一〇5）の茶臼山古墳やメスリ山古墳は、古式の柄鏡式の前方後円墳ですが、その石室は「竪穴式」ですので、ここには南朝鮮の安羅伽耶との共通性が強く見られるのです（一般に、扶余・高句麗・百済系の遊牧系には、その逆の「横穴式」石室が多く見られるからなのです）。

＊「箸墓古墳」「茶臼山古墳」「メスリ山古墳」「纏向石塚古墳」などを含めましての、この桜井の辺りの古い古墳群は、九州の西都原におりました倭国連合盟主の「邪馬臺国」の卑彌呼が、球磨盆地から山越えで長髄彦（名草戸畔）に襲われて殺されてしまった後、卑彌呼の宗女の壱与が、一時「対馬＝任那」に亡命し、その後、「天日矛＝安羅王＝倭王」（奈良紀での神武のモデル）の力を借りまして、共に、出雲・伯耆から当時は安羅の分国（鉄工場）でもございました吉備を経由いたしまして東行し、紀ノ川河口より遡上いたしまして葛城（カルラギ）へ、そして更に、ここ大和の纏向へと吉備の「特殊器台」と一緒に入って来たものと考えております。

それのみならず、この直ぐ近くの、この辺りでは最も古い古墳の一つとも思われます纏向古墳群の纏向石塚古墳（但し、これは帆立貝式の墳丘の可能性もございます）、纏向矢塚古墳や、そして、天の香具山の北の磐余池之内古墳群の池之内第一号、第四号、第七号の各古墳などは「円墳」ですので、これらにも伽耶系の南朝鮮の影響が色濃く見られるからなのです（因みに、扶余・高句麗系の王陵には「方墳」や「ピラミット型墳墓」が多いのです。桓仁・集安など。九9）。

さて、前にも少しお話しいたしました、出石神社の南南東約一〇キロメートルの、養父（やぶ）（本来は古朝鮮語のアブのことで、これは「父」のことだったのです）町大藪にございます、但馬最大の巨大石室・玄室を持ちます「コウモリ塚古墳」（方墳）は、七世紀の古墳であり、かつ「畿内の大型方墳との強い関連性」が見受けられますので、これは「倭＝安羅」が六六三年に滅び、その後、新羅軍が大陸から日本列島に渡来し占領政策を実行したことの影響が示されていたのです（七4）。

因みに、「削＝サク＝佐久」であり、「甲府盆地＝古代の甲斐の湖」から、富士川に水を落として甲府盆地を作ったときの「佐久＝削＝磐を裂く＝サク」もこれと全く同じです。

但し、今日では、大分離れた八ケ岳の近くの千曲川（信濃川）の佐久の辺りに、その名が辛うじて残されておりますが、この「サクの名」こそは、人工的に甲府盆地が造られた古代の頃は、富士川に近い鰍沢（かじかざわ）の鬼島（『甲斐国志』）の辺りを中心とした地名だった筈なのです。

＊富士川の「鵜の瀬」（最大の難所）には蹴裂（けさく）明神社も鎮座しております。

そう思ってこの富士川の辺りを調べ直してみますと、先程の出石盆地と同じく、「落居」「岩間」「切石」など岩の掘削と関係ありそうな地名が色々と残っておりますし、右の鰍沢の少し上流には「大門」という地名すらも存在しているのです（人造湖である白樺湖の貯水池に由来する大門は、新しいものかもしれませんが……）。これらは古くはこの辺りが甲斐湖を甲府盆地に変えたことを示す「佐久＝削」であったことの証拠だったのです。

　これを担当したのは、弥生の水耕民や京都市に大辟(さけ)神社（「酒＝サケ」ではなく、本来はゼネコンの土木の「削＝サケ」でしたので、本来は「酒」とは関係ありません。大辟でダビデというのは付会でしょうが、後述のように、秦氏そのものには一部セム族系の要素が含まれております）を残しております秦氏であったものと思われます（備前の「足守川＝大井川」、京都の太秦の近くの大堰(おおい)川と駿河の大井川。秦氏の移動と「オオイ」の河名・地名遷移）。

　因みに、正確には、右の京都の大堰川とは「保津川の下流で、嵐山と嵯峨との間の東流するほんの少しの区間」しか指しません。序でながら、嵐山とは、この大堰川よりも「南」の地名であり、嵯峨とはこの川の「北」の地名なのですが、駅名（北にあるのに嵐山駅・京福嵐山線）や小学校名（北にあるのに嵐山小学校）に誤って使われておりますので、今日では混乱してしまっております。

　さて、こういうこと（水耕地の拡大）を可能にすることこそが、古代（弥生から古墳時代にかけての）における新渡来の大王の資格の一つでもあったのです。

　＊因みに、灌漑・農耕・製鉄などの優れた技術を生かして、出雲・山背などを大開拓いたしました「秦氏」も、その出自を遡ってまいりますと、遥か遠く、中央アジアのバクトリアのギリシア・ペルシア系ユダヤ人、更には、西アジアのセム人（チグリス・ユーフラテス河の「氾濫」の際の工事に、シュメール人やアッカド人の指揮下で奴隷民的に従事させられておりましたセム系ユダヤ人）を中核とした、治水技術（流れを分散するため無数の運河を造ることを含みます）に秀でた混血民にまで繋がっていく筈なのです（羌人がチベットから降りてまいりましたところにございます蜀の「都江堰（堤）」と「羌人＝漢人」の出自につき、九3）。

秦氏は、日本列島の各地に今日も「大井」「大偃」という灌漑に関する地名をはじめ、先述のように、ズバリ「畑」「機(はた)」「羽田」「八田」「矢田」などという地名を全国に残しております。

霊亀二年、七一六年二月に百十余人を率いて朝廷に参りまして、祝詞の『出雲国造神賀詞(いずものくにのみやつこのかむよごと)』を奉りました出雲臣果安(はたやす)という出雲国の代表者の名は、名前とは申せ、「果＝秦＝ハタ」「安＝安羅＝倭」ということ、つまり、この出雲がかつて先渡来の「秦氏」と後渡来の「安羅＝倭＝韓鍛冶(からかちぬ)」とで治められておりましたことを象徴していたのです。因みに、「安来＝ヤスギ＝安羅来」。

因みに、倭(わ)と韓(から)の鍛冶の技術的な違い（五世紀前半～中頃を一つの目安として）を一言で申し上げますと、舶来の鋼素材である鉄鋌(てってい)の利用、象嵌、長寸法の作品の制作などを含めまして、鋼製の利器の鍛造技術の進展ということになります。このことにより日本列島では支配者の交替（技術の中心が九州から畿内へ）が生じたものと考えます。

但馬国の「出石神社」の東北の境内の奥まったところには、今も尚、奈良日本紀での神武大王に相当いたしました「天日矛＝金官・勢漢王＝6孝安天皇のモデル」の陵（しかも、これはちゃんと伽耶系の「円墳」です）が、約三百坪程の禁足地といたしまして、何故か其処だけ、南国風の一面の常緑樹の椿に覆われまして存在しているのです。

古への倭王たる神武の「モデル」はここ山陰の地にも、静かに目立たず、かつ、ひっそりと千七百年もの長い間、椿の花の下に「椿王」といたしまして眠っていたのですね。

＊「椿王」なんていう古代小説が書けそうですよ。

更に、「堺＝シャキー」は「物部氏の祖ニギハヤヒ」の「姓」とも言えるものですので、但馬の出石から東行いたしました「天日矛＝ニギハヤヒ」自身の墓は、堺市の大仙陵、つまり伝仁徳大王陵などの可能性（この墓は、後に、「倭の五王」時代に、始祖王の陵墓として何度も大改造されまして、今日見るような巨大古墳に拡張されてしまっていたのです）も、その「大王陵に相応しい規模の大きさ」、その古墳の存在いたします「シャキー」の地名上の「堺」から考えますと、強ち否定はできないのです（尚、金官王妃仁徳大王の墓又は、その夫の「金官吹希王＝秦・弓月君」の墓の検討ということにつきましては、五3）。

このように堺市の平面図上（体積では応神陵が日本一です）で世界最大の大仙陵（伝仁徳陵）として、今日見るように巨大化される前の元のものは、日本列島における王者、倭王「天日矛＝ニギハヤヒ」一族の陵（それも「寿陵（じゅりょう）＝生前墓」）であった可能性が高かったのです。と申しますのも、当時、その営造に従事し、その営造技術を持つゼネコンは物部氏と秦氏ぐらいしか見当たらないからなのです（五3。といたしますと、物部氏か秦氏の王陵の可能性も否定は出来ませんが）。

右の出石盆地の「円山川＝朝来川（朝鮮から来た人々の川）」の下流（海側・北側）の豊岡市の地図上に見られます「神武山」や「大門山」や「高尾」という地名もヒボコ（又は、神武大王）と関係がありそうです。

それに、この辺りから出石神社までの間には「加陽（カヨ＝カヤ＝伽耶）」という地名や「漢（綾＝アヤ＝アラ＝安羅＝安耶）」という地名までもが、ちゃんと「生きる化石」として、今日まで残っているのですよ。

この「漢」や「加陽」は、「天日矛＝孝安天皇のモデル＝（本国）金官国勢〈漢〉王」の名残り（漢＝アヤ＝安耶）だったのかもしれませんね。

この「漢＝アヤ・アラ＝安羅」であることにつきましてアナタは疑問に思われるかもしれませんが、次の東漢人（やまとのあやうじ）の正体のところ（一五10）で十分にご説明いたしますのでどうかご安心下さい。

ということで、ここでも、「倭王＝安羅王」「倭人＝安羅人」と

「漢人」とに関しまして、アナタの誤解を一つ解いておかなければどうしても古代史を見誤ってしまうことがありますので、序でに次に述べておくことにいたしましょう。

10、「東漢（アヤ）人＝安羅（耶・邪）人」だった

(1)「東漢人」の正体は卑彌呼の末裔の安羅（倭）王の大伴氏など

因みに、「ヤマトノアヤウジ」と言われております「東漢人」の「漢＝アヤ」とは、一般にアカデミズムから言われているような中国系の漢人の亡命者などではなく（本人たちはその出自を権威付けるためにそうは言ってはいるのですが……アナタはその「漢字表現」に惑わされてはいけませんよ）、実は古への「倭国」の「漢＝アヤ＝安耶・安邪」のことだったのでございまして、この伽耶連合（金官伽羅又は安羅）の金勢漢王の子孫たち、つまり「倭国王の子孫たち」のことだったのです（同様に、辰韓の住人が、実は、『魏書』辰韓条のいうような秦からの亡命者などではなかったことについては、二4以降何度もお話しいたしました）。

つまり、この東漢人こそが、卑彌呼直系（大伴氏の別派）の正規の「倭人」の末裔だったのです。

新羅が、白村江の役の後の六六三年に日本列島を占領した時には、この倭人たちは九州より河内（近つ飛鳥）経由で、畿内の拠点である檜隈の地（遠つ飛鳥。この地は、かつて阿智〔オチ〕王が建てた〔坂上系図に引く新撰姓氏録逸文〕ところの今来郡と言われておりましたが、やがて、高市皇子のモデルである新羅王子・金霜林が占領軍提督として日本列島に乗り込んでまいりまして、列島における支配者である自分の名からとりまして、ここを高市郡と変えてしまっております（その頃は「高屋＝コウヤ＝高野」でした）。今来→高市。因みに、金官伽羅〔倭国〕の始祖王の名も、今来郡を建てました右の阿智と同じく、金閼智と申しましたよ。今日でも日本中にOCHI〔越智・恩地など〕の「倭＝伽耶」系地名や人名が多く残されております）に逃避して（又は、後には、連行されて来て）いたのです。

観覚寺遺跡（七世紀前半～中頃。奈良県高取町）で「朝鮮風のオンドル用の石組み」が付いた大壁建物跡が出土いたしましたが（二〇〇四年）、この地域では、他にも清水谷遺跡（高取町。五世紀末～六世紀前半）、ホラント遺跡（観覚寺の東南方一・二キロメートル。七世紀後半）などの大壁建物跡が見られ、この辺りは東漢氏の本拠だったところであり、かつ、このアヤ氏とは「安耶＝安羅＝倭」氏のことであり、倭王家の大伴氏のことですので、この遺跡が五世紀末から七世紀中頃まで使われていたということは、少なくとも白村江の役（六六三年）の頃までこの地域に九州から移行して本部を畿内に設けていた、「オンドル」という朝鮮特有の文化を持った倭王家が存在していたことの考古学的な物的証拠でもあったのです。

＊この安羅伽耶系のオンドルの出土いたしました観覚寺遺跡の西北方の飛鳥駅の辺りの地名が「越」ですので、これも「倭＝安

羅」のクシムレに由来する地名であった可能性もございます（邪馬臺国と「越」の遷移につき、九7必見）。栢森の加夜奈留美命神社の祭神の高照姫の正体は、下照姫か、壱与か、はたまた卑彌呼か。雷丘から追われた神。近くの宇須多伎比売命神社の多伎も、宗像神社の湍津姫の「タギ」を表しているといたしますと、同じくこれも安羅・倭系でございまして、元はこの二神は同体又は母子・姉妹の神だったのであり、卑彌呼や壱与であった可能性も濃厚なのです。

因みに、身狭村主青、桧隈民使博徳を「呉国」に派遣した（雄略紀八年二月）となっておりますのも、これは中国の「呉＝ゴ」などのことなどではなく、これは「呉＝クレ」のことだったのでありまして、この「クレ」は、実は朝鮮半島の倭とは地続きの伽耶の「久礼」のことだったのです。

＊一見、日本紀が中国（呉）のことだと思わせておりますものの中にも、実際は、それが朝鮮の倭のことである場合も少なくなかったのです。

しかも、このスタートそのものも、日本列島からではなく、南鮮からであった可能性が大なのです。

こういう故意の誤導は、『日本紀』の「十八番」なのですよ。

この奈良紀が作られましたとき（奈良朝）の日本列島の支配者は一体誰であったのかと申しますと、六六三年の「白村江の役」での戦勝国の新羅国王の命を受けた「新羅の王子たちが、皇帝という名の下で日本列島を統治していた時代」でしたので（七4）、新羅（新しい倭人＝慶州金氏）に対してのかつての（金官から独立して新羅になるまでの）母国に相当いたします伽羅や安羅の人々は、同系統（古い倭人＝金官金氏）ということで、その両者の妥協により『日本紀』や『新撰姓氏録』での名目上はアヤヒトという「漢人（中国人）の出自」に高められ——しかし、倭人の点は抹殺され——はしたものの、敗戦の結果、実質は新羅系天皇家の被支配民レベルに落とされまして、日本紀上はそう表現される羽目に甘んじざるを得なかったのです。

そして、奈良日本紀（天皇系図が平安時代になって百済系に改竄されてしまう前の姿）における6孝安大王のモデルは、この金官・安羅の金勢漢王（この人は、天日矛のモデルでもございます）のことだったのでございまして、「百済本紀」に出てまいります百済8古爾王も、これは百済建国前の王でして、実は、この人の投影、つまりこの人と同一人を表示していたからなのです。

＊百済本国の王系図におきましても、国家の成立を古く見せるために、この辺りから、本来の扶余系の王の引用に加えまして、その次に金官・安羅（倭）系の伽耶の王をも「百済王系図に挿入」して継ぎ足しにして、建国からの年代を長くするため、古い方へと引き伸ばしておりました（二1、3）。

つまり、百済王系図上におきましても、扶余系の「ニギハヤヒ＝5肖古王」、「神武天皇＝6仇首王」の引用の少し後に、ちゃんと「8古爾王として伽耶の王である天日矛」（奈良紀での神武のモデル）を引用して混合した王系図が創られてしまっていたのです（因みに、百済八、九、十、十二代の王は、百済国家建設に先行する時代の伽耶王系図を引用し、その「名前だけを変えて」百済王として引用してしまったものであったのです。二3。その前は、扶余王系図からの引用です）。

このように「漢＝アヤ・安耶」＝「アラ・荒・安羅」＝「安耶・アナ」＝「穴・アナ」であったのでございまして、始めは「近つ」飛鳥である河内に、後には「遠つ」飛鳥である大和の檜隈にいた、これら「アヤウジ」の一門の人々は、新羅に占領されるまでは、九州倭国の「出先機関」としての畿内での被支配民である「秦王国」の監視・徴税を担った人々でもあったのでございまして、かつ、そのアヤウジの実体はと申しますと、卑彌呼の末裔（九1）の、百済王支配下の安羅（倭国）の大伴氏（倭人）及び、同じ倭人の血の入っている伽耶連合の金官（倭国）の蘇我氏（倭人）などのことであったのです。

＊そう考えてまいりますと、河内の「近つ飛鳥」から大和の「遠つ飛鳥」へと、ちゃんと大伴氏も蘇我氏も、共にペアーで仲良く河内国から大和国へと入って来ているではありませんか。如何。

そして、そうであるが故に「東漢＝倭漢直駒（やまとのあやのあたひこま）（狛＝コマ＝韓）」は「東漢直磐井（いはゐ）が子也」（崇峻紀五年十一月「或本云（あるふみいわく）」）であると、つまり、この二人は同一人（東漢駒＝磐井の子）と記されていたのでありまして、「漢人（あや）＝安耶人＝安羅人」が九州の「倭王・磐井」の子孫であったことのズバリの暗示（と言うよりも、これは最早、明示に近いのですが）がここにも見られたのです。

このように、アナタは、「眼光紙背」に徹して、日本紀の書かれざる「行間」を読まなければいけなかったのですよ。

そして日本紀におきましては、「是歳（このとし）ノ条（くだり）」と表現されました場合の事柄が偽造・改竄臭いのと同じように、右の「或本（あるふみ）」に曰くという表現のときも、又大変に臭い（日本紀改竄の暗示）のでありまして、アナタが日本紀をお読みになりますときには、特にこういう用語にこそ要注意だったのですぞ。

磐井（イハウィ）とは、この頃になりますと、本来、代々の「襲名」であったところの「倭王の位の名」をも意味していたと考えられます。

＊ですから、本来の名と襲名としての名との二つの名を持っていたのです（丁度、今日の歌舞伎俳優のように）。

そういたしますと、磐井という言葉の主体部は「井＝ウィ＝倭」の方なのであり、磐井とは、正に「ウィウィ＝ウォウォ＝ウォウィ」であり、「夷倭」そのものの表示であった、つまり東方の倭王そのものの表示であったのだということがアナタにも判って来る筈なのです。

そう――倭王の位の「襲名」であったと――考えてまいりますと、「磐井の乱」の頃（五二七～五二八年）の磐井と、崇峻暗殺の頃（五九二年）の右の駒の父の磐井との年代の差のギャップ（干支一運）も直ちに解消いたしますと共に、倭国が、つまり倭王・磐井（世襲名としての名・位）は、白村江の役（六六三年・紀）で敗退するまでは九州を中心に存在していたと考える私の立場からは、ここには何らの問題も生じて来ないからなのです。

右の崇峻紀のように東漢のことを「倭」漢（ヤマトのアヤ・アラ）とも書いているところにも「倭王＝安羅（アラ）王の名残」ということが見え隠れしていたのです。

そして、更に、「是月、倭漢直駒、偸隠蘇我　嬪　河上娘為妻。河上娘、蘇我馬子宿禰女也」（崇峻紀）との記載が正史に見え、と言うことは、蘇我氏の「倭王＝金官王」の娘と、大伴氏の「倭王＝安羅王」の駒（コマ＝韓）という倭国の主たる構成国の王家どうしが古代に結婚していたという真相を、アナタがもし眼光紙背に徹すれば、ここから読むことが出来た筈なのです。

と言うことになりますと、日本紀の「崇峻大王の暗殺」は架空であった、つまりは崇峻大王という人は、百済・恵王をモデルといたしまして、平安紀レベルにおいて初めて創られた、大王系図上でのみに存在していた大王に過ぎなかったのです。

ですから、日本紀に記されておりますように、決して駒が「蘇我馬子の嬪（ひん）（娘）で崇峻天皇の妻となった女」を「盗んで自分の妻とした」訳ではなかったのです。もともとが、倭王家を代表するこの二人は正統な夫婦だったのですから。

そして、ここでアナタに是非とも気が付いていただかなければならないことは、この蘇我氏の娘が「嬪＝賓＝ヒン」という文字で表現されている点なのです。

このヒンは朝鮮半島におきましても、本来「大王に侍る女官」のことだったのであり、ということは、取りも直さず、河上媛の父が大王であったからという風に捉えなければいけなかったのです。

つまり蘇我氏の娘が「ヒン」と表示してあった先程の崇峻紀の記載は、蘇我氏が倭王であったことを間接的ながらアナタに暗示してくれていたことにもなるのです（尚、一二2）。

(2) 百済の高官の日羅は倭王（安羅王）の子——本来の墓は九州の小郡（小郡宮は後の太宰府）

さて次に、古代史の謎の人物の一人でもございます、百済で生まれました日羅という人物について考えてみます。

火葦北国造（ひのあしきたくにのみやつこ）刑部靫部（おさかべゆげい）阿利斯登（ありしと）（これも「安羅人＝安羅王家の人＝倭王家の人」を表していたのでしょう。何故なら「斯登＝臣智＝王」だからなのです）が、宣化朝に大伴金村（同族の安羅王家の安羅王・安＝安閑大王のモデル）により百済に派遣されましたとき、そこで生まれた子に日羅（にちら）という人がおります。

＊日羅の父は、実は「阿利斯登＝安羅臣智」ですから「安羅（倭）王」となっていたのです。しかも、この安羅王の子が、何と！大伴金村大連のことを「我が君」と呼んでいるのです（日羅が天機奉伺をなした日の奏詞）。真実がポロリですよね。「大伴金村＝安閑大王＝安羅（倭）王安」でぴったりでしょ。

ところが、この日羅は倭人（安羅人）でありながら百済の官位、それも王子並みの、十六官位中の二番目という極めて高位の「達率＝タレ」や将軍位を百済王から得ているという謎の倭人だったのです（敏達紀十二年〔五八三〕是歳条）。

この日羅が倭に渡来（日本列島へか、それとも朝鮮半島部分の倭へかにつきましては問題がございます。里帰り）いたしましたときに、吉備児嶋屯倉まで迎に行きましたのが大伴連糠手子（奴加之古）なのですが（手子＝艇子＝海軍）、この人の名は「糠手子」とも読むことも出来る（一一1）のです。もしそうであるといたしますと、ここが安羅の咸安であり、ここにも私の考え通り、大伴氏が「倭王＝アラ王＝安羅王」であることを素直に示すものが、ちょっぴり隠されていたということにもなってまいります。ということになりますと、何と、此処に登場する四人ともが、皆安羅人ということになるのですよ。

尚、右の日羅（～五三八年）は、本当は「百済王家」の系統をも兼ねた人だった（倭と百済とは婚姻関係を結んでおりますから〔＝「倭の王子」による百済支配〕。武寧王妃は倭の「哆唎大夫人＝穂積氏＝忍山氏」）のでありまして、この年に、百済から同行した百済高官の某（地位は恩率・日羅よりも一つ下）の指示を受けた百済人の徳爾により暗殺されてしまっておりますが、そのときに殺された日羅が、「私を暗殺したのは、私の駈使奴であり、新羅ではない」（敏達紀是歳条）などと、実に不可解な言葉を発しております（真相は、百済における倭の軍事顧問団に対するクーデターだったからです）。

では、一体何の為に、この下手人につきましては「敵の新羅人ではない」などと態々言い残して死んでいたのでしょうか？　これは正に、この六世紀の頃の、倭（安羅）による百済支配と、新羅と高句麗との、夫々の間の複雑な国際情勢を反映していた言葉だったのです。

＊この同じ五三八年に、百済は、本来は倭（伽耶）の領域内でございましたところに、最後の首都を扶余（泗沘）に南下して作っておりますし、その対価（バーター取引）といたしまして、倭へも仏教を伝えております。

この六年前の五三二年に、倭の盟主の金官国は、新羅に滅ぼされてしまっておりまして、正に、安羅（大伴氏）が金官に取って代わって倭連合の盟主となっておりましたことが、この事件とも関連していたのです。「オサ＝長＝オシ＝オホシ＝大」ですから、この人は大伽耶の人間であったのであり、又、この当時は安羅人の王子でもあったからなのです。

ですから、この頃の朝鮮半島南部におきましては、安羅（倭）を巡る百済と新羅との争いが、その国際紛争の中心であったとアナタは見なければいけなかったのです（アラ！　大変）。

そして、熊本県の八代郡・坂（坂＝ハン＝韓）本村の久多良木（＝百済来）には、この「日羅の墓」といわれているものがあり、又、ここへ改葬されたとも伝えられております（朝鮮半島南部での、この激動の時期の背後関係の理解につきましては、一一2は必見です）。

　しかし、百済系の平安（現行）日本紀自体には、倭国の拠点が朝鮮半島には勿論のこと、九州にもあったこと及び母国の百済に不利なことを隠すために、「令収葬於　小郡　西畔丘前」（敏達紀十二年〔五八三〕是歳条。「小郡の西の畔の丘の前に収めて葬らせた」）とのみ記載され、これが日本列島のことも朝鮮半島のこととも不明確であると共に、更に、後世の史料の中にも「西成郡、上古　難波　小郡、日羅墓　大阪　天満同心町に在り」（『摂津志』）というようなものが見られますように、難波の小郡にも埋葬された（大阪の上町台地上は、当時の「安羅王＝大伴氏」の拠点の一つでもありましたから〔一八10〕、この点全く縁がないわけではございませんが）という口碑もございますことからも、大阪市北区同心町にはその墓と伝えられております塚跡があるようですが、実は、この「オゴホリ」とは、大阪などのことではなく、本来、朝鮮半島か、もし仮にそうでないといたしましても、九州に当時の首都のございました倭国でのことだったのですし、これは、本来は、九州の筑後川の近くの小郡のことを指していたのです。

　＊この小郡とは、古くは弥生の甕棺墓で有名なこのすぐ北の「須玖岡本遺跡」の人々を、渡来して直ちに最新の兵器である「ノカツギのある鏃」で全滅に追い込んで九州の新しい支配者に取って代わった一族の墓である津古生掛古墳（別述。この古墳は大変重要な古墳でして、何故かと申しますと、これは明らかに渡来系のものであり、かつ、日本列島での前方後円墳の走りの一つであるとも言えるものだからなのです）がある、考古学的にも大変重要なところだったのです。

　このように、これは、元々、大阪の小郡などではなく、九州の小郡のことだったのです。その証拠に、筑紫にもちゃんと、大郡（天武紀二年〔六七三〕十一月二十一日）・小郡（持統紀三年〔六八九〕六月二十四日、ここは太宰府の「迎賓館」のある重要な処です）がございましたことが、正史上にも真相がチラリと覗いておりました。

　という訳で、ここで更に大切なことは、実は、日本紀のいうこの「小郡」というのは、地名のことなどではなく、当時九州の倭国にありました「是歳、壊　小郡　而営　宮。天皇処小郡宮、而定礼法」（孝徳紀・大化三年〔六四七〕是歳条。「小郡を壊して宮を営る。天皇、小郡宮に処して、礼法を定めたまふ」）とありますように、実は、九州の倭国の王都の「小郡宮」＝後の「太宰府」そのもののことを指していたのです。

　やっぱりこの日羅のお話のオリジナルは「九州」の倭国（ひょっとすると、その又オリジナルは朝鮮の倭）で起きたことだったのです（又、日本紀の作者による九州から畿内〔特に河内へ、更には大和〕への地名遷移は一定の「地名群の類似性」という事実が証明しております。近つ飛鳥→遠つ飛鳥）。

　因みに、「以日羅　移葬　於　葦北」（敏達紀十二年〔五八三〕是歳条。「日羅を以て葦北に移葬る」）とございまして、日本紀自体が、「後に九州に改葬した」としており、元々九州にあったことに、結果的に苦し紛れに合わせておりますところからも、この事件は難波ではなく九州（朝鮮）での出来事であったことが判るのです。

この墓は、熊本県の八代郡坂本村久多良木の馬場地蔵堂（『肥後国志』）又は、葦北郡津奈木町赤埼（『肥後国志』）にあるとされております。

因みに「高津＝タカツ＝コウヅ」という地名が、本来は大阪の難波ではなく、九州でございましたことは「佐岡。佐岡と名づくるゆゑは、難波の（高）津の宮の天皇（仁徳）の世、筑紫の田部を召して、この地を墾（ひら）かしめし……」（『播磨国風土記』揖保（いひほ）郡条）とあり、ここでの疑問は、何故、高津の宮（仁徳）の世に、播磨にある朝廷の地を耕すのに、「遠い筑紫の部民」が用いられたのか（又、用いられなければならなかったのか）という点なのです。

そもそもこの高津（こうづ）の宮が九州にあったのであり、そうであるからこそ、筑紫の田部が用いられたのだ、と考えればそれが素直でよかったのです（「筑紫→難波」地名遷移）。

さて、お話を「漢人（あや）＝安耶人（あや）」のことに戻しましょう。

そして、この大伴氏の糠手子（あらてこ）の娘の小手子が、崇峻天皇（百済・恵王がモデル）に妃として嫁いでおりますので、このことからは、九州（又は、南鮮の咸安）に主たる拠点があった「大伴氏＝倭王＝安羅王」の女が、平安紀では百済・恵王をモデルにして創られた崇峻天皇に嫁いだ形の歴史物語にされてしまっているということが判ってまいります。

大伴氏・倭王は、この後、半島情勢の変化（一一2）もあり、「大伴談＝継体大王」の頃に、その主たる拠点を越前経由で畿内の河内に移そうとします（日本紀では、このことが、「継体大王がなかなか大和に入れなかったという」苦しい表現となっておりますよ）が、その頃の名残りの一つといたしましては、大阪府の富田林市の北大伴・南大伴の辺りにあった大伴村の名が今日までも留められております（敏達紀十二年〔五八三〕是歳条）。

平安日本紀は、この大伴氏の九州の「倭王＝安羅王」を隠し（倭王を抹殺し）、その整合性を持たせるがために、倭王・大伴氏の子孫を実際に強制的に河内や、次いで大和に移住させるとともに、正史上の大伴氏の舞台を主として畿内に「設定し直し」て、まずは、河内の「近つ飛鳥」に同じ地名を移し替えてしまっていた（つまり、九州の抹消）のです（更には、明日香村の「越」へ。九7）。

さて、「漢人＝アヤ人＝安耶人」であることは真実なのですから、その証拠はこれだけに留まる筈がございません。

（3）東漢人は捕虜となった南朝鮮（伽耶）の四つの邑の鉄民の出自

次に、決定的な証拠を朝鮮についての記事の中からアナタにお見せいたしましょう。

日本紀のいわゆる「漢人（あやひと）」が、日本紀にいうような中国人・漢人の末裔では「ない」のだということ、つまり中国人ではなく伽耶人（倭人そのもの）であったのだということは、日本紀自体の原文を「よーく読み込み」ますと、別のところでちゃんと自白してくれていたのですよ。

それは、「乃詣新羅、次于　蹈鞴津、抜　草羅城　還之。是時俘人等、今　桑原・佐糜(さび)・高宮・忍海(おしぬみ)、凡四邑　漢人　等之始祖也」（神功摂政五年紀）というところにそれが表されておりまして、つまり、新羅（この当時は金官）に詣(いた)りて、次は、蹈鞴津(たたらのつ)（慶尚南道釜山の南＝多大浦＝蹈鞴＝タタラ＝伽耶の鉄民。ここが息長足姫（神功皇后。壱岐の「ナガ族＝朴氏」の「足＝タラシ＝王」）の本貫の「機張＝大良浦」でもあったのです。四3）へ、そして、更に草羅城(さわらのさし)（サワラ＝慶尚南道、現・梁山＝匝羅(そう)。サシ＝砦＝語源は沙比＝サヒ・サビ＝鉄のあるところ。ここも伽耶の鉄民を表しております。ですからこの戦いは鉄山の入手が目的でした）を抜きて帰る。

＊古くからの南朝鮮での争いは、殆ど全てと言っていいほど、その裏には鉄が絡んでいるのです。

このときの俘(とりこ)らは、今の桑原・佐糜・高宮・忍海（二一5、一七1、一八7、一二1）、らであり、これらの人の姓(かばね)には、凡てこの「四の邑」の「漢人(あらひと)」の始祖であることがはっきりと記されているからなのです。

場所柄及び戦いの目的からも、これらの伽耶の「囚われの民」が鉄工民以外であったことは到底考えられません。

そして、この南朝鮮は、誰が何と言おうと、間違いなく当時（五六二年まで）は、伽耶（倭）の地だったのですから、たとえ中国人の商人や亡命人の血が、当時多少は混住してはおりましても、あくまでも「これらの人々」は伽耶人（倭人）と言わなければならなかったのです（つまり、これは本来の（六六三年までは存在）「倭人」そのものだったのです）。

しかも、「新羅」の質が逃げたので、草羅城(さら)（今日の梁山）を攻撃して、「漢人」を捕虜にして帰ったとハッキリと書いてあるではありませんか（神功紀元年条）。

この部分にこそ、日本紀の「化けの皮の剥がれ」を垣間見ることが出来るのです。

と申しますのも、実は、日本紀はこの捕虜を「漢人」と表記しておりまして、かつ、これが「中国人・漢人(あらひと)の祖」だとも日本紀は言っているのですが、そもそも新羅人（伽耶人）が逃げ出したというのに、何で漢人（中国人）を捕まえて帰って来る必要性がそこに認められるのでしょうか。

新羅（と申しましても当時は伽耶ですが）人が逃げ出したので、その逃げた人と「同じ一族」である伽耶人を捕まえて帰って来ただけの話だったのですよ（逃げ出した鉄工技術者の捕獲）。

ということで、この漢人(あやひと)とは中国人ではなく、伽耶人（安羅人）、つまり「倭人」に過ぎなかったことを、よーく読みますと、日本紀が自白してくれていたのですよ。

このように日本紀は、朝鮮南部の伽耶の俘人(とりこ)のことを「漢人」、しかも「アヤヒト」（と読ませております）とハッキリと言っていたことがこれで証明されてしまったのです。どう？

この後、新羅（秦韓）が約束を破ったときに、百済人の久氏と共に荒田と鹿我を、新羅（この頃はまだ秦韓・金官レベルです）・卓淳国に派遣いたします（神功皇后摂政紀四十九年〔三六九〕）。

この荒田別も、実は「荒＝アラ＝安羅＝倭の一員」のことを指していたのでありますし、鹿我別も「鹿我＝カガ＝カヤ＝伽耶＝金官王＝倭の一員」のことを指しておりましたし、更には、この人名につけられた「別」という語につきましても、「別＝ワケ＝Wang＝古朝鮮語の王」だったのですから（二1）、このことは海峡国家の倭国連邦の構成国のうちの「安羅王と伽羅王」つまり後の「大伴氏と蘇我氏」が、この解決に乗り出したということを、何回も改竄を重ねられております日本紀におきまして、オブラートに包まれた形ながらも、表現していてくれていたということを、アナタは見破らなければならなかったのです。

正に、これは、倭国（伽耶）連合の盟主が、南鮮での鉄工民の取り合いの紛争解決に乗り出した（伯済（はくさい）〔百済〕と斯羅（しら）〔新羅〕との両国の建国以来、倭国の朝鮮半島におけます領土が段々と縮小されつつあったのですが、この右の争いも、朝鮮半島におけます領域の保全のための当然の行動の一つでもあったのです）というお話に過ぎなかったのです。

また、陸奥の安日彦（天日矛＝孝安大王＝安羅王＝かつての海峡国家の倭王）の末裔と考えられます安倍宗任は、「前九年の役」の後、九州の松浦まで流されている可能性があるのですが、そういたしますと、これは正に「先祖返り」という言葉がピッタリなのです。

（4）麁蝦夷とは亡命した「安日彦＝天日矛」の子孫――大伴氏は「倭王＝安羅王」

さて、お話を戻しますが、このように、神武大王のみならず、「多くの大王・天皇が朝鮮と日本列島におきまして正史上共通」であったということ、つまり、各国の王の中には、隣国の歴史物語の中に同一人であるのに名前を異にして出て来ている王が沢山いること、更には、その各王の時代（時）につきましても、朝鮮と日本列島の各国でその年代を遡上させている（古く見せている）こと、そして、そうであるからこそ今日まで私たちが、「自国の歴史は疑っても隣国の歴史はそのまま尊重し過ぎた」がために（特に朝鮮と支那の歴史について）そのことに気が付かなかったのだという不勉強に、もうそろそろ、アナタを含め私たちは気が付かなければいけない時期にさしかかって来ているのです。

また、ひょっとすると、日本紀の「熟蝦夷（にぎえみし）」や「都加留（つがる）（トカラ）＝津軽蝦夷」に対しての「麁（あら）（荒）蝦夷（えみし）」（斉明紀）という表現の「アラ」の中にも、最初、伽耶系であり、特に九州・畿内から東国へと亡命した（させられた）卑彌呼の子孫の「倭国・安羅」系の敗残者の伝承（つまり、安日彦の子孫など）をも含んでいたのです。

＊この津軽の名の元ともなりました沿海州の置溝婁（チガル）という名の

国・部族の起源も、インドシナ半島のドラヴァビティ（ダラ＝多羅、つまりニギハヤヒ系）が、古くに海洋を「トカラ＝ツガル」列島（当時は種（タネガ島）が中心でした）経由で北上して、ここに入植していたことを表しておりまして、このことは、更に、満州の扶余の地で、先に大製鉄基地の南陽（「宛・ウツの徐」）を追われて満州に亡命しておりました「穢族＝ウツの徐＝ニギハヤヒ系＝物部氏」とも合体して、その地で先に北扶余王国を築いておりました「貊族＝伯族」を征圧したことの名残でもあったのです（北扶余＝伯族＋穢族）。

やがて、「チガル＝トカラ」は、鮮卑や高句麗に、東の沿海州まで追っ立てられてしまいます。

このように「ドラヴァビティ―吐カラ列島―置溝婁―津軽」と、南洋と満州、沿海州と東北日本とに跨り、夫々深い繋がりを持っていたということが判るのです（沿海州・津軽同一文化圏）。

そして、この「穢（かい）＝解＝高」族のアグリーの末裔が、日本列島に渡来した後に、畿内から追われ、東北での「アグリー＝悪路王＝阿久利」と化し、北扶余の「穢＝解（かい）」から「蝦夷（かい）」へと変身していったのです。これは、日高見（北上）国の「高」の字としても残されていたのです。

このことは、「安日彦＝天日矛」と考える私の立場からは尚更のことだったのです。

＊右のように「天日矛＝ニギハヤヒ」と考えます私の立場からは、この天日矛の東北伝承に加えまして、ニギハヤヒを祀る唐松神社（旧・韓服神社）が秋田県の協和町に鎮座し（別述）、今日まで物部氏五十四代の物部協子神主が物部氏の祖神ニギハヤヒを祀っていることは、「東に追っ立てを喰った神々の姿」（物部氏は、鉱山を開発しながらここまで亡命していたのです）を彷彿とさせていたのです。

よくよく考えますと、その名称自体からも、天日矛（あめのひぼこ）と安日彦（あびひこ）とは、夫々「天」「安」の日矛と日彦ということになり、つまり、両者はHIBOKOと「HIHIKO＝HIBIKO」ということで、その音の上からも同一人だったのです。

と申しますのも、「アラ」不思議！　日本紀上の記載を見渡してみましても、この初期の頃の渡来朝廷軍と戦いました蝦夷の主要な拠点が、何と、関東や東北ではなく、西日本の「中国地方」にも見られるからなのです。これは一体アナタ、どう説明したらいいのでしょうか。

「五百蝦夷等……合蝦夷於　娑婆水門。合戦而射蝦夷等……丹波国　浦掛水門」（雄略紀二十三年八月）

この「娑婆」「丹波」「浦掛」は、征新羅将軍「吉備」臣尾代に率いられていた蝦夷が、雄略大王（この「雄略＝倭の五王」の武〔モデルは紀生磐（きのおいは）〕は、四七八年に中国南朝の宋へ遣使し、「使持節都督　倭　新羅任那加羅秦韓慕韓　六国諸軍事　安東大将軍」の号を下賜されております。太宰府を開くことの出来る「開府儀同三司」の官位は、要求したけれど貰えませんでした）が崩じたのを聞き、叛乱を起こしたとされておりますときの記載です。

＊古代の吉備は「安羅＝倭」の分国だったのですが、そこでの鉄民「温羅」が、「桃太郎」の撒いた賄賂により、当時は温羅の部下であり下請けの製鉄業者でありました秦氏などが裏切り、そのことにより吉備の鉄王の温羅は征服されて今日「鬼」にされてしまっておりますし（一五12）、又、「荒蝦夷」につきましては、前述いたしました。

このように、ここにも安羅と荒蝦夷との接点（つまり、荒エミシは、敗れました「倭王＝安羅王」の亡命者であったことを表していたこと）が見出せるのです。

この「五百蝦夷」の「五百＝イホ」は、高句麗系を表す「イ」、「大」を表す「イ＝五十」、高句麗系の駿河の「庵原＝イハラ」氏（白村江の役のときの将軍）を表す「イ」などとも関連か。

カイ＝穢＝太陽。

この雄略紀の表現によりますれば、蝦夷が「山口県から丹後半島へ」と移動した形跡、つまり、「荒（安羅）蝦夷＝倭」の九州から東北への逃亡が明らかに見られるからなのです（途中の「安羅＝倭」の「伯耆＝ハハキ」からアラハバキへ）。

これらのことが、一体何を表していたのかと申しますと、その当時の倭が「九州中心」であったこと、ないしは、後に平安紀の作者が、朝鮮の安羅が滅ぼされたことを、恰も日本列島を舞台とした出来事であったかのような作文（当時、倭国の下層に位置しておりました畿内の「秦王国」の存在に加筆して）を書いてしまっていたこと、つまり、九州より東の本州部分の統治は頗る不十分であったことが間接的に根拠付けられていたと言えるのです。

この蝦夷の主軍の拠点が、山口や丹後にあったことを自白している日本紀をアナタはどのように分析されますでしょうか。

それに、佐伯氏や日置氏と蝦夷とは、どういう関係があったのでしょうか。同族だったのでしょうか。この後直ぐにアナタにご説明いたしましょう。

また、現行（平安）日本紀を最終的に作ったのは百済系の天皇家の官吏だったのですが、百済では異民族のことを「荒」と表現（「百済本紀」蓋鹵王十八年〔四七二〕「魏への上表文」）する傾向が特に見られますので、この「荒蝦夷」という日本紀の表現も、その同じ流れだったのです。

尚、右にも少し触れましたが、蝦夷とは同族とも思われます佐伯氏（サ・ヘキ＝日置＝ヘキ。ですから、蝦夷ということを介しまして、日高見国と日置氏とは、当然、その名自体からも繋がりがあったことになるのです）についてなのですが、この「短＝ヒキ」という言葉の中に潜んでいた可能性もございます（『延喜式』大祓詞。高山短山は要注意です。「小」も同じです（チイサコベノスガルなど。「スガル」とは虫の名）。

また、熊野速玉大社の元宮である神倉神社のご神体の「ゴトビキ岩」の「ビキ＝ヒキ」とは、「蝦＝ガマ」（魚偏ですとエビ）ということからも頷けますように、一般には古代中国では月を食う（後述）ところの蟾蜍（ヒキガエル）とも言われておりますが、実は、ここではそうではなく、元々この「ヒキ」も日置氏の太陽観測の「ヘキ＝日置」であった可能性が高かったのです。

つまり、これは、かつては此処までも「蝦夷＝日置の地」であったということの動かぬ証拠の一つでもあったのです（日本列島中に「ヘキ」が見られます）。

と申しますのも、此処のご祭神は、表面的には高倉下（たかくらじ）だとはされてはおりますが、実は、その昔は、その父神であるところの、神武以前の日本列島の最高神でもございましたニギハヤヒのことであったのでございまして、日置氏の太陽観測（蝦夷＝カイ＝穢＝太陽）に相応しく、この神の名の中には、ズバリ、「饒速日」という言葉が入っているからなのです（このように多羅、ドラヴァティ、ニギハヤヒは、ここでもその繋がりが見られます。九7、一五6。「――日」の神名の共通性も、「ニギハヤヒ＝天日矛（安羅・大伴氏）」ということを示しておりました）。

＊それに、「天日矛＝饒速日」ですから、当然この両者の名の中には「日＝太陽＝カイ」が含まれていたことになるからなのです。

ですから、ここ熊野の「熊＝クマ」とは、古代朝鮮語の「神＝コム＝熊」（百済の第三回目の首都の「熊津＝公州」には「倉下＝アジール＝蘇塗（そと）」がございました）であったことが判りますと共に、此処には、古くは扶余の沸流百済系の物部氏の祖神であるニギハヤヒが祭ってあったのです。日本紀におきましても、ニギハヤヒの子の高倉下が、熊野で死にかけた「イワレヒコ＝磐余彦＝神武大王」に、霊剣を与えて蘇らせておりますよ。

このように、神倉神社のゴトビキとは、太陽崇拝者に関係ある名前だったのです。

＊蟾蜍は古来「月」のなかに棲んでいる（長沙の「馬王堆」の女ミイラを包んでいた三千年前の絹の織物の模様など）と考えられておりましたし、東アジアの民族の中には、「蟾蜍（せんじょ）（蟇蛙）は月を食べる」（日食）と考えているものもおりますから、カエル（ビッキイちゃん）では逆だったのです。

実は、この佐伯氏（ヘキ・ヒキ・日招き・ヒオキ・日置）は、遡りますと、蝦夷（カイ＝北扶余の穢族＝古高句麗語で「太陽」）と関係のある氏族だったのですし（一七1）、かつ、天皇家の作った記録によりましても継体大王のモデルの倭王・安羅王の大伴・談（かたり）（語）は天押日命の十一世の孫（『新撰姓氏録』右京神別上）とされておりますし、又、この大伴談（継体）の後裔が佐伯（さへきの）日奉造（ひまつり）（同書、右京神別上）であり、「佐伯宿禰。大伴宿禰とは同祖。道臣（日臣）の七世孫、（大伴）室屋大連公の後」（同書、左京神別中）ともされておりますことから類推いたしましても、「日祭（ひまつり）＝日置＝日招＝ヒオキ」ですので、安羅と佐伯と荒蝦夷（あらえみし）（アラカイ）と倭王の大伴氏のこれらの者は、このように、各々、切っても切れない深い関係にあったからなのです。

＊元々が「佐伯」の語義が、朝廷側から見ましての「サエギル」という言葉に由来し、異民族の「蝦夷のこと」をも表しておりました言葉だったのです（又は、「日食」＝「日を遮ること」の観測か）。

又、佐伯（サヘキ・サエーキ）は、「シェーキ」「シェキー」という音とも近いので、物部氏の祖のニギハヤヒの「昔＝シャク＝シャキー」氏、つまり「穢族＝昔氏」とも繋がっていた（その一派であった）とも言えるのです。

正史上でも、大化以前は、「俘囚の蝦夷」は「佐伯部」に編成され、佐伯・連の下（後には佐伯・造の管轄に再編成されております）に、大王の近衛兵とされておりました。

大伴金村大連（安閑大王のモデル）は、日臣命の九世孫（『新撰姓氏録』大和国神別、高志連条）とされております。

この「日臣命＝道臣命」とは、今まで何度もアナタにご説明申し上げましたように、中国史上（『晋書』他）では満州の遼東半島の公孫康（卑彌呼の弟）のことでございまして（一五8、九1）、大伴氏が公孫氏の出自であり、この大伴金村自体が安閑大王のモデルで、かつ、「安羅王・安」とも同一人物であったところから考えましても、「大伴氏＝倭王・安羅王」であり、倭王の卑彌呼の子孫であったということが、このように平安天皇家の作りました「新撰姓氏録」の分析からも頷けることだったのです。

＊これらのことを総合いたしますと、右の天押日命という神が、卑彌呼の「祖父」（但し、実の祖父は公孫延）の玄菟太守の公孫域（大物主のモデル）か、それともその公孫域の「養子」である卑彌呼の「父」の公孫度（一一九年遼東太守平州牧として自立。但し、実父は公孫延。追贈・建義侯。死二〇四年。事代主のモデル）か、そのどちらかと同一人であったことを表していたのです。

「——日」型の神名・人名が何故か大伴氏（天日矛）と物部氏（ニギハヤヒ＝饒速日）にだけ多いこと（本来、満州・朝鮮では同族又は一部混血していた可能性がございます）につき、別述。

「大国主＝ホクセ＝赫居世」でもございますので（別述）、これらの王は、満州から朝鮮に南下（あるいは、祖先伝承上で）いたしました安羅王（公孫氏）、初代新羅（伽耶）王（赫居世）などといたしまして、朝鮮史上の朝鮮王の姿にも幾重にも投影されていたのです。

このように佐伯氏とも関連の深い蝦夷は、「大伴氏＝公孫氏＝倭王＝安羅王」を介しまして、この「麁蝦夷」という言葉ともちゃんと繋がっていたことが判るのです。

また、継体大王が「越」の出身であると日本紀に記されておりますことにつきましても、継体大王のモデルが大伴談であり、更にこの父の大伴室屋は、右の「日臣七世孫」（『新撰姓氏録』「高志壬生連条」）とされ（このことは、正に、大伴氏が「卑彌呼＝公孫氏」の末裔であることを表しておりますと共に）ておりますが、実は、この「コシ」（かつては日本列島の日本海側を広く「古志＝コシ＝越」と申しましたが、実は、このコシのことなどではなく）は、本来、朝鮮半島南部の安羅（倭）の王都咸安の「クシムレ」の「クシ」のことを指していたのです（三〇1、九9、7）。

やはり、これも「安羅＝倭」と関係があったのです。

それに、何と！東国の東夷の「日高見国」の蝦夷に「椎結」と「文身」（景行紀二十七年条、武内宿禰の報告）とが見られるということも、「宗像＝胸形＝胸の文身」であることと照らし合わせて考えてみますと、「宗像水軍＝安羅（倭）水軍」の名残が、日高見国に亡命・混入しておりましたことの補強証拠としても使えるのです。

このことは多分、新羅の阿倍比羅夫の水軍（日本紀上では、同じ名の比羅夫とされ、「共に倭の水軍」であるとされてごまかされてしまっておりますが、実は、これは、六六三年までは倭の「敵国の新羅」の水軍であったのです）に敗れた、倭国の安曇比羅夫の宗像の水軍が、東へと逃亡し、「科野＝カヤ＝伽耶」（シナノの本来の名＝音で読むとカヤ＝伽耶）の諏訪（又、この諏訪という地名の読み方の方は、古代朝鮮語の「徐伐羅＝ソバル＝京城」から「ル」が脱落したスバのことだったのです。「周防＝スボウ」もこれと同じです）に亡命して建御名方命と化したことも同じ「ムナカタ→ミナカタ」ですので、白村江の役の後の宗像（倭）の水軍の亡命と、ちゃんと一脈通じるところがあったのです。

＊それに、同じ「シナノ」でございましても、国家から強制的に「信濃」と漢字表現させられる前の初期の頃の科野の字の音では、今申し上げましたように、正に、「カヤ＝倭国」そのもののことを表しておりまして、これは安羅伽耶（倭）のことを指していたのですし。

また、信州の穂高連峰の山の名でも有名な、ここ科野の穂高神社という穂高の「名」の、九州から信濃への遷移も、これと同じことを表していたのです（一七3）。

＊宗像族（安曇〔アツミ〕族）の移動。途中の琵琶湖西岸の「安曇（アド）川」など。

「吉備の温羅の墓―厳島神社奉納の楓の一木造の大杓文字・杓子―宗像三女神の末のイチキ島媛―倭・安羅水軍」という繋がりにつきましては、前述いたしましたところ（一〇6他）を思い出して下さい。

（5）アラハバキは「アラ・ホウキ＝安羅の伯耆」

また、正史からは抹殺されてしまいました神であるアラハバキ神の「アラ」も、この「倭王＝安羅王」の東国への亡命「後」の名前の一つだったのでございまして、と申しますのも、鳥取県の「ホオキ」つまり「伯耆＝ハバキ」という国名につきましても、かつての安羅（倭）王の、日本列島支配の名残の一つでもあったのです（「アラハバキ」マイナス「アラ」＝「ハバキ」＝伯耆＝ホウキ）。

＊そういえば、そのお隣の稲葉（因幡）国の菟神（素菟）を救う大国主のモデルは、卑彌呼の実家の遼東半島の公孫氏域王（玄菟＝ゲント＝クロウサギ）のことですし、これは朝鮮半島を南下した「安羅＝倭」王家の祖先のことを暗示していたのです（九1）。

そして、朝鮮半島の安羅の「越＝クシムレ」から日本列島の裏日本の「越＝コシ」へとやってまいりまして、そこも「コシ」と命名していたのです（ジャワ海から始まります中国の「越」への地名遷移、及びその後の日向西都原に至るまで連綿と続いてまいりました「越」の遷移につき、九7）。

「アラハバキ＝脛＝スネ」ということで、足の神、旅行の神などと今日されてしまい、その神前（お堂の周り）には「草鞋・草履」などが掛けられているのをよく見ますが、この「ハバキ＝スネ」は、本来このスネは、長髄彦（後の、南朝鮮の朴氏。背の高いインド人〔シス・ナガ王朝〕の子孫だったからなのか。昔＋朴）の「スネ＝足」のことをも表していたのでありまして、このことは、この朴氏のナガスネヒコ（奈良紀ではナグサトベ。一五1）と、「安日彦＝倭王・安羅王＝天日矛」とは連合を組んでおりまして（会津の名の由来など）、両者はあるときには反目し（ナガスネヒコが卑彌呼を殺す）、又あるときには兄弟のように協力し合いながら、（まるで大伴氏〔チャム人〕と大久米氏〔クメール人〕のインドシナでのセットのように――そうか？）倭国（伽耶）連合を支えていた、後の新羅の「朴氏」とも化していった倭人の一族でもあったのです。

＊日向の都万神社（妻萬宮）の神殿（木花咲耶姫＝細烏女＝卑彌呼の投影）にも、よく見ますと草履が掛けられておりますが、これはかつて、ここで卑彌呼が長髄彦（朴氏）に征圧され、その後暫くは同一行動をとっていたことの名残だったのです（一時、そこの支配者が変わったことの名残）。

本来は、邪馬臺国の卑彌呼の末裔の、倭王大伴氏である安羅系の「安日彦＝天日矛」と、金官系のナガ族の朴氏の「長髄彦」の二人が、東国へ亡命中、落ち合った処の名が「会津」（それで、そう名付けられたのです）だったのですよ。

ですから「四道将軍」のうちの二人が落ち合った場所だからという平安（現行）日本紀におけるお話は、後からの付会に過ぎなかったのです。それにアナタ、「記」と「紀」では四道将軍に齟齬が見られます。

このように、抹殺されたアラハバキ神、旅の神（今日の朝鮮の朴氏の祖）も、かつての倭王の残照の一つだったのです（赫氏＝朴氏）。

＊「伯族（扶余・百済）の老人＝伯耆＝ハクキ＝ホウキ＝ハバキ」→「アラ・ハバキ」→「安羅（倭）＋伯耆」→「安羅（倭）＋百済・扶余」。

安来節＝ヤスギ節＝安羅から来た人々の歌。

つまり、六六三年の「白村江の役」の後、占領新羅軍に追われて、日本列島を東へ東へと逃げた「安羅＝倭」の人々が、アラエミシ＝荒蝦夷と「表現されてしまっていた」のだということだったのですが、では次に、その理由を更に幾つか加えてみることにいたしましょう。

大伴氏は安羅王・倭王であり、先に述べましたように大伴室屋（「談＝カタリ＝継体大王」の父）が佐伯宿禰の祖とされておりますこと（前述）からも、蝦夷（カイ＝太陽）との関係の深い佐伯が「安羅・倭王・大伴氏」の末裔であったことが判るのです（蝦夷は佐伯連の下に置かれていた。継体大王の父は、アラエミシの祖先だった）。

ということになりますと、もう一歩突っ込んで（具体的に）申しますと、アラエミシとは、六六三年（日本紀によれば）の白村江の役の後、新羅に滅ぼされ東国へと亡命した倭王・安羅王の大伴氏（及び、先に五三二年に新羅に滅ぼされました、元金官伽羅王・倭王であった「蘇我氏＝金氏」の逃亡者の一部も、当然これに合体して東国へ逃亡しております）の一派のことを指していた卑称だったのです。

（6）伊勢神宮の別宮の祭神の瀬織津姫は男神アマテルの妻だった

また、この「安羅王＝倭王」の残照は、よーく見ますと伊勢神宮の中にすらも見受けられたのですよ。

と申しますのも、伊勢の「内宮」の「別宮」の「荒祭宮」の「荒魂（あらみたま）」も、これは読んで文字通り、新羅が占領する「前」（時の流れの順では、秦氏の神の「次」）の「倭国＝安羅＝アラ」の神を表していたのです。

占領新羅軍が、前王朝の倭王の安羅神（あらがみ）が祟ると恐ろしいから（止むを得ず）抹殺せずに「別宮として」祭らざるを得なかったということであったのです。

＊安羅の日本列島での主要な分国の一つでありました吉備国（岡山県のみならず広島県東部も含まれます）一つを例にとってみましても、今日でも「荒神社」＝「安羅神社」＝「倭神社」が沢山ございますよ。今日ではご祭神は、変遷して（させられて）しまって抹殺されておりますが。

そして、この「別宮」が瀬織津比咩（せおりつ）（『倭姫命世記』など）とも表示されておりますことが特に重要なことだったのです。

＊岩手県の早池峰山（はやちね）（一九一七メートル）の早池峰神社や遠野などの早池峰大神（又は、不動明王の垂迹と化して）として、何と、ここまで「落ち延びて」まいりまして、今日ここ東北の青垣の中で、瀬織津比咩は健やかに息づいておられます。

ですから、遠野の「オシラ様」の中味は、実は、セオリツ比咩を通しての「卑彌呼」＝「倭王＝安羅王」の化身でもあったのです。よーく見てみますと、オシラ様と卑彌呼は、北国には似合わず「貫頭衣」（『魏書』）で共通ですよ（今日では、「シラ＝白い蚕の繭」に繋げられてしまっております）。

日霊児（ひるこ）・日の巫女であり、このオシラ様の「シラ」も本来は「パル＝太陽」「白＝太陽」を表していたのです。つまり、加賀の「白山（しらやま）信仰」＝ククリ姫（高句麗姫）＝公孫氏の女＝卑彌呼＝高句麗王子罽須の妻という流れとも、このようにちゃんと一脈通じて繋がっていたのです（扶余＝白）。

この何処となく「潮の香り＝汽水（きっすい）の香り」のいたします、この女神が、かつては、女神とされてしまいます前のアマテルの妻でございました（エッ！）ことにつきましては、この後直ぐにお話しいたします。

そういたしますと、他方、この姫の名の「瀬織津＝セオリツ」は「潮乗津＝シホノリツ」彦（筑後の高良大社の由来では、神の名の「乗」が「垂」に巧みに変名されてしまっており、その出自を辿れなくされております）の妻と考えられ、この夫の潮乗津彦の古代名は「君潮乗＝コムシノ」で、海峡国家・金官伽羅国（本拠は九州の豊国）初代王の「金首露＝コムシロ」（孝元大王のモデル）のことですので、この瀬織津比咩は、「倭王の妃」（卑彌呼や許黄玉の投影か）のことであり、かつ、その金首露王の妻の、インド・アユダ国（又は、その分国のインドシナのチャンパ国の地）から日本列島の豊国（金官伽羅の本国）へと嫁いでまいりました鬱色謎（うつしこめ）のことの別の表現（そういたしますと、この女神は、インド人、又は、後のチャム人）でもございました（公孫氏の卑彌呼も、同様に、その出自は、このインドのアンガ国のチャム人までも遡ることが出来ます）ことも判って来るのです。

そして、この潮（塩）乗津彦の「乗」も「垂」も、どちらも「リ」と読みますので、高良大社の塩乗も塩垂も本来同じことだったのであり、共に古代朝鮮語の「ソホリ」からの転音（一一3）に過ぎなかったのだとも考えられまして、その意味を「朝鮮の王都の王」として捉えますと、金官伽羅初代王の金首露王の「スロ＝ソフリ」と同じこと（別述）でございまして、「潮（塩）乗津彦＝金首露王＝孝元大王のモデル」と繋がって来ていることが判るのです。

＊金官伽羅の初代王と同一人である8孝元大王も、実は、倭国の初代の頃の大王だったのです（三二2、三）。

ですから、この瀬織津比咩には、今日東北の山の頂きに祭られてはおりましても、不思議なことに、何処となく「海洋神＝水の神」の匂い（海水と淡水の交わる「汽水（きっすい）」の匂い）が漂っているのです。

そして、この瀬織津比咩の別名は、「天疎向津媛（あまさかるむかつひめ）」（神功紀。二五）とされておりまして、正に、その文言が「母なる満州・朝鮮半島の大陸から、日本列島へと遠ざかる処の湊の媛」（金海（キメ）＝釜（プ）山（サン）辺り）ということですから、朝鮮半島南端の、金海の金官国の王妃（許黄玉＝鬱色謎のモデル）にピッタリの名ではありませんか（金官から日本列島へと去ってしまった王子とその妻につき、別述）。

＊それにこの神は、そもそもが最高神アマテラスという女神に変えられる前の「男神アマテルの妻」でしたし（二五1）。ギョギョ！　卑彌呼の投影？

また、伊勢の内宮の「内」は、本来「内＝ウチ＝ウツ」で、「珍＝ウツ」でもあり、これは「ウツノ宮＝宇都宮（秦氏の開拓地に付けられた名）」と同じことを表していたのでして、本来、秦氏を示す「太秦＝ウヅマサ」の「ウツ」をも表していたのです。

つまり、新羅占領軍は、伊勢の地の秦氏のサルタヒコ系の神（弥生の農耕民の神＝銅鐸の神）と、その次の「安羅神＝荒神」とを「乗っ取って」、東へと追っ払ってしまい（神々の流竄（りゅうざん）。サルタヒコを海の中に沈めてしまう〔古事記〕）、そこの内ノ宮（ウチツミヤ）を、今日見られますような伊勢神宮へと「改造」してしまうと共に（一五1、二五1）、元々は男神アマテルでありました（二五）ものを女神に変え（太陽神には女が相応しいということから、そうされたのです）、かつ、アマテルを最高神としてしまった上で、ここ伊勢の地――新羅の王都の聖なる吐含（トカマ＝高天＝十神＝戸上・戸神・外神・渡神・十瓶（かめ））山と大王磐（文武王陵）から見まして、遥か東方の「日の昇る地」（別述）に、天武天皇（そのモデルは新羅文武王・新羅王子金多遂）と皇女で斎宮の大伯（オホク）とのペアーにより、初めて創り出されました天照大神を祭ったものだったのです（別述）。

また、こう分析して考えてまいりますと、「内宮」の建物の遷宮の経緯についての謎――境内の内の、その「当初」の場所は「何処」で、そこには「何の」建物があったところなのかということをも、解消してくれることにもなるのです。

11、馬関海峡は通航不可だった――何故、神武は山陰回りで東行したのか

（1）日本紀に見る仲哀天皇の七年間もの大工事

さて、このことも、如何に古代史に詳しいアナタにとっても、奇想天外のことと思われるかもしれません。

何故、「天日矛」も「ニギハヤヒ」も「神武」（神武大王につきましては平安紀という「歴史物語上＝書面上」での東征に過ぎなかったのですが。一五1）も、皆、日本海周りで畿内へ入って来ているのか、つまり何故関門海峡を直接通過しなかったのかという古代の大きな疑問点につきましても、どうしても私はここで答えを出しておかなければならないことがあるのです。

それは、これを抜きにしては、古代史は何一つとして語れない程重要なことだったからでもあるのです。

瀬戸内海はあんなに穏やかないい海にも拘わらず、何故、冬になって時化ると「荒海」とも化してしまう、危険極まりない日本海回りで古代の大王たちは西日本を九州から東行して来たのでしょうか。こんな当たり前のことでありながら、今まで一度でもアナタはこの疑問についてじっくりと自分の頭で考えたことがおありだったでしょうか。

その「当時」における「地理的」条件下で再現し、その上で古代史の問題を考えなければ（このことは「人史学」ではごく当たり前のことなのですが）、この「神武東征のルート」の謎は絶対に解けない筈なのです。

歴史には先入観は禁物です。

ここでも、ズバリ、結論から先に申し上げましょう。それは、馬関海峡は通れなかったからなのです。当時、九州と本州の間の「関門海峡」は通れなかったのです。

「そんな筈はない。あーんなに広い海峡なのに」とアナタはきっと仰ることでしょう。

それは、こういう訳だったのです。今日、一見広いこの馬関海峡も、この頃はうんと狭く、かつ、その一部の底部が「S字形」に湾曲しておりまして、しかも一部にはトンネルに近い状態のところもあり、更に、干満の際にはそこを凄い勢いで音を立てて潮が通過するので、人力・風力による大型船は、たとえ干満の潮の流れが停止したときでさえも、とても未だ航行不可能に近い状態だったからなのです。

これこそが本来の「穴門＝アナト」の語源だったのですよ。穴門（あなと）とは、今日言われておりますような「長門（ながと）の国」（山口県）についての表現などではなく、本来湾の奥まった処の「那ノ津＝博多」のことを表していたのです。

そして、この穴門と長門（後世におけます、アナトからの転化）の地理的な間に、正にこの関門海峡が位置しているのです（ですから「当時の名」は、少し離れた長門までも含む広い地域に訛って残っていてくれた、ということだったのです。それに「穴門＝アナト＝安那門＝安羅（倭）門（玄関）ですしネ）。そして、それには当時の水位も当然関係してまいります。

それは、今日でも瀬戸内海と玄界灘の水位の差が六メートルもあることから考えましても、アナタにも当然予想がつくことだったのです。

では、ここを通航できるようにした「馬関海峡の掘削」の巨大プロジェクトの事実は、一体日本紀の中の何処にどう表されていたのでしょうか。又、そしてそれは何という大王のときのことだったのでしょうか。

実は、ちゃんとこのことは記されていたのです。但し、その時期につきましては、干支遡上で改竄されてしまっておりましたこともあり、又、アナタが今まで学校で教わった先入観がそれを見えにくくしていただけのことだったのです。このことは、日本紀の紙背までも読み込まなくたって、ちゃんとその表面に記載されていたのですから。

さて、その問題に入ります前に、まず、「倭とその東方にありました別倭との関係」についてもここで考えておかなければならないのです（この「別倭」は「東倭＝トンワ」とは又、別ですのでご注意ください）。

一般に、中国は代表的な焚書の国（次の王朝が前の王朝の歴史を改竄して書面化しております）なのですから、アナタは、その理論上も当然中国の史書は、本質的に「信用してはいけなかった」のです。前王朝の末を悪く書くのです。しかし、この焚書を免れたもの、特に中国の周辺部の国の史書の中にこそ、ハッキリとこの問題について触れているものが幾つか残っていたのです。

では次に、それを見てまいります。

その一つに渤海史といってもよいものがございますが、それによりますと、日本は、もと伊勢にあって、倭国の隣であった。つまり、今日（現代）の日本の「場所」（畿内）は、サルタヒコの秦王国（『隋書』『北史』の別倭・夷倭）の地（畿内）のことでありまして、しかもその別倭（畿内）と「倭」（九州）とは隣り合わせになっていた――早い話が、倭と日本（別倭）とは別だったと言っているのです（別述）――とちゃんと言っているのです。

では、その原文をお示しいたしましょう。それは次の通りです。

「日本旧有伊国　亦　伊勢與倭　同隣」（『大震国（渤海）本紀』）

さて、日本列島におけますその「被支配民＝弥生の水耕民」でありました畿内の秦王国（別倭・夷倭）から、九州に主たる拠点がございました宗主国でもあります倭国へと、秦王国の特産である「稲と鉄」とを運ぶには瀬戸内海ルートが便利です。当時は、アナタもご承知の通り、「水運がすべて」だったからなのです。

＊水運が中心で、川舟を両岸の土手から綱で引いて川を遡上させました。峠部分だけは、止むを得ず人や牛馬の背を利用したのです。江戸時代までこの状況は変わりませんでした。かつての奈良坂だって、こうやって人も荷も越えたのですよ。

さて、そこで、14仲哀大王（と後に表現されてしまった大王）は、次に述べますように、山口県豊浦郡に留まり、七年間もかかって馬韓海峡を掘削したのです。

「（二年）九月……穴門豊浦宮。八年春正月……幸筑紫」（仲哀紀二年、八年）

（2）朝鮮の正史でも一度死んで再び甦って百済王となった腆支王の謎

この大王が琴の音の流れる暗闇の中で死んで（つまり、この百済王子の人質が百済に戻ってしまって）からは、この大王は百済で即位し、百済史では18腆支王と表現されております。

そして、不可解なことに、朝鮮の正史でもこの王は一度自分が死んだ後に再び生き返って、妹を倭王に贈ったりしているという矛盾する明文がある王なのです。面白いでしょ。

と言うことは、朝鮮史自体におきましても、死んだという記載か、それとも、この王が妹を倭王に贈ったという記載かそのどちらかがウソ（自己矛盾）だったということにもなるのです。

日本紀の方にも「百済腆支王から妹が贈られた」旨の記載があり、この点が日朝でピッタリと一致しておりますところから考えますと、多分、一度腆支王が死んだという記載の方が嘘だったのでして、ということは、「質＝ムカハリ」として日本列島（又は、南韓）の倭に行かざるを得なかったこと（又は、共同経営のため）を、例によって朝鮮側の何らかの面子がございますので、後世に（多分、「李朝」時点におきまして、その具体的事情もよく判らずに）、朝鮮史上では死んだと表現し直してしまっていた（別述）のです。

と申しますのは、この『三国史記』の「百済本紀」というものが、一体いつ書かれたのかということを考えてみますと、先に存在しておりました日本列島におきまして百済亡命人が書いた日本紀やそこで引用された形を取られております（多分、逸失部分が多く、欠けた部分は残存部分と同じように日本列島で百済亡命人により、自分たちに都合のいいように補充乃至は作られてしまいました）幻の逸史の百済三書であります『百済本記』『百済記』『百済新撰』を、後世、平安朝の頃の朝鮮におきまして引用（参考）いたしまして、朝鮮でこの『三国史記』の「百済本紀」が作られていた、つまりかつて、日本で一部偽造された原稿を「逆輸入」する形で、それを基といたしまして朝鮮で『三国史記』が作られたという経過を示しているからなのです。

古代朝鮮のことを書いておりますこの朝鮮史（「百済本紀」）の成立の時期は、日本で申しますと、平安時代になってからのことだったのです（更に、李朝に改竄）。

ですから、この『三国史記』（「高句麗本紀」「百済本紀」「新羅本紀」。皆これらは「——紀」ですので、古い逸史である、『百済記』や『百済本記』などの「——記」とはくれぐれも混同しないでいただきたいと思います）の各記載を、よく考えないで、今日そのまま引用したりいたしますと、アナタは独りでに内外の「ダブル偽造の歴史解釈」の罠に嵌まってしまうことにもなるのですから。

初めにこのことに気が付くということは、古代史を考える者（特に「人史学」を修める者）にとりましては、見逃し難いとても大切なことだったのですよ。

今日でもこの点は全く同じなのですが、古代の朝鮮人の貴族は、国力は低くてもプライドだけは高かったからなのです（百済初代の温祚王の兄の、扶余・沸流王の倭への亡命を「死」と表現しておりますことにつき、一七1）。

さて、この仲哀大王が死んだ（倭から消えた）ことの真相は、ズバリ、その渡来の後、母国で百済の王が死んでしまったので、前述のように、その王子が、海峡国家（半島＋列島九州）の倭（金官・豊）から、朝鮮半島中部に「戻って」百済の王位に就き、百済18腆支王（四〇五～四二〇年）になった（百済で現れた）ということを端的に示していてくれたのです（因みに、この頃は、百済建国から二十年も経ってはおりませんよ＝まだ、百済はひよ子）。

(3) 古代のゼネコンであった遠賀物部氏などが「段」の浦の開削工事を担当（五百段もの石段）

さて、お話をここでのメインテーマでございます関門海峡の掘削の点に戻しますが、この右の仲哀大王（百済王子）の頃になりまして、同じ扶余・百済系の渡来民である、ニギハヤヒ（陝父）を祖神と仰ぐ物部氏（主として、この工事は当時のゼネコンでもあった遠賀（おんが）物部氏などが担当いたしました）の持てる「技術力」と「逆鉾の自然の破壊力」（！）とをうまく利用した金属・土木技術により、潮の満ち干に関係なく、初めて小船以外でもある程度は航行出来るように馬関海峡を開鑿し広くしたのです（更に、人為的な理由もあったかもしれません）。

＊但し、同じ百済系とは申しましても、これは「沸流・穢系」ですので、やがて「平安天皇家となる温祚・伯系の一族」とは異なる一族だったのです。

天皇から百済王（くだらのこにきし）の「姓」を下賜された（と、後に平安紀の時代になってから「遡って」正史に記載された、というのが真相だったのですが）のは、「温祚・伯系」の百済最終王31義慈の末裔であり、この一族は「白村江の役」の後日本列島に亡命すると共に、やがて「百年余の雌伏の期間を経た後」、道鏡・光仁天皇・桓武天皇の頃より、晴れて平安天皇家となることに成功し（一2、二六1、三一2、序章）、新羅系の奈良紀から百済系の平安紀（現行の『日本紀』）へと、「神話」と「大王系図」と「その他の物語」を、百済王系図を基本として大幅に作成し直してしまうことになります。

実は、このことにつきましては、仲哀紀の「行間の分析」からも、ちゃんと読み取れることだったのです。

そのことを逆に申しますならば、仲哀大王は九州へ船で行く途中、何故、七年間も山口県（海峡の東側）に留まらなければならなかったのでしょうか。そして、何故そういう形で日本紀に記されざるを得なかったのでしょうか。

仲衷大王（そのモデルは「王子の頃」の百済・腆支王）は、扶余・百済系の技術を総動員いたしまして、ニギハヤヒを祖神とする物部氏（この物部氏は、「先」渡来していおりました百済・扶余王家の一員〔八8〕でもあったのです。これに反しまして、平安天皇家は、前述のように「後」に遅れて六六三年以降に亡命渡来してまいりました百済王家の人々だったからなのです。一六2）を中心としたここ日本列島初の大土木工事の指揮をとっていたのです。

尚、この物部氏と百済王家とは、例えて一言で申しますと、両者は「一卵性双生児」とも言える仲だったのです（一八5、7。満州の故地での同族）。

この大工事の際には、五百段もの石檀が築かれたものとみえまして、古くはここが、ちゃんと「段ノ浦」とも言われていたのですよ。それがいつの間にやら「檀ノ浦」などの文字に、「段」から「壇」に摺り変えられて（改竄されて）しまったのです。「階段」と「雛祭りの壇」（精々、五段位）とでは、イメージとしてその段数が断然違いますから、アナタは今日までこのことに気が付かなかったのです。

ここまで私の考えを理解して下さったアナタであれば、朝鮮半島からまいりました船が、何故、奈良時代になってからでも、しかも太宰府からの指示や太政官布告に反してまでも、馬関海峡（関門海峡）を通らず（危険かつ通りにくいからなのですが）、朝鮮からの人々と荷は、姫島A（福岡県）の傍を通航し、まず北九州の那ノ津（博多）へと上陸し、九州東北部の行橋（草野（かやの）〔伽耶野〕には古への豊日王を祀る豊日別神社が、今も、かつての「日朝ルート」の要地でありましたここに、ちゃんと鎮座しておりま す。一1）まで仲哀峠を越え、陸路を利用し、そのカヤ野から再び瀬戸内の海路を、姫島B（大分県）の脇を通航いたしまして浪速（なみはや）まで辿ったのか、ということも氷解出来ることと存じます。

後世の奈良朝になってからでも、たとえ地元の水先案内人（パイロット）がついたといたしましても、それ程「壇ノ浦」の通航は、潮の流れなどの関係で難しかったからなのです。

後に、平家がここ壇ノ浦で源氏に敗れましたのも、時時刻刻と変化する潮の流れの読みを誤ったからだったのです。

＊元来は、新羅水軍の亡命民の末裔を主体（一二三5）として、それに渤海や百済反体制民も加わりましたところの、水軍の出身者も多かった、その本質が航海民である平家は、潮をよく読み、始めは西から東へと潮の流れを利用し優位に攻めておりましたが、戦いに予想外に時間がかかり過ぎてしまい、やがて午後になって逆流になって不利になって敗れてしまったというのが、その真相だったからなのです。

九州で初めて見つかりました「銅鐸」（吉野ケ里遺跡・佐賀県）と同じものが山陰の出雲からも出土しておりますし、又、朝鮮半島の「無紋式土器」と同じものが吉野ケ里遺跡でも見つかっております（疑無紋式土器）のみならず、前漢と後漢との間の「新」（八～二三年）の王莽の頃の「貨泉」も、ここ吉野ケ里遺跡をはじめといたしまして丹後や備中（多い）でも出土しておりますところからも、この頃の貿易ルートは、遼東半島・公孫氏→朝鮮→九州、そして九州からは「山陰」廻りで、出雲や丹後や若狭に至り、そこから陸上を南下するという「九州→出雲→吉備→瀬戸内→紀伊→葛城→纏向」、又は、「九州→出雲→丹後→丹波・亀岡→纏向」「九州→出雲→若狭→琵琶湖・近江→纏向」というルートであったことが推測できますので、これらのことからも、少なくとも関門海峡は通航出来なかったということが判明して来るのです（邪馬臺国の朝鮮、九州、畿内という遷移につき、一〇5）。

この関門海峡が古くは通航出来なかったことにつきましては、古く弥生時代に北九州へ海路渡来した「水耕」の稲作が、BC二～三世紀に、但馬の円山川河床（豊岡市大磯）や出石や八鹿町（小山字東家ノ上）へと、瀬戸内海経由ではなく、山陰経由で伝播せざるを得なかった事情からも裏付けられていたのです。

尚、更に古くにおきましても中部瀬戸内の方が米作がより早く入って来ているからなのです。

岡山県総社市の「南溝手遺跡」からはBC一〇〇〇年頃の縄文後期の「稲の籾の痕」のある土器が出土しておりますし、倉敷市の「福田貝塚」出土の土器からも「稲の籾の痕」のある同じ頃の土器が出土しております。

更には、岡山市の「朝寝鼻（あさねばな）遺跡」からはBC五〇〇〇年からBC三〇〇〇年の頃の稲のプラントオパール（植物珪酸体）が発見されております（これらは陸稲（おかぼ）でしょう）。

北九州の福岡市の「板付遺跡」からは縄文晩期の水田跡が出土しているのみならず、唐津湾西奥の「菜畑遺跡」からは、より古い縄文中期後半の水田跡が出土しておりますので、地理的な距離のみを考えますと、もし、関門海峡の通過が容易であるならば瀬戸内「西部」へは、もっと早く広まっていなければいけない筈だからなのです。

＊船でないと、先住民も疎らな、襲われない地、しかも水耕が容易な「潟」の付近の、沼のような、縄文人や焼畑民や陸稲の民が見向きもしない土地を選んで上陸する（そして、洪水でも水

面上に稲を出す、首の長い「沼稲（しょうとう）」を植えたのです）というようなことは、困難だったからなのです（了解）。

これらのことも合わせ考えますと、やはり古くは、関門海峡は通航が出来なかったのです。

12、古い鏡が「丹後ルート」を証明――「桃太郎の鬼退治」の暗示するもの

（1）魏や呉の頃の鏡の出土が物語る古代の水上交通路

何故、馬関海峡（関門海峡）が通航不可能だったのか、ということにつきまして今まで色々な証拠から考えてまいりましたが、今度はもう少し広域的に遺物の観点からも、間接証拠を加えてみたいと思います。

それは、二三〇年代の頃の卑彌呼時代の中国の古い鏡（但し、彷製鏡を含みます）に限りまして、その出土地（関東と九州を除く）を分析してみますと、このことは自ずと判って来ることだったからです。

・鳥取の加茂町、景初三年（二三九）銘、神原神社古墳「三角縁神獣鏡」（魏？）
・丹後の竹野郡弥栄（やさか）町と中郡峰山町の境（山が削られ、現在は絶壁の上です）、青龍三年（二三五）銘、大田南五号墳「方格規矩四神鏡」（魏）
・伝、京都府、山城町、元康（二九一～二九九）銘、上狛古墳「平縁神獣鏡」（晋）
・京都府、福知山市、景初四年（二四〇）銘、広峰一五号墳「斜縁神獣鏡」（魏）
・伝、兵庫・豊岡市、正始元年（二四〇）銘、森尾古墳「三角縁神獣鏡」（魏？）
・大阪の高槻市、青龍三年（二三五）銘、安満（あま）宮山古墳「方格規矩四神鏡」（魏）
・大阪の和泉市、景初三年（二三九）銘、黄金塚古墳「画文帯神獣鏡」（魏）
・兵庫の宝塚市、朱烏七年（二四四）銘、安倉高塚古墳「平縁神獣鏡」（呉）

このように、古い鏡の出土地の分布を分析してみますと、卑彌呼の頃の古い鏡（下の中国の国名は一応通説に従いましたが、世に言う「三角縁神獣鏡」が、北朝から卑彌呼に下賜された魏の鏡などではないことが明白であることにつき前述）とその彷製鏡は、「本州の畿内から西方部分」に限りましては、その殆どが右に述べましたように「日本海ルート」を辿り、かつ、丹後辺りから上陸し、豊岡・福知山辺りの中国山地を経由いたしまして畿内へと入って広がっていったことが推測できるからなのです。

これらの出土物からも、少なくとも、古い鏡の畿内への伝播は、「瀬戸内海（関門海峡）ルート」では「なかった」と言えるからなのです。

少なくとも馬関海峡のところは通航せず、ひとたび山陰の日本

海沿岸（山口県、島根県、鳥取県、兵庫県・出石、京都府・丹後など。古い時代ほど九州に近い西寄りの県まで）へと出まして、そこから中国地方（その初期は三次盆地など）を江の川などの川を利用して南下し（江ノ川水系は出雲文化圏に属します。九6）、広島県、岡山県（広島県東部は、古へでは吉備国の領域。広島県の旧新市町・現福山市には吉備津神社もございます。有木の姓などについて別述。出雲・吉備は共に古代のある時期は「安羅＝倭」の分国でした。別述）などから再び海路瀬戸内海を東行し、畿内へと至っていたからなのです。

＊勿論、より後世、白村江の役の頃からは、日本海からの敦賀・遠敷よりの「琵琶湖ルート」もよく利用されました。

ですから、古くは、中国地方の陸上の交通体系は、今とは異なり、日本海と瀬戸内海とを結びます、利用可能な川を出来るだけ利用した「南北ルート」、つまり「縦ルート」が主であったのです。

因みに、右の「広峰一五号墳」出土の「景初四年」鏡の複製品が辰馬考古資料館（西宮市）に収蔵されておりますと共に、「正始元年」鏡が御家老屋敷古墳（山口県新南陽市〔現、周南市〕竹島）と蟹沢古墳（高崎市柴崎）から出土しております。

＊古い頃の特殊器台の吉備と出雲とでの出土を見よ。

しかも、そのルートの途中の山奥でも、既に盛んに古代の鉱山の開発（石見・大森銀山、生野銅山、明延鉱山など）が小規模ながら行われております（本格的な山師の開発はずっと後世でありましても）。

そして、このことは平安末期になりましてからでも言えることなのでして、「大江山、生野の道は遠ければ、未だふみも見ず天の橋立」（後白河法皇〔一一二七～一一九二年〕『梁塵秘抄』四八九番）と、「行く」と「生野」とが「掛詞」となってはおりますが、ここにも「生野ノ銀山」が隠されておりまして、ここを通る「播磨―丹後」の南北ルートが表されておりました。

これらのことは、都怒我阿羅斯等（安羅王・倭王。因みに、ツヌガ・アラシトは、「天日矛＝ソナカシチ」と人格的には同一人です）の東行ルートであります北海～出雲のルートに端的に見られることからも明らかなことだったのです（垂仁紀二年所引の「応神の世」の記載。シト＝シチ＝王）。

更に、このことに関しましては、大変興味深いことが見られます。と申しますのも、前にも少し触れましたように、『日本紀』神代上によりますと、スサノヲが八岐大蛇を退治し、この大蛇を切りましたとき（つまり、「草薙剣＝天叢雲＝都牟羽の大刀」を得ることが出来たときに使用した）の、「十握剣」＝「蛇之麁正剣」（一書・第二）＝「蛇ノ韓鋤剣」（同・第三）＝「天蝿斫剣」（同・第四）は、かつては、これを御神体といたしまして吉備の「石上布都魂神社」に鎮座していたと言われておりました。

「断蛇之剣　今在　吉備　神部許也」（神代上紀、一書・第三）

――蛇を切りたまへる剣は、今、吉備の神部のところに在り。

このように、この神は、何故か、吉備国のど真ん中の、しかも山の中深くに（鎮座地は、赤磐郡吉井町石上、社務所は、御津郡御津町石上で宮司の姓は「物部氏」です）今日でもここにデンと鎮座しておりますし、これはニギハヤヒ（物部氏の本流）の「中国地方の山中の南下」と「九州から東方への移動」の跡をも示してくれていたのです（一八）。

後に、遅くとも崇神大王の頃（百済成立の頃、つまり四世紀後半の初代13近肖古王の頃。二3）朝鮮から渡来してまいりました扶余・百済系のこの物部氏の祖神は、大和国山辺郡石上村（天理市）の石上神宮へと、ここ、吉備山中の「石上」の地名と共に移転してしまった（地名遷移させられてしまっている）ことが判るのです（一五1）。

＊「玉名―安芸津―備前―但馬―天理」という、古い時代の扶余の分国である高句麗・百済系の痕跡につき、前述。

ヤマト朝廷側の吉備津彦に征服され、その名をも奪われ、吉備の鬼とされてしまいました鉄民の温羅（アラ。一五2、五1、一〇6）の妻の阿曽女（AZOME）は、天皇家が「韓神」を祀りますときの「祝詞」の中に出てまいります「安致（ACHIME）」という言葉とも関連があったのかもしれません（両者の中間がAZIME）。

また、伽耶（倭）の始祖王の「金閼智（ACHI）王＝5孝昭大王のモデル」の「アチ」という言葉とも関連があったのかもしれません（オチさん）。

序でながら、「筑紫　安致臣……率船師以撃高麗」（雄略紀二十三年是歳条。「安致臣が船師（水軍）を率いて高句麗軍を撃った」）というところに出てまいりますこの「アチ氏」は「饒速日命九世孫・物部竺志連公、奄智蘰連等之祖」（『旧事本紀』二十天孫本紀）とされておりますように、東行いたしました物部氏（祖神はニギハヤヒ、沸流百済系）や天日矛とは、「ニギハヤヒ＝天日矛」（一五3）ということで関係しておりますが、そういたしますと、このことは、当時は「海峡国家」でありました倭（金官・安羅）が高句麗と戦ったということを示すと共に、後に天皇家が十一月二十二日の夜中にニギハヤヒ系の神を密かに祀っていたということ（天皇家が平安朝から百済系、つまり扶余の分派に「変わった」こと。前述）を補強する状況証拠の一つでもあったのです（三種の神器から鏡が消えてしまったように）。

＊この雄略紀二十三年の内容は、高句麗広開土王碑の銘文からも立証されており、又、「雄略＝倭の五王の武」のモデルは、時代の照合からも紀生磐であることが判明いたします（別述）。

（2）「桃太郎の鬼退治」は吉備の鉄を巡る「安羅＝倭」と侵入者との争い――トーテムの犬・猿・雉は何の象徴か

因みに、この頃（同年＝雄略二十三年八月）日本紀に登場いたします人物に、大伴室屋大連（継体大王の父）や東漢掬直という人がおりますが、「大伴氏＝倭王＝安羅王」ですし（一一1）、「漢氏＝アヤ氏＝安耶氏」でありまして、これもどちらも「倭王＝安羅王」家の人（一五10）なのですから、この頃の日本紀上の記述が伽耶（金官王家・安羅王家）における出来事であったことが判って来るのです（「安羅＝倭」の入って来る前の状態につき、一五1）。

因みに、「桃太郎の鬼退治」のお話も、以前に申し上げました（一五2）ように、吉備の鉄の支配権をめぐる、安羅とその後からの侵入者との争いという史実の反映だったのです。

後世の『古今集』の「真金吹く　きびの中山　帯にせる　細谷川の　音のさやけさ」の「真金吹く」は、「金＝黄金」のことではなく、「真鉄＝鉄」のことだったのでありまして、犬（後の犬飼部のことを表していたのです）や雉（後に、木地師・山窩に変化。後述）が征服者を「吉備の中山」の鉄民のところへ道案内したこと（つまり、吉備の鉄王の部下が「ワイロ＝吉備団子」を貰うことによって、ご主人を裏切ったこと）を示していたのです。

ですから、右に述べましたように、鉄刀をレガリアといたします、日本列島を「東行中」の扶余系の王者を祀る石上神社がここ吉備に存在していてもよかった訳なのです。

古代の物語での「犬＝狼」（秩父・三峰神社の狛犬など。この神社の近くの中津川には、鉄山ではありませんが、最近まで鉱山がございました）とは、チュルク系の産鉄民のオロチなどの表示（トーテム）だったのでありまして、チュルク系（ヒッタイトに遡る）・興安嶺（オロ、大呂、オロチ、又はオロチョン）系の鉄民の末裔を指してもいたのです（ジンギスカン＝鍛冶王＝祖先は「青き狼」）。

＊この「ジンギスカン＝鍛冶王＝鉄木真」の祖先が「青き狼と白い牡鹿」（『元朝秘史』）であったということは、その祖先が「チュルク（狼トーテム）＋ツングース（馴れ鹿トーテム）」の混血であり、鉄の鍛冶の力をもって、他の部族を征圧してまいりましたことをも表していたのです。

播磨の讃容郡の鹿庭山の鉄の発見が別部犬（『播磨風土記』）によるとされております場合のこの犬も、このことの暗示とみるべきだったのです（「別＝ワケ＝Wang＝古代朝鮮語の王」ですから、これは伽耶の鉄王の表示でもございました。一一1）。

＊鹿庭山は、古くは秦氏系の「カニハタ」という地名だったでしょう。木津川の近くの相楽郡山城町には、和邇氏・秦氏系の「綺田＝カニハタ＝蟹秦」部落がございまして、そこの「蟹満寺」の釈迦如来座像は、東大寺の大仏（ルシャナ仏）のモデルとなった仏像でもあり、かつ、新羅王都・慶州の吐含山「石窟庵」の釈迦如来座像と同じモデルで作られたものですので、この二つは瓜二つでございます（七4ノ41必見。慶州・吐含山＝安来・十神山）。カニハタ村は、鍛冶師（銅・鉄）の部落。

又、お伴の雉につきましても、山で砂鉄を採取いたしました砂鉄民の子孫が「木地師」とも言われておりましたから、と言うことは、「キジ＝木地＝炭焼き」ということでも繋がっていたのでございまして、これも鉄民と吉備との関わりの足跡が、桃太郎の案内のお話といたしまして、かつ、「鉄民＝木地＝炭焼き＝キジ＝雉」をキーワードとしましても、物語上に残されていたことが判ってまいります（産鉄を助ける木炭）。

＊全国の木地師と同系の山窩は、天皇家の「三種の神器」の草薙剣と同じ形をしております「ウメガイ」という両刃の小鉄剣をシンボルとしております（別述）。「天神」という自在鉤も固有のシンボルです。

では、最後に、残された猿についてのお話をいたしましょう。

この「猿＝サル」につきましても右と同様に鉄に関係していたのでございまして、古くに秦の亡命民であるサルタヒコに率いられました弥生人（銅鐸の民）の一部が、長い間出雲平野に留まり、中国山地一帯で「鉄と稲」とを生産し、やがて吉備にも南下し、特に備中におきまして、砂川や血吸川の砂鉄を採り産鉄に従事しておりましたが、この先住民であるところの秦氏を、「安羅＝倭」の「温羅」一族が、東行の途中、征服して支配していったということを示していたのです（別述）。

＊但し、古い時代には中国や朝鮮から輸入した鉄材（鉄てい）を融かしての製鉄や鉄鉱石や水酸化鉄を使っての製鉄であったのかもしれません。と申しますのは、砂鉄を使っての製鉄は、予想に反し、出雲などでは、そう古い時代のものではないからなのです。

時移り、やがて、新たなる大陸からの渡来民（特に同族の）の侵入に伴いまして、征服されてからそのときまで「安羅＝倭」王家の下層民に甘んじておりました、このサルタヒコを祖神と仰ぐ秦氏の鍛冶集団（下請け）の一族が、その頃の主君でもございました「倭＝安羅」王家の「温羅」を裏切って「新たなる」征服者側についたということが、「桃太郎」に吉備団子（これは真金ではなく黄金のことです）というワイロを貰って従った「サル＝サルタヒコ＝秦氏＝水耕民」ということを表していたのです。

これで、桃太郎の「犬・猿・雉」の三人の従者（お伴）も、それぞれの部族のトーテムを表しておりまして、この点も、アナタに氷解なさっていただけた筈です。という訳で、これら動物のトーテムで象徴されていた部族は、皆、鉄に関係していたのです。

このような一見単純な「桃太郎の鬼退治の物語」の中にも、その元（中世の御伽草子のその又元）には、古くからの深い意味が込められていたのです（「通りゃんせ」の恐怖の唄につき、一〇６）。

＊因みに、温羅の住んでおりました鬼ノ城の裏の部落には、岩屋の「皇ノ墓」と呼ばれているものがございます（七11）。

さて、お話を、関門海峡のことに戻しましょう。

それに日本紀上の神武大王のルート（天日矛のルート）も同じです。古くは満州系の四隅突出型方墳の伝播ルートも日本海の方からこの「神武ルート」に近い「江の川ルート」で中国地方を南下し、三次盆地へと下って来ているではありませんか（九6）。

この流れが、「銅鐸の秦王国」を追っ立て、やがて吉備を経由し（特殊器台を伴いまして）、大和・纏向の箸墓や纏向石塚古墳、更には、ホケノ山古墳、黒塚古墳、茶臼山古墳などへと繋がっていたのです。

そして、これらのことは全て、とりもなおさず古くは関門海峡が古代には「通航出来なかった」ことの間接的な証明ともなっていたのです（一五11）。

以上の、いわゆる神武天皇の東征と言われているものにつきまして、ここでも又、一言でマトメておきます。

奈良紀（新羅・伽耶系の大王が奈良朝で創った歴史物語）におきましては、ニギハヤヒと同一人格でございますところの「安羅王＝倭王」でございました天日矛が「東行」して、和歌山の名草戸畔（女王）や伊勢のサルタヒコを討ったとなっておりました（このときは卑彌呼の宗女の「壱与」も同行）ものを、次の平安紀（その後、扶余・百済系の大王家が平安朝で創った歴史物語）におきましては神武大王が「東征」して、生駒のナガスネヒコ（男）を討ったという風に「改竄」して「しまっていた」のです。

そして、その王家の祭神につきましても、奈良朝におきましては、天武天皇のときに伊勢の内宮の神宝の「鏡」（奈良朝の新羅系天皇家は「鏡」を特に大切にいたしました。「三種の神器」の変遷と王朝の交替につき、一八6）を「新たに作り出す」とともに、古くからございましたところの紀伊の名草の国懸宮の日神鏡（天日矛）より、この新鋳の伊勢の天照（アマテル）の化身の方を「優先」させてしまったのです（一五1）。

天日矛はニギハヤヒと同一モデルだったのですから（一五3）、神武大王（天日矛）が大和のナガスネヒコ（名草戸畔）を討ったときに、日本紀上そこに一緒に、神武（天日矛）にとって自己の「分身」とも申せますニギハヤヒ系もいた（平安紀においては、ニギハヤヒは、イワレヒコの反対側のナガスネヒコ側にいたことにされてしまっていたのですが、祖先がイワレヒコと同族であると気が付いて、義兄のナガスネヒコを殺してイワレヒコに恭順したことになっております）ということの説明も十分につくのです。

このように見てまいりますと、アナタにも日本紀とは、奈良朝のもの（新羅系）も平安朝のもの（百済系）も、そのどちらにいたしましても、共に、各天皇家が自己の王朝の正当性を「対内」「対外」的に主張するため、それぞれ朝鮮での母国史を借用した「作文」——「歴史物語」、つまり「フィクション」に過ぎなかったのだ、ということを十分にお判りになっていただけたことと存じます。

第一六章　「倭人＝金官伽羅人」の五人の王の挿入による天皇系図の偽造

現行（平安）日本紀がお手本といたしました百済本国における百済王系図においてさえも、これらの初代温祚王から第十二代契王までの十二代の百済の王・王子は、皆架空の存在だったのです。

強いて申しますと、これらの百済王は、「百済の母国の扶余の王」を「名前を変えて百済建国史が借用」していたに過ぎなかったのです。

そして、その百済の王系図を持って「白村江の役」の後日本列島に渡来した百済亡命人によってそのまま「1神武～4懿徳大王」の部分として、半ば自動的に平安朝になってから改竄された「平安紀」の大王系図の冒頭に取り込まれてしまっていた、という訳だったのです（二〇1、一3、三二1）。

そして、このように、これらの百済王が日本紀に取り込まれますときには、それよりも以前から呼ばれておりました古い名（例えば「若御毛沼」「豊御毛沼」〔記〕、「稚三毛野」「狭野」〔紀〕など）から、新たに倭風の名、つまり、「倭風諡号」（例えば「神日本磐余彦」など）に変えられ、これは更に、淡海真人三船（七二二～七八五年。大友皇子〔百済王子扶余・隆がモデル〕の曾孫。八1）などによりまして「漢風諡号」（例えば、「神武天皇」など）が撰せられて、今日の天皇名に至っていたのです。

これから、これらのことを前提といたしまして、更にお話を進めてまいりたいと存じますが、通説とはその「切り口」が根本的に異なっておりますので、「百済王の名」、それに対応いたします「倭王の名」をメモ用紙にでもお書きになり、じっくりと考えながら読み進めていただくことをお勧めいたしたく存じます。

では、次に、この本の初めに（一3）、挿入大王系図一3ノ1②のところで申し上げました、奈良紀のときから存在しておりました5孝昭大王（に相当する金官伽羅王）以下の伽耶王系図を、「平安天皇家の祖先である百済王系図を基とした、右の平安紀におけます天皇系図」の間に挿入してしまったことによる系図の偽造の点につきまして、「もう少し深く」アナタとともにその裏までも覗いてみることにいたしましょう。

1、日本紀の十二回もの改竄

まず初めに、先に挿入大王系図一3ノ1①②のところで申し上げましたように、新羅系の天皇が作った奈良紀から、百済系の天皇の作った現行の平安日本紀へと改竄されてしまいました（日本書紀の改竄は、鎌倉時代に卜部氏が行うまでに少なくとも十二回は行われております）ときに、まず、「扶余」「百済」王系図上の6仇首王（1神武大王のモデル）から優寿王子（4懿徳大王のモデル）までの四代の王系図の次に、「金官・安羅」つまり「倭国」系の「5孝昭から9開化」までの五代の大王系図、つまり、5孝昭、6孝安、7孝霊、8孝元、9開化の五人の大王（天皇）の連続した王系図が挿入されてしまったがために（一3、二1、一八6、二一5）、平安紀の母体（原作＝モデル）となっております朝鮮本国での扶余・百済の王系図（遊牧民系）が、日本列島の平安天皇紀上におきまして、どのように変化させられてしまったのかという点について、これからアナタと共に見ていくことにいたしましょう。

その国（日本）が古い国であると主張するためには、当然、その系図もまた古く（縦に長く）なければならないことは、三歳の子供でも判ることとですし、更に、満州や朝鮮から渡来した各豪族の先祖を、それらの祖先の神、つまり「神々どうしの婚姻」という方式で同族化するという「方便」によりまして、「民族融和の技術」を編み出して、かつ実行したのが平安朝での日本国の大王系図の改竄でございまして、その意味では平安朝を、系図偽造にかかる民族（但し、支配民のみ）の一体化という意味での「日本化の時代」であると申しましても（三〇）、強ち不当ではございません。

＊当然、王系図のみでなく、それと表裏一体の関係（骨に対して肉の関係）にございます歴史物語である『日本紀』という物語自体をも改竄し、それに合わせての各豪族の祖先の伝承及び万葉集すらも改竄されてしまっております。崇神大王・垂仁大王などの扶余・百済王系図を基にして作られた大王系図と、金官伽羅王女・安羅王女（ヒバス媛など）系図（倭王系）との、結婚という形をとりました系図の合体も見られます（三二1、他）。

5孝昭大王からの伽耶系の大王は、初代から第四代までの遊牧・扶余系の大王とは全く別の大王系図の継ぎ接ぎであったということは、何ら奇異なことではなく、もしアナタが、『日本紀』と『古事記』の両方の2綏靖大王から4懿徳大王までを読み比べていただきますれば、本文における（「一書（あるふみ）」は別です）その同じ大王（天皇）の「皇后の名」が『紀』と『記』で全く異なっており、後に別の系図を挿入して折衷して作られたということの混乱に気が付くことにより、このことが推測できた筈だったからなのです。

ところが、それに反しまして、第五代の孝昭大王以降の皇后の名につきましては、その表現する漢字が多少は異なりこそすれ、

『紀』と『記』で、本文中ではほぼ同一人であることが、その名からも推測出来、このことは2綏靖から4懿徳までは別系統の大王系図を「そのまま借用した」ことが一発で判って来るからなのです。

　では、先に、その孝昭大王以降の皇后の名が本文では記・紀ともにほぼ同じであるということにつきまして、多妻のうちから一名をピックアップして比較しながら具体的に見てまいりましょう。

5孝昭 大王――世襲足媛（紀）、余曽多本毘売（記）
6孝安大王――押媛（紀）、姪忍鹿比売（記）
7孝霊大王――細媛（紀）、細比売（記）
8孝元大王――鬱色謎（紀）、内色許売（記）
9開化大王――伊香色謎（紀）、伊迦賀色許売（記）

　このように第五代から第九代までは、『日本紀』も『古事記』もほぼ同じですよね。

　しかし、これが遡りまして、4懿徳大王以前の第二代から第四代におきましては、次の通り『記』と『紀』ではガラリと異なってしまっているのです。この部分の第二～四代は、前述の第五～九代とは異なり、『記』の皇后名と『紀』の皇后名とが全く違っておりまして、『記』と『紀』との比較からも、他所に他の時代に併存した王系図であった全く異なる二つの大王系図の「折衷」に過ぎなかったことがその形式上だけからも判って来るからなのです。では、それを次に見てまいりましょう。

2綏靖大王――五十鈴依媛（紀）、河俣毘売（記）
3安寧大王――渟名底仲媛（紀）、阿久斗比売（記）
4懿徳大王――天豊津媛（紀）、賦登麻和訶比売・飯日比売（記）

どうです。第二～四代の大王妃では、似ているのは一つもないではありませんか。こんなにも同じ大王の奥さんの名前が『紀』と『記』で異なっておりまして、これでは決して同一人だとは判らないくらいでしょ。『紀』と『記』で、別々のモデルを持って来てしまったのでしょうか。

　このように万世一系と申しましても、アナタと一緒に考え始めたばかりのこのレベルで、既に、少なくとも、大王系図の第一～四代のグループと第五～九代のグループとでは、全く別の大王系図の継ぎ接ぎであったということが判ってまいりましたが、このように王后の名一つとりましても、前者のグループと後者のグループでは異質であることに、まずここでアナタにお気付きになっていただけたことと思います。

　更に、もう一つ、証拠を加えておきましょう。右の二グループの間である第四代と第五代の間には、「奇妙な断層」がございます。

　と申しますのは、この4懿徳大王の崩御の年につきましても、実に不可解な点がございまして、『古事記』は四十五歳とするのに対しまして、『日本紀』の方では七十七歳（安寧大王十一年に十六歳で立太子ということから算出いたしますとこうなります）としているからなのです。

　単純に考えますと、『古事記』と『日本紀』では、第四代と第五代の大王の間に、三十二年もの皇位の空白が生じてしまうことになってしまいます。アナタは今まで『記』と『紀』とでこんなにも異なっておりますこと——つまり、4懿徳と5孝昭との間の断絶を、何ら不審にはお思いにはならなかったのでしょうか。

＊因みに、右の「7孝霊大王のモデル＝金官阿道王」という点についてなのですが、東晋の寧康二年（三七四）に海路で僧阿道が高句麗に渡来し、翌年の小獣林（小解朱留・丘夫）王五年（三七五）には、肖門寺（後の高麗時代の興国寺）を創立して順道（この僧は三七二年、五胡十六国の前秦の秦王の苻堅・宣帝（三五七～三八五年）の命により、仏像と経文を初めて高句麗に伝えました。朝鮮への仏教伝来の嚆矢（『晋書』））をここに置き、又、伊弗蘭寺（『古記』による興福寺）を創立して、この寺に右の阿道を置きましたが、この僧・阿道と金官・阿道王との名の同一性は、果たして偶然なのでしょうか、少し気になるところです（『三国史記』高句麗本紀、『海東高僧伝』など。『東国輿地勝覧』によりますと、この二つの寺は共に「平壌城」の中心部に建てられております）。

また、この5孝昭大王からの別系統の大王系図の「接木的挿入」という点につきましては、次に述べますように、5孝昭大王から、大王の妃の出身氏族がガラリと変わっておりますことからも推測出来たことだったのです。

つまり、5孝昭大王（観松彦香殖稲。モデルは金官の金閼智王）の妃は、奥津余曽の妹の世襲足媛（余曽多本比売。世襲＝余曽＝与謝＝五十＝金官。YOSO＝OSHI＝忍＝大。つまり「大伽耶＝金官伽耶」のことを示す）であり、その妃の出身の氏族が、この大王からは（正史上での記載とはいえ）、それまでの「大和盆地の南部」系の氏族から急変しております。

＊奥津余曽は別名、葛木彦＝葛城彦＝伽羅（来・城）彦（『旧事本紀』天孫本紀）。この人はニギハヤヒの四世の孫とされておりますから、この数代前にニギハヤヒ（物部氏の祖先）が伽耶に南下し、その後、それ程時を置かずに日本列島へと渡って行ったことが判ります（別述）。又、この奥津余曽の父の天忍男（ニギハヤヒの孫）は、池心（ココロ＝許々呂＝許氏＝穂氏＝哆唎氏）朝（孝昭大王朝）の大連であり、金官（倭）王家のところに南下し、その一員となっていたことも判るのです。

しかも、この5孝昭大王の子孫が春日臣（比自火・昌寧伽耶の中臣・藤原氏）、壱比韋臣（石井＝岩井＝磐井＝倭王・安羅王）、阿耶臣（安耶＝安羅＝倭王）となっております（『古事記』孝昭条）ところから考えますと、これらは皆伽耶（倭）の王たちの祖先であったことが判って来るのみならず、6孝安大王（モデルは金官の金勢漢王＝天日矛）の妃は押媛（オシ＝忍＝五十＝大＝金官・安羅。押山＝哆唎）、7孝霊大王（モデルは金官の金阿道王）の后は細媛（クワシ＝許氏＝哆唎氏）、それに皇妃の絙某弟の「ハエ」も、ここでは「南風」のことですので（「南」伽耶＝「アリヒシ」の伽耶、又は「ハヘ＝星州伽耶」とも考えられます）、海洋系の女であったということが判ってまいりますし、8孝元大王（モデルは金官の初代の金首露王）の妻は、穂積氏（ホ＝許＝許氏＝哆唎氏）系の鬱色謎、その姪の伊香色謎および河内青玉繋の女の埴安媛などの「金官＝倭」系、つまり明らかに伽耶の女が大王の室に入っているからなのです。

それに、右の金官伽羅初代王の金首露の王妃が、インド（又は、インドシナ）のアユダ国の許黄玉（『駕洛国記』）で許氏の出自であるとされておりますところからも明らかなように、「穂氏＝ホ氏＝コ氏＝許氏」の金官伽羅系の女が大王妃となっておりますので、アナタがよーく考えて記紀を読んでいただきさえすれば、5孝昭から9開化までの大王が、「金官＝倭」王であったことが、ちゃんと王妃の出自といたしまして表されていたのです。

＊古代の朝鮮に「インドの植民市」が存在しておりました証拠につきましては、中国の古代地理書である『山海経』に「朝鮮天毒」という表現でちゃんと出ていたのですよ（一〇5）。

このことは、もし、アナタが、8孝元大王のモデルが右の金首露王であること（一六1、他）に気付きますと、その全てが直ちに氷解して来る筈なのです。

しかも、8孝元大王が伽耶（金官伽羅・倭）の王でありましたことは、その名が示していてくれたのです。

それはどういうことかと申しますと、国風諡号の大日本根子彦国牽（『紀』）や大倭根子日子国玖琉（『記』）という名の中に含まれておりました「牽＝玖琉＝クル」こそが、「カラ＝伽羅」「葛＝カル」のことを表しておりましたことは言うまでもないことだったからなのです（それに、「……羅」は倭人により構成された国を表しますし、そもそも、古くは「韓＝干＝倭」でもあったからなのです。九3など）。それに、この「彦・国伽羅（葛）」は、同一人であるところの金官（倭）初代王の金首露王の別名の「君・潮乗＝潮乗津・彦」と同じく、「位」を示す言葉の「後に」、王の「固有名詞」が来る形をとる大変古い表現であったことが判るからなのです。

また、8孝元大王の子の大彦の叔母に、アナタもご存知の、箸墓の主だとも言われております倭迹迹日百襲姫という人がおられますが、この人は8孝元大王（金官1金首露王がモデル）と同時代の人で、この名の中の「百襲」には、ちゃんと「百済」と「襲＝ソ＝金」氏（倭王）との両方の名が含まれた形で表されており、このように王家の巫女が、「百済＋金官（倭）」系の女性であったことを、平安紀の作者たちは当時はまだよく知っておりまして、そこでこの二つの漢字をその名の中に当て嵌めて暗示していてくれたことも判って来るのです。

＊金官国初代王妃の許黄玉が、インド又はインドシナのアユダ国からまいりまして、朝鮮で「死んだ」（『駕洛国記』）と朝鮮で表現されておりますことはとても重要なことでございまして、これは、卑彌呼が朝鮮から九州豊国に渡来し、直ちに南九州の日向の西都原（襲ノ国）へと去ってしまった（伊都国より水行十日陸行廿日）ということの、投影でもあったからなのです（一〇1）。

と申しますのも、朝鮮の「駕洛（倭）国記」から後世に付加されました「仏教説話」的部分を取り除いてクリーニングして、原石を磨きますと、光り輝く金剛石・ダイヤモンドといたしまして、このような核（コア）が残るからなのです。「金官国の仙見王子と神女の日本列島への亡命」のお話も、これと全く同様のことを表していたのです。それに、朝鮮では、倭へ行ってしまったことを「死んだ」と表現いたします傾向がございます（「百済・腆支王」の例など）。

丁度、「浦島太郎が龍宮城へ行った」というお話のスタート地点が、実は、朝鮮半島そのものでありました（九5、9）のと同じように（ですから、アナタに逆転の発想が必要なのです）。これらのことは、この本の中で十分にご説明してまいりますので、アナタはここでは安心して読み進んで下さい。

では、次に、「平安（現行）日本紀」と、それがお手本といたしましたところの本国の「百済王系図」との比較から入っていきましょう。

2、扶余・百済系の王系図には二つ（伯族・温祚と穢族・沸流）ある

しかし、一寸待って下さい。もし、アナタが古代史の真相を十分に知りたいとお思いならば、その前に、更にもう少し「正確」に百済王系図の分析を試みてみなければいけないからなのです。

では、それは一体どういうことなのかと申しますと、扶余・百済系の王系図と一言で申しましても、実は、その中には、本来「二つの異なるもの」が含まれて（重なって）いたからなのです。「アラ、学校ではそんなこと（百済王系図に二つあるなどということ）は全然教えてはくれなかった」と、たとえ歴史が好きでお詳しいアナタでも、そうお思いになることと存じます。

もし、アナタがそのことにお気付きになりさえすれば、古代の日本列島を東行したとされております大王たちのそれぞれが、故郷の「満州におきまして異なる部族に属していた」のだということまでもが明解に判ってまいりまして、古代史の入口に立ちはだかる重大なハードル（重石）の一つを、アナタは難なく越えることが出来るからなのです。逆に申せば、それ程この国際的な解明は「天皇系図の分析」には重要なことだったのです。

では、早速、アナタと共に日本列島の古代の大王である「神武大王」と「ニギハヤヒ」のそれぞれの「系図上の異同」が何処にあったのかという点につきまして、満州史・朝鮮史上から考えてみることにいたしましょう。そのためには、まずはアナタの頭の中を二つに分けて、私のお話を聞いて下さい。

ではまず、その一つ目は「神武大王＝罽須（けいす）・百済仇首王・仇台王」系の伯（はく）族系の、「温祚（おんそ）百済」系図①でございまして、その二つ目は「陝父＝ニギハヤヒ・速日（そか）・百済肖古王」系の穢（かい）族系の、「沸流（ふりゅう）百済」系図②なのです。

平安紀の大王（天皇）系図の基本（底）には、この①「オンソ」、

②「フリュウ」の二つの百済系図が存在（並存・重畳）していたのですよ。それを日本列島に渡来した氏族に当て嵌めまして次に一言でいい直してみますと、それは、①の「温祚」系図は平安朝の百済天皇家のもの、②の「沸流」系図は古くから「先渡来の物部氏」の持っていた（持ってきた）ものとでも申せましょう。

このように、同じ扶余の流れを汲んだ百済王系図（平安・日本紀の系図の「元」になったもの）の中にも二つの大きな流れがあった（『三国史記』百済本紀。一七1）のだということは、後に述べますように、朝廷と日本以外の「外国」（一七3）でもございました、東国の蝦夷との戦争（前九年の役）の「本質」に迫るときに、このことが必要不可欠となりますので、ここでまずアナタに確りと覚えておいていただきたいと思います。

但し、右の朝鮮史の「百済本紀」におきまして始祖王とされております弟の1温祚は勿論のこと、この兄である2沸流につきましても、この「兄弟の話」は、実は、百済建国とは、直接の関係はなく、百済成立の遥か以前、百済の母国とも言えます満州の「北扶余王国」における「穢族（兄）」と「貊族（弟）」との二つの部族の国内での対立・交替のお話が「兄弟の話」という風に抽象化されて、扶余からの亡命者が作った馬韓・伯族の百済史上に投影されていた、ということに気が付かなければいけませんよ。

＊この兄弟の沸流と1温祚のセットは、百済5肖古王（ニギハヤヒのモデル）と6仇首王（神武のモデル）の二人の王のセットと形を変えてダブルイメージで百済史に登場してまいりますと共に、更に、6仇首王につきましては、13近肖古王（崇神のモデル）としても再々度（トリプルイメージ）百済史上に顔を出してまいります。

ですから、その百済史の王系図を翻訳いたしまして天皇系図の核（コア）として導入いたしました平安日本紀では、百済史上のダブルイメージでございました「仇首王＝神武」と、トリプルイメージでございました「近肖古王＝崇神」とのその両方が、共に初代王（ハックニシラス・スメラミコト）として登場していたのです。

そして、穢族の沸流が「兄」となって百済史上に伝わっているということが、歴史的には一体どういうことを表していたのかと申しますと、百済の母国の北扶余史での「後半」は、そこに侵入して来ました穢（かい）（ワイ）族（ニギハヤヒ系＝桂婁部）が、先にこ扶余の地に亡命して来てそこに国を造っておりました、その主流の貊（はく）（バク）族（神武系＝捐奴部。匈奴も混血）を支配したということを、別の形で示していてくれたのです。

ですから、この「兄弟の話」は、貊族（神武＝高句麗罽須王子＝東扶余王仇台二世）の一部が、新たに後に北扶余に侵入してまいりました穢族に追われて「東扶余」へと逃亡したということをも意味していたのです。

尚、ここで「東扶余」（迦葉原扶余）と申しましても、これは決して北扶余の「東にある扶余」（と申しますと沿海州側になってしまいますし、現に、そのように単純に考えている日朝の学者も少なからずおりますので）ということではありません（但し、朝鮮史の分析からは、二種の「東扶余」が読み取れますので、アナタ、要注意です。一五3）。

何故そうなのかと申しますと、この「北」とか「東」とかと申しますのは、当時、一体誰から見てのものだったのかということに、アナタは気が付かなければいけなかったのです。

つまり、「書かれている」扶余を中心として客観的に考えるのではなく、その名付け親（中華思想に凝り固まっております）の「書いている中国人のいる位置」から主観的に考えなければいけなかったのです。

この東扶余は、実は、北扶余の南にあった（正に朝鮮半島の付け根の鴨緑江上流の支流の佟家江の部分。つまり、「高句麗の祖地」に相当）のですが、これは東扶余の母国たる北扶余が、元々中国から見て東北の方向（満州）にあり、この貊族が移転して新たに建てました東扶余が、あくまでも北扶余の客観的な「東」ということではなく、「中国人から見て中国（中華＝中心）の東側」に位置していたから「東扶余」と呼ばれたのに過ぎなかったのです（ですから、東扶余は北扶余の東にあったのではなかったのですよ）。

現在の満州の平野部分（大興安嶺・小興安嶺・長白山脈に囲まれた平野部分）のことを、中国では「東北平原」といっております。

＊今日、この部分を、「歴史は蘇る」でレッド・チャイナは、特に、朝鮮族の居住区につき、古くからの中国の領土の一部としての位置付けようという画策を始動させております（その理由につき、前述）。

幽州（北京）から見て満州は、正に、東北に位置していたからなのです。

そういたしますと、中朝国境の鴨緑江支流流域の「伽葉原扶余」は、正に、中国の視点での東方に位置していることになるのですから、その方位こそが「東扶余」といえたのです。

この点、古くからの日朝の専門家でさえも、古くからこの「東」という文言に単純に引っ張られ（引きずり回され）てしまっておりまして（名付け親の人々の中華思想の視点を贔屓の引き倒しで、一時忘れてしまって）「東扶余は北扶余の東の方角」つまり「沿海州の方にあった」などと誤解してテキストでそのように図示までしている人も見かけますので、この点、アナタは位置関係を誤解せず、アマチュアーでございましても間違いないようにして下さいね（後世の日朝の史書における、この点の位置の記載を見てみますと、皆、この「東」という語に引きずられてしまっております）。

このように、この東扶余は、あくまでも北扶余の「南」（満州と朝鮮半島の付け根の間・鴨緑江の支流の冬家江付近）にあったのです（北扶余の南下につき、一五1、二6）。

3、扶余王「依慮の子が依羅」つまり、「懿徳天皇の子が崇神天皇」

百済の建国史に百済人が流用したその母なる国である「扶余国の大王系図」のレベルにまで立ち入って解いていかなければ、百済系図を流用して作られた平安紀の天皇系図、つまり『日本書紀』のことは何も判らないのと同じなのです（現行の日本書紀も、基本的には平安紀からの、ほぼそのままの流れなのですから）。

と言うことで、「神武大王の東征」につきまして考えてみようとするアナタにとりましては、ここでどうしても、一寸だけで結構ですので、満州の扶余の歴史までも立ち入って繙いてみる必要が生じてまいります。

では、私と一緒に、満州の扶余国の王系図家について分析してみることにいたしましょう。

さて、そのアナタにもよくお馴染みの『魏志』のうちの「扶余伝」によりますと、百済の母国たる満州の伯族系の「扶余国」の本来の王系図（一六2で申し上げました①）では「依慮（いりょ）王」の「子」Aが「依羅（いら）（イリ）王」Bとなっておりますし（上の字は、共に同じイリョ・イラ・イリの「イ」音でございましても、下の字の方の「慮」と「羅」との漢字の違いにご注意下さい）、しかも右の扶余の依慮王Aとは百済史上における「優寿王子＝4懿徳大王」のモデルでもあり、また、その扶余の依慮の子（但し、百済の優寿王子の子ではございません）の扶余の依羅王Bとは百済史での「実質初代王の13近肖古王＝10崇神大王（ミマキイリヒコイニエ）のモデル」でもあるのですから、この扶余史における親子を、日本での平安（現行）日本紀の上での大王系図に焼き直しまして「右と同じこと」について見てまいりますと、百済系図では「優寿王子＝依慮王＝4懿徳天皇のモデル」Aからその子の「依羅王＝10崇神天皇のモデル」Bへと、二人は満州では「父子」ですので、AからBへと、直接王系図が続いていた筈なのです（因みに、百済史におきましての13近肖古王の父は、11比流王であり、優寿王子ではございません）。

しかし、右の二人（AB）の間、つまり「懿徳＝依慮」Aの次つまり、「懿徳大王のモデル＝依慮」（依羅の父の扶余の末王）Aと「崇神大王のモデル＝依羅＝13近肖古」（百済の実質的には初代の王）Bとの「間」に、平安日本紀の作者たちが、後世、日本列島におけます「新羅・伽耶系」と「扶余・百済系」の貴族・豪族間での妥協の産物（方便）といたしまして、これら長い間九州と南朝鮮にその本拠がございました金官伽耶（倭）系の、いわゆる「倭人の五人の王」（これは、いわゆる「讃」以下の「倭の五王」のことではありませんのでアナタもご注意下さい）の系図を入れて、つまり、大王系図を改竄（一3ノ1②の孝昭・孝安・孝霊・孝元・開化の挿入）してしまったがために、もともとこの百済王家の系図に引用されておりました、その基（ベース）となっておりました扶余王の系図が「継ぎはぎ」となってしまっていたのです。

本来の日本紀では、「もし百済系図からの単純引用だけで、この〈五王〉の挿入という改竄がなされてはいなかったとしたならば」の仮定の話なのですが、その場合（百済史そのままの翻訳の場合）には、モデルとなりましたところの百済系図上で考えるといたしますと第五代へ入る筈の崇神大王Bが、途中に右の金官の五王が入れられてしまった為「5＋5＝10」で第十代にまで「下げられ」てしまった結果になっているのです。

このように、平安紀の大王系図の「お手本」というものが扶余王系図を引用した百済史の王系図であったことが判ってまいりますと、初めて、一歩進んで、更に、後に述べます物部系図のことまでも判ってくるようになるのです。

そして、そこまで到達して初めて（やっと）、アナタは古代史の真相に一歩だけですが近づくことが出来たとでも申せましょう。

頭の良い平安朝のテクノクラート（官僚）が必死で考えた「この裏技」を見抜くことは、至難の技ですからね。

この点につき、大切な点でございますので、もう一度マトメて一言で申し上げておきましょう。

このように、その「扶余・百済での王系図のモデル」と考え合わせて考えてみますと（仮にこの伽耶系の「倭人の五人の王」を天皇系図に加えなかったとしたならば）、本来は、4懿徳天皇Aからその子である10崇神天皇Bへと「父子」の大王系図が順当に繋がっていなくてはならなかったのです。これは、「百済のその又母国の扶余時代のモデル」におきまして、既に、「4懿徳と10崇神」の関係は、何度も申し上げておりますように扶余王の「依慮と依羅」のことでして、その両者は「親子」の関係にあったからなのです。

こういう風に、東アジア全体を鳥瞰図のように見渡しまして、今までとは「切り口を変えた発想」が出来ない限り、千年以上も（数多くの著名な学者をも含めまして）日本紀の改竄に気が付かずごまかされマインドコントロールされ続けて来てしまった私たちは、「歴史への心眼」を開くことが出来ないのです。

ということで、初代神武大王から第十代崇神大王まで（それ以下につきましては、又、別に述べることにいたします）の、現行日本紀レベルにおけます系図の改竄という面から、日本紀を引用して一言で要約しておきますと、次の様になってまいります。

①神武大王（高句麗王子・罽須＝扶余・仇台王＝百済・仇首王）と先妻アイラツヒメとの間の子の多研耳（たぎしみみ）（これが『魏書』の「男弟」のモデルの可能性〔卑彌呼の弟の公孫恭も勿論のこと〕もございます）が、満州におきまして、神武の後妻のイスケヨリヒメ（卑彌呼＝コトシロヌシの子＝公孫度の娘）と「母子婚」をしておりました（一五8必見）。

②そのイスケヨリヒメ（卑彌呼）の人格を、日本の平安紀の系図上では、更に、ヌナソナカツヒメとに二分化するとともに、神武と後妻の「イスケヨリヒメ＝卑彌呼」との間の子の3安寧大王（モデルは扶余・麻余王＝百済・比流王）とヌナソナカツヒメとが「甥・叔母婚」した形に変えてしてしまいました。

つまり、本来は「母子婚」（ヒミコとタギシミミ）でありましたものを「甥・叔母婚」（安寧とヌナソナカツヒメ）という形に変えてしまったのでした。

＊これは、お手本とした高句麗史の投影（10山上王と9故国川王妃の子との関係の反映）でもあったのです（一五6、一七6。『魏書』と「高句麗本紀」との違いに注意）。

③かようにして、「イスケヨリヒメ＝卑彌呼」を、その姉妹のヌナソナカツヒメに置き換えると同時に、多研耳（本来は2綏靖）をも3安寧に置き換えてしまったのです。

④そして、その3安寧大王（麻余・比流）を、次の王である4懿徳大王（モデルは扶余・依慮王＝百済・優寿王子）に繋げたのでした（一代のズレ）。

⑤そういう舞台の設定（一3ノ1①）を完了した上で、その次に、全く別の王系図である金官（倭国）系の5孝昭（モデルは金閼智王）から9開化大王（モデルは金居登王または金郁甫王）までの五人分の金官（倭国）の王系図、つまり、先述の一3ノ1②の王系図を挿入してしまったのでした（二1、三3、一六1）。

⑥更にその倭人の五人の王の後に、10崇神大王（扶余・依羅王、百済初代・13近肖古王）以下の本来の扶余・百済系の王系図（例えば、「11垂仁大王＝そのモデルは百済14近仇首王」以下の一3ノ1③）を挿入して繋げてしまっていたのです。

⑦しかも、このとき、これらの百済系モデルの天皇（第一～四代、第十代～）と金官系モデルの天皇（第五～九代）の両系図を合体（主として「丹波・丹後」などの地方主の女と「天皇家」との結婚などという形）させて（特に10崇神、11垂仁の辺りの時代を中心といたしまして）しまっていたのです。

例えば、金官（倭）系の9開化大王（モデルは金居登王又は金郁甫王）の次に、扶余系の10崇神大王（モデルは百済初代13近肖古王）の系図を擬似親子として、木から竹への接木のように繋いでしまっていたのです。

また、金海（キメ）におりました、金官伽羅系の御真津（松）比売（古事記）が、御真木入日子印恵（古事記）、つまり崇神大王（モデルは百済13近肖古王）のところに嫁に行ったともされております。

＊しかし、崇神は、正に、「養子のように」その名前を女の実家の方からいただいておりますよ。

更に、丹波道主（モデルは金官13味鄒王）の子の日葉酢媛と垂仁大王（モデルは百済14近仇首王）とを、結婚という形で百済と金官（倭）との両系図を結合させてしまったりもしているからなのです。

先述のように、「崇神大王＝御真木入日子印恵」の妻は、御真津（松）比売であり、金官（倭）系の初代王の5孝昭と贈り漢風諡号（オクリガナ）が付けられました大王の名が観松彦香殖稲（みまつひこかえしね）ですから、この10崇神の妻の御真津（松）比売は、金官伽羅の「5孝昭大王の一族」だった（御真津＝ミマツ＝観松）のでございまして、実は、5孝昭の子の大毘古の女（古事記）でもあったのです。

これらのことも、平安紀が「百済系図と金官（倭）系図の合体」でありますことの証拠となり得たのです。

日本（書）紀の第一代の神武大王から第十代の崇神大王までの天皇系図の改竄について、ひと言で纏めて申し上げますと、大まかなところは「以上」のようになってまいります。

因みに、「イワレヒコ・磐余彦・1神武」とその正妃とされております媛蹈鞴五十鈴媛との間の子が、前述のように、日本紀では神八井（耳）と神渟名川耳との「二人」（神武紀元年辛酉条）とされておりますのに対し、この点が古事記の方では、右の他に第一子といたしまして日子八耳「をも」挙げまして「三人」（『古事記』神武条）いたという風になっております不可解なことから考えましても、こんなに重要なことが如何にいい加減であったのかということのみならず、これは、扶余・北朝鮮地域での「百済王室の祖先の伝承」を「そのまま日本紀上に翻訳して神話化してしまった」ことの表れでもあったということが、この点より判って来るのです。

尚、神八井耳の子が彦八井耳とするものも見受けられます（『新撰姓氏録』右京皇別・茨田連条）。

ここで「日本紀と古事記との相違」につきましても、ちょっとばかり眺めてみたいと思います。さて、そのことから、アナタは卑彌呼につきまして一体どんなことが判ってくるのでしょうか。

日本紀では、三嶋溝橛神の女「玉櫛媛＝溝橛媛」と事代主とが結婚し媛蹈鞴五十鈴媛命が生まれた（神武紀即位前・庚申及び神代上・第八段・一書・六）となっておりますが、古事記の方では、三嶋溝（湟）咋の女勢夜陀多良比売と大物主とが結婚し、比売多多良伊須気余理比売命・富登多多良伊須岐比売が生まれた（神武条）となっているのです。

このように両者は全く異なっているのですが、それは一体どうしてなのかということについて考えてみます。

前にもアナタに詳しくお話しいたしましたように（九、一五など）、卑彌呼と、この「媛蹈鞴五十鈴媛命」（日本紀）「比売多多良伊須気余理比売命・富登多多良伊須岐比売」（古事記）とは、実は、同一人から派生したものだったのでございまして（一七6）、そして、この卑彌呼の父が、遼東半島の「公孫度」であり、その祖父は「公孫域（ヨウ）」だったのです（九1）。そして、「大物主＝大己貴」の子が「事代主」であり、更に「大物主＝公孫域」（父）「事代主＝公孫度」（子）で、この二人は父子の関係でもございましたので、そのことを日本の『記紀』に当て嵌めてみますと、『古事記』が大物主を卑彌呼の父としているのは「一代省略」していたということが判明してまいります。

このように満州史と日本の『記紀』とを照合いたしますと、本来は『日本紀』のように「事代主＝公孫度」こそが卑彌呼の父でなくてはいけなかったのです。つまり、この点では、『古事記』より『日本紀』の方が正しかったのです。

但し、もし仮に、この「大物主」という表示が親子代々の「襲名」であったといたしますと、共に「大物主＝大己貴」ということにもなり、そういたしますと、「大物主（父）＝事代主（子）」でもよかった、ということになってしまうのかもしれませんが……。

さて、お話を、「平安天皇家の母国」でございます扶余・高句麗・百済のことに戻しましょう。

この百済の母国である扶余や同族の高句麗王家の出来事から、「日本書紀の天皇系図の謎」を解いて行く考え方につきましては、何れアナタがこの本を読み進むに従い、段々と理解出来てまいります（のみならず、当然のこととしてお判りいただける筈です）ので、今暫くは、どうかご辛抱いただきたいと存じます。

第一七章　「前九年の役」における「百済対新羅」と「温祚対沸流」の対立

因みに、先程申し上げましたように、同じ扶余の流れでも「百済王系図が二つあった」ことに気が付きますと、百済系での「温祚と沸流の対立」、つまりこれを、夫々の祖神レベルに焼き直して申し上げますと「イワレヒコとニギハヤヒ（又は、アメノヒボコ）の対立」の点につきましても、この両者（と申しましても、前者の「温祚系＝神武系」の大王のイワレヒコの渡来につきましては、平安日本紀という「歴史物語」の上だけでのお話に過ぎなかったのですが。三二1）が、朝鮮半島から日本列島に渡来（百済が滅んでから）した後についてまでも、大きな「余韻と争い」とを生じさせていたことに、アナタは初めて気が付くことが出来るのです。

では、それは一体どういうことなのか、次にアナタとともに具体的に見ていくことにいたしましょう。

1、「前九年の役」

（1）古代の東アジアの伯族や穢（解＝高）族

今までアナタは、東北での「前九年の役」（奥州十一年戦争）については、どのように考えてこられましたでしょうか。単なる日本人同士の内戦にしか過ぎないと思っていたのじゃないでしょうね。

教科書もこの点につき、何らの疑問すらも抱かずにそう（内戦だと）言っております。でも、実は、そうではなかったのですよ。征夷（東北征圧）大将軍の坂上田村麻呂の父の刈田麻呂は、朝鮮半島の百済からの渡来民です（七4、一2）。

「カリ＝Cari」とは、古代朝鮮語で「銅や鉄や鉱山民」をも表します。この「カリ」の点は、新羅建国の時に中心となりました辰韓六部の山間の六村の一つの名にも現れていたのです。つまり「五日、金山加利村」（「新羅本紀」赫居世）とあり、このように「金山＝カリ」で同じことを表していたからなのです。

因みにこの村は、後に「加利部を漢祇部と改め」（『新羅本紀』儒理尼師今）となっております。この「カリ＝金・鉄」でございますことは、大国主と胸形奥津宮の多紀理毘売との間の子である阿遅鉏（志貴）高日子根が、「迦毛大御神」（『古事記』上つ巻・天照大御神と大国主神）とも言われておりますと共に、この同じ神が、湍（タン・早瀬）津（タギツ）姫の子の味耜高彦根（神代下紀）であるとも表現され、かつ、この「カモ＝迦毛＝加茂＝賀茂＝甘茂」神は、本来、京都の上賀茂神社・下鴨神社（現在のご祭神は、別雷、玉依姫、建角身）の元神でもございます葛城の高鴨神社のご祭神とも同じ神であった筈でございますので、そういたしますと、この「スキ」とは、アヂスキの「スキ＝鋤」のことを指していたのでありまして、この神が作り出しました「大羽刈」（古事記では、大量）の剣（実は、これは剣ではなく、斧のことだったのです。と申しますのも、剣では喪屋を切伏すことなど不可能なのですから。それに古代アジアでは斧こそが王権の象徴でもあったことは王の字の起源からも明らかです）も「大＝美称」「羽＝ハリ＝刃物」、そして「真鉞＝マサカリ」の「カリ＝鉄」と同じく「刈＝カリ＝鉄」なのでございまして、このように、「カリ」が古代朝鮮語で鉄を表していたということが判ってまいります。

さて、「前九年の役」（永承六～天喜五年〔一〇五一～一〇六二年〕。後冷泉天皇、関白・藤原頼通〔道長の長男〕の頃の事件）とは、百済系の朝廷におけるこれらの新来の百済系人脈の働きにより、当時既に東北方面に縮小させられてしまっておりました、かつての東日本の大国、日高見国と百済系の朝廷側、つまり日本国との、実は、「外国同士の戦争」だったのですよ。

＊「前九年の役」の時代背景。①天喜元年（一〇五三）三月四日、宇治・平等院鳳凰堂（阿弥陀堂）落成（『扶桑略記』『定家朝臣記』）。②関白・藤原頼道が前年（一〇五二）三月二十八日、宇治の別邸を寺とし平等院と号す。③この平等院落成の前年の永承七年（一〇五二）は、仏滅二千年末法の初年とされる。

「常陸」も、「北上」も、皆、「日高見・ヒカミ・日下・卞韓・日本」の訛りだったからなのです。

高皇産霊神（高木神＝魏の軍師である高句麗人の張政がモデル。一五8）のタカミという名の中には、日「高見」（穢＝太陽〔高句麗系〕）という意味が訛って、隠され（含まれ）ているのかもしれません。卑彌呼の男弟がモデルかも。

東国（陸奥を含む）や西国（九州や四国の南側）へは、その前の奈良朝における支配者でございました天皇家の一員の新羅・伽耶の王族が、次の平安期には大量に亡命していたからなのです。後に、高麗に新羅が滅ばされたとき（九三五年）にも、新羅水軍の全員が日本列島の鄙の地、特に、陸路のない岬の先端や深山幽谷の地へと逃げ、先程の東国などへ逃亡した新羅人と合流し（同族なのですから）、やがてそこから後に「武士が発生」して来ることにもなるのです（一二5。藤原純友の乱・平将門の乱などの「承平・天慶の乱」の遠因）。

当時は、陸からは道が通っていなかった筈の三陸の沿岸部（陸の孤島）には、必ずしも砂が白い所ではなくとも、今日まで「白浜＝シラハマ＝新羅浜」という地名が幾つも点々と連なって残されておりますよ。

武士の発生についての私の国際的な考えは、三十年後には間違いなく通説となっていることでしょう。

そして、この日高見国（その一員としましては、「日招き＝ヒオキ＝日置＝ヘキ＝佐伯氏＝蝦夷」がおります。一五10）の人々は、混血民の蝦夷（カイ・穢・甲斐。しかも、ここで、大切なことは、このカイとは「自称」であり、古朝鮮語、特に高句麗語で太陽の意味でした）であったのです。

そして、この頃、朝鮮半島東部にいた旨中国史上でも記されております、この貊や穢の人々（太古のオルドスを含む中国の支配者でございました「匈奴」とも関連）は、実はアジアの地に非常に古くからいた民族なのでして、この穢族は、貊族とともに満州の北扶余王室の「二大構成民」の一つでもございますし、また漢族（西戎としての羌人）が、西アジアからチベット経由で四川盆地の蜀へと降りてまいりまして、そこから「西漢水」を下り、更には黄河地帯の中国中原へとも侵入してまいります（九3、二三1、他）「羌の漢化」以前の、つまり周以前から東アジアに住んでおりました、古への「東アジアの大族」でもございました「濊＝穢族」と「貊＝貉族」の二つの内の、前者の「穢族」と、遡りますと繋がっていたのでございまして、この扶余の王族の末裔は「穢」又は「解」とも自称しております。

＊この濊は大陸におけます古代の倭人の一つの流浪の結果（北倭）であったと考えてもいいと思います。中国人はこの人々を賤しんで濊（汚い）と名付けて、その趣旨のこの文字を当て嵌めて呼んでおります。しかし、カイの方の「字の音」には、自分達が「太陽＝王」の出であることを表していたことが含まれていたのです（古代朝鮮語。一七2）。つまり、民族と致しましては、よくあることなのですが、「自称」としての「蝦夷＝カイ＝太陽の子」を表示していたのです。

他方、貊族とは、同じく中国に周の姫氏がBC十一世紀に西方から侵入して来る以前には、十数族にも分かれて、特にオルドス（黄河の鍋蔓部分。陝西省北部）辺りを中心として割拠していた（匈奴とも関連か）、これまた東アジアの大族だったのです。そのバク族の一部が、小興安嶺を越えて東行し、匈奴（次のウラルトゥの一族も匈奴が運んでまいりました「もの」であったのかもしれません）や東胡などと混血を繰り返しながら松花江上流へと亡命して（『魏志』）、やがてその地で早期の「北扶余王国」を建国することになるのです（別述。中山国もこの一派のコーカソイドの白夷でしょう）。又、これは、後の中央アジアのバクトリアの「バク」の名とも繋がって来る名だったのでございまして、更には、コーカサス山中の「ウラルトゥ（URARTO）＝アルメニア（ARMENIA）の人」（但し、このアルメニア人のこの地方への侵入は、後のBC五～七世紀です）

や「ウラルトゥ＝アララット（ARARATO）」王国（BC八六〇年頃～BC五九〇年）などにまでも遡る一族だったのです。

この一族は、現在でも「――ヤン」という呼称が特色でして、楔形文字の原文では「――の子の子の――」との表現で記載されております。こういう子孫の表現方法は、東アジアにおきましても、雲南の苗族（青苗）や朝鮮人の「本貫」の表示とも、又、日本の襲名とも、何処かで繋がっていたのです（埼玉古墳の「ワカタケルの剣」の銘文の系図表現と同じ。但し、この剣は、少なくとも平安朝以後の贋作です。二一5）。

匈奴の遺種が東胡と混血し（又は改号し）鮮卑の一部と化しましたことにつきましては、

「匈奴、北單于、遁走後、餘衆十餘萬、遼東に至って雑居し、自ら鮮卑と称す」（『魏書』鮮卑条）

＊尚、この頃の遼東は今日の遼西です。

「匈奴遺種、留まるもの十餘萬、皆自ら鮮卑と号し」（『後漢書』鮮卑条）

と、後漢に撃破された後の匈奴の様子が中国史にも見えておりまして、この様に匈奴と東胡との混血は間違いなかったのです（東胡＋匈奴＝鮮卑）。

ですから、早い話が、北扶余の後期王朝の王姓は「穢＝解」だったのです。又、この名は、次のように、「扶余の王名」として中国史上にもちゃんと登場しております（「穢王之印」（『魏略』）一七6）。東海の浜（私は、前述のように「東＝海岸」ではなく、中国から見まして「東＝北扶余からは南」、つまり「鴨緑江中流」の支流域（正に、ここは高句麗の発祥の地）と考えております）の迦葉原扶余に遷し「東扶余」を建てました（そして、このことは北扶余へのニギハヤヒ系の解（穢）族の侵入、そして同時に、その政権交代により追っ立てを喰いました「イワレヒコ＝神武」系の貊族が南下したことをも意味していたのです）解姓の解夫婁（かいふる）王（この王のことは朝鮮の『三国史記』には出てまいりますが、何故か支那の記録にはありません。この王は、本来（後になって、皆遡って「解＝カイ」とされてしまう前）、伯族であったものと思われます）の一族のことであったのです。この次の王は、鯤淵で見つかりました金色（名前からしまして、これはアルタイのチュルク・匈奴系の混血を意味しております）の「蛙形の小児」から成長いたしました金蛙王です（日本列島と南鮮での出土の巴型銅器とこの金蛙との関連につき、別述）。

この「解氏」（伯氏との混血を含む）は、高句麗のもう一つの王族の「高氏」とも古くから深い繋がりがある民族だったのです。

＊同一との考えもございます。つまり、この一族が高句麗を建てた後は「高氏」を名乗った（朴氏のナガスネヒコのところへ入る穢族のニギハヤヒのように、「婿入り」の形をとっていたのかもしれません）とも考えられるからなのです。

そして、少なくとも長年の間、日本列島のフォッサマグナ（一七3）や駿河の国（一七1）から東方は、沿海州・満州から日本海（湖）を経て「直接」「越の地」へと渡来していた、この「カイ＝穢」の人たちの支配する国でもあったのです（一七2、3。「オロ＝悪路」などの地名は、満州・沿海州民の「オロチ」や「婁＝ユウロウ＝オロ」や「オロチョン」の名残でもございました）。

（2）遠の朝廷は二つあった――太宰府と多賀城

さて、という訳で、実は、「遠の朝廷」には二つあったのでございまして、その一つはアナタもよくご存知の九州太宰府（一三3、一〇4、七7。柿本人麿が、山陰の石見国から西へ行くことを「上がる」と万葉集題で表現しておりますことにつき、別述）なのですが、もう一つは宮城県の多賀城（一五4。古くは、ここは長い間、日本国外の外国でございました蝦夷の王都の地でもございました）だったのです。そういたしますと、太宰府またはその北の那ノ津（安那ノ津＝荒津）は六六三年までは倭国の首都でしたし（七4など）、奥羽も、かつて平安朝までは「外国」でしたので（一七3）、これらが共に、遠の「ミカド」と正史上で言われておりますのも、もし、それらの本来の王都につき、何らかの王権の存在を示す「王＝ミカド＝御門＝中つ国＝カウリー＝高句麗の音」などと記載した証拠（木簡や文献など）が残っていたとしましても、それは「遠ノ」ミカドのことで、畿内王朝の一出先機関の表示に過ぎないのだ、などと言ってその矛盾をごまかせるからだったのです。

このことも、日本国から見ますと、滅んでしまった以前に存在しておりました「倭国」は、日本国とは「時間差」と「地域差」のある別の国でございましたし、それのみならず、今日の（平安朝以降の）「蝦夷国」も、又古くは「外国」であったのでございまして、古くは、そもそも、東日本が「蝦夷国＝日高見国＝日下ノ国」だったのであり、平安朝に平安日本紀を作りました畿内の百済亡命王朝から見まして、蝦夷の国は、紛れもなく「外国」であったことを示していたのです。

（3）「役」の定義から考えても蝦夷は外国であった

ところで、このような「定義」というものは、一般に、人の権利を制限したりする法律学以外では疎かにされがちなのですが、これはどの学問におきましてもとても大切なことなのでありまして、「前九年の役」のこの「役」という文字は、そもそもが「外国との戦争」（蒙古との「文永の役」〔一二七四年〕や唐・新羅との「白村江の役」〔六六三年〕など）のことを、古来から示す言葉ということになっておりますので、その意味で申しますと、蝦夷と朝廷との間の「前九年の役」とは、実は、「日本国と外国との戦争」であったことをアカデミズム（用語上）自らが有難くも告白していてくれていた（そうでないと自己矛盾となってしまいます）ということに、アナタが早く気が付かなければ、古代史は何も判らないのと同じことなのです。

目から鱗でしょ。役に立った？

そして、蝦夷は自らの主権を持った外国であったと考えない限り、古代史の本質的なことは、全てがアナタは理解できない筈なのです。

ですから、早い話が、「前九年の役」とは、ヤマト朝廷が「奥六郡」という、如何にも「自国の奥の方の一部」を攻め取ったというようなニュアンスで正史は表現されてはおりますものの、実は、その当時でも、既に岩手県の一関以北に縮小されてしまってはいるものの、その当時は、あくまでも「外国」でございました「穢国＝蝦夷国＝カイ国＝自称・太陽の国」を武力で攻め取ったということだった、つまり、「蝦夷国」はそれまでは独立国だったのでございまして、かつてのある時期（平安時代の一時期）までは、蝦夷国は駿河の安倍川以東をも支配していた大国だったのです（一七3、七4。ですから、桓武天皇の頃でさえ、一時は、安倍川のところの「清見が関」までも退かざるを得なかったというときがございました。正にそれが「長岡京への疎開の遠因」だったのですよ。アナタ一七7は必見ですゾ）。

これでは、今まで平和にそこで暮らしていた外国の蝦夷が、外国（日本国）からの侵略を受けたのですから怒るのも無理もない話だったのです。

＊怒れ、東北人！　「坂上田村麻呂が立派な将軍だった」などと表示してある、地元の岩手の教育委員会の、ノータリンで自覚なき「中央史観」に基づく「説明板」などは、夜中に行って剥がして焼いてしまえ！

……しかし、となると、私は建造物等以外放火罪の教唆犯（刑法六一条一項）かナ？　そうなると、建造物等以外放火罪（刑法一一〇条一項）の共犯ということになり、一年以上十年以下の懲役で、ムショに入り麦飯を！　マア、それも、自分で言うのもなんですが、こんな本夜中に書いているよりも、生活が規則正しくなって健康には良いかもよ？

ヤクザ紛いの因縁をつけられ、人々は不条理にも皆殺しにされ、おまけに「舞草鍛冶」などのハイテクの鉄の技術者を根こそぎ中央に奪われ、全国に分配されてしまった怨みを決して忘れるではないぞ！

大和（平安）朝廷の、権謀術数のエゲツナイこの行動に比べて、「前九年の役」「後三年の役」での死者を弔う、後世の、天治三年（一一二六）三月二十四日付けの藤原清衡の「中尊寺（建立）供養願文」の「鐘楼についての説明文」の崇高さを見よ！　東北人よ、この比類無き精神の至高の輝きを、マナコをカット見開いて見よ！　この原文を声を出して読め！　そして、誇れ！

この戦いで死んだ官軍（敵）夷虜（味方）のみならず、「毛羽鱗介」（草木、昆虫、魚までも）をも、人の命と平等に哀れんで供養するという、藤原清衡の心広く清らかなこの鐘聲の響きを心に手を当てて聴け！

但し、この「願文」の成立は、天治三年ではなく、それより以前の、保安四年（一一二三）から天治二年（一一二五）末までの間です。

後世の事ですが、かつては、右の「外国」でございました東北・一関より北（南部家）のキクチという姓は、何故か「サンズイの菊池」が多く、ここ以南（伊達家）のキクチは、「土偏の菊地」が多いと言われております。

因みに、よく江戸時代等では「○○藩」という言い方を致しますが（ＮＨＫですらも）、当時の社会情勢をちゃんと分析致しますと、「藩」等という組織的な機関は一切存在しなかったのでして、単なる個々の「○○家」とそのガードマン（侍ひ＝武士＝私設の用心棒）のみが存在していたに過ぎなかったのです。この点のアカデミズムの分析・考証はいつも甘いのです。自分の頭で考えているのでしょうか??

アナタは、物言わぬ、言葉少ない古への蝦夷（エゾ＝カイ）の名誉をも守ってやらなければいけませんよ。物部氏の昔氏のアグリ王を「悪路（アクロ・オロ）王」などとしてしまった中央史観への怨み決して忘れるでないぞ！

後の、平安紀（と申しましても、この頃のことは『続日本紀』の次の『日本後紀』に記されています）では外国であったカイ国のことも、今日、恰も国内の出来事であったかのように改竄されてしまっていたのです。この辺りの正史の重大なる欠史の問題につきましては、読まなきゃ損する程凄ごーく面白いことが隠されておりますので、いずれ又、後述いたします。どうか一七８（必読）をお楽しみに。

しかし、日本紀をよく読めば蝦夷が外国であったことは日本の正史のみならず中国の正史にもちゃんと書いてあったことが判るのです（又、水戸光圀の『大日本史』の分類の分析につきましても、一七３）。

（４）「前九年の役」の背後に隠されていた百済系内部での「温祚」系と「沸流」系との古くからの対立——秋田の唐松神社とニギハヤヒ

ところで、一見、見過ごされがちなことなのですが、そこには、更に、より深い古代史の謎が秘められていたのです。

この東北での戦いは、表面上は、単に、「百済系」（つまり、平安朝廷・日本列島への亡命百済王子・新天皇家）対「新羅系・伽耶系」（平安朝のその前の奈良朝に於ける支配者・旧天皇家）の対立という形が見られる（実は、このことすら見えない人がアカデミズムにも多いのですが……アナタは如何でしょう）のですが、更に一歩深く、目を瞑って考えてみますと、「そのまた裏」には、かつての本貫である朝鮮半島時代の扶余・百済系王室「内部」での当初からの対立、つまり、温祚系（伯族）と沸流系（穢族）という、気の遠くなるほどの昔から満州・アジア大陸に存在していたその頃からの雄族同士の対立の歴史が、そのまま日本列島に持ち込まれて来ていたという輪廻を知ることになるからなのです（一八６、一１）。

＊マトメてみましょう。「白村江の役」の後、日本列島を支配いたしました新羅系の天皇家を、宮廷クーデターでひっくり返し、天皇家を奪い取りました亡命百済人の平安天皇家の東北征夷には、その底に、百済の母国の扶余の時代における、伯族と穢族との対立が隠されていたのです。

つまり、一言で申しますと、百済は自らが認めていますように王姓自体が「余」＝「アグリー＝ヨ＝徐・シャー」（但し、正しくは解なのですが）でありますし、かつ、そのことにつきまして中国史も認めておりますように、扶余の末裔なのですが、その扶余国「自体」が、そもそも「伯と穢」の族からなる合成王朝だったからなのです（前述）。

扶余という国名自体、初めに扶余国を建てた「伯族」の国（捐奴部）を表していた（しかし、途中からの北扶余の支配層は、そこに後から亡命者として侵入してきました穢族と交替することになります。桂婁部）可能性も十分に考えられます（一1）。

百済建国史に見られます沸流と温祚との兄弟の対立は、実は兄弟の伝説などではなく、その百済の母国・北扶余におけます前期王朝である貊（伯）族と（扶余の特色は白衣を好んだことと正月の殉死です）、そこに後から侵入した後期王朝である穢族、つまり弟・温祚（伯を表します）と兄・沸流（穢を表します）の「二つの民族」の抗争を、後世の百済におきまして「兄弟」と仲良くマトメて表現してしまったのに過ぎなかったのです（一1）。

このことは扶余の始祖王とされたおります解慕漱（BC二三九～BC一九四年）や第二代王の慕漱離（BC一九三～BC一六九年。古記『北扶余紀上』）の「慕＝ボ」が、正に、音の上からはこの「伯＝バク」を表していたということになります。

＊始祖王の解・慕という名そのものが、北扶余が「穢と伯」からなる王朝であることを表していたのです。

この「伯＝バク」は、秦始皇帝に追っ立てを喰って華北より満州へと入ってまいりました部族です。後に、穢族が北扶余に侵入してまいりましたので、伯族は東扶余へと逃げて、そこの新しい国「伽耶原扶余」「伽葉原扶余」（東扶余＝南扶余。と申しましても、この時点の南扶余とは、百済のことではありません）を作ります。

穢族はインドシャキー（昔）族の出自の、河南省の大製鉄基地の「宛＝ウツ」の徐からの亡命者。インダスの亡命民の作った殷帝国の、王族の、箕子朝鮮の本名の中には「餘＝余＝徐＝シャー」が含まれております。宛＝ウツ＝広東語でWat。何故、広東語なのかと申しますと、秦以前の中国には、実は、極少数の奴隷民としての羌族は別といたしまして「羌族＝漢族」などはおらず、今日の百越と西南夷とが、夫々の中国中原での中心民族で、また、オルドスでの中心民族は匈奴でございまして、かつての中国の主である百越が広東に追われておりまして、その人々の語で、この「宛＝ウツ」という読みの理由が解明出来るということは、蓋し当然のことでもあったからなのです。

このように、異民族を「兄弟」としてしまいます同じパターン（妥協・混融のパターン）は、東アジアの神話上でも古くからよく見られることなのでございまして、例えば、日本正史上での神武大王と出雲国造の各祖先は兄弟（共に天照の子の天穂日とする）、神武大王と物部氏の各祖先も兄弟（ニニギとニギハヤヒは兄弟）、中国正史上でも殷と周の祖先は兄弟（周の后稷の母は、帝嚳の元妃、殷の契の母は帝嚳（嚳の次妃））これらも右の「カイ」と「ハク」の兄弟と皆同じパターンだったのです。

このように、温祚・百済とは、六六三年の「白村江の役」の後、日本列島に亡命し、やがて平安天皇家を打ち建てました扶余「伯族」の天皇家（「神武＝13近肖古王＝6仇首王」系を祖王といたします一族）のことだったのです。

＊扶余国の旧都に「何処からやって来たか判らない」が天帝の子の解慕漱（かいぼそ）と「自称する人」が都を開いた（「高句麗本紀」始祖東明王条）とされておりますことが、これこそが、朝鮮正史における先住の「伯族」に対しての「穢族」の侵入ということを示していた、決して見逃し難い証拠だったのです。

先程、扶余という国名自体が、初めは「貊族の国」ということを表していたかもしれない、と申しましたのも、古代の「満州語及び朝鮮語」の分析により、一挙に一言でマトメて申し上げますと「パル＝光＝広大な国＝プル＝夫婁＝夫里＝バルク・バク＝白＝伯」と繋がっていたからなのです（尚、加賀の「白（ハク）山＝シラヤマ」と祭神の「ククリ＝高句麗」姫につき、別述）。

＊ということですと、始祖王の解・慕漱王と同様に、この解・夫婁王も、「解＝穢」「夫婁＝伯」で、北扶余王国家が伯族と穢族から成り立っていたことを示していたのです。

ですから、そういたしますと、「物部氏の呪文」の「フルへ、フルへ……ヒ、フ、ミ、ヨ……」というのは、古くは「火が付け、火が起きろ、ヒ、フ、ミ、ヨ……」という、木棒を回転させ摩擦熱による「火起こしの儀式」のときの神官の呪文のことだったのでございまして、この現在日本にある、物部氏の持ち込んだ呪文の中にも、扶余族の「フル＝火＝光＝白」が残されていたのです。

更に、又、ひょっとしますと、この国名の「扶余（プヨ）」という言葉自体が、「扶」とは「伯」氏のことを表すのみならず、下の字の「余」とは「アグリー氏・シャー氏・徐氏」つまり徐氏＝昔氏＝解氏のことをも表しておりまして、そうだといたしますと、この二者の合体を示す「扶＋余」＝「貊族＋穢族」＝「扶余」という「扶余の名の由来」をも表していた言葉として、本来は古代の中国人が使っていたものだったのです。

この二つのそれぞれの部族の一つは、前述のように、古へに近東のアナトリアの「ウラルトゥ＝アララット」から、中央アジア（バクトリアなど）へと亡命し、遥か昔に東アジアにやって来ておりました「バク族」の「伯氏」と、他のもう一つは「インドの十六王朝」の、主としてアーリア系のアグリー族（シャキー族＝釈迦族＝昔氏）の「余（アグリー）氏」にまで遡る古い部族が「カイ＝穢族＝ワイ」族のスタートでもあったということにもなって来るのです（遥かなるインド・パンジャブからの倭人の移動）。

この二者につき、日本列島の古代史との関係で、アナタにも判りやすく言葉を変えて申しますと、「平安日本紀での主役のイワレヒコ」（神武大王。伯系。平安天皇家）と「先代旧事本紀での主役のニギハヤヒ」（陜父。昔氏。物部氏）との、それぞれ満州へまで遡っての祖先の対立とでも申せましょうか。

　さて、一見しても見にくい（アカデミズムは、この点全く気が付いていない）ようなのですが、実は、このように「前九年の役」には右の二者の長い長い遥かなる対立が水面下に隠されていたのです。

　その理由の要点だけでも次に簡潔に申し上げてみたいと思いますが、この「長い長いお話」のスタートは、まずは、蘇我氏に敗れたとされております物部氏の東北への亡命（祖神・ニギハヤヒの流竄）のことから始めなければなりません。

　そして、今度はガラッと変わりまして、その終着駅はと申しますと、東北にまで亡命し、出羽国（秋田）協和町の境（サカイ・シャキー・昔）に、今日におきましても厳然として鎮座まします唐松（からまつ）神社（カラ＝韓。旧・韓服社）、三倉神社、船玉神社の三座に行き着くのです。

　中でもこの船玉社では、今日でも、「神明造り」の本殿の両サイドにズンと空間を貫き通す、ものの見事な、実に古風な「棟持（むなもち）柱（はしら）」が棟木を支えているのが見られますよ。一度アナタもいらしてみては如何でしょうか。大曲までいらして「笑う岩偶」を見るならば、その序でにちょっと寄り道してお寄りになったら如何でしょう。協和町は田沢湖の西南約三〇キロメートル、秋田との間で、そう遠くはありませんから。

　又、右の唐松社・唐松山（このように、渡来人や亡命人（日本列島内での準亡命を含みます）は、雄物川を遡行してまいりまして、当初は隠れ住んだ近くの山頂にささやかに祖神を祭っていました）の天ツ日宮の神主さんは物部氏（北倭のニギハヤヒの末裔）第五十四代、物部協子さん（今は代が替わっているかもしれませんが）で女性なのですよ。

＊このことは、道鏡・光仁天皇・桓武天皇による百済クーデター（平安朝の成立）のための「渤海の支援部隊」が、（当然）海路で、当時百済王（くだらのこにきし）の支配下にございました（別述）出羽国へと入り、雄物川遡行ルートで上陸して来て、このエリアを支配し、そして南下していったことの、残照であった可能性も強ち否定は出来ません。

　そのことが後世、「ニギハヤヒが鳥海山に天降りした」という形で伝えられていったのです。

　この神社の本殿は「石で覆った古墳の原型」そのものなのです。明石海峡に面した「五色塚古墳」などのように、此の頃は古墳が出来た当時の葺き石の侭に復元されているものが増えてはまいりましたが、ここ唐松神社にも、遥か昔、満州・朝鮮半島の頃からの「石葺き古墳のオリジナルな姿」が「再現」されて見られるからなのです。

＊序でながら、その五色塚古墳は、あなたが奈良盆地などで御覧になって古墳について抱いているであろう、あの「緑豊かで草茫々で、一見ホッとするような、しかし蝮（まむし）だらけの恐ろしい赤松の小山」とはがらりと異なりまして、朝な夕な瀬戸内の陽光を受けて無数の積石がキラキラと宝石のように輝き、「幾何学

模様のような金属的な直線」すらをも感じさせます。物部氏の祖神ニギハヤヒの出自は、正に、「沸流」百済系の穢族（物部氏）まで行き着くのですから。

＊このように、秋田県の雄物川流域には、インド（白人のアーリア人＋非アーリアのインダス人）から出発いたしました物部氏（アグリー。北倭）の多くの東アジアでの混血と、古くはコーカソイド系の（一七2）、新しくはロシア系の白人の血も縄文・弥生の血の上に混ざっておりますので、時として「紅毛碧眼」の人の伝承も伝えられているのです（山形県の「余目（あまるめ）」もその名残だったのです。一七2）。

どことなく、秋田のみならず岩手・山形・青森の一部など東北一帯に見られますヨーロッパ人的風貌の秘密（特に女性が美人で色白——私の、楚々とした女房も含めまして）の由来は、気温、湿度、水質や日照時間の少なさなどの風土的要因のみならず、そもそも、この辺り（人種の出自＝より多くの混血）にあったのです（東北美人の由来の秘密）。

(5) ニギハヤヒ（物部氏）の祖先の沸流百済は朝鮮半島を南下して日本列島に渡来した

沸流は、朝鮮史上でも扶余から馬韓地域に南下し、温祚系とは別れて海岸へ行って、その後死んでしまったのだとされております（「百済本紀」）。

＊朝鮮史にも面子がございますので、王族が野蛮なと見下しておりましたような日本列島へ渡って行ったときには、このように死んだという表現をするのが常だったのです（一1）。この点、日本列島側の史書でも、朝鮮半島側の史書と同じ（ほぼ同一の支配者なのですから、これは当然のことだったのですが……）でして、「仲哀大王＝百済・腆支王がモデル」の、琴の音の中での暗中の死（真相は、倭王でもございました百済王子の百済への帰国）の例なども、これと同じです（一五1）。

このことは、沸流は「彌鄒（みしゅう）」のところに行ったと表現されています。この頃の洛東江の河口は「土湿水塩不得安居」（「百済本紀」）でしたので、見切りをつけて金海より一気に日本列島へと渡海してしまったのです（尚、「東韓之地」につき前述。一〇1、他）。

このことは中国史が、場合によりまして「弁韓・辰韓」と表現してみたり、又、「弁辰」と二つの民族を合わせて表現してあるのは一体何故なのだろうかと考えさえすれば明らかであったのです。「弁辰與辰韓雑居」（『魏書』東夷伝・弁辰条）つまり「弁辰」とは、弁韓人と辰韓人（実体は扶余の亡命民）とが混血してしまっておりましたことを如実に表していたのです（より正確に申しますと、これには大きく二つに分けまして弁韓人の北上・辰韓人の南下との二つの流れがございました）。ともかく、これは「北倭＋南倭」を表す名だったのです。

しかも、魏書によりましても、もしアナタがよーく注意して読まれますと、そこには単に「秦の難を逃れて」と記してあるだけでございまして、決して「秦人が亡命して来た」などとは何処を探しましても一言も書いてないからなのです。

＊辰韓人は、秦人の亡命人などではなかった。

このように、実は、「辰韓＝秦韓」という字面からも、一見秦人の亡命国であるかのような錯覚をアナタに覚えさせてしまうのですが（辰韓の末裔である新羅自身も、悲しいかなそのように「事大主義」的な路線に安易に乗っかってしまっておりまして、未だに目覚めてはおりません。高松塚の亀＝新羅。五3など）、実は、これは何らの根拠もないことであったことにアナタは早く気が付かなくてはいけなかったのです。

ですから、これは、正しくは、辰韓人とは、主として扶余（満州）からの亡命者（つまり、ワイ・パクの南下。古代の地図帳からも、この点は十分に読み取れることだったのです）であったのでございまして、かつて、華北におりましたプロト扶余の一部が、秦の始皇帝のとき（この秦の亡民も、今申し上げましたように、根拠のない自称に過ぎませんが）に追われて満州に入りまして、扶余国の前期王朝となり、やがて、「解＝穢＝カイ」族に追われて朝鮮半島を南下し、高句麗・百済を漸次建国し、又、北扶余の穢（解）族の一部も、朝鮮半島の主として東部を南下いたしまして辰韓へと入ってまいりましたことの表現であったと考えなければいけなかったのです。

さて、この点、兄の沸流は「以居之」（「百済本紀」文注、或本）と、この「注」の方では金海に住んだということになっておりまして、この点、朝鮮史レベルにおきましては、同一でなければいけない筈のことが、何故した訳か「不安居」と「以居」というように百八十度全く逆のどちらだか不明の表現になってしまっております。

実は、その「彌鄒」とは、新羅（当時はまだ金官）の13味鄒王（二四七～二八四年。この一族は丹波道主のモデルでもあります。彌鄒＝ミチ＝道）の名と同一の表示でして、この一族の末裔のことを暗示していたのでありまして、時代は少し異なるとは申せ、沸流系は朝鮮史におきましても少なくとも「半島南端の金官伽羅までは下った（そして渡海してしまった）」ということが表示（暗示又は推測）されていたのです（一五、一〇1）。

このことは、もしもアナタが日本紀の行間を、よーく分析されますと、ちゃんとそれと同じことが、こちらの方にも出ていたことに気が付かれる筈だったのです。

それは次の「神代」ところの表示です。

「抑又塩土老翁に聞きき。曰ひしく、〈東に美き地有り。青山四周れり。その中に亦、天磐船に乗りて飛び降る者あり〉と言いき」

これこそが、物部氏の朝鮮半島から日本列島への渡来（船に乗っての表現に注意）の表現であったのです。塩土ということで、物部氏の祖先の「昔氏＝シャー氏＝徐氏＝余氏＝アグリー（悪路）氏」が、インドの「アガリア＝塩人カースト」の出自であることをも示していてくれたのです。これがそのこと（物部氏の祖の「穢族＝沸流百済」のニギハヤヒ渡来）の表現であったと、アナタは見破らなければならなかったのです（更に、「ニギハヤヒ＝天日矛」で同一人につき、一五3他）。

＊このように、日本紀の舞台は、実は、大部分が南朝鮮だったのですよ。亡命人が、伽耶にしろ百済にしろ「その物語」を持って渡来いたしましたので、その舞台が「朝鮮の母国↓日本列島」へと一八〇度逆転してしまっていたのです。アナタ、気を付けなくっちゃ。

ですから、再確認いたしますと、右の塩土翁のお話は、朝鮮半島におきまして、沸流系の「饒速日＝ニギハヤヒ」が金官国（倭）をサッサと通過し、日本列島の倭に先行して行ってしまったことを、宰相5金官王伊尸品の武内宿禰（二8、7）が、温祚系の百済初代近肖古王（三四六〜三七五年。崇神）に、教えたよということが、比喩的な形をとって表現されていたということだったのです。

＊金官の地が「土湿水塩」であり、「塩土」とはこの土地の表現だった（「百済本紀」）。

日本紀の、ここでの「飛び降る」という表現は、正に、その「急いで」朝鮮南部の金官（倭）を通過して日本列島へと行ってしまったこと、高天原（満州・朝鮮）から、天皇家の祖先が、当時、鄙の地（未開の地）と大陸からは認識されておりました日本列島へと「下る」こと（奈良紀におけます、慶州の「吐含＝トガン」山↓翻訳↓安来市の「十神＝トカム」山）を暗示していたのです（正に「天下り」の言葉の元祖は、ここの渡来人の表現の中に既に見られたのですね。亡命朝鮮人が書いているので「下る」となっているのです）。

ところで、私の考えによりますと、この「塩土ノヲジ」という表現は、その金官5伊尸品王より更に以前の金官（倭）の金・閼智王（5孝昭大王のモデル）や金・勢漢王（「6孝安大王＝天日矛」のモデル）、又は、ニギハヤヒ自身や天日矛（この二人は同一人です。一五3）であるとの見方（つまり、「天日矛＝金勢漢王＝百済8古爾王」）や、更には、秦王国のサルタヒコであるとの考えも可能なのでありますが、これらは、皆満州の扶余から朝鮮半島南部の辰韓・金官へ南下した一族や、日本列島を先に東行した神々のことですし、夫々の国々での別々の表現であったと複眼的に見ますならば、これらが同一人であったという考えは、歴史物語的には強ち否定出来ないからなのです。

因みに、このサルタヒコにつきましての「佐田＝サタ」は間違いでして、これは訛ったものだったのです。そして、このサルタヒコの「サル」は、本来の語源へと遡りますと、古く近東のシュメール語の「サグ＝sag＝lugal＝ルガール＝王」や新バビロニア語の「サル＝シャリ＝神王」に由来するものと思われます。これらは共に西アジアでは「王」を表していたのです。

因みに、度々申し上げておりますが、先程の「ミシュー」の名を冠しました金官国（倭）の味鄒（みち）（ミシュ）王の弟は、朝鮮史では未仇王子（「狭穂彦の乱」での狭穂彦のモデル）となっておりますし、この兄、味鄒（みち）は丹波道主の「ミチ」として表現されておりますので、この頃、未仇は、金官（倭）からの分離・独立を企図いたしまして、朝鮮半島の南部の金官から秦韓（後の新羅）の地へと朝鮮半島を「北上」し、一部に残留の秦人をも束ねながら、新羅（都祁＝ツゲ＝トキ）建設の礎を築いたということ（ニギハヤヒの南下とは逆方向の人の動き）が判るのです（時として、進駐してまいりました高句麗軍と協力しながら）。

＊このことは卜部懐賢も匂わせておりまして、「任那新羅同種也」（『釈日本紀』第十、述義六）と言っておりますよ。

このことにつきましては、当時の「新羅を占領がちでございました高句麗軍と秦韓の秦氏との関係」、更には、「新羅占領中の高句麗とその南の金官（倭）金氏との関係」をも十分に分析してみる必要がございます。

という訳で、金官（倭）と新羅との建国時の支配者（主たる人民は、扶余・秦からの亡命民。その下にはツングース）の違いは、その祖先が同じ倭人である「金官（海）金氏」と「慶州金氏」との違いに過ぎなかったのだということが判ってまいります。

そして、その名前自体の表示から考えましても、蘇我氏（ソ＝金＝鉄）もこの金官（倭）王の流れの一つだったのでございまして、伽耶（倭連盟）の構成員の昌寧の「中臣＝藤原」氏（合成氏族の代表たる）という一派も、元々は渡来した朴氏や金氏や唐人などが合流して作られた人々（人造人間）だったのです（四1、三一）。

本来、祖神であった筈の思金神の「金」もその暗示（朝鮮の金氏のこと）だったのですよ。他方、平安朝の天皇家は、同じ百済・扶余系とは申しましても、それは温祚系の伯族（百済王、倭氏系。このコニキシの姓は、百済末王の義慈王の末裔に対してのみ、平安朝になってから、大和朝廷が作った史書（平安日本紀）上におきまして、六六三年の白村江の役の頃に遡りまして天皇から与えられたことにしてしまったカバネだったのです。一2）だったからなのです。

ですから、この沸流と温祚の二つは、同じ扶余・百済王系だとは申しましても、日本列島への渡来の「時期が全く異なる」一族だったのです。

つまり、沸流系は「古く」、温祚系は「新しく」六六三年白村江の役で百済が消滅した後の百済王家の亡命としての渡来（但し、ここで、やがて平安朝を興し天皇家として不死鳥のように日本列島において蘇ってまいります）なのでして、このように両者は全くの別物だったのです。

つまり、この平安朝を興した温祚百済系の人々（平安天皇家）が、その母国・扶余におけます「神武＝仇台」の建国神話を日本列島に持参いたしまして、現行の温祚・百済・伯族系の「神武神話」を無理やり作り上げてしまっていたということだったのです。

平安朝に至り、沸流・穢系の祖王でございますニギハヤヒが、ほぼ抹殺されてしまった段階に至りましては、同じ扶余王系図の祖先伝承を持っております沸流系といえども、温祚系の平安天皇家の百済系建国史に基づきます　王系図優位による改竄に、嫌々従わざるを得なかったのだ、と見ることも出来るのからなのです（という訳で、両者は元々多分に共通性を有していたのです）。

天皇家の本貫の地である満州・朝鮮史上におきましては、この点、沸流と温祚とは、共に、卒本（東）扶余の朱蒙（鄒牟。高句麗の始祖）と扶余王の二女との間の実子（「百済本紀」）、又は、北扶余の解扶婁王の庶孫の優台と延陁勃の女の召西奴との間の実子（「百済本紀」分注）と位置付けられております。

この二つの流れ（一六2）の朝鮮半島から後の部分を、ここでマトメておきましょう（但し、朝鮮半島に至るまでの、その前の流れにつきましては、前述）。

A、温祚（弟）系――神武・扶余王尉仇台・高句麗王子罽須・百済6仇首王。満州・扶余→子孫が南下し13近肖古王が百済を建てる→六六三年白村江の役で敗れ、その後に日本列島へ亡命・渡来→平安天皇家を建てる（そして、平安朝になってから神武を祖王とした日本紀に書き替えてしまうのです）

B、沸流（兄）系――陜父・ニギハヤヒ・（肥国（こま））多羅王　多婆那王・東倭（丹波）王・百済5肖古王。満州・扶余→穢（カイ＝ワイ）→朝鮮半島の主として東海岸を金官へ南下→この地で秦氏と接触し、始祖神話（八岐大蛇（やまたのをろち）など）の交換→日本海をサッサと渡海→倭の肥国へ（物部氏の祖）→東倭（丹波・多婆那国の物部氏の前津耳の女・麻多烏は、新羅・金官4昔脱解王の母）→（主として西日本でゼネコンを営む）秋田・協和の唐松神社まで逃亡（「ニギハヤヒが鳥海山へ天降る」との表現）

＊ひょっとして、吉備の石上布都魂（いそのかみふつみたま）神社（吉井町）も、この残照だったのかもしれません。

（6）舞草鍛冶などの「阿倍氏＋物部氏」の鉄民・銅民（ハイテク技術者）の略奪が目的

では、次に、この平安天皇家（扶余・伯族）が行いました「前九年の役」での蝦夷（陸奥）征圧の真の目的とは一体何だったのでしょう。

まず第一には、「東国へと亡命した前王朝（奈良朝では天皇家であったところ）の新羅人・倭人（但し、日和った藤原氏以外の伽耶人。慶州金氏）」の捕逮・鎮圧（人狩り）と（ですから青森県の八戸では新羅のことを、今日に至るまでも何故か「シンラ」と呼び、他の地方とは異なり、決して蔑称を含んだ「ギ」を終わりに付けて「シラギ」とはいいません。実は、当初は、これは蔑称などではなく、付けても単なる「ギ＝城」のこと〔ですから「シラギ＝新羅砦・城」にしか過ぎなかった〕だったのですが、後に、百済系が平安天皇家を支配してからは、新羅（しろ）は蔑称としての「ギ」を付けて「シラギ＝シロの奴ら」と呼ばれることになるのです。八戸市内では、今日でも地元の人は「新羅（しんら）山」「新羅（しんら）神社」と純んで呼んでおります。二三5）、第二に、物部氏（ニギハヤヒは沸流系の穢族）と安倍氏（金官金氏と安羅伽耶系の倭人。安日彦系）とがオロチョン系「先行民」（古くに、大・小興安嶺や沿海州から渡来）などと共同して経営（一八7）いたしておりましたところの陸奥の鉄山と金山と銅山の支配権の奪取がその目的だったのです（坂上田村麻呂の第一の目的も、実は、ここにあったのだということを、アナタは見抜かなければいけません）。

＊安倍氏と物部氏とが鉱産物のシンジケートを組織しておりました名残が、中世に至りましても見られるのです。その例といいたしましては、「斬獲の賊徒安倍貞任……藤原経清……散位(み)物部維正(これまさ)」（『陸奥話記』康平五年〔一〇六二〕十二月十七日、国解(こくげ)〔別述〕）とございますように、「前九年の役」の際には、安倍貞任らと共に、物部氏が斬首の刑に処せられているところから考えましても、陸奥では物部氏が安倍氏と共同で戦線を張っていたことが推測出来るからなのです。

因みに、このとき、同じ物部氏でも、物部長頼は朝廷・源氏側について、その戦功により陸奥大目（オホイノサカン）に任ぜられております。ともかく、このように、東北で物部氏が活躍していたことが判るからなのです。

当然、古代の戦いの常といたしまして、一番の戦利品は「人＝奴隷」でございましたから（匈奴の中国への侵略も、実は、これが第一の目的だったのです）、「鉱山技術者（鉄工）のみならず奴隷民・開拓農民の獲得」ということも含まれていたのです。

現に、平安天皇家は、この後、日本国中にこの蝦夷の「俘囚」を分配し、その証拠に、その人数に応じて各国に「稲の苗」を補助として与えていることからも、その国別の配布割合までもが、今日に至るも判るのです。

と申しますのも、例えば、この「俘囚料」が全国で一番多かった、つまり、一番多く蝦夷の俘囚（舞草鍛冶などのハイテク技術者）が配属になったのが「肥後国」だったのでございまして、一七万三四三五束(つか)（稲一束は十把。一把は三握。一握は禾(いね)を刈り上げるときに一回に握る量。『延喜式』主税上）となっております。

＊この特別技能を持っておりました蝦夷(かい)が、故郷を遠く離れた肥後国などで鉄刀などの鉄製品の生産に従事させられていたのです。

ニギハヤヒの末裔は、朝鮮より、まずこの肥(こま)（「コマ＝高句麗」人の支配地・分国の意味）に渡来し、中央へ物部氏となって進出し、やがて蝦夷へと逃げ去り、再び、その蝦夷と混血した鉄民の一族が、逮捕され奴隷・俘囚・夷俘として、又、肥へと配置されているという「輪廻」を、そこに感じざるを得ません（熊本から、廻(めぐ)り廻って再び熊本へ）。

ニギハヤヒ（昔氏）は、遙かに遡りますと、中国の「徐氏＝余氏」（殷の構成民の一つ）、インド・アーリア人のシャキー族（釈迦族）にまで行き着くからです。

因みに、熊本県の江田船山古墳辺りの古代のある時期におけます製鉄法は、インド・ベンガル湾方式と同じなのです（別述）。

肥国には、後のものも含めまして、多くの製鉄の遺跡が見られ、特に、小岱山(しょうだいさん)製鉄跡群（荒尾市府本・金山・樺〔カンバ＝伽耶場〕地区など）では三十個所以上の場所から鉄滓の出土を見ております。

更には、江田船山古墳（菊水町）からは、百済21蓋鹵王（四五五～四七五年）の銘のある鉄刀が出土したり（一五1、一二5）、又、日本紀の鉄の武器の製造につきましての記述などを見ましても、肥後国と鉄と後世の「蝦夷の俘囚・夷俘」とは、特に縁が深いことが考えられる土地の一つだったのです。

また、この蝦夷の「カイ」という音についてですが、古代中国の『説文』（漢の許慎の撰）の「鍇」には、何と！「良質の堅い鉄」の意味をも持たせておりますので、この「満州の穢＝カイ＝東国の蝦夷」は（自称といたしましては「太陽の子」の意味ですが）、そもそも当初から鉄とも繋がりがある部族であると「古代中国人が見ていた」という要素も含まれていたのです。

それに、アナタ、東夷の夷に金偏を付けて銕（イ・テツ・クロガネ。これは鉄についての中国人の最古の表現です）とも読んでおりますというところからも、これらを考え合わせますれば、東方の倭人そのものが、次に申し上げますように、もともと鉄とは縁が深い「鉄人種」だったと古代中国から認識されていたことが判るからなのです。

(7) 銅より古かった鉄の使用

では、ここで古代の東アジアにおけます東夷と鉄との関係についてもう少し見てまいることにいたしましょう。

実は、漢人（元は遊牧民の羌・氐）が黄河に沿って中原に南下して来る以前におきましては、そこはツングース系やチュルク系（この末裔が、匈奴や突厥の「鉄勒」など）と思われます淮夷や昆夷がおりまして、長い間「砂鉄又は水酸化鉄の文明」を築いていたのです（バク族につき、前述）。

ですから、漢字で鉄を示す最古の文字は、今申し上げましたように「銕」でございまして、この鉄はもともと「東夷の使っている金属」ということをも意味していたことが判るのです。

古くは、銕が東夷の「テツ」であり（古くは褐鉄鉱・サナギや隕鉄や砂鉄）、鐵が西戎が齎した「テツ」を主として表していたのです（鉄鉱石の溶融）。但し、右の鉄の旧字には、黒金、水牛色等という意味の他にも「南方の獣名」という意味も含まれておりましたので、鉄鉱石が南方（海洋ルート）の異人を経由して古代中国の楚の国へ入って来たという事を示していたのかも知れません。

そして、淮水沿岸にいた淮夷（古への倭人の一派）もその一つだったのです（一二2、九4）。

中国で最も古い史書とも言われております『書経』（『尚書』）。これは、最も古くは単に「書＝史官の記録」のことを言いまして（例えば、虞書、夏書など）それが漢代より以降に至りまして『尚書』、宋代より後は『書経』とも言われました）によりますと、この東方の淮夷につき、周武王（BC一〇二七～BC一〇二五年）の弟の周公が武王の子の成王を奉じて摂政として淮夷の反乱を鎮圧したと、次のように記されております。

「武王崩、三監及淮夷叛、周公相成王、将黜殷、作大誥」（『尚

書』大誥篇・書序）

　ですから、このことは「姫氏＋羌氏」の西戎グループとしての周の一族が西からやってまいりまして、中国中原に昔から居住していたところの、殷の末裔である淮夷（私の考えでは、この淮夷は「インダス文明の亡命人＝徐氏＝シャー氏」と同族であり、かつ、インド・パンジャブから渡来の「淮＝ワイ＝瓦・倭」の一派でもあると考えております。箕子朝鮮の「子氏」とも、同じ殷の王族ということで、このように北倭とも関係があったのです）を伐つ前（ＢＣ一〇〇〇年以前）には、漢（羌）族から見まして異民族でありましたところの殷ないしはその末裔の淮夷の国が、中国中原にはデンとして存在していたということを物語っていたのです（鬯草とバラモンのソーマ草液の神酒につき、二2必見）。

　ところで、台湾の、先住民を除き約八割を占めております、いわゆる本省人（ミン南人・客家人）の遺伝子は、実は、台湾に比較的近い大陸部にいた人なのですが、同じ漢人と申しましても漢族とは相当異なり、現在中国南部やベトナムに見られる「越人」に属するということなのです。不思議でしょう。でも、これは私の考えと実にピッタリと一致しているのです（一〇5）。

　と申しますのも、この人々は、中国中原から漢族に追われ、更に、海を渡って台湾へと逃れて来た人々だったからなのです。ですから今日の台湾の「外省人」も「内省人」も共に漢族などではなかったのです。

　そして、海を渡らないで大陸にいた人々は、更に漢（羌）族に追われ、今日インドシナ半島や南方や西南方の山岳地帯にまでも追われてしまっていたのです。

　ですから、本来、これらの「台湾人」や「越人」にとりまして、遥かな祖先の代から「漢族」は敵であった筈なのです（ユメ、忘れるなよ。正に、漢奸だったのだ）。

　これら鄙の地に追われてしまった人々こそ、西戎であった漢族が中国中原に侵入してくる以前の中国中原の「正統な（主人公）住民（楚や越や呉をも含めまして）」の末裔だったのです（『淮南(えなん)子(じ)』のオドロオドロしき世界）。

　雲南の昆明の「滇池(てんち)」におりました西南夷のグループに区別されております「ワ族＝佤族」は、元は「佤圤(わか)」とも「佧佤(かわ)」とも言われておりまして、この「佧＝カ」の音は奴隷を、かつての中国語では意味しておりました。

　と申し上げますのも、まずは、古くはインド・アッサムから東行途中の（別述）、ここら辺りに留まっておりましたこの瓦人が「楚」に征服されまして、楚人の王の下で瓦人は生き延びておりましたが、やがて「蜀」（遊牧民。羌人の一種）にも征服され、蜀はそこの王をそれまで被支配者であった「白蛮・白イ」（水耕民＝低地羌＝「氐」）に変えましたので、今度は佤人は羌（漢）族の下に統治されることになり、それまでそこの支配者でございました「烏蛮・黒イ」（遊牧民＝高地羌）は、更に西の大理の「洱海(アルハイ)」にまでも逃げざるを得なくなってしまったからなのです（瓦人の奴隷化）。

さて、お話を中国大陸での東夷のことに戻します。

このように、淮夷は周が西方からやって来るよりも古くから中国に存在していたことが、中国の史書自体から判るのです（九3、4。先ほどのウラルトゥからの伯族と同じように。土地からの表示「淮夷」＝民族としては「貉＝貊」＝君の名は「徐」）。

淮水の河口の洪澤湖は、古くは「砂鉄の宝庫」だったことが、ここに侵入した漢人（遊牧民の羌人から分派した「中国化した羌人」）の作った古代中国の史書からも読み取れるからなのです。そして、そこは「厥土は赤埴墳」（『書経』禹貢）と表現されておりまして、鉄を含む赤土が墳のように盛り上がっていたというのです。ですから、そこに鉄を使う瓦人は、古くから住み着いていたのです。

これらの先住「砂鉄文化」又は「水酸化鉄文化」（水酸化鉄は、バクテリアにより湖や潟の葦などの根に生成する褐鉄鉱・サナギ・鉄鐸など。日本列島では「諏訪の鉄鐸」の祖型などに相当します）の人々（淮夷・銕）を、漢人（その出自は羌人・西戎）は、周辺に放逐してしまったことが、古代中国の史書からも判るのです（『尚書』『詩経』）。夷人と漢人（カン人＝羌人）との、古代におけるこれらの文化の本質的な違いは、ひと言で表現いたしますと、鉄を重視するかしないかという点に尽きたのです。

鉄を重視した「夷」に対しまして、漢人の重視した「三品」と言いますと「金・銀・銅」でございまして、そこには鉄は含まれていないと共に「銅は美金、鉄は悪金」（『管子』）とまで鉄を軽視していたからなのです。もう少し私に時間的な余裕があれば、この思想をより深く追求していくのですが。アナタ、どうです、バトンタッチしてみては。これはなかなか面白そうですよ。

因みに、銅の融点は一一〇〇度（但し、後世、錫が入ると融点はもっと下がります）に過ぎないのに対して、鉄の融点は、一五〇〇度近くですので、常識的に考えましても「一見」温度の低い銅の利用のほうが「世界では古くから行われていた」かのように、世界中のアカデミズム（特にヨーロッパなどでは）では、「錯覚」されておりますが、実は、その逆なのでございまして、「鉄の利用のほうが、うーんと古かった」のですよ。

と申しますのは、銅鉱石は完全に溶かしませんと利用できませんが、この水中バクテリアが葦の根などに自然の力で形成してくれた「水酸化鉄＝褐鉄鉱＝鉄丹」というものは精々八〇〇度ぐらいで軟らかくして、叩いて（プレスして）形を整えて、研いで利用出来たからなのです。

ですから、世界では鉄のほうが古かった（！）のですよ。ですから、この点、正に「世界の常識は非常識」だったのです（ワシはノーベル賞級の発見者か！）。

砂鉄は、上流に鉄山があるから河口、浜に沈殿するのですが、この「砂鉄の世界三大産地」が日本とニュージーランドとカナダなのです。

という訳で、これらは、皆、ヨーロッパ以外でしたから、日本の火山地帯での水酸化鉄の利用を含めまして、このことは、ヨーロッパを中心とする歴史学・考古学からは到底予想も出来ないことだったので、この東方（オリエント）の「銅より古い鉄の文明」は今日まで長い間見逃されて来てしまっていたのです。

それに日本のアカデミズム（西洋史の学者）の考え方は、明治よりこの方百年余、ヨーロッパ人の書いたヨーロッパ史の翻訳（横文字を縦文字に直す努力のみ）ベッタリの域を出ることが出来ませんでしたから（そして、それが、インテリであると思われておりました）。アナタも含めまして、それに引きずられっぱなしだったのです（自分の目で見よ）。

アナトリアのヒッタイトに鉄の文明（世界初と言われております。但し、あくまでも、これは鉄鉱石か砂鉄かの利用としてのお話です）を教えたと思われますルイ人やバラ人は、この太古の昔から葦の茂っていた故国の「黒海周辺からの移動民」なのですから、水酸化鉄の製品とは古くから馴染んでおり、トルコの赤土（アンカラ〜カッパドキア間の「古代のシルクロード」の土の色は赤です）を見て、土（ハニ）から鉄（丹）を採ることに気が付いたのです。

ですから、砂鉄や鉄鉱石を利用する以前の中央アジアの水酸化バクテリア利用の鉄民が、古へのユーラシア大陸を「ステップルート」で東行し、アルタイ山や大興安嶺や沿海州に至り、更には日本列島におきましても、「チュルク＋オロチョン」の混血民（日本列島での「大呂」「オロ」などの古くからの地名や「諏訪の鉄鐸」などはその名残でもあったのです）として、この鉄を利用していたのです。

＊このように、本来は、鉄鉱石からの製鉄ではなく、「金鑚（かなさな）＝鉄鐸（てつたく）」を用いての製鉄だったのです。

さて、このように、古代中国におきましては、「羌人＝漢人」の銅と「東夷」の鉄との文明の争いでもあったのですよ。

但し、東夷が太古から鉄を使用していたにも拘わらず、この鉄器は、容易（たやす）く錆びて風化してしまうがために「証拠を残してはくれなかった」のです。又、その製品も、今日のような練鉄の武器ではありません。「砂鉄をギリギリで溶かして固めたもの」や「サナギを火で暖めたものを叩く」というレベルでしたので、これでは「漢人＝羌人」などの西戎が西アジアから持参いたしました優れた青銅の銅剣・銅矛の武器の敵ではありませんでした。同じ鉄でも錬鉄のダマスクス剣などを入手するまでは――。

＊ですから、九州のBC八世紀頃のものと言われております鉄製品（炭素一四法による測定）も、もし古いものでございましても、この「水酸化鉄＝褐鉄鉱」による低温でも処理可能な鉄であったのだと考えれば、その全てが氷解して来るのです。

2、「蝦夷（えぞ）＝蝦夷（かい）＝甲斐（かい）＝日高見国の沸流系百済」と『山海経』の蓋国

(1)「蝦夷」は満州の「穢族＝高氏＝余（アグリ）氏」と同族だった

高句麗王家の「高氏＝解氏」も遡りますと、少なくともその一

つの流れは、沸流系のアグリ（アグリー＝余＝扶余の「余」）ナロシ（ト）系の「濊王＝穢王＝解王」の一族までに辿り着きますので、日本列島で東北に追い払われてしまったこの物部氏系の「解＝穢＝カイ」（これは自称「太陽」の意味でもあります）が、温祚系百済の平安天皇家の主流から、「解＝穢（カイ・ワイ・汚い）」、つまり「汚穢」という悪口の意味をも込めまして、特に、始めのうちは、「蝦夷人＝汚い人」という意味で呼ばれていた可能性も多分にあったからなのです。

＊元々は、この「穢」という名自体は、中華思想の支那人が、一部の化外の民である満州人を蔑んで呼んだ名前（ひょっとして「倭人」も同じく「ワイ」ですので、本来の矮小、文身（委）の人、時としましては朝鮮半島東北部分の部族という意味に加えまして、同じようにこの「汚い」という範疇に含めて考えられていたのかもしれません）だったのですが、これを、百済人の子孫の平安天皇家が真似（小中華思想）をいたしました（尚、東夷と蝦夷との関係は後述）。

「濊＝穢＝汚い」の例としましては次のものが有名です。称徳天皇は、白壁（後の光仁天皇）の即位を裏で画策しておりました藤原良継の意を受けて、称徳天皇の意（道鏡の天皇への即位）に添わない神託を報告した和気清麻呂の名を、別部穢麻呂と変えたうえで因幡国の員外の介にし、更に、庶人に下して大隅国に流してしまいました（尚、姉の法均尼も吉備国に流されてしまいました）。

そして、この「蝦夷」の音には、前にも少し触れましたように、中国語の音の原則から考えますと、「蝦＝カ＝佧＝奴隷」のという意味をも持ち合わせていたものと思われます。

＊その例といたしましては、前述のように、中国では「ワ族」は以前「カワ」とも言われておりまして、「佧佤」と書かれ、この「カ」は、「垰＝カ」で奴隷を表す品詞だったからなのです。ですから、古くからこの佤人は、長い間、漢族からは奴隷と見られていたのです。そこで一九六四年からは、垰瓦山（「奴隷の倭人の山」の意）も阿佤山と改められたくらいなのです。このワ族は首狩りもしておりましたので、漢人からは「生瓦」と呼ばれたりもしておりました。

この佤族の首狩りは、その後、「首を買う→死者の首を祭る→犬の首を代わりに使う」というように変化しております。この点も日本ともよく似ております（一〇6）。

この蝦夷の読み方は、時の流れに従いまして、「カイ」から「エミシ」になり、やがては「エゾ」となっていったのです（「カイ」につきましては、更に、後述の「熱田神宮」の文書）。そして、右の各時代における呼び名には、夫々大陸との関係での由来がございまして（カイにつきましては、前述いたしました）、「エゾ」の名の由来は、もともと同文化圏でもございました沿海州の民である沃沮（エゾ・ユゾ・ヨクソ）が、ある時期には、北朝鮮、東北、南沃沮（大隅半島）と、少なくとも「三つ」に分かれて住んでおりまして、ここから派生して来た言葉を、後世になって取り入れたものだったのです。

沿海州の「北沃沮」（古へに遼東から追われた朝鮮人の一部は、満州の山の中に篭り、やがて追われて「沃沮」「粛慎」とも後に呼ばれるようになりました。ですから、朝鮮と粛慎とは同音でもあるのです）と「置溝婁」とは同じ国のことでございまして、この沃沮はエゾと繋がり、この置溝婁が津軽へとも繋がっており（一七4）まして、「津軽の国及び津軽半島は、かつての蝦夷の地」でもあった訳ですので、これらのことを考え合わせますと、「沿海州の置溝婁＝津軽＝蝦夷」であったことは、このように明白であり、この頃の、日本海を隔てた「沿海州と津軽とは同一民族圏」に属していたことがアナタにもお判りいただけた筈です。

次に、「エミシ」と「エゾ」という点につきましても、南九州の南沃沮は、「花綵列島」の弧の奄美（アマミ・エンミ）や台湾の「エンミ族」（インドネシア系）とも繋がりのある部族でして、遡りますと「エゾ＝ヨゾ＝ユンミ＝エンミ＝エンミシ」で、かつては「エミシ」と「エゾ」は本来同じことを表していたことが判明してくるのです。

そして、前述の「カイ」は、やがて平安朝の桓武天皇の陸奥攻略の頃より、アイヌ語から採りました、アイヌ人の自称の「enju＝エンジュ＝人」という言葉から「エゾ」と呼ばれ始め、それが今日に到っていたのです。

このように、本来これらは皆同じ意味だったのです。

また、アナタは、北朝鮮の沃沮人が九州の鹿児島県の大隅にもいた（それならば、当然、より近い津軽にも当然来ている筈ですよね）なんていうことは信じられないとお思いでしょうが、ところがドッコイ沿海州の邑婁が北九州の松浦にいたという記録もあるくらいですので、今日より当時の日本列島の方が「海流と季節による風向きを熟知」していた縄文人の末裔たちが住んでおりまして、とてもコスモポリタンだったのですよ。

＊実は、北極海の方から南方を眺めてみますと、ベーリング海、オホーツク海、日本海のこれらの三つの海は、三連の「内海」のような位置関係にあることがよく判ります。ですから、沿海州の民から眺めましても、日本海は精々「湖」のような感じ、季節によりましては波も穏やかで、庭先の池で笹舟を浮かべて散歩するレベルに過ぎなかったのです。日本人は、明治の文明開化以来、欧米志向ですので、東方は広大な太平洋の方（アメリカ側・留学先）にばかり、又、西方は、「アジアを飛び越して」ヨーロッパにばかり目を奪われておりましたので、今まで決してこういう発想を持つことが出来なかったのです（オロチヨンの目）。

オーストロネシア語族も、今日よりも気温が四度高く、雨も少なく「半ば砂漠化」しておりまして「鮭も遡上しなかった」ような火山灰のシラスの降り積もった九州・西日本にBC二〇〇〇年頃以降に渡来（だからこそ、そこには「人口の空白域」がございまして、入り込めたのです）いたしまして、一部は山中にいた縄文人（この頃の縄文人は、先渡来の古モンゴロイドのみならず、寒冷地耐性〔細目・髭無しなど〕を受けました新モンゴロイドの両方を含みます。二九4）と混血いたしております。

＊ひょっとすると、それまで千五百年間も続いたBC二〇〇〇年頃に、青森県の三内丸山の縄文人を南に追いやったのは、日本列島北部で雨や気温が低くなったことだけではなく、オーストロネシア語族の「ラピタ人」の渡来も影響していたのかもしれませんよ。

しかも、このフォッサマグナから東方の穢は、「蓋国」（『山海経』二世紀～三世紀、西晋の郭璞の撰及び注）とも繋がっておりまして、そこには「南倭」と「北倭」とが、ちゃんと中国の古代の地理書に形を変えて出ていた！（九4）ということにも気が付かなければいけなかったのです。

実は、この「カイ」とは、元々は、北扶余の旧都に途中から侵入して後期王朝を開いた、穢族の王家の解人（「高句麗本紀」始祖東明聖王条）を、中国人がスラングで「穢＝カイ＝ワイ＝濊＝汚い」の語を当て嵌めて表示した言葉だったのでございましたが、本人たちの発します、この「解」という言葉の音は、古代満州・朝鮮語で「太陽」＝「王」ということを意味しておりまして、つまり、彼らが「天帝の末裔」を自称しておりましたことが判るのです。

＊ですから、これは高句麗の十月の隧神祭・トンネル神とも関連しておりました（『魏書』）。

こうして、「蝦夷＝カイ」が太陽を意味するからこそ、その日本列島に渡来し混血いたしましたカイの人々の意識のレベルに於きましては、これが東日本におけます「日高見国＝日本＝日下」そしてその同じ言葉が、弁辰（『魏書』）の「弁＝卞＝ベン」とも、「太陽＝白」がキーワードとなりまして、繋がっていたということが判るのです。

＊この卞という漢字の、「下の字」の上に突き出した点（・）は、今日では点になってしまってはおりますが、これは本来は「〇＝太陽」ことを表しておりました。つまり、「卞＝太陽の下＝日下」だったのです。

ですから、弁辰は「太陽＝鳥」トーテムの民族でもあったのです（「穢＝解」族の南下）。そして、他方ではこのことは、朝鮮南部の弁辰への扶余の穢族の南下（ニギハヤヒの南下）ということをも表していたのです。

尚、扶余・高句麗族が、満州からの南下して来たルート上の佟家江のところに桓仁（古代語ではワニ）というところがございますが、このことからも、古くは桓（「漢」の字の本字）が「ワ」と読まれ、かつ、「桓＝カン＝韓＝干＝于＝ウ＝倭」であったのですから、つまりこれは「韓人＝倭人（北倭）」であったということ（九3）「をも」示していたのです。

それに、アナタ、ここ高句麗の古都の旧名は「懐仁」とも表示されました。ですから、この字も又、満州の穢族の「穢＝カイ」（北倭）と関係していたのです。

(2) 隅田八幡宮の「人物画像鏡」銘の分析――逸史『百済新撰』が日本で改竄されていた証拠

実を申しますと、この「穢人」のことは、アナタもよくご存じの日本列島の金石文の中にもちゃんと記されておりましたよ。

和歌山県の「真土＝待乳＝マッチ」にございます隅田（すだ）八幡宮（橋本市隅田、紀ノ川の上流）に伝えられております癸未年から始まる四十八文字が陽鋳されております、模倣の「人物画像鏡」（五〇三年。この癸未は、干支一運上げまして、四四三年との考えもございます）に記されておりました。

と申しますのも、学界（アカデミズム）では一般に、ここに記されております「今州利」という文字を「コンツリ」と読ませておりますが（しかし、「今」と読むのが確実かと申しますと決してそうではなく、「命」や「珍」と考えた学者もおられましたよ）、これは実は、文字そのものの判読が誤っていたのでございまして、原版の写真をよーく自分の目で確かめてみますと、これは「今」ではなく「宇」であり、よって「宇州利」という字をどう読むのかということを考えなければいけなかったのです。

因みに、これを「スリ」ではなく「州利＝ツリ」に誤導致します為に、継体七年紀六月条には百済州利郎爾（ツリソニ）将軍、継体十年紀九月条には州利郎次（ツリソシ）将軍という名を記しておりますので、ご注意下さい。

これは、正に、読んで字の如く、沿海州の「ウスリー」地方のことを表していたのです。このように、この鏡の字（銘）は、「今」ではなく「宇」と読むべきだからなのです。私の知る限りでは、この証拠の分析から「今」を「宇」と判読いたしましたのは、アカデミズムには見当たりませんので、多分私が初めてなのではないでしょうか。

何故ここで、このことを私がお話ししなければならないのかと申しますと、このことがストレートに「蝦夷＝カイ＝日高見」ということとも繋がって来るからなのです。

つまり、この沿海州の「鉄利人」は、オロチョン・チュルクとツングースの混血系のウスリースクの鉱山民（鉄や金）でして、天平十八年（七四六）にも出羽に渡来した（『続日本紀』聖武）と記されている千百人の人々とも同族でもあったからなのです（三〇2、七4）。

＊この人々が「即放還」などではなかったことにつき、別述。

尚、この渡来と同じ渤海ルートで、出羽の百済王（こにきし）にもたらされました大陸産の黄金が、七四九年には陸奥小田郡からの黄金献上と「化し」まして、やがてこれが東大寺の大仏開眼へと繋がっていったのです。

このように、ウスリー人は古代から日本列島とは縁が深く、この人物画像鏡が造られましたときには、銅地金を二百本も使って、幾つもの鏡が造られておりますので、沿海州民と日本列島での「鍛冶」とは、古代におきまして、実は深い関係（相互の連絡アリ）にありまして、当然これは古代の「穢（かい）＝蝦夷（かい）」ということとも繋がっていたことが、この鏡の分析からも判って来るからなのです。

　このように、このカイ国は、人種的には、古くは日本海を中に挟んで、沿海州と東北日本に跨った存在（勿論、鉱山民のオロチョン〔地名としての大呂やオロ〕もその中に含まれます）であったのです。

　＊特に、東北に亡命しました物部氏と混血いたしました、一関の北の「舞草鍛冶」の鉄民も、この流れの一つだったのです。

　このように宇州利を「今」州利とするのが通説であり、そういたしますと、前述のように穢人の具体的な名の「コムツリ」とでも読むことになるのでしょうが、実はそうではないのでして、これは素直に、沿海州人に相応しく「穢人」の「ウスリー」と読むべきなのでして、しかも、「穢人と宇州利人」とこの部分を二つに分けて読む（つまり、全部で三人）のではなく、「□中費直(ちゅうこほりちか)」と「穢人の宇州利(ウスリー)」の計二人と解読すべきだったのです。

　ここでは、序でに、先程の人物画像鏡の銘文の、全文中のポイントを、私なりにアナタのために解読しておきましょう。そういたしますと、右の隅田八幡宮の鏡の銘文は次のようになるのです（「コホリ」につき、七4ノ19）。

「癸未八月日十大王年男弟王在意柴沙加宮時斯麻念長寿遣開中費直穢人宇州利二人等取白上同二百旱作此鏡」

　癸未(みずのとひつじ)は五〇三年――武烈四年「而立嶋王是為武寧王」（武烈紀四年是歳条）。因みに、25武烈大王のモデルは百済23三斤王（四七七～四七九年）でして、この人は物部氏系図上の物部木蓮(いた)子(び)とも同一人です。

　日十大王は、「日下(くさか)＝卞(べん)＝弁＝弁韓」と読みまして（前述）、「金官伽羅国＝倭国」の第九代鉗知(かち)王（在位四九二～五二三年）のことを指しておりました。

　「男弟王＝オヲド王」は、「安羅王＝倭王＝大伴談(かたり)＝継体大王のモデル」（在位五〇七～五三四年。但し、鏡銘の癸未は五〇三年）、又は、弁韓（卞韓＝日下）王の弟のことです。

　考古学的にも、伽耶にも「大王」号がございましたことが明らかですので（六世紀前半の高霊加耶系の土器銘。忠南大学蔵）、そう致しますと、共に大王(おほきみ)の号があったということで、「倭＝伽耶」（海峡国家）という点は、考古学上の結果ともピタリと一致して来るのです。

　倭の大王の例と致しましては、隅田(すだ)八幡宮の「人物画像鏡」銘の「日十大王＝日下大王」という金石文を挙げておきましょう。

　意柴沙加（オッサカ）宮の意柴とは、本来は「オシ・サカ」で、「意柴＝オシ＝忍＝余曽＝与謝＝五十＝イ」であり、「忍＝オシ＝オオシ＝大」つまり「狗邪＝クジャ＝大」（二15、四5、五1、九3）とも同じことですので、これは古への魏書の狗邪韓国の後裔である、金海(キメ)の「金官伽羅国＝大伽羅国（倭国）」の王宮（海峡国家「倭」の王宮）のことを指しておりました。

　斯麻は、「シマ＝百済25武寧(むねい)王＝30敏達大王のモデル」（在位五〇一～五二三年）のことです。巻末の百済王の系図にございますように、倭に渡来いたしました百済王子・昆支(こんき)（顕宗大王のモデル）の孫（「東城王＝欽明大王」の子）に当たります。

ここで、序でながら、難しい問題を含んでおりますので、古来アカデミズムがウヤムヤにしてまいりました点なのですが、どうしてもアナタが避けては通れない、右の百済の「斯麻＝武寧王」の出自が、「百済・蓋鹵王の子」なのか、そもそも、「そのどちらでもなかった」のか、それとも、百済からのそれまでの「采女の献上」の代わりに、倭国に渡来いたしました「百済・蓋鹵王の弟の昆支」の「子」なのか、というテーマにつきまして、日朝の史料上におきましては一体どのようになっているのかという点につき、次にアナタと共に覗いてみることにいたしましょう。

「而立嶋王（セマキシ）是為武寧王」（武烈紀四年〔五〇三〕是歳条）

「『百済新撰』云末多王無道……武寧王立、諱斯麻王、是琨支王子之子、則末多王異母兄也」（武烈紀四年是歳条に引用）

但し、「百済本紀」の方では、「斯摩＝シマ」と表現し、更に、「末多王の第二子」としております。

ここでクイズです。

可笑しいナァ？　斯摩ちゃん（武寧王）は、昆支王子（23顕宗大王・弟の弘計のモデルです）の「兄弟」なの、それともその「子供」なの、そのどちら？　それとも、そのどちらでもないのかな（これが正しい）。

「武寧王は、琨支の兄の蓋鹵王（加須利君）の子」

「加須利君則以孕婦、嫁與軍君」（雄略紀五年〔四六一〕四月・六月）

――カスリの君が、既に孕める婦を軍君に嫁がせる。

＊同じ「新撰」でも、日本紀の引用場所により「琨支」（武烈紀四年是歳条）、「昆支」（雄略紀五年七月条）と漢字が異なっております。

しかし、アナタ、これ又、真っ赤な嘘だったのですよ。

「末多王は琨支の子」（武烈紀四年是歳条の「今案＝イマカンガフル」）

この「末多王（東城王）は昆支の子」という点だけは、日本紀の「今案＝イマカンガフル」の方が正しかったのです。百済史「自体」は、日本で王系図上でごまかす（動かす）ことが出来ませんからね。

因みに、この末多王（牟大）の諱は、百済24東城王（在位四七九～五〇一年）であり、日本紀の29欽明大王のモデルです。

実は、右の武烈四年の日本紀自体も、又、そこに引用されております『百済新撰』も、更には、雄略五年の『日本紀』も皆真実とは程遠く、間違っておりまして、ただ、右の武烈四年の記述中の「今案＝イマカンガフルニ」だけに本来の正しい姿（「末多王（牟大）＝東城王＝欽明大王のモデル＝弥五郎ドン」は「昆支＝顕宗大王のモデル」の子）が残されており、百済王家におきましては、その正しい王系図は、

蓋鹵王─┬─文周王──三斤王──東城王──武寧王
　　　　└─昆支王子

となっており、これを百済史に従い、正しく修正いたしまして、

蓋鹵王─┬─文周王（兄）──三斤王
　　　　└─昆支王子（弟）──東城王（牟大）──武寧王（斯麻）

となりまして、それをモデルといたしまして翻訳に近い形で表現されております百済系の平安日本紀におけます天皇（大王）に、百済史を「そのまま」右とパラレルに直してみますと、

市辺押羽皇子─┬─仁賢大王─武烈大王─欽明大王─敏達大王
　　　　　　　└─顕宗大王

となり、同じく、右のように修正いたしますと、

市辺押羽皇子─┬─仁賢大王（兄）──武烈大王
　　　　　　　└─顕宗大王（弟）──欽明大王─敏達大王

となっていたのです（二一2）。

驚くほど両者がピッタリでしょ！

百済史では文周王（兄）と昆支（弟）は兄弟ですし、平安日本紀でも仁賢大王（兄）と顕宗大王（弟）は兄弟でして、この点ドンピシャリなのです。

と言うことで、つまり、斯麻（武寧王）は、昆支の子（武烈四年是歳条）ではなく（正しくは孫）、蓋鹵王も、昆支の兄（雄略五年四月、六月条）でもありませんで（正しくは父）、正しくは、「蓋鹵王は昆支の父」であり、かつ「斯麻は東城王（牟大）の子」であったのです。

つまり、マトメますと、百済では「蓋鹵─昆支─東城─武寧」ということになり、右の百済でのモデルを正しく修正翻訳いたしますと「市辺押羽─顕宗─欽明─敏達」という父子の関係になってまいります。これが正解なのでした（二一1）。

この様に、百済三逸史の『百済記』『百済新撰』『百済本記』が、倭で偽造されていたこと（この場合には「百済新撰」です）は明らかだったのです（史学界における「朝鮮教」信奉者のアカデミズムよ、今後は注意しておくれ）。

この点はアカデミズムでは不勉強のためか、私のように足が地に着いた議論が出来ておらず、入口から一歩も入れずにオタオタしておりますよ。

＊東城王は諱を牟大（摩牟）といい、文周王の弟の昆支の子である（「百済本記」四七九年）。

日朝を総合した歴史学（人史学）の視点を持てない国文学系の日本書紀の専門家が、オロオロした文献しか今日残してくれてはいないからなのです。これでは、アナタ、頼りになりませんナァ。

この様に考えて参りますと、奈良紀（奈良朝の日本書紀）の大王（天皇）系図におきましては、赫居世（大国主）、長髄彦、5孝昭（金閼智）、6孝安（天日矛）、7孝霊、8孝元（金首露）、9開化、「倭の五王」の讃・珍・済・興・武、そして26継体（大伴談）、27安閑（大伴金村＝安羅王安）、28宣化（大伴歌）等の伽耶（倭）系の大王が、その系図の主要部分に連なっていた筈なのです。

その観点から照合致しますと、15応神大王と26継体大王とは、時代的に案外近くなって参ります（「兄弟説」もあるくらいです。

後述）。

さてさて、「シマちゃん」こと百済・武寧王の出自のお話に、はっきりと私がケリを付けました（咽喉元のトゲを抜きました）ので（アア、草臥れた）、お話を隅田八幡宮の人物画像鏡の銘文に戻しましょう。

＊開中費直とは、河内の費直（コホリチカ＝アタヒ）のことだったのです。

因みに、この頃の日本紀上にも「加不至費直」（欽明紀二年〔五四一〕七月に所引の割注の『百済本記』）という同名の河内直（安羅〔倭〕の日本府〔ヤマトノミコトモチ〕）が見られます（一一1。磐井の乱）。尚、欽明大王のモデルである「百済・東城王の二年」は、四八〇年に相当しますし、欽明大王の「日本紀上の二年」は五四一年とされております。ここでは、朝日間で、干支一運の「下げ」（新しくすること）が見られます。この鏡の銘文の「癸未＝五〇三年」は、正に、「百済25武寧王＝斯麻」の在位（五〇一〜五二三年）中のことですから、敏達大王とこの鏡の銘の人物の斯麻こと武寧王とは繋がりがあった、つまり同一人だったからなのです。この「人物画像鏡」の授受は、正に、朝鮮半島南部の倭（安羅）と百済との間で生じました出来事だったことを示していてくれたのです。

その後、これは「開中（人物画像鏡）→凡河内（国造制）→河内（律令制）」という風に変化してまいりまして、右の欽明紀の人物と同一人と思われます河内湖の東岸の「開中アタヒ」の一族の墓は、五世紀前半の長さ一六〇メートルもの「心合寺山古墳」として残っておりまして、この子孫が「記紀」の孝元大王条の河内・青玉（この女の埴安媛が孝元大王妃となり、その子が反乱を起こしました埴安彦なのです）であり、そして更に、三野県主へと繋がっていたのです。

＊穢人今州利は、「今」は「宇」の読み間違いでして（前出）、これは「穢人＝蝦夷人＝濊人」であるところの「宇州利＝ウスリー＝沿海州のウラジオストック」の人＝「オロチョン系の鉱山民」のことだったのです（一七4）。

しかも、鹿児・島（カヤ・シマ＝カル・シマ。別述）にも「南沃沮人」がいたと記されております史書もございますし、かつ、29欽明大王は、「弥五郎ドン」、つまり「炭焼き長者・鉱山王」として九州、それも特に鹿児島県・宮崎県・熊本県一帯に、今日でも広くその口碑が残されておりますところからも、弥五郎ドンと「百済王・牟大＝東城王」（欽明大王のモデル。同一人・日本列島に父昆支と共に亡命中）とは関連していたのです（「真名野長者」〔これは大分県三重町ですが〕もこれと同じ流れです）。

そういたしますと、右の隅田八幡の「人物画像鏡」の銘文の「癸未八月日十大王年男弟王在意柴沙加宮時斯麻念長寿遣開中費直穢人宇州利二人等取白上同二百旱作此鏡」は、マトメますと次のように解読出来ることになるのです。

「金官（倭）国・第九代鉗知王の五〇三年、大伴談（安羅王の26継体大王〔但し、日本紀によるヲホドの即位は丁亥五〇七年〕、又は、金官国の9鉗知王の弟）が、南朝鮮の大伽羅の王宮におりましたとき、百済25武寧王（敏達大王のモデル）が、白銅二百干を持たせて、河内直とウスリースク（ウラジオストック）の穢（かい）（蝦夷）人の二人の技術者を派遣して、此の鏡を作らせました」ということになってまいります。つまり、ここには、正に、海峡国家「倭」における朝鮮（多分）での出来事が記してあったのです。

＊日本紀では、大王・天皇系図の合体（三二2）により、「大王を縦に足して」おりますので、その年代につきましても、これは「相対年代」にしか過ぎず（例、継体大王の即位など）、これを客観的な「絶対年代」に直しますには、その点の修正が絶対に必要となります。

ですから、26継体大王（五〇七～五三一年）と金官9鉗知王（四九二～五二一年。19允恭大王の子のレベル）とは、日本紀上では六～七代も離れてはおりますが、真相はほぼ同年代の人物であったのです。

そして、この右の五〇三年という年がどういう年であるのかと申しますと、百済王系図を台本として書かれました平安日本紀という歴史物語におきましては、25武烈朝（四九九～五〇六年）に相当し、この武烈大王のモデルは百済23三斤王（在位四七七～四七九年）ですので、「この頃の百済」を取り巻く東アジアの国際情勢は、高句麗により百済21蓋鹵王（市辺押羽皇子のモデル）が殺され、右の三斤王の一代前の百済22文周王（「24仁賢大王＝兄の億計」のモデル。二8）が、漢江・ソウルの近くから南の熊津（公州）へと、金官国（倭）の領土内に「買地券（ばいちけん）」を買って領土を分けてもらって（又は、無理に入り込んでこの土地を入手して）、王都をそこに遷した（四七五年）「その後」の時期に当たりまして、正に、高句麗と戦うために「倭の協力が必須」であった時期でございましたので、その「御機嫌取り」の意味をも含めまして、この鏡を倭（金官・安羅）王に与えたものであったということが判って来るのです。

＊百済はこの後も、再び国家の存立が危うくなり、ここ「熊津」から「扶余」へと再び王都を南下させましたとき（五三八年）にも、右と全く同じパターンが見られまして、このときは、倭国（金官・蘇我氏が既に新羅に五三二年に滅ぼされておりますので、この時の倭王は「安羅王＝大伴氏」です）に対し、生命の次に大事とも思われます「仏教の経典」と「仏像」とを伝えて来ておりますよ。このことは、所謂、百済26聖明王（31用明大王のモデル）からの「仏教伝来」という風に、アナタは学校のテキストで教わっている筈の出来事のことだったのです。こういう状態であったからこそ、百済王といたしましては、生命の次に大事であった筈の「仏教」と「仏像」（共に、当時といたしましては最高の学問と芸術）とを、倭（当時は「安羅」）に差し出したのです（何故、仏教は伝えられたのか？）。

ところがアナタ、この仏教伝来には重大な疑義がございまして、百済・聖王明から欽明大王へ「別表＝コトニフミ」して参りまし

た内容が、

「是法於諸法中、最為殊勝。難解難入。周公・孔子、尚不能知。此法能生無量無辺福徳果報、乃至成弁無上菩提」（欽明紀十三年〔五五二〕十月）

というものなのですが、これは次の

「是……経、於諸経中、最為殊勝。難解難入。声聞独覚、所不能知。此経能生無量無辺福徳果報、乃至成弁無上菩提」（『最勝王経如来寿量品』）

と、「周公・孔子」と「声聞独覚」とが異なる他は殆ど瓜二つだからなのです。ですから、これは偽造されたものだったのです。しかも、この『金光明最勝王経』は、大宝二年（七〇二）に道慈が入唐し、唐の義浄が長安三年（七〇三）に訳したものを、道慈が唐から霊亀二年（七一六）に輸入したものだったのですから、右の上表文は、仏教公伝の五五二年より百五十年も後の少なくとも七〇三年以前には存在せず、七〇三年以降に作られた文章であった事実がバレてしまっているのです。

　更に、この金銅像や経論を持参したと記されております使者が、「西部姫氏達率怒　斯致契」とされておりますが（達率は二品の官位）、この中の所属部族を表します「西部＝セイホウ」と申しますのが「東・西・南・北・中」部の五部の一つなのですが、この欽明大王の頃（五三九年十二月五日～五七二年四月）には、他の日本紀の記載と比較致しますと「上・中・下・前・後」部でなければならず、それに反してこの使者は「西部」と言っているのですから、日本紀の中での積極矛盾を生じさせてしまっているからなのです。

　この様に、正史における仏教公伝も信用するに足りなかったのです。

（3）コーカソイド（白人）の渡来ルートとW型「六条皮麦」の渡来ルートの示すもの――安倍貞任の肌は白かった

　ここで、アナタに、今日ではすっかり忘れられてしまっております「沿海州と東北とを結ぶ古代のルート」の存在の自然科学的な面からの物的証拠についてもお話ししておきましょう。大麦は中央アジアで発生し、東へと伝わったE型と西へと伝わったW型との二つに分けられますが、そういたしますと日本列島に来たのはE型の筈なのですが、ところが、「東北より北」にはW方も入っているのです。

　このことを一体アナタはどう考えたらいいのでしょうか。

　この点について、W型の「六条皮麦」について考えてみます。「六条（上から見ますと六つの種子が開いて見えます）皮麦（籾のような頴が自然に剥がれるもの）」の伝播のルートが中国西域から満州、沿海州を経由して、東北地方より北部の日本列島や樺太に入って来ております。

　ということは、とりもなおさず、古代の人々のこのような渡来ルートが存在すると共に、このように「六条皮麦」を持って、中央アジアから沿海州へ、そして日本列島の「東北部以北」へと直接入って来ていた一派も存在していたことが確実に証明されるのです（このグループを「六条人」といいます）。

このようなことも、東北・北海道の蝦夷と満州の穢族とに共通性がある（単に、その名前だけではなくその実質も。たとえ、日本海がその間に横たわっておりましても）ことに対しましての、側面からの援護射撃ともなっていると申せましょう。

しかも、アナタ、更に興味深いことには、このW型の「六条皮麦」のルートは、人類学上の極東での古代のコーカソイド（白人）の東漸の分布のルートとも、見事なまでにちゃんと重なっているのですよ（一七6）。

＊前にも少し触れましたが（一七1）、東北地方で、時々「白人のような人」を見かけますが（それに、東北では「碧眼紅毛」の人の伝承も少なくありません）、これは古代に東漸したコーカソイドの末裔だったのでしょうか（山形県「余目」などという地名も気になります）。

アイヌの中からも、時として白人に近い容姿の人が見受けられることがございます。これはツングース（現・北海道アイヌ）の一部とコーカソイド（白人）との混血によるものだったのです。

奥州平泉の藤原氏三代のミイラ（秀衡・泰衡）からも、多少は白人に近い要素が見られます。

安倍貞任の死の描写におきましても、「容貌魁偉」（人並みではなく、とても大きく立派な人。『後漢書』からの引用）というだけでなく、「皮膚肥白」ともありますので、肌の色が白かったことが判るからなのです（『陸奥話記』。一七6）。

因みに、BC一〇〇〇年頃に鉄斧や工具を出土しておりますアムール河のウリル文化や沿海州のヤンコフスキー文化が、直接北海道や東北に入って来ていたことをアナタは見逃してはいけなかったのです。中国ですら東周のBC七〇〇年頃に初めて鉄が見られるのですから、このことは驚きです。後述（一七6）の蕨手刀の鉄文化も同様のルートに基づくものでしょう。

近年、中国（新疆）で今から二千年前くらいに栄えました楼蘭王国とも関連した地域の、更にそれよりも古いBC三〇〇〇～BC四〇〇〇年の胡楊の柱の立ち並ぶ小河墓地遺跡から若い女性のミイラが発掘されましたが、この睫毛の長いコーカソイド（白人）の美女が小麦の種をバスケットの中に持っておりました。もしこれが中央アジアや西アジア（特に黒海沿岸）などの「W型」小麦であるといたしますと、面白いことになってまいりまして、前述のように、東北とも関連してまいりますことになりますよ（尚、東北と沿海州とのコーカソイドの分布、W型小麦、鉄文化、藤原秀衡のミイラがコーカソイド（白人）的でございましたことにつき、一七6）。

AD九三年頃、北匈奴の故地で鮮卑（鮮卑とは「東胡＋匈奴の冒頓部・チュルク」）が興りましたが、その鮮卑の末裔の一五〇年頃より鮮卑の君長になりました投鹿の子の檀石槐（この王は、例の、いわゆる「倭人」千余人を満州の松花江流域に移住させて、魚を捕らせた君です（『魏書』）。九2）や、二九四年に高句麗を攻撃し「大棘城」（遼寧省義県。大のつかない「棘城＝旧・熱河の朝陽（三四一年都とする）」とは区別の要あり）を占領した五胡十六国の「前燕」の祖の、同じく鮮卑の大単于の慕容廆（二六九〜三三三年）とこの「穢＝カイ＝解」とは同音なので、姓ではなく「名」のこと（槐・廆）とは申せ、ひょっとすると、そこに古へには何らかの関係があったのかもしれません。

＊義県で高句麗が攻められた――ということは、何と！高句麗（伯族＝百族）はここ（遼西）までも占領していたのだ。スゴイ！　やはり『宋書』『魏書』『梁書』『南史』は真実を記していてくれたのだ（一五8、二3、はじめに）。

たとえ、このように平安天皇家が百済系なのだ（何れ、これは時を待たず間違いなく通説となることでしょう）ということに、仮にアナタが気が付いたといたしましても、更により深くこのように「伯と穢」、つまりは「平安天皇家と東北に亡命した物部氏」との対立関係の分析にまで及ばなければ、とてもじゃないですが、歴史の真相に到達するに至っているとは言い難いのです。

熱田神宮の古文書（熱田神宮絵詞）が、古くは蝦夷のことをちゃんと「加伊＝カイ」と表現（これは自称でもありました）しているのは、このことを裏付けていてくれたのです。これは、古くは蝦夷がエミシでもエゾでもなく「カイ」と呼ばれておりましたことを裏付ける大変重要かつ数少ないな証拠の一つが、ここにちゃんと存在していたということでもあったのです。

しかも、それのみならず、一条兼良が室町時代末期に記した『日本書紀纂疏』の神宮文庫本の原本によりますれば、「蝦夷」のところに、ちゃんと「カイ」（！）とのカタカナの訓が付けられておりますところから考えましても、古くは、これはエゾやエミシではなく「蝦夷＝カイ」であったことが判るのです。更に、「蝦夷＝カイ」につきましての大変興味深く、かつ、決定的な証拠を加えておきましょう。

「蝦夷にてアイノをカイナーと呼びしが、老人の曰ふに、カイとは此国に産まれし者の事」（松浦武四郎『天塩日記』）なりというのも、私の考えの有力な助っ人となってくれておりますよ。

＊松浦武四郎は幕末の伊勢国の人。明治二十一年（一八八八）没、七十一歳。「北海道」の名や「樺太」の文字（漢字の当て嵌め）は、この人の立案に従ったものです。アナタ、知ってた？

3、太古は「フォッサマグナ」の東と西との日本列島は別の島（初めは別々の国）だった

(1) フォッサマグナより東は日高見国だった

実は、山梨県の「甲斐の国」も、この「カイ」の名残でした。と申しますのも、古く、北朝鮮・沿海州より越へ渡海し、そして科野（＝カヤ＝伽耶。安羅＝倭）へ（満州の石積古墳が信濃には顕著です）、更に上毛野・下毛野へ、そして、このもう一つの分流は甲斐（巨摩郡＝高麗郡）へとも北方から入ってまいりました

から。ここでは、科野という姓の百済人につきまして、正史を見てみることにいたしましょう。

「百済遣……日本斯那奴阿比多」（継体紀十年〔五一六〕九月十四日）

「百済遣……施徳斯那奴次酒」（欽明紀五年〔五四四〕二月）

「百済遣……施徳次酒」（欽明紀六年〔五四五〕五月）

「百済遣……上部徳率科野次酒」（欽明紀十四年〔五五三〕正月十二日）

「百済遣……上部奈率科野新羅」（欽明紀十四年〔五五三〕八月七日）

「賜……科野友麻呂等二人清田造」（『続日本紀』天平宝字五年〔七六一〕三月十五日）

このように、百済の役人の姓でありながら、何故か「日本」という名が付いていたりいたしますと、この科野と同名の「シナノノ国＝科野国＝信濃国」が、ある時は、百済・扶余系の人々のエリアであったとも考えられると共に（七4ノ11）、更に、本来は「科野＝カヤ」で伽耶系であったとも考えられます（安羅も伽耶ですから）。

また、これらは一見、「シナノ＝科野」を表しているようでありますが、もし「奴＝努＝弩」は単に「ノ」を表しているに過ぎないといたしますと、元々の「シナ＝科」の国から「シナノノ国＝科野国」となった可能性もあるのです。

＊関東平野を流れます荒川という川の名前も、遡りますと、単なる荒れる川というだけではなく、この領域が「アラ＝安羅＝倭」の植民市であったことの名残でもあったのです。

これまた当時の畿内の「秦王国＝プロト日本国」とは全く別のブロック、つまり、うーんと古くは「フォッサマグナ」から東の日高見国（カイ国＝太陽国）・日の下・日本の一部だったからなのです。

＊実は、共に地球のマントルの流れに浮かぶ大きな二つの島に過ぎなかった頃の東日本と西日本が、マントルの流れによりぶつかって本州として一つの島（日本列島の本州）として合体し形成されていったのです。

ですから、そのときのエネルギーの結果として生成された鉄鉱石が、自然破壊され下流に流されて溜まった「砂鉄」（日本とニュージーランドとカナダが世界三大砂鉄産地です）が多いのですが、このときの二者の境目のこのフォッサマグナの地帯では、ずっと後世（今日でも時々そうですが）に至るまで、山から噴出する亜硫酸ガスや水熱気爆発の毒素などで、ここより「東の日本」とここより「西の日本」との陸上の交通が通常では不可能だったのです（恐ろしい死の領域を形成）。

そういう当時の地理的・物理的な自然的条件をも含めまして考えてこそ、初めて、近世に至るまでも、フォッサマグナの東と西であんなに植生（大山椒魚の分布がその西部のみに限ることを含む）のみならず言語までもが異なっていた、ということの理由が初めて解明出来ることになるのです。

大雑把に申しますと、古くは文化・言語・風俗も、太平洋岸におきましては、「安倍川の東と西」とでは大いに異なっておりました。

日本紀上、ヤマト朝廷への「出雲の国譲り」（この本来の意味〔真相〕は、歴史的に申しますならば、決して一つのことを表していたのではなく、まずは直接のモデルは、倭国〔安羅〕の唐・新羅に対しての敗北〔六六三年〕、更にはその以前の、新羅の侵攻による朝鮮半島部分からの倭国の撤退〔金官や安羅の敗北。五三二年、五六二年〕であり〔一一2、一3〕、その又奥には、更にその前の、遼東半島の公孫氏〔倭王・安羅王の卑彌呼の実家。九1〕が高句麗に支配されてしまったということなども重畳的に含まれていたのです〔一五8〕。これは、登場いたします当事者の素性の分析の結果です）に抵抗いたしました「倭国＝安羅」の建御名方（＝九州の宗像＝胸形＝胸の文身＝安曇族＝倭の水軍）が敗れて、出雲から（朝鮮半島南部又は九州の倭国から）逃げた先の東国その地が「諏訪」（古代新羅語の徐伐羅・都から「ル」が脱落したものが語源）であったとされておりますのも、そこが古くはフォッサマグナから東の、西からの交通の遮断した「遥かなる異国」であった（だからこそ、神話上でも、ここから「出なければ＝西へ来なければ」という条件の下で留まることが許された形になっております）からこそ、実際には追跡を受けずに許されたということが、この物語のベースともなっていたのです（一五11、一七1、2）。

＊その将軍「ムナカタ＝ミナカタ」の侵入により、それまで徐伐羅（諏訪）、科野（伽耶）の州羽海（諏訪湖）の地にいた人々の一部は東北へと逃げました。神長・洩矢族の一部は、千鹿頭神の「ミシャグチ（御作・御社宮・御左口）信仰」を持って陸奥へと亡命。

そういたしますと、①縄文人、②弥生人、③物部守屋の子（六〇〇年頃）、④倭（安羅）の水軍（六六三年）、⑤新羅系白鳳・奈良天皇家、⑥百済系平安天皇家というように、古代より平安朝末までに、少なくとも六段階の人の重層がここには見られるのです。

このことをもう少し正確に証拠を引きながら申し上げましょう。海人の審判官は、志賀島（福岡県）の志賀海の子の「穂高見」を祖といたします安曇連磯良でした。

＊磯良は「倭王＝安羅王」で、海洋国家・倭連盟の日本列島側を治めていた可能性も考えられます。

更に、ひょっとすると、この磯良は女性であったかもしれませんよ。と申しますのも、ずっと後のものとはいえ、『太平記』の作者は「阿度女ノ磯良」として、「女」であると考えていた節が見られるからなのです。

このことは、備中の吉備津神社の「御釜殿」の神事を守る女巫女が、朝廷から派遣されました吉備津彦に征圧され、名前を取られてしまいました鉄王・温羅の妻であり、その女たちが、「阿曽女」と呼ばれておりました（別述）こととも関連していたものと思われます（アドメとアゾメ）。又、摂津国西成郡（大阪市北区、東区、南区辺り）の入江が「安曇江」と呼ばれておりましたのも、「宗像神＝住吉神」（神々の分析から、この両者は本来同一の神でありましたことが判ります）を祖神とした倭王・大伴氏の拠点が、「上町台地」と「大伴の三津」（一八10）にございましたことを示していたからなのです。

この人は「倭＝安羅」の水軍長であり、「白村江の役」で倭・百済が唐・新羅の連合軍に敗れた後、唐が太宰府その他、備中など（一〇4、七11）に「都督府」を開き占領政策を開始いたしましたことに伴い、新羅の占領軍に追われて信州の穂高・安曇などへ、更には諏訪へとも、東へ東へと逃亡したのです。

因みに、かつて「磐井の叛乱」の後、日本紀によりますと糟屋の屯倉を差し出したくらいで磐井（倭王）の子は許されておりますが、実は、この糟屋とはどのような場所であったのかと申しますと、正に、右の安曇氏、つまり「倭の水軍の長」の古くからの拠点だった処なのです（一一2）。

＊ですから、仮にこの磐井の息子を赦したお話が真実であるといたしますと、「倭の水軍（軍船と水夫）の提供」も含めた賠償（日本海の制海権・課税権の放棄）であったということが当然含まれていたということにもなります。

漢の金印の出土いたしました志賀ノ島も、古くは、この糟屋郡（古くは糟＝アラ＝倭）に含まれておりましたし、那ノ津（博多湾の中枢部）＝荒津（安羅津）すらも、この範囲内にあったのです。

つまり、この日本紀の意味いたしますところは、朝鮮海峡の制海権（貿易・軍事・海峡「渡りの徴税権」など）の国際法的な喪失ということだったのです（但し、「磐井の叛乱」そのものの真相につきましては、一一2）。

＊これは、かつての銅鐸（サルタヒコ）を神といたします「秦王国」が、稲作と鉄とで国力は強かったものの、海峡国家「倭国」に外交権・貿易権を国際法上奪われてしまっていたのと全く同じ構図です。

摂津市の安曇は、倭王の頃の名残です。

さて、この倭の水軍の将が、東国へと逃亡いたしましたので、その痕跡といたしましては、滋賀県の近江に安曇（あど）があり、信州には安曇（あづみ）郡のみならず、九州と同じ「穂高神社」や「穂高」連峰すらもあり、更には、諏訪には建御名方（たてみなかた）（＝宗像（むなかた））が祭られているというように、九州に所縁の名が、日本列島の中央より東方の各地にも点々と残されていたのです（更に、物部守屋（もりや）の子と洩矢（もれや）の一族）。

また、本来は伽耶系（後に、東北では物部氏と混血し（一七4）、共同して鉱山の開発に従事しております）の阿部（安倍）氏についてですが、安曇（アド・アヅミ）氏は「阿度倍（あどべ）」（『太平記』所引の『阿曇氏の伝承』）とも記されており、「阿度（あど）＝安曇（あど）」でもあり「阿倍（あへ）」でもありますところから考えましても、かつての、宗像の「倭王＝安羅王」の水軍の長であった安曇連磯良の分派であったことが判るのです。

＊又、ひょっとすると、この「阿度倍」とは、安曇と阿倍とを、歴史物語（日本紀）上同じ倭の水軍との位置付けで合体してしまうその前の過程での、まずは、名前の合体（阿倍＋安曇）の先行の事実をも示していてくれたとも取れるのです。と申しますのも、本来は、安曇比羅夫は倭水軍であり、阿倍比羅夫は敵国の新羅水軍であったからなのです。

安曇と阿度女と阿度倍と安倍は各々関連していたのかもしれません。

という訳で、もしかすると、麁（あら）・蝦夷（えみし）と正史上に表現されておりましたのは、「アラ＝安羅＝倭国」の亡命者のみならず、この伽耶系の安倍の一族をも含んでいた可能性もあったのです（一五10）。

こうして見てまいりますと、神話上にもちゃんと、フォッサマグナによる日本列島の分断の地質学的なことは、間接的ながら表現されてはいたのですが、私たちが安易にこれを見過ごしていただけに過ぎなかったのだと、アナタもこのことに気が付かれたことと思います。

(2) どの史書を見ても蝦夷と日本国とは別の国

因みに、この東日本の「カイ＝日高見＝日の本」国は、当然のことですが、前にも申し上げましたように、白村江の前まで存在いたしました九州中心の「倭国＝安羅国」とは、全然別の国だったのです。

このように「倭国」と「日ノ本の国＝日高見国＝蝦夷（かい）＝甲斐（解・穢）」と「六六三年からの日本」とのこの三つは、夫々全く別の地域の、かつ、時代すらも必ずしも同一ではない国々であったのです。

と言う訳で、日高見国はヤマト朝廷とは全くの「別国＝外国」だったのですよ（一八1）。そのことにつきましての他の証拠を見てみましょう。

「日高見……今与倭接壌……自称蝦夷」（『釈日本紀』巻十、述義、第七）

とございますことからも「日高見国＝蝦夷国」で、これが倭と境を接していた、つまり倭国とは別の国であったことが判るのです。

そして、この東日本がかつて外国であった（一七1）ということにつきましては、次のように、平安天皇家の作った正史である日本紀上で引用されております唐の皇帝と蝦夷国の使者との答弁にも、ちゃんと明記してあったのです。

と申しますのも、唐の高宗が「天子問日、此等蝦夷国有何方」（傍点筆者。「此等の蝦夷国は何（いずれ）の方に有るぞや」）と問い掛けますと、使者は「使人謹答、国有東北」（「つかひ謹みて答へまうさく〈国は東北（うしとらのかた）に有り〉とまうす」）と答えているではありませんか。

＊これは、あくまでも倭の東北などという意味ではなく、その文意からも、今話をしている「天子の国＝唐」の東北という意味

なのですよ。倭の東北などという風にアナタは誤解なきようにネ。

ズバリここに「蝦夷国」と出てきております。

前後の文脈の関係から考えましても、日本国と同じレベルの表現で「国」となっておりますから、明らかに、「日本」とは別の、日本列島の東北方面（偶々、唐の東北でもございます）により古くから今日まで「並存」している国、つまり「外国」を指しているではありませんか（斉明紀五年〔六五九〕七月）。

＊尚、ここで引用のこの『伊吉連博徳書』の問題点につき、後述。

また、日本紀には「毎歳、入貢本国之朝」という文を「歳毎に、本国の朝に入り、貢」と読んでおりますが、蝦夷国使者の言葉の「本国」を、即「ヤマト＝畿内」と読むのは無理がございます（精々、「倭」とすべきなのです）。

しかも、それだけに留まらず、この日本紀の記述の部分は中国史の方からもちゃんと裏が取れておりますので、証拠としての価値はとても高いものだったのです。と申しますのも、中国側の資料は、これと全く同じ時期（天子に会ったのは顕慶四年〔六五九〕閏十月三十日）に「十月に蝦夷国が倭国の使者に随って入朝した」（『冊府元亀』外臣部）との記載があり、右の日本紀引用の『伊吉連博徳書』や、又『難波吉士男人書』（「奉示蝦夷」〔「蝦夷を天子に示せ奉る」〕という、蝦夷国が、恰も倭国の一部であるかのように誤解させる表現が、ここでもされております。しかし、「蝦夷以白鹿皮……献于天子」というように蝦夷国は倭国とは別の贈り物を準備して持って来ておりますよ。別の国だったからなのです。こんなところにも、正史の記載の中には自己矛盾がみられるのです）などに見える従属的な装飾とは異なり、蝦夷国と倭国とは、全く平等な表現であることが判ると共に、かつ、国と記されているではありませんか（倭国と同じ国の中の、更に小さな行政単位の国なぞを、並列に表現する筈などありえないのです）。

しかし、この点、日本紀の本文の方を見てみますと、「仍以陸奥蝦夷男女二人示唐天子」（斉明紀五年〔六五九〕七月三日。「よりて、道奥の蝦夷男女二人を以って、唐の天子に示せたてまつる」）と記してあり、如何にも「日本の中」の一部である、「道の奥」の部分に住んでいる蝦夷を、天皇の使いが唐に連れて行ったかのような書き方をして、唐史に合わせており、その後の割注の『伊吉連博徳書』でも唐への道筋が具体的に述べられているとは申せ、この『伊吉連博徳書』も当然改竄されたものだったのでして、信用力は低いのです。後ろめたいので、「割注」にして、かつ、「引用」の形にしたことがミエミエなのです。

と申しますのも、この斉明五年〔六五九〕の時点で、既に「日本国＝ヤマトノクニ」という表示をしておきながら（「日本国天皇平安以不」――ヤマトの国のスメラミコト、平安にますや）、その二年後の、斉明七年〔六六一〕五月九日のところでは、未だ、「大倭＝ヤマト」という表現がなされており（「大倭天報之近」――ヤマトの天のムクイ近き哉）、その表現は時の流れと全く逆になっているからなのです（可笑しい）。

*因みに、このときの使いは、何と！難波三津之浦から出発しておりますよ。ここが当時の「倭王＝大伴氏」の上町台地の西にございました、三つの外港の一つであったことにつき、一八10。この伊吉連は、天武二年（六七三）より前は壱岐史でございましたので、藤原不比等（フビトウ。六五九〜七二〇年。この人は、聖武天皇の外祖父〔女の宮子が文武天皇の妃〕であり、かつ、聖武天皇の岳父〔女の光明子が聖武天皇の皇后〕でもございます）のモデルが、壱岐史韓国であったという私の考え（別述）とも繋がっていたのです。

きっと、伊吉連博徳は「倭国」との関係での使いで、難波吉士男人は「蝦夷国」との関係での使いだったのであり、その当時はそう船便も多くはないので、偶々（又は、止むを得ず）「同船」して唐に行ったというくらいが、その真相であったのです（と申しますのも、蝦夷国からの献上品の説明が「難波吉士男人書」の方に「だけ」記載されているからなのです）。

更に、中国史の方からこの点の分析を加えてみましょう。

「東と北の境には大山があって国境をなしている。山の外側は毛人国であるという」（『旧唐書』日本国条）

「蝦蛦亦海島中に居んでいる」（『新唐書』日本条）

「蝦夷国は海島中の小国なり。大唐顕慶四年（六五九）十月、倭国の使人に随ひて入朝す」（『通典』辺防蝦夷条。同旨『唐会要』）

「国の東境は海島に接し、蝦夷の居る所」（『宋史』外国七・日本国条）

こう見てまいりますと、「毛人（エミシ）の国」は日本国の国境の外にあったのであり、「海島中」に「夷人」がいると言っていのでありますから、これらを総合いたしますと、「蝦夷国」は「日本国」ではなかったということが明らかになってまいります。

このように、古代の「蝦夷国」は、中国でも日本でも、本来は独立国として扱われていたのです。「カイ国」は、実は、「ガイ国＝外国」だったのですよフフフ。

今日の日本書紀の漢文から現代語への訳者が、「蝦夷の国」などと、先入観を持って間に「の」を入れて訳してしまいましたので、決して蝦夷を独立国と考えることもなく、只漫然と蝦夷が文化の低い野蛮な従属的な「日本国の東北の一隅の小国・地方」に過ぎないとアナタは思い込まされてしまい、日本紀の漢文の読み方を誤ったままで今日まで来てしまっていたのです。たった一つの「の」のために。実に一文字の恐ろし也、とはこのことだったのです。

もう一つ蝦夷が外国でありましたことの証拠を加えておきましょう。

水戸光圀公（黄門さま＝中納言の位のこと）の命により編纂が始められ（明暦三年〔一六五七〕）、神武大王から後小松天皇（在位一三八二〜一四一二年）までが記されております、アナタもよくご存知な『大日本史』（三九七巻、本紀・列伝・十志・五表）という史書がございます。

この中におきまして、「列伝」の「諸蕃＝外国」の「蝦夷」の項は、何と！外国分類である「唐・百済・新羅・高句麗・渤海」の次に「蝦夷」が記されておりまして、その後には、同じく外国である「粛慎・女眞・琉球」と続いておりますところから推測いたしましても、この『大日本史』の編纂グループの分類の考えでは、「蝦夷は外国であり日本ではなかった」しかも「倭国でもなかった」という考えを（少なくとも潜在的には）持っておりましたことが明白なのです。

このように、私の考えは間違ってはいなかったのです。

＊前述の「蝦夷国」が「倭国」の使者に随って入朝いたしましたのは、斉明大王四年（六五九）のことでございまして、と言うことは、当然これは日本紀の作成（通説では七二〇年）より中国の方が先ですので、日本が「蝦夷（かい）」という言葉を使いましたその元は、中国語の「蝦夷（クイ）」であったことが判ってまいります。そして、倭は「東ノ夷（えびす）」であり、その又元の「蝦」の字は、「遙か」彼方のことを表しておりまして、そのより遠い夷なので「蝦夷」と呼ばれていたことが判るのです。虫偏を取った「蝦」の意味が「遙か」であったことが判ってまいりますと、「蝦夷」は「倭＝東夷」のその又先の遥かな人ということですので、これまた倭より遠くの全く別の国であったことを中国史は示してくれていたとも言えるのです。

4、「坪（つぼ）の碑（いしぶみ）」の「ツモ」は高句麗の祖王の朱蒙（ツモ）

（1）北は沿海州から南は琉球の北まで日本だった――「津軽＝チガル＝置溝婁」「恐山＝宇曽利山＝ウスリー山」

このように蝦夷（かい）が外国であり、しかも満州の扶余・高句麗の穢（かい）族の「穢（かい）国」の人々ともかつては同族の間柄の国であったということが判ってまいりますと、この穢と混血した（一七3）安倍貞任（「伽羅国・勢漢王＝天日矛＝安日彦＝6孝安天皇」の末裔）の騎馬軍団が朝廷軍に比べて抜群に強かったのも、その蝦夷の本質（主流）の軍の実体が、東日本の広大な牧場で育てられた「オリエントの優良馬＋大陸の遊牧民」ですので、これが強かったのは当然のことだったのです。

＊チュルクやオロチョンが海を渡って東北に持ち込んだ、オリエント馬と掛け合わされた、その母体となった原馬は、古くアリユーシャンのベージリアン大陸がまだ冠水せず存在していた太古に、これを北アメリカから、古モンゴロイドの縄文人の進路とは「逆方向＝逆時計廻り」で渡って来ていた北アメリカの原馬だったのです。この原馬は、対馬馬や都井馬よりも大型でした。

「陸奥国上馬六百束」（『延喜式』主税上）

このように、平安朝でも陸奥の馬が日本では一番高価とされておりました（一束＝十把。一把＝三握）。その次に高かったのは、常陸と信濃の上馬が五百束で二番目でした（六十束＝一反歩の田）。

＊唐・新羅占領軍が、常陸国にも総領（大宰）を置きましたのは、
この軍馬の確保がその目的であったのかもしれません。

そして、これら高い品質の馬を生み出す牧のある地域は、今日比定してみましても、皆、古への「カイの国」のエリアなのでした（清見ケ関より東。一七7）。

前述のように蝦夷が扶余・高句麗の穢族と関係があるといたしますと、陸奥の千曳の「都母＝壺＝坪」の碑（今日アナタが目にしているものは、口碑に基づき、後世に簡便な技法で作られたレプリカの可能性がありますが、本物の巨大な赤石で出来ております「日ノ本中央の碑」は、他の口碑によりますと、青森と岩手の県境近くの、三戸の名久井岳の麓の神社の地下深くに、多分、今も眠っている可能性がございます）の「ツボ」「ツモ」も古くは「坪＝ツモ＝ツム＝都慕＝朱蒙」だったのでございまして、高句麗（扶余系の末裔）の開祖の王の名の名残り（そして、これは蝦夷へとも繋がっていたのです。王姓の「高＝解＝穢」）だったのだということにアナタもお気付きになる筈です（京言葉のオ「ツム」につきましては、この後にお話しする予定です）。

そう考えてまいりますと、ここ陸奥の地も古里の「満州」や「沿海州」や「樺太」と一体と見まして、「日ノ本＝日高見」の中央と謳いたかった理由が何とはなしに判るような気がしてまいります。「日ノ本」がそんな広大な国であった筈はない、とアナタは真面目に反論したいでしょう。しかし、青森県の三戸の名久井岳が「日ノ本」の中心ございました証拠を、これから申し上げますように、外国人が残してくれているのですよ。

では、その巨大な日高見国（日の下国・クサカノ国・弁ノ国）が、かつての日本列島には存在していたということの証拠はと申しますと、満州と一体であった頃の「北倭」のテリトリーが、かつてのある時期には、次のように満州の北の沿海州の黒龍江の北部にまでも及んでいたとされているからなのです。

「而日本最久、且大、其地始於黒龍江北、至于我済州之南、與琉球相接」（申叔舟〔一四一七〜一四七五年〕奉勅撰『海東諸国記』前文）

——日本最も久しくかつ大なり。その地は黒龍江の北に始まり、わが済州の南に至り、琉球と相接す。

＊ニギハヤヒ船団の「天ツ麻羅」「赤星」などが、東北アジアにおきましても、九州の「松浦」、三浦半島の「松輪」、足摺岬のところの「松尾」、南朝鮮の迎日郡・松羅面の「松羅」（光川）、千島の「松輪」へと鉱山を開拓しながら大河を遡行し（一八9。このとき既に、雄物川を遡行いたしまして「協和町の唐松神社」の地域も、見つけて海図にインプットしていたのかもしれません。一七2）、沿海州・サハリンまでも自由に航行しておりましたことや千島にも「白浜」の地名が見られますこと（一八9）につきましては、別述。

どうです。このように、室町時代には隣国の李朝の朝鮮の学者が、こうまでも言ってくれているのですから、そこには何らかの、古くからそう言われて来た根拠が必ずあった筈なのです（それと

も、これは、大陸は除外して、島嶼のみを言ったのでしょうか。でも、この文面からはそうとはとれません）。

やはりちゃんとした根拠（南倭＋北倭）があってのことだったのです。但し、秀吉の朝鮮征伐（一五九七年〜）以後は、こんな日本に好意的な意見は、夢にも考えられませんが――。

多賀城碑（一七4）とは、藤原恵美朝臣朝獦（あさかり）が多賀城を全面改修したことの顕彰碑（天平宝字六年〔七六二〕十二月）でございまして、この二年後の父「藤原仲麻呂の乱」のとき、この参議は斬殺されておりますので、この碑はその後「碑文の面を下にして倒され」るか埋められるかして（地下部分の三〇センチもの人為的削平の跡が倒された証拠です）、江戸初期に至り再発見されたものです。ですから碑文の面がそんなに傷んではいなかったのです。

この点、高句麗の広開土王碑も同様でありまして、倒れて（倒されて）、更には、（多分）土に埋れていた為に、発見され、そして今日に至るまで、この「朝鮮族の誇り」とも言えるシンボルは、千六百年も生き延びることが出来たのです。幸運にも中国の皇帝に粉砕されることを免れたのです。父の19広開土王（談徳）の為にこの碑を鴨緑江の集安に建てました20長寿王（四一二〜四九一年）に、この碑の長寿を乾杯!!

ということは、奈良朝から江戸初期の間に色々な文献（『袖中抄』など）で語られております「ツボノイシブミ」は、絶対にこの多賀城碑では「有り得ない」ということになってまいります。

そういたしますと、先述の「壺の碑」の「ツボ」とは、都母村（『日本後紀』弘仁二年〔八一一〕）の「ツモ」のことだったのでございまして、ここは青森県上北郡坪村の碑のことだったことが判るのです。

昭和二十五年に青森県東北町千曳（ちびき）で見つかりました、右の「日本中央碑」は、古くは日高見（蝦夷＝穢＝カイ）国が、その西部は静岡県の安倍川（一七7）からの東日本のみならず、その北部は樺太にまで及んでおりまして、その正に中央が陸奥の都母（ツモ＝朱蒙）村であるとの口碑にもとづきまして、後世の、多分今からそんなには古くはない時代に、この伝承を残すために造られたものだったのでしょう。

と申しますのは、一見して彫りが浅すぎますので、これは坂上田村麻呂により弓の「ツノハズ」で彫られたという「伝承に引きずられて」、レプリカ（作った本人は、あくまで本物に見せるつもりで）を「わざと浅く」彫ってしまったからなのでしょう（但し、赤石で出来た本物が、三戸の名久井岳の麓に埋まっているという口碑の存在につきましては、前述いたしました）。

更に、後世のものだとは申せ、この日本国自体にも「久しくかつ大」であったことを示す証拠が他にもあったのですよ。

元享（一三二一年）正中（一三二四年）から嘉暦（一三二六年）頃にかけまして東夷が蜂起して奥州に騒乱（高丸の子孫の「安東五郎三郎季久の乱」）が生じたとされております（蝦夷の高丸につき、一七7）。この後に作られたとされております文書には、次のように興味ある記載が見受けられるからなのです。

当時の「蝦夷ケ島」とは、「我国の東北に当て大海の中央にあり」とありまして、北海道のみならず樺太、千島をも含む総称でありました。

そして、それぞれに日の本（主として北海道東部）、唐子（樺太）、渡党（北海道西南部）という三つの異族がいたことを伝えている中世の延文年間（北朝の年号。一三五六〜一三六一年）の頃の文書がございますので（源朝臣尊氏＝足利尊氏（元は、下野国の武士・新羅系秦氏）の奥書のございます『諏訪縁起絵詞』縁起下。この部分は絵中務少輔隆盛詞円満院二品親王。一一5、尚一〇6）、日高見・日の本（蝦夷＝カイ＝太陽）側のエリアは、この中世の時点に至りましても、相当北方にまで及んでいたものと考えなくてはならないのです。

この文書によりますと、北海道の西南部（渡党）と東部（日の本）では、人種も言葉も異なり、後者の「日の本」はこの頃でも「外国に連なっている」と言っております。

但し、「渡党の方は毛深いが和国の人に似ている」とも言っております。

さて、以上色々と申し上げましたように、「蝦夷＝カイ＝穢＝解氏＝高氏」も「陸奥」も、このように沿海州や満州・朝鮮の扶余・高句麗と繋がっていたことがアナタにもお判りいただけた筈です。

もっとも、これは地名からも当然のことでありまして、既に少しばかり触れました（一七2）ように、沿海州の置溝婁（チコーロー）＝北沃沮が青森県の津軽と同一（「ツガル＝津軽＝置溝婁」の元々の意味は、アイヌ語の「チュプカ＝日出ずる処」と「グル＝人間」との合成語である「チュプカグル」＝「日下の人＝日本の人＝日高見国人＝東国人」から訛ったものだとも考えられます。「日の出ずる処の人」ですと、東に大海を控えた沿海州にも、正にピッタリと当てはまるネーミングです）の名であり、かつ、下北半島の恐山のすぐ近くの山が宇曽利山、そこの湖の名が宇曽利湖で同一名であることにお気付きになりますれば、この「恐れ＝オソレ」は、本来の「ウソリ」が訛ったものだったのであり、今日の沿海州のウラジオストックのところの「ウスリー河」「ウスリースク」と同一名であったということに、アナタも直ちに気が付かれる筈です（隅田八幡宮の「人物画像鏡の銘」の「今州利」の「今」が「宇」であり、この「宇州利＝ウスリー」であったことにつき、一七2）。

さて、このように「沿海州・満州と日本列島東部とは本来一体」であったのですが、もう一つ言語の面からの東北と沿海州との深い繋がりを示します証拠をお示ししておきましょう。

東北盛岡では、祭りで稚児を乗せて飾り立てた馬のことを「チャグチャグ馬っ子」と申しまして、このように可愛らしいものに「コ」を付けて表現いたしますが、日本海を跨ぎました満州の興安嶺山脈に住むオロチョン族（本来は「オロン＝トナカイ・山頂」という意味よりトナカイを飼う者、又は、山中に住む者・この他、鉱山民もおります。かつて、満州の扶余の故地を南北に流れますノン江・ネン江の上流におりました「エンベキ＝ソロン」族が、川筋を離れ山中に住むようになった者）も、「小さいもの、可愛らしいもの」を表現いたしますときに、名詞の後に「koon」を付けますので、この点の同一性が見られるからなのです。

　例えば、「olokoon」とは、「olo＝魚」に、先ほどの「koon」を付けたもので、「魚っ子」「鮒っ子」とでも言うべきものだからなのです。

　このように鮭の皮を着て鮭の皮の帆の鮭の皮の船に乗った、「倭人」の一派の魚皮単子（ゴルヂー人）やオロチョン（興安嶺の「人食い」の鉱山民）やツングース（狭義）たち（北海道アイヌはツングースです。但し、樺太アイヌは新モンゴロイドに属するツングースではなく、太古の何万年も前にインドネシアの大スンダ列島から北上いたしました「古モンゴロイド」の末裔なのです。このようにアイヌにも少なくとも人種の異なる二種類があったのですから、この点につきアナタは混同してはいけませんよ。前述の「諏訪大明神絵詞」も同旨です。二九４）は、古代の夏の日本海を丁度「湖をボートで渡るかのように」自由に行き来していた人々だったのです。

＊正史にも、佐渡嶋の御名部（みなべ）の碕岸（さき）に、「粛慎人（みしはせのひと）」が現れましたことが記されておりますが、このとき嶋の人々は、「人に非ず」「鬼なり」と言（もう）して「敢えて近づか」なかったことが判ります（欽明紀五年〔五四三〕十二月）。

　難しいことは抜きにいたしましても、右に述べました、「ツガル」と「ウスリー」などの地名と部族名の「完全な一致」は、正にそのこと（同一圏）の裏付ける以外の何物でもありません。

（2）秦氏による平安遷都のモデルは三百年前の百済にあった――常に「遷都の黒幕」だった秦氏

　さてさて、お話を亡命百済王家が樹立いたしました平安朝のことに戻します。

「平安京」とは一体何であったのかと申しますと、早い話が、百済王（こにきし）の姓（かばね）（この姓は平安朝になってから初めて作り出され、それが41持統天皇の頃にまで遡って正史改竄により記された可能性も大なのです）を持つ亡命百済人の一族に対して、先を読んだ山背にその当時拠点を持っておりました秦氏（その本質は中央アジアのギリシア・ペルシア〔バクトリア〕系のユダヤの商人の呂〔レビ・ラビ〕氏。但し、最早ユダヤ教ではなく、長い流浪の途中でユダヤ教を捨て改宗してしまった、又、その一部は「景教＝ネストリウス派キリスト教」の一支派と化しておりました。別述）が京都の自分の土地と宮殿の地（秦氏の邸宅跡）を提供し、この二者が協力して築いた都（延暦十三年〔七九四〕遷都）だったと言えるのです（二8、7、三〇2）。

　では、「平安京の内裏（だいり）が秦川勝の邸宅跡」であり、かつ、この秦氏が平安遷都の黒幕であったという点につきまして、もう少し具体的に、時として朝鮮にまで遡りまして、アナタが納得出来るだけの証拠を引用しながら見ていくことにいたしましょう。

「或記云、大内裏秦川勝宅」（『拾芥抄』に引く村上天皇の『天暦〔九四七～九五七年〕御記』）

とありますので、「平安京の大内裏の場所」は、何と！古への秦川勝（六世紀末～七世紀前半の人）の邸宅の跡だったということが判るのです。

また、「平安新京」、特に右京（北方から見て右側、太秦など）の開発は、秦忌寸島麿の土地と土木工事の資金の提供によるものでした。しかも、このときの平安京・造宮職長官の藤原小黒麿の妻は、この秦忌寸島麿の「女」だったのですよ。

因みに、平安新京の十年前に遷都しました「長岡京」は、秦朝元の土地でもあったのです。しかも、この長岡京・造宮職長官の藤原種継の妻は、この秦朝元の「女」でもあったのです。

＊序でながら、この秦忌寸朝元は、大宝二年（七〇二）に山上憶良と共に唐に留学いたしました僧・弁正（唐で病死）が、唐女に生ませました二人の子の一人（朝慶の弟）だったのでして、この母は、「唐の法」により日本に行くことが、「諸蕃使人、漢婦女ヲ娶リ得テ妾ト為ス者ハ、将ニ蕃ニ帰ルヲ得ズ」（『唐会要』。『懐風藻』寧下。『万葉集』一七巻三九二二～三九二六番左註）ということで許されなかったのです。

どうです、このように長岡京も平安京もその遷都は、共にその全てが秦氏のプランと差し金（丸抱え）によるものだったのです。

＊このように天皇家を支配した藤原氏の裏には、世に隠れた形での「秦氏の実質的な支配」が、古代より連綿として存在していたことを見逃してしまいますと、アナタには古代史・中世史の一番大切な仕掛け人のことが何も見えてはこないことになってしまうのです。裏の秦氏たる藤原氏と、表の秦氏。

そして、長岡京を造った功績によるものでしょうか、ここ京都の葛野郡の秦氏を見ましても、延暦三年（七八四）十二月十八日には、秦忌寸足長が宮城を築いた功により、外正八位下から従五位上に（『続日本紀』）、延暦四年八月二十三日には大秦公忌寸宅守も太政官院垣を築いた功により従七位上から従五位下にと（同書）、信じられない程凄いスピード（文言上では）昇進をしていることがこれで判るのです。

このように、藤原氏は、「妻の実家」である秦氏の財力と協力により、本来は自分の同族に近い大和・平城の「新羅・伽耶系」天皇家を切り捨てて（裏切って）までも、百済系天皇家を山代の自分たちの地盤に連れてまいりまして、平安新京を「立ち上げていた」とも言えるのです。これが平安時代の真相だったのです（一二六）。

この平安遷都の十年程前に、蝦夷の高丸などにジワリジワリと駿河までも攻められ（『元亨釈書』）、このとき万一の首都攻防戦を恐れた桓武天皇らの百済王系グループは、右に述べましたように、秦氏を頼り山城国（乙訓郡日向町）の秦朝元の土地に造りました長岡京に疎開（延暦三年〔七八四〕）せざるを得なくなっております（一七7、8）。

これ幸と、ここに首都を平城京から長岡に誘致し、ここの土地を天皇家に提供いたしましたのは、先程申し上げましたように、唐帰りのハーフである秦朝元でしたね。

ということは、蝦夷に駿河までも攻め上られて、一時頓挫しかかった「百済クーデター」の危機を救ったのは、実は、百済クーデターの仕掛け人の一人でもありました「秦氏」だったということになってくるのです。

＊もし、このことがなければ「平安時代は到来しなかった」のです。このお蔭で、藤原氏（男）＋秦氏（女）のコンビは、平安遷都から千二百年間も、日本国を支配し続けること（昭和に入りましてから以後も、近衛家出身の総理大臣を一人ならず出しております）が許されたのです。秦氏にとりましては安い買い物でした。

このように、平安京への遷都の真相とは、単なる東方の外国である蝦夷国からの防禦の為というだけ（長岡京はそうでした）ではなく、又、通常教科書でアカデミズムから言われておりますような「南都六宗の旧勢力との決別」という意味だけのものでもなく、その実質は、扶余族と高句麗族の一部の末裔でもございます百済王家と、その出自は秦（しん）（秦の圧政の難を免れて亡命したと称してはおりましても、その主たる実体は秦人ではなく〔勿論、その両者の混血はあり得ますが〕扶余・伯族だったのです）の混乱のドタバタの際の亡命民の辰韓人（一部）であった、自称秦氏とが非常に関係が深かったことによる都造りだったと言えるのです。

＊つまり、バクトリアのペルシア系ユダヤ人の末裔（伯族とセム人との混血）でもあった秦氏（ですから、そもそも、この自称の「秦氏」というネーミング自体が、既に、「看板に偽り有り」だったのです）が、同系統の遊牧民であります扶余・百済系「伯族（バク）」と合体してシフトした（乗り換えた）。

因みに、「率百廿七県伯（狛・百）姓（タミ）帰化」（『新撰姓氏録』山城国諸蕃・秦忌寸条）とここでは「伯・狛」の字を使用しておりまして、姓氏録の編纂者は、何となく、秦氏が秦の亡命民などではなく「扶余伯族系＝コマ系」であったことを暗示してくれてはいたのです（尚、古朝鮮語で秦の「弓月君＝百済君」であることにつき、二一5必見）。

この点『古語拾遺』では単に「民」、更に『三代実録』では「人民」、『日本紀』応神十六年八月では「人夫」となっておりまして、「狛・伯・百」という素性は遡って見事に消されてしまっております。

尚、秦の始皇帝は、呂不韋（鉄、鞣革（なめしがわ）の商人）の子で、血統といたしましては西戎でしたので、東洋人の皮を被った「ギリシア＝バクトリア」系のユダヤ人であったとでも申せましょうか。

この点『魏書』の記載自体をよーく分析いたしますと、「秦の圧政からの亡命民」の中国人もいなくはなかったとは申せ、秦韓の主体ないしは上位におりました部族は、「華北の伯族が扶余に逃げ、更に、その扶余から辰韓へ南下してまいりました亡命民（倭人）」（『魏書』）や、逆に、「金官伽羅（倭）から辰韓へ北上した移動民」（狭穂彦）であったものと考えられるからなのです（二－5、一五3）。

この遷都につき、別の見方をいたしますと、「空海」と京都の秦氏とは、東寺が建築される予定の場所（今日の京都駅の直ぐ南）を事前にインサイダー取引で遷都前に買い占めてしまい、しこたま儲けていた（この空海も讃岐の秦氏系の出自だとも言われております）のでありまして、早い話が、平安遷都は両者の金儲け（利権）の種ともなっていたのです。今は昔。

秦氏（必ずしも辰韓人とは限りません）は本質的には（中国人の百姓と同じように）商人だからなのです（前述）。

この一族は名誉や権力は二の次でして、あくまでも金儲け（財産）が主目的の人々なのです。ですから、この秦氏は、日本列島におきましても、原則としてはなかなか表には出てこないのです。これは「ユダヤ五千年の智恵」のなさしめるところだったからなのでしょうか。

このように、八世紀後半の「百済亡命政権樹立の危機」とき、ユダヤ人の末裔たる秦氏は日本列島でも、その財力に物を言わせ仕掛け人として大活躍していたのです。

＊この南都の古い宗教との決別に際しまして、平安京（京都市）に入りましても、当然のことといたしまして、その後直ぐに、新羅系からの「揺さぶり」がございました。その名の通りの51平城天皇とその背後にある勢力による大和志向（この天皇の漢風諡号にまで「平城＝奈良」が付けられているくらいなのですから）がそうだったのです。しかし、直ぐに又、百済亡命人及び秦氏の連合によるところのクーデター樹立派の勢力に、奈良回帰派は無残にも押し潰されてしまいますが。

ここでアナタに思い出していただきたいことがございます。

それは、百済が高句麗に攻められ、四七五年に22文周王（24仁賢大王＝億計〔兄〕のモデル）が、熊津（公州。その当時は、まだその辺りは未開の土地であり金官・倭の領土内でした）に蘇塗（アジール）を作り亡命遷都いたしましたときに、秦氏の祖の武内宿禰（金官王5伊尸品＝木満致）が百済宰相として同行しておりますこと（二－8、三〇2）も、今回の桓武天皇の「平安遷都」（七九四年）も、前述のように、共に「百済王＋秦氏」というタッグでその「主役が日朝のケースで全く同一」！であるのみならず、しかも、「王都を秦氏の地へ遷す」という点におきましても、これ又三百年前の百済・熊津（ゆうしん）での出来事と全く同一！（三〇2）だったのですから、驚かされてしまいますよね。

＊「倭王＝金官5伊尸品王＝木満致＝蘇我氏＝秦氏の祖」の支配地への百済王家の遷都。

ところで、ここ亡命百済王（こにきし）の王都である京都市の御所から、宮中言葉として日本列島全体に広まった言葉の一つに「オツム＝頭」という言葉がございますが、これはどのような語源なのでしょうか。この「オ」は京都弁によく見られるところの丁寧語であり、ではこれを取り去った残りの「ツム」とは一体何のことであったのかと申しますと、これは、実は、先程の「百済王家（東扶余氏）の開祖（始め・頭）と言われております朱蒙」のことを表していたのです（前述の東北の「坪」のことと同一だったのです）。何故ならば、この「開祖王＝トップ」の名は、古代の朝鮮語で「朱蒙＝シュモ＝スム＝ツモ＝ツム」だったからなのです（「百済本紀」本文による百済初代温祚王の父）。このように京都の宮中言葉の「オツム」の出自は、平安天皇家たる百済王家の出自たる扶余と同族の「高句麗の初代王の名に由来する言葉」だったことが、これでアナタにもお判りになられた筈です。

因みに、百済・扶余系の平安天皇が作りました「平安日本紀」での始祖王の「神武大王＝イワレヒコ」が即位致しました橿原（かしはら）の地名は、東扶余の王都でございました迦葉原（かしようげん）に由来する本貫の地名を引用したものだったのです（『三国史記』「高句麗本紀」始祖東明聖王条）。

5、今も日本の「数詞」に残る千五百年も前の高句麗の名残り

高句麗語と日本語とがかつて極端に似ていたときがあったということは、高句麗・扶余から（多分、古代のある時期、未だ馬韓などの三韓のレベルの頃でしょうか、その中の一国である伯済や、又は辰韓などを経由いたしまして）「穢族」（ニギハヤヒ・沸流系・物部氏をも含めて）や「伯族」（神武大王・温祚系・亡命平安天皇家をも含めて）と同族の渡来人が、相当多くこの日本列島にやって来ており、かつ、その言語が人々に与えた影響が実に強力であったということを物語っていたのです。

では、早速、古への高句麗の「当時の地名」を漢字で表現したもの（上段）をピックアップいたしまして、日常の生活に最も密着した言葉（よく使う言葉）である「数詞」、しかも、その中でも特に「道教」の影響で我々の日常にも特に馴染みが深い「七」「五」「三」を例にとりまして比べてみましょう（中段の漢字とカタカナはその当時の読み方を朝鮮の吏読（いどう）（万葉仮名の母体。二三5）的に表されたものです）。

さあ、どういう結果になるでしょうか。まずは、次の例を御覧ください。

三峴——蜜波兮（ミハエ）——「三＝ミ」
五谷——于次呑（イツタニ）——「五＝イツ」
七重——難隠（ナナヘ）——「七＝ナナ」
十谷——徳頓（トタニ）——「一〇＝ト」

如何でしょう。このように、完全に証明されたものに限りましても（当時、実際にはもっともっと多かったと考えますが）「ヒフミヨイツムナナヤコト」の「北倭」の王室が用いました満州系の数詞の中で「ミ」「イツ」「ナナ」「ト」の「七五三」を含んだ四つもが、もはや高句麗滅亡後千三百年もが経過しているにも拘わらず、今日の日本語の数詞と全く同一なのです。

これは言語の世界におきましては実に奇跡に近い凄いことなのです。

＊「七支刀」が、右の「十谷＝トタニ」の谷那鉄山（黄海道）の鉄で三六九年に造られ、百済王から倭王へと贈られましたことにつき、一八6。

因みに、本家本元の「朝鮮半島では、これらの数詞は、もはや今日完全に消えうせ」てしまっているというのにです。この故郷を遠く離れ海を隔てました日本においてのみ、「化石」のように千三百年もの間「高句麗＝扶余」の言葉（ということは、その言葉を使う人の魂も）が吹き溜まるように生きていたのです。これは、正に、言語学上驚くべきことなのです。

このように、この「ヒフミヨ……」は、チュルク系の遊牧民（高車など）とツングースとの混血民の鉄民（満州の沸流水で、鉄民オロチョンの松壌王・多勿侯から製鉄技術を奪い取った。これが「八岐大蛇神話」の東洋における原型でした。一五3）の高句麗（集安の古墳の壁画の「製鉄製輪神」＝チュルク系「高車」の神）より（多分、当時、つまり「白村江の役」の少し後、高句麗の滅びました六六八年以降、高句麗・百済の亡命民を介しまして）日本列島へと持ち込まれました数詞であったものと思われます。ですから、石上神宮を宗教的拠点、かつ、武器庫といたします物部氏（ニギハヤヒ・沸流百済）の呪術におきましては「ヒ・フ・ミ・ヨ……」と数え、「フルエ・フルエ」と呪文を唱えているのです。

因みに、この「フルエ」も、単なる「火」が奮い立って強くなるという「火起こし＝火起き＝ヒオキ」の呪文であるのみならず、かつて物部氏（百済王家の一流）が、満州と朝鮮半島の付け根辺りで鉄民を征圧いたしましたときの、その故郷の桓仁の都の近くを流れる沸流江（鴨緑江の支流）という河の名の「フルエ」をも表していたのです。

＊と言うことは、元々、この「フルエ」は同じ火起こし（火男＝ヒョットコ）でも、鉄・銅を造るときの呪文だったのです。

そして、この「フルエ」という言葉は、中国側から考えてみますと、中国史に見られます「ブル＝国＝王都」に因んだ言葉でもあったのです（一五1。尚、物部氏の呪文につきましては、別にお話しいたします）。

又、現代の日本の数詞を代表いたします、主として弥生の水耕民が日本列島にもたらしました「イチ・ニ・サン・シ……」という元来は華南系の数詞につきましても、又後にお話しいたします（二九4）。

＊「漢＝羌」族に追われて、揚子江中・下流域から、今日、雲南省・貴州省の鄙の地へと亡命して住んでおります人々とも、このイチ・ニ・サン・シ……は共通です。

尚、朝鮮半島と日本列島との「アクセント」の類似の点につきましても、後に述べたいと思います（二三5）。

序でながら、「中世まで日本の標準語」でありました「ヅーヅー弁」と高句麗語との共通性につきましては、後に申し上げますが（二三5）、先程の高句麗の数詞の「五＝于次」の「音」が、当時は「イツ」でありながら、今日アナタは、「于」を「イ」ではなく「ウ」と発音しておりますこと（「イ」と「ウ」の交替）とも、このことは関係していたのです。

6、「悪路王＝アグリー」

（1）錬鉄の「蕨手刀」を狙ってやって来た坂上田村麻呂――「龍田」姫、「達谷」窟、「糺」ノ森の「タタ」とはタタラ（踏鞴）

平安天皇家をあれほど苦しめました、勇猛果敢な「東北の日高見国」＝「蝦夷＝日下（＝ヒノモト）国＝本来の日本国」の大王でございました「悪路王＝アテルイ」又はその一族の「高丸」（カイ族）には、ニギハヤヒ系の穢族の「沸流」百済系の血が混入しておりますので、右のようにその祖先は朝鮮半島の時代から「温祚」系の亡命平安天皇家（ハク族）とは「不倶戴天の敵」であった筈なのです。

このように扶余の貊族と穢族とは、日本列島に渡来した後におきましても、同じ扶余系とは申せ「不倶戴天の敵」だったのです。

そんな満州・朝鮮での古くからの深い因縁がありましたが故に、温祚系の平安朝廷は、源氏（新羅・伽耶系の秦氏）を使って（源氏が新羅系でございましたことは、三井寺のところをご参照下さい。七4ノ7など）、蝦夷の血の流れている人々の全滅を、あれだけ執念を持って企画し（前九年の役など）、他方、蝦夷の方におきましても、あのように死力を尽くして平安朝の百済系のヤマト朝廷を苦しめ続けたのです（一七7）。そうとでも考えなければ、双方のあのエネルギーの源は到底説明出来ませんもの。

扶余・穢系（沸流百済）の末裔である、ニギハヤヒの氏は「余＝アグリー」であり、又、「徐＝シャー＝昔」氏でもございますし、また、東北の蝦夷の主流（指導者）の名も、同じく「悪路王＝アグリー＝阿久利」ですので（「アクト」は、これが訛ったもの）、この「アグリー」の同一性は、蝦夷の一部に、ニギハヤヒの末裔の物部氏の一派も入っていたことの証拠と見てよかったのです。

尚、錬鉄の「蕨手刀」を造りました、岩手県一関市の北に位置（舞川字大平舞草山・旧舞草村）しております観音山の古代のハイテク基地でございます舞草鍛冶（物部系。ここの山頂には式内社の舞草神社が鎮座し、既に仁寿二年（八五二）の時点におきまして、従五位下を授与されております『日本文徳天皇実録』）。舞草という地名から考えましても、「舞川の草」ということなのですから、これは古くは、舞川の「草＝カヤ＝伽耶＝韓」の鍛冶ということを表していたのです）のその直ぐ近く、但し、この観音山とは、東北新幹線を挟みまして反対（西）側の平泉の傍の達谷の窟の「達谷」とは、今日言われておりますような「タッコク」ではなく、宮沢賢治がその詩集（「原体剣舞連」）の中で言っているように、これは「達谷＝タッタ」と発音するべきだったのです。

＊舞草村の白山岳と観音山の間で平安期の土師器も出土しており

ます。この観音山の東の白山岳こと鉄落山から採取されました鉱石は刀の材料として優れているそうですが、近くには砂鉄川という川も存在しておりますので、古くは砂鉄、その後は鉱石で造られたのかもしれません。と申しますのは、この遺跡は平安期より三期に分かれて形成されているからなのです。

但し、砂鉄と鉄鉱石が「同時」に使われていたということも考えられます。例えば、朝鮮半島の石帳里鉄遺跡（忠清北道・鎮川郡）などがそうでありまして、そこでは「砂鉄と鉄鉱石」から製錬・鍛冶・鋳造などが行われていたことが判っているからなのです。

場合により、刀などで、内材と外材を使い分けるなど、一つの製品でもミックスいたしまして。

この東北の鉄文化は、九州・畿内より早くに、沿海州から直接入ってきておりました基礎から発展したものだったのです（コーカソイドの分布、W型六条皮麦、ウリルの鉄文化、ヤンコフスキーの鉄文化につき、一七2）。

日本列島の夫々の地方によりましては、これが田谷（タッタ・タッヤ・タヤ）とも表現されることがあり、これらの「タッタとは一体何のことなのか」と申しますと、紅葉で有名な竜田姫の竜田大社（大和、生駒郡三郷町）の「竜田神＝風の神＝タタラ＝蹈鞴」のことだったのでありまして、「達谷＝田谷」が、古代には風の神を祭る鉱山民やハイテク鍛冶集団をも表していたということが、これでアナタにもお気付きになっていただけたことと思います。

この「蕨手の刀＝蕨手の太刀」（刀身ではなく、把頭の部分が早蕨状に曲がった雑用太刀。奈良時代前期より平安時代初期まで。中心は奈良時代後期。東国中心。因みに、五世紀にの「蕨手の刀子」という物が出土しておりますが、これは柄の早蕨の巻き方が峰〔棟〕の方へ巻いておりますので、蕨手刀〔刃の方へ巻いている〕とは逆なのです）は、古墳時代からの直刀に彎刀化が起こる目安としても使われておりまして、その彎曲は、早ければ六世紀後半から七世紀前半とされております。

ところが、その湾曲のモデルが満州の女真族に迄遡ると言われておりまして、日本刀独特と考えられて参りました刀の「反り」の起源も、実は、満州（北倭）にあったのです（蝦夷と満州・沿海州の民との関係につきましては、別述）。

＊ところで、農民の神は、雨を呼ぶ「竜＝蛇＝雷」です。そのために江戸時代末期まではこの雨降りの神に日本全国の神社で人間の生贄まで捧げていたくらいなのです（一〇6は必見）。これに反しまして、この製鉄集団の強風の神（その親玉が台風です）は、農作物に害を与えるので、それとは逆だったのです。世界最初の鉄の王国とも言われておりますアナトリアの「ヒッタイト帝国」における最高神も暴風の神でした（冬場に谷を下ってまいります乾燥した強風が蹈鞴の炉には必要でした。「伊吹颪」も同じ。別述）。

さて、この言葉の意味からも、征夷大将軍の坂上田村麿が奪い取りました平泉の「達谷の窟」の一族が、実は、物部・安倍系をキャプテンと仰ぎます、「蝦夷の鉄・金・銅の鉱山民」（鉱山民連合）の首領たちであり、その合議所が置かれていた処が、タッタであった（獣道を通じて、山中に「連絡網」が完備しておりました）ということがこれでよく判るのです。

＊この獣道網を利用し、藤原四代の名君・泰衡の命により、義経は死んだとされております「その一年も前」の文治四年（一一八八）の雪解けと共に、西に山を越え、川を利用し、やがて雄物川へと出て、そこを日本海へと下っていったのです。藤原氏がそれまでに入手いたしましたシベリアの砂金を軍資金といたしまして大量に持ちまして。平泉から東方・北方への、所謂「義経逃亡ルート」と今日言われておりますものは、源頼朝の目を眩ませるための「サンドウイッチマンの宣伝隊」の陽動作戦の跡に過ぎなかったのですよ（筆者著『写楽の謎』第一三章「神田にいた写楽と源内」）。

このように坂上田村麿が奪い取ったアテルイの「達谷」とは、右の竜田姫と同じ「タッタ」を意味していたのでありまして、これらの「タッタ」は、「蹈鞴」の訛ったものだったからなのです（寒ッ！）。

日高見国は古くは東日本一帯に広がっておりましたので、栃木県・矢板の近くの「田谷」もその名残ですし（この辺りの「休塚」で悪路王が死んだという口碑もございます）、又、「アテルイ（悪路王）の頭形」のある鹿島太神社のございました茨城県の高久村は、明治になり岩船村となり、更に昭和三十年に沢山村や圷村と合併して、今日の桂村となっておりますが、この圷も古くは「アグリ＝阿久利＝アクト＝阿久戸」を表していたからなのです（納得！）。

と申しますのも、「前九年の役（奥州十二年合戦）」のことを記しました『陸奥話記』という、「国解」を多数引用いたしました史料に、東北の「阿久利河」という川が出てまいります。

岩手県水沢市の「胆沢城」の南には、「阿久戸川」という「地名」が今日まで残っているのみならず、「阿久戸川」と呼ばれております「川」自体もちゃんと存在しておりますので、やはり、この川の「戸」は「利」と読まなければいけなかったのです。何故ならば、「利＝リ」は「戸＝ト」ともよく転化して読まれたり、書き写されたりすることも多く（利根川の「利＝ト」）、よってこの「阿久戸河」は、本来（古く）は「アグリー」川であったからなのです。

また、このアグリーは、満州・扶余の王族の穢族（沸流・百済系）の姓と同一でございまして、かつ、これは物部氏の祖神、昔氏のニギハヤヒの姓でもあったからなのです（昔・シャク＝徐・シャアー。駿河にまでアグリー系の蝦夷の高丸が攻め上ってまいりまして、これに慌てふためいた桓武天皇が、都を長岡京に遷移させざるを得なかったことにつきましては、一七7を御必読下さい）。

この「タタラ＝蹈鞴」という言葉を更に突き詰めてまいります

と、本来は「タタ」に過ぎなかったのでございまして、この「ラ」は本質的なものではありませんでした（朝鮮レベルではどうか判りませんが、日本列島に入りますと「ラ」は訛って他の音に変わってしまいますので）。

百済系平安天皇家とタッグを組みました百済亡命民坂上田村麻呂一族の東北征圧の目的は、このように具体的には、「蕨手刀」などを造り出しておりました、この当時のハイテク集団の「舞草鍛冶」などの征圧（平安天皇家の国家経営におきまして全国的に必須でございました、主として鉄の鉱山開拓とその技術者の略奪目的）であったのです（前述）。

このように考えてまいりますと、安羅（倭国・公孫氏）系の「大田田根子（おおたたねこ）」（『秀真伝』の作者）及びその孫の「田田彦」の「タタ」も、皆、これら金属民の表現（古代では鍛冶師はシャーマンかつ王でもございました）だったことが判りますし、遡りますと、この「タタ」は、多分、炉に風を送り込むフイゴ（鞴）の板の足踏みの「タッタッ……」という疑態音から出たものだったのです。

因みに、「タタ」とは「足で踏む」「足踏みする」というところから、古くは蹈鞴以外にも「上陸する」という意味にも拡大されておりまして、そこから派生いたしまして「上陸する湊」自体をも「タタ」と表現することがあったのです。

南鮮の釜山の南の「タタラノ津」（勿論、この場合には、その近くにある鉄山の意味をも含めまして）などがその例です。ですから、「タタ」が全て金属精錬に関係している訳ではないので、アナタにはその点の個別具体的な注意が必要です。

正に、タッタは「蹈鞴」という文字に含まれております、足で「蹈（ふ）む音」そのもののことだったのです。

右の大田田根子の父は吾田賀田須（あたかたす）ですが、もしこの「吾田」が「鹿児島の阿多＝アユダ」と同じである可能性がある（参考『三国遺事』『駕洛国記』の許氏）といたしますと、これは「フェニキア系のインド・アユダ国＝コーサラ国＝許氏国」、又は東南アジアでのその分国の、後世にインドシナの「アユタヤ」などといわれることになる鉱山民の（その祖先の）渡来とも繋がってくることになるのです。

＊海洋を移動し、船で大河を遡行し、鉱物を探しては開発して貿易しておりましたフェニキア人（カルタゴ人）は、エジプトのハトシェプスト女王の許可を得まして、アフリカの西海岸に一航海二年間滞在しては、ついでに「鉱石」の採取のみでなく、「麦」をも作ってカルタゴに戻って来ておりました。既に、「ヘラクレスの柱」（ジブラルタル海峡）より先のアフリカの西海岸、つまり、アフリカが巨大な島のようなものであることをカルタゴ人は十二分に知っていたのです。知らなかったのは、当時はまだバーバリアン（森の野蛮人）レベルでありました、後に大部分がキリスト教徒となるヨーロッパの土地に縛られた農民（農奴）達だけだったのです。古くからの西ヨーロッパの海洋民は、実は、皆このことを知っていたのです。

因みに、この許氏の国とは、金官伽羅国の初代の金首露王の王妃の許黄玉の出身国であるインドの「コーサラ国＝アユダ国」又は、その分国であったインドシナの後の「チャンパ国」のことです（『駕洛国記』。九7。古代の朝鮮にインドの植民市がおかれておりましたことを記します『山海経』につき、一〇5）。

古代には「タタラを吹いて鉄を造るところ」を鍛地とも申しましたので、この大田田根子の名の中に潜んでおります「タタ」も、その父の吾田賀田須の名の中の「カタス＝鍛ス」も、更には、その子である田田彦の「タタ」も、共に、同じ鍛冶王の世襲であることを表していたのです。

神奈川県の横須賀の「田戸台」の「タト」も同じでしょう。

岡山・鳥取県境の谷田峠の「タンタ」なども、秦氏の「神穴流し」や、その後の風力などを利用しての「タッタ」の冶金工房が近くか下流にあったから名付けられたものと思われます。

＊但し、考古学的な出土品からは、山陰地方の弥生後期・古墳時代の鉄の製品は、砂鉄からつくられたものではなく、その殆どが鉄鉱石から作られたものですから、今日見られます「砂鉄＝ササ＝楽楽」の踏鞴の遺跡は、弥生後期や古墳時代のものではなく、より新しいもの（室町時代以降江戸時代など）ですので注意が必要です。

(2) 高句麗史の李朝での改竄

次に、タタラに因む記紀の神話の面からも、この点を少し探っていってみましょう。

本来「勢夜陀多良比売」と「媛蹈鞴五十鈴（卑彌呼）」は、同一人なのですが（一五8、一六3）、そうであるといたしますと、この「勢夜＝セヤ」という言葉は、渡来した高句麗王の一族の「背奈＝絶奴」氏（王妃族）の「セナ」の音韻変化であるところからも、卑彌呼が高句麗王子の罽須（神武大王のモデル）の妻となっていること（前述の『晋書』のように。九1）をも表していたのです。

＊罽須は高句麗史上では、本当は9故国川王の「子」だったのです。『魏書』の高句麗条でもそうなっております（一五1）。にも拘わらず、後世、日本で申しますと、平安朝の頃に作られました朝鮮三国の正史『三国史記』の一つの「高句麗本紀」におきましては、その当時の儒教の影響によりまして、その要求されます倫理上からも、罽須王子も10山上王も、共に故国川王の「子ではなく弟」ということにされてしまっております。

何故そうされてしまったのかと申しますと、父王の妃でありました、類希な美しさの「椽（テン・デン・垂木）那部」の于素の女である「于」と、「その夫の故国川王の子である10山上王」との「親子丼＝母子婚」が行われてしまったことを隠すためだったのです。

因みに、この後、この于氏の一族の左可慮が叛乱を起こしております。つまり、ここ（高句麗本紀）では「父」である故国川王の妃の子（未亡人）と「子」の山上王との再婚（母子婚）が、儒教の要求いたします倫理上から、「兄」である故国川王の妃の于（未亡人）と「弟」の山上王との再婚（義兄弟婚）、という風に改竄されてしまっていたからなのです。

つまり、このため、朝鮮史では中国史に反し、9故国川王を高句麗の王系図上「父」から「兄」へと一代下げてしまっていたのです。この反射的効果といたしまして、王子の「罽須＝神武」も同じように、故国川王の弟（本来は子であるのに）とされ一代上げられてしまっていたのです。ですから、実は、高句麗の9故国川王の「三男」でございます罽須王子（神武）が、「王系図上」では、8新大王の「四男」という風に一代上がり、逆に、本来の故国川王の方から見ますと、その子であるのに兄弟の位置にまで上がって来てしまっているのです。そこで、本来は、故国川王の孫でございました11東川王（東遷してしまった王、つまり神武大王。「東川＝東襄」王の「東・川」は古朝鮮語での訓読が「サ・ナ」でございまして、これは「東の土地＝又は、鉄」を表していた、つまり、東へと去っていった王、東遷した王としての諱が後に伝えられ漢風化されたものだったからなのです。一五1）も又、罽須と同じ位置（故国川王の子）になって王系図上には投影されてしまっていたのです。逆に申し上げますならば、早い話が、高句麗史上、罽須と11東川王とは、その真相におきましては、同一人だったとも言えるのです。

実は、この辺りの高句麗史での王系図は、1東明侯からの「A系列」と、6大祖王（消奴部）からの「伯」族の「B系列」と、9故国川王（桂婁部）からの「穢」族の「C系列」という具合に三王朝が接木的な構造になっていたのです。このことは、高句麗史も、実は、母国の北扶余の歴史を借用（特にA系列など）して作史されていたと言えるのです。

因みに、9故国川王は、C系列の始祖に位置付けられておりますが、その王子とされております「発岐＝抜奇＝伯奇」（日本紀の体系上は、神武大王の兄の五瀬（いつせ）命に相当致しますモデル）は、実は、C系列ではなく、本来B系列（伯族）の末裔が、万世一系の理念の為に、単にC系列に結合されたものに過ぎなかったからなのです。

本来、この于と山上王との母子婚は、遊牧系では何らの問題もなく、逆に、今で言うところの社会福祉的意味合い（イスラム諸国では、「コーランか剣か」で、長い間戦いに明け暮れておりました為に、今日でも法律上妻は四人までOKのように。『魏書』における「倭人の妻」の数が非常に多いことも、それと同じ理由〔「倭の大乱」で戦争に明け暮れていた〕で、未亡人が多かったのだと考えてもよかったのです）をも兼ね備えた当然のことだったのですが、この頃の農耕国家の朝鮮の学者（実家は地主の両班（リャンバン））は、自らの祖先の王家の血の中に、遊牧民の血が入り込んでいる（といっても、その王族は遊牧系ですが、被支配民の多くは、それとは関係のないツングースに過ぎませんでした）ことをすっかり忘れて、専ら中華の宗主国の精神的奴隷に甘んじてしまっていたからこそ、こういう王系図の改竄を、後世に至り、面子だけから安易に行ってしまっていたのです。

と申しますのも、先ほどの渡来人の「背奈」の姓（高句麗ではB系列の王家の「消奴部」の末裔）は六国史によりますと、何故か、天皇から下賜されております姓が時代とともに「背奈→高麗（こま）（狛）→高倉→清原」という風に変化していることが判るからなのです（途中にズバリ「高句麗」が入って来て、私をビックリさせておりますよ。五7、一八8、二三2）。

＊高句麗からの亡命人の中にもこのようにその出自によって階級があったのです。

この姓の変化をもう少し正確・丁寧に、六国史上の証拠をアナタと共に（コメント付きで）辿ってみましょう。

「背奈王→高麗」の賜姓の変化（『続日本紀』天平勝宝二年〔七五一〕、孝謙天皇）。愈々時機到来し、扶余・百済系の「民間人」（北畠親房の指摘）が力を付け、自らが扶余・百済系であること（本来の素性）を明らかにできるような時代になり、主役に踊り出る。

「高麗→高倉」の賜姓の変化（高麗福信。『続日本紀』宝亀十年〔七七九〕、光仁天皇）。百済系の遊牧民系のクーデターもほぼ完了し、次に、和風化してその「出自をごまかす」ための作業（天孫降臨化）に入る。

「高倉→清原」の賜姓の変化（別述）。更に、よりその出自を辿れなくするために姓を和風化いたしますが、その際でも、後述のように、朝鮮における何らかの関連のある地名（忠清北道「清原郡」など）から選んで付けております（清原氏につき、後述）。更には、高句麗の、第二番目の本貫の地とも申せます撫順の東方、渾（フン）河流域にも、清原（チンユアン）（中国・遼寧省）という地名が、今日でも残されております。

右のように、高句麗・扶余・百済系の渡来人である高麗福信が高倉の姓を賜っておりますが、この「タカクラ（TAKAKURA）」の中には、よーく見ますと、ちゃんと「カクラ＝高句麗」とその出自が隠されて残されておりましたし、又、物部氏が韓国姓を改め、高原姓を賜っておりますが、この中の「タカハラ（TAKA-HARA）」の中にもちゃんと「カラ＝KARA＝韓」が織り込まれて隠されていたことにも、そう申し上げればアナタも「そうか！」とお気付きになられた筈です。

「清原」につきましても、伝説上（モデルは扶余王）の百済2多婁（たる）王（二八〜七七年）のとき、領土を娘子谷（じょうしこく）城まで拡大いたしますが、この城のある場所が、後の忠清北道清原郡北二面ですので、「清原」の姓は、この辺りの本貫に近い土地とも密接に関係した姓であることがアナタにもお判りになる筈です。

このように、当時の高麗（こま）という語は、決して後の高麗（こうらい）のことではなく（と申しますのも、高句麗の滅亡は六六八年ですし、新羅の滅亡は九三五年、そして、この高麗（こうらい）の成立はその後の九三六年からだからなのです）高句麗のことを指しておりましたので、この頃の「背奈＝勢夜（ヤ）＝絶奴（ナ）」の姓は、その出自が遊牧民の高句麗人の王家の一員（王妃を出す家柄）であったということを表していたのです。

＊比較、「安羅（ラ）＝安耶（ヤ）＝安那（ナ）」。

「白村江の役」で唐・新羅と戦って敗れました倭の将軍の庵原（イハラ）君臣（七6）も、その出自は右の高句麗系の王妃族の背奈氏の一族であったのです。

＊三池平古墳（清水市庵原。長さ七〇メートルの四世紀後半の石室・石棺を有する前方後円墳）は、高句麗系の鉄工技術を持つ、この庵原君臣の祖先の墓であると思われます。

と申しますのも、庵原郡（現、静岡市）の中心地の古代の郷名に、この右の「西奈」が存在しているからなのです（『倭名類聚抄』）。

このように、「古代の東国は蝦夷と渡来人ばかり」であったと申しましても、決して言い過ぎではなかったのです（一二三6）。

＊例えば、船で大磯に上陸し、大磯・高来（コウライ＝高麗＝高句麗）神社を祀った一族は、後に他所の高句麗系も一緒に合体させられまして、武蔵国の高麗郡に半強制的に移住させられております。

（3）丹波道主・安来の「糺神社」・木嶋坐神社の「元糺の杜」・京都下鴨神社の「糺の森」の四者の関係

序でですが、金官味鄒王（日本紀での丹波道主のモデル）の京都府丹波王のタニハノ・ヒコタタス・ミチノウシノ・ミコ（『古事記』。一七7。この人は朝鮮における、実質的には、金官金氏の始祖でもございます。この人の弟の狭穂彦（未仇がモデル）が辰韓へと北上し、慶州金氏（新羅）の始祖王（奈勿王）の父となります。一九2、四1）の名の中に含まれております「タタス」というのも、この蹈鞴の「タタ」のこと（KATASU→TATASU）だったのでございますし、この流れ（つまり、出雲（安来の伯太川の傍らの糺神社）→丹波（タニハのタタスの皇子のタタ）→丹後（銚子山古墳・網野神社・蚕社・浦嶋子）→籠神社「真名井神社」（藤花の祭り）→亀岡→山背への進出。一九2、四1）である、山背の太秦での秦氏系（一応は）の「蚕のやしろ」のある木嶋坐神社（三つ鳥居、ヘブライ風の景教ムードの沐浴場）の「元糺の杜」の「タタ」も、更には、その下位に位置付けられておりますところの、京都「葵祭り」でも有名な下鴨神社（葉っぱのみの祭り）の「糺の杜」の「タタ」も、皆同様に、古くは伽耶系又は沸流系の「冶金のシャーマン＝王」の流れを示していてくれていたのです。

＊この木嶋坐神社の祭神が、どうやらその前（真相＝秦氏の社のそのまた下に隠されていたもの）は「ニギハヤヒ＝火明命」のようです（ここの境内には破壊された古墳の跡も見られます）ので、この可能性も否定は出来ません。それに、右の上鴨社の祭神の「別雷」は、丹後一ノ宮・籠神社の摂社の「比自（＝フジ）真名井神社」の祭神とも同じだからです。ここにも、丹後→葛城→山背という繋がりが見られるのです。

「糺＝タダス」という文字にとらわれて、このことが「明神探湯＝裁判」での「タダス＝正ス」であるなどとは、アナタは決して考えないで下さいね（後世におきましては、そのようになってしまうのですが）。

尚、丹波道主の「タニハ」の「ニ」は、丹生の「ニ」で赭土・辰砂のことを表していたといたしますと、この点におきましても、この王は鉱山と関係があったことになります（「味鄙＝ミチ＝道」主につき、別述）。

アナタもこれで、京都の「葵祭り」（一九2）の下鴨神社の杜が、何故、古くから「糺の森」などと呼ばれていたのかという理由（本来は伽耶〔倭〕系の鉱山神だったこと）が、これでよくお判りになったことと存じます（一九2）。

＊ここでのポイントは、祭神の別雷が同一であることのみならず、祭の名が、丹後の真名井社のように「花＝藤＝フジ・ヒヂ＝日出＝比治＝比自火・ヒヂボル＝昌寧伽耶」そのものではなく、何故、「葉っぱ＝葵」に過ぎなかったのかという理由（この祭の「本家」は丹後だった、つまり、こちらのトーテムは「花」であった）にあったのです。一九2、四1。

しかも、これらの神々の流れは、決して「単一の神々の流れ」ではなく、「長い間の氏族の離合集散の結果」に過ぎなかったのです。ですから中臣氏、後の藤原四家の中には、昌寧・伽耶の比自火出身の「日出＝ヒヂ＝藤＝カラ＝葛」（四2、二一5）、つまり、「藤原・中臣氏」の本流の神々や「秦氏」の神々、「和邇氏・春日氏」の神々、更には「朴氏＝ナガ族＝蛇族」の神々、「唐系」の神々、「ニギハヤヒ系」「百済系」の神々、はたまた「仏教系」その他も加わった、ある種の神々の「習合」でもあったのです。

出雲・安来（安羅から来た）の「紕神社」から丹後・天橋立の「籠神社」（火明命系）の境内社の「真名井神社」や、丹後・網野町の、元は日本海側で最大の銚子山古墳の麓にありました秦氏系の「網野神社」及びその境内社の「蚕の社」や、丹後一帯の「ウカノミタマ＝豊受＝トヨウケ・トユケ」を祭る神社は、秦氏の山背への東行の拠点（その前には豊国から出雲、丹後へとやって来ており、その跡にはちゃんと「地名遷移」を残しております）でありましたことを示す証拠ともなっており、これらは夫々相互の関連が深い神社だったのです。

因みに、右の京都の木嶋坐神社（元糺）の祭神は、今申し上げましたように、古くは「ニギハヤヒ＝火明命」（場合により、大歳神）だったのです。そして、このことは沸流百済系（物部氏＝昔氏。但し、朴氏・ナガ族も、古くから〔インド・パンジャブのスタートの頃からか、又は、遅くとも伽耶時代からは〕昔氏・物部氏に従っておりました。一五4）と秦氏との、ある時期におけます合体・妥協（藤原・中臣式家＋昔氏＋朴氏。このことは、古くは山背に侵出いたしました秦氏による、山背先住の高麗系の人々の信仰しておりました葛城系の「下鴨・上加茂神社〔コマ→カモ〕」の「乗っ取り」とも密接に関連していたのです）をも意味していたのです。

(4) 桂村「鹿島太神社」にある悪路王のミイラの不気味な首

さて、お話を大転回して、又、蝦夷に戻しましょう。

このように、穢系の沸流百済の物部氏は、陸奥に逃れてそこを支配し、かつ先住民と混血すると共に、陸奥の鉱山を開発し鉱山王（蝦夷〔奥州藤原氏を含む〕の財源は、シベリアや黒龍江や小興安嶺との交易による砂金の入手をも含めまして、主として陸奥の鉱山だったのですよ）となり、その流れが蝦夷の悪路王やアテルイにまで繋がっていたのです。

＊茨城県の桂村にある小ぢんまりとした村社の「鹿島太神社」には悪路王の奇妙で不気味な「首」がございますよ（ミイラの首が腐ってしまったので、江戸時代に水戸光圀らが木で復元したものです。前述）。

「悪路王＝アテルイ」は、アグリー姓の襲名でもあり、物部氏ニギハヤヒ系の「陸奥の鍛冶王」をも表してもいたのです。

＊かつては「安倍王国」（ここは日本国外だったのです。一七3）の安倍氏が滅ぼされた「前九年の役」の発端ともなりました「阿久利川事件」の阿久利（アクト）川もそこにはございました（『陸奥話記』など。一五4）。その後の平泉の「藤原王国」も同じです。藤原秀衡の「ミイラの骨格」などからは、コーカソイド（白人。一七2）的な印象すらも見受けられます。江刺の人首（かうべ＝頭）川も、アテルイの甥の人首丸に由来する名だったのです。

楼蘭領域のBC三〇〇〇～BC四〇〇〇年のコーカソイド（白人）の若い女のミイラと麦につき、一七2。

また、これらの古くは蝦夷と呼ばれた人々は、満州の扶余の「穢王」の末裔分流でもあったからなのです。

では、ここで蝦夷とも繋がっていた満州の穢王とは一体どんな人物だったのかということにつき、中国史の出典によりアナタとともに確認しておくことにいたしましょう。

「其印文言穢王之印……穢……本穢貊之地」（『魏志』及び『通典』夫余条『魏略』。一七1）

「不耐濊侯」（『通典』濊条。咸鏡南道）

「東夷の薉貊（江原道）の君南閭ら二十八万人が降伏したので蒼海郡（サカイ＝シャキー＝昔氏。ニギハヤヒ・物部氏の東アジアにおける原郷の一つ）を設けた」（『後漢書』帝紀六、武帝紀元朔元年〔一二八〕）

また、次のように徐珂（シャキー＝昔）王つまり濊王（扶余王）として「アグリ」の名が満州史の中に見られるのです（東北のアグリー川につきましては前述）。

「淮骨令南閭峙及びその子の淮骨令蔚祥峙」（耶律羽之が医巫閭山〔遼西＝この地は、古への箕子朝鮮の二番目の亡命先です。別述〕の古史書から撰揖した『契丹史＝古遼史』第三五章、濊君・南閭峙）

7、蝦夷の「高丸」は駿河まで攻め上って来た

(1) 驚いた桓武天皇は秦氏の造った長岡京に疎開

アナタはこの見出しを御覧になって、きっと「エッ、そんな!」と思われたことでしょう(多少は、既に申し上げましたが)。

学校ではこんなことは全然教えてくれませんでしたよね。天皇家が蝦夷を恐れ急遽疎開(そかい)していただなんて。

ヤマト朝廷から「高丸」(「高」や「解」は、高句麗・扶余の穢(かい)族の高氏の王姓でもあります)と呼ばれておりました、東日本の首魁が、駿河まで攻め上って来たのです。

＊この人が駿河の国「清見潟」まで攻め上ってまいりまして(『元亨釈書』)、これにビックリ仰天して驚いた桓武天皇とその百済系の貴族たちは、「スハ百済系のクーデターの失敗」かと、恐怖の余り一時は長岡京にまでも疎開しなければならなくなったとされております(一七4)。実は、これが長岡京遷都の真相だったのだと、アナタは見抜かなければいけなかったのです。そして、次の長岡京から平安京への遷都も、心理的には全く同じ、その延長線上の出来事だったのです(七5ノ50)。

長岡京(山背国乙訓郡長岡村)への遷都(延暦三年〔七八四〕)という、首都の移転などという重大なことが、何と！突然、前年になって発表されたと記されております場当たり的なそのこと自体が、「慌てふためいた」そのこと(又は、辻褄合せ)を完璧に裏付けていてくれたのです。

私は、桓武天皇の実際の即位は、アカデミズム(通説)が言うような延暦元年(七八二)ではなく、「藤原種継暗殺事件」の後の、延暦四年(七八五)九月二十三日になってから初めて安心して即位が出来たものと考えております(三一2)。

因みに、蝦夷(えぞ)が宝亀五年(七七四年。光仁天皇の時代)に、七六七年に成った桃生城を襲い(同年、胆沢城も襲っております)、ここ(奇しくもここは、「七五〇年ライン」の辺りです。三2)から蝦夷と朝廷との長い長い「三十八年戦争」が始まったのだと見る事が出来るのです。この直後の宝亀一年(七八〇)三月二十二日には、陸奥上治郡大領(出羽・浮囚)・伊治呰麻呂が反乱を起こし、按察使(あぜち)・紀広純を殺しております(七4)。天皇家には大変都合のいい(！)ことに、丁度、この頃の数年間の正史が欠史になっておりますですよ。アララ。

因みに、延暦八年(七八九)五月には「清見潟」(静岡県田子の浦)における蝦夷と日本国との「停戦ライン」が無視されております。

では、次に『元亨釈書』に記されておりますこの蝦夷の「高丸」と朝廷軍とが戦いました「清見ケ浦」の場所につきまして、次にアナタと共に鋭く検証してまいりましょう。

そこは、

「況復国内帯清見横走両関」(『朝野群載』所収の天暦十年〔九五六〕の『駿河国司解』)

「清美が関は片つかたは海なるに、関屋どもあまたありて海ま

でくき抜きしたり」（『更級日記』菅原孝標女）

＊この平安後期の女性は信濃守の妻で、『夜の寝覚』『浜松中納言物語』などをものしておりまして、この女の伯母でもあります右大将藤原道綱の母の作品が、あの『蜻蛉日記』だったのです。

と、かのアナタもご存知の『更級日記』にもございますところからも、又、この盧（庵）原郡の興津駅（『吾妻鏡』。古への「息津」。『延喜式兵部省』）の西方二キロメートル、波多打川（「サルタヒコ系の秦氏の開拓した田」の川）より東方に、現「清美寺」がございまして、「この門前に小字関屋里があり、ここが清美関」（『駿河国志』）であるとされておりますところからも、この辺り一帯の海が、かつて「清美ケ浦」と呼ばれており、その山が太平洋に迫った険しい地形から考えましても、ここが通行の難所であり、東西両軍がここを中心として対峙するには大変相応しい所でもあったのです。

更に「廬原の清見の崎の三保の浦の寛けき見つつもの思ひもなし」（『万葉集』二九六番。田口益人大夫、駿河の浄見崎に至りし作れる歌。清水市興津におきまして清水市の三保の浦のことを詠んでおります。上野国司に和銅元年〔七〇八〕三月十三日任）という歌からも、既に万葉の時代から、ここが清見が浦であったことが判るのです。それにアナタ、『枕草子』にもちゃんと「清見が関」が出てまいりますよ（一一一段）。

＊『秀真伝』人部三十二章にも「富士山の西南に「清見湖」（裾野八つ湖の一つ）が記されております。

そういたしますと、やはり『元亨釈書』は真実を語っていてくれたのです。

この点は、何らかの理由で桓武焚書を免れた史書や口碑に基づいてこれが書かれていたのです。

＊因みに、この同じ庵原郡（「白村江の役」のときの総司令官の庵原君の拠点、七6）の中に西奈郷（高句麗系の背奈氏の拠点）もございます（一七6）。

駿河の辺りで戦争が行われていたことの物的証拠についてお話ししておきましょう。それは長岡京（秦氏が実質的な造営責任者）から出土した納税の「木簡」には、何故か、その東端が信濃と三河にしか過ぎず、しかも、それも一札のみでしかないということなのです。それより西からは、八十三札も出ているというのにです。このことが一体何を意味しているのかと申しますと、これは丁度この頃の戦争で、駿河で高丸と睨み合っておりまして、駿河辺りから東のものが一札もないということから推測いたしましても、そこから東の税が入って来なかったことを如実に物語っていてくれたのです。アナタ、如何？

前述のように、桓武朝廷側は慌てふためいて長岡京に移ったため、その証拠といたしましては、大極殿・朝堂院は難波宮のものをそのまま移建しておりますし、平城宮の諸門をも移建しようとしていた（七九一年）ということが判ります。しかもアナタ、この門の移築の作業も、主として都より西方の諸国に命じておりますよ（『続日本紀』桓武、延暦十年九月十六日）。

東西に四つずつある朝堂院（今日の国会に相当）の中の南の第四堂は、東西十間（三九メートル）で、これは副都の難波宮（後期、大阪市中央区）へ聖武天皇が造ったものを長岡京（七八四〜七九四年）へ移築したものに過ぎず、このように長岡京の建物全体が「寄せ集め」の急ごしらえに過ぎなかったのでございまして、平城京の朝堂院は朝堂が十二であることに比べましても、ここでは東西に四つずつしかなく、小規模であることからも、これが、慌てふためいた遷都であったことを如実に物語っていてくれたのです。

（2）長岡京出土の「呪いの人形」

更に、愈々極めつけの証拠をアナタにお見せいたしましょう。この長岡京出土の呪いの対象である人形をアナタもよーく見て下さい。そこには何と「長い髭を生やしている人形」（！）が見受けられるではありませんか。この特に、六月と十二月の晦日に行われました「大祓」の人形が、今戦争をしている相手方が「蝦夷＝毛人」であることを、ちゃんとこのときの呪いの対象といたしまして示していてくれたのですよ（これ以上のナイスエビデンスはございませんですよ）。

右の、高句麗の王族の「高氏の姓」をその名に含んだ「高丸」は、扶余のニギハヤヒ系のアグリー姓の「悪路王＝アテルイ」の投影ないしは、この同族の流れだったのです。と申しますのも、その証拠は、この首魁の「高丸」や「大武」は、地元に残されております地方史を分析いたしますと、桓武天皇の頃、悪路王と同じ岩手県の「巌鷲（岩手）山」（奥六郡）に住んでおりました悪党であったとされているからなのです（『巌鷲山縁起』）。

平安時代におきましてさえも、時としてアコーディオンのように、駿河の国ぐらいまでもが日本国外である「日高見国＝日の本」の領域であったことを、これらの地方（敵国）の古文書がちゃんと証明してくれていたのです。

更に、その一つのヒントといたしましては、延暦九年（七九〇）閏三月四日に「蝦夷と戦うために武器・軍糧を諸国に準備」させているのですが、このとき「これより二年間」と記されていることからも、これらの戦いが相当長期の戦争が予測されていたことを暗示していたのです。

尚、その前年の六月三日には多賀城に集結した征夷大使（将軍）紀古佐美の軍が北上川の川畔で大敗を喫しております。その後、このカイに追われてスタコラサッサと（駿河までも）敗走してしまったのです。

この駿河での戦い（睨み合い）は相当長期間、少なくとも三年ぐらい続きました。これらのことを読み込めないようでは、アナタの『続日本紀』『日本後紀』などの読み方が表面的過ぎて、かつ、総合的な分析力が足りなく、「人史学」から見ますと、ちょっと甘かった（歴史をみる目がない）と言われても仕方がないのですよ。

それに、注意して見てみますと、可笑しな点はマダマダあるのです。

　坂上田村麻呂の征夷大将軍任命につき分析いたしてみましても、その時期がマチマチであって一定しておりません。この点、正史上すらも、何となく可笑しいことだらけなのです。と申しますのも、

　「征夷大将軍……従四位下……坂上大宿禰田村麿検校諸国夷俘」（『日本紀略』延暦十九年〔八〇〇〕十一月六日）

　「征夷大将軍坂上田村麿召進節刀」（『日本紀略』延暦二十年〔八〇一〕十月二十八日）

　「従四位上」（『日本紀略』延暦二十年十一月七日）

　「授従三位已下授位」（『日本紀略』延暦二十年十一月七日）

と、田村麿は八〇〇年の時点で既に征夷大将軍となっております。

しかしながら、

　「従三位坂上大宿禰田村麿為征夷大将軍」（『日本後紀』延暦二十三年〔八〇四〕一月二十八日）

　「正三位……坂上大宿禰田村麻呂薨……赤面黄鬚……延暦廿三年拝征夷大将軍。以功叙従三位」（『日本後紀』弘仁二年〔八一一〕五月二十三日死亡時）

ともございまして、田村麻呂が征夷大将軍になったのは『日本後紀』では八〇四年だと言っているからなのです。可笑しいですよねェ。

　しかも、任命時が「従三位」であったり、任命された翌年に、まだそれより下の「従四位上」、つまり、下位であったり、ここにも明らかな矛盾が露呈していたのです（怪しげな、新羅系天皇系図と百済系天皇系図との「ジョイント」の役割として偽造されました「架空」の施基皇子のケースと同じようですよね。一2、他）。

　このように坂上田村麿の征夷大将軍の任命にはそもそも謎が多いことは間違いありません。

　では、それは一体何故だったのでしょうか。

8、何故、正史（日本後紀）に欠史部分があるのか

　さてさて、更に面白いこと（ワクワクすること）をアナタにお知らせいたしましょう。右の「高丸が駿河まで攻めて来て、京都の朝廷が上を下への大騒ぎをしていた頃」のことや、この戦いが「ここ駿河を挟んで何年も続いていた」ことは、坂上田村麿の東征の頃のこの日本国の正史（『日本後紀』）の上に、実に見事な欠史の穴がポッカリと開いておりまして、延暦十九〜二十二年（八〇〇〜八〇三）の四年間の記録が完全に欠けてしまっているからなのです。この九世紀初頭の肝腎要な部分の正史の欠如は、一体、どうしてだったのでしょうか。アナタは、どうお考えですか。

　しかも、その「時期」がそもそも問題だったのです。と申しますのも、その時期は正に、蝦（かい）夷国に日本国が攻められたため、折角成立しかけておりました百済系の亡命王朝である新興・桓武王朝が正に「風前の灯」となりかけていた時期にあたり、朝廷内部

でも騒乱が生じ、百済朝廷側は、秦氏の財力によりすがって、必死で約三年間抵抗して持ちこたえるとともに、その後に、自分に都合の悪い「不名誉極まりないこの時期の国家の記録」をものの見事に全て抹殺！して焚書してしまったからだったのです（桓武焚書）。

＊このことを東アジア的に見ますと、「百済クーデター」に対抗するための新羅・伽耶と連動した蝦夷（かい）の動き」ということがアナタにも読めて来る筈です。また、このことは、扶余・百済系内部での沸流対温祚の対立とも繋がっていたのです（一七1）。

では、右以外の正史の桓武朝での欠史をもう少し詳しく見てまいりますと、次の通りです。

延暦十一年（七九二）一月（巻一）から延暦十五年（七九六）六月（巻四）までの四年間、更には、延暦十六年（七九七）四月（巻六）から延暦十七年（七九八）十二月（巻七）までの一年八か月間と、こんなにも日本の正史が欠落しているのです。

右の巻四の『日本後紀』（桓武紀）の欠史の間の延暦十三年（七九四）には「平安遷都」が行われたとされている時期なのですが、この時点は正に、右の欠史の間ですので、そもそもこのときの遷都自体につきましても疑問があったのです。

平安初めの桓武朝の正史には、こんなにも沢山の欠史が見られるのです。

このように七九二年から八〇三年までの間は、殆ど正史がないと言っても言い過ぎではない状態なのです。

更に、アナタ、これだけに留まらず、次の平城天皇、その次の嵯峨天皇のところも正史は欠史だらけでございまして、その又次の淳和天皇のところになりますと、何とその全巻（天長元年〔八二四〕正月の三十一巻から天長九年〔八三二〕十二月の四十巻まで）の正史が欠けているという異常さなのです。

恐ろしいくらいでしょ。その裏には一体何が隠されていたのでしょうか。

アナタは私が申し上げました以外に、この正史の欠落の理由をより合理性を持って説明できるのでしょうか。

ここで、この本の初めにお話し申し上げました北畠親房の言葉（一2）を、アナタももう一度思い浮かべてみて下さい。

北畠親房の言う「桓武焚書」（『神皇正統記』）とは、古への記録のみならず、ズバリ桓武自身の「現役の時代」の記録すらも焚書してしまったことをも物語っていてくれた（一2）のだと、考えるべきだったのです。

七百年近く前の北畠の目は決して節穴ではなかったのですね。

このことに気付くことの出来たアナタも私も、北畠には感謝しなければいけませんですよ。

第一八章　蘇我氏と物部氏の対立の真相

1、「任那＝対馬」だった——「安羅・倭」対「沸流百済」

(1) 渋川廃寺の存在により「物部氏＝排仏派」の図式は否定された

このテーマには大変奥深い問題が含まれておりますので、ゆっくりと噛み締めるようにしてお読み下さい。

物部氏の祖神のニギハヤヒの姓は「余＝アグリー＝畲＝シャー＝徐」で「昔」氏（朝鮮史では鵲[illegible]（かささぎ）〔『三国遺事』〕）。中国史では徐・徐夷、正しくは燕〔北京〕の東南東の紀元前の「中山国」の王家もシャー（シャー謇です）でございまして、この一族は、朝鮮・中国以前に遡りますとインドの「シャキー族」の出自ということになり、物部氏は、そもそもインド・コーサラ国（許国＝アユダ国）の「釈迦族」そのものであったと見ることも出来るからなのです（一八9）。

そういたしますと、そもそも物部氏が「排仏派」であるという設定の平安日本紀の作者の主張は、東アジア史全体の流れ（民族の追っ立て）から見ますと、到底受け入れ難い考えだったのです（一八8）。

＊これは、物部氏の出自を、精々朝鮮半島ぐらいまでしか把握しておりませんでした日本紀の作者の不勉強によるミスだったのです。

つまり、本来、釈迦の末裔でございました物部氏が、どうして全く反対の排仏派になって（されて）しまったのかという理由を一言で申しますと、藤原氏の一族が「華厳経」を国家仏教化するためのシンボルとして、聖徳太子を作り上げたこと（一二3）による、その反動（反射的効果）といたしまして、日本紀という「歴史物語」上で、蘇我氏か物部氏の二大勢力の内のどちらかを、まず消さなければならない羽目に陥り、そこで、この時点では、新興仏教に縁のある蘇我氏を「崇仏派」とし、上宮（南宮）太子（普通名詞）から作り上げました聖徳太子と共に残し（それにアナタ、蘇我馬子は聖徳太子のモデルの一つですから。一二4、2）、古来、神道を尊んでまいりました物部氏を「排仏派」として消してしまうという形に作り上げられてしまったのです。

＊やがて、「大化の改新」という新羅史を基にして作り上げられた、日本列島では架空のお話で（六1）、大臣（臣姓は皇別）のボスである蘇我（菅＝金）氏の宗本家を消すことになりますが、その前のこの「仏教論争」の時点におきましては、まず、二大執政官の内の一人でございます大連のボスの物部氏を消してしまう、という形にしてしまいます。大伴氏が、本来、大臣兼大連、つまり倭王そのものでございましたことにつきましては、別述。

藤原氏の一部も元は中臣氏であり、本来は神道に関係のある一族なのですが、ここでは見事に宗変わりしてしまっていたのです。

＊それに、アナタ、物部氏の氏寺である「渋川廃寺」（八尾市渋川）の存在は、この日本紀の考えを真っ向から打ち消してしまう証拠ですよ。しかも、この渋川の地は物部氏の本貫とも言われておりますし跡部とも、関西本線（大和路線）を挟んで、久宝寺駅の東側で隣接しております。

前述のように、この論争で物部氏に勝った蘇我氏の宗本家も、やがて消されてしまう運命にございますが、かつて、蘇我稲目が国政を担当していたときに流行った天然痘（痘瘡・疱瘡）が、「稲目瘡」と呼ばれるようになったのは、何とそれより何百年も経った平安朝　での流行の時のことなのです。

というとことも、平安朝になりまして百済系天皇家が政権を奪い、日本紀を大巾に改竄する（物部氏の抹殺、次いで蘇我氏の抹殺など）と共に、白村江の役（日本紀によりますと六六三年）まで存在した倭国の「倭王家の蘇我氏や大伴氏」の抹消と、蘇我氏を悪玉に貶め、その名を賤しめて（馬子と入鹿とで馬鹿。しかも動物の名へと変えてしまう）表現するなどのキャンペーンの一環といたしまして、蘇我稲目の悪評判を煽ったと見るべきだったのです。

その同じ流れといたしまして、仏教、それも「華厳経」を用いての律令制国家の完成（更には「大臣・大連制」の二人の執政官制から執政官を「大臣一人」とするスリムな体制にする）のためにも、そのイケニエが必要だったのでございまして、そこでまず、仏教とは縁が薄かった（ことにしてしまった）物部氏を「排仏派」に仕立て上げるための白羽の矢が当てられてしまったのです。

蘇我氏と物部氏との「崇仏排仏論争」はつとに有名であり、その後の物部氏の敗北、そして物部弓削守屋大連（～五七八年。物部氏は、扶余・百済系の平安天皇家と同族で、同じ神々より分かれたということ〔神別〕で、長い間「連」姓となっておりました）の子の那加世（守屋の子の雄君連の兄弟か）の東北への逃亡ということにつきましても、右に述べましたように、物部氏（朝鮮・昔氏・シャク氏）は釈迦族（シャキー族・サク族・塞族）の末裔なのですから、基本的に可笑しい点が含まれておりますので、正史の文字の形式的解釈に囚われずに、その背後に隠されております「長い長い時代的背景（ニギハヤヒの物部王朝の存在など）」の抹殺の点を、ユニークに考え直してみる必要があるのです。

＊この点、大伴氏は、公孫氏の末裔であり、共に満州では平安天

皇家の祖先とも兄弟の関係だったのですから、百済系の平安（今日の）日本紀上では、大連と「連」姓（神別）を下賜された形になっていたのです。

と申しますのも、当時の流動的な国際情勢から考えまして、まずは、九州における金官・倭系の蘇我氏の一族の「侵入」そして、その結果の扶余・沸流百済系の先住（先渡来）の物部氏の一族の「敗退と東行」ということが、ある時期におきましてはセットで考えられますので、その背後関係ついて焦点を当ててみますと、次のようにも考えられるからなのです。

（2）「蘇我氏＝金官国」の本貫はインド・マガダ国、「大伴氏＝安羅」の本貫はインド「アユダ国＝コーサラ国」

これもその底流には、伽耶・任那（任那とは、本来は対馬のことだったのですよ。正史『日本紀』ですらも、正直に「筑紫から任那までは二千里」とされていますので、その距離から考えましても、古くは対馬のことであったということが判るからなのです）の金官（場合により安羅）系の金姓の蘇我氏（蘇＝ソ＝金氏のことです）の（これは、金官伽羅国の出自を東アジアのインドまで遡りますと、マガダ国へ至り、又、安羅国の出自は、同じくインド・アンガ国まで遡ることが出来るのでして、このアンガ国は、「ジャワ海のヤーヴァ・ドヴィーパ＝後のインドシナ・チャンパ国の土地＝チャンパ林邑＝蘇我林太郎大臣・蘇我入鹿の名の由来」へとも繋がっていた流れだったのです。尚、インドにおきましては、マガダ国はアンガ国を吸収しております）南朝鮮の伽耶の主体部が、かつてのある時期に、百済（神武・イワレヒコの祖神伝承を持った温祚・伯族系の百済王室）が伽耶に侵入して来たためか、それとも新羅に一時侵入して来ておりました高句麗軍又は新羅自体の侵攻のために、伽耶から押し出されてしまったためなのか、又はその他の争乱などのとばっちりなどの理由によりまして、朝鮮半島から亡命又は「追ったて」を喰って日本列島に侵入（又は、分国に亡命）して来たのです。

その「追ったて」を喰った結果、日本列島へ先渡来して、その当時は、主として九州と西日本とに住んでおりました、例えば昔氏の物部氏（ニギハヤヒ＝扶余・沸流・穢族系）などを、鉄製の武器の優位性からでしょうか、まずは、九州から、本州の西半分へと逃亡させた、つまり、その結果ニギハヤヒ系の物部氏の畿内への定住、なかでも遠賀（おんが）川や筑後川系列の物部氏の追放などを生じさせたという事実が隠されていたのです。このとき太（おほ）（飫富・大生・多・意富・大）氏の祖先の一部も、装飾古墳と共に関東・東北へと亡命したのでしょうか。

＊物部氏が危険を察知し、九州から東方移動したその後を追うようにして、伽耶から蘇我氏・金官伽羅王が力学的に空白となった九州へと入って来たということも十分考えられます。

吉備の元石上（もといそのかみ）とも言われております「石上布都魂（いそのかみふつみたま）神社」の存在は、かつての「扶余系・物部氏の中国山地の東行、つまり本州の東行」又は、時としては「逃亡・隠棲」の一過程を示す証拠でもございました（一五12、3）。

では、その前提といたしまして、畿内（日本列島中央部）はそれまでどういう状態にあったのかということを覗いて見るためにも、ここでタイムカプセルに乗り、古い時代にまで立ち戻りまして、ある程度の仮説に踏み込みながらも、一言でマトメて申し上げてみたいと存じます。

（3）畿内の上古史（まとめ）

まずは弥生の黎明期の、殷の滅亡による弥生人の走りである陸稲の難民の渡来、その後のサルタヒコに率いられました呉・越などからの水耕の弥生人の本格的な亡命・渡来（これが、弥生時代の確実な幕開け）ということがございまして、その後の出来事につきましても、奈良紀・平安紀の行間の分析からも、次のことが判ってまいります。

第一のレベルにおきましては、インドシナ半島から黒潮を利用して南海を北上し、当時、沖縄と九州球磨盆地と南朝鮮に拠点を有しておりました、インド（ナガランド、その前はパンジャブ・五河）に本貫を持つ朴氏のナガスネヒコの一族が、九州・西都原の邪馬臺国連合の女王卑彌呼の王都（「祭祀の都」「聖なる都」と言うべきです。実務上の王都は、北九州の伊都国〔古くは、これは単に「倭＝伊＝委」国そのものを表す言葉でした。何故なら、「都＝奴」の部分は中国語の助詞に過ぎなかったからなのです〕。祭都＝斎都＝サイト＝西都、これは冗談です）を攻めて（これは、朝鮮半島における倭の領域での出来事と連動していた可能性もございます。一〇）、この日向・西都原のその拠点を破り、卑彌呼は殺され、その結果、卑彌呼の宗女壱与（卑彌呼の弟の公孫康の女＝卑彌呼の姪。九1）が、命からがら任那つまり古への対馬に亡命し、その壱与の対馬亡命の間に（壱与の先を越して）主として山陰地方経由で、このナガ族（インド・シスナガ族系の一派）のナガスネヒコが東行し、途中から南下して瀬戸内海へと出て、紀ノ川河口の木国（紀伊国）を征圧した後（この地に名草戸畔としてのナガ族の伝承が残されております）、紀ノ川を遡行して葛城から大和へと入って行って「トビの王国」を建てるのです。

＊このナガ王は、次に述べます、新羅（成立は四世紀後半ですので、この頃は、まだ狗邪韓国などの魏書のレベルで、金官国になる前のことです）初代王の赫居世は「赫＝朴＝パク」氏と表示されている氏族であり、これは「赫＝朴＝瓢＝パク」なのですから、本来、倭の瓢（パク）公自身のことだったのでございまして、正に、この人は倭人の王としても朝鮮史上では表示されていたことになります。それに、狗邪韓国の、「狗＝大」「邪＝奴＝助詞」を含むところの「狗邪＝クジャ＝大」が、後に訛って「カヤ＝大＝伽耶」とも変化していったからなのです。更に、「伽耶＝大＝倭」です。

つまり、その当時まで、畿内中心として日本列島を先行支配しておりました、サルタヒコ系の弥生人の銅鐸王国（秦王国）を、このインド・シスナガ王朝（奴隷王朝）系の「狗奴国王」の（この「狗奴国」の「奴」も、古くは「奴」は「助詞」に過ぎませんでしたので、「狗国＝ク国＝大国」を表す名でした。そして、これが魏書の南鮮での「狗奴韓国＝大国」、そして、金官伽羅国（大伽耶）へと繋がっていたのです）「ナガスネヒコ」（この酋長は、後の、新羅史上では、初代及び二代王として記されておりま す倭人の「瓢＝パク＝朴」姓の朴氏の一族であり、今日の沖縄の中（ナガ）曽根氏・仲（ナガ）間氏などもこの一族です）が破り、サルタヒコの一族を、伊勢へ、そしてより東方の東国へと追いやってしまっていたのです。

＊このナガスネヒコが、紀伊のナグサトベと同一人の投影であったことにつきましては、既にアナタに申し上げげました。一五1。「ナ・グサ・トベ（女）」＝「ナグ・サ・トベ（女）」＝「ナガ・スネ・ヒコ（男）」

第二のレベルにおきましては、やがて、前述の畿内のナガスネヒコ（沖縄から畿内と南鮮へと入ったインド・シスナガ系の、後の朝鮮の朴氏）のところに、ニギハヤヒ（昔氏、インド・釈迦族系。又は天日矛）が、朝鮮半島南部にはそれ程留まらずに侵入してまいります。元々インドの頃から、昔氏に朴氏が従って一体化しておりましたので、ここでは大陸の途中で別れ別れになってしまった昔氏が朴氏を追って来て、ここ日本列島で追いついたという風にも考えられます。

＊インド・パンジャブの城外におけますシャキー族とナガ族との関係、又、昔氏と朴氏の間に生まれておりますウマシマジなどのことから考えましても、そのように言えるからなのです。古くは、アーリア系のシャキー族（ニギハヤヒ）の方が、ドラヴィダに近い原住民のナガ族（ナガスネヒコ＝アーリア人に征服されたインダス系だったかもしれません）よりカーストは上でした。

これはニギハヤヒ（又は天日矛）の東征ではなく単なる東行に過ぎず、かつ、ニギハヤヒは後からやってまいりまして、既に畿内の弥生人を征圧しておりましたナガスネヒコの養子（実質）に入るのですが、（平安日本紀上では）ナガスネヒコは新来のニギハヤヒに服従したとされ、かつ、妹のミカシキヤ媛まで義兄ナガスネヒコから与えられ、その間に物部氏の祖であるウマシマジが生まれたのだとされてしまっております。

＊この点の物語は、その前の奈良紀におきましては、紀伊における「天日矛の名草戸畔の征圧」とされていた筈なのです。

このように、まず、奈良紀におきましては、「安羅（倭）の天日矛（沸流百済系・物部氏であるニギハヤヒとは同一人）が、名草戸畔（ナガスネヒコ＝朴氏）を征圧した」となっておりましたものが、やがて、後世の温祚・百済系であります平安天皇家の平安紀の歴史物語上（藤原氏優位の改竄により）におきましては、右に述べましたように、「ナガスネヒコの大和征圧と、その後のニギハヤヒの侵入と養子縁組、そしてニギハヤヒのナガスネヒコへの裏切りによる、神武大王のナガスネヒコの征圧」という風に、今日アナタが御覧になれる形に変えられてしまっていったのです。

第三のレベルにおきましては、それに続きましては、安羅女王・卑彌呼の宗女の「壱与」と「イワレヒコ」（正確には、後の平安紀でのイワレヒコに相当する人物、このときは、例えば壱与を補佐する魏の張政〔高木神〕や卑彌呼の弟の公孫恭〔魏書の「男弟」。この二人は同一人の可能性もございます〕又はそれらの子など）の連合が畿内へと遅れて入り、先行したナガスネヒコ（名草戸畔）を伐って、「西都原で殺されました倭連合王の卑彌呼の仇」を討ちますが、このとき物部氏の祖のニギハヤヒは、右のように、義兄のナガスネヒコ（朴氏）を殺して裏切って、自分と同じ扶余系の侵入者であるイワレヒコ（又は、それに相当する人物）や、遼東半島の出自を持つ公孫氏の邪馬臺国（倭国連合）の壱与の側へと寝返ってしまいます。

右の第二レベル（本文中）と第三レベルとは、同じ平安紀上での改竄（ニギハヤヒの寝返りは、平安日本紀上だけの可能性もございます）ですので、その前の奈良紀におきましては、天日矛（安羅・伽耶＝倭王）と壱与とは、共に日本列島での安羅の分国の吉備国を経由いたしまして、ほぼ同時に大和・纏向（桜井）へと「特殊器台」と共に入って行って、ナガ系を征圧した可能性もございます。

以上マトメましたように、主として奈良紀の段階で表示されておりましたところのある大王、つまり「神武のモデル＝天日矛」の東行の姿だったのです。

そして、これが後の平安紀のレベルにおきましては、このときに東行した人物のニギハヤヒ（沸流百済。又は、天日矛・「安羅王＝倭王」）を全く「隠し」てしまい、扶余の伯族・温祚百済系の、アナタもよくご存知な「百済6仇首王＝神武大王のモデル」一人のみの「東征」（「東行」ではなく）という風に改竄されてしまって、これが今日に至っていたのです。

つまり、大変複雑ですので、これまでを一言でもう一度申し上げておきますと、奈良紀におきましては「天日矛＋壱与」（この二者は、共に同じ安羅・倭系）でありましたものを、次の、遊牧系百済王家が作り替えてしまいました平安紀におきましては「ニギハヤヒ（沸流）＋神武（イワレヒコ。温祚）」（この二者は、共に同じ扶余系）というように、大王家の祖先を、伽耶系（海洋系）から扶余系（遊牧系）へと完全に改竄してしまっていたのです（海系→陸系。一1）。

第四のレベルにおきましては、その後、「金官＋秦氏（実は、その主流は扶余からの亡命民系）」の、海峡国家の「倭の五王」（この中には新来の秦氏も王家に入っております）が（時としては百済の支配下のときもございました）九州及びその一部は畿内へとも侵入し、先に一部が壱与の頃から入って残っておりました安羅系とも畿内で一緒になり（倭人の合体）、やがて九州にその主体が残っておりました蘇我氏（倭王）は、母体である金官王家が、朝鮮半島におきまして新羅に五三二年に敗れ追い出されてしまいました影響から、畿内へとその「本部」を移し、このときにその反動によりまして、先入しておりましたニギハヤヒ系の物部氏の主体を、暫くは畿内より東国の、尾張の熱田神宮の辺りへと追い出しました。

＊葛城の高尾張より尾張への地名遷移。「旧来の秦氏＝弥生の水耕民」の祖王であるサルタヒコの子孫が、かつて追っ立てを喰って伊勢に逃げたその跡を追うような形で、物部氏もほぼそれと同じルートで東方へと逃亡して行かざるを得なくなります。そこで、弥生水耕民である古来の秦氏は、玉突き現象により、更により遠くの東国・東北へとオッタテを喰って亡命し、つまりこの結果「日本列島中に秦氏系の弥生人の神のサルタヒコが祭られる」つまり、正一位「お稲荷さん」（の源初の姿）の全国普及という今日見られる姿にもなって来たのです。不尽河（富士川）の辺で蚕に似た「常世神」を祭り、民を惑わしたということで秦河勝（今来・伽耶系の秦氏）に討たれてしまいました大生部多（皇極紀三年〔六四四〕七月条）も、この古来の秦氏（弥生の水耕民）の子孫の一派だったのでしょうか（鹿島神宮〔春日風鹿島〕の元の姿〔元鹿島〕が近くに今日もございます「大生＝多生」神社でした）。と申しますのも、もし、この常世が関連していたといたしますと、常世連は赤染氏の末裔ですし（『新撰姓氏録』）、正倉院に残されております豊国の戸籍・残簡などを総合いたしますと、この赤染氏は秦氏（今来）の一派であることが判るからなのです。但し、「金官＝倭王家＝蘇我氏＝7吹希王（弓月君）」系の秦氏の嫡流ではなく、遼東半島の燕王・公孫淵の子孫（『新撰姓氏録』）とされておりますので（公孫淵＝卑彌呼の弟の道臣・日臣）、朝鮮半島南部におきまして混血しているとは申せ、赤染氏は、どちらかと言えば「安羅＝倭王家＝大伴氏＝公孫氏」系でございました。しかし、そもそも「秦人＝辰韓人」は満州の扶余の亡命民ですから、どちらにしろそんなには変わりはないのです。

そして、その後、金官系の蘇我氏（倭王）は、物部氏をも、海路、陸路により、当時、全くの外国でございました（一七3）出羽の「鳥海山」までも逃亡（これがニギハヤヒの鳥海山への降臨神話の成立だったのです。新しくは、神功皇后と物部胆咋〔応神大王のモデル〕との最上川の遡行の口伝）させてしまいました（物部氏の流竄）。

＊その結果、ニギハヤヒ系の物部氏（沸流百済系）は、東北の先住民、例えばそこへ先渡来して定住していた沿海州民の鉄利人（ウスリー人）や、鉄民オロチョン（因みに、次のオロ系は、民族的には同じツングース系なのですが、ツングースの方言の方から区分いたしますと、オロッコとオロチは「満州系方言」ですが、オロチョンは「ツングース系方言」とも言われております。日本列島におけます地名につきましても、「大呂＝オロ＝邑婁＝ユウロウ」などといった形で残っている場合もございます）、新モンゴロイドのツングースである北海道アイヌ、それに、古モンゴロイド系（大スンダ列島より北上）の縄文人（樺太アイヌなど）、新モンゴロイド系（ツングースの北海道ア

イヌやBC二〇〇〇年以降渡来のオーストロネシア語族系をも含んだところの混血）の縄文人及び古墳時代に入ってから中央の権力からオッタテを喰って逃げ出し、また伽耶（倭）や新羅系の人々（二九4）とも共に吹き溜まって「混血」し、「日高見国＝日下＝日本」の中央にはまつろわぬ者どもによる、所謂「物部王国」ともいうべきものを築き、扶余王家のアグリー氏（穢族・悪路＝オロ）をその「中核＝王＝盟主」と仰ぎまして、これが日本列島におけます東日本の所謂「蝦夷国」＝「日高見国」へと成長していったのです。ですから、当時の東日本はその意味でも国際的複合国家であったともいえました。

以上のように気の遠くなるような「長い長い離合集散の物語」が、後になって、それが単なる「蘇我対物部」（崇仏排仏論争）つまり、朝鮮の倭人の姓で同じことを申しますと「金氏対昔氏」、倭人の種類で申しますと、少し語弊がございますが、「南倭対北倭」というような一時的な結果のみの「端的な図式」で、正史上に抽象化され集約されマトメられてしまっていたというのが、何を隠そう歴史物語「日本紀＝日本書紀」における「蘇我・物部崇仏排仏論争」の真相（但し、神話的な古い歴史も当然その下敷きとなって脚色されたものではございますが）であったのです。

考えてみましても、前述のように、東アジア全体、特にインドのレベルにまで遡りまして眺めてみますと、物部氏が「排」仏派であることは可笑しなことだったのでございまして、物部氏の祖先のニギハヤヒ（火明命）の姓は「昔氏＝シャキー」であり、これはお釈迦様の出身と同じく、アーリア人系の「インド・シャキー族」の出身であることを示しておりますので、そういたしますと、逆に、物部氏の方こそが「仏教の本流の人々」であったと考えなければいけなかったのです。

＊前述の物部氏の氏寺の一つとも考えられます「渋川廃寺」の存在は、正史上、完璧に近くまで消されてしまっているにも拘わらず、アナタに正に、このことを証明してくれていたのです。

先入観を捨てて原理・原則に立ち戻って、東アジア的視野から考えてこそ、初めてこのような疑問が生じて来るのです。

このように、物部氏の、出羽の協和町の「唐松神社」までに至る東国亡命につきましては、そこに至るまでの永い永い時代的背景というものがあり、これをヨイショッと掘り起こしてあげなければ、かつて日本列島に大王として君臨いたしました物部氏（『先代旧事本紀』）に対して失礼なことであり、かつ、それでは甚だ不十分だったのでございまして、更にそれとは別の深い意味（沸流百済対金官伽羅の対立ということ）も、その背景には隠されていたのです。

2、河内の巨大な前方後円墳の主は誰か

(1) 日本書紀の記載からは無視された畿内の巨大古墳の主

さて、このように考えてまいりますと、当然のことといたしまして、畿内の河内の大仙陵（伝仁徳大王陵。一九2）その他の巨

大な前方後円墳などの大古墳（アナタ、「古墳の年代」ほどあてにならないインチキなものはありません。特に九州の「装飾古墳」などにそれが言えます）が、どういう素性の大王のものだったのか、ということが問題になってまいります。

今まで、形式的な平安日本紀の記述を離れまして、それとは距離を置き、冷静（クール）な頭で民族の「追っ立て」という面を中心として見てまいりましたので、それと同じことなのですが、少し視点を変えまして「畿内の大王墓」に焦点を絞り、同じように二つの時期に分けてマトメて分析してみたいと思います。

では、その畿内の大墓とは一体誰のものだったのでしょうか。まず、考えられますことは、その前半は、東国へと追っ立てられる前の物部氏（ニギハヤヒ・扶余・穢・沸流百済）系の昔氏が畿内で造った王陵（「ナガスネヒコ＝朴氏＝ナグサトベ」との共存時代をも含む）、又、一部は伽耶王の王陵（特に、その中でも古くに東行した邪馬臺国連合の構成国の「安羅＝倭」の壱与系列の一部の王陵をも含む）だったのです。

＊今日の正史（平安紀）のニギハヤヒの背後には、奈良紀における天日矛の真相が隠されております（別述）。

勿論、その下部（又は共同で）には、征圧された弥生人の、鉄と水稲の「秦王国」が位置しておりました。しかし、それだけの支配民の構成に留まらず、時代によりましては、その王室の男系（入り婿のとして形）からか、又は女系（王妃の形として）からかで、この揚子江中流域からの古来（弥生系。越・セム系）と、朝鮮半島からの今来（秦氏。扶余・辰韓・金官を経由）との両方の「二系統の新旧の秦氏が常に入り込んでいた」という可能性も見逃してはいけなかったのです（五2、3。秦氏と一言で申しましても三つございました。インドのバラモンの秦氏を加えますと三つになります）。ですから、秦氏と申しましても、一言で申し上げることが出来る程、そんなに単純な図式ではなかったのです。

尚、秦氏の祖とも正史上されております武内宿禰（その主たるモデルは、三四六年より六十年間も王位に就いていたとされている金官第五代の伊尸品王です。今来の秦氏の租。二8）とは、決して一人の人物のことだったのではなく、少なくとも「何代かの王の集合」だったのであり、かつ、「金官（倭）国連盟の各王家の合成としての象徴」（五部族、つまり後の蘇我氏や秦氏など。因みに、扶余六蓄、高句麗五加、百済五部）として、後に日本紀上で新たに創作された人物（ただ、その中心となりますのは、あくまでも実在の「金官の木氏＝百済の真氏の武内宿禰」です。二8）と考えるべきだったのです。

では、その後半の畿内での大王陵はと申しますと、この頃になりますと、時として、力をつけてまいりました百済王家（扶余・貊・温祚百済系）の「支配下」にありました、当時はまだ対馬海峡を挟んだいわゆる「海峡国家」であった頃の「倭の五王」（この頃の倭国とは、主として朝鮮半島部の金官と安羅、それに九州の豊）が、序でにその畿内での「物部氏（ニギハヤヒ）＋古い安羅人（壱与系）」を追い出し（その安羅系の倭王の子孫の一部は、

「漢人＝アヤウジ」と名を変え、祖先を隠し、服従した形で正史上に残されてはおりますが。一五10)、その後、前者の場合と同じように、その下層に位置しておりました畿内の弥生民の「秦王国」(プロト日本国＝古来の秦氏)を支配いたしまして、そこを海峡国家・倭国の「分国」とし、その民を奴隷化して使って、巨大古墳たる奥つ城(本拠の朝鮮や九州から見て東国、奥)を畿内(国際的にもより安全な地域に)に築かせたものであり、このように、これらは主として五世紀代の「倭の五王」時代の巨大王陵であったとも言えるのです。

そしてその支配民の構成が、ほぼそのまま、新羅に敗れ日本列島のみに縮小いたしました五六二年以降「白村江の役」で六六三年に唐・新羅に敗れるまで、主として西日本を支配いたしました日本列島での盟主・倭国として存続していたのです。

その具体的な例をここでは一つだけ申し上げておきますと、平安紀におけます神功皇后のモデルでもございました百済18腆支王(四〇五～四二〇年、仲哀大王のモデル)の妃の八須夫人も、伽耶の安羅の王家の出身であったのです(つまり、この頃の倭は、王権は百済王子に差し出し〔百済王子が入り婿の形で王として入り〕その女が王妃として入ることにより、倭王の一族がその王家に入っていたのです。後の例ですが、百済25武寧王(斯麻)がいまだ王子の頃に「倭＝哆唎」の穂積氏の女が夫人として入ったようにに)。

つまり、大阪河内を中心といたします「大古墳群」につき、今まで申し上げてまいりましたことを一言で申しますならば、古くは、物部氏(沸流百済系)又は、百済王家(温祚百済系)の息のかかった倭王(金官王・安羅王)の大王古墳(同じ倭王でも金官王の末裔が蘇我氏〔金氏〕、安羅王の末裔が大伴氏〔卑彌呼の公孫氏〕など。天日矛も安羅王家の一員です〔倭＝「金官＝豊」＋安羅＋多羅〕)であったということになり、本来そういう風に分析いたしまして、その主を一人一人探していかなければいけなかったのです。

という訳ですから、その真相は、『日本書紀』つまり現行(平安)日本紀の定める天皇陵などとはまったく異なっていた筈だったのです(三5、一八10)。

このように、今日宮内庁が日本書紀によって定めております古代の天皇陵は全てウソ！であったのです。

かようにいたしまして、畿内には「日本紀の記載からは無視された巨大古墳」又は、その「名残」(大阪上町台地上の「古墳銀座」など)とも申せますものが数多く存在(江戸時代までは)しておりましたことが、よくよく考えてみますと、これらのことを如実に証明してくれていたのです。

では、ここで、これまでの民族の「追っ立て」ということにつきまして、更に簡単に、一言で「倭の五王」の出現する前までのことをマトメておきましょう(地名は別としまして、元の場所は朝鮮半島で、そこにおける出来事であったのかも知れませんが)。

①朴氏のナガスネヒコ(名草戸畔)が、畿内からサルタヒコを伊

勢へと追い出し、そこに残った「弥生の農耕民」をそのまま支配いたしました。

②そこに、昔氏のニギハヤヒ（多羅王・物部氏又は天日矛A）が入り込み、ナガスネヒコは、妹（ミカシキヤ姫）を与えて結婚させます。

③更にそこに、倭人連合の、後のイワレヒコ（伊都国王・神武）に相当する人物（天日矛B。この人物は、百済建国史上に引用された扶余王をモデルとして、平安紀で新たに作られた人物ですので、「相当する」という表現を用いました。三二1）か、又は、魏の「張政」（高木神〔記〕＝高御産巣日〔記〕高皇産霊＝高御魂〔出雲国造神賀詞〕。又は、その子。但し、派遣されたこの魏の軍師の出自は、魏人ではなく高句麗の高氏か、又は、遼東半島の卑彌呼の実家の公孫氏の可能性もあり、かつ、卑彌呼の男弟の公孫恭のことであったのかもしれません。右の男神との対応で、神産巣日を卑彌呼の投影とすることも可能でしょう）及び、このどちらかと、壱与（安羅女王。又は、天日矛B。同じく共に「安羅王＝倭王」です）とが共同して、吉備経由で畿内・大和の纏向に侵入してまいりまして、そこを制圧したということだったのです（壱与が倭王になってからの邪馬臺国の移動）。

そして、右に述べましたように、ニギハヤヒは、安羅の出自の天日矛と同一のモデルの投影でしたし、又、王女壱与（その義母の卑彌呼であった場合をも含めまして）の投影が、朝鮮から戻った天日矛の妻の倭人のアカル姫（ヒメコソ）や細姫などであったことの可能性も強ち否定はできないのです（一五1、3）。

このように、少なくとも、弥生から古墳時代前期までの畿内への異民族の進入の回数は、天日矛の点を除き（ニギハヤヒとダブりますので）、サルタヒコを含めて考えますと、サルタヒコ―ナガスネヒコ（ナグサトベ）―ニギハヤヒ＝アメノヒボコ―イワレヒコ（イヨ）と、直ぐに思い付くだけでも少なくとも四つ以上の段階での大王クラスの侵入が（実際の真相は別、つまり「もっと多い」といたしましても、歴史物語であります日本紀・古事記上の分析におきましては）あったものとアナタは考えなければいけなかったのです。

このように現行（平安）日本紀での、単純なる「神武東遷」（その「一本化」）の裏には、それまでの長い長い間の複雑な色々な歴史（前述の、単純化されてしまった「蘇我・物部の仏教論争」と同じように）が、八雲が折り重なるように隠されていたことを、アナタは慧眼をもって、根気よく一枚づつその花びらを捲るようにして見抜きながら、分析していかなければいけなかったのです。紀元後の五百年間だけに絞りましても、右のように倭の古代史はそんなに単純な一枚岩ではなかったのです。

(2) 日本国の成立とその名の由来

因みに、六六三年の「白村江の役」の後、新羅が占領して建てました「日本国」とは何かと申しますと、その「国自体」につきまして、畿内の、その人民（王家の一部は別といたしまして）は倭国の奴隷的地位に甘んじておりました「秦王国」（別倭・夷倭）の範囲の「土地」とその「人民」をそのまま借用して持って来て建国したものだったのです。

＊つまり、九州の倭国（邪馬臺国―大伴氏―安羅王）という概念はそこでは完全に抹消されてしまっていたのです。そして「大化改新」では、倭王家の「金官＋安羅」つまり「蘇我氏＋大伴氏」も、真っ二つに分断されると共に、「金官＝蘇我宗本家」は殺された形で消されてしまったのです（六1、二二2）。

次に、その日本国という国の名前自体につきましても、これは、当時の日本列島の西半分は、新羅の占領下で新羅の分国でもございましたが、それとは「全く別の、東日本の国（当時は外国）」（一七3）に存在しておりました「蝦夷＝カイ＝穢」（太陽の意味）「日高見・日下（弁）」「日の本の国」の名から、この名を盗んでまいりまして、しかも丁度、それが「東方＝日の下」の方角に存在するものとしてぴったりでもありましたので、更に加えまして、この九州から畿内にかけましての日本列島の占領地が、これまた本国「新羅の東方」（慶州と伊勢との関係）に位置しておりましてピッタシであったところからも、その名を「日ノ本＝日下＝クサカ＝卞＝ベン＝弁」（この「卞＝弁」は、倭国が海峡国家でありました頃の朝鮮半島での古い名でもございました〔『魏書』〕）と名付けたということだったのです。

＊このように、東日本の「日の本」の名の由来は（上古の用字においては「下＝本」でしたし。別述）、古くに遡りますと、東北に亡命いたしました扶余・穢族（解氏・高氏。北倭）と南韓の倭人の弁韓・弁辰（南倭）に由来するもの（かつてその人々の建てたエリア）だったのです。

つまり、「畿内中心の秦王国の国土」を、昔からの「日本国の国土」だったということにしてしまい、かつ、その名前につきましても、平安朝での略奪までは東方の外国であった日高見国の「日の本＝日下＝クサカ＝弁」から盗んでまいりまして（ですから、平安日本紀という歴史物語でも、生駒の長髄彦と神武・五瀬が戦う場所に、河内湖の「日下＝クサカ＝日の下」という地名として、このことがちょっぴりですが覗いておりました）奈良朝におきまして、新羅系天皇家が対中国との関係において主張いたしましたところの「日本国」（という理由で、この「日本国」という名の中には、九州から東国〔関東〕まで〔征服した九州の倭国＋畿内の秦王国＋名前だけ先に盗んだ、つまり、後の平安朝になって「初めて」百済系がやっとこさっとこ征服して日本国の領土に組み入れることが出来ましたところの東日本の日高見の国これら三つ〕が含まれていたのです）というのは、如何にももっともらしい名前ではあるものの、その実体が遡って掴めなくなってしまったものが新たに創られてしまった、というワケだったのです（旧唐書と新唐書の矛盾。二五1）。

しかし、そうなってまいりますと、少なくとも、「その」日本国成立（六六三年ないし六七二年）「以前」の、河内の巨大・前方後円墳の「被葬者の名」などは、その全てが平安朝になってから百済系によって最終的に改竄され尽くされてしまいました平安紀（現行・日本紀とほぼ同じ）に「基づく」大王の陵（つまり、江戸末期に蒲生君平の『山陵志』などにより、一方的に定められてしまったもの。言い換えますれば、現在、宮内庁が、主として日本書紀などにより表面的〔改竄はなかった、万世一系と頑張って〕には、それをほぼ一〇〇パーセント信頼して、埋葬されている大王の名前を形式的・行政的〔非科学的〕に定めてしまって、今日まで管理を継続しているもの。九9）とされておりますものとは全く異なった「別の支配者」の大王墓であったことが、これからアナタにも少しずつこの宮内省（庁）のインチキが明白になってまいりますよ。どうかお楽しみを。

ですから、「前方後円」という言葉が江戸時代の蒲生君平以来のものに過ぎず、科学的には何らの意味もない言葉でありますことは、体積（土木量）が日本最大でございます誉田山古墳（伝応神陵。藤井寺市。一九1）が、江戸時代までその入り口が後円部の濠の外にあり、後円部の頂きには、後世の人々が建てたものとは申せ、「六角形の宝殿」がございました（これは明治になってから取り壊されてしまいました）ことからも、その主体が方部ではなく円部であったことが伝えられております。

しかし、現在では、宮内庁は、「前方」の名にとらわれ、どちらかと申しますと「方」に重きをおき、皆、方部の正面の外側から天皇陵を拝陵させる形にしてしまっております。

このように、あくまでも主体は「円部」の方でございまして、「方部」の方は二次的なもの（祭祀・追葬などの広場）に過ぎなかったのです（別述。但し、「大仙陵＝伝仁徳陵」には円部のみならず、方部にも埋葬されております。これは女性＝日本紀上の仁徳の異母妹の八田（やたの）〔秦〕皇女（ひめみこ）に相当する人物か）。ですから「方部」に「前」という冠を被せる言葉は本来誤りであり不正確で誤解を招きやすいので、アカデミズムにおかれましては直ちに中止していただきたいのですが……。

3、天武・持統天皇合葬陵も偽造

(1) 古事記の分析からは現応神天皇陵こそが仁徳天皇陵になる筈

さて、アナタは、何故、世界最大とも言われております堺市大仙町の「大山陵・大仙陵古墳」が、仁徳大王の陵とされているのかということをご存知なのでしょうか。

この仁徳陵も、本来の名は、学問的（その土地での古くからの呼称といたしましては）には、「大山（だいせん）古墳」（「山＝セン」のため、「山＝仙」ですから仙も使われていました）であったの過ぎなかったのです（一九2）。

では、何でこれが「形式的」に仁徳大王の陵と固まってしまったのか、又、仁徳陵とさせられてしまったのかという根拠は、私が探求してみましたところ、それは『皇室典範』の第二七条という一片の法律の条文により、天皇の陵は「陵籍」に登録するということになっておりまして、それにより宮内庁（省）、つまり政府によりまして、その登録の際に「仁徳」という、古墳時代も既に終了してずーっと経った八世紀になってから、しかも、何度も改竄されました日本紀に基づき、その後世の時代の感覚により淡海三船か藤原不比等らによって付けられた大王の「漢風諡号」（死んだ後の名前）をそのまま用いた天皇名が、この大山古墳に冠せられてしまった、ということに過ぎなかったのです。

＊それらの認定は、早くとも平安紀レベル以降のものに過ぎませんでした。

ところで古市古墳群の盟主的存在である五世紀中葉の「誉田御廟山古墳」（伝応神陵。長さ四二〇メートル、後円部の高さ三五メートル）は羽曳野市誉田にございまして、更に、「品陀の日の御子大雀」（『古事記』応神条の歌謡）とございますところからも、「品陀」という名は仁徳の方にこそ相応しく、古事記の文面からは、右の羽曳野市の伝応神陵は仁徳陵である方が相応しいものとなって来る筈なのですが……（尤も、私の「大王・天皇系図の合体」という考え〔真相〕からは、更に別の結論となってまいります。一一2など。それに仁徳大王は百済王の女で、かつ、金官〔倭〕王妃ですし）。

記紀の分析から、この仁徳の陵は現「応神陵」の方であるということの証拠につきまして、もう少し深く申し上げますと、

「本牟多能比能美古意富佐邪岐」（『古事記』応神条、歌謡四七番。又、四八番とする人もおります）

――品陀の日の御子　大雀

という記述は、「日の御子」は天皇又は皇子の美称ですし、ホムダだけでホムダ大王を表すことはなく、「品陀の日の御子」は、それに続きます「大雀」と同格でございますので、ということは「品陀の日の御子大雀」とは、「品陀の天皇＝応神」ということではなくて、「品陀の皇子＝大雀」ということを言っていたことになります（『日本紀』では「大鷦鷯尊」と表現されております）。

しかも、アナタ、

「この天皇（応神）が、……娶ひたまひき……品陀の真若の王の女……中日売の命の御子……大雀の命（仁徳）」（『古事記』応神条）

とされておりますように、仁徳の母の実家（その土地の名）が品陀とされているのですから、古代の慣例に照らして考えましても、「大雀＝仁徳」が「品陀の日の御子」と呼ばれておりましても、そこには何らの疑問もなかったからなのです。

ということは、仁徳にゆかりのある「品陀」の地には、正史でいうところの応神の陵があるのですから、「正史におきましては」これこそが仁徳大王の陵とならなければいけなかった「筈」なのです（それなのに何故？　どうしてこのような矛盾が?）。

そして、そんな根拠のないことが、今日に至るまで、アカデミズムにより後生大事に守られて来てしまっていたのです。

このように、その「大山陵＝仁徳陵」と名付けました根拠は、

十分な考古学・歴史学に基づく探求の結果によるものではなく、江戸時代も末の文久になってから、アカデミズムにとりましてのバイブルの文面に反するにも拘わらず、尊王攘夷派との融和の方便として、幕府が不確かな資料によって治定し、更にそれを明治の初期に政府が公認し、つまり、公には、明治政府の役人（行政官）の作った前述の単なる「一片の法律」によるものだったのですよ。

＊平安日本紀を不変のものと信じて疑おうとはしない、頭の堅い非科学的・主観的な、一部のアカデミズムの意見は、当然参考にしたといたしましても。

このように、本来でしたら、科学的にも「大山陵」「大仙陵」とすべきだったのです。早くこの名に戻すべきです。それにアナタ、仁徳はそもそも女だったのですから（三4、五2）。

伝・崇峻天皇陵も同様でありまして、江戸時代迄は奈良盆地最大の横穴式石室（石室全長一二メートル、玄室長六・三六メートル、幅三メートル、高さ四・三メートル）を有する赤坂山王山一号古墳（桜井市。一辺四五メートル、高さ九メートルの方墳、截頭方錐形。これは「中央アジア遊牧系→高句麗→新羅→大和」という文化の流れ）が、それまで日本紀上の崇峻大王の陵とされておりましたものが、明治になってから、現崇峻天皇陵（桜井市倉橋金福寺跡）の所が、主として、江戸時代に「天皇屋敷」と呼ばれていたという、ただそれだけの理由から比定されてしまっていたからなのです。

右の堺市の伝仁徳大王陵も、大和・桜井市の箸墓や大神神社（卑彌呼の養父のニギハヤヒや卑彌呼の祖父の大物主とも深い縁のある神社）も、明治の初めには、何故か共に東西に細長い堺県に属しているのです（墓の主の暗示）。

かようにいたしまして、今日、「○○天皇の△△陵」などと世に一般に言われているものは、特に、その中でも多くの学者からほぼ間違いないとまで言われております檜隈大内陵（ひのくまおおうちりょう）こと「天武・持統天皇合葬陵」をも含めまして、殆どその全てが何らの根拠も無いインチキだったことに、アナタはもっと早く気が付かなければいけなかったのです。アカデミズムは実に長い間、空しいことをやっていたのです。たとえアナタがご覧になっている地図上に「――天皇陵」と古代の大王の名が不動文字で記されておりましても、これに惑わされてはいけませんよ。それは全くの出鱈目だったのですから。

(2) 天武・持統天皇陵に対する数々の疑問

では次に、アカデミズムの人々が、皆揃って、「これだけは、少なくとも間違いない」のだと、今日声を大にして、右の人も左の人も混声合唱しておりますところの右の檜隈大内陵が、決して、「天武・持統天皇合葬陵」などではなかったのだということを、次に、私の立場から色々な疑問点を並べましてご説明いたしたく存じます。

では、まずはお聞き下さい。

この墓は、奈良時代になってから、新羅王子である天皇が、当時流行していた（新羅本国から持ち込んだ）天皇家お気に入りの「道教的な思想」に基づきまして、多角形状に、しかも「八角形」または「七角形」に形成し直して作り変えてしまったものだったのでして、その作為の結果、次のような色々な矛盾を生じさせてしまっておりますことが判明してまいりました。高句麗の王都・集安の丸都山城にも、道教の影響が見られる八角形の聖殿跡が二つも（二号と三号の建築址）見られます。

＊この墓は、もと、正史上は倭彦命（崇神の皇子。因みに、大王崇神天皇の平安紀でのモデルは、扶余王である「扶余・依羅＝百済13初代王の近肖古王」です）の「身狭桃花鳥坂墓」（『日本紀』）と言われておりましたものでして（『和州旧蹟幽考』）、生きながら近従者の殉死者を埋めた墓だなどと、如何にも後の世の人々の興味を引きそうな物語を添えまして、日本紀上に伝えられております。しかし、次に述べます理由（客観的な古墳の形状の分析）からも、たとえアナタがアマチュアーでありましても、この墓は「そんなに古い時代の王墓ではなかった」のだということが一発で直ちに判ってしまうのです。

例えば、『阿不幾乃山陵記』によりますと、この古墳の見分から、妻の持統天皇（天皇系図を新羅系から百済系へと繋ぐため〔「持統」するため〕に作り出された日本紀上だけの架空の天皇。八4など）の骨を入れてあったという物は「銅」製であったと申しますし、これに対し藤原定家の『明月記』によりますと、これは「銀」製であったと申しますので、このように女帝のお骨を納めてありました大切なものにつきまして、このような不可解な相違点が少なからず見受けられるからなのです。

「元興寺（法相寺）道昭和尚入滅。三月庚子。日本人火葬始也」（『仁寿鏡』慶雲元年〔七〇四〕）

とございますのに、その前に

「諱兎野（持統天皇）葬大内陵同文武。此後火葬」（『仁寿鏡』持統元年丁亥〔六七八〕）

ともございまして、矛盾を呈しております（どなたが初めての火葬＝仏教葬？　アナタ、お骨に聞いてみて）。

更に、加えますと、その以前から、既にその墓の中には、天武・持統とは全く別の人間の「終末期古墳」（二五。ですから、その形式から見ましても、先述のようにそんな崇神の皇子の頃の古い人の墓〔倭彦の頃〕などではとてもとてもなかったことは一見して明らかだったのです）である「石棺式石室」（これは石室と石棺が一体・セットとなっているものです）と言われておりますものが存在していたのですが、その石棺式石室の、その「石室＝石棺」部分を掘り出して西方に数百メートル運び（巨大な益田岩船〔見瀬町〕でさえ多武峯山系から運ばれて来たと言われておりますように運搬は可能です）、その途中で何らかの理由で埋められてしまい、その終末期古墳の内部の玄室部分にそれだけのスペースが開いて、二人分に広くなりましたこの陵の外形を八角形か七角形に改装いたしまして、天武天皇の死骸を入れた石棺と、妻の持統天皇（架空の天皇）の仏式による死骸を焼いた後の骨を入れる骨壷の話に合せるために、元々、これが双墓であったといたしますと、それにあやかって整地の後、天皇夫婦の墓ということにして「天武・持統の日本紀での作文に合わせた夫婦陵」に形成し、仕立て上げてしまっていたのです。

＊天武天皇の奈良紀でのモデルは新羅文武王・金多遂だった筈ですから、日本列島への王子の頃（宗像の尼子との結婚。五5）の一時渡来はございましたが、大王としての長期滞在はありません。只、冬の寒い朝鮮半島を避け、温暖の占領下の日本列島の地での、老後死ぬまでの養生ということはあり得たことです。よってこの墓は「ある新羅系の支配者たる王子」のものに過ぎなかったのでしょうが、当然、天孫降臨（日本紀）の天武天皇とは全く別人のものだったのです。

それにアナタ、更に決定的な証拠！があるのですよ。と申しますのも、右の日本紀での創作話に辻褄を合わせるために邪魔になり、内緒でその元の墓の中から運び出したのは良いのですが、何らかの理由により、数百メートル西で運搬を放棄し、そこに埋めてしまった（又は、そこにそれを利用して新たな墓を造ろうとし、そして破壊されてしまった新羅王子のものか。ここが西方の伝・欽明大王陵の陪塚の横口式石槨であり、その天井石がずれたものとの見方もございます。因みに、ここから五分ほど西の所に金塚古墳跡がございますが……）、石棺と石室が一つのセットになった二組の「石棺式石室」の巨大な石の部分が、後世、雨のため（又は盗掘により）埋めたところの土砂が崩れ、又、一部の石材（次の雪隠の部分）は下方に転がって、共に露出してしまって、その天武・持統天皇合葬陵の「偽造」が、物の見事にバレてしまった（死体なき殺人事件で死体が発掘されたようなもの）というのが、何を隠そう、その直ぐ近くにデンとしてございます、アナタもよーくご存知な、彼の有名な「鬼の雪隠（便所）」（横口式の石槨。下方）と「鬼の俎」（横穴式石室の墓室の底石。本来の場所。長さ四・三六メートル、幅二・二三メートル、厚さ一メートルの花崗岩の底石）の二つ（これでワンセット）だったのです（もしこれがここに運ばれる前から双墓でしたら、その二つとも元の場所から運び出されていたのです）。「便所とマナイタ」だなんて、ちょっと優雅でない献立の組み合わせなのですが。

アナタもここに残されたノミの跡を「ひと目見て」御覧なさい。流用するのを中止したので、鬼の俎（底石）の方は当初（又は後世）はこれを急いで一所懸命に破壊しようとして鑿を振るいましたが、結局力尽きそれが出来なかった（諦めてしまった）ことを「よーく物語っていた」のですよ。そこで、止むを得ずその近くの山の中に穴を掘って埋めて隠さざるをえなかったということだったのです（他の双墓の一方は、後世に小さく刻まれてしまいました）。

では、その雪隠とマナイタが、どうしてその古墳から出たものであると判るのか、アナタはお尋ねでしょう。この点につきましては、古くからの伝承が残されておりまして、

「倭彦命の墓……或は曰ふ野口村にあり……石棺・石蓋路傍に棄て置く、俗に鬼厠・鬼肉几と呼ぶ」（『大和志』）

とあります（崇神大王の皇子である倭彦の時代と、この墓の様式の新しさは完全にミスマッチです）ので、これは伝承に基づく後世の記録ではございますが、その内容（誰の墓であるのか）は兎も角といたしましても、この「鬼のトイレ」と「マナイタ」のセットが、「この陵」（今日の野口の檜隈大内陵＝アカデミズムのいう伝天武・持統天皇合葬陵）から取り出されて山中に捨てられたものであるとの伝承自体は、古くからあった確かなものと思われるからなのです。

仮に、倭彦が存在していたといたしましても、そのモデルとなった人の墓はもっとずーっと古い時代（10崇神大王＝百済13近肖古王。即位、百済での実年代が三四六年）のことでございまして、しかも、その倭彦の墓がございましたといたしましても、その墓は、百済が南下する前の漢江（ソウル）辺りか、精々南朝鮮の海峡国家の「倭」にあったものと思われます。

実は、この右の陵の主の一人ともされている持統天皇の即位（持統四年〔六九〇〕一月一日）が架空であることとの暗示は、日本紀そのものの内容の中にも、その矛盾として隠されていたのです（尚、日本紀という歴史物語上におきまして、「壬申の乱」が架空であったことに関係しての「持統天皇」の架空性につき、八4はアナタ必見です）。

と申しますのは、その前に、大津皇子を謀叛の疑いで逮捕し、その翌日には訳語田（おさだ）の舎で死刑（この大津皇子の謀叛も、私の考えでは架空だったのです。その新羅でのモデルにつき、二四1）にしてまでも、実子の草壁皇太子（天武十年〔六八一〕立太子。モデルは同じく新羅王子）を即位させたいと願っていた筈の持統天皇であったにも拘わらず、夫天武の死（朱鳥元年〔六八六〕＝ポツッとこの朱鳥の一年だけが、大海の孤島のように年号が入っております。ハテナ？　と申しますのも、六五五〜六八五年の間は年号なし、六八七〜七〇〇年も年号なしだからなのです。別述）に際しましては、何故か持統天皇はこの草壁皇太子を即位させようとはしなかったのです。日本紀での表現では、一見、その喪中が続いたということになってはおりますが。

そして、その喪中明けとともに、最愛の（筈のこの）草壁も死んでしまう（六八九年四月）のですが、このとき正史日本紀におけます表現は、単に草壁皇太子が「薨去（こうきょ）された」と記すのみなのでして（二五1）、皇太子の死としましては余りにも淡白すぎるのみならず、そこには何らの持統の愛情表現（嘆き哀しんだとか）も見られないという不自然さのアンバランスが見られるからです。

このことは、他の日本紀との記載のバランス（桓武天皇の薨去の場合の皇太子の「哀號（アイゴー）」という朝鮮語そのもののズバリの慟哭〔『日本後紀』大同元年〔八〇八〕三月十七日〕などとの比較）から考えましても、大変異常なのであり、やはり、これは、持統という天皇そのものが架空の天皇であった証拠でありまして、右の「大津皇子の謀叛」も架空（二四1、3）、更に「草壁皇子の存在と死」すらも架空（私の考えでは、草壁皇子のモデルは新羅王子で、渡来した占領軍の提督。二五）であったとの考えに、繋がって来ざるを得ないのです。

＊加えますに、このことは、平安朝になってから百済系天皇家により、奈良朝の新羅系天皇家のことが大改竄されていた証拠でもあったのです。

よって、天武天皇と持統天皇の合葬陵（大内陵）というものが、考古学的にも偽造であったということとも、このように整合性を持って繋がって来ているのです。

＊新羅系から自分たちの百済系へと天皇系図を繋ぐ位置におります天皇であることを、淡海三船（この人は「百済王子・扶余隆＝弘文大王のモデル」の子孫・曾孫）がよく知っていたが故に、自分たちへの大王系図を持つことが出来た、つまり、「持統＝血統を持つことが出来た」天皇といたしまして、この架空の天皇に「持統」と名付けていたのです。

このことと同じような、天皇の「漢風諡号」の名付けの発想につきましては、継体大王（百済系から血の全く繋がっていない安羅系へ「継いだ＝ジョイントした」）のところでも前述いたしました。

これでアナタも、「継体」や「持統」等という崇高さも色っぽさもない漢風の天皇の名前（諡号（しごう））の理由（わけ）がよ～くお判りになりましたね。

このように、アカデミズムの有力な学者の誰でもが、「天武・持統天皇合葬陵だけは間違いなく、本物である」と申しておりますこの陵も、以上によりまして如何にいい加減でインチキであったのかということを、アナタにもよーくお判りいただけた筈です。

(3) 反正天皇陵は五十年新しい

更にもう一つだけ、宮内庁管理の「天皇陵」が全く当てにならないということの証拠を加えておきます。

宮内庁が反正大王陵だと言っている百舌鳥耳原北陵を堺市教育委員会が発掘したところ、外堀から出土した埴輪は、何と六世紀初めのものであることが判明いたしました。反正大王（倭の五王の「済」。一九1）は、五世紀初めから遅くとも中頃の人（中国史に見えます「済」の記録、四五一～四六〇年）なのですから、この陵はそれより半世紀近くも後世のものであり、考古学上・中国史上からも反正大王のものなどではあり得ないことが、このこと一発で一見して明らかになってしまったのです。

実は、これは元々、単に「盾井塚」と言われておりまして、平安朝の『延喜式』によりまして（日本紀を大改竄いたしました百済系の平安天皇家により）、初めて反正大王の陵であるとされたものだったからなのです。

「倭の五王」の「済＝反正大王」（四五一～四六〇年）は、海峡国家の「倭国＝金官伽羅国」の大王ですから、その陵は、原則として、朝鮮半島南部か、精々九州に存在していなければいけなかったのです。元々がこの頃の「済」の陵は、畿内には多分存在し得なかったのです（但し、海峡国家であり、ある程度は畿内にまで跨っていたので分国はあり、そこに墓だけは、特に寿陵は造られていたかもしれませんが）。

しかし、仮に、「讃＝16仁徳女帝」の陵が、畿内に存在していた（五3）といたしますと、讃の子のレベル（『梁書』では珍〔菟道稚郎子〕の子）と思われますこの「済＝18反正大王」の陵も、同じ畿内の他の場所にあった可能性がございます。

では、これらの一見矛盾しておりますように見えますことの整合性について申し上げますと、この頃の国際情勢に鑑み、高句麗が新羅を占領すると共に百済をも圧迫し、時として南朝鮮にまでも南下しておりましたので、海峡国家の倭では、九州では危険であると考えまして、畿内にその本拠や墓を一時移しておりました可能性が高かったからなのです（二7）。

＊ですから、この「倭の五王」の頃からは、その「奥つ城」（墓）だけは、朝鮮からより遠い、九州や山陰より高句麗の侵略の危険の少ない畿内に先行して設けていたのかもしれません（畿内兆域説）。

その先例といたしまして、邪馬臺国が、何故、魏からあのように一万二千余里も遠く離れて不便な九州の、しかも「西都＝妻＝ツマ＝都万＝都＝ミヤコ」といった、山を幾つも越えていった王都（祭都）に（わざわざ）存在していたのかという点につき、一〇3必見。

4、宮内庁指定の「梅山古墳」は欽明陵ではなかった

更に、もう一つだけ天皇陵の比定があてにならないことの証拠を加えてダメ押ししておきましょう。

今日では「見瀬丸山古墳」（長さ三一〇メートル）こそが、欽明天皇（平安日本紀上では「百済東城王＝日本列島に渡来した昆支の子」、九州の「弥五郎ドン」がそのモデルだったのです。この人は、百済に戻ってからは24東城王として即位しております）に相当する人物の陵である（ですから、この巨大石室古墳も、実は、欽明大王とも又、全く別の誰かの墓だったのですが、その点はさておきまして）と有力に言われるようになってまいりましたが、この点の宮内庁の指定では、この古墳の南の「梅山古墳」（長さ一三八メートル。明日香村平田）こそが欽明陵だとして、今日でも管理しているのです（ダブルミス）。

又、見瀬丸山古墳は倭王（旧・金官王）である蘇我稲目の陵であり、右の梅山古墳は、従前から考えられてまいりましたように、欽明に相当する人物の檜隈坂合陵で、日本紀のいうところの堅塩媛に相当する女性が合葬されている（しかし、この丸山古墳にも、後述のように、他に石棺がございます）という考えも有力となって来ております。

さて、そのどちらにいたしましても、この古墳の辺りは官道の「下ツ道」と「山田道」の交差するところなのでございまして、古代の要所です。

そして、ここが「軽の衢」と呼ばれておりましたことが正に問題だったのです。

と申しますのは、古代では葛城の「葛（カル）」や藤原京や藤原（比自火）氏の「藤」が、「伽羅＝カル」を表しておりましたのと同じく（四1）、この「軽」も又、その音価の通り「伽羅＝伽耶＝倭王」のことを本来表していたからなのです（古代の狗邪＝カヤ）。

右の見瀬丸山古墳の玄室の奥には、主人公たる女性の棺がございまして、これが仮に、倭王・馬子（百済威徳王と共に、聖徳太子の主たるモデルの一人とされた人物です。一二2）の姉（「倭王＝金官王」蘇我稲目の娘）の王女堅塩媛の「檜隈大陵」であるといたしますと、この墓に百済の東城王をモデルとして日本紀上に作られた「ある人物」（多分、それは養子でしょうが）が追葬されていたことをも意味していたのです。

ですから、この巨大石室を持つ見瀬丸山古墳は、蘇我氏（金官王＝倭王。稲目）の墓か、大伴氏（安羅王＝倭王）の墓か、はたまた、もし、それより時代が下がるといたしますと、ひょっとすると、占領軍の新羅王子（天皇・皇帝）の墓（旧玄室を再利用）だった可能性すらも否定出来ないのです。

＊尚、明日香の高松塚古墳などの一部が、「天皇＝皇帝」という名で日本列島を支配しておりました占領軍の新羅王子の高市皇子などの墓・陵でございましたことにつきましては、五3必見。

このことと関連することなのですが、この見瀬丸山古墳と河内大塚（大塚山古墳・羽曳野市と松原市の境上、長さ三三〇メートルもの巨大古墳）とは、埴輪を用いなくなった後の巨大横穴式石室という点で共通ですので、この中期古墳と言われております河内大塚の方も、アカデミズムの言うような「倭の五王」の「武」の陵などでは決してございませんで、この古墳も後期古墳であったことが明白なのです。

このように、素人（アマチュアー）でも一見して判るとんでもない誤りが、宮内庁比定の大王陵には実に多く含まれているのですよ（継体大王陵と今城塚古墳との関係も同様です）。

因みに、先程、古事記の歌謡を信じる人は、その文面上から仁徳大王の陵となるべき筈であると申し上げました日本一の土木量の巨墳、所謂「応神天皇陵＝誉田山古墳」（羽曳野市）が応神大王の陵ではなく、更には、仁徳大王の陵でもないことの物的な証拠につきましては後述いたします（一九1）。お楽しみに。

さて、その見瀬丸山陵の真実の埋葬者――平安紀での百済東城王をモデルとして作られたある人物（欽明大王）の、その前の奈良紀におきまして新羅王子をモデルとして作られていた人物（新羅王子たる天皇・皇帝の一人）、又は、六六三年に唐・新羅に滅ぼされました倭王（大伴氏・蘇我氏）家――が一体誰であったのかということを、平安朝に改竄され尽くされてしまっております日本紀の天皇系図に盲従することなく、その一つ前、二つ前を探求することこそ、本来古代史の使命だった筈なのです（二五）。

＊もしアナタがそれをしなければ、歴史は単なる日本紀の暗記に

過ぎない（そこから一歩も出ない）ことになってしまいます。

このように、一般に確実だとアカデミズムで言われております、右に見てまいりましたこれらの天皇陵も、よーく考えてみますと、実は、その多くが皆、疑問だらけの眉唾物であったのだということに、アナタはもっと早く気が付かなければいけなかったのです。

＊継体大王陵が明らかに間違いであり、近くの今城塚（いましろ）古墳であるということは言うに及ばず、その他のものも、その殆どが別人（不確定）のものだからなのです。因みに、今申し上げましたように継体大王のモデルは大伴談（かたり）であり、朝鮮の安羅王だったのですからね（二〇2）。

因みに、この今城塚古墳出土の家屋の埴輪には、海洋系の民族の象徴でもございます「双魚紋」が見受けられますが、「継体大王＝大伴談＝安羅王・倭王＝卑彌呼の末裔＝フェニキア系」ですので、ここにシュメールやインドのみならず南朝鮮の金海（キメ）でも見受けられます双魚紋が描かれておりましても、それは当然のことだったのです（一八5）。

嘘の上塗りの日本紀盲信では、アナタが真面目に勉強すればするほど、そしてその時間がたてばたつほど、逆に益々真実は遠ざかって行ってしまうからなのです。スタートでの航海針路を誤ってしまいますと、取り返しのつかないとんでもない方向に、どんどん航海して行ってしまって、アナタ後悔いたしますよ（寒ッ）。

早い話が、折角、人生の上で僅かな機会（時間）が与えられたアマチュアーのアナタが、権威者の学者の「後追い＝暗記」ばかりをしておりましては、いくら時間があっても足らず、その暗記（という自己満足）にどんなにエネルギーを使いましても、何らの学問の進歩も見られないからなのです。連中に勝つためには、その「切り口」をスッパリと変えなければね。そして夜陰に紛れて忍び寄って、その足をバッサリ払っちまわないと。

5、物部氏（穢族）と伯族（亡命百済王（こにきし））の百済王系図

（1）平安紀の天皇系図は物部系図を基礎として作られていた——欽明天皇と百済東城王と物部荒山は同一人

ちょっとアナタもお草臥れでしょう。しかし、次のテーマは、またまた大変高度なレベルのお話なのです。

では、物部氏の大王もまた同じ百済・扶余系の「平安期の天皇の系図」上のモデルとなっていたという点については、一体どのように考えたらいいのでしょうか。

それは、とても難しい問題なので、結論から先に申し上げてしまいますと、この同じ百済系の二つの王系図の違いとは、先に渡来していたニギハヤヒ（物部・穢族）系の持っていた「沸流系」の百済・扶余の王系図（A）と満州ではそれと同じく王家の一派（この点につき百済建国史では「兄弟」と表現されてしまってはおりますが、実は、母国の扶余の段階では、この二つは部族の出自を異にしていたのです。一六2、一七1）でもありましたが、

前者より相当遅れて六六三年の「白村江の役」以降に日本列島に亡命渡来し、やがて民間人を経た後「平安クーデター」によって天皇家を奪った「温祚系」の人々が持ってまいりました、神武（伯族）系の同じく百済・扶余の王系図（B）との違いに過ぎなかったのです。

このことを高句麗王系図により一言で申しますと、A「穢」（高句麗9故国川王から＝桂婁部）とB「伯」（高句麗6大祖王から消奴部）との二部族の持つ祖先の系図の違い（但し、扶余と日本列島とで接触があった）だったのです。しかも、後世（と申しましても平安朝に至りましてから、日本列島においてですが）両者は混同を生じてしまっております。しかし、早い話が、そのABの基となったものの出自はそれぞれ、満州の北扶余と朝鮮の高句麗や百済では基本的には同じだったということなのです。

「平安朝になってから」以後のことについてだけでも、言葉を変えて一言で申しますならば、百済史を基にして平安（現行）日本紀の天皇系図が作成されるまでのそのモデルとなっていた順番は、扶余系につきましては、次のように「三段階」になっていた筈なのです。

百済（本国に存在する）王系図→旧事本紀での物部氏系図「A」→平安日本紀での天皇系図「B」という風に平安紀だけをとってみましても、このようなお手本（前掲の物部氏が持って来た百済王系図A。一八7）の上に立って、時間的にこの手順を踏んで初めて、現行日本紀上の天皇系図Bが作成され完成したことを示していてくれたのです（二〇3、二一1）。

ですから、今日私が、平安日本紀の天皇系図が百済王系図をモデルにして作られた（現在、このことすらも理解出来ていないアカデミズムの方々が多いのですが、これはやがて通説となります）と一言で申しましても、「現在の天皇」の系図と「百済母国」での王系図とを比べるのではなく、本来は、まず「その一つ前の」「旧事本紀の物部系図」と「百済本国での王系図」とを比べなければいけなかったのです（そうであるからこそ、平安朝の学者の矢田部公望も、旧事紀を熱心にヨイショしてそのことを示唆しておりますよ）。

では、その例といたしまして、①モデルとなった百済王と、②その百済王と同一人であるところの物部氏系図上の王と、③そして現行・平安日本紀上での天皇について、その「三位一体」での同一人であるところの確認作業の具体的な例を、次に一、二アナタのお勉強のご参考までに挙げてみることにいたします。その右の「①百済王、②物部氏、③大王（天皇）」に対応して、上から順番に①②③と申し上げますと（上下のイコールは、これは同一人を示します）、例えば、

①百済24東城王＝②物部荒山（あらやま）＝③29欽明天皇のモデル
①百済25武寧王＝②物部尾輿（おこし）＝③30敏達天皇のモデル

という風に、初めは①から②の物部氏系図が作られ、そして、最終的には、②から③の現行平安紀での天皇系図というものが作られていったのです（一八7は、より詳細です）。

＊少なくとも、六六三年の「白村江の役」の前につきましては、①から②が作られていたという以外のことは考えられないのです。

そして、物部氏の大王系図上の名（右の②レベルのもの）は、祖王（祖神）ニギハヤヒの抹殺と共に、日本紀上では大王の名が漢風謚号に名を変えられると同時に、一挙に葬り去られてしまっていたのです（同じその出自が扶余系であるにも拘わらず、伯族により、穢族の持っていたところの物部氏の扶余・百済王系図の「表現方法」が抹消されてしまった、ともいえるのです）。

このように、「百済王と物部氏」そして「物部氏と天皇」、つまり、右の二つの例で申しますと「荒山と尾輿」（物部氏系図上での表現）、「29欽明と30敏達」（日本紀上での天皇家）、そして、そのモデルともなりました本国の百済王の「24東城と25武寧」（朝鮮における百済王）のこれらの右の三組は、しかも、皆それぞれがちゃーんと「百済本紀①、旧事本紀②、日本紀③」の右のその全てにおきまして、①同士、②同士、③同士の二者が、各々「親子でのペアーのセット」になっており、この点でも正にピッタリと息が合っているのでして、私の考えと右の各史書との間には、何らの矛盾点も見られないのですよ。

但し、ここでアナタが注意しなければならないことがございます。

それは、平安紀では百済の最終王でございます「義慈王をモデルに舒明天皇を作り上げてしまった」（つまり、それ以降は百済史上には日本紀の天皇・大王のモデルとなる百済の王が存在しない）のはいいのですが、色々な事情からその即位を二十年近くも加上（古くする）しなければならないはめになってしまった（二〇2）がために、その間の平安紀と百済史との間で系図上の「差異」が大きくなり過ぎてしまい、その結果、逆に、「日本紀の方」から申しますと、「本来は、日本紀上、その辺りの王（義慈王の在位は、六四一～六六一年）をモデルにすることが年代的には相応しい」と思われます舒明大王を、そのまま百済が亡んだときのそのモデルとした最終王の31義慈王のところに当て嵌めるのではなく、日本紀上ではその四代も前の大王であるとされております「百済26聖王明（在位五二三～五五四年）＝31用明のモデル＝物部守屋のモデル」（一一2）のところ、所謂、「崇仏排仏論争」をそこに作り出しまして、そこのところで物部氏（②レベルの百済王家のモデル）が亡んだという形にしてしまい、挿入せざるを得なくなってしまったのです（尚、その関係での天皇・大王の王系図のズレにつきましては、後述の二〇2を御覧下さい）。

ですから、前述のように、所謂「崇仏排仏の論争」によって物部氏（守屋）が蘇我氏に敗れたということの意味につきましても、ということいたしましては、「百済義慈王（舒明天皇のモデル）」が唐・新羅連合軍に敗れて、百済王の一族が日本列島に亡命して来たことをも意味していた（つまり、これは、唐・新羅側から申しますと、朝鮮半島から日本列島への、敗者「百済のお国替え」「国ごとのお国替え」という意味が含まれていたということなのです）のでありまして、そして、この場合におきましては、アナタは端的に「物部氏＝百済王」と置き換えて考えてもよかったのです。

では、それはどうしてなのかと申しますと、物部氏も百済王（こにきし）一族も、前述のように、穢族と貊族の違いがあるとは申せ、その祖先は扶余では同一だったのですから、夫々が持っていた祖神が、ニギハヤヒかイワレヒコかの点を除きましては「祖先伝承」の大筋を共有していたともいえるからなのです。

(2) 物部氏の「部」と「物」は何を表していたのか――扶余「六蓄」と高句麗の「五加」

それに、何故、物部氏の名の中には「部」という文字が入っているのか、ということの意味をアナタはお考えになられたことがおありでしょうか。物部氏の名前の中に含まれている「部＝べ」とは、ズバリ、百済の政治制度の「部民制」そのもの、遊牧の「北倭」固有の根本的な制度である「部」による分割統治制を表していたことに、アナタがお気付きになればよかったのです（更に「部」につきまして、次に付加しておきます）。

＊ですから、伯族の「部」（扶余の貴族階層を構成する五部）が、西朝鮮湾を渡海して国を建てたので、伯済・百済と言われたのです（別述）。

次に、物部氏の「物」についても、少し考えてみなければいけません。この「物」もやはり、満州とは深い関係にあったのです。

と申しますのも、「物」はツングース語では、正に「霊＝モノ」そのもののことでございましたし、更に、右に申し上げましたように、「部＝べ」につきましても「首長」「王」を表す言葉（扶余六畜、高句麗五部）だったのでありまして、日本紀のナガスネヒコのモデルの名草戸畔（なぐさとべ）（一五1）の「畔＝べ」も、元々はこれと同じ遊牧民のグループの出自であったことを指していたからなのです。

＊「戸＝ト」は「の」の意味です。尚、「戸畔（とべ）」と付く場合には、「女酋長」の場合が多いのですが、必ずしもそうではなく、日本紀上で女酋長に変えられてしまっている場合もあり得るからなのです。古代の人物の、男女の見直しが必要な由縁もここにあるのです。

ではここで、物部氏の「部」を調べるにあたりまして、その「扶余六蓄」の制度と「高句麗五部」の制度につきまして、その本国に遡って少し見ておくことにいたしましょう。

百済の兄弟国の、その又母国でございます、扶余では「六蓄」の官名といたしまして「馬加、牛加、狗加」（『後漢書』夫余条）があるとされております。

＊『翰苑（かんえん）』の注では「豬（猪）加」も加えてございます。「六蓄」とは、馬加、牛加、豬加、狗加、大使、大使者使者である」（『魏書』夫余条）。大使は犬使のことだったのかもしれません。「犬」が正しかったといたしますと、これはツングース系の民への、「犬＝狼＝チュルク＝製鉄民」系の民の混入をも表現し

ていたことになるのです。扶余の弟分に当たります高句麗に入っており（壁画の製鉄製輪神）、その名の元ともなっております「高車」（鉄で車輪の回りの木を補強した車）族は、明らかに古くからアルタイで金や鉄を扱っておりましたチュルク系なのですから（ひょっとすると、このことはヒッタイトの「鉄軸の車輪」の戦車にまで遡るのかもしれません）。

高句麗は夫余の別種で「五族」があり、それは「消奴部、絶奴部、順奴部、灌奴部、桂婁部」（『後漢書』高句驪条）であるとされております。

＊『魏書』では、「消奴部」は「涓奴部」とし、『翰苑』では、その注に引く『魏略』で「消奴部」としております。

李賢の注によりまして一、内部＝黄部＝桂婁部。二、北部＝後部＝絶奴部。三、東部＝左部＝順奴部。四、南部＝前部＝灌奴部。五、西部＝右部＝消奴部ともされております（聖徳太子の「南宮＝上部＝前部」につき、一二4は必見）。

この「南」が「前」という名自体からも、北方の遊牧民が、常に南下（敵は南）を意識していたことが判ります。

この「前」「後」とか「東」「西」とか申しますのは、日本紀上の朝鮮の百済や高句麗からの遣使の名にもよく見られます。

尚、元は消奴部（6大祖王の子孫＝伯系）から王を出しておりましたが衰え、桂婁部（9故国川王の子孫＝穢系）がこれに代わった（後漢書）。元は、涓奴部から王を出していたが、今は出せなくなった。絶奴部は代々王と結婚する（『魏書』。絶奴部＝背名氏＝高倉氏＝清原氏）。

＊渡来人の背名氏（後の高麗氏、高倉氏、清原氏）の出自は、高句麗の五部の一つである、かつては高句麗で王妃を出しておりました右の「絶奴＝セナ」部、つまり「北＝後」部であったということを示していたのです。

この辺りの事情には、その母国である北扶余における支配者が、前半の伯族（温祚・イワレヒコ系・罽須・平安天皇家）から、後半の穢族（沸流・ニギハヤヒ系・物部氏）へと変わったこと、又は、中国史に見られますように、高句麗の王族が消奴部（六代）から桂婁部（九代。鉄部族、二一1見よ）へと変化したこと（後漢書・魏書）とパラレルだったのでして、正しくこの投影でもあったのです。

つまり、そのことを具体的に高句麗王系図上（扶余系図の引用あり）に当て嵌めてみますと、1東明王（朱蒙。BC三七～BC一九年）―2瑠璃王（類利。BC一九～AD一八年。「八岐大蛇」レベル）―第三代―第四代―5慕本王（解憂。四八～五三年）までの第一～五代くらいまでは、高句麗におきましても伝説上の王なのでして、その次の、6太祖王（宮。五三～一四〇年。実質、この頃が高句麗の初代王）―7次大王（遂成。一四六～一六五年）辺りからが涓奴部または消奴部出身の王だったのであり、9故国川王（一七九～一九七年）辺りから桂婁部出身の王と代わっていったのです。

このように、高句麗史の王系図の中にも、その母国でもある扶余史が刷り込まれてしまっておりますので、その点の分析からも、「扶余の王家の出自の分析」が可能であったのです。

高句麗の母国（別種）である扶余も、「諸加」という六畜の中の「牛加」から王を出しております。

(3) 扶余王系図を流用している高句麗王系図でも、王家の伯族から穢族への交替はパラレルに見受けられる

前述のように、高句麗王の第八代と第九代との間の辺りが、北扶余での王族が前半の貊族・伯族から後半の穢族・濊族へと変化したことの投影、又は、もしこれが伯から穢への変化ではないといたしましても、それに類する何らかの支配者の交代があったことの投影であったものと思われます。

何故ならば、これは北扶余に比べましても新興国でございました高句麗は、百済や新羅の建国史作成手法と全く同じく、その建国を古く見せるために、北扶余史とその王系図を取り入れて高句麗建国史の前部を作り上げてしまっておりますので、そのときに、その王系図の中に自動的に北扶余の王系図（伯族から穢族への変化）が入り込んでしまっていたといたしましても、これは自然なことだからなのです。

＊さて、この鉄族（チュルク系）の加入の流れは、百済史上におきましても同様に見られる（王のモデルとして引用しているので）ことでございまして、四、五世紀における建国当初の15枕流（ちんる）（タンル）王（三八四～三八五年）、21蓋鹵（かふろ）王（四五五～四七五年）をはじめといたしまして、百済史の伝説上の王（扶余王か）に過ぎませんが、次の、初期の2多婁（たる）王（二八～七七年）、3己婁（こる）王（七七～一二八年）、4蓋婁（がいる）王（一二八～一六六年）というように、これらも皆、鉄に関係する普通名詞を含んだ名前だったということからも判るのです（二一1）。

奈良朝における詔書の審署・上表の受納を司る中務省や、供御・宮中の庶務・雑工を司る宮内省の「中」や「内」は、遡りますと高句麗五部の中部に由来する、五世紀の七十年間の新羅占領のときに高句麗から新羅に入ったものを奈良朝での日本列島の新羅占領軍が持ち込んだものだったのです（高松塚に見られる文化と同じです）。

この高句麗の消奴部・涓奴部と伯族とインド西北部との関連につき、別述。

百済にも「五部」がございまして、「百済遣前部木劦不麻甲背（ぜんほうもくらふまかふはい）」（継体紀十年（五一六）五月）「百済大使（おほきつかさ）西部（せいほう）達率余宜受、副使（そひつかさ）東部（とうほう）恩率調信仁」（斉明紀元年（六五五）是歳条）と日本紀にも「前部」「東部」などが、その証拠といたしまして見えております。

＊条辺（じょうのべ）さんという人がおられますが、これは本来は漢字の上では「ジョウベ」だったのでございまして、古くに「上部」から訛ったものだといたしますと、この「条辺さん」も、満州や朝鮮では扶余・高句麗・百済系の王族・貴族の「上部」の出自であった可能性がございます（別述）。

この百済の「東西南北」は、日本列島に亡命して、一時は民間人と化した（北畠親房）遊牧系の百済王族が、亡命民として隠れ住んだところの一例といたしましては、東郷・西郷・南郷・北郷などという地名が、今日でも、九州の山奥の一辺二〇キロメートルの、狭い正三角形の地域の中に、ちゃんとセットで右の四郷（宮崎県東臼杵郡。耳川、五十鈴川、小丸川の各上中流域。一1、別述）が残っておりますところなどからも、推測出来ることだったのです。

他の日本列島各地でも、この名残の「東郷」「西郷」が、地名のみならず、その村の出身者であることを示す人の名といたしましても、少なからず残されております。単なる方角だけではなく、遡りますと、中にはより深い意味（祖先の出自）が含まれたものもあったのです。

この「物＋部」の物部氏が、後に東北の秋田の唐松神社まで亡命することになりますが（一七1）、このことと扶余・高句麗とは繋がっていたということの証明が、日本紀の中にも辛うじて残されていたのです。

と申しますのも、正史日本紀の中に、蝦夷の首師として出てまいります酋長の「足振辺」「大羽振辺」「遠津闇音刀」（景行紀五年八月）につきましては、まず「足振」は「シヌ＝順奴」部のことを表しており、「大羽振」は「タフ＝絶奴」部であり、「遠い・暗男」は「クラオ＝桂婁」部でございまして、これらの蝦夷が、訛っているとは申せ、「高句麗＝日高見」系・扶余穢系のものだということも判って来るからなのです。

そして、右の「辺」につきましても、東北・岩手県北部の一戸（へ＝辺）～九戸及び、右の辺（部）というのも、皆、古くはこの満州の扶余・高句麗の「部＝ホウ」からの流れ（人の流れ）を意味していたからなのです。

古代の人名に含まれます「戸」という言葉につきまして、序でながら、ここで考えておきたいと思います。

飛鳥戸氏を、百済の20毗有王（履中大王のモデル）もしくは24末多王（牟大＝欽明大王のモデル）の子孫（『新撰姓氏録』）としておりますように、「戸＝べ＝部」の付く氏は本来渡来系だったのでございまして（僧正遍照・宗貞と飛鳥戸氏の百済宿禰永継につき、一2）、飛鳥部造豊宗（「御春＝三春」に改姓）は渡来いたしました百済王子昆支の末裔（『日本三代実録』清和天皇、貞観五年〔八六三〕八月十七日）とあり、このことからも「編戸制」というものが、そもそも渡来人を一定の地域に集めたことにその端を発し、その集団が「戸＝べ」と言われたことに由来したものだったのです（部民）。

＊このように、三春の殿様は百済系の飛鳥部氏だったのです。

よって、東北地方に現在も残っております「一戸～九戸」も、古くへ遡りますと、スキタイから満州へと伝わりました、遊牧系の扶余・高句麗・百済系の「戸＝へ＝べ」制度の「牧場」、かつ、軍団「旗」の名残であったものと思われます。

因みに、現在の中国東北部と北朝鮮との国境地帯（鴨緑江上流）

のに地図上に見られます「四道溝(タオコウ)」「六道溝」「一二道溝」という地名や「二道」「三道」という地名も、遡りますと、右の岩手県の「戸＝へ」の制度と同様な淵源に辿り着くと共に、更に遡りますと、昔の満州・朝鮮の扶余の「畜」や高句麗・百済の「部」とも、その思想において共通した表現だったことが判るのです。

さて、この北扶余におけます王朝の伯(ばく)族から穢(かい)族への交替は、北扶余の分派の南下の動き（一五1）、つまり「高句麗」の建国、「東扶余（伽葉原扶余）」の建国、「百済」の建国などともそれぞれ密接不可分に関係していたのです。

という訳で、この「部」の制度を遡りますと、百済の本国の扶余（二4、1、3、5、6）やその兄弟国の高句麗（一五1）に決して留まることなく、更には、北アジアの匈奴（その中でも特にチュルク系の冒頓部）にまでも「遡る」遊牧民の普遍的なシステムだったということが判るのです（更に、「スキタイ＝サカ」にまで遡りますよ）。

（4）今城塚古墳（継体天皇陵）の双魚紋と伽耶の双魚紋の出自――インドからシュメールまでも遡る「神魚＝ニムナ＝任那＝みまな」の謎

さて、世界中に発展してしまいます（繋がっておりますので、これは当たり前のことなのですが）私のお話を、物部氏のモデルも百済王であったことに戻しましょう。

このように、その正史の「蘇我・物部の対立」の文言の裏には、何と、このように「二重の深い意味」が込められていたのです。

そして、道鏡、「光仁・桓武」天皇の世に至り（平安朝の黎明期）、平安クーデターを成功させて新羅系天皇家を倒し、やっと「民間人」としての今までの山奥での居候生活や精々出羽守（三〇2。これすらも疑問がございます）などの地方の長官（守）レベルなどの、百済王族が流浪の地での「肩身の狭い亡命者の身分」から脱して、亡命百済系の人々が、天皇として「王権を握る」ようになりましてから、百済の頃より肌身離さず大切に持って渡来し、やがてその日のためにと百年間余も密かに百済王直系の百済(くだらの)王(こにきし)一族が隠し持ち続けてまいりました「百済王」と「倭王」とを表しますレガリアの「大刀・契」と、これまた、別の意味で「倭王＝伽羅王」を表しますレガリアの「七支刀」とを、目出度く、前者は宮中の倉庫に、後者は当時は百済系朝廷の武器庫でもございました物部氏の氏神の石上神宮へと公式に収めることが出来たのです（これが平安朝の成立でもあったのです。三〇）。

このことから逆に推認いたしますと、このレガリアの公式開示のとき（桓武天皇の次の平城天皇。一六6）までは、実は、百済クーデターは、完成していなかったと見るべきだったのです。この点からも、欠史の点（一七8）を含めまして、桓武天皇の即位には疑問が残るのです（三一2）。

このレガリアの「太刀」と一緒の右の「契」の魚形は、実は、「倭の五王」時代のある時には、百済王が、「金官伽耶国＝インド・アユダ国系の植民市」でもございました「倭国」をも間接的に支配していたことをも徴憑していた重要な証拠だったのです

（一一7）。

つまり、金官（倭）の支配者のシンボルを百済王が預かっていたという形になっていたからなのです。

熊本県の江田船山古墳出土の鉄刀には、銘文のみならず馬や鳥、それに「魚形」も刻まれておりますが、これも百済（蓋鹵王）と任那（神魚）と倭（九州・肥後）との相互の関連（百済＋伽耶）を暗示してくれていたのです。

＊因みに、奈良の「藤ノ木古墳」からも「魚の飾り」の付いた金銅製の沓（右足Aの沓・長さ三八センチメートル）が出土しておりますので、これが「神魚＝ミマナ＝任那＝金官・安羅＝倭」王系の人の墓・陵か、それとも五三二年に倭の金官伽羅を、更に、五六二年には同じく倭の安羅を征服し、そこの金官・安羅・倭の「建国史」と「魚の飾りをシンボルとする後に金姓を名乗る一族」とを吸収し、後に、そのシンボルを持って六六三年の「白村江の役」の後に日本列島を占領し乗り込んでまいりました新羅系の王子たちの墓・陵であった可能性も高いのです。今城塚（いましろづか）古墳の巨大な家型埴輪の屋根の縁に「双魚紋」が見られますが、この古墳がもし継体大王の陵であるといたしますと、「継体＝大伴談＝安羅王＝倭王」であり、この一族は公孫氏の女でもございました卑彌呼の末裔でもあり、越よりインドネシア、インド（アユダ国の地方にはこの紋章が見られます）、地中海のフェニキアのオウドにまでも逆に遡ることが出来る一族でしたので、シュメールの「双魚紋」を海洋民の紋章として有しておりましても、これは決して可笑しくはなかったのです（一八4）。この点、たとえ、今城塚を継体大王の陵と限らなくても、広く金官や安羅や哆唎の倭王の陵と考えましてもよく、この方がこの埴輪の紋章の説明にはより相応しいのです。

又、金官首露王（8孝元大王のモデル）の妃のアユダ国から嫁いでまいりました（三国遺事・駕洛国記）許黄玉の陵の碑の下部にも双魚紋が印されておりまして、黄玉のことを「普州大后」と印しております。この普州牧（慶尚南道中部の郡）の東方は咸安郡と接しておりまして、安羅（倭）の王都（公孫氏の女の卑彌呼が馬韓からここに南下。一〇1）のあったところです。ここは、元は倭（任那）の地でして、百済に譲渡され（又は、奪われ）、居列城とされました（新増『東国輿地勝覧』巻三十普州牧）。この地は、歴史上の姜姓の著名人を多く輩出しておりますので、古くは羌族の本貫である四川・蜀とも関連があったのかもしれません。インド・アユダ国からアッサムを通り、金沙江などを横切って東行し許黄玉と兄の黄宝玉が四川に入ったか、又は、途中メコン河からインドシナ半島（後のチャンパ国）へと南下していったことも十分考えられます。

実は、この魚形（特に相対のもの＝「双魚文」）そのものは、インドのみならずペルシアからオリエントのシュメールにまでも、何千年も遡る海人・海洋民（いわゆる「南倭」の祖）系の独自かつ共通のシンボル（象徴・意匠）でもあったのです（一八9）。

＊これはシュメール文明人の祖でございますアジアニックの「神

人＝オアンネス＝魚人間」にまで遡る可能性を秘めたものだったのです（別述）。

BC三〇〇〇年頃に、アフガニスタンのバタフシャン地方から、シュメールにラピス・ラズリが運ばれておりますが（錫も同様です）、そのアフガニスタン北部の、タジキスタン（ドゥシヤンベの南方）との国境を流れるアム・ダリア沿いの、紀元前後頃の古代都市アイ・ハヌムから出土いたしました耳飾り（盗掘品）にも、この「双魚紋」が見られるからなのです。

「インダス文明」というものが、アッカド人（セム族）に滅ぼされました「亡命シュメール人によって、インドのインダス河流域で築かれ」ましたことは、①ハラッパやその下流のモヘンジョダロなどの古代インドの印章には「シュメール文字」が記してあること、②アラビアとインドの間にシュメール語・アッカド語の「古い地名」が多いこと、③インダス流域にはシュメールやフェニキアと「同じ形」の建物や遺跡が多いこと、④モヘンジョ・ダロ（パキスタン・西パンジャブ地方）で発掘されました印章（シール）の船舶の図柄から推定いたしますと、インダス河流域と西アジアやエジプトとは「交易」があったことが判りますことなどからも、そのことは当然推測されてよいことだったのです（「シュメール文明→インダス文明」は三十年後には通説になるよ）。

しかし、これらのシュメール系インダス人は、BC一六五〇年頃にインド西北部（カイバル峠）から侵入してまいりました、あまり衛生的でない遊牧系アーリア人であるミタンニ人やカッシト人から南に追われたため、南インドやスリランカには、今日のタミール語を残しておりますと共に、その一部は「ドラヴィダ族」とも化し、更に、他の一派は、陸路アッサムやミャンマーから雲南・貴（鬼）州・四川（蜀）、又、揚子江やメコン河（欄蒼江）を下り、海路中国の山東半島辺りへと北上し、上陸し、そこに「殷（商）」帝国を建てることになるのです（二段の殷帝国のうちの、前半部の殷。その証拠に殷の初期の青銅の銅は、その殆どが蜀の銅だったからなのです）。

＊後の、チャンドラグプタ、ビンビサーらのカニシカの「奴隷王朝」は、この「ドラヴィダ人＝インダス人」の復活であったのかもしれませんよ。インダス文字と殷文字との類似性につき、二三1、九3、一七1。

アーリア人から「追っ立て」を受けたインダス人の一部が南方へ逃げスリランカ南西約六七〇キロメートルの「マルディヴ＝モルジブ」諸島から、そこで採取した「宝貝」を、東方へと逃げ、やがて殷人ともなるそのシュメール人の末裔のインダス人の一部でもございます、今日の「ロロ族＝イ族」と交易し、ロロ族などはこれを貯貝器に貯えていたのです。つまり、宝貝は、インド洋のマルディヴから、「亡命インダス人の交易ルート」により、ベンガル湾・アンダマン諸島・ニコバル諸島・メルグイ諸島などを経まして、「ミャンマー経由」で雲南へと、その南方から運ばれていたのです（九3）。

この陸路（東方の二つ）と海路（南方インド洋へ）の大きく分

けて二つ亡命ルートを辿って逃げたインダス人は、互いに交易により常に結ばれていたのです。ですから、雲南におけるその末裔である、今日の「ロロ（羅々(ルオルオ)）族＝イ（彝(イ)）族」の貯貝器に入れる宝貝（貨幣）は、南方に逃げた同族のインダス人から送られて来るマルディヴ諸島産のものでなくてはならなかったのです（インダス系の「象形音節文字」を持つイ族の「イ」はインダスの「イ」）。

ですから、本来の「南倭」と「北倭」は、既に、ここインド出発（亡命）の時点で分かれていたとも言えるのです。ということは、殷の王族でもございました、やがて東胡から北倭の一部とも化してまいります箕子朝鮮の中にもインドの血が流れていたのです。この箕子（姓は「子」のみ）は殷の王族のメンバーでした（「シ」はシンドの「シ」）。

インドから中国へと陸路を辿って亡命したインダスの人々、又は、前述のように、海路で中国へと入った人々、更には、後に追われて雲南・貴（鬼）州へと逃げ込んだ人々で、中国の西南夷の一部ともなりました「イ族＝ロロ族」の祖先が、北磐江・左岸の紅岩山の岩上に刻みました「殷字＝漢字の祖」でございます古代文字もこれらと同系です。

このインドに侵入し、亡命シュメール人のインダス人を、中国などに追放して殷人とさせましたアーリア人は、右に述べましたように、主としてミタンニ人とカッシト人なのですが、このミタンニ人の別派が、セム系ユダヤ人と共同（又は、混血）でパミール高原からチベット高地へと上がり、更に東行し、チベット高地を長年に亘り彷徨した後、四川盆地へと降り、ここで「羌人」から「漢人」へと生まれ変わった可能性も否定はできないのです（別述）。

インドには、この「シュメール系＝今日のドラヴィダ系」の人々の面影も、今日に至るも残されておりまして、それは支配民であったアーリア人の作りましたインド「アジャンタ一六号洞窟」左壁の壁画（ここガンダーラ〔罽賓〕は、遊牧系のクシャン〔貴霜〕人が、人民統治の便法といたしまして、釈迦生誕五、六百年を経ましてから、仏教の偶像化を初めて認めたところでもございました）を見てみますと、そこにはアーリア人風の人のみならず、「中鼻で上唇が反って肉厚」の人種も見られますが（満州・牛河(ぎゅうか)梁(りょう)遺路出土の「青眼の女神像」のような）、これこそが実は、古へのインダス人（その出自はシュメール人だったのですから、このように、当然アジアニックだったのです。ないしは、タスマニア島方面からのアフリカのニグロイドとも当然ながら混血しておりました）だったのです。

＊正に、そのインドからタスマニア島への海路の途中に、雲南への交易品でございました「宝貝」の産地のマルディヴが位置しております。

しかも、次に述べますように、インドから王妃が嫁いでまいりましたこの「金官伽羅＝任那(みまな)海洋民の神魚連合（ギルド）」＝「伽耶ギルド連邦」（南倭）とは、古代インダス文明を築いた人々の末裔である右のドラヴィダ人のドラヴィダ語の「ミ＝神」＋「マナ＝魚」つまり「ミマナ（ニムナ）＝神々に生贄として捧げる魚（人）」ということでそのまま説明が完璧に付くから、実に面白い（説得力がある）ですよね。

しかも、この語を用いた人々は、この語順からも明らかなように、日本人と同じ前から形容いたします「逆語族」なのですよ（太平洋上のブランデス・ライン。後述）。

＊このＢＣ一〇二七年、十一世紀に殷が滅んで周（「姫氏＋羌氏」＝西戎）に替わりましたときに（殷周革命）、南倭の殷人たちが日本列島に亡命し、黎明期の「稲作（陸稲）の弥生文化」を発展させたという面も否定出来ませんし、又、雲南や貴（鬼）州から、弥生人（当時は、揚子江中流・下流におりまして鬯草を献じております）が渡来いたします以前の、「インダス系の殷人」の日本列島渡来ということも、アナタはその視野に入れておかなければいけなかったのです（「インダス語＝ドラヴィダ語」の日本列島渡来）。

「任那」などという言葉は、日本人が日本紀上で勝手に拵（こしら）えた架空の存在にしか過ぎないのだという朝鮮の人もおられるようなのですが、実はドッコイ、そうは問屋が卸さないのでして、この任那という名前も、朝鮮半島南部の「倭＝伽耶」の地域の金石文を探してみましたら、次の通り、ちゃんとそこに残っておりました。

「大師諱は審希俗姓新金氏其の先は任那の王族」（「鳳林廃寺」に残されておりました『真鏡大師頌徳碑』新羅54景明王七年（九二三））

とありまして、「審希氏」＝「新金氏」（「新しい金氏」というくらいの意味でしょうか。しかし、これこそが、その名に反し、本来の古い金官金氏のことだったのです）の出自は、「任那王家の王族」であったという碑文がちゃんと朝鮮に存在していたからなのです。

＊朝鮮半島北部のものと致しましては、鴨緑江沿いの集安の高句麗19広開土王碑にも「任那」の文字はちゃんと見えておりますよ（尚、安羅につき、二〇1）。この碑文の「任那加羅」とは「主たる加羅＝倭人の盟主たる加羅＝金官加羅」を指していたのです。

このように「任那＝朝鮮半島の倭」は、その王族も歴史も、その全てが統一新羅の頃や李氏朝鮮で大竄されてしまった歴史の中に吸収されて埋没してしまっていたのです（掘り出さなくっちゃ）。

統一新羅（慶州金氏）や李氏朝鮮では、後世、大規模な歴史改竄を行いまして（一四1）、朝鮮半島を「倭人＝金官金氏」が支配していたということを隠すため、四一四年に息子の長寿王によって建立されました高句麗の碑文にも見えます任那という国名を悉（ことごと）く抹殺してしまいましたが、残念ながら、右の新金氏の碑のように、今から千百年くらい前までは、まだ、朝鮮半島南部でも右の新金氏の碑「任那」の名も人々の記憶も、ちゃんと倭人の誇りと共に朝鮮内部に生きていたということがこれでよーく判るのです。

この内容の動かし難い金石文である広開土王の碑文には、「倭」「倭人」「倭賊」「倭冠」等が少なくとも九箇所もございまして（尚、昌寧伽耶の銘刀につき、四1）、辛卯の年（三九一年、高句麗18故国壌王七年＝百済16辰斯王（倭王「旨」＝12景行大王のモデル」七年＝新羅17奈忽王三十六年＝東晋孝武帝十六年）以来少なくとも四〇八年（故国壌王十六年）迄の二十年近くも、倭と高句麗とが「帯方界」や「平穣」や「新羅城」等、朝鮮半島のほぼ全域を巡って激しく戦争を繰り返していた事が明らかであるにも拘わらず、何と!!「高句麗本紀」（『三国史記』）におきましては、この倭との戦いの事が全然見えず、そこには精々が百済との戦い（三九二、三九三、三九四、三九五年）と、満州の鮮卑の燕王（「五胡十六国」の後燕の慕容氏の垂王・宝王・盛王・熙王）等と戦争した事しか記されてはいないのです（後世の李朝の朝鮮の学者「のプライド」にとりましては、かつて朝鮮半島の大部分が倭に占領されていたなどという歴史的真相は、到底受け容れ難いことだったからなのでしょう。倭の完全なる抹殺）。

「ミマナ＝ニムナ」という国名は、日本人が作った架空の言葉だと思っている朝鮮の人に、この碑文を一目見せてやりたいですよね。地元にあるのだから見てよネ。どんな顔するか楽しみです。

三村（みむら）（＝ミムナ）さんや新村（にいむら）（＝ニムナ）さんは、この子孫だったのでしょうかしら（因みに、『大韓民国地名便覧』で調べてみますと、今日の日本人の姓の殆どが朝鮮の地名の大字小字に見られるのですよ。ハテナ?・）。

金官伽羅国の初代王の金首露王の妃の許黄玉は、インド・アユダ国ないしはその殖民市の（後世の）インドシナ・チャンパ国（のところ）から嫁いで来ております（『駕洛国記』）が、この夫の金海（キメ）の金首露王の陵のところにまいりますと、この南倭の象徴でもございます「双魚文」の文様が今日でも見られるのです。もしアナタも此処にいらしたら、それは何処にあるか「宝探し」してみて下さい。きっと思わぬところから見つかる筈です。でも、今はもうないかもしれませんが。

更に、この金海のかつての王宮の近くには、ちゃんと今日まで「魚神山」という山までも存在してもいるくらいなのです。

正にこの山の名は「魚・マナ」「神・ミ」、つまり、ミマナ（神魚＝任那）ということを、地名として付けるために、中国的に「魚神」と漢語表現（順語族的表現＝後から形容）して固有名詞化されたものだったのです。

未だ未解読とは申せ、この「ドラヴィダ語＝タミール語＝インダス語」が、何故日本語と同じ「逆語族」なのかということは特に重要なこと（古へのインド―朝鮮―日本）でございまして、先程も申し上げましたように、前から形容し「ミ・マナ」となるのです。「神魚」なんていう表現は、正に、インドのアユダ国王女や金官伽羅の王都に相応しい名前ですよね。

＊百済武寧王に嫁ぎました伽耶（倭）の哆唎の王女が、百済に持ち込みました「双魚紋」線刻の銅盃につき、一二7。

さて、お話を元に戻しますが、このように平安紀の当時は、「石上神宮＝百済神宮」と考えてもよかったわけです。

では、そのレガリアの大刀・契につきましても、次にもう少し深くアナタと共に考えてみることにいたしましょう。

6、平城天皇から現れた百済系倭王のレガリアの謎

（1）七支刀は「故あって倭王〈旨〉となる百済王子」（腆支王）に百済王（近肖古王）から与えられた

大和・天理市の「石上神宮」の七支刀の表・裏には、

「泰和四年□月十一日丙午正陽、造百錬釦七支刀□辟百兵宜供侯王□□□□作」（以上、表）

――泰和四年（三六九年。南朝の東晋太和四年）□月十一日純陽日中のとき、百錬の鉄の七支刀を造った。以って百兵を辟除し、侯王の供用とするが宜しい。□□が是を造る。（以上、表）

「先世以来未有比刃。百済王世子。奇生聖音故為倭王旨造伝不□（示）世」（以上、裏）

――先世以来、未だ見たことのないようなこの刀を、奇しくも聖音に生き（貴王の御恩に依存し）百済王子が故あって倭王「旨」となる。願わくば、この刀が末永く伝わることを。（以上、裏）

と記されておりまして、これにつきましては、日本紀の方にも

「久氏等従千熊長彦詣之、則献七支刀一口七子鏡一面……臣国以西有水。源出自谷那鉄山。……以永奉聖朝」（神功皇后摂政紀五十二年九月十日）

――久氏氏等が、千熊長彦に従ひて詣り。則ち七支刀一口、七子鏡一面。臣が国の西に水有り。源は谷那鉄山より出づ。……永に聖朝に奉らむ。

＊右の千熊長彦の「千熊＝チクマ」という名前は、「筑摩＝東間」ということで、信州の高句麗・百済系の地名と全く同じです（七4ノ11）。

アカデミズムでは七子鏡を含む鈴鏡（殆どが五世紀のもの。七鈴鏡の大きなものは、御岳山古墳〔東京都世田谷区〕出土の内行花紋七鈴鏡。環径一四センチメートル）は、倭鏡独得のものだと言っているのですが、それより古いものが、このように百済王から与えられているのですよ。しかも鈴鏡の出土は東山道の山中及びその先の東国に多く見られるのは何故なのでしょうか？

と記されております。

結論から申しますと、この石上神宮の「七支刀」（茎を加えて七五センチメートル。刀でなく剣）は、その「泰和四年……百済王世子……故為倭王旨造」という「裏書の銘文」の「実質的部分」の分析からアナタにも明らかのように、「故あって倭王〈旨〉となる百済王子」に百済王から与えられたと明示してあるのですから、百済が馬韓からやっと百済に成長した初期の頃、扶余から南

下して馬韓の一国の百済を強力な国家に成長させました「実質初代王」でありますところの13近肖古王（崇神天皇のモデル）が、その二十四年、泰和（東晋の太和）四年（三六九）に至りまして（この二十三年前の、永和〔東晋〕二年〔三四六〕に、百済「実質初代王」の13近肖古王が即位しております。永和〔東晋〕十二年〔三五六〕には、お隣の新羅「実質初代王」の17奈勿王が即位しております）、百済は初めて高句麗の高興博士に文字を教わる（「百済本紀」近肖古王末年〔三七五〕所引の『古記』。二4）と共に（つまり、この頃、百済が当時の高句麗領から、これらのインテリを捕虜・戦利品として連れて来たのです）、この刀の象嵌の文面案を作ってもらい、そんな経緯から、谷那の鉄によってこの七支刀を造り、王都の土地を分けてくれた倭に（頼まれて）王子を送り込むと共に、その倭王に三七二年に与えたものだったのです。

＊当時の百済の王都は、漢江の辺りの広州古邑（南漢山北麓）であり、銘文にございますこれより西の大河とは、臨津江と礼成江であり、この上流は黄海道・谷山郡ということになります。この谷那は、次に申し上げる記録から考えますと、その前年の三七一年に百済が北進し、当時の高句麗領に侵入した際に、臨津江・礼成江の上流の谷那鉄山（黄海道谷那郡。古名、谷山）を奪ったものだったのです。「礼成江……南流至谷山之東」（『文献備考』山川）、「谷山郡、本高句麗十谷城……一云谷城一云古谷郡……高麗改谷州」（『東国輿地勝覧』）。因みに、これは、後述の応神紀八年三月に見られます南鮮の「谷那」とは全く別ですのでアナタも混同なさらないようにご注意下さい。

右の『東国輿地勝覧』におけます高句麗語の「十谷」は「徳頓＝トタニ」で、「十＝ト」でございますので、千三百年前の高句麗語と今日の日本語とで、その数詞が全く同じなのです（一七5）。

実は、先程の刀を「七支刀」と言うのは可笑しいのです。と申しますのは何故かと申しますと、もし、曲がった「枝＝支」を中心として表現いたしますと、「主幹は一つ」「枝は六つ」なのですから「六支刀」と言わなければいけないからなのです。「七支刀」では「切っ先が合計八つ」になってしまうからです。きっと、日本紀の作者が記した通りに、何らの疑問も抱かず「鸚鵡返し」に今日に至るまで「七支刀」と漢字の通り口に出して来たのでしょうが、鞘の数は七つなのですから、そうだといたしますと、「七つ鞘」と言わなければいけなかったのです（日本紀の本文の「ルビ」だってちゃんとそうなっているでしょ）。そうだとしたら、もうこの漢字は「七鞘」と改めるべきなのです。

更に、その名に関しても疑問は続きます。これは、誰が見ましてもこれは「両刃」なのですから、決して「刀」などではなく「剣」そのものなのです。ですからこれは、「支＝枝」を基準といたしますならば「六支剣」とでも言うべきだったのです。アナタはどうお思いでしょうか。ですから、説明のテキストでは、六支刀こと「七鞘剣（七つ鞘の剣）」と改めるべきなのです。

ところで、一体この七支刀は、近肖古王（崇神のモデル）から誰に与えられたものであったのかと申しますと、ここが肝腎な点でございまして当時、朝鮮半島におりました、いまだ百済近肖古王の一王子だった頃の倭王「旨」つまり後の「百済16辰斯王」（12景行大王のモデル）に与えられたものだったのです。

その頃、「南下してくる高句麗と、百済が戦うに際しまして」又は「戦って、百済が一時は勝利したこと」を記念して、又は、そのとき「南朝鮮（百済とは陸続き）の強国でありました倭が、協力してくれたこと」や「百済と北の高句麗との戦いの際に、不穏な動きをされては困る背後（南）の伽耶、つまり、当時倭のメンバーでもございました、倭の盟主金官伽羅以外の他の伽耶六国を、高句麗の餌に釣られて夫々の意思でバラバラに動かないようにと、倭（金官＝倭の盟主＝南伽羅＝アリヒシノカラ）王が百済支持の立場で押さえてくれたこと」などに対しまして、心から感謝して、当時はまだ百済王子でございました「辰斯王＝景行」が海峡国家の「倭王＝金官王」となっていた（入り婿的に）、又は、倭の提督となるに際しまして、倭王を表すレガリア（お墨付き）として与えられた物（三六九年造）であったのです（一8）。

＊倭は、元々は、インド十六王朝の主要国の夫々の植民市として、半独立国の連邦制を構成しておりましたので、結合強化のために、その上に大統領的役割を期待して、百済王子に、倭連盟の王としてその冠の役割を果たさせていたのです。

これは、かつて、「遼東半島の公孫氏の度王の娘」（一応は中国人）でございました卑彌呼を、海峡国家（朝鮮半島と日本列島に跨る）倭連合統率の冠（キャップ）としての女王になっていただいたことと、同じ思想によるものだったのです。

それとは話が前後いたしますが、かつての百済成立の初期には、金官伽羅の蘇我氏の方も、百済「木氏＝真氏」として、百済佐平（宰相＝大臣・総理。但し、宰相・大臣レベルと百済史上では表現されてはおりますが、実は、その中の一、二名の金官王は、百済とその時々の力関係により、場合によりましては、宰相どころか、実質的に百済の国王をも兼ねておりまして、両国はギブアンドテイクの関係にございました。双方交叉王制）の位につき、百済の統治・政治にも深く関与しておりましたことがございました（二8）。

ですから「これらの時点」におきましては、新興国家の百済と強国の倭とはほぼ「一体」であったと考えてもよかったのです。アメリカ合衆国の大統領を各州が決めるのに、話がまとまらないため、イギリス王子を冠として招聘したとでも言えば、アナタには判り易い（そのときの真相に近い）のかもしれません。

それに、この紀州の「紀氏＝木氏＝キ氏」とは、金官伽羅の「金氏」のことをも表していたからです。と申しますのは、古代朝鮮では「審希＝新金」氏であり（前述『真鏡大師頌徳碑』）、そういたしますと、正に、「金＝希＝キ」であり「キ＝木」でもあったからなのです。

早い話が、これは、出来立ての頃の百済と金官伽羅（倭）との会話だったのです。

そして、ここには更に、大変興味深いことが隠されておりました。と申しますのも、百済史によりますれば、16辰斯王八年（三九二）十月、この王は十日たっても帰ってこなかった（十月）、そして、十一月に王（王子の頃の辰斯王＝景行のモデル）は狗原の行宮で死んだ（十一月。「百済本紀」）とされておりますが、このことは、実はこのとき辰斯王が「倭（南鮮又は九州）へ行ったこと」の表現でもあったのです。

＊尚、この頃は、その次の、王子の頃の「仲哀大王のモデル＝腆支王」も、同じように倭・金官へ行っており、本国の百済で王が死ぬと、戻って百済王となっております。この頃は、百済の国力も精強になり、かつてのように「質」（この頃は両国の結合の「冠」として。しかし、平安紀ではこれが「質」と改竄されてしまっておりますので、アナタご注意を。又、この後の五世紀後半になりましても、先程と「ほぼ類似の意味合い」で、百済王家の血統滅亡への保険（万一、高句麗が百済王家を滅ぼした場合の血統の保全）として倭へ百済王子が行っております。例、昆支王子＝顕宗大王（ヲケ）のモデル）として倭国へ行くのではなく、このような経過を辿る百済王への「昇進のコース」もあった、つまり、今日で例えて申しますと、やがて天皇となる人間が、若い皇太子の頃に英国に留学することに近かった（しかし、平安紀上では、前述のように「質」とされてしまっていた）、と考えてもよかったのです。

その証拠といたしましては、何故かこの王の死んだ「行宮」の場所の狗原が当時の「倭・金官の領域の中」（と申しますのも、その証拠は、この地を「新羅」が奪うのが、五三二年の金官伽羅国の滅亡のときからだったのであり、「百済」が奪うのは、それよりもずっと後の、六四二年の新羅との「大耶の戦い」のときに至ってからだからなのです。と言うことは、この行宮のございました狗原が洛東江西岸地帯ということになります）にあったのみならず、かつ、ここの名である「狗＝ク」と表示された場所そのものが朝鮮半島南端の釜山（倭の九州部分への渡り口）の近くの、今日の金海＝後の「アリヒシノカラ」＝倭の盟主のこと（勿論、この狗原の狗は、かつての狗邪韓国の「狗＝大＝クジャのク」のことです）を表していたからなのです。

＊このことは、なんとなく古ーい昔の温祚と沸流の二人のうちの「沸流の日本列島への渡来」のパターンともどこか似ておりますよね（一七1）。

百済13近肖古王の世に、辰斯王（王子）が倭へ渡来して（とは言え、この当時の倭は海峡国家ですので、場合によりましては朝鮮半島内の陸上の移動だけのことであったのかもしれません）、12景行大王として、南韓のみならず筑紫を中心といたしまして海峡の両端を支配していたのです（二8）。

もしかすると（多分、そうでしょうが）、この辰斯王（景行大王のモデル）が「百済王子＝倭王」の頃、南朝鮮地域の倭（鉄の生産と独自の海軍とを有しておりまして、かつ、半独立国家の集まりでもございました小国の連盟）の盟主に素直に従わない金官と安羅以外の伽耶諸国を制圧いたしましたことが、日本武尊の物語の東征・西征のモデルとなっていた可能性も強ち否定は出来ないのです（モデルは朝鮮半島だった）。

と申しますのも、「倭王武＝雄略」の宋への奏上文の、祖先が「海北を平らげ」たと表現されておりますことは、一見、今日から見ますと、日本海を渡ったことのようでもあるのですが、実は、そうではなく「海峡国家」である倭国の朝鮮半島南部からスタートして、「海路」により更に、朝鮮半島中部・北部をも攻略したということを、このことは示していたからなのです（後述）。

＊逆に、高句麗の方も、朝鮮史によりますと、新羅に入った倭兵を、「海路」で行って征圧したりしておりますよ（広開土王碑）。

そして、この頃は、金官国（倭の盟主）側からの要請に基づきまして、百済王室から、冠としての海峡国家の倭王（辰王＝鮮王）が選ばれて派遣されて来ていたからなのです（何らかの理由によりまして、そうしないと、伽耶（倭）内部がマトまらなかったから。まるでかつての倭国連合のキャップの卑彌呼のようですよネ）。

(2) 日本紀の天皇系図の継ぎはぎは、モデルとなった百済王系図の分析からも判る

百済王系図上、この「近肖古王のところから」は、それまでの前王までとは異なる王系図の継ぎはぎが見られまして、百済本紀自体の王系図が、どうしたわけでしょうか、「前王」である12契王とは異なる（異質の）「前々王」＝「11比流王」の第二子となっている（つまり、ここで百済王家に断絶が見られる）ことから考えましても、このことは百済王系図自体の分析からもある程度は推測可能なことだったのです。

百済12契王は、実際には百済・扶余には「不存在の王」で、そのモデルは金官国・居登王、かつ、この王は日本紀の9開化大王のモデルともなっております王でしたし、更に又、この前の百済11比流王のモデルは百済王ではなく扶余国王・麻余に過ぎず、かつ、これは日本紀上での3安寧大王のモデルともなっている王であると考えられるところからも、日本紀の大王系図上での9開化大王から（異質の）10崇神大王への系図上の移行ということは、その前に引用された「金官（倭）王系図上の王」から本来の「扶余・百済王系図上の王」への移行（系図上、又元に戻った）ということを示していたことにもなりまして（一3、二1、一六1）、この点、日本紀上の大王系図におきましても、ここのところが、百済建国史上における（異質の）扶余王引用の上作成されました王系図と、パラレル（同じ）で「異なる王系図の継ぎはぎ」となっていることが判るからなのです（彼此同一）。

そして、この百済初代王の13近肖古（余句＝「アグリー・シャー姓＝昔氏（物部氏）系」の句王）から初めて中国の東晋へ遣使（三七二年）がされておりますことから考えましても、百済におきましては、この13近肖古王からが、それまでとは違った「新しい王朝」であったと考えられるからのです。

＊但し、このときは単なる「楽浪太守」の位が東晋から認められたに過ぎませんで、正式に百済王と認められたのは、その長子の17阿莘（華）王（13成務大王のモデル）が三八七年に「鎮東将軍・百済王」の称号を貰ってからのことだったのですよ。日本紀上の「成務大王と日本武尊との関係」は、そのモデルともなりました百済史上では、「碟礼と碟礼に殺された訓解との関係」に相当いたします。日本紀作成上では、この百済三兄弟の内の「18腆支王＝14仲哀大王」だけを他の二人より一代繰り下げて引用してしまっておりましたので、アナタに判り難かったのです（後述、本節）。

ですから、早い話が、百済という国は「13近肖古王＝10崇神大王のモデル」から成立し、「17阿辛王＝13成務大王のモデル」の前後から初めて、中国の東晋から百済王と認められたということに過ぎなかったのです（二４）。

私の考えでは、その前には百済史は馬韓には存在しなかったのでございますし、又、皆、「扶余史」と「金官史」を流用して作られたB系図（三二2＝一3ノ1②の王系図）に過ぎなかったのでありまして、仮に、そこに何らかの実在が認められるといたしましても、それはそれまで（百済の来る前）馬韓の構成国の一部でございました、伯済とは又別の、その前に馬韓に存在しておりました他の数十の部族国家の個々の歴史からの「引用」に過ぎなかったからなのです。

（3）『百済記』を引用する応神紀と継体紀との自己矛盾は何故起きたのか

そこで、次に、この頃の東アジアにおける国際情勢を見渡してみますと、三六九年（これは神功皇后摂政紀四十九年〔二四九〕より干支二運・百二十年下げたもの）に百済は高句麗の侵入を受けたのですが、このとき百済初代王のこの近肖古王・イリ（崇神大王のモデル）は、三七一年に「王とその太子と倭軍（金官軍・安羅戍兵）」などの三万人の協力体勢を作り上げることが出来たが故に、侵入してまいりました高句麗軍を北へ攻め返し、逆に、平壌城では高句麗の故国原王（三三一〜三七一年）を殺して勝利を収めることが出来たのです。

また、日本紀によれば、倭王が新羅を破って平定しましたが、その際、この比自火国（「藤原・中臣氏」の一部である「ナガ族」本貫である昌寧伽耶。四1。「魏志」辰韓条の不斯国に同じ）などの伽羅七国（右の比自火〔昌寧〕に加えますに、南伽羅〔金海〕、喙国〔慶山〕、安羅〔咸安〕、多羅〔陜川〕、卓淳〔大丘〕、伽羅〔この頃は、高霊〕）の伽耶内部の紛争（内乱）をも平定し、その際に済州島・忱彌多禮（トムタレ＝耽羅＝トムラ＝田村＝済州島）をも討って、

「屠南蠻忱彌多禮、以賜百濟」（神功皇后摂政紀四十九年〔三六九〕三月）
――南蛮の忱彌多礼を屠さきて百済に賜ふ。

とございますように、そのトムタレを百済に与えておりますので、

この七支刀は、百済への援軍にプラスして、その返礼をも兼ねていたのです。

＊ここに日本の正史でありながら、南鮮の金官のことを「南」の南蛮と表現しておりますところに、日本史のライターとしての百済人の意思が見え隠れしてしまっていたのです。と申しますのも、日本列島からですと、どう見てもここは「北」なのですが、百済から見ますと「南」ですからネ（これも、語るに落ちるというヤツ）。

実は、このところでも、日本紀のお手本となりました『百済記』（逸史）の改竄（日本列島で「改竄」もしくは「新しく作成」されたこと）の証拠が露呈してしまっていたのです。

と申しますのも右に加えまして、応神大王八年のとき（年代は別といたしまして）

「阿花王立无禮於貴國、故奪我枕彌多禮……谷那、東韓之地」（応神紀八年三月註の『百済記』）

――阿花王が立ったが、六年丙甲（三六九）、高句麗に服従して（『高句麗好太王碑文』）貴国（倭）に無礼を働いたので（无禮（みやなし））、百済が支配していた沈彌多礼・東韓の地（ところ）が倭に奪われてしまった。

＊但し、右の谷那（こくな）（高難・谷城）は、前述の「七支刀」の鉄を産出いたしました「北」の谷那とは異なりますのでご注意下さい。

と百済記を引用して、如何にももっともらしく述べているにも拘わらず、その更にずーっと後の時代であります継体大王二年のときになりまして、そこに、

「南海中耽羅人初通百濟国」（継体紀二年十二月）

――耽羅人（たむらびと）（＝田村人＝田村さん）、初めて百済に通ふ（かよ）。

との記載がございますところからも、明らかに日本紀は自己矛盾を呈していたからなのです。

勿論、前者（応神紀）は後者（継体紀）の「投影」に過ぎなかったのです。出来事の年代を百二十年も古く（干支二運。五〇八年→三六九年）してしまっていることに加えまして、このような「自己矛盾した証拠」（応神朝と継体朝との事実が同一）を突きつけられましても、アナタはまだ『日本書紀』を正史、かつ、史実として盲信することが出来ますでしょうか。

このように日本紀のみならず、そこで引用されております逸文の朝鮮史（ここでは『百済記』。本当か！　元々が架空だったのでは！）すらも改竄・新作しているくらいなのですから（一七2）。

序でながら、ここで仁徳（「倭の五王」の讃）の記載の矛盾についてもお話ししておきましょう。

「以豊城命令治東是上毛野君下毛野君之始祖也」（崇神紀四十八年四月）

と上・下に分化された毛野国が既に崇神大王の代に正史には記されております。

しかし、この毛野国に付きましては、

「下毛野国造　難波高穴朝御世元毛野国分為上下豊城命　四世孫奈良別初賜国造」（『先代旧事本紀』十巻本「国造（くにのみやつこ）ノ本紀（ふみ）」）

――仁徳大王のときに毛野国を上下に分割し……初めて国造に定(さだめ)賜(たまふ)。

とございまして、旧事紀では、もっと後の仁徳の頃（五世紀前半）とされております。

＊ということは、旧事紀も日本紀とパラレルに改竄されておりましたことを示しております。

しかしながら、この後、この上下の毛野国は正史には一切登場せず、やっと正史上に出てまいりますのが、何と、

「……上毛野君…下毛野君……凡五十二氏賜姓日朝臣」（天武紀十三年〔六八四〕十一月）

というように、天武天皇の六八四年という七世紀後半のことなのでして、この間（仁徳から天武まで）は正史の分析上も「真空地帯」となっていたのです。

ということは、正史によりましても「壬申の乱」（六七二年）の後（私の考えでは、新羅の独占支配体制が固まってから）毛野国の上下分割が行われたと見るべきだったのでございまして、このように、崇神大王のことも、仁徳大王のことも、皆正史はいいかげんだったのでして、やはり、その真相は、崇神大王は百済初代王13近肖古王をモデルにして作られた大王、仁徳大王は「倭の五王」の讃のことで、金官7吹希王に嫁いだ百済19久爾辛王の女であったのです。

ということは、又、崇神大王につきましては勿論のこと、仁徳の頃の出来事につきましても、日本列島で生じたものではなく、主として「海峡国家」でございました倭国の朝鮮半島部分で生じた出来事を「翻訳」して記したものに過ぎなかったのです。

（4）光仁天皇は本当に即位出来たのか――「大刀・契」が世に出るのは平城天皇の「践祚の儀」（八〇六年）から

さて、お話を七支刀のことに戻しますが、先程のレガリアとしての「七支刀＝六支剣」や「大刀・契」が再び世に出ることが出来ましたのは、本国の百済が朝鮮半島で六六〇年に滅び、日本列島にその王族が渡来し、やがて、それまで民間人（正史上でさえ、精々が出羽守。当時、本当に「守＝カミ」レベルであったのかすらも疑問です）に過ぎなかった、亡命百済王(こにきし)（文鏡）である光仁天皇が、藤原式家（秦氏）の助力により新羅系の奈良朝の天皇家から天皇家を奪い取った更にその後の桓武天皇の、その又次の平城天皇の「即位の時」になってから（当然、平安朝になってから）初めて（やっと）執り行われたことだったのですよ。

＊より正確には、「即位の礼」と分離された「践祚の儀」から（これは桓武天皇の崩御の大同元年〔八〇六〕なのです。

ここで、アナタのために、凄く面白いことを付け加えてサービスしておきましょう。

「天皇崩於正寝。……皇太子哀號擗踊。迷而不起」（『日本後紀』桓武天皇、大同元年〔八〇六〕三月十七日）

このように、この父・桓武天皇の死（天皇崩於正寝春秋七十）に際しましては、皇太子（平城天皇・安殿(あて)）が、何と！「哀號(アイゴー)」

と「正史上」で叫んでおります。これは正に「朝鮮人の悲しみ叫ぶ声」と、全くの同音、かつ、固有の表現なのですよ！　アララのラー！　桓武天皇とその皇太子の「安殿＝平城天皇」が、正に、「朝鮮人＝百済人」そのものであったことを、正史自らが暴露しているのに等しいではありませんか！　これこそが、正に、「語るに落ちる」自殺行為と言うやつですナァ。

＊因みに、この日（三月十七日）には「遣使固守伊勢。美濃。越前三国故関」とあり、三関を閉じております（何故なのかは、四7ノ13）。

そして、このとき、

「璽并劒樻奉東宮」（『日本後紀』大同元年三月十七日）

とありますので、「璽＝玉剣の二種（神璽三弁）」と「剣樻＝大刀契」を春宮に奉っていることが判ります（鏡は？）。

因みに、仁明天皇の死（崩於清涼殿春秋「卌一＝四一」）に際しましても、皇太子（文徳天皇）に対し、

「齎天子神璽寶劒符節鈴印等奉於皇太子直曹」（『続日本後紀』嘉祥三年〔八五〇〕三月廿一日）

とされており、この慣行が相変わらず維持されております。

この「大刀契＝伝国璽」は、古代中国（秦～唐）では、これがないと皇帝を名乗れないというくらい重要なものだったのです。

又、この「符節」とは「大刀契」のことでありまして、ここでは「鈴印」も具わっております。

大刀契とは、「大刀＝刀剣」と「契＝金銅製魚形割符」のセットのことでありまして、元来これらは百済国王の王位を象徴する宝器とも言われ、百済最終王の義慈の王子で余豊璋（天智大王のモデルの二分の一）の弟の善光（禅光）が斉明六年（六六〇）に日本列島への亡命に際し持参して来た物だったのです（善光の一族に、初めて百済王の姓が与えられましたのは、正史では持統朝〔架空〕とされております）。

その次の文徳天皇の死（帝崩於新成殿）に際しましても

「齎璽印樻等奉入直曹」（『日本文徳天皇実録』天安二年〔八五八〕八月二十七日）

とされております。

新羅系の「奈良天皇家」は、サルタヒコ系の、伊勢の秦氏の神社を乗っ取り、そこに、紀伊の「日前社・国懸社」の「天日矛＝鏡」より上位のものといたしまして、「サルタヒコの宮」から改造いたしました「内宮」を新しく付け加え、その内宮と外宮とを合わせまして名を伊勢神宮とし（一五1）、アマテラスの化身として造らせました（後に造られたものでございましたが、美しいので、古いものに優先して選ばれたという、曰く因縁付きの）「鏡」を特に重視いたしましたが（『古語拾遺』では、初めに鋳たるは「少に意に合はず＝些か心に適わず」ともされております）、その後のこの亡命百済王家である「平安天皇家」におきましては、何故か鏡は捨てられ、これとは異なり、この中国的な発想に基づく「大刀」の方をより重視するように変わってしまったのです。

＊因みに、美作国一之宮「中山神社」の祭神の鏡造りのイシコリ

ドメ、天日矛と妻のアカル媛、天日矛の鏡、安羅王＝倭王、金官伽羅国の金勢漢王＝孝安大王、征服された吉備の鉄民の温羅、紀伊の日前社・国懸社などは、皆、アナタには見えない糸で繋がっていたのです。

このように、天皇の即位に必要とされました「三種の神器」と一言で申しましても、時代によりポイントが全く異なっていたのです。

＊ここでアナタに特に注意していただきたいことは、かつて皇位継承には絶対に必要でございました鏡（大宝令）が、いつの間にか三種の神器から外されてしまっていることなのです。

それは次の通りです。

「近きは忌部鏡剣を奉ること、天長以来その事なき由」（権大納言・藤原行成〔一〇二七年没〕の日記『権記』）

「忌部、神璽の鏡剣を奉ること……近代此事なし」（大江匡房、〔一一一一年没〕の有職故実『江家次第』）

とあり、前述の平城天皇即位の『日本後紀』の文と合わせてみますと、鏡が消え、ここでは皇位継承の神器が、「鏡と剣」から、いつの間にやら「玉と剣」へと様変わりしてしまっていることが判るからなのです（この象徴・シンボルの変化こそ、ズバリ、「王朝の交替」を示していてくれていたのです）。

＊これは、奈良朝での鏡を重視（天武天皇の造った伊勢神宮・内宮の天照大神のご神体は「鏡」でした。伊勢神宮と日前社・国懸社との鏡の優劣の争いもございました）する奈良朝新羅系天皇家から、最早鏡など重視することはしない平安朝百済系天皇家へと変わってしまったことの、とても大切な証拠の一つでもあったのです（七４ノ51）。

実は、このことは祝詞の成立時期による形式の分析からも、何故、平安期に入ってから、特に、仁明天皇の承和年間〔元年が八三四年〕以降に変質が見られ、それ迄は伊勢と他社とは峻別され、伊勢は特別な扱いであったにも拘わらず、「伊勢神宮の地位の相対的な低下」が見受けられるのかということともちゃんと整合していたのです（四3、七４ノ51）。

更に、延喜式の祝詞の三段階の変化（天武より前、天武以降、平安期の仁明天皇以降）と、「高天原」系神話（別述）の変化（神話の原形が六世紀中葉に成立し、それが七世紀後半〔天武以降〕にアマテラスを中心として「天岩戸神話」等として再構成されていること）とも関連していたのです（三宅和朗）。

これらの変化は、「白村江の役」後の唐・新羅の日本列島占領、そして、それに続く「壬申の乱」からの新羅独占支配、そして、百済系の平安朝の成立という各時期に生じた各々の変化であるとも言えるからなのです。

次に、「契」につきましては、これは海洋系の「金官・安羅」＝「倭」王家のシンボル（双魚紋）ですから、倭国を武力で征圧して（白村江の役）日本国を作りました新羅天皇家にとりましても、又、クーデターで転覆して日本国の王権を奪いました（井上皇后の幽閉と暗殺。二六1）百済系天皇家にとりましても、共にその支配権を主張する為には大切なものであったのです。

このように、この大刀や契の儀式が平城天皇の即位から行われたということは、とりも直さず、百済亡命政権が完全に樹立されその基盤が固まったといえるのは、桓武天皇の即位の、その又更に後のことであった（実は、それまではまだ、百済亡命政権樹立に対する余波とも申せます反抗・紛争が、日本列島の各地で続発し、前王朝の新羅系の人々及び倭（伽耶）人は完全には鎮圧されてはいなかった。七4ノ50）ということを示していたのです。

それまでは百済の亡命者たちは、百済王の象徴のレガリアと共に、百済から下賜された倭王の象徴たるこの七支太刀をも密かにかつ大切に、その来るべきその日、百済亡命政権の樹立の日（平安朝の到来）のために備えて、百年以上もの間忍耐強く隠し持っていたものだったのです（一2）。

＊百済クーデターの完了は、七七三年の、天武天皇（新羅・文武王がモデル）の直系である井上皇后の廃后と、他戸(おさべ)皇太子の廃太子の後の「幽閉のとき」、と考えておりますので（二六、三〇）、百済王一族の雌伏の期間は「七七三年マイナス六六〇年イコール一一三年」ということになるからなのです。

唐が、「白村江の役」の後、新羅の監督の下、百済を「朝鮮半島から日本列島」へと「お国替え」（！）させたのだと、アナタが単純、かつ、素直に考えたといたしましたならば、それも結構「的を得て」おりますヨ。そうだからこそ、「壬申の乱＝新羅の唐排除の日本列島独占支配」につきましての、唐から新羅への責任の追及も甘かったのです。

因みに、先程、平安朝の百済系天皇家のレガリアに触れました序でに、ここで白鳳・奈良朝における新羅系天皇家のレガリアについても考えておくことにいたしましょう。

「右日並皇子常所佩持賜太政大臣　大行天皇即位之時便献　大行天皇崩時亦賜太政大臣薨日更献後太上天皇」（『東大寺献物帳』正倉院）

——右は日並(ひなみし)皇子（草壁）が常に佩持したまひた所にして、太政大臣（不比等）に賜ふ。大行天皇（文武）即位の時献ず。大行天皇崩じたまひしとき、又、大臣に賜ふ。大臣薨(こふ)ずる日に更に後の太上天皇（聖武）に献じた。

とございまして、草壁皇子の所持していた黒作懸佩刀(くろつくりかけのはいとう)が、やがて不比等の手を介して、文武天皇（珂留＝軽＝カル＝加羅）から皇太子の頃の聖武天皇（首＝オビト）へと伝えられたとされているところからも、この刀が新羅系天皇家の皇位の象徴（レガリア）であったと思われますと共に、更に、この草壁も奈良紀においては天皇（皇帝）とされていたことを、この刀の伝授がちゃんと示していてくれたことにアナタは気が付かなければいけなかったのです（二五）。

＊百済から平安天皇家へと伝わった平安天皇家のレガリアであった「大刀契」につきましては一五6必見。

(5) 百済の成立から滅亡まで

　さて、ここで百済の成立から滅亡までを、復習の意味でマトメてみますと、「百済＝伯済」の成立は、実質的には13近肖古王（三四六～三七五年）か、その次の14近仇首王（三七五～三八四年）の頃からでして、これが16辰斯王（三八五～三九二年）の三八七年に、東晋より国際法上も百済王として認定され、四七五年に高句麗に漢城を奪われ21蓋鹵王（四四五～四七五年）が殺され、ここで一度百済は滅び、その王子でありました22文周王（四七五～四七七年）が都を南の熊津（公州）へと移し（この間、四九四年に高句麗は百済の母国の扶余を滅ぼしてしまっております。これで、母国の扶余の歴史乗っ取りは完了ということになります）、更に、五三八年には26聖王明（五二三～五五四年）が、再度、都を扶余（南扶余＝泗沘）に移し（この同じ年に、百済聖王明は仏教を倭国へと伝えております）、そして、六六三年「白村江の役」で、百済仮王の余豊璋のとき、百済は「朝鮮半島では」滅び去ってしまったのです。

　が、しかし、八世紀末に至りまして、唐により日本列島に「お国替え」させられて以来、その時まで新羅の監視下にございました「百済の亡命王族＝民間人」は日本列島におきまして、奇跡的に「日本国・天皇」として不死鳥のように蘇ることが出来たのです（百済のお国替え＋民間人から支配者へ。三〇1、2、三一1、2）。

　このように、建国（漢江北岸→やがて、南岸へ）漢江（三八七～四七五年。この間、約百年間）→熊津（四七五～五三八年。この間、約六十年間）→南扶余（五三八～六六三年。この間、約百二十年間）→滅亡と、朝鮮半島での百済の一生は、実はたったの三百年ぐらいに過ぎなかったのです。こうして見てまいりますと、百済の存在は、思ったほど長くは無かったのですね（江戸時代より少し長いくらいだった）。

　＊そして、右の百済の南下は、その反面、「倭の朝鮮半島部分での縮小」の歴史でもあったのです。つまり、半島の「パイの大きさ」は同じなのですから、百済が食べた分を引き算しなければいけなかったからなのです。

(6) 七支刀が下賜された真の理由

　さて、遡りますと、このレガリア「七枝刀」は「倭王12景行＝倭王「旨」（モデルは後の、百済16辰斯王の王子の頃の姿）が壬申年（日本書紀では二五二年、これを干支二運百二十年元に戻すために下げまして）三七二年に受領したものだったのです（神功皇后摂政紀五十二年）。

「百済王世子……故為倭王旨造」（七支刀裏面の銘文）

　この七支刀の意味いたしますところは、先程もお話しいたしましたように、まずはその当時（三六九年）、海峡国家でございました金官（倭）ないしは金官（倭）の本国の豊国へ婿入りして倭国の象徴としての倭王（冠）となりました、「倭王＝百済王子」が伽耶七国を平定いたしました記念の意味が含まれていたのです。

*かつての卑彌呼につきましても、このパターンは同じだったのでございまして、卑彌呼は中国の公孫氏の娘でしたので、倭（加邪）連合の象徴（巫女）としての王位に、倭の酋長たち（後世の史書による「ニギハヤヒ＝天日矛」や「ナガスネヒコ＝名草戸畔」や「安羅王＝大伴氏」や「金官王＝蘇我氏」の祖先などの一族。昔氏、朴氏、金氏など）から祭り上げられていたとも言えるのです。更には、建安年間（一九六～二二〇年）に、公孫氏の支配に服しました韓や倭が（『魏書』韓条）、公孫氏から天下り先として倭と韓の女王を押し付けられたのだという見方も出来なくはございません。この場合、「満州の中国人＝魏王家」の認識といたしましては、韓とは朝鮮半島中部の倭人種を指し、倭とは朝鮮半島南部と日本列島、それも主として九州と山陰の倭人種を指しておりました。倭人の大陸からの移動。

この伽耶七国とは比自火（昌寧）、南伽羅（金海）、トク（喙＝ロク＝慶山。トクロク）、安羅（咸安）、多羅（大良・陝川）、卓淳（大丘）それに伽羅（高霊）のことでして、神功皇后摂政紀四十九年の右の記述上は、これは二四九年のことですので、実年代は干支二運下げました三六九年のことだったのです。六つの支国と、その本体の金海・金官国（倭の盟主）で七つ。その意味で申しましても、やはり「七支刀」ではなく「六支刀」と申しますのが、その形の上からも正しかったのです。

そして、更に、それのみならず、この七つの枝の思想の基底には、自称・秦の亡民である秦氏の祖先（これは、必ずしも秦韓人とは一致いたしません）が西アジアから持ち込んだ「ユダヤ七聖樹」の思想ないしは景教（ネストリウス派）の思想（山城の〔秦氏系、しかし古くはニギハヤヒ系〕京都・木嶋坐神社の「三つ鳥居」）などの呪術的な意味も込められていたのです。

因みに、七支刀に見られますこの思想の流れは、古くから広く北ユーラシア大陸全体に広がっておりまして、セリクープ人のシャーマンの太鼓に描かれた「世界樹」やヤクート人の白樺の煙草入れに描かれた「シャーマンの樹」（上に鳥が止まっております）、ナーナイ人の「シャーマンの樹」などにも「七支」が見られますので、この聖樹は「鈴や剣」と共に、古くからの北ユーラシアの狩猟民などのシャーマンからの共通の流れであった可能性も高かったのです。

*平安（現行）日本紀はあくまでも百済王家（亡民ではありましても）の立場から書かれておりますので、これらのモデルは、逆に、百済王子である金官（倭）王が、伽耶（金官と安羅以外の倭）が内部分裂の危機に瀕し、反乱が起こりそうになったときに征圧したお話だったのです。

この扶余の一部が南下して百済が作られました頃（四世紀中頃）から、伽耶諸国も新しい象徴を頂くことの必要姓を感じ始めまして、それまで各国が一匹狼でその連盟に過ぎなかった伽耶（倭）が、段々マトマって（統一されて）来ることになるのです。

この中の比自火国（四1）は「藤原＝中臣氏」（朝鮮半島を南下した扶余の亡民や秦氏や朴氏、その他金氏などをも含む、朝鮮半島の段階におきまして合成化された氏族）の朝鮮での本貫でございまして、このとき（三六九年）から、この昌寧伽耶は、倭王の盟主（つまり百済王子の入った金官国）の支配下に入っていたのです（四1）。

（7）倭が海を渡って百済を破った（高句麗広開土王碑）——新羅占領の高句麗軍を追放しての「新羅の解放」と「百済の再興」

この西暦四〇〇年前後における国際情勢は実に複雑なのですが、「倭（金官）と百済の関係」を見ていく上でどうしても必要なことですので、ここで簡単にマトメておきましょう。

この頃（辛卯＝三九一年）に「倭が海を渡って百済を破った」（高句麗広開土王碑）となっておりまして（ここでアナタに是非気が付いて欲しいことは、次のことなのです。「百済本紀」には何故かこの記載がありません。これは、その当時、百済が建国したての頃だったからなのでしょうか。また、この頃倭と高句麗とが戦ったという記述も「高句麗本紀」にはございません。このように朝鮮史は、倭との関係で都合の悪い不名誉なことは直接は記載しないことを常としておりますので、他の史料から朝鮮史の文章の「行間」を補ってみる眼力を必要とするのみならず、そのことを「讖緯説」的に、間接に表現〔例えば、倭に敗れたときにも「東海が真っ赤になった」などと表現〕されていることも多いのです）、しかも、この「海を渡って」という表現自体につきましても、前述のように、日本列島からではなく、倭（金官の場合の本国は九州・豊国）の分国の「南鮮」の金官や安羅から、「海路」で朝鮮半島「中部」の未だソウル辺りに王都のあった頃の百済の周辺の馬韓地域や高句麗占領下の新羅を攻撃したということ（これが右の広開土王の碑文と相まちまして雄略紀に記されております倭王武（紀生磐＝紀氏＝金官金氏＝蘇我氏）の祖先が「海北」を平らげたという表現の真相だったのです。ですから、必ずしも「日本列島の九州から、日本海を渡っての北〔朝鮮半島〕への出発などではなかった」のです。日本列島内から出発したという考えは、アナタの自己中の独断に過ぎなかったのです）であったことにアナタがお気付きになりますと、先程お話しいたしました（このことは東アジアの地図を南北逆さにして、大陸や沿海州の方から太平洋の方を眺めますと、アナタの理解が早まってまいりますよ）ように、この後、右の碑文の如く、倭（金官・豊）と高句麗とが、新興百済（この国は扶余・高句麗の末裔です）を巡って峻烈な駆け引きを繰り広げられたことが判って来るのです。

＊この高句麗の碑文における倭王の出発地は、後の金官王でありました「倭の五王」の「武＝雄略＝紀生磐」が、昇明五年（四七八）の宋の順帝への「上表文」におきまして「渡平海北九十五国」（『宋書』夷蛮、倭国条）と表現いたしましたこととも同様でして、実は、その出発地点は九州などではなく、南鮮の「金官国（倭）の釜山辺りから海路」で「より北」の朝鮮半島

の部族国家レベルの国々を征圧したということを物語っていたのです。この「舞台」は朝鮮半島で、「出発地点」も又同じく朝鮮半島だったのです。

このことは、又、新羅を五世紀代に約七十年間も占領しておりました高句麗軍を「倭の五王」の金官金氏の「武＝雄略大王＝紀生磐」が追放し（宋書の「渡平海北九十五国」「倭王武を〈使持節都督倭、新羅……倭王〉に除す」、又、「雄略紀九年五月条等の紀生磐の活躍」がこれに該当します〔二8〕。倭の五王の「武」のモデルが紀生磐であることにつき、一九5は必見です）、「新羅の（後の）慶州金氏を解放」した事、及び、隣の新羅を長年占領しておりました高句麗（朝鮮史上でこの頃の文面の主語が「新羅」となっておりましても、それは実質的には高句麗のことなのです）の影響でガタガタになっておりました「百済を再興」したという重大な事をも意味していたのです（二7）。

＊そして、このときから「倭王＝金官王」の「木氏＝蘇我氏」等が百済の中枢に関与していたのです（二7、8）。当然、後に、これらの点は抹消されております。

実は、「倭の五王」の「武＝雄略」（中国史上では四七七年、四七九年等に登場）の「海北征圧」の点は、次の様に朝鮮史の新羅20慈悲麻立干（在位四五六〜四七九年）の方からも証明出来たのです（たとえ「高句麗本紀」の方ではこのことに一切触れてはいなくとも）。

では、序でに、その前に、19訥祇麻立干（在位四一七〜四五八年）の頃からの動きについて見ておきましょう（以下の引用は「新羅本紀」です）。

・訥祇麻立干二十四年（四四〇）……倭人が南部の辺境を侵して住民を掠め奪って逃げた。
・同年六月……倭人が東部の辺境を侵した。
・同二十八年（四四四）四月……倭兵が十日間に渡り、金城を包囲した。
・慈悲麻立干二年（四五九）四月……倭人が兵船百余艘を連ねて東海岸を襲い、更に月城まで進み、月城を包囲した。
・同五年（四六二）五月……倭人が襲来して活開城を陥落させ、一千人を連れ去った（正にこれらは「倭の五王」の頃です）。
・同六年（四六三）二月……倭人が歃良城（慶尚北道梁山）に攻めて来たが、勝つことが出来ず退いた。倭人の退路に待ち伏せして迎え撃って賊軍を大いに撃破した。王は、しばしば倭人が領域に侵入して来るので、国境地帯に二城を築かせた。
・同十九年（四七六）六月……倭人が東部の国境地帯を侵した。倭軍二百余人を殺したり、捕虜にしたりした。
・同二十年（四七七）……（倭王「武＝紀生磐」が宋に遣使した年）倭軍が五街道を通って侵入したが、「得るところがなく」引き上げた。

「新羅の東部を侵した」と数度に渡り出て参りましたが、新羅の東は海なのですから、正にこの事は倭王武が「海路」で朝鮮半島に侵攻した事を朝鮮史の方が明示してくれていたのです。それに、捕虜にした千人を倭軍はどの様に運んだのでしょうか？　やはり、「倭＝金官」王の「武」は、南鮮から船で出発していたのです。

しかも、五海道から倭軍が侵攻したという事は、北海通（溟州通）、塩地通（陸路の向唐道）、北傜通（旧百済道）、東海通（旧任那道＝倭・金官への道）、及び海南道（武州道）という新羅の全ての主要道を通って王都に侵攻して来た事を示していたのであり、つまり、この頃の新羅は高句麗の占領下でしたから、「倭＝金官伽羅」王（金官金氏）である「倭の五王」の「武＝紀生磐＝雄略大王のモデル」等が高句麗軍を追い払って新羅（慶州金氏）を「解放」した、又は、ここで初めて慶州金氏が誕生したという事の表れだったのです。

新羅史が、「得るところなく引き上げた」等と感謝の気持ちを素直に表していないのも、これも後世の李朝での改竄によるものだったのです。七十年間も新羅を占領していた高句麗を追っ払ってやったのにな！

慈悲王の二十一年（四七八）二月、「ある夜に練り絹のような赤い光（太陽の光＝雞林）が地上から天上まで続いていた」との表示に、讖緯説的に新羅の開放が暗示されており、更に、十月に王都に地震が起きたという事も同様の表現でありまして、翌二十二年（四七九年。倭王「武」が宋に遣使した年）二月三日に、この王は薨去しております。

21炤知麻立干（在位四七九～五〇〇年）の三年（四八一）、倭軍に追われた高句麗が、靺鞨を連れて北部国境から奪回を試み、狐鳴城（江原道金化、又は、竹領）など七城を回復しますが、このとき新羅軍と百済軍と加耶軍（これは、つまり「倭＝金官」軍のことです）とが協力して、街道毎に高句麗軍の侵入を防いで賊軍を敗退させ千余級も首を斬っておりますが、この「新羅＋加耶」という新羅の正史の表現にこそ「倭の五王」の新羅の解放という真相が明記（！）されていたのです。

この後、暫くは新羅と百済とも蜜月関係が続き、炤知麻立干十五（四九三）年には、新羅が百済24東城王（在位四七九～五〇一年。「29欽明大王＝弥五郎ドン」のモデル）に対して、花嫁として比智の女を送っております（倭から百済に帰って　東城王となった弥五郎ドン。別述）。

高句麗と倭との戦いが、広開土王碑文にありながら「高句麗本紀」の方には全く見えないのですが、この様に新羅本紀及び宋書（「倭の五王」）の方にはこの点がちゃんと記されていたのです。

さて、お話を「渡平海北九十五国」に戻しますが、この辺りから既にアナタの先入観（誤解＝日本列島からの出発）は始まってしまっておりまして、今日までマインドコントロールされ続けて来ていたのです。もうそろそろ明治（文明開化）百年余、アナタも自己中心の考えから目を覚ましてくださいね。

加えますに、前述のように、三七一年の当時のことにつきましても、三万人近く（厳密には百済兵も含みます）もの大量の倭兵が船で日本海を渡って高句麗と戦うことが、果たして可能であったのでしょうか（その場合、船は何艘必要となるのでしょうか…

…そして、その食糧は)。

では、兵站(へいたん)という面からこの点を検証してみましょう。

後世の蝦夷征東将軍・紀古佐美の頃におきましても、兵士二万七千四百七十人が一日に食べる糒(干飯(ほしい))の量は五百四十九石でした(『続日本紀』桓武天皇、延暦八年〔七八九〕六月九日)ので、兵士一人一日「二升」ということになり、これは糒を作る「前」の米そのものに換算いたしますと、「六合」に相当いたします。

そういたしますと、もしこの高句麗の碑文にもございます倭軍の渡海と行軍が、仮に三十日で終わったといたしましても、三万人(碑文に誇張はあるでしょうが)に必要といたします糒だけでも、約二十七万石(米に換算いたしますと一〇二万リットル)となってまいります(因みに、俵に換算いたしますには、一俵が六〇キログラムです。アナタやってみて)。

三万人の兵士と二十七万石もの糒を運ぶのに、船だけでもどのくらい必要となるのでしょうか。更に加えて、船には、兵士・糒以外にも、水・武器・甲冑・衣類・薪なども積み込まなければなりません。こんな膨大な量では、兵站の点から見ましても、日本海の渡海は不可能です。

やはり、これは南朝鮮の倭の拠点から北方へ船で出発して、途中で百済の兵を乗せて高句麗を伐っていたのです(このスタートの地点は「倭の五王」の「武＝雄略大王」ときも同じだったのです)。

(8)倭から戻って18腆支王となったことの理由を百済史の分析から証明——腆支王妃は伽耶(倭)の「機張＝息長」王の女

この頃の、その複雑な動きの一つを実に見事に反映しておりますものが、次に申し上げます百済史上に見られますごく短期間の間に起きた、次の不可解な一連の事件だったのです。

・17阿辛(華)王(13成務大王のモデル)が不可解な死を遂げます(四〇五年九月)。

・仲弟で摂政でもあった訓解(くんかい)が、末弟の碟礼(せつれい)に殺されてしまいます。

・ところが、百済への帰国途中、国境で足止めされ海中の島で腆支が待機している間に、その勝手に王位を奪った末弟の碟礼が、どうしたことか今度は国人に殺されてしまったのです。

・そして、倭の人質(と表現されてはおりましても、海峡国家である「朝鮮半島南部」の倭や畿内の「秦王国」〔別倭〕への、単なる百済王子の派遣だったのか、又、時としてはこれとは逆に、倭人の王〔象徴〕としての百済王子の派遣だったのかもしれません)だった阿辛(華)王の長男の腆支(映〔梁書〕＝直支。仲哀大王のモデル)が「帰国」して18百済王として即位することになったのです。

＊この王子の頃の腆支王が朝鮮へ戻ったことは、日本紀上では「仲哀の死」と表現されております(二8、一九2)。

この年(四〇五年)に腆支王妃の八須(安)夫人は、後の久爾辛王を産みます(ナント! 倭の領内で生まれたことを「百済本紀」の文面はどことなく暗示してくれておりますよ)。

これらの出来事の裏には、お互いに「この時には倭と高句麗とが国境を接していた」(このとき、実質的には、朝鮮半島の実権は「倭(金官)+建国したばかりの百済」と百済を追うようにして「南下して新羅を占領しつつあった高句麗」との、この二つのグループが有しており、その二者によって統治されていたからなのです)という実に重大なことを、更にはその百済での混乱の背景には、この短期間における「倭と高句麗との間での新羅・百済を巡る熾烈な駆け引き」とが行われて(隠されて)いたのだ、と見なければいけなかったのです。

＊百済について、より判り易く喩えて、アナタにこのときの倭と高句麗との関係を申し上げますならば、北から南下して弟を追って来て「弟を差し出せ」と迫る兄貴と、その逃げてきた弟を庇う南の新しい友人との駆け引きであった、とでも申せましょうか。

ですから、アナタもよくご存知のヤマトタケル命のお話のモデルは、実は、朝鮮半島に扶余伯族が南下してまいりまして、そこに「伯済＝百済」を建国した頃のお話だったのですよ(その又更なるモデルは、満州の遼西・遼東での出来事に遡るのかも)。

尚、右の母国に戻って百済王となりました腆支王(一九2、二8)の妃が、南鮮(倭)の「機張＝キジャン＝息長」出身の、安羅又は多羅の伽耶王女でありました八須夫人(はっしゅ)(神功皇后のモデル。このことも、当時の倭が海峡国家でございましたことを明確に示していてくれたのです。尚、この息長足姫(おきながたらしひめ)の「足＝タラシ」という言葉自体が、本来は「宿禰＝スクネ＝宿利」や「別＝ワケ＝Wang」と同じく、古代朝鮮では王を表す言葉なのでした)なのでありまして(四3)、後に、この女性は日本紀上におきましては腆支王との間の子である百済19久爾辛王(即位四二〇年。応神大王のモデル)を生むことにもなります。

＊実は、日本紀のレベルの分析によりますと、この子(応神)は、神功皇后と武内宿禰との間の子(二3)ということになるのですが、ところが、朝鮮史のレベルでの分析によりますと、武内宿禰そのもの(!)ということになるのです。

百済史レベルにおきましては、武内宿禰(木協満致と同一人)と久爾辛王(応神大王のモデル)とは、実は「同一人」だったのでございますが、「百済史の翻訳レベルにおけます日本紀」上におきましては、この点が「親子」(応神の父・神功皇后の内縁の夫)として一代ズラして位置付けられてしまっておりましたので、アナタ、要注意だったのです(二8)。

ですから百済久爾辛王の母の八須夫人は伽耶人(安羅人、もしくは多羅人、つまりは天日矛かニギハヤヒ系の伽耶〔倭〕人)だったのです。

そしてこの頃は、伽耶(倭)連合の象徴(シャッポ)たる倭(伽耶連盟)王として百済本国から王子が派遣されておりまして、養子の形として、そこに入っておりましたが、その百済王子のところに、現地の伽耶(倭)の王女が嫁いでいたという実質は「婿入り婚」に近い状況だったということが判って来るのです。

(9)五世紀には新羅国の主権は存在しなかった(高句麗の占領下)ことの証明

このように、倭と「和通」した(右『好太王碑文』の記述)ところの弟分の百残(碑の文面・百済のこと)を討つために、怒った高句麗が南下し、四〇〇年には倭をも破り、このとき高句麗は、支配下に置いた新羅軍と共に、一時伽耶(倭)までも南下して来ておりまして(この点は、耽羅のところで前述しました。「急追至任那加羅従伐城〔=追いて任那・加羅に至り、従って城を抜く〕」〔広開土王碑〕)。この高句麗の南下に恐れをなしまして、百済王女で、かつ、海峡国家の倭王の仁徳女帝は、その後、何回かに分けまして、本拠を朝鮮半島の南部から九州、更には「奥つ城=墓」を朝鮮から遠い畿内へと移します。西暦四〇〇年はその民族の「追っ立て」の一つのきっかけともなったのです。五3)、やがてこの時より、約七十年近くに及ぶ長い長い高句麗軍の新羅(秦韓)の首都・慶州駐留が始まるのです(『中原高句麗碑』の刻文がこのことを証明しております。五3)。

ですから「四〇〇年頃から四七〇年頃」までは、後の(今日見られます)朝鮮の歴史の上では、たとえ新羅と、新羅が主語として表現されておりましても、それは、決して主体性を持った新羅のことなどではなく、あくまでも「実質・高句麗」=「高句麗人の支配下の新羅」に過ぎなかったのだ、という風に読み替えてアナタは考えなければいけなかったのですよ。

＊後に、六六八年に高句麗を破って朝鮮半島を統一した新羅は、当然のことながら、これらの歴史を不名誉なことと考え、躍起となって高句麗の新羅占領の痕跡を抹殺しておりますので。

この四〇〇年の頃からの七十年間は、実質的には、新羅という国の存在は無いに等しく、新羅の首都・慶州は遊牧民系の高句麗の領土と化していたのです。

そして、そうであるからこそ、新羅はこの頃、本来(かつて)は土地が痩せ米も作れない農業国家であったにも拘わらず(『魏書』)、より「スキタイ風な文化」(隣国の、既に農業国家と化してしまっておりました、かつては遊牧民でございました百済とは全く異なった文化)を、遊牧民である占領高句麗軍からダイレクトに享受していたのです。

＊後の新羅王陵出土の黄金細工がこのことを証明してくれておりますし、更にこの装飾古墳やスキタイ風な金細工の文化が、六六三年以降日本列島を占領いたしました新羅軍により、間接的ながら飛鳥や斑鳩の古墳(高松塚など)などに入って来ていたことの理由付けともなっていたのです。五3必見。

さて、先ほどの神功皇后が伽耶の王女だったということについてなのですが、「息長足姫尊稚日本根子彦大日々天皇之曾孫」(神功皇后摂政紀前期)とありまして、神功皇后が「大日々=開化大王」の曾孫(ひひこ)とあり、開化大王のモデルは、金官郁甫王又は2居登王(この二人は兄弟です)のことですので、日本紀自体も「神功＝息長足」が伽耶の王女であったことをここに示していてくれたことになります（尚、「武内宿禰＝金官5伊尸品王」と神功皇后との内縁関係、そして、その間の、百済王家の立場から申しますと、不義密通の子が「15応神＝百済19久爾辛王」であったことにつき、二8、一九2）。

(10) 日本武尊のモデルは百済17阿花王

このように、仲哀大王のモデルは、王子の頃に倭（南鮮か列島）に渡来いたしました百済18腆支王（四〇五～四二〇年）ですので、その当時は、腆支王の妃の八須夫人は、伽耶の王女が優位な立場に立って百済王子（後の王）に嫁いでいたということになります。

そこで、ここら辺りの百済・倭間での大王系図の「操作」の跡を、次に簡単にマトメて覚えておきましょう。

12景行大王（父は11垂仁）―13成務大王（父は12景行）―14仲哀大王（父は小碓（おうす）・日本武尊（やまとたける））という平安日本紀上の王系図の流れの、百済における本来（モデル）の姿は、百済16辰斯王（父は14近仇首王）―百済17阿花王（父は15枕流王）―百済18腆支王（父は17阿花王）となっていた筈なのでありましたが、アナタにここの百済王系図を天皇系図のモデルにしていたということが判りにくかったのは、実は、此処のところは「二代ずれた形」で、百済王の系図をモデルにして日本紀上に取り込んでおりましたので、そうであるからこそ、王位の継承につきましても彼此同じく、百済16辰斯から17阿花王へは父子の継承などではなく、伯父・甥の継承となっていたのであり、そのモデルを真似ましたので、日本紀上におきましても、13成務から14仲哀へも父子の継承という形ではなく、百済史と同様に伯父・甥の継承（仲哀の父は、大王ではなく「小碓＝ヤマトタケル」命）となって（されて）しまっていたのです（尚「碟礼＝成務」「訓解＝日本武尊」も可）。

＊この伯父・甥の点は、日朝で全く瓜二つで、ドンピシャリでしょうが。

少し判り難いかと思いますので、別の言い方で申し上げますと、百済王系図上では、百済史での16辰斯王の子孫は、そこで途切れて王位に就いていはおりませんし、日本紀の方でも、同様に13成務の子で途切れて、その子が大王位には就いていないという、ここでも少しズレて全く百済と同じ形・パターンの投影であったということが判るのです（成務大王とは、日本武尊・小碓の投影だったのでしょうか）。

そして、多分、王子の頃、倭、つまり日本列島か南鮮の倭に来ていた14仲哀は、南鮮で、伽耶の機張（気長）の王女の八須夫人との間に「木協満致＝武内宿禰のモデル」（この人は何人かの合体ですので、その中の一人。この点、日本紀及び百済本紀の表面上の分析からは、共に、息長足姫の子は「百済19久爾辛王＝15応神大王」というレベルにされてしまっておりますので、アナタ、要注意です）をもうけていたということになるのです（二7、8）。

この点、倭の正史におきましても不可解な点が見受けられ、「足仲彦天皇（仲哀）、日本武尊第二子也」とあり、「稚足彦天皇

（成務）四十六年立為太子時年三十一」（仲哀紀）ともございますが、「是歳也、天皇践祚四十三年焉」（景行紀四十年是歳条）とあり、日本武尊は景行大王四十三年に没しておりますので、仲哀の父の日本武尊が没してから、景行が景行六十年に没する迄に約十七年間が経過し、更に、景行の次の成務十七年頃に仲哀が生まれておりますので（四十六マイナス十三）、それ迄が約十七年間ということで、正史では、仲哀は父日本武尊没後約三十四年も経ってからこの世に生まれたことになっているからなのです。

こんな所にも、モデルと致しました百済史と一代ズラした事の矛盾が露出してしまっていたのです。

7、物部氏の百済王系図と日本紀のモデル

（1）物部系図と百済王系図は「一卵性双生児」だった――物部系図と日本書紀の天皇系図の同時改竄

この物部氏の王系図も、基本的には百済王系図と全く同じだったのでございまして、そこから平安朝の日本紀の大王系図がつくられたのですから（一八5）、百済王系図につき既に述べましたのと全く同じように、平安紀の改竄グループ作家たちによりまして、金官（倭）系図の王「をも」挿入されることによりまして、大王系図が同様に継ぎはぎにされてしまっていたのです（二3）。

と申しますのも、当然のことながら（こちらの方が先なのですから）、平安紀の改竄の際に、物部氏の持っていた「百済の王系図」も、日本紀の改竄と同様に、「伽耶の系図」との結合が行われて同じような形にされてしまっていたからなのです。

では、それが物部系図上の「どの辺り」のことであったのか、ということにつきましては、実は、これは今日に至りましてはもはや不可能に近いこととは申せ、この点につき私なりにアナタと共に多少の探りを入れてみたいと思います。

物部氏が自ら持っておりました百済系の王系図（物部系図）におきましても、祖神①ニギハヤヒから二代後（②宇摩志麻治の子）のレベルの、つまり③彦湯支（ゆき）のその又次のレベルの、④―1大禰、④―2出雲醜大臣（系図上の位置からは「百済初代13近肖古王＝崇神天皇のモデル」に相当。許氏）、④―3出石大臣（文字の上からは「天日矛＝安羅王」の系列を示しているのでしょうか）の三者の兄弟のうちの、④―2出雲醜大臣前後辺りから、どうやら百済王系図に「金官・安羅系図」が挿入されてしまっていることが判ります。

＊この点、現行の天皇家の平安日本紀におきましても、ちゃんと4懿徳大王の次の⑤開化大王からは、金官（倭）王系図（⑤開化大王＝金官郁甫王又は居登王がモデル）が挿入されております（二1、一3、一六1、三二2）。

そして、これらの挿入された伽耶王が、伊香色雄（いかがしこお）、武諸隅（たけもろずみ）、多遅麻（たぢま）（この名前からしても、但馬の物部氏系ですよね）などの、「世代におきましてニギハヤヒから七世レベル」の世代あたりまで続くのです。

しかし、八世レベルの物部十市根（トチネ。百済18腆支王＝14仲哀天皇のモデル）からは、金官系図の挿入を「止めて」、また、元の「扶余・百済王系図」に戻る（合流する）形をとっていることがよーく判るのです。

＊このことの背景（後に系図合体したことの）には、四世紀後半に独立国となりました百済も段々と力を付けてまいりまして、既にこの頃からは、倭（金官・安羅）の「助力を必要としない」状況、それどころか「その逆」の状況（その原因の一つには、高句麗に押されて、そろそろ「金官＝倭」の領土に無理やり南下して「来ざるを得ない」という状況下も、一方ではございましたし）になりつつあったことを暗示してくれていたのです。

この「旧事本紀」におけます大王系図の「合体と分離」とは、「現行の日本紀が扶余・百済の王系図の中に金官王系図を挿入（組み入れて）して、その建国を古く見せるための細工して合体させております」（二一1、一六1、三二2）ことと「全く同じ手法」が、大王系図上の、しかも「ほぼ同じ位置」におきまして取られていた、ということを意味していたのです。

と申しますのも、考えてみればこれは当然のことなのでありまして、何度も申し上げましたように、物部氏の持っていた百済王系図も、後に平安天皇家が「亡命の際」に日本列島へ持ち込みました百済王系図も、共にその基本は同じ遊牧系の「扶余→百済王系図」を「基」にしたものであったからで、この物部氏系図に改竄を施したものが、平安日本紀の大王系図となったからなのでして（但し、この人々が沸流百済系か温祚百済系かという満州での出自の違いはございました）、という意味では日本列島におきまして、「平安天皇家の大王系図」と「東北へと去って行った物部氏が残した大王系図」のその両方が、同時に改竄が施されていたからなのです。

では、基本的には物部氏の大王系図も百済王系図と同じ、物部氏系図と百済王系図は「一卵性双生児」（二三5）であったということの証拠といたしまして、右に述べました物部十市根（仲哀大王のモデル）以後におけます主だった大王（天皇）につきまして、百済王の第二十四～二十七代までの四代を例に引きながら、アナタと共にこのことの検証をしてまいりたいと思います。

そういたしますと、

・物部荒山連公＝百済24東城王＝29欽明大王のモデル（在位四七九～五〇一年。九州の弥五郎ドン＝炭焼長者）、
・物部尾輿連公＝百済25武寧王＝30敏達大王のモデル、
・物部守屋大連公＝百済26聖王明＝31用明大王のモデル、
・物部雄君連公＝百済27威徳王＝（皇子）上宮（聖徳）太子のモデル

ということになってまいります（一八5）。

このように、奈良紀の初めの頃は、物部氏の歴史書である『先代旧事本紀』（現行の『先代旧事本紀』とは異なる。現行のものよりももっと古い大宝二年（七〇二）日本紀（プロト旧事紀の台本」を基にして和訓を加えました和銅七年（七一四）の紀清人・

三宅藤麻呂による和銅日本紀（日本紀が主として十二回大改竄された内の第三回目ぐらいの改竄によるもの。二一4、一二3、1、二三2、一八7。旧事紀の「元の姿」）のこと。つまり「和銅七年日本紀＝原旧事紀」）がベースとして使われていたのですが（一二3、1）、この「最初の頃」の奈良紀のレベルにおきましては、後の平安紀の基となりました二つある扶余・百済王系図のうちの、先渡来の物部氏の系図（穢族系＝「沸流」百済系＝ニギハヤヒ系）の方が基礎となっていたからなのです（二三2）。

＊奈良朝の途中（治安のシステムも十分に完了し、漸く文化の面にエネルギーをさけるようになった頃）からは、完全に新羅王系図が奈良紀上の天皇系図と化してしまいますが、白鳳朝や奈良朝の初めの頃には、未だそれを担当します官僚が、皆、百済と親交のあった倭国（安羅）の倭人であったこと、又は、その方面の新羅の意向を体する人材不足ということから、「倭＝伽耶＝安羅」の役人を使役せざるを得なかったためなのか、百済王家の系図や安羅王（倭王）家の系図をも、結構参考にして奈良日本紀の大王系図が作られていた（占領新羅軍から見て不満がございましても、それは止むを得なかったし、また、伽耶（倭）は、かつては、新羅の母国でもございました）からなのです。

これらのことから考えてまいりますと、右の四名のうちの最後の「上宮（聖徳）太子＝物部雄君」のモデルの「ワク」のところには、当然、聖徳太子とは全く別の倭（九州か南鮮）の「大王」が入っていたものと思われます。

それは一体誰だったのでしょうか。やはり、ここに入っておりましたのは、「蘇我馬子」と改名されてしまう前の「倭王・金官王・安羅王に相当する人物」以外には考えられないのです（一二2）。

＊聖徳太子（倭王の蘇我馬子もそのモデルの一つ）を作り出しました第一の目的は、倭王の存在を抹殺するため（第二の目的は、華厳経の国家仏教化。一二2）でもあったのです。

因みに、「聖徳太子＝厩戸（うまやど）＝ウマ＝馬子（うまこ）」でございましたように、「厩戸＝馬宿」という名は、蘇我「馬」子の暗示でもございましたことにつきましては、別述。

右の例だけでは「物部氏系図＝百済王系図」との点の検証は不十分ですので、それに加えまして、更に、それより八十～百年古い時代の人々につきましての、次の「物部氏・百済王家・天皇家」の「三代のセット」の例をアナタにお示しして、その証拠としておきたいと思います。

・物部十市（とちね）根命＝百済18腆支王＝14仲哀大王のモデル（在位四〇五～四二〇年）
・物部胆咋（いくい）宿禰＝百済19久爾辛王＝15応神大王のモデル
・物部五十琴（いきん）宿禰連公＝百済20毗有王＝17履中大王のモデル
・物部伊莒弗（いこふつ）連公＝百済21蓋鹵王＝（皇子）市辺押羽皇子のモデル

＊金官（倭）王の「木協満致＝武内宿禰」が、この頃の百済王を

兼ねておりまして、そういたしますと、朝鮮史（百済本紀）における右の高句麗に殺されてしまいます蓋鹵王は、実は「百済では王位には就いていなかった」つまり、形式的な王に過ぎなかった可能性すらも大いにあり得たのです（二8、7）。ですから、日本紀上でも市辺押羽皇子は大王ではなく、但し、後述のように「大王らしく」登場していたのです。

他方、六六三年（より正確には、六七二年の「壬申の乱」以降）新羅の日本列島占領下で作られました平安紀の前の奈良紀の大王系図におきましても、この辺りの新羅本国は高句麗の占領下だったので、具体的な新羅王の事跡の記録（特に対外的な）が少なかったのも当然のことと思われます。

それはどうしてなのかと申しますと、もし書きますと「高句麗に占領されていた」という「メンツが潰れる事実」がオープンになってしまう（勿論、後に六六八年に新羅が高句麗を滅ぼしてから、高句麗史のこの点を改竄してしまっているとは申しましても）からなのでした。

因みに、仁徳大王（五十琴姫）は、そもそも系図合体前は「金官＝倭」王ですから、ここでの比較からは外しますと、物部系図上では、「物部十市根の子が物部胆咋、その子が物部五十琴、更にその子が物部伊莒弗」と、親子の継承がちゃんと続いておりますし、この点、百済王系図上でも、それと同一体の「18腆支王の子が19久爾辛王、その子が20毗有王、更にその子が21蓋鹵王」というように、親子の王位継承がちゃんと続いておりますし、この点、平安日本紀上での天皇・大王系図上におきましても「14仲哀大王の子が15応神大王、その子が17履中大王、更にその子が市辺押羽皇子」と、このように、右と同じように親子の王位継承がちゃんと続いているのです（仁徳大王は、モデルとした国を異にいたしますので除き、又、市辺押羽皇子は日本紀上では皇子なので大王系図からは除きます）。

どうです、物部系図、百済王系図、平安日本紀系図の三者が、これ又、ドンピシャリでしょ（一八2図）。自分ながらお見事！

ここでは、やはり、右に述べました上宮（聖徳）太子のケースと同じように、かつてのあるときには、日本紀の系図上の右の三人の最後のこの「ワク」の中には、市辺押羽皇子（この人は24仁賢のモデルの百済22文周王〔高句麗に追われ、宰相の木満致とともにソウル近郊から熊津へと南下して逃げた王。兄〕と日本紀上ではその前の23顕宗のモデルの百済・昆支王子〔実際に、倭へ渡来した王子。弟〕の二人の兄弟の父）に相当する人物が、「ある大王」（百済本紀での21蓋鹵王に相当）として入っていた可能性が大だったのです。

その理由は、翻訳されました日本紀上におきましても、「於市辺宮治天下天万国万押磐尊」（顕宗紀即位前）とありますところからも、かつては、ある史書には、「天下を統(す)ぶる」、つまり「大王であった」という記載が残されていたからなのです（二一5）。

＊実は、こういう記事が残っていてもよいのです。市辺押羽皇子のモデルは、百済史では、形式上とはいえ、ちゃんと王位に就

いておりましたから（21蓋鹵王）。しかも又、この皇子の「押磐」の名をそのまま分析いたしますと、「押＝オシ＝金官＝倭」（別述）「磐＝安羅＝倭王の襲名」の意味とも重なってまいりますので（金官＋安羅＝倭）、倭との関係が気になるネーミングですし。

（2）『先代旧事本紀』も正史『日本書紀』と全く同じ価値を持っていた

もう少し、その「物部氏＝百済王」の証拠を加えてみましょうか。

百済の19久爾辛王（物部胆咋・応神大王のモデル）の子の三兄弟というものを、「倭の五王」の中から抹消されてしまいました、その中の一人の秦氏系の宇治天皇（この人は「倭の五王」の「珍（うつ）」でした）を「中心＝自己」といたしまして、見てまいりますと、

自己・物部五十琴彦連公（菟道稚郎子・宇治天皇・珍のモデル）
姉・物部五十琴姫命（金官王妃・16仁徳大王・讃のモデル）
兄・物部五十琴宿禰連公（百済王20毗有＝17履中大王のモデル）

となっておりました可能性が大だったのです。

そして、この頃の物部系図の王名の中に特に多く含まれておりますところの言語の、この「五十＝イ＝忍＝オシ＝ヨソ＝余曽＝与謝（丹後・金官伽羅系）」という「概念」（「忍＝オシ」＝古代朝鮮語で「大」、今日の日本語での「オオシ＝大きい」つまり「大伽耶＝金官伽羅」ということ。二―5、一七1、一五10）の中にこそ、その一部に伽耶（倭）系（安倍系をも含む）の出自の混入が含まれていること（混血の点）が暗示されていたのです（一七1）。

尚、狗邪韓国の「狗邪＝クヤ＝クジャ」と申しますのも、これと同じように「大」という意味だったのでして、よってこの魏書の「狗邪」という名は、後に「大伽耶＝金官伽羅」に発展いたします国の国名に、そのまま繋がっておりました。

＊しかも、この魏書の「狗邪＝クヤ」が、やがては「伽耶＝カヤ＝倭」ともなってまいります。ですから、ある意味では「忍＝オシ＝伽耶」でもあったのです。つまり、「大」と「伽耶」とは本来は同義語だったのでございまして、「大伽耶」という言葉は同意の言葉の「二重語」でもあったのです。

それに本来、「金」の訓は「ソー」で、「東」の古訓の「ソー」や「新」の古訓の「セェ」とも通じますし（七1）、「官＝kwan」は「韓＝kan＝大」とも通じますので、こういう見方からいたしましても、朝鮮・満州語からは、狗邪韓国＝金官国＝東大（シウ）国（ク）＝シウク＝新大国」という意味も考えられて当然だからなのです（この「シウク」は『魏書』や前述の「シフクシフ、アヤシキヒヂリニフル」のように『遼史』に見られます）。

＊このように「倭＝韓」は、中国名では卑称なのですが、自分達では「伽耶＝大国」ということを意味していたことが判るのです。

そして、そのどちらにいたしましても、「忍＝余曽＝与謝」「五

十＝イ」でございまして、共に、金官伽羅国（大伽耶）の別の名を指しておりましたことが判るのです（大伽耶〔倭の盟主〕自体が、後に、金官伽羅から安羅伽耶又は高霊伽耶へと変わりますことは、又別なことです。五二〇年以前に新羅に滅ぼされた伴跛（ハヘ）は、星州〔山〕伽耶ではなく高霊伽耶と見ることも可能です）。

また、このことは、星霜移り時は去り、遥か遠くの日本列島の東北の地におけます「扶余系の物部氏と伽耶系の安倍氏の協力関係」、例えば、「前九年の役」（一七）などにも、密接に繋がって来ていたのです。

この辺りの物部氏の系図の分析におきましても、丹後、但馬系（物部多遅麻連など）と、北九州系（物部竺志（ちくし）連など、又、遠賀（おんが）物部をも含む。一五11）との大きく二つの地域（北九州と但馬）に分かれております（これも、遡りますと、古への「倭と東倭」〔一五3〕夫々の名残〔末裔〕だったのでしょうか）のも、これ又平安紀の天皇系図上で、遊牧の百済系（崇神系）と海上貿易民の金官系（丹後、丹波系）とが「系図上」部族間の結婚という形で合体されてしまっていることと全く同一の方便をパラレルに表してもいたのです。

このことは、『先代旧事本紀』の物部系図上の方におきましても、大新河と十市根（この人は、百済腆支王・仲哀の各モデル）のところで、大きく「二つに分かれている」からなのです。

この右の二人の父は伊香色雄（いかがしこお）（姉妹に伊香色謎）であり、祖父は鬱色雄（うつしこお）となっておりまして、この祖父・鬱色雄の妻又は姉妹が鬱色謎（うつしこめ）でございますところからも、ウツシ・コ・メ（許氏＝穂氏＝百済25武寧王妃を出した倭の哆唎氏＝インド・アユダ国＝インド・コーサラ国・許国の王女）は、朝鮮史によりますと、金官（倭）の初代の金首露王（孝元大王のモデル）の妃（「后曰〈妾是阿踰陁國公主也。姓許名黄玉。年二八矣〉」『三国遺事・駕洛国記』）となった人でございまして、この王妃はインド・アユダ国（本貫はフェニキア系の地中海のアルヴド。インド亜大陸での植民市はアユダ国・オウド国・コーサラ国）から、その宗主国でありましたところのインド・マガダ国王（シスナガ系・朴氏・ナガ族）の命令により、インドの伽耶（ガヤ＝ブッタガヤ）から朝鮮の植民市（『山海経』の朝鮮天毒）でもございました伽耶・倭へと嫁いできた人物ですので、このことにつきましても右の平安日本紀上の天皇系図と「全く同じパターン」が物部系図上におきましても見られるからなのです。

更に、次に述べますことも、右と同じことなのですが、ここいらへんは特に難解な点でございますので、マトメの意味でここでもアナタと共に再確認しておきたいと思います。

物部氏系図のここの部分には、出雲「醜」大臣＝イヅモシコヲ（シコ＝シ許）、出石「心」＝イヅシココロ（ココロ＝許々呂）、大水口宿禰（穂積氏＝哆唎氏の祖。垂仁紀二十五年三月条「許＝コ＝穂＝ホ」です）、鬱「色」謎＝ウツシコメ（シコ＝シ許）と、その名に含まれております「コ」という音（おん）を分析してみますと、一見明白に代々金首露王妃である許黄玉の「実家」であるところの許氏＝コ氏（インド・コーサラ国＝アユダ国）系の名（インド・コーサラ国は、釈迦族と同じシャキー族〔昔氏〕系です）、又は、穂氏系の出自が何代も続く形がとられておりますので、ここでは明らかに「北倭」系の物部氏（穢族・ニギハヤヒ系の百済王家）の基礎系図の中に、この「南倭」系の海洋民族ともいえる伽耶（主として哆唎）の系図が混入していることが、はっきりと見て取れるからなのです（系図合体。浦島太郎と多島海と栄山江と哆唎）。

この点、念のため、別の証拠といたしまして、同じ扶余・ニギハヤヒ系の一つの分かれでもございます『尾張氏系図』の方を見てみましても、系図上のこの辺りから「忍＝オシ」「世襲・与謝（与曾）・ヨソ」という金官伽羅（倭国）・大伽羅（二一５）の海洋系の姓が多く入っておりますので、ここにもまたパラレルに全く同じ大王系図の合体傾向が見られるのです。

＊この人々の流れは、「忍＝大」伽耶、つまり金官伽耶（「木協満致＝武内宿禰」の「紀伊＝木」国はその分国の一つ）より、紀ノ川を遡行して、葛城（カルラギ＝伽羅人の城・邑）の「高尾張」へ、そして、その拠点から（鳥見を経まして）中部地方の熱田神宮のある「尾張」へと繋がっていたのです（高尾張→尾張への地名遷移）。更に、この金官などの南朝鮮及び西南の沿岸部（多島海）の伽耶の「海人」の流れは、ここだけに留まらず、その中心である紀州「白浜」「女良・妻良・メラ」をその基地として、そこから発しまして、日本海流に乗り伊豆七島はもとより、「白浜」「妻良」などの名を各地に残しながら、伊豆（妻良＝メラ）、房州（布良＝メラ）、福島（白浜）、三陸（白浜）へと海路北上しております。

この陸上交通の不便な三陸海岸には、何と！日本全国で三十数個ある「白浜」という地名のうちの三分の一近くまでもが集中して存在しておりますことは何を示していたのでしょうか。

しかも、アナタ、三陸海岸におきましては、つい先ごろまで陸からの道路の全くない（鳥も通わぬ？）ところにも、この「白浜」の名の部落は存在しておりました。それは何故なのでしょう？

南の九州の鹿児島県にまでも、更には、北の千島列島にまでも、地名の「白浜」は今日でも見ることが出来るのです。地名は「歴史の生きた化石」とは正にこのことを言っていたのです。

九州・日向国の、西都原の西方の山中にも、「米良＝メラ」がみられます。ここは、後の朝鮮の朴氏（木氏＝倭王）のナガスネヒコ・長髄彦（狗邪系・金官系）が、球磨盆地から山越えで卑彌呼を攻撃したルート上に位置しております。

新羅（しら）が九三五年に高麗（こうらい）に敗れましたときに、新羅の数万人のその海軍の全てが行方不明となって消えてしまいましたが（これこそが、日本の武士の発生に繋がっておりました。二三５）、ひょっとして、この白浜の「シラ＝新羅」の音と文字の中にも、海民と化したその末裔たちが生きていたのかもしれませんよ。

ですから、先程の『尾張氏系図』も、「扶余・百済系」と「金官系」との系図合体の証拠の一つと見ることが出来るのです。

＊この尾張系図は、初めから第三回目ぐらいの日本紀の改竄（養老四年〔七二〇〕より前の、大宝二年〔七〇二〕と和銅五年〔七一二〕と和銅七年〔七一四〕の頃の日本紀、いわゆる大宝・和銅日本紀＝原・日本旧記＝原旧事紀。二一3）辺りから派生（漏れ出し）して来たものではないかと私は考えております。

因みに、「前」期の「大伽羅国＝上伽耶＝ウ（ウ＝上＝大）ガヤ国」の孝元大王（「金官伽羅国・初代王・金首露王＝君潮乗」がモデル、三〇〇年頃に即位）の母の名の細媛の「クワシ＝許氏＝コシ」と言うのは、古い日本語の「kupa-si」で「美しい」「大きい」という意味から生じておりまして、今日の朝鮮語の「kop」と同じ意味だったのです（これ又「大＝クヤ＝クワシ＝オシ＝忍＝オシ」と繋がっていたのです。この「コ氏」は「木氏」に転化し、又、「穂」積氏＝哆唎氏などともなっております。木氏＝金氏）。

＊この「クワシ＝コシ」は、「越＝コシ」「クシムラ＝大きい村」（安羅＝倭）という日朝での共通の地名遷移とも繋がっていたのかもしれません。

それによって、何故、「許氏（コシ）＝細（クワシ）＝大きい＝美しい」という「表現」が、孝霊大王（金阿道王がモデル）の后（日本紀には、他の異説の分注があります「一云・春日千乳早山媛、一云・十市縣主祖女真舌媛」）でございます金官（倭）王妃の一族に付けられていたのか、と言う理由もアナタにお判りになっていただけた筈です。

この「本来金官系の人物」であるにも拘わらず「物部氏の祖」とされてしまっております理由は（系図合体につき、一八7）、扶余の沸流百済系の穢族（ニギハヤヒ系）が朝鮮半島東海岸を割合に速い速度で南下し、辰韓を経由して伽耶（金官・安羅など）に入りまして（二一4）、そこで共同・混血（又は、どちらかが半従属）して王権を確立（これが倭王の「共立」と表現されていたのです。『魏書』。卑彌呼系の安羅王と、ニギハヤヒ系〔昔氏〕又は天日矛〔神武のモデル〕系又はナガスネヒコ〔朴氏＝ナガ氏＝木氏〕との連邦王の共立）し、そして、その両者の一部が日本列島へと早期に直行いたしまして、物部氏となっていったことを示していてくれたのです（但馬物部氏の昔氏と、昔脱解王）。

このように、「共立」は日本列島だけで考えてはいけなかったのです（九、一〇。倭＝海峡国家群）。

さてここで、一八5節と一八7節とのマトメの意味で「A百済王―B物部氏―C日本紀の天皇（大王）」がパラレルであったことを、景行大王のモデルである百済18腆支王（四〇五～四二〇年）から聖徳太子の百済側のモデルである百済27威徳王（五五四～五九八年）までの、百済王に換算いたしまして十代分の約二百年間の系図を用いまして、次にアナタにお示ししておきたいと存じます。（次の「A＝B＝C」のそれぞれの「左右＝各スタートからの位置・距離」は、ほぼ同一人又は同一時代の人であることを示

しております）

A、温祚百済系　18腆支―子―19久爾辛―子―20毗有―子―21蓋鹵―子―22文周―子―23三斤―（昆支の子）24東城―子―25武寧―子―26聖王明―子―27威徳

B、ニギハヤヒ（沸流百済）系　物部十市根―子―胆咋―子―五十琴―子―伊莒弗―子―目連―（甥）―木蓮子―（従兄弟）―荒山（目大連公の子）―子―尾輿―子―守屋―子―雄君

C、神武系（平安日本紀）　14仲哀―子―15応神―孫―17履中―子―（この前後に「倭の五王」挿入）市辺押羽皇子―子―23顕宗（文周の弟の昆支）―（系図挿入により26継体の子とされた）29欽明―子―30敏達―弟―31用明―子―聖徳太子

念のため、右の「A（百済王）＝B（物部氏）＝C（天皇家）」につき、切り口を縦の流れから変えまして、今度は横一列の例を申し上げておきましょう。スタートは「18腆支王＝十市根＝14仲哀大王」、途中の一、二の例としての「24東城王＝荒山（目の子）＝29欽明大王」「25武寧王＝尾輿＝30敏達大王」。ラストの方の「26聖王明＝守屋＝31用明大王」。ラストは「27威徳王＝雄君＝（皇子）聖徳太子」となっております。

日本紀では「15応神の子が16仁徳で、その又子が17履中」であるとされてはおりますが、これが改竄の結果でございますことを、次に、現行日本紀がお手本といたしました百済史との比較からアナタにご証明いたしましょう。

「15応神＝胆咋＝19久爾辛」であり、「17履中＝五十琴＝20毗有」であり、A「19久爾辛―20毗有」の関係は「父子」であり、B「胆咋宿禰―五十琴宿禰連」の関係も「父子」ですので、Cが「15応神―17履中」の関係を「孫」としているのは可笑しく、本来「父子」としなければいけなかったのですが、百済王の15応神と17履中との間に金官王（倭王）妃の16仁徳を差し入れてしまったことによりまして、「父子」が、「孫」にされてしまったということが形式上の比較からも判ると共に、実質的にも、仁徳は百済王女で金官（倭）7吹希王のところに嫁いでまいりましたので（三4）、百済王ではないことが明らかだからなのです。ですから、16仁徳はモデルとなった百済の王系図には入っていなかったのです。

このように、A百済王系図（「百済本紀」）、B物部氏系図（『先代旧事本紀』）、C大王・天皇系図（『日本紀』）が「三位一体」で、ほぼ同じものでございますことが、アナタにもこれでよーくお判りになっていただけた（いや、判らないって）ことと思います。

このことは、一言で申しますならば、物部氏（ニギハヤヒが祖神）の史書である『先代旧事本紀』も正史と全く同じ価値を持ったものであった（否、それどころか、かつてはより信用性が高かった）ということを示していたということだったのです。

旧事紀も、江戸時代以降のアカデミズムのように粗末にせずに、アナタは大切に扱って下さいね。

ということで、百済王が亡命政権を樹立（平安朝の成立）する前におきましては、百済王系図は、先渡来していた物部氏系図

が主ということになりますので、同じ百済・扶余系でございますＢ（物部氏系図。今日では、これも日本紀と同じく改竄が激しいとは申せ）から奈良朝初期のＣ（天皇系図）が作られていた（奈良紀に一部採用された程度においてですが）ということが判るのです（このように、ＡＢはほぼ同一ですもの）。

8、百済の官位をもっていた物部氏

先ほど、物部氏も（平安天皇家に加えまして）、その祖先は朝鮮半島におきましては扶余王・百済王であったと申し上げましたが、「物部氏＝百済王家」ということを暗示する証拠といたしましては、その姓の中にも「百済初代王近肖古王＝扶余王依羅（いり）＝崇神のモデル」の名を含んでいるところの物部依羅（ヨサミ・イリ）連（後に朝臣となります）人會という人物が天平時代になって出ていることも挙げておきたいと思います（これは、依網からの変化とも考えられます）。

＊このように、ズバリ扶余王と同名の人も見られるのです（『新撰姓氏録』）。

更に、物部氏と百済との関係につきましては、次のように物部氏の中には、何と、「百済の官位」（次に示します中の「奈率」は十六位中六位、「施徳（せとく）」は八位です）を持ったものが、日本列島の正史である日本紀の中にも見受けられるからなのです。その例といたしましては次の通りです。

物部施徳麻哥（まが）（奇）牟（む）（欽明紀四年〔五四三〕九月）
物部連奈率用歌（ようが）（奇）多（た）（同五年二月、十一月、六年五月）
物部奈率哥（が）（奇）非（ひ）（同五年三月、十一月）

＊因みに、欽明大王のモデルは百済東城王です。

これは、文字通り解釈いたしますと、倭王と百済王との「両方の王に服従を誓った」人々がいたこと（しかし、日本紀の文言からは百済そのものの役人と読めます）、つまり国際法的に見ますと、「二重国籍」であったことにもなって来てしまうのです。

更に、不思議なことに、このことは物部氏のみならず、紀氏にも巨勢氏にも正史上見られるのですよ。

紀臣奈率彌麻沙（みまさ）（欽明紀二年七月「娶韓婦所生」、四年四月、五年二月、三月、十一月）

＊つまり、この百済の官僚は倭人と百済人とのハーフであったと言っているのです。それはその先代に、ズバリ、倭人が百済の官僚として入っていたことを表していたのです（二－８）。

許勢奈率奇麻（きま）（欽明紀五年三月、十一月）

＊許氏（哆唎氏）も、元々は「金官＝倭」人ですので、同様です。

さて、このことは一体何を意味しているのでしょうか。

このように物部氏でありながら、同時に百済から下賜された官位をも持っている者が見受けられるということは、それは取りも直さず、物部氏が百済系図を日本列島に持ち込んだことの名残でもあった、つまりは、物部氏が元々は百済王ないしは少なくとも百済人（扶余人）であったということを、はっきりと示していてくれたのです。

そうでなければ、「何故、日本列島の倭王の下の豪族が、百済王の臣下でもあるのか」という正史上の「ダブル服従」の説明がつかないではありませんか。

ということにアナタが気が付かれましたならば、次に、物部氏の姓（かばね）自体の変遷を分析いたしますと、更に、何か面白いことが判るかもしれませんよ。

では、その一つを見てみますと、「物部氏」の姓の中には、正史上どうしたワケか「物部→韓国（からくに）→高原」と奇妙に二回も変化しているものが見受けられるからなのです（五7、一七6、二三2を見よ）。どんな事情があったにせよ、もう一度ズバリ「朝鮮の出自」を表す「韓国」などという姓に戻ったりして（いや、戻らざるを得なかったのか）、そして更に、今度はその出自を隠す（日本化）姓に又変わった（変えた）のでしょうか。歴史って、ナカナカ面白いでしょ。

つまり、時期的にも桓武天皇の平安遷都の少し前頃（百済クーデター完成の頃）に至りましてから、物部氏の韓国連が、今度は韓国姓から高原姓へと変わってしまっております（『続日本紀』延暦九年〔七九〇〕十一月十日）。

これが、実は、平安朝での、所謂、「日本化の実体」＝「渡来系王朝という事実の抹殺」ということの一貫した流れの表れだったからなのです。

では何故（歴史ではこの「何故」が一番大切です。結論などどうでもよいのです）物部氏は途中で、一度韓国（からくに）という姓に変わったのでしょうか。いや、変わらざるを得なかったのでしょうか。これは、実は、「史（ふみ）自ら語るに落ちる」というやつなのでして、このとき「名を真実に合わせた」に過ぎなかったのです。ともかくこれは物部氏の本貫が韓（カラ＝この場合、百済人＝扶余人）だったからという以外には考えられないことなのです。

それを無理に表に出した（出させられた）時期（敵筋に当たります新羅系天皇の「奈良朝」か）があり、その後、又直ぐに隠す（隠そうとする・隠すことの出来る）時期（自分達と同祖の、扶余系の百済系天皇の「平安朝」か）が到来したということ自体が、一体何を物語っていたのでしょうか。

勿論、それは言うまでもなく、扶余系の「平安クーデターの成功」ということを暗示していてくれたのです。

更に、もう一つその証拠を加えておきましょう。

アナタもご承知のことと存じますが、姓に「戸」が付く氏族の殆どが「渡来系」（「戸＝部」ですから、これは、本来は遊牧系の扶余・高句麗・百済の「部・畜」制の影響でしょう）なのですが、この内の飛鳥戸（あすかべ）氏は、百済20毗有王（四二七～四五五年。17履中大王のモデル）か、又は百済29東城王（四七九～五〇一年。末多王・牟大王、倭へ渡来した昆支の子。29欽明大王〔弥五郎ドン〕のモデル）の末裔といわれておりまして、この氏が、弘仁三年〔八一二〕に至りまして「百済ノ宿禰」の氏姓を賜っておりますこと（「百済」という名が正々堂々と表に出て来た、否、世に出ることが出来るような時代になった）は、取りも直さず、その前提といたしまして「百済クーデター」が成功したからということをアナタに暗示していてくれたのです。

　そしてこのことは、桓武天皇の後宮に、正史上数多くの百済王の女が、実に正々堂々と入内して数多くの親王や内親王を生んでおりますことからも裏付けられるのです（一２）。

　＊このように「貴族の人名（姓）の変化」という点からも、百済クーデターの成功は裏付けられていたのです。

　桓武天皇の子の良峯安世（正三位大納言右大将）の母は、飛鳥戸氏の出自の永継（ナガツギ＝ヨウキョウ）ですが、この女性も百済王（こにきし）の女性と同様に（例えば「百済貴命」など）、単に「百済永継」と表現されております（『本朝皇胤紹運録』。一２）。

　因みに、日本紀の奈良時代の記載におきまして「韓人」という表現をされているときには、それを「百済人」と解すべきであることが多くございます。

「言韓人者百済也」（欽明紀十七年冬十月）

　——韓人（からひと）は百済なり。

と『日本紀』で自らが言っていることが、それを物語っていてくれたのです。

　それにいたしましても、日本列島での古代の大氏族（巨大ゼネコン）である土木も鉱業も物流も押さえておりました（正に、やっていることは大王クラス、財力はそれ以上です）、このニギハヤヒを祖神といたします物部氏の姓の変化は、実に不思議ですよね。私の見ますところ、この辺りにも、まだまだ古代史の大きな謎が「十二分に」潜んでいそうなのですよ（一八７など）。この謎は、是非、アナタが、宿題として引き継いで下さいネ（ニギハヤヒの謎）。

　因みに、朝鮮・満州から日本列島への一方的な渡来民の同化のみ考えておりましては、甚だ不完全・不十分なことなのでありまして、その逆方向につきましても十分に考えなくてはいけなかったのです。それが先程の倭人の紀氏や許氏が百済の役人を兼ねていた点なのです。

　と申しますのも、後の時代に至りましても、その傾向は強く見られるからでして、中世に至りましてすらも、朝鮮に渡来した日本人で、そこで混血し、朝鮮人と化したものが相当数おりましたことが認められるからなのです。

　新しいところ（中世）の例を出しまして、アナタの認識を少しばかり改めさせていただきたいと思います。

　応永十七年（一四一〇年。李氏朝鮮、太宗十年。第百代後小松天皇の頃、「日本国王」足利義満の死の二年後。一七１）の頃、日本人で李朝の役人（主として守護職関係）となり朝鮮の官職を受けていた者や奴隷が、何と慶尚北道の部分だけでも二千人にも及んでいた（『實録』による『司諫院上書』）とされておりまして、この人々の中の相当多数はそのまま日本には戻らず現地の朝鮮人と混血し、「今日の朝鮮人の祖先と同化」していったのです。

　中世の、このたったの一年の、しかも慶尚北道という一道の中のみで、朝鮮側の記録によりましても二千人もの日本人がいたのですから、長い年月の全国レベルにおきましては相当多数、多分数えきれない程の結婚（そして、その結果の混血の子・唐子の出生、膨大なその子孫）が考えられるのです。ですから、古代は勿論のこと、中世から今日に至るも、南鮮の釜山辺りは、殆ど日本人との違いはないのです。

　このように、古くから混血は日朝の双方で行われていたことに気が付かなければいけなかったのです。「渡来＝混血」という関係を、今まで日本列島に渡来した人々の面からしか見ようとはしない（自己中心的な双方向性に欠けた）日本のアカデミズムの態度は、学問としては視野が狭く、かつ、甚だ一方通行で不十分であるとの誇りを免れないのです。

　そもそも倭は海峡国家だったのであり、遥かなる古代におきましても、これは同じことだったのでして、より古い中国史によりますと、何故「弁韓」とは言わずに「弁辰」（『魏書』弁辰条）と呼ばれていたのかということも、実は朝鮮南部は、辰人と弁韓人（倭人の一部）とが雑居している状態でありまして、これを区別することの方が難しかったということを端的に表していてくれたのです。

9、伽耶とインドの共通性

　次は、遥かなるインドと倭（金官）との関係のお話です。

　伽耶とインドとの関連につきましては、右のインド王女の許黄玉（鬱色謎のモデル）が嫁いで来た点に加えまして、更に有力な証拠を幾つか加えておきましょう。

＊尚、インドと『山海経』の朝鮮との関係につきましては前述いたしました。

　それは、まずは辰韓人（扶余と秦の亡民）の「褊頭（頭の上がペッタンコ）」「辰韓人は、子供が生まれると直ぐ石で頭を押さえて扁平にする」（『魏志』東夷伝・弁辰の条）ということについての遥かなるインドとの共通性、更には、それに加えまして、次に、一見関係のなさそうに思われます、インドのクシャトリアと後の金官・新羅の「花郎」（ホモ）制度との共通性という点までも踏み込みまして見てまいりましょう。

　まず、これらの慣習は、遅くとも（早ければ、シュメール人がアッカドのセム人から追っ立てを喰ってインドに戻り、インダス人と化した頃）、インド・コーサラ国から、その王女の許黄玉（鬱色謎）が、南鮮と北九州を支配していた金官（倭）国王の金首露（孝元大王のモデル）のところに嫁いでまいりましたときに、アジア（西はシュメール・メソポタミアのみならず「アナトリア＝トルコ」までもがアジアですよ）の海洋民の王家の紋章である「双魚紋」と共に持ち込まれた風習であったと思います（一八5。今城塚古墳にも双魚紋が見られますよ）。

　ひょっとすると、この扁頭は、奇しくも、許黄玉の陵のある朝鮮南部の金海（官）の亀旨峯（クヂボル〔口絵写真参照〕）。これが日本紀の神話での、天孫降臨の「槵觸之峯（くしふるのたけ）＝クヂフル峰＝亀山（クサン）」のモデルともなったものだったのです（二三5）。これに対し、ニギハヤヒの降った「哮ケ峯（たけるがたけ）＝タケルが峯」のモデルは、北扶余から北朝鮮の平壌の北方の「妙高山（ミョビャンサン）」（一九〇九メートル。集安と平壌の間）に南下して至ったことを意味しておりました）とも同じ名でもあります中央アジアの亀茲（クチャ）（キュウヂ・庫車。このクチャが、インドよりパミール高原を経て朝鮮に達する「仏教伝来の一直線の一つのルート上」に位置していることがポイントだったのです）にも見られます（玄奘三蔵『大唐西域記』亀茲）ところからも、この風習がインドからやがてパミールを越えて、中央アジアの「パミール・ルート」で伝来の仏教と共に伝わってきていた可能性も否定できないからなのです（二三5）。

と申しますのも、このクチャ国より西方の、パミール高原の麓のカーシャ国（カシュガル。ここも、インドからの仏教伝来の一つのルート上に位置しております）でも「子供が生まれると頭を押さえて扁平にする」（『法顕伝』巻一二・カーシャ国）と記されておりますので、この扁平頭の風習は古代のタクラマカン砂漠西部に広く行われていたものと思われるからなのです。

こう考えてまいりますと、この扁頭の風習は、更に、その一歩先のインド・パンジャブ（五河）やガンダーラ辺りから出発し、パミール高原を経まして、仏教と共に中国側に伝わって来た可能性がより濃厚だからです。

と申しますのも、右のパミールの中国側に留まらず、更に、インド側に

「釈迦、頭圓」（『国訳・大蔵経』）

——お釈迦様は、そもそも円い頭でござった。

ともありますので、この奇風は、そもそもインド十六王朝のコーサラ国（許氏国＝正に、ここは金官伽羅国の金首露王妃の母国でもございます）のシャキー族（サカ族の一部。物部氏・昔氏）のお釈迦様にまで遡及するものだったのです（それに、現在、日本にある僧侶の像の中にすらも、頭がペッタンコで、作像の際に、故意に水平に切り取ったかのようなものが見られますよ）。

＊インド・ベンガルでは「大頭は愚の印」であるともされております（ボンネルジヤン）。

少なくとも「扁頭の風習」は、インドのお釈迦様（シャキー族＝シャク氏＝昔氏＝ニギハヤヒ系物部氏）から中央アジア一帯の「サカ＝スキタイ」（塞・昔）にまで遡ることが、これでアナタにもお判りになられたことと存じます。

＊扁頭アタマを叩いてみれば、「中央アジア」（中東）の音がする、とナ。

扶余の王家（出自の一部はサカか）の「穢氏＝解氏」は、辰韓に南下し（この点は、朝鮮の歴史地図上では、東海岸の「穢」とか「濊」とかと表示されております）亡命し、日本列島に渡りニギハヤヒ（物部氏の祖・昔氏）と化しておりますと共に、そもそも、遡れば、穢族（昔氏）はインド・シャキー族末裔で、インダス人（シュメール人）を征服したアーリア系（白人のス

キタイ系）の釈迦一族とも同系ですので、これらのインド（但し、この風習は、次に申し上げますように、アーリア人がやってまいりましてから、そこの被支配民のインダス人の影響を受けたものでございまして、これはシュメール人までも遡る習俗だったのです）からの円頭の流れが、遥かな朝鮮・日本にまで残っていたと考えることも出来るからなのです。

そして、更に遡りますと、この思想の流れは魚人間「オアンネス」の末裔のシュメール人（円形の顔・鬚の「無い」アジアニックの顔）までも遡ることが出来、この習俗が、次にお話しいたしますように、ここから陸路のみでなく海路でもインドを経て極東にまで伝わっていたのです。

＊そういえば、今日残っております、世界最古の文明を生み出しました古いシュメール人の像は、非セム系で、鬚がなく、しかも丸い顔、円い頭ですよ。

シュメールの起源神話の、東南の海からやってまいりました始祖の「神人＝魚人間オアンネス」と金官伽羅王室の「双魚紋」のマークとは、このようにインドを介しましてより遥かな遠方とも繋がっていたのです。

因みに、アルプスのミイラで見つかりました彼の有名な「アイスマン」（BC三三〇〇年頃）は、この頃インドなどの中東から近東のオリエントに、東方のペルシャの海から侵入してまいりました「オアンネス＝魚人間＝シュメール人」（アジアニック）の一部が、その余波を駆ってヨーロッパにまで侵入し、この人々によって高山へと追い払われ、やがて石の鏃で撃ち殺されてしまった「狩猟民であった山の人々」であった可能性も、年代的には一致いたしますので、必ずしも否定は出来ないのです（「山の民」が「海の民」に敗れたのです）。

と申しますのも、マラ族（『旧事本紀』のアマツ・マゥラ、赤星など物部氏系）の移動の跡を追ってみますと、古への本貫のシュメール地方を出まして、そこからアラビア半島のオマーンの「マトラ」や「マドラカ岬」から、インド南部の「マドゥラス」へ、更にインドネシアの「マズラ島」、その北のセレベス海の「マラトウア島」、そして海流に乗りまして日本列島の九州の「松浦（まつうら）」、三浦半島の剱崎の手前の「松輪」（高知県足摺岬の「松尾」も、地形を考えますと入れるべきかも知れません）へ、そして、朝鮮半島東岸の迎日郡の「松羅（まつら）」（光川。一〇1。新羅の原点）から、日本列島を越えて対馬海流を北上し千島列島（クリル諸島）の北から三分の一くらいのところに位置おります、富士山そっくりの一四八五メートルの美しい活火山のございます「松輪島（まつわ）」までも、近東、中東、極東と気の遠くなるような遥かな旅を続けて来ていたことがその地名遷移から判るからなのです。

＊松輪島は、中千島に属し、羅処和島の北、雷公計島の南に位置しております。ロシアのコズレフスキーの千島アイヌ人からの「聞き書き」（十八世紀初め）によりますと、この島は「第七島・Motoro（ロシア語）」と記され、これを一般には「モトゴ」と読んでおりますが、これは「モトウォ」がより正確でして、

古くはズバリ「マツワ＝松輪」島のことだったのです。因みに、コズレフスキーの報告では、一番南の「第十五島」として「マトマイ＝松前＝北海道」が記されております。

このように、この古代インドで十六王朝の一つを形成いたしました海洋鉱山民の「マラ族」が、東アジアで主として鉱山を開発しながら探索を行った痕跡が、地名遷移という形で、今日アジアの随所に見受けられるのですが、同じ千島群島のこの松輪島より四つほど南の島である新知島では、何と！赤ん坊のときに、後頭部に板を縛り付け、円い頭を「扁平」にするというインドの風習が見られます。

＊序でながら、他の奇習といたしましても、鼻と耳と唇に穴を開け、輪鼓形の輪を入れて、顔面には刺青をしております。今日、渋谷のハチ公の銅像の前の広場辺りに屯する茶髪の若者の中にも、同じように金属を唇や耳朶に入れる風俗が見られます。果たしてこれは、クリルの旧民（古モンゴロイドの縄文人）への先祖がえり（！）だったのでしょうかしら。

近東のシュメールやインドからの「同じ島の名前の遷移」に加えまして、同じくインドや西アジアの「奇妙な扁頭の風習」が、ここ極東の北の果てのクリル（千島）諸島におきましても見られるということにはアナタも驚かされますでしょ（更に、樺太アイヌの同じような扁頭の風習につきましては、一二三5をご覧下さい）。

＊因みに、千島列島の中にも「白浜」がございます（一七4）。

さて、お話を朝鮮の金官伽羅とインドとの関連に戻しましょう。

金官首露王（孝元大王のモデル）の妃の許黄玉（ウッシコメ）がインドから嫁いで参りました（駕洛国記）ということに加えまして、ペタンコ頭の扁頭の風習におきましても、このように、少なくとも「インドと金官伽羅とが色々な点で繋がっていた」のですから、驚きですよね。

と申しますのは、扁頭の風習は、より奥が深く、前にも少しお話しいたしましたように、このインド・シャキー族の出自でもある中央アジアに広く住み着いておりましたイラン系のサカ族（サク＝塞＝昔族）にまで、つまり、オリエントにまでも遡及するものであったのです。

＊ところで、今日「——スタン」と国名の末に付く中央アジアの国々は、皆このときのサカの日神族（月神族のサカではございません）の出自の国だったのです。

ではここで、サカ族と昔氏（ニギハヤヒ＝物部氏）との関係につきましても考えてみましょう。

サカ族Saka・アーリア系遊牧イラン人＝『漢書』西域伝の「塞」＝釈・シャカ。この一族が建てた国名には、前述のように、今日「——スタン」という名がつけられておりまして、これはサカ族のうちの月神を祭る方ではなく、日神を祭る一族の方です。

このインド釈迦族の日神こそが、「仏教の大日如来」や「わが国における自然神である神道（天照大神（太陽神）など）」ともお互いに同じ自然神として、そこに「哲学上」繋がりが生じることを可能としていたのです。

そして、そうであるが故に「密教の曼荼羅」の大日如来（太陽）へと理論的に発展し、やがて「神仏混合＝神宮寺」へと繋がっていく前提となっていったのですよ（本地垂迹）。アナタはこのことをご存知でしたでしょうか。

古代の中国では「塞」の字から、その下の「土」をとって、その代わりに「昔」を入れた字で、ニギハヤヒの祖先を表現しておりますが、正にこれは、物部氏の姓である「昔氏＝シャー氏」の大陸における遠い出自をも表していてくれたのです（一八1）。

既に、春秋時代に、北京の近くに国を造っておりました白夷の「鮮虞・盧奴（中山国）」にも、昔氏（古代中国人から「昔＝シャク」の字で表された民族＝賽）が見られますし、それに、日本神話の「ニギハヤヒ＝物部氏の祖神」は昔氏・徐氏・シャキー族の出自ということで、先程も少し触れましたように、実は、このインドの釈迦（シャキー）族の末裔だったのです。

そうだからこそ、前述のように、蘇我氏と物部氏との間の、いわゆる「崇仏排仏論争」におきまして、物部氏が排仏派であったというのは、中央アジアにおける物部氏の民族としての出自にまで遡って考えますと、明らかにウソであったということが判って来るのですよ（一八1）。

尚、満州の東扶余・迦葉原（カヤ）扶余（このカヤは「仏教用語」だと思われますので、これもインド・ブッタガヤのガヤの表示でもあったのです。その言葉が古への朝鮮に入り「クヤ＝大」となります）の王の「金蛙（ア）」（伯族の神武大王の祖先）と、この中央アジアのタクラマカン砂漠の亀茲（クヂフル）の「金花（ファ）」と漢字で表された王名の共通性もちょっと気になるところです。

それは、古への扶余伯族そのものが、漢族がやってまいります遥か前に、中央アジアから黄河オルドス辺りへとやってまいりました「古へのバク族・伯族」の子孫であったからなのです。その人々がやがて秦の統一などで圧迫を受け満州へと亡命して入ってまいりまして共同して扶余の前期王朝を建てているからなのです。

＊その民が更に朝鮮半島に南下し、やがて辰韓を建てましたので、下車した途中駅である「扶余」を省いてしまい、権威付けのためもあり、あたかも秦の民を装いつつ「秦の乱」の亡民と自称していたのです（『魏書』）。

因みに、高句麗の王子の罽須（けいす）（神武大王のモデルの一つ）に「罽」という字を古代の中国人は付けておりますが、この珍しい「罽」の字は、ガンダーラ（カピーサ）の「ケイヒン」の「ケイ」と同じ字（毛氈の意味）ですので、インド・ガンダーラ（ここは、仏教とギリシア文明の接点）とこの満州（高句麗・扶余）とが、羊毛・羊糸を表しますこの漢字を介しまして関連していたことが判るからなのです。だからこそ、前述の「金蛙」と「金花」につきましても私は気になるのです。アジアは繋がっているのです。

尚、万葉集と朝鮮歌とインドとの関連につきましては、花郎の「郷札」に触れているところ（二三5）をも必ず合わせてお読みいただきたいと思います。

10、倭王「大伴氏」の墓は大阪・上町台地

(1) 上町台地北部（玉造）にあった旧四天王寺が何故か荒陵の上に移された——難波の地名は動いて来た

アナタはよく勉強されておられるようですから、逢阪（大阪）平野の大部分が、古代には「潟」であったことは、よくご存知のことと思います（今、多くの人々が住んでおります大阪の都市部の大部分が海・潟・沼の底でした）。

しかし、まだこの頃は大阪平野を旧大和川が藤井寺のところから北上（現・長瀬川＝弓削川）して淀川（大川）へと流れ込んでおりまして、（宝永・一七〇〇年頃に上町台地〔倭王の陵のある〕を掘削いたしまして、そのまま流れを西の堺の方へ〔海へ〕と直進させてしまいました。尚、和気清麻呂も同じことを千二百年前に試みておりますが、費用がかかり過ぎて成功しませんでした。因みに、この和気清麻呂の祖先も、その名前の中に「和気＝別＝ワケ＝古代朝鮮語のWang＝王」が入っておりますことからも、この和気氏の祖先は備中に入って来た秦氏系の朝鮮半島からの渡来人であったことが判ります）いまだ「潟」の状況でございました頃の、南北の細長い台地であった大阪の「上町台地」上には、今日でも巨大な謎（しかし、歴史物語である日本紀上からは完全に外され・消され）が手付かずの状態で眠っているのです。

その証拠の一つといたしましては、上町台地中央に四天王寺（伝聖徳太子創立。用明大王二年（五八七））を移しましたとき（私は、聖徳太子と倭王の蘇我馬子の大部分とは、同一人の投影と考えております。一二）、既にその「地下」又はその付近に存在していたという「荒陵」（「是歳始造四天王寺於難波荒陵」〔推古紀元年・五九三年〕）とは、一体何という大王の陵（陵という表現からも！）だったのでしょうか（このように、ここでのポイントは「墓」ではなく「陵」の字にあったのです）。

では、四天王寺（荒陵寺とも言われました）がそこに移転（この四天王寺がここに移転してまいります前は、より北方の「玉造岸」、つまり今日の大阪城付近にあったからなのです。何故、上町台地の北端から動かされたのかという理由もアナタは見逃してはいけなかったのです）されるまで、そこの下の荒陵には一体誰がそれまで「眠っていた」というのでしょうか。

四天王寺の境内でも「埴質円筒棺」や「土師質陶棺」の破片が出土しておりますことからも（又、付近では、古墳の石棺の蓋が庭園の橋として使用されておりました）、日本紀がうっかりしていみじくも「アラ陵」と洩らしてしまったように、四天王寺の地下辺りに眠っていた「抹殺された大王陵」の存在は真実だったのです（三5）。

ですから、この和宗の総本山でもあります四天王寺の正式名は、「アラ陵」の上に四天王寺が乗っかっていることを示す「荒陵山・四天王寺」というのですよ。

＊この寺は「御津寺」とも言われておりましたので、「御津＝三津」と考えますと、この寺が、かつて「倭王＝安羅王＝大伴氏」

の寺であったことをも示していてくれたのです（後述〔本節ノ2〕の「大伴の三津（みつ）」）。そして更に、このことは、上町台地という場所が、かつて「倭王＝安羅王＝大伴氏」の奥津城（おくつき）（墓）のあった土地であったということを考えますと、このことは十二分に納得出来るのです（三5）。

しかも、「荒陵郷」も、後世に至るまで、この地には存在していた（正に安羅だらけ）ことからも、この寺のところにかつては荒陵があったことは間違いなかったのです。この荒陵は今日の四天王寺の伽藍のあるところであるのか、それとも、寺に隣接しております「茶臼山古墳」そのものだと考えることも十分可能なのです（但し、茶臼山自体を古墳として認定するには色々と問題が残されておりますが。古墳削除の際の残土の山では？）。

因みに、四天王寺の北の「上之宮古墳」は周濠を持ち、その墳丘の長さが一三〇メートルもある巨大さのみならず、この古墳から出土した「鳥の埴輪」につきましては、「上の宮町なる元荒陵跡とおぼしき処より掘り出す」（生田南水『筆書』）とあります（「上之宮＝安羅＝倭」王だったのか）ところからも、この五世紀後半のこの巨大古墳をも含めまして、上町台地上一帯が、広く古への「倭王＝安羅王」の兆域であり、多分、この上之宮古墳も、ある時期の大伴氏・蘇我氏の倭王の陵の一つであった可能性が大だったのです。

それに、この四天王寺（三5、尚、一二2）は、初めに「始めて玉造岸（きしのほとり）上に建てる」（『四天王寺縁起』『上宮聖徳太子伝補闕記』）とございますように、先王朝の荒陵を壊してここに移る前には、「玉造東岸」にあったと言われていたのです。これは、前述のように、大阪城付近といわれております。

今日の大阪城の東南の方角には、玉造の地名が残されております。

では、それなのに、何のために（破壊された倭王の陵の怨霊が祟らないようにですが）この墓の上に寺を移しその霊を「封印」したのでしょうか（①玉造から移された理由。②荒陵の上に移した理由）。

この玉造が、元々は、難波か河内か、はたまた九州か南鮮か、又は、その焼き直し（地名遷移）かにつきましては、簡単には決し難いのですが、九州太宰府の観世音寺の材木が、法隆寺に運ばれてそこで再使用されておりますところからも、かつての「倭国の真の王都」（那ノ津、又は太宰府）の存在と関連いたしまして、このことは将来重要なポイントになって来るものと思われます。

＊この難波（なには）（＝ナミハヤ）という地名は、沖縄の那覇（なは）、丹後の難波、大阪の難波というように、沖縄の狗奴国王のナガスネヒコ（紀伊の名草戸畔と同一人。新羅・朴氏＝ナガ族＝ヘビ族）の移動・航海と共に地名遷移して来たものと考えます。

それは、ひょっとすると、正にその「荒」の名の通り、「倭王＝安羅王」であったところの、「荒＝アラ＝安羅＝安耶＝漢（あや）氏＝倭国王＝安羅王、又は、「金官王」「多羅王」のことであり、この「荒陵」（三5、七8）とは、その「陵＝大王墓」という日本紀の通常の用語例から考えましても、その頃の倭王の有力リーダーでございました蘇我氏（金官）や大伴氏（安羅）、それから、より古くは沸流百済の物部氏（多羅）系の大王陵とすることが相応しいし、かつ、素直であるように私には思われるからなのです（三5）。

と申しますのも、この上町台地上には、ニギハヤヒ系の物部氏の王陵すらもが存在しているからなのです（後述）。

（2）大阪上町台地上の巨大古墳が一言も正史『日本書紀』に登場してこないのは何故か——大玉（安閑天皇陵）と小玉のうちの大玉の抹殺

ここにかつて大古墳がありました証拠として、近時に至るも、四天王寺境内には、龍山石を使って造られました古墳時代中期の「長持形石棺」の蓋がございます。

このことは、そこにありました大王クラスの安羅王（倭王）の古墳を破壊して、占領軍（それは、遅ければ、白村江の役の後の新羅軍の占領（六六三年）まで下るかもしれません）が荒陵寺（四天王寺）を造ったのです。

又、そうでなかった（仮に寺の真下ではなかった）といたしましても、この長持形石棺のある四天王寺の直ぐ南西二〇〇メートルくらいの処の「天王寺公園」の中には「茶臼山古墳」があり、この古墳は全長二〇〇メートルクラスの大古墳ですから（出土品からは色々と問題がございますが）、ということは、少なくともこの古墳の「兆域」が、かつて四天王寺が造られたとき侵されていたのだと言えるからなのです（仮に、茶臼山自体が古墳ではなかったといたしましても、寺の境内からの出土物に照らしまして、四天王寺の下の古墳の兆域とは一体であったものと見ても間違いはないのです）。

そして、この古墳の更に南には、九〇メートルクラスの「帝塚山古墳＝旧・手塚山」があるのですが、この帝塚山の直ぐ北には、「松虫塚」という古墳が江戸時代にはあったのです。今日でも「地名」や「通りの名」として残っております。

このように、この上町台地の上は、古代では「古墳銀座」と言ってもいい程（日本紀では抹殺されてしまいました）大王クラスの古墳がズラリと並んでいた状況だったのですよ。

大阪平野の、その殆どが潟であった頃から、その少ない貴重な台地（潟の西側の海との間に、北へ「人差し指」を突き出すような形で存在しておりまして、その先端部分が大阪城に当たります）である丘上に、燦然と光り輝くが如く聳え立っておりましたこの上町台地の「古墳銀座」が、歴史（正史）にはちっとも登場して来ないのは何故なのだろうかと、アナタは少しも疑問には思わなかったのでしょうか。ナンダカ変だよ。

しかも、難波京の朱雀大路は真っ直ぐ南へ伸びておりまして、四天王寺（五九三年建立）の直ぐ東を通り、羅城（生）門に達しておりました。

このように四天王寺・荒墓は七世紀半ば頃の上町台地のメインストリートに面していたのです。

上町台地って、こんなに重要な地域だったのですよ。

この「上町台地の古墳銀座」の南方、聖天山古墳から帝塚山古墳、住吉神社、そして百舌鳥古墳群より北の丁度依網池の西方辺りまでの区域の茅渟湾（大阪湾）の港を、「大伴の三津」とも申しました。

＊天王寺の茶臼山古墳、阿倍野の金塚古墳を含めまして、これらの上町台地上の古墳はニギハヤヒ系の物部氏（沸流百済系）や「倭王＝金官王＝蘇我氏」や、近くは「倭王＝安羅王＝大伴氏」のものだったと考えられます。といたしますと、これらは日本紀上の大王のものとは全然関係がなくなってしまいますよ。アナタ、どうする？

正に古墳銀座の上町台地の直ぐ西下の、大陸から客人を迎える瀬戸内に面したこの辺りの大きな三つの津に「倭王＝安羅王」である大伴氏の名が、冠せられて存在していたということが、次の万葉歌からも判るのです。

「大伴の美津」（万葉集六八番）
「大伴の御津」（万葉集六三、八九五、三五九三、三七二一番）
「大伴の三津」（万葉集一一五一、二七三七番）
「高師（たかし）の浜」（万葉集六六番）

「大伴」とは難波（大阪）一帯の古い呼称でありまして、「大伴＝難波」であったという事が正しく、上町台地上が「大伴氏＝安羅王＝倭王」のある時期における支配地であったことを示していたのです。

＊七世紀後半に、摂津（津を司る。この津は難波です）国が出来ますその前の二百年間（考古学的な住吉大社境内から出土の土器・埴輪などによりますと、ここが開かれましたのは五〇〇年頃ということになりますので）は、ここ住吉大社のございます住吉（スミノエ。これがここの古い名前です）の住吉津（大伴氏の港）が、畿内から大陸への瀬戸内ルートの玄関だったのです（雄略紀十四年条）。

底筒男、中筒男、表（うわ）筒男というように、住吉三神には、皆「筒男＝ツツノオ」という名が入っておりますところからも、この「ツ」は「助辞・助詞のツ」＋「津＝ツ」と考えられますので（「ツチ＝金属」と捉えることも可能ですが）、住吉神は航海・港の神であり、しかも、右の三神が生じたときに、同時に底津少童命（そこわたつのみこと）、中津少童命、表津少童命も生まれたとされ、この三神は安曇連（あどのむらじ）が祭祀することになりますが、この安曇氏は倭（安羅＝大伴氏）の水軍の司令官でございますので（ゾクッ）、この住吉神（すみのえ）が倭王大伴氏の氏神であったということが判ってまいります。

ではここで、倭王・大伴氏の巨大古墳がこの上町台地上に存在していたことのズバリの証拠を、これからアナタにお目にかけましょう。

帝塚山の辺りには、地籍図を分析いたしますと、大帝塚の小字名が広く分布し、周濠の名残の池が五か所も見られ、また、その地目（池の点在の形など）から、現在の「帝塚山古墳」（長さ一二〇メートル）の北東に、かつては「大帝塚古墳」（長さ一三五メートル）という幻の巨大古墳が存在していたことが、復元出来るからなのです。

ところが、アナタ、現在、この幻の大古墳跡の中央を南海電鉄高野線が南北にほぼ真っ二つに切り裂いて（分断して）おりますよ。可哀想そうな無残な倭の王陵よ！

かつて、これらの古墳は「大玉手塚」「小玉手塚」（『東攝陵墓図志』）とも呼ばれておりましたが、この点につきまして、アナタに特に注意していただきたいことは、この幻の大古墳が耕され消えてしまった（消されてしまったか！）後、現在では「帝塚山古墳」（帝塚山西2—8）と、その西南の「小帝塚山古墳」（住吉中学校の処）のみが残っておりますので、江戸時代の文献のように、この二つに目を奪われて、この現存の「帝塚」と「小帝塚」をこれ（「大玉」と「小玉」）に当て嵌めてしまってはいけなかったのでありまして、より古くからの伝承によりますと、大玉・小玉とは、破壊されてしまって今は亡き幻の「大帝塚古墳」（方部北向き）と現存する二つのうちの大きい方の「帝塚山古墳」とのこの二つについての表示であったと考えなければいけなかったのです。

＊この「大帝塚」の古墳の中心は、南海高野線「帝塚山駅」だったのでございまして、前述のように、この巨大古墳の中央を南北に線路が貫いております。

もう少し詳しく申し上げますと、ここには、ちゃんと小字「大帝塚」が残されており、「字切り（限り）図」では、この地形が南へ円部を向けた前方後円墳に類似しておりますと共に、「地目」上からも、五つの「溜池」が、皆、周濠部に相当する位置に残っているからなのです。ですから、これが古伝のいう「大玉」だったということが判るのです。

又、この直ぐ西側には小字「帝塚」があり、つまり、今日の「帝塚山古墳」のところにも、地目上、三つの「溜池」が、周濠部に相当するところに残されておりますところからも、これが古伝のいう「小玉」であったことが判るのです。因みに、この小字「帝塚」の直ぐ北の字名が「姫松」ですので、この「小玉＝帝塚山古墳」は、先程の、この東の「大玉」古墳と関係のある「女性」の「墓＝陵」であったとも考えられます。

と言うことになりますと、住吉中学の処の「小帝塚」古墳は、古くは「帝塚」という名を冠した古墳ではなく、「大玉」「小玉」の帝塚山古墳とは全く別の名の古墳であったということになって来ざるを得ないのです。

アカデミズムはこの点についての分析が、今日に至るも、甚だ不十分です（甘いんだよねェ、タクウ）。そして、更に、何と！　この大きいほうは「大伴・金村塚」（『攝津名所図会大成』）、小さいほうを「大伴・鷲住王」の塚（同前）と古くから伝えられておりますので、この南海電鉄によって南北に真っ二つに分断されてしまった可哀想な旧住吉郡（古への住之江）の大古墳は、海峡国家の「倭王＝安羅王」の大伴金村、つまり、私の考えによりますれば、日本紀での「安閑」天皇のモデルの「陵」であったのです。つまり、安羅王「安」の陵は、正に、ここに隠されていたのです。

序でながら、帝塚山古墳（私の言う「小玉＝大伴鷲住王の墓」）は、元来、「手」塚山と言われておりましたものが、明治三十一年（一八九八）に122明治天皇がこの塚上から陸軍大演習をご覧になられてから、「帝」塚山と表示される様になってしまったのです。ですから、「帝＝テイ」塚山と字の通りには読まず、あくまで「手＝テ」塚山と発音しているので。

＊浦島太郎の伝説と住吉（三津）の「榎津郷＝朴津郷」の小字の「玉手箱」と大伴金村（安閑大王のモデル）の「大帝塚＝大玉」陵との関係、更には、「八十島祭り」での「天皇の衣の筥を開いて振る神事」につき、九9必見。

（3）出土品が示す伽耶（安羅・多羅・金官）と畿内の文化の共通性

この頃、この畿内の摂津・河内の地には、同じ海峡国家倭国連合のメンバーの金官系の蘇我氏系の「倭の五王」の陵と安羅系の大伴氏の継体大王系の陵と秦氏（サルタヒコ）又は物部氏（ニギハヤヒ）の陵とが、このように広い地域に並存して分布していたのです。

＊また、「近つ飛鳥」の石川流域も、古代には大伴氏と蘇我氏のエリアであったことが知られております。これは両者とも、倭王だったのですから、当然のことなのですが。

倭国がかつては「金官＋安羅」などの伽耶諸国を束ねた海峡国家でございまして、それが五一二年に百済によって上下の哆唎・牟婁・沙陀を奪われ、その翌年には、同じく百済によって己汶・帯沙を、更に、遅くとも五二〇年までには新羅によって伴跛（星州）を、そして五三二年には金官伽羅（倭1）そのものが、更には五六二年には安羅（倭2）までもが奪われ、よって倭国は、この時点に至り、手足をもがれ、日本列島のみに縮小せざるを得なくなってしまったのでした。

＊朝鮮半島より、主として金官は丹後・母国の豊国へ、安羅は出雲・吉備・日向へ、そして両者ともやがて河内・大和へと、その拠点を、かつての日本列島での「分国」へと東方へとシフトさせてまいります。

では、私が申し上げました、「日本列島と伽耶」との関係（同一性・一体性）につきまして、果たして根拠がないものなのかどうか、その証拠について、出土品の方から次に見てまいりたいと思います。

まずは、同じ須恵器でも北部九州の須恵器が金官伽羅系であり、畿内の須恵器が安羅系でありますところからも、ある時期の日本列島が「倭＝金官＋安羅」であったことが判りますと共に、安羅の「火焔形透窓高坏」が大和の布留遺跡（天理市）から出土していること、更には、日本列島で出土している「筒形銅器」（槍の一部）が金官や安羅でも出土しておりますことも、そのことを裏付けてくれていたのです。

ですから、紀ノ川右岸の大谷古墳（和歌山市大谷）出土の「馬冑（ばちゅう）・馬甲」も、朝鮮の金官（大成洞一一号墳。五世紀前半）や多羅（玉田M一号墳・五世紀後半）のものと全く同じ流れのものだったと見なければいけなかったのです（但し、ふる里はアチラ）。

また、右の朝鮮半島の、黄江北岸の多羅国の玉田遺跡からは、四世紀後半の面白い形の「蛇行状鉄器」（将軍塚古墳〔行田市埼玉〕からも出土〔ここからは馬冑も出土しております〕。同市の酒巻一四号墳出土の馬形埴輪により、この鉄器が高句麗の玄石の壁画に見られます騎馬兵の鞍の後につける旗指物（はたさしもの）と同じものであることが判明）や「馬冑」なども出土（M三号墳）しておりますので、これらが北方遊牧民の影響によるものであることは間違いのないことなのです。

因みに、新羅の王都・慶州の皇南洞一〇九号墳の第四槨から出土いたしました「馬甲」こそ、五世紀前半の高句麗軍の「直接」の新羅占領を示す証拠でもあったのです（別述）。

このように河内の巨大古墳は、実は、日本書紀（日本紀）の大王とは全く関係のない倭王たち（金官・安羅・多羅・豊国・秦王国など。それも北方遊牧民との混血した）の眠る陵であったことに、アナタはもうそろそろ目覚めなければいけなかったのです。

この後に、平安時代に入りましてから、これらの倭国の大王「系図」は主として三つに分解されてしまいまして、その一部の金官伽羅系の「5孝昭大王〜9開化大王」の五代が「10崇神大王の前」に挿入され、更にその一部でございます「16仁徳大王〜21雄略大王」の「倭の五王」を含む六代が17履中大王を挟む形でその前後に挿入され、又、右に述べました「安羅＝大伴氏」の「26継体大王〜28宣化大王」の「継体大王系の三代」につきましては、25武烈大王の次、つまり、「25武烈大王と29欽明大王」との間に挿入され、そして、それらの王系図が皆「縦に長い系図」として縦に一列に繋がれ万世一系とされてしまい、他の倭王の部分は、大王から、臣下（大連（おおむらじ））のレベルに落とされてしまい、大王からは消されてしまって日本紀に記されていたのです。

＊蘇我氏は大臣などではありませんでした。別述。

（4）上町台地の巨大古墳は「倭王＝大伴氏」の大王陵——淡海三船と藤原仲麻呂の陰謀による大伴氏の追い落とし

さて、この上町台地南端の「大帝塚古墳」の西南の「住吉神社」の南まで、古くは「住之江」（大阪湾）が入り込んでおりまして、ここが住吉津（『古事記』仁徳、「墨江之津」）を定める。雄略紀十四年正月「身狭村主青（むさのすぐりあお）」が呉の使者と共に「住吉津」に戻り泊まった）でございまして、ここは「倭の五王」の頃から摂津の中心地（一一2）であったのみならず、ここには住吉邑がございまして、この近くの「大玉手塚」は、前述のように「大伴金村の墓」であり、正に、「倭王＝安羅王＝安閑大王」の大王陵（奥津城＝墓）であったのです。

＊ここのところに先程の鷲住王も出てまいります。大伴氏の一族です（履中紀六年二月）。又、大伴金村もここ「住吉宅（すみのえいえ）」に住

んでいました（欽明紀元年〔五四〇〕九月）。ここの大伴金村が住んでいた家に、仮病（かつての任那の問題）で出勤しなかったときに、欽明大王が青海夫人を見舞いに行かせております。もっとも、そのモデルは南鮮での出来事だったのかもしれません。このように「大伴金村＝27安閑大王のモデル」（五世紀後半。四六五年以降）と「27欽明大王のモデル」＝24東城王（四七九～五〇一年）とは、別々の地域に存在しておりました同時代の人であったことが判るのです（三二2）。

かようにいたしまして、この大阪上町台地上には、ある時期には倭王・大伴氏の宅や陵が、ズラリと並んでいたのです（後の倭王蘇我氏の「畝傍山」の王宮につき、一二2）。

さて、このように上町台地の巨大古墳が「倭王＝大伴氏」の大王陵でございましたことは、次の大伴家持が越中の守のときに作りました万葉の反歌の分析からもある程度は推測出来たことだったのです。それは一風変わった歌で「大伴の遠つ神祖の奥津城に、しるく標立て人の知るべく」（万葉集四〇六九番）という歌でして、この意味は、「神祖の奥津城は著しく標て（大伴氏の祖先の墓だと後世の人々に判るように標識を立てよ）」と一族に命令した、この一見、意味の不透明な歌も、新興貴族の藤原仲麻呂らによって（倭王家の歴史までも）滅ぼされつつある、かつては倭王でもございました（一三3）古代の王族大伴氏の抵抗、最後の足掻きの歌、と解かなければいけなかったのです（この大伴家持の父である大伴旅人の残しました歌の暗号の解読につきましては、右の一三3は必見ですよ！）。

この点は、この歌を作りました家持の父の、大伴旅人の、又別の歌でもございます「世の中は空しきものと知る時し……」の歌（万葉集七九三番）に付加されておりました「筆不尽言。古今所嘆」というこれ又「不可解な説明」（一三3）とも一脈相通じておりまして、その父旅人の「嘆きの歌」と、子家持の「不可解な歌」とは、一体の歌であったのだと、アナタはもっと早く気が付かなければいけなかったのですよ。

告げよ！　上町台地上の巨大古墳こそが、三百年も前からの、我ら大伴氏などの伽耶（倭）王家の先祖の大王の「陵」なのだぞ――と。

滅びゆくかつての「倭王一族の氏の上」といたしましての大伴家持は、ここで考えたのです。

たとえ、史書上では近い将来倭王家が消されてしまいましても、これらの墓（実際には陵）さえ、幸運にも「破壊されず」に、かつ、「大伴の名を冠して」この世に残っていさえしてくれれば、そしてやがてそれが発掘されるときがやって来るならば、そこで大伴氏がかつての「倭王＝安羅王」であったことは、必ずや証明されるのだと。そして、今は我慢の時なのだと。

＊しかし、哀しいかな、その大部分は今日までに破壊されてしまいましたが……。例えば、「安閑大王の陵＝大玉」は、南海電鉄の高野線が真っ二つに裂いてしまっておりますように。

この上町台地の古墳こそは、大伴氏をはじめとする海峡国家の

「倭王＝伽耶王」のものだと、後世の人々は判ってくれるのだと。

だからこそ「今、世の人々にこのことを示せ」、つまり、今示しておかないと、最早、手遅れになってしまうぞ、永遠に我らの誇りが判らなくなってしまうぞ、と大伴・久米の一族（土師氏・大枝氏・大木氏・大江氏＝後の毛利氏など、同じ公孫王家の末裔〔九1〕の卑彌呼の直系の安羅王家の人々とその家臣）に「檄を飛ばしてそう叫んだ」のです。

当然、この「大伴の……しるく標（しめ）立て人の知るべく」の歌（万葉集四〇六九番）は、家持の当時は私家本レベルの「万葉集＝ヨロズノコトノハ」（二三5）であったとはいえ、その中でも特にこの歌は極秘にされておりまして、大伴家では門外不出のものでした（万葉集が、ずっと後の菅原道真によって完成され〔エッ！と思わないでね。大伴家持ではないよ〕固有名詞化されましたことにつきましては、二三4を必ず御覧下さい）。しかし、日本紀の作者とその改竄を命じた人々は、全力を持って、この倭王大伴氏の大阪上町台地上の一群の「荒陵＝アラハカ＝安羅墓＝倭王の陵」の隠蔽を謀ったのでした（日本紀の作者は証拠隠滅罪？で刑務所で服役しなければなりますまい）。

＊ですから、当時、朝鮮半島から大阪湾に入ってまいりますと、そこから真正面に聳え立つように見えておりました、この超一等地の上町台地上の「巨大古墳の王」は、当然倭王の陵以外にはあり得なかったにも拘わらず、今日に至るも、この点は日本紀上にも何ら見られず、不明のままアカデミズムからは歴史上放置されている状態なのです。アカデミズムは、保護責任者遺棄致死罪？で有罪なのかな!?

実に嘆かわしいことです。

歴史物語『日本書紀』盲信・偏重のアカデミズムの弊害ここに極まれり――とは、正にこの大阪上町台地にこそ相応しい言葉だったのです。

右のように考えてまいりますと、逢坂・大阪（アフサカ・オオサカ）という地名は、古くは「大阪＝オオ・ハン＝王・韓」であった可能性もあり、又、古くは「大＝王＝多」で、漢字の上ではその区別がなかったのですから、大伴氏の「大」も、多氏の「多」も、そもそもは「王」という意味をその音の中に兼ねていた可能性がございまして、大阪・逢坂の名は、かつての倭王大伴氏の王都そのものを示す名でもあったのです。

＊ひょっとすると、吉備の巨大古墳である造山古墳・作山古墳なども、「倭王＝安羅王＝大伴氏」の分派の古墳だったかもしれませんよ（別述）。

と申しますのも、邪馬臺国の卑彌呼の宗女の壱与（新女王）は亡命先の対馬より吉備を経まして纏向へ侵攻いたしましたし、その証拠に吉備と纏向とで、その埴輪に同一の成分が使われておりましたから。

先程の藤原氏によって大伴氏が段々と滅ぼされていくことを、大伴家持がズバリ明文で残しておいてくれた証拠が万葉集の中にございますので、アナタにお目にかけましょう。

まずは、その前に「正史」から。

聖武天皇の死の直後、

「出雲国守……大伴宿禰古爾斐、内竪淡海真人三船坐誹謗朝廷旡人臣之礼禁……」（『続日本紀』孝謙、天平勝宝八年〔七五六〕五月十日）

――大伴古爾斐と淡海三船が、共に朝廷を誹謗し人臣の礼に反した。

とされております（ここでは、二人とも共犯であるとされております）。

ところがドッコイ、同時代の大伴家持（六九五～七七七年）の「喩族歌一首並短歌」によりますと、声をはり叫ぶようにして、大伴のその名を絶やすな、権謀術数に乗って滅ぼされるな、と歌中で叫んでおり、万葉集四四六五番（……あたらしき清きその名そ……虚言も、祖の名絶つな、大伴の氏と名に負へる大夫の伴）、万葉集四四六五番（……明らけき名……）、万葉集四四六七番（……古ゆ清けく負ひて来にしその名）という三歌の左註によりますと、何と！

「右縁淡海真人三船讒言出雲守大伴古爾斐宿禰解任。是以家持作此歌也」

――淡海三船の讒言に縁り出雲守大伴古爾斐が解任されたので、大伴家持がこの歌を作るノダ。

と、実は、淡海三船（百済王の子孫）こそが大伴氏（「安羅王＝倭王」の子孫）追い落としの仕掛人（黒幕）であった旨明言しておりまして、更に、この点、後の正史を見てみますと、

「（大伴）古爾斐薨……不比等以女妻之……勝宝年中……俄遷出雲守……藤原仲満誣以誹謗左降土左守……勝宝八歳使流土左。天皇宥入京……」（『続日本紀』光仁、宝亀八年〔七七七〕八月十九日）

――出雲守に左遷され、更に、藤原仲麻呂により土左守に左降されたが、後になって天皇がお宥しになり入京した。

という風に、誣告した黒幕が淡海三船から藤原仲麻呂へと、いつの間にか摺り変えられてしまっております。

＊同じ正史上の、右の七五六年と七七七年の「積極矛盾」に、アナタもご注意下さい。

しかも、アナタ、この「薨去」とは、本来、王家の死に際しまして用いられる言葉なのですよ。きっと何処かに大伴氏が、かって倭王であったことの残照が見られたからなのでしょうか。

そのどちらにいたしましても、淡海三船か藤原仲麻呂かの陰謀によって「大伴氏」が土佐へ左遷されましたことは間違いがなかったのです。

＊ということになりますと、『続日本紀』の七五六年の記述か、七七七年の記述のどちらかは嘘であった、つまり、百済王の末裔の淡海三船は、大伴氏の仲間だったのか、それともチクった敵であったのかという矛盾が露呈してしまっている、ということにもなってまいります。このようにアナタ、一見しまして正史は嘘っ八ばかりのオンパレードで溢れているのですよ。

このように、藤原氏らの陰謀により、段々とかつての倭王家の大伴氏は滅ぼされていったのだということが、アナタにもこれでよーくお判りになられたことと存じます。

＊この後、貞観八年（八六八）の「応天門の変」で、「安羅＝倭」の直系である大納言（大）伴善男は、百済王（こにきし）の直系である嵯峨天皇の皇子（母は広井宿禰）の源信によって息の根を止められてしまいます。このときに、序でに「金官＝倭」の直系の紀氏（「倭の五王」の子孫）も滅ぼされてしまったのです（その意味で八六八年は倭（金官＋安羅）の終焉＝ＴＨＥ　ＥＮＤ）。

（５）新羅の王都・慶州にあった四天王寺のモデル

さて、お話を四天王寺に戻しましょう。もし、私のように「蘇我馬子＝聖徳太子のモデルの一人」と考えること（一二）が許されるといたしますと、この荒墓を壊してまでも、その上に造られた四天王寺が架空の人・聖徳太子が建立したと伝えられているということの意味は、取りも直さず、蘇我馬子（金官王系の倭王）が、かつてその金官から独立分国して成立した「弟分の国」（新羅も金官も同じ倭人の金氏の流れだからです）である新羅に存在した「同名の寺」を見習って、四天王寺（一名、荒陵寺（あらはかでら））を創立した、ないしは、後世、占領新羅軍が母国の首都・慶州にございます同名の寺の「分寺」として、この日本列島の占領地の寺に「四天王寺」と名付けたと考えることにつきましても十分可能な証拠があるからなのです。

＊私は、「上宮太子」（何故か、史書をよく読みましても、このようにこの人の実名が伏されているのです）という人は九州を中心といたします倭国に実際に存在していた人物であろうと考えますが、「聖徳」と名の付いた具体的な「太子」の存在につきましては、大和におきましては全く架空の合成人間（今日見られます聖徳太子とは、主として蘇我馬子と百済・威徳王とをモデルにして「作り変えられて」しまった人）であったと考えております（一二4）。

と申しますのも、新羅・慶州の雁鴨池（かりがも）の近くには、より古い「同名」の寺が存在していたのですからね。

但し、「新羅本紀」が正しいといたしますと、元々、この本家本元の四天王寺という寺は、「唐軍退散を祈願」する為に慶州市の狼山南東麓に建てられ、文武王十九年（六七九）に完成した寺だと言われておりますので、その日羅両者の整合性という点から考えてみますと、日本での四天王寺の真の建立は、新羅でのこの寺の建立よりずっと後、多分、日本紀上で聖徳太子という人物画が「合成された頃」（光明子の頃〔八世紀〕）に「聖徳」太子が作られたことにつき一二必見）になってから、同じ寺の名が付けられ、そして日本紀その他でもそのように作文され、更にその作文に合わす形で（他の例に違わず）外形が整えられていったのかもしれないのです（四天王寺という「名の付いた寺」はそう古くはなかった）。

＊何故なら、同名の新羅にある寺よりも日本列島のほうが先であ

ったということは、当時の仏教文化の日朝のレベルから考えますよ。

してても、まずは考えにくいことだからなのです。但し、これが

慶州のプロト四天王寺のことだというのなら話は又別ですが。

ここ四天王寺の地には、平安時代（前期・貞観時代）になってまでも、次にお示しいたしますように、「荒陵」という地名が存在しておりましたので、実は、そんなに古い時代（推古大王の頃）のことではなかったのかもしれませんよ。

「河内摂津両国之境。堀川築堤。自　荒陵　南。導河内川西通於海」（『続日本紀』桓武、延暦七年〔七八八〕三月十六日）

アナタはどうでしょう。

（6）大王家が難波の長柄豊碕宮を造るに際して、大王家に「買地券」を売ったのは誰だったのか

更にまた、難波の長柄豊碕宮を造るに際しましては、

「宮の地に入れむが為に、丘墓を壊られたる人及び、遷されたる人には、物を賜うこと、各差有り」（孝徳紀、白雉元年〔六五〇〕十月）

とありますように「上町台地の丘墓を壊して、宮地とした」「その壊された墓の王族・豪族に物を賜う」と日本紀が正直に告白していることは一体どういうことを意味していたのでしょうか。

このように、この上町台地の北端（大阪城の直ぐ南）に「難波宮」を造るときに、そこの「古代の超一等地」にあった大古墳が破壊されてしまった痕跡が、正史上もはっきりと読み取れるので

＊後の、大和・平城京造営（平城京の完成自体は、正史上は七一〇年とされております）の際の、同じような先王朝の陵の破壊につきましては、七8。

又、序でながら、飛鳥地方の古墳石室の石が、後世の築城で石垣として流用（例えば、高取城。飛鳥川上流の柏森の南約一・五キロメートル）されたものも少なくなく、それらの中には、今は消えてしまった王墓（陵）も少なからずあったものと思われますので、「歴史学」が日本紀の記載のみ（改竄の見落とし）から、又、「考古学」が現況のみ（消滅の見落とし）から判断しているといたしますと、それは余りにも幼いと言わざるを得ないのです（ダブルの悲劇）。

今、アナタには古代の復元とその想像力とが必要とされているのです。

このように、大和、摂津、河内などで失われた大古墳・大塚・王塚が少なからずあるのにも拘わらず、「今日残されているもの」にのみ（近視眼的に）ピッタリと日本紀の大王陵を当て嵌めて、「それでこと足れり」としてしまっておりますアカデミズムの姿は、歴史的良心から見ましても実に奇ッ怪なことでもあるのです。

つまり、今日のアカデミズムは、比喩的に申しますと、「偽の人形」にピッタリと合う着物を着せているに過ぎないのですよ。もしも、この「日本紀ベッタリ人形」がちょっとでも食べ過ぎ

て太ったりしてしまった場合には、直ちにバリバリと裂けてヌードになってしまう運命にあるのです。最早、風前のともし火。これこそ裸の王様。

さて、このままではアナタの謎は深まるばかりですよね。特に日本紀はこのように、はっきりと「丘」墓と言っておりますので、それが土が盛り上がった誰かの古墳であった（しかも、それは「陵」だったとも言っているのですから、「墳丘」と「陵」とを足しますと、自ずとそれが大王墓であったということが判って来るのです）とみて間違いないのです。

では、それは、一体誰の墓を壊し、誰にその墓地の代価を払って、その新しく支配者となった大王は、その墓の土地の「買地券（ばいちけん）」というものを入手したのでしょうか。

＊一般に、この買地券につきましては、アカデミズムでも誤解されているようなのですが、これが道教の影響による「神々との約束」という呪術的な面は否定できないといたしましても、それは買地券の本質ではございません。と申しますのも、これは既存の墓の所有者と新しくそこの土地に墓（の霊の及ぶところ、つまり兆域〔墓より広い〕）を作るものとの間の、全くの私的な財産のやり取りの「民事契約」に過ぎないことが、朝鮮の百済の第三回目の王都でございます、熊津（公州）の百済25武寧王（五〇一～五二三年。平安日本紀での、30敏達大王や物部御輿のモデル）陵から出土いたしました買地券の文章の分析などからも明らかだからなのです（武寧王妃〔倭王の女〕の棺より出土いたしました陰刻銘の銀の釧（くしろ）につき、二7）。

アナタに、もし、その百済・武寧王陵出土の「買地券」の実物の文面をお読みになっていただければ、そのことは直ちにご了解いただけることなのですが、一言で申しますと、これは民事裁判又は民事調停の、判決書又は調停調書とでも申せましょう。古代の日本列島での買地券も、一つの平たい石の左右に同じ文章を彫って、それを中央で二分割し、その一つは墓に埋め、他の一つは官庁（郡の役所）などで保管いたし、後世に所有権紛争のトラブルが生じましたときには、その二つを合わせ、その墓の土地が自分の祖先が買った土地であることの証拠といたしました（現存例、備中国下道郡八田郷長の矢田部益足の天平宝字七年〔七六三〕十月十六日付のものなど。一八10、一〇6）。

この当時、波速の一等地にあった祖先の墓を壊してまで、その土地を新しい大王の宮殿の土地用に「提供させられ（奪われ）」、「土地代まで貰った」と日本の正史に記されております「名を伏された」その豪族（誰だ！）こそが、正にかつての倭王又は倭王の子孫であったのです。では、それは一体誰のことだったのでしょうか（大伴氏かな？）。

「賜物各有差」（前述、孝徳紀）と記されておりますように、そこに古くから存在しておりました王墓や地方首長の墓を破壊し、物を与えて、その土地の所有者（その墓の埋葬者の子孫）から、その「買地券」を買い取りましたことが、正史の日本紀からも明白だったのですから。

これらのことを更に支援いたします状況証拠といたしましては、今日でも辛うじて（危うくも）追及が可能な大阪の小字名から、「大塚＝王塚＝玉塚＝手塚＝帝塚」という言葉が含まれておりますもののみを拾い上げて分析してみましても、東淀川区、天王寺区、阿倍野区、住吉区（ここには四つもございます）、東住吉区、平野区という風に、文書とは異なりまして、なかなか消し去ることが難しい「生きた化石」としての地名が、今日でも各処に転々として見られるからなのです。ですから、今日の住居表示のための行政区画などの制定は、歴史的に見ますと、歴史の抹消（行政の便利さのために、お金で買えないもの、大切な祖先のルーツの喪失）に力を添えてしまっているのです（怒れ！　難波人）。

＊今こそ立ち上がれ難波人（なにはびと）よ！　河内人（かわちびと）よ！　直ちに日本書紀という「偽史」を破壊して、倭王たる「大伴氏・蘇我氏」の名誉の回復をせよ！　汝らの祖先はこの墓石の下で、千三百年以上もの長きに渡り、無実の罪だと怨嗟の叫びを上げ続けているんだぞ。

この上町台地の上には、江戸時代の古図によりましても、その時点ですらも松虫塚（阿倍野区松虫通一丁目。謡曲「松虫」でも有名です。旅の二人の女性の一人が、松虫の声に惹かれて深草の中へ入って行って死んでしまい、そこに埋められましたので「松虫塚」と言われたのです）、帝塚山（前述）その他のかなり大きな古墳が見られました（『難波大古図』）が、何と！今日ではその半数以上が消えうせて（皆、耕されて畑と化してしまいました）しまっております（「松柏搗（つ）かれて畑となす」嗚呼！　なるかな）。この江戸の頃におきましても、この図には十個近くの古墳が描かれているのですが――。古への文化を愛するものとして、寂しいことこの上ないのです。

そして、この「松虫」が、もし今日の阿倍野区の「松虫通り」の地名の「松虫」であるといたしますと、この直ぐ北の町名は、今日でも「丸山通り」と言われておりますので、この辺りに「丸山」（つまり、通常は相当大きな古墳）が、かつては存在していたものと思われるのです。他に、柘榴塚、播磨塚、小野塚などは残っておりました。

又、この直ぐ北が四天王寺のある天王寺区であり、そして更にその北が大阪城のある中央区へと続いており、このように上町台地は細長く北へ突き出ておりまして、その上に抹消されてしまった古代の大王の墓が、特に瀬戸内の海上遥か遠くから（朝鮮からの渡来者が）眺めましても、葺き石を眩しいくらい陽光にピカピカと輝かせながら（神戸の西、明石海峡を見下ろす「五色塚古墳」はピッカピカに再現されておりますよ。アナタ、一見の価値アリ）、威風堂々と、かつ、幾つも蒲鉾のようにボコボコと丘の上に並んでいたのですよ。

＊また、上町台地の北部の大阪城辺りの地下には、どのような巨大古墳が半ば破壊されたままで、今日まで眠り続けているというのでしょうか。

では、私が見つけましたその証拠を次に加えておきましょう。

上町台地北端よりも少し上流にございます枚方丘陵の突端で、淀川（大川。古代の重要交通路）の流れに臨み淀川を睨むようにいたしまして、古墳時代前期の大型前方後円墳である「万年寺古墳」が存在しているところから推測いたしましても、より重要なこの上町台地の北端に、ここは右と同一「以上」の条件下ですので、王墓が存在していた可能性が高いと考えなければいけなかったのです。

近隣の類似地形上の、大型古墳の立地条件と比べましても、やはり、この「大阪城」の下（堀を含む）ないしは周辺には大王墓たる巨大古墳（そして、後世、いつの日にか破壊されてしまった）が今日も静かに眠っているのです。

このように、謎は今日でも大阪城の何処かの地下深くに眠っているのです（そして、右の日本紀のみならず、古くから、そういう口碑も地元には伝えられているからなのです。頼むよ、難波のアニイ、探してよ）。

それに、次のような状況証拠もプラスしておきましょう。

大阪城が築かれる前の石山本願寺の境内には、「磐船神社」があったということですので（一五1、3、9）、ここに物部氏の祖神のニギハヤヒが祭ってあった、と言うことはつまり、この上町台地には物部氏（沸流百済系。先渡来の百済系）の大王陵もあったことをこのことは示していたのです。

更に、「ニギハヤヒ＝天日矛」であることの証拠は大和葛城の古い神社にも見られることだったのです。

と申しますのも葛城木坐火雷神社（『延喜式』）。新庄町笛吹字神山。境内には日露戦争の戦利品であるロシアの加農攻守城砲が奉献され置かれております）の現在のご祭神は、火雷大神と天香山であり、天香山は「天火明＝ニギハヤヒ」の子ですから、この火雷がニギハヤヒであることが推測されますと共に、天香山は笛吹連の祖とされ（大字に注意）、かつ、笛吹連は火明の後とされ（『新撰姓氏録』河内国神別）、更に、その分派の吹田連は火明の児天香山の後ともされておりますことからも、この火雷がニギハヤヒであることが明らかだからなのです。

次に、火雷社一般には、雷のみならず水（雨）神も祀られておりまして、吉野大国栖御魂神社（『延喜式』神名帳、高市郡）には気吹雷と響雷が祀られておりますように、この雷の形容の「気吹＝イブキ」とは、「伊吹＝イブウ＝韓国伊達神＝イトノ県主」のことであり（一五1、9、一八10）この神が安羅（倭）の天日矛と同神であることにアナタが気が付きますと、これらのことからも「ニギハヤヒ＝天日矛」であったことが判って来るからなのです。

尚、この笛吹神社（中世以降の名でございまして、明治七年〔一八七四〕に笛吹社に火雷社は合祀され、このときこの名になりました）の直ぐ後には笛吹神社古墳（横穴式で玄室の長さ五・六メートル。笛吹連の祖廟。笛吹が「ウヅシキ」であるといたしますと「ウヅ＝珍」ということで金官系「秦氏」の出自であった可能性も大です）もございまして、古墳前に神社が配置されております意味を慎重に分析してみる必要がございます。と申しますのも、もしそれぞれが別の氏族のものでございました場合には、征服者が被征服者の魂が祟らないように、そうしていることが考えられるからなのです。

この神社が葛城にございますのも、かつて天日矛が紀ノ川を遡行し、葛城経由で大和マキムクへと進軍したことの名残だったのです。

そして、私の考えのように「ニギハヤヒ＝天日矛」でもある（一五3）といたしますと（そんな考えは、十年早いよとアナタに言われそうですが）、これらの古墳は、古くは物部氏のものであり、その後のものは、伽耶系、特にその中でも安羅（倭王）系の大王陵でもあったのです。

しかも、同じ難波の、右の大阪城の地下に眠る磐船神社から一・五キロメートルの東成区東小橋南之町三丁目（鶴橋駅東方約四〇〇メートル）のところには「天日矛の妻のヒメコソ＝阿加流＝アカル」（『古事記』応神条）を祭る「比売許曽社（ひめこそ）」があることも、このことの裏付けになると思います。

＊アカルは漢字の表示では「赤留＝アカ・ル」姫とはなっておりますが、本来は「ア・カル＝明・伽羅」をも（「明るい」「赤い」の意味に「加え」まして）表していた（懸けていた）のでありまして、ここには「阿・伽羅」＝「我・伽羅」の王女、つまり、この名の中には「ア・カル姫＝吾ハ伽羅ノ姫＝伽羅の王女」であるゾよ！という意味が、日本紀の作者がネーミングいたします際には秘められていたのです。このような「記・紀」の改竄は「十八番」です。一八3。地名を「好き字」にしてしまった改竄につきましては、一五3。

私の考えでは、「ニギハヤヒ＝天日矛」で同一人の投影であり、その天日矛の妻が「アカル姫＝ヒメコソ」なのですから。

第一九章　「倭の五王」の挿入による天皇系図の偽造

1、応神天皇と顕宗天皇の間に「倭の五王」を挿入

では、次に、挿入大王系図一3ノ1④で述べました、いわゆる「倭の五王」といわれている金官系の「五人の王」を、平安紀がモデルといたしました扶余・百済系図に挿入する作為を施してしまったがために、お手本となった朝鮮本国での扶余・百済系の「大王」系図のその挿入された付近（一3）が、平安紀上におきまして、どのように影響（修正）を受けてしまったのか、ということについてもアナタは考えてみなければいけません。

2、「珍」＝菟道稚郎子（宇治天皇）の抹殺

（1）菟道彦の女の夫（紀）で秦氏の祖である武内宿禰のモデルは金官（倭）5伊尸品王――秦氏の天皇系図の中への「融け込み」

応神大王と仁賢大王の間、つまり基本となりました百済系図上におきましての「百済19久爾辛王＝15応神大王のモデル」と「百済22文周王＝24仁賢大王のモデル」との間（第十九～二十二代）に、「讃」「珍」「済」「興」「武」という、いわゆる金官伽羅系の「倭の五王」などを挿入してしまったが故に生じてしまいました系図上の変化につきまして、次にもう少し丁寧に見ていくことにいたしましょう。

つまり、百済王系図の中の、17履中（百済20毗有がモデル）の前に、金官（倭）王の「讃」の16仁徳（女帝）を（但し、「珍」の菟道稚郎子（うぢのわきいらつこ）はこの辺りに皇子として挿入）、その履中の後に、同じく金官（倭）王の「済＝セイ」の18反正、同19允恭（金官8至知（ナツ）王がモデル。この王は「倭の五王」ではございません）、同「興＝コウ」の20安康、同「武」の21雄略（紀生磐がモデル）を挿入してしまっております。

「珍」は菟道稚郎子（宇治天皇）のことだったのです（二7）。

但し、この大王は何故か天皇系図からは抹殺されてしまっておりましたので、アナタもアカデミズムも今までそのことに気が付かなかったのです。そして、その理由は、この菟道とは「ウヂ＝

内＝ウツ＝珍＝太秦のウヅ＝秦氏」ということの表現でもあったのであり、「倭の五王」の珍は、その頃には秦韓から金官に朝鮮半島を南下して入り込んでおりました秦氏との混血の百済王子（祖母も母も伽耶系の女）だったのです。

それに、考えてもみて下さい、ウヂという名と同じ地名の宇治というところは、もともと秦氏とも大変関係が深いところだったのです（秦氏の氏神の一つでもあります朱塗りの鳥居の伏見稲荷もここにございます）。

しかも、秦氏のウツ氏の武内（ウチ＝珍）宿禰は（「武＝タケシ」が尊称であるといたしますと、本体は「内＝ウツ」のみとなります）、そもそも正史上も「秦（波多）氏の祖」とされており、ということは、秦氏の太秦のウツは、この「内＝ウツ」を意味していたのでして、実は、このことの真相は、その頃は、秦韓の秦氏（今来の秦氏は、実は、秦の亡民などではなく、秦の暴政の余波を受けた「扶余の亡民」でした。伯族。以下、同じ）が、金官伽羅へと南下して金官（倭）王の一部となっていたということだったのです（二5）。

＊このように、武内宿禰の父が「ウチ＝秦氏」でしたので、武内宿禰が（南鮮と日本列島での）秦氏の祖とされておりましても、これは正史の系図上からも当然のことでございまして、武内宿禰から分かれた子孫（「紀氏＝木氏」を含む）には、今来の秦氏（扶余系）の血が、この時点で既に混じっていたともいえるのです。そういたしますと、古代の出雲を開拓いたしました秦氏が満州の「八岐大蛇」の神話を出雲に定着させたことともダイレクトに繋がってくるのです（別述）。

このように、そもそも、日本紀上の大王系図自体が、「ある時期」からは「金官＝秦氏」の大王が挿入されていたということを暗示していてくれたのです。

この朝鮮半島の秦氏の一部が、高句麗の南下の圧力から逃れて辰韓より南下して金官に入りましたことにつきましては、「則娶紀直遠祖菟道彦之女影媛生武内宿禰」（景行紀三年二月）とありますように、実は、正史上にちゃんと示されていたのです。

＊「倭の五王」の「武＝雄略」のモデルが紀生磐であったことにつき、アナタ、一九5は必見です。

「紀＝木」でありますことは、右のように建内宿禰の母が「紀直の遠祖菟道彦の女影媛＝木国造の祖宇豆比古妹山下影日売」とありますことからも、明らかであったのです。

朝鮮での右の秦氏（日本列島に渡来してからは「今来」の秦氏）は、初期には朝鮮半島で沸流百済系と、後におきましては日本列島で温祚百済系とも、その一部は混血しておりました。だからこそ、両方を天秤にかけ、今日まで強かに生き延びることが出来たとも言えるのです。

エッ、それだけでは何のことだかまだサッパリ判らないって？

では、早速より詳しくそのことについてご説明いたしましょう。

しかし、ちょっと難解になりますですよ。アナタ、どうかお覚悟を！

と申しますのも、その理由は、武内宿禰のモデルは金官5伊尸品王ですし、その母の影媛の父が、右の日本紀のように菟道彦であり、この人の名は「菟道＝ウヅ＝珍＝秦氏」であり、これらのことからも「秦氏」の「菟道彦」が辰韓（秦韓）から南下し金官王の女と結婚し、その間に影媛が生まれていたということが判って来るからなのです。そして、その際、当然、当時の国際状況に鑑みましても、その一部には百済王家の血も入っていたのです。

四〇五年に帯方郡界にまで攻め込み高句麗と戦いました倭王（「広開土王碑」同王十四年）とは、金官5伊尸品王（三四六〜四〇七年）こと武内宿禰（木協満致。紀氏＝蘇我氏）及びこの前後の王のことだったのです（二8）。因みに、「倭の五王」の「武＝雄略大王」のモデルは紀生（大）磐（小弓の子）だったのです（一九5）。

右の「紀氏」が、かつてはその「音」の通り「木氏」だったのでございまして、木協満致（武内宿禰＝金官伽羅国5伊尸品王＝蘇我氏・秦氏の祖。また、この木氏こそは、金氏でもございました。南部朝鮮の金石文における「木＝金」付き、一八5）やその子の木羅斤資（蘇我石川、武内宿禰の子、葛城襲津彦の弟）と同族であることを示していたのです。

又、別の見方をいたしましても、大名草彦（日前・国懸の両宮を現在の宮地に遷しました紀伊の王、この人は後に新羅・朴氏ともなります）の子の宇遅彦の女の影媛と孝元大王の孫の武雄炏とが結婚し、武内宿禰が生まれております（『国造系譜大略』）。

そういたしますと、孝元大王のモデルは金官初代王金首露（潮乗津彦も「孝元大王＝金首露王」と同一人です。この点につき、筑後の高良大社では祭神の「潮乗」を「潮垂」と、後世に至り巧みに変名させてしまって、本来の祭神の真相が判らないように細工されてしまっておりますのでアナタは要注意だったのです。しかし、「乗」も「垂」も、同じ「リ」の音であることにつき、前述。このことは、ちょっとアナタが考えてみれば判ることでして、「潮乗津・彦＝君・潮乗＝コム・シォル＝コム・スロウ＝金・首露」とその名自体からも繋がっていたからなのです）で、その「孫」が武雄心であり、かつ、武内宿禰は金官王ですので、これらのことからも「宇遅＝秦氏」の辰人と金官（倭）との両王家の「連繫」ということ（南朝鮮における両者の混血）が、そこから系図の合体として読み取れるからなのです。

ということになりますと、「倭＝金官」であるとともに、武内宿禰の出自が百済（真氏＝木氏）系の金官（倭）王であった（二8）ということにもなって来るのです。

初期の倭王（金官、安羅）であり、秦氏の祖でもありますこの金官5伊尸品王（武内宿禰のモデル）＝木協満致（二8、一九1。何人かの合成人間。在位長大ゆえ）は、この頃の国際情勢に照らして考えますと、扶余王子の依羅（近肖古王）が朝鮮半島を南下し、馬韓に至り初めて百済を建国することを「助けて」やっていたのです。それは漢江の辺のソウルの近くです。

＊「武内宿禰＝金官5伊尸品王」だけでも、在位は六十一年（三

四六～四〇七年）にもなりますし、仮に、同じ「三字」の名の珍しい王ということに着眼し、これも同一王と考えて、金官4居叱彌王も武内の中に含まれておりますと、この王の在位が五十五年（二九一～三四六年）ですので、武内宿禰の在位は合計百十六年ということにもなります。

しかし、その後、扶余の依羅（百済13近肖古王＝崇神大王のモデル）が扶余から南下（四世紀中頃）してまいりましてから既に一定の時が経過し、仁徳（讃）や菟道若郎子（珍）の頃（五世紀前半）に至りますと、今や、百済（と申しましても、この頃は相変わらず「金官＝倭」の官僚が百済王家に入っておりますので、実質的には倭と百済とは一体と見るべき時期なのですが）は、遊牧民らしく中国の文化を巧みに吸収すると共に、南鮮の倭の鉄の財力をも巧みに利用し、最早急激に強力な国家にまで成長して来ておりまして、逆に、連邦制・海洋鉱山国家（鉄資源に恵まれておりましたので、倭は小国の連合ながら、各国がバラバラに水軍・海賊を有し、経済的には独立・自立が可能でした）の倭（金官、安羅など。朝鮮半島南西部へと、百済が、ジワリジワリと進出し）とその倭の支配下にあった日本列島の畿内の秦王国（『隋書』）をも、事実上支配するに至りつつある状態だったのです（後に又、高句麗の圧力、新羅の揺さぶりなどから力が弱体化することも屡々ございます）。

＊つまり、一方で百済の内部に、「金官＝倭」王家の人々が永年中央官僚として入り込んでおり（それに元々、百済の地は倭人の地でしたから。馬韓人＝倭人）、他方「金官＝倭」の中にも百済の王子たちが「入り婿」の形で（つまり、当初は「質」として）入り込んでいたという、この頃は、百済と倭は、双方混血に近い状態にあったのです。

尚、藤原氏の四家の一部、特に「式家」は、その実体は秦氏そのものだったのです。ですから、「秦氏と藤原氏の分離」（秦氏の表面からの隠蔽）という作為も、正史編纂の過程におきましては重要なこととして行われましたが、その「前」の真の姿、つまり昌寧伽耶で合体していた頃の、ヒヂボル（藤原）氏の「昌寧伽耶」王家の混血の姿を、アナタは「復元」してみる必要があったのです（「扶余＝北倭」＋「金官＝南倭」）。

この秦（波多）氏の祖である武内宿禰の母は、前述いたしましたように、「木＝紀伊の国の造が祖の宇豆比古が妹、山下影日売」（孝元紀）となっておりまして、この妹の方も正に「ウヅ」ですし、その又母の孝元大王（モデルは金官首露王）妃でございます鬱色謎（モデルは、インド「アユダ国＝コーサラ国」の「許氏の王女の許黄玉」）も、同じく「ウツ」（「イカ＝烏賊」の島の鬱陵島の「ウツ＝ウル」でもあります。この島は、「朝鮮から出雲への古い渡来ルート」の一つだったのですが、主として「倭」の出雲（安羅系）が使用しておりました朝鮮との主要ルートの一つでしたので、この「朝鮮半島東部―鬱陵島―竹島（独島）―出雲・伯耆、又は、出雲・安来―出島（イヅシ・出石）」という「鬱陵島（烏賊の島）ルート」は、日本正史上「倭国」の抹殺と共に抹殺され永久に封印されてしまっていたのです）でありますので、これまたこの関係者の全員が「ウツ」なのですよ。このことは、正に、鬱（うつ）＝珍（うち）＝秦氏の太秦（うづまさ）の「ウヅ」ということ、つまりその全員に「秦氏の血」が混じっていたということをも暗示してくれていたのです。

＊皇極三年（六四四）に秦河勝に征せられました、不尽（富士）河の辺りの常世神を祀った大生部多（おおふべのおお）も、本来の秦氏とは異なる沸流百済系の血の混じった別の秦氏の流れ（温祚百済系の平安朝天皇家とは異なります沸流百済系と東国におきまして合流・混血しておりました人々）だったのです。

「春日風鹿島」となる前のプロト鹿島神宮である元鹿島が、近くの大生（おほ）神社だったこと、かつ、古くは常陸一帯に鎮座していた鹿島の神が、物部氏の神であったことなどを考えますと、右の大生部多に、既に南鮮の段階で物部氏（沸流百済系。ニギハヤヒ系、多羅系）の血が入っていた可能性が大なのです。

このように秦氏と百済系との混血と申しましても、沸流百済と混血したものと、温祚百済と混血したものとに、ちゃんと分けて考えなければ正確ではなかったのです。

そういたしますと、この金首露王の妃の「ウツシコメ＝鬱色謎」という、一度その名を読んだら二度と忘れ難い奇妙な名の中には、少なくとも、辰韓から南下した秦氏を表す「ウツ＝内＝ウヅ＝珍」と、インド・コーサラ国又はチャンパ国系王族の出自を示す「コ氏＝許氏」との「二つの部族の融合」ということが隠されていたと見るべきだったのです。

尚、この「許氏＝コ氏」は古代朝鮮語で「穂＝ホ＝コ」と同じでもございますので、秦氏と同じく武内宿禰の分かれでもあります南鮮の栄山江流域の前方後円墳とも関連がございます穂積氏（忍山氏＝哆唎氏）も含まれていたのです。

＊ここにもインド＋朝鮮（古い頃の『山海経』の表現）が見られます。

また、葛城などの「朝妻＝アサヅマ＝阿佐豆麻」という古い地名の中には、古シュメール語や古エジプト語などのオリエントの古い言語（子音のみで表示）のように、その固有名詞につき「子音を中心」に考えてまいりますと、「太秦（うづまさ）」は「豆＝ウヅ」「麻＝マサ」でもございますので、葛城の朝妻（阿佐＋「豆＝ヅ」「麻＝マ」）という地名には、金（アサ）の「豆麻＝ウヅマサ＝宇豆麻佐」が入っていた、つまりこの朝妻という地名の中にも暗号としての秦氏の「太秦＝ウヅマサ」が読み込まれていたということにアナタは気が付かなければいけなかったのです。

このように、細かい点はともかくといたしまして、「この頃の金官（倭）は、秦氏や百済とは大変深い関係」にあったということだけは確りと覚えておいて下さい。

(2) 百済王家と金官（倭）王家との婚姻の舞台は朝鮮半島だった

では、百済と、金官へと入り込んでいった秦氏（内＝珍氏）について、もう少し見ていくことにいたしましょう。

15応神大王が「近つ淡海」へと行幸いたしましたときに、宇遅（ウヂ＝内＝珍）野の「木幡」（秦）の村（巨椋池の湖畔）」で顔美き嬢子である和邇の比布礼の意富美の娘の宮主矢河枝比売を見初めて、その二人の間の子が「倭の五王」の珍である菟道稚郎子（前述の菟道彦の一族と思われます）であるというお話（『古事記』蟹の歌、『日本紀』応神条）が出てまいります。

実は、このお話も、朝鮮半島におきまして、百済19久爾辛王（四二〇～四二七年）が金堤の碧骨堤（八2）へ行く（南下）に際しまして、朝鮮半島で国境を接しておりました金官王・倭王（当時の秦氏）の娘を娶ったということが、そもそものモデルであったのです。

＊その頃の百済は、まだ朝鮮半島中央部が中心であり、しかも新羅を占領していた兄弟分の高句麗に怯え、百済は大国化しつつも、弱気であったと共に、まだそこが、漠然としてはおりましたが、伽耶の領土でもあったからなのです（二7）。

と言うよりも、古代は何処でも、精々、点（邑）と線（路）の支配に過ぎませんでした。

と申しますのも、「百済の南朝鮮への拡張の時期」を検討してみますと、右に申し上げましたように、高句麗南下の圧力により、百済がその首都を漢城（ソウル）から南の熊津（公州）に遷せざるを得なくなって（四七五年、文周王＝仁賢大王のモデル）から後のことだからなのです。

＊既に、倭が海峡国家でございました古くから、日本列島の「秦王国」の古来の秦氏は、常に表からは一歩退いて陰に隠れて、妃と財力とを供給して王権に「色と金の力」を及ぼしていた（政治権力よりもゼネコンに甘んじて利権で儲けていた）ことが判るからなのです。

四六二年には「倭（金官）の五王」である興（安康大王）が宋へ遣使しておりますし、四七八年には武（雄略大王＝紀生磐）も宋へ遣使して安東大将軍の号を授与されております（一九5、他）。又、飯豊青皇女（二一）の時代も、正に、朝鮮半島におきまして百済が危うくなったこの頃のことだったのです。

さて、武内宿禰のお話に戻します。

このように応神大王のモデルは百済19久爾辛王だったのであり、この人は「百済本紀」のレベルにおきましては「木協満致＝武内宿禰」と同一人（二8。しかし、平安日本紀レベルにおきましては、武内宿禰と応神大王とは親子のレベルであるということが仄めかされております）であり、かつ、武内宿禰が秦氏の祖とされておりますことども、この木「秦」（コハタ）村の秦や、次に申し上げますカニ「秦」の秦ということで表されていたのです。因みに、11垂仁大王の妃となりました綺戸邊と苅幡戸邊（『日本紀』三十四年。苅羽田刀辨と弟苅羽田刀辨は『古事記』では姉妹となっております。名前の中にちゃんと「幡＝羽田＝ハタ＝秦」が入っていますよね。開化記にも苅幡戸邊と同名の人物有り）という女性のカニハタの地名も、今日でも、宇治の南方約一〇キロメートルにちゃんと位置して残っており（綺田）、此処に居りました山代大国淵（記）、不遅（記。共にウヂ）の娘とされており、この近くには、魏書でいうところの、卑彌呼のもらった北朝の「魏鏡」とは何らの関係もない鏡であるところの南朝の呉鏡系の「三角縁神獣鏡」が大量に出土いたしました「椿井大塚山古墳」（二-8）があることからいたしましても、この古墳と古への秦氏との関係は、見逃すことが出来ない重要なことだったのです（秦氏の河川交通の独占につき、後述。カニハタ→カムバタ→川端さん）。

右の「垂仁大王＝そのモデルは百済14近仇首王（三七五〜三八四年）」のことですので、このことも、種を明かせば、そのオリジナルとなった「台本」は、南韓におけます初期の百済王家と金官王家との婚姻のお話の投影（系図合体）だったのです。

このように、日本紀という「歴史物語」の舞台は、実は、その殆どのオリジナルが朝鮮半島や満州での出来事だったのですよ（一、前文）。

それに、此処の直ぐ前を流れる木津川も、かつては輪韓川（倭の韓の川。又の名は泉川。泉＝イズミ＝和泉＝ワセン＝倭の朝鮮）とさえも言われていたのですよ。

（3）豊国の秦氏の大隅への侵出（隼人の大量殺戮）と肥後国からの薩摩への屯田兵の侵出

秦氏や中臣・藤原氏（中臣氏＝ナガ族＝朴氏はその主要な一部です）が、渡来後に比較的多く住んでおりました豊国（大分県や福岡県の一部）から、渡来人の秦氏（今来＋古来）が、大隅へ大量に移住して隼人に取って代わってしまったのです。ですから、今鹿児島県にいる人々は、厳密には、本来の意味での「薩摩隼人（オーストロネシア語系）」の子孫などではないのです。それは、次に申し上げますように、この時に「純粋の隼人（ハエヒト＝南風に乗って来た人・南方人。又は、星州伽耶の人）」は、皆殺しに遭ってしまっておりますから。

この豊国の「今来の秦氏・赤染氏」などは、隼人征圧の尖兵となり、南の九州の大隅国へと進攻し、そこを支配いたします。国分辺りに主たる拠点を設けております。その名残・証拠は、まずは、抽象的・思想的には豊国の「古表神社」のクグツ相撲の勝敗（前述）と、次に、具体的には大隅国の「郷の名」です。例えば、大隅国の桑原郡には「大原・大分・豊国・益西（答）・稲積・広西（田）・桑善・仲川（仲津川）」の八郷がございますが（『倭名類聚鈔』大隅国）、このうちの大分・仲川（仲津川・仲津）は、豊国の二郡の名とほぼ同じですし、勿論「豊国郷」は豊国ズバリですし、田郷につきましても、「田河郡」の「河」を省略した「田」と考えてよいと思われますので、そういたしますと、大隅国の桑原郡の四郷が豊国と同じであることが判るからなのです（豊から大隅への侵攻。桑原＝クアボル＝屈火原。四2）。

鹿児島の大名の島津氏は、今日の栃木県から中世に移封されましたが、その出自は「秦氏」ですから（別述）、そこに古い因縁を感じざるを得ません（秦氏の再会）。又、島津氏の始祖は惟宗忠久と言われておりますが、このことが島津氏が秦氏であった事を示していたのです（因みに、島津の姓は、右の忠久が日向島津荘〔都城〕に初めて赴任したことから「島津」と名付けられたものです）。

と申しますのも、貞観六年（八六四）に秦忌寸善子・安雄の二人が氏姓を賜り、各々伊統（これむね）朝臣・伊統宿禰となっておりますし、又、元慶元年（八七七）十二月には、明法家の秦朝臣直本が惟宗朝臣となっているからなのです。この様に、島津氏は間違いなく秦氏の出自だったのです（秦→「惟宗＝伊統」→島津）。

また、大隅国のお隣の薩摩国の方には、「肥後国」から大量に屯田兵が送り込まれましたが、その証拠は、薩摩国の国府所在地の高城郡には「合志郷・飽多郷・鬱木郷・宇土郷・新多郷・詫万郷」の六郷がございますが（『倭名類聚鈔』薩摩国）、このうちの合志・飽田・詫麻・宇土・鬱の五つの地名は、「肥後国の四郡」の郡名とほぼ同じであるということからも、肥後からの入植者が、国府周辺に配置されたことが窺えるからなのです（肥後から薩摩への侵攻）。

このようにして、現地の当時からの隼人（はやと）（純粋の隼人は、黒潮に乗って北上してまいりましたオーストロネシア語系の「ニグロイド＝黒人」が主体。マレー種も混血）は「皆殺し」に合い、そこへ北九州へ入った満州・朝鮮からの渡来人が大量に南下して入植していって、今日の薩摩隼人と称する人々が形成されていったのだということの動かぬ証拠としての「地名遷移」が、このようにアナタに示されていたのです。

そして、これらのことが、平安日本紀の神話にどのように影響したのか、つまり朝鮮半島南部で扶余系の神話を受け継ぎました秦氏が（「八岐大蛇（やまたのをろち）」と同じ、一五3、一一3、など）、渡来後、出雲（秦氏〔真相は扶余からの亡命民〕は、満州の「八岐大蛇神話」を、南朝鮮で南下してまいりました扶余人から継受し、渡来後これを出雲で定着させております）や備前や大隅や薩摩で、それらの神話がどのように定着していったのかなど、更には、明治になりましてからの薩長藩閥政府の歴史学の分野への影響（天皇神聖化作業。次に申し上げますように、神武大王の、その父のみならず、祖父や曽祖父までもの陵が、日本列島の中で、ここ南九州の鹿児島県のみに偏って存在していることなど）というものを考えますときに、大変重要な要素となって来るものと思われます。

と申しますのも、神武大王の父のウガヤフキアエズを祀ります「鵜（う）戸神宮」（宮崎県日南市大字宮浦）も、確かなところでは、平安朝の百済王（こにきし）文鏡（光仁）の子である桓武天皇の延暦元年（七八二）になってから、天台宗の光喜坊快久が勅命を受け、そこに神殿三宇と鵜戸山大権現吾平山・仁王護国寺（勅号）とを建立したとされておりまして、そんなに古いことではなかったからなのです。このことからも、年代的にも、「百済系の平安クーデター」が成功してからこの神宮が造られましたことを如実に証明していたからなのです。

＊神武大王のモデルは、扶余王・尉仇台、高句麗王子・罽須、百

済王6仇首、百済王13近肖古で、これらは「同一人」で「皆、扶余・百済系」なのですから、私の考えとはピッタリですよね（一五1、三二1など）。

このことは、百済王子の昆支（顕宗大王のモデル）が父王の蓋鹵（市辺押羽のモデル）が高句麗に殺され、倭国に渡来いたします（二一2）が、このころの倭国は「海峡国家」でありまして、日本列島での中心は九州にあったからなのです。つまり、この時、昆支は南鮮か九州かの倭に渡来していたのです。ですから、右の昆支の「子」の「百済に戻り東城王（牟大）となった人（別述）＝欽明大王のモデル」の投影でございます「炭焼き長者＝鉄王」の「弥五郎ドン＝ヤゴロドン」の伝説が、今日の鹿児島県曽於郡大隅町の「岩川八幡神社」や宮崎県諸方郡山之口町の的野神社、日南市飫肥の田之上神社などを初めといたしまして九州中・南部一帯に色濃く残されていたのです（別述）。

＊因みに、新田原古墳群（宮崎県児湯（＝越）郡新富町）で最大の古墳は「弥五郎塚」と呼ばれておりますよ（『宮崎県史蹟調査』第四輯）。

この百済24東城王（四七九～五〇一年。欽明大王のモデル）の頃は百済と新羅とは仲が良く（嫁さんも貰っているし）、タッグを組んで高句麗に対抗しております。

（4）「比自＝日出」の地名遷移と秦氏の移動

この豊国におけます神話上の「日出の真那井」のヒヂと申しますのも、「藤原氏＝中臣氏」がその本貫でもございます朝鮮半島南部におりましたときの「昌寧伽耶」の比自火（ヒヂホ・ヒヂボル）の「ヒヂ」の出自であったからであることを（神話に取り入れられ）ダイレクトに示していたのです（四1。ヒヂ＝藤＝カル）。

面白いことに、この「ヒヂの地名の流れ」は、豊国、出雲、安芸、丹後、山背へと「今来の秦氏の東へと動いた跡」ともピッタリと重なるようにいたしまして地名遷移していくことが判ります（二1、三4、二8、四1）。

序でながら、この「ヒヂ＝藤」は、日本三景の一つの丹後の天ノ橋立の籠神社の境内摂社の「真名井社」の「藤祭り」（七6）から、京都市の下鴨社の「葵祭り」へと繋がっていたのですよ（そのキーワードの「糺＝タタス」と共に。一七6）。

＊何故、祭りの素材が「花と葉」とに「両者＝両社」で分かれているのかナ？

このことも、藤原氏の四家の一部に、朴氏（ナガ族）などと共に（今来の）秦氏が入っていたことと、更に一歩踏み込んでこのことを申し上げますと、藤原「式家」とは、秦氏そのものであったのだということにも、このことは繋がっていたのです（四1）。ひょっとすると、インド・コーサラ国の「許氏」（鬱色謎の実家）とは、かつて秦帝国の貴族の秦人の亡民がインドにも流入し（このときその途中の中国南部の「越」〔因みに、これはベトナムのことではございません。ベトナムは、その又南に位置しておりますので「越南」と中国人は名付けたのです〕に行って水耕民を束ねたのが、サルタヒコ神を祀る人々（やがて、日本列島に渡来・亡命し、「弥生の水耕民」ともなる人々）の祖先だったのです。古来の秦氏。但し、陸稲（焼き畑を含む）の弥生民はBC十一世紀の殷滅亡の際に渡来しております。前述）、アーリアのバラモンの中に潜り込んで紛れて（秦帝国の亡民は、もともとがペルシア・バクトリア・ユダヤ系のアーリア人やセム人の混血民なのですから、インドの支配層のアーリア人とは同族だったのです）、このときまでインドで形を変えて生き延びていたという可能性も、東アジア的に鳥瞰した場合には強ち否定はできないからなのです。

そのことをもう少し正確に申し上げますと、BC一六五〇年頃からインド北西部に侵入いたしましたアーリア人が持参し、そこで発展させましたインドのバラモンのカーストも、元を辿ればその主体は中央アジアのペルシア系の白人がアーリア人と化したものでして、正確には「ミタンニ人」や「カッシト人」と「ペルシア人」の混血民だったのですから、秦の始皇帝の一族も、これと似たようなもので、グレコ・バクトリア系のギリシア人、ペルシア人、ユダヤ人等の混血民だったのですから、インドのバラモンも秦の始皇帝の一族も似たようなものだったのです。

このようにインド・バラモンの中の「パダ氏」と秦の王族とは、祖先を同じくしていたともいえるのです。

と申しますのも、金官伽羅（倭）国王妃となったアユダ国王女の許黄玉は、インドの夢占い（釈迦の生誕を預言した）のバラモンの「婆陀氏」（『大蔵経』。つまり、インドの秦氏）の流れの女性だったのです。

このように、歴史とは、実に大きな「輪廻」の因果だったのですよね。

そもそもが、先程の秦氏の別名とも申せますウヅマサの「禹豆＝珍＝ウヅ」とは、遡りますと、古代ヘブライ語では「光」をも意味しておりましたので、中央アジア経由で渡来の秦氏の遠い出自（その古い中核）をユダヤ系セム人と考えます私の立場からは、「光は東方より」と言う語句・思想とユダヤ人の東行との関連も大変気になるところなのです。

因みに、今度は、武内宿禰（第五代金官王＝倭王）の兄と秦氏との関係について見てみましょう。この兄の「味師内の宿禰は、山代の内の臣が祖」（孝元紀）となっておりますので、こちらの兄の方の内氏の方こそ、正に京都市（山代）へ入り込みました「太秦」の秦氏の祖そのものであったということに、その地名・人名からもダイレクトに繋がって来ておりますところの一族だったのです。

ひょっとすると、金官王家の「武内ノ宿禰」、「味師（甘美）内ノ宿禰」の名の中に入っておりますこの「内」という言葉自体も、そもそも「ウツ＝珍＝秦氏」を意味したのみならず、この「ウツ・ウチ」は「内家」つまり内裏のこと（円仁『入唐求法巡礼行記』廿三）でもありますので、この「内」も、その本来の語源は「秦氏＋金官家」の時代の金官・新羅王家の宮廷＝大家＝王家そのものであったことを暗示していた言葉であったと考えることも出来るからなのです。

(5) 誉田山古墳が応神天皇陵ではなかったことの証明——何故、応神紀にはその造成が見られないのか

ところでアナタは、日本の大王・天皇陵の中で、上空から見まして一番「大きい＝広い」ものは誰のものだかご存知ですか。当然ご存知ですよね。アレですよね。以前にお話しいたしました堺市の大山(だいせん)＝仁徳古墳（一八２）です。

因みに、陵の表面積と土量の総容量（工事量の大きさ）から考えて、つまり「墳丘の体積」が一番大きいのは誉田山（応神）陵（河内の羽曳野市誉田）です（別述）。

そして、面白いことに、この日本で一、二を争うこの両古墳の北緯の線（南向きの仁徳陵の方部南端と、北向きの応神陵の円部南端）がピッタリと一致しているのです。但し、この誉田山古墳（応神陵）の年代は五〇〇年頃のものなので、通説である応神大王の頃とは、「百年ものズレ」がございますことからも、これが応神大王の陵などではないことは、アマチュアーの私の立場から一見いたしましても明白なことだったのです。

では、その証拠はと申しますと、この誉田山古墳（伝応神大王陵。一八２。地形の分類に照らしますと、この古墳は氾濫原と丘陵という異質の地形に跨って存在しております）の年代は、古墳築造以降の「地層のズレ」を科学的に分析いたしますと、五〇〇年頃の築造であることが判明いたしますので、通説で申しますところの応神大王の年代よりも約百年も後の、顕宗大王（モデルは、倭へ渡来した百済の昆支(こんき)王子）、その子の欽明大王（モデルは、倭から百済へ戻った百済の東城王。五〇一年即位）、敏達大王（モデルは、倭で生まれ育って、百済へ戻って王となりました百済の武寧王・斯麻。五二三年即位）の「頃の」（と申しましても、右の大王〔百済史の翻訳及び大王系図合体の結果の大王〕とは全く別の、歴史から消されてしまったある大王の陵だったのです）大王陵に過ぎなかったということにならざるを得ないのです。

このように、この古墳は意外に新しかったのですね。但し、各国の大王・天皇系図自体が大幅に接着され改竄されて（古くされて）おりますので（三二）、ひょっとすると、日本紀の方の大王の年代の方を、これに合わせることが出来るならば（つまり、「応神＝ホンダワカ」を百年新しく出来るのならば）、その伝承とは合って来るのかもしれません。

更に奇っ怪なことがございますよ。それは、もし知れば、アナタは必ずやエッ！と驚かれることでしょうが、墳丘の体積が日本一でございます、古代における大王家にとりまして日本一の大土木工事を誇りました、この巨大な伝応神大王の陵の工事につきましては、正史の『日本紀』には「造営」そのものについての記載が全く見られないのですよ（何処を探しても見当たりません。何と摩訶不思議！なことなのでしょうか。「日本紀＝神聖不可侵なバイブル」論者のアカデミズムはどう弁解するのかしら？）。他の細かいことは色々と記載があるにも拘わらずです。

このことは、取りも直さず、この巨大古墳の伝応神大王陵が日本紀上のその天皇の墓などではなかったということを自白しているのに等しいのではないでしょうか。

実は、これは、平安日本紀上での、応神大王とは百済19久爾辛王をモデルとして翻訳により作られた大王であったのでございまして、その百済王としての本国での在位も四二〇～四二七年と短かったのみならず、それに加えまして、百済史におけますこの王についての記事が殆ど見られない（この点、面白いことに日朝でピッタリと共通！ですね）、つまり、久爾辛王の記載は、「王位に即いた」ことと「八年（四二七）薨去した」こと（「百済本紀」久爾辛王条）だけだったのでございまして、日本訳にしましてもたったの二行でしかございませんので（一一8）、日朝の正史上この二人には奇妙な共通性が見られ、やはり繋がり（日朝で共に怪し気な存在）があったのです。

このように、この誉田山陵が応神大王のものであることは疑わしいのですが、それとは別にこの百済王の記事が零に等しいことと、その在位が短いということは、実は、この王の実体が百済から「倭国（金官・半島を含みます）へと行ってしまった王」（倭王（金官王）であり、かつ、百済王）であったからなのです（武内宿禰につき、二8、7）。

しかも、更に可笑しなことには、『古事記』によれば応神陵は「川内の恵賀の裳伏の岡」にあるとされておりますが、そこには、何と、「百舌鳥陵也」（『卜部家本』注記）との「書き込み」が見られますので、古くは、この応神陵が大山陵（伝仁徳陵）と同じく堺市の「百舌鳥古墳群」の中にあったものとされていたのです（宮内庁管理の「天武・持統天皇合葬陵」などが全く根拠が無いということ〔つまり、その反対の証拠・反証の存在〕につきましては、一八5でご説明いたしました）。

（6）日本最大の兆域を持つ菟道稚郎子の墓は天皇陵か

では、序でに、空から眺めまして一番「兆域」（お墓の領域・境内地）の広いお墓の天皇は、誰のことだかご存知ですか。では、そのことについてこれからアナタにお話しいたしましょう。

それは、実は、この倭の五王の「珍」である（私の言う天皇系図から「消された天皇」）南鮮で百済系も一部混血しております、秦氏系金官（倭）王たる宇治天皇の陵だったのです。ですから、山城国宇治郡にある宇治天皇の兆域（墓の領域）は、古代（奈良朝より以前）に於ける日本列島の大王陵の中では最大の「五兆×八兆」（尚、『延喜式』二一巻諸陵寮には、宇治墓東西十二町×南北十二町と記されております）もの広さがございまして、彼の有名な大山・大仙陵（宮内庁では仁徳大王陵といっているもの。一八2）ですらその広さは「五兆×五兆」（延喜式では八町×八町）に過ぎないのですから、皇室の管理の帳簿上ではこれよりも遥かに巨大な兆（領）域だったのです（兆＝六十間＝約一〇九メートル強か、それとも一二四メートルでしょうか）。

ここで私がアナタに何を言いたいのかと申しますと、もし、このこと（日本一の兆域）にアナタが気付いていたといたしますと、果たして秦氏のこの宇治王・菟道王（皇子）が、古代において大王ではなかった（一皇子に過ぎなかった）と、そう簡単に断言出来るのかということなのです。

それとも、これは何らかの「悲劇」の大王だったので、その怨霊が祟らないように、例えば藤原百川に暗殺された新羅系の最後の皇后（私に言わせれば、天皇そのものでした。二六）の奈良五条市にある井上廃后の広大な墓のように、巨大にしたのでしょうか。

どうです。アナタもこれで一つ物知りになりましたでしょう。菟道稚郎子＝珍は、やっぱり大王だったのですよ。「古代に於いて」の、すべての大王（天皇）陵の中では、この人のものが一番広いのですから、もしこれが事実なら、これが天皇陵でないなんて考えられませんもの。

宇治大王（金官系の秦氏の大王・天皇）の陵は、日本紀上では宇治の「平等院」の川向こうですから、一度アナタもいらしてみて下さい。

その直ぐ北の方には、ズバリ、菟道大王の末裔（同族）でもある秦氏の氏神の一つとして彼の有名な赤い鳥居の「伏見稲荷」もございますから。

古代のこの辺り一帯は、北も南も正に、秦氏のエリア（古への「秦王国」の名残が色濃い地域）だったのです。

それに、ここには大化の頃（六四六年）に僧・道登が造ったとされております山城の「宇治橋」（流失）の伝承もありますし、今申し上げましたように、宇治川を渡る橋の手前には、平安期の「雲中供養菩薩」（ご本尊の阿弥陀さまより、こちらの方が私は好きですが）の飛び交うのが御覧になれる、宇治の「平等院」もございますので、アナタの「古代散歩」には緑の多いもってこいの場所ですから。

しかも、この「宇治」という土地は古代においては地政学上、大王が押えるべき「超重要」なところでもあったのですよ。と申しますのも、一つには、ここが琵琶湖、愛発関（あらち）、敦賀、つまり「日本海への物流ルート」（日本海回りの朝鮮へのルート）への主要な拠点であったのみならず、他方、同時にここは瀬田川から宇治川へと「名前が変わる地点」にも当たりまして、巨椋池、淀川、難波へのスタート、つまり「瀬戸内海へのルート」（瀬戸内海回りの朝鮮へのルート）上の拠点でもあったからなのです。

つまり、秦氏がこの地点を支配することによりまして、日本海と瀬戸内海の両方にまたがります、当時の「倭国全体」の水運・海運ルートである「物流」ルートを支配することが出来たからなのです。お判りですよね。

ですから、ある時期、ここに拠点を持っていた「秦氏」が「日本列島の海へと繋がる陸上河川ルートの物流の全てを支配」していた（つまり、お金が貯まり、大土木工事も出来る）ということなのです。

さて、古くに物部氏が満州・朝鮮から日本列島へ渡来し、墓造り、湊掘削、海峡掘削（一五11）などのゼネコンとして、その物流を支配したその後は、「今来の秦氏」が「列島の物流を支配していたことがこれによって理解出来るのです（ここは、元々、更にその前は「古来の秦氏」の銅鐸のサルタヒコ神系の「秦王国＝別倭＝東倭」の中心地でもございました）。

＊もっとも、辰韓人の主体は、亡命秦人ではなく、実は「扶余の亡民」だったのですから（前述）、古くに渡来いたしました物部氏・沸流百済系も、今来の秦氏（辰韓に残っていた秦氏）も、実は、共に、同じ扶余系でありまして、皆遊牧民の血が混ざった一族だったのです。

(7)「お稲荷さん」と秦氏——イナリとは何か

因みに、太古には「海」でございました大阪平野が、縄文前期までの河内「湾」（海水。貝塚のマガキ出土）から、やがて晩期に至り河内「潟」（淡水・海水。貝塚のセタ・シジミ）と退化し、弥生の頃からは河内「湖」（日下江・草香江）のみに縮小して浅くなってしまっております（江戸時代に至りましても、日下の辺りには南北八キロメートル、東西四キロメートルもの「深野池」〔茨田池〕がございました〔貝原益軒『南遊紀行』挿図、元禄二年、一六八九年〕）が、ここで更にアナタが注意すべきことは、ここの少し北の辺りに、今日の京都市の右京区の地名と同じく「太秦」「秦町」「川勝」「太秦高塚」（ここにちゃんと高塚古墳もございます）の地名（寝屋川市）がございます（ある時期に、ここから山城〔京都〕に追われたのか。それとも自ら移っていったのか）ことも、秦王国（『隋書』での表示）の末裔の秦氏が、この河内湖辺りに、北から流れ込む淀川水系（山城への物流）と南から（当時）流れ込む大和川系水路（近江、大和への物流）との、その両方を押え、「畿内の物流の殆どを支配」していたということを示していたのです（丹後と宇治と寝屋川）。

加うるに、宇治川・木津川・桂川の三つの河川の合流地点に形成されております巨大な遊水地でもございます、先程の「巨椋池」のその名の由来を申し上げますと、かつてはオグラと縮まらず「巨椋の入り江」とも歌われておりました（万葉集一六九九番を見よ）。実は、これが、古くは「オグラ」ではなく「オホクラ」であったということが特に大切なのでございまして、この秦氏の物流支配（それより以前には、伽耶国の日本列島中央部での飛地の支配者でもございました金官系の木・紀国の紀氏が支配しておりました）の拠点の「宇治＝ウジ＝ウヂ＝珍」の「オホクラ」が「大蔵」（大王の倉そのもの、又は大蔵の管理人）を表しておりましたことの名残だったのです。

さて、ここでそのことに密接に関連してまいります、この辺りの宇治の「お稲荷さんと秦氏」のお話をしておきたいと存じます。

コンコン油揚げをお供えいたします、お稲荷さん（朱の鳥居）の「イナリ」とは、一体何のことだったとアナタはお考えでしょうか。

和銅四年（七一一）二月九日（元明朝）伊奈利山に初めて「倉

稲（稲）魂」現る（『諸神記』『公事根源』）とございます。

また、「豊受太神一座（元丹波国与謝郡比沼（丹後のこの神社を尋ねてみましたが、この比沼は比治の誤りか、又は、救うとしても、比治の沼の略だったのか）山頂の麻奈井原に坐し御饌都神、亦、倉稲魂と名くる是れ也）」（「神道五部書」の『倭姫命世記』）とされておりますことからも、「イナリの正体＝倉稲魂＝トヨウケ」神であったことが判ってまいります。

＊「マナイ」と秦氏との関係（豊国「比治＝日出」）。

そして、この伊奈利の語は、実は、「稲梁」の略だったのでありまして、稲梁とは「稲穂を積入れて置く倉」のことでありましたことは、「調（税のこと）御倉神」を「宇賀能美多麻神」とも言うことからも明らかであるのみならず、このウカノミタマが秦氏の氏神の一つであります「伏見稲荷」の祭神でもございますところからも、「イナリ＝秦氏＝大倉＝大蔵」と繋がっていたことが判って来るのです。

という訳で、この巨椋ノ池の「大蔵＝オホクラ」は、秦氏とストレートに繋がっていたのです。巨椋池は、秦氏の池も同然だったのです。

古くは、秦氏がサルタヒコを祖神といたします「秦王国」の大蔵を取り締まった（のみならず、古く弥生時代には、古来の秦氏はこの畿内を中心としたサルタヒコを祖神とした秦王国の「王」そのものであったからなのです）ことの名残か、それとも最新の土木技術を持った「倭の五王」と混血し、その一部と化した、「今来」の秦氏（朝鮮の辰韓からの、自称秦の亡命民、実は、主として扶余からの亡命民）の日本列島中央部への流れだったのでしょう。

＊この扶余系という点では、今来の秦氏は、「ニギハヤヒ＝物部氏＝沸流百済」とも重なっております。

又、この小椋池の南端に「小倉」という地名が現在も残されておりますが、そういうことで、この「オグラ」もかつては「大蔵」「王蔵」を表していたことがアナタにもお判りいただけたことと存じます。

因みに、この巨椋池の東端の宇治郡の岡屋津は「宇治郡大津」とも呼ばれておりましたので、実は、この大津の方が、古くは琵琶湖畔の近江大津の「本家」であったのです（八２）。

＊この大津の名が、川を遡行していって、今日の「大津」へと遷移したのです。

さて、アナタもご承知の通り、古代の交通は「水上交通」が中心であったことは言うまでもないことでして、この宇治という土地の重要性、前述の菟道稚郎子の墓の地政学上の所在とその巨大さなどから考えましても、この秦氏系（秦韓から金官（倭）へ南下してまいりました、百済・扶余系との混血の今来の秦氏）の菟道稚郎子を「大王」と言わないで何と申せましょうか。

但し、ここで言う「倭の五王」（勿論、この「珍」を含む）は、畿内に提督を派遣し、そこの古への秦王国（古来のサルタヒコ系の秦氏。稲作と鉄とで財力は大変豊かで、大王家に妻を出してもおりました）を支配しておりました（事実上の生活は、この畿内の方が、生産実務の面の中心でして、「大王の陵」つまり「奥つ城＝古墳」も、後半は、安全の面（朝鮮半島から遠いという点）からも、秦氏の支配下の弥生の農耕民を使役して、主として「ここ畿内」に造られておりました）が、これはあくまでも九州と南韓にその本拠を持つ（外交権・貿易権を持つ。その当時は、国力の関係から、一時、温祚百済の支配下にもありましたが）「海峡国家の倭王」のことだったのです。

一言で、「この頃に限っての」国際関係を申し上げますと、この頃のその支配権は、上から「百済―倭の五王（海峡国家）―秦王国（畿内）―人民・弥生人」となっていたのです。

それが後世の歴史物語の日本紀におきましては、日本列島の、それも畿内だけ（かつての「秦王国」の地）にその中心となる日本国の場所が「設定し直されて」しまい、そしてそこが天孫降臨（とは申しましても降臨の地は九州。西方という限度では渡来の事実をも暗示していたのですが）の「日本国」の昔からの首都「大和の地」であったものとされてしまっていたのです（「日本紀＝バイブル」の論者によりまして）。

3、仁徳天皇（女帝）の「父」は百済王で「母」は金官国王女

「倭の五王」の讃（仁徳。百済王の娘で金官王のところに嫁いでまいりました「同名の」人物が、ちゃんと朝鮮に存在していたんですよ。正にこの人こそが仁徳大王の正体（モデル）だったのです。三4、五2）と、右に述べましたところの、その弟の珍（菟道）そして、同じく右に述べました「讃」「珍」二人の姉弟の父でもございましたのは「百済王・久爾辛」（物部胆咋＝応神のモデル）でして、更に、その「讃」「珍」二人の子の母である「八須夫人＝神功皇后のモデル」とは、金官伽耶国又は安羅国（共に倭）から、そこの王女として百済・腆支王（神功皇后が嫁いだ頃の腆支王は、「南鮮の倭」か「九州」に百済から派遣されておりました百済の王子でした。この百済王子だった頃の腆支王が、日本紀上での「死ぬ前」の仲哀大王のモデルだったのです。一八6）のところに嫁いで来ていた女性だったからなのです（一3）。

4、親子で祭神となっていた応神（百済王久爾辛）と「倭の五王」の「珍＝菟道稚郎子」

では、「倭の五王」の一人の「珍（うづ）」が菟道稚郎子（うちのわきいらつこ）であり、その父である百済王久爾辛が応神大王のモデルでもあったことの証拠をここにご提示いたしましょう。

右の、菟道稚郎子の宇治（珍）王（ウヅ→ウザ→ウサ。宇佐津彦（秦氏が一時は占領しておりました豊国・毛郡が「弥生人＝苗族＝毛人」の名残）が倭王「珍」の朝鮮半島や九州でのモデルであった可能性も否定はできないのですが、そのことは、ここでは

ひとまず置いておきまして）は、九州東北部（古代の豊日国）の「薦神社」や「宇佐八幡宮」にも、その頃、つまり海峡国家の倭の五王の頃からの微かな名残りといたしまして、今日まで父の久爾辛（応神大王のモデル）とともに、これらの神社の片隅の境内社に、何を慮ってかひっそりと祭られていたのです。

＊宇佐神宮の当初の頃の古い祭神は、応神大王などではなく、同じ境内の少し離れたところにございます物部氏・ニギハヤヒ系の大元山の「大元神」でした（秦氏の乗っ取り）。

「宇佐神宮」の主祭神は、応神大王となっているのでありますが、何とそこには春宮（皇太子）の形で菟道稚郎子が「境内社」として祭られていたのです。

＊天皇がご祭神であるというのに、後に、天皇から皇太子に与えられる「二品」の位が宇佐神官に授けられておりますので、実は、このことはここの祭神が天皇ではなかった！ということを物の見事に「自白」してしまっていたのですよ（因みに、臣下の場合には「品」ではなく「位」です）。頭隠して尻隠さずですよネ。八幡・バハン・ヤハン（但し、この八幡神は、本来は、マレー半島の海賊の守護神で、やがて右の大元神を乗っ取ったのでした）。物部氏の祖であるニギハヤヒの部下の、マラ船団の北上とこのことは古くは共通か。

これは「応神大王―菟道稚郎子」の父子のセットのモデルが、「百済・久爾辛王―金官・珍（倭の五王）」の父子のセットであったことを示していたのです。

と申しますのは、私の考えでは、平安日本紀では、応神（百済王久爾辛）の子が、「讃＝仁徳」（娘）と「珍＝菟道」（息子）という「倭の五王」のうちの二人ですので、ここ九州の地には「久爾辛王―その息子」、つまり「応神大王―菟道稚郎子」という百済紀にも日本紀にもちゃんと対応した「男系の親子のセット」がペアーで今日まで祭られていたことにもなりまして、ここにもピッタリの証拠が矛盾なく見られるからなのです。

「薦神社」（元・宇佐の菱形池。ここに「秦の地」を示す小字名アリ）の祭神も応神であり、何とそこにも同様に、かつ、密やかに菟道稚郎子が祭られておりますことからも、百済での「父子」の王が、日本列島でも「父子」の神として祭られていることが、この九州豊国の例でもお判りになられたことと存じます（元宇佐＝宇佐。平安紀で改竄後にピッタリ）。

又、これらのことが、逆に、応神大王のモデルが百済王久爾辛であり、その子といたしましては、姉の方が仁徳女帝（讃）、弟の方が菟道（珍）皇子であるということを暗示してくれてもいたのです。

尚、応神（百済王久爾辛がモデル）の娘には「八田皇女」という人もおりまして、この人は和珥・和邇氏の祖、日触使主女宮主宅媛の腹に生まれた女であり、かつ、菟道稚郎子の同母妹と日本紀上ではなっているのです。

そして、この人は、右のように、仁徳の妃となってはいるのですが、菟道稚郎子は「倭の五王」の「珍」（秦氏の太秦のウヅ）

のことですし、この菟道の「姉」の仁徳が、百済王久爾辛王（応神のモデル）の娘であるとともに、かつ、金官伽羅（倭）国7吹希王（「秦の弓月・ウヅ君」のモデル）の妃として伽耶（倭）王家に入っているのですから、これらは皆「ハタ（秦）氏の血の入った一族」であったということにもなってまいりますし、そういたしますと、この八田皇女の「八田」というのも、実は、やはりその名の通り「ハタ＝秦」氏を意味していたのであり、このことは、当時の「金官国」が、秦韓から南下してまいりました自称、秦の難を避けて来た亡命民（真相は扶余の亡命民）により支配されていた（かつ、百済の間接支配下でもございましたが）ということが、たとえ後に作為されてしまっている平安朝の紀記の系図上からではありましても、このようによく復元出来るということだったのです。

＊伝仁徳陵の前方部の墓は八田皇女のものだとの考えにつき、前述。

「辰韓人＝秦の亡民」らしい（『魏書』）という図式の裏には、「扶余の亡民」が隠されておりまして、その中には、更に、北扶余の王家たる穢族のニギハヤヒ（物部氏）の朝鮮半島東岸の南下ということも隠されてしまっていたのです。

ですから古朝鮮の地図を見ますと、東海岸に「濊＝穢」や「貊＝伯」の領域がしるされております。

百済も高句麗に押されて南下（民族の追っ立て）せざるを得ませんでしたし、それより前の西暦四〇〇年代の「倭の五王」の頃に、辰韓（後の新羅）の秦氏（沸流百済系との混血）も、同族である高句麗の辰韓占領の際、それを潔しとはしない一部は、同じく、南の伽耶の地へと早くも南下し去っていたからなのです。

5、「つなぎ」として入れられた「履中・清寧・允恭・顕宗」の各天皇

（1）「倭の五王」の出自と百済・扶余王系図の改竄

先程の「讃」「珍」の二人の姉弟に加えまして、「済」の18反正、「興」の20安康、「武」の21雄略の三人の大王を含めて、五人もの各々の倭（金官）の大王の系図を挿入することにより、その反動といたしまして、平安紀でお手本となっておりましたところの百済系図上の何人かの王を飛ばさざるを得なくなってしまったがために、その調整として、本来の扶余・百済系図を基とした天皇系図の中に、年代合わせの「つなぎ」としての、本来お手本（モデル）とした百済王系図上には王としては載ってはいなかった筈の、清寧・允恭・顕宗（百済王子で文周王の弟の、即位せずに倭に渡来した昆支がモデルです）という三人の大王を、新たに天皇として日本紀の大王系図の中に挿入しなければならないはめになってしまったのです。

・「倭の五王としましては架空である22清寧大王」と
・「19允恭大王＝金官伽耶8銍知王がモデル」と

＊この倭王である允恭大王の名が雄朝津間稚子宿禰と言われてお

りますように、その生育地が朝妻（阿佐豆麻）で、秦氏の姓の「ウヅマサ（豆・麻）」がその名の中に入っておりますので、このことも南下した秦氏（辰人）と南韓での金官との混血を暗示していた名であったのです。

允恭大王は日本紀上では、仁徳大王（実は、女帝）と磐之媛（実は、これは仁徳自身。よって、この夫婦の夫の方の実体は秦の弓月君＝金官国7吹希王）との間の子で、反正大王の同母（いろ）弟（ど）ともされておりますし、雄略大王の父ともされているのですから、正しい親族関係は別といたしましても、少なくともこれらは、本来皆同じ（金官＝倭）系の大王の同系統の一族に過ぎなかったのです。

さて、難病で身体も不自由であった允恭大王（ナツ王）が、渡来した新羅（とは申しましても、「シロ」はこの頃成立したばかりでして、その主要メンバーは、秦韓＝秦氏＝扶余人）の醫（くすし）の協力で治癒した（允恭紀三年八月）と記されておりますが、このことは「秦氏＋金官（倭）」という南鮮でのこの頃の「倭国の実体」を婉曲的に表していたお話だったのです。

尚、『記』ではこの「醫（医）の一行」の名前を挙げてくれておりまして、金波鎮・漢紀武としておりますが、この頃、まだ、「一字の金姓」は存在してはおりません。この金さんもアヤさんも、共に伽耶人だったのです）

・「23顕宗大王＝百済王子＝倭王＝蓋鹵王の王子の（渡来した）昆支（こんき）がモデル＝二人の兄弟のオケ・ヲケ王のうち、弟の弘計（をけ）の方」しかも、それのみならず、更に、

・「17履中大王＝百済20毗有王がモデル」という履中大王も、扶余系の20百済王の毗有がそのモデルなのですから、本来は、純粋な形での金官系の「倭の五王」ではなかった、つまりこの人は、本来、本家の百済王そのものであったにも拘わらず、改竄後との整合性のため、一見「倭の五王」の如く装って、「倭の五王」の系図の間に「故意に（素直に）そのまま百済王が取り残されて翻訳されてしまっていた」形になっていたのです。

このため、後世のアカデミズムは、すっかりこれに惑わされて（大王系図の改竄には、ゆめ気が付かずに）しまいまして、17履中を「倭の五王」の一人に加える人が少なからず出て来てしまっているというのが現状なのです（これ又、「日本紀＝バイブル」の人々の成せる業）。

これは「倭の五王」の出自（海峡国家＝金官王）とその本質を、広く東アジア史上の観点から鳥瞰図的に見る視野を失って硬直化してしまっていた（列島中心史観）ために生じました悲劇だったとも申せましょう。

日本紀の大王系図上におきましても、この金官伽羅から百済系への王系図の「継ぎはぎ」には、一見して明らかな、次のような無理が見られるのです。

扶余・百済王系図を基にした日本列島における平安紀の大王系図上に、この讃（仁徳）、珍（菟道稚郎子）、済（反正）、興（安康）、武（雄略）の、所謂金官（倭）系の「倭の五王」を挿入し

てしまったがために、この後の王系図から、次の百済から渡来した王子の昆支（顕宗）をモデルとした大王の系図へと繋げるにつきましては、架空に近い右の清寧大王や、天皇だか摂政だかよく判らない飯豊青皇女をもクッションとして挿入させざるを得ない（詳しくは、二一5）など、その調整に苦労した跡が随所に見られるからなのです。

そして、その挿入（合体）のボロが出ないようにと、「倭の五王」の最後の雄略（武）の同母兄の四人も、「殺人や自決」によるという不自然な死に方で挿入系図から抹消し、このように「子孫に繋げられないような形」で消さざるを得なくしてしまい、又、「倭の五王」の最初の仁徳（モデルは女性）の子や孫までも殺された、という形にしてしまい、これらの別系統の大王系図の挿入の痕跡を抹消し、系図を合体し、縦に連続させたミスが表に出ないように工夫（ボロ隠し）せざるを得なかったことが窺われるのです。

＊同じような例といたしまして、これは実際の奈良朝におけます新羅系王子の系図の抹殺といたしまして、三一2。

この章のテーマでもございます「倭の五王」の挿入による百済・扶余王（20～25）系図の改竄の点につき、後に（二一5）新たに述べます飯豊大王の点を除きまして、ここで一言でマトメておきますと次のようになります。

まずは、第一に、百済20毗有王（17履中大王のモデル。四二〇～四五五年）の次に、金官系の「讃」（16仁徳女帝。四二一～四二五年）と「珍」（菟道稚郎子。四三〇～四三八年）を挿入してしまいました。

そして、第二に、百済21蓋鹵王を基にして作られた人物（市辺押羽皇子。四五五～四七五年）の次に、同じく金官系の「済」（18反正大王。四五一～四六〇年）と「興」（20安康大王。四六二年）を強引に挿入してしまっていたのです。

最後に、第三といたしまして、百済22文周王（24仁賢大王のモデル。四七六～四七七年）の次から、百済三斤王（25武烈大王のモデル。四七七～四七九年）の辺りにかけまして、同じく金官系の「武」（21雄略大王。四七七～四七九年）をも挿入することによりまして、金官（倭国）と百済国の両王系図の「融合」を謀り、平安紀の大王系図を完成させていたということだったのです。

このように、平安紀の作者は、19久爾辛王（15応神大王のモデル）と昆支王子（23顕宗大王のモデル）との「その間」に色々と工夫を凝らし、金官（倭）系の「倭の五王」を挿入してしまっていたことが判るのです。

つまり、以上を一言で申しますと、右の「倭の五王」と、百済王そのものを直接取り込んだ「毗有王＝履中大王」と、倭王ではあっても「倭の五王」には入ってはいない「金官8ナツ王＝允恭大王」との合計七王で、15応神大王と23顕宗大王との間の第十六～二十二代の七代分を埋めていたということになります。

更に、それに加えまして、百済23三斤王（25武烈大王のモデル）と百済24東城王（29欽明大王のモデル）とのその間に、「倭王＝

（この当時は）安羅王」でもございました遼東半島の「公孫氏＝卑彌呼」系の末裔である26継体大王、27安閑大王、28宣化大王の大伴氏の三人の大王をも強引に挿入してしまっていることも判るのです。

(2)「倭の五王」の「武＝雄略天皇」のモデルは紀生磐だった

因みに、「倭の五王」の「武＝雄略」のモデルは、三韓の神聖たらんとした紀生（大）磐だったのであり（顕宗紀三年是歳条では「紀生磐宿禰三韓の王たらむとして……自ら神聖と稱る」。雄略紀九年五月条では大磐とする。中国史での倭王武こと雄略大王の大長谷若建〔紀〕や大泊瀬幼武〔記〕の「大＝オホ」が、日本紀の紀生（大）磐の「生＝大＝オホ」を暗示していてくれていたのです）、その父の「済＝反正」のモデルは紀小弓だったのです。本邦初公開。

五世紀の謎のメイン・テーマとも言われております「倭の五王」の点を朝鮮史との関係でもう少し補強しておきましょう（一3。巻末系図参照）

平安紀では、金官加羅（倭＝海峡国家）の3麻品王（屋主忍雄）、4居叱彌王（武雄心）、5伊尸品王（三四六〜四〇七年。因みに、百済建国は三四六年。＝木協満致＝武内宿禰）、6坐知王（金叱＝葛城襲津彦。四〇七〜四二一年）の四王は、天皇（大王）のモデルから外され「消され」てしまい、その次の、7吹希王（叱嘉＝エチキ＝秦弓月君＝この妃が仁徳大王。四二一〜四五一年）、8銍知王（允恭大王のモデル。四五一〜四九二年）、9鉗知王（四九二〜五二一年）、10仇衡王（五二一〜五三二年）の四王辺りが、宋史・梁史での、所謂「倭の五王」の実体であったのです。

ですから、「倭（金官加羅＝海峡国家）の五王」とは、「讃（賛）＝サ＝オオササキギ＝仁徳」、その弟の「珍（彌）＝ウヂ＝菟道稚郎子」、その子の「済＝セイ＝反正」、その子の「興＝コウ＝安康」、その弟の「武＝タケ＝ワカタケル＝雄略＝紀生磐」で、巻末の図の通りだったのです（これは中国の宋書・梁書のみならず、朝鮮の百済本紀・駕洛国記ともピッタリ合っておりますので、「倭の五王」の論争はこれで決まりです）。

因みに、日本紀では、この「倭の五王」をモデルにした天皇（大王）の次に、百済王をモデルにした市辺押羽皇子（21蓋鹵王）、23顕宗（昆支王子）、24仁賢（22文周王）、25武烈（23三斤王）を挿入してしまっております（別述）。

このように、アナタは系図や日本紀をいくら外から暗記するように只眺めてばかりいてもだめなのでございまして、中から鋭く突き崩すようにして分析していかなければ、朝廷お抱えの頭のいい古代のテクノクラート（官僚）や作家達がうそで固めてから既に千年以上も経って固定してしまっております日本紀の虚構を崩すということは至難の業なのです。このことは、私のように、平安朝に作られた日本紀である平安紀というものが、百済王をモデルにした大王系図に過ぎず、その間（ここ15応神大王の次）に倭王（金官王・安羅王）の「倭の五王」が挿入されてしまって大王系図が作られていた（そういたしますと、応神と継体の距離は、日本紀上の記載よりも大分近くなってまいります）と考えてこそ、初めて、その平安日本紀（今日に伝わる日本書紀）におけます全大王系図の整合性（百済王＋金官王＋安羅王）を認めることが出来ると共に、そう考えてこそ、初めて、アナタにもこのことを理解する資格が与えられる（学問の進歩に寄与できる）ということなのです（倭の五王「武＝雄略＝紀生磐につき、二ノ8）。

第二〇章　「継体天皇」の挿入と天皇系図の偽造

　七世紀に入る前までの、天皇系図への、倭国（金官・安羅）王系図の「挿入」の問題につきましては、その平安日本紀の台本ともなりました「百済本国での建国史作成の時点」におきまして既に、朝鮮半島を南下して百済を作った扶余・依羅王をモデルとして作られました、百済実質初代王でもございました13近肖古王（10崇神大王のモデル）の、その又前の王系図の部分に、実在の「百済王」といたしましては全く不存在・架空でございました、

百済6仇首王＝扶余・仇台二世王がモデル（1神武大王のモデル）
百済7沙伴王＝扶余・簡位居王がモデル（2綏靖大王のモデル）
百済11比流王＝扶余・麻余王がモデル（3安寧大王のモデル）
百済優寿王子＝扶余・依慮王がモデル（4懿徳大王のモデル）

の四人の扶余王をモデルとして作り出されました架空の王・王子が、加えられてしまっていたのです（二〇1、三二）。

　＊こうして平安紀におきましては、百済王という「トンネル」を通りスルーパスする形で、扶余王が日本列島の始祖王の1神武として入り込むと共に、それ以降の2綏靖、3安寧、4懿徳の四代目までの各大王も、これと同じように、架空の百済王をモデルとして作られていってしまったのです（三二1）。

　そして、これらの扶余王・百済王を「基にして」作られました、日本列島での「平安紀」上の第一～四代の大王系図上のその次に、今までにも少々申し上げましたように、更に、「純粋の金官系の五王」と「秦氏の入った五王」、つまり次の倭王の二つのグループ、5孝昭・6孝安・7孝霊・8孝元・9開化の「五代の倭の大王」と、16讃＝仁徳、王子珍＝菟道皇子・18済＝反正・20興＝安康・21武＝雄略の「倭の五王」の計十代もの大王が挿入されてしまっていたのですが（別述）、それらに加えまして、更に、決して見落としてはいけない大王系図上の問題で、アナタに是非お話ししておかなければいけないことがあるのです。

　それは何かと申しますと、先ほども少しばかり触れましたが、もう一つの次に述べます倭の大王系図の挿入のことなのです。

　それは、五六二年に安羅が新羅に朝鮮半島の拠点を奪われ、日本列島に追い出されてしまった後の（「安羅＝倭」は、日本列島

のみに縮小はいたしましても、六六三年の「白村江の役」までは、海峡国家といたしまして、対馬海峡を挟んで存在しておりましたので、その間の一時期の）倭国（安羅）の「かつての大王系図の一部」が平安紀がお手本といたしました「百済系図」の基盤の中へ挿入されてしまっているということにつきましても、ここで序でにアナタに気が付いていただかなければいけないからなのです。

では、このことをもう少し具体的に申し上げますと、その基盤となっている百済王系図の中への一3ノ1②系図と一3ノ1④系図の、右に既に述べました両大王系図の挿入に「加え」まして、更に、百済23三斤王（熊津に南下した王）をモデルとして作られました25武烈大王のその次に、一3ノ1⑥系図でございます、九州の倭国王である卑彌呼（卑彌呼は遼東半島の公孫氏の「度王」の娘と同一人です。九1）の末裔である大伴氏系（中国史と日本紀とを照合いたしますと、大伴氏の祖は、度王の子の「公孫氏康王＝卑彌呼の甥＝日臣命＝道臣命系」、又更には、ひょっといたしますと、度王の子の性的能力無しの「恭王＝卑彌呼の男弟」〔『魏書』〕ということになってまいります）の「三人の大王」の系図（たったの三人に過ぎませんが）を、次に述べますように、挿入してしまった（この点は、より正確に申しますと「してもらった」。七10）という点について考えてみましょう。

尚、継体大王が「安羅王＝倭王」であり、かつ、卑彌呼の直系で満州の公孫氏の末裔の出自であること（しかも正史上に見られます）の一つの間接証拠といたしましては、継体には間違いなく大陸の遊牧民の血が流れているということなのです。

それは日本紀上のどのような点に現れていたのかと申しますと、物部麁鹿火（あらかひ）らが、ヲホド（継体大王）を三国（韓）へ迎えに行った（これらの話の本来のモデルは多分南韓の安羅の王都のクシ村（むれ）のことか、そうでなければ、朝鮮の安羅から亡命して来た九州におけるお話でしょうが。ですから、越前の三国は、同じ渡来系の地とは申せ、平安紀での作文です）とき、継体が「踞坐胡床」（継体紀元年一月。「アグラにまします」）という風に表現されていたからなのです。

このように、継体のモデルが床机に坐っていたことからも、遊牧系の風習を身に付けたある人物（大伴氏の出自は、遡りますと満州の遼東半島の公孫氏です。しかも、遊牧系の扶余や高句麗とも婚姻・混血、つまり、通婚しております。一五8）であったという推測が働くのです。

尚、この本の中で私がお話しいたしております「天皇（大王）系図の偽造の流れ」の説明につきまして、「歴史の古い順」により「章の順」を追って見てまいりますと（つまり、整理いたしますと）、

①

ア・二〇章・1神武～4懿徳大王（扶余・百済系）――一3ノ1

イ・一六章・5孝昭～9開化大王（金官系）――一3ノ1②

ウ・この本全体・10崇神～15応神大王（百済系）――一3ノ1③

エ・一九章・16仁徳～21雄略大王（金官系）――一3ノ1④

オ・二〇章・26継体～28宣化大王（安羅系）――一３ノ１⑥
カ・二二章　35皇極～38天智大王（新羅＋百済系）
ということになります（――の下は一３ノ１で表示した大王系図の分類です）。

＊前半のアイウエにつきましては、奈良紀での伽耶系のイ・エ（場合によりオも）が中心でございました大王系図に、平安紀では扶余系のア・ウの部分が合体されておりますので、自動的にその年代につきましても偽造（加上）されてしまっていたのです。

つまり、大きく分けまして扶余・百済と倭（金官＋安羅）の「二つの平行王朝史」が、一つに合体されて、しかも、「縦につながれ」てしまっていた（真相に戻すには「引き算」しなければね。年代改竄）、ということだったのです。

1、武烈から欽明へと続いていた本来の百済王系図

平安紀でその基本とされました、本来のオリジナルの百済系図におきましては「百済23三斤王がモデル＝25武烈大王」から、次の「百済24東城王がモデル＝29欽明大王」へと絶え間なく百済系の王が第二十三、二十四代とその間が「繋がっていた」筈なのです。つまり、毗有―蓋鹵―文周―三斤―東城―武寧という百済王系図のように（二一２、一七２図）。

2、安羅・倭王系図（継体・安閑・宣化）の挿入

それにも拘わらず、「年代的には」右のモデルとしました百済王系図上の25武寧王（五〇一～五二三年）と26聖王明（五二三～五五四年）の両者に跨る辺りの部分（六世紀前半）、つまり、修正を受けております日本紀の方の「大王モデル」に焼き直してみますと、30敏達と31用明の「間」辺りで即位して大王になった形といたしまして、

・26継体大王＝大伴談（かたり）がモデル

＊生没年：四五〇～五三一年、在位：五〇七年丁亥～五三四年甲寅。没年と在位で三年のズレ。

因みに、継体大王の死には、日本紀本文（『百済本記』の「辛亥年」の引用）の辛亥五三一年、日本紀或本（あるふみ）の甲寅五三四年、古事記の丁未五二七年と、三つの考えがございます（別述）。

・27安閑大王＝大伴金村がモデル＝安羅王・安

＊生没年：四六六～五三五年、在位：五三四年甲寅～五三六年丙辰。一年のズレ。

・28宣化大王＝大伴歌がモデル

＊生没年：四六七～五三九年、在位：五三六年丙辰～五四〇年庚辰。一年のズレ。

の三人の「南鮮と九州」の倭王・安羅王を挿入してしまったがために（平安紀では、倭王として別に存在いたしました「金官王」の「倭の五王」及びそれに続く大伴氏の「安羅王＝倭王」の三人

の系図を、扶余・百済王系図の中に挿入して「直列」にしてしまった形をとっていたのです。倭王・安羅王でございました、大伴氏の住吉・三津と浦島太郎伝説、大阪上町台地上の「大帝塚」につき、九1、一一2、一八10）、本来の「百済王系図とは色々な点でズレが生じて」来てしまい、次のように基本となった百済王系図が訂正されてしまったのみならず、各王の実在年代のズレをも含めまして、百済系図そのものの焼き直し（翻訳）に留まることなく更なる改竄がなされてしまっていたのです。

＊安羅が金官と組んで倭の連合国の主たるメンバー（安羅は倭人連合の構成国の一つ）でありましたことにつきましては、ちゃんとした証拠があるのです。それは、倭・金官が、かつて、「高句麗の支配下にあった新羅」を攻めましたとき、正確には新羅の慶州を占領いたしましたときに、そこに「安羅人・戍兵」がいた（高句麗広開土王碑文）という両者の協力関係が見られるからなのです。

因みに、「戍」とは、「守る」という意味です。これは倭国連合（この当時の倭の主体は金官国でしたので）の傭兵・用心棒的な立場での、倭国連合の一員である安羅水軍（護衛艦隊）の協力があったことを明白にこの金石文が示していてくれたのです。高句麗広開土王碑文銘の「破百残□□（新か）羅為臣民」の上の□□には、広く「加羅」ではなく、更に、その中の「安羅」と特定する方が碑文全文との整合性があります（もし、上の□□に新羅が入る場合には、一番下の□は「安」）ことにつき、一八5。

その結果といたしましての一つの例を次にお示しいたしますと、本来の百済王系図上におきましては「24東城王の孫の28恵王」、つまり、百済王系図をそのまま日本紀の大王に翻訳いたしました場合には「29欽明の孫（ないしは曾孫）の32崇峻」となっていなければならなかったものが、日本紀上におきましては、「孫から子へ」と少なくとも一代は古い時代へと繰り上がらせてしまいまして、「29欽明の子が32崇峻」ということにせざるを得なくなってしまった、ということも判って来るのです（尚、一八5）。

ここにおきましても、ちゃんと大王系図の合体（百済系と倭〔安羅〕系の大王系図の合体）の痕跡が見られるのです。と申しますのも、「継体大王（モデルは大伴談）は、仁賢大王（モデルは百済文周王）の皇女の手白髪皇女（母は雄略大王の女、春日大娘皇女）と結婚した」とありますように、そのニュアンスは継体の大王家への「入り婿」を意味していたと共に、次の安閑大王（モデルは大伴金村＝安羅王安）も、右の手白髪皇女の「妹1」春日山田皇女と結婚し（但し、子供は無し。古事記には后妃の名も記されておりません）、更に、その次の宣化大王（モデルは大伴歌）すらも右の春日山田皇女の「妹2」橘仲皇女と結婚いたしておりますこと（但し、手白髪と橘仲とは同母、春日山田とは異母姉妹）からも頷けることなのでございまして、継体、安閑、宣化の三代の「倭王＝安羅王」の一族は皆、接着された前（別）系図でございます百済系の仁賢の王権を承継するが如く（つまり、百済王系図を承継する形で）、実質的には仁賢大王家の娘たちへの「入り婿婚」的な形をとって大王系図が繋げられているからなのです（両王朝の併存ではなく、仮に合体していたといたしましても、その真相は逆の方向でしょう）。

このことからも、平安時代の日本紀では、百済と「安羅＝倭」との結婚という形で両系図の合体を図っている（ここでも崇神大王・垂仁大王のところでの、百済と「金官＝倭」との系図合体と全く同じ手法をとっていることが判ってまいります。三２他）ということが判明して来るのです。

更に、欽明大王（モデルは昆支の子の百済・東城王・牟大）をも、継体大王の子であり、かつ、安閑、宣化の兄弟（この場合、弟）という形にしてしまって挿入し、百済系の大王系図である東城王（欽明）へと巧みに（無理に）系図を繋げていたのです。

因みに、この点、百済本国の「台本」におきましては、何らこの点の変更は見られませんで、22文周王（仁賢のモデル）、23三斤王（武烈のモデル）、24東城王（欽明のモデル。蓋鹵王の子の昆支〔顕宗のモデル。実際に日本列島に渡来〕の子）と「この三代」がキチッと第二十二、二十三、二十四代と続いております（一二２）。

3、市辺押羽皇子のモデルは高句麗に殺された百済の蓋鹵王

つまり、百済王の系図と日本紀の系図とを照合して判明いたしますところの「百済21蓋鹵（がいろ）王」＝「市辺（いちのべ）押羽皇子のモデル」は、平安朝に百済史を翻訳して作った平安・日本紀（平安日本書紀）の系図におきましては、天皇としては削除されなければならないはめになってしまったのです。

では、その理由はどうしてなのかと申しますと、先述のように、百済20毗有王（17履中大王のモデル）の前に、16仁徳大王、皇子菟道稚郎子（宇治天皇）の金官（倭）系の二人の王を挿入し、次に、その20毗有王（履中のモデル）と、その後の21蓋鹵王（市辺押羽皇子のモデル）との間に、18反正大王（「倭の五王」の「済」）、19允恭大王（金官第八代のナツ王）、20安康大王（「倭の五王」の「興」）、21雄略大王（「倭の五王」の「武」）という金官（倭）系の四人の大王（その内の三人は「倭の五王」のメンバー）を挿入しなければならなくなってしまったがために、蓋鹵（市辺押羽）を「大王として入れるスペース」が時系列的になくなってはみ出されてしまったからだったのです。

＊この人の娘の飯豊大王（飯豊青皇女）につきましても、これと同様です（セットで食（は）み出し）。

しかし、元々その市辺押羽皇子のモデルは本国に現存した百済王（蓋鹵王）だったのですから、そういう焚書には、それに対する不満分子の氏族の「残したメモ」（例えば、何回も日本紀が改竄される際に、自分たちの祖先の業績を消されたり、その正しい生き方が曲げられてしまった〔系図上の妥協〕氏族が、密やかに真相を残しておいた改竄前の系図・メモなど）などにより、必ず

真実に近いものが何処かに残されておりまして、あるときにそれによって改竄日本紀のボロがポロッと露出してしまっているからなのです。それが、それぞれその一族の末裔に口伝として残され、伝わって、ある程度体系化されたものが、旧事紀（物部氏）、上記、秀真などの史書であったのです。

＊ですから、これらは、偽書と言うよりも、「おこぼれ」「おもらし」と言った方がより正確だったのです。

と申しますのも、その一つの証拠といたしましては、どことなく奈良紀の古い面影をそのまま残している（平安紀で全面的改竄が難しかった）ものと思われます『播磨風土記』を見てみましても、その中では相変わらず右の蓋鹵王が、皇子のレベルではなく「市辺天皇命」といたしましてちゃんと「大王位」に残されているからなのです。

つまり、ここでは百済史ズバリの翻訳のままになって残されてしまっていたのです。

因みに、この「百済21蓋鹵王（四五五～四七五年）」（二一1）とは、右の日本紀上での「市辺皇子」のモデルであるのみならず、その更に前段階での物部系図（一八5）上におきましては「物部伊莒弗」のモデル（同一人）でもあった、つまり、モデルとされた百済王系図上では物部氏も王であったからなのです。

この「市辺押磐皇子が大王だったのか否か」ということにつきましては、古代史上でのキーパーソンでもございます、一応は、市辺押磐皇の娘（二一2、5）とされております謎の女王、飯豊青の皇女の地位とも密接に関連してまいりますので、そこで改めて次に述べてみたいと思います。

第二一章　百済王子の昆支と飯豊青皇女

1、百済王家の血統保持のため渡来した顕宗天皇（ヲケ、弟）は、百済王子の昆支

(1) 江田船山古墳出土の鉄刀の銘の「鹵」は、ワカタケルではなく百済蓋鹵王

本来の扶余・百済系図におきましては「百済20毗有王＝17履中天皇のモデル」から「百済21蓋鹵(がいろ)王＝市辺押磐皇子（物部伊莒弗）のモデル」「百済22文周王＝24仁賢天皇（物部懐）のモデル」「百済23三斤王＝25武烈天皇（物部木蓮子(いたび)）のモデル」へという風に、百済王系図上におきましては、20毗有から21蓋鹵、22文周そして23三斤へと、絶え間なく四代の百済王系図が「順番」に続いていた「筈」なのです。

因みに、ここで、ちょっと道草をいたしまして、この百済蓋鹵王（四五五～四七五年）の「蓋鹵」とは一体何のことを表していたのかと申しますと、これは本来「カフロ」と読みまして、古代朝鮮語で「鋼鉄」のことを意味していたのです（一八5）。ですから、熊本県菊水町の江田船山古墳出土の鉄刀の銘文の「鹵」とは、実は、日本列島の「雄略＝ワカタケル」の「ル」のことを指しているのではなく、日本紀の大王系図のモデル（基本）ともなりました百済本国の「百済本紀」上での百済・蓋鹵王そのものの百済本国での表示の「本名の一字」を素直に表していたものだったのです。

＊この蓋鹵王（市辺押羽皇子のモデル）の孫の「百済王となる前の東城王（欽明のモデル）＝炭焼き長者（製鉄業者を暗示）＝弥五郎ドン」の九州への渡来（高句麗の侵攻を避けての渡来だったのか、又は、倭で生まれた父昆支・顕宗と共に、そのまま百済王になるまで倭にいて、やがて百済に戻り東城王となったのか）につきましては、この後に申し上げます。

しかし、「倭の五王」の「ワカタケル＝雄略＝倭王武＝金官王＝紀生磐」につきましても、『宋書』と照合して考えますと、その「武」の在位は四七七～四七九年頃ということになり、時代的には、高句麗に四七五年に殺された右の百済の蓋鹵王（市辺押

羽皇子のモデル）とほぼ同時期でもございまして、もし、この頃「百済王＝金官王」であったと考えますと、この点につきましては21蓋鹵王とも合致いたしますので意味深なのです。

因みに、この王より更に古い百済15枕流王の「枕流」とは、本来「トムル」とも読み、これまた古代朝鮮語で「溶鉄炉」のことを指していたのです。このことは共に、古代大陸・朝鮮半島におきましても、「鉄を征した者が王」たることの由縁を示していてくれたのです。

しかも、日本紀に於きましては、23顕宗と24仁賢との二人の大王を、何故か不可解にも、共に全く音が同じの23「ヲケ王」弟、24「オケ王」兄などとして表示してしまっておりますと共に、かつ、この二人を「兄弟」として、しかも皇位まで譲り合った美談に仕立て上げてしまっております。

実は、古代ではこういう美談こそが臭い！のですよ。

つまり、このことは、私たちに「ここが怪しいぞ」との信号を、親切にも送っていてくれたようなものだからなのです。

では、これ（同名の大王のダブリ）は、どうしてそのようになってしまったのかと申しますと、真実がバレナイように「同じ名の大王を二人作り」（改竄した結果のズレが表面化することを防ぐためのクッション）わざとアナタを混乱させてしまうためだったのです。

日本紀と百済王系図との比較分析から考えましても、弟より後に大王位に就くことに日本紀上ではなっておりますす兄の「億計＝オケ」の方は、「百済22文周王（四七五～四七八年）＝24仁賢」そのものがモデルとなっていたのでございまして、そうだからこそ百済におりました（文周王は父王の「遺言」どおり、ソウルから熊津に王都を南下させまして、そこで王位に就いておりますので、倭・日本列島には来てはおりません。二7、8）が、弟の「弘計＝ヲケ」の方につきましては、当時の倭の領域でございました南鮮か日本列島（多分、九州）に「実際に渡来」して倭王・金官王となりました、蓋鹵王の子の「23顕宗＝百済王子昆支（こんき）」がそのモデル（文周王の弟）だったからなのです（後述）。

つまり、一言で申し上げますと、

億計・オケ（兄）＝百済22文周王（兄）＝24仁賢大王（兄）

弘計・ヲケ（弟）＝百済王子昆支（弟）＝23顕宗大王（弟）

だったのでして、この点日朝でもピッタリだったのです。

四七六年に高句麗の圧力に押し出されまして、右のように百済が南走して熊津（公州）に都を遷しております。昆支の渡来には背後にある当時のそんな「国際情勢」とも必然的に関係していたことを、アナタは決して見落としてはいけなかったのです（五3）。

又、顕宗大王のモデルが亡命した百済王子の昆支（こんき）でございましたことは、この人が近つ飛鳥の「八釣（やつり）宮」におられたと記されておりますことにも暗示されていたのです。

それは何故かと申しますと、「八＝パル＝百」で百済を表しておりますし（二4）、「釣＝ツリ＝ツル＝第二」で第二を表しておりますので、この八釣宮が「百済の第二の宮」ということを表していたことになるからなのです。

先程のワカタケルについてですが、21蓋鹵王（四五五～四七五年。百済南走は、次の22文周王の四七六年です（「百済本紀」））が、百済から南韓（又は九州）に移動し、その同一人が「歴史物語の日本紀上では」ワカタケル（即位四七七年。倭王武＝雄略。四七七年と四七九年にその記事が中国の『宋書』に見えております）と表示されておりましても年代的には何ら可笑しくは無いのですが、しかし、蓋鹵王は高句麗の将軍に唾を掛けられた後殺されてしまっておりますので、多分そのようなこと（倭へ逃げたこと）はなかったのです。

但し、朝鮮史におきましては、倭へ逃亡した王のことを「死んだ」と表現することがよくございますので、ひょっとしたら……。

ここのところも、モデルとされました本家の百済王家におけます「百済本紀」の王系図上での「分枝の形態」を見てみましても、ちゃんと21蓋鹵王の後は、同じように、22文周王と琨支とに系図が「二股に分化」されておりまして、この点、我国の平安紀（現行日本紀）の天皇系図における市辺押羽皇子の後も、右と同様に、23「顕宗・弟」と24「仁賢・兄」へ系図が「二分化」されておれまして、両国で不思議なほど系図上の「二股」の位置が、ピッタリと一致しているのです（一七2図）。

これでは、「お手本を見て書いた」としか言いようがありませんよね。

＊形式がお手本の朝鮮史と一体である同じような例といたしましては、新羅「文武王紀」と日本「天武紀」との正史の巻数の一致（そこだけが何故か二巻に）についての一四2を御覧下さい。

これは、更にコメントいたしますと、百済王系図上におきまして、「二股」に分枝して、百済王となることは出来なかった弟の方の昆支が、倭（南鮮か列島九州）へと実際に渡来・移動して倭王・金官王（日本紀の23顕宗大王）となったことを示していた大切な証拠の一つでもあったからなのです。

＊因みに、稲荷山古墳（埼玉県行田市）出土の、アナタにもお馴染みの「辛亥銘」鉄剣（ワカタケルの鉄剣）が平安朝以降の偽作（！）でございましたことにつき、二一5は必読です。

この昆支の渡来の真の理由は、もしも百済王の本家が、その又本家筋に当たります高句麗の南下・侵略によって滅ぼされてしまったといたしましても、百済王家の血統を金官ないしは倭の日本列島部分で残すという意図を持っていたからなのです。

＊単なる人質を超えたもの、つまり百済王家としての「保険」が掛けられていた。

このことがバレるといけませんので、百済系の平安紀上におきましても、不本意ながら「質として渡来した」と表現せざるを得なかったのです。

(2) 百済蓋鹵王の子の文周王と昆支が南へ逃げたことは、顕宗天皇と仁賢天皇が丹後・余社へ逃げたことのモデルであった

ですから、「弘計（弟。顕宗大王）」と「億計（兄。仁賢大王）」

の二人の兄弟の「父」の「市辺押羽皇子が蚊屋野で雄略大王（大泊瀬）に殺された」（顕宗紀に記載の穴穂大王〔安康＝「倭の五王」の「興」四六二年頃〕三年、十月の記事）とされておりますことは「百済蓋鹵王が高句麗の間諜の道淋に騙され、「蚊屋＝伽耶」（この語は、朝鮮半島を暗示しておりました）で高句麗の長寿王の将軍に、ソウルの阿且城で殺されてしまった」（「高句麗本紀」長寿王六十三年〔四七五〕九月。雄略紀二十年〔四七六〕引用『百済記』では乙卯冬条。但し、日本紀は、新羅本紀や高句麗本紀と比べまして、何故か一年のズレがございます）という史実を表現していた（この焼き直しだった）のでございまして、更に、「億計と弘計の二人の皇子が丹波国余社郡に逃げた」とされておりますことは、正に、ソウルで百済蓋鹵王が高句麗に殺されたので、その子の文周王（兄、仁賢大王のモデル）と弟の昆支（弟、顕宗大王のモデル）の二人が、共に朝鮮から見て南の「丹波＝伽耶（倭）」の領土に逃げた、つまり百済の都を京城から熊津に南下させたということと、それと同時に、その弟の昆支（斯麻）がそのままズーッと南下し、海峡国家の倭（余社＝与謝＝忍＝金官伽羅）へ亡命（居候）し、顕宗（弟）と平安紀上で表現されている倭の大王になっていたことの二つの「史実＋物語」を合わせて意味していたのです（二8）。

＊それが「丹後＝丹波・余社＝与謝」＝「金官（倭）」へ二人の皇子が逃げた（南下した）ことを示していた（モデルだった）のです。アナタは、この物語の「丹波」とは「金官伽羅＝倭」のことを指していたのだと、単純に置き換えて考えさえすればよかったのです。

百済蓋鹵王が高句麗に殺されたことをモデルにして、日本紀では金官伽耶（蚊屋。倭）の「雄略＝武＝紀生磐」に殺されたという風に焼き直したお話にして記してあったのです。

「このとき帳内日下部連使主と吾田彦の同行により、丹波国の余社郡に兄弟が難を避けた」（顕宗紀五年春正月条）

とされておりますが、このクサカ部、つまり「日下（卞＝ベン＝弁韓）部」とは正に、金官王のことであり、吾田彦とは安那で安羅（安那）王のことを表していたのでございまして、この当時は「安羅＋金官＝倭」なのですから、正に、このことは二人の百済王子が、朝鮮半島を南下して倭に亡命し、そのうちの一人（兄）は、朝鮮半島中部の当時はまだ倭の外延部分の土地でございました熊津（公州）に留まり（留まることが許され）、そこに百済三回目の王都を開き、他の一人（弟）の王子は、更に南下し倭の中心領域まで下り、そこで「金官＋安羅＝倭」に保護され、その血統を保つために冠としての「倭王＝居候」又は養子となり、そして倭王となっていたということを暗示していたのです。ズバリですね。

このように日本紀に日本列島のこととして記されておりますことの、その殆どが朝鮮半島での出来事であったということに、アナタは、日本紀の文言（作文）に囚われずに、グローバルな視点からもっと早く気が付かなければいけなかったのです。只、日本

過ぎますよね。列島のこととして解釈していては、余りにも単純（頭が単細胞）

＊つまり、日本紀上で畿内と丹後などとの関係（婚姻を含めまして）として記されておりますのは、百済（新羅）と海峡国家の倭の金官（しかし、主として百済と地続きの朝鮮南部）などとの関係が、そのオリジナルなモデルだったのです。

お話を倭に渡来いたしました百済王子の昆支のことに戻しましょう。

ですから、逆に、私の考えでもこの顕宗大王は、平安紀の原則である百済「王」をモデルとして作られた人物ではなく、百済におきましても単なる「一王子」に過ぎなかった（そうだからこそ実際に、日本列島に渡来することが出来たのですが）人でしたので、この「顕宗＝昆支」が、平安紀がお手本とした本国の百済王系図の方をいくら探しましても、そこでは「王としては不存在」でございましても（と言うことは、逆にその翻訳である「歴史物語」の平安紀では、その代わりに一代ずれて、その父の「蓋鹵王＝市辺押羽皇子」が天皇とはなっていなくとも）、それは当然のことだったのです。

永明八年（四九〇）に、百済王・牟大（24東城王＝29欽明大王のモデル）が「南斉」の武帝に遣使しております（『冊府元亀』）が、この人は、21蓋鹵王の孫で、かつ、蓋鹵王の第二王子の昆支（日本列島にやってきた右の23顕宗大王）の子でもあり、そういたしますと、中国史、朝鮮史によりましても、倭王の子が、本国に戻って百済王になっておりますので、この五世紀末の一時期は海峡国家倭と百済とは一体に近かったと言ってもよかったのです。

（3）日本紀の引用する『百済新撰』はウソ

百済王子の頃の東城王（欽明）に相当いたします百済側の人物は、五〇一年十二月に海峡国家倭の分国である列島の九州へ行った（又は、元々、倭に渡来した昆支の子として倭で生まれていたのかもしれませんが）ものと思われます。

九州の「弥五郎ドン」（芋掘り長者）は、百済から新しい炭焼き技術と製鉄法を持って渡来した（しかし、生まれそのものは、倭の可能性が大です。本国への一時の留学は別といたしまして）、この欽明のモデルである「王子の頃」の百済・東城王の別の姿であったものと考えます（「炭焼き長者伝説」「芋掘り長者伝説」につきましては、別述）。

前述の、東城王（欽明）の祖父・蓋鹵王の名が、「カフロ＝鋼鉄」であったことを、アナタはもう一度此処で思い出してみて下さい。建国より百年余が経過し、段々と力を付けて来た百済が、高句麗の圧力もあり、伽耶・倭の鉄を巡って、愈々食指を動かして乗り出して来たと考えてもよかったのです。

ですから日本紀が次のように「百済新撰云……武寧王……是昆支王子之子」（『百済新撰』）を引用いたしまして「斯麻（武寧王）＝斯摩＝隆」が「末多王（東城王）の異母兄の昆支の子」であるといたします「異伝」を注記（武烈紀四年〔五〇二〕是歳条）

しておりますが、この「末多王」……「昆支の子」という点は正しいのですが、この中で「斯摩が」という点と「東城王の異母兄の昆支」という点は誤り（改竄又は偽造）でございまして、真相は一世代アップいたしまして22「文周（汶州）王の弟の昆支」の子の「牟多王」の子（「百済本紀」武寧王。つまり昆支の孫）とすべきだったのでございまして、この「牟多＝末多＝東城王」こそが昆支（顕宗大王のモデル）の子であるとアナタは考えなければいけなかったのです（一七2）。

＊但し、右の「昆支王子之子」という文面を通説のように「昆支王子の子」とそのまま読むのではなく、もし仮に「昆支王の子の子」というように読めば孫ということになり、『新撰』は私（真相）と同じこと（武寧王は昆支の孫、東城王の子）を言っていたということにもなります（でも、それはちょっと無理で、やはり、素直に「昆支王子之子」は間違いだとすべきだったのです）。

「今案（今考フルニ）、嶋王是蓋鹵王之子也」などという、『日本紀』だか「注記」だか判らない、公私混同の怪しげな文面（改竄を思わせるような信用性のない記述）も、「二代も飛ばして」しまっておりまして、明らかにこれは誤りだったのです。こんなところにも日本紀改竄の痕跡がヒョッコリ飛び出していたのですよ。

このように、平安紀におきましては、如何にもその根拠らしく装っております逸史であるところの、百済三書の内の一つの『百済新撰』をも、百済亡命人が亡命先の日本列島で、平安日本紀に迎合した内容に適当に改竄した上で引用しているということが、これでバレてしまったのです。

少し複雑になりましたので、ここで整理いたしますと、百済では20毗有王（四二七～四五五年。履中大王のモデル）が死に、21蓋鹵王（四五五～四七五年）が王位を継ぎましたが、蓋鹵王が四七五年に高句麗に殺されてしまいましたので、この蓋鹵王（市辺押羽皇子のモデル）の子の、22文周王（兄。仁賢大王のモデル）と昆支（弟。顕宗大王のモデル）の二人の兄弟のうちのその兄は熊津に南下いたしましたものの、百済に残り王位（文周王。四七五～四七七年）に就き、その弟の昆支は、倭に渡来し23顕宗大王となり、右の文周王の子が百済で23三斤王（四七七～四七九年。武烈大王のモデル）となり、更に倭に来ておりました昆支（顕宗）の子の牟大が、その後、百済王が死んだので、祖先の故国である百済に戻り、百済王位を継ぎ24「東城王＝牟大＝末多」（四七九～五〇一年。欽明大王〔弥五郎ドン〕のモデル）となり、その又子も百済で王位に就き、25「斯麻＝武寧王」（五〇一～五三一年。敏達大王のモデル）となった（倭〔金官〕が新羅占領の高句麗軍を北へ押し返したので、百済へ戻れて王となれたのです）という流れだったのです（祖父の代から倭に来ておりました関係で、倭とは縁（えにし）が深く、それで熊津の武寧王陵の木棺は日本列島の槇で出来ていたのです。これは、王妃の実家である倭〔哆唎＝穂積氏〕の日本列島部分の分国から贈られたものだったのです。これでアナタの心は、明鏡止水でしょ）。

因みに、この百済史を基本といたしまして作りました日本の大王系図上の、右の「昆支＝23顕宗のモデル」の二代後の「23三斤＝25武烈のモデル」と「24東城王＝29欽明のモデル」との間の大王系図上に、先ほども申し上げましたように、「安羅王＝倭王」の「継体・安閑・宣化」の三代の大伴氏の大王（天皇）系図（一3ノ1⑥）が挿入されてしまっておりますので（二〇2）、25武烈と29欽明の二人のモデルは、「本来は百済では、23三斤と24東城で、父子」でその間は「一代」でありながら、平安紀上ではその間に「三代」もの大王が挿入されてしまったがために、父からは「四代目」とされてしまい、日本列島での系図上では親子の仲を引き裂かれてしまっていたのです（アア、無情。二〇1、2、3）。

尚、百済「斯麻」王子（武寧王＝敏達大王）と隅田八幡宮の「人物画像鏡」の銘文との関係につきましては、前述いたしました（一七2）。

2、飯豊天皇（イイトヨ青の皇女）の抹殺

さて次に、一部の古代史ファンの間では「古代史における謎の皇女」とまで囁かれております、知る人のみぞ知る、通称「飯豊青の皇女」の実像について迫ってみることにいたしましょう。

この人は、沢山の異なった名前を持つ「怪女九面相」なのです。

『日本紀』におきましては、飯豊女王（顕宗紀即位前、分注の譜第）、青海皇女（履中紀元年七月）、飯豊青皇女（顕宗紀即位前、清寧紀五年正月）、忍海部女王（顕宗紀即位前、分注の譜第）、忍海飯豊青尊（顕宗紀即位前、清寧紀五年正月）、『古事記』におきましても、飯豊郎女（履中記）、飯豊王（清寧記）、青海郎女（履中記）、忍海郎女（清寧記）。古事記に「忍海郎女、亦名飯豊王、坐葛城忍海之高木角刺宮」（清寧記）とあります、この「葛城忍海」という表現こそが、この人の本質を表しておりますと共に、「葛＝カル＝伽羅」「忍＝余曽＝大＝大伽耶＝金官伽羅」と言うことでございまして、つまり飯豊青皇女が金官（倭）女王の出自であったということを示してくれていたのです。

そして、更なるこれらの大王系図の改竄におきまして、より整合性を持たせるためにあるときは必要だったのでしょうか、飯豊天皇（『水鏡』）、清貞天皇（『旧事紀大成経』）、飯豊天皇「廿四代女帝」（『扶桑略記』）というように、天皇系図上、先程の23顕宗（昆支がモデル）の前に、かつては大王（女王）として挿入されていたこともあったのです。

3、「和銅」日本紀の存在と好字及び二字嘉名による地名の改竄

日本書紀は決して「一つなんかではなかった」のですよ。

さて、その理由につきまして、和銅五年（七一二）の頃（通説

で申しますと、この年は『古事記』成立の年ということにもなります）から、既に（遅くともと申しましょうか）日本紀が存在していたことを、これからアナタに証明いたしましょう。

この飯豊女王は、やがて、度重なる何回もの日本紀の改竄の波に翻弄され、その改竄の途中の何処かで大王の在位の年代等に不都合が生じてしまい、その結果「四十五歳で大王となり、その年に死んでしまう」という一風変わった人物であるのみならず、しかも、大王になる四十五歳まで「男女の関係すらもよく知らなかった」とか「角刺宮（角＝マラ＝男根の隠語）で生涯一回しか異性と交わらなかった」などという純朴な（というか、国家の正史における大王の事跡の内容としての記載といたしましては、実に奇妙かつ異常なとも申せます）「飯豊青皇女」という謎の皇女（但し、今日までも日本紀上ではボロが出ないように、どっちとも取れる中間的な形で、「摂政のレベル」としては残されてはおりますが）に改竄され、歴代の天皇系図からは削除されてしまっているのです。

日本紀の文言をよーく検証してみましても、「（顕宗）天皇の姉（いろね）飯豊青皇女、忍海角刺宮に臨朝秉（ヘイ・ヒョウ・執る）政（ミカドマツリゴト）したまふ。自ら忍海飯豊青尊と称りたまふ」（顕宗紀即位前、白髪〔清寧大王〕五年正月死、是月条。逆に、「姉」ではなく「妹」とするもの、後述）としており、日本紀の文言が大王のときに使用いたします「尊＝ミコト」（しかし、アナタに可笑しいと思われては困るからでしょうか、平安日本紀の作者は、わざわざ右の本文中では「自ら＝自称」という文字を加えて、ちゃんとそのときの逃げを打っておりますよ）「崩＝カムアガリ」「陵＝ミサザギ」の三点セットの各用語を使っておりますことからも、大王位にあったことを暗示していたのです。

しかし、ここでもこの点の完全な抹殺は不可能だったと見えまして、『扶桑略記』によりますと「和銅五年上奏日本紀」には、この飯豊が「天皇」としてちゃんと載っていたとの、次のような記載があるのです。

「この御門（みかど）は系図などにも入れ奉らぬとかやぞ承はる。されども日本紀には入れ奉りて侍るなれば、次第に申し侍るなり」（『水鏡』二十四代飯豊天皇）

このように和銅〔五年は七一二年〕の頃に上奏された日本紀が既にあったのですよ。現行の日本紀は、建前上ですら、更にその八年も後の「養老」の頃の七二〇年の日本紀です。アカデミズム（通説）で申しますと、この「和銅五年日本紀」は『古事記』に該当することになってしてしまうものだったのです。では何故、『扶桑略記』では、その名がアカデミズムで言うような『古事記』ではなく、右のようにハッキリと『日本紀』という名前で記されていたのでしょうか。アナタは本来、その辺からも古代史を切り崩していくべきだったのです（二一4）。

＊実は、「和銅五年紀」よりも「更に古い日本紀」がございました。それは大宝二年（七〇二）のものです（大宝日本紀）。『仁寿鏡』には、この年に出来たとちゃんと「大宝二、日本記修」

と記されておりますよ。但し、アナタが要注意なのは、「これらより更に前」の天武十年（六八一）の川島皇子をして「帝紀及び上古諸事を紀定」（日本紀）とありますのは、これは実は、新羅文武王の六七九年（調露元年。天武八年に相当）の「国史大改刪」という新羅史を、新羅文武王（天武天皇のモデル）が改竄した旨の記載の単純な「翻訳＝和訳」にしか過ぎなかったのです。（二四1、2）。

このように、アカデミズム・通説で言われておりますような養老四年（七二〇）『日本紀』、つまり「養老四年日本紀」の前にも、色々な、「大宝二年日本紀」（七〇二年。一二1）、「和銅五年日本紀」（七一二年。古事記に相当）、「和銅七年日本紀」（七一四年）と、少なくとも三つの「日本紀＝古事記＝旧事紀」（ということは、皆、これは兄弟だったのです。二一4）が作成されていたのです（尾張氏系図につき、一八8）。

既に、早くは、平安朝前期の佐藤原長良（北家の藤原基経の実父。尚、基経の養父は藤原良房です）を始めといたしまして、若槻幾斉、伴信友なども異なる日本紀の存在に触れております。佐藤原長良（藤原朝臣長良）は冬嗣の長子で、本名は八束・枇杷殿といい、八〇二年に生まれ、八五六年に五十五歳、中納言（黄門）で死んでおります。同母弟の良房のように権力欲は無く、人々に慕われました。長良の第三子の基経が良房の養子になり、藤原北家の正嫡となると共に、長良の女の高子は清和天皇に嫁ぎ陽成天皇を生んでおります。

この藤原朝臣（あそん）基経と良房の行動と、貞観八年（八六六）の「応天門の変」での大伴氏（伴宿禰善男）の失脚とは密接に関連しており、十二月には中納言に、同十二年（八七〇）正月には大納言に、更に、同十四年（八七二）八月には右大臣にまで異例とも思われる昇進をしております（同九年に良房が薨じた直後には、『公卿補人（くぎょうぶにん）』によりますと、「摂政」にまでなっております）。

何を隠そう、これこそ、古代の「倭王＝大伴氏」を完全に抹殺した（跡始末した）ことのご褒美だったのです。

正史では、貞観十八年（八七六）十一月清和天皇が即位し、右の基経の妹の高子を母とする陽成天皇が即位いたしますと、右大臣のまま摂政に就いたとされております。

正史・六国史の一つ『日本文徳天皇実録』は、右の基経の編纂ですし、基経は天慶二年（八七八）から始まる「日本紀の講書」に参加しておりますが、これも、この実父、佐藤原長良の影響だったのです。

さて、このように日本紀が沢山あることにつきまして、アカデミズム（通説）は、どのような説得力ある（統一的、つまり、整合性のある）説明（反論）を聞かせて下さるのでしょうか。この点を何方かに是非お聞きかせ願いたいものです（沈黙はズルイのよ）。

つまり、このように、通説の「養老四年日本紀」よりも八年前の、七一二年の「和銅五年日本紀」では、飯豊青皇女は、ちゃんと天皇となっていたのだ、と言っているのですよ。

しかし、その後、朝廷の正史の大王系図からは削除されてしまいましても『本朝皇胤招運録』（「飯豊天皇忍海部女王也」）、『水鏡』『皇代記・首書』『皇年代略記・首書』という史書・資料におきましては、飯豊青の皇女は相変わらず天皇と認められていたのです。

さて、「和銅五年日本紀」（原古事記）の直ぐ後から、それに合わせるかのように「地名の大改竄」が開始されております。

まずは、「畿内七道諸国郡郷名著好字」「土地沃土（塉）。山川原野名号所由。又古老相傳舊聞異事。載于史籍亦　言上」（『続日本紀』元明、和銅六年〔七一三〕五月二日の詔）と言うのがそれでして、ここでは郡郷の名を「好き字に直して『風土記』を上がらしめよ」とは言ってはいるものの、これは、早い話が「地名の大改竄」が全国規模で行われたということを示していると共に、『風土記』の編纂も命ぜられておりますこととの一連の流れの中でこのことを捉えますと、日本紀という歴史物語の内容に合わせた地名の由来の「こじ付け」も計画的に行われるなど、日本紀における「韓名」の地名の「倭名化」、朝鮮での物語の舞台を日本列島に移す作業に（更には、九州の地名を近つ飛鳥〔河内〕、そして、遠つ飛鳥〔大和〕へと）、一体となってこれらが協力させられていることが読み取れるのです。

＊万葉集の地名・人名の倭風化につき、二三4、5。

因みに、これが更に嘉名「二字の地名」に改められてしまいまして、それは次のように『延喜式』に記されていることからも判るのです。

「凡諸国部内郡里等名、並用二字、必取嘉名」（『延喜式』二二巻民部上。延喜五年〔九〇五〕勅、延長五年〔九二七〕十二月二十六日選上）

＊また、醍醐天皇の頃、延長三年（九二五）十二月十四日にも、「諸国ヲシテ風土記ヲ勧進セシメ」ております（『類聚符宣抄』）。

かようにいたしまして、古来からの地名は、その土地におきましては抹殺されてしまい、日本紀に都合のよいようにその名に「合わせられて」しまった後、新しい土地にセットで和風化と地名遷移（北九州→河内→大和国中など）させられて、その新しい土地で、今日まで生き長らえて来たという訳だったのです（「朝鮮→九州→摂津・河内→大和」へとセットでの地名遷移が行われていたのです。アナタ自身の土地を見つめてよ）。

さて、イイトヨを巡りましては、沢山異なった名があることに加えまして、更に、不可解なことがあるのです。それは、同じ正史の中で「親が異なっている！」からなのです。エッ、そんなことアリ？

一つは、飯豊女王（いひどよのひめみこ）は「市邊押磐（いちのへおしは）」と「荑媛（はえ）」との間の「子」で、23顕宗（弘計＝ヲケ）大王や24仁賢（億計＝オケ）大王の妹であるとの記載です（顕宗即位前紀分注の「譜第（かばねついでのふみ）」（帝王日継＝帝王本紀＝帝皇日継＝帝紀）。尚、後述の「水鏡」は「妹」ではなく「姉」としております）。これは飯豊を市辺押磐（蓋鹵王）の女とするものです（Ａ）。

＊ここでのハエ媛のハエは、アカデミズムのいうような「南風」のことではなく、「草冠に夷」と書きますので、「草夷＝伽耶の夷」のことを表していたのか。それとも星州伽耶の伴跛（ハヘ）のことだったのか。これは、百済21蓋鹵王と伽耶（倭）の王女とが結婚したことを、その名が表していたのです。

もう一つは、青海皇女（あをみのひめみこ）・飯豊皇女（いひどよ）は、「17履中大王」と「黒媛（くろひめ）」（羽田〔葦田＝葉田＝羽田〕矢代宿禰の女。履中紀即位前・仁徳八十七年）との間の子で、市辺押磐皇子とは「兄弟」だというものです（履中紀元年七月四日）。これは飯豊を市辺押磐（蓋鹵王）の兄弟とするものです（Ｂ）。

＊ここでも、モデルといたしました百済史から、見事に一代ずらされておりますよ（同じ正史内での大王系図偽造の跡がアリアリですナァ）。

しかし、右の黒媛につきましても、その直ぐ前には、葦田宿禰の女（履中紀元年七月四日。この葦田宿禰は葛城之曾都毘古（かつらぎのそつびこ）の子〔『記』〕。ソツヒコは「金官＝倭」第六代坐知王がモデルです）と出て来る不可解さが記されています。但し、今申し上げましたように、この葦田は葉田（羽田＝秦）の誤りとの考えもありますし、そうしますと、黒媛は、朝鮮半島を金官に南下した秦氏の女ということになってまいります。

因みに、

「記言事達四方志」（履中紀四年八月八日）

——ことわざを記して四方（よも）の志（ふみ）を達（いた）す。

は、正に

「王は（東西南北）四部を巡視し、慰撫し……」（『三国史記』「百済本紀」毗有王二年（四二八））

のズバリ翻訳に過ぎなかったのであり、「履中大王＝物部五十琴（いごと）彦」のモデルは百済20毗有王（四二七～四五五年）であるといたします、私の一貫した考えと恐ろしい迄にピッタリではありませんか。どう!!　何か文句がございます??

このように、「同じ正史の日本紀の中」でさえも、父が一代ずれてしまっているのです。

更に、この顕宗大王は飯豊の同じ御腹の「弟」（顕宗紀分注とは逆）というものもあるのです（『水鏡』）。

実に不思議なことですよね。こうなりました理由（わけ）を考えてみますと、これは、取りも直さず、基本（ベース）となっている百済王系図に、秦氏の血の混じった「金官王＝倭王」の「倭の五王」の五人（挿入大王系図一3ノ1④）と「安羅王＝倭王」の「大伴氏」の三人（挿入大王系図一3ノ1⑥）との二つの異なる大王系図を挿入して大王系図を「縦」に繋いで万世一系にしてしまった（系図合体）結果、その調整不能による矛盾・皺寄せが、ここ飯豊青皇女のところで一気に吹き出てしまっていた——逆に言えば、ここでしか無理な調整が出来なかったからと考えてこそ、初めてこの矛盾が生じたことが納得出来るのです（一九1、5、一一〇2）。

4、和銅日本紀＝原古事記——日本書紀と古事記は元が同じだった

では、先程の、現行の日本書紀（七二〇年。二一3）より前にあったという、これらの「和銅日本紀」というのは一体何だったのでしょうか（二一3）。このことについて次にアナタと共にもう少し考えてまいりましょう。

この「和銅五年（七一二）日本紀」というものは、実は、「原・古事記」のことだったのでありまして、これは何と仮名でもって書かれ、かつ、歌謡調のものであったのです。

＊歌謡調であることについては「語部奏古詞、其音似祝、又渉歌声」（『江家次第』）と記してあるように、古詞の音は祝に似ていて、歌声に渉るとされ、これは「天語歌」のようだと言われていることからも、調子を付けて歌ったことが判るのです。アーリア人がBC一六五〇年頃に文字を持っていたインダス人を征服しておきながら、セム系の書法による文章により自ら書くことが出来たのはその千年も後のBC七〇〇年頃に至ってでして（九2、3、9、二三1）、それまでは口伝だったのです（この点、殷字の成立と、殷が滅んでから千年後の、漢人による『説文解字』の成立も同様です。九3。共に千年も要しておりますよ）。「雨期に蛙が鳴き楽しそうな文章」（『ヴェーダ』）は、師に従ってテキストを繰り返し読んで暗誦する姿を暗示していたのだとも言われております。しかも、叙事詩の中にも宗教的な踊りや歌謡も伴っているものもあり（『リグ＝ヴェーダ』）、何となく「原古事記」に似ております。

このように「原古事記が歌う歴史」であったといたしますと、これがアイヌの伝承文学でございます「ユーカラ」とも一致してまいりますと共に、このユーカラは語り歌う人が地方によりまして節が違っておりまして、かつ、その内容についても基本的な筋は決まっていても、その細部については個性に任せられておりまして、この点も、原古事記もそのようであり、各豪族の語り部により異なっており、それらを「文字化」して「統一」しようとしたものであったことが、ユーカラの実態から推測して判って来るのです。

このように日本紀が今までに少なくとも十二回も改竄されているという立場に立つ限り、私に言わせますと、実は、「日本書紀と古事記の区別は何らの意味をも持たない」ものでございまして、このことを一言で申しますと、共にその改竄の途中から派生して非公式に残ってまいりましたところの、いわば「兄弟」のような関係に過ぎなかったのだ、と捉えなければいけなかったのです（二一1。古事記おもらし説）。早い話が、共に「その根は同じ」だったのですから根。

＊日本紀の中で、同じことについての、本文以外の「一書」（これは「あるフミ」と読みます）があんなに沢山並んでいる（しかも、その各物語で、その場所も登場する人も異なっておりま

すよ）にも拘わらず、「日本紀は七二〇年に一挙に完成したものだ」などと、多くのアカデミズムは信じて疑おうとはしないのです。これは誰が見ましても学問的には明らかに不条理とか言いようがありません。単純にそんな短絡した考えに至るのは、ひょっとして、その人々が、大学行政に忙しく、日本紀の本文だけしか読んでいないからだと言われても仕方ありません。学者各人一人一人の内心（正直な気持ち＝良心）までは量りかねるのですが。そうでないとしても、きっと、ボスに気兼ねしているからに違いありませんよね（二三1）。早い話が、五百年もの間の、夫々の十二回もの改竄の際に（念の為にか、それとも意図的にか）、担当スタッフ（豪族）が内証でコピーを取っておいたものが、後に一人歩きしたものだったのです。

例えば、その本体と派生部分との比較といたしまして、『紀』と『記』につきまして、どちらが本体により近いのかということは別といたしましても、ここではとりあえず、同一内容部分のある次の点を取り上げて、その「派生（分化）した時期」の古さの異なっている点につきまして、簡略にその一部を次にご説明してみたいと思います。

では、ここでは、アナタもよくご存知の「雄略大王と葛城一言主（かつらぎひとことぬし）との問答」を取り上げて考えてみましょう。

これにつきましても、『紀』と『記』では次のように異なっておりまして、雄略大王の相手が、記が「一言主」で、紀の「一事主」より一ランク呪術的な意味合いが深く（何故ならば「言」とは、本来、神と君との中間で、その「言」により神「事」を行う職の意味だからで〔中臣＝中言〕、「言」の方がより原始的だからなのです）、かつ、大王雄略の神への態度につき観察し分析いたしましても、『記』の方がより丁寧であること、更には、名乗りの順序が『記』の方が「神から」であることなどから考えましても、この部分のこれらの点につきましては、現行の「紀＝日本書紀」より現行の「記＝古事記」の方がより原型に近い、つまり古いものであったことが、アナタにもこれで明白にお判りいただけたことと存じます。

このように日本紀におけます、この「天皇優位への改竄」（「憲法十七条」の偽造も同様の思想に基づくものです。但し、この場合には「天皇＋仏教（華厳経）国教化の意図」。一二6）は、次の正史『続日本紀』では、より更に天皇優位の話へと変化していき、現行の平安紀に至りましては、更に、天皇中心となっておりますので、この『日本紀』には七、八世紀の「天皇制の確立」の頃に行われた改竄を匂わせるものが顕著だからなのです。

＊同じように、聖徳太子の「十七条の憲法」が、国家中心の語句の存在によりまして推古十二年（六〇四）ではなく、それから九十年も後の古の「日本紀作成の頃」に書かれましたことにつきましては既に申し上げました、一二6。

嶋大臣（馬子）と聖徳太子が『天皇記（すめらみことのふみ）』『国記（くにつふみ）』『本記（もとつふみ）』の編纂を行ったとされておりますのも（推古二十八年〔六二〇〕是

歳。但し、皇極四年（六四五）六月一日『天皇記』は焼失）、百済27威徳王（聖徳太子のモデルの一人）が、隋の高祖に遣使する際に（五八一年など）、「百済の史書」（威徳王が作った「百済本記」など）を提出したことの、時点を動かしての、日本語への翻訳にすぎなかったのだと見ればよかったのです。このとき威徳王は、魏より「上開府・儀同三司・帯方郡公」に冊命されております。

「百済本記などの百済三逸書」→「日本旧記」又は「大宝二年日本紀」→「旧事紀」という流れにつき（矢田部公望）、一二3、1、二三2、一八7。

ここでアナタに特に注意していただかなければいけないことは、右のことは「古事記が日本紀よりも古い」ということでは決してなく、（私の考えでは元々は同じ古さのものなのですから）古事記と日本書紀とは「共に同じ物から派生した兄弟であったから」という風に考えていただかなければいけなかったのです。

因みに、右に呪術性ということでお話しいたしました「中言」ということにつきまして、ここで少々説明を加えさせていただきたいと存じますが、紀伊国の名草山には「中言神社」というズバリその名が付けられておりました古い神社がございます。この神社と日前神宮とは神文が「たばねのし」で同一ですので、ここの祭神は古くは天日矛（この大神は、平安紀での神武に相当いたします）に征服されました名草戸畔（この女酋は平安紀での男・ナガスネヒコに相当いたします）を祭ったものだったのです（一五1）。

藤原氏の四家が、少なくとも「四氏族の合体」による合成氏族であった（四1、六3）という私の考えによりますれば、「中臣」とは、神と人との仲立ちをするこの「中言」の臣のことであったのでございまして、その四族の中の一つの「ナガ族＝朝鮮の朴氏」「狗奴国＝ナガスネヒコ系」その他、「金官系の木・紀氏」「秦氏」「唐人・百済人」などの合体を表していたものだったのです。

そう言えば、藤原氏は紀伊国や九鬼家とは縁が深かったのです（隅田八幡宮→恩智（現・おんじ）神社→春日神社→鹿島神宮）。

最後に日本紀も古事記もかつては同一であったことを証明しておきましょう。

アナタは日本紀は舎人親王、古事記は太安麻呂と学校で習ったことと存じますが、どっこい、太安麻呂の方は日本書紀も古事記も撰修していたのです。その証拠は次の通りです。

「夫日本書紀者……従四位下勲五等太朝臣安麻呂等（王子神八井耳命之後也）奉勅所撰也」（『釈日本紀』所引の『日本書紀私記巻上并序』、いわゆる『弘仁私記』序）

更には、

「日本書紀者……従四位下太朝臣安満等奉勅所撰也」（『日本紀竟宴各分史得神日本磐余彦天皇并序』いわゆる『日本紀竟宴和歌』）

「養老五年始講。博士従四位下太朝臣安麻呂」（同、奥書）

どうです。古事記のみならず日本紀も太安麻呂が撰していたのです。と言うことは、私の言うように日本紀も古事記も元々は同一であったということを証明していたことになるのではないでしょうか。

元は一つでありました日本紀と古事記とが分かれてしまいました結果、同じフィクションの歴史物語でも、どちらが正しいという訳ではありませんが、古事記の応神朝の「大山守皇子の反乱」が、日本紀では仁徳即位前紀のところに、又、日本紀での垂仁朝三年三月の「天日矛の渡来」が、古事記の方では応神朝のこととされてしまっております。たとえ歴史物語とは申せ、モデルから作られました本来のストーリーは同じでなければならなかったものが、何度もの改竄を経て、こんなにもズタズタにされてしまっている事がアナタにもお判り頂けたことと存じます。

5、何故、飯豊青皇女は抹消されたか

(1) 百済＋金官伽羅（倭）

それでは、何故、この飯豊青皇女（いいとよあおのこうじょ）は大王から消されてしまったのでしょうか。

この「飯豊青皇女の即位」の問題は、その父である「市辺押磐皇子のモデルとされた人物の百済における大王への即位」の問題とパラレルに考えなければ解決できないことだったのです。

つまり、朝鮮史と日本紀とを一緒に考えてこそ、初めてこの「飯豊即位」の謎を解く鍵を見出すことが出来るのです。

私が思いますに、父の市辺押磐皇子が、そもそも本来の百済王系図上では21大王（百済・蓋鹵王＝物部伊莒弗）であったにも拘わらず、日本紀上では何らかの事情によりまして、大王から抹殺されて市辺押羽（磐）皇子という単なる一皇子に下げられてしまいましたので（一八7）、当然、その子女であると表示してありました飯豊天皇（青皇女）も、父が「大王ではなくなってしまった」ものですから、必然的に「日本製」の王系図上では、大王としましては抹殺せざるを得なくなってしまったのです。

＊父が天皇でもないのに、その女が天皇になることは、余程のことが無い限り通常では困難だからなのです。

しかし、大王であったことの名残が、百済史のダイレクトの翻訳レベルでの段階の日本紀自体の中にもチラリと覗いているのです（『顕宗即位前紀』）。

何度もアナタに申し上げておりますように、この市辺押磐皇子のモデルが百済蓋鹵王（物部伊莒弗）でございますので、本来は「大王」となっていた筈なのです。捜してみますと、大王であったことの証拠が日本紀の中にも明示されておりました。

次の顕宗の名乗りに「誥（たけ）びて曰（のたま）はく……市辺宮に天下治しし、天萬国萬　押磐尊の御裔（みあなすえ）、僕（やつこ）らま」（顕宗紀即位前、白髪〔清寧〕大王二年十一月）とございまして、正に、父の市辺押磐が「治天下＝天ノ下治（しら）シシ」、つまり大王であったことが、ここにちゃんと記してあったではありませんか！

そして、この飯豊大王・天皇には、前述のように、別に「自

称・忍海飯豊青尊」という表現も見られますので（顕宗紀即位前五年春正月には、この名が引用されておりますよ）、この大王は「忍＝オシ＝余曽＝与謝＝大＝大伽耶＝金官伽耶」系（金官国＝東大国＝新大国。一八7。余社（よざ）。顕宗紀即位前五年冬十一月）の人だったのでございまして、その真相は「伽耶」系の血の入った百済との混血の女王（海峡国家の倭王を、大王系図上引用・挿入したと考えれば、当時といたしましては、これは当然のことだったのですが）であった可能性が大なのです。

ここで「百済＋金官（倭）」の証拠を一つアナタにお見せしておきましょう。序でに、百済（くだら）、弓月（ゆづき）という名の真相にも迫ってみましょう。

秦の弓月君（ゆづきの）の「弓」は古代朝鮮語では「ku・khu」で「大」の語根でありましたし、「月＝tar＝地名語尾」でありましたので、そういたしますと「弓月君＝大邑の君＝大村の君」ということにもなってまいりまして、秦氏が辰韓から南下し「金官伽羅＝大伽羅」王になっていた時期があったことの名残を、この名が示していてくれたのです（弓月＝大村）。

更に、この「秦氏の弓月君＝金官7吹希王」のことで同一人でございまして、この王妃が19百済王久爾辛の娘の仁徳ですので、加えて、この名は百済系でもあることを示しておりまして、海峡国家の「金官＝倭」と百済とが、この頃は合体に近い状態にあったことをも、それらの名が示していてくれたのです。

と申しますのも、百済（クタラ・ペクチェ）という名の分析からも、古代朝鮮語で同じように「百＝khu＝大」「済＝檐魯＝タンロ（沸流百済系）＝tar・tor＝邑落」をも表しておりまして（大邑・大村）、「khutar＝百済」ですから、正に「弓月」とは「百済」のことを表しており、この二者は同音・同義だったのでありまして、このように、正に、「弓月君＝百済君」と同じことだった（つまり、百済王女が嫁いだ金官王が「百済の君＝弓月君」と呼ばれていた）ということが、アナタにもお判りになっていただけるからなのです。

＊又、この南扶余外港（船着場）の役割を担っておりました泗沘（sajaru）のことを古くから「クドリエ」といっていたからだともいわれております。

しかも、有馬（アリム＝光明の地）や播磨（ハリマ・ハリム）も同様に、古代朝鮮語で百（パル＝アリ＝ゐる＝尉礼）済（百済宗＝アリマ）や（「崇神＝百済13近肖古王＝ミマキイリヒコ・イニエ」の「イリ」も同じ）扶余（パル）や氷（アリム。氷川＝有間川＝有馬川＝百済川＝扶余川＝アリナレ＝閼川。氷川神社）を表す扶余・百済系の言葉だったのです（単純に「アリ＝百」）。

ですから、謀反のかどにより、悲劇で終わりました有馬皇子（六四〇〜六五八年）は、孝徳大王の皇子ですが、「孝」徳大王のモデルは、百済最終王の義慈王（舒明大王のモデル）の皇太子・扶余「孝」なのですから（六、一二）、この「有馬」の名は、有馬皇子の父のモデルが百済王子であったということを示していたのみならず、その有馬（アリム）という名自体が、百済で生まれた（ですからこそ、正史は、この皇子が有馬温泉で生まれたことを示唆しておりますよ）百済王子の子であったことをも表していたのです。

このことの恰も真実であるかの如き演出作用を担わされましたのが万葉集歌一四一番、一四二番でございますことにつき、別述。

因みに「忍＝狗＝弓＝亀＝百」は、同音又は同義語で、皆「大」をも表していたのです（忍＝大＝金官伽羅。亀山＝大山＝王山）。「亀＝王」なのですから、今日でも新羅の王陵では「石の亀」が守っているのです（29太祖武烈王陵など。亀旨につき、一八9）。

尚、明日香の高松塚の、削られた「玄武（亀）＝新羅」につき、五3（亀＝蛇・竜＝玄武＝秦帝国＝伝・新羅は秦の亡民）。

このように「忍＝大＝王」（四4、九3）のみならず「忍＝鉄を産する伽耶」でもあったからなのです（このことは、今日の日本語から単純に考えましても「忍＝オシ＝オホシ＝大」であったことが判るとともに、又、この「豊」は金官伽羅国の本国であった九州の豊日国（豊日別王の末裔）をも表していたのです）。

ではその証拠は何かと申しますと、因幡の古伝によりますと、開化大王の末裔が忍海部の祖となっております。

＊この忍海氏は、捕虜として渡来した伽耶の鉄民（漢人＝安耶人＝倭人。漢人の正体）でしたよね。一五10）

そのことに加えまして「開化大王のモデル＝2金官居登王又は郁甫王」で、どちらにいたしましてもそのモデルは金官（倭）王だったのですから、そういたしますと、大王系図上におきましても「忍＝金官伽耶」ということを表していた、ということにもなってまいります。

地名としての、丹後半島の付け根の「天橋ノ立」のところの「与謝ノ海」の「与謝＝ヨサ」も同じです。これは、ここ丹後の「天橋ノ立」の湾が、「金官＝倭」の海（分国の一つ。東倭。一五3）を表していたのです。

更に、「忍＝オシ」が金官伽羅を表しておりますことの日本紀上の証拠を、ここでアナタにお示ししておきましょう。

それは、素戔鳴尊の子の熊野楠樟日命につき、この神が熊野忍隅（オシクス）命（神代紀上第六段一書第三）とも、又、熊野大角命（神代紀上第七段一書第三）とも表現されておりますところからも、「オシ＝忍＝大＝クス」であったということが判りますと共に、この楠樟日が（これは、高千穂の「槵日二上峯」の槵日とも同一でありまして、又、天忍穂耳の「忍穂＝オシホ」とも同じです）「大添＝クソホ」から出ておりますことからも、古代朝鮮語で「ク＝大」であり、「ク＝大＝オシ＝忍」であったことが判って来るからなのです（「狗邪＝クジャ＝クヤ＝大」につきましては前述）。

そして、この当時の大伽耶とは、何を隠そう金官伽羅のことを指しておりましたことも、「大」伽羅＝オホシ伽羅＝「忍」伽羅と言うことでも繋がって来るのでございまして、このように「忍」が「金官の人・土地そのものを表していた」ことが判るからなのです（但し、後の大伽耶は、高霊伽耶〔彌烏邪馬〕、見方によりましては星州伽耶〔伴跛〕に取って代わられてしまいます）。

よって、「忍＝オシ＝鴛＝押＝余曽＝余社＝与謝」が付く王侯・貴族の「姓」や「地名」は、皆かつての「大伽羅＝金官（倭）」王の流れ（途中から大王系図上は百済系も混血してまいりますが）を表しておりました可能性が高かったのです。

それに、金官（倭）と「その支配下」の畿内の秦王国との交易は、初期は日本海ルート（主として丹後ルート）が中心だったのです。と申しますのも、馬韓海峡（関門海峡）が当時は通れなかったからなのです（一五11、12）。

そして、そうであったからこそ（航行のキーポイント）、日本海側の丹後には、あの出雲にすらも見られないような「網野銚子山古墳」（四世紀末、網野町。全長一九八メートル。丹波道主の父の日子坐〔＝ヒコ・ユムスミ〕を祭る秦氏系の「網野神社」は、元は山の手の根元宮山、つまりこの古墳の麓に鎮座しておりまして、ここは「浦嶋子〔浦島太郎〕の宅の跡」とも伝えられております〔「浦」＝古代朝鮮語で「カラ＝伽羅」〕）、「神明山古墳」（五世紀初め、丹後町。全長一九〇メートル）、「蛭子山古墳」（四世紀後半、「加悦＝カヤ＝伽耶」町。全長一四五メートル）などの他にはないような巨大古墳が三つも見られるのです。

因みに、神話の出雲におけます一番大きい宮山古墳ですら全長五七メートルしかなく、他の日本海沿岸を見ましても、越前の六呂瀬山古墳が全長一四〇メートル、但馬の池田古墳が全長一三五メートルにしか過ぎないことと比べましても、この二〇〇メートル近い丹後の古墳の巨大さがアナタにもお判りになっていただける思います。

と申しますのも、古代の丹後は、「大王系図の分析」からも（三1、3、一六1、一九1、2、5）、半島と列島に跨る「倭＝金官」のキーステーションだった時期（四世紀）があったからなのです（「倭＝金官」の分国としての丹後王国）。このことを見失っては、アナタは日本の古代史は何も判らないのと同じですよ。

(2)「ワカタケルの鉄剣」は平安朝に捏造された——大王のいた斯鬼は大和のことではなかった

因みに、「忍＝オシ」といえば、アナタもよくご存知のワカタケルの銘のある、例の金象嵌の鉄剣の出土（一五1）いたしました埼玉（サキタマ）古墳群も、正に、埼玉の「忍＝オシ」の地にございますよね。これは、かつてこの忍の地が、金官伽耶の植民市（砦）の一つ、「ムナ・ザシ」（東京）、「サネ・サシ」（神奈川）に対しての「ム・サシ」（埼玉）であったことを示していたのです（二三5）。

＊武蔵＝古代朝鮮語で「中心となる砦」。

仮に申し上げますならば、「埼玉県＝武蔵＝ムサシ＝金官」「東京都＝胸砦＝ムナザシ＝安羅」「神奈川県＝核砦＝サネサシ＝高句麗又は多羅」ということにでもなるのでしょうか。

稲荷山古墳の礫槨（ここには主ではなく子が埋葬）からワカタケル銘の鉄剣と共に出土致しました「f字形鏡板付轡」は、伽耶製であり、又、銀被覆の笠鋲（素環辻金具の足金具をベルトに装着する為のもの）は、南朝鮮の伽耶（倭）の地を流れる洛東江西岸の陜川（多羅）の玉田M三号墳出土の「剣菱形杏葉」や高霊（高霊伽耶）の池山洞四五墳出土の「心葉形杏葉」に使われているものと類似しており、これらは「海峡国家」の倭内部での加工貿易によるものだったのです（伽耶の流行と日本列島の流行の同一性は何故か!!　伽耶＝倭＝「南鮮＋列島」）。

という事になりますと、この追葬された人が「倭＝伽耶」の人であったということになり、そう致しますと、この稲荷山古墳に先に葬られた主人公も、又、伽耶人であった。そして更に、この「忍＝オシ＝オホシ＝大」伽耶の名を冠した地（行田市。忍川も流れております。因みに、百済武寧王に妃を差し出しました、前方後円墳が見られます栄山江流域の伽耶（倭）の哆唎王家の姓も、右の「忍＝オシ」と同じく「穂積＝許氏＝押山＝忍山」でした）にございます埼玉古墳群全体も、伽耶人の日本列島の分国の一つでの墓地であったという事にもなって参ります。

ここから出土いたしました「ワカタケルの金象嵌の鉄剣」は、実は、銀象嵌の剣（熊本・江田船山古墳出土など）より一ランク劣るものだったのです。

と申しますのも、「金」の方が「銀」より劣るなんて一見矛盾するようなのですが、文字が金象嵌の剣は、原則として、「縁取りが銀」ですので、全体として「銀の剣」の扱いに過ぎませんし、これに反しまして、文字が銀象嵌の剣は、逆に、「縁取りの方が金」ですので、全体として「金の剣」の扱いだったからなのです（一五1）。これで右の点、スッキリとアナタにもお判りいただけましたよね。

私の考えからいたしますと、ひょっとすると稲荷山古墳（前方後円墳。埼玉県）出土の、有名なワカタケルの鉄剣は、その銘の内容が「伽耶系プラス百済系」の系図を示しておりますところからも（三二1）、平安朝に日本紀が大改竄され、その結果、百済王系図と伽耶（倭）王系図とが折衷・合体されて一本化されてしまいましたが、それと（全く）そっくりですので、その日本紀の大王系図一本化の記述に合わせまして、後（平安朝以降）に造られ、かつ、この古墳に追加して埋められたという偽造証拠であった可能性（「ワカタケル鉄剣」後世捏造説。書体は伽耶製にしても強ち否定はできないからなのです（五1、九3、四5）。

この系図が「二つの系図の折衷」でございました事は、その銘文の内容の分析からも色々な疑問が呈されております事からも推測出来たのです。つまり、大王名の「獲加多支鹵＝ワカタケル」や「足尼＝スクネ＝宿禰」「獲居＝ワケ＝別」等の姓は大和の万葉仮名で、しかも、アクセントまでも書き分けられている表記なのですが、この一族の名の部分、つまり、「乎獲居＝ヲワケ」や宮号の「斯鬼宮」等になりますと、万葉仮名の用い方がチグハグで統一性が見られず、しかも、この部分はアクセントも記されていないとされているからなのです（森博達）。このことからも、後世、平安朝での、しかも「古文体を真似した」捏造であることが明らかだったのです。

しかも、これが中央の大和で作られて地方へ下賜されたものではなく、裏面冒頭に記されております膳氏（加差披余＝カシハデ）の一族が関与して、しかも大和ではなく鄙の地の武蔵で作られているということも私の「ワカタケルの剣＝平安朝捏造説」に有利な材料を提供してくれていると言えるのです。それに、銘文表側には膳氏の後裔である高橋（多加披次＝タカハシ）氏の名もちゃんと見えておりますし。

アカデミズムの中にも、ヲワケノ臣の「八代の系譜」の分析から、「中央貴族を祖先として引用し付加して作られた偽造系図」だと言う人もいるくらいなのですよ。それに「ワケ＝古朝鮮語の王」ですし（前述）。しかもアナタ、「臣」「スクネ」「カリ」「ワケ」など中央と地方がごちゃ混ぜだからなのです。一体、この剣は誰が誰にいつ与えた物だったのでしょうか？

更に疑問は尽きることがありません。この剣のあった場所が問題でして、この剣は、後円部墳頂の南の主人公の乎獲居（をわけ）臣の墓とされる「粘土槨」の中にあったのではなく、墳頂西南の「礫槨」の中の船形木棺からの出土であり、ここは墓主の子の墓に過ぎず（稲荷山古墳の礫槨の主と二子山古墳の主は兄弟で、共に稲荷山古墳の「第三の施設」に埋められた主の子供でした）、かつ、五世紀末以降に「追葬」された武人のヲワケの子のもので、頭部にございました画文帯神獣鏡（一五・五センチメートル）の大きさからも、この人がトップ（トップは円部頂上付近の「第三の埋葬施設」にかつて埋められていた人です）とは思われず、この様にこの剣が主体部ではなく、かつ、追葬部にあった。しかも他の四本の剣が皆、胸レベルに置かれているのに対し、この剣だけは右の足の横に置かれており（ハテナ？）、そこには明らかに異質性が認められるからなのです。何故、こんなに大切な剣が主人公の所の粘土槨内に埋められなかったのでしょうか？　そして、胸の部分に置かれてはいなかったのでしょうか？　それは、ズバリ粘土槨より礫槨の方が「この捏造した剣を入れた後に埋め戻しがし易かった」からなのだ!!　それにアナタ、アカデミズムは、礫槨自体をヲワケのものとするには、年代的に無理があるとして、この剣はヲワケからその子に与えられたものだとも逃げを打っておりますよ（緩褌（ゆるふん）で狡（ずる）いノダ）。

更には、この鉄剣銘の「辛亥年七月中」につきましても、アカデミズムの中には「元嘉暦」によると明言している方もおられるのですが（辛亥＝四七一年＝21雄略十五年）、そう致しますと、この元嘉暦という暦が日本列島に入って参りまして、それまで使われておりました顓頊（せんぎょく）暦（「寅」より始まる暦）に代わりましたのは、正史によりますと、何と七世紀末（！）に過ぎなかった（この二百年も後！　だから正史は可笑しいナ）のですから（アナタ、六2は必見です）、あくまでも、この剣の存在致しました時代の暦は、正史によれば「古い顓頊暦」でなくてはならない筈なのです（この頃は、宋から朝鮮半島の「倭（金官）の五王」へと入った元嘉暦の筈では）。暦に詳しいアナタ、お暇の時にチェックされてみては如何?!

次に、この剣の銘文自体の分析を少々しておきましょう。

直感といたしまして、この字の形が古代にしては非常に流暢（滑らか）に過ぎる（伽耶にはございましたが）ということも、その理由の一つに加えておきましょう。この銘文は、日本列島では後世の法隆寺の『金板造像記』（持統八年（六九四））の感じに大変よく似ておりますが、この法隆寺の銘文自体も、後世の百済王の時代を古く見せる為に偽造された恐れが多分にございます。

と申しますのも、伽耶系の「大日日（開化）―大彦―多加利足尼」という系図の大日日（開化）の次に、百済系の「ミマキイリヒコ・イニエ（崇神）―イクメイリヒコイサチ（垂仁）―オオタラシヒコ・オシロワケ（景行）」という三大王の系図を加えて、伽耶（倭）系図と百済系図の両系図を合体させ、平安日本紀の大王系図とピッタリ一致させていることが判るからなのです。

つまり、この鉄剣の銘文の内容が平安紀から行われましたところの、日本紀改竄の内容にピッタリ添う内容になっているからなのです（二1、一六1）。これはますます可笑しい！

大日日（開化）の父は孝元大王であり、この人は金官初代王の金首露王のことだからなのです。

因みに、この大彦の子の多加利足尼の名は「多加利＝タカラ＝大伽耶＝（当時は）金官伽耶」のことをズバリ表しており、大彦の孫の弖已加利獲居の弖已加利は「弖已加利＝トヨカラ＝豊・加羅＝金官伽羅＝倭国（海峡国家。この本国は九州の豊国です）」のことでございまして、共に、その文字そのものが「伽耶王＝倭王」を表していたからなのです（ここは「倭＝伽羅」の分国だったのだ）。

そして、前述のように「足＝スクネ」（後の姓の宿禰＝宿利＝シュクリ。尚、「勝＝勝呂＝スグリ・スグロ」も村主を表しておりました）と申しますのは、古代朝鮮語で「王」ないしは「大王」ということであり、同じく古代朝鮮語で「獲居＝別＝ワケ」と申しますのも「獲居＝ワケ＝Wang＝王」「大神＝オオガ」（二1のことであり（ですから、アカデミズムのように、単なる「和語」で「ワカ＝若い」と単純に考えるのは誤りだったのです）、ということで、共にこの鉄剣は海峡国家伽耶諸国の「王の剣」であったことを表していたのです。

ですから、この「ワカ・タケル」も「王・タキル」であり、これは古い形の位を後から修飾するもの（潮乗津彦＝君潮乗＝金首露」と同じ）でございまして、そういたしますと、やはりこの鉄剣の「ワカタケル」の部分は鉄王でございました「王・蓋鹵＝百済21蓋鹵王＝市辺押羽皇子のモデル」（四五五～四七五年）そのもののことだったのです。

＊それに、中国での漢字の原音声調（平・上・去・入の四声）と、平安アクセント（万葉仮名での注釈の左側の朱の声点の上中下

の位置。H・F・L。通説では平安アクセントは奈良朝とほぼ同じとしております。この点は奈良朝は新羅系、平安朝は百済系と考えましても、対中国音ということでは通説と同じでもよいでしょう）とは、アクセントの日本語の低平調（L）には漢字原音の平声の漢字か入声の漢字が用いられ、高平調（H）には上声の漢字が用いられる（高山倫明・森博達）ことから考えますと（他に下降調の〔F〕もございます）、銘文の「斯鬼」は「平・上」であるので、「L・H」でなければならず、これは大和の「磯城」の「H・H」とは同じではなく、つまりこの「斯鬼」は大和のことではなく、アカデミズムの見解は、そこに大きな矛盾が生じておりますよ。

もし、仮に、偽造ではなかったといたしましても、これらの鉄剣銘上の獲居（ワケ＝Wang＝王）、比垝（ヒコ＝王）、足尼（スクネ＝王）、臣（オミ＝大王臣下）の一人一人の名を分析いたしますと、

・意富比垝＝大彦＝王の中の男王＝金官伽羅王（忍＝五十＝大＝狗邪＝伽耶）
・多加利足尼＝多伽羅王＝多羅王、又は大伽羅（金官）王
・弖已　加利獲居＝豊伽羅王＝金官の母国の豊国王
・多加□（利・波・披）次獲居＝高橋（高梁）王（「□＝利」なら＝多加利〔羅〕ノ王＝多羅王）

＊古代の高橋氏は、8孝元大王（モデルは金首露王）の子の大彦命（9開化大王は大彦命の同母弟）の末裔である膳氏の末裔で、天武十三年（六八四）に「八色の姓」で朝臣を賜り、住居のございました大和郡添上郡高橋（天理市櫟本）の地名に因んで高橋朝臣と氏姓を改めました（安倍臣も同じく大彦命の末裔です。因みに、備中の「高梁＝タカハシ」川に名を留めております高梁氏の一族は「安羅＝倭」系の出自です）。

しかも、後世の、「真間の手児名」の万葉集（一八〇七、一八〇八番）等で有名な高橋虫麻呂は、養老三年（七一九）藤原宇合の下で常陸国庁へ出向し、風土記の編集に携わりましたが、この人の故郷も東国との考えもございます。

・多□（沙）鬼獲居＝任那の「帯沙」来（城）王（帯沙＝タサ＝継体七年〔五一三〕十一月五日、己汶と共に、百済に奪われた〔日本紀では「賜ふ」。神功皇后五十年五月のモデルは、この継体七年十一月五日の出来事でした〕「任那＝倭」の地。「□＝羅」なら多羅来王＝多羅王）
・半弖比＝伴跛＝星州伽羅
・加差□（彼・服・披）余、または柏手

＊実は、この膳氏こそが、この剣の捏造の主役だったのです。

・乎獲居臣＝□（乎・狡）獲居臣＝（ヲ＝Wang＝男王。「□＝カリ」なら伽羅王）
・獲加多支鹵大王＝王・多支鹵（後から形容）＝タキル王＝百済21蓋鹵王（四五五～四七五年。又は、王タキル＝多羅王）

＊古代朝鮮語では「カリ＝金属関係者」を意味しておりました。このことは「鍛冶屋＝シャーマン・巫＝王」でもあったのです。

ということになり（因みに、この当時は「寺＝役所」のことです）、最後の「ワカタキル＝王（ワング）・蓋鹵（キル）＝百済・蓋鹵王」を除きまして、それ以前のこれら鉄剣上の全ての人名は「伽羅＝倭」の王の表示だった、つまり、南朝鮮・九州における王たちのことであったともとれるからなのです（辛亥＝四七一年）。

このように、この鉄剣は、金官（倭）王と百済王との王系図を繋げるために偽造されたものだったのです（平安紀の金太郎飴）。

＊この材料となりました鉄（鋌）の産地（当時はまだ砂鉄は使っていない筈ですから）は百済なのか、それとも倭なのか、造ったのが倭であったとすると、南朝鮮か、九州か、畿内が、東国なのか、作成者は百済人かそうでないのかなど、あらゆる学問を総動員いたしまして（つまり、「人史学」的に）、もう既に十分解明が出来ていなければいけなかったのです。

と申しますのも、この鉄剣の発掘は昭和四十三年（一九六八）であり、金泥粒と銘文の発見が、昭和五十三年（一九七八）なのですから、既に四半世紀が経過いたしておりますが、まだまだ科学的分析が不十分のようだからなのです。

それに、アカデミズムでは同時代であるとされております（共に「倭王武＝21雄略大王＝ワカタケル」）にも拘わらず、江田船山古墳出土の鉄刀の棟に小さな固い書風で刻まれております銘と較べましても、この埼玉の稲荷山古墳出土の鉄剣に刻まれております銘は「中国六朝の柔らかい書風」（六朝とは、建業〔南京〕に都した呉・東晋・宋・斉・梁・陳。新しければ隋の統一の前）でして、その間に余りにも違いがあり過ぎるのです。ズバリ申しますと、ワカタケルの剣は、やはり新しかったのです（法隆寺金堂「釈迦三尊」後背銘の捏造につき、一二3）。

さて、「ワカタケルの鉄剣偽造説」という問題提起はこのくらいにいたしまして、お話を飯豊青皇女に戻しましょう。

この飯豊は「青海の女郎」とも言われており、この「アオ」は「淡水」のことでして、又、別の見方といたしましては、百済の豊かな文化の象徴でもあります「碧骨堤」（八2。百済が南下してまいりまして、より大規模に遊水地化の土木工事を行う「以前」は、当然のことながら、ここ金堤は「伽耶＝倭」の地でございましたから）の「守り神」をも表していたと考えてもいいのです。

＊又、アオとは元来「死・死人・墓」を表すこともございます。青山（せいざん）の死霊・祟りのことの暗示だったのです。東大寺二月堂の「お水取り」の「過去帳」の第二段の読み上げで、最後から二番目にその名前が呼ばれます、決して忘れてはならない「青衣（しょうえ）の女人（にょにん）」とは？　某女（例えば、藤原百川に暗殺された井上（ゐがみ）天皇（新羅系最後の天皇））か！（一六1、七4）

飯豊が「忍海＝金海」系の王女であるといたしますと、やはり、飯豊のモデルは、伽耶か百済の王女であると共に百済王子の妃でもあり、かつ、この人が一時は倭（金官）系の王をも兼ねていたことを表してもいたのです。そこへ百済王子が事実上の養子として入っていたのです。

九州の豊国は、金官伽羅国（古への狗邪〔クジャ＝大〕韓国。

「韓」自体にも、本来は「大」の意味がございました）の母国なのでもありますから、この「飯豊」の「豊」の名自体が、その頃は百済と一体とも言えました伽耶（倭）のことを暗示していたのかもしれません（因みに、「飯豊＝イイトヨ」の「イイ」は、

「飯＝ハン」「ハン＝韓」とも共通です。韓の豊＝豊の分国の金官伽羅）。

＊この古への「狗邪韓国＝倭の北岸」とは、「大韓国＝大大国」という意味だったのでございまして、しかもこのように倭人の国にも拘わらず、魏書では「……韓国」と言っておりますよ（アラ、不思議！）。かつては「韓国＝倭人の構成国」の意味で、中国史では使われておりましたから、これは当然なことだったのです。因みに「朝鮮」と「韓」という言葉とは、古代におきましては何らの論理的必然もなかったのです（李朝からだよ）。そして、「狗邪韓国＝大韓国」ですので、偶然にも、今日の韓国の正式名称であります「大韓民国」とも、この倭の中の北岸に位置しておりました国の名は、大変近かったのですネ。

(3) 百済王系図の間に「倭の五王」の王系図を挿入

最後に、イイトヨ皇女の系図上の位地から、その果たした役割につきましてここで確認しておきたいと存じます。

15応神大王（百済19久爾辛王・進思〔仁徳の父〕がモデル）と17履中大王（百済20毗有王がモデル）の百済第十九代と二十代との両王の間に、「金官＝倭」の所謂「倭の五王」のトップの讃＝16仁徳大王を、そして、更に百済20毗有の次に、珍＝菟道稚郎子、済＝18反正大王、興＝20安康大王、武＝21雄略大王の四大王その他の系図を挿入してしまったが故に、その整合性の調整に苦労し、百済王系図を基にいたしました右の履中大王以下、その中でも特に、23顕宗大王（昆支＝渡来した百済王子）以下を繋げるに際しまして、その調整の為、架空の22清寧大王を新たに作り上げる必要が生じてしまいますと共に、飯豊青皇女という元々中途半端な「摂政」としての存在もそのクッション材として入れられてしまったのです。

ですから、大王の即位の順序は別といたしまして（元々が系図合体による創作ですし）、逆に、金官伽羅（倭）王系図の方を中心として、これと同じことを考えてみますと、「倭の五王」の右の「讃・珍・済・興・武」の金官王の系図の間とその後に（但し、19允恭大王のモデルといたしました、金官伽羅国8銍知〔ナツ・チッチ〕王が入れられておりますし、又、22清寧大王は、日朝どちらにおきましても架空の存在です）、百済20毗有王＝17履中大王のモデル（「讃＝16仁徳」の次に入れられています）、百済21蓋鹵王＝皇子市辺押羽のモデル、百済22文周王＝24仁賢大王のモデル、百済王子昆支＝23顕宗大王のモデル（「武＝21雄略」の後に入れられております）、百済23三斤王＝25武烈大王のモデル、百済24東城王＝29欽明大王のモデル（第二十六〜二十八代の「大伴氏三代」の次に入れられております）の百済第二十〜二十四代の五人の百済王と一人の王子の系図を差し込むように加えてしまっ

ているることが判るのです（武内宿禰の百済王兼務の点につきましては、二―8）。

6、「本来」は武烈から欽明に続いていたモデルとされた百済王系図

このように、本国の百済史上での実際の現地の朝鮮王の存在は別といたしましても、日本列島におきましてそれを参考にして天皇系図が作られた基本ともなりました、百済王系図上に置き直して考えてみますと、渡来した「百済王子＝倭王・昆支＝23顕宗大王のモデル」の子が（尚、顕宗大王＝昆支の父は「蓋鹵王＝市辺押羽皇子のモデル」です）「王子の頃の百済24東城王＝29欽明大王＝牟大＝九州の弥五郎ドン」（所謂、芋掘り長者）と本来なっていなければいけなかった（「昆支＝顕宗」の子が「東城＝欽明」）のですが、日本紀は、部族間の妥協の産物といたしましての右のような系図合体の余波で、29欽明を同じく途中に挿入してしまった大伴氏系の倭王・安羅王（百済王系ではない）である26継体の「子」とするとともに、28宣化の次の大王として異質の大王系図を接続せざるを得なくなってしまったのです（一七2）。

本来の欽明のモデルは、百済24東城王（昆支の子）に相当する人物だった筈なのです。

そして、本来の扶余・百済の系図上におきましては、「百済23三斤王＝25武烈のモデル」から次の「百済24東城王＝29欽明のモデル」へと、百済史上の王系図では右の二十三代、二十四代へと、この両者は百済王系図上親子として「直接」に繋がっていた筈なのです。

つまり、これらをマトメて一言で申しますと、本来の百済の王系図上では、百済23三斤王から次の24東城王へ、（同じことを「翻訳」いたしました平安日本紀に言い換えて申しますと）25武烈大王から次の29欽明大王へと直接父子として続いておりました百済での真実の王系図を、その間に、26継体、27安閑、28宣化という大伴氏（安羅王＝倭王）系の三代分の挿入大王系図一3ノ1⑥を、渡来民の間の「融和・妥協」の要求によりまして、後に、天皇系図として挿入（合同化）しなければならなくなってしまったがために、その結果、百済系図に対応する王といたしましては欽明が本来の第二十六代の位置から二十九代の現在の位置へと三代分も後退せざるを得なくなってしまった、ということの理由だったのです。

＊新世界（日本列島）に渡来してまいりましても、祖先を尊ぶ強い意識からの要求により、「南韓と九州」の卑彌呼の末裔の海峡国家「倭国（安羅）の三人の大王」を、当時、左大臣橘諸兄政権下の政治の中枢におりました、大伴道足・多治比広成らの要求により大王系図の途中に入れてもらったということだったのです（天平十年〔七三八〕散文体『古事記』、又は、天平二十年〔七四八〕『日本書』）。

なぜこの継体大王らの「安羅王＝倭王」の大王系図が入ること

が出来たのかと申しますと、多治比嶋は、卑彌呼直系の「安羅王＝倭王」である宣化大王（モデルは大伴歌）の曾孫の多治比王の子であり、この多治比王の第五子が、当時政治の中枢におりました多治比真人広成（没・七三九年）だったからなのです。この大伴道足は没年不明なのですが、『大伴系図』では、天平十三年（七四一）とされております。この人は「正史」では大伴馬来田の子とされ、又、『公卿補人』では大伴安麻呂の子とされておりまして、この点、改竄が行われましたことを推測させるのです。

多治比広成（中納言）は、天平十一年（七三九年。天平十三年〔七四一〕説もございます）に死んでおりますし、多治比広足（中納言）は、天平宝字四年（七八〇）に死んでおりますので、右の散文体『古事記』や天平宝字『日本書』の編纂に加わったと思われるからなのです。

多治比氏（天長九年〔八三二〕に丹墀氏に改めましたが、貞観八年〔八六六〕より再び多治比氏に戻り、「比」を省略して多治氏といたしました。丹比・丹）は、宣化大王（モデルは「倭王＝安羅王」の大伴歌）の子の上殖葉皇子を祖としており、大伴氏と同じく卑彌呼の末裔だったのです。

しかし、この考えは真相に近かったとは申せ、正史の『日本三代実録』によりますと、多治比古王が成長後に、「臣籍降下」し、多治比公の姓を賜わったという形にされ、かつては、倭王家でありましたことはごまかされてしまっております。

これは、この日本紀レベルの作成時に、政権の中核に入っておりました、それらの子孫である大伴氏や多治比氏のメンツを立てざるを得なかったことによる挿入だったのです。

尚、29欽明大王は日本紀の記述によってすらも、26継体天皇の嫡子とされていながら、皇位を継いだのはずっと後で、先に生まれていた他の異腹の兄弟たちとはかなりの年齢の隔たりがあり、この点からも、この辺に何となく百済系と安羅系の二つの王系図継ぎはぎの「無理」「綻び」が見受けられるのです。

そもそも、日本紀上欽明の父とされております、その前の継体の即位につきましても疑問だらけなのです。

と申しますのも、右の『扶桑略記』によりましても、継体天皇の即位が五十八歳、次の安閑天皇（勾〔真の伽羅〕の大兄広国押武金日、「押＝オシ＝忍＝伽耶」系を示す言葉もちゃんとその名の中に入っております。「――日」型の名は、大伴氏・物部氏に多く見られますパターンです）に至りましては、何と六十八歳、更には、その次の宣化天皇（これ又、武小広国押盾）は六十九歳で即位したということになっておりまして、当時の平均寿命を考えましても、又、常識的に考えましてもこの還暦に近い、又は還暦を大きく越えてからの即位は不自然極まりない可笑しなこと（既に、この頃には一年二倍暦はとられてはおりませんので。二三5）であるとしか私には思われないのですが、この点アナタはどうお考えでしょうか（一一2）。

これ以上、たとい歴史物語上とは申せ、継体大王に長生きされてしまいましては（日本紀による崩時、八十二歳）、大王系図への挿入のウソがばれてしまいますので、「男大迹天皇、立大兄為天皇、即日、男大迹天皇崩」（安閑紀即位前＝継体二十五年二月）などとして、「史上初めての生前譲位」の形を作り出しますと共に、しかも、「その日の内に死んでしまった」などという極めて不自然な形の正史にせざるを得なかったのです。

この点につきましては、「継体から皇位を譲られた安閑が、直ぐにその日のうちに継体を暗殺したらしい」などと無理にヨイショして日本紀を読まなくても、より止揚した形で、素直に、そもそも、これは大王系図の「改竄の辻褄を合わせるため」つまり、歴史物語の『日本紀』との一致のために「作られたお話」であったのだと考えれば、その方が自然だったのです。

やっぱり、誰が考えても可笑しいことは可笑しいのですよ。

それを常識に従って素直に受け止めることが出来るかどうか（「裸の王様」を見破る目がアナタにあるかどうか）ということが、真実を見極めることが出来るかどうか、アナタの「歴史をみる目」が先入観なく澄んでいるかどうかの分かれ目だったのです。

それに、よーく考えてもみてください。継体と安閑の歳が十四歳しか離れてなく（と申しますのも、計算上継体が八十二歳で死んだ二年後に安閑が七十歳で死んでいるからなのです）、ということは、遅くとも父継体が十三歳のときに結婚（子供の出産まで約一年といたしまして）したことになり、いかに古代とはいえ、他の大王の例と比べましても、パパとしてはちょっと早すぎる（幼過ぎる）のでありまして、不自然なのです。

尚、もっと不可思議なことを申し上げましょう。五三一年（又は、五三一年）には、継体が死んだとされておりますが（一一2）、この二年後の五三四年に、安閑が即位（『日本紀』、『百済本記』も同じ）したとされておりまして、その間王位に二年間ものブランクがありますし、又、「日本紀が名前を述べることが出来ない」とする別の史書によりますと、この二年後（五三四年）まで、継体は生きていた（日本紀「或本」）ことになっておりますし、更に又別の史書によりますと、この年（五三四年）には、宣化が死んで欽明へと代わっている（『上宮聖徳法王帝説』）ことにもなっているからなのです。ということで、継体グループから欽明へ繋げるには無理があったのです。

そして、「聞くところによれば、日本では天皇及び太子・皇子が揃って亡くなった」（『百済本記』）と日本（倭）の大王家の「全滅」を百済の正史が伝えておりますが（一一2必見）、この倭王家の全滅は一体如何なる理由に基づくものだったのでしょうか。

このように、「継体以下の、安羅（倭王）系の三代の大王系図」を挿入したことの事後処理の「方便」といたしまして、百済からの亡命人が、「日本列島で書いた」逸史に過ぎなかった改竄後の『百済本記』の方をこの記事に挿入し、それを引用した（させた）歴史改竄であった可能性も否定出来ないからなのです。

と申しますのも、今は亡きこの『百済本記』（逸史）が百済本国で書かれたという証拠、又、それが今日日本紀上に間接的に残されております逸文と同一であるという証拠は、今日何一つとして存在してはいないからなのです（『百済新撰』の日本列島における改竄につき、一七2）。

この点は、今まで見落とされがちでしたが、古代史を分析するに当たりまして、とても大切な点だったのです。

このことは、他の二書につきましても全く同一でして、『百済記』『百済新撰』『百済本記』の「三逸書」の全てが百済で書かれたものなのか、又、仮にそうであるといたしましても、百済で書かれたものと日本紀での引用の逸史の内容とが、果たして同一文面であったのかどうかということの証拠は、今日何一つとして残されてはいないからなのです。

＊この『百済本記』は、日本で始めての正史『旧・旧事紀』＝大宝二年紀の基（『仁寿鏡』文武条〔続群書類従・二九上〕に「大宝二、『日本記』修す」とあるもの。翻訳の台本）となったものです。

案外、このカラクリは、そんな単純なところにあったのかもしれません。アナタの先入観がそれを見にくくしていただけのことに過ぎなかったのです（日本で始めての正史）。

このように、平安紀では強引に「継体～宣化」の三代の「倭王＝安羅王」の大王系図を、ベースとなる百済王系図の途中に突っ込んで（挿入して）改竄してしまった結果、いたるところで（歴史の謎が更に歴史の謎を呼んで）辻褄が合わなくなり、その間の大王系図の組み入れが迷路のようになってしまっていることに、アナタもこれでやっとお気付きになられたことでしょう（アア、大変だった）。

第二二章　「大化の改新」の挿入と天皇系図の偽造

この「大化の改新」の章をお読みになるときには、必ず一緒に「巻末の図」を広げながらお読み下さい。そういたしますと、私のこの考えがイッパツで理解できるとともに、いつまでも忘れることなく、かつ、この考えをアナタが他の人にも説明しやすいことを請け負います。

1、平安・日本紀での天智天皇とは「百済王子と新羅王子」との合成人間

「大化の改新」が架空のお話でございましたことにつきましては前にお話ししましたね（六1）。それは、新羅の「毗曇（ひどん）の乱」をモデルといたしまして、日本紀の上に「大化の改新」という見事なオペラを作り上げて挿入してしまったのでした。

＊「大化の改新」そのものは、既に、奈良紀のための新羅史翻訳の段階におきまして、「毗曇のクーデターの翻訳」に近いある形（但し、登場人物は日本名にして）では存在はしていたものと思われますが、それを次の平安紀におきましては、百済系天皇家がさも真実らしく更に大幅に人名その他に修正を加えて、自分たちの「王系図」の修正・加筆に都合のよい物語（例えば、聖徳太子一族の系図の挿入など）としてこのことを利用してしまっていたからなのです（二二2）。

そのため、奈良紀がモデルといたしました朝鮮本国の「新羅」での王系図が、日本紀上ではどのように変容させられてしまっていたのかということにつきましても、今まで申し上げました百済史の利用と同じように、次に、考えてみることにいたしましょう。

奈良紀（奈良時代の日本書紀）での天皇系図のお手本・基本は、何度も申し上げておりますように、新羅王系図でした。そういたしますと、新羅本国では、この頃「28真徳女王＝37斉明天皇のモデル」から「29太祖武烈王＝24真智王の孫＝38天智天皇（二分の一）のモデル」へと、（第二十八、二十九代）順次王位が継承されておりました。

つまり、平安紀で改竄されてしまいます「前」の日本紀側の登

場人物として申し上げますと、37斉明から38天智へと王位が本来は続いていた「筈」なのです。

「天智大王の二分の一」という表現について、とても大切なことですので、ここで一言ご説明させていただきます。天智は奈良朝の新羅系の奈良紀におきましては新羅の29太祖武烈王・金春秋一人がモデルとされておりました筈なのですが、次の平安期に改竄されてしまいました百済系の平安紀におきましては、百済系の一連の人物を天皇として大王系図上に無理やり挿入するため、右の奈良紀での「新羅・武烈王」とそれに新たに加えまして、百済仮王でございました「百済王子・余豊璋」をも「合体」させて創られた「合成人間」(外国から国際法的に見ましてどちらとも取れる〔弁明出来る〕ように配慮しながら)とされてしまいましたので、その意味で天智の「二分の一」と表現させていただいた訳なのです(六3、一前文)。

遠い古代は別といたしましても、そして、百済最終王である「31義慈王＝舒明天皇のモデル」くらいの頃までは、天皇系図をどうにか改竄してごまかせたといたしましても、天智の頃のことになりますと、平安日本紀の作成・改竄からそんなに遠い時代のことではありませんので、「全く一〇〇パーセント百済王へのモデルチェンジ(翻訳)」は、朝鮮史や中国史との関連からも、また、日本列島において百済クーデター以来支援をしてもらっている有力豪族を納得させる必用上からも、そこに整合性を持たせることは到底不可能だったからなのです。

よって、平安朝の百済亡命政府は、新羅史をモデルとして作られた従前からの者との二者の「合体」という、対唐関係におきましてどっちとも取れて、しかも、不十分ながら国内の者へも万一見せることがございましても、そのどちらとも言い訳(弁解)が出来、かつ、外国資料との比較でもボロが出にくいこのようなこの方便を巧みに使ったのです。それがつまり、一言で申しますと、「平安紀」における「日本国及び日本文化の成立」の実体でもあったのですね。

そして、その要求が、この天智天皇の「二分の一」ということの真の姿に表されていたのです。

因みに、この改竄の場合、これらの作業を進める天皇家側といたしましては、その精緻を極めるために、中国の真似をして、丁度、『漢書』「表・異姓諸侯王表」のような、諸侯の出来事についての「一覧表」を作りまして、相互間で決して矛盾が生じないように厳密かつ慎重に改竄を進めたものと考えます(二三3)。

序でながら、この「中国の場合の〈一覧表〉の役割」についてここで少しお話ししておきますと、これは、歴史を偽造して、決してボロが出ないようにチェックするために作ったものだったのでして、ですからより古い中国の史書であります『国語』や『尚書』では、その何らかの事情(漢人の来る前だったから)により、中華の根元でございます「羌人・漢人の出自のゴマカシ」の必要がなかったものと見えまして、この表はありませんでした。

という訳ですから、司馬遷の創作劇『史記』から初めて「紀伝体」にして、それまでの歴史をごまかすために、そして、ボロを出さないためにも、こういう「諸王の一覧表」を必要としたのです。

この古代中国での偽造の目的は、一言でズバリ申しますと、もともとは、司馬遷の『史記』以来、劉邦などの漢民族というものが、実は、甲骨文字によれば、殷の時代には精々「生け贄用の奴隷」的存在でしか過ぎなかった西戎の「羌人」の賤しい出自であったことを「隠す」ために行われたものでした。

＊「西戎＝その羌人の中核となった人々」は、オリエントのユダヤ人等のセム人でして、この遊牧民が、中央アジアの人々からも嫌われて追っ立てを受け、その後、止むを得ず、気候は厳しくても「迫害の少ない」チベット高地を長い間流浪し、その間、その高原に咲き乱れる花を、新しく民族のトーテム（これこそが「華＝カ＝夏」族の由来を示していたのです）とした後、やがてチベット高地から四川盆地（三星堆）へと下り、その一部は遊牧を止め、定住帰農し、遊牧民のしたたかさを底に秘めた商人的色彩の強い農耕民と化していった（「農耕羌＝漢人」九3、2、二三1）ということだったのです。

因みに、甲骨文字と言われているものの中にも、殷代以降の「新しいもの」（漢方の材料としての偽の甲骨）も含まれておりますので、アナタも要注意です。

この「羌人＝漢人」のトーテムである「華」とは、花の咲くチベット高地東部の大河上流付近に至りましてからは、黄色の「菜の花＝菜種＝アブラナ」であった可能性がございます。

更に、今日では「桃の花」と化しております（『詩経』「桃夭」桃之夭夭……灼灼其華……有蕡其実……其葉蓁蓁）。

高山植物→菜の花→桃（「羌＝漢」族のトーテムの変遷。「白い石」も加えておきましょう）。

このように司馬遷の「史記」の主たる目的が一体何処にあったのかと申しますと、ズバリ、「羌族＝漢族の出自のゴマカシ」という点に加えまして、更に、「羌人を西戎から中華の核へ」と「変貌」させることにあったのです。

ということは、日本紀の「天孫降臨的発想の源――崑崙の山へ（だから「西方」のチベットとなっていたのですよ）」は、この二千年余も前の時点での、司馬遷の中国史の偽造の中に、既にそのお手本が見られたのです。

2、皇極（新羅・善徳女帝）と斉明（新羅・真徳女帝）は同一人ではなく「姪」

さてさて、このように「大化の改新」を日本紀上にも翻訳いたしまして、この連綿と続いていた「新羅王のみ」の王系図の間に「35皇極大王＝新羅・善徳女帝がモデル」「36孝徳大王＝百済・義慈王皇太子・孝がモデル」「37斉明大王＝新羅・真徳女帝がモデル」と新羅系と百済系の夫々の大王を交互にバランスよく配合し、年代などの矛盾を避けるための辻褄を合わせてしまっていたのです。

では、何故日本列島の歴史の上でも「大化の改新」を作り上げる必要があったのでしょうか（唐・新羅の日本列島占領の事実を隠すという、他にも別に大きな目的〔聖徳太子の末裔の一族の系図の処理〕がございましたことにつきましては、七4、一二）。

それは、一言でいえば、次のような理由（わけ）（年代合わせ）が隠されていたのです。

光仁天皇（その正体は百済王・文鏡）、そして、その子の桓武天皇（一2、二六、三〇2）以降の平安朝になりまして、百済系の平安日本紀上に、百済・義慈王をモデルにして舒明大王という大王をこしらえてみたまではよかったのですが、義慈王の百済での即位の年の六六一年は、中国史とも連動しているためこれは絶対に動かすことが出来ませんし、しかも、日本紀（皇室物語）の主たる目的は、親分（宗主国）たる中国へ出すことなのですから。

＊たとえ鄙の地の日本列島でのその翻訳（つまり、日本紀）におきましては、コソコソと動かすことが可能であったといたしましても、本国朝鮮半島での歴史はそう簡単には動かすことが出来ません。

しかし、天皇系図合成による改竄のための各整合性の要請により、舒明天皇の即位を六四一年と、どうしても二十年（干支三分の一運）近くも遡上（古く）させて作らなければならなくなってしまいましたので、そこで、止むを得ず、その間に、①その空白の二十年を埋めるため、②皇極・孝徳・斉明の三代の大王を創作して入れ（かつ、これ幸いと、これとほぼ同時代の新羅の「毗曇の乱」をお手本として利用いたしまして）日本列島における「毗曇の乱」、つまりプロト「大化の改新」という、それ以降「人事（死者の系図処理）を大幅に動かしても決して可笑しくはない（不自然ではない）」出来事（物語）を創作（又は、大幅に改竄）して挿入し、その役者といたしまして右の百済史・新羅史をモデルとして挿入した三人の天皇（皇極・孝徳・斉明）をうまく割り振って当て嵌めて、年代のズレを修正して合わせてしまっていたからだったのです。

＊しかし、もしかすると、①と②のその因果は逆だったのかもしれません。

又、中宮太子から一階級特進させ「上宮＝聖徳太子」という人物を作り出すためにも「大化の改新」は必要でした。一二。

その空白を作り上げた証拠を示しますと、百済史の方では「王子扶余豊嘗質於倭国」（「百済本紀」義慈王二十年〔六六〇〕六月。「先に倭国に人質となっていた旧王子扶余豊を、30武王の従子〔母の姉妹の子である従兄弟、又は、兄弟の子である甥や姪〕である鬼室福信や、僧の道琛が百済復興軍に迎えて百済王とした」）となってはおりますが、他方、倭の正史の方には、その三十年も前のところに「百済王義慈入王子豊章為質」（舒明紀三年〔六三一〕三月。「百済の王義慈、王子（こしき）〔セシム〕豊章を入（たてまつ）て質（むかはり）とす」）というように、この頃では中国史と連動しておりましたので滅多矢鱈に年代を動かせないにも拘わらず、「百済本紀」と、鄙の地の日本独自の日本紀（六三一年）とで、後者の事件を約三十年、干支半運も前に勝手に設定してしまっておりますことからも、歴史改竄は明らかだったのです。と申しますのも、義慈王の在位が六四一～六六〇年であり、日本紀のいうような舒明三年（六三一）には、まだ百済に右の義慈王は誕生してはいなかった（だから、この日本紀の記事は架空です）のみならず、義慈の倭との国交は、朝鮮史上、同王十三年（六五三）八月（「百済本紀」）とされておりますので、六三一年の時点まで遡らせることは、到底無理なことだったからなのです。

これで日本紀が、二、三十年、舒明大王の時代を古くし、かつ、インチキを記しておりましたことが、アナタにもお判りになっていただけた（完璧に日本紀の嘘がバレてしまった）ことと存じます。

しかし、そのどちらにいたしましても、「大化の改新」を日本紀の中にも挿入してしまったがために、「善徳と真徳との二人の関係」につきましては、そのモデルといたしました「新羅本紀」（真相・朝鮮半島におけるモデル）では、「従姉妹」であったにも拘わらず、日本紀上では「皇極と斉明との二人の関係」を同一人の重祚（ちょうそ）として、同じ女が二回も天皇（大王）になったという風に改竄せざるを得なくなってしまったからだったのです。

この「大化の改新」のお話の作成（六前文、六1）には、次に申し上げます、その直後に起きました「古人大兄皇子の謀反」のお話とも密接に関連していたのです。年代の辻褄合わせにつきましても同様だからなのです。

皇極大王が、中大兄皇子に譲位しようといたしましたが、中臣鎌足が叔父の軽皇子（皇極大王の同母弟）を押し、軽皇子自身は、先帝舒明大王の長子の古人大兄がよいと言って争いました際に、古人大兄は、皇位継承の争いから逃れるため、刀を捨て、髪を剃って、袈裟を着て、出家して吉野で仏道に入ってしまった（孝徳紀、大化元年〔六四五〕九月。まるで「壬申の乱」での大海人皇子みたい）のですが、この古人大兄（或本（あるふみ）には「太子（ひつぎのみこ）」、又、或本には「大兄」ともありますので、皇太子だったのでしょうか？）を、九月三日に叛反を企てた（九月十二日に、吉備笠臣重（しだる）が密告したとの記載もございます〔或本〕）かどで吉野に攻められ（実は、六月から九月にかけて密かに武器を集め〔或本〕準備しておき）、十一月三十日に古人大兄と子は斬殺され、妃（みめ）は自害したということになっております。

そして、これには蘇我田口臣川掘、物部朴井（えのゐ）連椎子（しひのみ）、吉備笠臣重（こいつは密告者）、倭漢文直麻呂、朴市（えち）秦造田来津らが連座したとされております。

そこで、やっと五十歳の軽皇子が即位し、36孝徳大王となったのです（五十歳とは、ちょっと遅いんだがナア）。

その孝徳大王薨去のあと、皇祖母尊（すめみおやのみこと）であった皇極大王が、重祚いたしまして斉明大王となったことになっておりますが、何とこのとき彼女は六十二歳なのです（これも又、余りに即位が遅いんだヨネ）。

これらは全て大王系図を継ぎ接ぎにしたために生じたことでございまして、かつ、この誣告事件のお話も、セットで後世の六七二年の「壬申の乱」の物語の材料となっておりますことが明らかなのです（全く同じパターンの物語の作成）。

更に、右にの述べましたように、中大兄皇子（天智大王）は、古人大兄皇子の女の倭姫（やまとひめ）を妃に迎えておりましたが、大化元年九月、「古人大兄皇子の謀叛」で父古人大兄を斬り殺しておきながら、その女を、即位後の天智七年（六六八）二月二十三日皇后として後宮に入れたものであり、更に、大臣一族を冤罪で山田寺で自決させて滅ぼしてしまった（天智が皇太子の頃のお話です）蘇我倉山田石川麻呂大臣の女の遠智娘をも、同時に嬪（みめ）として後宮に入れている（犯罪者の女を立后し、又、別の犯罪者の女を嬪としている）などという通常では考えられない異常なストーリー（無理な系図の合体）になっております（皇后との間の皇子は、天皇となれる資格がございますから尚更なのですが）。

又、「大化の改新」のとき中大兄皇子（天智大王）側について、蘇我宗本家（蝦夷・入鹿）を裏切って、右大臣ともなった、右の蘇我倉山田石川麻呂も、やがて大化五年（六四九）三月二十四日に至り、同族の蘇我日向（身刺（むさし））が皇太子（中大兄皇子）に讒訴（シコジテ・モウサク）した（無実の罪を着せた）ことにより、一族もろとも旧・山田寺で自決に追い込まれてしまうというストーリーにおきましては、ここで他の一つの蘇我氏も潰されてしまい（既に「大化の改新」で二つに分けた一つ〔宗本家＝金官・倭王の嫡流〕は潰されておりますので）、結局、蘇我氏の主要メンバーの両方ともが、相次いで僅かこの五、六年の間に史上から消し去られてしまっているのです。

アカデミズムでは、その全てを新興勢力の藤原氏のせいに集約し、どの学者もステレオタイプにワンパターン化してしまってはおりますが……この点もとても気に懸かります。なにしろ、これは「金官＝倭」王家の滅亡という重大なことだったのですから――。

＊と申しますのも、私の考えでは、蘇我氏の宗本家は、六六三年の「白村江の役」で唐・新羅に敗れるまでは、金官伽羅の倭王家として、安羅王家の大伴氏と共に存続しておりましたから。日本列島で実際に蘇我倭王家が滅亡した六六三年の「白村江の役」の時点などではなく、「歴史物語上」では「早くも」この六四五年と六四九年の時点におきまして倭王家を抹殺してしまっていたのです。これは、系図調整のため一代分遡る必要があったからです。

更なる証拠を加えておきましょう。

もし「中大兄（天智）が斉明の本当の子」であったといたしますと、素直にかつ直ちに中大兄が自ら天皇になれば何ら問題が無かったにも拘わらず、何で中国にも例の無い変形した「称制」（中国では本来幼帝に対し皇太后が助ける制度であり、このように子〔中大兄〕が母〔斉明〕を助けるような逆の制度などでは全くなかったからなのです）などというものを作り出し、しかもその後「六年」もの長期間も、その「変則政治」を行う必要が何処にありましょうや。その六年の空白こそが、正にアナタ問題だったのです。

これは、平安紀の中大兄（天智大王のモデル）には、もともとその真相において「天皇になる資格に欠けていた」、つまり、平安紀におきましては、「その天智のモデルは亡命百済王子のレベルに過ぎなかった余豊璋だったから」と考えることが、東アジア史的な視点からは素直だったのです。

「この奇怪な称制のアイディアの挿入」こそが、近い時代の部分創作における苦し紛れの日本紀の改竄（翻訳歴史の空白や齟齬の穴埋め作用）の告白の最たるものであったとのだアナタは気が付かなければいけなかったのです。

3、消えた偉大な天皇——天智天皇は京都山科より日本海を経て高句麗に亡命した

平安日本紀（近いところでのモデルは百済王系図上の王と合体させています）での天智天皇（つまり、新羅王系図上の人物である新羅金春秋・太祖武烈王に百済王系図上の人物である余豊璋という亡命百済王子を「合体」して作られた架空の人物）は、

「十年辛未正月五日以大友皇子為太政大臣……太政大臣此時始之……同月（四月）唐人二千余人来朝乗船四十七艘……皇太子大海皇子……同月（十月）立大友太政大臣為皇太子……十二月三日天皇崩、同月五日大友皇太子即為帝位生年廿五一云駕馬幸山階郷、更無還御、永交山林、不知崩所（以下、割注）只以履沓落処為山陵以往諸皇不知因果恒事殺害」（『扶桑略記』天智十年〔六七一〕）

とございますので、京都・山科の地で暗殺されるか、又は行方不明となって、そこには単に「沓」のみが天智大王の消え失せてしまったその跡に残されていた（転がっていた）、と言われております。

ハテ！　これは何とマカ不思議なことなのでしょうか。

あの古代の、偉大なる大王中の大王である、日本紀のみならず万葉集でも有名な天智天皇が「行方不明」とは……。

更には、「殺害されてしまったのでは」とは……（エエッ！）。

このことについては、アナタはどのようにお考えでしょうか。

実は、百済王子余豊璋の「行方不明」（『百済本紀』など）と、右の天智天皇の「行方不明」（『扶桑略記』）とは、その原点（原典）が同じだったからでございまして、ですから、この二つの記載の二つの「行方不明」の記載の間には「不可分の共通性」が見られるからなのです。

では、それは一体どうしてなのかということについて、これからアナタにご説明いたしましょう。

つまり、先程も少し触れましたように、中大兄（後の天智天皇）のモデルを、奈良紀の「新羅・武烈王（金春秋）」から、平安紀

では、それに「百済王子・余豊璋」をも加えた二人分の人物に改竄（合体）してしまったのはいいのですが、本物の余豊璋は、朝鮮史では百済から高句麗に「逃亡」した（『三国史記』）とされておりますことからも、このことをモデルといたしました日本列島の一部の史書（奈良紀での百済王子・余豊璋につきましては、正に、史実通りそのように記されておりました。それに、敵である唐・新羅の連合軍が、日本列島に上陸・占領したこともございますし）は、天智大王（平安紀でのモデルの二分の一は、百済の亡命王子なのですから）が京の山科の地より高句麗に亡命した、つまり、山科には沓だけしか残っていなかった（『扶桑略記』）という風な大陸史に正直な物語（翻訳）にせざるを得なかった（又は、そうなっていた）史書も存在していたのです。

＊このように考えてこそ、初めて、夫々の内外の史書間の明文に、整合性が見られることになるのです。この困難ともいえる努力を、アナタは決して怠ってはいけなかったのです。

そして、その「大化の改新」の創作と、その主役の天智大王を二者合体にして創作しました一連の流れといたしましては、「皇極＝新羅・善徳女帝がモデル」の「従姉妹」の「新羅・真徳女帝」をモデルといたしまして、中大兄の「母」としての斉明天皇という人物を創ってしまったと共に、更に、皇極と斉明とをどうしても同一人の「重祚」と表現せざるを得なくなってしまった、というのが真相だったのです。

アナタは、「天智天皇が行方不明になってしまった」なんていう『扶桑略記』の記事は、到底常識（アカデミズム。今まで教科書で習った知識）からはそんなこと信じられない、とお思いでしょう。

しかし、平安紀という「歴史物語」での天智天皇のモデルが、今申し上げましたように、もし百済王子の余豊璋であったといたしますと、不思議なことに、今申し上げました理由から、私の考えでは中国史や朝鮮史ともこの「行方不明」の点で恐ろしいほど『扶桑略記』とピッタリと一致してしまうのですよ。

そして、そうであるからこそ、この「行方不明」という点が逆に、「天智＝余璋」であること、及び、唐・新羅軍の日本列島上陸（百済亡命王子が逃げる）の動かぬ証拠ともなっていたと言えるのです。

と申しますのも、平安紀での天智大王の二分の一のモデルでもあります扶余・余豊璋についての、「その後の消息」につきましては、次のような否定しがたい「客観的な証拠」が唐史や朝鮮史の夫々の中に残されてしまっていたからなのです。

「扶余豊は身をもって脱出し、行方がわからなくなった」「ある人は高句麗に逃げたという」（『三国史記』百済本紀、龍朔二年〔六六二〕）

＊因みに、日本の正史の方にも、この点、余豊璋が海路で「遁ル于高麗」（『続日本紀』称徳、天平神護二年、七六六年六月二八日）と、朝鮮史と同じことが後になって記されております。

「身一つで抜け出し、逃走」（『旧唐書』）

「豊は逃走し所在は不明」（『新唐書』）

というふうに、中国史でも朝鮮史でも（そして日本の史書（『扶桑略記』）でも）「扶余豊＝余豊璋＝天智天皇のモデル」は行方不明扱いなのです。ですから、初めに戻りまして、右の『扶桑略記』の「逃亡して沓だけが残っていた」というお話（割注）と、これらの外国史との余りにも完璧な一致に私自身も驚かされてしまうと共に、どうしても、この点ではこちらの外国史の方を信用せざるを得ないのです。

このように余豊璋が天智天皇のモデル（二分の一）であったということは、共に行方不明になったという点でも共通であり、完璧な直接証拠とまでは言えないにいたしましても、右の有力な状況証拠の一つであることには違いなかったのです。

また、次のような占領新羅軍の頃の残照がここにも見られたのです。

＊「奈良紀」レベルにおけます天智大王のモデルは、新羅・金春秋一人となっておりましたから、「この頃の百済王子の余豊璋は、奈良日本紀上での天智大王とは、何らの縁もゆかりもなかった」のでございまして、この頃の百済王子・余豊璋は、唐史・朝鮮史に忠実に「行方不明のまま（百済不利）で一向に構わなかった」、正に、その『旧唐書』『新唐書』『三国史記』の記載の通りで一向に構わなかったからなのです。

ですから、ここは、何らかの理由により「奈良紀」での「百済仮王＝百済王子＝余豊璋」の記載が『扶桑略記』の元となった史料の中に残ってしまっていたのです（こんなことは、アナ、恐ろしや。平安百済系の天皇家にとりましては）。

また、奈良紀では、天智大王のモデルといたしましては「金春秋＝太祖武烈王」が描かれていたため、新羅王子の頃の「金春秋＝太祖武烈王」の渡来の記事がどうしても必要だったのですが、その真相といたしましては、実際は渡来してはいなかったのです。ですから、この新羅王子の渡来の記事は、百済王・王子を天皇のモデルといたしました正史・平安紀におきましては、逆に、全く不要かつ余計であったにも拘わらず、これも何かの事情により、そのままの日本紀の中に取り残されてしまったものと思われます。

これらのことを一言で申しますと、百済に不利（不名誉）な奈良紀が、平安朝に、百済有利（名誉）の平安紀に書き替えられてしまっていたことの証拠が、奈良紀の記載がどうした弾みか漏れ残っておりました『扶桑略記』の「割注」だったのです。つまり、平安紀では金春秋渡来の記事も不要かつ余計ですので抹消すべきでしたし、又、扶桑略記に残されておりましたような天智（余豊璋）の行方不明の記事も抹消すべきだったのですが、どうしたわけか、ともに漏れ残ってしまっていたのです。

4、中大兄（天智）の「特異な称制」への懐疑

先程も少し触れましたが、次の点も、国際的な常識に照らして

みましても、余りにも平安日本紀は幼稚過ぎます。

娜大津（長津）の磐瀬仮宮（この点も日本紀でもはっきりとはしていません。といいますのは日本紀の「或本」では、既に、この月には朝倉に移ってしまったともいっているからなのです。「襲名」の倭王磐井と同じ名の、この九州の「宮の場所の地名」が少し気になります。一一1）におきまして「既に六六〇年に、一度は亡んでしまった百済国の王子を百済国王に任命した」のが一体誰だったのかと申しますと、何と、日本の正史の日本紀によりますと、それは本国の百済人でも、百済王子でも、ましてや百済王でもなく、しかも日本列島の天皇（大王）ですらなく、日本列島の前代未聞の奇妙な変形「称制」下の、「中大兄」などという後世年長になるまで名前すらも不明（実に怪しい存在ですよね）の一皇子に過ぎなかったのだという、国際法的に見ましても、これは「子供騙し」（と申しますのも、当時の「冊封体制下」では宗主国の中国の皇帝にしか東夷の百済「王」の任命権限はございませんから）のような客観性の無いテクニックを勝手に用いました日本紀の「井の中の蛙」の態度がどれだけ信じられましょうか。

＊これは、別の見方をいたしますと、平安朝の平安紀を作りました天皇家が、実は「百済人」であったことを告白していたのと同じことだったのです。ですから、ここには、百済王を日本人（倭人）が任命しても「何ら可笑しくはなかった」のだ、という意識の存在がみられるのです。

名無しの倭国の一皇子が、中国の冊封を受ける一国の王を中国の了承すらも受けずに勝手に任命してしまったといたしましても、それの意味するところは、国際法的に見まして、精々白村江へ行く「救援隊長の任命」か、はた又、「日本列島の傀儡政権による、半島でのゲリラの大隊長の任命」レベルに過ぎなかったのを、後に百済クーデターを成功（平安朝の成立）させることが出来たがために、扶余・百済系の平安天皇家が、平安朝になってから、時代を遡りまして、このようにカッコいい、百済王の誕生と自分たちの出自の本国（百済）援護のための（母国救済という）本格的な軍の派遣ということに「粉飾」を施してしまっていたということだったのです（七9）。

このことは、仮に、百歩譲りまして日本紀の文字通りだったといたしましても、平安紀では「中大兄＝天智（二分の一）＝百済・余豊璋」と考えられますので、この平安紀の内容を分析してみますと、百済から日本列島に来ていた、人質又は、当時の百済支配下の日本列島の共同経営者の百済王子「自らが、自らを百済王に任命して、百済再興のために自らを百済に出発させた」ということ（自作自演）の表現に過ぎなかったのだということなのです（新羅の列島占領軍支配下の奈良時代の後、漸く政権を奪い取ることが出来た百済亡命人・民間人たちは、平安時代になってから、日本紀という「歴史物語」を書き換え、これらの点を完全に隠して、と同時に逆に有利に書き替えてしまっていたのです。これこそが北畠親房の言う「桓武焚書」の一つだったのです）。

早い話が、この珍奇な「称制」とは、天皇系図の改竄により、母の斉明大王から子の天智大王への王位継承の齟齬が生じてしまうのを防ぐ目的から巧みに作為されたものだったのです（一四2）。

5、「大化の改新」挿入による百済王と新羅王の系図の「継ぎはぎ」

新羅の「毗曇の乱」をモデルに「大化の改新」を創作してしまったことにつきましては、既に度々お話しいたしましたが（六1）、このときの準主役でもございました孝徳大王の日本紀には、実に可笑しな鼠（ねずみ）の動向による暗示が、何と「五か所」も出てくる異常さが見られますが、このことがアナタに「何か」を語りかけていたのです。

「鼠向難波遷都之兆也」（孝徳紀、大化元年〔六四五〕十二月）

——鼠の難波に向きしは、都を遷す兆なりけり。

これは、中国史の

「是歳二月……群鼠浮河向鄴（きょう）」（『北史』魏本紀、永熙三年七月）

をお手本にして作文したものであることが明らかですし、更に、大化三年（二回）、大化五年（二回）と孝徳紀だけでも「五回」もの、くどい程の「鼠を使った暗示」が見られるのです。

＊このように、日本紀は、新羅（奈良紀）や百済（平安紀）の王系図を基に天皇（大王）を作り出し、それを中国史や日本列島の古伝を巧みに用いて「豊かに（叙事的・叙情的に）色付ける物語」を創作した（つまり、地名・人名の由来などをこじつけた）歴史物語だったのです（持統紀につき、六2）。

日本紀の記述の内容自体による当時の分析（私のようにドラスティックには考えない通説に近い人）からも、孝徳天皇（モデルは百済義慈王の王子・孝。ホラッ、ちゃんと「孝徳」の「孝」の字が百済本紀のモデルと同じじゃないですか！　百済王（こにきし）の子孫であった淡海三船〔別述〕は、このことを当然十分知っていて「孝」徳という漢風諡号を、真実である百済王子の扶余「孝」に対して付けていたといってもよかったのですよ）は直ぐには即位せず（真相は、即位が出来る状況にはなかったからなのです）、つまり日本紀に書いてあるような「大化の改新」の状況下での孝徳の即位は無理であり、どうやら、早くてもその後の大化五年（六四九）に至ってから、初めて即位できた可能性が大きいという有力なアカデミズムの考えも唱えられておりますくらいなのですが、そもそも日本列島に於きましては「大化の改新」などは一切存在しなかったのだ、つまり、孝徳天皇（そのモデルは、百済の最終王である義慈王の皇太子の扶余・孝）すらも、その歴史物語の空白を埋めるための「架空の一齣」に過ぎなかった（二一2）のだと、ちょっとだけその視点を変えて、より素直に、かつ、ダイレクトに考えさえれば、これらの今日まで長い間アカデミズムを悩ませ続けてまいりました「大化の改新」を巡る多くの矛盾点（その真相は、私に言わせれば、百済王と新羅王の系図の継ぎはぎの作文に起因する不可解さ）のその全ての謎は、忽ちのうちに氷解してしまうのです。

＊因みに、この百済の最終王の31義慈王（六四一～六六〇年。平安紀での舒明大王のモデル）には孝（太子。平安紀での孝徳大王のモデル）、泰（次男＝王と太子が北方の辺境に逃げたので、自立して王となる）、隆（平安紀での「弘文大王＝大友皇子」のモデル）、演、豊（仮王・余豊璋・扶余璋。六六〇～六六三年。高句麗に逃げる。平安紀での天智大王のモデルの「一二分の一」）の各王子がおりました（『東国通鑑』巻之七「三国紀」、松下見林『異称日本伝』下之一所収など）。又、泗沘城から縄を伝わって逃げた太子（孝）の子の文思（ふんし）も、倭に来て百済王（こにきし）と化している可能性が大です。

桓武天皇の後宮に多数入り、多くの親王・内親王を生んでおります（一2）百済王（こにきし）という姓を持つ女たちの祖でもございます、百済王・禅広（善光。豊璋と共に渡来）のモデルは、右の百済王子の「泰」か「演」かそれとも「他」か。

第二三章　天智天皇と天武天皇の正体

1、天武は天智の「子」か「弟」か

さて、愈々アナタは更に古代史の核心に迫っていくことになりますが、その反面、アナタは私の考えが余りにも今までアナタ自身が学校で習った歴史とは異なっているがために、理解し難く、かつ、さぞ戸惑われて草臥れ果てていることと思います。

しかし、それは至極もっともなことなのです。

と申しますのも、日本での今までのアナタの歴史の勉強・研究は「祖述（そじゅつ）」と申しまして、その先生の考えをそのまま理解（つまり早い話が、受験と同じ暗記）して、後輩にバトンタッチする方式が中核（二千年来の中国の『論語』の学習方式と同じ）ですので、切り口を変えて、師の考えから「大きく離れること」などは到底許されることではなかった（ということは、方法論的にも科学性が欠如していた）からなのです。

仮に、もし、そんなことをアナタがいたしますと、その理由の如何に拘わらず「先生の顔に泥を塗る」ということにもなってしまい、半生を教授の奴隷に甘んじた対価（御褒美）といたしまして、母校に次の教授として将来戻るという「唯一のささやかな夢」が絶望的になってしまうだけではなく、時として生活のための「パンとミルク」さえも失ってしまう恐れがあるからなのです。

それに、先生に「よいしょ」する島国根性の仲間からは総攻撃を食らって足を引っぱられ、その道では、最早、生きていけなくなってしまうからなのです。

と申しますのも、万一、そんなことをすれば、先師の組織した（旧）文部省の「予算のついた」プロジェクトチームに入れてもらえなくなってしまい、論文も発表できず、「住宅ローンが払えなくなってしまう」のですから、考えてみれば、こんなことは事実上とても恐ろしくて出来ないこと、つまり、本来、不可能に近いことだったからなのです。

それに、古来、「学ぶ」という東洋の言葉自体が、そもそも「まねぶ＝真似る」に由来するものなのですから、これは仕方ないことだったのかもしれませんよね。

しかし、しかしですよ、だからといって、こんな状況ではいつまで経っても（既に、明治も百年以上経っているというのに）、否、逆に時間が経てば経つほど、古代史を覆う白い霧は深く濃くなるばかりで、晴れてはくれないからなのです。

と言う訳で、鋭く、かつ、斬新な、つまり「新しい切り口」で迫る古代史の真相の解明は、本来、そんな美しい！師弟愛のしがらみのない「アマチュアー」であるアナタにしかその機会が与えられてはいなかったとすら言い得るのです。

だからこそ、新説をたてるところまでには至らないといたしましても、歴史学におけるアマチュアーによるチェックの責任（監査役の検査機能）はより重大だったのです。

しかし、私たちは歴史のプロではございません。

夫々が「専門の厳しい仕事」（私の場合は企業法務の弁護士という激務）を終えた後の、草臥れ果てたほんの僅かな時間をやっと真夜中（だいたい毎晩零時から三時頃まで）に見つけては、死に物狂いでこのアカデミズムという大怪物と格闘しては（時としては、睡眠時間が無くなり、健康を損ない、命すらもすり減らしてしまう覚悟で）、又直ぐ、その数時間後の次の、というかその日の朝には、頭を一八〇度切り替え、食っていくための、つまり、「パンとミルクのため」の専門の仕事に立ち向かって行かなければならないのです。

この二足の草鞋を履くことを日々「自己との過酷な戦い」と言わないで何と申しましょうか。

さてさて、古くからの生活の証拠が極端に欠乏しておりますアジア周辺の国々に照らしまして、「一見」光り輝く文字を有し誇張性に富み、漢字という証拠を備えた、その出自は西戎であるにも拘わらず、今日に至るまで、この世の「中華（中心）」を気取っている」ところの漢（羌）族と比較しましても、文字という証拠に乏しい前者（中国周辺のアジアの国々）に後見的に考えてこそ、初めてアジア史の「歴史的平等」は保てるのです。

＊本来、「表意」文字であった「殷字」（一部はまだ「絵文字」の段階の古い頃（その方が単純明快なので）のシュメールの楔形（せっけい）文字をも参考にいたしまして、アッカド人（セム系）に追われた亡命シュメール人がインドにおいてインダス文字を創り、更にそのインダス人がBC一六五〇年頃にミタンニ人やカッシト人のアーリア人に追われ、インダス文字と共に中国へ亡命して殷を建てましたので、そのとき持参した文字から表意文字の象形文字へと発展したもの）を、この字を発明した殷人（インダスの亡命人）の子孫から羌（漢）族（つまり、羌人と氐人から、長い年月をかけまして漢人へと成り上がった民族。九3、2、一七1、二二1）が奪い取ったものが「漢字」で、自分達が作ったものではなかったのですから、その意味すらも長い間よく判らず、初めのうちは、精々自分たちの言葉（ですから、この西戎の中国語は、西方のユダヤ人などのセム人と同じ「順語族」なのです）の「表音」文字、つまり、アルファベットの代用としてしか使用出来ませんでした。

丁度、倭や朝鮮が、当初は漢字を「万葉仮名」や「吏読」としてしか使用出来ず、又、助詞や助動詞を補って使用した（宣命体）のと同じように。

そして、秦の始皇帝政が、それまでの宗教的な文字を、縦長型な政治的な「篆書（てんしょ）」（大・小）とし、更にこれを簡略化し、日常生活的な横長型な「隷書（れいしょ）」としております。

しかし、形はそういたしましても、それだけではまだ困りますので、漸く、漢代以降になってから、慌てて『説文解字（せつもん）』等を作り、初めて漢人も漢字を理解出来るようになった、といいますか、つまり、初めて「羌人＝漢人」が自分のものとして漢字が利用出来るようになったのです（九3、2）。前漢か、多分、後漢の頃からでしょう。

そして、それにより、待ってましたとばかりに、「漢代以前のそれまでの中国の歴史を改竄」し、自分達「羌人＝漢人」に都合のよいことのみを中心として記してしまった、つまり、逆に、都合の悪いことは一切消してしまったのです。その一例を挙げますと、かつては匈奴がオルドス（黄河の鍋鉉（なべづる）部分）の先住民であったのにも拘わらず（司馬遷の『史記』は行間にこのことを匂わせております。九4）、これを追い払い、以後、匈奴を侵略者としてしか位置付けて来なかったという、民族全体の持つズルさ。

右の「説文」を見ましても、ちゃんと正直に羌と氐は同族と記されておりますよ（「羌＝漢」につき、九3）。

アナタもご存知のように、古い史料の分析からも「蜀＝漢」ということは明白ですし、更に古代から現代に至る四川盆地及びその周辺における主たる部族の分布から考えましても、「蜀＝羌」ということも十二分に考えられますし、これらのことを総合いたしますと「プロト漢人＝羌・氐」であり、更に、その前には「羌人」であったということも必然的に判って参ります（九3）。

また、右の「インダス文字と殷字との関係」につきましては、初期の象形文字の多くは熱帯植物の形（ウイゴル）をしていたということからも、亡命インダス人が、陸路（蜀経由＝銅の産地の分析より）及び海路で二手に分かれて異なる時機に西南方からと南方からとでやってまいりまして（海路グループは、山東半島へと上陸いたしました）、第一次及び第二次の殷帝国を建て、「殷字＝プロト漢字」を創ったということにつきましても納得出来るのです。

そして、漢人が殷人から盗んだ文字を漢字として自由に使いこなせるようになる為には、今から二千年位前の前漢末か後漢始めの頃の『説文解字』のレベルでは、実はまだ不十分だったのでございまして、更に時の経過を要し、「切韻」「唐韻」「広韻」に至るレベルを持たなければならなかった、というのがその実情だったのです（アナタ、この点についての九3は必見ですヨ）。蜀と漢の接点につき更に申し上げますと、「西羌（漢）水＝嘉陵江」が、鉄道の宝成線と交叉する昭化（北緯三二度五〇分位）

の辺りで、その支流の白龍江（羌水）が西へチベットの方へ分化し（黄河上流と近接する辺りの上流を経由して、この河を下って、後に漢人と化する羌族は、四川盆地の岷江や白龍江・白江の下流へとチベット高地から移動して降りてまいりました）、この辺りでこの河は「古蜀道」の要地とも交わっております（九3）。

また、蜀の北方にはチベット族が長年に渡り盤踞しておりまして、今日では世界遺産ともなっております九寨溝（きゅうさいこう）（「九つのチベット人部落の谷」の意）は、チベット族の支配地内でしたので、それで二十年前迄は（地元の一部のチベット族は知っておりましたが）、国家レベルでは発見されなかったのです。この辺りの青い水と「白い石灰」の織り成す美しい風景も白山・白石と共に「羌族＝プロト漢族」の白石信仰と繋がっていたのかも知れません。と申しますのも、遊牧民であった羌族が山を下り、氏族と化して定住して水耕に従事し、やがて前漢の高祖の劉邦などの初期の漢人と化してまいりますその変遷のルート上にこの九寨溝が位置していたからなのです。ですから、今迄長い間「聖地」として余所者（よそ）は入れてはくれなかったのです（二九4）。

殷人がインダスから蜀を通り黄河に入ったことは、殷の青銅の鉛の同位体の分析から明白であったことにつき、九3。

そして、ここ（中国の正体を見抜くこと）にこそ、「古代の無実の人々を弁護する弁護士」の大きな役割の一つがあるとさえ私には思われてならないのです。

私は「古代の無実の罪の人、特に、負ければ賊軍でその全てを悪とされてしまった敗者」を救うことも弁護士の大切な役目であると思っております。近くの「東京極東軍事裁判」におきましては、卑怯にも英米の考え出した、「刑事」では到底許されていない野蛮な「事後法」により有罪とされ「デス・バイ・ハンギング」（絞首刑）で、何らの反論も許されずに草葉の露と消えていってしまったA級戦犯の被告人たちの名誉の為にも。

＊本来、「戦犯」という言葉は法哲学的には誤りでして、精々「A級被告人」、否、まだ正当かつ冷静な裁判を受けてはおりませんので、「A級被疑者レベル」とでもいうべきなのです。アナタ、特にお若いお方、言葉の魔術に惑わされてはいけませんよ。アジアの友人、インドのパール判事の「無罪判決文」末尾のお言葉をお借りするならば、正しい裁判は後世の歴史が行うでしょうから。

「時が、熱狂と、偏見をやわらげた暁（あかつき）には、また理性が、虚偽からその仮面を剥（は）ぎとった暁には、そのときこそ、正義の女神はその秤（はかり）を平衡に保ちながら過去の賞罰の多くに、その所を変えることを要求するであろう」（『共同研究パル判決書下』講談社学術文庫）。これはパール判事の東京裁判の無罪判決書の最後の部分の翻訳であり、インドの「セポイの乱」のときの言葉をカッコ書きで引用したものです（山廣實）。

歴史は、一瞬も途切れることなく古代から今日に至るまで連綿と繋がっているからなのです。

　ですから、如何に著名な作家のお考えとは申しましても、日清・日露の明治の頃の戦争と大東亜戦争との間に壁を設けて、壁の内と外とで「正邪」を分けてしまうという考えは、決して本物の歴史を見る目とはいえないのです。如何にそれが中国（レッド・チャイナ）や朝鮮民族や所謂進歩的文化人たちからの受けがよいといたしましても、それは私に言わせれば歴史的には贋物で「エエカッコシー」に過ぎなかったのです。

　歴史の因果は、一刻の猶予も無く、古代から現代へと連綿として続いているのですから。

　さて、お話を戻しましょう。歴史の真実を見極めるためには、もう少し我慢して私につき合ってください。

　次に、今度は万葉集の解釈（解読）を根本的に改めなくてはならなくなるであろうと思われます「天智と天武」の関係、つまり、天武天皇は天智天皇の「子」か「弟」かという、実に難しい点についてもちょっとだけですが触れてみたいと思います。

2、天智天皇のモデル

（1）日本書紀は鎌倉時代までに十二回も改竄され、養老四年（七二〇）年日本書紀の前には二つの別の日本書紀があった

　結論から先に申しますと、『日本紀』におけます天武天皇は、天智天皇の「子」でもあり、かつ「弟」でもあったのです。

「えっ、そんな不可思議なことが」とアナタはお思いでしょうが、まあ、「大化の改新」（六１）のところでも見ていただいた巻末の図を御覧になりながらこのお話をお聞き下さい。

　では、それはどうしてなのかということにつきまして、これからじっくりとお話しすることにいたしましょう。

　日本紀が初めて「旧・旧事紀」という形で世に出ましてから、少なくとも十二回近くもの改竄が行われ、その主たるものだけでも、

①大宝日本紀：大宝二年（七〇二）。『仁壽鏡』によるもの。

「原・旧事紀」＝『日本旧記（くき）』

＊因みに、この仁寿鏡の「仁寿」という名は、新羅29太祖武烈王（金春秋）の第二王子である、七回も唐へ行ったと言われております「金仁問＝仁寿＝ジンジュ」（六九四年没）と同一です。

この七〇二年の大宝日本紀につきましては、「文武　大宝二日本記修　元正御宇　舎人親王　安麿等　勅を奉じて之を撰す」（『仁壽鏡』「続群書類従」二九上）という記載がございますことからも判るのです。

「詔十八氏……大伴……上進其祖等墓記（おやどもおくつきのふみ）」（持統紀五年〔六九一〕八月十三日）とあり、その後「音博士（こえのはかせ）大唐続守言（しょくしゅげん）……銀人廿両」（同年九月四日）とあり、更に「賜音博士続守言……水田（こなた）」（持統紀六年十二月十四日）とあるところからも、この唐人が天智二年（六六三）渡来（日本紀では「捕虜」）、その後唐代北方音（唐の標準語）で、右の大宝二年紀（七〇二年）の

作成に同じく唐人の薩弘恪（さつこうかく）と共に関与し（唐の正音以外の部分は平安朝に改竄した部分）、天皇より褒美を下賜されていたことが、その時期から見ましても十分に考えられるのです（七4ノ10）。

それにアカデミズムのいう養老四年日本紀（日本書紀）までは、二十年近くもあり、時間がかかり過ぎているからなのです。

②原古事記：和銅五年（七一二）。太安万侶が手を入れたもの（カンナ日本紀）

③和銅日本紀：和銅七年（七一四）。紀清人、三宅藤麻呂が手を入れたもの

④養老日本紀：養老四年（七二〇）。舎人親王が手を入れたもの

⑤古事記：天平十年（七三八）。大伴道足、多治比広成が手を入れたもの（『公式令集解』所引の古記。一一3）

⑥日本書：天平二十年（七四八）。橘諸兄、大伴道足、多治比広成が手を入れたもの

＊この書における大王系図が、そのまま「新唐書」で引用されております（後述の「天智の子が天武」とするもの）。

⑦日本書：天平宝字四年（七六〇）。藤原仲麻呂が手を入れたもの

⑧日本書紀：承和（八三四）以降、万多親王が手を入れたもの（本節ノ6）

⑨その他（右の途中を含めまして）

という風にその名を変えてまいりました。

＊「旧・旧事紀」は現存の『旧事本紀』（『旧事本紀』にも何種類かございます）ともまた違いまして、大宝二年（七〇二）の「原・旧事紀」＝『日本旧記』のことだったのです。一二1。

一見、右のものより先行する日本での初めての史書のようにも見えます天武十年（六八一）の『帝紀』などの記定は、これは新羅文武王が新羅史を改竄したことの、単なる倭語への「翻訳」に過ぎませんので（既に、奈良紀作成のときから、このことは記載されておりました）、日本列島におけます選史といたしましては、これは架空のものとして取り扱わなければいけなかったのです。一四1。

ですから、右の④の養老日本紀（七二〇年）の前に少なくとも「二つの日本紀」が存在しておりましたということを、次に証明いたしましょう。

「開題／弘仁私記序　曰／夫日本書紀者一品舎人親王……太朝臣安麻呂　奉勅所撰也。／清足姫天皇（元正天皇）負扆之時／親王及安麻呂等／更撰／此日本書紀卅（そう）巻并帝王の系図一巻／養老四年　五月廿一日功夫甫就献於有司」（伏見天皇の頃の卜部懐賢（うらべかねかた）（兼方）『釈日本紀』所引の『弘仁私記』）とありまして、右のように「更に撰す」として、その後に養老四年、七二〇年のものが「献」じられておりますところから考えましても、「今までにあった日本紀」を、勅を奉じて「改修」したのですが、「更に、改修」して養老四年に献上したということが窺われるからなのです。

また、次の

「假名之本（假名日本紀：著者注）。元来可有。改其假名。養老年中。更撰此書」（『日本書紀私記』丁本・零本）

という史料も加えておきましょう。

右の記述の少し前の部分には、

「師説。先代舊事本紀。上宮記。古事記。大倭本紀。假名日本紀等（是也）」

ともございまして、そういたしますと、現行の日本書紀と右の大倭本紀や假名本紀とは、どういう関係になって来るのでしょうか。

更に、

「大藏省御書之中。有肥人之字六七枚許也。先帝於御書所。令写給〈之〉」

とございます「肥人の字」とは一体何を意味していたのでしょうか。「肥＝コマ＝高句麗」で、倭を一時征服していたこともございます高句麗人の文字・文書だったのでしょうか。それとも、「肥＝ヒ＝熊本」のことだったのでしょうか。そのどちらにいたしましても、古代の肥ノ国と高句麗とは深い関係にございました（別述）。

　これらのことをマトメますと次のようになります。

A、前にあったプロト日本紀・プロト旧事紀（『承平私記』による）
B、勅により改修した和銅日本紀（と思われます）
C、「更に、改修」して献じた④養老日本紀（通説の『日本書紀』）

（2）仮名日本紀にも「和漢之文字」相雑用のものと「仮名倭言」のものとの二つがあった

　このように、アカデミズムが最初で最後の日本書紀であると言い張っております④養老日本紀の前に、少なくともAB「二つ」の正史・日本紀（①②③、又は他のどれかに相当）があったことを、鎌倉時代の卜部懐賢や、その前の平安時代の矢田部公望が古くから指摘していたこと（「史書の初めは『先代旧事本紀』なり」朱雀天皇の承平六年〔九三六〕『承平私記』）を、アナタは決して見逃してはいけなかったのですよ。先哲に失礼ですから（一一3、1、二一4、一八7）。

＊因みに、この点、嵯峨天皇の弘仁年間（八一〇～八二四年）の宮中の講義の中では、「仮名日本紀」には二種（二部）がありまして、その一つは「和漢之文字　相雑用」であり、他の一部は「専用　仮名倭言　之類」であるとも言っております（『弘仁私記』）。

　このように、「和漢之文字」のミックスのものや、もっぱら「仮名倭言」のものなど、かつては日本紀にも色々あったのです。アカデミズムから、この点についての特定した反論を是非お聞かせ願いたいものです。

　更に、正史上には面白い問題が示されておりまして、

「帝王本紀　多有　古字」（欽明紀二年〔五四一〕三月注）

――スメラミコトノフミに多に古き字どもあって。

＊但し、これは日本紀の作者が顔師古注の『漢書叙例』からの文

言の引用か。

とございまして、この帝王本紀が、古事記の序の帝紀（帝皇日継）のことであるといたしますと、古事記には古字が多く記されておりましたことが判明いたしますと共に、「天平十年（七三八）に『古記』が成立」（『公式令集解』）とございます証拠からも古事記が和銅五年（七一二）日本紀と同一のものであり、これが歌謡調の仮名日本紀であったということも判って来るのです。

だからこそ、この古字の判る舎人の稗田阿礼に暗誦させてから、太安万侶が記録するという面倒な手順（『古事記』序文）を必要としたのです。

＊これは、古事記の歌謡に呉音（四世紀～六世紀の南朝の音）でそれまで表されていた仮名音を、稗田阿礼（安羅〔＝倭〕人の出自の秦氏系・和珥系の訳語を暗示）が暗誦し、それを日本紀の歌謡のように漢音（七世紀～九世紀の長安の発音。つまり唐代北方音）に「翻訳」し、口述したものを、太安万侶が記録し、更に、歌謡以外の「本文」は唐人の音博士である続守言らが新たに筆を執り、正調の唐代漢文で作文したということだったのです。

因みに、稗田阿礼は猨女公の末裔ですから、ひょっとすると安羅（倭）日本府で親新羅政策をとったと記されている六世紀中頃の佐魯麻都（欽明紀二年〔五四一〕七月、欽明紀五年〔五四四〕三月）とも関連する一族だったのです。

しかも、

「後人　習読　以意刊改」（欽明紀二年三月注）

――後人習ひ読むとき、意を以って改む。

「一往難識者、且依一選、而註詳其異他皆効此」（同前）

――一往識り難きをば、且く一つに依りて選びて、其の異なることを註詳す。他も皆此に効へ。

とございまして、この時点（五四一年）におけます正史（と申しましても、何らかの「倭史＝朝鮮史」）の改竄を明白に自白していたのです（歴史偽造の立証は、これで完璧）。

＊これは、朝鮮半島南部の倭国でのことか、又は、平安日本紀作成の際にモデルとされました百済史の翻訳の可能性も大だったのです。

尚、日本紀に使用されております漢字の文言から導かれますところの、その書かれた時期の「新旧の分析」につき、一四2は必見です。

実は、更に、その間には、その正史の間から零れ落ちるようにいたしまして、後の『古事記』（原古事記のことではない）が漏れたり（天平十年〔七三八〕。その時点での担当者のメモが残る）、『秀真伝』が漏れたり、『九鬼文書』が漏れたり、『上記』が漏れたり、『富士宮下文書』が漏れたり（上代以前の大部分の歴史、遥かなる倭（佤）人のユーラシア大陸東行・彷徨の跡が、平安日本紀のレベルでは大幅にカットされてしまっておりますが、これらのうちには、その元の姿を伝えているものもございます）、その他色々な日本書紀の「兄弟たち」が生まれ出ては変形し、かつ、抹殺されていったのです。

では次に、右の流れを、内容の面から大きく二つに分けてみますと、奈良朝の「新羅王」「伽耶王」の王系図を天皇のモデルとしたものと、それを基に、更に改竄されてしまいました平安朝の「百済王」の王系図をモデルとした天皇の歴史物語との二つに大きく区分することが出来まして、前者を「奈良紀」、後者を「平安紀」と私が呼ばせていただいておりますことにつきましては、既にこの本の読者であるアナタには十分お判りのことと存じます。

＊ただ、一言で申しますと、どちらかと言えば、『古事記』は新羅・伽耶系、つまり奈良紀の香りを漂わせ（『上記』もこの系統です）、『日本紀』は百済・扶余系、つまり平安（現行）紀のニュアンスをより強く感じさせてくれます。

（3）日本書紀は「古代物語の創作オペラ」だった

次に、アナタにとって、とても大切なことを申し上げます。耳の穴カッポじって、面ン玉大きく引ん剥いて、よーくお聞きください。

ところで、日本紀の作成とその目的は（天皇家（支配者）の歴史の勉強のためでもなんでもなく）あくまでも、主として、対外的に王権の正当性を主張し、かつ、その主張を宗主国の中国から認証してもらう（ですから、正史は要漢文なのです）ための「祖先物語（レベル）の作成」という、いわば外交文書（その「成功例」の典型が、次に申し上げますような、奈良紀（日本書）の文面通りでございました『新唐書』におけます「天智の子が天武」であるとの記載です）の作成に過ぎないのですから、そういたしますと、例えば百済・久爾辛王と応神（ホンダワカ）大王とが同一人であると私が申しましても、それは「百済の何々王が、日本列島に実際にやって来て、その天皇になった」とか「新羅の何々王は、日本列島に来てはいないではないか」などというレベルのこととは必ずしも関係ないのですよ。

つまり、早い話が、その「古代物語のオペラ」に登場してくる人物の、その脚本レベルにおけます「そのモデルは一体誰であったのか」という「種本」の中味の問題に過ぎなかったのですからネ。

＊それにアナタ、その年代だって、朝鮮半島と日本列島とに併行して存在しておりました「各異なる王系図」を縦に繋いでおりますので、年代が日朝でバラバラで整合しなくても、かえってその方が当然・自然のことだったのです（三一2）。もしも一致したら、私に言わせるとかえって気味が悪いくらいです。例えば、26継体大王の「真実の在位」である四六五年頃を基準にして、当時全く別のところに並存しておりました各王系図を見てまいりますと、26継体大王は、「倭の五王」の「済＝18反正大王」や17履中大王の子の市辺押羽皇子と同じ頃の王だからなのです。

と申しますのも、右の例で26継体大王のモデルは安羅（倭）王の大伴談（～四六五年）ですし、「倭（金官）の五王」の18反正大王（済）の次の「倭の五王」ではない19允恭大王のモデルは金官（倭）8銍知王（四五一～四九二年）ですし、更に、市辺押羽皇子のモデルは百済21蓋鹵王（四五五～四七五年）ということなのですから。この百済蓋鹵王の王子の一人（兄）が「百済22文周王＝仁賢大王のモデル」であり、他の王子の一人（弟）が、高句麗の南下の影響を受け、王家の血縁保全のため倭に渡来・亡命いたしました「百済王子昆支＝23顕宗大王のモデル」だったからなのです。

このように、金官8銍知王と百済蓋鹵王（市辺押羽皇子＝23顕宗大王の父）と安羅王（大伴談＝26継体大王）の三者は、「全く別の国に存在した全く別の王統」でありながら、日本紀上では一本化（万世一系）されてしまっていたからなのです。

この点、アナタもくれぐれも誤解なさらないようにして下さいね。

私の考えに対して、よく「その人は日本列島にはその時は来てはいないではないか」などと言って、真っ赤になって怒る人もいなくはないのですが、これはそういう視点では全くなく、あくまでも「ペンの世界」での物語に過ぎなかったのです。残念でした。ですから、現実に即して申し上げるならば、白鳳時代における文武天皇（六九七年即位。新羅王子の金良琳がモデル。二五）辺り以前のそのモデルとなりました大王（天皇）につきましては、「実際に渡来しているかどうか」は、本質的なことではなかった、つまり、「オペラ上」での種本の問題なのですから、そんなことはどうでもいいことだったのです。

と申しますのも、そのモデルの中には実際に渡来している人もいれば、歴史物語（日本紀・朝鮮史）上での引用だけの人もいれば、その両方に跨っている人もいたというように「三種類」の類型があったからなのです。

＊勿論、右の三種に加えまして、本当の大王で、抹殺されて日本紀に全く登場して来ない大王（第四の種類）も数多く存在しております（一八10など）。

という訳で、天智と天武の関係につきましても、朝鮮との関係をもう少し細かくより精緻に見てまいりますと、奈良日本紀におきましての、初めの頃（途中からは、新羅系を中心としたものに軌道修正して変わっていきます）の史書の名がどういうものだったのかと申しますと、それは、百済の威徳王（蘇我馬子と共に聖徳太子の主たるモデル）が百済で書かせました（と一応は言われておりますが、全部が全部そうであったとは言い切れません。二1、6）逸史の『百済本記』（「——紀」の方ではありません）をお手本として作られました（百済史の翻訳レベルに近かったでしょうが）、先ほども『日本紀』の走りとして申し上げました『日本旧記』＝「大宝日本紀」＝「旧・旧事紀」というものだったのです（一二1、2、3）。

＊ですから、『先代旧事本紀』が聖徳太子によって作られたという言い伝えが残されていたのですよ。

しかし、その直ぐ後に、新羅占領軍の目も文化の面にも十分及ぶようになりまして、「それでは困る」というクレームも付き、やがて、主として「新羅史」「伽耶（新羅の本国）史」をお手本にした日本紀の改竄に移行していったのです。

星霜移り時は去り、やがて、平安朝になりましてから、百済亡命民（民間人）による「百済亡命政権」の樹立を見るに及びまして、再び百済史をお手本としての日本紀という歴史物語の「大改竄作業」が父・光仁と子・桓武の両天皇により開始されるということになった訳だったのです（一1）。

＊この点、北畠親房の鋭く指摘する「桓武焚書」につき、五6。

そして、この百済史を基本として書き替えられてしまいました平安日本紀が、鎌倉時代中期（伏見天皇の頃）に『釈日本紀』を著しました、神道家で神祇権大副の卜部懐賢の改竄を経まして、ほぼその平安紀のままの形を維持し、今日まで『日本書紀』の名のもとにアナタの前に伝わっていたのです。

（4）『新唐書』では天智と天武は親子となっていた――舎人親王と高市皇子も天皇だった

さて、アナタにそうご理解をいただきました上で、再び天智と天武との関係のお話に戻しましょう。そういう訳ですから、説明の順番といたしましては、まずは奈良紀から入っていかなければなりません。

では、まず、右の途中からの奈良紀に於きましては、この天智と天武の点が実際にはどのようになっていたのかと申しますと、この点、「天智天皇の子は天武天皇」となっていたのです。

つまり二人の関係は親子だとなっていたのです。その証拠に、その当時二人の関係を記しています超一級資料の公文書でございます中国の正史を見てみますと、何と！そこにはズバリ「父子」であると記されているではありませんか（一、二三）。

「天智死子天武立総持。咸享元年遣使賀平高麗」（『新唐書』日本伝）

――天智が死んで子の天武が立って天皇となった。天武が死んで子の総持が立って高宗の咸享元年（六七〇）日本は遣使して来た。

嘘じゃないのです。スゴイでしょ！

『新唐書』と『旧唐書』では「倭と日本との吸収関係」につき「逆」に表現されておりますが（二五1必参）、この親子の点は新羅系の、天平二十年（七四八）の『日本書』という外交文書による中国への上申が功を奏したためだったのです。しかし、この吸収という点に限りましては、古い『旧唐書』の方が、より真相に近かったのです。

因みに、文武天皇と聖武天皇との関係についても考えてみますと、『新唐書』の方におきましては

「文武死、子阿用立、死、子聖武立、改元日　白亀　開元初」

――文武が死んで、子の阿用が立って天皇となった。阿用が死んで子の聖武（続日本紀では文武の子となっている）が立って天皇となった。改元して白亀と称した。

＊白亀という年号が見当たりませんので、神亀元年（七二四年。聖武）か、それとも霊亀元年（七一五年。元正）なのか。可笑しい。

となっておりまして、この「子＝聖武」という正史の考え（この「子」が仮に聖武だといたしますと）に従いますと、不思議なことに聖武は文武の「子」ではなく「孫」となってしまいますよ（三二２）。アレレノレ！　日本の正史にこのことを当て嵌めてみますと、真相は、『新唐書』のいうように、果たして聖武天皇は、淳仁天皇（阿用〔舎人〕の子。淡路廃帝）の子だったのでしょうか。不可解ですよね。

文武の子が阿用となっており、「阿用」とは40天武天皇の子の舎人親王のことでして、しかも、この人は淡路廃帝たる47淳仁の父なのです。ですから『新唐書』でいう右の「子立」の「子」とは、聖武ではなく舎人親王（阿用）の子の淳仁天皇（廃帝）を指していなければいけなかったことになります。『新唐書』は、文武の子が阿用であり、その子が聖武天皇だといっているのですから、当然、ここから「阿用＝舎人親王」「阿用の子＝聖武」ということが導き出されるのですが、この点、『日本紀』『続日本紀』の方では文武の子が聖武天皇だといっている（つまり、その間、一代淳仁が欠落してしまっております。平安紀が天智と天武を父子の関係から、兄弟の関係とし、一代上げてしまったため〔後述〕、聖武との途中の淳仁が「ババ抜き」され〔しかも、廃帝とされ〕てしまったのかしらん？）のです。どうして？　誰か教えて！

淳仁を廃帝として、唐に対してこの点をゴマカシたのか？　それにアナタ、右の中国史によれば、阿用、つまり舎人親王も天皇となっていたのだと言っている（「子阿用立」）ではあッりませんか。スゴイ！

つまり、この点、アナタのお手許の、日本の正史の『日本紀』『続日本紀』というアカデミズムのバイブルにおきましては、あくまでも「天武―草壁―文武―聖武」という順ぐりの親子関係となってはおりますが、ところがどっこい！　中国の正史の『新唐書』の方におきましては「天智―天武―総持（高市皇子・金霜林）」「文武（金良琳）―阿用（舎人親王）―聖武」という順の親子関係になっているのです。

このように「奈良日本紀＝新唐書」と比べ、「現行平安日本紀」での天皇系図の改竄の凄まじさが、この日中の正史の比較という一事を持ちましても、アナタにも十分にお判りいただけたことと存じます。

右の中国史に示されておりますところの、この「天智―天武―高市皇子」（『新唐書』における表示）という祖父・父・子の一連の親子関係の流れは、奈良紀の基（モデル）ともなりました、新羅史での「29武烈王（金春秋）」―「30文武王（金多遂）」―「王子（金霜林）」という祖父・父・子の一連の親子関係の流れと「全く同一」なのでありまして、このことは唐へ提出いたしました奈良紀の天皇系図のモデルが新羅史の王であったということを、明白に示していてくれたのです（三二２）。完璧！

＊ですから、新羅史上では、「太祖武烈王（金春秋）と金庾信の末妹が結婚して、子の文武王が生まれた」となっておりまして、これをモデルといたしました奈良紀では（本来は）「天智大王（中大兄皇子）と中臣鎌足の妹が結婚して、子の天武天皇が生まれた」となっていた筈なのです（六1）。因みに、それが平安紀では、「蘇我石川の長女ではない娘」と天智との結婚という風に、パラレルに少し変形させられてしまっております。

このように、実は、この「総持」こそ、新羅王子の金霜林（天武天皇の子の高市皇子）のモデルだったのです。

アナタは「まさか」とお思いでしょうが、正に、「事実ハ歴史小説（日本紀）ヨリ奇ナリ」でございまして、日本紀の作者は、この「天武の子」で「次の男の天皇」とされております『唐書』の「総持」の名から、この「持」を借用して、架空の持統女帝という人物（八4）を作り出してしまっていたのです。

天武の子の、次の男の天皇である「総持」（『新唐書』）――A
天武の妻の、次の女の天皇である「持統」（『日本紀』）――B

この「A＋B」で止揚（アウフヘーベン）いたしますと、天武の次の天皇は、「持」が共通で日本紀ではピッタリですね。アラマア！

＊但し、女にしてしまっておりますところは、仁徳の場合と全く同じです。

日本紀では、この二人の「持」を「統合」したからこそ、持「統」という名（漢風諡号）の天皇名にしてしまって、同じ「持」ということで、お見せした中国の史官を（同一人だからと言い張って）煙に巻いてしまったのでしょうかしらね！　古代中国での、皇帝の臣下である周辺国の王家の断絶（後述、琉球王国）に対する処分には、とても厳しいものがございましたからね。例えば、BC二〇二年の垓下の戦で楚の項羽を破った漢の高祖の劉邦の時代には、湖南に残った最後の異姓（劉姓以外）王である長沙国以外を廃絶させてしまっております。しかし、やがて、第五代の靖王に男子がいなかったため、長沙国も廃絶させられてしまい（BC一五七年）、これにより漢の国内には劉姓以外の王はいなくなってしまいましたからね。それは、江戸時代の徳川家康や家光以上ですよ。アナタ、冥土に行ったら、命名した淡海三船に是非聞かなくっちゃ。

＊新羅による日本列島の「単独占領」への変化（非公式には、唐は知っておりましたが）。

それに、本来、「百済王室の朝鮮半島から日本列島への付け替え（お国替え）」は、新羅・唐の共同認識（又は、唐の暗黙の了解）に基づいて行われたものでもあったからなのです（途中からの新羅独占支配、つまり、乗っ取り、所謂「壬申の乱の真相」の点は、唐にとりましては全く予想外のことでしたが）。

因みに、このケースとは逆なのですが、宗主国の中国に本当のことを申告しないのは中世に至りましても、中国の周辺国にはよく見られることでして、例えば、琉球は、察度王朝二代の武寧王を滅ぼして、尚氏の尚思紹が中山王に就いた（一四〇六年）

のですが、このとき王朝の交替を隠し、あくまでも「武寧王の世子」として冊封を受けており、ですから中国史にもこの王の姓の「尚氏」が見えておりません（見えない歴史を見よ！）。これで「阿用＝舎人親王」かつ「総持＝高市皇子」であったことが、どうにかアナタにもお判りになった筈ですよね。

では序でに、持統を巡る年号の不可解さについて見てみたいと存じます。

正史では年号が大化元年（六四五）より以前にはなく、その後も白雉（はくち）五年（六五四）以降、大宝元年（七〇一）以前の間（六五五～七〇〇年）は、たった一つの、しかも一年きりの年号である「朱鳥元年（六八六）」が大洋の中の孤島の如くあるだけなのです。ですから、持統を含むこの七世紀後半は、五十年近くも何故か年号が欠除してしまっているという異常さなのです。

しかも、アナタ、可笑しいことには、この朱鳥は、天武の死んだ年の七月二十日から、突然、三十年振りに（白雉五年以来）年号が定められて「朱鳥」となり、九月九日には天武が死んでしまい、直ちに持統が称制したにも拘わらず、何故か朱鳥はこの年のみで終わってしまっているのです。やがて、六八八年になって持統は即位いたしましたが、このときも年号を定めておりません。朱鳥三年ではないのです。こんな不可解なことってあるのでしょうか。ポツっと五十年間に「朱鳥」が一年間あるだけなのです。

このこと一つとりましても、持統天皇が架空であったことがプンプン匂って来るのです（因みに、九州の「倭国」の年号につき、一一5）。尚、万葉集（三四番）の表記の「朱鳥四年」も大変問題です（一三3）。

そういたしますと、やはり、「高市皇子＝総持＝金霜林」も、この奈良朝では『新唐書』のいうように天皇になっていたのですね（高屋太夫渡来につき、五5）。

＊因みに、この新羅・文武王（天武天皇のモデル）の母は、金庾信（中臣鎌足のモデルの二分の一）の妹です。日本紀などにおきましても、これと全く同じパターンが見られるのです。と申しますのも、「天武（モデルは新羅・文武王）は、藤原鎌足の娘！（次に申し上げますように、一代ずらしたため、新羅史のように妹ではないにしろ。六1）の氷上娘（ひかみのいらつめ）を夫人として二人は結婚した形になっている」ではないですか。

平安紀では、後に申し上げますように、天智と天武の関係を「奈良紀での父子」から「兄弟」へと変えてしまいましたが、二人は「本来」のモデルでは親子で一代ずれておりましたので、鎌足の「妹」とではなく「子」と（本来の姿である）天智の「子」の天武とが、結婚する形にしてしまっていたのです。つまり、二人の結婚が、モデルといたしました新羅史（奈良紀のように「天智」と「鎌足の妹」ではなく、「天智の子の天武」と「鎌足の娘」という風に、男側も女側も、パラレルに見事に「共に一代下にずれ」ました形で、モデルとされました「新羅史と全く同じパターン」を保っていることが、そこから完璧に近く読み取れるのです（六1）。どうですアナタ、真相が判ると、歴史ってナカナカ面白いもんでしょ。

正に、そのものズバリですよね。このように、奈良紀では中国史の言う通り、天武は天智の子となっていたのですよ。

その点につきましては、この『新唐書』以上の「完璧な証拠」はありません。

これは、取りも直さず、日本の遣唐使が話した「台本」（これが『新唐書』に、そのままの形で載っているのです）が、前述のように天平二十年（七四八）の⑥『日本書』だったからなのです。

それに、この頃には、今日の日本書紀の名前が、先述のように「日本紀→日本書」へという風に変えられております。アナタも正史の「名前の変更」にはくれぐれもご注意してチェックして下さい（一2）。

＊このように、アナタが日本の正史をアカデミズムのようにバイブルの如く信じておりますと「大火傷」してしまいますよ。ご忠告。

(5) 何故『新唐書』では天智と天武が親子となっていたのか

では、更にこのことを一歩進めまして、少しは前述いたしましたが、どうして『新唐書』ではそのように「親子」となっていた（今日の日本紀の兄弟とは異なっていた）のでしょうか。その理由を次に、アナタにも判り易くご説明いたしましょう。

これは、当時（奈良朝ですので）天皇のモデルとされました新羅本紀の新羅王系図におきまして「新羅武烈王（天智天皇のモデル）の子が新羅文武王（天武天皇のモデル）」つまり、29武烈王（金春秋）と30文武王（金多遂）の二人は「親子」の関係なのですから、新羅史の日本紀へのダイレクトな「翻訳」の結果からは、右の『新唐書』の二人は親子だという記載は当然過ぎる、つまり、その当時といたしましては全く「正しいこと」だったのです。

そして、その当時は、正に「その」新羅系の日本の天皇家から「遣唐使」が派遣されていた訳なのですから、もし唐から「お二人の関係は？」と聞かれたら、「日本書（外交用答弁テキスト）＝新羅王系図と同じ」に基づき、それは「親子です」と遣唐使が答えるのは至極当然のことだったのです。そこには何らの不自然さも感じられませんでしょ。

このように考えてまいりますと、多くのアカデミズムが言っておりますように、右の「天智と天武」の「親子」の点は、「唐が間違えた」のだ、などということでは決してなく、唐の史官は、当時の日本が上奏してまいりました「日本書」（想定問答集）と遣唐使が実際に話したところの真実（父子であること）を知り、当時の在りのままに『唐書』に記載していたのです。

だからこそ、アナタも私も、今、この双方を比較・分析することが出来、そのことによって日本紀におけます天皇系図の「大改竄」に気が付くことが出来たのです。

このように、唐が未来永劫「ずーっと間違えっぱなし」でいてくれないと困るのは、大学の先生（アカデミズム）の方だったのですよ。

そうでないと、自説の根拠ともなっている、子供のように信じて疑わない、そういう人たちにとってはバイブル（聖書）にも匹敵する（いや、それ以上ですナ）ような、神聖にして侵すことが許されない筈の日本紀の「天皇系図」が、偽造・改竄の賜物だったことがバレてしまうという恐ろしいことにもなってしまうのですから。

今まで、インテリぶってるいい大人が、子供（学生）たちに長い間に真っ赤な嘘を教えていた（又は、プロを自称・他称していながら、その嘘を見抜けなかった。例えば、東北の新高森遺跡の原人の旧石器の偽造を文化庁の某課長ですら見抜けなかったように）ことになり、いっぺんに信用をなくして、その人の書いた本は廃刊となり、恥ずかしくて夜逃げせざるを得なくなり、アイデンティティーを失い、メシの喰い上げになってしまう。

何事も真実を話すということは、誰にとりましても空（そりゃ）恐ろしく、かつ、勇気のいることなのです。

このように、誰（アカデミズム）が何と言おうと、右の私の考えの正しさを、当時の中国史（新唐書の文言）自らが、ちゃーんと担保してくれていたのです。

この点は、反共の私でも、中国史に謝謝（シェイシェイ）！

しかも、アナタ、それだけじゃないのですよ。

よーく調べてみますと、何と！　地方史の中を調べましても、この私の考えと同じ考えを示してくれているものが見つかるのです。力強い助っ人がいたものです。

では、それを早速次にアナタにご紹介いたしましょう。

日本武尊と美夜受（みやづ）姫の伝承でも有名な尾張の熱田神宮に伝わる『朱鳥（あけみどり）官符』（熱田神宮文書）によりますと、「天武が天智帝の孫」だという、これまた実に奇妙な考えが記されているものがその中にございますが、少なくとも正史・日本紀のように兄弟では「孫」だとは絶対に言いませんよね。

この「孫」が、よくあるように「子孫」のことなのだといたしますと、奈良朝（特にその後半）の奈良紀におきましては、天皇系図のモデルは新羅王系図が主ですから、「天智天皇＝29太祖武烈王・金春秋の二分の一がモデル」の子が「天武天皇＝30文武王・金多遂がモデル」で、新羅・文武は新羅・武烈の子孫（ここでは子）なのですから、やはり新唐書と熱田文書とが、このこの私の考えともピッタリと合っていたということになって来るのです。この点も私は、是非、補強証拠として使いたいと思います。

ところがどっこい、この証拠の価値はそれだけには留まらなかったのです。

と申しますのも、アナタはご自分のお子さんのことを「コ」と言うと思いますが、古代におきましては自分の子供のことを「マ・ゴ」又は「マナ・ゴ」と言っておりますので（『万葉集』『日本紀』など多数。因みに、藤原明子（めいし）などと「コ＝子＝シ」という名前を付けるのは、上代では貴族の女（むすめ）だけだったのですよ）、中世の辺りに、古代文に仮名で「マゴ」（この字の意味は「子」）とあるところに、写筆の際に、その「マゴ」の音の通りに、平仮名で「まご」と写さないで、ウッカリして「孫」の漢字を一時当て嵌めてしまっていた可能性も十分あり得ることだからなのです。

＊因みに、花子の「ハナ」は古代朝鮮語の「一」であり「長女」に付けた名でございまして、男の「郎」についても、これは新羅ホモ貴族集団の「花郎」に由来するものだったのです（一八9、二三5、他）。

もし、そうであるといたしますと、右の熱田神宮文書では「孫の字＝子」という意味で使っていたということになり、新羅系の奈良紀におきましては、天武は天智の「孫の字＝マゴ＝子」という意味だったのですから、これまた右の私こと「古代探偵」の古代推理とピッタリだったのです。古代探偵としての藤井弁護士の丸い団子鼻の鼻先も、これで五ミリ程は高くなりましたかしら。

（6）天智と天武が「兄弟」とされてしまった現行（平安）日本書紀

さて、そこで、先を急ぎ、次の謎解きに入っていきましょう。驚かないで下さいよ。

次の平安紀（つまり現行・日本紀の基となっているものです。平安朝ですので百済王系図が天皇のモデル）に於きましては、この点がどのように変えられてしまったのかと申しますと、アナタもよくご承知の通り、「天智と天武を兄弟」にしてしまっております（現在、そうアナタは教科書で習っておりますよね）が、これもまた当然のことだったのです。

「エーッ！　さっきはオマエは親子だと言ったくせに」とアナタがビックリ！なさるのは当然です。しかし、これもまた正しかったのです。

では、次にその理由（カラクリ）をちゃんとご説明いたしましょう（巻末の図を、よーく見てくださいよ）。

平安紀でお手本にいたしました百済本紀を見てみますと百済王子の余豊璋（天智天皇のモデルの二分の一）と百済王子の隆（弘文天皇・大友皇子のモデル。この扶余隆〔大友〕が「壬申の乱」のモデルともなった「熊津都督府の反乱」の首謀者〔八1〕ということで、この点でも日朝の両事件がピッタリと合っていたのです。大友側は敗者の主体）との二人の関係は兄弟なので、これまた「百済史の王系図を基にした翻訳」上、当然過ぎる改竄の結果だったのです。

しかし、アナタがこの真相に今までなかなか迫れなかった理由は、ただそれだけに留まりませんでした。

それに加えまして、平安朝になりましてからの天皇系図上での改竄が行われました際に、この天智（余豊璋）の弟としての弘文天皇（大友皇子・そのモデルは百済王子の扶余隆）の「位置」に、そのまま大友皇子に替えまして右の大海人・天武天皇（そのモデルは新羅・文武王）の「名のみ」を残して（交替させて）当て嵌めて「弟」としてしまっていたからだったのです。

＊これは、近い時代のことでしたので、たとえ、中国に示す書（テキスト）だとは申しましても、大幅に嘘は書けませんから、

そのモデルは、実は百済系の人でありますのに、その中国官史にはよく判らないところの名前だけを新羅系の奈良紀上の人と入れ替えて（そのままスライドさせて残して）しまい、苦し紛れに折衷してしまっていた。

つまり、以上のことを一言でマトメて申しますと、天智と天武との関係とは「新羅系が作った奈良・日本書」（本節ノ1⑥）におきましては、お手本の「新羅史の王系図」などに従いまして「親子」であったものを、その後「百済系が作った平安・日本書紀」（本節ノ1⑧）におきましては、お手本の「百済史の王系図」に従いまして「兄弟」に改竄してしまっていた、そしてそれが今日にまで伝わっていたのだ、というのがその真相だったからなのです。

このように考えてこそ、初めて、アナタは古代史の真相に迫れるのですよ。

逆に、「このような切り口」で考えない限り、有名大学の秀才が如何に何百年学びましても、古代史は理解に至ることが出来ない筈なのです。

(7) 舒明天皇も百済王――百済天皇、百済宮、百済寺、百済川

この38天智大王の父とされています34舒明大王もその弟すらも、次に述べますように、当時は日本列島における正史上ですらもちゃんと「百済王」と呼ばれていたことが判るからなのです。

それに、日本紀だけではなく、次のように『古事記』も当然併行して改竄が施されてしまっていたのです。

その具体的な一例だけでも今アナタにお示しいたしますと、舒明大王の弟は久多良王（＝百済王）と当初は呼ばれ、かつ、そのように素直に表記されておりましたが、これを途中で改竄して、一番上の字の「久」を取ってしまい「多良の王」としてしまっております（『古事記』敏達条を是非御覧下さい。二八1）。

この隠匿は、実に見事（しかし、あまりに単純すぎて、歴史探偵にとりましては、見抜き易いトリック）でした。この「クダラ↓タラ」へのカラクリは、実は、朝鮮半島の多羅（陝川）を経由して日本列島に渡来したとされておりますニギハヤヒ（火明命）が、物部氏の祖神でもあり、かつ、百済王と満州・朝鮮の本貫におきましては同じ一族（但し、「沸流」百済系）であったことをも示していたのです（一八7）。

このように、ある場面におきましては、間違いなく「多羅」＝タラ＝クダラ＝旧・多羅＝「百済」でもあった場面が存在してしたからなのです（戦国大名の大内氏の出自につき、二八1）。

そうであるからこそ、物部氏の祖神のニギハヤヒ（陝父）も、百済王系図上では、ちゃんと5肖古王（「イワレヒコ＝神武大王のモデル＝6仇首王」のその一代前の百済王）として表示されていたのです。

＊日本の正史上でも神武の前にニギハヤヒがおり、百済史上でも6仇首王の前に5肖古王が位置付けられておりますことからも、平安紀のお手本が百済王系図に基づくものであったことがバレ

てしまっていたのです。

肖古王の「肖古＝ソカ・ソコ」とニギハヤヒの「速日＝ソカ」との共通性に、もしアナタが気が付けば、「あっソカ」。

このように一言で申しますと、ニギハヤヒ（物部氏）も又、「百済王の姿を変えた投影」の一つであったのです（一八5、7、8）。

さて、右のように舒明大王の弟が百済王（久多良王）であるといたしますと、必然的に舒明大王自身も百済王であったということになって来ざるを得ませんよね。

どちらかと申しますと伽羅・新羅系の色彩が強い『古事記』は、キラリと光るいいこと（先程の「クタラ→タラ」の証拠）を言い残してくれておりましたね。

アナタはこの点、どう思われますでしょうか。

しかも、疑問はこれだけには留まりませんで、同じことが天皇家の他の正史でも見られるのです。

この点、私こと古代探偵が、もう少し探索してみることにいたしましょう。

このことは、『新撰姓氏録』では、敏達大王の孫の「大原・豊国・山於・吉野・桑田・池上・海上・清原」らの「真人」の始祖とされております「百済王」「百済王子」（『新撰姓氏録』左京皇別）の一族が、その後一体「何処に消えてしまったのか」ということにも密接に関連してくるとても重要なことだったことに、アナタももっと早く気が付かなければいけなかったのです（この一族には、清原氏〔五7、一八8、一七6〕も入っておりますので、百済系と限るよりも、高句麗系をも含むところの、広く扶余系と捉えるべきなのでしょうが）。

因みに、30敏達大王のモデルは、百済25武寧王ですので、その子や孫が右のように百済王（こにきし）という「姓＝カバネ」を下賜されたという日本紀（歴史物語）の記載は（一2）、私の立場からいたしますと、当たり前過ぎること（裸の王様と同様）だったのです。

但し、30敏達大王（壬辰、五七二年即位）のモデルは百済25武寧王（五〇一～五二三年）ですから、平安紀という歴史物語で天皇（大王）に「翻訳」されましたときに、約干支一運下げている（新しくしている）ということにも気が付かなければいけませんよ。

＊欲張って古く見せるため、餡子（あんこ）を沢山詰め過ぎてしまい、温泉饅頭が膨らみ過ぎてしまっている（歴史の飽満感）ケースも多いのですが、この場合は、その逆です。

このように大王系図は合体されておりますので、朝鮮でのモデルとは必ずしも絶対年代が合致するとは限らないのです。そしてそれは、当然のことなのですが。

という意味では、右の『新撰姓氏録』の「消えた百済王の一族」の記載ほど、歴史探偵にとりましては、古代史における重要な証拠はないとすら言えるくらいなのです。

と申しますのも、天皇家が平安朝に公認で作らせております、この正史一体の一卵性双生児とも申せます『新撰姓氏録』のいうように、もし、「敏達天皇の孫」が「百済王の子孫」であるといたしますと、逆に、「その祖父にあたる敏達大王自身も当然、百済王の出自」だったということになって来ざるを得ないですからね。アヒルの子がアヒルなら、アヒルの親もアヒルなのですから。誰が考えましてもそれ以外に、理論上も考えられませんもの。

この後に直ぐお話しいたしますように、右の敏達大王の宮が「百済大井の宮」と言われていた（『日本紀』）ことも、これらのこととはピッタリと合致してくると共に、実は、その父の「欽明天皇のモデル」が「百済・東城王」だということは、日本紀の作者も、この点チラリと暗示していてくれたのです。

と申しますのは、29欽明大王（物部荒山）のモデルは百済24東城王なのですが、この王の宮の名の「磯城嶋金刺宮（しきしまかなさし）」からとりまして（宮殿のあった場所から大君の名が付けられるという和風諡号や漢風諡号が付けられる以前の、古くからの慣行によりまして。後述）「磯城嶋（しきしま）の大君」とも呼ばれておりまして、この名の中に百済・東城王の諱（いみな）の一字の「城」がちゃんと暗号として織り込んであったからなのですから（淡海三船も、朝鮮〔東城〕→日本〔磯城〕のカラクリを知っていたのでしょう。なかなか〔隠し〕味なことをやるもんだよね。でも、彼は百済王（こにきし）の子孫なのですから、これは当然かもヨ）。

このように朝廷側の作った正史の日本紀のみならず、この『新撰姓氏録』（弘仁五年〔八一四〕）自体をアナタが注意深く分析いたしましても、平安日本紀がモデルといたしておりました天皇系図が百済王家のものと同一であったということを素直に自白していたことが窺えるからなのです。

右に見てまいりましたように、30敏達大王が百済王の子孫であるといたしますと、そして、平安日本紀の大王系図が仮に正しいといたしますと（実は、この辺りの天皇系図は必ずしも正しくはなく、平安紀では百済王のみでなく新羅王さえもそのモデルとされまして、大王系図の中〔間〕に混入されているのですが、その場合には、その新羅系の混入された大王を「取り除いて」大王系図を分析さえすればいいだけの話なのです。別述）、34舒明大王はその孫ですし、35皇極・36孝徳は曾孫（但し、皇極は新羅系のモデルの混入）ということになり、38天智・40天武も曾孫ということになり、日本紀上の大王系図上におきましては、皆百済王の子孫となってしまいますよ。アヒルの子はアヒル、アヒルの孫もアヒルなのですから、どうしてくれます（ということは、もし、少なくともその中の一人、例えば敏達とか舒明とかさえ崩せば、つまり、その真相〔モデルが百済王であったこと〕を見付け出しさえすれば、皆、将棋倒しになって総崩れになって私こと歴史探偵の軍門に下ってしまうことになるのです。楽しみだナァ）。

では更に、このことをアナタとともに、具体的な証拠を引きながら、完璧に近くまで彼らを追い詰めてみましょう。出てまいりますよ。証拠がゾクゾクと。

では、まず始めに、30敏達大王の孫の34舒明大王の辺りから、切り崩してみましょうか。百済最終王の義慈王をモデルとして作られました舒明大王も、先程も申し上げましたように、『日本紀』の他の表記の例に従うといたしますと、古代の法則からも、本来間違いなく「百済宮天皇」とも呼ばれていなければいけなかった筈ですし、又、『万葉集』の表記法（「宮の名」をもって天皇の通称に使う）に従うといたしますとこの大王が、飛鳥岡本宮にいたので「崗本天皇」（「飛鳥岡本天皇」、後世の『日本三代実録』元慶四年〔八八〇〕にもこのように表記があります。それに、前述の欽明大王の「磯城嶋の大君」の例もございましたよ）とも言われていたことに照らして考えましても、かつて（初めの頃の平安紀上では）百済宮に住んでおりました、この舒明大王は、ズバリ「百済天皇」「百済の大君」と言われていたものと考えなければいけなかったのです。

大王・天皇のいわゆる「和風諡号」（例・推古＝豊御食炊屋姫）というものは、早くても日本紀（養老四年〔七二〇〕成立と一般にはされております）と共に作られたものでございまして、そういたしますと、通説によりましても40天武天皇以前には和風諡号というものは存在しなかったということが判ります。

では、その和風諡号成立の以前には、大王の呼び方をどういう風にしていたのかと申しますと、前述のように、大王の住まいの王宮の名によって「〇〇宮治天下大王」と呼ばれておりましたことが判りまして、34舒明大王の住んでおりましたその土地自体が、そもそも次のように「自　百済地　移高市地」（『大安寺伽藍縁起并流記資財帳』）ということで「百済の地」とも言われていたのですから、そういたしますと、この「百済の地」（後述）に宮を構えておりました舒明大王は、正に「正史の考え方」に基づきましても「百済大王」「百済大君」「百済天皇」と呼ばれていたことに間違いがなかったと言えるからなのです。

このように、舒明大王はズバリ「百済天皇」と呼ばれ、しかも、その名のみならず、その宮自体につきましても、何と、「百済宮」、そしてその寺も「百済寺」「百済大寺」（皇極紀元年〔六四二〕九月分註。七4）、更には、その傍らを流れる川すらもが「百済川」（舒明紀十一年〔六三九〕七月。前出『日本三代実録』元慶四年）と呼ばれていたのです。

舒明大王に関係する名前は、このように、百済オンパレードでございまして、「舒明＝百済」のズバリの表記が、こんなにも愕くほど沢山今日まで残されていたことが判るのです。

この舒明大王と正史上の「古代ルール」とによりまして、敏達大王（そのモデルは百済武寧王）の宮が、「宮于百済大井」（敏達紀元年〔五七二〕四月）と記され「百済大井宮」（伝、大阪府富田林市南部の「百済郷」）と言われていたことがアナタにもこれでご納得いただけたことと思います。

この場所は、大和国広瀬郡百済（北葛城郡広陵町百済。『大日本地名辞書』）であるとか、河内国錦部郡百済郷（大阪府河内長野市の北部の太井。『倭名類聚鈔』）のことだ、とかとされてはおります（『河内志』『日本書紀通証』）が、この「百済大井」とは、このように、実はズバリ、百済本国（大和への集団「地名遷移」

のその前の河内の、更にその前の九州での、更にその前の朝鮮半島の本貫のモデルとされました百済でのもの）におけます「大井」のことの暗示でもあったのですよ（百済大井＝百済王井）。

つまり、早い話が、この敏達大王とは、「百済・武寧王をモデルとして平安紀上で作られた人物」であったことを、図らずもこれらの記載がダイレクトに示していてくれていたのです。

このように敏達が百済王であるということが判りますと、当然、その「敏達＝武寧」の（子）は百済26聖王明であるということになってまいります。

という訳で、敏達の（孫）の「聖徳太子の基本モデル」となった人は、同様に、武寧王の（孫）の百済27威徳王（五五四～五八八年）ということに必然的になってまいります（一二3。馬子も勿論のこと）。

＊この百済王は、聖徳太子（摂政五九三年）と、その「徳」の名も、年代すらも、よーく似ておりますでしょ。ここがアナタ、キーポイントだったのです。

この武寧王の（父）の東城王という人は、敏達と用明の二王の（父）でもあり、欽明大王のモデルでもあったのでして、このように百済史と日本紀とでこれらの点がピッタリと恐ろしい程符合していたのです。

このことは、古くから百済王（物部氏を含めまして）が、朝鮮半島から、九州、河内そして大和へと入って来ていた（それが、その時代により、「征圧」か「流浪」か「居候」か「婿養子」かは別といたしましても。多分、特に朝鮮の倭におきましては、その全ての場合が含まれておりましたのでしょうが）ことの痕跡を示していたとも言えるのです（流浪の百済王）。

こう天皇家の正史を見てまいりますと、この舒明大王を百済人以外と考えることが果たしてアナタに出来ますでしょうか。やはり、平安紀での「舒明大王のモデル」は、百済王系図上の「最終王であった悲劇の義慈王」のことだったのです。

ちなみに、捜してみますと、正史の日本紀以外にも、この「百済」ことを明記してあるものが、古へには数多く見られるのです。その一、二の例といたしましては、「百済河側　立精舎　号　百済大寺」（『東大寺要録』。ほぼ同様『大安寺伽藍縁起并流記資財資帳』『大安寺草創年号由来等之事』など）、「百済大寺」（『日本三代実録』元慶四年〔八八〇〕、『元亨釈書』天智九年、天武十二年、『扶桑略記』天武十二年、『七大寺日記』『七大寺巡礼私記』）などが挙げられます。

また、「造大宮十市郡百済河側……熊凝精舎　建百済大寺　今大安寺是也」（『扶桑略記』舒明十一年正月）ともございますので、初めに「熊凝精舎」が移されて「百済大寺」が造られたということすらもこれで判ってまいります（一1）。

＊大和国内での百済寺の変遷につきましては、八1は必見です。

右のように、この百済河のほとりに建っておりました、この寺からの「熊凝(くまごり)精舎→百済大寺→高市大寺→大官大寺→大安寺」（天平十七年〔七四五〕「太官大寺を大安寺と改む」『扶桑略記』。

一2。これは私営の寺から官営の寺へ、しかも更に、百済系から新羅系への「天皇・支配者の変化」に見事に対応しているではございませんか）、又は、別ルートにおきましては「熊凝精舎→額安寺」への流れの途中の「百済大寺」のことを示したものだったのです（八1は必見、六1、七4、一1）。

因みに、「熊之凝（くまのこり）」（神功皇后紀、摂政元年三月）という、初期の百済寺（熊凝精舎）と同じ名の付いている人物が存在していることも、とても珍しい名前なので少し気になるところです（本来、古朝鮮語では「熊（くま）＝コム＝神」でしたから、朝鮮ではよくある名前であったのかもしれませんが）。

以上述べました『東大寺要録』等の各お寺の資料も右に挙げておきましたので、今後のアナタのご研究の参考にしていただければと思います。

＊このように、日本紀に記載されております出来事（物語）の大部分につき、その真相は、朝鮮半島南部（五六三年までは海峡国家でございました「倭国＝金官＋安羅」）での出来事に過ぎなかったのでございまして、これらの出来事の大部分のモデルは、ここでの倭と、百済や新羅との駆け引きの記載に過ぎなかったのです。

これらの人々は、百済も伽耶も朝鮮半島では滅んで（金官は五三二年、安羅は五六二年、百済は六六三年）、皆日本列島へと命からがら亡命してまいりまして、それらのうちの朝鮮で最後に滅んだ人々でもございます百済人が、日本紀、特に今日に至っております「平安」日本紀を作りましたので、恰も「故地朝鮮」（もう二度と戻れません）での出来事を日本列島で生じた（原始発生した）出来事であるかのように装い脚色いたしまして記していたのです（金官も勿論のこと）。

そして、このことが「九州→河内→大和」というセットでの集団（グループ）地名遷移のカラクリの真相でもあったのですよ。

3、万葉集の並行改竄

右の天武天皇は天智天皇の「子」か「弟」かという問題は、日本紀を超えて万葉集の解読（敢えて、私はここでは解釈とは申しません）にも大いに関係してまいりますので、もし、先程の考えに従うといたしますと、従前からの国文学アカデミズムにおけます万葉の解釈も大修正を迫られざるを得ないことにもなって来る筈です（アラ、大変）。

ただアナタが、それを見分けるには、更に多くの困難が予想されます。

何故なら、日本紀の十二回もの改竄（二二1。その改竄の結果の報告書は、「日本書紀私記」〔例えば『承平私記』など〕としてト部氏の『釈日本紀』にも引用されております）のその度毎に支配者側の貴族・学者・官僚（テクノクラート）は、宮中で改竄が露呈しないようにとの周到な準備の下に、勉強会（齟齬が生じないかどうかのチェック）を開いていたからなのです（二二1）。

しかも、ここで大切なことは、その日本紀の改竄の結果に連動させせまして、その都度、当然並行して、全ての関連歴史文書、その中でも『風土記』のみならず、改竄の叙情面からの隠蔽の小道具としても利用されております『万葉集』すらも、ボロが出ないように故意に改竄されてしまっていたからなのです。

今ここでは、その内容にまで立ち至ることはいたしませんが、「形式上日本紀と万葉集が一体の関係」で関連していたことの一例を次にお示しいたしたいと思います。

「壬申の乱」のところで申し上げました川島皇子（八3）の「さなみの国つ……心さびれて荒れたる京」（三三番）の歌の次の山上憶良（形式上は川島皇子の歌）の「有馬皇子の変」を題材にしたと思われます歌「白波の浜松が枝の手向草　幾代までにか年は経ぬらむ」（三四番）のところの左注には、「日本紀曰　朱鳥四年――何と！正史上は有り得ない「四年」（一三2）――庚寅秋九月　天皇幸紀伊国也」とあるように日本紀と万葉集が連動（リンク）していることがこれで判るからなのです。

＊因みに、右の皇子の名の「有馬＝アリマ・アリム」や、地名の「播磨＝ハリマ」に含まれます「アリ」という語は、皆、古代朝鮮語で百済・扶余を表していたのです（別述）。

これは持統四年（六九〇）九月十三日のことでして（ですから、持統四年は、称制が一年ございますので六九〇年であり、前述の正史上不存在の筈の朱鳥四年は、もしあるといたしましても六八九年ですので、アナタ、万葉集の表記に惑わされてはいけませんよ。更に、アナタ、持統天皇の紀伊への行幸は、持統四年（六九〇年。称制が一年あるため）ですので、朱鳥の年号に直しますと〔一年以降は架空なのですが〕、これは五年でなくてはならないからなのです〔朱鳥元年は六八六年七月二十日からで、しかも、その年のみなのです。それとも持統の一年間の「称制」の「繋ぎ＝接着剤」がインチキだったのかもよ。こんなところにも、正史改竄の馬脚があらわされておりますよ〕）、二十四日には帰京しております（他に万葉と日本紀が連動しているものといたしましては、万葉歌四四番、五〇番、一九五番のところなどが挙げられます）。

日本紀の改竄に連動させて、万葉集の「年代」などもそれに整合させているとは申しましても、その過程におきましては相当無理をしている様子が窺われ、次のように、この朱鳥（あけみどり）年号などにつきましてはボロが出て来てしまっているのです。

と申しますのも、「建元　為　大宝元年」（『続日本紀』）と、後の日本国の正史が正直に告白しておりますところが、もし真実であるといたしますと、新羅系占領軍の天皇家には「大宝」（七〇一年）からしか年号が無かった（一一5、二4、六3）ということが判り、それにも拘わらず、日本紀の改竄のときに、かつての九州の倭国やその末裔たちが使用しておりましたところの「朱雀（すざく）」（甲申・六八四年）の年号に似せて、これを巧みに「雀」から「鳥」へと「少し変え」まして「朱鳥」（丙戌・六八六年）年号として新しく創ってしまったがために、後世色々と齟齬を来たしてしまい、併行して改竄されました「万葉集（草稿レベル）」（二15、4）や「大日本国現報善悪霊異記」におきましても、この朱鳥などの年号を巡る問題に関しまして、一部に整合性のない記述が見られることになってしまっていたのです。

ズバリ！　言ってしまいましょう。それはこういう理由（わけ）だったのです。

そのカラクリは、私こと歴史探偵の解読によりますと、奈良朝の新羅系天皇家（又は、平安朝の百済系天皇家の場合も考えられます）は、大化（丙戌・六八六年）を「乙巳」（六四五年）へと四十一年間も「古い方」へ移動（溯上）させてしまい、その抜けた丙戌（六八六年）の位置に、右に述べました「朱雀」に似せた「朱鳥」という年号を、朱雀をモデルに「新たに作り出して」当て嵌めてしまったというのがその真相だったのです。右の矛盾は、それ以外には考えられませんもの（六3）。

ですから、その時から今日に至るまで、それが「朱鳥元年＝六八六年」として長い間伝えられて来て固定されてしまっていたのです。

＊そこ（年号の問題）にも倭国の抹殺が隠されていたのです。

序でながら、「本来」の大化（丙戌・六八六年）という年号が、何故、その時そう名付けられたのかということを予想いたしますと、いずれアナタに申し上げますように（二四3）、「大津皇子の謀叛」＝そのモデルは新羅「金欽突の変」が、新羅本国のみならず日本列島までをも巻き込んだ大事件にまで発展し、その占領軍の本国である新羅からの国際的な影響が非常に大きかったがために日本列島内でも大変動が生じたということから「オオ化け＝大化け＝大化」としたのか、または、それにより「この時から将棋倒しで、国内にも、何か大きな変革が起こってしまった」、そして、そこからの新しい日本が、それまでと区別する意味も含めまして「大化＝大和＝ヤマト」と名づけられたからだと私は考えているからなのです。

因みに、日本紀上の記述におきましても、この年には大王宮である「難波宮」が何故か焼亡したとされておりますですよ（朱鳥元年〔六八六〕年正月）。

このように「古代年号」の観点一つとりましても、「九州の倭国」に取って代わって、占領新羅軍が畿内へ進駐したということを隠したことからも、古代年号に矛盾が生じておりまして、その古代年号の矛盾の分析からも、間接的にこのことが証明されていたのです。

天皇家にとって、今日のアナタから見ましても、このような改竄作業はとっても面倒くさいことのようですが、この改竄こそがその当時の天皇家にとりましては、記紀上の天孫降臨、万世一系の正当性を内外に主張するため、つまり側面からボロが出ないようにするためにも、つまり、対中国の関係や国内の有力貴族の末裔に反抗させない（国家安泰）という理由作りのためにも、古代におきましてはこういうことが政治上一番大切なことだったからなのです。

平安朝の朝ぼらけ夜明けと共に、当時の最高の頭脳を持ったテクノクラート（官僚）たちが朝廷に参内（夜明けと共に参内いたしましたので、その朝議の場を「朝廷」といったのだと今までアカデミズムではそう無難な言い方がされてまいりましたが、私は端的（自己の心に正直）に、これは「朝鮮人の王宮廷」なので、本来は、そこを「朝鮮王の庭＝朝廷＝朝鮮王の家」と表現したに「過ぎなかった」ものと考えております。その実体を考えますならば、これは強ち不適切とは言えませんもの）いたしましては、この問題で知恵を絞り、頭も草臥れた正午になりますと、その貴族たちは宮廷から帰宅・退廷して、扶余系の遊牧民の末裔らしく蹴鞠で鹿皮の鞠を蹴っ飛ばしては、身体が鈍らないようにしていたのです。

＊序でながら清原氏（「高麗」系の姓）も高原氏（扶余・「韓国」系の姓）も元来は遊牧系です（一八8）。

この万葉の改竄の具体的な点につきましては、また機会を改めて述べてみたいと思っております。

4、「朝鮮語」だった大伴家持の万葉集の草稿

(1) 当時の倭語そのものに朝鮮語の要素が多量に含まれていた——海峡国家の「同一言語圏」

この万葉集につきましても、今までのアナタは大きな誤解をしていたのです。

菅原道真がマトメ上げるまでには複数の万葉集がこの世には存在しておりました。しかし、これは、実は、当たり前のことだったのです。何故ならば、「万葉集」というのは、それまでは「普通名詞」に過ぎなかったからなのです。

と申しますのも、皆（各豪族）がそれぞれ独自の色々な「葉＝コトノハ」、つまり万葉（朝鮮・満州から渡来する前の古里・故国での祖先を称える歌謡史）を持っていたのです。このことは、言葉を変えて正確に申しますと、本来、「いつから『万葉集』は固有名詞化したのか」という形で問われなければいけなかったのです。

こういう形で、何らの疑問も抱かず、この問題を解決しようとはしないで、今日までほっぽっといた国文学の人たちの責任は決して軽くはない筈です。

このように定義というものは、人を裁く法律のみならず、歴史におきましてもとても大切なものだったのです（古代中国の司馬遷の『史記』というアナタもご存知の言葉も同じでして、古くは単なる「普通名詞」に過ぎなかったのですよ）。

では、次に、アナタが目ん玉が飛び出す程ビックリすることをお話ししましょう。

これらの万葉集は、何と本来は「朝鮮語そのもの」で書かれていたのですよ。「エッ、そんな」とアナタは仰るかもしれません。しかし、真実はそうだったのです。

＊ここで、誤解しないようにしていただきたいことは、私の考え

と、今日盛んに主として韓国系の人々によって主張されておりますところの「万葉集が朝鮮語で解けるかどうか」という問題とは、これは直接関係はないということなのです。

しかし、この朝鮮語で解けるという考えと、私の考えとの間に、もし、「強いて関連性を見出す」といたしますと、当時の倭国は「海峡国家」だったのですから、古代の倭語といわれているもの自体の中に、既に、そもそも朝鮮語の要素が多量に含まれていた（又は、同一言語圏で、しかも仮名の音は共に中国南朝音の「呉音」であった）と考えるならば、たとえ朝鮮語と日本語との間での万葉の解釈に、ある程度の類似点（万葉の仮名は日本紀のような漢音ではなく、古事記と同じく呉音です）を見出せても、逆に、それは一般論といたしまして当たり前のことだからなのです（別述）。

その一例といたしまして、「褌衣（ふんどし）」の語源を遡りますと、それは朝鮮語の「フンッオス＝フントス」であったことが判ります（オス＝衣）。更に、特に「越中フンドシ」は、少なくとも今から千七百年以上も前の『魏書』の「邑婁（ゆうろう）」にまでも遡ります。裏日本の文化と沿海州の文化との一つの共通性がここに見られますよね。邑婁フンドシ。

さて、東北や出雲に残る、所謂「ズーズー弁」は、今日でこそ方言に甘んじてはおりますが、実は、アナタ、中世までは「ズーズー弁」こそが日本の標準語だったのでありますよ（目から鱗でしょ）。そこではアナタもご承知のように「イとウ」は変化いたしますので、フンドシ（shi）は、元々はフンドス（su）、正確にはフンッオスだったのです（こちらのほうが古かった）。

ですから、東北のズーズー弁では、標準語の「イとウが交換する」と一般に言われておりますが、これは実は逆だったのでありまして、今日の標準語の方が、中世まで日本の標準語でありましたズーズー弁から「ウ」と「イ」の変換が生じたと考えなければいけなかったのです。このようにアカデミズムにも逆転の発想が必要だったのです。

＊つまり、日本語の元祖の言葉に近いものが、今日の東北のズーズー弁として残されていたのです。

「神武＝ジンム」より、東北の「ズンム」たち、の方が古い。

出雲や伯耆では、「ふんどし（sh-i）」のことを「フンドス（s-u）」と申しますので、朝鮮語と同じであるこのズーズー弁（先程も触れましたように、中世までの日本の標準語でしたから）は、古へでは東北のみならず朝鮮半島とも共通だったのです。このように先入観は禁物なのです。

しかも、当初の万葉集の草案が朝鮮語で書かれていた、ということは考えてみれば至極当然の話なのです。証拠も少なく、大変難しい立証なのですが、山椒のように小粒でもピリリと辛いちゃんと納得のいく証拠を示してアナタにご説明いたしましょう（拾遺集）。

例えば、大伴家持にしろ、大伴氏の家系はかつて海峡国家（かつてはこの海峡国家「倭」から南朝の宋に遣使しております）であった卑彌呼の子孫の「倭王＝安羅王」（大伴家の朝鮮半島での拠点が慶尚南道の咸安であり、日本列島での古くの拠点が、九州の西都原〔一〇3〕や八女や太宰府や大阪の上町台地だった）なのですから、家持が集めて持っていた大伴（倭王）家の歌集（草稿）とは、当然「安羅語＝倭語の一つ」の「朝鮮語の詩＝〈郷歌〉〈郷札〉（これに近かった）のこと」だったからなのです。

＊尚、朝鮮で「郷」と形容いたしますときには、これは朝鮮の「地方」のことを言うのではなく、全て「自国」朝鮮国「自身」のことを言っているのでございまして、このように中国に対しての配慮、つまり朝鮮特有の事大主義により中華に対しへりくだって卑下して自国の土地・言語の表現においてさえも、この頃は中華に対しての我国は「郷＝地方＝鄙」でございますよという表現をしているのです。

(2) いつまでたっても「事大主義」から抜け出せない朝鮮人

ですから、「中央の言葉＝中華語＝漢語」に対し、自国語のことを「郷＝方言＝地方の言葉」などと言って、宗主国の中国に傅いて媚を売っていたのです（今もそうですが）。

こんなところにも、「強いものには謙り、弱いものにはエバリくさる」朝鮮人の古くからの小心者の体質（所謂「事大主義」、よく言えば、地続きの大陸で、中華帝国の暴君からの皆殺しを避け、生き残るための、昔からのユダヤ的な狡猾な智恵）が露呈されております。

この事大主義は、朝鮮の官吏が、「自国の文字」でありながら、これを軽んじて、「諺文冊＝ハングル」で書かれた婦女子の読みものの中でさえも、時代の忌諱に触れると中国帝国に遠慮し（尚、一三2）、例えば、高句麗の偉大なる英雄の『カッスィンドン伝』（泉蓋蘇文がモデル）では、唐と書けずに「タルタル国」とし、高祖と書けずに「タルタル国王」とし、唐太宗と書けずに「タルタル国の第二王子」などと遠慮して縮こまってしまっていること（強者に対する縮み志向）を、「何と主体性のないことか」と自国民を嘆いております、朝鮮の史家・申采浩（一八八〇年旧暦十一月七日生。一八八一〜一九三六年）の言が、このことを端的に証明してくれていたのです。

＊右の泉蓋蘇文も高句麗では「西部」の支配者層に属し、そこでの名は「淵那」でしたので、その姓は、本来「淵」でなければいけなかったにも拘わらず、唐の高祖の名の淵と同じで恐れ多いということで「泉」に変えてしまっていたのです（情けなや）。

自国民が生き残るための止むを得ない生活の智恵とは申せ、中国への事大主義に陥りやすい傾向を常に憂え、嘆き、そしてそれに強い警鐘を打ち鳴らし続けた朝鮮の自主独立の真の愛国の史家は、古代から現在に至るまで、朝鮮史上に只独り申采浩あるのみ。

強い大国・中国に対しては、陸続きですから、威張れば直ぐに殺されてしまいますので威張れないのですが、海を隔てました日本に対しましては、相手が弱いと見れば威張りたがるのです（古代に逃げて来た人は大人しかったのですが）。

今日でも、大韓民国は自由主義・資本主義国家でありながら、レッド・チャイナに対する卑屈なまでの態度は、今も昔と伝統的に何ら変わらず同じなのです。

例えば、朝鮮戦争（一九五〇～一九五三年）における中国共産軍（形は義勇軍）の南下による朝鮮人の大量殺戮という「侵略行為」（このときアメリカ軍のマッカーサーは、全滅の危機に瀕し、真剣に「原爆」の使用を考えて大統領に上申したくらいでした）につきましては、韓国は不問に付する旨の合意を、一九九二年の中国と韓国との国交正常化の交渉の際にしておりますよ（中国に飲まさせられております。朝鮮人の日本への反日教育とのダブルスタンダード・二枚舌をよーく見よ）。

このことを中国側から見ますと、中国の日本に対する所謂「南京大虐殺」の主張に照らして考えますと、明らかに中国という国家も、これ又「二枚舌」（ダブルスタンダード）の国であることが判って来るのです。

中国は、自分でやった真実（右の朝鮮侵略やチベット侵略）はウヤムヤにし、他方、他人のしなかった虚偽（南京事件など）を、お金（援助・借款）を日本からぶんどるための手段として、今日に至るも、恰も真実であるかのように、「針小棒大に大宣伝」する体質の、遥か古代から「信用できない乞食のような商人性の人民の国家」だったのです。

＊そう言えば、イギリスのチャーチルも、ユダヤからの戦争資金欲しさに、ユダヤとアラブとに対して「二枚舌」を使いましたよね。これが今日に至るまで「パレスチナ紛争」のそもそもの源でした（中国人のチャーチルのような二枚舌説）。

と申しますのも、中国の主張いたします所謂「南京大虐殺」の真相とは、昭和十二年（一九三七）十二月十三日、日本軍の松井石根中支那方面軍司令官の指揮下の「上海派遣軍」と「第一〇軍」が、中華民国の首都・南京占領の際、主として中国側の「国際法に違反」いたします、その場で殺されても何ら文句の言えない「便衣兵＝市民を装ったゲリラ」が、たったの一万数千人（一万三千人～一万五千人）くらい殺されたということに過ぎなかったのです。

しかも、アナタ、これには中国人の同族同士の臆病者の兵士の逃亡を阻止するための殺戮も含まれての数字だったのです。つまり、邑江門・北門での支那軍第三六師・中国督戦隊（この部隊の役目は、上官の命令に反して退却する部隊を実力で阻止する支那軍特有の部隊）による退却しようとする友軍・支那軍に対する機関銃の掃射がおこなわれた事実が認められるのです。その証拠は、アチラ側の資料である『南京保衛戦戦闘詳報』などを見よ！

ですから、決して日本軍による二十万人（東京極東軍事裁判での検察側の主張）、三十万人（ひと頃までの中共の公式見解）、四十万人（最近出始めたアメリカ等での海外の中国人のプロパガンダ）もの大量虐殺なんかではなかったのですよ。そしてこのことの極め付けは、そのとき南京で死んだ人々の葬儀や埋葬につきましての中国側の「紅卍字会」の記録からも完璧に頷けることだったのです（ナーンダ）。

アーなる哉。どこまで人の好い日本人なのでしょうか。お金のため（乞食のような経済協力の要求）なら面子を捨ててまで「白も黒と言い含めてしまうレッド・チャイナの中国人の欺瞞」に、アナタだけでも騙されないようにして下さいね。そして、アナタの子孫に、ちゃんとその真実を伝えなければ。異国に散った「兵隊さん」の名誉の為にも。

序でながら、アメリカ軍の装備を受け継いだ「蔣介石の国民政府軍」（右の南京で負けて逃げ出した中国軍）が、やがて大日本帝国の軍装備と参謀・戦法とを受け継ぎました「毛沢東の赤軍」に、弱くて歯が立たなかったのは一体何故だったのでしょうかしらん？　宿題。

しかも、中国では日本の「カラオケ」を自国語に訳すときに「卡拉ＯＫ」としておりまして、この「卡＝カ」は元来「奴隷」を表す字なので、雲南の佤族も卡佤と言われておりましたのを、解放後には止めたくらいなそんな字だったのです。それをシャーシャーと付けているんですから失礼な（アンタ、知ってた？）。

さて、朝鮮のお話に戻しましょう。今日半島の朝鮮人の一部が、日本人以上に「カーッとなって醒め易い」（すぐに怒っては、すぐ謝り、すぐ泣く）のは何故だかお教えいたしましょう。それは、李氏朝鮮が中世に日本から初めて輸入いたしました「唐辛子」の普及によるためだったのです。両班の支配下（二九1）の極貧に近かった内陸部の農奴階層（第三階層）は、何百年もの間、寒さと貧しさに耐えるため「唐辛子・ニンニク」を使った野菜が惣菜の中心となり、国民全体に唐辛子料理が広がり、これを使った醗酵した「キムチ」が化学的に弱い「覚せい剤」とほぼ同じ作用を脳に起こさせるため、これが何百年もの間に朝鮮人の身体に沁み込んで、胎児のときから脳にこの「覚せい剤の洗礼」を受けるため、一般に国民全体が「カーッとなる」覚せい剤中毒類似の症状・頭脳に陥っている状況だからなのです。だから扱い難いのです（これを名付けて「ニンニク・キムチ朝鮮人覚醒剤擬似中毒症候群」という）。

今日、韓国では、一年に一人あたりニンニク九トンを消費している計算になり、これは中国（六トン）を上回り世界一なのです。

＊それにアナタ、大韓民国の顔である首都ソウルについてさえも、いまだ中国では李朝の頃さながらに「漢城」と記しておりますが、この点につき朝鮮人側から中国にこのことで文句を言ったということは私の記憶にないのです。日本に対しましては、世界的に確立された「日本海」の表記さえも、朝鮮中心に見て東の海ですから「東海」にしろなどと世界中に向かってヒステリックに叫んでいるのですよ。これも一方向（事大主義）的中毒症候の一つなのかしらん。

（３）万葉集を撰したのは菅原道真だった――「朝鮮＝倭」語から漢詩へ、そして更に万葉仮名へ

さて、外からの朝鮮人の分析はそのくらいにいたしまして、お

話を万葉集に戻しましょう。

加えまして、その「日朝」の歌集の問題には、「五音」と「七音」の響きの「心地よさ」の共通性の問題も含まれております。更に、そこには朝鮮の「吏読(いどう)」と「万葉仮名」との類似性の問題もございます。さて、では、一体そのどちらが本家だったのでしょうか。

私の考えでは、この万葉を朝鮮語から日本語に翻訳する作業は結構遅く、元慶六年（八八二）の『日本紀竟宴』の頃から宮中において「朝鮮語」からの翻訳の作業が開始されたものと見ております。何と、それは平安時代になってからのことだったのです。しかも、次の点がとても重要なことなのですが、既にこの頃に至りましては、最早「直訳」は難しかった（又は、真実がバレ易かったのみならず、既に貴族たちの祖先が朝鮮の故国を離れて日本列島に渡来してから、長年月が経過してしまっていたため、母国の朝鮮語を忘れかけていた）とみえまして、わざわざ遠回りをして、慎重を期しまして、「朝鮮語」→「漢詩」→「万葉仮名」という「二段階の翻訳方法」を取らざるを得なかったのです。

ですから、そういう「万葉集への翻訳の方法」につきましての証拠といたしまして次に述べます、道真が完成させた『新撰万葉集』の中には、何故か和歌のみならず同一内容の『漢詩』までもが添付されているではありませんか。これも決して格好をつけて、当時の先進の漢字の文化を添えていたのではなかったのですよ。

アナタもこの痕跡を決して見逃してはいけません。

そして、これは、菅原道真が後世の我々に発した警告信号でもあったからなのです。

という訳で、万葉集外に残されておりましたので、辛うじて平安天皇家の抹消から逃れることが出来ましたものといたしまして、私が『拾遺集』（一三6）を介して、その中に隠されておりました貴重なものを見付けましたので、それをアナタにここでご紹介したいと思います。その貴重な証拠の一首は次の通りです（『拾遺集』巻第一春。菅家万葉集の中　よみ人しらず）。

「浅緑　野辺の霞はつつめども　こぼれて匂ふ　桜花かな」

（訳）――A

「浅緑　野辺之霞者裹鞆　己保礼手匂布　花桜施」（万葉仮名）

――B

「緑色浅深埜外盈／雲霞片々綿帷成／残風軽簸千匂散／自此桜花傷客情」（菅原道真の漢詩）――C

――緑色浅深野外に盈(み)てり／雲霞片々帷成る／残風軽く簸(あふ)りて千匂散る／此れより桜花交情を傷ましむ。（高野平訳）

このように、「朝鮮語→漢詩C→万葉仮名B」という方法で今日の万葉集は作られていたのです。

因みに、「磐余(いはれ)」に懸かる枕詞が、何故か「百伝(ももつた)ふ」であるのかという、その成り立ちも、「百」済王一族の神話上の始祖王（百済6仇首王）が「イワレ」ヒコであることを暗示していたのではないかとも私には思われてならないのです。

まあ、それは兎も角（私の思い過ごしらしいですので）といたしましても、「百伝ふ磐余の池に鳴く鴨を今日のみ見てや雲隠りなむ」（『万葉集』四一六番。大津皇子。二四1）という、この歌の「元」は、同じ大津皇子の作とされております

「金烏臨西舎　鼓声催短命　泉路無賓主　此夕離家向」（『懐風藻』七番）

――陽は既に西に傾き、夕刻を告げる鼓の音は、私の残り少ない短い命を急き立てるかのようである。黄泉の路へと旅立つのは、客も主人も無く私一人である。この黄昏の黄色い光に包まれて、私は、今正に一人、死出の花道を一歩踏み出さんとしている。（小生訳）

の「五言臨終一絶」であるかもしれないのです。と申しますのも、その両者の「歌を詠む心が全く同一」だからなのです（二四）。ですから、これも後の二者のみが残されているとはいえ、「朝鮮語の吏読による郷歌→漢詩→万葉」という流れを暗示していたのです。

さて、先ほどの「詠み人知らず」の万葉歌の点に戻りまして、更に多少付加しておきましょう。

「見渡せば春日野の野辺に霞立ち　吹きにほへるは桜花かも」

（『万葉集』一八七二番、読み人知らず）――D

という歌の中にも、「野辺」「霞」「にほへる」「桜花」と、同一用語の共通性が多く見られますので、菅原道真の先程の「Aの歌」との関係で一寸ばかり気になるのです。と申しますのも、『万葉集』一八四七番、読み人知らずの歌

「浅緑　染め懸けたりと見るまでに……」――E

の部分を、「Dの歌」の前半にくっ付けますと、先の漢詩の付いた「Aの歌」と、「ほぼ同じ内容」になって来てしまうからなのです。

「浅緑　染め懸けたりと　見るまでに　吹き匂へるは　桜花かも」――E＋D合成

「浅緑　野辺の霞は　つつめども　こぼれて匂ふ　桜花かな」――A

＊右の両者は、共通の郷歌・漢詩から日本語への翻訳だったのかもしれないからなのです。

（4）「漢詩＋和歌」のモデルは朝鮮にあった「漢詩＋郷歌」だった

さて、一寸横道にずれてしまいましたので、元に戻します。右に申し上げました、菅原道真の「漢詩のケース」におけます、その思考の方法・体系は、私が「万葉のお手本」であったと考えます朝鮮の「郷歌」におきましても、次に申し上げますように、全く同様なのです。では、早速その具体的な例をアナタにお示しいたしましょう。

朝鮮の古い郷歌はそう多くはなく、『三国遺事』に載っております十四首の他に「円通両重大師均如伝」（『海印寺大蔵経補版』）の十一首が今日まで知られておりますが、この十一首は、何と、音訓を交えて記してある朝鮮の万葉とも言えます「郷歌」に、その郷歌の内容や大意やその一部を譯歌にいたしました「七言の漢

詩」までもが添付されているのです。この点、右の菅原道真のものと全く同じ（同一内容の「漢詩＋非漢文の歌」）ですよね。驚かされてしまいます。

では、早速その「漢詩＋郷歌」の証拠といたしまして、次の一首をあげておきます。

第八　常随仏学歌

「我仏体　皆往焉世呂修　将来賜留隠　難行苦行叱願乙……」

（郷歌）

――我が仏の　風そ往ける世に修め給ひし　難行苦行の願を……。

に対しまして、右の譯歌といたしまして

「比娑婆界舎那心　不退修迹可尋　皮紙骨豪兼血墨……」（漢詩形式の譯歌）

が添付されているのです。

そして、これは万葉集の実質の編者である菅原道真の『新撰万葉集』に同内容の漢詩が添付されていることと、その形態におきまして全く「瓜二つ」ではありませんか。

このように、どう考えましても『万葉集』の元祖は朝鮮の「郷歌」だったのでございまして、「万葉仮名」の元祖は朝鮮の「吏読」であったということが、これでアナタにも、朧気ながらお判りいただけたことと思います。

万葉集の編集が、「朝鮮語→漢詩C→万葉仮名B」という過程を辿った理由は、実は、こういうことだったのです。そして、これは未だ仮説とは申せ、その「二段翻訳」（朝鮮語→C→B）の過程を見抜きましたのは、私の知る限り、私が初めてだと自負しております。

かようにして、万葉の「和訳」の一部は菅原道真をもってその嚆矢としたのです。

（5）万葉集の朝鮮（倭）語から日本語への翻訳も菅原道真――枕草子や源氏物語の「古万葉」

では、朝鮮語からの翻訳者は誰なのかという右の点に続きまして、その訳文を集めて「万葉集という形にマトメた人とは一体誰だったのか」という次の大問題に入っていきたいと思いますが、私は、それも天神様こと右に述べました菅原道真以外には考えられないのです。

そして、それは一体いつごろのことなのかと申しますと、59宇多天皇（在位八八八～八九七年）の寛平五年（八九三）九月二十五日に、菅原道真が初めて①勅命集、②伝承歌を加えた数十巻本、③秀歌の抄本という三つの万葉集（九月二十五日「菅原朝臣撰進新撰万葉集二弓」と記載『日本紀略』及び、菅原道真『新撰万葉集・序』）を作ったときのことだったのです。

ということは、約十年かかって菅原道真により、朝鮮語（吏読による）の万葉の歌集から、このとき初めて「固有名詞」としての勅撰の万葉集（万葉仮名によるB。今日のものにやや近いもの）の完成を見たのだともいえるのです。

そして、右の中で③「秀歌の抄本」というものこそ、吏読で書かれていた郷歌の中からピックアップし、秀歌を選んで（人名や地名を齟齬が出ないように統一的に日本語化しつつ）「和訳」したものだったのです。

それでは、一般に言われておりますように、当時「大伴家持の持っていたもの」とは一体何であったんでしょうか。実は、これこそが、いわゆる『古・万葉集』とも言われておりました、未だこの時点では、残りの大部分は朝鮮語の原稿のままでして、これは、この時点におきましての「一部和訳済み」のもの（しかも、一般の人の読めるもの）が

「集は古万葉。古今」（『枕草子』六十八段）

「此集末代之人称古万葉集。源順集ニモ古万葉集ニト云事アリ」（藤原清輔『袋草紙』一）

＊源順は嵯峨天皇の皇子の源定の曾孫。これ又、百済王系ですよ。

「嵯峨の帝が古万葉集の中から選んでお書き遊ばした四巻の巻物」（『源氏物語』梅枝。谷崎潤一郎訳）

などにその片鱗がチラリと覗いているものがそうだったのですよ。

＊紫式部は、嵯峨帝が古万葉集の中から撰した「四巻」の万葉集があるよと申しておりますよ。この四巻を国文学者は、どう「位置付け」、どのような「名で呼んでいる」のでしょうか。この紫式部が文中で言わせました「言葉」のように、52嵯峨天皇・神野親王（七八六～八四二年）の御代に存在していおりましたものは、平安初期のこの時点ですらも、未だ現行のものではなく「古」万葉集といわれているレベルのものに過ぎなかったということがこれにより判って来るからなのです。

実は、この「平城天皇の代」ということと、「万葉集の撰定者」ということにつきましては、その双方の要件を満たすとは申せ、不可解とも言える文献が残されておりまして、それによりますと、万葉集の撰者は橘諸兄（美努王の長子で、母は橘姓の元ともなりました県犬養橘宿禰三千代です。不比等の女である多比能を妻として奈良麻呂をもうけたとされております〔公卿補任・尊卑文脈〕）だというのです。

「此帝（筆者注・平城天皇）御宇大同元年（八〇六）丙戌歳井手左大臣橘諸兄公万葉集ヲ撰」（『続群書類従』二九輯所収の『神皇正統録』平城天皇条）

このように『後拾遺集目録序』にいう古万葉は橘諸兄が撰したものだと言っているのであり、万葉集の中には諸兄の短歌（四四五四、四四五五番など）がちゃんと八首も載っておりますので、一見、このことはもっともらしく聞こえるのでございますが、アナタ、よくよく考えてみますと、平城天皇の在位は八〇六～八一〇年（生年七七四年、没年八二四年）ですので、橘諸兄（葛城王。六八四～七五七年）とは全く重なっては来ないのです。

ということで、これは不可解な文献としか言いようがないのですが、そこには、かつては万葉集の撰定が平城天皇の頃だったということか、又は撰者が橘諸兄であったとの言い伝えがあったものと思われます。

もしこれが平城天皇の時代であり、かつ、橘氏のことであったといたしますと、これが唐に渡る前の橘逸勢（はやなり）（空海、嵯峨帝と共に「三筆」の一人）では少し若過ぎますので、そういたしますと、橘安麻呂（諸兄の孫。奈良麻呂の子）あたりであった可能性も否定出来ないのです。

右の文献には問題があるのですが、万葉集の成立はこのように多くの謎に包まれているのです。

では、今日の新万葉集にマトメたのは誰であったというのでしょうか。

因みに、紫式部（九七八～一〇一六年）、清少納言（十世紀中頃）も、共に平安中期の女流作家です。

しかも、道真が、これらの歌の中でそれまで埋もれていたものをも発掘し（一八10）、九世紀末にマトメた後に、更に今日見られるような二十巻本の姿にまでなるのは、何とその二百年も後の平安中期（十一世紀末）に、『後拾遺集』の選者たちにより「二十巻」とその「目録」が完成される時まで待たなければなりませんでした。

『後拾遺集』には平城天王が万葉集を修した（二三6）と目録序に記入されておりまして、この後拾遺集の成立は十一世紀後半ですから、その点でもこのこととはピッタリ合っているのですよ。

＊このように、万葉集二十巻を完成させた人は、アカデミズムの言うような八世紀後半の大伴家持などではなかったのです。

それに、紫式部のいう嵯峨帝が古万葉の中から撰した「四巻」の万葉集というのも気になります。これは一体何だったのでしょうか。

さて、そうだといたしましても、アナタは文学探偵として更に次の謎を解かなくてはなりません。

それは、道真が宇多天皇の勅命により自分で万葉集を編纂しておきながら、特に「付伝誦本数十巻」とボカした理由とは一体何故だったのかということなのです。

しかも、この表現からいたしますと、道真の頃（九世紀後半）でさえ、三十巻であってもよいことになります。もし、通説の言うように大伴家持が完成させたものだといたしますと、それより百年も後の九世紀後半のときですら、それは何故二十巻ではなく、「数十巻」（つまり、三十巻も有り得ます）と巻数が特定されていなかったのでしょうか。理解出来ないではございませんか。

ということで、やはり万葉集二十巻の完成は大伴家持ではなかったのです。

つまり、菅原道真が自分で編纂しながら、何故「数十巻」などとボカさなければならなかったのか、という謎についてなのですが、その真相が、朝鮮語の吏読の郷歌から、一旦「漢詩」に替え（前述のように、新撰万葉集には何故か漢詩が添付されておりますす）、それを、次に更に「万葉仮名」にし、そして更に（同時に）、その「地名」と「人名」を倭国（朝鮮と九州）のものから日本列島のものへと、差し替えたからなのでしょう。

＊そうして出来上がりましたその日本語となったものの一部（抄

本）が、「古万葉集」として、王宮の女流作家たちの目にとまったものだったのです。これは、九世紀末の「菅原道真の勅撰集の万葉」から、十一世紀の末の「二十巻に纏めた後拾遺集の選者たち」までの、丁度中間のレベルの万葉。

全部について和訳を完了してはいなかった（その途中のものも多かった）ので、全体をある程度オブラートに包んで総数をボカさざるを得なかった理由はここにあったのです。

ところで、更に、謎は深まるばかりです。

と申しますのも、先述の「菅家万葉集の中、詠み人知らず」の「浅緑」で始まるあの歌が、現行万葉集の中には何処にも見当たらないからなのです。エッ！　そんなことあるの？？？

これは一体どうしたことなのでしょうか。一言で万葉集と申しましても、色々と改竄されていたのですね。この点の専門の国文学者の説明を待ちましょう。

さて、一般にテキストなどでは、万葉集には仁徳大王から淳仁天皇（新羅系の淡路廃帝）の天平宝字三年までの「四、五百年間」の歌を収めてあるとされておりますが、仁徳大王は百済王久爾辛（応神大王のモデル）の娘であり、かつ、金官吹希王（秦弓月君）の妃でもありまして（三4、五3）、その夫の吹希王の金官伽羅（倭）国での在位が四二一～四五一年と朝鮮史ではなっておりますので、その妻も大体その頃の人であり、右の淳仁天皇の天平宝字三年が七五九年で特定出来るのですから、そういたしますと、国文学の通説が申しますようにアバウトに「四、五百年間」もの歌を集めたものなどでは決してなく、東アジア史的な見方で、日朝史上この点を特定いたしますと、七五九年マイナス四二一年ということになり、たった「三百三十年間」ぐらい（といっても大したものですが）の歌を集めたものに過ぎなかったのだ、と言わなければ正確ではなかったのです。

たとえ国文学にだけは秀でておりましても、歴史学・考古学に疎かったがため、歴史学者の考えをそのまま鵜呑みにして国文学に取り入れてしまったことから、このように間違ってしまったのです。「人史学」におきましては、このような悲劇は許されないのです（巻末）。

さて、このように見てまいりますと、権力から疎外された、大伴旅人や菅原道真などの倭王の末裔が、何か我々に暗号を残していてくれているように思えてならないのです。例えば、前述いたしました、大伴旅人の「筆不尽言古今所嘆」（一三3）とか、その子の大伴家持の「大伴の遠つ神祖の……しるく標立し」（一八10）などのように。

ひょっとすると、菅原道真の左遷の真相は、歴史の真実（タブー。自分の祖先は倭王〔金官王〕だったこと）を語ろうとしたことが、敵方に当たります平安朝の百済系の朝廷の琴線に触れてしまったからなのかもしれませんよ。柿本人麿また然り（別述）。

（6）万葉集は「演歌」だった

また、かつての万葉集の草稿（家持が持っていた朝鮮語の草稿。

当時の倭国の倭語自体が朝鮮語に近いものだったでしょうが）には「曲も付いていた」のだと私は考えております（音としては「呉音」でした）。

古代は「口誦」ですから、それも当然のことだったのです。そして、これは朝鮮や日本の今日の「演歌」（西洋音楽ほどメロディーは美しくはないが情がこもっている。「情歌」と言うべき）の走りでもあったのです（歌謡史上の大発見？）。

その推測の証拠は次の通りです。

万葉集の古写本の中で訓点を持つ現存する最古の本であるとされております「岩崎本」にはアクセントの符号である「声点」が朱で歌謡などに付してございます。

このことは日本紀も古事記も兄弟であると（しかも、それらの中では、共に歌が出てまいりまして、その中で重要な役割を果たしております）考える私の立場からは、各豪族の家伝は歴史物語として、単なる暗記に留まらず「語り部」により節をつけて歌われてもいた（場合によりましては踊りながら）、そして、そのことは古くは古事記も日本紀も同じだったということの一つの証拠になるようにも思われるのです。

ものによりましては、多分、巫女踊りのような「振り付け」まででも付いていたと見るのが古代的です。早い話が、アナタに古代の役者たちの演ずる「オペラ」や「お神楽」を連想していただければ、より判りが早いのかもしれません。

＊お神楽とは、民間（神社）に残されたその名残だったかもよ（これは、民俗学上の大発見かも）。

5、『万葉集』は日本独特のものではなかった

（1）「和歌」と「万葉仮名」のお手本は朝鮮の「郷歌」と「吏読」だった――朝鮮の「誓記体」と「略歌体」と日本の「宣命」

このように『万葉集』は決して日本独特のものではなかったのです。そうは思いたくない日本思いのアナタの気持ちはよーくわかります。正岡子規の言うように「もののふ」の心の万葉集ぐらいは日本独特のものであって欲しいと――。しかし、残念でした。客観的なデーターからはそうとは言い切れないのです。

と申しますのも、まず、万葉集の中に長歌や短歌群の前に「漢文序」をつけること自体が、唐の初期の漢詩における流行と軌を一にしているといえるからなのです。

また、一人が「五七五」を作ると、次の者がそれに続く「七七」を作るという形式の「短連歌」も、実は、中国の「連句」の影響が大だったのです。

更に、大伴家持が、長歌を「賦」とし、短歌を「絶」ということにしましたのも（前述の大津皇子の「絶」）、ズバリ、これは中国の模倣だったからなのです。

これらのことから推測いたしますと、中国と日本列島の間にある朝鮮半島の「郷歌」でも当然この中国の影響を受けているものと考えられ、この日朝のことを比較して追求すれば、万葉集のモ

デルが、より中国に近く、より早く中国文化の影響を受け易かったところに位置しておりました、朝鮮の「郷歌＝郷札（ヒャンチャル）」であったのでございまして、その万葉仮名のモデルも、当初から朝鮮の「吏読（いどう）」（漢文にはない助詞、テ・ニ・ヲ・ハや語尾を挿入）であったことが判明するものと私には思われるのです。

と申しますのも、万葉仮名の「名詞」は「訓」借していることが多く、それに対して、「助詞」（モ・ヤ・ノ・ヲなど）は「音」借していることが多いということが判ります。

これを朝鮮の郷歌の表記法と比較いたしますと、実によく似ていることから考えましても、万葉集が郷歌を参考にしながら作られているということが、このことからも判って来るからなのです。

又、万葉集の長歌の中には「三句六名体」が十七編見られるのですが、これも郷歌の「三句六名体」と形式が類似していることも「朝鮮の（朝鮮人の）郷歌が万葉集の母体」であったことの補強証拠ともなっているのです。

このように、万葉集につきましても、アナタはコスモポリタンで考えなくてはいけなかったのです。

＊但し、先にも申し上げましたように、今日一部で流行っているように、現今の万葉仮名の語句の一つ一つの読み方を、「そのまま朝鮮語（と言いましても、しかも精々現代語か中世語に過ぎないいい加減なもののようなのですが）に当て嵌めて解く」ような乱暴なことは、私は反対です。そういうことと私の考えとは根本的に異なりますので、アナタは混同しないで下さいね（二三4）。

と申しますのも、私は、そもそも大伴家持・菅原道真などの持っていた、かつての万葉集の「元（草稿）」が朝鮮語（と申しましても、より正確には「海峡国家」としての倭国語）で記されていたんだと言っているのでございまして、八九三年に至り菅原道真により、その一部が万葉仮名にされた段階では、既にその当時の「日本化した平安朝の倭語」に書き換えられてしまっていたと考えているからなのです。

ところで、朝鮮には、全文が漢文なのですが「朝鮮語の語順」で書いてある「誓記体」という少し変わったものもございます。これは漢文と郷歌との間ぐらいの感じなのでしょうか。数は少ないでしょうが、この研究も大切です。

と申しますのも、実は、万葉集の中にも、次のようにこの誓記体と類似の「略歌体」というものが見られるからなのです。

「剣刀諸刃利足踏死々公依」（『万葉集』二四四九番）

——剣刀（つるぎたち）、諸刃（もろは）ノ利（と）キニ足踏ミテ、死ナバ死ヌトモ、君ニ依リナム。

と詠みます。

このように、万葉集の中には「助詞」（右のカタカナの部分）を省略したものも見られ、これは先の新羅の「誓記体」に似ているのです。

更には、

「故将造寺薬師像　作仕奉　詔然当時崩　賜　造不堪　者」

（法隆寺『金堂薬師如来光背銘文』）

の「作仕奉」や「賜」や「者」も、これと類似の文章であると言えるからなのです。これらが、やがて「宣命体（せんみょうたい）」へと繋がり、朝鮮での「吏読」へとも繋がっていたのです。

ひょっとすると、日本でもこのような誓記体が、多胡碑や山上碑や金井澤碑（上野（こうずけ）三碑）それに、文字数の多い那須国造碑などの金石文を分析し直してみると見つかるかもしれませんよ。アナタ、お閑ならやってみては如何？

（2）万葉の「長歌」の後の「反歌」のモデルは、朝鮮の詞脳の「長い歌」の後の「短い歌」――郷歌とその呪術性

更に、証拠を加えていきましょう。法律家の考えといたしましては、少数説にとりましては証拠は多ければ多い程よいからなのです。

その吏読で書かれております「花郎」の郷歌の「長い歌」の後に「短い歌」である「後句」が付いておりますが、これも万葉集の「長歌」の後に詠み添える「反歌」と全く対応していて同じものですので、これで朝鮮の郷歌の「短い歌」の方が万葉の「反歌」のオリジナルとなっていたことが判明してまいります。

＊詞脳（サネ）（『三国遺事』元聖大王〔七八五～七九八年〕条。詩脳・思内。身空詞脳（サネノレ）歌）。因みに、この言葉は古への神奈川県の「相模の国」の古名の「サネ・サシ（砦）」の「サネ＝実・核・中心」とも同じ意味です（二一5）。

「花郎」とは、一言で申しますと、インドのカーストのクシャトリア（そう言えば、釈迦もクシャトリアの出身です）から、金官伽羅の金氏を経まして、新羅の金氏へと入ってまいりました、文武両道、かつ、若手エリートの、古代の仏教「ホモ集団」の若い貴族ことです（一八9、七3）。

その「花郎」の走りとも言われております、「女」の「源花」とは混同しないようにして下さい。

では、その証拠といたしまして、次の朝鮮の郷歌の例を御覧ください。

「……月置八切爾数於将来戸波衣……」

――月も既に憩わんとするにより、道を掃く星を望み見て、彗星なりと申す人有り。

（後句）「達阿羅浮去伊叱等邪……」

――月は昇り去れり、此れを外に夜の箒のあるべきか。（小倉進平訳）

このように「前の歌を反復補足し、大意を約言」しているところなど、その方法・思考は、正に万葉集の反歌と全てがピッタリ同じではないでしょうか。より古い頃も、さして変わらなかったでしょう。アナタ反論あるッ。

この郷歌の全体の意訳は、ご参考までにお示しいたしますと、次の通りになります。

「東海のほとり、かつて乾達婆の遊べる城を得んとて、いま正に倭軍が攻め来るようなので、烽火を掲げて戒むるに、会三花の徒の山に遊ばんとて其の地に至れるあり、月もこれを聞き共に憩はんとしければ、星はそが為に道を掃(きよ)めんとて現はれ出でたるを、あはれ彗星なりと申す人もありけり」（後句）「月は既に昇り去れり、何処にかまた箒を求むべき」

＊原文の「来叱多」につきましては、現在形で解釈し、小倉氏訳の「来れば」を「来るようなので」と私は修正しております。

この郷歌は、新羅26真平王（五七九〜六三二年。この真平王の妃の「麻耶夫人」が、奈良紀での推古女帝のモデルでした。この点、平安紀では、百済26恵王〔五九八〜五九九年〕の妃と差し替えられてしまっております）のときに、花郎の居烈郎など三人が楓岳（金剛山）で倭国来冠の天兆を「呪歌」によって消し国難を救おうとしたときの「融天師彗星歌」という郷歌です。

＊この歌は、その主たる意味が「天兆」の警告に基づく歌ですので、前述のように、私は、倭国が「今正に新羅に攻めて来ようとしている」と近未来的に訳したのです。

(3) 奈良朝の皇子たちの「舎人」制度のモデルは新羅の「花郎」制度

このように、古へは、洋の東西を問わず、全ての歌には「呪術的な要素」が含まれていたと考えられていたのです。言葉は言霊(ことだま)であると考えられていたその当時の考えからは、これは当たり前のことだったのですが。例えば「とーりゃんせ」の恐怖歌のように（一〇6）。

このホモ集団の花郎たちが作る「郷札と万葉の類似性」は、このような歌の分析以前にも、そもそも日本の奈良朝の皇子たちの「舎人(とねり)」制度と新羅のそれらの若き貴族たちの教養と鍛錬・修行のための男色的な色彩を帯びた「花郎」制度の同一性を比較してそれに気が付けば「アッ、そうだったのか」とアナタも直ぐに判る筈だったのです。

＊花郎と弥勒信仰につきましては、七4、一八9。「源花」と「花郎」との違い・由来につきましても七4。

このように「郷歌」には「呪歌」の要素が見られ、その点の系譜を遡ってまいりますと、そもそも、金官伽羅（倭）の初代王である金首露王の降臨の際に、金官の人々が亀旨峰(クジボン)（口絵写真参照）で歌いました

「亀何亀何、首其現也、若不現也、燔灼喫也」

——もしもし亀よ亀さんよ、アナタのお顔をお見せなさい。もしも誰だか判らねば、アンタを焼き殺し、甲羅を占いに使います。それでもいいのかい。どうかお名をお名乗りよ。

という歌にまで遡及出来る、呪術性を含んだ古いものだったのです（「亀＝ク＝王」につきましては、「ミマナ」の処で前述）。

＊「名乗り」を「歩み」に替えれば、「もしもし亀よ」の童謡とちょっと同じですね。

但し、この「亀旨」を朝鮮の吏読(いどう)として捉えまして、「亀旨＝ke-pup-ma-la」（十朋〔亀〕が伏している形に似ている。『三国遺事』原注）ということから、「山の峰が亀の形＝神聖なる山の連なり」であるという風にとらえる考えもございまして、こ

の考えによりますと、「亀何亀何……」は「聖なる峰々よ……」と訳すことになります。そういたしますと、日本紀における九州の天孫降臨の「クヂフル」岳の「クヂ＝奇しき」峰ということに戻ってまいります（一八9）。

更には、「亀旨＝クヂ・クシ・コシ」であり、これも「越」のことと考え、「安羅＝倭」の咸安の「久シ牟礼＝クシムレ」であるとの前述のような考えもございます（許黄玉のインドからの渡来のルートの一部＝卑彌呼の投影か）。

この丘は、アナタもいらしてみれば直ぐお判りのように、古代のインドのアユダ国（コーサラ国＝許国）から嫁いでまいりました金海の金首露王妃の許黄玉の墓と道を隔てまして、その直ぐ隣です。

この「亀旨（くし）」は、一見、倭語での「奇しき」の「奇シ」に対するものと考えられますが、他方、「狗＝ク＝大きい」から発展した「王の」という語と考えることも出来ます（亀＝王の象徴）。

但し、もしかすると、このクシ・クヂは「越＝クシ」のことであり（安羅国のクシムレなど「クシ」がつく地名が古代の南朝鮮には沢山あった）、日本紀における継体（男大迹（おほど））大王（安羅王・倭王の大伴談がモデル）の出身地を指しております「越」という地が、日本海の越前・三国などではなく、本来はこの朝鮮半島南部の「越＝コシ」、つまり「クシムレ＝クシの邑」のことを指していたのです（更に、中央アジアの亀茲につき一八9）。

（4）日本海を渡って住み着いた地を「海を越えて来た」ので「越（こし）」と名付けた海洋民

ここ伽耶（安羅＝倭）の人々が日本海を渡って日本列島に住み着いた地を、海を「越えてきた」ので「越＝コシ」と名付けたのではないかと私は考えております。

＊後に、北陸へ東国へと追われ、大和朝廷から「荒蝦夷（あらえみし）」と呼ばれた人々（前述）とも同一です。そして、このことが、所謂「継体大王越前出自説」とも繋がってもいたのです。そもそも、この越は、右のように「朝鮮」の「クシ」のことだったのです。日本での峠名の付け方の発想ともこれと類似しております。つまり、古くは、峠を挟む麓の二つの村のうちの、有力な村ではない方（相手方）の村名が「峠名」として付けられております。自分達の村の名を付けたいというプライドを優先させるよりも、相手の村の名を峠の名に付ける方が、日常の生活の会話では便利だからなのです（峠名の法則）。

と申しますのも、こうした「越」の例は、既に、東アジアの古代に大きな前例がございまして、丁度、「臥薪嘗胆」（因みに、この中の呉王の「嘗胆」の苦い熊の胆（い）を舐める方は後世の付会でインチキですよ）で有名な古代中国の越王・勾践と呉王・扶差との戦いで、最終的には勾践が扶差を破った後、越王勾践は、揚子江の南の越の地から北の山東半島の琅邪へと北上して首都を移し、そこを故国の南の「越」に因んで（そして、海を越えてまいりましたので）そこを再び、同じ「越国」と名付けましたように。更にその母国でありました古代中国の越国も、もともとはインドシナ半島か又はジャワ・ボルネオ辺りの、後の「耶馬堤国」（『法顕伝』など）から長江より南の中国部分へと海を渡ってきたインド・アンガ国系の人々であったので、既にその時点におきまして古代中国人から「越人＝海を越してきた人」と呼ばれていた（乃至は自称だった）のですが（九7、一五6）。

そして、更に面白いことは、この「越」も「呉」も、共に古代の中国語の読みでは「Wo＝ウォ」なのですから（それに、アナタ、日本の漢字の音は、呉音の方が優位です）、これが淮河流域の淮夷などとともに、中国大陸を大移動（古代中国の地図にもちゃんと移動の記載が見られます。勿論、水耕〔第二次的〕の弥生の農耕民としても、その一部はダイレクトに列島に入ってきております）して、やがては、主として満州・朝鮮半島から日本列島へとも入っていった「倭＝Wo」人の祖先の一部でもあったのです（九2、3、4）。そして、満州や朝鮮半島東部・北部の「濊」「穢」も「貉」も、その一派だったのです。

因みに、日向・西都原が卑彌呼のいた王都であったのですが（九1）、そこから遡ってまいりますと、その前は朝鮮半島の安羅の「クシムレ＝クシ邑」におりましたし、その実家の遼東半島の公孫氏は、それ以前は渤海海峡の目と鼻の先の山東半島の「琅邪」へ移って来た「越の国」だったのであり、更にその前は越王勾践のいた南中国の「越」（これも、前述のように、古くにインドシナ・ジャワ海から海を「越えて」進入してまいりましたので、付けられた名だったのです）だったのですから、長い長い流浪の果てに辿り着きましたこの日向の地の「児湯郡」の元々の読み方も「コユ」が「越ゆる」「越ゆっ」と訛ったと考えるといたしますと、ここにも右の法則に基づく「越」の名が連綿といたしまして、「ジャワ海から九州へ」と過去に繋がる地名遷移という形で残っていた、と考えるべきだったのです（遥かなる「越」の移動）。

(5) タクラマカン砂漠から樺太や千島列島にまで見られる「扁頭」の風習

因みに、中央アジアのタクラマカン砂漠の「クチャ」国にもかつて「扁頭」の風習がございましたので、ここの亀茲と金官伽羅の亀旨の地名の共通性と、更には、「新羅」や「伽羅」の扁頭の風習の共通性とは、共にインドのクシャトリアからの流れといたしまして繋がりがあったのです（一八9）。

このことと、この金官伽羅の金首露王（8孝元大王のモデル）のところにインド・アユダ国からそこの王女が嫁いできていることをも考え合わせますならば、この呪歌である郷歌とは、前にも述べましたように（一八、9）「花郎・扁頭と表裏一体」を成しながらインド・クシャトリア（王・武士）階級（カースト）の思想（インダス文明を滅ぼした遊牧系の白人であるアーリア人の王・武士の思想）から入ってきたものであることが判るのです。

＊因みに、この扁頭の風習とも何処かで関連しているかもしれませんが、古代の人々、それがアイヌでもエスキモーでも台湾の

貝塚人でも、「人間の脳を食べる」風習につきましては、前述いたしました。

今日でも「猿の脳」や、日本でも「蟹の脳味噌」を好んで食べるのは、この人喰いの名残なのカナ。

さて、お話を万葉に戻しますが、「純粋な漢詩・漢文」も万葉集の中には見られます。この一つ一つを「郷歌」と比較することも、何か新しいことが発見できるテーマの一つだと思います。

このように、残念ながら、万葉集は決して、アナタがお考えのような日本独自のものではなかったのです。更にいえば、漢詩を通しての朝鮮歌集の焼き直しに過ぎなかったとも言える一面もあったのです。

万葉集の起源につきましても、国文学だけの狭い視野ではなく、東アジア（古代朝鮮の「花郎」や中国雲南や古代インドの「カースト制度」にまでも）の歴史・思想・文学全体をも踏まえまして（つまり、私の提唱いたします「人史学」の一環といたしまして）、その全てを見直す時期がいよいよ到来したものと私は考えております（「人史学」につき、巻末参照）。

(6) 華南と朝鮮と日本で見事に一致する血液型の比率

東アジアの歴史で、これに関係する文化の部分につきましても、ついでにもう少し考えてみましょう。

インド・アユダ国王女の許黄玉が、中国の「四川・蜀経由」で朝鮮半島の金官伽羅に至ったという口碑があるようです。

＊その場合はアッサム経由の陸路を辿り、その途中からは金沙江（揚子江上流）の下降の「河川ルート」でしょう。

但し、伽羅の海民の祖先伝承が、このようなインド「十六王朝」の王妃の出自の形として伝わっていた可能性も否定できません（山海経の分析）。海路でインドシナのアユダ国経由も十分考えられます。因みに、卑彌呼の出自は少なくともインド・アンガ国にまで遡ることが出来ます（九7）。

この「雲南、長江、日本列島へのルート」の古くからの存在を示す証拠といたしましては、華南と南朝鮮と日本列島との三者におきまして、血液型の「A・O・B・AB」の構成比率が「4対3対2対1」で皆同一であるということからも、人口の多くを占めます南倭の一派（私の分類では「中倭」ということになります）である弥生の水耕民（弥生人）が、華南より朝鮮半島、日本列島へと渡って来ていたことと、更に、その同一の人々が地域移動により、又、時代により「来夷」「韓」「委（わ）」「濊（わい）」「偎（わい）」などと中国から多少呼び名を異にして呼ばれていたこと（来夷とは、地名というよりは、むしろ、海から渡来して来た夷（殷・商又は、正に「越」などはそうです）を元々は指していたのです）も判って来るのです（「韓＝倭」ということにつきましては、九3。但し、稲の種から考えますと、朝鮮半島経由という点にも、少なからぬ矛盾が見られますことにつき、先述）。

＊血液型は、その性格・気質の分析からも、A型は村長の命令に従って規則正しく春種蒔きをして秋収穫する（初期は陸稲）、

中国長江中流域（当初）から渡来いたしました「弥生人」（BC十一世紀以降）、O型は農作でリードする新モンゴロイドの弥生人の命令に従って、素朴で従順で、古くは「古モンゴロイド系」が中心であったところの「縄文人」（定着は、一万八千年前以降のベージリアンの冠水により、動物の通行も不可となり、これらの食糧を追う人々もそこでストップ）、B型は策略が得意で、行動力に優れ、他人の文化を利用・生かすことが巧みな、元々はアジア大陸からの「遊牧狩猟民」（紀元以降）、AB型はAとBとの混血、つまり、弥生人（苗族＝毛人）と遊牧民（扶余・満州・沿海州・高句麗・百済系）の混血と考えることが出来るのではないでしょうか。

この人々の主なグループの、日本列島への渡来の「時間的な順序」は、凡そが、O（太古～）→A（BC十一世紀～）→B（紀元前後～）→そしてABの混血ということでしょうか。

西南日本にA型の血液型の人が多く、この点にも、中国・江南との類似性が見られるのです（弥生人の原郷）。

この民の移動は、より古くは雲南（弥生人・水耕民・苗族・毛民）の故郷で、好きな男へ女から果実を投げて求愛いたしました「歌垣（かがい）」から、筑波山麓の歌垣（先述）へと間違いなく海を渡って繋がって来ていたのです。

今日の中国では、人口の増大した漢（羌）人により、中国中原から南方へと追われてしまっております閩（びん）越人たちの「イチ・ニ・サン・シ・ゴ……」の数詞と、弥生の水耕民のそれとの驚くべき共通性（同一祖先）につきましては、後に申し上げます（二九4）。

(7) ダジャレの元祖は朝鮮人——神話の陰にエロ歌あり

朝鮮半島の「掛け言葉」（ダジャレ）は、神聖な筈の『日本書紀』の「神々の誕生の神話」にも受け継がれております。例えば、月夜見命に殺された保食神（うけもち）の、「頭から馬」が生まれ、「女陰から小豆」が生まれたということも、これを古朝鮮語に当て嵌めて解読して見ますと、アラ不思議！

頭（mara）から馬（mar）が生まれ、そして、陰部・女陰・核（さね）（poti）から小豆（phat）が生まれたと、同一音の掛け言葉になっておりますよ。つまり、これを次に、別の意味・俗語の方から申しますと、更に加えまして、アラ不思議！

「巨根」から「巨根の主」が生まれ（小から大へ）、そして、「核の包み（女陰）」から「核（オサネ）」が発生した（包みから中味へ。大から小へ）と言う神聖な神々の誕生が、実に面白く、かつエロっぽい、しかもシンメトリーで「小→大」「大→小」という内容のお話になっていたのですし、更に、朝鮮語で右の神話の他の部分についても比較いたしますと、「額」（cha）から「粟」（cho）が、「眉」（nunsep）から「蚕」（nue）が、「眼」（nun）から「稗」（nui）が、「腹」（pai）から「稲」（pyo）が生まれたとなっておりますよ（日本神話は朝鮮人が考えた落語の元祖ダヨナ）。

これらの日本紀の死体から化生する型の食物起源の神話の作成者は朝鮮人であることの証拠を、朝鮮本国のものを検証することにより止めを刺すことにいたしましょう。

「死体の頭は豚の飼桶になり……耳は栄螺になり……陰部は鰒になり、肛門はイソギンチャクになり、肝臓は海鼠となり、腸は蛇になった」（済州島『門前神ポンプリ（本解＝神話）』）

これはスゴイことなのです。と申しますのも「耳とサザエ」「女陰とアワビ」「肛門とイソギンチャク」「肝臓とナマコ」というように、形態が殆ど瓜二つのものに化しているのみならず、更に、それに加えまして「頭（テガリ）と豚の飼桶（トゴリ）」「耳（ソリ）とサザエ（ソラ）」「肛門から出た大便・小便（マル）とイソギンチャク（マルミヂャル）」というように、この各二者は言葉（朝鮮語）でも殆ど同一だからなのです。

古代の朝鮮人のユーモアには、こんなに素晴らしいものがあったのですネ。このような人々から見ますと、右の日本紀の月読命に殺された保食神から生ずる穀物の名と身体の各部分の名の朝鮮語での共通性など朝飯前だった筈です。

又、このことは、右の日本紀のみならず、古事記の方におきましても、大気津比売がスサノヲに殺された（『古事記』）というケースを、古代朝鮮語の「掛け詞」から分析いたしましても、そこには右と全く同じ発想が見られるからなのです。

このように古朝鮮語で解明しなくては、この日本書紀や古事記の「神聖な神々の誕生の神話」の中に隠れている重要な、逆にふざけた（諧謔・駄洒落）部分のエロチックな「謎」が解けないからなのです。

＊これは誰（アカデミズムの石頭）が何と言おうと、明らかにこの日本紀が朝鮮人（倭人）の作品であることを如実に物語っていたのです。

ですから、日本神話の屎・尿などから色々な物が生成する神話を弥生人の源郷の一つでもある雲南で調べてみましたところ、そこからは何も見つからなかった、と言われておりますが、これは当然のことだったのです。

と申しますのは、今申し上げましたように、これは古朝鮮語での「掛詞」になっていたのですから、倭人の最も古い源郷（インド・アッサム又はパンジャブ）からの経過地点の一つでもございます雲南の時点におきましては、仮に、未だこのような「不浄なユーモア・神話」が存在していなくても、これは当然のことだったのです。このユーモアは、満州・朝鮮における付加が主だったのです。

このように日本紀の中から、満州・朝鮮からの渡来人の「遊び心」を読み取ることが出来るとともに、又、後世の和歌自体の中からも、その根本思想の中に朝鮮の「戯れ歌」の流れと呪術性とが読み取れるのです。

形は少し異なりますが、日本の武士（源氏＝秦氏＝新羅系。二三、二七）の和歌、例えば、源義家の「衣の館は、ほころびにけり」に対しての、敵の蝦夷の安倍貞任が「年を経し、糸の乱れの、苦しさに」と、実に見事に歌を「切り返し」ました（たとえこの歌が後世の挿入話であったといたしましても、その考え方思想自体）ことなどの「懸け言葉」の中にも、間違いなく古への朝鮮からの「遊び心」の思想が流れていたのです。

このことは、日本の東国における「武士の発生」が、九三五年の新羅亡国の時、その何百隻（一説によりますと、三百隻〔約一万人〕とも言われております）もの全新羅海軍が「神隠し」にあって、何処かに消えてなくなってしまったということ（つまり、日本列島の東国への逃避）と必ずや関連があるもの、と私は睨んでおります（二三、一七1。後述の、足柄山の金太郎も）。

この「武士の発生＝（先来）渡来人の子孫であった防人（さきもり）＋（後来）亡命新羅水軍」という考えは、必ずや後世の人々の支持を受け、いずれ通説となる日がやって来るものと私は確信いたしております。

（8）源氏は新羅系の秦氏の出自だった——源新羅三郎義光と何故名乗ったのか？

ところで、先ほどの東北での「前九年の役」（十一世紀中頃）で、「俘囚の長」安倍貞任と戦ってこれを滅ぼし、このとき右の「衣の館は……」の例の歌を残し、又、「後三年の役」（一〇八五～一〇八七年）では清原氏の内紛に乗じて陸奥守として乗り込んで清原武則と戦ってこれを滅ぼしました（これらの手柄により、源氏のトップは平家に代わって関東武士の棟梁となりました）源義家の、その「弟」の源義光は、何故、自ら「新羅・三郎義光」などと、その名に「新羅」を冠して名乗っていたのでしょうか。では、次にその謎にアナタと共に迫ってみましょう。

この人が、大津の三井寺の「新羅善神堂」（新羅神社）で元服している（何故か！金堂から離れたところにある立派な三間社（やしろ）の流（ながれ）造・国宝です。後に、源氏の棟梁の足利尊氏〔一三三八～一三五五年将軍〕により、貞和三年〔一三四七〕に造営されました。但し、寺内の文書では暦王三年〔一三四〇〕とされております）というのは（七4）、正しく、ここが氏神だったからなのでございまして（それに、このお堂は、右のように「源氏の嫡流」でもある足利尊氏の造営でもございますよ）、このことは、図らずも「源氏が新羅系（秦氏）」であったことを端的にアナタに示してくれていた実にいい証拠だったのです（二七1）。

＊この「新羅善神堂」という御堂のご祭神である「新羅大明神像」（絹画）では、大きな新羅神（新羅王？）の下に、小さく日本の高官（王・天皇？）や皇子たちが描かれている（日本人は臣下扱い）というところが、アナタ、ナカナカ意味深ですゾ。何故なら、この束帯形の高官には、「火御子」と記されておりますように、「ヒノミコ」で「日皇子＝天皇」のことを表しておりましたし、後述の寺伝の補録によりますと、この「日皇子＝天皇」は、新羅大明神に土地を献じた人（与多王の父）である「大友皇子＝弘文天皇＝百済義慈王の王子・扶余隆がモデル」であることが判りまして（絵の下の右から二人目の文殊菩

薩の象徴といわれる般若菩薩は、皇太子でしょう）、つまり、この新羅明神の下の高官は百済系の天皇だったのでして、その絵の上から新羅大明神（新羅王としての象徴）が大きく睨みを利かせている図柄となっているからなのです。早い話が、新羅vs百済という構図なのです。

因みに、この絹本の図柄が作られましたのは、鎌倉時代後期ですので、新羅系が将軍として日本を支配しているときに作られたものだったのです。

この点の「源氏＝新羅」であったことの証拠につきまして、更に、掘り下げてみたいと思います。

この新羅善神堂は、そもそも三井寺（園城寺）の鎮守でありますと共に、この寺を再興いたしました智証大師（謚号は醍醐天皇より賜る。円珍。八一四～八九一年。俗姓、和気）を介しまして敦賀湾より少し東へ入りましたところの「新羅神社・新羅宮」（福井県南条郡今庄）とも繋がっており（七4ノ7。円珍が朝鮮より戻りますときに、船が逆波で方向を見失ったときに、この神が荒波を鎮めてくれたからだといわれております。仁寿三年〔八五三〕閏八月、勅許を得て唐船に乗って唐に向かう途中、琉球〔但し、台湾〕に漂流しながらも福州に上陸し、在唐六年、その間一年は天台山に留まり、伝教大師最澄の興した僧院を「天台山国清寺日本国大徳僧院」として復興し、天安二年〔八五八〕太宰府へ戻ったという史実がございます）まして、しかもこの神社の直ぐ近くの日野川（別名、白鬼女川・信露貴川。下流で九頭竜川と合流）が、大伴家持により万葉集の中で「叔羅河＝シラ川＝シラク川（シラギ川）」（『万葉集』四一八九、四一九〇番。万葉仮名で「舛羅河」）と詠まれておりますところからも、新羅とは大変縁の深いお堂であるのみならず（七4）この、園城寺・三井寺そのものが、伽耶系と言われております「大友氏の氏寺」であると共に、この新羅三郎こと源義光が元服いたしましたこの新羅善神堂というお堂自体も又、志賀大友郷の新羅・伽耶系渡来人の奉祀した神仏であったのですから、このことは尚更だったのです（因みに、同じ音の大伴氏は安羅の王族です。一一1、2）。

＊寺伝では、天智大王が長等山中より大友皇子の御井之地に移させたとなっておりますが（『寺門伝記補録』）、霊夢に従って、故地に戻しました。やがて天智大王が薨去し、大友皇子も「壬申の乱」で敗死しましたが、大友皇子の子の与多王（父は、寺伝の「火御子＝日皇子」です）が、天武天皇に上奏し、「父の宅地」に、白鳳八年（六八〇）から朱鳥元年（六八六）までかかって完成させたとされ（尚、朱鳥年号の捏造につき、一五1、二三3）、その縁起には不可解な点が多々見られますことからも、本来、新羅系であったかつての大寺が、百済系に路線変更させられてしまったのだということを物語っていたのです。ずっと後のことですが、治承四年（一一八〇）に以仁王の平家討伐の折、敗れた「源氏を支援」いたしましたこの寺は、金堂のみを残して他は全山焼き払われてしまいまして、その焼失の様子は、塔廟坊舎六百三十七余、仏像二千余体、（『源平盛衰記』）

とされておりますので、この三井寺（御井寺長等山園城寺）が大寺であったことが判るのです。

この寺名は、乱で死んだ大友皇子（百済・王子の扶余隆がモデル）の子の与多王が、父の荘園城邑を献じて創建したことにより、天武天皇（新羅・文武王・金多遂がモデル）から「園城」という勅額を賜ったところから名付けられたものと言われております。

正史は、「（安羅伽耶系の）大伴氏」と「天智大王の子＝大友皇子（扶余隆）＝弘仁大王」との名が、共に「オオトモ」で同じことを奇貨といたしまして、この新羅・伽耶系の寺の縁起を、平安紀におけます天智大王の子の大友皇子に、強引に結びつけて、今更その出自を辿れなくしてしまっていたのです（ご注意）。

因みに、百済王（こにきし）系の歌人の僧正偏照（一2）も、このお堂に縁のある智証の門弟の一人であったのです。

このように、やっぱり「源氏＝新羅」の証拠（中央では古くに抹殺されてしまっておりましても）が、地方の片隅にはちゃんと残っていたのです。

＊この寺と源氏との縁は、少なくとも、この義光の父にまで遡り、源頼義が「前九年の役」で奥州へ出陣の際、この三井寺で護法神（祖先神）の「新羅明神」に戦勝を祈願し、その後、源頼義は長男の義家を岩清水八幡の氏人とし、次男の義綱を賀茂神社の氏人とし、そして、三男の義光をこの新羅明神の氏人としております。

更に、この源義光は、長男の覚義を出家させると共に、この、「新羅明神」の南西、「新羅三郎義光の墓」の辺りに「今光院」を建立して、住持とし、晩年はそこに住んでおります。

因みに、山梨県の巨摩郡のコマは、古いある時代には高句麗人のコマ（又は、百済人の「熊＝コム＝神」）のことを示していたのです。ここの都留という市の名も、古代朝鮮語の数詞である「一、二、三……」の「ハナ、ツル、セイノー……」によります、ここが渡来人の「ツル＝二＝第二の故郷」であるということを表していたのですよ。この「ツル」は全国各地（西国でも玉名市の菊池川の近くの津留（つる）など）にも見られます。

序でに、「ツル＝二」の前の「花さん」「花子さん」の「ハナ」も、右の朝鮮語の「第一の＝ハナ」の意味で、古くは、渡来人の「長女」に付けられた名前だったのです（という訳で、渡来当時は、二女、三女……には「花＝ハナ」とは付けなかったのですよ。正に、朝鮮語では「ハナ＝始め」だったのです。かつてのタレント、「ハナ肇（はじめ）」と覚えておきましょう）。

このように、渡来人は日本中へと広がって混血民となり、「消えた渡来人」と化して「日本人」となっていったのです。

東国は、西国以上に「隠れたる歴史（亡命民）」につきましては、予想外にコスモポリタンだったのです。

それは、大陸からの亡命民のその殆どが、後期には東国へと吸収され消えていったからです。

又、近頃、朝鮮系の在日の銀行（韓国自体にも、この名を冠した金融機関があるそうです）の中に「ハナ」という名前を付けたものが見受けられましたが、これも、先ほども申し上げましたように「ハナ、ツル、セイノー」の「ハナ＝第一番目」の銀行、つまり、朝鮮語で「第一銀行」という意味だったのです。

さて、新羅系の渡来人の、日本への先渡来民・先住民の中への「融け込み」について、もう少し見ていくことにいたしましょう。

先程「源氏＝新羅」の証拠として申し上げました源義家の弟の新羅三郎義光から「甲斐源氏」が出ておりまして、そういたしますと、当然その子孫である武田信玄も新羅（秦氏）の末裔だったということになって来ざるを得ないのです。

＊武田家が秦氏の出自であるといたしますと、笛吹川・富士川の巨大土木工事は、遥か昔、その祖先がセム人（ユダヤ人もこの一派です）として、チグリス・ユーフラテス河の氾濫防止工事を、シュメール人から半奴隷的立場で担当させられておりました頃から、既にお得意の工事（そのノウハウを有していた）だった筈なのです。

因みに、武田信玄とやり合いました、南の駿河のライバルの今川義元も、これも源氏の嫡流である足利尊氏の直系ですから、これ又、同じく新羅系秦氏の流れの一つ（遡れば同族）だったのです。

そうであるからこそ、その証拠といたしまして、今川氏が滅ぼされてから、その一族は羽田（ハダ＝秦）の姓を名乗って（戻って＝「姓の先祖返り」）伊豆の田方郡などに隠れ棲み、その末裔が江戸時代に至っては、代官など（江川太郎左衛門など）になっているのです。

こう見てまいりますと、正に東国の武将は、新羅・伽耶系（より古くは高句麗〔コマ〕）のオンパレードではありませんか。

この滅ぼされた今川義元の羽田系の子孫から、今申し上げましたように、伊豆・田方郡・韮山の代官・江川太郎左衛門（代々の襲名ですが、反射炉・鉄炉の旦庵が有名です）が出ております。

これも決して偶然のことではなく、遡りますと、祖先の渡来人の秦氏の頃から鉄とは縁が深かったのです。

と申しますのも、秦氏の一部の祖先がバクトリア系のユダヤ人の秦の始皇帝の一族であった（前述）といたしますと、秦の中国統一は、西方に位置しており、その関係からいち早く鉄の武器や農具を実用化したことにあると考えられますので（但し、南方から楚に入った方が早かった）、その点からも、旦庵の反射炉の鉄と秦氏とは、古へから縁があったとも言い得るからなのです。

＊近くは、秦氏は出雲平野や吉備や中国山地でも、大規模な「カンナ流し」による製鉄事業を古代から営んでおります（八岐大蛇神話の出雲定着につき、別述）。

このように、古代の秦氏は、稲と鉄と物流を支配しておりました（特に、出雲ではこの点が顕著です）。

（9）盛岡の南部公は新羅・秦氏の出自

さて、文治五年（一一八九）、源頼朝が平泉の藤原氏を討った際に戦功のございました南部光行は、糠部（八戸・三戸）の地頭職に任ぜられ甲州の南部から三戸へ移ってまいりました。26南部信直のときに内紛により津軽を失いましたが、後に、豊臣秀吉の「北条攻め」に参陣し、その結果、「南部七郡安堵の朱印状」を得、紫波・稗貫・和賀の加封を許され、やがて盛岡に築城したのです。

このように、山梨県の南部から青森県の三戸を経て「不来方＝盛岡」へと移封してまいりました（勢力が拡大し、南部の鬼柳〔北上市〕で伊達藩と接するようになり、三戸では北に偏りすぎているため）のが、大名の南部氏でございまして、その南部公の祖神がこの八戸の新羅神社（七4、他）の祭神である源新羅三郎義光であったことからも、このことは裏付けられていたのです。

＊新羅・伽羅→越前→近江（源義光・園城寺）→甲斐（武田氏）→八戸（南部氏）→三戸→盛岡という流れだったのです。

因みに、盛岡市を流れます中津川の「上の橋」の青銅擬宝珠には、慶長十四年（一六〇九）などの銘がございます。日本国内の他の古い擬宝珠は、京都の三条大橋のみです。元和年間（一六一五〜一六二三年）には、城下二十三町の区画も定まり、三戸から武士や町人が移ってまいりました。災害による城の修理などもあり、正式に居城となりましたのは、寛永十年（一六三三）からでした。

だからこそ八戸では新羅神社のことを、百済系の平安天皇家が平安朝以降に付けました、蔑称の「ギ」を付けないで、今日でも「シンラ」と新羅本国の名前を正しく清んで呼んでいるのです（前述、七4、一七1）。

＊元々、シンラ・シルラの人々が自国の名を「新羅＝シラ」とした頃には「ギ＝蔑称」などはなく、その下に付けました「ギ」の音は、同じ音でございましても、単に「ギ＝城・砦」という程度の軽い意味に過ぎなかったのですが。

江戸時代に、盛岡の発展に助力したのが近江商人なのですが、このように、うーんと古くから南部氏やエミシと近江（大津、三井寺＝園城寺）商人とは、甲斐武田氏を介しまして繋がっていたのです。そもそも、南部侯の祖先は、近江の三井寺の「新羅善神堂」に祀られていたのですから、盛岡と近江とは関連があったのです。

さて、そういたしますと、この青森県八戸市の「新羅神社」は、越前の南条郡の「新羅神社・新羅宮」（前述）とも、源氏の一族を介しまして、物の見事に繋がっていたことになります。

＊因みに、先述のように、この新羅三郎義光が甲斐に入りまして武田家の先祖となっておりますので、武田信玄は源氏かつ秦氏（扶余）系の末裔であり、新羅・伽耶系の出自だったのです。

この点では、甲斐の巨摩「コマ＝高句麗＝肥＝狛」郡の名と、辰韓の主たるメンバーの一つの今来の秦氏の真の出自でもございます扶余（高句麗・百済の母国）とは、秦氏を介しまして繋がっていたことにもなってまいります。

このように、この時代におきましても（古くのサルタヒコ系の水耕民の東国への追放・逃散に加えまして）支配者レベルのゼネコンでもございました秦氏（扶余系。隠れ秦氏）は全国に広まり、同系統の先来の、サルタヒコを祖神と仰ぐ弥生の農耕民（表の秦氏）を同族支配しながら、稲荷社（トヨウケ）、八坂社（スサノヲ）、祇園社（スサノヲ）などの信仰を日本列島中に広めていったのです。

＊このように、秦氏にも、「今来」と「古来」が、そして、「表」と「裏＝隠れ」とがあったのです。

この源義光が新羅・伽耶系（二七1）であるといたしますと、先程も申し上げましたように、この兄が「前九年の役」で活躍いたしました八幡（ヤワタ・ハバン）太郎源義家ですから、当然義家も新羅系だったということにもなってまいりまして、この人が「前九年の役」で、平安百済天皇家のために蝦夷（かい）と死に物狂いで戦ったのですし、源氏そのものは、元来は新羅・秦氏系ですから、この点からも、後に述べますように、秦氏（藤原式家）の末裔が、本来身内である筈の新羅を裏切ってまでも百済側に付いたため、奈良朝から平安朝へと移ることが出来たという流れ（二一六）とも、その底流におきまして一脈通じていたと言えるのです。

つまり秦氏（藤原氏式家。古くへ遡りますと、セム系ユダヤ人へとも繋がります、扶余から辰韓へと入った亡命民の一族）の一派が、日本の天皇を、奈良朝（新羅系）から平安朝（百済系）へと、大きくその流れを変えさせた主役だったとも言えるのです。

＊古代史のグループダイナミックス的な分析といたしましては、この点がとても大切だったのです。学校じゃ、こんなことは教えてくれませんが。

(10)「刀伊の乱」に隠されていた真相――消えた新羅水軍が羽化して武士となる

ところで、一〇一九年四月七日に肥前・伊都（対馬、壱岐、筑前にも上陸しております）に上陸した「刀伊の乱」は、女真族の侵入であると一般にアカデミズムでは言われております。

しかし、これには疑問が多く、右に述べました、かつての亡命新羅系の水軍の末裔（九三五年に新羅が高麗の太祖王建に滅ぼされ、その際、新羅海軍が全部行方不明となって消えてしまっております。逃げ延びて生き残ることの出来る場所は、大陸続きではない日本列島の、それも東日本・東北日本しかありません。しかも、ここ東国におきまして、後に、武士の発生を見ているのですよ。一七1）と南方・北方の海洋民とのそれらが連絡をとり「合同」いたしまして、日本列島で百済系に奪われてしまいました新羅（慶州金氏）系（奈良朝）天皇政権の再興を図った（つまり、平安朝の転覆）ということ（この頃に日本列島の各地で一斉に起こった騒乱を考え合わせますならば）も、当時の東アジアの国際情勢に照らして考えますならば、必ずしも否定は出来ないからなのです（三〇2）。

と申しますのも、新羅が九三五年に滅び、その約四年後に「天慶の乱」、つまり、アナタもよくご承知の、平将門や藤原純友の乱が東西で互いに示し合わせたかのように呼応して大争乱が起き、やがてこれが、地方武士の興起にも繋がって来ているからなのです。

＊このように、「天慶の乱」で、伊予の日振(ひぶり)島を拠点として、海賊の頭目として活躍いたしました藤原純友と、この「朝鮮半島から消えた新羅海軍」とは、時期的にもドンピシャリでして、やはり裏面では結びついていたのです。

亡命新羅水軍と海洋民との結合につき申し上げますと、新羅滅亡の前の九二六年に渤海が契丹の耶律阿保機に滅ぼされております。渤海は高句麗などの末裔で、百済系亡命民が日本列島で平安朝を建てるのに裏日本（越の国側、特に出羽国）から協力して来た間柄（三〇２）ですので、当然、兄弟分が日本国を経営しているころの「奕葉重光　本枝　百世」の間柄（渤海郡王の武芸の国書。『続日本紀』聖武、神亀五年、七二八年）にあると「渤海＝高句麗の後継者」が認識しておりました日本列島に、多数亡命して来ていたのです（七４、三〇２、一七２）。更に、九三六年には、新羅の後ろ盾で作られました「後百済国」という国も、右の高麗に滅ぼされておりまして、この亡命民も大陸続きではない日本列島の、それも東日本・東北日本へと少なからず落ち延びて来ております。

これらの乱は皆東アジアでの動乱と直接連動していたとアナタは広い目で見なければいけなかったからなのです。

さて、「足柄やーまの金太ろおー、くぅーまにまーたがり」の童謡でもアナタにもお馴染みの箱根の足柄山の金太郎（源頼光〔一〇二一年没、七十四歳〕の四天王として、平安中期に活躍いたしました坂田金時・公時）も、九三五年に高麗(こうらい)に滅ぼされて大陸・朝鮮半島では「消えた筈の新羅水軍」の子孫が、実は、日本列島の東日本の深山幽谷に隠れ住んでいたのでございまして、この金太郎はその二世三世であったのです。

そういたしますと、坂田金時の母の「山姥(やまうば)」は、一世か二世でしょう。

ここ箱根辺りは、古くは高句麗人の縄張りでもあった（大磯の「高良神社」や「箱根神社」の真の祭神はそうです）のですが、この頃は、朝鮮半島からの同じ亡命人として、「よく海を渡って命からがら逃げて来たね」と、先輩たちから受け入れてもらえたのです。

と言いますのも、この金太郎の伝承というものが、関東の足柄山のみならず東北や中国地方の鄙の地にも広く伝わっておりまして、このことは、亡命人の山間僻地への潜り込みが広い範囲で少なからずあった、ということを示していたのです。当時の交通の要は、あくまでも船なのですから、このように広域に拡散していったということは、取りも直さず、船で移動し船で連絡を取り合っていた（つまり、本質が亡命海軍であった）ことを如実に示していたのです。

つまり「武士」とは、百済系の天皇家及びその貴族の下に「侍ふ＝さぶらふ」（下に控える）新羅海軍の亡命民が、土着して農民化した用心棒（ガードマン）であったという構図がここに見られるのです。

やがては、この末裔でございます「新羅系の秦氏」出身のガードマンが、力を付け天下を取りますが、それが源頼朝の一一九二年の「鎌倉幕府（幕政・軍政）」の開設だったのです（二七）。歴史とは、常にハテナ！と疑って、このような「切り口」で見なければいけなかったのです。

このように、日本における「武士の発生」につきましては、平安朝とは何か（三〇1、2）という真相の追究と密接に関連すると共に、そのことを東アジア全体の流れ、特に朝鮮半島との関連の中に位置付け（渡来人だった防人の子孫＋亡命新羅水軍）て見ていかなければ、その本質は掴めないのです。

単に、国内の荘園制度の沿革やその用心棒などという点からだけ武士の発生を調べるだけでは甚だ不十分でございまして、今までのアカデミズムにおける探求の方法は視野が狭く瑕疵があったものと言わざるを得ないのです。

(11) 日本紀の「童謡」でも、渤海王の国書に対応して「百済と倭とは同族です」と言っているのは何故なのか

加えまして、右の「渤海王の国書」に見えます「本枝」という語句につきましては、正史日本紀の中にも、これに対応する全く同じことが記されていたということをアナタはご存知だったでしょうか。では、その点を次にお話しいたしましょう。

百済の官位十六階のトップでもございました、佐平（総理大臣級）の余自信（姓からして百済の王族の出自です）に大錦下を授けたのを始めといたしまして、アナタもよくご存知の、扶余・遊牧系の百済国の亡命高官である鬼室集斯、木素貴子、億礼福留、答炑春初、鬼室集室、沙宅紹明など合計六十数名に官位を授けた（天智紀十年（六七一）正月）との記事のその直ぐ次の行に童謡（わざうた）云はく、というオブラートを被せた形式をとりまして、

「多到播那播、於能我曳多々々、那例々騰母、陀麻爾農矩騰岐、於野児弘爾農倶」（原文）

「橘ハ、己ガ枝枝生（な）レレドモ、玉ニ貫ク時、同ジ緒ニ貫ク」（訳文）

――別々の枝に実っている橘の実は、玉にして緒に通すときは、同じ一つの緒に通す。

＊つまり、百済と倭は「同じ緒」で繋がっているのです、と言っているのです。

と言っておりまして、このことは渤海王・大武芸の「ことづて」にございますように、高句麗の遺民の「渤海」（百済も高句麗も共に、かつて扶余から分かれております）と倭とは「本枝百世」の関係にあるという先程の文面（『続日本紀』神亀五年〔七二八〕春正月）とも、物の見事にピッタリと「対応」していることが、これでアナタにもよくご理解いただけたことと思います。

この証拠から判りますように、渤海（百済）と平安天皇家とは同族であったのです。

そういたしますと、私の考えのように、平安朝というのは百済

系の王宮クーデターにより成立したのですよ、ということを、この童謡は自白していてくれたのです。良い証拠（ナイス・エビデンス）でしょ。

さて、又、渡来人の持ち込んだ駄洒落のお話に戻りましょう。

更には、「竹取物語」は渡来人が作った駄洒落本の元祖であるということも、駄洒落本の意味を広く捉えるならばそうとも言えるからなのです。

(12) 平安期のユーモアの精神は朝鮮の「戯れ事」の風雅から発展した

また、平安朝の貴族の間に流行した和歌の読み方の一つでもある「折句（おりく）」につきましても、そういう意味では渡来人を祖先に持つ人々の「遊び」の一つだったのです。

そのうちの有名な一つ（『徒然草』の作者などの）をご紹介いたしましょう。

「よもすずし、ねざめのかりほ、たまくらも、まそでも秋に、へだてなきかぜ」（兼好法師）

「よるもうし、ねたく我せこ、はては来ず、なほざりにだに、しばし問ひませ」（頓阿法師）

このように、折句の例といたしましては、五七五七七の各五つの夫々の語の「上の一字」と「下の一字」を順に連ねて読みました、右の『徒然草』の吉田兼好の「よねたまへ、ぜにもほし」（米くれよ、金もくれ）という催促に対しまして、頓阿法師の「よねはなし、せ（ぜ）にず（す）こし」（米なし、金も少ししかないよ）「残念でした」「貸せないよ、兼好さん」という二人のやりとりのものが昔から有名です。

このように万葉集や神話自体が朝鮮の「戯（ざ）れ事」の風雅から発したものであるといたしますと、その中の枕詞自体も、何気なく純国文学風に今までの古文の授業では習ってまいりましたが、これも朝鮮の駄洒落の延長であったことにアナタは気が付かなければいけません。「エッ、枕詞も朝鮮ナノッ！」とアナタはきっとお思いになられることでしょうが、実はその通りだったのです。

では、以前に百済滅亡のところで申し上げました（八3）柿本人麿の歌の中から一例を挙げてご説明いたしますと、「石走る淡海のささなみの……（二九番）」の歌の「イハバシル」は「アハウミ」に懸かる枕詞になっているのですが、ここにも右のような朝鮮系の発想によるダジャレが隠されていたのですよ。学校ではこんな風には教えてはくれませんでしたが。

と申しますのも、小川のせせらぎで、岩の上を走る、つまり岩を二手に分かれ（別かれ）ながら乗り越えた水が、又一つに合流するという「水が合う」から、「会う水（み）（海）＝淡海（あふみ）」であるという風に見事に繋げて、その枕詞となっていたからなのです。このように、一見純文学風に見える中にも、ちゃんと「戯れ」言葉が隠されていたのです。お判りですよね。

日本紀の童謡（わざうた）（呪歌＝風刺歌）に見られますユーモアの例を一つ加えておきましょう。

唐が恐ろしくて、倭が百済に頼まれた新羅攻撃（「百済は……

倭と交通し……新羅を侵削」『旧唐書』）を躊躇している間に、唐が百済を滅ぼしてしまったという内容（意訳）なのですが、この文面（万葉仮名）の書出しの部分が、

「摩比邏矩都能、倶例豆例於能幣陀乎……」（斉明紀六年是歳条）

となっておりまして、この「マヒラクツノ」は「ヒラクツマノ＝平く偃（せむし）の」であり、「ヲノヘタヲ」は「尾の沼田を」であり、そういたしますとこの意味は、「せむしの様な思い荷を背負う姿で苦労して作った山の尾のほとりの田」となりますが、ご覧のように文字の前後を態と入れ替えておりますので、アナタがご自分でこれの順序を並び替えなければ意味が全く通じない仕掛けになっているのです。

(13) 和歌の本質は呪術――『秀真伝』の「回り歌」

さて、次に、和歌の古い本質が、呪術的なものだといたしました場合、どうしてもアナタが見逃してはいけなかったのが、あの「回り歌」のことです。

古代の名族・三輪氏（大神氏＝オオガ＝古朝鮮語Wang＝王＝ワケ。二1。オオガの名は古代では王そのものを表す普通名詞）の祖の太田田根子（オオタタネコのタタ＝蹈鞴。一七6）は文字の通り、朝鮮系の渡来鍛冶王を表していたのですが、この人が作ったと伝えられております歴史歌謡（本来の史書の原型がここには残っております）とも言うべき『秀真伝』（九6）の中から、当時の「朝鮮人の戯れ感覚（ユーモア）」を如実に表している素晴らしいものを拾い出してアナタにご紹介いたしましょう（これを知っとくと得ですよ。お孫さんが喜ぶこと請け合いだからです）。

ワカ姫の作

「紀志井こそ妻を身際に琴の音の床に吾君を待つぞ恋しき」

アチヒコ（カナザキの代読）

「長き夜の遠の眠りの皆目覚め波乗り船の音のよきかな」

の対応がそれでして、どちらの歌も、上から読んでみても、下から読んでみても、音が同じだからです。アナタもここで是非「声を出して」逆からも読んでみて下さい。特に二番目の秀真のアチヒコの歌は秀逸ですよ。

ナガキヨノ、トヲノネフリノミナメザメ、ナミノリフネノ、オトノヨキカナ（←こちらから逆に読んでみてください）

どうです、面白いでしょ。

＊この船の上には「七福神」（この神々のセットは、後世の日本での作なのですが）が乗っかって来たのでしょうか。

この若姫（輪歌姫＝ヒルコ）こそ、「水蛭子＝下照姫」のことで、天照大神の姉に当る神で、イザナギ・イザナミの初子だったのです。三歳のときに流され、カナサキ（住吉神）に拾われます。日本紀では、この神は天照と擦りかえられてしまい、天照が女神とされてしまったのです（一五10、二五1）。

この蛭子は、卑彌呼の形を変えた姿でもあったのです。つまり、卑彌呼が朝鮮の安羅の咸安へ、そして、九州の西都原へ亡命致

しますときに、「倭＝安羅」水軍の住吉神社（大伴氏の神）の助けを借りたことを暗示していてくれたのです（別述）。と申しますのも、このカナサキ（金折）は、本来の住吉神であるとの考えもございまして、そういたしますと、安羅（倭）の水軍の神でもあったことになるのです。今日でも、九州の宗像神社の北北東六キロメートルのところに「鐘崎」の岬と地名とが残されており、しかも、この岬には、ちゃんと宗像神社の境外摂社の織幡神社があり、秦氏の祖である武内宿禰（モデルは金官5伊尸品王＝木協満致）が祭られております。

実は、この『ホツマツタヱ』のように面白いのが、そもそも古代の「歴史書の嚆矢」だったということに、アナタももうそろそろ気が付かなければいけませんよ。

＊古代人の方が、現代人より（よっぽど）頭が良かったのかもしれませんね。アナタにこれ以上の「回り歌」が出来ますかしらん。

これは、そもそも「回り歌」を読みますと、上下上下……と「リターン」してグルグル回っていて、決して止まる（終る）ことがないので「願いごとが打ち返されることがない」という古代人のささやかな（奥床しい）願望的「呪術的」意味がそこには含まれていたからなのです。

(14) 古墳の石棺に施された「直弧文」の謎を解く

この「終わることのない（生命の永続性）思想」は、民俗学的に考えて古への東アジアにまで遡ってみますと、墓の中に「針の穴を壊したもの」を埋めてあったり（これは、夜になるとやって来る、赤ん坊と一緒に死んでしまった母親（未開社会では特にこの霊が執念深いと思われておりました）の悪霊が、母性愛（子を思う不憫な気持ち）の強さにより、幼くして死んでしまった子の為に、一所懸命に子供の衣服を縫ってあげようとしても、その糸が針穴から外れてなかなか縫えないようにするためだったのです）、又、「アミ物」を埋めてあったり、後世、装飾古墳などで「直弧文（終わりのない連続した文様など）」を記してあったり、これらは皆、夜訪れる（そう当時の人々は信じておりました）ことになっております悪霊が「数を数えていたり、線の連続を辿っていたりするうちに、夜が明けてしまう」、つまり、朝が訪れて、日の光が差し、タイムリミット（時間切れ）により悪霊が明るさを恐れて「退散せざるを得なくしてしまう」（だから、安心）という精霊信仰にまで遡る、「邪避の作用」を担うものだったと、私自身は「人史学」的に考えております。

さて、このように日本紀の作成の「途中で別れて出てきた兄弟」であるところのこの『秀真伝』の中にも、先程ご紹介いたしましたように、ユーモアの精神と呪術性とが根強く生きておりまして、これこそが古代から「各氏族が独自に持って」おりました氏族の伝承（歴史）の本質だったのです。

旧辞は「先代旧辞＝先代（さきつよ）の旧辞（ふること）」又は「本辞」とも言われ、古事記も又「フルコトフミ」とも言われておりますように、「古事」

も「旧辞」も「旧事」も「本辞」も実は、皆その根は同じことだったのです。ですから『古事記』も『日本紀』も『先代旧事本紀』も元は同じものでして、これらは皆「兄弟」に過ぎなかったことが判って来るのです（一八7、一一1）。

(15) 和歌の起源は「輪っ歌＝マズルカ」だった

このような面白い歌を（上から読んで、下から読んで。同じですが）「♪長き夜の～　遠～の眠りの～　皆目覚め～♪波乗り船の～♪（ワレワレハ渡来人ダヨ）」と、「七福神」が歌いながら身振り豊かに踊って、氏族の固有の伝承（特に「亡命と渡海の苦しみ」「大陸で失った家族への悲しみ」、その海上で見た叫びたくなるような「夕日」の美しさ、そして、海上で目覚めたときの「朝焼け」の清清しさと安堵）を子孫へと決して忘れずに伝えていったのです（何か、小説が書けそう）。

そして、このように「回り」歌だから、上から下へ、下から上へとグルグルと終わりがなく何回も車輪のように回りますから、「輪（ワッカ）の歌」つまり「ワッカ」となり「ワカ＝和歌」の名になったのではないかと、私は、「ワッ歌」の存在よりずーっと後になってから輸入されてまいりました漢字という道具により「和歌という字」が当て嵌められ表示されたに過ぎなかったのですから、漢字から一旦離れまして、古きを考え、そして面白くかつ真剣に考えてみたいと思っております（「天の香具山＝和歌山」だったことにつきましては、一五1）。

と申しますのも、実は、このことはちゃんとした根拠があってのことだからなのです。それは、「立　如車輪　故云」（『釈日本紀』所引の『日本書紀私記』）とありますように、もともと、ハニワも輪のように立てるので「埴輪」（輪の土）と言ったという同じような呪術的な発想（怨霊を防ぐ）から考えますと、この終わりのない車輪のようにグルグル永久に回る「回り輪」が輪＝ワッカ（そして、倭・和とも訛る）の歌と呼ばれたといたしましても、古代におきましては何らの不自然さも認められないからなのです（先述の、廻り歌の「輪＝和」歌ヒルメ）。

このように、「人史学」的に見ますと、これが和歌の語源だったのです。

単純に「倭国の歌」「和風の詩」だったからだとは、私は考えないのです。それは和歌の本質が古くはその呪術性にあったと考えるからなのです。そして、和歌のその根底に流れる「本質」は、本来、永遠に終わりの来ない「マズルカ」だったからなのです。

その点、アナタはどうお考えでしょうか。

この果てのない歌の持つ呪術性（マズルカの永久性）につきましては、又別に面白い証拠が海外にあるのです。

(16) 雲南の歌垣も古くはマズルカだった

では、倭（伭）人の古里にまで遡って、アナタとこのことを考えてみましょう。

弥生の農耕民の原郷の一つでもございます雲南省・昔の西南夷

(その原郷の一部は、更にインド・アッサムやナーガランドやパンジャブ(五河)にまでも遡るものと思われます)の「歌垣」では、数時間から四時間三十分にも及ぶものもある(石宝山の白族)のみならず、一晩中続くこともあり、更には、自分が負けたくない人は七日間続けて歌う人もいたということです(必ずしも毎晩徹夜というわけではないとのことですが。ミャンマーとの国境に近い南京里の景頗族の女の話)。

ということは、本来の歌垣の姿は、今日一般にアカデミズムで言われておりますようなNHK「紅白歌合戦」(この起源は「歌垣」)で「勝ち負けを決める」ということよりも、体力の続く限り歌を「持続する」ということにこそ、歌垣の本来の意義(本質)があった(声が涸れて歌えなくなった方が負け)のであり、これはそのことの名残りでもあったからなのです。

そういたしますと、「歌垣」の本質が、当初におきましては、何処までも続く「終わりのない歌」であったということが判明いたしまして、このことは、先程申し上げました永遠に回り続ける「輪の歌=和歌」つまり「回り歌」の持つ呪術性との共通性にまでその根源では繋がっていたことが判って来るのです。

また、ペー族のある歌垣のウタでは「七音と五音」の組み合わせで、原則として「七七七五・七七七五」と八句にしているとも言われております(大理の近くの洱海の北方の茈碧湖)が、ここにも和歌の「五七五七七」の「七五調」との共通性が見出せるのです。

更に別の「冬時欲帰来、……嚢中絡路絶」『旅人歌』=『河賧(洱海)賈客謡』(唐代の樊綽の『蛮書』所引)というペー族語の歌は、右に一部を表現いたしましたように、一見いたしますと、漢字表現では「五五五五五五」と文字数では全て五言句と五字になっております。

しかしながら、実は、これを「ペー語自体で発音」してみますと、ちゃんとその音は「五七七五五」と「五七調」に近いことが判るのです。漢字という文字をもっていたので親切にも(余計なこと)偶々記録してくれた、漢人の漢字読みで再現してはいけなかった(それでは本質を見失ってしまう)のです。アナタも要注意ですよ。中国ベッタリの学者は、ここまで気が付かないでしょう。常に「ハテナ」は大切です。

こう見てまいりますと、日本の和歌の中には、戯れ心や七五調や呪術性をも含めまして、「遠く」の要素と「近く」の要素、つまり、「雲南・貴(鬼)州の要素と朝鮮の要素」とが共に混在して入り込んでいたことが判ってまいります。

また、「猺(瑶=ヤオ・ミャオ)族」の「歌謡」につきましても、歴史歌・古言歌・祭祀歌・礼儀歌・情歌・抗戦建国歌・雑歌と七分類にも出来ることなどからも、『万葉集』と実質的にはその「内容が同一」であったことが判って来るからなのです。

(17)「一年二倍暦」は古モンゴロイドの頃からあった

雲南の農耕民の話が出ました序でに、日本列島でも古くは一年を二歳と数えます「一年二倍暦」が行われておりまして、これは雲南からの弥生人がもたらしたものであるという考え方がアカデミズムでは一般でございまして、確かにこれには一理あるかのようにも思われます。

しかし、実は、この「一年二倍暦」（二6、一〇6『魏略』必見）は、もっともっと気の遠くなるほど古く、縄文時代の初期の、少なくとも今から一万五千年近くも前の古モンゴロイドの頃から存在していた可能性があるのです。

では、そう私が考える理由について、次にアナタにお話しいたしましょう。

古モンゴロイド（氷河期を北方で過ごさず「寒冷地適用を受けていない」人々で、かつての一時期日本列島におりました人々）は、今日、樺太にまで追われてしまっておりまして、「樺太アイヌ」として存在しております（昭和十八年の時点におきましては、千三百人生存しておりました）が、この人々は一年を「冬と夏との生活に二分」して、冬は狩小屋（カアマ・セチア。ワナを置く小屋）・狩猟・鹿肉・山の生活、夏は漁労・魚肉・鮭肉・海川の生活という生き方をしていると共に、「夏歳六年（サクパ・イワンパ）、冬歳六年（マタパ・イワンパ）」という、夏を先にもってまいります日常用語があるくらいで、夏の生活が主だったからなのです。

生活は夏が中心でございまして（冬は厳冬下で穴居に篭る）、その住居も、よく観察してみますと、夏家と冬家の二つがあったにも拘わらず、その冬家につきましても、極寒の地にしては可笑しく、どことなく南方的な「夏」に適した様式であること、又、その伝承も殆どが夏の生活のものである（冬の期間のほうがずっと長いにも拘わらず）ことからも、民族の出自が南方であったことに遡ることが出来るからなのです（大スンダ列島からの北上。二九4）。

それのみならず、四月からの夏の月と十月からの冬の月を夫々一年と数えており（つまり、一年が二歳）「春は夏の月の始まり」とし、「秋は冬の月の始まり」としているからなのです。

このように、古モンゴロイドの頃から、既に一年は「二年」だったのです。

＊尚、ここでアナタが注意すべきことは、北海道アイヌはツングースでありまして、「新モンゴロイド」（一度北へ行き、「寒冷地適用を受けた」人々の南下したもの）ですから、北海道アイヌは、この樺太アイヌの「古モンゴロイド」とは全く別の、「より新しい」民族だったのです（アイヌに二種類アリ）。

この二つの違いは、今日の言語にも現れておりまして、北海道南西部の「新モンゴロイド」に属するアイヌは「ナイ＝小さい川」「ペッ＝普通の川」と呼びますが、樺太（サハリン）の「古モンゴロイド」に属するアイヌは「ナイ＝普通の川」「ペッ＝小さい川」と呼びますように、同じアイヌでも違っているからなのです。同じ北海道でも、北東部では樺太アイヌと近い区別となっております。

このことは、台湾の高砂族（この場合、東部に住んでおります古いアミ族）では、「祭り」があるのは六月稲刈りの時期、七月狩猟を行う時期（これは粟撒きの前月に豊饒のため、財産入手のために行われます。そこでは「人の首刈り」も行われました）、八月粟撒き月の、「六、七、八月」に集中し、他の月には祭りが無いこととも関連性があったのです。そして、これは右の樺太アイヌでの「夏の一年」に相当するものです。

＊因みに、インド・ベンガルでの「イケニエの人狩り」も、何故か五月〜六月に限って行われておりました。

又、佤（わ）族の原郷の一つでもございますナーガランド（インド・アッサム）のアンガミ族の祭りも、四月の収穫を祈る祭りから始まっているところから考えますと、稲作の文化では、一年の始まりが稲作の準備段階の始まる時期からであったということが判ってまいります。

＊因みに、イランの「祆（けん）教＝ゾロアスター教＝拝火教」の暦の元旦は、春分の日です（イランの新年祭は、日本での春の彼岸会（え）に相当いたします。東大寺二月堂の「お水取り」とイランとの関係につき、二六1、二一5、七4ノ3）。

更に、タイ北部のミャンマーとの国境近くのサンチヤイカオ村のアカ族は、毎年、四月の種籾を蒔くときに「村の門」を作り替えます。

＊このとき、生贄の人の血を焼畑の灰と共に種籾に混ぜて蒔く古代の人々につき、別述。

このことも、古代の水耕民の一年の始まりが、一月からではなく、農耕の準備の始まりからであったということを示していたのです。

また、右の台湾のアミ族では粟や稲や芋の「収穫期になると一年」と数えておりました。

＊因みに、朝鮮語と古代インド・ドラヴィダ語とは「発音」「語源」「文章」のその全てに著しい近似があり、南部朝鮮人と台湾の高砂族ともこの点酷似している。南部日本人と南部朝鮮人も識別出来ないくらいである（ハルバート。九9）、という考えもございます。

このことは、遥かなる昔の、南倭のインドからの渡来を端的に示していてくれたのです（インド人船乗りによるフェニキアのタルシシ船）。

また、中国・貴州省東南のスイ族（百越の駱越の末裔）の水書文字の「スイ族暦」では、「秋の収穫のときを年末」としておりますことも、これらが一年二倍暦の名残とも言えるのです。

そう言えば、樺太アイヌの男の子の顔は、ツングースと異なり、丸顔（千島・クリル・アイヌの扁頭につき、一八9）で、眉も太く濃く、大きく円弧を描き、どことなく「縄文土偶」やその「仮面」ともよく似かよっているのです。それに、BC三三〇〇年頃のアジアニックのシュメール人（「オアンネス」の子孫）の顔も、出土品からはこんな顔ですよ。

(18)「二十＝ハタチ」は縄文時代、それも古モンゴロイドの頃からの化石

尚、同じ日本に残る「数詞」につきましても、王族（北倭）系、庶民（南倭・中倭）系の夫々のものに対応いたしておりまず、「北倭系」の「ヒ・フ・ミ……」、「華南系」の「イチ・ニ・サン……」の中で、何故か、この「二十」だけが、日本を支配しております右の二系列の数詞とは全く異なりまして、「ハタチ」（二十歳＝成人）、「ハツカ」（二十日）として言語学上突出した「変則的な形」で残っておりますが、実は、アイヌ語で二十のことを「ハットネ」と申しますし、このことは古い日本列島におきまして、「二十が大切で特殊な数字」であったということ（つまり、その昔は「二十進法」であったこと）の微かな痕跡がちゃんと残されていたのです。

因みに、アイヌ語では十（ワン＝両方＝集まっている＝多い）から上には「シネ・イカシマ・ワン」＝十一というように足してゆき、「シネベサン・イカシマ・ワン＝九・余り・十」＝十九となり、「二十＝ホッ」（ホッ＝ハッ）となります。このように「二十進法」をとっております（但し、古モンゴロイドの樺太アイヌは「十進法」なのです）。

ところで、南米の「マヤ暦」の長期年代法におきましては、BC三三〇〇年頃（この時期は、丁度、青森の三内丸山遺跡の初期の頃に該当しますし、又、何千キロも離れてはおりますが、楔形（せっけい）文字を発明した右のシュメール文明の初期の神魚人「オアンネス」の頃、更には、アルプスの「アイスマン」のミイラの頃とも、何故か「一致」しております。ゾクゾクッ）から国が始まったとされているのみならず、しかも、ここでは「二十周期」がとられ、二十進法であったことが判るのです。

＊神魚＝ニムナ＝任那＝双魚紋＝南倭。

アイヌ語に残る縄文語、三内丸山遺跡とマヤ暦、二十進法の「共通性」など、その接点は何だろうか、と考えてまいりますと、なかなか興味深々たるものがございます。

それにインディアンにも「二十進法」が多いのです。ベージリアンを通過してアメリカ大陸に渡った祖先だから、これは当然のことなのですが。

このように、一見弥生時代の風習と一般にアカデミズムでは考えられておりますものの中にも、よーく分析してみますと、縄文、それも「古モンゴロイドの頃からのうーんと古いもの」が「化石」として残されていることを、アナタは見抜かなければいけなかったのです。

かようにいたしまして、雲南の「一年二倍暦」も、実は、遡りますと「古モンゴロイド」の頃からの、何万年も前からのより古いものであったことが判ってまいります。

これはアフリカから来て分かれた「古モンゴロイド＝華南モンゴロイド」が、何万年も前に、インドネシアの大スンダ列島から北上いたしました際に、中国大陸に残していったものだったのです（ですから、既に「元ボウ原人」なども、春からの季節と秋か

らの季節、その収穫できる食べ物の違いによりまして、二つに分けて認識していた可能性があったのです)。

しかし、これらの古モンゴロイドの人々の末裔は、後に(精々、紀元前後に)西からやってまいりました、本来は「西戎」でございますした「漢=羌」族の人口爆発に追われた(二三1など)ため、南方では、現在は雲南・貴(鬼)州の山の中やインドシナ半島の山間部に密やかに生活しているのです。とは言いましても、今日では、残念なことに、殆ど漢族化されてしまって民族の独自性が薄れさせられて観光化されてしまってはおりますが。

*インドシナのメコン河とメナム河の間の原始林に棲息しておりますピー・トング・ルアング族(黄色い葉の精霊=沈黙交易の民。これにはどことなく日本の山の民である山窩(さんか)の原点のイメージがございます。しかも、この民の自称「ユンブリ」という言葉の響きは、何処となく山窩の「セブリ」に近い不思議な響きがございます)なども、古くに一部の他の東アジアの民やコーカソイドやセム系と混血致しました可能性が無いとは申せませんが、インドシナの山地に取り残されてしまった古モンゴロイドの一派の名残だったのではないでしょうか。

と申しますのも、レッド・チャイナの政府は、漢族化が進むと初めてその地域を外国人に開放し、民芸化され最早形骸化された観光資源としてのみ少数民族を活用(外貨獲得のため)しているのですから、民俗学的な見地からは価値が低く、これは許せないことなのです。

*その証拠に、昆明の博物館では、遊牧民支配下の「殺人祭のイケニエを神に捧げる」石寨(さい)山古漢墓出土の貯貝器型銅鼓を、今日では隠してしまい、展示品から外してしまっております(M20・1「殺人祭銅鼓場蓋銅貯貝器」雲南省晋寧)。

古への少数民族固有の風俗(少数民族の古来からの魂〔本質〕ともいえる「人間の生贄を食べる」とか「ドロドロした呪術・黒魔術」とか)は、レッド・チャイナの「科学的社会主義」と称する自己満足の面子にこだわった政策によりまして、今滅び行く運命にあるのも事実なのです。連中は少数民族の古への風俗を抹消することに躍起になっているのです。

したり顔のマルキシズムのレッド・チャイナによる少数民族「魂」の抹殺の罪は重いと民俗学的には言わざるを得ません。

*これは、中国奥地への査証(ビザ)を貰うために、中国政府に犬のように尾を振る学者達への警鐘でもございます。

(19) 伊勢神宮に今日まで残されていた「一年二倍暦」

先程の「一年二歳暦」は、よく調べてみますと、実はアナタの足元の日本の神社の中にもちゃんと残っていたのですよ。

と申しますのも、かつての日本列島では、アナタが毎日召し上がっているお米が「旧米」から「新米」へと変わるとき、つまり秋を「新年」としておりましたことが判るからなのです。では、その証拠をアナタにお示しいたしましょう。

伊勢神宮では鎮座の日につき、九月十七日(旧暦)としてはおりますが「五十鈴の川上に〈磯宮（いそのみや）〉を建てる」「因興斎宮于五十鈴川上是謂磯宮」（垂仁紀二十五年三月条）となっており、このように正史・日本紀の本文では「月日の記載が欠け」ておりまして、その点は、「一云（あるにいはく）」の割注方では「取丁巳（ひのとのみ）年冬十月甲子（かむなづきのきのえね）、遷于伊勢国渡遇宮（わたらひのみや）」ともなっておりまして、「一云」にはちゃんと月日の記載があるのですが、この丁巳は、暦の上では垂仁二十六年、つまり本文記載の年の「翌年」に当たってしまうので問題が生じて来るのです。

つまり、同じ日本紀の中の、しかも本文と註とで一年の齟齬が生じてしまっているのです。

＊これは、端的に申し上げますと、伊勢斎宮の制度を古く見せるために（一五1）、日本紀の作者が時代を遡らせたため、その化けの皮が剥がれてしまっている、と考えればよかったのです。

そこで、二十六年（註の年）秋九月に移ったということにいたしまして、九月に祭りを行っているのです。

＊この点につき、『日本紀』より『古事記』崇神条の「単純な記載」の方が、より真相に近かったことにつきましては（一五1、二五1、八4）。ここでは「伊勢の起源説話」を加えてはいない単純な本来の伊勢の姿が見られます。

という訳で、この九月十七日をもちまして、神嘗祭が内宮・外宮で執り行われ、ここでは古くから「宵は、旧穀、暁は、新穀」とまで言われておりますように、この日から、新年（神嘗正月）が始まる（新暦の十一月三日頃）ものと考えられております。

これは弥生の水耕民（苗族・毛民など）が、当時、長江中流（今日、この末裔は、漢族の追っ立てを喰って雲南・貴州の山奥にまで亡命しております）からもたらした「一年二倍暦」と同じことを表していたのですが、これがより古くは「古モンゴロイド」の頃からのものでありましたことにつきましては、先ほど十分アナタに申し上げました。

このように、よーく見てまいりますと、「今日のお伊勢様のお祭り」の中にも「一年二倍暦」、つまり「一年に人が二歳年をとること」の痕跡がちゃんと残されていたのですよ。

因みに、お隣の朝鮮では、十月（陰暦）をサンタル（上月）と申しまして、この月には新しい穀物で作った酒を供えて神々に感謝を捧げる一年で一番大切な月だとされておりますことも、この月が古くは新年であったことを示していてくれたのです。

ですから古伝に出てくる人々の年齢は「二分の一」にすると、今の我々の年の数え方と一致して来るのです。

＊魏書・倭人条に見られます「一年二倍暦」につきましては前述いたしました（一〇6）。

ですから、その地域では、実年齢は、史書の文字上での年齢の「二分の一」と考えればよかったのです。

(20)『伊勢物語』も朝鮮人が書いた

さて、お話を渡来人のユーモアの点に戻しましょう。

江戸時代の世界に誇れる日本の文化、「狂歌」や「末摘花（すえつむはな）」（エロ川柳）などの、思わず「ウッフッフ」とアナタが洩らしてしまうような（これ、最高！）ユーモア豊かな「国民性＝町人性」の伝統は、遡りますと、この「古への朝鮮からの渡来人」まで行きつくものだったのです。

もしかして、アナタは「エッ！」とお思いになるかもしれませんが、この本の初めにも少しお話しいたしましたように、あの『伊勢物語』すらもが百済人の作品であったとも言えるからなのです。

と申しますのも、重ねて申し上げますと（アナタがこの本を「飛び読み」している可能性がございますので）、『伊勢物語』は、この在原業平（ありはらのなりひら）の歌稿を基にしまして、約百二十五の説話から作られておりまして、この在原業平の出自を見てみますと、何と彼は、百済系の桓武天皇（百済王文鏡の子）の直系（母方としましては孫、父方としましては曾孫）だからなのです（一2）。

㉑「倭語＝古代の朝鮮語」「朝鮮語＝古代の倭語」

明治になってからの兵制の改革におきまして、言語を統一（戦場におけます命令の伝達のためには方言ではバラバラで不可能ですから）したため、所謂「標準語」が中心となり、この言葉の遊びの伝統が失われてしまっただけのことだったのです（但し、心配はご無用。暫く地下に潜っただけのことですよ。法律用語で申しますと、中断でも停止でもなく「休止」ということですナ）。これらの起源は皆一つの流れで繫がっていたのです。

このように「文化の面」においてすら朝鮮と皆同じであったと考えてまいりますと、古代においては、政治は勿論のこと、文学・人種のレベルにおきましても、日本列島と朝鮮半島とを区別することはあまり意味のないことだとも言えるのです。

長い間、倭人が九州と朝鮮半島に跨って生活しておりましたし、倭国（狗邪韓国の末裔の金官伽羅国や邪馬臺国の朝鮮レベルでの母国である安羅国）そのものが、九州と朝鮮半島に跨がる海峡国家（二7）の「伽耶連合」を組織しておりましたことに、もしアナタがもっと早くにお気付きになりますれば、このことは至極当然のことだとお判りになった筈です。

そうであるといたしますと、そもそも当時の倭人たちは、どちらかと言えば、「倭語＝古代朝鮮語」を話していたのです。ということは、たとえ当時、倭王の大伴氏が持っていた『万葉集』が「朝鮮語＝古代の倭語」で書かれていたといたしましても、それは何ら驚くべきことではなかったのです。何となれば、それこそが当時の「倭語」そのものだったのですから。この奇術のタネは、言われてみれば簡単でしたね。そしてその名残は、今日に至るまで千年以上も生き延びていたのです。

では、その幾つかの明白な証拠を此処にお示ししておきましょう。アナタはこれを見れば、一発で納得される筈です（カッコ内の発音は、上は日本語、下は朝鮮語です）。

熊（kuma／kom）
畑・田（pata／pat）

柴・薪（shiba／syöp）
島（sima／syöm）

右の例の分析からアナタにもその法則がお判りになりますように、今日でも右の日本語から「第二音節の母音」を取りますと朝鮮語と全く同じものになってしまうではないですか！

＊例えば、上部の日本語の「熊（kuma）」から、最後の「a」を取りますと「kum」となり、これは朝鮮語の「kom」と大変近くなります。

今日の、朝鮮語の「会話の末」の「……セヨ」だって、日本語の「会話の末」の「……ソウダヨ」の「だよ」と、音の感覚も同じですもの。

これらと、高句麗語「云＝ウン」や「ズーズー弁」との関係につき、後述。

この通り、全く同一ともいえる形で生きていたのです。

これは、海峡国家の倭国の頃の言語が、文法構造は言うに及ばず、日本語とも朝鮮語とも非常に近かったのだということをアナタに示していたのです。

日本語の「不尽＝富士山」の名前のいわれは、アイヌ語の「フチ＝火」から来ている（ということは、古くは駿河湾辺りにもアイヌが常居していたことの証拠）のですが、他方、これは朝鮮語の「火＝プル＝pur」とも全く同じだからなのです。でもアナタは、「プル」と「フチ」とでは一見して全然違うじゃないか、と仰りたいのでしょう。しかし、そうではないのです。

と申しますのも、語尾の「R」は、日本列島に入りますと「チ＝chi」や「ツ＝tsu」と訛ってしまうからなのです（日本列島人は「ラリル……」の発音が古来苦手）。

＊近東のシュメールでも、極東の朝鮮でも「牛＝ウル＝u-lu」であり、遥々アジア大陸を伝わって来たものが、海を渡って日本列島に入り、「R」「L」が発音し難いので、ウチ（u-chi）、ウシ（u-shi）と訛り、今日の「牛＝ウシ」となっていることが判るからなのです。

逆に、台湾人は日本語の固有名詞の「ツ」が言えなくて「ル」になってしまうとも言われております。

この点も古くは、アイヌ語と朝鮮語は「同一」であった証拠なのです（共に、「新モンゴロイド」のツングースが中心ですから。因みに、樺太アイヌは「古モンゴロイド」であってツングースではございませんよ。二九4）。

(22) 中世までは「ズーズー弁」が日本の標準語であった

ですから、所謂「ズーズー弁」が中世までは「日本の標準語」でありまして、朝鮮語とも近く、かつ、それが、今日、出雲と東北とに残っている（他は変化してしまった）ということは、日本語と朝鮮語との関係を考えるに当たりまして、決して見逃してはならない重大なことだったのです。

という訳で、日本語の標準語が「ズーズー弁」でございました中世の頃までは、日本語と朝鮮語は、未だ非常に親近感があったものと思われます。

実は、私は、中世までの日本の標準語でありましたこの「ズーズー弁」の起源は、高句麗語まで遡るものであり（数詞の驚くべき共通性につき、一七5）、一般に東北弁や出雲弁で「い↓う」「い↓え」が交換してしまって「ズーズー弁」となりますのも、これは古くは高句麗語・扶余語の影響であったものと考えるからなのです。

と申しますのも、高句麗語で　肯定　を表します「云＝ン」が、日本列島に入り、古くの「ンダ」へと訛り、更に「そ＋んだ」から、今日の「そうだ」へと変わっていったからです。東北では、肯定に「ウンダ」を使っている人をみかけます。

＊これは、前述の朝鮮語の「――スミダ」と関連があるかもよ。やはり、言語の上でも、「蝦夷＝カイ＝扶余」と繋がっていたのかも。「ン」のみでは倭人が発音しにくいので、「DA＝ダ」の母音を付けてしまったのです。日本語が、右の「ン＝N」を除ては全て母音で終わっていることからも、これが日本語としては異例中の異例の外来語であったことが、一発で判るのです。このように、この「云＝ン」の問題は、先述の、朝鮮語「セヨ」と日本語「だよ」の共通点にも関連しております（高句麗の数詞のみならず、朝鮮では既に失われてしまいましたものが、日本には残っておりました）。

前述のように、朝鮮のフントスが日本列島に入ってフンドシになり（別述）、ここにも「U↓I」の変化が見られるのですが、出雲、伯耆の一部では、今日でもフンドスと言い、その元となる東北弁（神武―ジンム―ズンム）とズーズー弁が共通であることから考え、又、中世までは、そもそも日本の標準語が「ズーズー弁」であったことなどを考え合わせますと、中世までは朝鮮語的発音が日本語を支配していたということが判って来るのです。このように、古ければ古いほど、この傾向が強かったと言えるのです。今日私たちが東北弁や出雲弁などのズーズー弁を聞くと、何となく鄙の懐かしさを覚えるのはそのためだったのです。

それが、日本人の「母なる言葉」だったからなのでしょうか。

海を跨いで、沿海州と朝鮮半島と日本列島とが、文化的に同一圏であった頃の古い思い出が、日本人の血の一部に隠れるようにして棲んでいたからなのです。

(23) 万葉集の草稿の中核は「倭王＝安羅王」の大伴氏の歌集だった

さて、先程のような、倭語そのものが当時の朝鮮語に極めて近かったという見方をしてまいりますと、「万葉集」という、かつての「普通名詞」は、本来は、「伴（バン＝ハン＝韓＝朝鮮語）氏の葉（ことのは）」「朝鮮渡来民の歌集」という程度の意味から、いつの日にか「萬（バン＝ヨロズ）の葉（ことのは）」と故意に変名させられてしまい、つまり、「伴＝トモ＝大伴＝倭王・朝鮮王＝安羅王」家に伝来の歌集（と申しますのも、大伴（おほとも）氏という安羅王家を表す言葉自体が、元々「大伴＝ダイハン＝大韓＝王韓」〔「君潮乗＝潮乗津彦」と同じ後から形容する古い表現〕ということで「韓の王家」ということを表していたかもしれないからなのです）から、一般的な多くの歌を集めた「万＝ヨロズ」の歌集というように、その内容につきましても、従来とは違った意味合いを持たせられてしまい、その由来をごまかされてしまった可能性も強ち否定は出来ないのです。

　しかも、今申し上げましたように、その大伴氏の「伴＝バン」も、本来は、「韓＝ハン」に由来するものではなかったのかと（しかもそれは、「韓＝干＝于＝倭」で倭人に行き着くのです。九3）、これら「万葉」が普通名詞から固有名詞に変わる（変えられてしまった）際の経緯につきまして、私は大変興味を持っているのです。

　つまり、普通名詞だった頃の「朝鮮＝韓＝ハン＝伴」の「吏読」で書かれておりました「大韓家＝大伴家＝倭王家」の「郷歌」を中心として、宇多天皇の勅命に基づき菅原道真により、多くの名歌を集めて翻訳した「万＝ヨロズ」の歌集へと変貌を遂げた（八九三年）ということだったのです（二三4）。

　九州の太宰府（かつての倭の王都）を中心として展開されました、山上憶良、大伴旅人、大伴百代、小野老、坂上郎女などの、所謂「筑紫万葉」と言われているものこそ、そもそも九州の「倭王＝安羅王＝大伴氏」の「大伴家」を中心といたします「万葉集＝ヨロズノコトノハ」のロビーだったのです（山上憶良の大伴旅人を送る歌も有名です）。

　万葉集四千五百余首の内の、大伴旅人の子の大伴家持の歌だけでも五百首近くもございまして、これをも含めました大伴一族の歌こそ、元々「大伴家＝倭王家」の「独自」の「万葉集」を構成していたものだったのです。

＊この「大伴歌集」こそが万葉集の中核です。これに他家の歌集を合体させて、後世に菅原道真などにより『万葉集』は作られたものだったからなのです。

「倭＝伽耶連合」がバレる（五百→四千五百で）といけませんので、百済系平安天皇家では、あくまでも「大伴氏が撰した」形に固執していた理由の一端がここに垣間見られるのです。

　ここで、何故か鄙の地である東国の渡来人も、大変質の高い万葉歌を残していることにつきまして、少々見てまいりたいと思います。

　防人の歌ではございませんが、東国の「渡来人」の万葉歌を一つ示しておきましょう。

　武蔵国・高麗郡（『続日本紀』元正条、霊亀二年〔七一六〕五月設置）の出自（その祖先の王族は、海上より庵原〔七6。静岡〕経由でやってまいりまして大磯に上陸したものと思われます）の高倉（旧姓・背名。高句麗系。一七6、一八8）朝臣福信の伯父の、背名公行文は『懐風藻』に立派な漢詩二首を残しているのみならず、次のような面白い歌を万葉集にも残しております（このように同一人の漢文の『懐風藻』と万葉仮名の『万葉集』との比較研究も、もっと行われるべきなのです）。

＊この背名氏の大陸での出自は、かつては王妃を出しておりまし

た高句麗「五部」のうちの「絶奴（青色＝サロ。後）」部（『後漢書』）だったからです（一八5）。清原氏もこの末裔です（別述）。

「後三年の役」の奥州の出羽の清原氏も、そもそも、その姓自体が高句麗と関係のある姓だったのです。

因みに、後に高句麗で6大祖王からの伯族系（北扶余前期王朝に対応）の消奴部に代わって王を出すようになりましたのは、9故国川王から王権に就きました（一七九年）穢族系（北扶余後期王朝に対応）の「桂婁（黄色＝キロ。内）」部です（尚、百済の旗は本来「黄色」です。二九2。一八5）。

佞人を誘れる歌一首

「奈良山の児手柏の両面に左も右にも佞人の友」

このように、ユーモア溢れるこの「ネジケビトをソシれる歌」は、高句麗よりの亡命人やその子孫の渡来人たちも（否、渡来人だからこそ）、和歌の世界を「支えていた」ということが判る一つのいい例だったのです。

尚、山上憶良（父は、百済人・待医の憶仁です）、柿本人麿、大伴家持が、皆朝鮮系の出自であることにつきましては、以前に申し上げました（八3）が、そうであるといたしますと万葉集の実体は、その「人」もその「内容」すらもが朝鮮からの輸入品だったのですね。正確には、今の日本人も大好きな舶来品の和風化（今日の若者の「茶髪」もその流れなのかしら？）ということなのですが。

㉔ 防人の歌は亡命朝鮮人の成金の歌

それに、万葉集第二〇巻の防人の歌（これは大伴家持が防人部領使を介して防人やその妻から百六十六首集めて、その中から八十四首を採用したと言われております）につきましても、百済（六六〇年）や高句麗（六六八年）が滅亡し、命からがら日本海を渡って主として東国など（この人々は、九州でありましても、人口密度の希薄な中部奥地〔一2、七4〕や南部にも、後の平家の落ち武者のように隠れ住みました。一前文）に亡命して来た人たち（時の政府は、辺境の地〔かつ、辺境の農地開墾にも貢献いたしますので〕なので、ある程度は黙認をしていたのです）の子孫が、やがて「墾田永世私財法」（七四三年）成立の後、東国などの僻地で荒地を開墾地に変え、土地を増やし「開発領主」として成功した裕福な人たちの歌だったのでございまして、この「防人の歌」は、教科書で言われておりますような名も無き貧しき東国の平凡な一兵卒の歌などでは、決してなかったのです。

教える高校の先生方も、このことを知らなかったのかしらん？この点、アナタも認識を新たにして下さいね。

強いて一言で申しますならば、防人の歌は、豊かな東国の朝鮮「成金」の歌だったのです。そうです、余裕がなければ歌なんか詠めませんからね。食うや食わずのカスカスでは。それに、歌が上手くなるには長い間の修行も必要ですし、お師匠さんへのお礼も……。

タネを明かしますと、たとえ仕事は東国僻地の百姓ではございましても、父から子へと朝鮮での伝統歌である「郷歌」の代々の伝授がございましたので、あのように優れた「防人の歌」の万葉歌を作ることが出来たのです。これが鄙の地から突然秀歌が出てくることの理由でした。

そう考えてまいりますと、防人及びその妻の歌も、東国の鄙の地ながらその深い教養の裏には朝鮮半島で鍛えられました文化の血が色濃くその中に流れていたことがアナタにもお判りいただけた筈です。では、その渡来人の防人の子孫たちが、その後どうなっていったのか、ちょいと覗いて見ましょう。

やがて、その人々は更に荒地を開墾し、富を得て、「郡司」「郷司」へと昇進してまいりまして、やがて、姓(かばね)をも得まして、いつしか、中堅の階層の日本人の中に完全に「溶け込んで」いって渡来性が消えてしまったのです（溶け込み理論。擦り込み理論）。

実は、これらの日本化した先の渡来人と、九三五年に新羅が滅んで東国に入ってきた亡命民とが、東国におきまして融合（先渡来と今来の亡民の、夫々の同族を頼っての合体）し、やがて「関東武士」「東北武士」へと成長していった、というのがその武士発生の真相だったのです。

鄙の地でございます東国の防人の歌の素晴らしさにつきまして、もう一つ歌を加えておきましょうか。

それは、この防人の歌の中に「一番大切なことを表現しない」という尊さの表現（ハードではなくソフト）がその中に見られるものがあるからなのです。

既に、この時代に、次のような、こんなに奥床しい「私心（ワタクシ＝自己）を捨てた」表現を、東国の鄙の地の朝鮮からの渡来系の人たちが持っていたなんて、普通に考えたら驚きですよね。

「けふよりは　顧(かへり)みなくて大君の　醜(しこ)の御楯(みたて)と　いでたつわれは」（火長(くわちやう)〔兵士十人〕今奉部(いままつりべ)与曽布の歌）

今日よりは妻も子も捨てて大君のために出征しますよ、という「今日よりは顧みなくて＝もう、拘(こだわ)りませんよ」というその表現の中にこそ、逆に、妻子への「後ろ髪引かるるが如く」の断ち難い愛が言外に読み取れるからなのです。こんなデリカシーな表現を、今から千二、三百年も前の朝鮮系の東国の小隊長レベルの火長が出来たのですよ。もう私は脱帽！　もう負けそう。このような「表現しない美しさ」を、防人ごとき（失礼！）が判っていたなんて！

言葉のことが出ました序でに、ここで朝鮮と日本の関西弁との「言葉の類似性」についても少し触れておきましょう。

千五百年も前の高句麗語との数詞の共通性につきましては、前にお話ししましたよ（一七5）。次に、ここではアクセントの共通性について考えてみましょう。

(25) 朝鮮半島の北緯三八度線で真っ二つに分かれる「高低アクセント」の有無

今日、朝鮮半島を南北真っ二つに分断しております三八度線以南、特に、かつての伽羅（倭国の半島部分）地域（洛東江流域付近など）の人々の話し方は、今日日本列島の関西の人々の話すいわゆる「関西アクセント」「高・低アクセント」と全く同じだからです。驚きですよね。同じ言葉が、音の高低で意味が違って来てしまうのです。

＊必ずしも適切な例ではございませんが、判り易いので喩えて申しますと、ご自分に自信のあるアナタが京の舞妓さんを誘って、「今夜一緒に食事しようよ」と言ったといたします。舞妓さんが「オーオキニ」と言ってニッコリして目を輝かせて語尾の方へと上げて言うと「有難う・嬉しいわ・肯定」で、アナタは今夜のことを想像して一人「ニンマリ」（但し、財布にゃ地獄ですが……）です。しかし、その逆に、その舞妓さんが不愉快そうな顔で、軽蔑の眼差しをアナタに向け、全体を低いトーンで語尾の方へと下げますと、その同じ「オーキニ」の言葉でありましても（私は「江戸っ子」なので詳しいことはよくは判らないのですが）「厭よ・結構です・否定」に近くなってしまい、アナタは振られて「ガックリ」来てしまい、今夜は独り旅先で枕を抱いて……ということになるのです。

更に、かつて、倭が朝鮮半島と日本列島に跨って存在した海峡国家であったことの証拠として、朝鮮の南部と日本列島で共通の一つの言葉をお示ししておきましょう。それは、日本語の「……だけど」が、慶尚道の「……ケド」と、「意味も音」も、今日に至るも全く同じだからなのです。そして、このプロト「……ケド」が、朝鮮で「hondahedo」→「hedo」→「kedo」という風に変化して訛って来たからなのです。

前述の、日本語会話の文末の「……ですよ」と朝鮮語会話の文末の「……セヨ」も、音も意味も似ておりますし、何となく、これが今日の日本語の「ですよ」が省略された「スヨ→セヨ」と考えましても、よく似ていると言えるからなのです。

ところが、これに反して、同じ朝鮮半島の同じ朝鮮語であっても、面白いことに、三八度線以北には前述のような高低のアクセントは少なく、言葉が「長いか短いか」だけのよう（これは戦前のデーターですが）ですし、これが日本列島の東日本の人々の話し方とも又よく似ている（少なくとも高低アクセントは本質的では無いという点で）ということも、果たして偶然の一致なのでしょうか。

もっと端的に申しますと、「京言葉」と「東（あづま）（吾妻）言葉」との違いとは、朝鮮半島の南部と北部との違い、つまり南朝鮮の伽耶（倭）・新羅の言葉と朝鮮半島中部・北部・満州の言葉との違いとでも申しましょうか（リンクしていたのですね）。

＊朝鮮半島・満州と日本列島とは、古くから、「北緯何度というレベルの幅の中」（例えば「恐山（おそれ）とウスリー山」、「津軽と置溝（チガ）婁（ル）」など）で、その日本海を挟んだ東西部分の陸地がそれぞれ対応するかのように繋がっていた（共通圏を持っていた）のです。

つまり、朝鮮半島の満州に近い人々の言語と東日本の人々の言語とも似ている点があるということは、どうしても満州の「穢族（かい）」

〔とは言いましても、カイ族やワイ族をも含む扶余系の人々も、朝鮮半島の東部を南下して、伽耶を経由して、やがては日本列島にも来ておりますが〕と東日本の「蝦夷（かい）」（平安朝廷のネーミングの意図は、「ワイ＝汚い」でした。蝦は「エビ」なのでしょうか、それとも「蛙」なのでしょうか）という部族の呼び名、しかも自称の「共通性」ということを思い浮かべてしまいます（一七2）。

6、万葉を修したとされる平城天王とは誰か

また、次のことは一体何を表しているのでしょうか。

「平城天王（子）修万葉集」（『後拾遺集』目録序。73堀川天皇応徳四年〔一〇八七〕八月「目録」に「序」を付ける）

——平城天王が万葉集を修した。

＊平安朝の固有名詞としての平城天皇（安殿＝小殿＝オテ＝奈良帝）のことか、それとも、その前の「平城＝ナラ」時代の抽象的なある天皇のことか。

とございますことは、大変意味深なことなのです。

＊万葉集が「二十巻」であることの初見は、何と！十一世紀もそれも後半のここだったのだ！

これと同じく十一世紀末の『後撰集』の頃の「万葉二十巻の完成」につきましては、前に申し上げております（一二三4）。

古万葉といわれているものが、嵯峨天皇（平城天皇の次です）により撰せられていた、という「源氏物語」の記述も、以前に申し上げました。

しかし、この点につきまして、更に奇妙なことは、その前年の応徳三年（一〇八六）十月中旬の、同じ『後拾遺集』自体の奏覧の際に付けられました『仮名序』の中には、右の「平城天王……」の文句は一切見えず、単に「敷島のやまと歌集めさせ給ふ」とのみあるだけなのでございまして、『万葉集』と「平城天王（子）」の語句は、何故かそこには全く見当たらないのです。

これらの言葉が（前年の公式のものの中では）見事なまでに消されてしまっているのです。何故か！公にせず自分の家だけに秘した原本にだけ記していたのでしょうか。何とマア不思議なことでしょうか。

それとも、万葉集という言葉自体が、この頃でもまだ普通名詞に過ぎなかったからなのでしょうか。

更に、ここにはアナタが決して見逃してはならない重大なポイントがありました。この「目録序」が、右の「修万葉集——平城天王」51平城天皇（即位大同元年〔八〇六〕）の文言の次には、「撰拾遺集——花山法皇」65花山天皇（即位寛和元年〔九八五〕）「偏次之道、永々而存」と続きまして今回の『後拾遺集』の編纂に至って、藤原通俊（何故かこの人は、歌の実力から考えても勅撰集の選者には相応しくないと一般に言われています）が撰して白河上皇に献上した、と述べているところから素直に考えますと、「万葉からの〈三つ〉の流れ（万葉・拾遺・後拾遺）は皆一連の

流れであった」と本来文学史の体系上位置付けなければいけなかった筈なのです。

つまり、実は、この『拾遺集』の元は、『古今集』から遺漏したものを拾ったのではなく、『万葉集』から漏れたものを拾った(拾遺した)ものだったのではないでしょうか。

*そういたしますと、もしかすると、『後撰集』の方こそが『古今集』の方と繋がっていたのではないでしょうか。

それに、考えても見てください。『拾遺集』の中に何故、菅家『万葉集』の歌が入っていたのでしょうか(二三4)。この一連の流れにつきまして理解出来ていないアカデミズムも多いのでは。

また、加うるに、この『拾遺集』では、藤原公任撰の『拾遺抄』に比べましても、全体の歌の数が二・三倍であるのに対しまして、万葉の代表歌人の一人である柿本人麿の歌が、何と、一一・五倍(百四首)にも及んでおりますことは、如何にこの『拾遺集』が万葉を重視していたのかということの端的な現れであったものと考えます。

その線に沿って、これらの流れをマトメておきましょう。

A1　菅原道真の『新撰万葉集(上)』八九三年
A2　同　　　　『新撰万葉集(下)』九一三年
B　藤原公任の『拾遺和歌集』九九八年
C　藤原通俊の『後拾遺和歌集』一〇八六年

このように、菅原道真から約百年毎に「A新撰万葉集→B拾遺集→C後拾遺集」と撰せられておりましたことは、一つの流れであったと見なければいけなかったのです。

*このように、万葉集のスタートは、大伴家持からではなく、A菅原道真から始まって、やっとC藤原通俊の頃に終わったのだと見なければいけなかったのです。

さて、その点はアマチュアーからの問題提起に留めまして、更に、ここで見逃してはならないことは、この歌集の名前が「後拾遺〈倭謌〉抄序」となっている点なのです。この倭謌とは一体「何に対しての」倭(わ)の謌(うた)だと言っているのでしょうか。このように、単に「詩――漢詩」に対応して単に「歌」と言えばいいものを、古来「倭歌」と言って来たことの意味を、ここでもう一度真剣に考え直さなければいけなかったのです(二三5)。

「中国の漢詩」に対して、日本の漢詩については、通常わざわざ「和詩」などとは言ってはいないこととの対比からもアナタは疑問を持つべきだったのです。和歌は、言語も違い、内容も趣も全く異なるものであり、中国にはない日本の独自性の強いもの(という風に一応考えられている)であり、漢字表現の「詩」ではないのですから、わざわざ「和の歌」などとは言わずに、詩に対して、単に「歌」と言えばそれで十分だった筈なのです。

つまり、何故、ここに「和」「倭」という形容が付けられていたのかという語源の問題です。やっぱりこの言葉は、遡りますと、単純に「ワ=倭」ということではなく、やっぱり「ワ=輪」のことだと気が付いたからだったのでして、一番古くは「輪っ歌」(絶え間のない。マズルカ)から始まったからではなかったのでしょうか（二三5）。「輪＝ワ＝和（終ることなく続いているもの）」歌だったからなのです。「輪（……）歌＝ワカ＝和歌」だったのです（埴輪と同じ）。

前述のように、雲南の「歌垣（かがい）」だって、古くはその日は丸一日歌い続けていたようですし。

これらのことからも、大伴家持の持っていた万葉＝「萬（よろず）の言の葉」（普通名詞）の原稿のレベルが、ABC（二三4）となる「前」の朝鮮語（私の考えでは、大伴氏は卑彌呼の末裔の「倭王＝安羅王」だったのですから、当時の倭王の言葉そのものが、そもそも「海峡語＝朝鮮語」に近かったのでございまして、つまり、今日から考えますと、当時はどちらかと言えば「朝鮮語の方こそが倭語そのものだった」のだと考えなければいけなかったのです。二三5）の「吏読（いどう）」で補って書かれていた七五調（又は、古くは三・三調、四・四調のものを含みます）の「郷歌（ヒョンカ）」（中国の歌に対して、自ら謙（へりくだ）った表現をしているところの朝鮮（地方＝方言＝郷」の歌の意味（事大主義））であったことまでも、このことから読み取らなければいけなかったのです。

ですから、正確には「翻訳」ではなく、国内の「方言」から、後に出来た「標準語」への変更、とも申すべきなのかもしれません。

さて、アナタはこれらの点につきまして、どう思われますでしょうか。確かに、学校ではこんなことまでは教えてはくれませんでしたでしょうが、私の国文学アカデミズムへの問題提起は、そんなに奇異なものなのでしょうか。

7、額田女王は「天武の妻」か「天智の妻」か

万葉集改竄の具体的な内容にまではここでは立ち入りません。ただここで、万葉集改竄の代表的な例について、結論的で恐縮なのですが、ほんの一言だけ触れさせて下さい。

万葉集においても、日本紀の改竄に当然連動させ、額田王を（奈良紀レベルでは）天武天皇・大海人（モデルは新羅文武王・金多遂）の妻となっていたものを、また、その次の（平安紀レベルでは）天智天皇・中大兄（モデルは百済王子・余豊璋＋新羅王・金春秋）の妻と変えてしまったり、このように調整しなければならない必要が生じてしまって苦労していることは、現行の万葉集に残されている結果からも、誰が見ましても明らかなことだったのです。

＊正確に申しますと、奈良紀におけます天智のモデルは、新羅・太祖武烈王ただ一人だった筈です（六3）。しかし、結局は、平安紀では、多少時間をずらせて天智と天武とを同時代に並立させ兄弟とし、しかも、額田王を、「両方の天皇の妻」などという、遠い時代（遊牧民の頃）にはいざ知らず、この時代におきましては、最早不可解と言う以外には無い形にしてしまっておりますが。

8、鏡王女と額田女王は同一人

更に、もうひと言だけ、ポイントになる点についてお話ししておきますと、近江の鏡王（地元の伝承から考えまして、古代の金属王の天日矛（あめのひぼこ）〔倭王＝安羅王。一五1〕の末裔かとも思われますが）の娘の鏡王女（かがみのひめみこ）（姉）と額田女王（ぬかたのおほぎみ）（妹）とは、姉妹でありアカデミズムからは二人は別人であるとされてはおりますが、実はこれは本来同一人であったのです。

その証拠は、旧本は「鏡王女又日　額田姫王也」（『万葉集』九一、九二番の左註）と註されていることに、そのことについての暗号がチラッとですが覗いていたからなのです。つまり、『万葉集』自体の中に、ちゃんと「古い本では、鏡王と額田王とは同一人となっておりましたですよ」と、奈良紀から平安紀への改竄の経緯を示す証拠を隠しておいてくれたのですが、今まで、このことについてあまり深く考えてこなかった過失がアナタにはあったのです。

奈良紀レベルにおきましては、この一人であった人を、巧みに姉妹の二人に分けてしまった、否、無理して分けざるを得なくなってしまったというのも、「平安」日本紀への改竄作業（例えば、「天智とは百済・余豊璋＋新羅・太祖武烈王の二者の合体」としなければならなくなってしまったこと）の内容に合わせまして、必然的にこの一人の女性を「二人に分化させる必要」が生じてしまった（更に、このうちの一人を二人に分けたうえ順番に、まずは天武の妻とし、次に天智の妻とせざるを得なくなってしまった）からなのです。そこには女の方もボカす必要があったのです。

この私の考えを否定される方は、この万葉集の「旧本の註」は全くのインチキだったとでも言うのでしょうか。そして、その場合、その方の反証は一体何なのでしょうか。ご提示ください（アナタに必要なのは、眼光紙背だったのです）。

なお、万葉集の大きな流れにつきましては、ついでに付加しておかなければならないことがございます。

それは、万葉集一七巻、一八巻は七四六年（天平十八）以降の歌であることは明らかであり、この二巻は、それ以前の四巻、八巻と共に　大伴家集（因みに、五巻は「山上憶良の歌集」です）ともいえるものでして、百済系が朝廷内部に於いて権力を握りつつあったところの、いわゆる「七五〇年ライン」（三一2）より以降のものであるということが要注意だったのです。そういたしますと、ずっと以前に、柿本人麿（七世紀後半の人）が歌いました「淡海の国のさざなみの大津の宮の天の下……大宮は此処と聞けども大殿は此処と言へども春草の茂ひ生いたる……」という悲しげな歌のオリジナルは、「亡び去った母国の百済の碧骨堤（淡海）」と、亡命した（させられた）日本列島におきまして強制疎開（七4ノ46）させられた「近江」蒲生野という場所とをダブル・イメージで題材とした「郷歌」といたしまして、元々が朝鮮語かつ朝鮮の万葉仮名である「吏読」でもって書かれ、そして亡命百済人たちによって歌われておりましたものだったのです。

＊正確には、亡命百済人の境遇から、後に支配者として復活した人々が、その復活の時点で、公然と職業歌人に歌わせ、正々堂々と表示することが出来たもの（八3）。

ですから、これらの歌が世に出た時期（当然、歌われた時期と同じかそれ以降なのでありますが）が問題だったのでございまして、それは一体いつのことだったのかという点についてなのですが、新羅系から政権を奪い取って、百済系の「平安朝」になってから初めて、つまり、亡び去った百済の故地を偲んだ歌というものを「正々堂々と取り上げることが出来るようになってから初めて」、百済系の天皇や貴族が王宮歌人達に「歌わせ」、又は、かつて家中で内緒で秘歌として歌い伝えていた歌を思い出させて「表に出した」ものだったのです。

但し、余りこのことをオープンにし過ぎてしまいますと、神聖な天孫降臨であると国家正史上も称しておりますこの日本が、その前に不倶戴天の敵であります新羅に占領されてしまっていたこと（このことは、百済系の天皇家の万世一系にとって相応しくないのみならず、祖先の不名誉、祖先が「亡命民」であったこと、つまり北畠親房のいう「桓武焚書＝昔、日本は三韓と同種であったこと＝百済の〈お国替え〉」がバレてしまうこと、そのバレては困る真相とは、「釈日本紀」所引の「弘仁私記序」の「或在民間、為帝王者＝民間から天皇が出たこと」（一1）が判明してしまうことでもございますので）や、畿内中心の「日本国」の前に、朝鮮半島と日本列島（古くは九州）とに跨りまして、海峡国家としての「倭国＝倭人連盟」というものが存在していた（対外的〈対中国〉には、奈良紀のレベルから、倭国から日本国へは、あくまでも「同一の継承」であることを装っておりましたから、「倭国王家から日本国天皇家へのその間の断絶の公開」は、これ又、好ましくないことであったからなのです）ということなども全てバレてしまいますので、止むを得ず、オブラートに包み込まざるを得なかったのです。

＊つまり、かような理由から、前王朝である新羅系の敷いたレールに、百済系が、一部とはいえ悪乗り（共に、真実の証拠隠滅）せざるを得なかったということだったノダ。

9、モデルとした新羅王系図では、「皇極→斉明→天智」と天皇が続いていた

話が、天智と天武の正体から少し（大分）横にずれてしまいましたので又元に戻しましょう。

しょっちゅう脱線していて申し訳ありません。私は、先頃まで東京のK大学の法学部と経済学部とで「法律」の講義を担当しておりましたが、法律の話からしょっちゅう脱線しておりました（時として、九十分の授業中に脱線しっぱなしで、元に戻らないうちに授業終了のベルが鳴ってしまったこともよくありましたっけ……。学生に聞いてみてよ！）。

このように、奈良紀及びそのお手本といたしました新羅史にお

9、モデルとした新羅王系図では、「皇極→斉明→天智」と天皇が続いていたきましては、もともとはA善徳（皇極のモデル）→B真徳（斉明のモデル）→C武烈王・金春秋（天智のモデル）という風に三代の新羅系の王系図がきちっと順番にABCと続いていた筈なのです。

この点、現行（平安）日本紀を見てみますと、B→Cの点、つまりB真徳（斉明）→C武烈・金春秋（天智）という右三者の継承における後半（B→C）の点につきましては、お手本としました新羅王系図と全く同じで真相はそれでよろしいのですが、その一つ前の、A→Bの点、つまりA善徳（皇極）→B真徳（斉明）という点につきましては、前述いたしました理由（用明大王の年代を遡上したことの影響）によりまして、この二人の女帝の関係は、実際には「A≠B」、つまり「姪」でございましたのにも拘わらず、平安紀では、そのABの間に、新羅史をモデルといたしましたプロット「大化の改新」をモデルに新「大化の改新」というドラマを作り出してしまい（七1）、加えて百済義慈王の皇太子「孝」をモデルといたしました36孝徳という大王を大王系図上に挿入すると共に、更に、「A＝B」、つまり「AB同一人」＝「AB の重祚」という形にしてしまいました（現行の「大化の改新」の作成）ので、奈良紀がお手本といたしました、この辺りの新羅本国での王系図自体とはだいぶ異なって来てしまっていたのです（百済王をモデルとした大王の挿入）。

第二四章　大津皇子の謀叛も架空――「金欽突の反乱」

1、大津皇子の謀叛も架空だった

さて、六八六年（朱鳥元年。この怪しげな年号につき、別述）十月二日に発覚し、翌三日には早くも賜死した（天皇の子の死といたしましては余りにも早過ぎます）とされております天武の子の大津皇子の謀叛も、実は架空の事件だったのですよ（この謀反の直前の九月九日に天武天皇は死亡しております。日本紀作成上のこの天皇のモデルは、新羅の文武王です）。

＊この事件は長屋王（この死を賜わりました「大津皇子の甥」＝「高市皇子の子」）の血統の断絶と合わせまして、日本紀上では、「高市皇子（金霜林・総持）系の血統」の皇位継承者の断絶ということに繋がっておりました（伏線となっておりました）、見逃し難い実に重要な事件だったのです（三一2）。

山辺皇女（やまのべのひめみこ）（日本紀の上では天智大王の娘となっております）が、夫の大津皇子が処刑されるとき、皇子の処刑に走りよって自死してしまうという、一見、人々の気をいつまでも引く悲しい事件も、実は脚色に過ぎなかったのです。

＊さももっともらしく、別に本薬師寺跡にあったという大津皇子の墓を、わざとよく目立つように葛城の当麻寺の上の「天の二上山」の山頂の雄嶽（おだけ）に改めて造ったりしてピーアールしていることが、臭い、匂うのです。

常識的に考えましても、夫のところに走り寄った皇女（それも、かの偉大なる天智大王の娘なのですよ）が自害するのを、ただ手を拱いて見ているだけなんていうような馬鹿げたことはあり得ないことだからなのです。アナタはこの「悲劇性」に目を奪われてしまい、今までそんな単純なことに気が付かなかったのでしょうか。

そこで、千三百年後の今日に至りましても、古代史のお好きなアナタが、独り大和国中（くんなか）（奈良盆地）を訪れる度に、晩秋の黄昏時になると黄葉（もみじ）の山に淋しく西日が落ちる、あのポコポコッとした「天（あめ）の二上山（ふたかみやま）」の山の端（は）の空の濃いオレンジ色を仰ぎ見まして、いやがうえにもこの悲劇を思い出させられてしまうのです。

同母姉の伊勢に下った斎宮の大来（おほく）（伯）皇女（ひめみこ）（八4）が、処刑死した弟（大津皇子）を愛（かな）しんで詠んだあの「うつそみの人にある我や　明日よりは　二上山を弟世（いろせ）と我が見む」（一六五番。二四2）という歌と共に——。

＊この歌への疑問点、大伯皇女が弟の大津皇子のことを歌ったものではなく、実は、愛人のことを歌った歌が流用されたものであったことにつき、後述。

2、当時は新羅の占領下

では、まずは、どうして大津皇子の謀叛が架空なのかということにつきまして、その前提としまして、まずは当時の日本列島における「状況証拠」から把握しておくことにいたしましょう。

まずは、その舞台背景についてです。

大津皇子は「天武天皇＝そのモデルは新羅・文武王」（巻末の図をご覧下さい）の王子の一人なのですから、当時の外交・国際情勢（新羅の日本列島の占領下）という状況下（七4）であることから考えますと、本国の父・新羅王の命令により日本列島を統治しておりますＧＨＱ（連合国最高司令官＝天皇）かつ兄でございます新羅王子の提督（この頃の天皇＝高市皇帝か、草壁皇帝でしょう）に対し、その統治について協力する必要こそあれ、その弟が叛乱をおこす理由など全く認められないからなのです。

しかし、そうは申しましても、実際に新羅王子たるこの大津皇子の渡来につきましては問題がございます。と言うのは、元々、この皇子は日本列島で生まれ育っていた可能性が大だからなのです。

新羅王子としての大津皇子のモデルは存在していたといたしましても、日本列島におきまして謀叛などは起こしてはいなかった筈なのです。

＊もし仮に、この状況下でいざこざが生じたと仮定してみましても、せいぜい日本列島統治の問題におきまして、新羅本国として「方針を変更して、今後は大唐帝国を重視し、唐を排除したこと（壬申の乱の真相＝共同統治からの排除）の侘びをいれて協調していくか」、それとも「相変わらず大唐帝国を排除し、独立・敵対路線を継続していくのか」という外交路線についての提督と新羅本国の方針との相違ぐらいでしょう。しかし、その決定権は当然新羅本国政府にあり、出先の提督の権限の及ばない問題なのです。

ですから、これは、実は、後述のように、日本列島におけるものではなく、新羅本国内部における貴族間の対立の問題だったのです（神文王の父の文武王の死〔二五1〕とも、このことは関連か？）。

では、次に、架空であることについての「具体的な証拠」について、アナタと共に見ていくことにいたしましょう。

ともかく、その反乱の理由に私は納得がいかないからなのです。

と申しますのも、「新羅」の僭行心（こうじん）（カウジム）に唆（そそのか）されて大

津皇子が謀反を起こしたとされていることや、

「時有新羅僧行心……太子骨法。不是人臣之相……因進逆謀……嗚呼惜哉」（『懐風藻』大津皇子。なお、『日本紀』持統称制前紀二年十月二日）

朋友の川嶋皇子（川＝「カワ＝カヤ＝韓」。八3、一二1）の密告から始まったとされておりますことも不自然でありますと共に、この天皇権をも奪おうという大謀反に参加したとされている人々の多くが逮捕されているにも拘わらず、その殆ど（新羅の僧行心と礪杵道作（ときのみちつくり）以外）があっさりと赦免されてしまっていること（しかも、このマッチポンプの二人でさえも「礪杵道作作流伊豆……新羅沙門行心……徒飛騨国伽藍」ということで死罪を免れておりますよ）などに鑑みましても、この大津皇子が無実の罪に陥れられた可能性が高く、そういたしますと、更にはこの謀反そのものが、そもそも「架空」の物語として正史上に作られておりました可能性も高くなって来ざるを得ないからなのです。

＊後世の、恐ろしく、かつ悲哀に沈んだ大津皇子の不気味な神像を見よ。

しかも、一般に、天武天皇（新羅文武王がモデル）と皇后の鸕（う）野讃良（ののさら）との間の子の草壁皇子（新羅王子）を擁立するために大津皇子を抹殺したのだと言われておりますが、この「ウノノササラ＝持統天皇」という女帝そのものが、そもそも日本紀上「作為された架空の天皇」であったからなのです（八4は必見、三二2、二三2）。

そういたしますと、右の前提がガラガラと崩れてしまいます。

更に、先程の、弟の大津皇子のことを歌ったものだと一般に考えられております同母（持統天皇〔架空の人です〕の姉の、大田皇女）姉の大伯皇女（おおくのひめみこ）（六六一～七〇一年）のあの哀しい万葉歌（一〇五、一〇六、一六三～一六六番）とは一体何であったのか、そこに疑問点はなかったのか、ということに至らざるを得ないのですが、

「うつそみの人にある我や　明日よりは　二上山を弟世（いろせ）と我が見む」（一六五番）

の「弟世（いろせ）」が、別訓では「汝背」となっているところからも、これは本来は弟の大津皇子のことを歌ったものではなく、実は自分の「愛人」を歌ったものであったのを、日本紀を改竄して「大津の皇子の謀反」というオペラを創り出した人々が、万葉集をも併行改竄した際に、「弟」を歌ったものに変え、ないしは流用してしまっていたということが判るからなのです。

又、「わが背子を……」（一五〇番）の歌が、大伯皇女の自作ではなく、言葉により詳しいプロの「詞人」の手になったものであったことが明白であるところから考えましても、右のことは根拠付けられるのです。

大津皇子の墓の改葬とは、本当はいつのことだったのでしょうか。一応は、半年後であったとはされてはいますが。そして、そのとき大伯皇女は一体何歳であったのでしょうか。

3、「大津皇子の謀反」のモデルは「金欽突の反乱」

さて、そろそろズバリこの問題の天王山に切り込みをかけてみましょう。

(1) これも新羅史の翻訳だった

では、その「大津皇子の謀反」のモデルとは一体何であったのかと申しますと、ズバリ、六八一年に新羅本国におきまして、新羅重臣の金欽突らが起こしました「金欽突の反乱」だったのであり、「大津皇子の謀反」と言われておりますものは、この新羅史の翻訳に過ぎなかったのです（二三3）。

干支紀年法の違いを考えまして、この「大津皇子の反乱」に近い頃の新羅史の中から、これに相当するであろう出来事を探してみますと、神文王元年（六八一）八月八日に、王妃の父の蘇判の金欽突、波珍飡の興元、大阿飡の真功たちが起こした反乱軍（「新羅本紀」）が、逆に誅殺されてしまったということなどがそのモデルだったのです。

この乱が起きた理由につきましても、新羅の正史であります「新羅本紀」を読んでみましても、何故か曖昧でハッキリとはしないのです。しかも、新羅・神文王（「文武王＝天武天皇のモデル」）の長子。大津皇子も天武天皇の子で同時代です）の『教書』によりますと、この乱は「国の内外に及んでいた」が、鎮圧して「最早、国の遠近で畏れることはなくなった」伊飡の軍官らの宰相を処断したことを「遠近に布告して知らしめよ」など言っている文面から、何故か外国（と申しましても、日本列島は新羅の支配下なのですが）を大変気にしておりますので、遠くの、日本列島も、この本国での「派閥争い」に巻き込まれてしまったということが十分に推測されるからなのです（又は、舞台が日本列島だったのか）。

因みに、大津皇子の妃は、日本紀上では、前述のように、処刑される大津に走り寄って自らの手で自死しておりますが、この神文王の王妃も実父に連座して宮廷を去っております。ひょっとすると、この新羅蘇判・金欽突の反乱への31神文王（六八一〜六九二年）の『教書』（六八一年）の「悪業が積み重なり」という表現が、日本の正史上の「東漢氏の罪状の戒め」（天武紀六年〔六七七〕）のモデル（借史上のお手本）となっていた可能性も否定できないのです（時代も近い。新興新羅が伽耶をしかる）。

＊これは、新羅支配下の旧安羅系の臣下の反乱だったのでしょうか（漢＝綾＝安耶＝安羅＝倭）。

大切な点ですのでマトメてもう一度申し上げておきましょう。たとえ、百歩譲りましても、大津皇子の謀叛が日本列島に存在していたといたしましても、前述のように、これは新羅本国の「金欽突の乱」の余波を受けたものと考えます。

そして、それは、この「金氏の乱」が、前述のように、「国の内外に及んだ」と記されているからなのです（「新羅本紀」神文王条）。

しかし、仮に、この「金氏の乱」が新羅内外一体の乱であって、日本列島へは「大津皇子の謀反」としてその影響力を受けていただけに過ぎなかったといたしましても、逆に、それは新羅の占領下であったことをストレートに認めることになってしまうのですよ（「大化＝オオバケ」という年号の問題につき、七4ノ15、六3他）。

(2)「壬申の乱」の真相と妖言

実は、新羅は「壬申の乱」の真相、つまり、第一義的には朝鮮半島での百済王家の生き残りの主たる人々の全滅（その裏には、第二義的に唐を排除した日本単独占領支配が隠されております）について、唐に謝罪している（六七五年。八4、1）くらいなのですから、壬申の乱の実体が、日本列島からの唐の影響力の排除だなどとは、口が裂けても言えなかったのです。そこを頭の良い亡命百済王権の平安天皇家の官僚（テクノクラート）が、その点を上手く利用して奈良日本紀を改竄いたしまして、次の、平安朝におけます平安日本紀では、「新羅の日本列島占領という事実」を（今度は主として百済系のメンツの問題からですが）隠蔽してしまったのです。

この「壬申の乱」の真相（八4、1）に関しましては、実に面白い記述が正史の中に見られるのです。

「有人登宮東岳　妖言而　自刎死之　当是夜直者　悉賜爵一級」（天武紀四年〔六七五〕十一月三日）

――人有りて宮の東の岳に登りて、妖言(およつれごと)して自ら刎(くびは)ねて死せぬ。是の夜に当りて直(とのい)せる者に、悉くに、かうぶりひとしなを賜う。

というのがそれでして、この浄見原(きよみがはら)宮の東の岳に登り「人を惑わす言葉」を叫んだのは、一体誰であったかと申しますと、それは飛鳥寺の僧・福楊のことであったのです。しかしそれは、右の日本紀の天武四年条からは全く判らないのですが、次の証拠と合わせまして初めて判って来ることになります。

「一三年　飛鳥寺沙門　福楊　下獄庚戌　自刎而死」（『元亨釈書』天武十三年〔六八四〕条）

このように、この正史以外の文書である『元亨釈書』と合わせることによりまして、初めてこの叫んだ人が飛鳥寺の僧・福楊であったと判るのですが、次に、問題はそれが一体「いつ」のことであったのかということなのです。と申しますのも、この僧・福楊（ここでの原文は「揚」となっております）が死んだのは、先ほどの天武四年のところではなく、何と！次に申し上げますように、その九年後の天武十三年のところに記されているからなのです。このように日本紀上の年代は改竄により、やたらと動かされ、全くあてにはならないのです。

「坐飛鳥寺僧福楊以　入獄　庚戌　僧福楊　自刺頸　而死」（天武紀十三年四月二十四日）

――飛鳥寺の僧(ほうし)福楊に坐(つみ)して獄(ひとや)に入る。カノエイヌに僧福楊自ら頸(くび)を刺して死(みう)せぬ。

このように、ここでは福楊が死んだのは、天武十三年と記されております。しかしながら、前述のように、この年代はあてにはならず、又、ここには内容が記されておりません、死んだ年もその内容も「天武四年」がより正しかったのです。このように日本紀は正史とはいいましても、一つのことの内容を二分し、しかも、その内容もボカして九年もずらして記していたのです。

この僧は、ひょっとすると、その名前の中に唐・玄宗皇帝の皇后の楊貴妃の名が一字入っているところから考えましても、次に申し上げます「鮎」と関係がございます唐兵か、又は、唐からの渡来人と考えられますので、唐側に同情して、日本列島におけます「新羅軍の唐に対する反乱＝新羅の独占占領」のことを、叫んで知らせようとしたものと思われます。飛鳥寺（蘇我氏＝金官伽羅＝倭王家＝前王朝・被支配者）の僧が、唐の調査団に密訴しようとしたのです。

＊仮に、右の一連の事件が、天武十三年（六八四）の出来事であったといたしますと、大津皇子の謀叛（六八六年）のモデルともなりました新羅本国での唐の唆しに乗った「金氏の乱」（六八一年）の日本列島におけます余波であった可能性も高くなってまいります。

(3)「み吉野の鮎」と唐軍の神隠し

そしてその内容は、次の「童謡」と同じものであった筈なのです（記載の場所は、年代を遡上させて、今度は天智十年〔六七一年。わざと「壬申の乱」の一年前に挿入〕のところに分割記載してございますが）。

「み吉野の（原文「美曳之弩能」＝吉野の同音反復的枕詞）吉野の鮎。鮎こそは　島傍も良き。え苦しゑ。水葱の下　芹の下　吾は苦しゑ。臣の子の　八重の紐解く。一重だに　いまだ解かねば　皇子の紐解く……」（天智紀十年十月十二日、童謡、其二）

この意味は、新羅占領軍（み吉野＝大海人皇子＝天武天皇＝金多遂＝新羅・文武王）によって逮捕され、牢に監禁されて押し込められていた「み吉野」の支配下の「鮎」である唐軍が、葱や芹の下で苦しんでいる（殺されようとしている）、しかも、それを唐に判らないように隠そうとしていますよ、という「謎歌」となっていたのです。と申しますのも、この謎解きのキーポイントとなる証拠は、「曳之弩（原文）＝エシヌ＝吉野＝エシナ＝隠す」にあったのです。ここも掛詞になっていたのです（二三5）。

「壬申の乱」のときの歌といたしましても、更に、この解釈からは苦しんでいる「吾＝鮎」は「吉野の」との形容が付いておりますので、大友皇子とすることは出来ず、又、さりとて大海人皇子が苦しんでいるともとることは出来ず、そういたしますと、やはり苦しんでいるのは第三者であり、「一重だに解けていない人々＝臣の子＝赤駒（行くのを恐れ憚っている人）＝唐の調査団」に対する「もう全て紐を解いてしまった人々＝新羅軍＝大海人皇子」とは、「幽閉された唐軍」と「大海人の軍」との対比の表現であったと、このエロ相聞歌を転用した童謡から、アナタは見破らなければいけなかったのです。

しかもアナタ、「何の伝言（つてこと）　直（ただ）にし良（え）けむ＝直接聞いてくれれば私は（真相を）知っていたのにネ」と嘲笑うかのように、この童謡は結んでおりますよ。

また、この童謡の「吉野」「よき」のキーワードを重ねますと、もう、「よし」を八つも重ねました次の

「よき人の　よしとよく見て　よしと言ひし　吉野よく見よ　よき人よく見つ」（『万葉集』二七番）

という歌が直ぐに脳裏に浮かんでまいります。

＊天武天皇が宮滝または丹生川上社の中社へ皇后・皇子を連れて行幸したときの歌で、このとき皇子の親交を盟約させました。

この歌は天武天皇の有名な歌（実際に作ったのは宮廷詩人でしょうが）なのですから、右の天智十年の「童謡」は、やはり天武天皇（金多遂がモデル）のことを暗示していたのです。

更に、この謎を解く鍵は、「薬師寺」にも隠されておりました。

「鋪金イマダ遂ゲズ」（薬師寺の白鳳遺構の三重塔「九輪の擦（はしら）銘」）

この薬師寺（養老二年〔七一八〕に奈良に移す。特色ある裳層は養老年間の付加か）は、新羅の伽藍配置を真似して造られました寺でございまして、その三重塔の柱銘に記されておりましたこの短い文章の意味するところの謎を、歴史探偵でございます私メが解読いたしてみますと、「鋪金」の「金」、「未ダ」の「ダ＝多」、「遂ゲズ」の「遂」ということになり、この短い文の中から、当時の日本列島の支配者である新羅王子の「金多遂」＝「新羅・文武王」＝「天武天皇のモデル」の名が、ちゃんと、ここからもハッキリと浮かび上がってくるではございませんか。アリャ。

＊やはり、天武天皇は「金多遂＝大海人皇子」だったのでございまして、この人が唐軍を逮捕し、幽閉し、そして殺そうとしていたことを、後世の僧の誰かが「止むに止まれず」薬師寺の東塔の「塔柱」にこのように暗号にして記していてくれたのです。

この六七五年には、四月是月に新羅王子忠元が渡来致しまして（是月新羅王子忠元到難波）、八月二十五日帰国しておりますし（忠元禮畢〔コトヲハリテ〕以帰之。でも、本当に帰ったのか？）、十月十六日には「筑紫より唐人三十人を貢す」となっており、この人々を近江国に安置（はべ）らしておりますので（自築紫貢唐人卅口則遣遠江国而安置。ここに唐兵を以前〔六七二年〕から幽閉していたのか？）、新羅本国からの重要な司令、占領軍ＧＨＱの交替、そして唐人に対する何らかの動きとある場所への唐人の隔離ということが行われたことには間違いなかったのです。

これらのことを飛鳥寺の僧・福楊か、又は、脱走した唐兵の一人が、誰かに向かって（多分、丁度その頃、渡来していた外国からの使節団・調査団に対してでしょう）叫んだのです。

このように、若い坊さん（唐兵）が東の岡に登り「オヨツレゴト」を口走って、その直ぐ後に不可解にも首を切って自害してしまったという正史のお話も、この「壬申の乱の真相」と深く拘わ

っていたのです。

天武四年紀では、「自ら首を刎ねた」とされてはおりますが、自ら刎ねることは不可能ですから、捕まって直ちに他人に首を刎ねられて（ポロッと真相が露呈しております）永久に口止めされてしまったのです。

＊因みに、天武十三年紀では「自ら首を刺した」とされておりまして、同じ正史の中で積極矛盾をきたしておりますよ。可笑しいのだナァ？ 誰か、暇な人は推理小説にしてみては？

つまり、その頃の日本列島は、正に（実質は）唐を排除した「新羅の独占領下」でございましたので、その僧、又は唐兵は、丁度その当時飛鳥寺（官庁）に宿泊しておりました外交団に対し、「そのことを口走ってしまった」のです。

＊又は、天武天皇の正体（日本のトップの正体）を、「唐さん」ではなく、新羅の「金さんだ」「金多遂だ」と口走ってしまった可能性も十分ございます。

因みに、朝鮮半島では僧がスパイであることはよくございました（囲碁の上手な高麗僧の道琳に唆された百済21蓋鹵王の死。三〇2）。

このことは、「唐軍」の飛鳥駐屯部隊が、行方不明（実は、吉野の山中へ幽閉）となってしまったということと、その件で太宰府のGHQから、唐軍の責任者が飛鳥まで調べに来ていたときの出来事だったということを表していたのです。

そして、少なくとも、その付近の一般の民衆・役人・外交官の一部がその「神隠し」の実態を知ってしまったのです。

そうであるからこそ、そのことを聞いた者も聞かなかった者（不可解ナリ）も区別せずに、その地域（飛鳥浄御原宮）の全員に「口止め料」として天皇から「爵一級（かうぶりひとしな）」を賜った（＝全員へ恩賞が下賜された。天武紀四年（六七五）十一月三日）ということだったのです（因みに、天武紀十三年（六八四）四月二十四日への分割記載）。

今までのことをマトメてみますと、「壬申の乱」（六七二年）の真相とは、六六三年の「白村江の役」の後の日本列島は、唐・新羅の連合軍に占領されてしまっており、そして、六七二年にはその連合国内部での争いが生じ、新羅軍による畿内に駐留する唐軍（但し、本来、名目のみの唐軍のGHQの主体は太宰府におりました）の幽閉（本国の新羅と唐との戦争に対応した動き）ということが必然的に生じていたということだったのです（八4）。

又、もし仮に、この大津皇子の反逆が真実であったといたしますと、「大津＝新羅王子」なのですから、この謀反は百済系の巻き返しの投影（ある種の形を変えたもの）と捉えることもあながち有り得ないことではございません。

第二五章　奈良朝の天皇のモデルは新羅王子

1、日本列島占領軍の提督は新羅王子

（1）日本での統治者たちに、父（新羅・文武王）の死の知らせが届く
――天武天皇行幸中止との因果関係

奈良時代の天皇家のことにお話を戻しますが、新羅の「日本列島占領軍」の提督は誰であったかということにつきまして、ここでもう少し詳しく考えてみたいと思います。

奈良朝の日本の天皇とは、ズバリ新羅王子たちだったのです。では、奈良朝の天皇が新羅王子であったことの有力な証拠を、日本紀の中から拾い出してお示しいたしましょう。

天武天皇は広瀬野で百官の観閲を行う予定で行宮（かりのみや）まで造りながら、行くのを止めてしまいました（天武紀十年〔六八一〕十月）。

＊天武四年（六七五）四月十日に、ここ広瀬野に初めて「大忌神」を祭りました。しかし、『大和志料』によりますと、この神は、本来の、瀬織津比咩（一五10）から改竄されて作られたものであると思われます。

但し、この広瀬神社の祭神は、今日では若宇伽能売（わかうかのめ）となっておりますので、このことから考えますと、これは伊勢・外宮の豊（とゆ）受（け）と同神であり、ということはつまり、ここ広瀬の神を第一ステップといたしまして、天武四年に伊勢神宮（特に、外宮）が造られた（一五1）ということを表していたのです（同じ秦氏系の神として）。

また、天照（内宮）は本来は男神（別述）だったのであり、外宮は、当初の広瀬神社の祭神であった瀬織津（「本来の天照」の妻）であったと考えますと、夫婦（男女）の点も、内宮・外宮二神の点も、ピッタリ整合してまいります。

この天武四年（六七五）二月には新羅王子の金忠元が渡来しておりますが、当然、新羅本国からの新しい指令（「伊勢神宮」の造営など）により、占領軍の指揮を執る為に新羅王から派遣されたものです（七4）。

因みに、天武三年（六七四年＝文武王十四年一月）には唐の劉仁軌が新羅を討っております。日本列島におきましても、ちゃ

んとこれに対応して（備えて）、天武は忍壁（おさかべ）皇子を武器庫である石上神宮の神府（ほくら）に派遣し、膏油（かうゆ）（肉脂。『職員令主油司条義解』。又、瑩刀料としての猪膏。『延喜兵庫式』）をもって「神宝＝武器」をピカピカに瑩（みが）かせておりますよ（天武紀三年八月三日）。正に、これも翻訳ですナ。しかし、天武四年には、唐が朝鮮半島を放棄し、新羅の統一時代が始まっております。正にこの年に、新羅はひと安心し、完全に乗っ取った日本列島の占領地で「伊勢神宮」の造営を開始していたのですよ（時代背景）。

では、どうして天武はその行幸を止めてしまったのかと申しますと、これは行宮へ向かう行列（しかも、これは天皇「以外」の貴族の行列〔ここに天皇がいなかったことが一番重要な点です〕に過ぎませんでした）に対して、新羅の使者から「新羅・文武王（日本での統治者たちの父）の死の知らせ」が届いたからなのでした。

＊但し、この王が日本列島に渡来していて死んだ可能性もございます。この王は、かつて王子の頃、少なくとも一度は日本列島に渡来しておりますので（五5他）。

さて、ここには見逃し難い大変重要な問題がございます。と申しますのも、「国王（文武王）薨（みうせぬ）」（『日本紀』）と新羅使が告げた（金忠平であろうと思われますが、何故かここでは新羅使の名前を伏せております）のは、天武十年（六八一）十月（是月）となっているのですが、新羅で文武王が薨去されましたのは、文武王二十一年（六八一）七月一日（「新羅本紀」）のことであり、正にその同じ年のことであったのみならず、その間の時間差もたったの三か月に過ぎず、これは渡海を考えますと、ほぼ同時と考えてもよかったのです。これ又、翻訳だった証拠。

しかも、ここで私の方からアナタへお聞きしたいことは、何故、「新羅王」が死んだというだけで、「日本の天皇」が公式行事を取り止めなければならなかったのでしょうか。しかも、新羅はかつての敵国なのですよ。ここが私が一番問題としたい点なのです。この天武の頃の日本の天皇の行動は、余りにも新羅べッタリではありませんか。

奈良・日本紀での天皇が、新羅王の命を受けて日本列島（但し、西半分。一七3、1）を統治しておりました新羅王子だったと考える私の立場からは、新羅本国で父王が死んだのですから、その王子が新しく造った神社などへの参拝を、中止するのは当たり前のことだったのではないでしょうか。これは只そのことを素直に表してしまっただけのことだったのです。仮に、喩えそれがモデル上（つまり、新羅本国）でのことであるといたしましても。

それに、実は、右の「新羅文武王＝金多遂＝法敏」こそが、奈良日本紀での天武天皇そのもののモデルだった、つまり、天武天皇のモデルと文武王とは「同一人」だったのですから、この奈良紀上での（平安紀でも、この遺使の記載がもし新羅史にあると〔日本の方だけで消してしまっても不整合で〕困るので、そのまま派遣の内容を変えて残されていたのです）中止は当たり前のことだったのです。

＊実際の統治は、この王の王子たち、つまり、日本紀上の名では草壁・高市・舎人など、新羅・文武王の子たちが渡来して行っておりました（七4）。

天武天皇こと「金多遂＝文武王」は、王子の頃に日本列島へ渡来し、倭人の九州の宗像の徳善の女の尼子娘（あまご）（この実家が「海の正倉院」とも言われております「宮地嶽神社」とその山の上の古墳だったのです）と結婚し、その間に「高市皇子＝金霜林」をもうけております。仏像に刻されました新羅王子としての高市皇子の「高屋太夫」という「銘」につき、五5はアナタ必見ですぞ。

このように、右の広瀬（伊勢神宮外宮のモデル）行きの御幸の中止という表現は、奈良日本紀レベルでの天武天皇としての「事跡の実体」が新羅王子であったことを、日本紀自らが図らずも認めてしまっていたということにも等しかったのです。只、アナタの先入観が邪魔して、そのことが見えなかっただけだったのです。

(2) 新羅文武王の陵が朝鮮（陸上）にはなかった理由

では、当時、「皇帝」と表現されておりましたこれらの天皇とは、一体どのような人物であったのかということについて、奈良日本紀がそのモデルとしました新羅史に当て嵌めて次に考えてみます。

例えば、まず、古代史上、朝鮮でも日本列島でも一番肝腎な天皇であると思われます天武天皇から申し上げますと、そのモデルは、右に述べましたように、新羅王の文武王こと金多遂だったのでありまして、この人の子が高市皇子・草壁皇子・舎人親王・大津皇子などでございまして、実際にこの四兄弟は、新羅王の名代として日本列島に渡来（一四2）し、「皇帝の名の下に」統治していたのです。

＊場合によりましては、これらの者は、日本列島で生まれたか、又は、渡来してはおりましても、統治の前段階の準備作用（百済・伽耶系の残党の征伐に明け暮れておりました）が中心でして、実際の、大王としての国家の統治は、その又一代後の草壁皇子（後述、本章1ノ10②）の子の文武天皇（持統九年〔六九五〕三月渡来したことになっております。新羅本紀にはその記録がございませんので、実は、この天皇は「日本列島で生まれていた」のです。金良琳がモデル）辺りからであった可能性も否定できませんが……。

更に、面白いことには、この王子の頃「東方の」日本列島に参りましたことのございます文武王・金多遂（天武天皇のモデル）の新羅におけます墓が、海中の石（大王巌）の下にのみ存在（しかも、その王は火葬です）しておりまして「陸上には無い」ということは、その伝承の信憑性につきましては内容はひとまず置いておくといたしましても、この王が倭国へ行った（だから朝鮮本土には死骸がなかった）からだということを、もしかして暗示していたとも考えられるのです。

＊ただし、陸上に「陵なし」にも拘わらず、慶州の善徳王陵下から「文武王陵碑」断損残石四片が出土しております（例の「天皇大帝」の銘のあるもの）。何故か？（朝鮮史はこの点不可解）

つまり、若い頃やって来ただけではなく、少なくとも、その後（晩年か）この新羅王が、実際（最終的に）死んだ場所が、温暖な日本列島だったのではないでしょうか。

＊ひょっとすると、これらのことは、「金欽突の乱＝大津皇子の謀反のモデル」の真相（二四3）とも関係していたのかもしれません。

と申しますのも、新羅の正史に見えます、その文武王の長ったらしい遺勅（「新羅本紀」文武王二十一年〔六八一〕七月）も異様で、何となく「本国を離れていた」ので詳しく指示を出している、否、出さざるを得なかったというニュアンスが読み取れますし、「西国の方式で火葬をせよ」とわざわざ勅しております文武王の言葉自体からも、日本列島におりましてこそ、正に、西方の「新羅本国」の方式のことを指していたのだとも読み取れるからなのです。

＊それに、新羅の西方は百済で、その西は海なのですから、ということは、新羅王が態々滅ぼした百済の方式で葬儀をせよといっていたことになり、そういう遺言は、不可解だからなのです。と言うことは、平安紀で改竄される前の奈良紀では「西国の方式」となっていたのではなく、ここは「新羅本国の方式」と明文でなっていたことが再現出来るのです。

また、今申し上げましたように、この文武王は、新羅王で最初の「火葬」を行った（同王の遺勅により判ります）と言われておりますが（きっと死骸が無かったからでしょう）、新羅におきましては、その後に火葬が一般化した形跡が一向に見られませんので、これは特別なこと（日本列島での出来事に過ぎなかった）だったからなのです。

と申しますのも、面白いことに、この点、日本紀の天皇・大王といたしましては、この新羅王と同一名を付けられておりますす「文武」天皇も、日本で初めての「火葬」を試みたとされておりますよ。両者、つまり日朝で、同一名の王の行為が、この「初めての火葬」という点でも、恐ろしいほどピッタリと一致しております。アラ不思議！

更に、この新羅・文武王をモデルといたしました天武天皇のところの史書が、新羅史と全く同じで上下二巻に分かれているという点につきましても、正史が日朝で全く同じ形式なのです。

又、この文武天皇の祖母、天武天皇の皇后とされております持統天皇も、始めは殯宮（もがり）を設けてはおりますが、飛鳥の岡で天皇としましては初めて「火葬にした」と正史には記されている（直埋葬と火葬との矛盾）のですが……？

＊この持統天皇は、「遺詔」によりまして、自分が死んでも白無地の喪服を着けるな（「白＝シラ＝新羅」の出自であることを判らせないため）、又、「哀号（アイゴー）」と叫ぶ儀式をするな（この叫びは、ズバリ朝鮮人固有のものですから、奈良天皇家が朝鮮の出

身ということが一発でバレてしまいます）とも言っておりますよ。

それに、この年文武王二十一年（六八一）の新羅での記述には、不思議なことに、年明けから、

・一日中暗く夜のようであった（一月一日）

＊大王クラスが日本列島へ行ってしまったことを、このように表現いたしますことは、「延烏朗・細烏女」の新羅史での表現と比較しても、十二分に考えられることなのです（讖緯説）。

・流星が参大星（からすき星）を過った（五月）

・天狗（声を出す流星）が西南方に落ちた（六月）

・そして、国王文武の薨去（こうきょ）（秋七月一日）

＊享年五十六歳（海東金石苑の『新羅文武王陵碑』）。

何と、この点、日本の天武天皇（六三一～六八六年）の薨去も、あの怪しげな朱鳥元年（六八六年。秋九月九日）であり、このように二人のご逝去の年につきましても、六八一年と六八六年とで、そのモデルとした人とほぼ同じでして、たったの五年しか違わないのですよ。

これは、後の平安紀におきまして、百済系が、この天皇のところの内容を大改竄してはおりますが、流石にその「年齢だけは大幅に変えられなかった」ものと思われます。

因みに、この六八六年朱鳥（あけみどり）を、四十一年遡上させて大化元年（六四五年）として「年号を改竄」してしまいましたことにつきましては、別述。

などと、何か異変（王の死）を暗示する尋常ではないものを感じさせるのです。

そういたしますと、文武王の墓を作ったという「東海の浜辺」の近くの「大石の上」の「大王石」とは、ひょっとしますと、新羅・慶州の東方の海岸のことではなく、日本の伊勢のこと（二見ケ浦）だったのかもしれませんよ（慶州東方の海中陵のは分骨、又は、後世の作為。碑文が発見されているのですから）。

＊兎も角、伊勢神宮は天武天皇の作った神社だったのですから。

そして、その新羅の大王巌からの日の出のラインの延長が丹後の「元伊勢」であり、その更なる延長が伊勢神宮なのですから尚更なのです（後述）。

(3)「天皇」どころか「皇帝」と呼ばれていた

さて、この頃の天皇が「皇帝」と呼ばれておりましたことの証拠といたしましては、例えば、正史「六国史」の表示にちゃんと見られることでして、「天智＝皇帝」（『続日本紀』孝徳紀。これは新羅・本国王の武烈王として）、「聖武＝皇帝」（『続日本紀』淳仁紀、称徳紀。これは日本占領軍・最後の提督として）など、はっきりと「皇帝」と表現されている証拠が残っているからなのです。

このことは「皇帝」の下に「天皇」があったという、当時の「二重構造」をも示していてくれたのです。

つまり、この皇帝の称号に含まれている思想を一言で申します

と、本国の、新羅国王たる「皇帝の名代」としての、その下の日本列島の新羅王子たる天皇の存在を認めるということ（一歩譲りまして一段スライドさせましても、新羅王子たる皇帝の下に、かつて亡命百済王室とは深い関わりがあった倭王を天皇として、又は倭王の末裔の大臣・大連家の人を天皇として認めるということ）でもあったのです。

＊現行に近い平安日本紀の表現では、二段統治の（上半分）がカットされてしまっていたのです。

因みに、後のものですが、正史である『日本文徳天皇実録』におきましては「皇帝」という称号のみならず、そこには「皇天」「帝」「天皇」「聖皇」などと、実は、こんなにバラエティーに富んだ各種の大王号が、天皇号といたしまして使用されておりますよ。

（4）草壁皇子は天皇だった——平安紀では冷たく抹殺されてしまった天皇であった新羅王子たち

さて、ここで草壁皇子（天武天皇の子、文武天皇の父）が、皇子に留まらず、実は天皇位に就いておりましたこと（真相）を示す間接証拠を一つ挙げておきましょう。

孝謙上皇が詔いたしましたときに、草壁皇子のことを「岡宮御宇天皇……」（『続日本紀』淳仁、天平宝字六年〔七六二〕六月三日。ヲカノミヤニ・アメノシタシロシメシシ・スメラミコト）と言っておりますことも、曽祖父を敬ったとは申せ、実は、草壁皇子が天皇位に就いておりましたことを暗示していたとも言えるのです（三〇2、三二2）。

以上見てまいりましたように、日本書紀「以外」につきましては、平安朝での改竄が完璧ではなかったものとみえまして、チラッ・チラッと正史上にも「皇帝」（二重構造の上半分）という名が漏れ残ってしまったりしていたのです。

かような理由で「天武＝金多遂」の子が高市皇子で、そのモデルは新羅王子の「金霜林＝総持（この名は『新唐書』によります）」だったのです。

次の史料をご覧下さい。

「饗霜林等於筑紫館」（持統紀二年〔六八八〕二月十日）

とありますように、白鳳期の九州の筑紫館では、何と、新羅王子の金霜林を饗したことの記載がございますが、この金霜林こそが、新羅王子の頃の金多遂（天武天皇のモデル）と敗れた倭の宗像水軍の長の徳善の女（尼子（あまご）媛）とが結婚いたしまして（五5）、その間に生まれました、高市皇子のモデルである金霜林、つまり、唐史でいうところの、新羅王子の「総持」のことだったのですから、私の考えは唐史とも日本紀ともこの点ピッタリなのです。

＊九州の太宰府（占領軍の拠点の一つ）を担当していたのかもしれません。

この高市皇子が「百済の敵」である新羅王子でありましたことは、後の平安朝に、百済系天皇が改竄して今日に至っております平安紀に、如実、かつ、素直に表されておりまして、この国家の中枢に、その名を冠しました「高市郡」を残しておりますくらい偉大なる皇子の「死」が、何と！次のように、たったの「五字」（漢文）でしか表現されていない（七4）という、なんとも冷たい仕打ちからも十二分に証明出来ることだったのです。

＊しかも、これら「天武天皇と血の繋がりのある皇子」は、何故ゆえにか、天皇家の菩提寺と言われております、京都の「泉涌寺」には祭られてはいない！のですよ（二五、前文）。祀られておりますのは、天智大王系及びその百年後の子孫である光仁・桓武天皇系（一、前文）、つまり、百済王系の末裔のみからであるということも、その有力な証拠として合わせてここに挙げておきましょう。「語らずして、洩らす」とは、正にこのことを云うのです。早い話が、泉涌寺は平安朝の百済寺だったのです。

「後皇子尊薨」（持統紀十年〔六九六〕七月十日庚戌）
――後皇子尊薨せましぬ。

このスーパー皇子のたった五文字に過ぎない超抽象的な死の表現は、一体アナタに何を物語っているのでしょうかしらね。

正に、これは、語らずしてこのこと（平安紀での改竄）を証明してくれていたようなものだったのです。

高市皇子等の新羅王子（皇帝＝天皇）の墓（五世紀代の七十余年もの高句麗の新羅占領により、その遊牧系の金細工などの文化を受け継ぎ、王家も混血しております）の一つが、アナタにもお馴染みの「高松塚」でありましたことの証拠につきましては、前述いたしました（五3）。

高市皇子こと金霜林の兄弟のうち、舎人親王は新羅王子の金阿用ですし、草壁皇子もまた新羅の王子の一人だったのです。

さて、新羅系の皇子の死が、このように冷たくあしらわれております例は他にも見られます。

この高市の兄弟の草壁皇子（六六二～六八九年）の「死」につきましても、皇太子という天皇に次ぐ地位（しかも、平安日本紀上では、天武天皇の子であり、更に、母は天智大王の女の持統天皇〔ウノノササラ皇女〕であり、かつ、文武天皇の父でもあるという、この人も間違いなくスーパー皇子の一人です）にありながら、その死の際の表現は、次のようにこれ又たったの「九字」に過ぎない！ということも、右の高市皇子（そのモデルは、新羅王子の金霜林です）の場合と全く同じ理由（この人も新羅系だったから！）によるものだったのです（一八3）。

「皇太子草壁皇子尊薨」（持統紀三年〔六八九〕四月十三日乙未）
――皇太子草壁皇子尊薨りましぬ。

これのみなのです。何とあっさりした冷淡過ぎる表現なのでしょうか。

しかも、この草壁皇子にも「岡宮御宇天皇」の尊号が奉呈されておりますことが判りますので（天平宝字二年〔七五八〕。前述）、このことは、奈良紀におきましては草壁皇子が天皇・皇帝でございましたことの名残だったのです（五3）。

　この違いは、やはり、早い話が、奈良朝の天皇と平安朝の天皇とでは、「人種！」が異なっていたからに他ならなかったのです（一、前文）。

　朝鮮半島におきましても、日本列島におきましても、この新羅と百済の両者は不倶戴天の敵であったのです。

　これらの人々は「新羅の占領下の日本列島を皇帝の名で支配」していたのです（これに対し、百済系天皇家が平安日本紀を作る〔改竄する〕必要性につきましては、今までに何度もお話ししてまいりました）。

（５）奈良日本書紀が作られた理由――旧唐書と新唐書の比較から判る倭国を消し去って日本国を作ったこと

　そもそも、何故これらの人々が、日本列島での正史（歴史物語）である奈良日本紀を作る必要が生じたのでしょうか。

　それは、ズバリ申しまして、これらの人々が三世紀の邪馬臺国から四百二十年間近くも連綿と続いて来ておりました海峡国家の倭、五六二年以降は日本列島のみに縮小いたしました九州の倭国（安羅国）の抹消を図る＝完全に乗っ取って同一性（連続性）を主張するがために、対唐関係の外交文書におきまして、「倭」と新興「日本国」との違いを上手くごまかし（このことが効を奏し、現に、中国では、新・旧の『唐書』の間に明白な齟齬を生じさせてしまっておりますよ）、「日本列島にかつて天孫降臨した天皇（大王）とは自分たちの先祖のことだった」ということにしてしまい、新羅史の王系図を基にして日本書紀（これを奈良紀と言います）を創り出す必要が生じたからなのです。

　この「九州の倭国」が六六三年に滅ぼされ、占領新羅軍が畿内に侵攻して、そこに「日本国」を成立させたということにつきましては、もしアナタが、新・旧の二つの中国史（唐書）の「行間」を、先入観なく素直な心で読み、そして分析してみましたならば、そこにはちゃんと明白な証拠が残されていたことに気が付かれた筈なのです。

　と申しますのも

（倭国）「倭国　者　古倭奴国　也」（『旧唐書』倭国伝）

――倭国は古（いにしへ）の倭奴国（わのな）である。

（日本国）「日本国　者　倭国之別種　也……或云日本旧小国併倭国之地」（『旧唐書』日本国伝）

――日本は倭国の別種であり……旧（もと）小国であったが、倭国の地を併合した。――A

と、倭国と日本国とを右のように別立、かつ、並存して記しておりまして、そのことはある意味では私の考えの一部を正直に示してくれていたとも言えるからなのです。

　この点、新しい唐書の方を見てみますと、日本伝のみとなってしまって倭国伝の方が何処かへ消えてしまっておりますのみならず、

「日本乃小国　為倭并　故冒其号」（『新唐書』日本伝）

――日本は（元は）小国であって、倭（国）に併（合）されたが

（倭国は）その（国）号を借りたのである。（倭国が日本を吸収した）——B

とされておりまして、先程の『旧唐書』Aとこの『新唐書』Bとでは、その国と国との間で「吸収の方向」が全く逆になってしまっているのでありまして、その「唐のアヤフヤな態度」（情報の混乱）の中にこそ、実は、極めて重大な謎が隠されていたのだということを、アナタは見抜かなければならなかったのですよ（二三2）。

＊これは「日本国＝新羅占領軍下」が、このような史書を唐に提出したからこそ生じた混乱だったと見なければいけなかったのです（二三2）。

実は、この新羅の倭国への侵出と日本国の成立につきましては、唐との外交上の秘密合意の下で、「百済王の一族を日本列島、それもなるべく鄙の地に〈お国替え〉させて、そこに唐と新羅との共同の監視の元に新羅の植民地としての〈新しい百済国〉を作るという戦略」に基づいたものでしたので、唐との間には何らの問題もなかった筈なのですが、その後、唐と新羅とが戦ったため、つまり特に、六七二年以降の「新羅単独による日本国の乗っ取り」の状態になったこと、これが所謂、「壬申の乱」の真相で、このことが問題（八4）だったのでございまして、唐はウスウスはその新羅の独占支配に気が付いてはいたものの（前述の、太宰府からの畿内への調査団の派遣＝み吉野の鮎。二四3）、中国側から見ましても、民族的には新羅王室の慶州金氏は倭人の代表かつ同族（「倭国＝金官」の金官金氏から「狭穂彦＝王子の金末仇」が北の辰韓の地へ独立して、その子の奈勿王が（辰韓人の主流、つまり扶余・穢族系が辰韓から南下して、金官経由で日本列島へと亡命してしまいました、その後の）辰韓の残留扶余民や自称秦の亡命民（今来の秦氏）などを束ね、辰韓の地に新羅を立ち上げたからなのです）でもあるのみならず、それに、当時は唐は地続きの大陸のことで精一杯でして、とても、遥か彼方で、かつ、興味本位の関心（日本からは片思い）しか持てない日本列島にまで手を伸ばす余裕など、その当時の唐にはありませんでしたから、大目に見て（見逃して）くれていたのです。

それに、元来、中国はそれ程東夷に関心がなかった（九2）のみならず、新羅は唐と戦って「朝鮮半島」から唐を追い出してしまったこと（より大きなメインテーマ自体）に対してすらも、一応、新羅国王が正式に謝罪し、許され（黙認され）てもいたくらいなのですから（八1）。

当然、その謝罪の中には六七二年に「日本」から唐軍を追い出してしまった責任をも含まれております。但し、大唐にとりましてその頃の日本のことなどは殆ど眼中にありませんでしたので（九2）謝罪した新羅を大目に見てくれたのです。そして、これこそが「壬申の乱」の「裏に隠された」正体だったことにつきましては既に何度もアナタに申し上げましたっけ（八必見）。

(6) 秦氏の協力によって成功した「平安クーデター=平安朝の成立」

なお、平安時代に至り、百済の亡命王子たちによるクーデターの成功、つまり新羅系天皇の追放の後、平安朝になってから天皇たる百済王子が「百済史の王系図を基にして日本紀を書き換え」てしまいまして（これを私は平安紀と呼んでおります）、基本的には、それ（百済王系図を基にした天皇系図による歴史物語）が、養老四年、七二〇年（形式上ですが）の、通説の表現によりますれば、これこそが「初めてにしてかつ最後」の、しかも完成済みの、しかも『日本書紀』といたしまして、今日にまで至っていたとさえ言い得るのです。

＊新羅系天皇の追放は、寝返った秦氏（秦氏は藤原氏の四族の中では式家の中に紛れ込んでおります）の協力によるものだったのです。長年にわたる日本の貴族政治を実体の面から一言で表現いたしますと、秦氏は「金」と「女」を藤原家に入れ、藤原氏を陰で動かし、この藤原氏が「表面上」、天皇家に女を入れ、天皇家と日本とを牛耳っていたとさえ言えるのです。但し、右の秦氏（今来の秦氏）は、日本紀上では、一応は辰韓から来たことになっておりますが、その主体部は扶余・伯族の亡命民であったのです（別述）。つまり、実は、藤原氏は秦氏のリモコン人形に過ぎず、「地下に潜んだ秦氏」こそが、「天皇家=日本国」を陰で千年以上も動かしてきた「黒幕」的存在だったことを、アナタは鋭い目でもう見破らなくてはいけなかったのですよ。

ただ、ここでアナタにご注意いただかなければいけないことは、このように、奈良紀の「お手本は新羅本紀」だとは申しましても、その新羅史が載っております『三国史記』の書面自体は、これよりも四百年も後の、一一四五年（平安末期）に至って成立した新しいものだということなのです（前述）。

という訳で、奈良日本紀のお手本は、平安末に相当する時期に朝鮮で書かれました右の「新羅本紀」上の「文字そのもの」ということではなく、その前に新羅に実在しておりました「歴史そのもの」、つまり調露年間に新羅の文武王（天武天皇のモデル）が改竄（『三国遺事』法敏条）してしまう前（当初の奈良日本紀作成の頃の、その更に前に朝鮮に存在しておりました）に存在しておりました史書（一四）の「中味」とでも言っておく方が「より正確=無難」なのかもしれません。

(7) 天照大神は男だった

では、奈良紀の時点（平安紀で改竄されてしまいます前）における何人かの人物につきまして、新羅本紀上のモデルとされた新羅人とを、アナタのよく知っている、同一人と思われる日本紀上の人とオーバーラップさせまして、具体的に照合して考えてみますと、次のような驚くべき結果が判明してまいります（カッコ内が翻訳後の日本紀上の人物です）。

「太祖武烈王　金春秋=（天智のモデルの二分の一）」の子が

①金多遂=金法敏=新羅・文武王（天武天皇のモデル）

この新羅文武王という人は、新羅の王都慶州の近くの東側の海岸の、海水の中の岩中に、自分の墓（但し、ご本人は火葬なのですよ）である「水中陵」を遺言により築いたとされております。しかもそこは、丁度、王都慶州の「石窟庵」とその水中の「大王巌」との延長上に「日の出を拝む」と共に、遥かに日本列島の伊勢神宮をも睨む地でもあったのです。

＊この石窟庵は、新羅35景徳王（七四二～七六五年）の代に、国相の金大城が「倭冠呪咀」（倭軍を呪って阻止する）のため（一二三5）、七五一年より二十年以上の歳月をかけて建てたともいわれております（七四二年建立説もあり）。完成は、彼の死後国家の手で行われたとも言われております。又、現世の父母のために仏国寺（七五一年に建立）を、前世の父母のために「石仏寺＝石窟庵」を建てたとも伝えられております。

この新羅王都・慶州の「石窟庵の石仏の釈迦如来→蟹満寺の釈迦如来→東大寺の大仏」へと、これらが全くの同一のモデルということで繋がっており（夫々の前者が後者のモデル）ましたことにつき、七4ノ41（アナタはこのことをご存知でしたでしょうか）。

ところが、どっこい、その石窟庵の地下には、古くは、新羅王（当時は金官王）・倭王自体でもございました、倭からやって来た4昔脱解王（一五4）の陵がございまして、そこにはその倭王の骨が埋めてあったのです。何という因縁！

因みに、出雲の安来港のところの十神山（九二メートル）の「トカム」も、又、スサノヲが出雲に下ったときの鳥上峰の「トリカム」も、共にそのモデルとなりましたのは、皆、新羅・王都慶州近郊の、右の仏国寺や石窟庵のございます、この吐含山であったのだと考えられ、これは奈良紀のときに新羅系天皇家がこの話を神話の舞台として挿入したということの有力な証拠ともなっていたのです。ですから、神話上、天皇家の祖先の神々のおられた天上の「高天」原の「タカアマ＝タカマ」も、奈良紀レベルの頃からは、占領新羅軍の母国の首都近郊の吐含山の「トカム」の音（トカムノハラ）をも表していたということになるのです（一五2）。

因みに、ここの伊勢という土地は「新羅王子＝金多遂＝後の文武王」をモデルとして作られました「大海人皇子＝後の天武天皇」が、六七二年六月に、伊勢国でアマテルを遥拝して国家神道として整備を開始するために、その地に永らく先住・鎮座しておりました、古来の秦氏の神であるサルタヒコを追放した跡に建てた神社がある土地だったのです（八4、一五1）。

それに、アナタ、驚かないで下さいよ。天照大神とは本来「男」だった！のですよ（『秀真伝』『九鬼文書』。一五1）。天照大神の本来の名前は、古くは「大日霊貴」であり、これは当時の朝鮮語音に近かった倭語で「ウヒルギ」と読まれておりましたし（例えば、この大日霊貴の「大」について申しますと、朝鮮の後半での倭の盟主の「大」伽耶＝高霊伽耶のことを「ウ」ガヤと呼んでおりますところからもお判りになりますように、この大神に付けられた「大＝ウ」は、ダイレクトに古朝鮮語に由来するものであったのです。因みに、「忍」「押」の付く人名・地名も「忍＝オシ＝オホシ＝大」であり、「狗邪＝クジャ＝クヤ＝伽耶＝カヤ＝大」「韓＝大」とも同じでございました。別述）、又これは天照・アマテルの幼名でもありまして、正に、この神の名の末尾が「ギ」（日本列島で男を表す同じ接尾語が古朝鮮では、この部分が「ギ」ではなく「ゴ」となっております。右の、高霊伽耶の始祖王の「イジナゴ」神（イザナギと同体）の「ゴ」などがその例です）なのですから、古くはアマテルが「男神」であったことが、この幼名の末尾に付けられました「ギ」によって、たとえアナタが、歴史のお勉強を始めたばかりでありましても、一発でお判りになっていただける筈です（一五10）。これは、イザナミの「ミ」は女神、イザナギの「ギ」は男神を意味する「接続語」「膠着語」（シュメール語と同じ。別述）と同じ思想からです。

そして、天武天皇（新羅・文武王がモデル）の指示並びに藤原（中臣）氏のプランによりまして、この「弟の方」の男神を、太陽神に相応しく女神にして「新しい国家神道の神」に作り変えて当て嵌めてしまった（又、このことは架空の女帝を作り出すための伏線でもございました）がために、その反射的効果といたしまして、本来は女であったところの「姉のヒルコ」の方が、大神の地位を弟に形式的に譲らざるを得なくなり、そこで弟の男の「ウヒルギ」と名を交換し、本来の弟の名から「ヒル」の部分を採用し（男を表します接尾語の「ギ」の部分は捨て去って）如何にももっともらしく「魏志の卑彌呼の名に擬して」、本来の「姉の方」は、その時以後は「ヒル・コ＝蛭子＝日霊子・呼」とされて、「グニャグニャした、生まれて三年も経っても足の立たない子」とされてしまい、鹿児島神宮（姶良郡隼人町宮内・大隅正八幡・国分八幡）などの「ヒルコ神社＝卑彌呼神社」（例、神宮の北東約三〇〇メートルの現「石体宮」が、豊国から侵入した秦氏に乗っ取られる前の元宮。別述）に舟で流されてしまった形にされてしまったのです（尚、『八幡愚童訓』の七歳の女の大比留女。伊勢外宮を作りましたときの前座ともなりました広瀬神とこの瀬織津姫との関係につき、先述）。

と申しますのも、これは余談としてお聞きいただきたいのですが、卑彌呼の彌から弓偏を取った爾という字は、今でも中国読みで「ル」なんですよ。パミール高原の「ル＝爾」が正にそうです。弓偏を省略した卑爾呼だとヒルコなのです。日本紀の神々の改竄者はこの二人の名の交換につき、こんなところからも、一つのヒントを得たのかもしれません。卑彌呼・卑爾呼で本来は同一であったことを表していたのです。

更に、このお話には続きがございまして、その結果、本来は弟アマテルの妻であった向津姫（瀬織津姫。本来、伽耶系の女神。一五10）も、亭主が女にされてしまいましたので（これは困っちゃったナ）、止むを得ず、その反射的効果として、中央の神檀では、男女あやふやな「中性」の存在にされてしまったのです。

＊しかし、この災いから逃げ延びることが出来ました地方では相変わらず、本来の「女神」といたしまして今日まで存在（岩手・早池峰山など）しておりますよ。

ですから、どうした訳でしょうか、そういう「アマテル＝男神」の伝承は、後世まで根強く民間や反体制側にとみに見られ、十七世紀の円空（一六二八～一六九五年）は男神としての「天照皇大神像」を刻んでおり、これが愛知県・岐阜県にも今日まで残っておりますし、又、奈良・桜井の大神神社に伝わる「天地神十二代」の神像（江戸時代）ですらも、アマテルは「男神」しかも「地神第一」として描かれているのですよ。いいですか、「天神」としてではありません、あくまでも「国つ神」としてなのです。

更に、古へに天照が男神であったことの証拠を、もう少し加えておきましょう。

「五十鈴宮ニマス神名ハ撞賢木嚴之御魂天疎向津媛命」（神功皇后摂政前紀）

といわれ、この神功皇后と天照は同体であると日本紀の作者は考えて（又は、そのように読者を誤導しようとして）おりますが、この文の分析からは、「天疎＝日の枕詞」であり、「向津媛＝正妃＝瀬織津比咩」（一五10）のことでもございますから、そういたしますと、ツキサカキイツノミタマが天照であり、アマサカルムカツヒメが天照の正妃だということを表していたことにもなるのです（「アマテル＝男神」はこれで決まりですナ）。

つまり「五十鈴宮（伊勢）には嚴之御魂と向津媛の夫婦の神がおられます」と読むべきだったのです。

しかも、天照が女で、しかも、夫がいないといたしますと、どうして忍穂耳が生まれることが出来たのでしょうかしらネ。まったくもって不思議ですよネ（もしそうだとすると、ひょっとして、オシホミミはクローン人間？　否、人工授精児だったのかもヨ？　否、天照が未婚の妻？）。やはり、素直に考えまして、天照大神は男だったのです。

更に、アナタ、その情況証拠は後世にもちゃんと残されていたのです。大江匡房（学者・歌人・太宰権帥、大蔵卿。一〇四一～一一一一年）の『江家次第』の記事を分析いたしました、伊勢外宮の神官の渡会延経は、『内宮男体考証』『国学弁疑』を表しまして、この中で、「御袍の青色＝麹塵の袍＝男帝の衣」ということからも、天照の青色の衣装が古くは男の物（73堀河天皇の寛治四年〔一〇八七〕の伊勢への奉幣使が持参したもの）であったことを考証しておりまして、しかも、この「アマテル＝男神」の考えは、かの荻生徂徠（儒学者。一六一二～一七二八年）のみならず、山片蟠桃（経済学者・蘭学者。一七四八～一八二一年）及び帆足万里（儒学者。一七七八～一八五三年）などにも採用されておりますところから考えましても、しかも、私、アマチュアーの目から見ましても、決して架空のものではなく、逆に大変説得力があるものなのです。

更に、古事記（耳祓）では、イザナギとイザナミの間の子は、

（1）左目から　天照

(2) 右目から　月読
(3) 鼻から　　須佐ノ男
(4) 蛭子（ひるこ）

とし、水蛭子は流産で、葦船で流してしまったので子の数には入れずに、三子

「先生蛭児。便載葦船而流児之、不以充児数」（神代紀上　一書・第一）

とし、更に、『秀真伝』では、伊奘諾の子を

(1) ヒルコヒメ
(2) ヒョルコ
(3) アマテル
(4) ツキヨミ
(5) スサノヲ

の五人とすると共に、同じく(2)のヒョルコは数えてはおりませんが、それでも子は四人であり、しかも、それらは「一姫三男」としているのですから、その中の一人である(1)ヒルコヒメを抜きますと、残りは皆、男であり、この中に「アマテル」も入っているのですから、アマテルは当然のことといたしまして男神であったのです。

このようにホツマツタエでは、アマテルは男となっているように、平安日本紀で改竄されてしまう前のアマテルは男だったのです。

これは、平安朝レベルになってから、正史上に称徳天皇などの多くの「架空の女帝」を作り出し、遡りまして奈良朝に当て嵌めた際の、その事前準備の小細工（前提事実）でもあったのです（別述。三二2）。つまり、アマテルを男から女にしてしまったことは、平安日本紀での天皇系図の改竄に際しまして、新羅王子であった天皇に替えて、その在位期間に何人もの架空の女帝を奈良朝の天皇系図の中に、遡って挿入することへの理論的な伏線ともなっていたのです。これでアナタに、アマテラス・オオミカミが、男から女へと変えさせられてしまったこと（性転換）の理由（わけ）を、十分ご理解頂けたことと存じます。

(8)「新羅王都慶州―元伊勢―伊勢」の日の出のラインの意味するもの

さて、伊勢がそういう位置にあるといたしますと、今度は、逆に、新羅の日本列島占領軍が造った神社（一五1、八4、一三5）である伊勢神宮の方から「西方」を見てみますと、新羅の水中陵や石窟庵のある方角とは、正に「日の沈む地」でもございまして、新羅の正史通り文武王が新羅で死んだといたしますと、そこの水中に「新羅本国から伊勢神宮の造営を命じ」ました、新羅「文武王＝天武天皇のモデル」が、自らの骨（灰）を埋めている（又は、そう伝えられている）ということは、それによって、我が子の新羅王子たちの日本列島占領軍提督（皇帝・天皇という名目で日本列島の西半分を統治）の働きを、そういった形で死後もじっと見守って監視していた王でもあったともいえるからなのです（八4）。

ですから、このラインは、ちゃんと丹後の「元伊勢」と呼ばれる神社の一つの上を通過しているのですよ。

＊伊勢にアマテル（内宮）をくっ付ける（中間点につき、前述）相手といたしましたトヨウケ（外宮）を、ここ丹後の元伊勢の「吉佐宮」から引っ張ってきておりますのは、そういう理由（東西のラインの上にある）があったからなのです。そして、その丹後の神社も又伊勢からの西方ラインを通過しているからです。尚、外宮の方も、他所の広瀬の神からも引っ張ってきております点につき、本章1ノ1。

丹後の元伊勢から伊勢神宮への「日の出」のラインにつきましては八4で、奈良朝の新羅系天皇家が伊勢神宮を作り上げましたことと一緒に、既にご説明してございます。

(9) 天武天皇と新羅文武王とは「虎」で共通

ここで天武天皇のモデルが新羅文武王（法敏）でございましたことを、日本紀の暗示の中からご説明しておきましょう。

「壬申の乱」の際、大海人皇子が出家して吉野宮に入ろうといたしましたときに、人々は「虎着翼放之」（虎に翼を着けて放てり〔恐ろしいことになりそうだ〕）と噂したと記されておりますが、何故そのように表現されたのかというその暗示の中に、真相が含まれていたのでございまして、それは、天武天皇のモデルともなっております新羅・文武王が文虎王（『三国遺事』紀異第二）とも記されておりますことが判るからなのです（これは一見、高麗（こうらい）第二代王の恵宗の諱（いみな）が「武」でございましたので、これを避けて「虎」とされたのだともいわれておりますが、元々この文武王は虎に例えられていたとも言われておりました）。

このことからも、新羅の「文武王（法敏）＝文虎王」、日本の「天武天皇＝大海人皇子＝翼を付けた虎」ということで、彼此「虎」という点で一致していたからなのです（果たして、これも偶然だったのでしょうか？）。

(10) 奈良日本書紀上では天皇であった、消された新羅王・王子・王女たち——天武天皇の子孫は、天智天皇の子孫とは異なり、何故皇室の菩提寺である京都・泉涌寺に祀られてはいないのか

そして、右の①の天武の子が日本列島で占領政策の実務を実行いたしました

②新羅王子（草壁親王。一四2）

③金霜林（高市皇子＝総持〔『新唐書』における名〕）

＊因みに、この「総持＝金霜林＝高市皇子」と同名の寺が、能登半島西岸の福浦（その福浦の南の羽咋郡には「気多（けた）神社」もございます）と輪島の間にあり、現在はこの本院たる総持寺は神奈川県鶴見の方になっておりますが、元来、焼失する前はここの分院の方が本院でもあったのです。この南の福浦湊も、「若狭彦・姫神社」のある若狭の小浜・遠敷や、「気比（けひ）神社」のある敦賀と並んで、朝鮮とは海流を挟みまして、とても縁の深い土地だったのです。

④金阿用（舎人親王。この阿用も『新唐書』における名です）
⑤新羅王子（大津皇子）
となっていた筈であり、更に、
②の草壁皇子の子が「金良琳＝（文武天皇）」

＊40天武天皇こと王子の頃の金多遂の来日は確実ですが、日本列島における天皇としての存在につきましては、疑問が無きにしも非ずです。しかし、この42文武天皇からは、間違いなく「完全に渡来して日本を統治した天皇」であったと言えるのです（五2）。

文武天皇の時代に瑞兆とされておりました「白＝シロ＝新羅」に因みました物品の全国からの献上品につきましての『続日本紀』の記載につき七4ノ4。

③の高市皇子の子が「新羅王子（長屋王）」

＊『懐風藻』の「漢詩」及び「前文」の分析からも、この長屋王が新羅系であり、かつ、「新羅使の饗応の様子」などから考えましても、長屋王が外交上も天皇に準ずる地位にいた（ひょっとして、奈良紀では「皇帝」になっていた）可能性すらも十二分に窺えるのです。七4、三一2（出土木簡）。

皇太子・草壁皇子との対比で考えましても、同じく天武の皇子であるこの高市皇子が、何と！「後皇子尊（のちのみこのみこと）」と称せられていることから考えましても、又、この高市皇子に対して「命」という尊称（「生高市皇子命」天武紀二年〔六七三〕二月）が与えられているところから考えましても、この皇子が草壁皇子（皇太子）に次いで立太子していた、更に、『新唐書』の言うように天皇・皇帝ともなっていたことが、この文言に暗示されていたことを、アナタは見破らなければいけなかったのです。

しかも、後の正史『大鏡』では、高市皇子のことを中国史と同様に素直に「天皇」と言っておりますよ。

尚、舒明大王も「高市天皇」（皇極紀二年〔六四三〕九月六日）と言われておりました（注意）。

又、右の長屋王の写経の用紙が、新羅の様式で特殊なものでありましたことにつき、七4ノ20。

④の舎人親王の子が淳仁天皇

で、それぞれございまして、この淳仁天皇こと悲劇の「淡路廃帝」は、天平神護元年（七六五）に淡路島で死亡し、このとき三十三歳の若さでした（死んだときの状況からは、百済王敬福（こにきしきょうふく）などにより暗殺されたものと考えられます。三一2）。

＊この百済王敬福の子が、「文鏡＝光仁天皇」、道鏡、武鏡などの、その名に「鏡」の付く兄弟たちだったのですよ。「鏡＝歴史」で百済系の平安朝を開いた兄弟たちだったからとでもいう含みでもあったのでしょうか。その通り。

これは、藤原・南家の藤原仲麻呂（恵美押勝）の乱（これも、突き詰めて考えてみますと「新羅系と百済系との勢力争い」の一面でもあったのです。その証拠に、これを転機に、新羅系の貴族は凋落の一途を辿ってまいります。三一）のトバッチリを受け、正史の『続日本紀』では、長らく「廃帝」扱い（三一2）されておりましたが、約千百年後の明治時代になってから復活し「淳仁」と漢風諡号（諡(おくりな)）が贈られ、天皇としての復活を見たのでした。

＊これで、明治時代になってから新羅系の「淳仁」と百済系の「弘文」とが、共にバランス良く一人ずつ天皇として敗者復活を見ることになります（二八1）。

このように天武天皇の子孫である奈良朝の天皇たちは、新羅系ということで、京都の百済系の平安天皇家とはその出自を異にするが故に、天皇家の菩提寺とされております京都「泉涌(せんゆう)（よう・にゅう）寺」（東山区）には一切祀られることなく、明治時代に至るまで（より正確には南北朝時代までです。二七1）の長い間冷や飯を食わされ続けて来ていたのです。

ということで、アナタの泉涌寺に対する不可解な謎（天武天皇の子孫は何故この寺に入れなかったのかということ）もこれで解けてまいりましたね。つまり、今まで天皇家の氏寺とされてまいりました泉涌寺とは、より正確に形容いたしますならば、「百済系平安天皇家の氏寺」に過ぎなかったのだと、アカデミズムでも表現し直さなければいけなかったことが判ってまいります（前述）。

(11) 光仁天皇が殺した人々が祟るのを恐れて建てた「上御霊神社」と桓武天皇が殺した人々が祟るのを恐れて建てた「下御霊神社」

もう一つ別の証拠をアナタにお示しいたしましょう。

この「百済クーデター」の成り行きにより、又は、その余波で、光仁天皇（百済王文鏡）が殺した（実行犯は、藤原百川ら）人々（新羅系の崇道〔贈〕天皇、井上(いがみ)廃后、他戸廃太子など）たちが祟るのを恐れて、王都・平安京に建てられましたのが、何を隠そう「上御霊(かみごりょう)神社」（京都市上京区）だったのでございますし、又、桓武天皇が殺した人々（藤原仲成の陰謀によりまして、桓武天皇の第三皇子の伊予親王と母の藤原吉子とは、川原寺に幽閉され、自殺させられてしまいました）の霊が祟るのを押さえるためのものが「下御霊(しもごりょう)神社」（京都市中京区）であったのです。これでアナタにも、この両神社に付けられております恐ろしい「霊＝怨霊」の深い深い意味がお判りになりましたですね。

そして、この下御霊神社に祀られております「吉備聖霊」とは「一品(いっぽん)聖霊吉備津宮……丑寅(うしとら)みさきは恐ろしや」（後白河法皇『梁塵秘抄』）の「温羅(うら)とその弟の王丹」のことなのですから、何と、信じ難いことなのですが、古くに朝廷から征服されました吉備鉄王も、ここ京の下御霊神社に祀られていたことになるのです。

奈良朝には、よっぽど、この安羅（倭）系のかつての吉備王（温羅）の一族が祟ったものと見えます。

＊「吉備聖霊」だけは、平安朝以降の天皇家により「聖」が付けられており、他とは異なった霊の扱いを受けておりますのは、これが「悪霊」ではなく「よい霊」、つまり平安天皇家（百済亡命民）側の仲間だったことを表しておりまして、この吉備の温羅（安羅）は、かつては倭国・伽耶の一員といたしまして、百済と共に唐・新羅の連合軍と戦って敗北した側の人（又は、それらの人の始祖神）だったことを意味していたからなのです。

納得。

と申しますのも、唐・新羅の連合軍が、ここ吉備の「鬼ノ城」（夜間と非常時用）とその直ぐ下に「大宰＝総領」府を置き（備前国府のところ）、備中・備前・備後のみならず、少なくとも播磨をも支配（『播磨国風土記』石川王。七4）するに際しまして、それまで吉備を守っておりました倭王の末裔の一族が殆ど殺されてしまったという経緯があったからなのです。

さて、お話を「奈良朝の天皇＝新羅王子」ということに戻しましょう。

更に「金良琳＝文武天皇」の子が聖武天皇となっていたのでございまして、そして、仏教の行き過ぎを批判したが故にこの薬師寺に幽閉されてしまった聖武天皇こそが、古代に於ける新羅・伽耶系としては、「実質上」最後の天皇となってしまったのです。

＊但し、この聖武天皇の娘の井上（ゐがみ）内親王が天皇として皇位に就いていなければの話なのですが。廃帝・淳仁は除きます。

では、聖武が新羅系最後の天皇であった（つまり、奈良朝の終焉）ということの、その理由につきましては、古代史上特に重要なことですので、アナタにも判っていただくために、次に章を改めまして具体的に十分に証拠を引きながら、詳しく述べることにいたしたいと存じます。

第二六章　藤原百川の裏切りによる平安朝の成立

1、藤原式家の百川が「新羅系天皇家」を裏切った

(1) 新羅系天皇家から百済系天皇家へ（平安朝の成立）

それでは、何故、天皇家を取り巻く貴族間の力関係が新羅系から百済系へと代わっていってしまった、つまり百済クーデターが成就したのでしょうか（「テルの七五〇年ライン」。三一2）。

本質的部分は、後に秦韓より南下して伽耶系となりますが、それ以前は、扶余系の亡民と共に秦韓の構成メンバーでもありました「秦氏」系（遡りますと、その一部はセム系ユダヤ人にも繋がる家系です）であった、つまり「唐＝藤」系の藤原氏の四家の中の一つである式家（三3。特に、藤原氏の「百川＝雄田麻呂」兄弟など）による「謀略」＝百済・扶余系の亡命者側への「寝返り」によりまして、新羅系天皇家が断絶させられてしまったこと、つまり、新羅系の聖武天皇と県犬養（広）刀自との間の子（正史上）でございました井上皇后が、「夫の光仁天皇（白壁王）を、坐蠱（呪い殺そうと）した」という「濡れ衣＝無実の罪（冤罪）」を着させられた上、廃后（『続日本紀』宝亀三年〔七七二〕三月二日）とされてしまったからなのです。

＊皇后の廃止なんて、スゴイことです。一体誰がこの利益を受けたのでしょうか（そこにこそ、黒幕がいたのだ）。

なお、坐蠱（魘魅）とは、妖術、例えば最も強力なものは、呪い殺す人の髪の毛などを入手して、それを髑髏（シャレコウベ）などのオドロオドロしき物の中に入れたりして呪詛する秘術だとも言われております（魘魅大逆事件）。

更に、その後、その井上内親王と光仁天皇（白壁皇子）との間の子である他戸皇太子までも、その実母である右の井上皇后が、「又もや」光仁天皇を殺すために魘魅したということにされてしまい、その母の責任に連座いたします形で、この他戸皇太子も廃太子（『続日本紀』宝亀三年五月二十七日）とされてしまったのです。

＊他戸の生年は七六一年とも七五一年とも言われ、不安定なのです。

「皇太子＝次期天皇」の廃止も、これ又容易ならぬことです。とてつもなく大きな力が背後で動いているのを感じさせます。この母方が新羅系天皇家の出でございました他戸皇太子に代わりまして、父系も母系も共に百済王（こにきし）の出でございましたところの山部皇子（後の桓武天皇）が立太子し、次の天皇と定められていったという大きな大きな政変へのスタートが、ここには隠されていたのです。

その後、翌宝亀四年（七七三）十月に至りまして、廃后となった井上が、更に又もや、今度は光仁天皇（モデルは百済王文鏡）の同母姉の難波（なにわ）内親王の死についての呪詛の濡れ衣を着させられてしまい、その結果、宇智郡の「没官の宅」（奈良県五条市）に母子二人とも幽閉され、それから二年間の幽閉の後、宝亀六年（七七五）に至り、二人とも、親子ですから相当年が違うにも拘わらず、突然、共に日を同じくして（四月二十七日己丑）奇怪な死を遂げてしまうことになるのです（五条市御山町字ハカ山）。

＊北朝鮮に拉致された人々の中にも、年齢が相当違うにも拘わらず、同時に死んだとされてしまった人がおりましたっけ。

この二人は、間違いなく藤原百川（式家）の手によって暗殺されてしまったのです。

（2）井上天皇と他戸皇太子の暗殺——聖武天皇の薬師寺への幽閉から始まっていた

では、その証拠はあるのかと、アナタは問われるでしょうから、ここに暗殺されたことの確定的な証拠をちゃんとアナタにお示しいたしましょう。

他戸親王を廃太子した後の宝亀四年正月、山部（後の桓武天皇。この天皇は、百済・武寧王の末裔の高野新笠と光仁天皇〔百済王文鏡〕との間の子です。一2）を皇太子にした際に、

「数（しばしば）奇計を出し遂に他戸を廃し桓武天皇を太子と為」（『公卿補任』『水鏡』）

とはっきりと記されているところから考えましても、この一連の事件が藤原百川の謀略であったことが推認されるからなのです。

更に、その暗殺を推認させる状況証拠といたしましては、井上内親王が宝亀六年（七七五）四月二十五日に幽閉先で「うせ給ひにき」（死亡）されるや否や「現身（うつしみ）に龍になり給ひにき」と表現されております（龍は天皇・皇帝を象徴することが多いのです）と共に、息子の他戸（おさべ）親王も「うせ給ひにき」（同時死亡）とされているからなのです。しかし、それだけには留まりませんで、色々な転変地変が生じております。

＊東大寺二月堂「お水取り」の、第五日目と第十二日目の、初夜の大導師作法の間に、東大寺二月堂縁（ゆかり）の諸霊の名を記しました「過去帳」を読み上げますが、その第二段の「終わりから二人目」（よく説明書などに、「最後に呼ばれる」と記されておりますが、これは誤りなのでして、過去帳の第二段の最後は、別当延杲（こう）大僧正だからなのです）に読み上げられます、「など我をば過去帳にはよみをとしたるぞ」（『二月堂縁起』）と自分の名

が呼ばれなかったと言って「怨み辛みで」突然出てまいりまして、忽然と消えうせてしまいました、この修二会の「名物お化け」の「青衣の女人」のモデルが、このとき「殺された井上廃后」＝「殺された新羅系最後の天皇」であったということにつきましては、後述及び二一5、七4。

更に、早くも死の三年後の同九年（七七八）二月には他戸廃太子の怨霊とおぼしきものが出現（『水鏡』巻ノ下、光仁天皇）しているからなのです。

＊但し、この『水鏡』によりますと四月二十五日に死んだとされております（正史では二十七日）。

考えますに、廃后とされてしまいました井上皇后の、その父の精薄ぎみ（又は、藤原氏に囲まれていたため、保身のためにそう装っていたのかもしれません。聖武天皇ハムレット説。新羅系の天皇）であった聖武天皇の、かつての新羅系の寺でございました「薬師寺への幽閉」が始まりましたとき（天平二十年〔七四八〕。七4、三〇2、三一2。この薬師寺が新羅の旧「四天王寺」をそのまま真似した寺であり、かつ、薬師如来の台座の青龍の首の「×印」と「高松塚」の青龍の首の赤い「×印」とが共通である〔五3〕のみならず、この「高松塚」が高市皇子〔モデルは新羅王子・金霜林〕の墓であること〔五3〕などからもそう言えるからなのです）から、既に百済系に乗り換えた藤原氏によるこの一連の謀略は始まっていたのだ、とアナタは読まなければいけなかったのです。

皇后井上内親王の大和国宇智郡にある「宇智陵」が『延喜式』「諸陵寮」に載っている中で、日本列島におけます「皇后」としては最大（東西十町×南北七町、守戸一烟）であるという間接証拠からも、この井上皇后は奈良紀におきましては天皇だった、つまり「井上天皇」だった可能性も一概には否定できないことなのです（一2、三一2、尚、二一5）。

＊もし、ということになりますと、藤原百川の行為は天皇弑逆（このとき藤原氏は、天皇を殺してまでも今日まで生き延びて来た）ということにもなってまいりますよ。

先程の『水鏡』では、殺された井上廃后が「龍」と化したと表現されておりますこと（天皇の顔＝龍顔ですから）も、実は、その暗示だったのです。

『水鏡』から窺われます井上皇后が、当時並ぶものなき権力者であった藤原百川を叱責する口調の激しさなどからも、「権勢比類なき藤原氏に対してよくもこんなことが言えるなあ」とまで私が思いましたことも、ひょっとして、私の勘が当たっておりまして、その時井上（イガミ・イズミ）が天皇（女帝）の位にいたのではないのかとも思わせるものがあるからなのです。

死後の宝亀十九年（七八八）七月に至りましてから、井上内親王につき「皇太后に崇め奉るべき旨由おほせられき」（『水鏡』桓武天皇条）ということになったという記述も、「もともと井上が天皇だったことの暗示」だったのです（後世、仮に、その証拠が出てまいりましても、ごまかすことが出来るからなのです)。

(3) 東大寺の二月堂の「お水取り」に現れた青衣の女人とは、悔しさで成仏出来ない井上天皇の幽霊だった

しかし、もし、仮にそうではなかったといたしましても、無罪の罪で母子ともども暗殺され、新羅系の王統を絶やされたがために、その凄い怨霊が平安朝の百済系の天皇家に祟らないようにとその墓を巨大な兆域にしてその魂を鎮めたものとも思われます。

＊古代からの無実の罪で死んだ、又は、抹殺されてしまった大王・皇子の例(倭の五王の「珍」＝宇治天皇＝菟道稚郎子など)に違わず。

先程も申し上げましたように、承元年間(一二〇七〜一二一一年)に「過去帳」を読む僧集慶の前に現れた女のお化けと伝えられております(『二月堂縁起絵巻』)、東大寺の死霊だとも申せます「青衣の女人」が、突然現れ、「何故、私の名を読みをとしたるぞ」(つまり、「今後は、私のことを決して忘れるでないぞ」)と脅かすように言い残して、突然又消え去った(さぞかし無念な死に方をし、そして消されて忘れられてしまったのでしょう。と申しますのも、態々、女人禁制の法会の中に女が出てまいりますこと自体が、この女の死が尋常ならざることを意味していたからなのです)のは、実は、これは、大仏開眼のときのお話などではなかったのでございまして、従いまして、これは後に(平安朝以降、多分、鎌倉時代初期になってから)付け加えられた言葉だったのでして、この言葉の意味いたしますところは、もしも、お前達が、新羅王子(天皇・皇帝)の氏寺であった東大寺、つまり、そこの象徴たる「大仏」(直接のモデルは、秦氏の蟹満寺の釈迦如来。更に、その又モデルは、新羅・慶州の「石窟案」の石仏・釈迦如来〔七4ノ41〕と同形仏)を粗末にでもしたら「百済系の平安天皇家を呪って祟ってやるぞ!」「このことを決して忘れるではないぞよ!」という、新羅系最後の天皇(二六1、三一2)でもございました井上天皇・女帝の恐ろしい「呪いの言葉＝捨て科白」でもあったのです(四百五十年後に草場の影からの登場。七4、二一5)。

この女のお化けの出現が、鎌倉時代初期であった(この女の名が呼ばれます十二人前の東大寺第八十九代別当の弁暁の入滅が建仁二年〔一二〇二〕ですし、この女の次に呼ばれます第九十代別当の延果の入滅が元久三年〔一二〇六〕ですので)というその時期からこのことを考えてみますと、一一九二年に源頼朝が征夷大将軍となり「鎌倉幕府」を開きますが、これはその直後(時代の流れが、新羅系に傾いて来た頃)のことですし、源氏は新羅系の秦氏の末裔でございますことからも、ここに至り、奈良朝末期に百済系に天皇家を乗っ取られてから初めて、東大寺というものが奈良朝の「新羅系天皇家」の氏寺(平安朝以降の百済系天皇家の氏寺は、京都東山の「泉涌寺」でございました。ですからここには、「天智＝百済王子・余豊璋」と桓武天皇などの、百済系の天皇の「お位牌」しかない筈です。二五前文）でございましたことを堂々と宣言（復帰）することが出来たということが、突然現れては消えてしまったという、この「青衣の女人」というお化けの出現が象徴していたことでもあったのです。

「承元年（一二〇七～一二一一年）中の比、彼帳をよむ僧集慶のまへに、あをき衣をきたる女人俄に来りて、〈など我をば過去帳にはよみをとしたるぞ〉と云ひて、掻きけつ様にふせにき、青き衣をきたりしかば、青衣の女人と名づけて今によみ侍る」（『二月堂縁起絵巻』）

この東大寺は、奈良五条市に幽閉され殺されてしまいました井上廃后の、その父でございます聖武天皇縁の寺だったからなのです（この過去帳の冒頭に「聖武皇帝」とございます）。

それに、青衣のことを「セイイ」とは読ませずに、何故「ショウエ」と読ませているのでしょうか？　この「ショウ」は、正に、藤原百川に暗殺された井上廃后の、その父の「聖武天皇」の「ショウ」を暗示していたのではなかったのでしょうか。そして、この「エ」につきましても、「エ＝縁」か「エ＝故」か、更には「エ・エナ＝胞衣＝赤ちゃん＝子」を意味していたのだと考えることも不可能ではないと思われます（聖武天皇とは縁の殺された女。聖武天皇の子で殺された女）。

それに、この「青衣の女人」の登場いたします二月堂という御堂が、東大寺の中では何故か昔から「上院」と呼ばれておりますことも意味深なのです。それは、単に土地の高さ（立地）という単純なことだけからではなく、井上廃后（廃帝か？）の霊が祟って出た二月堂というものが、又別の意味（新羅系の怨霊を宿した）での東大寺のシンボル的存在でもあったからなのです。

この「他戸＝オサベ」親王の名の中には、この皇太子が「オサ＝長＝ナガ＝新羅・朴氏」系の出自であることの意味合いも隠されていたのかもしれません。

右の「東大寺上院修中過去帳」には、桓武天皇の次の次（「崇道天皇＝崇道尽敬皇帝＝舎人親王＝淳仁廃帝の父」の三つ前）に「井上親王」という名の人が出てまいりますが、これは「親王」ですから男性なのです。といたしますと、やはり藤原百川に幽閉のうえ暗殺されてしまいました「井上内親王＝廃后となった光仁天皇の皇后＝他戸廃太子の母＝義理の息子の山部（後の桓武天皇）と情交あり（『水鏡』）」は過去帳の他のところには登場してはおりませんので、この青衣の女人が井上廃后の幽霊であってもよかった（ダブッてはいなかった）のです。

そして、この青衣の女人の名が、特に「深く怨みの籠ったような哀さ」で当日僧に呼び出されることになっておりますことの背景には、そんな古代の女性の「曰く因縁」が隠されていたからだったのです（アナタ、二月堂の「お水取り」で松明＝火遊びばかり見ていてはダメですよ。その炎の中に、裏切った秦氏と百済系に殺された井上女帝の怨霊を見なければ）。

尚、ここ奈良の五条市には、右の井上のみならずその子の他戸の墓もあり、しかもそこには、その立役者である藤原式家の藤原百川の弟（同じく宇合の子）の藤原良継などの式家とは縁のある栄山寺という寺があり、良継の墓（宇智郡阿陁郷＝五条市小島）もありますが、これらは果たして偶然のことだったのでしょうか。

＊藤原良継は、兄の藤原広嗣の乱、「藤原仲麻呂＝恵美押勝」打倒の変、恵美押勝の乱などで逮捕されたり、又逆に朝廷側で活躍したりしております。称徳天皇崩御の後の「立太子会議」では、百済系の「白壁皇子＝後の光仁天皇」を擁立し、兄弟揃って百済亡命政権の「樹立」に貢献した人物でもあったといえるのです。

尚、この頃の時代的背景としてご参考になることを申し上げておきますと、道鏡が死んだ同じ月に、天皇に漢風諡号を付けた一人であると言われております、百済系の大友皇子・弘文天皇（百済王子余隆がモデル）の曾孫の淡海三船が文章博士になっております（『続日本紀』宝亀三年（七七二）四月二十日）。そして天応元年（七八一）十月四日には大学の頭になり、延暦四年（七八五）に死亡しております。

このように、百川や良継などの「秦氏系伽耶人（亡命扶余民）である藤原式家」の裏切りにより新羅・伽耶系が天皇家から追放（奈良朝の終焉）されてしまい、百済・扶余系がこれに取って代わって（つまり、平安朝の成立）しまうという大きな変化（その結果、新羅系は東国・山中に逃げるか、反抗したものは奴隷として一定の区域に囲われてしまったりいたしました）を生じさせてしまったのです。

＊因みに、藤原四家のうちの南家（唐人系）の仲麻呂などは、「藤原仲麻呂の乱」などを見ておりましても、どちらかというと新羅・伽耶系の奈良天皇家には最後まで忠実でした（二五1）。このように四家夫々が、「微妙にそのニュアンスを異にして」おりましたことからも、藤原氏が異なる四族からの合成であったということが読み取れるのです。さて、ということは、全体として眺めてみますと、式家（亡命扶余系秦氏）と南家（朴氏＝ナガ族）とが争い、北家が「漁夫の利」を得て、今日に至るも総理大臣（近衛文麿やその孫の細川護熙）を出すなど生き残れることが出来たとでも申せましょうか。

尚、この式家の藤原百川についてですが、神護景雲三年（七七〇）八月四日（宝亀の年号は同年の十月一日からです）に、新羅系最後（廃帝淳仁を除きます）の「男系」の天皇である聖武天皇の娘の称徳天皇（孝謙天皇重祚）が「少し変な死に方」をいたしますが、このときにも百川が毒を盛った（『水鏡』）とも言われておりますよ（三一2）。

（4）新羅系天皇家を断絶させた藤原百川は女の旅子を桓武天皇に嫁がせ、淳和天皇の祖父となった

正史の記載の文言に即して（決して正史を真実と認めるわけではございませんが）、このことを一言でマトメて申し上げますと、聖武天皇の娘の孝謙・称徳天皇を百済王道鏡が色仕掛けで誑か

した（但し、三一1）上で式家の藤原百川が暗殺してしまい、加うるに、聖武の別の娘の井上廃后をも藤原百川が暗殺してしまい、ここに新羅系天皇家は「断絶」させられてしまったともいえるのです（三二2）。

因みに、この藤原百川（藤原式家の宇合の八男。宝亀二年〔七七一〕以降に、本来の雄田万呂〔丸〕から、「百済」という国名のうちの一字が入った名でございました百川へと、百済系天皇家に胡麻を擦って改めてしまいました。『続日本紀』）は、この暗殺及び百済系の光仁天皇擁立のご褒美によりまして、光仁天皇の子の桓武天皇に、娘の旅子（墓はナガスネヒコの富雄町にあります）を夫人として入内させることに成功し、その二人の間に大伴親王をもうけております。この親王が、後の第五十三代の淳和天皇（教骨天皇）となる人であったのです。

「薬子の変」の後、嵯峨天皇（神野皇子）は、皇太子を「奈良回帰派」の兄の平城天皇（そういうことで奈良帝とも言われました）の子の高岳親王から、自分の弟のこの大伴親王（淳和天皇＝藤原式家の百川の娘の旅子の子）に変更したからこそ、こういう結果（三人の兄弟の天皇への即位）を生むことが出来たのです。この時の藤原氏の一族の「百済側への寝返り」（一三5）、つまり、逆に言えば「新羅側への裏切り」の功績によりまして藤原氏、中でも特に政略に巧みな「北家」は、前述のように、後の関白・道長をはじめ、近くは五摂家の出の近衛文麿首相、そしてつい先だっての熊本県知事（殿様）であったその孫の細川護熙首相（藤原北家の近衛家の出自なのですよ）までも、末永く日本の国政を支配しながら存続できたのです。

＊あの「阿修羅」のある奈良・興福寺（旧、山科寺）も藤原北家の氏寺です。

ですから、見方を変えて申しますと、平安時代とは、「天皇家（シンボル）＝百済系」、「摂関家（実務）＝新羅系天皇家を裏切った（見限った）秦韓・伽耶（比自火＝ヒヂボル＝藤原）秦氏系」ということで左右のバランスをとっていた時代だったとも言い得るのです。

＊因みに、遡りましてその出自を一言で申しますと、源氏は新羅系・秦氏であり、北条氏は百済系、足利氏は新羅系・秦氏、織田信長は百済系、徳川家康は一応（自称）新羅系ということになります。

つまり、一言でこの変化を表現いたしますと、今まで新羅とくっ付いていた（秦韓が、秦・扶余より亡命後の朝鮮半島での母国なのですから、これは当然のことなのですが）秦氏が本来の秦氏とは別建てで、「藤原氏（四家の中で、特に式家）という新たな名を掲げ」、今度は百済とくっ付くことによりまして百済クーデターに協力し、平安朝を成立させ、その「変わり身」の早さによりまして、日本列島におきましては、今日まで千五百年以上も人々のトップで生き延びることが出来た一族であったということにもなるのです（風見鶏weathercockの元祖）。

＊もし仮に、秦氏が秦の圧政の際の扶余からの亡命民ということ

になりますと（別述）、百済は扶余の別派で、元々、両者は同系であった（百済王家の姓は「扶余の余」です。但し、正しくは「解氏」です）ということになりますので、この合体は自然だったということになります。

仮に、秦氏の一部に、扶余の亡命民のみならず、秦の亡命民も混じっていたといたしまして歴史を遡りますと、秦始皇帝政の実父の呂不韋を通じまして、西アジアのバクトリア系のペルシア人と亡命ユダヤ人の混血民にまで繋がっていた民族であったということにもなります。

第二七章　足利義満と「新羅＝源氏」系天皇の復活

1、新羅系天皇の復活

(1) 後小松天皇は足利義満の「実子」

　先程お話しいたしましたように、幽閉された聖武天皇のときに、古代において一度は滅んでしまった筈の新羅系の天皇家が、今度は、室町時代に至りまして、水面下で不死鳥のように復活してまいります。何故ここで「水面下で」と表現したのかと申しますと、その実現が、いまだに公式には認定されてはいない手段によって行われたからに他ならないのです。

　では、その理由についてアナタとともにじっくりと考えていくことにいたしましょう。

　この聖武の後、約四百五十年してから、源頼朝が平家を押さえて征夷大将軍（鎌倉時代）となり（一二三5）、武士としての政治の実権を、再び「源氏＝秦氏＝新羅」系（一二三5）の手に「取り戻す」ことが出来たのです。

　それ以前に、源頼信（九六八〜一〇四八年）などが、宇佐八幡に本拠がある八幡神（ヤハダ。本来は、この神自体はマレーシアのバハン神）を氏神としておりますのも、「幡＝ハタ＝秦」ですので、このことは源氏が秦氏の出自であったことを暗示しておりまして（一二三5他）、このように源氏が秦氏の神を敬うのも自然の成り行きだったのです。

＊尚、何回も変遷いたしました宇佐神宮の「初めの祭神」は物部・ニギハヤヒ系の大元山の「大元神」だったのです。

　それに、宇佐八幡の元宇佐とも言われております「薦神社」は、宇佐神宮西方の大幡（大貞）にあったからなのです。これは「弥栄」が「八坂」なって、秦氏の京都の「八坂神社」の名ともなりましたように、ここは古くは綾幡郷といわれておりまして、ここでは「安耶」「秦」（＝伽耶・倭）の秦氏）から「八幡」へと変化したものとも思われます。

＊もし、このように「幡＝秦」ということになりますと、全国にございます神社の「八幡（ハチマン＝ハバン）様」は、元々は、応神大王がご祭神ではなく、ある時期には秦氏の祖神（サルタ

ヒコ）や豊受女神であった可能性も高かったのです。

また、源義光が新羅三郎と称しましたことは前にお話しいたしました（一二三5必見です）が、新羅の前身は秦の圧政から逃れた「扶余系亡命民」により建国されました「秦韓＝辰韓」です。

このように、秦氏と宇佐神宮、源氏と宇佐神宮とは、地域の点からも人脈の点からも古くから深い関係にあったのです。

＊大隅国への秦氏の侵攻に際しましての、宇佐神宮の協力につきましては、一九2。

かようにいたしまして、政治の実権は、源頼朝からは新羅系秦氏である軍人の源氏の手に取り戻しましたが（幕府＝軍政）、しかしながら、天皇の血筋そのものにつきましては、更に後の、弘和三年（一三八三）、何と六歳で即位いたしました後小松天皇（第百代。その子の第百一代の称光天皇も同様です）の代になってから、新羅系が聖武天皇のときから六百五十年ぶりに取り戻すことが出来たのです。

それはどういうことなのかと申しますと、後小松天皇（幹仁、義満の次男、貞成の義弟）は、実は、「足利義満と室（妻）の日野（藤原朝臣）康子との間の子」ですので、ここからようやく聖武天皇以来六百余年ぶりに「源氏＝秦氏＝新羅」系の天皇（いわゆる「北朝」へ直接源氏の血が入ることにより）がカムバックすることが出来たのです。

確かに、後小松天皇は、形式的には皇后の藤原（三条）厳子と北朝5後円融天皇との間の子（『皇統譜』）とはなっておりますが、これは当時のあらゆる状況証拠に照らしましても可笑しいからなのです。

後小松天皇の母がもし厳子であったといたしますならば、何故、應永十三年（一四〇六）十二月二十七日、藤原厳子（通陽門院）が亡くなったとき（五十五歳）、足利義満は帝に対し「諒闇（天皇が父母の喪に服して一年間謹慎すること。諒＝信、闇＝黙）の必要はない」「在位中二度は不吉だから」と命じたのでしょうか。

また、その逆に、正に厳子の亡くなったその夜に、臣下である足利義満の本妻の日野康子（南御所様。義満の正室の御台所である日野業子〔應永十二年七月没〕の姪。業子の兄の資康の女）を「准国母」（天皇の母に准ずる地位）として、贈位までして、「北山院」の院号まで与えていることとのアンバランスが理解出来ないからなのです。

この宣下が、一体何を意味しているのかと申しますと、実は、これは厳子が後小松天皇の母ではなかったことを示していたのです。そして、このように、その反対に、足利義満の妻の康子を准后北山院と崇めて准国母（准三后・准三宮）宣下を行っておりますが（「従一位藤原朝臣康子は朕の准母なり……今三宮の貴寵に准ず」應永十三年十二月二十七日の後小松天皇の勅書。院号の儀は翌年三月三日。但し、「荒暦」では三月五日とする。入内の儀は三月二十三日）、このことは後小松天皇の実母が厳子ではなく康子であったからこそ、と言うことを裏付けていたと見なければ整合性が出てまいりません。

更に、自分の妻が国母になった以上、その夫たる足利義満も太上天皇（准国父）となることは当然のことです。その証拠に、現に帝は義満の死に際して、臣下に対して太上天皇を贈位しているという不可解な行動に及んでいるではありませんか。このことは、後小松天皇自ら、実父が義満であることを自白していたに等しいことだったのです。素直に考えましても、少なくとも義満の妻の康子が後小松天皇の実母だったのです。

証拠はそれだけには留まりません。舎利殿別邸の北山邸（金閣寺）の落成の際、義満は後小松天皇を招き、その際、義満は天皇と同一の法服を着用したのみならず、帝と並んでその右側に、同じ「繧繝縁の畳」を敷いたところに座したのでした（應永十五年〔一四〇八〕三月八日）。この繧繝縁の畳の繧繝とは、天皇の坐る畳の「縁の模様」のことなのです。これでは、誰が見ましても、最早「天皇対臣下の将軍」の宴席とは言い難く、これは正に「父子の家族の会同」の様相を呈しているではありませんか。

これだけ証拠が備わっておりましても、アナタはまだ後小松天皇の実父を足利義満とお認めにならないのでしょうか。アカデミズムと同じで、よっぽど頑固なんですねェ。

(2)「椿葉記」や「看問御記」は皇室にとって恐ろしや

更にまた、称光天皇が亡くなり、伏見宮家に猶子（本来は居候ないしは、実を申せば、今で言うところの非行少年の預かり程度だったのですが。貧乏公卿といたしましては「預かり料」がシコタマ貰えます）として入り込んでおりました貞成親王を介して足利義満の血が天皇家に入り（『椿葉記』『看聞御記』）、重ねて「源氏＝秦氏＝新羅」系の後花園天皇（百二代）が、やがてご誕生することになります（三一2）。

右の『椿葉記』というものが『正統興廃記』又は『皇統興廃記』とも言われておりましたことからも、これが「椿葉」の名の通りの単なる風雅の記ではないことがアナタにもお判りになったことと存じます。この記は、持明院統の嫡流たる「崇光院流」の盛衰興亡につき記載された史実だったのです。

そして、この著者が正に右の、伏見宮家に「滑り込んだ」貞成親王（母は「西御方」か）であり、貞成は足利義満の実子なのですから、この貞成が、図らずも「貞……思ひの外に相続申す」（『椿葉記』）と自ら記しておりますように、いつの間にか猶子として入り込んだ先の伏見宮家で、應永二十三年（一四一六）十一月二十日に、伏見宮家の栄仁親王が亡くなって、直ぐその後、三カ月もしないうちに、同二十四年二月十一日には、治仁親王ら伏見宮の実子が二人とも変死してしまいました。

＊ですから、ここで北朝の真の正統はここに断絶してしまったのです。

因みに、右の貞成親王の母である「西御方」とは、将軍家の「妾」を呼ぶ名ですので（『看聞御記』應永二十七年〔一四二〇〕六月二十九日、七月二十八日）、と言うことは、この面からも、やっぱり「貞成は義満の子」だったということになります。

應永十八年（一四一一）、四十歳のときからの居候だった筈の、足利義満の子の貞成（四十六歳）が伏見宮栄仁親王家を「思いの外」相続してしまうことになってしまいました（これらは父、義満により、そのように仕組まれた伏見宮家の一族の毒殺だったのです。医師を呼ばなかったということは大変可笑しなことですから）。

＊伏見宮治仁王（大通院）の具足の中から「予為御猶子」（自分を養子にする）という御書が出て来たと言って、それまで居候に過ぎなかった自己の伏見宮家の相続を、強引に正当化してしまったのです（『看聞御記』應永二十四年〔一七一四〕三月二十七日）。

貞成は、一三七二年（文中元年・應安五年）に義満の子として生まれましてから四十歳になるまで、その身分を隠すかのようにして、今出川公直（菊第。左大臣家）夫妻に養育されておりました。

やがて、その足利貞成の子（義満の孫）が、後花園天皇（第百二代）として即位してしまいましたので、足利義満の謀略を知っている当時の人々から口煩く罵られてしまったのですが、そこのところを表現した文章に、次のように正直に、

「めでたさも世の不思ギなれは天下の口遊にてそ侍る」（『椿葉記』）

と書いておりまして、世間から非難されてしまったことを、何と（！）貞成自らがこの日記に記して自白していたことが判るからなのです。

＊この文書は、本来は親子直伝の、かつ、読み終わったら直ぐに破棄するようにと「文中に明示」までしてあった程の秘密文書だったのですから、うっかり安心・油断してしまいまして。

この貞成親王の日記の「行間が読めなかった」がために、天皇家にとっては「実に、そら恐ろしい内容」が含まれておりました、この足利義満の「北朝天皇家乗っ取り」のことを記してございました文書を、宮内庁では廃棄もせずに大切に保管してくれていたのです。このように役人はパーのほうがいいのかも。

さて、話を新羅系の天皇の復活の点に戻しますが、このように「新羅系・北朝系による天皇と将軍による日本列島の支配」が、形式的（実質は軍政にあり）ですが、ここから明治維新に至るまで約六百年間近くも中世・近世へと続くことになるのです。

＊但し、この頃からの天皇に実権は殆どありませんが。

因みに、應永九年（一四〇二）には、明の使者が足利義満に「封じて日本国王となす」との言葉を伝えておりますので、このことは、形式上も、宗主国の中国から天皇の存在が否定されてしまったということを意味していたのです（国際法上からは、天皇制自体の廃止）。

つまり、應永八年（一四〇一）五月に、筑紫商人の肥富（コエトミ）と僧侶の祖阿とを明国に遣使し、このとき義満は、「金千両、馬十匹、剣十口」と共に「日本准三后道義書を大明皇帝陛下に上る」という国書を提出いたしまして、ここから「日明

貿易」が始まったのです。

この應永九年（一四〇二）九月五日に、足利義満は、日本の使者に同行して戻ってまいりました明国からの使者と、北山殿で会い、「爾日本国王源道義」と記されました皇帝の書を拝受しております。卑彌呼と同じように。

ですから、少なくとも、これ以降は、日本国の国王は、国際法上、宗主国の中国（明）から認定されました足利義満ということになったのです（ですから、天皇は、対外的には、日本国の最高権力者ではないことになります）。

そうであるからこそ、翌應永十年（一四〇三）には、「日本国王臣源表す」で書き始める文書を明に提出しておりまして、ここで名実ともに足利義満は中国皇帝の「臣下」であり、かつ、天皇より上位に位置いたします「日本国王」となったのです。

徳川家も百済系と言うよりは、どちらかと言えば新羅・伽耶系秦氏に近いのですから、ということは、同系統の秦氏・藤原氏の末裔を自称いたします弾左衛門（非人頭）を上手に利用いたしましての、新羅系の天皇（真相）と新羅系の将軍と新羅系の闇社会という「シラ・シラ・シラ」のコンビが幕末まで続くことになるのです。

第二八章　明治維新と南朝（百済系）の復活

1、孝明天皇は疱瘡死ではなく「毒殺」だった

（1）孝明天皇が殺されなければならなかった理由

　このように、明治維新まで北朝の天皇（水面下におけます源氏・新羅・秦氏系の天皇）が連綿と続いてまいりましたが故に、幕末に、どちらかと言うと、新羅・伽耶系（少なくとも扶余・百済系ではない）ともいえる徳川家が亡び、かつ北朝系の孝明天皇が暗殺（表面上の死因は疱瘡）されてしまいます。

　では、次にその孝明天皇暗殺の証拠について見ていくことにいたしましょう。まずは、孝明天皇の十二月二十五日の臨終のときの状況につきまして、天然痘とは別個の死因（「御九穴より御脱血、実に以って恐れ入り候」『中山忠能（ただやす）日記』慶応二年〔一八六六〕）と、明治天皇の外祖父が書いており（よって、この死因につきましては信用性があります）まして、「九穴（けつ）＝九竅（きょう）」とは、眼・耳・鼻・口・前陰・後陰を言いますので、そこから出血して死んだと記されており、天然痘の死因とはとても思われない不自然な点が認められ、ということは、つまり、一度疱瘡から回復したところを「毒殺」されたものと考えるのが、証拠に照らしましては素直だからなのです（出血という点からは、法医学的には、刺殺の可能性すらもあり得ます）。そして、そうであるが故に、この「恐れ入り」の言葉には、ただならぬものを感じさせられるのです。

　また、それのみならずこの正史『天皇記』にも不審な欠落部分がございまして、この欠落部分が、なんと、アナタ、「丁度、うまい具合」に天然痘による発熱日より後の部分であることからも、この「ないこと自体」が、この考えを補強いたします状況証拠の一つになり得るものと考えます。

　更に、加うるに、伝聞証拠とは申せ、そのときの僧侶の記録によりますと、天皇の顔に「紫斑」が見られ、虫の息で血を吐き（『上乗坊の日記』十二月二十五日。元、京都の誓願寺〔真言宗〕に存在。現在所在不明）と記されておりまして、やはり、天然痘とは別の死因、つまり「法医学上の見地」からも、又、前述の出

血の点とも考え合わせましても、毒殺の可能性が大だったからなのです。

そして、この考え方は、他の実質的な証拠ともぴったりと合い説得力を持っているのです。

では、それはどうしてなのかと申しますと、当時の国際状況に照らしましても、徹底した「攘夷派」で、外国との交渉の一切を否定しておりました孝明天皇が存在していたがために、それまでに実に多くの人々が国内で殺され夥しい血が流された（数々の「幕末の著名な事件」はアナタもよくご存知の筈です）のみならず、「この人」が存在することにより、外国との交渉がうまくいかなくなることを畏れた「朝廷側」の岩倉具視（お札の顔ともなっておりましたが、実は、公卿とは名ばかりで、その実業は寺での博打打ち）すらもが、その取り扱いにほとほと困り（和宮降嫁の件での反対など）、暗殺（ここで特に重大なことは、幕府のみならず天皇のお膝元の朝廷すらもが、天皇の死を望んでいたということなのです）したものと考えるのが素直だからなのです。

（2）天皇家が北朝から南朝に変わった証拠――「十六弁菊花紋」は後醍醐天皇からの南朝の紋

更に、その後、この一連の流れといたしまして、明治天皇の「すり替え」（薩長により、睦仁親王に代わって、長州・麻郷の大室寅之佑〔十六歳〕が天皇にされた替え玉事件も世に伝えられております）という重大なことも密やかに行われました。その証拠は、次のとおりです。

明治天皇の利き腕に、ある日から突然「右利きから左利きへの変化」が生じておりますので、これは同一人として不可解なことですし、また、今までは貧弱で馬にも乗れないくらいだった身体が、ある日突然、人前を馬で迅速に駆け巡ることが出来るような強壮な身体に、短期間で変身してしまったことなどの不思議さ（斎藤和彦氏の話）、更には、大室氏の地元の山口での言い伝え（しかも、大室家では南朝の家系であると言っております。状況証拠）などを総合いたしますと、このことは頷かれてもいいことだと考えるのです。

＊つまり、孝明天皇の毒殺と明治天皇の替え玉とは、別々な事件ではなく、あくまでも「セット」で同一グループにより仕組まれた陰謀であったと見なければいけなかったのです。

かようにいたしまして、ここで睦仁親王が入れ替えられ、その実質が、今までの「新羅系」の天皇家から「百済系」の天皇家へと入れ替わった（天皇家が「北朝」から「南朝」へと、ここに至り入れ代わった、つまり、平安天皇家系に戻った）が故に、明治時代になってから、約五百年ぶりに再び、百済系の天皇家が復活したということだったのです。

＊この山口の地は古くから百済とは縁のある土地でして、この地域での大名であった山口の大内氏の姓は、何と「多々良＝タタラ」でありますし、そして大内氏自らが百済王族の琳聖太子の末裔と名乗っているくらいだからなのです。古事記の「クダラ

↓タラ」につき、一二三2。因みに、「純陀太子＝百済26聖明王＝31用明大王のモデル」の末裔の「高野新笠＝桓武天皇の生母」につきましては、三〇2。

そして、そうであるが故に、正に、（その前提に立ってこそ初めて）百済系（南朝）の大友皇子（「平安＝現行」日本紀では、「百済・義慈王＝舒明天皇のモデル」の子の「扶余隆」がモデル）が「壬申の乱」（これも架空なのですが。八1、4）で敗れた、その千二百年も後の明治三年（一八七〇）になってから初めて天皇として認められ、弘文天皇と「追諡」されて即位が出来た理由（わけ）がこれでアナタにも理解出来たことと存じます（七1）。

このことの整合的な説明のためにも、明治に至り天皇家が、実質的に今までの「北朝＝新羅系」から「南朝＝百済系」に交替したからこそ、と考える方が理論的にも、かつ、証拠上からも辻褄が合うからなのです。

＊もっとも、明治になりましてから、天武の子の、新羅系の『続日本紀』による「廃帝」大炊王（おほいのおほきみ）に「淳仁という漢風諡号」があたえられ、バランス上、第四十七代天皇として復活しておりますが、この人は廃せられる前は、正史上も天皇だった人です（別述）。

「淡路公不勝幽憤踰垣而逃……公還明日薨於院内」（『続日本紀』天平神護元年〔七六五〕十月二十二日）

——淡路公（淳仁）は「幽憤＝幽閉された憤り」に耐えず、垣を踰えて逃ぐ……公は引き戻された翌日、押し込められた一郭で薨じた。

とありますように、引き戻された翌日に殺されております。

更に、この天皇家がそれまでの「北朝」から「南朝」に水面下で変わっていたということは、以後の明治天皇の行動自体の分析からも十二分に納得出来るのです。それは次のことからも窺い知れるからなのです。

「南朝北朝の正当性」につき、国論を二分した論争が明治になってから起きましたときに、明治天皇自ら「朕の著書『大政紀要』に於いて、既に、南朝は正統にして、北朝を閏統、即ち不正統と勅定けり」と当時の文部大臣小松原英太郎に勅した、ということからも窺われるのです。

この「南朝が正統」であると、本来ですと「北朝」である筈（アカデミズムもそう見ております）の明治天皇が宣言したという奇妙なことも、時代の移り変わる過渡期におきまして、そのドサクサの中で「明治天皇が、北朝系の睦仁親王から、南朝系の大室氏へとすり替えられ」てしまった、ということを根拠付ける一つの有力な証拠となり得ているのです。

更に、明治天皇から調査を下命された徳大寺内大臣は、宮本書記官長をして、内大臣府におきまして、南朝皇孫の熊沢家の熊沢大然王に対し「お上（帝）は帝国古蹟調査会に調べさせたところ、貴家を代々〈三種の神器〉を継承して来た南朝正統と御決定遊ばされた」旨伝えて、南朝側に肩入れしております（明治四十三年十二月五日）が、このこともその証拠の一つに加えておきましょう。

　更に、五百年余前に滅んだ筈の、明らかに南朝第七代の尊秀自天皇の墓を、明治以来宮内省（庁）が、今日に至るも管理しているのは一体何故なのでしょうか。

　その証拠は、まだまだあるのです。通貨や裁判所にかつて掲げられておりました、世界的に有名な、あのメソポタミアやペルシアが起源の「単弁十六弁菊花紋」は、何と、後醍醐天皇以来の「南朝」の紋章（シンボル）だったのです。何故か、これが大東亜戦争後になって廃止されております。ということは、明治以来、少なくともそれまでは天皇家を表す紋章といたしまして、この南朝の紋章が日本国中で正式に使われていたことになるのです。

　このように、明治から天皇家が再び南朝（百済・扶余系）に代わった（戻った）、ということの状況証拠は沢山あるのです。

　因みに、先程の「弘文大王＝大友皇子」に関してなのですが、飛鳥京の跡で「大友皇子」と書かれた木簡（削りかす）が昭和六十年に出土しておりますが、これは倭王の末裔の平安京の大伴氏（後に大友と改名）を母方に持つ皇子のものか、更には日本紀を「作る」ためのものか、それとも日本紀を「改竄する」ための練習に用いたものか、今のところは全くそれらの証明がついてはいない状態なのです。

第二九章　日本民族の成立はいつか

1、日本人の成立

（1）支配民（華族）と被支配民（平民）は、いつから平等になったのか――朝鮮人の十五階層にも及ぶカースト制（身分制）の分析

いよいよ最後に近くなりましたので、ここでマトメとしまして、この日本という国が一体いつになって出来たのかという一番大切な点につきましても一言メスを入れてみたいと思います（形式的には、一四2、一3）。

この点こそが、私が古代史を考えていて、特に興味を覚えた点の一つでもございます。アナタは一体いつからだとお考えになりますか。

実は、それは、そんなに古いことではなく、何と、今からたったの「五、六十年前」の出来事に過ぎなかったのですよ。では、そう言うからには、それは何故なのかということについて、次に端的に述べてみたいと思います。

江戸時代から明治時代への変遷を、実質的な「支配者レベル」の変化で見てみますと、「徳川家と大名と名前だけの天皇と京都の貴族」→「天皇と華族制度と明治政府官僚」ということにもなります。

この幕末から明治への変化（明治維新後の明治政府の成立）とは、早い話が、日本列島においてのこの二千年間に限って考えてみましても、満州・朝鮮から幾重にもわたって渡来し、この間、日本列島を交替して支配してまいりました扶余・高句麗・百済・新羅・伽耶系の日本列島での各「支配者層」（長い屈曲の末、江戸時代には大名という形に変化して存在しております）という「生きた亡霊」同士の妥協・変化の賜物、これがつまり「華族制度」というものだったからなのです。ここで誤解がないように一言加えておきますが、満州・朝鮮でも被支配民の多くは、今日でも古代でもツングースやオロチョン（魏書での白丁）などでした。

今日、満州・朝鮮にいる大部分の人の祖先は、一握りの王族の末裔なんかではなく、当時も今も被支配者層に属する人々だったのです。ですから、ここで私が何を申し上げたいのかと申します

と、今日、かつての百済の最後の王都の扶余（ブヨ）に参りますと、日本語で（ということは日本人へのメッセージといたしまして）「古里へようこそ」などと、百済国王の宝物などを展示してある博物館の入口の「大看板」に記されておりまして、これは、恰も「百済（の人々）が日本の天皇家と日本人のふるさと」（扶余・泗比の人々の多くは百済王が日本の天皇になったと今も固く信じているからです。そのこと自体につきましては、私の考えからは、強ち見当違いではないのですが）であるかのようにも受け取れなくもありませんが、正確にはそうではなく、あくまでも扶余・百済系の朝鮮の王家のみが「日本の天皇家のふるさと」だったのです（一一3）。

そのことは、百済王家が自称で於羅瑕（おらか）と申しましたのも（『北史』『通点』。一2）、「百済13近肖古王＝扶余王依羅がモデル＝ミマキイリヒコイニエ（崇神大王）のモデル」に含まれております「イリ」という言葉が、そもそも「パル＝光明＝百＝鶏卵（アル）＝扶余＝朴（蘿井（らせい）の近くの林の卵から生まれた＝卵生）」で、かつ、「パル→アル→キル→イル」、そして更に、「鴨緑江（アリナレ）＝大呂（オロ）＝於羅（オラ）」という言葉に繋がっておりまして、そういたしますと、それがそういう経緯で扶余王家、つまり、「於羅瑕＝扶余（干＝加＝王）」のことを表しておりましたことにもなりまして、このことからは百済王家が馬韓に南下して韓人（倭人）やツングースを支配致しました「北方の異民族」であったということが判ってまいります。このように百済の「王号」一つの分析からも、百済実質初代王の13近肖古王（イリ王＝崇神大王のモデル）が、満州から朝鮮半島を南下してまいりました扶余の依羅王であったということの証拠が読み取れるのです。

と言う訳で、誤解無きよう正確に申しますと、今日の朝鮮の多くの人々（小作料が払えなくて、両班（リャンバン）の地主に勝手に棒で足を骨折させられても、日本が解放するまでの長い間、文句一つ地主に言えなかった農奴レベルの人々）は、日本の天皇家とは縁もゆかりもない、「当時も今も」被支配者である下層民の人々だったのです。

因みに、かつての朝鮮では、古代インドのように階級（カースト）差が著しく、日本が開放する前までは、つまり、「中国＝宗主国」の支配下の朝鮮では次のようになっておりましたことを、ここで確りと日本人も朝鮮人も確認しておきましょう。

当時の朝鮮人のカースト（身分制）は

A　宗親（王室・王族）

B　両班（文班と武班）

　＊高麗二世以降は、王の恵宗・義恭王の諱の武を忌んで虎班と申しました。この中にも、更に、①儒林②官族③勳閥④忠臣の後裔などという区別がございました。

C　郷班・土班（両班の子孫が地方に出て土着し農耕に従ったもの）

D　中人（両班と平民との間の医師・技術者など）

E　庶孽（しょげつ）

F　常人（ここからが、やっと所謂市民のことで、更にその中が五階層にも分かれておりました）

G　賤民（奴婢・俳優・巫（ムタング）・白丁（パイクチョング）は頭の髪を巻きつける綱巾の使用が禁止されておりました）

というAからGまでの十四〜十五にも及ぶ「各カースト」に厳然と分かれて、大多数の人々は、文句も言わず（言えず）に、只黙々と中国に迎合する事大主義の地主階層の両班の言うがままに、奴隷的な生活を強いられていたのです（二三4。結婚にも厳しい制約がございました）。

(2) 朝鮮は日本の「植民地」という言葉は間違いだった

しかし、大日本帝国の統治下におきましては、宗主国の中国の皇帝の下で、長い間何の疑いもなく当然のこと（諦めて）として認められてまいりました、これらの不合理な差別を事実上廃止させようと努力したのです。

庶民の学校・帝国大学や大規模な病院や鉄道を、朝鮮史上「初めて造ってやった」だけではなく（英国のインド統治では、貧困のままにしておき、宗教対立を煽ってインド人同士で殺させた）、このような朝鮮人の「奴隷階層の解放」という精神的に立派なことも、その信念に基づいて大日本帝国は堂々と行ったのです。その子孫である我々日本人は、それらのことを、是は是、非は非として胸を張って主張しなければいけません（いつも、「御免なさい」ばかりではネ）。

＊併合されて、その後は皆「日本人」そのものとなったからなのです。つまり、朝鮮半島には国際法上日本人しか存在しなかったのです。ですから、日本が朝鮮を植民地化（colonizationコロナイゼイション）したという表現を使う一部のマスコミは、不勉強であり、大きな間違いでして、これは最終的には併合（annexationアネクセイション）したという表現が正しかったのです。ですから、朝鮮はずーっと日本の「植民地」であった、などという教科書などの表現は間違いだったのです（日韓併合）。国際法上も当時は「日本＝朝鮮」そのものだったのです。その時には、民族学的にはともかく、国際法的には「日本人しか朝鮮半島にはいなかった」のです。若者よ、不勉強な偏向マスコミの言葉のマジックに、ユメ惑わされるナ。自分の智恵で物事を見よ。

次のように、元・朝鮮人（その全ては、当時は日本人です）が将軍になっておりますが、このようなこと、つまりイギリスなどでの白人の支配下の地域で、現地人が将軍となり白人に対して命令を下すことなどは、イギリス人には夢にも考えもつかないことだったのです。

＊大日本帝国が韓国併合する前の大韓帝国では、武官学校があり、朝鮮人もそこから大日本帝国の士官学校や幼年学校に六十三人もが留学しましたし、その朝鮮人の中からは、大日本帝国の指揮官、それも洪思翊（こうしよく）という陸軍中将（陸士十六期、陸軍大学へ進学し昭和十一年〔一九三六〕に少将となっております。昭和

二十一年〔一九四六〕に戦犯として刑死）までもが出ております。

連中は、そんなこと（白人の上に有色人種が位置すること）は白人への「侮辱」であると考えたからなのです。

＊イギリス人の女将校は、日本兵の捕虜の前では全裸でも少しも恥ずかしいとは思いませんでした（会田雄二『アーロン収容所』）。当時は、白人から見て有色人種は人間とは思われていなかったからなのです（犬か猿並み）。

「日韓併合」後に、日本人となった朝鮮人による、朝鮮での、所謂「創氏改名」と申しますのも、その殆どが自ら撰んでした改名であったという当時の歴史を忘れられては困ります。それに、今日の朝鮮の若者は教えられてはいないようなのですが、そもそも、それまでの朝鮮という国には、戸籍自体もなく、当然、名すらもない人々や名だけで姓を持たなかった人も大勢いたのですから。そもそも国に戸籍がなかった（そんなにも朝鮮人は文明的に遅れていた）代わりに、支配者クラス（両班）の個々の家には系図がございましたが、これとても、朴・昔・金などの、精々が唐の時代に真似して作った姓（当然のことですが、多くの庶民には姓などございませんでした）であるのにも拘わらず、可笑しなことに、これが紀元の前後（二千年前）にまで遡って存在していたものと信じ込まされてしまっているのです（歴史を知らない哀れさ、愚かさか。二4）。しかも、このように、朴・昔・金という姓自体（名称も一字姓という点も）が、新しいものであり、精々、唐の時代に唐の真似をして改姓したものに過ぎなかったこと（二4）から考えますと、今日日本に文句を付けている金さんや朴さんは、歴史的に見ますと、事大主義によるダブル・スタンダードの人々であったとも言わざるを得ないのです。

さて、王家と被支配民との関係は、高句麗や百済の母国とも申せます、満州の「扶余国の民」につきましても言えることでして、扶余の人民は、主として「ツングース」だったのですが、そこへ亡命してまいりました扶余の王族は、前半は「伯族」（1神武大王＝磐余彦＝百済6仇首王＝高句麗王子罽須＝扶余・仇台二世王。以上、皆、同一人）でありますし、その後半は「穢族」（ニギハヤヒ＝天火明命＝多羅国・陝父王＝百済5肖古王。以上、皆、同一人）だったからなのです。つまり、支配者はツングースではなく、前後して扶余へ亡命してまいりました貊（伯）族と穢（解・高）族だったのです。

＊穢（かい）族が北扶余の王権を奪ってからは、伯（はく）族は被支配民ないしは奴隷にまで落とされ、その一部は止むを得ず朝鮮半島を南下して亡命して行って、やがて伯族の国（百済）を作ることになるのです。

このことが百済史上では、兄の沸流百済と弟の温祚百済として表されております（「百済本紀」始祖・温祚王）。

因みに、朝鮮人は、民族的には決して単一民族ではありません。ツングースを基本として、蒙古もチュルクも、そもそもの住人でございました古代の倭人（韓人）すらも、更にその他も、混血しております。

ところで、この日本列島での「かつての支配者グループ」の名残とも申せます「大名＝華族制度＝貴族院」も、大東亜（太平洋）戦争終結によりまして、ＧＨＱのマッカーサーによって解体されてしまいました。

では、この解体が一体何を意味しているかと申しますと、皮肉にも、それによって、ここで初めて「日本人が成立」したということだったのです。

つまり、それまで「金官・安羅・扶余・高句麗・百済・新羅系」などの各渡来王朝が、かつて、地域的に、あるいは時として全面的に、交代して支配することによりまして日本列島内に生じさせていたところの「支配者層」の「内部」での二千年来の対立・軋轢（源平の乱、南北朝、戦国時代、明治維新なども）の残影が、ここに来て初めて、霧のように消えうせることになった、ということを意味していたのです。

つまり、真の意味での日本人の成立とは、情けないことに、やはり、アメリカ人のマッカーサー元帥の「外圧」によるこの時点以外には歴史的に考えられないのです。

2、「日の丸」の赤と白は何を意味するか

北の東扶余国から南下して建国したばかりの百済（扶余・依羅王＝百済・初代・13近肖古王）が、倭（金官）の力（主として、武内宿禰〔金官5伊尸品王＝木協満致＝秦氏・蘇我氏の祖〕の祖先の助力による。この倭人の一族は、既に百済建国時に百済・伯済の内部に入っておりまして、その末裔の一つが百済佐平「真氏＝木氏」だったのです）を借りまして、右の扶余王・依羅を追って南下してまいりました高句麗の軍を、三七一年に平壌に伐ることが出来たときのことですが、このとき百済は「黄色」の旗、高句麗は「赤色」の旗を立てて戦っております。

と言うことは、列島におきましても「源氏は白、平家は赤」と言われているのと同じパターンで、一般に、新羅は「白」、百済は「赤」とは言われておりますが、実はこの「赤」には高句麗の実質がその裏に隠されていた（高句麗の祖先の穢（かい）族〔解氏＝高氏〕は、古代朝鮮語の「カイ＝太陽」を自称しております民族ですので、トーテムの色は「赤」が本来相応しかったのです）のであり、百済建国時の本来の色は「黄」だった筈なのです。

このことは今日、中世に出現したと言われております「日の丸」の赤と白も、一見、百済人の「赤」と新羅人の「白」との組み合わせ（妥協）とも考えられなくもないのですが、実はそうではなく、更にずーっと古代にまで遡ってみますと、「日の丸」の起源は、高句麗の「赤」と百済の「黄」という組み合わせ（妥協）の思想によるものだったのです。ですから、中世の頃におきましても、「黄の地に赤」の日の丸や、更に派手なものでは、「金色の地に赤」の日の丸の旗や意匠も存在していたのです。

序でながら、右の初めて百済を建国いたしました13近肖古王の次の14近仇首王は、日本紀などでは貴須王・貴首王・久素王（『日本紀』『新撰姓氏録』『続日本紀』）と、わざと誤解を招くかのように「近」を取った名で表現（何故か、恰も百済史の王系図の偽造にピッタリと合わせるかのように）されておりますので、アナタが日本紀をお読みになられるときには、くれぐれもご注意下さい。

この14近仇首王は、「近」の字を取った百済6仇首王（二一四年即位）とは、全く同じ漢字でありながら全くの別人であるとともに、この近肖古王は、即位が日本紀上におきましては神功皇后紀五十六年（二五六）、崩じたのが同六十四年（二六四）とされております。

しかしながら、中国史・朝鮮史と比べますと、実際のところは、右の百済14近仇首王は晋光武帝の寧康三年（三七五）より在位十年で、太元九年（三八四）に崩じたとされておりますので、この頃の日本紀の記事では真実より干支二運、つまり百二十年遡上（即位三七五年→二五六年、崩御三八四年→二六四年）させてしまっておりますことがこれでアナタにもよーく判って来る筈なのです。

「晋　太元　中王　須　遣献生口」（『梁書』諸夷伝百済条）

とあります「須」も、この王の諱が「須」ですので、正に「貴須＝近仇首王」のことを表していたのです。

このように日本紀と朝鮮史と中国史の三者を「整合」させてこそ（これは「人史学」からの当然の帰結なのですが）、アナタは初めて古代東アジア史の真相に一歩近づくことが出来るのです。

尚、右の14近仇首王の孫の辰孫王が渡来して菟道稚郎子（宇治天皇＝「倭の五王の珍」）の家庭教師となっております（『続日本紀』桓武天皇、延暦九年秋八月、「津連真道の上表」）。これは、津氏の祖先が関係いたしました「朝鮮半島」におけます、百済と金官伽羅（倭）との間の出来事であったものが、恰も日本列島で行われたことであるかのように、後に、日本紀に記されてしまっていたものだったのです。

そして、「百済に」仏教が伝わったのは、この近肖古王の次の15枕流王（三八四〜三八五年）の元年、三八四年に、晋から渡来した胡僧・摩羅難陀（「百済本紀」枕流王）によるものですから、やはり、東扶余から南下した13近肖古王（10崇神大王のモデル）や14近仇首王（11垂仁大王のモデル）の代に、北から追って来た高句麗を「金官伽羅＝倭国」の協力により迎え撃ち、それに勝利し、安心して馬韓諸国をマトメて百済の建国へと一歩踏み出すことが出来たということと共に、この頃、中国の南朝の晋に遣使して最新の文化を取り入れ、百済が国力強化のために鋭意努めていたということがここからも判って来るのです。

このように、初めての「百済への」仏教の伝来ということからも、間接的ながら百済成立の時期（この頃国が出来たのでそこに伝わった／伝わることが出来た）が読み取れるのです（二ー4）。

やっぱり、百済の成立は、三七〇〜三八〇年頃の四世紀後半の13

近仇首王の頃のことだったのですよ。

3、アバウト過ぎる「弥生人の顔の復元」

先程申し上げましたように、日本列島における支配層の点はそれ（華族制度の解消）でよいといたしまして、ではその反面といたしまして、人口の大多数を占めておりました被支配者であった人たちは一体どうなってしまったのでしょうか。そのことの方がもっと大切です。

まず、その前に、被支配民の中身を丁寧に分析をした上で、その後の運命を見極めていくのが理論的です。

一般にアカデミズムでも行われているような「縄文人」「弥生人」などという程度のそんなアバウトで単純な小学生並の分析では、とても古代の日本列島人の祖先の解明などはおぼつきません。ましてや「倭人」などというアバウトな分析も同様です（南倭・北倭・中倭につき、前述）。

ですから、よく近畿圏の大規模遺跡で行われている、墳墓から発掘した人骨により、「これが弥生人の顔だ」などと復元したりして見せたりしてはおりますが、私に言わせますと、それが果たして弥生人の「どの階層」の人の骨を元にしたものであったのか、つまりその人が支配民なのか被支配民なのかということが甚だ曖昧だったのです。

＊山口県の「土井ケ浜遺跡」出土の人骨などの復元は妥当なものと思われます。

今日まで耕されずに残ることが出来ましたような（陵の例ですが、現神武大王陵も「神武田」といって畑にされてしまっておりましたくらいですからネ）、大きな集落の大きな墓から出土いたしました骨は、多分、支配者のものでしょう。そうであるといたしますと、仮にその骨から顔を復元しましても、それは当時多くの人口を占めておりました被支配民（二九4）の弥生人・農耕民（苗族＝毛人）の顔だとは到底言えない筈だからなのです。

はっきり、これは弥生人の「支配者＝征服者」の顔ですよとコメントしなければアバウト過ぎるということになります。これらの支配層は、被支配者とは全く別の、新しく渡来した遊牧騎馬民の末裔（先来の弥生の農耕民を支配した今来の渡来民）かもしれないからなのです。

例えて申しますと、元々は同族の西戎の羌族でありながら、既に水耕民化してしまっていた「滇(てん)族」と、それを雲南で支配いたしました、遊牧民の「昆明族」（共に、「羌族＝漢人」の分派であるにも拘わらず）とのような関係であったのかもしれないからです（石寨山出土『銅鼓貯貝器の意匠』）。

では、少なくとも一応科学的といえるためには、かつて日本列島にいた人々について、どの程度の人種の「分析」が必要とされるのかという点につき、次に、「人史学」の立場から、その要点だけでもお話ししておきたいと思います。

4、被支配民の少なからざる重層化

(1) 先住民と反体制民の内容――江戸時代に「〇〇藩」という概念は無かった

一言で申しますと、支配者・被支配者を問わず、トルコ（アナトリア）以東のあらゆるアジアの民が、この二千年間に極東の日本列島に、間接・直接に渡来・亡命して吹きだまって（混血して）いたのです。

と言うことは、日本人とは、「世界中で最も多くの人々の混血により成立した民族」の一つだったとも申せましょう。日の出る聖なる方角を目指して、東へ東へと移動する民族の本質（日陰より日向(ひなた)を選ぶ）から考えましても、又、その移動の距離から（古くは、アフリカで発生して、近東から東へと向かって旅立った人類の出発から）考えましても、そのように言えるからです

その証拠の発見につきましては、人類学についての素人のアナタや私でも、いとも簡単なことだったのです。電車に乗って前の席に座った人の顔を御覧下さい。あまりにも各人各様、エラの張った顔あり、ユダヤっ鼻あり、吊り目あり、ギョロ目あり、ゲジゲジ眉毛ありで、余りにもバラエティに富み過ぎているので、その全てについて瞬時にして理解に至ることが出来からなのです。

これらの遠く古くは、主としては海洋を利用してのオリエント・インド系の渡来人（南海ルート・一部陸ルートによる）をも含むところの、近くは、とは申しましても、主として紀元前後からの満州・朝鮮からの（この中には天皇家をも含むところの）渡来のこの二千年間の支配者（A）は、その多層のサンドウィッチ構造の「下」に位置する、次に述べるところの被支配民の（B）（C）の上に、かつては君臨しておりました。

つまり、下層民といたしましては、まずその一つは、先住民（B）――アフリカから何万年もかけてインドを経て、インドネシア辺りの「大スンダ列島」から北上してまいりました、縄文人の走りでもございます、まずは「古＝華南」モンゴロイドの

①ニブフ（自称）＝スメルンクル（アイヌが呼んだ名・西から来た人）＝ギリヤーク（ロシア人が呼んだ名）

②オロッコ＝ウェッタ（自称＝イェッタ・エッタ）＝土蜘蛛

＊かつて、日本列島におりましたこれらの古モンゴロイドの人々は、今日、「樺太・サハリン」までも追っ立てを喰ってしまっております。尚、当時大陸側にいた同族の人々は、今日、何と！　更に最果ての地でございます「北極海」にまで追っ立てを喰ってしまっていることが判るのです（九3）。

樺太のアイヌが古モンゴロイド（アジアに渡来してから後の軌跡につきましては、南洋のインドネシアの大スンダ列島より北上しました）であり、その人々が追っ立てを喰う前は、日本列島の本州にも住んでおりました。樺太アイヌの倉は、北海道アイヌの倉とも違い、食料倉のみで宝物倉は持ちません。しかも、この倉は高床ですので、このことは、この人たちが古くは南方系であったということの証拠ともなっていたのです。更に、樺

太南部（多蘭泊・白浜など）では、この倉を「樹皮」で葺くのですが、これに反し、北部（来知志・新問など）では「丸太」や「角材」で「校倉式」に造ります。これは、同じ樺太のアイヌと申しましても、その中で、更に、北部と南部とでは古くは民族を異にしていたことの証明でもあると共に、この（例えば新問のもの。但し、現在は上部のみ）は、ニブフの倉庫と全く同じ（『北蝦夷図説』間宮林蔵口述、秦貞廉偏により上梓、巻之四）ですので、樺太北部のアイヌは「古モンゴロイド」であり、かつ、ここまで「追っ立て」を喰って北上して来てしまっていた、ということが証明できるのです。

尚、樺太アイヌ（「スメルンクル＝ギリヤーク」とも、又異ります）が南方系の出自であることにつきましては、（一三5）。樺太の「スメルンクル」や「オロッコ＝ウィルタ」の古モンゴロイドと、チベットの揚子江源流域の人々との容姿の類似性につき、九3。

二〇〇三年九月に、インドネシアのフローレンス島西部のリアンブアという鍾乳洞の一万八千年前の地層から、成人の身長が一メートルの脳も小型化した「フローレンス原人」の化石が発見されました。原人が現代人と同じホモ・サピエンスのみになっていたと今まで考えられておりました時期に存在していたのです。その子孫だったのでしょうか。「侏儒國在其南、人長三、四尺、去女王四千餘里」（『魏書』倭条）との関連が気になります。それに、時期的には、インドネシアの大スンダ列島から北

上し、津軽の大平山元で世界最初の無紋土器を造りました古モンゴロイドとも近接しておりますよ。土蜘蛛とも関係があったのかもしれません。

次に、日本列島にやってまいりましたのは「新」モンゴロイドの

③南方オロチョン（南沃沮人）
④ツングース
⑤本州オロチョン
⑥カラフト南部・アイヌ
⑦北海道アイヌ（ツングースの一派）
⑧南方オーストロネシア語族（ネグロイド系を含む。旧来の「隼人」。フィリピンのイフガオ族もこれか）

＊ある時期には今より気温が四度も高かったため雨が少なく、いまだ砂漠同様でまともには鮭も遡上しなかった人口も疎らであった西日本の空白地帯に、BC二〇〇〇年以降「南方語」（重複表現語、ピラピラなど）を持参した人々（一七2）。逆に、二度温度が低ければ、今日、カナダの小麦は全滅するとさえ言われておりますくらい厳しいものなのですが、別の考えによりますとBC三〇〇〇年から少しずつ下がり始めました世界の気温は、BC一五〇〇年には三度も下がり、北方では寒冷化と乾燥・砂漠化とが始まったのです（青森県に千五百年間も続いていた「三内丸山遺跡」が消滅いたしましたのも、BC二〇〇〇年頃のことですから、主としてこの気候の変化の影響が

考えられます)。殷から日本列島への渡来人(初期の弥生人＝陸稲)も、この頃には段々と増えていったものと思われます。ポリネシア人の祖先が、寒冷化・乾燥化による北方民の南下に追っ立てを喰って、海に押し出され、ニューギニア経由で東へ東へと向かって行ったのもこのこの頃のことです(「ブランデス・ライン」の意味するものは何か)。

⑨殷の亡命民(BC一〇〇〇年頃。但し、いまだ陸稲(おかぼ)レベル)及びその後の「苗族＝毛人」つまり南越・雲南からの弥生の水耕民(含む、呉・越・秦の亡命民など。つまり弥生人の主流である「苗族＝毛人」〔亡命セム系を含む〕など)

＊この定住民の中心たる「農民＝百姓」は、江戸時代に至ってですら、その土地を離れられない人々(ということは、実情は農奴)とされておりました。

国替・転封・改易は大名だけで、移動はガードマン・傭兵たる「家中」の武士のみが従いました。実は、前述のように江戸時代でさえも「藩」などという概念は、実は、存在しなかった(!)のです。時代小説や映画やテレビは、この点誤ったままです。正しくは、つまり、より正確には、大名と私兵とで構成する「家中」という概念、つまり「家」だけしか存在してはいなかったのです。このセットで移動するのが「お国替え」だったのです。藩の存在など、実はインチキだったのですよ。このことは、ちょっと自分の目で「人史学」的に歴史を調べればアナタでも直ぐ判ることだったのですが。

⑩隼人(新来のオーストロネシア語族)

＊奈良朝に大量に殺されて、土地も豊国や肥国から入植した秦氏・肥人などの屯田兵に奪われて、少数民と化してしまったとはいえ、その残された僅かな血は、今日の薩摩隼人の中にも混血して流れてはいたのです。

豊国の「古表神社」の傀儡(くぐつ)の住吉神の「黒人」など(その人形の色は、今は亡き古代の純粋・薩摩隼人がネグロイドであったことを表しておりました)。

単調、かつ、哀しげな「筑紫舞い」も、もしかすると、この抹殺された人々のものだったのでしょうか(物言わぬ抵抗)。

とも、又、反体制民(C)——つまり、右のような民族の出自を問わず(右とは又別の区別である)、各渡来王朝期において、自分とは異なる体制に、不本意ながらも生き延びるため止むを得ず服従したもの、又、その時に体制に従わずに反抗し逮捕され奴隷レベルの扱いにまで落とされてしまった者及びそれらのカーストの子孫(陵戸・官戸・家人・公奴婢・私奴婢・浮囚・夷浮・餌取・穢多など。但し、逆に、賤民を良民にすることである「放賤従良」〔大宝令〕も行われております)とも、「初めて平等」になることが出来たのです。

＊また、大陸からの亡命者で、その時々の列島での支配者とは偶々異なる人々であったがために、結局は「南へ北へ、鄙の地、又は、深山の中へ」と次々にトコロテンのように「追っ立て」を喰って追われてしまった人々(サルタヒコやニギハヤヒ)、

新羅が滅んで（九三五年）その水軍三百隻が東国に亡命し、やがて侍、つまり「武士の発生」に繋がった人々も、この（C）に入ります（一二三5。足柄山の金太郎）。

東日本の「蝦夷＝カイ（これは自称でもございます）」も、広い意味ではこの（C）反体制民に入ってまいります。尚、満州の扶余の王族たる「穢族＝解族」の「カイ」とは「太陽」という意味で、両者は繋がっておりました。

山の民「山窩」も、その起源は、百姓のように土地に縛られ支配されることを嫌って「自由民」として山野（古くは山師（鉱山民））に生きて来た、アイデンティティーとして「ウメガイ」（両刃の剣。天皇家の「三種の神器」の一つの、いわゆる「草薙剣」は、何故か、これと同一形の両刃の形なのですよ）や、「天神」という名の自在鉤を持ったホアカリノミコト系・ジンホンガ系・物部ニギハヤヒ（穢系）の分派の（C）も反体制民に入ります（甲斐は、古くは穢・蝦夷のことだったのかナァ）。

（2）縄文人や弥生人の渡来――「エスカルゴ波紋」と「イチ・ニ・サンの数詞」

この「民族重層の名残」といたしましては、最も判り易い例を一つアナタに挙げておきますと、同じカタツムリ（エスカルゴ）のことを、地方によりまして「ナメクジ」「ツブリ」「カタツムリ」「マイマイ」「デデムシ」と大きく分けましても五つに分けられることからもそのことが判るのです。しかも、大切なことは、この分布が、池に石を投げ入れたときに広がる「同心円状の波紋」のような形で日本列島に分布していることなのです。しかも、その円の中心が畿内なのです。

では、これが一体何を意味していたのかと申しますと、これこそ、太古から数限りなく繰り広げられてきました（しかも、その大部分は歴史から抹殺されてしまって今日では証拠がない）「民族の追っ立て」（そして、その「神々の夜逃げ」でもございます）の動かぬ証拠だったのですよ。

柳田のカタツムリの調査も、私の「民族重層」の「人史学」の考えと結び付けることによりまして、初めて、日本人の成り立ちの真相の解明により貢献出来る（迫る）ことになるのです。私は、これらの言葉をかつて話した人々（といっても地域への移動レベルに過ぎませんが）を動的に把握し、ちょっとはハイカラに「エスカルゴの波紋」又は、「エスカルゴによる動向」と名付けることにいたします。たとえそのメモリーは残ってはいなくとも、それだけ沢山、中央の支配者が代わっていたということを、このことは表していてくれたのです。

＊精々、記録上では、サルタヒコ、ニギハヤヒ、アメノヒボコ、ナガスネヒコ、イワレヒコぐらいしか判らないのですが。

それに秋田の生剥も徳島の阿波踊りも、共にその源流は、アナタの予想に反して、ジャワ海（インドネシア）にあったのですよ。古へに海流に乗ってやって来たのです。

ここに、序でながら、更にもう一つ、いわゆる「弥生の水耕民」

が「中国南部から亡命」して来た人々であることの明白な証拠をお示しいたしましょう。

台湾に移り住んでいった対岸の大陸の閩や越の人々ですらも、「かつては中国中原にいた」ということを示す証拠があるのです。そして、これらの人々は大陸部におきましては更に「漢族＝羌族」に追っ立てを喰い、今日、中国沿岸部、雲南・貴州からタイの山岳部に住んでいる人々も多いのです。それらの人々をピックアップいたしまして、生きる化石と化した古への言語をもとに、この点を解明していきたいと思います。

さて、ここでも（一七5　以外）、その中の中国西南部の「リス族」の言語、更にその中でも特に生活に最も密接しておりますす「数詞」を例に取り上げまして考えてみましょう（カッコの中のカタカナは、私が加えたものです）。

「1＝（イ）ti」
「2＝ni」
「3＝sa」
「4＝li」
「5＝n gua」
「6＝（ロ）qu」
「7＝shi（チ）」
「8＝ha（チ）」
「9＝gu」
「10＝ti（オ）」

どうです、千年も二千年も前に分かれたというのに、このように今日でも日本語と瓜二つですよね。

このように「1、2、3、4……」の数詞は、中国南部から列島に移り住んでまいりました（と申しましても「漢人＝羌人」に追われる前は、彼らは歴然とした中国中原の主人公でした。漢〔羌〕人がやって来て追われる前には、中国の黄河のオルドスは匈奴の原郷の一つでもございましたように）、いわゆる「弥生人＝倭人一種」の言葉だったのです（因みに、ヒイ、フウ、ミイ、ヨ……は満州の扶余系の北倭の数詞です）。このように、台湾の対岸の中国部分にも、インドシナ半島にも、日本列島にも、「イチ、ニ、サン、シ……」は「言葉の化石」といたしまして今日まで残っていたのです（その三者の同一性）。しかも、この「リス族」（ラフ族、アカ族とも同じチベット・ビルマ語族）は、中国語やヤオ語やモン語（モン・クメール語）などの英語・中国語と同じ（S＋V＋O）の「順語族」とは全く違いまして、日本語と同じ「逆語族」（S＋O＋V）なのです。

このように生活に密着した数詞の点から考えますと、我々の祖先のうち今日まで特に強い影響を及ぼしているものの代表といたしましては、被支配民としての南中国からの「イチ、ニ、サン……」（大衆語）の先渡来の水耕の渡来民（弥生人）と「支配民」としての満州から朝鮮へと南下して後から列島にやって来ました「ヒイ、フウ、ミイ……」（貴族語）の遊牧民（北倭）の、この主として二つの主従の民族だったことが判って来るのです。

＊BC一〇〇〇年頃、陸稲を持って日本列島に渡来してまいりました、「弥生人の走り」とも申せます「殷の亡民」（シュメール↓インダス↓殷）も、「逆語族」であったものと思われます。縄文人や、海洋へと追われました、これらの「逆語族」の人々とマレー系の人々との勢力分布の境目が、太平洋を南北に真っ二つに分けております、所謂ブランデス・ラインだったのかもしれません。

主として縄文人（今日より温度が四度高く砂漠状態の西日本にBC二〇〇〇年以降に渡来しました、新来のオーストロネシア語族やネグロイド系をも含む）の「ピラ・ピラ」「パラ・パラ」「ピチャ・ピチャ」などの「重なり擬態語」は、母から子への生活での表現語として、日本語の中にも多く遺されております。これは、渡来人と混血した先渡来の民族の女から幼児へと受け継がれていた言葉だったのです。

＊先住民の男は戦いに負けて殺されてしまいましたので、こちらの縄文系・オーストロネシア系の文法体系は消えて、勝者が大陸から持ち込みましたウラル・アルタイ系の文法に変わってしまっており、そこには個々の言葉のみの南方語が残りました。

尚、個別的には、満州系の「ヒイ、フウ、ミイ……」につきましては前にお話しいたしましたし（一七5）、この華南系の「イチ、ニ、サン……」につきましては以前に少し触れましたが（二三5）、この「イチ、ニ、サン……」が、かつてのチベット語の数詞とも共通いたしておりましたことから考えますと、アニミズムの頃の宗教をもって亡命ユダヤ系セム人（順語族。S＋V＋O）がチベット高地を長い時間をかけまして彷徨してまいりまして、青海辺りから岷山・岷江そして四川盆地辺りへ降り（正に、アナタ、世界遺産の九寨溝〔一三1〕辺りを経由しておりますよ）、ここで「低族＝氐族＝盆地・低地に下り定住した水耕民」（下位）と、相変わらず山に留まった「羌族＝相変わらずの遊牧民」（上位）とに分離し、その一部は四川盆地、つまり、「蜀」、及び陵江（西羌水）流域（九3）の「巴」に留まり定住して「羌人＝漢人」の祖先と化したものもおりましたし（その例が、漢の劉邦。「近東↓中東↓極東」と東行途中、アーリア系との混血でこの一族は髭が濃く身体も大きくなりました）、又、他の一部はインドシナ半島へとメコン河を南下するものもおりましたし、更には、その後、揚子江を東へと下り東シナ海へと漕ぎ出して日本列島に到達し、中期に渡来いたしました弥生人（遙族＝ヤオ族＝苗族＝毛人）の一部となったもの（中倭）もおりますなど、大きく分けまして三つの流れがあったことが判って来るのです。

弥生の水耕民の一つの祖先は、色々な慣習や食べ物の類似性などから考えますと、インド・アッサムのナーガランドの倭族（逆語族。S＋O＋V）が陸路揚子江上流の金沙江を経由し、そこから揚子江中流（その時点ではここで倭人は鬯草・暢草〔故地インドでのバラモンの「ソーマ草」に相当〕を献じております〔『論衡』〕。今日では、「雲南」の山中にまで漢族に追われてしまっておりますので、ここ「雲南こそが弥生人の原郷」であると誤解されてしまっているのですが、実は、そうではありませんで、当時の拠点は長江中流だったのですよ）、東シナ海へという「ルート」で渡来してまいりましたし、又、「イチ、ニ、サン……」の数詞がチベット高地にも残っているところから考えますと、これは、チベット高地を東行してまいりました漢人の祖先であるセム族系の羌人がこの「数詞」をチベットに残してきたもの（倭人の祖先も、当然、大陸でその影響を受けております）であったかもしれないということも判って来るのです（この人々も、その渡来の当時ではなくとも、大陸が戦乱のたびに亡命してきております）。

　このように、かつて揚子江の中流（元は雲南ではなく揚子江の中流に留まっておりました）から渡来いたしました弥生人を通しまして、倭人は、遥かその遠くの、インドやチベットともこのように繋がっていたのですよ。

＊この点は、本当は、更に、インドのパンジャブ（五河）にまでも、倭（佤）人の出自は遡ることが出来ます。インパール作戦（ナガ族の原郷Nagalandへ）は、日本人の先祖返りだったのかもよ。「死の道（ロード）」の英霊に黙祷。

5、大東亜戦争の終結による「三韓の代理戦争」の終焉

　つまり、名も無き被支配民の末裔である（B）（C）は、ここで初めて、支配民の末裔である貴族院議員の華族の（A）とも、平等になることが出来たのです。

　ここにおきまして、昭和二十年八月十五日の終戦になって初めて、民族的な意味での「真の意味での日本人」が（不本意ながら）アメリカ人のマッカーサー元帥の手によって強制的に完成させられた（華族の貴族院の廃止）と見るべきだったのです（二九1）。

　このように、日本人の成立すらも（悲しい日本人の習い性かな）、そもそも「外圧」によるものだったのですよ。

　と言うことは、民族から見た「日本国の完成」とは、終戦記念日の昭和二十年八月十五日だったということにもなって来るのです。しかも、亡命ユダヤ人の発明したホロコーストの原爆によって。言い換えますれば、二千年もの歳月を重ねましても成し遂げることが出来なかったことが、ようやっと、百万分の一秒の一瞬の原爆の閃光によりここで初めて本質的平等という意味での「日本」と「日本人」は完成されたのだとさえ言い得るのです。

第三〇章　平安朝とは一体何であったか（百済クーデター）

1、平安朝とは一体何であったのか

　ところで、今までアナタと一緒に考えてまいりました、古代における大きな流れの重要な「分かれ目」でもございました、平安朝といわれている時代につきましても、アナタは大きな誤解、というか甘い考えをしておられます。

　では、それは何故なのか、どういう風にアナタは誤解しておられるのか、そして平安朝の実体とは一体何であったのかということにつきまして、これからアナタと一緒に考えていくことにいたしましょう。これは避けては通れない古代史の高いハードルの一つだったのです。

　一般に、主として国文学での、『枕草子』や『源氏物語』という文化面に目を奪われて、平安朝とは日本及び日本文化が完成した「平和な時代」であったなどともアカデミズムからはいわれておりますが、実は、とんでもない、そんな極楽トンボで平穏で単純で生易しいもの、静的な時代などではなかったのですよ。

古への日本におきまして平安朝こそが最も動的な激しい「殺人の時代」だったからなのです。

　では、その古代史の重要な分かれ目（分水嶺）ともなりました平安朝の幕開けとは、一体どんなに「空恐ろしい」時代であったのでしょうか。それを次に、アナタと共に、これからじっくりと見てまいりまして、私の長かったこれまでの「天皇系図を縦糸とし、その「出来事を横糸」として、アナタと共に今まで織りなしてまいりました古代日本史という和文手纏（しずたまき）のお話を、ここでひとまず終わりにいたしたいと思います。

2、渤海（靺鞨と高句麗の遺民）の出羽国での援助による百済亡命民のクーデター

（1）百済亡命民間人の謀略により、大仏建立などの多大な消費をさせられた新羅系天皇家の没落

　一言で一気に言わせてもらいますと、平安時代とはつまり「百

村江の役」（六六三年）の後、本国が亡んでしまった扶余・百済系の遊牧民の王族たちが、次々と日本列島に亡命し各地に吹き溜まっては隅の方（特に九州山間部の僻地や東国）に定着し、居候のように民間人として細々と生活し（一2）、やがて百済の亡命民が、祖先が同族である渤海に密使を送り、裏日本側より密かに渡来させた渤海（主として高句麗の遺民。北倭）の騎馬兵の軍力を借りまして（二三5）日本列島にクーデターを起こし、そして秦氏（藤原式家）の協力によりこれに成功し、それによって、白村江の役以来日本列島を占領支配しておりました奈良朝の、どちらかというと古くは海洋（交易・鉱山）・水耕（農耕）系の新羅・伽耶系天皇家を、藤原氏（その裏には妻子を入れている秦氏あり）を唆して「陰湿な方法」（陰謀や寺院建築などに巨費を浪費させること）により滅ぼして「奈良朝天皇家を奪い取り」、そこに、王家の本質は扶余の遊牧民の「百済亡命王朝」を打ち立てて、更には、（ここまでアナタがやっと辿り着いたといたしましても、特に次の点が見落としがちな大切な点だったのですが）かつて「白村江の役」のときに、新羅・唐の連合軍の日本列島の畿内への上陸・占領に協力いたしました、祖先が新羅と一部同族の畿内の「秦王国＝別倭＝夷倭」（その土地は、プロト日本国）のいわゆる弥生の民（七4）を、その「復讐」のため、奴隷（名だけは税金を取る対象ですのでご機嫌取りの意味で公民などと持ち上げてヨイショしてはおりますが、アナタはその名に目を奪われてはいけませんよ）レベルに落として支配し、そこから搾り取れるだけは搾り取った利益で、遊牧百済系があの平安朝の優雅な十二単衣や牛車などの貴族生活を謳歌していた時代であったというのが、その真相であったのです（二三5）。

では、その点につきまして、渤海との協力の点を初めとして、次に、より具体的に証拠を引きながら見てまいることにいたしましょう。

渤海の協力の点についてですが、このことは既に、早くも聖武天皇の神亀四年（七二七）の時点におきまして、渤海の国使の高斉徳ら八人が出羽国に密かに渡来していたのです。その後も出羽へ、渤海人・鉄利人（ウスリースクの鉄山民。尚、「隅田八幡」の「人物画像鏡」銘文の「今州利」は、「今」ではなく「宇」であり、つまりこの「ウスリー」だったのでございまして、「穢人宇州利」がちゃんと日本列島の金石文にも出ておりましたことにつきましては、一七2、七4）、千百人もが、同じく聖武天皇のときの天平十八年（七四六）に渡来しましたが、これを「放還した」と正史にあります（『続日本紀』）。

が、しかし、これは、実は、百済クーデターを起こすための本格的な渤海からの援軍の到来（上陸）のうちの第一波であった（その三年後の七四九年に聖武天皇の薬師寺への幽閉）と見るべきだったのでございまして、しかも、そうであるといたしますと、この事実は、その七十年以上も後の、つまり平安朝になって百済政権を樹立した「後」になってから初めて百済系の天皇によって「オープン＝ディスカバリー」された（オープンに出来た）事実であったと言えるのです。

つまり、その時までは、まだ新羅系に押さえられて反体制側の冷や飯食いに過ぎなかった百済亡命者（民間人）たちは、そのこと（渤海民の渡来）を、当然のことといたしまして「極秘」にしていた筈（百済クーデター成功後の平安紀〔続日本紀〕では、この渡来を堂々とオープンに出来た。「姓の変更」の時期と一致）なのです。ですから、これらの真相といたしましては、実は、このときはその渤海人・鉄利人の放還などは「してはいなかった」筈なのです。直ちに出羽の山に溶け込んで、蝦夷（かい）と協同関係（同盟）を結び、ゲリラと化していったのです。

そして、ウスリースクの鉄利人はその名の通り、「チュルク・オロチョン」系の伝統を受け継ぐ鉄民（今で言うところのハイテク技術者）だったのです。奥州・平泉の近くの「舞草（もぐさ）鍛冶」もこの沿海州からの流れの一つだったのでございまして、この一部が亡命物部氏と合体したものだった（一応、亡命した物部系の人々だと言われてはおりますが）可能性がございます（前述）。

沿海州や朝鮮半島北部から船を漕ぎ出しますと、風と海流、特にその反流との関係によりまして、必ず、日本列島の何処かには着くのです（正に、渤海史が漂着したとされておりますこの越の地が多かったのです。大陸から海を「越し」て来ました人々が、渡った各地に「コシ」と名付けていったことにつきましては、九7）。以後、続々と主として越（日本海の地）に高句麗の亡命民である渤海の騎馬隊が渡来してまいります。

百済王（こにきし）が、どういう訳か（真相は、計画的に、新羅に知られないように沿海州と情報交換及び密貿易が出来る接点としまして）常に古への越の「出羽守」を押さえていたからこそ、そんなウルトラCの芸当が出来たという訳だったのです（正史。一八5。百済王氏系図参照）。

＊百済王が出羽守を押さえておりました証拠といたしましては、七六三年百済王三忠、七六六年百済王文鏡（光仁天皇のモデル）、七七四年百済王武鏡、七八九年百済王英孫、七九七年百済王聡哲、八一二年百済王教俊など。どうですアナタ、凄いでしょ。出羽守は百済王のオンパレードではないでしょうか。

このことは、私に言わせますと、百済系は、一方で、新羅系奈良朝天皇家を唆して平城京の造営、大仏建立を始めといたしまして大寺院などを次々に建てさせて散財させ、国家の財政力を疲弊させ（このことは国家財政を記しました後世の文献からも明らかです）、他方におきましては、亡命百済人たちは渤海との密貿易によりやがて起こすべきクーデターのための軍事資金の砂金や毛皮などを、利に聡い秦氏（藤原式家）を仲間に引っ張り込み（だから、加わったのか）まして、事務担当者とさせ、自分たちは着々と貯えていたのです（一一六）。

＊大仏建立には、その材料だけでも、次の通り、

・熟銅　七三万九五六〇斤
・白鑞（しろめ）（鉛と錫との合金）　一万二六一八斤
・練金　一万〇四三六両

ですから、百済王敬福（こにきしきょうふく）が献金した黄金九百両という数字は、決してたいしたことではなく、大仏の鍍金に必要な量の十分の一にも充ちません。その余の必要量の十分の九は、「百済王・出羽守ルート」による沿海州・シベリアからの、渤海を介しての輸入だったのです。三一2。

・水銀　五万八六二〇両
・木炭　一万六六五六斛（こく）

（『東大寺要録』）

そして、大仏建立に従事した人々（使役）も延べ

・鋳造　八八万六九七七人
・木工　一七一万六六六一人
・合計　二七一万三六三八人

という凄い数量だったのです。国家財政の負担も相当のものだったと思われます。これは、結果から見ましても、百済民間人の謀略にまんまと新羅系天皇家が乗せられて浪費してしまったということを表していたのです。

右の、沿海州・シベリアからの百済王による輸入の証拠（暗示）は次の正史（続日本紀）の通りです。

天平二十年（七四九）二月二十二日「陸奥始めて黄金九百両貢す」

正史上、「貢す」につき、二月と四月との明白な齟齬あり。その時期に問題あり。

天平勝宝四年（七五二）二月十八日「陸奥国多賀より北の調庸は黄金を輸さしむ」

同年九月二十四日「渤海使慕施蒙等佐渡嶋に著く」

同年十一月三日「佐渡国を復す」

とあるからなのです。

しかし、問題は、その前の「是年　渤海人及鉄利人　一千一百余人　慕化来朝安置　出羽国　給衣粮放還」（『続日本紀』）聖武、天平十八年（七四六）是歳条）ということだったのでございまして、このときに革命（クーデター）資金の「砂金」を持って来たのです。

その一方では、金官系の海運と秦韓系の稲作（秦韓という名は「秦神の部族」という程度の意味（実は、民族を特定してはおりません）でして、中国人が、半島の秦人・辰人・扶余人の亡命民のエリアーに付けた名に過ぎなかったのです）とが主であった新羅系天皇家は、今申し上げましたように、仏教や寺院の建築やピカピカ光る黄金塗金の仏像に目を奪われ、心を奪われ、それを唆す本質的には遊牧民である百済系貴族の真の意図を見抜くことが出来ず、油断「させられ」散財「させられ」てしまったというのがその実情（実質的な静かな兵糧攻め）だったのです。

そして、やがてこれら渤海の人々が黒龍江やシベリア産の砂金を持参し（実は、これが、クーデターの行動開始〔準備完了〕の合図〔正に、この年に聖武天皇が幽閉さる〕だったのです）、それが百済王敬福が七四九年（この年は、興安嶺周辺の鉱山鉄民である鉄利人が来た丁度その三年後に当たりますので、既にその渤

海人経由のシベリアから越への「砂金ルート」は十分に機能・把握していたものと見なければなりません。と申しますのも、興安嶺は満州語で金安林と言い、「阿林＝山」ですので、この金は興と訛ったものであったことが判るのでして、元々は単に「金山」の意味だったのです。ですから、西の阿爾泰〔アルタイ＝蒙古語の金〕山に対して、興安嶺が東金山とも言われていたのです）に、陸奥国小田郡から黄金を発見（これが疑わしいことについては別に述べます）し、黄金不足のため三年も延び延びになっておりました東大寺の「大仏開眼」を挙行することが出来ることになり、このことにより百済系渡来人のチャンピオンである百済王敬福の官位は、従五位上から、非常識にも七階級（！）も超えて、従三位にまでも上昇し（本当ですかネェ？　後世の平安百済系王朝におけます改竄の結果、「よいしょ」して「作文」したのでは？）、このことを契機といたしまして、朝廷内における「百済系」亡命貴族達の地位全体が格段と上昇することになってしまったのです。

その後、日本の首都が、一歩又一歩と秦氏の拠点である山城の京に近づきつつ、段々と「北上」していく流れの中での、その一過程としての「紫香楽宮への遷都」「長岡京への遷都」こそが、その前段階としての最たるものの一つだったのです。

そして、この東大寺（金鐘寺）・国分寺・国分尼寺の建設（その他、新薬師寺など）こそが、そもそも、「百済クーデターの実質的な意味での序章」であったのだとアナタは見抜かなければいけなかったのであり、かつ、今日から考えてみましても、新羅天皇家に「国費を浪費」させるための「百済側の深遠なる謀略」の開始であったことにアナタも気が付かなければいけなかったのです。こういう謀略は、古来からの遊牧民の智恵だったのですよ。

このことは、実を申しますと、百済がかつて朝鮮半島におりますときに、高句麗に高い授業料を払って学んだことでもあったからなのです。

つまり、百済21蓋鹵王が、漢江の王宮付近の領土と生命を捨ててまで高句麗から学んだことの「応用」だったのです。

と申しますのも、百済蓋鹵王（慶司＝扶余慶）は、高句麗の間諜（スパイ）の浮屠（僧）の道琳（二四3）に騙されて（百済も遊牧民なのですが、その百済より更に上手の、より純粋に近い遊牧民に騙されて）宮殿・城・堰堤などに巨額の国費を使わされ、その結果国の米倉が空になり、人民は窮乏し、国家は危機に瀕し、その機に乗じて高句麗の長寿王（巨連＝璉）に南下されて攻められ、この百済蓋鹵王は高句麗の将軍桀婁たちに「三度唾を吐かれ」て辱められ（こういうことは、朝鮮人は好きなんですねえ。兎も角、昔からメンツで生きているような国なのですから。つい先ごろまでは、韓国では、車を買うことの出来た階層は、それが民間人でも、役人と同じ黒塗りの車にしか乗らなかったくらいなのですから）「罪状を数え上げられ」た上、阿且城（ソウル市城東区康壮洞）に連行され殺されてしまったからなのです（「百済本紀」蓋鹵王条二十一年〔四七五〕、「高句麗本紀」長寿王六十三年〔四七五〕九月）。

この後、即位した王子の文周王は熊津（公州）へ、木協（劦）満致（武内宿禰のモデル）と共に南下し（二8、一七4）、王都をここに遷したのでした。

このときに「高い授業料を払わされ」て学んだ「同じ手法」を、日本列島に亡命して参りました百済王(こにきし)たちの民間人が、新羅系天皇家に対して「応用」したのです。これも相手を「ヨイショ」する兵糧攻めの高級テクニックの一種でしょう。

これも秦氏の「入れ知恵」だったのです（当時は伽耶の領土でありました熊津への遷都の実務は、百済の宰相でもございました「木協満致＝武内宿禰＝金官5伊尸品王」が行いましたし、彼は「秦氏の祖」でもあったからなのです）。

＊このときと全く同じパターンである「秦氏の支配地」の山背への「平安京遷都」につき、一七3は必見ですぞ。

興福寺、元興寺、薬師寺、大安寺（この大安寺は、かつての百済大寺の流れです。一2、二三2）、菅原寺、海龍寺、金鐘寺（東大寺の前身）なども、今日で言うところの横浜「ランドマークタワー」級を続々と建てさせ国家資金を浪費させられてしまった――これは恐ろしいことに現代の日本国のソフトよりもハードを重視する、ゼネコンの為のコンクリートの「上物(うわもの)造り」に予算を使う田舎の利権代議士とそれをヨイショする下心ある中央の役人の姿ともピッタリですよね。

役人も国民の褌(ふんどし)担(かつ)ぎの分際で、明治百年、その自覚もなく困ったものです。その母(かあ)ちゃんのズロース一枚税金で買ってやっているというのに。

これは一体誰（又は何処の国）の陰謀（国レベルでソフトウエアが発展しない）なのでしょうか。古代におけます、これはそのよい例と考えてもいいと思います。歴史は繰り返すのですよ。

(2) 桓武天皇は父系も母系も百済亡命民間人――百済は本来は倭人の敵だった。それが何故？

先に、公民(おほみたから)のお話をいたしましたが、このように、秦王国の百姓（水耕の毛人・苗人）の地位は、奈良朝（農耕民の王朝）と平安朝（遊牧民の王朝）とでは、同じ被支配民として過酷なまでに使役されていたとは申しましても微妙にその温度差が異なっていたのだということにアナタは気が付かなければいけなかったのです。

その意味では、新羅（慶州金氏）も、伽耶（金官金氏）も、共に倭人（主たる者は、いわゆる「南倭・中倭」）の代表のようなもの（日本列島の金氏も、秦氏と共に、少なくとも中臣・藤原氏の四家の一つの中に入り込んで日本列島の中で隠れてしまっているのです）ですから、表面上は、百済王(こにきし)系の一族の分派は倭・和（ヤマト）氏などという、平安日本紀上ではその名前からいたしましても、一見、「親倭系の一族らしい」姓・氏を下賜されたような形になっておりまして（桓武の母・光仁の夫人系）、そのように名乗ってはいるものの（その本質は、いわゆる遊牧系の「北倭」なのですから）、平安朝の百済王家である天皇家のその本質は、「海人の倭人（南倭・中倭）を倒したアジア遊牧系（北倭）の王朝」でもあったからなのです。

＊「白村江の役」での倭国の敗戦の際、降伏した倭人に対する、新羅の「新羅・伽耶と倭とは古くから親しかった」という新羅王の意思の表明の意味するところにつき、七6。

しかも、桓武天皇を見れば、その父方（当然のことながら、父、光仁天皇＝百済王文鏡）のみならず、その母方すらも、共に百済王家の直系（百済25武寧王の王子の「純陀太子＝聖王明＝用明大王のモデル」、三二1他）の末裔だったのですからね。

＊このように、この桓武天皇の母方の系図の作成のためにも、聖徳太子とその父の用明からの系図が必要だったのです。

桓武天皇の母（光仁天皇の妻）の高野新笠（たかのにいがさ）の元の名は和（やまと）新笠であり、新笠が光仁天皇夫人となり高野朝臣の氏姓を賜りましたので、既にそのときは死んでしまっていたと思われますその父の乙継にまでも遡ってこの「和＝ヤマト」という姓が用いられることになったのです。

この頃、渡来系であることを隠蔽（つまり、天孫降臨としてしまう）する、いわゆる平安朝での「日本化」を天皇家が一所懸命やっている姿がここに垣間見られるのです。

この新笠の父である和氏の乙継（弟嗣）の一族は、右のように百済都慕（つも）王十八世の孫の百済25武寧王（30敏達天皇のモデル）の王子の「純陀太子＝26聖王明（31用明天皇のモデル）」の末裔と称しております。

そして、この皇后を出しました和氏の元々の姓を探ってみますと、何と！身分の低い史（ふひと）に過ぎませんでしたので、たとえ百済王の直系の名家の出とは申しましても、八世紀前半の新羅系の奈良朝におきましては百済の亡命一下級官吏に甘んじて細々と食い繋いでいた程度であったことがこれで判るのです。

本来、高野新笠は、皇室の出ではございませんので、どう転びましても光仁天皇の皇后になれる筈はなく、よって、その子の山部も同様に、どう転びましても天皇（桓武）になれる筈はなかったのです。

この辺りに、平安紀以下の正史が、「仁徳と磐ノ媛」や「聖武と光明皇后」（共に、皇后は皇室の出ではございませんでしたが、皇后の位に就いております）などの「架空のお話」を正史上に作り出しました真の意図（本命は高野新笠のためだったのだ！）が隠されておりましたこと（前例有りとして）を、アナタは慧眼をもって見破らなければいけなかったのです（その必要性は結構近い時代にあったのだ）。

このように桓武天皇は、「父系も母系も」純粋な百済系渡来の民間人に過ぎなかったのです。

＊先日、二〇〇二年の天皇誕生日に、天皇陛下ご自身が、「桓武天皇の母は、百済からの渡来人系であった」旨のご発言をされましたが、実は、これではこの発言は不完全なのでございまして、「母のみならず父も百済からの亡命人であった」と言わなければいけなかったのです。

しかし、平安朝のその流れがそのまま今日まで随分と長く（彼是千二百年近くも）続いてしまった（これは「京都の歴史＝百済＋秦氏〔式家〕＋北家の歴史」でもございました）がために、長年の間に、「倭と百済は古代からの友好国」であったのだという歴史的には全く誤った観念（七6。今日に至るまで、この考えが伝えられております「平安日本紀」の文面に引きずられてしまいまして）が作り上げられ、それが今日に至って固まってしまっているのです。

実は、このことを民族的に冷静に分析しますならば、これは明白なことだったのでございまして、百済（北倭）こそが、本来は、海洋系の伽耶の「倭人（南倭・中倭）の敵」だったのです。

そう考えてこそ、百済クーデター（いわゆる平安朝の成立）以後、日本列島の各地で、長年に亘り、しぶとく、所謂倭人の叛乱（平安天皇家から夷の賊軍とされてしまいました平将門の乱、藤原純友の乱、出羽の元慶の乱など主たる十二の大騒乱）が全国で相次ぎましたのも（七4、他）、実は、当時におきましては、これらは決して叛乱どころではなく、むしろその逆に百済系に奪われた「倭王権の奪回」という大義名分を持った戦いであったのだということその背景を正しく把握してこそ、初めてアナタに理解出来ることだったのです（逆転の発想）。

（3）「切り口」を変えて古代アジアを見てみると

序でながら、発想を変えると見えてまいりますこれと同じような例といたしましては、前にも申しましたが、中国の中原の匈奴（中国史の文献からは常に悪役とされています）の侵入というのも、従来からの見方を変え、もっと古くに遡及して見てみますと、後に西方の「チベット高地」から「四川盆地」経由で中原へと降りて来て侵入いたしました「漢人（羌人）」により奪われてしまった古への故地であるオルドスの回復」ということに過ぎなかったのだ、と見なければいけなかったのです（漢人の人口過多による拡大。私は古代人の弁護士）。

と申しますのも、時代的には紀元前後の両漢（前漢・後漢）帝国の頃が、共にそれまでは同族としてチベット高原を東行してまいりました西戎でありながら「高地に留まって、相変わらずの遊牧民であった辮髪・チョンマゲの羌氏、高地羌」（これは雲南の遊牧民の「昆明族」などにも繋がります）と「四川盆地などの蜀・巴の低地に、チベット高地から降りて定住し、水耕に従事した氐氏、低地羌」（これは水耕民の滇（てん）族、そして、やがては「泰〔中国内のタイ族〕＝傣〔タイ国のタイ人。漢人と同じ順語族〕」へとも繋がって来る人々だったのです）の一部が「漢人として生まれ変わった境目」（羌から漢へ）であったものと考えます（三4、九2、3、二二1、二三）。

殷の部丁が巴国を何度も滅ぼそうとしたのがBC一二五〇年頃ですし、巴や蜀や羌が周の武王の要請に応じて殷を伐ったのがBC一一〇〇年頃ですので、長く高地に留まって相変わらず遊牧を続けていた羌より早めに主として岷江沿いに四川盆地に下ってきた「低地羌＝氐」は、その前より蜀に住み着いていたものと考えられますので、BC一三〇〇年頃に至りまして人口も相当増えていたのです。

それに、BC一五〇〇年頃には蜀の「三星堆」に城壁（「杜宇王朝」の可能性が大です）が築かれておりますので、この頃に力関係に変化を生ずる出来事が起きていたことが判るからなのです。

それとも蜀を占領した西方からの移住民である氐がオリエントの故地にならって築いたのでしょうか。

しかも、その後、蜀盆地では養蚕が盛んになっていることからも、中央アジアからノウハウを持ってきたセム系の羌・氐が野生の繭から改良することに成功したからなのです。

尚、BC四〇〇年頃には、羌が岷山から四川盆地に流入しておりますが、長い間山上で遊牧に従事しておりました高地羌も気候の変動により山を下りざるを得なくなりまして、既に何百年も前に定着し、水耕民化しておりました氐のところに入って来ております。

＊もしアナタが漢族の本質を見極めたいとお考えならば、資料の多い後の「五胡十六国」の時代の部族の分析を十分に行うべきでございまして、そうしてそこから古い時代へと糸を手繰ってまいりますと、漢族の出自は「羌族」まで遡れる筈だと私は考えております（九3）。

漢人に奪われて追い出される前の古代の中国の中原は、決して無人地帯であった訳ではございませんで、チュルク（匈奴もこの混血）やツングース（未だ「海洋系の人食い人種」の段階だったとは中せ）が住んでいたのです（東夷と鉄との関係につきましては、一七1）。

その他、漢人と化した羌人がやって来る前（前述）にはコーカソイド系、つまり西アジアの白人系である白夷の「中山国」や、かつては「殷」に従属（その一族）しておりました東アジアの雄族である、古くに西アジアのウラルトゥ（アルメニア）辺りから渡来しておりました「貊族・バク族」なども住んでおりました（前述）。中山国へは、戦国・越の亡民も入って来ております。これは、後の扶余や百済の「伯族」（イワレヒコと同族）へと繋がる一族だったのでして、この一族は、やがて、「秦帝国の戦乱」などを逃れて、太行山脈の北を回ってシラムレン川の上流の北部辺りからウランホト辺りの間を通り満州の農安へと入り、松花江・スンガリ河の近くで、その間に多少匈奴の血も混じった主として狛族の北扶余国（この国は百済そして高句麗の母国でもございます）を建設することにもなるのです（前期北扶余王朝の姿。二4、1、3、5、6、一五1）。

＊北扶余史を借史して作られております高句麗史におきましては、6大祖大王から8新大王（伯固）まで、そして発岐王子及びその子の駮位などがそれ（伯族系）に相応しております。

因みに、後に、インド系も混血いたしました「穢族」（高句麗史では9故国川王より）の侵入により、このウラルトゥ・バクトリア系の「貊族」は東扶余（旧・南扶余）へと亡命し、更に南下し、その一派がやがて遼東半島の蓋県経由で馬韓の漢江河畔（一時は遼東へも拡張。別述）に至り、そこで百済を建国し王族となるのですが、これがやがて「白村江の役」での敗戦の後、日本列島へと亡命いたしまして、新羅系の奈良朝を倒して平安天皇家へと姿を変えてしまうことにもなるのです。

この扶余からの同じ流れで、「扶余・仇台王＝高句麗・罽須王子＝百済・仇首王＝神武大王」は、百済の建国史上の王ということを通じまして、やがて平安天皇家の祖王として、「歴史物語＝平安（現行）日本紀」の中に登場出来たのです（三二1）。

（4）百済亡命人が同族の高句麗・渤海と組んで百済亡命政権（平安朝）を樹立

では、百済亡命人が、ほぼ同族とも言える高句麗の遺民の渤海人と組んで、百済亡命政権を樹立（平安朝の成立）したということを証明している証拠を幾つかお示ししておきましょう。それは、一言で申しますと、渤海国（振国・震国）からの渤海郡王使が十世紀初頭までに合計三十四回も日本列島を来訪しておりますが、この点につきましての特異性は、「平安クーデター成立の前と後とで来着の地に大きな変化」が見られるということなのです。

実は、このことには重大な意味が含まれていたのです。アナタはこの点にもっと早く着目しなければいけなかったのです。

日本（ヤマト）政府は、東北にやって来る渤海使（とは申しましても、その実情は亡命人だったのです。例えば七四六年の鉄利人千百人は、実は、靺鞨部のことだったのでして、これは渤海に征服された難民だったのです。そして、この「放還」と言うのは、実は、全くの虚偽だったのです〔極秘裏に匿ったことにつき、前述〕。又、七七九年の来朝も同じ亡命民の秘密裏の招聘と見るべきだったのです）に対しまして、「旧例」に従って九州の太宰府に入港するようにとの命令を出しているにも拘わらず、渤海はこの命令に事実上従わなかったからなのです。

実は、漂流したと称しましては、相も変わらず出羽（秋田）に着いているのです。しかも、縄文・弥生以来、「日本湖」の対岸の沿海州の人々は、「何処から出帆すると日本列島の何処へ着くのか」という海流・反流をちゃんと熟知しておりましたにも拘わらずです。

更に、その渡来の不可解な点を分析いたしますと、八世紀（主として、「百済クーデター＝平安朝成立」前）におけます十四回のうちの六回、例えば、七二七年（出羽の北境）、七三九年、七七一年（野代湊、十七隻もで来訪）、七九五年（志理波）という風に出羽にやって来ているからなのです。

＊しかも、その北部の当時の「奈良朝政府の目の届かないところ」に、実質亡命民がやって来ているところがミソだったのですよ。

しかも、ここで大変重要なことは、正史の分析からも、決して「安全には出羽には到着出来てはいなかった」ということなのです。では、このことが一体何を意味していたのかと申しますと、正に、百済クーデター支援のための旧・高句麗民（渤海郡王は高句麗の後裔と自認し、自称すらも「高麗国」と称しておりましたくらいですから。しかし、何と、日本の正史も「この名」を踏襲しているではありませんか！　これは何故なのでしょう）の上陸に際しての「奈良朝・新羅政府軍」との熾烈な戦いを意味していたと解析しなければいけなかったのです。

＊この百済亡命民がおびき寄せました、国家転覆目的の「外人部隊」の「不法入国」の点は、「平安クーデター成功＝平安朝成立」の後、正史上では遡りまして「正式な使者だった」ことにされて記されてしまっていたのです。

このように、歴史の真実はたったの一つでございましても、その見方により歴史は一八〇度も変わってしまう恐ろしいものなのですよ（だから歴史は楽しくもある）。その証拠といたしまして、八世紀におけます十四回もの渤海使渡来のうち、七二四年のときには、何と（！）十六人もが殺されて、使者の高仁義すらも殺されてしまっております（平安日本紀上では、これを現地人に殺されたことにしてしまっております）。どうして、そうまでしてやって来る必要があったのだろうか、とアナタはお考えでしょうか？

七八六年には、十二人が略奪にあっており、七九五年には六十八人の全員が略奪に遭遇し、生き残ることが出来た人は数える程しかおりませんでした。そして、これらのことは、七七四年の「奥州三十五年戦争」の分析の評価をも、パラレルに変えなければならなくなることだったのです。

このように、初期の頃の渤海使（亡命人や外人部隊）にとりまして「出羽への上陸は必死」のことだったのです。今で言う、北朝鮮からの武装密航船の日本上陸とパラレルに考えていただければアナタにも判り易いと思います。ですから、当時の出羽の野代湊（能代）は、百済クーデター支援部隊（高句麗の遺民の遊牧系亡命民の別働隊）の上陸の中枢でもあったのです。

＊それに、九世紀後半に至るまで、秋田県の能代は郡制にすらも入っていないにも拘わらず、不思議なことに、外交的役割を果たしていた「宮＝タムロ（朝鮮語）」という「役所」が置かれていた、ということとの矛盾を、アナタはどうお考えになりますでしょうか（タムロの矛盾で決まり）。

では、何故、正史上の正規な外交である（あった筈）にも拘わらず、渤海使の上陸がこのように必死であらねばならなかったのかと申しますと、この上陸の真相が、何度も申しますように、「百済クーデターの援軍」の一環であり、ということになりますと、渤海は占領新羅軍の天皇家にとりまして敵であったからなのです。

この人々は国家転覆の外患罪を犯そうという人々なのですから、当時の天皇家（新羅系です）の方も、これまた必死でこの人々の上陸を阻止（大陸との連繋プレーの阻止）しようとしたことは当然のことだからなのです。

実は、これこそが平安日本紀における「阿倍引田臣比羅夫の蝦夷制圧」のお話のモデル（真相）となっていたのですよ。そして、そうであるからこそ、この征討の正史上の記録は不可解な矛盾だらけとなってしまっていたのです。この場所の分析につきましては、余りにも混乱しており、その阿倍比羅夫の行動いたしました舞台は、「北関東」であって東北などではないという人すらおられるくらいなのです。

＊しかも、この上陸阻止の戦いを、正史では、何と、干支一運（約六十年）遡上させてしまって記してあったので、アナタもアカデミズムも今まで気が付かなかったのです。因みに、第一回渤海使の渡来は七二七年であり、日本紀（斉明条）におけます「越国守」比羅夫の蝦夷・粛慎征討の記録は、斉明大王四年（六五八）四月から同六年（六七〇）五月条までとなっておりますよ。

実は、「阿倍」比羅夫は、白村江の役の後、日本列島を占領いたしました、倭にとりましては敵方の、新羅の水軍の長だったのでございまして、当然、日本国水軍として、その後は、渤海民のゲリラの上陸阻止のために戦ったのです（だから、渤海使の一行がそのために殺されたりしてしまっていたのです）。

この点を、次の、百済系の現行（平安）日本紀におきましては、干支一運遡上させてしまいますと共に、かつ、「架空の蝦夷制圧のお話」を作り上げ、「阿倍」比羅夫も、白村江の役のときに唐・新羅に負けた倭の方の水軍（「安曇」比羅夫と共に）と記してしまっていたのです。

ここで大切なことは、渤海使の三十四回の来訪（越に漂着する、特に前半部分）が全てオープンにされますのは、実は、新羅占領政府の奈良朝を、平安クーデターで破って、百済系の平安の世になってからの正史の中で初めて記されるようになったのだということだったのです。ですから色々な矛盾が滲み出てしまっているのです。アナタも切り口を変えますと、「このような歴史の見方＝真相の発見」が出来たのです。

(5) 墓暴きに見る政権の交替

次に、奈良朝から平安朝に変わり、天皇系統が変化した（新羅系から百済系へ）ことの証拠を「墓暴き」という点からも見てまいりたいと存じます。

平安朝になりますと、古くからあります古墳の石室を開く（追葬・墓暴き）ことが何故か急に増えてくるのです。

大和国の平城京辺りの、都を造るときに既に破壊されてしまいました倭王の陵（七8）は別といたしまして、その周辺部の、新沢五〇九号墳（橿原市）、二塚古墳（御所市）、石光山一九号墳（同）、丹切三四号墳・三六号墳・四三号墳（榛原市）、フジヤマ一号墳（桜井市）、石上北A号墳（天理市）などを取り上げてみますと、「平安朝になってから」古い死骸が暴かれ（つまり、再利用され）た古墳が多く見られるのに対しまして、その前の奈良朝におきましては再利用（暴き）が大変少ないからなのです。

このことは、奈良と平安との間に、人口の問題もあったかとは思いますが、更に、そこに政治的・社会的な何らかの「思想の変化」「断絶」があったと見るべきだからなのです。六世紀中葉に築かれました外鎌山近くの「忍坂一号墳」などは、約百年後の七世紀中葉に追葬（つまり、暴かれ）され、更に、平安中期にも再追葬（再度の利用、暴き）が行われております。このような長い期間ですと、最早同族の家長の墓（つまり、追葬）だとは思われないからなのです。

そして、この古墳の頂には「桜木大明神」が祭られているということも、墓を暴かれた古き遺骸の「霊魂が祟るのを畏れ」、その霊を封じ込めるために建てられた（小山の上、つまり、古墳の上の神社には、このようにかつての墓が暴かれた跡に祟らないように建てられている例も多い）ことが判るのです（四2。特に「買地券」のない場合につき、別述）。

＊尚、お寺や神社自体が、平安朝になってから新羅系のものから百済系のものへと改竄されてしまいました例といたしましては、大阪府羽曳野市の「杜本神社」・枚方市の「百済王神社」などが考えられます（七4ノ21〜23）。

さて、お話を平安朝とは一体何であったのかということに戻しますが、そうであるが故に、平安貴族の王朝風の雅やかな文化とは（仏教をも含めまして）、ほんの一握りの扶余・百済系の渡来人の支配者たち（平安天皇とその貴族）から、農奴に落とされ強制的に国家の土木工事に使役させられ、かつ、過酷な税を取られた農民たちの、「血と汗の上に築き上げられた栄華」に過ぎなかったのだということを、アナタは決して見逃してはいけなかったのです。

このように、奈良朝と平安朝との間には、深くて遠い溝、「百済クーデター」というものが存在（一前文）しておりまして、しかも、始末の悪いことには、それが今日「跡形もなく消されてしまっていた」からなのです。

そして、それこそが「平安日本紀」の「日本化」の主要な役割の一つでもあったのですよ。

＊渡来人という点を消してまでもの土着化（天孫降臨）。

第三二章　新羅系から百済系の天皇家への移行（百済クーデター）

1、百済王道鏡と光仁天皇（百済王文鏡）による百済系天皇家の誕生

道鏡は失脚ではなく栄転だったのですよ。

「エッ、そんな」とアナタは思われることでしょう。こういう考えは、教科書の説明とは一八〇度も違うからです。

＊そうです、ここでのテーマは「道鏡無罪論」なのです。

では、その理由についてこれからお話ししたいと思います。これを聞けば、アナタはきっとご納得がいくとともに、今日からはアナタも道鏡の熱烈なるファンになること請け合いです。

光仁天皇（百済王文鏡）の兄弟の弓削道鏡（百済王道鏡）が、下野国の薬師寺建立の別当として赴任いたしましたことは、この寺が東大寺、九州の観世音寺と共に「日本三戒壇」の一つを有するような大寺（しかも、開基はあの唐招の鑑真和尚ですから。この鑑真和尚も教科書とは違いまして、決して一筋縄ではいかない一癖ある坊主だったのでございまして、「藤原仲麻呂の乱」の後、この仲麻呂の娘を見まして、この女は「千人の男に出会う相がある」などと予言し、実際、父仲麻呂が討ち取られたその日に、「味方」の仲麻呂の兵千人に犯されて、鑑真の予想が的中したとも言われております〔『水鏡』〕。まあ、そのことの当否は兎も角といたしましても、このように、何らかの形でこの和尚が、百済クーデター遂行の片棒を担がされておりますことにつきましては、否定し難いことのようだからなのです）でございまして、この建設が国家の巨大プロジェクトの一貫であることから考えますれば、プロデューサー（総指揮官）の彼に与えられました財力とその権限とに照らして素直に考えてみましても、これは「栄転」以外のなにものでもなかったのです。それなのに何故これが、教科書が皆揃ってステレオタイプに言うように、「左遷」なのかということが、私には全く理解できません。

ここで、宝亀三年（七七二）四月七日、道鏡は「庶人」の待遇で葬られたとされております。

更に、『日本霊異記』（日本国現報善悪霊異記。趣旨は「現報善

悪」と「霊異」）は、仏教の信者と仏教の功徳を称える筋書きなのですが、聖武天皇の東大寺にも匹敵する西大寺の建立（七六五年）に努力した仏教理解者の称徳天皇が、道鏡に誑かされた淫乱女と表されておりますことは、甚だ奇異なことなのでございまして、そこにも民間人が平安天皇家になったことを隠す真相の一つを見出すことが出来るのです。

　そう考えてまいりますと、宇佐神宮が発展いたしましたのも、この法王宮職の弓削道鏡（七六八年法王となる。百済王）や称徳女帝や太宰（府）の主神中臣習宜朝臣阿曾麻（万）呂（八幡神教と称して道鏡を「よいしょ」して持ち上げる）や和気清麻呂（逆に、道鏡を「引き下げる」）らが登場いたします、「道鏡が皇位を狙ったという一連の架空の歴史オペラ」の筋書きを黙認した（そのまま歴史改竄に協力した神社）ご褒美として「平安天皇家に貸しを作ったから」であった、と考えるとその全てが実に素直に読めて来るのです（親分の顔色を窺う才能）。

＊「大宰主神習宜　阿蘇麻呂　媚事道鏡矯八幡教言、含道鏡即帝位天下太平」（『日本後紀』桓武、延暦十八年〔七九八〕二月二十一日「和気清麻呂伝」）

「時大宰主神習宜　阿曾麻呂　詐称八幡神教誑耀道鏡々々信之」（『続日本紀』光仁、宝亀三年〔七七二〕四月七日「道鏡伝」）

　百済系による平安クーデターというものを前提とする限り（肯定する限り）、「道鏡の評価」は一八〇度変わってこざるを得ないのです。ということは、「道鏡＝エロ坊主説」などという派手な宣伝は、右の鑑真和尚の予言（これもヒントなのです）などとも相待ちまして、百済クーデターを隠す小細工（目晦まし）の一つにすぎなかったのだと、アナタは慧眼をもって見抜かなければいけなかったのです。

＊因みに、新羅系の最後の天皇である48称徳女帝に対する百済王道鏡の「ハリ形」使用などの「下ネタの話」などは、私の調べたところによりますれば、平安末期辺りから初めて出てきた話に過ぎなかったのですよ。

　つまり、「新羅王子・金良琳こと文武天皇」の子の聖武天皇の女でございました称徳天皇は、新羅系最後の（日本紀上で申しますと、天武天皇系の王位継承者の最後の）天皇だったから尚更なのです（但し、井上「皇后＝天皇」）。

　正に、「この女帝を賤しめる」ことによりまして、奈良朝から平安朝への王朝の交替が、然も正当、かつ、当然（王権神授の如き）であるかのように（中国での「殷周革命＝易姓革命」や「天命思想」の応用）繋げておりますことがミエミエだからなのです。

＊淫乱にされてしまい、可哀相な称徳さん！　そして、そのお相手とされた道鏡さんもお疲れさま！

　そもそも、私の考えによれば、奈良朝の女帝は、今日の正史上の形といたしましては、皆、架空（より古い「倭の五王」の「讃＝仁徳」は女帝として存在しておりました。五2、一九3）の存在だったのです（三二）。

　百済亡命王道鏡（「光仁天皇＝百済王文鏡」の兄弟）は、その筆跡を見ましても判りますように、真面目で立派なお坊さんだったように私には思われてならないからなのです。

ひょっとすると、井上皇后（女帝）と山部（桓武。光仁天皇〔文鏡〕の子。井上とは継子の関係）との男女関係（水鏡）をモデルとして、称徳女帝と道鏡（光仁の兄弟）との男女間の物語が作成されていた可能性もございます。

百済天皇家誕生（という大きな陰謀と、その痕跡の消し去り）の成功の陰で、「後世の人々から目をそらせるため」の目晦ましの悪役に甘んじました、真面目な坊主道鏡と称徳という架空の天皇（この二人の架空のアベック〔愛人〕）の名誉をも、私は、たとえ本人に頼まれなくとも、回復してやらなければなりません。

私は弁護士ですので、たとえその本人が「罪の自白」をしておりましても、そうした先入観に囚われずに、客観的証拠に基づきまして真相を究明し、その「古代の無実の罪の人」を救うことこそ（苦労の割には、たとえ成功いたしましても古代の事件からは一文の報酬も貰えないのですが）その大切な職務の一つであると心得ております（「古代探偵」こと「古代の無実の罪の人を救う弁護士」）。

古へより、無念の涙と共に葬り去られ、やがて忘れ去られてしまいました、数えきれない程の多くの無実の罪の人々の霊の、「草葉の陰」での嬉し涙を見ることが出来ますれば、それだけで今までの私の苦労は一瞬にしてフッ飛び、私の苦労は報われ、私の心は清められ、私への報酬はただそれだけで十分なのでございます。あとは「あの五重塔の背景に白い雲が悲しそうに浮かんだ、澄んだ大和の秋の空」を仰ぎ見させていただければそれで十分なのでございます。

2、新羅系から百済系への移行――テルの「七五〇年ライン」の法理の意味するもの

(1) 正史の分析に見る新羅系天皇家の没落の過程

最後に、主として七六四年から七七三年までの激動の十年間（私の言う百済亡命政権樹立のクーデターが深層で着々と進行していたと思われる時期）を中心といたしまして、この辺りの「歴史のキーマン」でもございます藤原氏の動きを再確認する意味でどうしても不可欠ですので、ちょっと普通の歴史の勉強のようになってしまって恐縮なのですが、ここで整理してアナタの頭の中に入れておいていただきたいと思います。

ということで、ここに至りまして初めて（と言うか、やっとと言うか）アナタのご存知のマトモ（！）な歴史の勉強らしい勉強の記述が登場して来ることになります。

七二九年（八月五日に神亀から天平元年へ）二月、長屋王（「高市皇子＝新羅王子金霜林がモデル」の子）の変。長屋王自殺。

＊長屋王は、その邸宅跡（奈良市二条南大路）から出土しました三万点余の「木簡」の一つに、ナント！「長屋皇宮（ながやのみこのみや）」というものがございましたので、この「皇宮」を素直に解釈いたします

と、この高市皇子（新羅王子・金霜林＝唐書・総持）の子の長屋王が天皇の地位にあったことが推測されるのです（五2、七4ノ20、44、三二2必見）。

後に、改竄がいとも簡単でかつ可能な紙に書かれました『続日本紀』という史書と、ずーっと千二百七十年以上も埋まっていて途中での改竄が不可能であったこの「皇宮＝皇居」という物的証拠と、アナタはどちらを信用いたしますか。そこで一句、

◎名と違い皇宮に住む長屋王　雲谷齋（小生の中学生〔学芸大付属世田谷〕の頃のペンネームであり、悪友であるポンポンこと高木氏が命名）

さて、そのことは兎も角といたしまして、これでまず、天武天皇（金多遂＝新羅文武王）系の子孫の「三つのルート」の天皇のうちの（高市皇子—長屋王）の皇位継承ルートがここで断絶されてしまったのです（二四1）。

「天平三年（七三一）に、日本国の兵船三百艘が海を越えて新羅の東部の辺境を襲った」という朝鮮史がございますが（『三国史記』「新羅本紀」聖徳王三十年）、これは、日本列島の出羽（秋田）辺りの「百済亡命民」（場合により百済王の出羽守）と渤海使とが組んで行った、日本船を偽装しての新羅に対する揺さぶりであった可能性も十分にございます（三〇2）。因みに、その少し前の神亀四年（七二七）九月二十一日には、渤海使の初めての出羽への出現を見ておりますし、次いで、その入京は十二月二十日です（『続日本紀』聖武）。

七四四年（天平十六）、井上内親王（七一七〜七七五年）伊勢より戻り、この後、白壁皇子（後の光仁天皇）に嫁ぐ（既に三十歳前後になっておりますから、如何に神様の嫁だったと申しましても、少し可笑しいナ）。

七四九年（天平二十一）二月二十二日、陸奥小田郡より黄金を献上し、大仏開眼の目途が立つ（しかし、これは一万四百三十六両必要な内のたったの九百両にしか過ぎません。ですから、これ又、これしきで大騒ぎするのは本当は可笑しいことだったのです。残りの部分は、沿海州・シベリアからの「百済人＋渤海人」による輸入によって完成を見たのですから（三〇2、七4）。

＊四月十四日に天平から天平感宝元年へ。但し、この天平感宝は『年代記』には記されてはおりません（『水鏡』聖武天皇条）ので、「年号」が変わった点も、又、そもそも国内で金が出たということも、実は、疑わしかったのです。そこで一句、

◎屋根（山）葺（吹）きが（褌から金をチラリと）出したで騒ぐ長局（大字余り）　雲谷齋

閏五月十日　詔勅「朕……政事闕如神咎今真天心須消除欲往過去改術求」

＊一言で申し上げますと、仏教一辺倒を改めて神道に戻ろうという内容なのです。アラアラ！　アカデミズムがアナタに植え付けた、東大寺を造った「三宝の奴」というイメージとは全く逆ですよネ。謎だ！　アナタ、教えて？　そこで一句、

◎仏の世、神世に戻れはこれ如何に　雲谷齋

この聖武天皇の詔勅の十三日後の五月二十三日、このことが藤原氏と仏教勢力の「逆鱗」に触れ（百済系が陰で煽って、このように正史上こじつけて）聖武天皇（文武天皇と藤原不比等の娘の宮子の間の子）が、薬師寺に幽閉されてしまいます（二六1、七4）。

＊そこで一句、

◎天皇とは名目のみの生殺し　雲谷齋

この聖武は新羅系最後の男系天皇（但し、廃帝淳仁は除きます）。ここで新羅系天皇家は事実上「手足をもがれ」てしまいます。

七月二日に天平勝宝元年へ。

七月二日、聖武天皇（廃帝淳仁を除き、新羅系最後の男の天皇）が阿倍内親王（孝謙天皇）に譲位。

＊寺に幽閉され皇位も剥奪。

七五六年（天平勝宝八）五月二日、太上天皇（聖武）崩。於寝殿。五十六歳。

・この聖武天皇「幽閉」→孝謙天皇（安部内親王・高野姫）即位。

・大津皇子（殺して）→持統天皇（鸕野讃良皇女。高天原広野姫）即位。

・長屋王（自殺）→孝謙天皇（女帝へのきっかけを作る。光明子立后、孝謙は光明子の子）

実は、これら三つは皆、同じパターンだったのです。

＊（偽造）女帝出現のワンパターン。「テルの七五〇年ライン」は正にこの辺りです。そこで一句、

◎殺人の後で生まれる女帝かな　雲谷齋

七五七年八月十八日に天平勝宝から天平宝字へ。

七五八年（天平宝字二）六月、余東人、余足人（「余＝アグリ」は百済の王姓です）らに百済朝臣の姓を賜う（『続日本紀』孝謙、それ以前の天平宝字元年〔七五七〕五月八日は追記）。八月一日、淳仁（「舎人親王＝金阿用」の子）、譲位を受け即位。同月九日に聖武に勝宝感神聖武皇帝の尊号。同月二十四日、帰化の新羅人を武蔵に移し新羅郡を置く（続日本紀。新羅系住民の隔離が始まる）。

七六四年（天平宝字八）九月、「藤原仲麻呂の乱」（南家＝ナガ族＝朴氏＝蛇トーテム）。この乱の後、何故か新羅系は、坂道を転げ落ちるように、衰退の一途を辿ってまいります。

＊孝謙女帝が藤原仲麻呂から弓削道鏡に寝返ったのです。

十月　孝謙天皇が「重祚」して称徳天皇となる。

＊仲麻呂とグルになったということで、淳仁天皇を廃し淡路に流す（二五1）。

この淳仁天皇抹殺のとき、とても気になる動きが見られるのですが、それは淡路に行き「高野（称徳）天皇の勅を告げ淳仁廃帝を幽閉させる」に際しまして、何故か、百済王敬福（「光仁天皇＝文鏡」、道鏡、武鏡らは皆、この百済王敬福の子なのですよ。しかも、この百済王敬福は奥州での黄金の発見者でもあるからなのです。前述）らが兵百を率いて同行しているということなのです（『続日本紀』淳仁、天平宝字八年〔七六四〕十月九日。二五1）。

そして、その前日の十月八日には、右のその百済王敬福の子の百済王武鏡が従六位上から従五位下に昇進しているとともに、その又前日の十月七日には百済朝臣益人が正六位上から従五位下へ昇進しております（『続日本紀』淳仁、天平宝字八年〔七六四〕十月八日）。

五位と六位とでは、アナタ、雲泥の差があるのですよ。六位の蔵人を除きましては五位以上でなければ殿上人とはなれなかったのです（地下人）。そこで一句、

◎宮殿に登るは百済の人ばかり　雲谷齋

百済王の一族が、どうした訳か（「一発逆転」のクーデターなどではなく「段々と」という風に、正史上、後にこのように改竄されてしまったからだったのですが）、この頃からズンズン出世していくのです。

七六五年一月七日、天平宝字から天平神護へ。

天平神護元年九月、廃帝（淳仁）淡路にて崩御。

＊現地では乙巳八月九日という（『堅盤草・本朝通記』）。廃帝勅創と伝えられる「妙暁寺」の御位牌）。

天平宝字八年甲辰（七六四年）六月二十三日という考えもあります（『宝積寺』位牌）。

淳仁天皇は舎人親王の子ですし、舎人親王のモデルは新羅王子金阿用ですから、このことは、百済王の敬福が新羅系の帝を淡路島で殺害したということを示していたことにもなります。

逆に申せば、この「淡路廃帝＝大炊王＝淳仁天皇」の父は舎人親王であり、この人のモデルは、右のように新羅王子の金阿用でございますので、これで、新羅・金多遂（天武天皇）系の「三つのルート」のうちの、残りの二つのうちの一つの「金阿用（舎人親王）系の皇位継承者の断絶」を見てしまったということにもなるのです。嗚呼無念。流刑の孤立無援の淡路島。そこで一句、

◎うず潮に手足もがれる新羅王　雲谷齋

一品舎人親王の孫（正三位御原王の子）の和気王が謀反の嫌疑（『続日本紀』称徳、天平神護元年〔七六五〕八月）で処罰されますが、この時が七六五年であり、舎人親王のモデルは新羅王子の金阿用であることから考えますと、この頃から、百済系による新羅系の天皇家の追い落としが着実に進んでいたことを窺わせるのです。

この年、百済王利善、百済王信上、百済王文鏡（この人は光仁天皇のモデルです）が、共に正六位上から従五位下に昇進し、従六位上百済王文貞ら三人が爵を賜っております（『続日本紀』称徳、天平神護元年〔七六五〕閏十月六日）。

＊この頃の新羅系の没落と百済系の昇進（六位の地下人→五位の殿上人）を比較して見よ！　そこで一句、

◎宮廷をガッチリ固める百済系　雲谷齋

七六六年（天平神護二）十月二十日、道鏡、法王となる。

＊道鏡の兄弟の百済王「文鏡」はこの七六五年の五月十日、出羽守となってから何故か日本紀には出て来ないのです。これは、

ズバリ言って七七〇年に即位して「日本紀上では」この年に「光仁天皇」となってしまった（としてしまった）からなのです（一２）。

尚、この年に新羅人子午足ら百九十三人に吉井姓（因みに、「郡成給羊〔羊は人名です〕」の「多胡碑」はこの吉井郡にございます）が与えられております。この上野国での動きは、中央の動きと連動して考えますと、とても意味深なのです。と申しますのも、この郡には新羅人が多く住んでいたと考えられますので、先を読んで、いち早く「百済側に寝返って同族の新羅人の監視を担当した人々」に、ご褒美として「姓（かばね）」が与えられた（支配階層の仲間入り）ということだったのかもしれません。

＊天平〇〇がこんなに目まぐるしく変わるなんて、何とはなしに匂いますよね。早い話が、「歴史の偽造」がプンプン匂って来るのです。

七六七年八月十六日、天平神護から神護景雲へ。
七六九年（神護景雲三）九月二十五日、宇佐神宮の神託。
七七〇年（神護景雲四）八月四日、称徳天皇（一応、この人は新羅系最後の天皇です）死す（五十三歳）。

＊「毒殺」の考えあり（『水鏡』。二六１）。

七七〇年十月一日、神護景雲から宝亀へ。

宝亀元年十月一日、光仁天皇（百済系初代の天皇。百済王文鏡＝白壁王）即位（何と！六十二歳。ですから、この年の即位には疑問あり）。

翌月井上内親王立后。

真相は聖武天皇（新羅系最後の男の天皇。廃帝淳仁を除く）の娘である井上内親王は、今日、日本紀からは削除されてしまってはおりますが、実は、この時井上は「天皇に即位」していた（幽閉された宝亀四年〔七七三〕まで）ものと思われます。そういたしますと、これが名実ともに新羅系最後の天皇（しかも女帝）ということにもなってまいります。と申しますのも、ひょっとすると「この老天皇・光仁は、このとき、即位してはいなかった！」可能性も考えられるからなのです。

その理由はと申しますと、ちゃんと正史の中に隠れていたのです。光仁天皇のことを正史は、何と「太政天皇」（『続日本紀』桓武・延暦二年〔七八三〕十二月十三日）と表記しているではありませんか！　アララ！　つまり、「太政天皇」とは、本来、天皇（この場合桓武天皇）の父で即位しなかったものを指す言葉だったからなのです。但し、「太上天皇」という言葉は、「生前譲位」した上皇を指すこともあり、確かに光仁天皇は正史上では七八一年一月に山部（乳母の山部子虫の名による。桓武）に譲位し、十二月に薨去しておりますので、その意味では「太上天皇」ではあるのですが。ここでは「政」ですので。これは新羅の「葛文王（かつぶん）」の制度を真似たものです。

長男の彦仁王が第一〇二代の後花園天皇となりましたので、後に、父の貞成（さだふさ）親王（二七１）が文安四年（一四四七）十一月二十七日に「太上天皇」の尊号を受けましたのと同じように（没年、康正二年（一四五六）八月二十九日、八十五歳。足利義満もかつて同じ。二七1）。

では、もし光仁がかつて天皇であったならば、何故ここで正史『続日本紀』は光仁をより適切な「先帝」としなかったのでしょうか。「太政天皇」と正直にちょっと不安な表現で記してしまったことは、正史の致命的ともいえる過失だったのでございまして、このように『日本書紀』の次の『続日本紀』をアナタが穴の開くようによーく読みさえすれば、ひょっとすると光仁天皇が実際には即位してはいなかったらしい（少なくとも最初、つまり宝亀三年（七七〇年）からは）ことを、正史が自白してくれていたことが判かるのです。と言うことは、やはり、「少なくとも」この時点で宮廷内部で「百済クーデター」が深く静かに進行し、それが完了に近づいていたことを正史は隠していたのですね。

因みに、正史によりましても、49光仁天皇の伯母が43元明天皇で、この人は38天智大王の子ですから、「正史によりましても」奈良時代に入ってから五十五年もの空白期間の後、再び天智系の天皇が誕生したことになります。

右の元明より後の、44元正・45聖武・46孝謙・47淳仁・48称徳の五人の男女の天皇（内、重祚一人）は皆、正史上40天武天皇の子孫（天皇系図上、新羅系）だからなのです。正史の天皇系図においてすらも、五十五年ぶりのバトンタッチだったのです（正史上ですらも。その空白は一寸、長過ぎるよね）。

七七一年（宝亀二）、他戸（おさべ）（井上と白壁との間の子）立太子。

このことが何を意味しているのかと申しますと、その当時は新羅系の井上天皇の治世（白壁（後の光仁天皇）は養子的立場に過ぎなかった（『水鏡』の分析から））であった、だからこそ、新羅系の血の濃い、井上女帝の子（聖武天皇の孫）の他戸が皇太子となっていた（なれた）のです。この流れは、私の読みに、ピッタリと合っているではございませんか。

＊そこで一句、

◎井の上に一瞬咲いた他戸の花　雲谷齋

七七二年（宝亀三）三月二日、井上皇后廃后。

四月七日、道鏡死す（下野国薬師寺別当）。

五月二十七日　他戸皇太子廃太子。

＊ところが、どうしたことでしょう。この年は何かが起こって流れが「急転回」して、新羅系の権力がバタバタと奪われてしまったのです。そこで一句、

◎バタバタと消えゆく人は新羅系　雲谷齋

七七三年（宝亀四）一月、山部親王（桓武天皇。百済系の和（やまと）氏（百済・聖明王の末裔）の新笠と光仁との間の子）立太子。三十七歳（皇太子の「首のすげ替え」）。

＊そこで一句、

◎後宮をガッチリ固める百済系　雲谷齋

十月　井上内親王と他戸親王、「共に」幽閉さる（エッ！　何故）。

＊ここで、いよいよ新羅系全員が歴史の表舞台からは消えてしま

います。

七七五年（宝亀六）四月二十七日、井上内親王と他戸親王、同時に死す（藤原百川による毒殺と言われております。二六1）。

＊この年をもちまして新羅系の古代天皇家は遂に「断絶」してしまうのです。そこで一句、

◎川により井戸は断えたか新羅系　　雲谷斎

振り返って考えますと、ここに奈良朝の新羅系天皇家の、天武天皇（新羅・文武王がモデル）からの皇位継承の本流である次の三ルート、「高市皇子―長屋王」（七二九年）、「舎人親王―淳仁天皇」（七六五年）、「草壁皇子―文武天皇―聖武天皇―井上皇后（天皇か）」（七七五年）の全てが、このように「右の年」に消されてしまい、その全ての皇位継承ルートがここで断絶！してしまったのです。つまり、その結果、『日本書紀』上今日見られますような、「天智天皇（二者合体）―施基皇子（偽造）―光仁天皇（百済王文鏡）」という架空の百済系のルートのみが、平安天皇家に繋がるものとして残った（否、残させることにした＝そのように「天皇系図を改竄」してしまった）というようにされてしまったのです。

この年（つまり、続日本紀の即位の記載より五年後）、になって初めて光仁天皇が実際に即位（仮に、天皇になっていたといたしましても）することが出来たとも考えられるのです。

＊しかしこれは「仮に光仁が天皇になっていたとしても」という前提に立ってのお話なのです。と申しますのは、百済王位のレガリアである「大刀契」の登場の時期などから考えてみますと、光仁の即位自体にも大変疑問が残るからなのです（一八6。プラス、先程の「太政天皇」の表示の点）。

尚、その次の桓武天皇の即位につきましても、一般に言われておりますように延暦元年（七八二）などではなく、「藤原種継暗殺事件」の後の延暦四年（七八五）九月二十三日であった可能性を私は否定できません（又、この頃の正史も見事に欠如。一七7、8）。

(2) 新羅系皇子の暗殺

ここで、天武天皇から約百年間（その間は、百済系亡命民にとりましては民間人としての雌伏の辛い時期でした）続きました、「新羅系の奈良天皇家の人々の滅亡」の状況（その異常な死に方を、次に一人一人チェックいたしまして、結論的に私の考えをマトメておきたいと存じます（どうか、その信じられない程の凄まじさに、アナタも驚かないで下さいよ）。

天武天皇（モデルは新羅・文武王・金多遂）の子である「新羅系」の草壁皇子（新羅王子）、高市皇子（新羅王子・金霜林・総持）、舎人親王（新羅王子・金阿用）、新田部皇子（新羅王子）、磯城皇子（天智の子と同名の音、但し、こちらは実在）の夫々の子孫の最期が、後に「百済系」の平安天皇家が作りました現行日本紀での「系図上」におきましては、「一体どのように扱われているのか」という点につき、見てまいることにいたしましょう。

「殺」とございますのは、暗殺されてしまったことを意味しております。

・草壁皇子ルートの
子の吉備内親王（長屋王妃。殺）
孫の聖武天皇（幽閉）
曾孫の井上皇后（幽閉後に、殺）
玄孫の他戸皇太子（幽閉後に、殺）

・高市皇子（金霜林）ルートの
子の長屋王（自殺）
孫の桑田王（殺）
孫の膳夫王（殺）
孫の葛木王（殺）
孫の鉤取王（殺）
孫の黄文王（殺）

＊この黄文王は「橘朝臣奈良麻呂の乱」で殺されております（拷問により林下に絶命）。天平勝宝八歳（七五七）。キブミノ・オオキミは長屋王と藤原不比等の女の長娥子との間の子。

孫の飛鳥（安宿）戸王（流刑・佐渡）

＊アスカベ・オオキミは長屋王と藤原不比等の女の長娥子との間の子。

・舎人親王ルートの
子の淳仁天皇（廃帝の後、流刑。殺）
子の船ノ王（流刑）
子の池田王（流刑）
孫の和気王（殺）

・新田部皇子ルートの
子の塩焼王（殺）
子の道祖・フナド王（廃太子の後、殺）
孫たちも（流刑）

・磯城皇子ルートは存在。その理由は次に申し上げます。

どうです。このように、百済系の作り（作り直し）ました平安日本紀という日本正史におきましては、「新羅系」（天武天皇系）の子孫たちの半数近くは、理由の如何を問わず殺されてしまっている形をとっていることが判るのです（つまり、それだけ新羅系の奈良日本紀が、激しく改竄され尽くされてしまっていたことを、これらのことが示していてくれた。たとえ、それが事実殺されたのではないといたしましても）。

＊例えば、右の道祖王などを殺した淳仁天皇が、今度は在位六年で孝謙上皇により廃位せられたりしております（淡路島で、多分、暗殺）。

天武天皇直系の皇統のシンボルとも申せますウルトラ級の「赤漆文欟木厨子」（明治二十五年と二十九年に復原。木内半古）を、聖武天皇七十七忌（天平勝宝八歳〔七五六〕）に孝謙女帝がこれを東大寺大仏に献じたとされておりますのも（『東大寺献物帳』国家珍宝帳）、正に、新羅系天皇家の血統の断絶を示していたのです。右の明文上は「天武→持統→文武→元正→聖武→孝謙」となってはおりますが、実際には「天武→草壁→高市→舎人→文武→聖武→井上」と継承されて来たものだったのです。

（3）天武天皇の子の「磯城」皇子の子孫だけは抹殺を免れているのは何故か

但し、天武の子でも、磯城（しき）皇子（第七子）は、平安紀が天智から光仁へと繋げるために必要とした「架空」の同音名の皇子である施基（しき）皇子（追尊・春宮天皇・田原天皇）のモデルとなっている人なのですから（同じ年で同じ月である、朱鳥（あけみどり）〔怪し気な年号〕元年〔六八六〕八月十五日には、共に、そのモデルと当人とは、仲良く「封二百戸」が加えられております。因みに、この直ぐその後の九月九日には天武天皇崩御、大津皇子謀反と時代は続きます）殺されてしまいましてはマズイですので（それに対唐でもごまかしに使いましたし）、相変わらず元気でして、その五世の孫の坂井王は、「左京人正六位坂井王賜姓　清春真人　磯城　親王五代之孫也」（『日本三代実録』清和天皇貞観四年〔八六二〕五月二十二日）とありますように、後に清春の姓を賜っているくらいなのです。

＊更に、この子孫としては三国真人や笠原真人の名も見えております（『新撰姓氏録』左京皇別）。

平安紀（現行日本紀）におきましては、「磯城皇子」（天武の子。実在）＝「施基皇子」（天智の子。架空）ということで（一前文）、大切な天皇系図ジョイントのモデルなのですから、この人だけはちゃんと子孫を含めまして生きて（と言うか、殺されない形になって）いてくれなければ困るからなのです（当然のことですよね）。

アナタはこの異常さを、どのようにお考えになったでしょうか。もし、これが本当であるとしたら、このように、奈良時代も、その後の平安時代も、共に「殺人の時代」であったと言いましても、決して言い過ぎではないのです。もし、これが正史の改竄上だけのウソであるといたしますと、逆に正史の改竄の凄まじさをアナタにもご理解いただけたことになります。

（4）新羅系天皇家への反逆を示す「テルの七五〇年ライン」の法理

では、それはどうしてそうなってしまったのでしょうか。それとも、『続日本紀』という物語上そうせざるを得なかったのでしょうか。その場合に、その理由は何であったのでしょうか。

かようにして、新羅系天皇の「三つの血筋」は断絶して、否、させられてしまっているのです。

そして、「これこそが平安朝の幕開け」だったのですよ（三〇2）。

アナタもこれで、平安朝という一見優雅な時代（アナタのよくご存知の紫式部、清少納言などが目に付く時代）が、如何に血生臭い事件でスタートした時代であったのかということが、これでよーくお判りになりましたよね。同じことでも、アカデミズムと見方（切り口）をちょぃと変えさえすれば、随分違って見えて来ますでしょ。歴史って面白いですよ。

では、そのヤマト朝廷内に於ける新羅系から百済系への支配者の交代（力関係のバランスの変化。静かなクーデターのグループダイナミックス的分析による）の時期（分水嶺）は、右の出来事の要約の中の、一体いつ頃と見たらいいのかと申しますと、右の激動の約十年間、主として藤原「式家」の「百川＝雄田麿」などの色々な不可解な動き（井上皇后〔実は天皇だった〕や他戸皇太子の暗殺など）、つまり、水面下での藤原氏の「反逆」（旧金官伽羅国系・唐系・秦氏系の人々の統一新羅系天皇家への反逆）の時期に着眼いたしまして、私は七五〇年（正確には〔目に見える現象といたしましては〕井上廃后・他戸廃太子の七七二年）頃と考えるのが適切なのでございますが、特にその前の、新羅系最後（廃帝、淳仁天皇を除きます）の男王でございました「聖武天皇の薬師寺への幽閉」（天平感宝元年〔七四九〕閏五月二十三日）という大事件（正史では「天皇〔聖武〕、薬師寺ノ宮ニ遷御シテ御在所ト為ス」という穏やかな表現がなされております）に着眼いたしまして、そしてこの「百済クーデター」の境目の峠を「テルの七五〇年ライン」の法理と呼びたいと思っております。

＊因みに、この七四九年（天平二十）は、四月十四日からは天平感宝元年と年号が変わっており、この年の閏（ウルウ・アト）五月二十三日には聖武天皇の薬師寺への幽閉、七月二日には孝謙が受禅即位、そして、この当日の七月二日からは天平勝宝元年と再び年号が変わり、このように短期間のうちに目まぐるしく年号が変わっております（天平→天平感宝→天平勝宝）のは何故なのでしょうか?

七五〇年を跨ぎます七二九年の「長屋王の変」から七六五年の井上皇后の廃后と暗殺までのこの四十年弱の巾を持つラインに、おこがましくも「テル」と冠しましたのは、「古代の無実の罪の人々を弁護」する私の名前の一部から執った、ささやかな「お手盛り」の報酬のつもりですので、どうかアナタもご了承下さい。

そして、百済系天皇が成立いたしました後、架空の施基皇子を「ジョイント」といたしまして（三二、一）光仁天皇を祖父天智大王の系図にまで繋げてしまった（天皇系図の改竄）が故に、この光仁（百済王文鏡）の兄弟（『公卿補任』）でございます百済王道鏡も、同じく後胤（こういん）（二人は兄弟なのですから必然的に）であるという「道鏡　天智天皇　皇孫」（『七大寺年表・系図』など）の考えが生じ、これが（因みに、正史『続日本紀』におきましては、物部守屋の末裔、つまり百済系としております）平安朝から室町時代までも世に信じられていたのです。

やはり、光仁天皇と道鏡とが兄弟であったからこそ、当時の平安朝はもとより、その後長い間、光仁も道鏡も共に天智大王の子孫だという考えが受け継がれて来たのです。二人の一方のみ（光仁のみ）を天皇系図上天智大王に繋げるのは難しかったからだったのです。このように「道鏡後胤（こういん）説」は、又それとは全く別の意味におきまして、私の平安朝が「百済クーデター」で始まったことを裏付けていてくれたのです。

第三二章　天皇系図の分析についての結論

1、何故、「神武天皇」は日本書紀に登場出来たのか

最後に、古代の倭王の流れと、「イワレヒコ＝神武大王」が何故『日本書紀』の「大王＝天皇」のトップに登場して来たのか（又、登場することが出来たのか）ということにつきまして（一五1）、最後にここでも一言でマトメて申し上げておきたいと存じます。

天日矛（安羅王＝倭王＝金勢漢王）が、渡来後、但馬（東倭＝トンバ＝古への丹波。一五4）の出石から日本列島を東行し、紀ノ国（「金＝木＝真」の国。金官伽羅王、木氏の分国）で、女王の名草戸畔を征圧して服従させ、共に紀ノ川・吉野川を遡行して、葛城から纏向・桜井へと入り、「トミ・トビ」の地に王国を建国いたします。

そこでの新しい国での支配者層は、大王である天日矛（あめのひぼこ）（及び、卑彌呼が殺され、西都原から対馬へと亡命しておりました卑彌呼の「宗女」の壱与（卑彌呼の姪、公孫康の女）が、対馬から吉備経由でここ大和・纏向へ、ほぼ同時に合流します）と、その天日矛に従う名草戸畔（なぐさとべ）（ナガ族＝朴氏＝蛇トーテム族＝中臣・藤原氏南家の祖）という構造でした。

＊但し、主たる被支配者層は、この点が、江戸時代に至るまで変わることがないのですが（二九4）、サルタヒコを祖神と仰ぐ弥生の水耕民の「苗族・毛人」たちなのでした。

ところが、平安朝になり、百済王（こにきし）の平安天皇家が、奈良日本紀を改竄するに際しましては、この「天日矛を消し去る」と共に、それを「ニギハヤヒに擦り変えて」しまいまして（一五2）、悪王ナガスネヒコを前面に出し、「ナガスネヒコの国」が元々そこにあったのだとすると共に、「そこで婿養子に入っていた扶余・百済系のニギハヤヒが、狗奴国人のナガスネヒコを殺してそのナガスネヒコの国を滅ぼし、扶余・百済系のイワレヒコ＝神武天皇に帰順・服従した」というストーリーに「書き替え」てしまった、と言うのがその平安（現行）日本紀の改竄の真相だったのです。

＊ニギハヤヒは物部氏の祖神でして、この物部氏も百済王系図と

ほぼ同じ系図（但し、その王名は独自のものです。『旧事本紀』。一八5）を持つ、百済と同じ扶余系の一族でしたので、日本紀上、自分達の祖である神武大王が来る前の日本列島の王を、ニギハヤヒに仕立ててしまっていたのです。

こうして平安天皇家（温祚・百済系）は、第一段といたしましては「倭王＝安羅王」の「天日矛」を、そして第二段といたしましては「ニギハヤヒ＝物部氏（沸流・百済系）の祖神」をも日本紀上消し去ってしまっていたのです。

また、「イワレヒコ＝神武大王」とは、あくまでも百済亡命政権の平安天皇家の「頭の中」（つまり、神武大王は、百済においてすらも、始祖王13近肖古王のモデルともなりました「伝説上」の王である6仇首王の、その又満州の扶余でのモデルでございました「高句麗王子罽須＝扶余王仇台二世＝尉仇台」を元にして作られた王だったのです）にあったものに過ぎなかったのですが、これを日本列島での平安日本紀の記述に際しまして、酉（とり）から始まる「新しい暦＝酉暦」と「讖緯説（しんい）」とに基づきまして、日本紀上の始祖王として「ノベル化」されたものだったのです（二4）。

ですから神武大王のそのモデルは、本来は、「高句麗の王子」や「百済王」だったのですが、「始祖王」といたしましては、「初めて日本列島におきまして具現化された」とも言えるのです（一六1）。

＊高句麗の始祖王は朱蒙ですし、百済の始祖王は温祚であり、そのどちらの国でも、百済6仇首王は始祖王ではございませんでしたので。

尚、ここで、この本全体のメイン・テーマでもございます平安紀（現行・日本書紀）において行われました大王系図の改竄・合成の操作（百済王をモデルといたしました大王の挿入、つまり、婚姻方式によります倭・百済両系図の合体）の痕跡を、もう少し具体的、かつ、一気にマトメて申し上げておきましょう。

A・まずは、

①百済18腆支王をモデルといたしました14仲哀大王を、機張（キジャン）を本貫といたします「倭＝伽耶」王女の神功皇后との婚姻という形で大王系図に挿入し、

②その間に生まれた形をとりました百済19久爾辛王をモデルといたしました15応神大王を、倭人の朴氏（後の）系の仲姫との結婚という形で挿入し、

③その間に生まれた形をとりました仁徳大王を、同じ金官系の倭人である金官加羅6坐知王をモデルといたしました葛城襲津彦の、その女（本当は男）である磐（正史では磐之媛と表示）との婚姻という形で挿入し、

④又、右応神を、金官系秦氏の和珥日触（ひふれ）使王の女である宮主宅媛との結婚という形で挿入し、

⑤その間に生まれた形をとりました百済20毗有王をモデルといたしました17履中大王を、右の磐之媛の兄弟である葦田宿禰のその又子の黒媛との結婚という形で挿入し、

⑥その間に生まれた形をとりました百済21蓋鹵王をモデルといた

しました市辺押羽皇子を、右の黒媛の姪の荑媛との結婚という形で挿入し、
⑦その間に生まれた形をとりました百済王子昆支をモデルといたしました23顕宗大王（弟）と百済22文周王をモデルといたしました24仁賢大王（兄）との二者に繋げ、
⑧かつ、右の履中大王と黒媛との間に生まれた形をとりました金官系の「倭の五王」の「済」をモデルといたしました18反正大王を、「金官＝倭王」の蘇我石川の孫の弟媛との結婚という形で挿入し、
⑨右の仁徳と磐之媛との間に生まれた形をとりました「倭＝金官」8銍知（ナツ）王をモデルといたしました19允恭大王を、衣通郎姫の姉妹の忍坂大中との結婚という形で挿入し、
⑩その間に生まれた形をとりまして、「金官＝倭の五王」の「興」をモデルといたしました20安康大王を中蒂姫と結婚の形で挿入すると共に、
⑪同じく允恭と忍坂大中姫との間に生まれた形をとりました「金官＝倭の五王」の「武＝紀生磐」をモデルといたしました21雄略大王を、加耶系の玉田宿禰の子の円大使王のその又子の韓媛との婚姻という形をとって挿入し、
⑫その間に生まれた形をとりまして22清寧大王（架空）をそこに繋げてしまっていたのです。

右のうち、少なくとも③⑤⑥⑧⑪における女は、正史におきましても、金官（倭）系の武内宿禰（5伊尸品王）の子の葛城襲津彦（6坐知王）の子孫として、扶余・百済系の大王家に婚姻の形をとって入っております。

B・更に、
⑬右の市辺押皇子と荑媛との間に生まれた形をとりました24仁賢大王を、雄略と春日和珥深目の子の童女君とが結婚したその間に生まれた春日大郎皇女との婚姻という形で挿入し、
⑭その間に生まれた形として百済23三斤王をモデルとした25武烈大王を繋げ、一旦ここで大王系図は断絶した形をとっております。

C・次に、
⑮「倭王＝安羅王」の大伴談（かたり）をモデルといたしました26継体大王（正史では応神の五世の孫）という新たに作り出しました大王を、尾張草香の女の目子媛との結婚の形をとりまして挿入し、
⑯その間に生まれた形として「倭王＝安羅王」の大伴金村をモデルといたしました27安閑大王と、同じく大伴歌をモデルといたしました28宣化大王とをそこに繋げていたのです。

他方、
⑰右の継体を、仁賢と春日大郎との間の子とされた手日香皇女（武烈の姉妹）と婚姻という形で挿入すると共に、その間に百済24東城王をモデルといたしました29欽明大王が生まれた形にし、この欽明を「安羅＝倭」系の石姫皇女（宣化の子）との結婚という形で挿入し、
⑱その間に百済25武寧王をモデルといたしました30敏達大王が生

まれた形にし、その敏達を、伊勢大鹿小熊の女の菟名子との結婚という形にし、

⑲その間に生まれた糠手姫皇女を、機張（キジャン）系の息長真手王の女の広姫と敏達との間の子の形をもとっております押坂彦人大兄皇子との結婚という形で繋げ、

⑳その間に百済31最終王である義慈王をモデルといたしました舒明大王が生まれた形にしてしまっていたのです。

D・右の

㉑欽明は、「金官＝倭」王である蘇我稲目の女の小姉君（馬子の姉妹）との結婚という形で挿入され、その間に生まれた百済28恵王をモデルといたしました32崇峻大王を生んだ形とすると共に、

㉒右小姉君の姉妹の堅塩媛との結婚という形で、その間に百済恵王妃をモデル（奈良紀では新羅26真平王妃麻耶がモデルでした）といたします33推古大王（場合により哆唎王女）や百済26聖明王をモデルといたします34用明大王が生まれた形で作り上げていたのです。

かようにいたしまして、百済王子の訓解がモデルの日本武尊（やまとたける）と両道入姫（ふたぢ）との間の子とされております百済18腆支王（四〇五〜四二〇年）をモデルとして作られました14仲哀大王の辺りから、百済が滅び去った頃の百済31義慈王（六四一〜六六一年）をモデルとして作られました34舒明辺りまでの平安（現行）日本紀上における大王（天皇）系図の主要な作成・合成過程につき、その体系の骨組みにつきまして纏めておきました。

これらを一言で申しますと、「伽耶＝倭」系の大王系図と百済・扶余系（翻訳）大王系図との婚姻という形をとりましての合体であったのです（ワカタケル銘の鉄剣の捏造につき、二一5必見）。

このように（①〜㉒のように）考えて、初めてアナタは朝鮮半島と日本列島にまたがって存在しておりました古代の「海峡国家」でございました「倭＝任那（みまな）連邦」の真相を把握出来ることになるのです。いつまでたっても日本列島の中だけで「コチョコチョ」考えておりましては、どんなにアナタが真剣に古代史を考えましてもそれは無駄な努力に過ぎなかったのです。もうそろそろご自分の目で見て、長かった春眠から目覚めて「古代史の美しい紫の夜明け（パープル・ドーン）」を迎えて下さい。

では、平安（現行）日本紀での、最終（現在の姿）に至るまでの「天皇系図改竄のカラクリ」という点の大筋につきまして、この本のメインテーマでもございますので、最後に今度は大王（天皇）の名を中心といたしまして一言でマトメまして、私のお話をこれで終わりにいたしたいと思います。

2、新羅・伽耶天皇系図の「トップ」に、百済・扶余天皇系図の「挿入」による妥協

今まで私がこの本の中で、主として1神武大王から34舒明大王

までの「天皇系図を分析」してまいりました結果につきまして、ここでもう一度マトメておきたいと思います。

(1) 奈良紀作成段階での改竄

a、新羅系の天皇家が、本来の17奈勿王（三五六年〜）からの「新興」国家・新羅の大王系図を基礎といたしまして、その上に金官伽羅（倭）王系図をプラスし、かつ、新羅本国の王系図をモデルといたして作り上げてしまいましたところの「奈良」紀におけます大王系図の部分、つまり、

新羅1赫居世（ホコセ）（倭人。朴氏＝大国主（ホコセ））
新羅2南解次々雄（倭人。朴氏）
新羅4昔脱解王（倭人。昔氏）
5「孝昭」大王＝プレ金官・閼智王
6「孝安」大王＝プレ金官・勢漢王＝「天日矛」（奈良紀での、西日本を東行した神武に相当する大王のモデル）
7「孝霊」大王＝プレ金官・阿道王
8「孝元」大王＝「初代」金官伽羅国「首露王」
9「開化」大王＝金官2居登王　乃至は金官・郁甫王

までの、日本紀第五〜九代王、新羅史第一、二、四代王の以上計八人の金官伽羅（倭）王（Bグループ＋α）の引用、そして、その次に、

讃＝16「仁徳」大王（女帝）、この人は百済19久爾辛（進思）王の「女」
珍＝○菟道稚郎子＝皇子＝「宇治」天皇
済＝18「反正」大王
△＝19「允恭」大王＝（紀上では）紀小弓＝金官8「銍知（ナツ）」王
興＝20「安康」大王
武＝21「雄略」大王＝紀生磐＝金官9「鉗知（カチ）」王

の金官伽羅（倭）の第十六〜二十一代の所謂「倭の五王」を含むところの六人の王（Dグループ＋α）の引用、更には、大伴氏の

26「継体」大王＝大伴談
27「安閑」大王＝大伴金村＝安羅王安
28「宣化」大王＝大伴歌

の第二十六〜二十八代の三人の安羅（倭）王（Fグループ）を引用（「継」と「嗣」は、同じ「つぐ」でも、「継」は「継母（ままはは）」と申しますように、血統が繋がっていない場合を指し、淡海三船はここで皇統が断絶したことを十分知っていて、アナタに示してくれていたのです〔三船よ有難う！〕。この安羅（倭）の三人の大王は、奈良紀のときから、既に、別な形で挿入されておりました可能性も大ですので、ここに記しました）して「基本」が作られておりました奈良紀での大王系図に対し、平安朝になりましてから加えられました系図の改竄につき、次にお話しします。

(2) 平安紀作成段階での改竄

b、平安紀におきましては、右の王系図に、更に百済系亡命天皇家と、それに加えまして新羅・伽耶系から「寝返り」いたしまし

た、元来が同じ伽耶（倭）系であった筈の、昌寧伽耶（比自火＝ヒヂボル）が朝鮮での本貫でございました「中臣氏＝藤原氏」（四族共同の氏族。四1、一七1）との二者が、「共謀」いたしまして（因みに、西（とり）から始まる「現行暦」が朝鮮半島から入ってまいりました後、この暦に基づきます「辛酉革命説」の理論によりまして日本紀を書き替え、神武大王の即位というものを作り出してしまうと共に、推古大王のところ（又は、一運ずらしたところ。前述）から千二百年も年代を遡上させ（ですから、アナタが「紀元〇〇〇年」という戦前の本でよく見かけます表現の年代を、「西暦〇〇〇年」に直すには、六百六十年引くことになります）、その「空いた実質的には四百年ぐらいの部分」を上手く利用いたしまして、以上の「BDF」のグループと、次に申し上げます「ACE」のグループの大きく分けまして二系統の王系図を「交互に挿入」し、更に「縦に」繋いで（！）朝鮮史・中国史との齟齬にも気を配りながら（干支の加上）、今日アナタもご存知のような平安紀（現行日本書紀）での天皇系図を完成させてしまっていたのですよ）、右に申し上げました5孝昭より古い時代（つまり、大王家の始祖のトップ・レベル）に、

1「神武」大王＝扶余・仇台王＝高句麗・罽須王子＝百済6仇首王・貴須王（平安紀上での西日本を東征した大王）
2「綏靖」大王＝扶余・簡位居王＝百済7沙伴王
3「安寧」大王＝扶余・麻余王＝百済11比流王
4「懿徳」大王＝扶余・依慮王＝百済王子・優寿

までの以上第一～四代の四代の各「扶余王」「百済王」の大王系図（Aグループ）を引用して挿入してしまい、そして、更に、右の金官（倭）系の5孝昭～9開化（Bグループ）を挟み、その次に、以下のような「百済王」をモデルとした大王である

10「崇神」大王＝百済・実質初代王＝13近肖古王＝扶余依羅王
「11垂仁～12景行～13成務～14仲哀」省略
15「応神」大王＝百済19久爾辛王

までの第十～十五代の六代の百済王をモデルとして作りました大王（Cグループ）を引用し（ですから、上・中・下の三巻からなる『古事記』を見てみますと、二巻目の終わりは、ちゃんと15応神（モデルは百済19久爾辛王）となっておりますよ）、その次に、金官（倭）系の、右の「倭の五王」の「讃・珍・済・興・武」＋α（Dグループ）を挟み、その次に、

23「顕宗」大王＝百済王子・昆支（渡来）
24「仁賢」大王＝百済22文周王（都をソウルより熊津へ）
25「武烈」大王＝百済23三斤王

までの第二十三～二十五代の三代の百済王をモデルとして作りました大王（Eグループ）を引用し（ですから、25武烈（モデルは百済23三斤王）の「次」は、本来のモデルとなりました百済本国での王系図上では、29欽明（モデルは百済24東城王）となっていた筈なのです）、更に安羅（倭）系の26継体（大伴談）～省略～28宣化（大伴歌。Fグループ）を挟み、その次に、

29「欽明」大王＝百済24東城王

30「敏達」大王＝百済25武寧王
31「用明」大王＝百済26聖王明
32「崇峻」大王＝百済28恵王
33「推古」大王＝百済28恵王の妃（一三1）
34「舒明」大王＝百済（最終王）31義慈王
までの29～34の百済系の六代の王（Gグループ）、を夫々引用して加えて完成していたということだったのです。

＊但し、右の33推古大王のモデルは、奈良紀での新羅26真平王妃の摩耶夫人から、平安紀では百済28恵王妃という風に変えられてしまっております（その実体は「倭＝伽耶」の「哆唎王＝穂積氏」の女）。

つまり、このように右の「奈良紀」におけます新羅・伽耶系の大王系図（BDFのグループ）に、「平安紀」におきましては、扶余・百済系の王（ACEのグループ）を新たに加えて、大王系図を縦に一列として「折衷」「挿入」することによりまして、「平安紀」における「接ぎ木方式」による、所謂「万世一系」と称する大王系図（ABCDEFのグループ＝全部）を完成させ、そしてそれが日本書紀の天皇系図として今日にまで至って、アナタのお目にとまっていたということだったのです。現行のアナタのお手許の天皇（大王）系図は、このようにして平安朝に完成されていったのです。

但し、34舒明大王「以後」49光仁天皇の「前」までの平安紀に近い時代の各大王・天皇（光仁天皇〔平安朝〕からは、当然のことといたしまして、百済王家〔伯族・温祚百済〕の天皇が続きます）につきましては、新羅系天皇と百済系天皇とが、大王系図上「複雑に」組み合わされて折衷されて引用されることによりまして、天皇のモデルになっておりますので、アナタもこの点によーくご注意下さい。

＊例えば、「大化の改新」のときの35皇極女帝は、新羅27善徳女帝がモデル、36孝徳大王は、百済の最終王の31義慈王の王子・扶余孝がモデル、37斉明女帝は、新羅28真徳女帝がモデルというように。

「大化の改新」を作り上げたため、右の36孝徳大王＝「百済王子・扶余孝がモデル」が、大王系図上、新羅の二人の女帝の間に加えられていたのです。

その一例を申し上げますと、平安紀での百済系による天皇系図の改竄・創作におきまして、「架空」の

35皇極大王　六四二～六四五年　（舒明の子）
37斉明大王　六五五～六六一年　（舒明の子）
41持統天皇　六八六～六九七年　（天智の子）
43元明天皇　七〇七～七一五年　（天智の子）
44元正天皇　七一五～七二四年　（草壁の子）
46孝謙天皇　七四九～七五八年　（聖武の子）
48称徳天皇　七六四～七七〇年　（聖武の子）
（実在）井上天皇　（逆に天皇から削除。聖武の子）

という、七人もの女性の天皇の在位約五十余年間（合計五十二年

間。即位年と退位前の年を全一年として計算。44元正天皇、43元明天皇のモデルとなりました女性は、百済王女天（こにきしにょてん）（天平十六年、七四四年には従四位下）であると、今は考えたいと思っておりまする。持統天皇の在位につきましては、五2）を捻り作り出し（一人の井上天皇・女帝を削除）てしまったが故に、本来、新羅支配下の奈良朝では、占領軍提督として実在いたしました天皇・皇帝でございましたところの「40天武天皇＝金多遂＝30新羅・文武王」の「子」の

高市皇子（長屋王の父の「金霜林＝総持」）や、同じく、
草壁皇子（「42文武天皇＝金良琳」の父）や、同じく、
舎人親王（「47淳仁天皇＝淡路廃帝」の父）や、同じく、
磯城皇子（同じ「シキ」皇子でも、天武の子の方のこの皇子は実在しておりました。但し、天智の子の方は架空）、

更には、右の高市皇子の子の長屋王などが、「天皇」であったのにも拘わらず、「天皇ではなかった」ことにされて抹殺されてしまったのです（一の前文、一三2）。

＊『新唐書』と比べてみましても、この点、元明・元正の女帝に相当する年代は阿用（舎人親王）の男一人！となっておりますので、中国の正史（文武↓〔子〕阿用↓〔子〕聖武）の明文が、この二人の女帝が全くの架空であったことの完璧な証拠ともなっていてくれたのです（一三2必見）。

更に、右の『新唐書』によりますと、そこには、この阿用が天皇になった！という記載が見受けられますが（一三2必見）、「阿用＝舎人親王」ですので、舎人親王も天皇であったことを、この点も又、中国史が完璧に証明していてくれたことになりまする。

元明天皇の「平城遷都の詔」（和銅元年〔七〇八〕二月十五日）は『隋書』を引用して作文されたものだったのです（『続日本紀』）。

これは、新羅占領軍としては「藤原京↓平城京」ではなく、「（太宰府↓）難波宮（文武三年〔六九九〕一月二十七日「幸難波宮」）↓平城京（右の詔）」であった可能性すらも有り得まするし、ですから「可遠乎＝遠きをも可とす」（北へ二〇キロメートルではなく、西へ三〇キロメートル）という天皇のお言葉に合っているのです。因みに、「近つ飛鳥」と「遠つ飛鳥」は五世紀からの倭の準王都と後の倭の王都。

『続日本紀』の作者のパターンは「銅が出たので平城京へ」「金が出たので大仏開眼」で同一。

尚、天智の前ですが、

33推古大王　五九二～六二九年　（欽明の子）も架空（モデルは、奈良紀では新羅王妃であり平安紀では百済王妃）であるといたしますと、この推古の三十七年間をも加え、八代の女帝で合計八十九年間（約九十年間）のスペースがとれ、この間に、創作した大王を好きなように挿入出来ることになったのです。

＊因みに、16仁徳は女帝なのですが、男にされてしまっておりま

す（三4、五2）のでアナタもご注意下さい。

このように、天智天皇の子で、光仁天皇の父と称する架空の「志基皇子」を接着剤といたしまして、「在りもしない何人もの女帝」を鏤め、無理やり「天智天皇から光仁天皇へ」と百済王（こにきし）系の天皇系図（一2）を繋いでしまっていたことが判るのです。天智天皇の子と称する男の39弘文大王（大友）は勿論のこと、41持統天皇、43元明天皇、草壁皇子の子の44元正天皇、45聖武天皇の子の「46孝謙天皇＝48称徳天皇」も、これらの四人の女帝は、皆、架空だったのです（逆に、井上内親王は天皇として即位しておりました可能性が強かったのです）。

＊これらの「女帝」を挿入する必要的「前提作用」といたしまして、アマテル（天照）を男神から女神にしてしまう必要性（更には、光明子〔聖武天皇の場合〕の立后、高野新笠〔光仁天皇の場合〕の立后の前提といたしましても必要でしたし）が、そこに見出されるのです（二五1）。

つまりそういたしますと、奈良紀では、

38天智大王（モデルは新羅・金春秋・太祖武烈王）
40天武天皇（モデルは新羅・金多遂・文武王）
42文武天皇（モデルは新羅王子・金良琳）
45聖武天皇

は存在した新羅系の天皇（大王）であり、その間、特に40天武と45聖武の間辺りに、消された天皇といたしまして、

高市皇子（モデルは新羅王子・金霜林）
舎人親王（モデルは新羅王子・金阿用）
草壁皇子（モデルは新羅王子）
大津皇子（他の名で存在か、「乱」は架空）
長屋王（高市皇子の子）

らが天皇（皇帝）として存在していた天皇系図となっていたことが窺われるからなのです（一の前文、二三2）。そして、右の消し去った人々のスペースに、右の女帝たちを折込んで華やかな「折り詰め弁当」を作っていたのですよ。「そーいうこと」。

＊舎人親王が天皇であった証拠としての『新唐書』につき、二三1はアナタ必見です。

草壁皇子が天皇であったことの証拠として「孝謙上皇の詔」につき、二五1はアナタ必見です。

大津皇子が天皇であった証拠として、「大津皇子始聴（きこしめす）朝（みかどの）政（まつりごと）」（天武紀十二年〔六八三〕二月）。

長屋王が天皇であったことの証拠といたしましては、二条南通りの長屋王の邸宅跡から出土いたしました木簡の「長屋皇宮」という記載が、そこが皇居であったことを示していたからなのです（三一2は必見。七4ノ20、44）。

このように、六六三年の「白村江の役」の後、「日本列島は唐・新羅に占領され」、それが六七二年の「壬申の乱」からは、唐を追い出した「新羅の単独支配」に変わり、という訳で、白鳳時代・奈良時代とは、「新羅系の天皇の世」だったのでございますし、そしてその後、民間の亡命百済人（北畠親房の指摘）が

「秦氏の力」を借りまして、クーデターを成功させて（百済クーデターの成就。三〇1、2）、新たに迎えました平安時代からは、遊牧民の末裔の「百済系天皇の世」に変わってしまったというのが、偽らざる日本古代史の真相だったのです。

＊ですから、前述のように、百済・扶余系王系図と新羅・伽耶系王系図との二つが合体されて、今日の天皇系図というものが作られていたことが判ってまいります。

そして、その間に、正史の『日本紀』という本来の名も、『日本紀』から『日本書』へ、そして更には『日本書紀』へというように、その名を転々と変えながら波乱に富んだ生涯（正確には、仁寿鏡に指摘されておりました大宝二年（七〇二）の日本紀、つまり旧・旧事紀から始まりまして、十二回もの改竄）を送らざるを得なかったのです。

(3) 史書・口碑における日本列島を東征した大王

ここで、今日の正史・その他の史書・口碑により、古代の日本列島の東行・東征を行ったとされております主たる支配者を一言でマトメて申し上げますと、次のようになります。

①サルタヒコは、古来(ふるき)の秦氏の祖神。

BC十一世紀に殷が滅んだ頃に渡来した陸稲(おかぼ)を持って来た弥生人の走りではなく、BC二〇六年に秦が滅んだ後、長江辺りに亡命していた秦王室の三世皇帝子嬰（二〇七年即位）こと有扶(ウヅ)（孝徳王）の子孫で、漢の武帝の将軍に追われて海路で「苗族＝毛人」と共に逃亡し、水稲を日本列島に持って来た主たるグループ。中倭。

②ニギハヤヒ（陝父）は、物部氏（北扶余王国穢族・沸流百済・百済5肖古王として表現）の祖神。

その末裔は朝鮮半島を南下し、熊本（肥＝コマ。多婆那＝玉名）より東北千里の但馬（出石・東倭）へと入り、鉱山と土木工事を支配し、秦氏と共に古代のゼネコンの物部氏と化した。北倭。

③神武天皇（大王）は、平安天皇家（亡命民間人。北扶余王国伯族・温祚百済・百済1温祚王及び百済6仇首王として表現）の祖神。

百済王系図作成のときにモデルにされた扶余王であり、百済史上ですら架空であり、まして日本列島には渡来してはいない＝平安天皇家の「頭の中」にのみあった祖先神を日本紀上で具現化したもの。

④ナガスネヒコは、倭人で、新羅（慶州金氏）の本家でもあった金官伽羅（金官金氏）の祖神。

「赫＝パク＝扶余＝瓠＝朴」であり、新羅1赫居世は「ホクセ＝大国主＝オホクニヌシ」と同一人で、その子孫の新羅2南解次々雄の「南解」は「ナガ＝蛇」を表し、インド・マガダ国のシスナガ王朝（BC五五〇～BC四一三年）の一派。沖縄のナガ氏（中曽根）や朝鮮の朴氏となり、山越えで西都原の卑彌呼を殺した。奈良紀では名草戸畔として出ていた。南倭。

⑤天日矛(あめのひぼこ)は、倭人（安羅人）の祖神。

遼東半島の公孫度の女である卑彌呼の末裔で、但馬の出石に拠点（墓は出石神社）を設けて紀ノ川を遡上し、近江に入った。奈良紀では、平安紀の神武大王に「相当する」日本列島を東行した征服者として記されていた。大伴氏の祖神で、6孝安大王として日本紀には記されている。ニギハヤヒと天日矛のモデルは元来同一人である。

⑥壱与（いよ）は、卑彌呼の宗女（卑彌呼の弟の「公孫康＝日臣＝道臣」の子）。

卑彌呼が西都原の邪馬臺国で長髄彦（ながすねひこ）に二四七、八年に殺されたので、一時任那（対馬）に亡命し、やがて吉備経由でナガスネヒコの後を追うように大和・纏向（まきむく）に入って「張政＝高木神」らとナガスネヒコを殺し、「第二の邪馬臺国」を畿内に建てる。

ヤーヴァ・ドヴィーパ（耶馬提）の流れは、フェニキア系の地中海のアルヴァド→インド・コーサラ国（アユダ国）→ジャワ海・耶馬提→インドシナ（後のチャンパ国）→華南の越→山東半島の越→遼東半島の公孫度→馬韓・月支国→安羅・咸安→九州・西都原→大和・纏向→明日香村南部（観覚寺・「越」・栢〔伽耶〕森）という「民族の追っ立て」になります。

このように、初代の頃の②ニギハヤヒ（襲名）も③神武天皇も百済建国史の、しかも百済ですら架空の、百済の母国の扶余（又は、一部は高句麗）の王・王子としてのみ存在していた人物（神）であり、日本列島におきましては、平安朝の支配者（天皇家及び物部氏）の頭の中にのみ存在した大王（神）であったのです。

その扶余系の子孫が日本列島に亡命し、現行の日本紀（平安日本紀）を作った平安天皇家と化しましたので、それらの伝承を強引に日本列島の地名・人名に付会（「風土記」の作成により）した正史「日本書紀」が出来上がってしまったのです。

そして、これらの支配者（白鳳・奈良朝の新羅・伽耶系、平安朝の百済・扶余系）の流れが、私の天皇系図合体のオリジナルになった各系図（藤井モデル2）へと、その底辺では繋がっていたのです。

さて、アナタはよくここまで、私の古代の東アジアと「天皇系図の分析」の旅にお付き合い下さいましたね。

アカデミズムとは全く異なった「切り口」による、謎から謎への挑戦が立て続けに続きましたので、アナタも、さぞお草臥れのことと存じます。有難うございました。

この私の考え「日本書紀＝フィクション説＝歴史物語説」、つまり、「奈良朝天皇〈新羅王子〉説」（この新羅王朝の「実質的な終焉」の始まりが、天平二十一年〔七四九〕閏五月二十三日の「聖武天皇の薬師寺への幽閉」でした。三一2）「平安朝天皇〈亡命百済王族〉説」（平安朝の「実質的な開始」が、宝亀六年〔七七五〕四月二十七日の「井上廃后と他戸廃太子の毒殺」でした。三一2。そして、百済は遊牧騎馬民の扶余の末裔ですので、この平安朝は新「騎馬民族征服王朝」と言っても差支えなかったのです）の、少なくともその根幹部分は、いずれ、三十年後には「通説」になっているものと私は固く確信しております。だって、それ以外には考えようがありませんもの。

私は、ひょっとして、時代的に少し早く生まれ過ぎてしまいましたので、誰からも理解してもらえない悲しい立場にいるのかもしれませんが……（嗚呼、吾悲哀の人よ。不出世の人よ）。

堅いお話が続きましたので、最後に柔らかい「恋のお話」の大陸からの流れで、アナタへの締めくくりのサービスといたしたいと思います（「言葉の流れは人の流れ」以外の何ものでもないのですから）。

・日本語　恋（kohi＝コヒ）
焦（こが）れる＝恋に焦がれる・焦がれ死に
・朝鮮語　キョーイチブ　コングル
kyöichp（恋）kong-kor（焦がる＝「黄→公骨」）
・満州語　ゴイムビ　コンゴロ
goimbi（恋ふ）konggoro（焦がる＝黄＝土黄色）

このように「歴史の謎は、また新たなる歴史を呼ぶ」のですよ
――永遠（とわ）に――。

以上

この稿『天皇系図の分析について』は、『古代の東アジア』という大きなテーマの「総論」の一部を、取りあえず独立させたものです。まずは、「日本の古代の天皇系図の分析と天皇家の出自」の問題をはっきりさせなければ、朝鮮半島と日本列島における古代史が何も判らないと考えたからなのです。天皇系図を経（たていと）とし、古代史上に生じました著名な事件を緯（よこいと）といたしまして、古代史の倭文（しとり）を私なりの「切り口＝意匠」により今まで織り上げてまいりましたが、何分にも頁数が大巾に増えてしまったため、巻末に、膨大に及んだ出典の一つ一つを記せなかったことを先学各位にお詫び申し上げます。

ただし、少生（ママ）、千里の外（そと）、
さだめて紕謬（ひびゅう）多からむ。
実を知る者これを正（ただ）さんのみ。（『陸奥話記』末文より）

「人史学」の確立

今まで私たちが学んで来たものは歴史でも何でもなく、ただ歴史という象の表面を撫でていただけ――しかも勝手な角度だけから――なのです。

私は、欧米でよく使われる「自然史」の概念に対し「人史」という概念をここに構築し、この「人史学」に対して、歴史（文献）学・考古学・文化人類学・民俗（族）学・言語学・地理学・地質学・天文学・気象学・海洋学・宗教学・国文学・社会学・生物学・文学・核医学・病理学・分子生物学……などのこれらすべての諸科学が奉仕すべきときが、いよいよ到来したものと考えます。

人間の生き様について、その必要とするすべての学問のサーチライトを「立体」と「時間」との四次元の領域に集中するのです。

私は、そのすべてについて素人です。

が、しかし素人であるが故に、誠に不完全ながら、その理念が達成できる強みがあるのです。逆に素人でなければそれは達成できないのです。

と申しますのも、歴史とは、いわゆる「総合政策」でしかやってはいけないものだったからなのです。

もし、仮に文学部の歴史科だけでやったといたしましても、ここからは片寄った不完全な製品しか出来てこないのです。

もし「人史学」が、私の言うように総合政策であるとするならば、そのすべての対象に――水平的に――集中砲火を浴びせなければなりません。

そうであるといたしますと、それをやる人は、その目的に必要な限度で「そのすべて」を修めなければならないとともに、そうであるが故に、逆に、その人は「当然そのすべてについて素人である」ということに理論的に帰結せざるを得ないのです。

つまり、「人史」をする資格は、「アマチュアにしか許されていない」とすら言い得るのです。

私は、その意味において――すべての学問を目的に必要な限度においてアマチュア・レベルで集約する――実に不完全な総合政策学部の教授なのです。

歴史（文献）学は、そのプロに任せましょう。

考古学も、そのプロに任せましょう。

言語学も、そのプロに任せましょう。

しかし、いやしくもそれが古代史であろうと、はたまた現代史であろうと、こと人間の生活史のすべての総合である「人史学」につきましては、理論的にプロにはそれを論ずる資格がそもそもなかったのです。

私は、この「自明の理」にもっと早く気が付くべきでした。

それに、例えば「縄文人」という言葉の「定義」一つとりましても、今のままでのアカデミズムは甚だ不完全だったのです。

かつて、古代の日本列島を訪れては又去って行った人々の中の、ほんの一部の層を取り上げてみましても、
①ギリヤーク＝ニブフ＝スメレングル（現、樺太北部・古アジア語族・古モンゴロイド）
②オロッコ＝ウェッタ（現、樺太中部・ツングース的）
③樺太アイヌ
④ネグロイドと混血したオーストロネシア語族（今日より四度高かった砂漠状の西日本のシラス台地へ）
⑤沿海州・満州興安嶺オロチョン・邑婁（チュルクと混血したツングース系鉄民）
⑥本格派ツングース（現アイヌ）
⑦弥生の水耕民（雲南系、元揚子江中流系の苗族・毛人をも含む呉越の亡民。より古くは、陸稲（おかぼ）を持参した「殷」の亡命民を含む）
⑧満州・朝鮮系（古墳時代以降の渡来民の支配者と亡命民、つまり燕の公孫氏の卑彌呼、クメール人、沸流系百済、朴氏、昔氏、金氏、温祚系百済、室韋、ブリアート人、蒙古人など）
というように、実に多様でありまして、例えば、この①〜⑥の内の、どれを「縄文人」と定義付けるのか、又、⑥の「アイヌ」の定義（内容）は何か、更には「沖縄人」とは何か（主として朝鮮という回廊から日本列島の中央へと入って来た人々は、次の新たなる侵入者から常に北へ南へと「追っ立て」を食っておりますが、他方、ネグロイドやマレー種と混血した南方民の沿海州までの北上もございます）ということを、それぞれの「時代——百年ぐらい——毎に」きちっと分析して固定しなければ、我々の祖先に付きまして何も判らないのと同じだからなのです。

例えば、青森の「三内丸山遺跡」の消滅の例を一つとりましても、そこの人々は単なる降雨による寒冷化でそこを去って南下しただけではなく、ひょっとすると、南洋から新たに北上してまいりました、オーストロネシア語族の新モンゴロイドの「ラピタ人」が、青森の三内丸山を滅ぼしたのかも知れないからなのです。

これからの学問は実学性——その具体性——がことのほか要求され、その対象に対して、必要とするすべての「人文科学」

「社会科学」
「自然科学」を、その分野を問わず「針の先のような一点に対し集中」して総動員することによってフル回転しなければ、そのニーズに応じられない時代が到来してしまったのです。

最早、プロが片手間でやる「プロ＋学際的（α）」の程度では生ぬるいのです。「円」の中心、いや「球」の中心に向かって、持っている、いや、持ち得る可能性のあるすべてのエネルギーを集中して核融合する必要があるのです。

そういう意味におきまして二十一世紀には、今まで明治百年余りの学問の象牙の大系――「縦割り」の深い井戸――を勇気を持って「ガラガラポン」と破壊して、完璧な「横割り」――色々な花が咲き乱れる大草原――へと育て上げていかなければいけないのです。

と言うことは、つまりこれは、今まで「アカデミズムの僕（しもべ）」に甘んじておりましたアマチュアから、一歩主体的に抜け出して、アカデミズムに対する、多分初めての胸を張った積極的な居直りであるとともに、敢えて言うならば、アマチュアからアカデミズムの牙城に対する「宣戦布告」、つまり「逆襲」でもあるのです。

この小著は、『古代の東アジア』という本の草稿の「総論部分のそのまた一部」を、古代の「天皇系図」を朝鮮との係わり合いを中心といたしましてマトメてみたものですが、そういう――アマチュアのみがなし得る――という意味での「人史学」の構築の、先ず第一歩の試みなのです。

それは牛歩かもしれません。しかし、ここに堂々と「人史学」の宣言をするとともに、ともかくその一歩を歩み出してしまったのです。

高級一品料理ではなく、アマチュア――チャンコ鍋・ゴッタ煮――としての誇りを失わないで進みたいと思います。

私はアマチュアですので、一晩寝ると考えが変わる――新しくなる――かも知れません。

しかし、それはそれでいいのです。私は判断に迷ったら、受験勉強のように「正しそうな方」を選ぶ――実は、このことが歴史をつまらなくする権威者の考えの「暗記＝祖述」ということに繋がってまいります――のではなく、「常に夢のある方」を選ぶようにしておりますので。

これがアマチュア――それで「パン代とミルク代」を稼いでいない者――の最大の「特権＝夢」でもあるからなのです。

西暦二〇〇四年三月六日　弁護士　藤井輝久

おわりに

常日頃からお世話になっております竹内裕先生（「古代史教養講座」前理事長）と、西暦二〇〇一年春、私と幽明境を異にいたしました鹿島昇先生のお二人の先生に、今日私がこのような小著を出版出来ましたことを感謝申し上げますとともに、これからも日夜怠ることなく自己研鑽に励み、困難に立ち向かってまいりますことを、ここに固くお誓い申し上げたいと存じます。

ある春の日のこと、私たちの研究会に鹿島昇先生をお招きいたしまして、御謦咳に接しました折に、若輩ながら私が鹿島先生への「質問書」の作成を担当させていただきましたご縁からか、その後、鹿島先生から「セミナーに出てくるように」とのご丁寧なお誘いを何度も頂いたにも拘わらず、仕事が多忙なため、延び延びになってしまい、鹿島先生のお元気なうちに出席できませんでしたことを、今更ながら後悔いたしております。

鹿島、竹内両先生の「驥尾（きび）」に附しまして、私如き「蒼蠅（そうよう）」も千里を走りたいと思っております。

どうか、遠くにおられましても、又、近くにおられましても、両先生にいつまでも私を見守っていて頂きたいと思います。

先の「質問書」の末尾に書かせていただきましたことをそのまま引用いたしまして、最早、二度とお目にかかることの出来ない鹿島先生への感謝の言葉といたしますとともに、仕事が忙しいとはいえ、怠けがちな自己への自戒の言葉とさせていただきたいと存じます。

「鹿島史学の体系――バックボーン――」につきましては、ある程度は把握しているのではないかと自分では思っておりますが、未だ浅学非才の身ですし、鹿島山脈があまりに雄大すぎるため、日暮れて道遠しの感がございますが、今後更なる研鑽に励み、将来もし、私の生きているうちに、偉大なる「鹿島大山脈」のうちの「峠の一つ」でも越えることが出来ますれば幸せだと考えております。

今後ともよろしくご指導ください。

私は、自分にその能力の無いことをひしひしと感じつつも、未だ「醜いアヒルの子」に甘んじております鹿島史学を、「白鳥に育て上げ、そして雄大な蒼空に羽ばたかせること」こそが、私の使命であると思っております。

末筆ながら、本書の出版に際しましては、今日の話題社の武田崇元社長、高橋秀和編集長、村田一裕氏、トライ・プランニング社の守屋汎社長、サイビス社の亀山修氏、NHKエンタープライズ21の亀山保氏、三交社の高橋輝雄社長、又、かつてお世話になったことのある元経団連の相山豊君と私の事務所の秘書の津田美和子さん、それに、日本全国の古墳（含む、古代朝鮮の高句麗・百済・新羅・金官伽羅の古墳）や神社を歩くときに、いつも文句も言わずについて来てくれる妻の紀子に、厚く謝意を表する次第であります。

竹内先生の今後の益々のご健勝と、鹿島先生の健やかなご冥福を祈念いたしまして、この跋文を閉じることといたします。

西暦二〇〇四年三月六日　弁護士　藤井輝久

この「おわりに」の稿を出版社にお渡しいたしました後、竹内先生もこの世から旅立たれ、帰らぬ人となってしまわれました。私のような特異な考えの人間でも、常に広いお心で優しく包んで育てて下さった慈父のような竹内先生とは、もうお会いできないのです。

先生の深い学恩に感謝し、妻紀子と共にここにご冥福をお祈りいたします。

西暦二〇〇四年四月十七日

この本の最後の部分の著者校（校正）を出版社にお渡ししてホッとしたその日の夜、母・久が永眠いたしました。大正三年生まれ、九十歳でした。

母の霊前にこの本を届けましたら、きっと「アラ、まあ。幾つになってもアナタは相変わらずですね」とあの世から諭（さと）すように苦言を呈するに違いありません。

母よ、あの世に行ってまでご迷惑をおかけする不肖の息子を、どうかお許し下さい。

西暦二〇〇四年十一月五日　長男　輝久

付録

＊＝同一人
※＝注
〔紀〕＝『日本紀』
〔記〕＝『古事記』
〔播〕＝『播磨国風土記』
〔百〕＝「百済本紀」
〔宋〕＝『宋書』
〔梁〕＝『梁書』
〔晋〕＝『晋書』
〔魏〕＝『魏書』
〔略〕＝『魏略』
〔唐〕＝『新唐書』
㊀＝百済
㊁＝新羅
㊂＝高句麗
㊃＝金官
㊄＝唐

天皇系図の分析

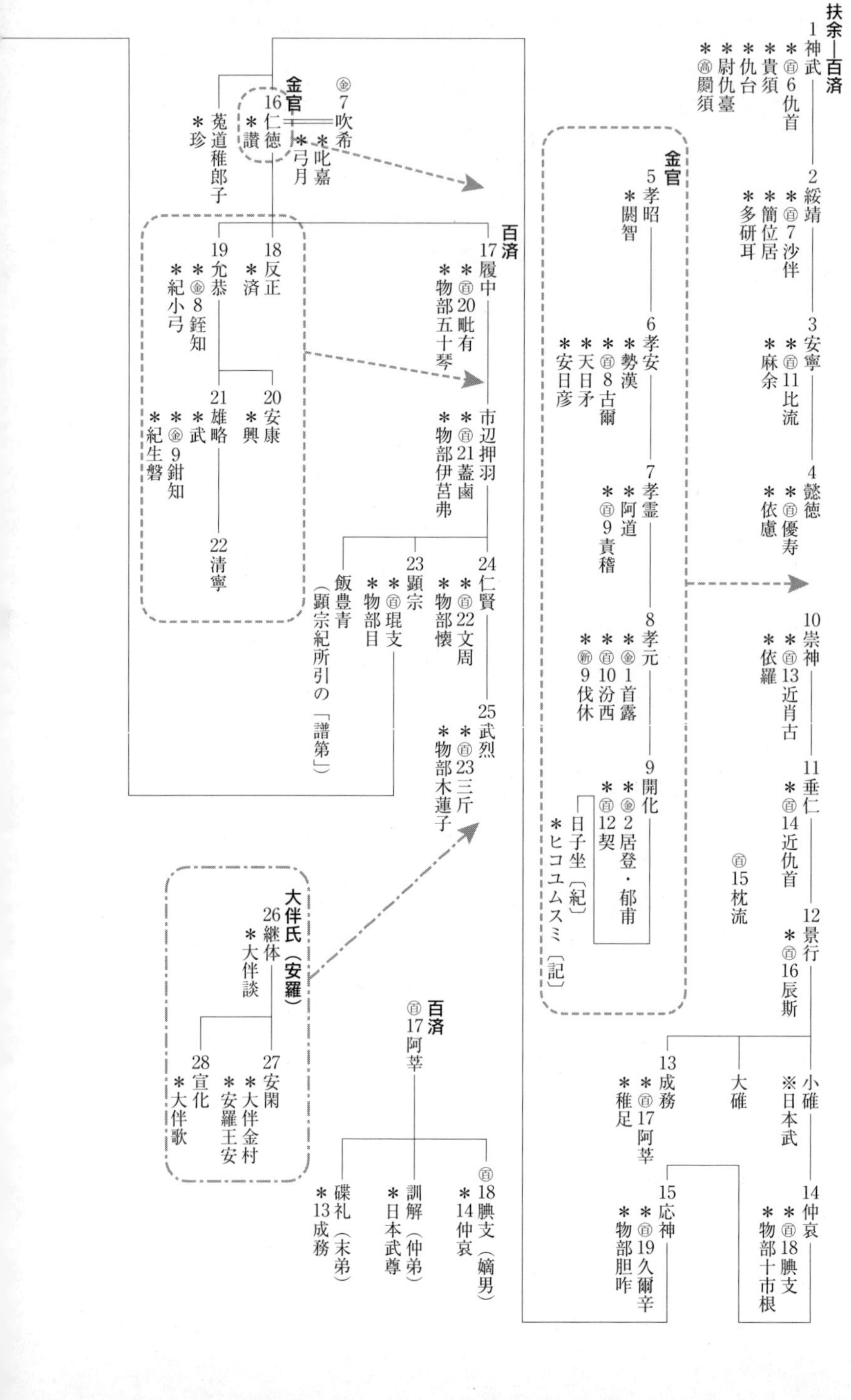

扶余—百済
1 神武 *(百)6 仇首 *貴須 *仇台 *尉仇臺 *(高)罽須
2 綏靖 *(百)7 沙伴 *簡位居 *多研耳
3 安寧 *(百)11 比流 *麻余
4 懿徳 *(百)優寿 *依慮
金官
5 孝昭 *閼智
6 孝安 *勢漢 *(百)8 古爾 *天日矛 *安日彦
7 孝霊 *阿道 *(百)9 責稽
8 孝元 *(金)1 首露 *(百)10 汾西 *(新)9 伐休
9 開化 *(金)2 居登・郁甫 *(百)12 契
日子坐〔紀〕 *ヒコユムスミ〔記〕
10 崇神 *(百)13 近肖古 *依羅
11 垂仁 *(百)14 近仇首
(百)15 枕流
12 景行 *(百)16 辰斯
13 成務 *(百)17 阿莘 *稚足
大碓
小碓 ※日本武
14 仲哀 *(百)18 腆支 *物部十市根
15 応神 *(百)19 久爾辛 *物部胆咋
金官
16 仁徳 *讃
(金)7 吹希 *叱嘉 *弓月
菟道稚郎子 *珍
百済
17 履中 *(百)20 毗有 *物部五十琴
18 反正 *済
19 允恭 *(金)8 銍知 *紀小弓
20 安康 *興
21 雄略 *武 *(金)9 鉗知 *紀生磐
22 清寧
市辺押羽 *(百)21 蓋鹵 *物部伊莒弗
23 顕宗 *(百)琨支 *物部目
24 仁賢 *(百)22 文周 *物部懐
飯豊青（顕宗紀所引の「譜第」）
25 武烈 *(百)23 三斤 *物部木蓮子
大伴氏（安羅）
26 継体 *大伴談
27 安閑 *大伴金村 *安羅王安
28 宣化 *大伴歌
百済
(百)17 阿莘
(百)18 腆支（嫡男） *14 仲哀
訓解（仲弟） *日本武尊
碟礼（末弟） *13 成務

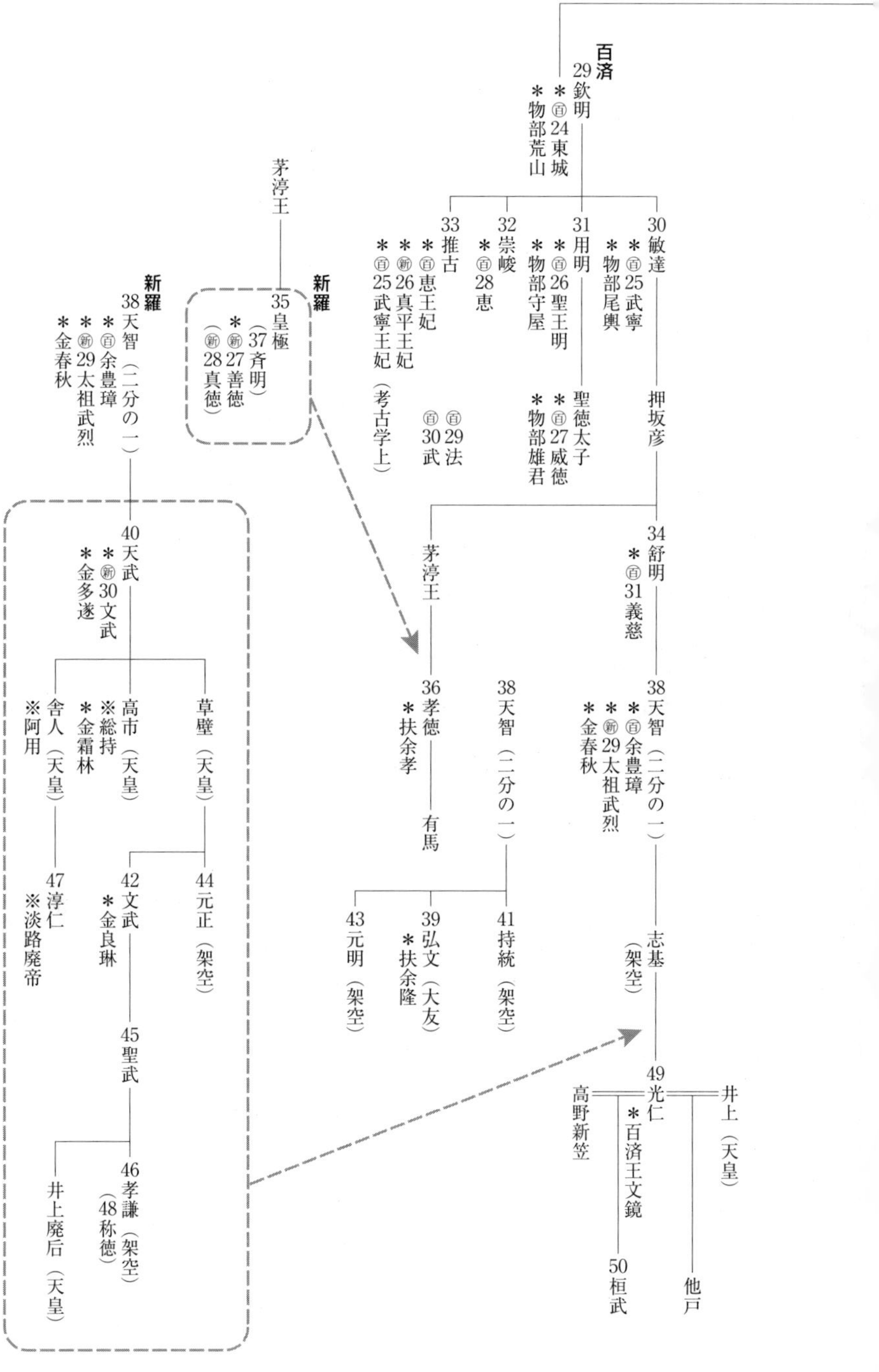

※日本書紀の天皇系図は、扶余百済王系図を基礎として、金官伽羅（倭）・安羅（倭）・新羅王の王系図を挿入して作られた。

天皇紀（日本書紀）と朝鮮史・中国史とにおける大王の比定

A	日本紀	天皇	1神武天皇	2綏靖天皇	3安寧天皇	4懿徳天皇 ※父	挿入	10崇神天皇 ※子	11垂仁天皇
B	百済本紀	百済王	6仇首・貴須	7沙伴	11比流 ※父	優寿王子		13近肖古 ※子	14近仇首
C	百済本紀・温祚条で北史・隋書を引用		仇台						
D	魏書・扶余条	扶余王	尉仇臺	簡位居	麻余	依慮 ※父		依羅 ※子	
E	高句麗本紀	高句麗王子	罽須						

a		5孝昭天皇	6孝安天皇 天日矛	7孝霊天皇	8孝元天皇	9開化天皇	(子)ヒコユムスミ (子)日子坐王
b	駕洛国記（金官伽羅＝倭）	金闕智王	金勢漢王	金阿道王	1金首露王	2金居登王 又は金郁甫王	
c	金官伽羅王をモデルに作られた架空の百済王・新羅王		(百)8古爾	(百)9責稽	(百)10汾西 (新)9伐休	(百)12契	

※AのモデルはB。BのモデルはCDE。aのモデルはbc。
※扶余王・依慮（イリョ）と依羅（イリ）は父子。11比流王と13近肖古王は父子。
※扶余王・依羅（イリ）と10崇神天皇（イマキ「イリ」ヒコイニエ）は同一人。
※4懿徳天皇と10崇神天皇とは父子で、そのモデルでは共に扶余・百済系（11比流王〔但し、日本紀では安寧のモデルの位置に上げている〕と13近肖古、依慮と依羅）であったが、その間に5孝昭天皇から9開化天皇までの五代分の金官伽羅（倭）系の天皇を挿入して父子の関係を系図上断絶してしまっていた。

日本書紀改竄の代表的パターン

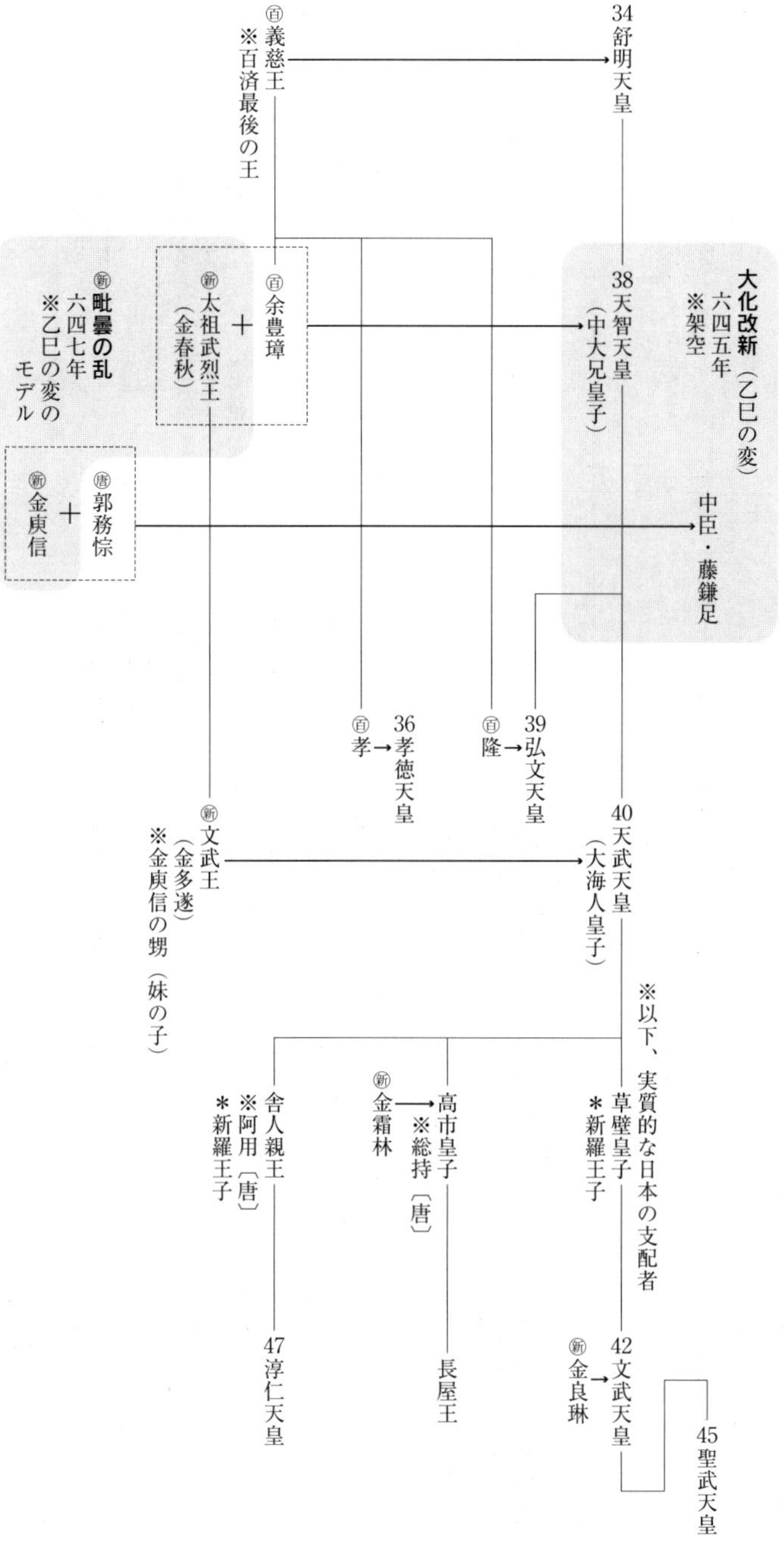

高句麗王系図

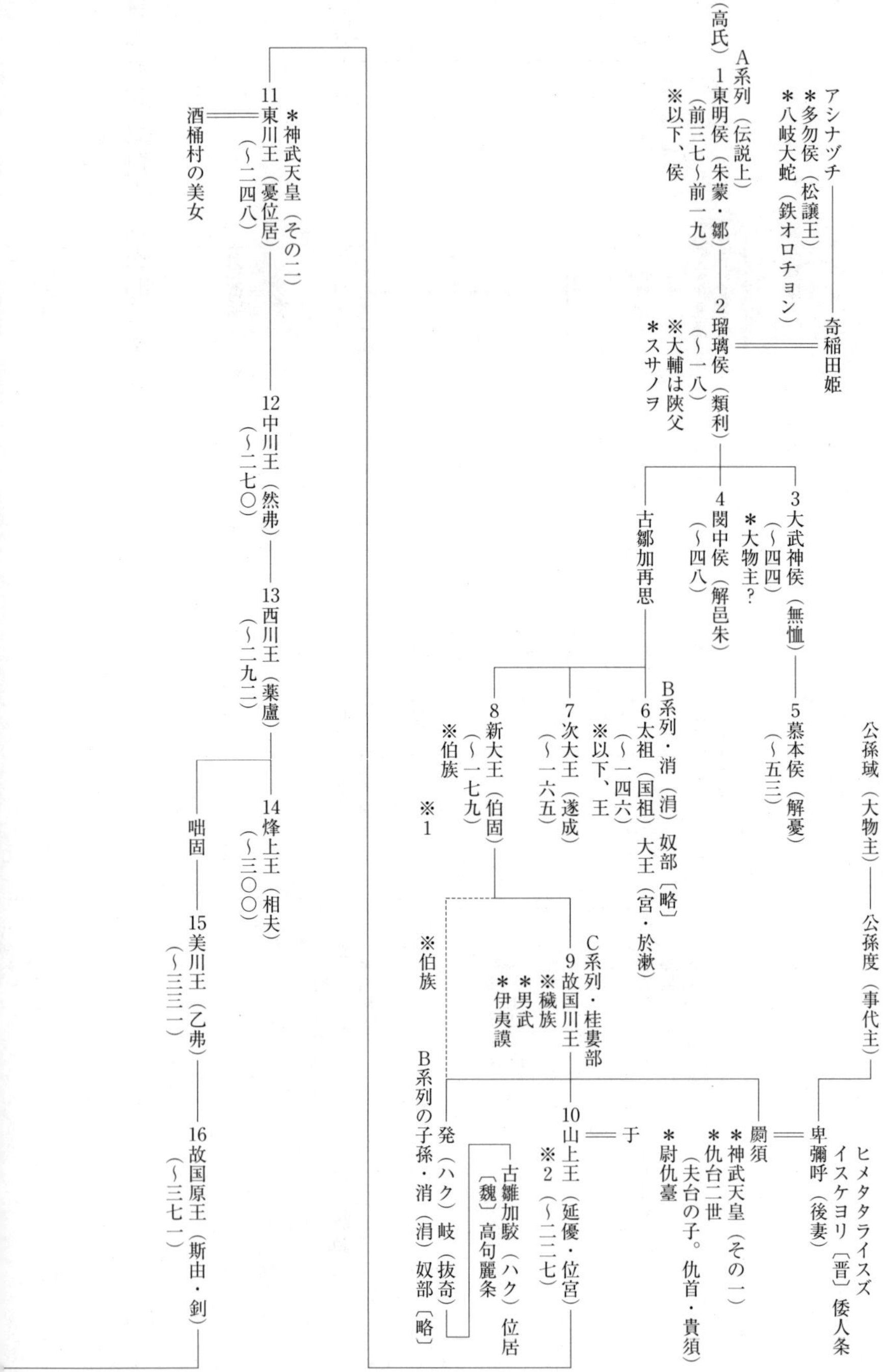

アシナヅチ
＊多勿侯（松讓王）
＊八岐大蛇（鉄オロチョン）
奇稲田姫
（高氏）
A系列（伝説上）
1東明侯（朱蒙・鄒）
（前三七～前一九）
※以下、侯
2瑠璃侯（類利）
（～一八）
※大輔は陜父
＊スサノヲ
3大武神侯（無恤）
（～四四）
＊大物主？
4閔中侯（解邑朱）
（～四八）
古鄒加再思
5慕本侯（解憂）
（～五三）
B系列・消（涓）奴部〔略〕
6太祖（国祖）大王（宮・於漱）
（～一四六）
※以下、王
7次大王（遂成）
（～一六五）
8新大王（伯固）
（～一七九）
※伯族
※1
公孫域（大物主）
公孫度（事代主）
C系列・桂婁部
9故国川王
※穢族
＊男武
＊伊夷謨
※伯族
ヒメタタライスズ
イスケヨリ
卑彌呼（後妻）
〔晋〕倭人条
罽須
＊神武天皇（その一）
＊仇台二世
（夫台の子。仇首・貴須）
＊尉仇臺
10山上王（延優・位宮）
※2（～二二七）
于
B系列の子孫・消（涓）奴部〔略〕
発（ハク）岐（抜奇）
古雛加駮（ハク）位居
〔魏〕高句麗条
＊神武天皇（その二）
11東川王（憂位居）
（～二四八）
酒桶村の美女
12中川王（然弗）
（～二七〇）
13西川王（薬盧）
（～二九二）
14烽上王（相夫）
（～三〇〇）
咄固
15美川王（乙弗）
（～三三一）
16故国原王（斯由・釗）
（～三七一）

18故国壌王（伊連）（〜三九二）——19広開土王（談徳）（〜四一三）——20長寿王（巨連）（〜四九一）——助多——21文咨王（羅雲）（〜五一九）

※丸都城→平壌（四二七）

17小獣林王（丘夫）（〜三八四）

21文咨王——22安蔵王（興安）（〜五三一）
　　　　——23安原王（宝延）（〜五四五）

23安原王——24陽原王（平成）（〜五五九）——25平原王（陽成）（〜五九〇）

25平原王——26嬰陽王（元）（〜六一八）
　　　　——27栄留王（建武）（〜六四二）
　　　　——大陽王——28宝蔵王（〜六六八）※3

※16故国原王陵は太王陵、17小獣林王陵は臨江塚、18故国壌王陵は千秋塚、19広開土王陵は将軍塚または太王陵、20長寿王陵は平壌の大同江右岸の漢王墓（慶新里一号墳）または集安の将軍塚、21文咨王陵は土浦里大塚。

※1　『後漢書』高句麗条では6太祖大王・7次大王・8新大王は父・子・孫。『魏書』高句麗条では6太祖大王・8新大王は父・子。

※2　『魏書』高句麗条では9故国川王・10山上王は父・子。「高句麗本紀」では兄弟。『魏書』高句麗条では10山上王と発岐は兄弟。

※3　蓋蘇文が27栄留を弑逆し、28宝蔵を立てた。

百済王系図

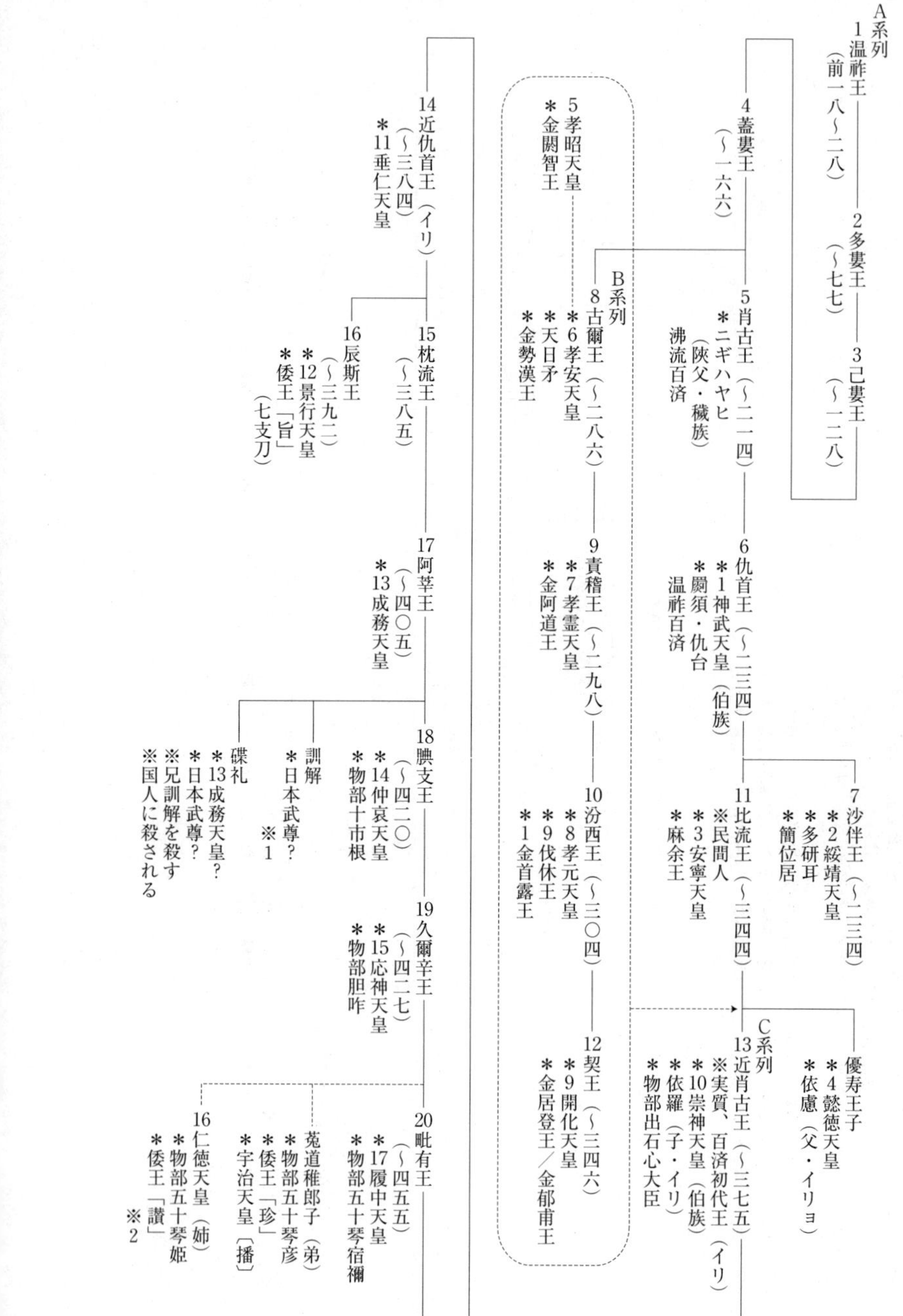
A系列
1温祚王（前一八〜二八）
2多婁王（〜七七）
3己婁王（〜一二八）
4蓋婁王（〜一六六）
5肖古王（〜二一四）
＊ニギハヤヒ（陝父・穢族）
沸流百済
6仇首王（〜二三四）
＊1神武天皇（伯族）
＊闕須・仇台
温祚百済
7沙伴王（〜二三四）
＊2綏靖天皇
＊多研耳
＊簡位居
11比流王（〜三四四）
※民間人
＊3安寧天皇
＊麻余王
優寿王子
＊4懿徳天皇
＊依慮（父・イリョ）
C系列
13近肖古王（〜三七五）（イリ）
※実質、百済初代王
＊10崇神天皇（伯族）
＊依羅（子・イリ）
＊物部出石心大臣
5孝昭天皇
＊金閼智王
B系列
8古爾王（〜二八六）
＊6孝安天皇
＊天日矛
＊金勢漢王
9責稽王（〜二九八）
＊7孝霊天皇
＊金阿道王
10汾西王（〜三〇四）
＊8孝元天皇
＊9伐休王
＊1金首露王
12契王（〜三四六）
＊9開化天皇
＊金居登王／金郁甫王
14近仇首王（〜三八四）（イリ）
＊11垂仁天皇
15枕流王（〜三八五）
16辰斯王（〜三九二）
＊12景行天皇
＊倭王「旨」（七支刀）
17阿莘王（〜四〇五）
＊13成務天皇
18腆支王（〜四二〇）
＊14仲哀天皇
＊物部十市根
訓解
＊日本武尊？
※1
碟礼
＊13成務天皇？
＊日本武尊？
※兄訓解を殺す
※国人に殺される
19久爾辛王（〜四二七）
＊15応神天皇
＊物部胆咋
20毗有王（〜四五五）
＊17履中天皇
＊物部五十琴宿禰
菟道稚郎子（弟）
＊物部五十琴彦
＊倭王「珍」
＊宇治天皇［播］
16仁徳天皇（姉）
＊物部五十琴姫
＊倭王「讃」
※2

21 蓋鹵王（～四七五）
＊市辺押羽皇子
＊物部伊莒弗
＊市辺天皇命〔播〕

22 文周王（兄）（～四七七）
＊24仁賢天皇（兄）（億計・ヲケ）
＊物部懐

昆支王子（弟）
＊23顕宗天皇（弟）（弘計・オケ）
＊物部目

23 三斤王（～四七九）
＊25武烈天皇
＊物部木蓮子

24 東城王（牟大）（～五〇一）
＊29欽明天皇（弥五郎ドン）
＊物部荒山

25 武寧王（斯麻）（～五二三）
＊30敏達天皇
＊物部尾輿
※3

26 聖王明（～五五四）
＊31用明天皇
＊物部守屋

27 威徳王（昌）（～五九八）
＊聖徳太子（一部）
＊物部雄君

28 恵王（～五九九）
＊32崇峻天皇

恵王妃
＊33推古天皇
※4

29 法王（～六〇〇）

30 武王（～六四一）

31 義慈王（～六六〇）
＊34舒明天皇
※百済最後の王

余豊璋（仮王）（六六一～六六三）
＊38天智天皇（二分の一）

演

隆（太子）〔百〕※5
＊39弘文天皇

泰（自立王）〔百〕※6

孝（太子）〔百〕※7
＊36孝徳天皇

※1　日本武尊を「倭武天皇」とする（『常陸国風土記』）。
※2　「金官7吹希王＝秦弓月君」と結婚。
※3　妃の多利大夫人は全羅南道谷城郡の求礼（哆唎）の出身で、平安紀での推古女帝のモデル。哆唎は五一二年に倭から百済領となる。
※4　新羅26真平王妃・麻耶夫人（奈良紀）→恵王妃（平安紀）。
※5　「百済本紀」義慈王四年正月（次男の泰は自立して王となった）。『旧唐書』『新唐書』『日本紀』。
※6　「百済本紀」義慈王二十年。
※7　「百済本紀」義慈王二十年。「列伝第四」金仁問（武烈王第二子）伝。

百済王（コニキシ）氏系図

31義慈王（〜六六〇）
＊34舒明天皇
※百済最後の王

- 余豊璋（仮王）＊38天智天皇
- 演
- 隆 ＊39弘文天皇
- 泰
- 孝 ＊36孝徳天皇

百済王
善光（禅広）（〜六九三）
※百済王（コニキシ）氏
※1
── 昌成

- 遠宝（〜七三四）── 慈敬 ── 英孫（出羽守、陸奥鎮守権副将軍）
- 郎虞（良虞）（〜七三七）
  - 孝忠
    - 三忠（出羽守）
    - 孝法*（桓武）
  - 全福
  - 敬福 ※4
    - 玄鏡
    - 理伯
      - 明信*（桓武）＝藤原継縄（南家）── 乙叡
      - 恵信*（桓武・仁明）
      - 明本*（桓武）
      - 俊哲（〜七九五）（陸奥鎮守将軍、征夷副使）
    - 武鏡（出羽守）── 教仁*
    - 道鏡 ※5
    - 文鏡（出羽守）
- 南典（六六七〜七五八）※3

※架空
施基皇子＝紀橡姫 ── ＊49光仁天皇

純陁太子（26聖王明）の末裔 ── 和乙継 ※百済王（オホキミ） ── 高野朝臣新笠＝＊49光仁天皇

＊49光仁天皇 ── 50桓武天皇

50桓武天皇＝教仁* ── 大田親王

女天*（〜七九一）※2

元忠（〜七七三）── 玄風 ── 勝義（七八〇〜八五五）

仁貞（〜七九一）

安義 ── 教福（八〇七〜八五一）

教雲（〜八〇四）

鏡仁（八世紀末〜九世紀前半）

教凝（〜八三六）

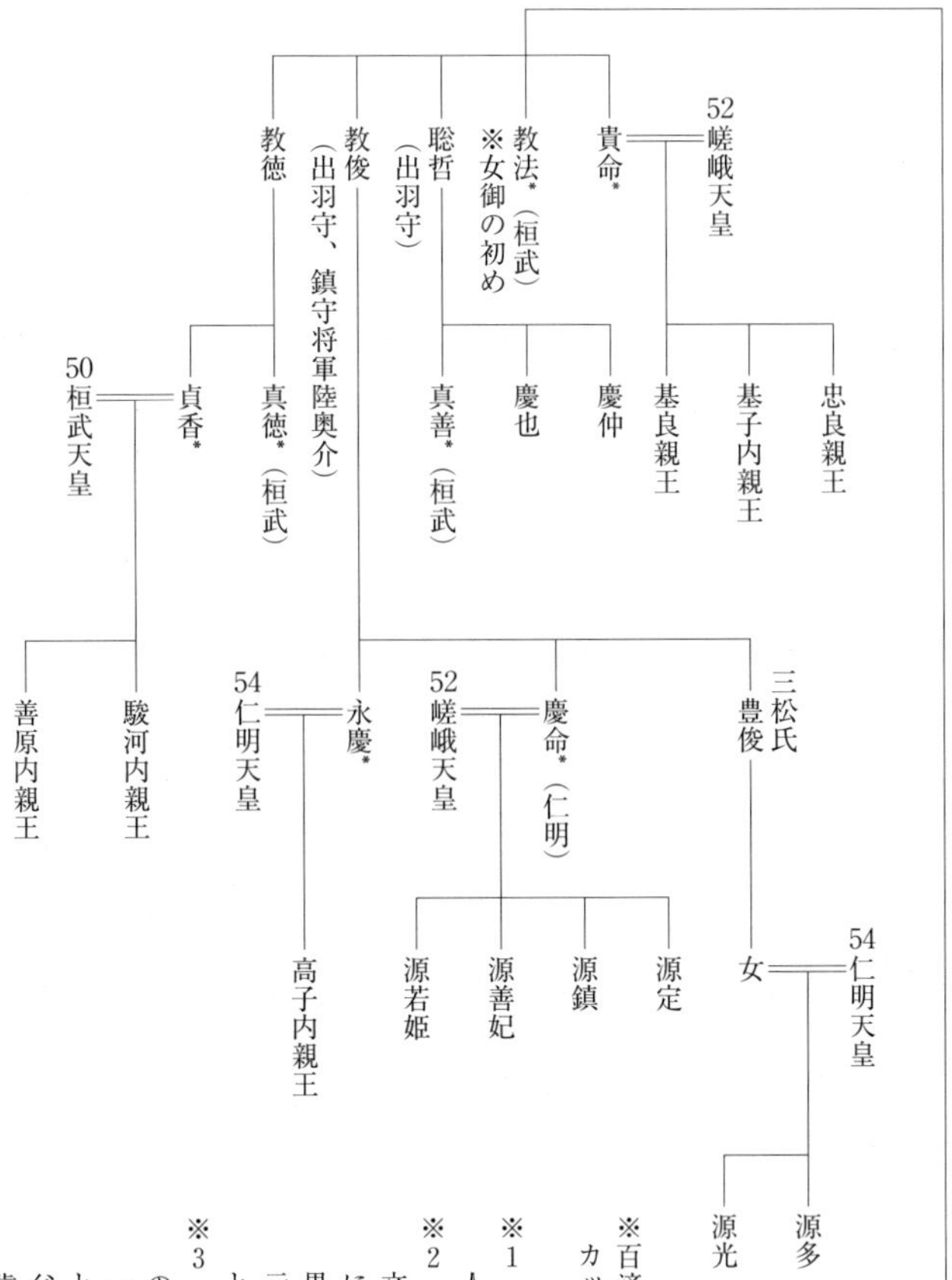

※百済王（コニキシ）姓の女性は名の下に〈*〉を付した。丸カッコ内は、その天皇の後宮に入ったことを示す。

※1　持統七年一月十五日卒。31義慈王の王子五人のうちの一人の投影。兄の余豊璋と共に渡来。

※2　天平十六年（七四四）二月二十二日従四位下。「正倉院文書」天平十七年九月二十一日付「百済女王優婆塞貢進解」に見える従五位上「百済女王」と同一人か。但し、位階が異なる。天武系の44元正天皇（氷高）もしくは天智系の43元明天皇（阿閉）辺りが作り出されるときに、そのモデルとなった女性の可能性が大きい。

※3　郎虞の弟。『続日本紀』では、天平九年（七三七）九月の記述以降は消えてしまう。但し、『公卿補任』天平二十一年（七四九）条では、百済王敬福に注して「南典ノ弟也」としているが、位階その他から考えると、南典は敬福の叔父と考えるのが正しい。天平九年七月の兄郎虞の死のとき歳七十二。

※4　生六九八～没七六六年。陸奥守、上総守、再陸奥守（黄金出土）、宮内卿、常陸守、出雲守、伊予守、讃岐守、刑部卿。

※5　『七大寺年表』では天智の子の志基皇子の第六子とし、『続日本紀』では俗姓弓削連河内人也とする（宝亀三〔七七二〕年四月七日）。又、物部弓削大連守屋の子孫ともいう。

新羅王系図

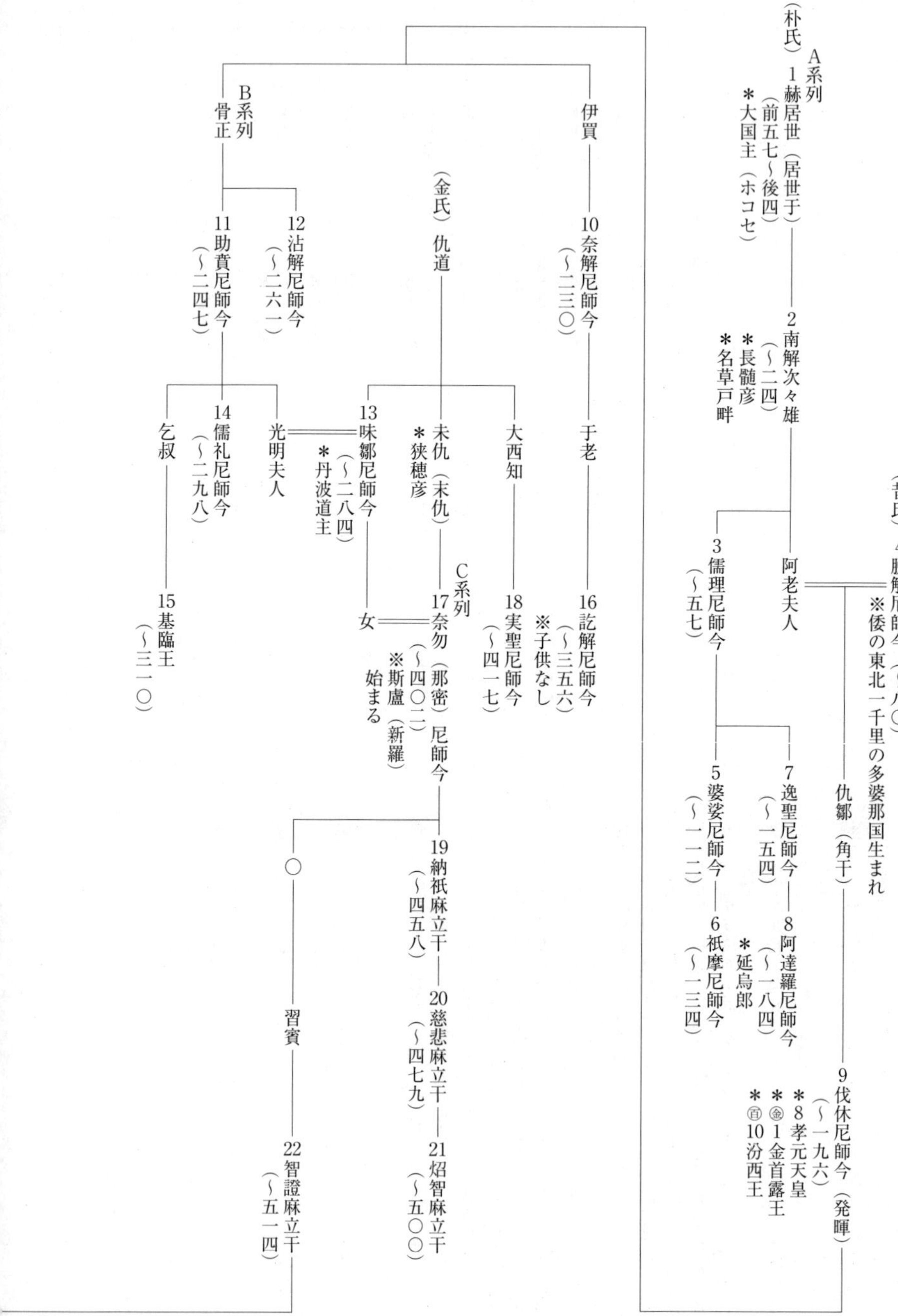

A系列
（朴氏）1赫居世（居世干）
（前五七〜後四）
＊大国主（ホコセ）
2南解次々雄
（〜二四）
＊長髄彦
＊名草戸畔
（昔氏）4脱解尼師今（〜八〇）
※倭の東北一千里の多婆那国生まれ
阿老夫人
3儒理尼師今
（〜五七）
仇鄒（角干）
7逸聖尼師今
（〜一五四）
5婆娑尼師今
（〜一一二）
8阿達羅尼師今
（〜一八四）
＊延烏郎
6祇摩尼師今
（〜一三四）
9伐休尼師今（発暉）
（〜一九六）
＊8孝元天皇
＊㊎1金首露王
＊㊒10汾西王
伊買
10奈解尼師今
（〜二三〇）
于老
16訖解尼師今
（〜三五六）
※子供なし
（金氏）仇道
大西知
18実聖尼師今
（〜四一七）
末仇（末仇）
＊狭穂彦
C系列
17奈勿（那密）尼師今
（〜四〇二）
※斯盧（新羅）始まる
13味鄒尼師今
（〜二八四）
＊丹波道主
女
19納祇麻立干
（〜四五八）
20慈悲麻立干
（〜四七九）
21炤智麻立干
（〜五〇〇）
○
習賓
22智證麻立干
（〜五一四）
B系列
骨正
12沾解尼師今
（〜二六一）
11助賁尼師今
（〜二四七）
光明夫人
14儒礼尼師今
（〜二九八）
乞叔
15基臨王
（〜三一〇）

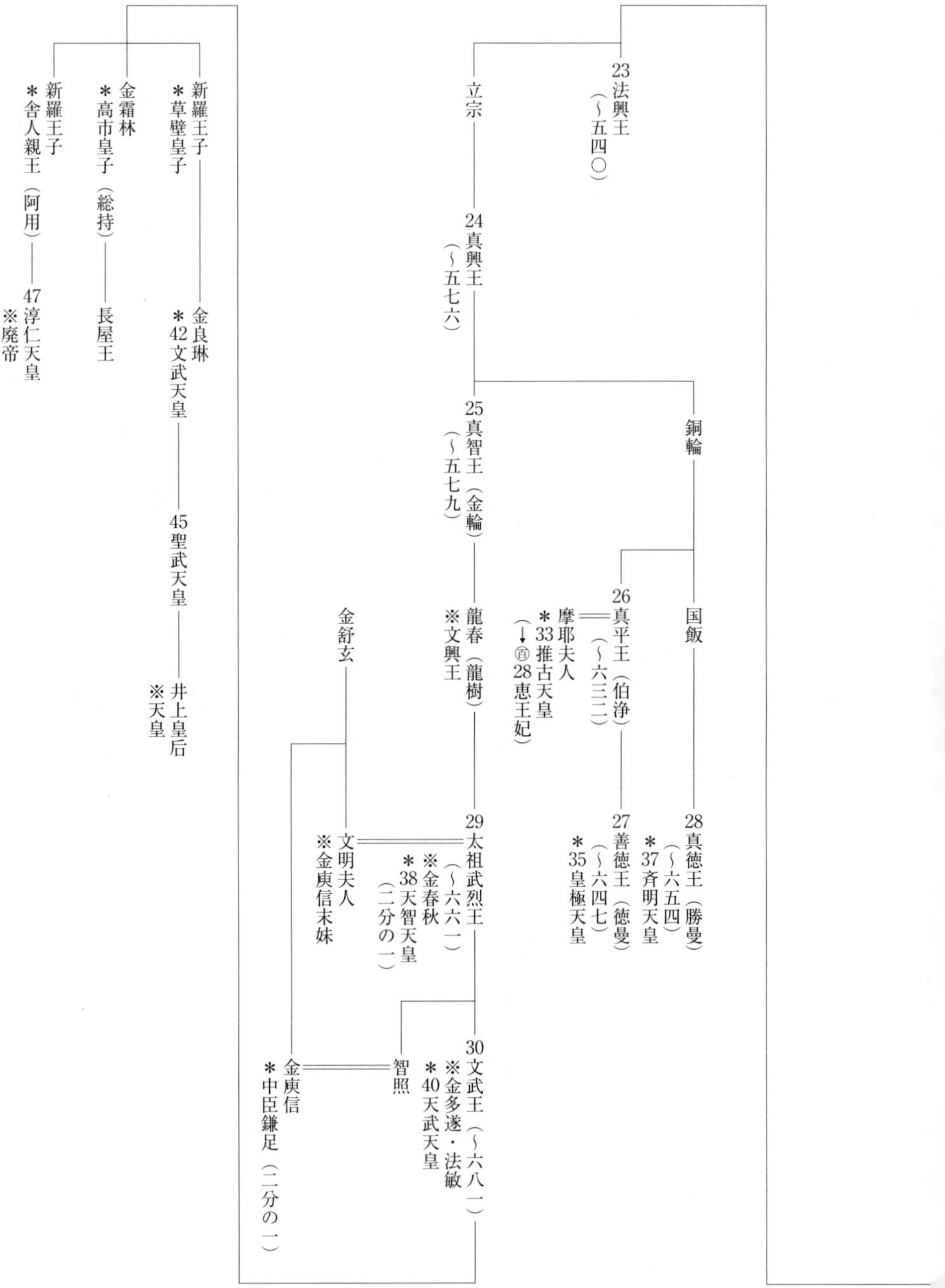
23法興王（〜五四〇）
立宗
24真興王（〜五七六）
銅輪
25真智王（金輪）（〜五七九）
国飯
26真平王（伯浄）（〜六三二）
摩耶夫人
＊33推古天皇
（↓百28恵王妃）
龍春（龍樹）
※文興王
金舒玄
28真徳王（勝曼）（〜六五四）
＊37斉明天皇
27善徳王（徳曼）（〜六四七）
＊35皇極天皇
29太祖武烈王（〜六六一）
※金春秋
＊38天智天皇（二分の一）
文明夫人
※金庾信末妹
30文武王（〜六八一）
※金多遂・法敏
＊40天武天皇
智照
金庾信
＊中臣鎌足（二分の一）
新羅王子
＊草壁皇子
金霜林
＊高市皇子（総持）
新羅王子
＊舎人親王（阿用）
金良琳
＊42文武天皇
長屋王
47淳仁天皇
※廃帝
45聖武天皇
井上皇后
※天皇

金官伽羅（倭）王系図

（金氏）金閼智王
＊5孝昭天皇

金勢漢王
＊6孝安天皇
＊天日矛
＊㊀8古爾王

金阿道王
＊7孝霊天皇
＊㊀9責稽王

1 金首露王（四二〜一九九）＝許黄玉
※インド・アユダ国王女
＊欝色謎
＊8孝元天皇
＊潮乗津彦（君潮乗）
＊㊉9伐休王
＊㊀10汾西王

2 居登王（〜二五九）＝慕貞
＊彦太忍信命
※子が建内宿禰〔記〕
＊㊀12契王

郁甫王＝竹野姫
＊9開化天皇

大彦命

3 麻品王（馬品）（〜二九一）＝好仇
＊屋主忍雄命
※子が武内宿禰〔紀〕

仇道
＊ヒコユムスミ
＊ヒコイマス

㊉11助賁王

4 居叱彌王（今勿）（〜三四六）＝附志・阿知
＊武雄心命

末仇（未仇）
＊狭穂彦

㊉13味鄒王（丹波道主）（二六・〜二八四）＝光明夫人

5 伊尸品王（〜四〇七）＝貞信
＊神功皇后（八須夫人）の内縁の夫
＊15応神天皇の実父
＊武内宿禰（九人の子有り）
＊木協満致
＊木満致

㊉17奈勿尼師今（三五六〜四〇二）

木羅斤資
＊宗我石川（弟）
※蘇我（菅＝金）氏や
　高向氏ら七氏の祖

―満（麻）智―韓子
　　　　　　＊馬背
―高麗―稲目
　　　　＊司馬達等
―馬子
　※有明子
　　※1
　＊鞍作多須奈
―蝦夷
　※毛人
　※豊浦大臣
　＊鞍作鳥（1）
―入鹿
　※林太郎
　※鞍作
　＊鞍作鳥（2）
　＊毗曇

6坐知王（～四二一）
※金叱（ザチ・ソチエ）
　＊葛城襲津（ソツ）彦（兄）
＝福寿
※道寧の女
※その前に「傭女」を娶るが
　国乱れて荷山島に流す

7吹希王（～四五一）
※叱嘉（チカ・エチキ）
　＊秦弓月（ユヅキ）君
＝仁徳
＊「倭の五王」の讃
※「進思＝(百)19久爾辛王＝15応神天皇」の女

8銍知王（～四九二）
※金銍（ナツ）
　＊紀小弓
　＊19允恭天皇
＝邦媛
※金相の女

9鉗知王（～五二一）
※金鉗（カチ）
＊「倭の五王」の武
＊紀生磐

―10仇衡王（～五三二滅亡）

※1　『元興寺露盤銘』『元興寺釈迦造像記』

「倭（金官伽羅）の五王」の分析

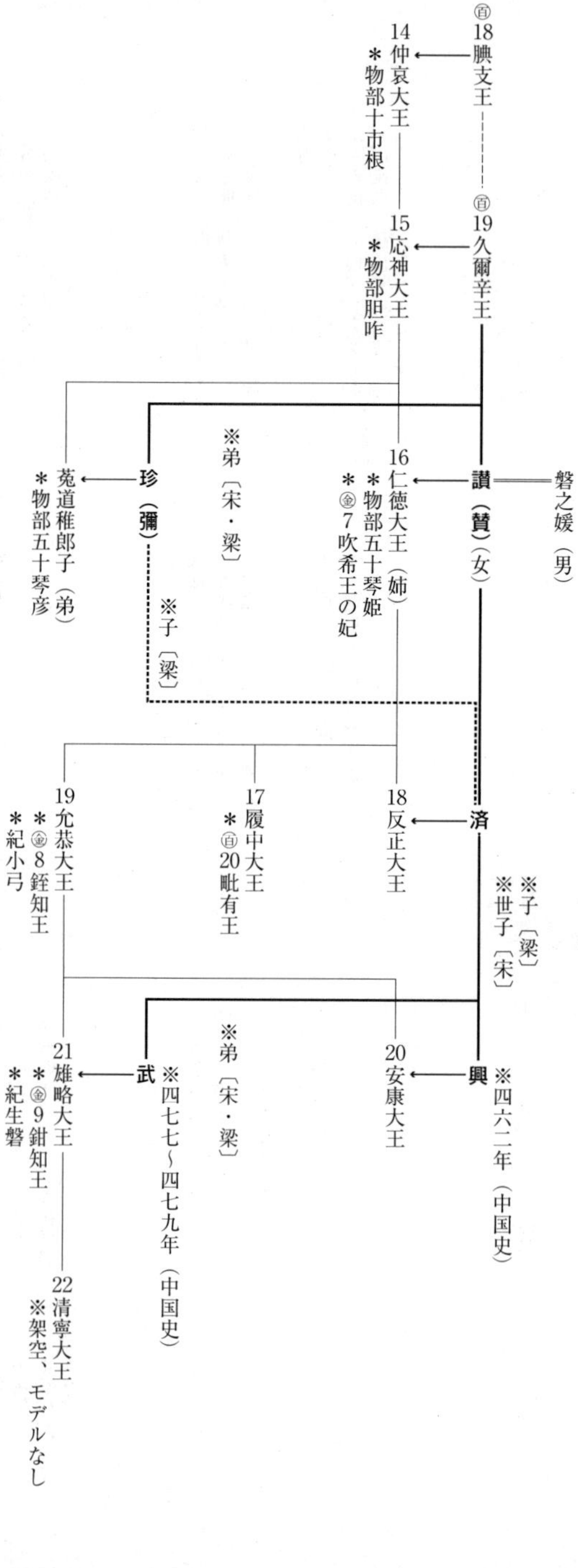

※太字は中国史における倭の五王

百済王系図を基にして「倭の五王」と「安羅（倭）三王」を挿入

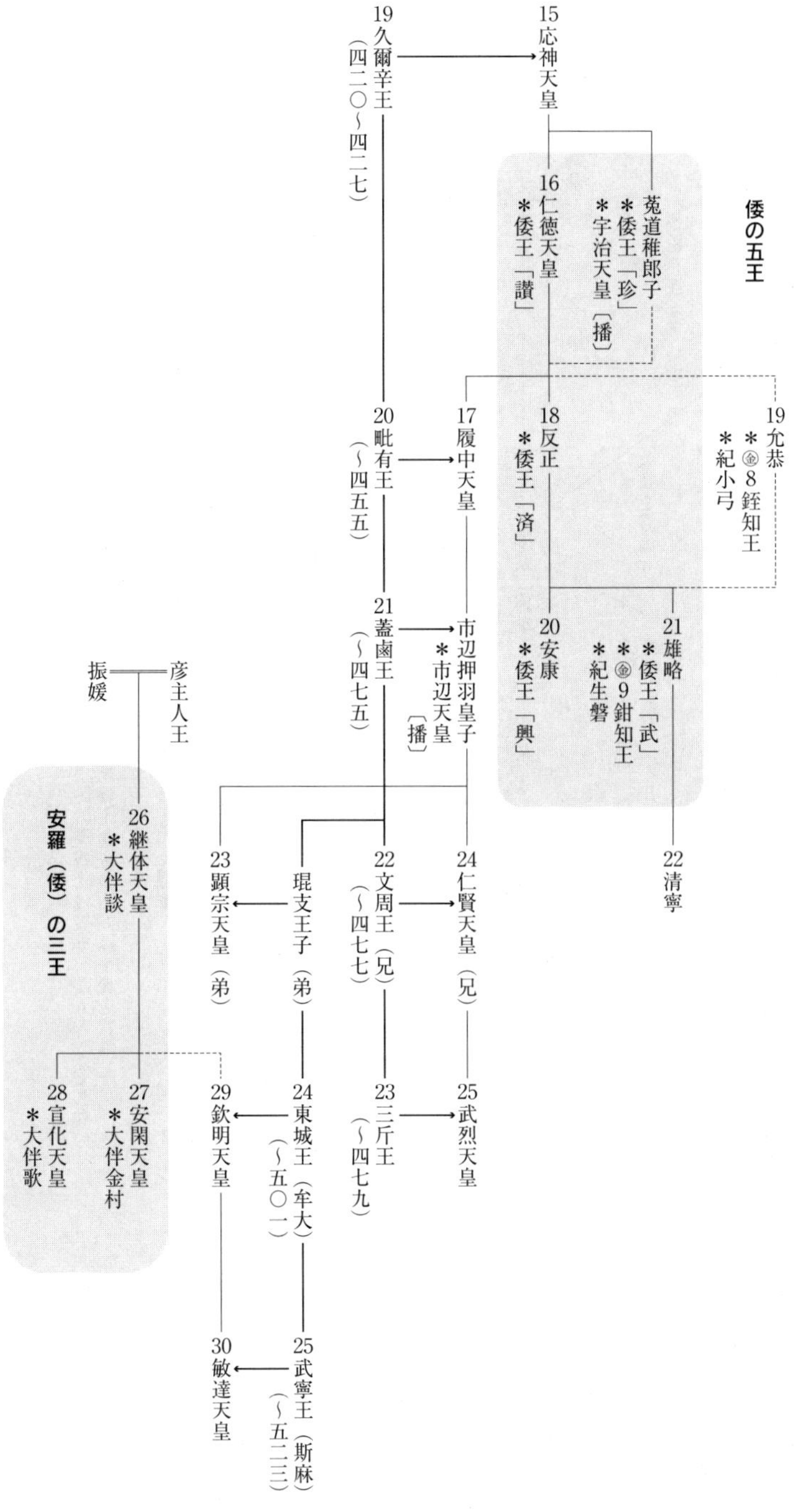

北扶余から高句麗、そして百済へ

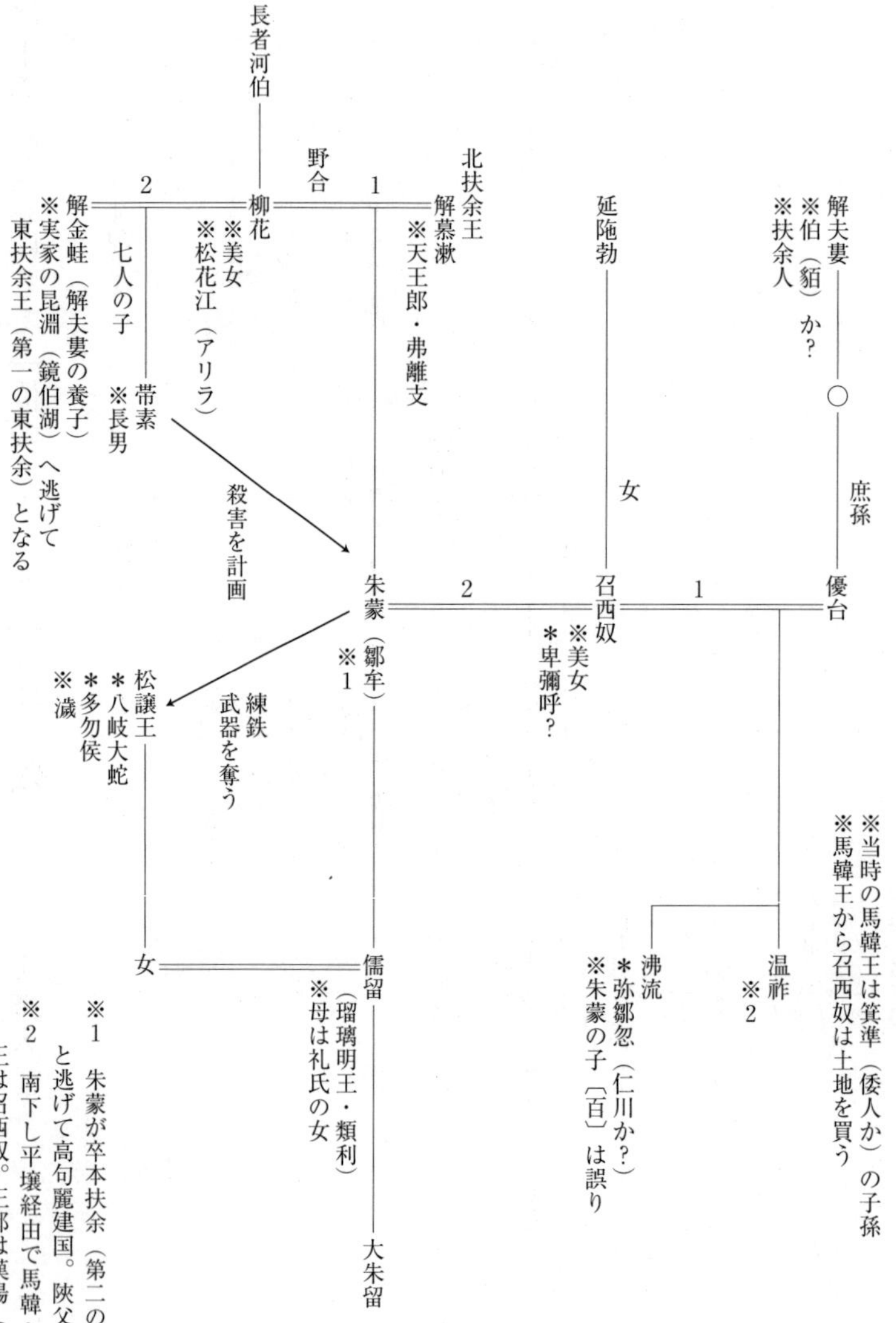

※1　朱蒙が卒本扶余（第二の東扶余・遼寧省東部、桓仁）へと逃げて高句麗建国。陜父（ニギハヤヒ）が同行。

※2　南下し平壌経由で馬韓へ入り伯済建国（河北慰礼城）。王は召西奴。王都は漢陽（尉礼忽）。

公孫氏系図（卑彌呼の実家）

- 延　※実父
- 1 琙　※養父　＊大物主・大国主
  - 豹
- 2 度（一八九～二〇四）　※升済　※幼名「豹」　＊事代主
  - 卑彌呼（～二四七・八）
  - 3 康（～二二一）　※日臣・道臣（大伴氏の祖）
    - 晃
    - 5 淵（～二三八滅亡）　※1
      - 脩
    - 壱与　※卑彌呼の宗女　※二六六年晋に遣使
    - 模
  - 4 恭（～二二八）　＊男弟〔魏〕　※5淵に位を奪われる

※王都・襄平（現・遼陽）

※1　遼東候・平州牧。帯方郡を設ける。高句麗・山上王を冬佳江畔の桓仁に征す。高句麗鴨緑江畔の丸都城（集安）へ。公孫氏滅亡翌二三九年、卑彌呼帯方郡に遣使。

百済・新羅による伽耶（倭）の侵略

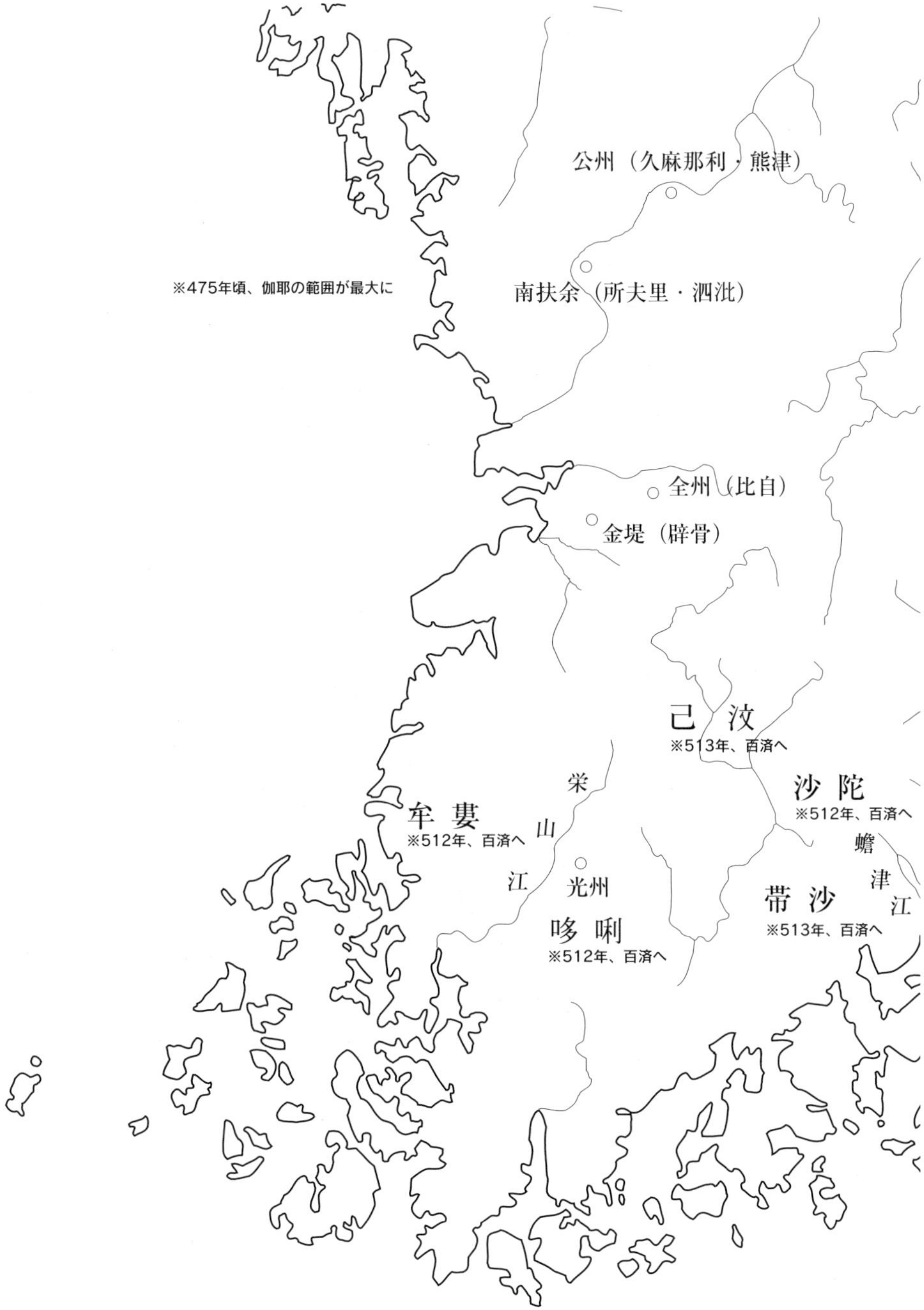
公州（久麻那利・熊津）
※475年頃、伽耶の範囲が最大に
南扶余（所夫里・泗沘）
全州（比自）
金堤（辟骨）
己　汶
※513年、百済へ
沙 陀
※512年、百済へ
栄
山
江
牟 婁
※512年、百済へ
光州
哆 唎
※512年、百済へ
蟾
津
江
帯 沙
※513年、百済へ

[著者紹介]
藤井　輝久（ふじい　てるひさ）

慶應義塾大学法学部法律学科卒。
昭和48年司法試験合格。最高裁判所司法修習生（東京）。裁判官を経て、慶應義塾大学法学部（借地借家法）・経済学部（民法総則・物権法・担保物権法）講師、破産管財人。現在、弁護士（東京弁護士会所属）、監査役、海事保佐人。主な著書に『家庭の法律早わかり百科』『医療の法律紛争』『商取引と保証』『ケースで学ぶ借地借家法』『写楽の謎』『命法』など、論文としては「取締役と代表訴訟」「法律に書かれざる取締役の責任」「主婦の法律」「英国における弁護士の位置」などがある。

天皇系図の分析について——古代の東アジア

二〇〇五年六月二十日　初版発行

著　者　藤井輝久　ふじい　てるひさ
装　幀　谷元将泰
組　版　村田一裕
発行者　高橋秀和
発行所　今日の話題社　こんにちのわだいしゃ
東京都品川区上大崎二・十三・三十五ニューフジビル2F
電　話　〇三・三四四二・九二〇五
FAX　〇三・三四四四・九四三九
印　刷　互恵印刷＋トミナガ
製　本　難波製本
用　紙　富士川洋紙店

ISBN4-87565-557-6 C0021